경찰

형법각론

김철희 · 이정기

머리말

경찰의 오랜 숙원사업이었던 수사권 조정이 이루어진 지금 이로 인한 국민에 대한 절대적인 신뢰와 그에 따른 경찰의 역할은 사회적으로 매우 중요한 시점에 와있다. 우선 사실관계를 파악하는 수사는 기본이 되어야 하지만, 그에 따른 법에 대한 지식도 간과해서는 절대 안된다. 최근 신임경찰관들의 '법' 지식에 대한 수준은 크게 향상되었고, 일선 직원들의 법리적 해석 능력 또한, 수사를 하며 그에 뒷받침하기에 충분한 수준이 된 것으로 보인다. 저자도 수사부서 근무를 포함하여 경찰공무원 생활을 20여 년 정도 하고 대학으로 자리를 옮긴 지 3년이 되어간다. 경찰생활 중 마지막 6년간은 중앙경찰학교에서 교육생들에게 형법을 가르쳤다. 그리고 저자는 자리를 옮긴 후 경찰의 사회적 책무에 대한 중요한 시점에서 현직 경찰관들에게 기본법이 되는 형사법 중 형법을 쉽게 풀어서 그리고 많은 판례와 학자들의 다양한 주장을 소개하는 것이 도움을 줄 수 있다는 생각이 들었다. 그리고 직접 실무를 해 보았다는 것이 어느 정도 큰 힘이 되어주었다. 이에 중앙경찰학교에서 큰 인연이 되었던 공저자 김철희 님과 같이 논의한 끝에 시작하여 부끄럽지만 이 책을 출간하게 되었다.

우선, 책의 구성은 총·각론 공히 자세한 설명 및 관련 판례번호 등은 각주로 처리하였으며, 총론의 경우 되도록이면 내용을 간결히 쉽게 풀이하는 방식과 그에 대한 적용사례, 그리고 해당 내용과 관련된 판례들을 내용과 바로 이어서 정리함과 동시에 판례 내용은 일부가 아닌 판결요지 전체를 소개하는 방식으로 구성되었다. 전원합의체 판결의 경우 다수의견과 함께 반대의견도 같이 거론해 주었다. 각론의 경우는 실질적으로 실무에서 중요한 부분일 수 있는 만큼 다양한 학설과 풍부한 판례들을 총론과 같은 방식으로 소개하였다. 그리고 본문 내용에는 올 12월 9일 시행 예정인 형법 개정내용을 현재의 조문과 같이 비교할 수 있도록 구성하였고, 개정된 형법 조문 전체도 책 뒤에 부록으로 첨부하였다.

수사권 조정이 이루어진 상황에서 경찰관들에게 조금이나마 이 책이 도움이 되기를 진심으로 바라며, 앞으로도 우리 사회에서 경찰의 위상이 한층 높아지기를 조직구성원이었던 사람으로서 기대해 본다.

위에 언급한 것과 같이 중앙경찰학교에서 저자와 인연이 되어 같이 이 책을 출간하기 위해 힘쓰신 공저자 김철희 선생님에게도 감사의 뜻을 전하며, 저자의 정신적 지주인 아내 송성이 씨와 딸 진영, 그리고 얼마 전 세상을 떠나신 아버님과 홀로 계신 영원한 나의 편 어머님에게도 머리 숙여 깊은 감사의 인사를 드린다. 마지막으로, 늘 저와 함께 하시는 주님께 감사를 올린다.

2021년 8월
여름방학 中 한산한 캠퍼스 내 연구실에서(이정기)

20여 년 전 경찰이 되고 형법을 제대로 공부해야겠다는 생각에 무작정 찾아간 서울 신림동 거리에서 저자는 형법 책 한 권을 구입하여 집으로 돌아왔다. 하지만, 당시 기초 지식이 없었던 저자는 혼자서 책을 읽는데 금방 싫증이 났고, 잠시 동안은 책을 보지 않았다. 몇 달 후 다시 형법 책을 꺼내어 보면서 하나씩 의미를 알아가게 되었고, 지금은 부족하지만 저자가 되어 형법 책을 발간하게 되었다.

일일이 거론을 할 수는 없지만 저자가 공부를 할 수 있게 해준 기존의 많은 교수님들의 책이 오늘날 저자의 책의 근원이 되었고, 지금도 저자가 형법을 알고자 할 때 길라잡이가 되어주곤 한다.

현재, 경찰로 재직 중인 저자는 수사부서에 근무하면서 후배들에게 "예전에는 다는 아니지만 경찰이 시민들을 고문하고 폭행하여 자백을 받기도 했다. 미안하지만 그러한 분들이 너의 선배들이다. 너희들은 그러한 선배들을 부끄러워할 것이다. 하지만, 방법이 바뀌었을 뿐 너희들은 오늘날 새로운 방법으로 시민들을 고문하고 있다. 그것은 바로 형사사건을 제대로 해내지 못할 때이다. 법을 정확히 해석하고 사실관계를 명확히 파악하며 사건을 확인하여야 함에도,

공부를 게을리하여 법을 제대로 적용하지 못하고 진실을 밝히지 못함으로써 죄가 없음에도 아니면, 죄가 있음에도 이를 밝히지 못하는 상황이 발생할 수 있다. 이 또한 오늘날 국민들에게 새로운 고문이 될 것이다"라고 한 적이 있다.

공부에 끝이 없음을 새삼스럽게 느끼며 살고 있다. 책을 쓰기로 결심하였을 때 과연 어떤 식으로 써나가야 하는가에 대한 고민에만 몇 달을 소요한 것 같다. 그렇다고 고민한 만큼 멋진 책이 나왔는가에 대해서도 처음의 결심과 다르게 지금은 기대감과 소심함이 공존하고 있다. 다만, 이 책이 형법을 배웠고 또, 배우려는 사람들에게 조금이라도 도움이 되었으면 한다.

먼저, 책을 쓰는 데 있어 저자의 생각보다는 기존의 학설과 판례를 위주로 설명하였다. 다른 학자들의 학설을 소개함으로써 기본에 충실하도록 하였고, 판례를 다양하게 실어 오늘날 형법을 요하는 시험을 준비하는 데 부족함이 없도록 하려고 노력하였다. 각 파트별로 통설과 다수설 그리고 판례의 견해를 볼 수 있도록 하였다.

2020.12.8. 제22차 형법개정을 통하여 기존의 형법조문들이 알기 쉽게 변경되었다. 이 개정형법은 2021.12.9. 시행으로 본서에서는 기존의 조문을 토대로 기술되었으며, 개정된 조문은 별도로 기재하였다. 헌법재판소의 결정에 따라 효력이 상실된 낙태죄(제269조 제1항과 제270조 제1항), 그리고 최근 부동산의 양도담보 및 동산의 점유개정 방식으로의 양도담보 등에 대한 대법원 전원합의체 판결도 본서에 반영하려고 노력하였다.

이 책을 출간하기 위해 같이 고생한 대구수성대학교 이정기 교수님에게 감사의 뜻을 전하며, 저자에게 관심을 주었던 경찰 선배님, 후배님 그리고 동료들 모두에게 깊은 감사를 표한다.

2021년 8월
통일전망대가 보이는 저자의 작은 방에서(김철희)

끝으로 어려운 여건에서도 책의 출판을 허락해 주신 박영사 안종만 회장님
과 안상준 대표님, 교재출판에 도움 주신 장규식 과장님, 그리고 어려운 편집작
업을 꼼꼼히 세밀하게 수행해 주신 심성보 위원님께 감사드린다. 한국 법학의
발전을 함께해 온 박영사의 노력이 앞으로도 소중한 결실로 이루어지기를 희
망한다.

2021년 8월
저자 일동 씀

차 례

제1부 개인적 법익에 대한 죄

제1편 생명과 신체에 대한 죄

제2편 자유에 대한 죄

제1장 체포와 감금의 죄 ··· 90

제3편 명예와 신용·업무에 대한 죄

제4편 사생활의 평온에 대한 죄

제2부 사회적 법익에 대한 죄

제8장 위증과 증거인멸의 죄 ································ 779

제1부 개인적 법익에 대한 죄

제1편

생명과 신체에 대한 죄

제1장

살인의 죄

제1절 서 설

I. 의의, 보호법익

살인의 죄는 '사람을 살해함으로써 성립하는 범죄'이다. 본 장에서는 사람의 생명을 침해하는 살인의 죄를 처벌함으로써 생명보호를 구현하고자 한다. 살인죄의 보호법익은 '사람의 생명'이며, 보호의 정도는 '침해범'이다.

II. 살인죄의 구성요건의 체계

살인의 죄는 보통살인죄(제250조 제1항)를 기본적 구성요건으로 한다. 존속살해죄(제250조 제2항)는 책임가중유형이며, 영아살해죄(제251조)는 책임감경유형이다. 촉탁·승낙에 의한 살인죄(제252조 제1항)와 자살교사·방조죄(제252조 제2항)는 불법감경유형이며, 위계·위력에 의한 촉탁·승낙살인과 자살교사죄(제253조)를 제250조의 예에 의해 처벌하고 있다. 그 밖에 미수범(제252조)과 예비·음모(제255조)를 처벌한다.

본 장과 관련하여 형사소송법 제253조의2(공소시효의 적용 배제)에서 '사람을 살해한 범죄(종범은 제외한다)로 사형에 해당하는 범죄에 대하여 제249조부터 제

253조까지의 규정된 공소시효를 적용하지 아니한다'라고 규정하고 있어, 제250조
는 공소시효의 적용이 배제된다.

Ⅲ. 특별법

특정범죄가중처벌 등에 관한 법률 제5조의 9(보복범죄의 가중처벌 등) 제1항에
서 '자기 또는 타인의 형사사건의 수사 또는 재판과 관련하여 고소·고발 등 수사
단서의 제공, 진술, 증언 또는 자료 제출에 대한 보복의 목적으로 형법 제250조
제1항의 죄를 범한 사람은 사형, 무기 또는 10년 이상의 징역에 처한다. 고소·고
발 등 수사단서의 제공, 진술, 증언 또는 자료제출하지 못하게 하거나 고소·고발
을 취소하게 하거나 거짓으로 진술·증언·자료제출을 하게 할 목적인 경우에도
또한 같다'라고 규정함으로써 가중처벌을 하고 있다.

특정강력범죄의 처벌에 관한 특례법 제2조 제1항 제1호에서는 '형법 제2편
제24장 살인의 죄 중 제250조(살인, 존속살해), 제253조(위계 등에 의한 촉탁살인) 및
제254조(미수범, 다만 제251조 및 제252조의 미수범은 제외한다)의 죄'를 규정, 제3조
의 누범에 대한 장기 및 단기의 가중, 제5조 집행유예의 제한, 제10조 집중심리,
제13조 신속한 판결 선고의 특례를 두고 있다.

제2절 개별적 범죄 유형

Ⅰ. 보통살인죄

> **제250조【살인】** ① 사람을 살해한 자는 사형, 무기 또는 5년 이상의 징역에 처한다.

1. 의의, 보호법익

본죄는 '사람을 살해함으로서 성립하는 범죄'이다. 보호법익은 '사람의 생명'
이며, 보호의 정도는 '침해범'이다. 미수범 및 예비·음모는 처벌한다.

2. 객관적 구성요건

(1) 행위의 주체

행위의 주체는 '자연인'이다. 피해자는 주체가 될 수 없으며, 법인은 해당되지 않는다.

(2) 행위의 객체

행위의 객체는 '사람'이다. 사람은 행위자가 아닌 타인으로 생명이 있는 사람이어야 한다. 따라서, 태아 또는 사자(死者)는 해당되지 않는다.

(가) 사람의 시기

사람의 시기 '출생'에 대해서는 다음과 같이 학설이 대립한다.

① '진통설(분만개시설)'은 분만을 위해 규칙적인 진통을 동반하면서 태아가 태반으로부터 이탈하기 시작한 때를 사람의 시기로 본다. 이는 분만이 개시됨을 의미한다. 이 학설은 통설이며, 판례의 견해이다.[1] ② '일부노출설'은 태아의 신체 일부가 모체에서 노출된 시점을 사람의 시기로 본다. ③ '전부노출설'은 분만이 완료되어 태아가 모체에서 완전히 분리된 시점을 사람의 시기로 본다.[2] ④ '독립호흡설'은 태아가 모체에서 분리되어 독립적으로 폐에 의한 호흡을 시작한 시점을 사람의 시기로 본다. 이외, 제왕절개수술과 같은 인공분만의 경우에는 '자궁의 절개'를 하는 시점에서 사람의 시기로 본다.[3]

(나) 사람의 종기

사람의 종기 '사망'에 대해서는 다음과 같이 학설이 대립한다.

① '호흡종지설'은 호흡이 정지되어 되살아날 수 없는 상태일 때 사람의 종기로 본다. ② '맥박종지설(심장고동종지설, 심장자설)'은 심장 고동이 정지하여 맥박이 되살아날 수 없는 상태일 때 사람의 종기로 본다. ③ '종합판정설'은 호흡과 맥

---

1) 태아가 어느 시기에 사람이 되는가에 관하여는 그 출산과정과 관련하여 여러 가지 설이 있는 바이나, 사람의 생명과 신체의 안전을 보호법익으로 하고 있는 형법상의 해석으로는 규칙적인 진통을 동반하면서 태아가 태반으로부터 이탈되기 시작한 때, 다시 말하여 분만이 개시된 때(소위 진통설 또는 분만개시설)가 사람의 시기라고 봄이 타당하다고 여겨지며, 이는 형법 제251조(영아살해)에서 분만 중의 태아도 살인죄의 객체가 된다고 규정하고 있는 점을 미루어 보아서도 그 근거를 찾을 수 있다(대판 1982.10.12. 81도2621; 대판 2007.6.29. 2005도3832).

2) 민법에서의 통설.

3) 김/서, 21면; 박상기, 19면; 배종대, 53면; 손동권, 9면; 오영근, 16면; 이재상, 15면; 임웅, 15면; 정/박, 19면.

박의 정지, 동공의 확대·고정이라는 징후가 보일 때 사람의 종기로 본다. ④ '뇌사설'은 뇌기능이 되살아날 수 없는 상태, 즉 뇌기능이 종국적으로 정지된 상태일 때 사람의 종기로 본다.⁴⁾ 뇌사자에 대해 사망자로 볼 것인가에 대해 '장기 등 이식에 관한 법률' 제4조 제5호는 "'살아있는 사람'이란 사람 중에서 뇌사자를 제외한 사람을 말하고, '뇌사자'란 이 법에 따른 뇌사판정기준 및 뇌사판정절차에 따라 뇌 전체의 기능이 되살아날 수 없는 상태로 정지되었다고 판정된 사람을 말한다"라고 규정되어 있다. 일반적으로 사람의 죽음이란 심폐기능의 정지를 의미한다. 그러나 의학적인 발달로 인해 인공적으로 심장박동을 할 수 있게 됨에 따라, 뇌기능이 소실하였을 때의 문제가 대두되었다. 대한의학협회 내 '죽음의 정의 위원회'에서는 1989년에 죽음을 "심장, 폐 기능의 불가역적 정지 또는 뇌간을 포함한 전 뇌기능의 불가역적 손실"이라고 정의하고, 1993년 3월 4일 '뇌사에 관한 선언'에서 "사망은 심폐기능의 정지인 심폐사 또는 전뇌기능의 소실인 뇌사로서 판단한다"라고 뇌사를 죽음으로 인정한다는 입장을 밝혔다. 이와 같이 사람의 종기는 하나의 징후로 판단하기보다는 시대적 흐름에 맞춰 다양한 관점에서 보아야 할 것이다.

사견으로, 심장이 정지된 심장자설과 뇌기능의 소실로 인해 더 이상 회복이 불가능한 뇌사설 두 경우 모두 사람의 종기로 봄이 타당하다고 생각한다.

(3) 실행 행위

실행 행위는 '살해'이다.

'살해'란 사람의 생명을 자연적 죽음에 앞서 끊어버리는 행위를 말한다. 살해의 방법과 수단은 불문하며, 타살, 독살, 교살 등 유형적 방법이든 정신적 고통을 주는 무형적 방법이든 상관없다. 작위 또는 부작위⁵⁾⁶⁾도 가능하며, 직접적·간접

---

4) 뇌사설은 대뇌의 기능이 소실된 대뇌사설, 뇌간의 기능이 소실된 뇌간사설, 뇌간을 포함한 뇌의 전부의 기능이 소실된 전뇌사설로 나뉘어진다. 뇌사설은 일반적으로 전뇌사설을 의미한다.

5) 형법이 금지하고 있는 법익침해의 결과 발생을 방지할 법적인 작위의무를 지고 있는 자가 그 의무를 이행함으로써 결과 발생을 쉽게 방지할 수 있었음에도 불구하고 그 결과의 발생을 용인하고 이를 방관한 채 그 의무를 이행하지 아니한 경우에 그 부작위가 작위에 의한 법익침해와 동등한 형법적 가치가 있는 것이어서 그 범죄의 실행 행위로 평가될 만한 것이라면, 작위에 의한 실행 행위와 동일하게 부작위범으로 처벌할 수 있다고 할 것이다. 피고인이 조카인 피해자(10세)를 살해할 것을 마음먹고 저수지로 데리고 가서 미끄러지기 쉬운 제방 쪽으로 유인하여 함께 걷다가 피해자가 물에 빠지자 그를 구호하지 아니하여 피해자를 익사하게 한 것이라면 피해자가 스스로 미끄러져서 물에 빠진 것이고, 그 당시는 피고인이 살인죄의 예비 단계에 있었을 뿐 아직 실행의 착수에는 이르지 아니하였다고 하

적인 방법도 불문한다. 간접적인 방법으로는 자살의 의미를 모르는 사람을 속여 자살하게 하거나 정신병자 등을 이용하여 간접정범의 형태로 행하여질 수 있다.

□ 무고나 위증에 의한 간접 살인을 인정할 수 있는가?

법원의 착오를 유발하거나 소송사기와 같이 기망을 인정할 수 있는 이상, 무고나 위증이 법원의 사형선고 사이에 인과관계를 입증될 것을 전제로 하여 간접정범에 의한 살인죄의 성립을 인정할 수 있다는 견해[7]와 형사소송법상 법원이 직권으로 실체적인 진실을 발견해야 하는 의무를 갖고 있으므로 고소·고발인이나 증인이 재판지배를 인정할 수 없으므로 살인죄의 간접정범이 성립할 수 없다는 견해[8]로 나뉘어지고 있다.

(4) 실행의 착수·기수시기, 인과관계

본죄는 살해의 고의로 행위를 직접 개시한 때에 실행의 착수가 인정되며,[9] 사망의 결과가 발생함으로써 기수가 된다. 이때, 실행의 착수가 있으나 사망의 결과가 발생하지 않거나 사망의 결과에 대한 인과관계가 부정되면 본죄의 미수범이 성립한다. 이때, 인과관계는 살인의 실행 행위가 사망이라는 결과를 발생하게 한 유일한 원인이거나 직접적인 원인이어야만 되는 것은 아니다.[10] 행위자가 인식한

더라도, 피해자의 숙부로서 익사의 위험에 대처할 보호 능력이 없는 나이 어린 피해자를 익사의 위험이 있는 저수지로 데리고 갔던 피고인으로서는 피해자가 물에 빠져 익사할 위험을 방지하고 피해자가 물에 빠지는 경우 그를 구호하여 주어야 할 법적인 작위의무가 있다고 보아야 할 것이고, 피해자가 물에 빠진 후에 피고인이 살해의 범의를 가지고 그를 구호하지 아니한 채 그가 익사하는 것을 용인하고 방관한 행위(부작위)는 피고인이 그를 직접 물에 빠뜨려 익사시키는 행위와 다름없다고 형법상 평가될 만한 살인의 실행 행위라고 보는 것이 상당하다(대판 1992.2.11. 91도2951).

6) 선박침몰 등과 같은 조난사고로 승객이나 다른 승무원들이 스스로 생명에 대한 위협에 대처할 수 없는 급박한 상황이 발생한 경우에는 선박의 운항을 지배하고 있는 선장이나 갑판 또는 선내에서 구체적인 구조행위를 지배하고 있는 선원들은 적극적인 구호 활동을 통해 보호 능력 없는 승객이나 다른 승무원의 사망 결과를 방지하여야 할 작위의무가 있으므로, 법익 침해의 태양과 정도 등에 따라 요구되는 개별적, 구체적인 구호 의무를 이행함으로써 사망의 결과를 쉽게 방지할 수 있음에도 그에 이르는 사태의 핵심적 경과를 그대로 방관하여 사망의 결과를 초래하였다면, 부작위는 작위에 의한 살인행위와 동등한 형법적 가치를 가지고 작위의무를 이행하였다면 결과가 발생하지 않았을 것이라는 관계가 인정될 경우에는 작위를 하지 않은 부작위와 사망의 결과 사이에 인과관계가 있다(대판 2015.11.12. 2015도6809 전원합의체) — 세월호 침몰사고(2014.4.16.).

7) 임웅, 20면; 이정원, 37면.

8) 박상기, 24면; 배종대, 63면; 이재상, 19면; 김형국, 16면; 정/박, 23면.

9) 피고인이 격분하여 피해자를 살해할 것을 마음먹고 밖으로 나가 낫을 들고 피해자에게 다가서려고 하였으나 제3자가 이를 제지하여 그 틈을 타서 피해자가 도망함으로써 살인의 목적을 이루지 못한 경우, 피고인이 낫을 들고 피해자에게 접근함으로써 살인의 실행 행위에 착수하였다고 할 것이므로 이는 살인미수에 해당한다(대판 1986.2.25. 85도2773).

사실과 발생한 결과 사이에 인과과정의 본질적 차이가 없다면 발생된 결과에 대한 고의를 인정할 수 있다.[11]

3. 주관적 구성요건

본죄의 고의는 객체인 사람에 대한 인식, 살해에 대한 인식과 인용이다. 이때, 고의는 확정적 고의 이외에도 미필적 고의로도 충분하다.[12] 살인의 범의가 있었는지 여부는 범행에 이르게 된 경위, 범행의 동기, 준비된 흉기의 유무, 종류, 용법, 공격의 부위와 반복성, 사망의 결과 발생 가능성 정도 등 범행 전후의 객관적인 사정을 종합하여 판단하여야 한다.[13]

□ 살인의 고의 관련 판례

〈고의가 인정되는 경우〉

① 피고인이 정교 관계를 가졌던 피해자로부터 금품요구와 협박을 받아 오다가 위 피해자를 타이르던 중 반항하는 위 피해자를 순간적으로 살해하기로 결의하고 양손으로 피해자의 목을 졸라 질식, 사망케 한 사실이 인정된다면 피고인에게 살인의 확정적 범의가 있었음이 분명하다(대판 1983.9.13. 83도1817).

② 피고인이 범행 전 과도를 숨기고 범행 현장에서 피해자를 기다리고 있다가 단번에 피해자의 복부를 찔러 복대동맥좌창으로 인한 실혈로 병원으로 옮기는 도중 사망케 한 점 등 위 사실관계에 비추어 피고인에게 살의를 인정한 원심의 조치는 정당하다(대판 1986.5.27. 86도420).

③ 건장한 체격의 군인이 왜소한 체격의 피해자를 폭행하고 특히 급소인 목을 설골이 부러질 정도로 세게 졸라 사망케 한 행위는 살인의 범의가 있다(대판 2001.3.9. 2000도5590).

---

10) 살인의 실행 행위가 피해자의 사망이라는 결과를 발생하게 한 유일한 원인이거나 직접적인 원인이어야만 되는 것은 아니므로, 살인의 실행 행위와 피해자의 사망과의 사이에 다른 사실이 개재되어 그 사실이 치사의 직접적인 원인이 되었다고 하더라도 그와 같은 사실이 통상 예견할 수 있는 것에 지나지 않는다면 살인의 실행 행위와 피해자의 사망과의 사이에 인과관계가 있는 것으로 보아야 한다(대판 1994.3.22. 93도3612).

11) 갑은 약간 저능아인 자기의 처에게 병이 젖을 달라고 하면서 희롱하자 병의 뺨을 때렸는데, 술에 취한 병이 욕설을 하자 순간적으로 분노가 폭발하여 병을 살해하기로 마음먹고 을과 합세하여 병의 머리와 가슴을 돌맹이로 후려쳤다. 병이 뇌진탕으로 정신을 잃고 축 늘어지자 갑과 을은 병이 죽은 것으로 오인하고 시체를 몰래 파묻어 증거를 인멸할 목적으로 병을 개울가로 끌고 가 웅덩이를 파고 매장하였는데 그 결과 병은 질식사하였다. 피해자가 피고인들의 살해의 의도로 행한 구타 행위에 의하여 직접 사망한 것이 아니라 죄적을 인멸할 목적으로 행한 매장 행위에 의하여 사망하게 되었다 하더라도 전 과정을 개괄적으로 보면 피해자의 살해라는 처음에 예견된 사실이 결국은 실현된 것으로서 피고인들은 살인죄의 죄책을 면할 수 없다(대판 1988.6.28. 88도650).

④ 피고인이 교통사고를 가장하여 피해자들을 살해하고 보험금을 수령하여 자신의 경제적 곤란을 해결하고 신변을 정리하는 한편, 그 범행을 은폐할 목적으로 피해자들을 승용차에 태운 후에 고의로 승용차를 저수지에 추락시켜 피해자들을 사망하게 한 것으로서 살인의 범의가 인정된다(대판 2001.11.27. 2001도4392).

⑤ 피고인이 예리한 식도로 피해자의 하복부를 찔러 직경 5센티, 길이 15센티 미터 이상의 자상을 입힌 결과 사망하였다면 일반적으로 내장파열 및 다량의 출혈과 자창의 감염으로 사망의 결과를 발생하게 하리라는 점을 경험상 예견할 수 있는 것이므로 피고인에게 살인의 결과에 대한 확정적 고의는 없다 치더라도 미필적 인식은 있었다고 볼 수 있다(대판 1982.12.28. 82도2525).

〈고의가 인정되지 않는 경우〉

경찰관이 질주하는 화물자동차의 승강구에 뛰어올라 동 차에 적재되어 있는 임산물에 대한 부정성 여부를 조사하기 위하여 정차를 명함에 있어 화주가 이를 피하기 위하여 경찰관을 폭행하여 동 차로부터 추락시킨 결과 사망케 한 경우, 가해자가 피해자를 살해할 것을 결의하였다고 속단할 수 없다(대판 1957.5.24. 4290형상56).

4. 위법성

(1) 위법성 조각사유로서의 정당행위

교도관의 사형집행, 장기이식을 위한 뇌사자의 장기 적출, 전투에서의 적 살해 등의 행위는 살인죄의 위법성 조각사유가 된다. 하지만, 법익의 균형성이 요구되는 긴급피난이나 청구권에 대해서만 허용되는 자구행위는 위법성이 조각되지 않는다.

(2) 안락사

'안락사'란 육체적 고통이 심하고 사기가 임박하거나 회복의 가망이 없는 중환자의 고통을 덜어주기 위하여 인위적으로 생명을 단축시켜 사망하게 하는 의료행위를 말한다.

'호스피스·완화치료 및 임종 과정에 있는 환자의 연명의료결정에 관한 법률' 제2조 제1호에서 '임종 과정'이란 회생의 가능성이 없고, 치료에도 불구하고 회복

---

12) 살인죄의 범의는 자기의 행위로 인하여 피해자가 사망할 수도 있다는 사실은 인식, 예견하는 것으로 족하고 피해자의 사망을 희망하거나 목적으로 할 필요는 없고, 또 확정적인 고의가 아닌 미필적 고의로도 족한 것이다(대판 1994.12.22. 94도2511).

13) 대판 2009.2.26. 2008도9867.

되지 아니하며, 급속도로 악화되어 사망에 임박한 상태로 규정하고 있다. 이 법률 상의 요건에 맞는 의사의 안락사 시술행위는 형법 제20조의 '법령에 의한 행위'로 서 위법성이 조각된다.

판례도 소극적 안락사[14]가 환자의 의사결정을 존중하여 환자의 인간으로서 의 존엄과 가치 및 행복추구권을 보호하는 것이 사회상규에 부합되고 헌법정신에 도 어긋나지 아니한다며, 특별한 사정이 없는 한 허용될 수 있다고 하였다.[15]

5. 죄수 및 다른 죄와의 관계

① 한 개가 행위로 수인을 살해한 경우에는 수개의 살인죄의 상상적 경합이 성립한다.

② 동일한 기회 및 같은 방법으로 수인을 살해한 경우에는 수개의 살인죄의 실체적 경합이 성립한다.

③ 살해의 목적으로 동일인에게 일시 장소를 달리하고 수차례에 걸쳐 예비 행위를 하거나 또는 공격을 하였으나 미수에 그치다가 결국 살해한 경우에는 살

---

14) 사기가 임박하고 현대의학의 견지에서 불치의 환자, 특히 식물인간의 상태에 있는 환자에 대하여 의사가 생명 유지에 필요한 의료적인 처치를 취하지 않거나 이미 부착된 인공생명 유지장치를 제거하는 경우를 말한다(임웅, 28면).

15) (다수의견) 의학적으로 환자가 의식의 회복 가능성이 없고 생명과 관련된 중요한 생체기능 의 상실을 회복할 수 없으며 환자의 신체 상태에 비추어 짧은 시간 내에 사망에 이를 수 있음이 명백한 경우(이하 '회복 불가능한 사망의 단계'라 한다)에 이루어지는 진료행위(이 하 '연명치료'라 한다)는 원인이 되는 질병의 호전을 목적으로 하는 것이 아니라 질병의 호 전을 사실상 포기한 상태에서 오로지 현 상태를 유지하기 위하여 이루어지는 치료에 불과 하므로, 그에 이르지 아니한 경우와는 다른 기준으로 진료 중단 허용가능성을 판단하여야 한다. 환자가 회복 불가능한 사망의 단계에 진입한 경우, 환자는 전적으로 기계적인 장치 에 의존하여 연명하게 되고, 전혀 회복 가능성이 없는 상태에서 결국 신체의 다른 기능까 지 상실되어 기계적인 장치에 의하여서도 연명할 수 없는 상태에 이르기를 기다리고 있을 뿐이므로 의학적인 의미에서는 치료의 목적을 상실한 신체침해행위가 계속적으로 이루어 지는 것이라 할 수 있으며, 이는 죽음의 과정이 시작되는 것을 막는 것이 아니라 자연적으 로 이미 시작된 죽음의 과정에서의 종기를 인위적으로 연장시키는 것으로 볼 수 있다. 생 명권이 가장 중요한 기본권이라고 하더라도 인간의 생명 역시 인간으로서의 존엄성이라는 인간 존재의 근원적인 가치에 부합하는 방식으로 보호되어야 할 것이다. 따라서 이미 죽음 의 고정이 시작되었다고 볼 수 있는 회복 불가능한 사망의 단계에 이른 후에는 의학적으로 무의미한 신체침해행위에 해당하는 연명치료를 환자에게 강요하는 것이 오히려 인간의 존 엄과 가치를 해하게 되므로, 이와 같은 예외적인 상황에서 죽음을 맞이하려는 환자의 의사 결정을 존중하여 환자의 인간으로서의 존엄과 가치 및 행복추구권을 보호하는 것이 사회 상규에 부합되고 헌법정신에도 어긋나지 아니한다고 할 것이다. 그러므로 회복 불가능한 사망의 단계에 이른 후에 환자가 인간으로서의 존엄과 가치 및 행복추구권에 기초하여 자 기결정권을 행사하는 것으로 인정되는 경우에는 특별한 사정이 없는 한 연명치료의 중 단이 허용될 수 있다(대판 2009.5.21. 2009다17417 전원합의체).

해의 목적을 달성할 때까지의 행위는 모두 실행 행위의 일부로서 포괄적으로 보고 단순한 한 개의 살인기수죄가 성립한다.[16]

④ 사람을 살해한 자가 그 사체를 다른 장소에 유기한 경우에는 살인죄와 사체유기죄의 실체적 경합이 성립한다.[17] 하지만, 사체의 발견을 불가능하게 할 의사로 피해자를 유인하여 살해하고 사체를 그대로 둔 경우에는 별도로 사체유기죄가 성립되지 아니한다.[18]

⑤ 사람을 살해할 목적으로 현주건조물에 방화하여 사망에 이르게 한 경우에는 현주건조물방화치사죄만 성립한다.[19] 하지만, 현주건조물에 방화 후 그 곳에서 빠져나오는 피해자들을 막아 소사케 한 경우에는 현주건조물방화죄와 살인죄의 실체적 경합범이 성립한다.[20]

Ⅱ. 존속살해죄

> 제250조【존속살해】 ② 자기 또는 배우자의 직계존속을 살해한 자는 사형, 무기 또는 7년 이상의 징역에 처한다.

1. 의의, 성격

본죄는 '자기 또는 배우자의 직계존속을 살해함으로써 성립하는 범죄'이다. 본죄는 보통살인죄에 비해 신분으로 인한 책임가중유형으로, 부진정신분범이다. 미수범 및 예비·음모는 처벌한다.

2. 객관적 구성요건

(1) 행위의 주체

행위의 주체는 '직계비속'이다. 이는 객체가 '자기 또는 배우자의 직계존속'이

---

16) 대판 1965.9.28. 65도695.
17) 대판 1997.7.25. 97도1142.
18) 살인 등의 목적으로 사람을 살해한 자가 그 살해의 목적을 수행함에 있어 사후 사체의 발견이 불가능 또는 심히 곤란하게 하려는 의사로 인적이 드문 장소로 피해자를 유인하거나 실신한 피해자를 끌고가서 그곳에서 살해하고 사체를 그대로 둔 채 도주한 경우에는 비록 결과적으로 사체의 발견이 현저하게 곤란을 받게 되는 사정이 있다 하더라도 별도로 사체은닉죄가 성립되지 아니한다(대판 1986.6.24. 86도891).
19) 대판 1996.4.26. 96도485.
20) 대판 1983.1.18. 82도2341.

므로, 객체와 주체는 '직계존속·비속'의 관계에 있다.

(2) 행위의 객체

행위의 객체는 '자기 또는 배우자의 직계존속'이다.

'직계존속'이라 함은 민법상의 개념으로, 혈족을 의미하는데, 부모, 조부모, 증조부모 등을 말한다. 이때 직계존속은 법률상의 개념을 뜻하며, 사실상의 관계는 제외한다. 혼인 외의 출생자와 생모,21) 다른 집에 입양된 자와 친부모 사이,22) 양자와 양친 사이23)는 직계존속으로 인정되나 인지 이전의 혼인 외의 출생자와 생부 사이, 계자와 계부 사이, 인지된 서자와 적모 사이는 인정되지 않는다.

'배우자'란 적법한 혼인절차를 거친 법률상의 배우자를 의미하고, 사실혼 관계의 배우자는 제외된다. 배우자는 생존시를 의미하므로, 사망한 배우자의 직계존속은 본죄에 해당하지 않는다. 단, 신분 관계는 살해 행위의 착수시에 존재하면 족하므로, 배우자를 먼저 살해하고 그의 직계존속을 살해한 경우에는 살해행위 착수시에 배우자와의 신분관계가 존재하므로 본죄가 성립한다.

(3) 실행 행위

실행 행위는 '살해'이다. 보통살인죄와 동일하다.

3. 주관적 구성요건

본죄의 고의는 자기 또는 배우자의 직계존속을 살해한다는 인식이 있어야 한다. 그러므로, 행위자가 오인하여 직계존속을 살해한 경우에는 본죄가 아니라 보통살인죄가 성립한다.24) 이와 반대로 존속살해의 고의로 보통살인을 하였을 경우, 객체의 착오인 경우에는 존속살해죄의 불능미수와 보통살인죄의 기수의 상상적 경합이 성립하지만, 방법의 착오인 경우에는 존속살해죄의 장애미수범과 과실치사죄의 상상적 경합이 성립한다.25)

---

21) 혼인 외의 출생자가 인지하지 않은 생모를 살해한 경우 혼인 외의 출생자와 생모 간에는 생모의 인지나 출생신고를 기다리지 않고 자의 출생으로 당연히 법률상의 친족 관계가 생기는 것이므로, 존속살인죄가 성립한다(대판 1980.9.9. 80도1731).

22) 타가(他家)의 양자로 입양된 사실이 있다 할지라도 생가를 중심으로 사는 종전의 친족 관계는 소멸되는 것이 아니다(대판 1967.1.31. 66도1483).

23) 민법 제908조의3 "입양한 양자는 원칙적으로 양친과의 친족 관계는 인정되고, 종전의 친족 관계는 종료된다."

24) 갑이 평소 불만을 품고 있던 을을 살해하려고 하였으나 깜깜한 밤중인데다가 사람이 많이 모인 혼잡한 상황에서 자신의 장모 병을 을로 오인하고 살해한 경우, 형법 제15조 소정의 특히 중한 죄가 되는 사실을 인식하지 못한 행위에 해당한다(대판 1960.10.31. 4293형상494).

4. 존속살해죄 가중처벌의 위헌성

존속살해죄의 가중처벌은 헌법상 평등의 원칙에 위배되는 규정이라는 논의에 대해 헌법재판소는 "헌법상 평등의 원칙 및 인간으로서의 존엄과 가치 등에 반하지 않으므로, 위헌이 아니다"라고 판시하고 있다.

□ 헌법재판소 결정요지

비속의 직계존속에 대한 존경과 사랑은 봉건적 가족제도의 유산이라기보다는 우리 사회윤리의 본질적 구성 부분을 이루고 있는 가치 질서로서, 특히 유교적 사상을 기반으로 전통적 문화를 계승, 발전시켜 온 우리나라의 경우는 더욱 그러한 것이 현실인 이상 '비속'이라는 지위에 의한 가중처벌의 이유와 그 정도의 타당성 등에 비추어 그 차별적 취급에는 합리적 근거가 있으므로 이 사건 법률조항은 헌법 제11조 제1항의 평등원칙에 반한다고 할 수 없다. 존속상해치사죄와 같은 범죄행위가 헌법상 보호되는 사생활의 영역에 속한다고 볼 수 없을 뿐만 아니라 이 사건 법률조항의 입법목적이 정당하고 그 형의 가중에 합리적 이유가 있으며, 직계존속이 아닌 통상인에 대한 상해치사죄도 처벌되고 있는 이상, 그 가중 처벌에 의하여 가족관계상 비속의 사생활이 왜곡된다거나 존속에 대한 효의 강요나 개인윤리문제에의 개입 등 외부로부터 부당한 간섭이 있는 것이라고는 말할 수 없으므로, 이 사건 법률조항은 헌법 제17조의 사생활의 자유를 침해하지 아니한다. 또한, 위 가중처벌에 의하여 가족 개개인의 존엄성 및 양성의 평등이 훼손되거나 인간다운 생활을 보장받지 못하게 되리라는 사정은 찾아볼 수 없고, 오히려 폐륜적·반도덕적 행위의 가중처벌을 통하여 친족 내지 가족에 있어서의 자연적·보편적 윤리를 형법상 보호함으로써 개인의 존엄과 가치를 더욱 보장하고, 이를 통하여 올바른 사회질서가 형성될 수 있다고 보아야 할 것이므로, 이 사건 법률조항은 혼인제도와 가족제도에 관한 헌법 제36조 제1항에 위배되거나 인간으로서의 존엄과 가치 또는 행복추구권도 침해하지 아니한다(헌재 2002.3.28. 2000헌바53).

5. 공범

갑과 을이 공동으로 갑의 아버지를 살해한 경우, 존속살해죄는 부진정신분범으로, 비신분자인 공범이 가공한 경우에는 제33조의 단서를 적용하여, 갑과 을 모두 존속살해죄의 공동정범이 되지만, 을은 제33조 단서에 의해 보통살인죄로 처벌된다(판례).[26]

---

25) 김/서, 30면; 배종대, 85면; 손동권, 19면; 신호진, 617면.
26) 총론 공범과 신분범 참조.

Ⅲ. 영아살해죄

> 제251조【영아살해】직계존속이 치욕을 은폐하기 위하거나 양육할 수 없음을 예상하거나 특히 참작할 만한 동기로 인하여 분만 중 또는 분만 직후의 영아를 살해한 때에는 10년 이하의 징역에 처한다.

1. 의의, 성격

본죄는 '직계존속이 치욕을 은폐하기 위하거나 양육할 수 없음을 예상하거나 특히 참작할 만한 동기로 인하여 분만 중 또는 분만 직후의 영아를 살해함으로써 성립하는 범죄'이다. 본죄는 직계존속의 범행동기가 참작할 만한 사유가 있다는 이유로 책임이 감경되는 유형으로, 부진정신분범이다. 미수범은 처벌한다.

2. 객관적 구성요건

(1) 행위의 주체

행위의 주체는 '직계존속'이다. 직계존속은 존속살해죄와 달리 법률상뿐만 아니라 사실상의 직계존속도 포함한다고 보는 것이 통설이다. 하지만, 판례는 법률상의 직계존속만 본죄의 주체로 본다.[27]

(2) 행위의 객체

행위의 객체는 '분만 중 또는 분만 직후의 영아'이다.

'분만 중'이라 함은 산모가 진통을 시작하는 때로부터 분만이 완료되는 시기까지를 의미하고, '분만 직후'라 함은 분만으로 인한 비정상적인 심리상태가 계속되는 동안을 의미한다(통설). 이때, '영아'는 태아가 아닌 '젖을 먹을 나이의 어린 아이'를 말하는 것으로, 생후 2개월 된 아이는 영아로 볼 수 없다.[28]

(3) 실행 행위

실행 행위는 '살해'이다. 보통살인죄의 살해와 동일하다.

---

27) 남녀가 사실상의 동거한 관계에 있고 그 사이에 영아가 분만되었다 하더라도 그 남자와 영아와의 사이에 법률상 직계존속, 비속의 관계가 있다 할 수 없으므로 그 남자가 영아를 살해한 경우에는 보통살인죄에 해당한다(대판 1970.3.10. 69도2285).

28) 영아살해죄의 객체가 되는 것은 산모의 분만 중 또는 분만 직후의 생존아를 말하는 것이고, 생후 2개월이 경과한 때에는 형법에 규정된 영아라 할 수 없다(대판 1968.3.26. 67노317).

3. 주관적 구성요건

본죄의 고의는 자신이 직계존속이라는 것과 분만 중 또는 분만 직후의 영아를 살해한다는 인식과 인용이 있어야 한다.

4. 동기

본죄는 '치욕을 은폐하기 위하거나 양육할 수 없음을 예상하거나 특히 참작할 만한 동기'가 있어야 한다. 본죄가 적용되기 위해서는 이러한 동기가 있어야 하고, 이와 같은 동기가 없이 영아를 살해한 경우에는 보통살인죄가 적용된다.

'치욕을 은폐'한다는 것은 예컨대, 강간으로 인한 임신을 한다거나 미혼모가 사생아를 출산하는 등의 경우를 말하고, '양육할 수 없음을 예상'한다는 것은 경제적인 빈곤으로 인해 양육할 수 없는 경우이고, '특히 참작할 만한 동기'라 함은 예시된 경우 이외 기형아의 출산 등 책임을 감경할 수 있을 만한 사유를 말한다.

5. 착오

행위자가 본죄의 동기가 있음에도 없다고 오인하여 영아를 살해한 경우에는 보통살인죄가 성립하며, 이와 반대로 본죄의 동기가 없음에도 있다고 오인하여 영아를 살해한 경우에는 영아살해죄가 성립한다. 이는 본죄의 동기는 특별한 책임표지의 문제이기 때문이다.[29]

6. 부진정신분범에 가공한 공범

본죄는 부진정신분범으로 이에 가공한 비신분자의 경우에는 총칙의 제33조를 적용한다.[30] 예로, 갑이 을을 교사하여 을의 영아(병)를 살해하도록 한 경우, 갑은 제33조의 단서의 의미인 개별책임의 원칙과 같이 보통살인죄의 교사범, 을은 영아살해죄로 처벌된다.

---

29) 박상기, 31면; 이형국, 34면.
30) 제33조(공범과 신분) 신분관계로 인하여 성립될 범죄에 가공한 행위는 신분관계가 없는 자에게도 전3조(제30조 공동정범, 제31조 교사범, 제32조 종범)의 규정을 적용한다. 단, 신분관계로 인하여 형의 경중이 있는 경우에는 중한 형으로 벌하지 아니한다.

Ⅳ. 촉탁·승낙살인죄

> **제252조【촉탁, 승낙에 의한 살인 등】** ① 사람의 촉탁 또는 승낙을 받어 그를 살해한 자는 1년 이상 10년 이하의 징역에 처한다.

1. 의의, 성격

본죄는 '사람의 촉탁 또는 승낙을 받어 그를 살해함으로써 성립하는 범죄'이다. 본죄는 피해자의 동의를 받고 살해하였다는 이유로 불법이 감경되는 유형이다. 미수범은 처벌한다.

본죄는 2020. 12. 8. '제252조(촉탁, 승낙에 의한 살인 등) ① 사람의 촉탁이나 승낙을 받아 그를 살해한 자는 1년 이상 10년 이하의 징역에 처한다'로 개정되었다(2021. 12. 9. 시행).

2. 객관적 구성요건

(1) 행위의 객체

행위의 객체는 '사람'이다. 사람은 자연인인 타인을 말하며, 남녀를 불문한다. 본죄에서의 사람은 살해에 대한 촉탁, 승낙을 할 수 있는, 즉 죽음의 의미를 이해할 수 있는 자를 말하므로, 정신병자나 판단능력이 없는 자 등은 본죄의 객체가 될 수 없다.

(2) 실행 행위

실행 행위는 '피해자의 촉탁 또는 승낙을 받아 살해'하는 것이다.

'촉탁'이란 죽기로 결심한 사람의 부탁에 의해 살해할 것을 결의하는 것이다. 이때, 행위자는 피해자의 촉탁으로 인해 살해 의사가 생겨야 하며, 만약 살해 의사가 있는 상태에서 피해자가 촉탁을 하는 경우에는 촉탁살인죄가 아닌 승낙살인죄가 성립할 수 있다.

'승낙'이란 살해의 의사가 있는 행위자가 피해자로부터 살해를 해도 좋다는 동의를 받는 것이다. 승낙의 표시는 명시적이고 진지한 의사표시여야 하며, 단순히 수인(受忍)하는 정도는 승낙으로 볼 수 없다. 또한 승낙은 행위 이전에 표시하여야 하며, 사후승낙은 인정되지 않는다.

촉탁 또는 승낙은 자유로운 의사에 의한 피해자가 하여야 하며, 제3자에 의한 경우에는 본죄가 성립하지 않는다.

3. 주관적 구성요건

본죄의 고의는 피해자가 촉탁 또는 승낙이 있음을 인식하고, 살해한다는 인식과 인용이 있어야 한다.

4. 착오

피해자의 촉탁 또는 승낙이 없음에도 행위자는 있는 것으로 오인하여 살해한 경우, 촉탁 또는 승낙살인죄가 성립한다. 이때, 행위자는 형법 제15조 제1항이 적용된다.[31] 이와 반대로 피해자의 촉탁 또는 승낙이 있음에도 행위자는 없다고 오인하여 살해한 경우, 보통살인죄의 미수범과 촉탁 또는 승낙 살인죄의 기수범의 상상적 경합범이 성립한다.[32]

Ⅴ. 자살관여죄

> 제252조 【자살관여】 ② 사람을 교사 또는 방조하여 자살하게 한 자도 전항의 형과 같다.

1. 의의, 성격

본죄는 '사람을 교사 또는 방조하여 자살하게 함으로써 성립하는 범죄'이다. 본죄는 자살관여죄라고 하며, 보통살인죄에 비해 불법이 감경되는 유형이다.

본죄의 교사 또는 방조는 총칙상의 공범이 아니라 각칙상의 독립된 공범처벌규정이다(통설).

본죄는 2020. 12. 8. '제252조(촉탁, 승낙에 의한 살인 등) ② 사람을 교사하거나 방조하여 자살하게 한 자도 제1항의 형에 처한다"로 개정되었다(2021. 12. 9. 시행).

---

31) 형법 제15조 제1항 특별히 중한 죄가 되는 사실을 인식하지 못한 행위는 중한 죄로 벌하지 아니한다.
32) 이에 대해 총론 '구성요건적 착오' 부분 참조.

2. 객관적 구성요건

(1) 행위의 객체

행위의 객체는 '사람'이다. 이때, 사람은 행위자 이외 자연인인 타인을 말한다. 본죄에서의 사람은 자살에 대한 의미를 이해할 수 있고 이를 판단할 수 있는 자를 말하므로, 정신병자나 판단능력이 없는 자 등은 본죄의 객체가 될 수 없다. 자살의 의미를 이해할 수 없는 자를 교사 또는 방조하여 자살하게 한 경우에는 본죄가 아니라 살인죄의 간접정범이 성립한다.[33]

(2) 실행 행위

실행 행위는 '사람을 교사 또는 방조하여 자살'하게 하는 것이다.

'자살교사'는 자살할 의사가 없는 자에게 자살을 하도록 결의하게 하는 것이다. 교사의 방법에는 제한이 없다. 단, 위계나 위력을 행사하는 경우에는 본죄가 아니라 제253조 위계·위력에 위한 살인죄가 성립한다.

'자살방조'는 자살을 하려고 하는 자가 자살을 용이하게 할 수 있도록 돕는 것이며, 방법에는 제한이 없다. 총이나 칼을 빌려주거나 조언 또는 격려를 하는 등의 방법도 포함된다.[34] 하지만, 자살용 독극물을 판다는 광고행위만으로는 본죄가 성립하지 않는다.[35]

(3) 실행의 착수·기수시기

본죄의 실행의 착수시기는 행위자가 자살을 교사·방조한 때이며, 피해자의 자살하여 사망한 때에 기수가 된다. 따라서, 자살을 교사·방조하였으나 피해자가

---

33) 피고인이 7세, 3세 남짓 된 어린 자식들에 대하여 함께 죽자고 권유하여 물속에 따라 들어오게 하여 결국 익사하게 하였다면, 비록 피해자들을 물속에 직접 밀어서 빠뜨리지는 않았다고 하더라도 자살의 의미를 이해할 능력이 없고 피고인의 말이라면 무엇이나 복종하는 어린 자식들을 권유하여 익사하게 한 이상 살인죄의 범의는 있었음이 분명하고 살인죄의 법리를 오해한 위법이 없다(대판 1987.1.20. 86도2395).

34) 형법 제252조 제2항의 자살방조죄는 자살하려는 사람의 자살행위를 도와주어 용이하게 실행하도록 함으로써 성립되는 것으로서, 그 방법에는 자살도구인 총, 칼 등을 빌려주거나 독약을 만들어 주거나, 조언 또는 격려를 한다거나 기타 적극적, 소극적, 물질적, 정신적 방법이 모두 포함된다(대판 1992.7.24. 92도1148).

35) 자살방조죄가 성립하기 위해서는 그 방조 상대방의 구체적인 자살의 실행을 원조하여 이를 용이하게 하는 행위의 존재 및 그 점에 대한 행위자의 인식이 요구된다. 피고인이 인터넷 사이트 내 자살 관련 카페 게시판에 청산염 등 자살용 유독물의 판매 광고를 한 행위가 단지 금원 편취 목적의 사기행각의 일환으로 이루어졌고, 변사자들이 다른 경로로 입수한 청산염을 이용하여 자살한 사정 등에 비추어 피고인의 행위는 자살방조에 해당하지 않는다(대판 2005.6.10. 2005도1373).

자살을 거절하거나 자살행위에 나아가지 않은 경우 또는 자살행위를 하였으나 실패한 경우에 미수범이 성립한다.

3. 주관적 구성요건

본죄의 고의는 상대방에게 자살의 결의를 갖게 하거나 자살을 용이하게 한다는 인식이 있어야 한다.[36]

□ 자살관여죄 고의 관련 판례

〈고의가 인정되는 경우〉

피해자가 피고인과 말다툼을 하다 죽고 싶다 또는 같이 죽자고 하며 피고인에게 기름을 사오라는 말을 하였고, 이에 따라 피고인이 피해자에게 휘발유 1병을 사다주었는데 그 직후에 피해자가 몸에 휘발유를 뿌리고 불을 붙여 자살한 사실을 인정한 후 위와 같은 피해자의 자살 경위에 피해자의 자녀 문제와 고부갈등, 경제적 어려움 등으로 인한 피고인과 피해자 사이의 가정불화 등을 보태어 보면, 피고인이 이 사건 당시 피해자에게 휘발유를 사다주면 이를 이용하여 자살할 수도 있다는 것을 충분히 예상할 수 있었음에도 피해자에게 휘발유를 사다주어 피해자가 자살하도록 방조한 것이다(대판 2010.4.29. 2010도2328).

〈고의가 인정되지 않는 경우〉

갑은 여자친구인 을녀의 예전 남자친구인 병이 몸에 휘발유를 끼얹은 채 찾아와 갑과 을녀가 탑승한 차량을 가로막으며 "을녀가 차에서 내리지 않으면 보는 앞에서 죽어버리겠다"라고 말하자, 갑은 "그럼 그냥 죽어라, 죽을 테면 죽어봐"라고 하며 소지하고 있는 라이터를 병에게 건네주자 병은 그 라이터로 몸에 불을 붙여 화상으로 사망하고 말았다. 피해자가 실제 자살하거나 몸에 불을 붙이는 행동으로 나아갈 것을 예견하였다고 볼 수 없다(대판 2008.9.25. 2008도6556).

4. 합의 동사의 문제

합의 동사란 상호 자살하기로 합의하고 자살을 하는 것을 말한다. 하지만, 합의 동사를 하는 과정에서 살아남은 사람에 대해 어떻게 할 것인가가 문제이다.

① 합의 동사를 시도하였으나 실패한 경우 타인의 자살을 방조한 사실이 있

[36] 자살방조죄가 성립하기 위해서는 그 방조 상대방의 구체적인 자살의 실행을 원조하여 이를 용이하게 하는 행위의 존재 및 그 점에 대한 행위자의 인식이 요구된다(대판 2008.9.25. 2008도6556).

으면 자살방조죄가 성립한다.

　② 자살의 의사가 없는 사람을 교하하여 합의 동사를 시도하였으나 상대방 만 사망한 경우에는 자살교사죄가 성립한다.

　③ 합의 동사를 할 것같이 상대방을 속여 상대방만 자살하게 하는 경우에는 본죄가 아니라 위계에 의한 살인죄가 성립한다.

VI. 위계·위력에 의한 살인죄

제253조의 【위계 등에 의한 촉탁살인 등】 전조의 경우에 위계 또는 위력으로써 촉탁 또는 승낙하게 하거나 자살을 결의하게 한 때에는 제250조의 예에 의한다.
---

1. 의의, 성격

본죄는 '위계 또는 위력으로써 사람의 촉탁 또는 승낙을 받아 사람을 살해하 거나 자살하게 함으로써 성립하는 범죄'이다. 본죄는 위계 또는 위력으로 자살을 하게 하는 것으로 독립된 구성요건이다. 미수범 및 예비·음모는 처벌한다.

2. 객관적 구성요건

(1) 위계·위력

'위계'란 상대방의 오인, 착각, 부지를 이용하는 것을 말한다. '위력'은 사람의 의사를 제압할 만한 유형·무형의 세력을 말한다. 본죄의 위계·위력은 상대방의 의사결정의 자유를 억압할 만한 것이어야 한다.

(2) 실행의 착수·기수시기

본죄의 실행의 착수는 위계 또는 위력을 행사할 때이며, 이로 인해 상대방이 사망한 때 기수가 된다. 위계와 위력의 행사 및 촉탁과 승낙 또는 자살 사이에는 인과관계가 있어야 하며, 인과관계가 인정이 되지 않는 경우에는 미수범이 성립 한다.

3. 주관적 구성요건

본죄의 고의는 위계 또는 위력으로써 사람의 촉탁 또는 승낙을 받아 살해하 거나 자살하게 한다는 사실에 대한 인식과 인용이 있어야 한다.

Ⅶ. 미수·예비, 음모 등

> **제254조【미수】** 전4조의 미수범은 처벌한다.
> **제255조【예비, 음모】** 제250조와 제253조의 죄를 범할 목적으로 예비 또는 음모한 자는 10년 이하의 징역에 처한다.
> **제256조【자격정지의 병과】** 제250조, 제252조 또는 제253조의 경우에 유기징역에 처할 때에는 10년 이하의 자격정지를 병과할 수 있다.

1. 살인미수죄

살인죄의 실행에 착수하였으나 살인행위를 종료하지 못하였거나, 살인행위는 종료하였지만 사망의 결과가 발생하지 않은 경우에는 살인미수죄가 성립한다. 전자의 경우를 착수미수라고 하고, 후자의 경우를 실행미수라고 한다.

□ 살인미수 관련 판례

① 피고인이 원심 상피고인에게 피해자를 살해하라고 하면서 준 원비-디 병에 성인 남자를 죽게 하기에 족한 용량의 농약이 들어 있었고, 또 피고인이 피해자 소유 승용차의 브레이크호스를 잘라 브레이크액을 유출시켜 주된 제동기능을 완전히 상실시킴으로써 그 때문에 피해자가 그 자동차를 몰고 가다가 반대차선의 자동차와의 충돌을 피하기 위하여 브레이크 페달을 밟았으나 전혀 제동이 되지 아니하여 사이드브레이크를 잡아당김과 동시에 인도에 부딪치게 함으로써 겨우 위기를 모면하였다면 피고인의 위 행위는 어느 것이나 사망의 결과발생에 대한 위험성을 배제할 수 없다 할 것이므로 각 살인미수죄를 구성한다(대판 1990.7.24. 90도1149).
② '초우뿌리'나 '부자'는 만성관절염 등에 효능이 있으나 유독성 물질을 함유하고 있어 과거 사약으로 사용된 약초로서 그 독성을 낮추지 않고 다른 약제를 혼합하지 않은 채 달인 물을 복용하면 용량 및 체질에 따라 다르나 부작용으로 사망의 결과가 발생할 가능성을 배제할 수 없는 사실을 알 수 있는바, 피고인이 공동피고인과 공모하여 일정량 이상을 먹으면 사람이 사망에 이를 수도 있는 '초우뿌리' 또는 '부자' 달인 물을 피해자에게 마시게 하여 피해자를 살해하려고 하였으나 피해자가 이를 토해버림으로써 미수에 그친 행위를 불능범이 아닌 살인미수죄는 정당하다(대판 2007.7.26. 2007도3687)

2. 살인예비·음모죄

실행 행위 이전의 준비단계로, '예비'는 살인을 목적으로 외부적인 준비행

위를 하는 것이고, '음모'란 2인 이상이 합의하거나 모의하는 것을 말한다. 살인예
비·음모죄의 공동정범 성립은 가능하나, 교사·방조범은 성립하지 않는다.

□ 살인예비·음모 관련 판례

① 형법 제255조, 제250조의 살인예비죄가 성립하기 위하여는 형법 제255조에서 명문
으로 요구하는 살인죄를 범할 목적 외에도 살인의 준비에 관한 고의가 있어야 하며, 나
아가 실행의 착수까지에는 이르지 아니하는 살인죄의 실현을 위한 준비행위가 있어야
한다. 여기서의 준비행위는 물질인 것에 한정되지 아니하며 특별한 정형이 있는 것도
아니지만, 단순히 범행의 의사 또는 계획만으로는 그것이 있다고 할 수 없고 객관적으
로 보아서 살인죄의 실현에 실질적으로 기여할 수 있는 외적 행위를 필요로 한다.
갑이 을을 살해하기 위하여 병, 정 등을 고용하면서 그들에게 대가의 지급을 약속한 경
우, 갑에게는 살인죄를 범할 목적 및 살인의 준비에 관한 고의뿐만 아니라 살인죄의 실
현을 위한 준비행위를 하였음을 인정할 수 있다는 이유로 살인예비죄의 성립은 인정
(대판 2009.10.29. 2009도7150).
② 형법 제32조 1항 소정 타인의 범죄란 정범이 범죄의 실현에 착수한 경우를 말하는
것이므로 종범이 처벌되기 위하여는 정범의 실행의 착수가 있는 경우에만 가능하고 형
법 전체의 정신에 비추어 정범이 실행의 착수에 이르지 아니한 예비의 단계에 그친 경
우에는 이에 가공하는 행위가 예비의 공동정범이 되는 경우를 제외하고는 종범의 성립
을 부정하고 있다고 보는 것이 타당하다(대판 1976.5.25. 75도1549).

제 2 장

상해와 폭행의 죄

제1절 서 설

Ⅰ. 의의, 보호법익

상해와 폭행의 죄는 '사람의 신체에 대해 유형력을 행사함으로써 성립하는 범죄'이다. 상해죄의 보호법익은 '신체의 건강 또는 생리적 기능'으로, 보호의 정도는 '침해범'이며, 폭행죄의 보호법익은 '신체의 안전'으로, 보호의 정도는 '추상적 위험범'이다.

Ⅱ. 상해와 폭행의 구별

상해와 폭행을 구별하기는 쉽지 않다. 그 이유는 대부분의 상해는 폭행을 행사하는 과정에서 발생하기 때문이다. 또한, 행위자의 유형력이 상해의 고의인지, 폭행의 고의인지가 명확하지 않기 때문이다. 일반적으로 상해죄는 타인의 신체의 건강 또는 생리적 기능을 훼손한다는 고의가 있어야 한다. 이에 반해 폭행죄는 사람의 신체에 대한 유형력을 행사한다는 고의만 있으면 성립한다. 판례는 '상해죄에 있어서 상해의 원인인 폭행에 관한 인식이 있으면 충분하고 상해를 가할 의사의 존재는 필요하지 않다'라고 판시하여, 폭행에 관한 인식만 있으면 상해의 의사까지 존재할 필요는 요하지 않는다고 본다. 사견으로, 고의의 인식여부가 불분명한 경우, 유형력의 행사에 대해서는 폭행죄, 그에 따른 결과가 생리적 기능을 훼손하였다고 객관적인 증명에 의해 판단되는 경우에는 상해죄가 적용되어야 한다고 본다. 위와 같은 견해에 따르면 제262조 폭행치상죄가 성립될 경우는 행위자의 주관적 고의가 입증되었을 경우에만 성립될 수 있는 단점이 있으나, 실질적인 현장에서 제262조를 적용하기는 쉽지 않은 점을 고려한 판단이다.

Ⅲ. 상해와 폭행의 구성요건의 체계

상해죄는 단순상해죄(제257조 제1항)를 기본적 구성요건으로 한다. 존속상해죄(제257조 제2항)와 상습상해죄(제264조)는 책임가중유형이며, 특수상해죄(제258조의2)는 불법가중유형이다. 결과적 가중범으로는 상해치사죄(제259조), 중상해죄·존속중상해죄(제258조)와 특수중상해죄(제258조의2 제2항)이다. 상해죄, 존속상해죄의 미수범(제257조 제3항), 특수상해죄의 미수범(제258조의2 제3항)은 처벌한다.

폭행죄는 단순폭행죄(제260조 제1항)를 기본적 구성요건으로 한다. 존속폭행죄(제260조 제2항)와 상습폭행죄(제264조)는 책임가중유형이며, 특수폭행죄(제261조)는 불법가중유형이다. 결과적 가중범으로는 폭행치사상죄(제262조)가 규정되어 있다.

Ⅳ. 특별법

폭력행위 등 처벌에 관한 법률 제2조 제2항에서 2명 이상이 공동하여 폭행죄, 존속폭행죄, 상해죄와 존속상해죄를 범한 사람에 대해 규정함으로써 가중처벌을 하고 있다.

특정범죄가중처벌 등에 관한 법률 제5조의9(보복범죄의 가중처벌 등) 제2항에서 '자기 또는 타인의 형사사건의 수사 또는 재판과 관련하여 고소·고발 등 수사단서의 제공, 진술, 증언 또는 자료 제출에 대한 보복의 목적으로 형법 제257조 제1항·제260조 제1항의 죄를 범한 사람은 1년 이상의 유기징역에 처한다. 고소·고발 등 수사단서의 제공, 진술, 증언 또는 자료제출 하지 못하게 하거나 고소·고발을 취소하게 하거나 거짓으로 진술·증언·자료제출을 하게 할 목적인 경우에도 또한 같다'라고 규정함으로써 가중처벌을 하고 있다.

제2절 상해죄의 개별적 범죄 유형

Ⅰ. 단순상해죄

> **제257조 【상해】** ① 사람의 신체를 상해한 자는 7년 이하의 징역, 10년 이하의 자격정지 또는 1천만원 이하의 벌금에 처한다.
> ③ 전 2항의 미수범은 처벌한다.

1. 의의, 보호법익

본죄는 '사람의 신체를 상해함으로써 성립하는 범죄'이다. 보호법익은 '신체의 건강 내지 생리적 기능'이며, 보호의 정도는 '침해범'이며, 결과범이다. 미수범은 처벌한다.

2. 객관적 구성요건

(1) 행위의 객체

행위의 객체는 '사람의 신체'이다. 사람은 타인을 의미하며, 자기 신체의 상해는 본죄에 해당하지 않는다.[1] 하지만, 피해자를 협박하여 자상케 한 경우에는 상해죄의 간접정범이 성립할 수 있다.[2]

□ 태아에 대한 상해

출생 전 태아에 대한 상해로 인해 장애아 또는 기형아로 출생한 경우 상해죄로 처벌할 수 있는가의 문제이다. 이에, 대해 상해죄의 객체는 사람으로 태아는 형법상 사람과 구별하고 있어 상해죄의 객체로 볼 수 없다고 한다(통설). 또한, 태아에 대한 상해를 모체(母體)의 일부로 보아 모체의 상해로 볼 수 있는가에 있어서, 판례는 태아를 사망에 이르게 하는 행위가 임산부에 대한 상해가 볼 수 없다는 입장이다.[3]

---

1) 병역법 제86조 및 군형법 제41조 제1항에 의해 예외적으로 처벌되는 경우가 있다.
2) 피고인이 피해자를 협박하여 그로 하여금 자상케 한 경우에 피고인에게 상해의 결과에 대

(2) 실행 행위
(가) 개념

상해의 개념에 대해서는 ① 신체의 완전성에 대한 침해를 의미한다는 '신체의 완전성 침해설', ② 건강침해로서 육체적, 정신적 상태의 생리적 기능에 장해를 주는 '생리적 기능훼손설', ③ 생리적 기능 훼손 이외 신체의 외모에 중대한 변화를 가하는 '절충설'이 있다.

①의 견해와 같은 경우에는 소량의 모발이나 수엽, 손톱의 절단의 경우와 같이 신체외관을 변경시키는 것도 상해로 본다. ②의 견해와 같은 경우에는 단순한 신체 외관의 변경은 폭행에 해당되며, 피하출혈, 찰과상 같은 신체의 상처, 성병감염 등에 의한 질병감염, 수면장애를 일으키는 기능장해 등과 같은 경우 상해로 본다. ③ 생리적 기능 훼손 이외 신체 외관의 중대한 변경을 가하는 경우에는 상해로 보나, 경미한 신체 외관의 변경은 폭행으로 본다.

이에, 판례는 일관된 입장이 아닌 각 견해의 입장을 취하고 있다.

□ 상해죄(개념) 관련 판례

〈신체의 완전성 침해설 입장〉

상해죄의 성립에는 상해의 고의와 신체의 완전성을 해하는 행위 및 이로 인하여 발생하는 인과관계 있는 상해의 결과가 있어야 한다(대판 1982.12.28. 82도2588)

〈생리적 기능 훼손설 입장〉

① 신체의 외모에 변화가 생겼다고 하더라도 신체의 생리적 기능에 장애를 초래하지 아니하는 이상 상해에 해당한다고 할 수 없다. 그런데 음모는 성적 성숙함을 나타내거나 치부를 가려주는 등의 시각적·감각적인 기능 이외에 특별한 생리적 기능이 없는 것이므로, 원심이 확정한 바와 같이 피해자의 음모의 모근 부분을 남기고 모간 부분만을 일부 잘라냄으로써 음모의 전체적인 외관에 변형만이 생겼다면, 이로 인하여 피해자에게 수치심을 야기하기는 하겠지만, 병리적으로 보아 피해자의 신체의 건강상태가 불량

한 인식이 있고 또 그 협박의 정도가 피해자의 의사결정의 자유를 상실케 함에 족한 것인 이상 피고인에 대하여 상해죄를 구성한다(대판 1970.9.22. 70도1638).
3) 우리 형법은 태아를 임산부 신체의 일부로 보거나, 낙태행위가 임산부의 태아 양육, 출산 기능의 침해라는 측면에서 낙태죄와는 별개로 임산부에 대한 상해죄를 구성하는 것으로 보지는 않는다고 해석된다. 따라서 태아를 사망에 이르게 하는 행위가 임산부 신체의 일부를 훼손하는 것이라거나 태아의 사망으로 인하여 그 태아를 양육, 출산하는 임산부의 생리적 기능이 침해되어 임산부에 대한 상해가 된다고 볼 수는 없다(대판 2007.6.29. 2005도3832).

하게 변경하거나 생활기능에 장애가 초래되었다고 할 수는 없을 것이므로, 그것이 폭행에 해당할 수 있음은 별론으로 하고 강제추행치상의 상해에 해당한다고 할 수는 없다(대판 2000.3.23. 99도3099).

② 오랜 시간 동안의 협박과 폭행을 이기지 못하고 실신하여 범인들이 불러온 구급차 안에서야 정신을 차리게 되었다면, 외부적으로 어떤 상처가 발생하지 않았다고 하더라도 생리적 기능에 훼손을 입어 신체에 대한 상해가 있었다고 할 것이다(대판 1996.12.10. 96도2529).

〈절충설(신체의 완전성 침해설 및 생리적 기능훼손설) 입장〉

① 성폭력범죄의 처벌 및 피해자보호 등에 관한 법률 제9조 제1항의 상해는 피해자의 신체의 완전성을 훼손하거나 생리적 기능에 장애를 초래하는 것으로, 반드시 외부적인 상처가 있어야만 하는 것이 아니고, 여기서의 생리적 기능에는 육체적 기능뿐만 아니라 정신적 기능도 포함된다고 전제한 후 제1심이 조사, 채택한 증거들에 정신신경외과의원 원장에 대한 사실조회에 대한 회신의 기재를 종합하여 피고인들의 강간행위로 인하여 피해자가 불안, 불면, 악몽, 자책감, 우울 감정, 대인관계 회피, 일상생활에 대한 무관심, 흥미 상실 등의 증상을 보였고, 이와 같은 증세는 의학적으로는 통상적인 상황에서는 겪을 수 없는 극심한 위협적 사건에서 심리적인 충격을 경험한 후 일으키는 특수한 정신과적 증상인 외상후 스트레스 장애에 해당하고, 피해자는 그와 같은 증세로 인하여 2일간 치료 약을 복용하였고, 6개월간의 치료를 요하는 사실을 인정하고, 피해자가 겪은 위와 같은 증상은 강간을 당한 모든 피해자가 필연적으로 겪는 증상이라고 할 수도 없으므로 결국 피해자는 피고인들의 강간행위로 말미암아 위 법률 제9조 제1항이 정하는 상해를 입은 것이라고 판단하였다(대판 1999.1.26. 98도3732).

② 피해자의 신체의 완전성을 훼손하거나 생리적 기능에 장애를 초래하였는지는 객관적, 일률적으로 판단할 것이 아니라 피해자의 연령, 성별, 체격 등 신체, 정신상의 구체적 상태 등을 기준으로 판단하여야 한다(대판 2016.11.25. 2016도15018).

(나) 방법

상해의 방법에는 제한이 없다. 유형적인 방법뿐만 아니라 상대방을 경악케 하여 건강을 해하는 무형적 방법도 가능하다. 직접 또는 타인을 이용하는 간접적인 방법도 가능하며, 작위 및 부작위에 의한 방법으로도 행하여질 수 있다.

□ 상해 관련 판례

⟨상해죄가 인정되는 경우⟩

① 피해자는 인터넷 채팅사이트를 통해 성매매를 하려고 만난 피고인으로부터 졸피뎀과 트리아졸람이 섞인 커피를 받아 마신 후 정신을 잃고 깊이 잠들었다가 약3시간 뒤에 깨어났다. 수면제 등 약물을 투약하여 피해자를 일시적으로 수면 또는 의식불명 상태에 이르게 한 경우에 약물로 인하여 피해자의 건강상태가 나쁘게 변경되고 생활기능에 장애가 초래되었다면 이는 상해에 해당한다. 피해자가 자연적으로 의식을 회복하거나 후유증이나 외부적으로 드러난 상처가 없더라도 마찬가지이다. 이때 피해자에게 상해가 발생하였는지는 피해자의 연령, 성별, 체격 등 신체, 정신상의 구체적인 상태, 약물의 종류, 용량, 효과 등 약물의 작용에 영향을 미칠 수 있는 여러 요소에 기초하여 약물 투약으로 피해자에게 발생한 의식장애나 기억장애 등 신체, 정신상 변화의 내용이나 정도를 종합적으로 고려하여 판단하여야 한다(대판 2017.7.11. 2015도3939).

② 피해자가 범행 당일 우측 두부 타박으로 인한 피하출혈, 부종 및 찰과상, 두정부와 우측 발목 타박으로 부종과 동통 소견이 있어 약2주일간의 치료를 요한다는 내용의 상해진단서를 발급받았고, 가해자가 범행 당시 주먹으로 머리를 1회 때리고 피해자의 발을 걸어 넘어뜨린 후 발로 가슴을 1회 걷어차 피해자가 위와 같은 상처를 입었다면 이로 인하여 피해자의 신체에 건강상태를 불량하게 변경되고 생활기능에 장애가 초래된 것이라고 볼 수 있어 강도상해죄를 구성하는 상해에 해당된다(대판 2002.1.11. 2001도5925).

③ 피해자가 강제추행 과정에서 가해자로부터 왼쪽 젖가슴을 꽉 움켜잡힘으로 인하여 왼쪽 젖가슴에 약10일간의 치료를 요하는 좌상을 입고, 심한 압통과 종창이 있어 그 치료를 위하여 병원에서 주사를 맞고 3일간 투약을 한 경우, 이는 강제추행치상죄에 있어서의 상해의 개념에 해당한다(대판 2000.2.11. 99도4305).

④ 난소의 제거로 이미 임신 불능 상태에 있는 피해자의 자궁을 적출했다 하더라도 그 경우 자궁을 제거한 것이 신체의 완전성을 해한 것이 아니라거나 생활기능에 아무런 장애를 주는 것이 아니라거나 건강상태를 불량하게 변경한 것이 아니라고 할 수 없고 이는 업무상과실치상죄에 있어서의 상해에 해당한다(대판 1993.7.27. 92도2345).

⟨상해죄가 인정되지 아니한 경우⟩

① 피고인이 피해자와 연행문제로 시비하는 과정에서 치료도 필요 없는 가벼운 상처를 입었으나, 그 정도의 상처는 일상생활에서 얼마든지 생길 수 있는 극히 경미한 상처이므로 굳이 따로 치료할 필요도 없는 것이어서 그로 인하여 인체의 완전성을 해하거나 건강상태를 불량하게 변경하였다고 보기 어려우므로, 피해자가 약 1주간의 안전을 요하는 좌측 팔 부분의 동전크기의 멍이 든 것이 상해죄에서 말하는 상해에 해당되지 않

는다(대판 1996.12.23. 96도2673).

② 피고인이 원룸에 데려온 여성이 밥을 먹지 않는다며 강제로 눕히고 옷을 벗긴 뒤 면도기로 음모를 가로 5cm, 세로 3cm 깎은 경우에는 강제추행치상의 상해에 해당한다고 할 수는 없다(대판 2003.3.23. 99도3099).

③ 강간 도중 흥분하여 피해자의 왼쪽 어깨를 입으로 빨아서 생긴 동전 크기 정도의 반상출혈상은 보통 1주 정도가 지나면 자연 치유되는 것으로서 강간치상죄의 상해에 해당한다 할 수 없다(대판 1986.7.8. 85도2042).

3. 주관적 구성요건

본죄의 고의는 건강침해 또는 생리적 기능을 훼손한다는 인식과 인용이 있어야 한다. 이는 신체의 완전성을 훼손하거나 생리적 기능에 장해를 일으키게 하려는 의사를 말한다. 폭행의 고의로 상해를 발생시킨 경우에는 폭행치상죄가 성립하며, 상해의 고의로 유형력을 행사하였으나 결과가 발생하지 않은 경우에는 상해미수죄가 성립한다. 그러나, 판례는 "상해의 원인인 폭행에 관한 인식이 있으면 충분하고 상해를 가할 의사의 존재는 필요하지 않다"는 입장을 보이고 있다.4)

4. 위법성

(1) 피해자의 승낙

상해죄에 있어서 피해자의 승낙은 사회상규에 위배되지 아니하는 행위5)의 범위 내에서만 위법성이 조각된다.6) 그러므로, 채무면제를 받는 대가로 상해를 가하는 행위 등은 위법성을 조각하지 않는다.

(2) 의사의 치료행위

의사의 치료행위로 인해 발생하는 상해에 대해 위법성을 조각하는가에 있어서는 ① 상해죄의 구성요건에는 해당하나 업무로 인한 정당행위로서 위법성이 조각된다는 견해, ② 치료행위에 있어 상해의 고의가 없기 때문에 과실로 인해 치료

---

4) 상해죄는 결과범이므로 그 성립에는 상해의 원인인 폭행에 관한 인식이 있으면 충분하고 상해를 가할 의사의 존재는 필요하지 않으나, 폭행을 가한다는 인식이 없는 행위의 결과로 피해자가 상해를 입었던 경우에는 상해죄가 성립하지 아니한다(대판 1983.3.22. 83도231).
5) 형법 제20조(정당행위) 법령에 의한 행위 또는 업무로 인한 행위 기타 사회상규에 위배되지 아니하는 행위는 벌하지 아니한다.
6) 형법 제24조(피해자의 승낙) 처분할 수 있는 자의 승낙에 의하여 그 법익을 훼손한 행위는 법률에 특별한 규정이 없는 한 벌하지 아니한다.

결과가 실패한 경우에만 업무상과실치사상죄의 책임을 진다는 견해, ③ 치료행위
는 상해의 고의가 인정되나, 피해자의 승낙 또는 추정적 승낙에 의해 위법성이 조
각된다는 견해, ④ 의사의 치료행위는 신체의 건강을 회복하기 위함으로 건강을 훼
손한다는 상해의 고의가 없기 때문에 구성요건해당성이 없다는 견해가 대립한다.

이에, 대법원은 의사의 치료행위에 대해 ①의 견해와 같이 업무로 인한 정당
행위로서 위법성이 조각된다는 입장7)과 ③의 견해와 같이 피해자의 승낙에 의해
위법성이 조각된다는 입장8)의 판결을 내린 바 있다.

(3) 스포츠 경기 중 발생한 상해

스포츠 경기 중 발생한 상해에 대해서도 피해자의 승낙에 의한 것인가, 업무
로 인한 행위로서 위법성이 조각되는 것인가, 사회상규에 위배되지 않은 행위로
서 위법성이 조각되는 것인가, 허용된 위험으로서 사회적 상당성을 벗어나지 않
으므로 구성요건해당성을 배제해야 하는가의 문제가 대립한다. 이에, 대법원은
"사회적 상당성의 범위를 벗어나지 아니하는 행위라면 과실치상죄가 성립하지 않
는다"라고 판시하고 있다.9)

(4) 징계행위

초·중등교육법은 학교의 장에게 학생을 징계하거나 기타 방법으로 지도할
권한을 인정하고 있다.10) 그러나, 법령상 징계권을 가진 자가 훈육을 목적으로

---

7) 의사가 인공분만기인 '샥숀'을 사용하면 통상 약간의 상해 정도가 있을 수 있으므로 그 상
해가 있다 하여 '샥숀'을 거칠고 험하게 사용한 결과라고는 보기 어려워 의사의 정당업무
의 범위를 넘은 위법행위라고 할 수 없다(대판 1987.11.14. 78도2388).

8) 피고인인 의사가 피해자의 병증이 자궁의 임신인지, 자궁근종인지를 판별하기 위한 정밀한
진단방법을 실시하지 아니한 채 피해자의 병명을 자궁근종으로 오진하고 이에 근거하여
의학에 대한 전문지식이 없는 피해자에게 자궁적출술의 불가피성만을 강조하였을 뿐 위와
같은 진단상의 과오가 없었으면 당연히 설명받았을 자궁외 임신에 관한 내용을 설명 받지
못한 피해자로부터 수술승낙을 받았다면 위 승낙은 부정확 또는 불충분한 설명을 근거로
이루어진 것으로서 수술의 위법성을 조각할 유효한 승낙이라고 볼 수 없다(대판 1993.7.27.
92도2345).

9) 운동경기에 참가하는 자가 경기규칙을 준수하는 중에 또는 그 경기의 성격상 당연히 예상
되는 정도의 경미한 규칙위반 속에 제3자에게 상해의 결과를 발생시킨 것으로서, 사회적
상당성의 범위를 벗어나자 아니하는 행위라면 과실치상죄가 성립하지 않는다. 그러나 골
프경기를 하던 중 골프공을 쳐서 아무도 예상하지 못한 자신의 등 뒤편으로 보내어 등 뒤
에 있던 경기보조원에게 상해를 입힌 경우에는 주의의무를 현저히 위반하여 사회적 상당
성의 범위를 벗어난 행위로서 과실치사상죄가 성립한다(대판 2008.10.23. 2008도6940).

10) 초·중등교육법 제18조(학생의 징계) ① 학교의 장은 교육상 필요한 경우에는 법령과 학칙
으로 정하는 바에 따라 학생을 징계하거나 그 밖의 방법으로 지도할 수 있다. 다만, 의무교
육을 받고 있는 학생은 퇴학시킬 수 없다.

육체적 징계를 하던 중 상해가 발생한 경우, 제20조 법령에 의한 행위로서 위법성이 조각되는가의 문제이다. 이에 대해 '폭행'의 문제에서는 다툼의 여지가 있을 수 있으나, '상해'의 정도인 경우에는 허용되지 않는다고 본다. 대법원도 같은 견해이다.[11]

(5) 불법체포

경찰관이 현행범인 체포 요건을 갖추지 못한 자를 체포하였다면 적법한 공무집행이라고 할 수 없어 위법성이 조각되지 않는다.[12]

5. 미수범

미수범은 처벌한다. 상해의 고의로 유형력을 행사하였으나 상해의 결과가 발생하지 아니한 경우와 상해 결과는 발생하였으나 상해행위와 상해결과 사이에 인과관계가 없는 경우에는 상해미수죄가 성립한다.

6. 죄수

① 상해를 입힌 행위가 동일한 일시, 장소에서 동일한 목적인 경우, 피해자별로 각각 별개의 상해죄가 성립한다.[13]

② 칼을 휘둘러 한 사람을 사망에 이르게 하고, 다른 한 사람은 상해를 입힌 경우, 각각 상해치사죄와 상해죄가 성립한다.[14]

③ 협박이 상해 사실과 같은 시간 같은 장소에서 동일한 피해자에게 가해진 경우, 단일범의 하에서 이루어진 하나의 폭언에 불과하여 상해죄에 흡수된다.[15]

---

11) 중학교 교장직무대리자가 훈계의 목적으로 교칙위반학생에게 뺨을 몇 차례 때린 정도는 감호교육상의 견지에서 볼 때 징계의 방법으로서 사회관념상 비난의 대상이 될 만큼 사회상규를 벗어난 것으로는 볼 수 없어 처벌의 대상이 되지 아니한다(대판 1976.4.27. 75도115). 교사가 초등학교 5학년생을 징계하기 위하여 양손으로 교탁을 잡게 하고 길이 50cm, 직경 3cm가량 되는 나무 지휘봉으로 엉덩이를 두 번 때리고, 학생이 아파서 무릎을 굽히며 허리를 옆으로 틀자 다시 허리부분을 때려 6주간의 치료를 받아야 할 상해를 입힌 경우 위 징계행위는 그 방법 및 정도가 교사의 징계권행사의 허용한도를 넘어선 것으로서 정당한 행위로 볼 수 없다(대판 1990.10.30. 90도1456).
12) 경찰관이 현행범인 체포 요건을 갖추지 못하였는데도 실력으로 현행범인을 체포하려고 하였다면 적법한 공무집행이라고 할 수 없고, 현행범인 체포행위가 적법한 공무집행을 벗어나 불법인 것으로 볼 수밖에 없다면, 현행범이 체포를 면하려고 반항하는 과정에서 경찰관에게 상해를 가한 것은 불법체포로 인한 신체에 대한 현재의 부당한 침해에서 벗어나기 위한 행위로서 정당방위에 해당하여 위법성이 조각된다(대판 2011.5.26. 2011도3682).
13) 대판 1983.4.26. 83도524.
14) 대판 1981.5.26. 81도811.

Ⅱ. 존속상해죄

> **제257조【존속상해】** ② 자기 또는 배우자의 직계존속에 대하여 제1항의 죄를 범한 때에
> 는 10년 이하의 징역 또는 1천500만원 이하의 벌금에 처한다.
> ③ 전 2항의 미수범은 처벌한다.

본죄는 '자기 또는 배우자의 직계존속인 경우에 성립하는 범죄'이다. 행위의
객체가 자기 또는 배우자의 직계존속인 신분으로 인해 책임이 가중되는 부진정신
분범이다, 미수범은 처벌한다.

Ⅲ. 중상해죄

> **제258조【중상해】** ① 사람의 신체를 상해하여 생명에 대한 위험을 발생하게 한 자는 1
> 년 이상 10년 이하의 징역에 처한다.
> ② 신체의 상해로 인하여 불구 또는 불치나 난치의 질병에 이르게 한 자도 전항의 형
> 과 같다.

1. 의의, 성격

본죄는 '사람의 신체를 상해하여 생명에 대한 위험을 발생하게 하거나 이로
인하여 불구 또는 불치나 난치의 질병에 이르게 함으로써 성립하는 범죄'이다. 중
상해죄는 단순상해죄의 '결과적 가중범'으로서, 중상해의 결과에 대하여 과실 뿐
만 아니라 고의가 있는 경우에도 성립하는 '부진정 결과적 가중범'이다(통설).

2. 객관적 구성요건

(1) 중상해의 결과

중상해죄가 성립하기 위해서는 '생명에 대한 위험, 불구 또는 불치나 난치의
질병'이 발생해야 한다.

'생명에 대한 위험'이란 생명에 대해 구체적인 위험의 발생을 일으킨 경우를
말한다. 즉 치명상을 가한 경우이다.

---

15) 대판 1976.12.14. 76도3375.

'불구'는 신체의 일부분이 온전하지 못하거나 기능을 상실하는 것을 말한다. 외형적 신체기능뿐만 아니라 내부 장기의 기능상실도 포함한다. 실명을 하거나,[16] 콧등이 절단된 경우[17]가 이에 해당하며, 단순히 치아 2개가 탈락하거나[18] 다리가 부러진 경우[19]에는 해당되지 않는다.

'불치 또는 난치의 질병'은 의학적 기준으로 보아 치료의 가능성이 없거나 현저히 곤란한 질병을 말한다. 이는 육체적 이외 정신적 질환도 포함한다.

3. 주관적 구성요건

중상해죄는 부진정결과적 가중범으로 기본 행위인 상해의 고의와 중상해의 결과 발생에 과실 또는 고의가 있어야 한다.

4. 미수범

본죄는 미수범 처벌규정이 없음으로, 중상해의 고의를 가지고 실행 행위를 하였으나 결과가 발생하지 않은 경우에는 단순상해죄의 기수범이 성립한다. 또한, 단순상해의 결과도 발생하기 않은 경우에는 단순상해죄의 미수범이 성립한다.

5. 죄수

제258조 제1항과 제2항은 법조경합 중 택일관계이다.

Ⅳ. 존속중상해죄

제258조【존속중상해】③ 자기 또는 배우자의 직계존속에 대하여 전2항의 죄를 범한 때에는 2년 이상 15년 이하의 징역에 처한다.

---

16) 피고인이 피해자의 안부에 폭행을 가하여 실명케 한 경우는 중상해죄에 해당한다(대판 1960.4.6. 4292형상395).
17) 피고인이 뒷산에서 피해자 여자가 바람피운 사실을 추궁하고, 면도칼을 주면서 "네가 네코를 자르지 않으면 돌로 죽인다"고 위협하여, 피해자가 면도칼로 콧등을 절단하여 안면 불구가 되었다면 중상해죄의 간접정범이 성립한다(대판 1970.9.22. 70도1638).
18) 하구치 2개의 탈락상은 중상해에 해당되지 않는다(대판 1960.2.29. 4292형상413).
19) 1~2개월간 입원할 정도로 다리가 부러진 상해 또는 3주간의 치료를 요하는 우측흉부자상의 경우 등은 중상해에 해당하지 않는다고 보아야 한다(대판 2005.12.9. 2005도7527).

본죄는 '자기 또는 배우자의 직계존속에 대해 중상해를 범함으로써 성립하는 범죄'이다. 중상해에 비해 신분관계로 인해 책임이 가중되는 부진정신분범이다. 구성요건은 중상해와 동일하다.

V. 특수상해죄

제258조의 2 【특수상해】 ① 단체 또는 다중의 위력을 보이거나 위험한 물건을 휴대하여 제257조 제1항 또는 제2항의 죄를 범한 때에는 1년 이상 10년 이하의 징역에 처한다.
② 단체 또는 다중의 위력을 보이거나 위험한 물건을 휴대하여 제258조의 죄를 범한 때에는 2년 이상 20년 이하의 징역에 처한다.
③ 제1항의 미수범은 처벌한다.

1. 의의, 성격

본죄는 '단체 또는 다중의 위력을 보이거나 위험한 물건을 휴대하여 단순상해죄, 존속상해죄, 중상해죄를 범함으로써 성립하는 범죄'이다. 행위 방법의 위험으로 인해 불법이 가중된 구성요건이다. 특수상해죄와 존속특수상해죄의 미수범은 처벌하나, 특수중상해죄의 미수범은 벌하지 아니한다.

2. 실행 행위

단체 또는 다중의 위력 또는 위험한 물건의 휴대는 특수폭행죄에서와 동일하다.

3. 기타

2016. 1. 6자 헌법재판소의 입법개선의견으로써 폭력행위 등 처벌에 관한 법률 제3조 제1항을 삭제하고, 형법 제258조의2를 신설하였다.

VI. 상해치사죄 · 존속상해치사죄

제259조 【상해치사】 ① 사람의 신체를 상해하여 사망에 이르게 한 자는 3년 이상의 유기징역에 처한다.

> ② 자기 또는 배우자의 직계존속에 대하여 전항의 죄를 범한 때에는 무기 또는 5년 이상의 징역에 처한다.

1. 의의, 성격

상해치사죄는 '사람의 신체를 상해하여 사망에 이르게 함으로써 성립하는 범죄'로, 상해죄의 진정 결과적 가중범이다. 존속상해치사죄는 상해치사죄에 대해 신분으로 인한 책임이 가중된 유형이며, 존속상해죄의 진정 결과적 가중범이다.

2. 구성요건

본죄가 성립하기 위해서는 결과적 가중범으로, 상해행위와 사망의 결과 사이에 인과관계가 존재해야 한다. 인과관계에 있어 객관적으로 행위자에게 발생한 결과를 귀속시킬 수 있어야 하며, 행위자가 사망의 결과에 대한 예견가능성이 있어야 한다. '예견가능성'이란 정상적인 주의의무를 하였더라면 사망의 결과 발생을 인식하거나 회피할 수 있었을 경우, 과실의 경우를 말한다.

□ 상해치사 관련 판례

① 피고인이 계속 교제하기를 원하는 자신의 제의를 피해자가 거절한다는 이유로 얼굴을 주먹으로 수회 때리자 피해자는 이에 대항하여 피고인의 손가락을 깨물고 목을 할퀴게 되었고, 이에 격분한 피고인이 다시 피해자의 얼굴을 수회 때리고 발로 배를 수회 차는 등 폭행을 하므로 피해자는 이를 모면하기 위하여 도로 건너편의 추어탕 집으로 도망가 도움을 요청하였으나, 피고인은 이를 뒤따라 도로를 건너간 다음 피해자의 머리카락을 잡아 흔들고 얼굴 등을 주먹으로 때리는 폭행을 가하였고, 이에 견디지 못한 피해자가 다시 도로를 건너 도망가자 피고인은 계속하여 쫓아가 주먹으로 피해자의 얼굴 등을 구타하는 등 폭행을 가하여 전치 10일간의 흉부피하출혈상 등을 가하였고, 피해자가 위와 같이 계속되는 피고인의 폭행을 피하려고 다시 도로를 건너 도주하다가 차량에 치여 사망한 사실을 인정한 다음, 위와 같은 사정에 비추어 보면 피고인의 위 상해행위와 피해자의 사망 사이에 상당인과관계가 있다(대판 1996.5.10. 96도529).
② 피고인이 피해자에게 우측 흉골골절 및 늑골골절상과 이로 인한 우측 심장벽 좌상과 심낭내출혈 등의 상해를 가함으로써 피해자가 바닥에 쓰러진 채 정신을 잃고 빈사상태에 빠지자 피해자가 사망한 것으로 오인하고, 피고인의 행위를 은폐하고 피해자가 자살한 것처럼 가장하기 위하여 피해자를 베란다로 옮긴 후 베란다 밑 약13m 아래의 바닥으로 떨어뜨려 피해자로 하여금 현장에서 좌측 측두부 분쇄함몰골절에 의한 뇌손

상 및 뇌출혈 등으로 사망에 이르게 하였다면 피고인의 행위는 포괄하여 단일의 상해
치사죄에 해당한다(대판 1994.11.4. 94도2361). — 인과관계의 착오.

3. 공동정범 성립 여부

상해치사죄는 결과적 가중범으로 기본 범죄의 상해는 고의범으로 공동정범
이 가능하지만, 결과 발생에 대한 과실에 있어서는 공동정범은 이론적으로 성립
하지 않는다. 그러나, 판례는 "폭행을 공동으로 할 의사가 있으면 성립되고 결과
를 공동으로 할 의사는 필요없다"라는 이유로 공동정범을 인정하고 있다.[20][21]

VII. 상해의 동시범

제263조 【동시범】 독립행위가 경합하여 상해의 결과를 발생하게 한 경우에 있어서 원인
된 행위가 판명되지 아니한 때에는 공동정범의 예에 의한다.

1. 의의

동시범은 2인 이상의 행위자 상호간 범죄 실행의 의사 연락이 없이 구성요건
적 실행행위를 한다는 점에서 공동정범과 구별된다. 결과를 발생하게 한 경우에
있어서 원인된 행위가 판명되는 경우에는 행위자 각자 책임의 문제가 된다. 하지
만, 결과 발생의 원인행위가 판명되지 아니한 경우, 즉 독립행위가 경합하여 결과
를 발생하게 한 경우에는 제19조[22]가 적용된다. 그런데, 상해죄에 있어서는 동시
범의 특례를 인정, 제263조를 적용하여 "독립행위가 경합하여 상해의 결과를 발
생하게 한 경우에 있어서 원인된 행위가 판명되지 아니한 때에는 공동정범의 예

---

20) 피고인이 공범들과 공동하여 피해자의 신체를 상해하거나 폭행을 가하는 기회에 공범 중
   1인이 고의로 피해자를 살해한 경우, 피고인이 살인행위를 공모하거나 공범의 살인행위에
   관여하지 아니하였기 때문에 살인죄의 죄책은 지지 아니한다고 하더라도 상해나 폭행행위
   에 관하여는 서로 인식이 있었고 예견이 가능한 공범의 가해행위로 사망의 결과가 초래된
   이상, 상해치사죄의 죄책은 면할 수 없다(대판 1991.5.14. 91도580).
21) 결과적 가중범인 상해치사죄의 공동정범은 폭행 기타의 신체침해행위를 공동으로 할 의사
   가 있으면 성립되고 결과를 공동으로 할 의사는 필요 없다 할 것이므로, 패싸움 중 한 사
   람이 칼로 찔러 상대방을 죽게 한 경우에 다른 공범자가 그 결과의 인식이 없다 하여 상해
   치사죄의 책임이 없다고 할 수 없다(대판 1978.1.17. 77도2193).
22) 제19조 "동시(同時) 또는 이시(異時)의 독립행위가 경합한 경우에 그 결과발생의 원인된
   행위가 판명되지 아니한 때에는 각 행위를 미수범으로 처벌한다."

에 의한다"라고 규정하고 있다.

제263조는 상해행위와 결과발생 사이의 인과관계의 거증책임을 피고인으로 전환하는 규정이라고 한다(다수설).

2. 입법취지

헌법재판소 재판관 5인이 위헌 입장을 취하였으나, 합헌으로 선고된 결정요지에서 "신체에 대한 가해행위는 그 자체로 상해의 결과를 발생시킬 위험을 내포하고 있으므로, 독립된 가해행위가 경합하여 상해가 발생한 경우 상해의 발생 또는 악화에 전혀 기여하지 않은 가해행위의 존재라는 것은 상정하기 어렵고, 각 가해행위가 상해의 발생 또는 악화에 어느 정도 기여하였는지를 계량화할 수 있는 것도 아니다. 이에 입법자는 피해자의 법익보호와 일반예방적 효과를 높일 필요성을 고려하여 다른 독립행위가 경합하는 경우와 구분하여 심판대상조항(형법 제263조)을 마련한 것이다. 심판대상조항을 적용하기 위하여 검사는 실제로 발생한 상해를 야기할 수 있는 구체적인 위험성을 가진 가해행위의 존재를 입증하여야 하므로, 이를 통하여 상해의 결과에 대하여 아무런 책임이 없는 피고인이 심판대상조항으로 처벌되는 것을 막을 수 있고, 피고인도 자신의 행위와 상해의 결과 사이에 개별 인과관계가 존재하지 않음을 입증하여 상해의 결과에 대한 책임에서 벗어날 수 있다. 또한 법관은 피고인이 가해행위에 이르게 된 동기, 가해행위의 태양과 폭력성의 정도, 피해 회복을 위한 피고인의 노력 정도 등을 모두 참작하여 피고인의 행위에 상응하는 형을 선고하므로, 가해행위자는 자신의 행위를 기준으로 형사책임을 부담한다. 이러한 점을 종합하여 보면, 심판대상조항을 책임주의원칙에 반한다고 볼 수 없다"라고 하였다.[23]

3. 구성요건

(1) 독립행위가 경합할 것

2개 이상의 행위가 상호 의사의 연락 없이 하나의 객체에 행위가 이루어지는 것을 말한다. 만약, 행위자들간에 의사연락이 있는 경우에는 제263조가 적용되는 것이 아니라 공동정범이 성립한다.[24] 독립행위는 동시 또는 근접한 시간에 행하

---

23) 헌재 2018.3.29. 2017헌가10.
24) 2인 이상이 상호의사의 연락 없이 동시에 범죄구성요건에 해당하는 행위를 하였을 때에 는 원칙적으로 각인에 대하여 그 죄를 논하여야 하나, 그 결과 발생의 원인이 된 행위가

여겨야 한다. 다만, 장소는 동일하거나 근접할 필요가 없다고 본다. 경합하는 독립행위는 상해에 의한 행위에 제한되지 않고 폭행행위에도 적용된다(통설). 단, 강간치상의 경우에는 동시범이 적용되지 않는다.25)

(2) 상해의 결과가 발생할 것

상해의 결과가 발생해야 한다. 폭행 또는 상해행위 이외 결과가 발생한 경우에는 동시범이 적용되지 않으며, 행위 자체가 있었는지 불분명하거나 경합된 행위에 의해 상해가 발생하였는지 불분명한 경우에도 제263조가 적용되지 않는다.26)

(3) 원인된 행위가 판명되지 않을 것

원인된 행위가 판명되지 않아야 한다. 만약 원인된 행위가 판명된 경우에는 각자 발생한 결과에 대한 책임을 진다. 원인된 행위의 거증책임은 행위자가 진다.

(4) 적용 범위

판례는 폭행치사죄나 상해치사죄에도 적용된다고 본다.27) 하지만, 강간치상죄에는 적용되지 않는다.28)

4. 효과

공동정범의 예에 의한다.

분명하지 아니한 때에는 각 행위자를 미수범으로 처벌하고(독립행위의 경합), 이 독립행위가 경합하여 특히 상해의 경우에는 공동정범의 예에 따라 처단(동시범)하는 것이므로, 상호의사의 연락이 있어 공동정범이 성립한다면, 독립행위경합 등의 문제는 아예 제기될 여지가 없다(대판 1997.11.28. 97도1740).

25) 형법 제263조의 동시범은 상해와 폭행죄에 관한 특별규정으로서 동 규정은 그 보호법익을 달리하는 강간치상죄에는 적용할 수 없다고 할 것이다(대판 1984.4.24. 84도372).

26) 상해죄에 있어서의 동시범은 두사람 이상이 가해행위를 하여 상해의 결과를 가져올 경우에 그 상해가 어느 사람의 가해행위로 인한 것인지가 분명치 않다면 가해자 모두를 공동정범으로 본다는 것이므로 가해행위를 한 것 자체가 분명치 않은 사람에 대하여는 동시범으로 다스릴 수 없다(대판 1984.5.15. 84도488).

27) 이시에 독립된 상해행위가 경합하여 사망의 결과가 일어난 경우에 그 원인된 행위가 판명되지 아니한 때에는 공동정범의 예에 의하여야 한다(대판 1981.3.10. 80도3321).

28) 형법 제263조의 동시범은 상해와 폭행죄에 관한 특별규정으로서 동 규정은 그 보호법익을 달리하는 강간치상죄에는 적용할 수 없다(대판 1984.4.24. 84도372).

Ⅷ. 상습상해죄

> **제264조【상습범】** 상습으로 제257조, 제258조, 제258조의2의 죄를 범한 때에는 그 죄에 정한 형의 2분의 1까지 가중한다.

　　상습상해죄는 '상습으로 상해, 존속상해, 중상해, 존속중상해, 특수상해의 죄를 범함으로써 성립하는 범죄'이다. 상습적인 행위자의 상해죄에 대한 책임가중 유형이다.

　　본죄에서의 '상습'이란, 위 규정에 열거된 상해 내지 폭행 행위의 습벽을 말하는 것이므로, 위 규정에 열거되지 아니한 다른 유형의 범죄까지 고려하여 상습성의 유무를 결정하여서는 아니 된다.[29]

제3절 폭행죄의 개별적 범죄 유형

Ⅰ. 단순폭행죄

> **제260조【폭행】** ① 사람의 신체에 대하여 폭행을 가한 자는 2년 이하의 징역, 500만원 이하의 벌금, 구류 또는 과료에 처한다.

1. 의의, 보호법익

　　본죄는 '사람의 신체에 대하여 폭행을 가함으로써 성립하는 범죄'이다. 보호법익은 '신체의 안전'이며, 보호의 정도는 추상적 위험범이며, 형식범이다.

2. 객관적 구성요건

(1) 행위의 객체

　　행위의 객체는 '사람의 신체'이다. 사람은 타인을 의미한다.[30]

---

29) 대판 2018.4.24, 2017도21663.
30) 외국원수 또는 외교사절인 경우에는 외국원수에 대한 폭행죄(제107조 제1항) 또는 외교사절에 대한 폭행죄(제108조 제1항)가 적용된다.

(2) 실행 행위

실행 행위는 '폭행'이다. '폭행'이라 함은 사람의 신체에 대하여 물리적 유형력을 행사함을 뜻한다.[31]

폭행죄에서의 폭행은 협의의 폭행으로, 사람의 신체에 유형력을 행사하는 것을 말한다. 유형력이란 무형적이 수단을 사용하는 협박과는 구별되는 것으로, 주먹으로 상대방의 얼굴을 때리거나, 손으로 잡아당기는 행위 등 물리적인 행위를 말한다. 이때, 물리적인 유형력은 사람의 신체에 대한 것을 의미한다. 하지만, 반드시 사람의 신체에 접촉함을 요하지는 않는다.[32] 그러므로, 상대방을 향해 주먹을 휘둘렀으나 상대방이 이를 피하여 맞지 않아도 폭행죄의 기수가 된다. 무형력의 행사인 폭언이나 욕설은 본죄가 성립하지 않는다.[33][34] 또한, 심리적은 폭행에 대해서도 본죄에서는 '신체'에 대한 유형력을 명시하고 있기 때문에 정신적으로 가해지는 심리적은 고통은 본죄가 성립하지 않는다고 본다.

□ 폭행의 개념

폭행의 개념에 있어서는 '대상'과 '정도'에 따라 다음과 같이 구분할 수 있다.

① **최광의의 폭행**

일체의 유형력을 말하는 것으로, 대상이 사람이든 물건이든 불문한다. 내란죄(제87조), 소요죄(제115조), 다중불해산죄(제116조)의 폭행이 여기에 해당한다.

② **광의의 폭행**

사람에 대한 직접 또는 간접의 유형력의 행사를 말한다. 공무집행방해죄(제136조),[35] 강요죄(제324조), 특수도주죄(제146조)의 폭행이 여기에 해당한다.

③ **협의의 폭행**

사람의 신체에 대한 유형력의 행사를 의미한다. 이는 광의의 폭행에서와 같이 간접폭

---

31) 대판 1990.2.13. 89도1406.
32) 폭행죄에 있어 폭행이라 함은 사람의 신체에 대하여 물리적 유형력을 행사함을 뜻하는 것으로서 반드시 피해자의 신체에 접촉함을 필요로 하는 것은 아니므로, 피해자에게 근접하여 욕설을 하면서 때릴 듯이 손발이나 물건을 휘두르거나 던지는 행위를 한 경우에 직접 피해자의 신체에 접촉하지 않았다고 하여도 피해자에 대한 불법한 유형력의 행사로서 폭행에 해당한다(대판 1990.2.13. 89도1406).
33) 단순히 눈을 부릅뜨고 "이 십팔놈아, 가면 될 것 아니냐"라고 욕설을 한 것만으로는 피해자에게 불쾌감을 주는 데 그칠 뿐 피해자의 신체에 대한 유형력의 행사라고 보기 어려워 폭행죄를 구성한다고 할 수 없다(대판 2001.3.9. 2001도277).
34) 거리상 멀리 떨어져 있는 사람에게 전화기를 이용하여 전화하면서 고성을 내거나 그 전화대화를 녹음 후 들게 하는 경우에는, 특수한 방법으로 수화자의 청각기관을 자극하여 그 수화자로 하여금 고통스럽게 느끼게 할 정도의 음향을 이용하였다는 등의 특별한 사정이 없는 한, 신체에 대한 유형력을 행사한 것으로 보기 어렵다(대판 2003.1.10. 2000도5716).

행은 해당하지 않는다. 폭행죄(제260조), 특수공무원의 폭행·가혹행위죄(제125조)의 폭행이 여기에 해당한다.

④ 최협의의 폭행

상대방의 반항을 억압하게 하는 정도의 강도죄(제333조), 현저히 곤란하게 할 정도의 강간죄(제297조)의 폭행이 여기에 해당한다.

3. 주관적 구성요건

폭행의 고의가 있어야 한다.[36] 타인의 신체에 유형력을 행사한다는 사실에 대한 인식과 의사이다. 폭행의 고의로 유형력을 행사하였으나 상해가 발생하였다면 이는 폭행치상죄가 성립하고, 상해의 고의였으나 폭행의 결과가 발생하였다면 상해미수죄가 성립한다.

4. 위법성

(1) 정당행위

자신을 보호하고 이로부터 벗어가기 위한 저항수단으로 유형력을 행사한 경우라면, 그 행위가 적극적인 반격이 아니라 소극적인 방어의 한도를 벗어나지 않는 한 사회통념상 허용될 만한 상당성이 있는 행위로서 위법성이 조각된다.[37]

□ **관련 판례**

① 피고인이 바로 이웃집에서 술을 먹고 확성기를 틀어 노래를 부르는 등 소란스러운 행위를 한 피해자들에게 항의하러 갔다가 술에 취한 피해자 등과 시비가 되어 위 피고인 변소내용과 같이 피해자들에게 멱살을 잡히고 놓아주지 아니하여, 이를 때려다가 넘어짐으로써 피해자가 다치게 된 것이라면, 피고인이 위와 같은 유형력 행사는 위 피

---

35) 공무집행방해죄는 직무를 집행하는 공무원에 대하여 폭행 또는 협박을 함으로써 성립하는 것인데, 여기에서 폭행이라 함은 공무원에 대하여 직접적인 유형력의 행사뿐만 아니라 간접적으로 유형력을 행사하는 행위도 포함하는 것이고, 음향으로 상대방의 청각기관을 직접적으로 자극하여 육체적, 정신적 고통을 주는 행위도 유형력의 행사로서 폭행에 해당할 수 있다(대판 2009.10.29. 2007도3584).

36) 기도행위에 수반하는 신체적 행위가 단순히 손을 얹거나 야간 누르는 정도가 아니라 그것이 지나쳐서 가슴과 배를 반복하여 누르거나 때려 그로 인하여 사망에 이른 것과 같은 정도의 것이라면 이는 사람의 신체에 대한 유형력의 행사로서 폭행의 개념에 속하는 행위이고, 비록 안수기도의 방법으로 행하였다고 하더라도 신체에 대하여 유형력을 행사한다는 인식과 의사가 있으면 폭행에 대한 인식과 의사 즉 고의가 있는 것이며, 이를 적법한 행위라고 오인했다고 하더라도 그 오인에 정당성을 발견할 수 없다(대판 1994.8.23. 94도1484).

해자의 불법한 공격으로부터 벗어나기 위한 저항수단으로서의 방어행위에 지나지 않는
것으로서, 그 행위에 이르게 된 경위와 목적, 수단 및 행위자의 의사 등 제반사정에 비
추어 사회통념상 허용될 만한 상당성있는 행위라고 못 볼 바 아니다(대판 1985.10.22.
85도1455).
② 피해자가 주차 문제로 시비가 되어 공소외인과 서로 다투던 중, 피해자가 피고인의
딸인 공소외인의 뺨을 때리고 피고인까지 밀어 넘어뜨리자 피고인은 싸움을 말리기 위
하여 피해자의 멱살을 잡은 경우, 피고인이 위 행위는 소극적인 방어행위로서 사회통
념상 허용될 수 있는 정도의 상당성이 있으므로 위법성이 없어 죄가 되지 않는다(대판
1996.2.23. 95도1642).

(2) 교육 목적의 훈육

　교사는 학교장의 위임을 받아 교육상 필요하다고 인정할 때에는 징계를 할
수 있고, 징계를 하지 않은 경우에는 그 밖의 방법으로 지도를 할 수 있는데, 그
지도에 있어서는 교육상 불가피한 경우에만 신체적 고통을 가하는 방법인 이른바
체벌로 할 수 있고 그 외의 경우에는 훈육, 훈계의 방법만이 허용되어 있는 것이
다. 그러하니, 교사가 학생을 징계 아닌 방법으로 지도하는 경우에도 징계하는 경
우와 마찬가지로 교육상의 필요가 있어야 될 뿐만 아니라 특히 학생에게 신체적,
정신적 고통을 가하는 체벌, 비하하는 말 등의 언행은 교육상 불가피한 때에만
허용되는 것이어서, 학생에 대한 폭행, 욕설에 해당되는 지도행위는 학생의 잘못
된 언행을 교정하려는 목적에서 나온 것이었으며, 다른 교육적 수단으로는 교정
이 불가능하였던 경우로서 그의 방법과 정도에서 사회통념상 용인될 수 있을 만
한 객관적 타당성을 갖추었던 경우에만, 법령에 의한 정당행위로 볼 수 있을 것
이다.[38]

□ 관련 판례

〈교육 목적의 훈육 인정〉
중학교 교장직무대리자가 훈계의 목적으로 교칙위반학생에게 뺨을 몇 차례 때린 정도

---

37) 외관상 서로 격투를 하는 것처럼 보이는 경우라고 할지라도 한쪽 당사자가 일방적으로 불
　　법한 공격을 가하고 상대방은 이러한 불법한 공격으로부터 자신을 보호하고 이로부터 벗
　　어나기 위한 저항수단으로 유형력을 행사한 경우라면, 그 행위가 적극적인 반격이 아니라
　　소극적인 방어의 한도를 벗어나지 않는 한, 그 행위에 이르게 된 경위와 그 목적, 수단 및
　　행위자의 의사 등 제반사정에 비추어 사회통념상 허용될 만한 상당성이 있는 행위로서 위
　　법성이 조각된다(대판 1985.10.22. 85도1455).

는 감호교육상의 견지에서 볼 때 징계의 방법으로서 사회관념상 비난의 대상이 될 만큼 사회상규를 벗어난 것으로는 볼 수 없어 처벌의 대상이 되지 아니한다(대판 1976.4.27. 75도115).

〈교육 목적의 훈육 불인정〉

① 교사가 초등학교 5학년생을 징계하기 위하여 양손으로 교탁을 잡게 하고 길이 50cm, 직경 3cm가량 되는 나무 지휘봉으로 엉덩이를 두 번 때리고, 학생이 아파서 무릎을 굽히며 허리를 옆으로 틀자 다시 허리부분을 때려 6주간의 치료를 받아야 할 수단으로서의 폭행상해를 입힌 경우, 위 징계행위는 그 방법 및 정도가 교사의 징계권행사의 허용한도를 넘어선 것으로서 정당한 행위로 볼 수 없다(대판 1990.10.30. 90도1456).

② 피고인이 교육자로서 대나무 막대기로 나이 어린 피교육자인 피해자의 전신을 수회 구타하여 상해까지 입힌 경우라면, 그 제재의 범위를 넘어선 행위가 되어 정당한 징계행위로 볼 수 없다(대판 1978.3.14. 78도203).

(3) 피해자의 승낙

상대방의 승낙에 의한 폭행은 사회상규에 반하지 않는 한 위법성이 조각된다.

5. 소추 조건

단순폭행죄는 피해자의 명시한 의사에 반하여 공소를 제기할 수 없다.[39] 처벌불원의 의사표시는 의사능력이 있는 피해자가 단독으로 할 수 있는 것이고, 피해자가 사망한 후 그 상속인이 처벌불원의 의사표시를 할 수는 없다.[40] 하지만, 폭력행위 등 처벌에 관한 법률 제2조 4항의 폭행은 반의사불벌죄가 아니다.[41]

II. 존속폭행죄

제260조【폭행】② 자기 또는 배우자의 직계존속에 대하여 제1항의 죄를 범한 때에는 5년 이하의 징역 또는 700만원 이하의 벌금에 처한다.

---

38) 대판 2004.6.10. 2001도5380.
39) 제260조 제3항.
40) 대판 2010.5.27. 2010도2680.
41) 폭력행위 등 처벌에 관한 법률 제2조 제4항 : 제2항과 제3항의 경우에는 형법 제260조 제3항을 적용하지 아니한다.

본죄는 '자기 또는 배우자의 직계존속인 경우에 성립하는 범죄'이다. 행위자의 신분으로 인해 단순폭행죄에 비하여 책임이 가중되는 범죄이며(부진정신분범), 반의사불벌죄이다.

Ⅲ. 특수폭행죄

> 제261조【특수폭행】단체 또는 다중의 위력을 보이거나 위험한 물건을 휴대하여 제260조 제1항 또는 제2항의 죄를 범한 때에는 5년 이하의 징역 또는 1천만원 이하의 벌금에 처한다.

1. 의의, 성격

본죄는 '단체 또는 다중의 위력을 보이거나 위험한 물건을 휴대하여 폭행의 죄를 범함으로써 성립하는 범죄'이다. 행위의 위험성 때문에 단순폭행죄나 존속폭행죄에 비해 불법이 가중된 유형이다.

폭행의 행위 유형이 단체 또는 다중의 위력, 위험한 물건의 휴대가 아닌 '2인 이상의 공동하여' 형법 제260조 제1항과 제2항을 행한 경우에는 폭력행위 등 처벌에 관한 법률 제2조 제2항 제1호, 제2호를 적용하여 형의 2분의 1까지 가중처벌한다.

2. 객관적 구성요건

(1) 행위 유형

(가) 단체 또는 다중의 위력을 보이거나

① 단체

'단체'란 공동의 목적을 가진 다수인의 계속적이고 조직적인 결합체를 말한다. 그러므로, 일시적인 목적을 가지고 모인 결합체는 단체가 아닌 다중에 해당된다. 단체를 구성하는 목적은 범죄를 목적으로 하지 않아도 되므로, 노동조합과 같이 적법한 단체도 이에 포함된다. 단체의 구성원들은 반드시 동일한 장소에 있을 필요는 없으며, 언제든지 연락을 통해 한 장소로 모일 수 있으면 가능하다. 단체에 구성에 있어 인원수는 위력을 행사할 수 있을 정도면 충분하다.

② 다중

'다중'이란 공동의 목적을 가지고 계속적으로 모인 결합체가 아닌 다수인의 집합체를 말한다. 조직적인 집단이 아니며, 연락을 통해 집결한 것이 아니기 때문에 현재 한 장소에 같이 있으면 성립한다. 다중을 구성하는 인원에 있어서는 집단적 위력을 보일 정도이면 충분하다.[42]

③ 위력을 보이거나

'위력'이란 다중의 형태로 집결한 다수 인원으로 사람의 의사를 제압하기에 족한 세력을 지칭하는 것으로서 그 인원수가 다수에 해당하는가는 행위 당시의 여러 사정을 참작하여 결정하여야 할 것이며, 이 경우 상대방의 의사가 현실적으로 제압될 것을 요하지는 않는다고 할 것이지만 상대방의 의사를 제압할 만한 세력을 인식시킬 정도는 되어야 한다.[43] 위력을 보이는 방법에는 제한이 없으므로 시각적이든 청각적이든 불문한다.

위력을 보이기 위해 단체나 다중이 현장에 있을 필요는 없다. 하지만, 실제로 존재하는 단체 또는 다중이어야 한다.

(나) 위험한 물건을 휴대하여

① 위험한 물건

'위험한 물건'이란 흉기와 같이 처음부터 살상용으로 만들어진 것은 아니나 그 물건의 객관적 성질 및 사용방법에 따라서 사람의 생명, 신체에 해를 가하는데 사용할 수 있는 일체의 물건을 포함한다.[44] 그러므로, 가위, 유리병 등과 같이 제조의 목적이 살상용으로 만들어진 물건이 아니라고 하더라도 사람의 생명, 신체에 해를 가하는데 사용되었다면 위험한 물건에 해당한다. 이때, 위험한 물건인가의 여부는 구체적인 사안에서 사회통념에 비추어 그 물건을 사용하면 상대방이나 제3자가 곧 살상의 위험을 느낄 수 있는지 여부에 따라 판단하여야 한다.[45]

---

42) 폭력행위 등 처벌에 관한 법률 제3조 제1항 소정의 '다중'이라 함은 단체를 이루지 못한 다수인의 집합을 말하는 것으로, 이는 결국 집단적 위력을 보일 정도의 다수 혹은 그에 의해 압력을 느끼게 해 불안을 줄 정도의 다수를 의미한다(대판 2006.2.10. 2005도174).

43) 대판 2006.2.10. 2005도174.

44) 폭력행위 등 처벌에 관한 법률 제3조 제1항에 있어서 '위험한 물건'이라 함은 흉기는 아니라고 하더라도 널리 사람의 생명, 신체에 해를 가하는데 사용할 수 있는 일체의 물건을 포함한다고 풀이할 것이므로, 본래 살상용, 파괴용으로 만들어진 것뿐만 아니라 다른 목적으로 만들어진 칼, 가위, 유리병, 각종 공구, 자동차 등은 물론 화약약품 또는 사주된 동물 등도 그것이 사람의 생명, 신체에 해를 가하는데 사용되었다면 본조의 위험한 물건이라 할 것이다(대판 2002.9.6. 2002도2812).

45) 대판 1999.11.9. 99도4146.

위험한 물건은 동산에 국한하며, 사람을 밀쳐 벽에 부딪히게 한다거나 발로 걷어 차는 행위는 위험한 물건을 사용하였다고 볼 수 없다.

판례는 당구큐대,[46] 삽날 길이 21cm가량의 야전삽,[47] 빈 양주병,[48] 깨진 유리(마요네즈)병,[49] 최루탄과 최루분말,[50] 쇠젓가락,[51] 자동차,[52] 쪽가위,[53] 시멘트 벽돌[54] 등은 위험한 물건이라고 판시하였다. 그러나 각목,[55] 소화기,[56] 당구공,[57] 청산염 2그램[58] 등은 구체적인 사안 및 사용방법에 의해 위험한 물건으로 볼 수 없다고 하였다.

② 휴대

'휴대'라는 것은 몸에 지니는 것을 말한다. 하지만, 반드시 몸에 지닐 필요는 없고 언제든지 용이하게 가까이에 두고 사용할 수 있으면 족하다. 범행 이전부터 휴대할 필요는 없으며, 범행 현장에서 범행에서 사용할 의도 아래 소지하거나 몸에 지니는 경우도 휴대라고 볼 것이다.[59] 휴대사실에 대해 상대방에게 인식시킬

---

46) 당구장의 큐대와 의자를 사용하여 피해자를 폭행한 방법에 비추어 볼 때 의자와 당구 큐대를 폭력행위등처벌에 관한 법률 제3조 제1항 소정의 위험한 물건에 해당한다(대판 1997.2.25. 96도3346).

47) 대판 2001.11.30. 2001도5268.

48) 빈 양주병으로 머리를 내리쳐 타박상을 가한 경우, 그 빈 양주병은 위험한 물건에 해당한다(대판 1997.2.25. 96도3411).

49) 대판 1984.6.12. 84도647.

50) 국회의원인 피고인이 국회 본회의 심리를 막기 위하여 의장석 앞 발언대 뒤에서 최루탄 1개를 터뜨리고 최루탄 몸체에 남아있는 최루분말을 국회부의장에게 뿌린 경우, 최루탄과 최루분말은 폭력행위등 처벌에 관한 법률 제3조 제1항의 위험한 물건에 해당한다(대판 2014.6.12. 2014도1894).

51) 쇠젓가락으로 우측 눈 부위를 찔러서 피해자에게 상해를 가한 경우, 쇠젓가락은 위험한 물건에 해당한다(대판 2007.8.23. 2007도3710).

52) 대판 2003.1.24. 2002도5783.

53) 대판 1984.1.17. 83도2900.

54) 대판 1990.1.23. 89도2273.

55) 쇠파이프(길이 2m, 직경 5cm)로 머리를 구타당하면서 이에 대항하여 그곳에 있던 각목(길이 1m, 직경 5cm)으로 상대방의 허리를 구타한 경우에는 위 각목은 폭력행위 등 처벌에 관한 법률 제3조 제1항 소정의 위험한 물건에 해당되지 아니한다(대판 1981.7.28. 81도1046).

56) 경륜장 사무실에서 술에 취해 소란을 피우면서 소화기를 집어던졌지만 특정인을 겨냥하여 던진 것이 아닌 점 등을 종합하여, 위험한 물건에 해당하지 않는다(대판 2010.4.29. 2010도930).

57) 당구공으로 피해자의 머리를 툭툭 건드린 정도에 불과한 경우, 당구공은 위험한 물건에 해당하지 않는다(대판 2008.1.17. 2007도9624).

58) 청산염 2그램 정도를 협박편지에 동봉 우송하여 피해자에게 도달케 하였다는 것만으로는 위험한 물건의 휴대라고 할 수 없다(대판 1985.10.8. 85도1851).

59) 대판 1982.2.23. 81도3074.

필요는 없으며,[60] 위험한 물건의 소유자가 누구인지는 불문한다.

판례는 '휴대하여'라는 말은 소지뿐만 아니라 널리 이용한다는 뜻도 포함한다고 본다. 그래서 자동차를 이용하여 피해자를 폭행한 행위에 대해 '위험한 물건'으로 판시하였다.[61]

(2) 실행 행위

실행 행위는 '폭행'이다.

3. 주관적 구성요건

특수폭행죄는 행위자가 단체 또는 다중의 위력을 보이거나 위험한 물건을 휴대한 상태에서 폭행을 한다는 인식과 인용, 즉 고의가 있어야 한다. 따라서 위험한 물건을 휴대한 사실에 대해 인식하지 못한 상태에서 폭행을 한 때에는 본죄가 성립하지 않고, 단순폭행죄가 성립한다.

Ⅳ. 폭행치사상죄

제262조 【폭행치사상】 전2조의 죄를 범하여 사람을 사상에 이르게 한 때에는 제257조 내지 제259조의 예에 의한다.

---

1. 의의, 성격

본죄는 '단순폭행죄·존속폭행죄·특수폭행죄를 범하여 사람을 사상에 이르게 함으로써 성립하는 범죄'이다. 본죄는 단순폭행죄·특수폭행죄의 결과적 가중범이다. 상해나 사망에 대한 고의가 있는 경우에는 본죄가 아니라 상해죄나 살인죄가 성립한다.

본죄는 2020. 12. 8. '제262조(폭행치사상) 제260조와 제261조의 죄를 지어 사

---

60) 과도를 범행 현장에서 호주머니 속에 지니고 있었던 이상, 이는 위험한 물건을 휴대한 경우이다(대판 1984.4.10. 84도353).

61) 피고인이 고속도로 상에서 아반테 승용차로 피해자와 그의 처가 타고 가는 소나타의 옆으로 바짝 따라붙어 운전을 방해하고, 아반테를 소나타 앞으로 몰고 가 급제동을 하여 피해자로 하여금 충돌을 피하기 위하여 급제동하거나 급차로 변경을 하게 하고, 아반테를 소나타의 옆으로 바짝 밀어붙여 피해자로 하여금 중앙분리대와 충돌할 위험에 처하게 하고, 피해자가 고속도로를 빠져나가려 하자 진로를 가로막아 빠져나가지 못하게 하였다면, 이는 위험한 물건인 자동차를 이용하여 피해자들을 폭행한 것이라고 하지 않을 수 없다(대판 2001.2.3. 2001도271).

람을 사망이나 상행 이르게 한 경우에는 제257조부터 제259조까지의 예에 따른
다'로 개정되었다(2021. 12. 9. 시행)

2. 구성요건

폭행치사상죄는 폭행죄와 사상의 결과 사이에 인과관계와 결과 발생에 대한
예견가능성이 있어야 한다.

□ 폭행치사상 관련 판례

〈폭행치사상 인정〉

① 피고인들이 공동하여 피해자를 폭행하여 당구장 3층에 있는 화장실에 숨어 있던 피
해자를 다시 폭행하려고 피고인 1은 화장실을 지키고, 피고인 2는 당구치는 기구로 문
을 내리쳐 부수자 위협을 느낀 피해자가 화장실 창문 밖으로 숨으려다가 실족하여 떨
어짐으로써 사망한 경우에는 피고인들의 위 폭행행위와 피해자의 사망 사이에는 인과
관계가 있다고 할 것이므로 폭행치사죄의 공동정범이 성립된다(대판 1990.10.16. 90도
1786).
② 피고인이 피해자의 멱살을 잡아 흔들고 주먹으로 가슴과 얼굴을 1회씩 구타하고 멱
살을 붙들고 넘어뜨리는 등 신체 여러 부위에 표피박탈, 피하출혈 등의 외상이 생길 정
도로 심하게 폭행을 가함으로써 평소에 오른쪽 관상동맥폐쇄 및 심실의 허혈성심근섬
유화증세 등의 심장질환을 앓고 있던 피해자의 심장에 더욱 부담을 주어 나쁜 영향을
초래하도록 하였다면, 비록 피해자가 관상동맥부전과 허혈성심근경색 등으로 사망하였
더라도, 피고인의 폭행의 방법, 부위나 정도 등에 비추어 피고인의 폭행과 피해자의 사
망과 간에 상당인과관계가 있었다고 볼 수 있다(대판 1989.10.13. 89도556).

〈폭행치사상 부정〉

① 폭행치사죄는 결과적 가중범으로 폭행과 사망의 결과 사이에 인과관계가 있는 외에
사망의 결과에 대한 예견가능성, 즉 과실이 있어야 하고 이러한 예견가능성의 유무는
폭행의 정도와 피해자의 대응상태 등 구체적 상황을 살펴서 엄격하게 가려야 하는 것
인바, 피고인이 피해자에게 상당한 힘을 가하여 넘어뜨린 것이 아니라 단지 공장에서
동료 사이에 말다툼을 하던 중 피고인이 삿대질하는 것을 피하고자 피해자 자신이 두
어걸음 뒷걸음치다가 회전 중이던 십자형 스빙기계 철받침대에 걸려 넘어진 정도라면,
당시 바닥에 위와 같은 장애물이 있어서 뒷걸음치면 장애물에 걸려 넘어질 수 있다는
것까지는 예견할 수 있었다고 하더라도 그 정도로 넘어지면서 머리를 바닥에 부딪혀
두개골절로 사망한다는 것은 이례적인 일이어서 통상적으로 일반인이 예견하기 어려운
결과라고 하지 않을 수 없으므로 피고인에게 폭행치사죄의 책임을 물을 수 없다(대판

1990.9.25. 90도1596).

② 피고인은 피해자의 왼쪽 어깨 죽지를 잡고 약7미터 정도 걸어가다가 피해자를 놓아 주는 등 폭행을 하자 피해자가 그곳에 있는 평상에 앉아 있다가 쓰러져 약2주일간의 안정가료를 요하는 뇌실질내 혈종의 상해를 입었는데 피해자는 60세의 노인으로서 외견상 건강해 보이지만 평소 고혈압증세가 있어 약5년 전부터 술도 조심하여 마시는 등 외부로부터의 정신적, 물리적 충격에 쉽게 흥분되어 급성 뇌출혈에 이르기 쉬운 체질이었다는 것이다. 그렇다면 가사 피해자가 위에서 본 바와 같은 피고인의 욕설과 폭행으로 충격을 받은 나머지 위와 같은 상해를 입게 된 것이라 하더라도 일반 경험칙상 위와 같이 욕설을 하고 피해자의 어깨 죽지를 잡고 조금 걸어가다가 놓아준 데 불과한 정도의 폭행으로 인하여 피해자가 위와 같은 상해를 입을 것이라고 예견할 수 없다고 할 것이고, 또 기록을 살펴보아도 피해자가 평소 위와 같이 고혈압증세로 뇌출혈에 이르기 쉬운 체질이어서 위에서 본 바와 같은 정도의 욕설과 폭행으로 그와 같은 상해의 결과가 발생한 것임을 피고인이 이 사건 당시 실제로 예견하였거나 또는 예견할 수 있었다고 볼 만한 자료는 없으니 피고인에게 상해의 결과에 대한 책임을 물어 폭행치상죄로 처벌할 수는 없다고 할 것이다(대판 1982.1.12. 81도1811).

3. 폭행치사상죄의 대법원과 헌법재판소의 상반된 견해

① 대법원 견해

특수폭행치상죄의 해당규정인 형법 제262조, 제261조는 형법 재정 당시부터 존재하였는데, 형법 제258조의2 특수상해죄의 신설 이전에는 형법 제262조의 "전 2조의 죄를 범하여 사람을 사상에 이르게 한 때에는 제257조 내지 제259조의 예에 의한다"라는 규정 중 "제257조 내지 제259조의 예에 의한다"의 의미는 형법 제260조(폭행, 존속폭행) 또는 제261조(특수폭행)의 죄를 범하여 상해, 중상해, 사망의 결과가 발생한 경우, 그 결과에 따라 상해의 경우에는 형법 제257조, 중상해의 경우에는 형법 제258조, 사망의 경우에는 형법 제259조의 예에 준하여 처벌하는 것으로 해석, 적용되어 왔고, 따라서 특수폭행치상죄의 경우 법정형은 형법 제257조 제1항에 의하여 '7년 이하의 징역, 10년 이하의 자격정지 또는 1천만원 이하의 벌금'이었다. 그런데 2016. 1. 6. 형법 개정으로 특수상해죄가 형법 제258조의2로 신설됨에 따라 문언상으로 형법 제262조의 '제257조 내지 제259조의 예에 의한다'는 규정에 형법 제258조의2가 포함되어 특수폭행치상의 경우 특수상해인 형법 제258조의2 제1항의 예에 의하여 처벌하여야 하는 것으로 해석될 여지가 생기게 되었다. 이러한 해석을 따를 경우 특수폭행치상죄의 법정형이 형법 제258조의2 제1항이 정한 '1년 이상 10년 이하의 징역'이 되어 종래와 같이 형법 제257조 제1항의 예에 의하는 것보다 상향되는 결과가 발생하게 된다. 그러나 형벌규정 해석에 관한 법리와 폭력행위 등 처벌에 관한 법률의 개정 경고 및 형법 제258조의2 신설 경위와 내용, 그 목적, 형법 제262조의 연혁, 문언과 체계 등을 고려할 때, 특수폭행치상의 경우 형법 제258조의2가 신설에도 불구하고 종전과 같이 형법 제257조 제1항의 예에 의하여 처벌하는 것으로 해석함이 타당하다.[62]

② 헌법재판소 견해

심판대상 조항(위험한 물건을 휴대하여 폭행의 죄를 범하여 사람을 상해에 이르게 한 때에는 1년 이상 10년 이하의 징역에 처한다고 규정한 형법 제262조 중 '제261조 가운데 위험한 물건을 휴대하여 제260조 제1항의 죄를 범하여 사람을 상해에 이르게 한 때에는 제258조의2 제1항의 예에 의한다'는 부분)은 신체의 완전성 내지 신체의 불가침성을 보호하기 위한 것으로서 목적의 정당성 및 수단이 적합성이 인정된다. 한편, 위험한 물건을 휴대하고 폭행죄를 범하여 사람을 상해에 이르게 한 경우에는 이미 그 행위 자체에 내재되어 있는 불법의 정도가 크고, 중대한 법익 침해를 야기할 가능성이 높다고 할 것이어서, 그 구체적인 행위의 결과가 어떠하든지 간에 이미 그 책임이 무겁다. 특수폭행치상에서 상해의 결과는 폭행 과정에서 우연히 발생한 결과가 아니라 폭행행위에 내재되어 있는 전형적인 위험성이 실현된 것이므로, 비록 상해 자체에 대한 고의는 없다 하더라도 이를 상해의 고의가 있는 경우에 준하여 무겁게 처벌할 필요가 있다. 심판대상조항에 의할 경우 비록 벌금형을 선택할 수는 없으나 법정형의 하한이 징역1년으로 그다지 높지 않고, 작량감경을 하지 않더라도 집행유예 결격사유가 없는 한 징역형의 선고유예나 집행유예를 선고할 수 있다. 따라서 심판대상조항은 형벌과 책임 간의 비례원칙에 위배되지 않는다.[63]

V. 상습폭행죄

> **제264조 【상습범】** 상습으로 제260조 또는 제261조의 죄를 범한 때에는 그 죄에 정한 형의 2분의 1까지 가중한다.

---

62) 대판 2018.7.24. 2018도3443.
63) 헌재 2018.7.26. 2018헌바5 전원재판부.

상습폭행죄는 폭행죄, 존속폭행죄, 특수폭행죄가 상습으로 범해지면 그 죄에 정한 형의 2분의 1까지 가중한다. '상습'이란 위 규정에 열거된 상해 내지 폭행행위의 습벽을 말하는 것이므로, 위 규정에 열거되지 아니한 다른 유형의 범죄까지 고려하여 상습성의 유무를 결정하여서는 아니된다.[64] 단순폭행, 존속폭행의 범행이 동일한 폭행 습벽의 발현에 의한 것으로 인정되는 경우에는 그중 법정형이 더 중한 상습존속폭행죄에 나머지 행위를 포괄하여 하나의 죄만이 성립한다고 봄이 타당하다. 그리고 상습존속폭행죄로 처벌되는 경우에는 형법 제260조 제3항이 적용되지 않으므로 피해자의 명시한 의사에 반하여도 공소를 제기할 수 있다.[65]

---

64) 대판 2018.4.24. 2017도21663.
65) 대판 2018.4.24. 2017도10956.

제3장

과실치사상의 죄

제1절 서 설

I. 의의, 보호법익

과실치사상의 죄는 '과실로 인하여 사람을 사망에 이르게 하거나, 사람의 신체를 상해에 이르게 함으로써 성립하는 범죄'이다. 과실치사상죄의 보호법익은 '사람의 생명과 건강'이며, 보호의 정도는 '침해범'이다. 본죄는 과실범으로, 과실범은 법률에 특별한 규정이 있는 경우에만 처벌한다(제14조).

II. 과실치사상죄의 구성요건체계

과실치사상죄는 과실치상죄(제266조)와 과실치사죄(제267조)를 기본적 구성요건으로 한다. 가중적 구성요건으로는 업무상과실·중과실치사상(제268조)이 규정되어 있다.

Ⅲ. 특별법

자동차 운전에서의 업무상과실치사상에 대해서는 '교통사고처리특례법' 제3조 제1항이 적용된다. 또한, 형법 제268조의 죄를 범한 해당 차량의 운전자가 피해자를 구호하는 등 도로교통법 제54조 제1항에 따른 조치를 취하지 아니하고 도주한 경우에는 '특정범죄 가중처벌 등에 관한 법률' 제5조의3에서 가중처벌한다.

Ⅳ. 구성요건

과실치사상죄 및 업무상과실·중과실치사상죄의 구성요건으로는 ① 과실 행위와 결과 발생 사이에 인과관계가 있어야 한다. 만약, 과실 행위와 결과 발생 사이에 인과관계가 없다면 본죄가 성립할 수 없다. ② 과실 행위가 있어야 한다. 과실이란 '정상의 주의를 태만함으로 인하여 죄의 성립요소인 사실을 인식하지 못한 행위'를 말한다.

제2절 개별적 범죄 유형

Ⅰ. 과실치사상죄

제266조 【과실치상】 ① 과실로 인하여 사람의 신체를 상해에 이르게 한 자는 500만원 이하의 벌금, 구류 또는 과료에 처한다.
② 제1항의 죄는 피해자의 명시한 의사에 반하여 공소를 제기할 수 없다.
제267조 【과실치사】 과실로 인하여 사람을 사망에 이르게 한 자는 2년 이하의 금고 또는 700만원 이하의 벌금에 처한다.

1. 의의, 보호법익

본죄는 '과실로 인하여 사람의 신체를 상해 또는 사망에 이르게 함으로써 성립하는 범죄'이며, 보호법익은 '사람의 생명과 신체의 건강'이며, 보호의 정도는 '침해범'이다. 과실에 의해 결과가 발생하여야 하며, 고의로 상해 또는 사망을 발생시킨 경우에는 상해죄 및 살인죄가 성립한다.

2. 구성요건

(1) 과실 행위

과실 행위는 '주의의무 위반행위'를 의미한다. 이는, 상해 또는 사망의 결과를 미리 예견하고 회피할 의무이며, 사회생활상 필요한 주의의무의 불이행이다. 주의의무의 판단은 그 과실의 유무를 판단함에는 같은 업무와 직무에 종사하는 일반적 보통인의 주의정도를 표준으로 하여야 한다.[1]

(2) 상해 또는 사망의 결과발생

상해 또는 사망의 결과가 발생하여야 하며, 원인인 과실과 결과 발생 사이에 인과관계가 있어야 한다. 행위가 결과에 대하여 합법칙적 조건이 되는 경우에 인과관계가 인정되며, 상해 또는 사망의 결과를 행위자에게 객관적으로 귀속시킬 수 있어야 한다. 인과관계나 객관적 귀속이 부정되는 경우에는 본죄가 성립하지 않는다.

□ 과실 관련 판례

〈과실 인정〉

① 바다에 면한 수직경사가 암반 위로 이끼가 많이 끼어 매우 미끄러운 곳에서 당시 폭풍주의보가 발효 중이어서 평소보다 높은 파도가 치고 있던 상황하에 피해자와 같은 내무반원인 피고인 등 여러 사람이 곧 전역할 병사 갑을 손발을 붙잡아 헹가래를 쳐서 장난삼아 바다에 빠뜨리려고 하다가 그가 발버둥치자 동인의 발을 붙잡고 있던 피해자가 몸의 중심을 잃고 미끄러지면서 바다에 빠져 사망한 경우 갑을 헹가래쳐서 바다에 빠뜨리려고 한 행위와 피해자가 바다에 빠져 사망한 결과와의 사이에는 인과관계가 있다고 할 것이고, 또 위와 같은 경우 결과발생에 관한 예견가능성도 있다고 할 것이므로 갑을 붙들고 헹가래치려고 한 피고인들로서는 비록 피해자가 위와 같이 헹가래치려고 한 일행 중의 한 사람이었다고 하여도 동인의 사망에 대하여 과실책임을 면할 수 없다 (대판 1990.11.13. 90도2106).

② 중앙선에 서서 도로횡단을 중단한 피해자의 팔을 갑자기 잡아끌고 피해자로 하여금 도로를 횡단하게 만든 피고인으로서는 위와 같이 무단횡단을 하는 도중에 지나가는 차량에 충격당하여 피해자가 사망하는 교통사고가 발생할 가능성이 있으므로, 이러한 경우에는 피고인이 피해자의 안전을 위하여 차량의 통행 여부 및 횡단 가능 여부를 확인하여야 할 주의의무가 있다 할 것이므로, 피고인으로서는 위와 같은 주의의무를 다하

---

1) 대판 2018.5.11. 2018도2844.

지 않은 이상 교통사고와 그로 인한 피해자의 사망에 대하여 과실책임을 면할 수 없다
(대판 2002.8.23. 2002도2800).

〈과실 부정〉

① 담임교사가 학교방침에 따라 학생들에게 교실 청소를 시켜왔고 유리창을 청소할 때
는 교실 안쪽에서 닦을 수 있는 유리창만을 닦도록 지시하였는데 유독 피해자만이 수
업시간이 끝나자마자 베란다로 넘어갔다고 밑으로 떨어져 사망하였다면 담임교사에게
그 사고에 대한 어떤 형사상의 과실책임을 물을 수 없다(대판 1989.3.28. 89도108).
② 설치된 기계의 수리, 작업과정에 대한 공원의 훈련 및 감독, 신규 공원의 채용 등 공
장운영 전반에 대한 실무적인 감독자가 따로 있는 경우에는 공장을 임차경영하고 있다
하여 그에게 피해자인 공원에 대한 사전안전교육과 기계 조작 및 작업방법 등에 관한
구체적이고 직접적인 감독책임이 있다고 할 수 없다(대판 1984.11.27. 84도2025).
③ 임대한 방실이 부엌으로 통하는 문과 벽 사이에 0.4센티미터 정도의 틈이 있다면 이
는 문 전체를 다시 제작하여 붙이지 않더라고 다른 목재로 부착보수하는 정도로서 그
틈을 막을 수 있는 것이어서 그 하자가 방실을 사용할 수 없을 정도의 파손상태이거나
임대인에게 수선의무가 있는 대규모의 것이라고는 할 수 없고, 임차인이 통상의 수선
관리의무에 속한 것이라 못 할 바 아니므로 위 문틈으로 스며든 연탄가스에 중독되는
사고가 발생했다 하더라도 위 사고는 임대인의 과실로 인한 것이라고 볼 수 없다(대판
1985.3.12. 84도2034).

(3) 신뢰의 원칙

신뢰의 원칙이란 '교통규칙을 준수하는 운전자는 다른 사람도 교통규칙을 준
수할 것이라고 신뢰하는 것으로 충분하고, 다른 사람이 교통규칙을 위반하여 행
동하는 것을 미리 예견하여 조치할 의무는 없다'는 원칙이다. 이와 같은 신뢰의
원칙은 교통사고 이외 다른 부분에도 적용되고 있다.

□ 신뢰의 원칙 관련 판례

① 사고일시가 한 가을의 심야인데다가 그 장소가 육교 밑이었으며, 원심이 증거로 한
사법경찰관사무취급의 교통사고보고서에 의하면 그 도로상황은 편도 4차선(왕복 8차
선)의 넓은길 가운데 2차선 지점이었다는 것이므로 그러한 교통상황 아래에서의 자동
차 운전자는 무단 횡단자가 없을 것으로 믿고 운전해가면 되는 것이지 감히 도로교통
법규에 위반하여 자기 차의 앞을 횡단하려고 하는 사람이 있을 것까지 예상하여 그 안
전까지를 확인해 가면서 운전해야 한다고 볼 수는 없다. 더구나 대도시 밤거리에서의
빈번한 도로교통에 있어서는 대향차의 전조등 불빛 때문에 시야가 흐려져 전방의 장애

물을 미리 발견하는데 상당한 애로가 있고 특별한 사정이 없는 한 그것은 부득이하다는 것은 경험칙에 비추어 명백하므로 위에서 본 제반 교통상황에 비추어 피고인은 정상속도로 운전해 가기만 하면 되는 것이고 더 이상 속도를 줄여 무단횡단자에 대비해야 할 의무는 없다고 할 것인바 피고인의 당시 운행속도는 도로교통법 제15조, 같은 법 시행규칙 제12조의 속력을 초과한 것도 아닌데도 원심은 피고인의 당시 상황이 대향차들의 전조등 때문에 전방을 잘 주시할 수 없었으므로 감속하거나 적절한 조치를 취했어야 한다고 판단한 것은 도로교통에 제공되는 자동차가 수행해야 할 기능을 고려하지 아니하고 피해자의 처지만에 비중을 둔데서 비롯된 것이라 할 것이고 이에 터잡아 위에서 본 것처럼 판시한 것은 안전운전의무위반의 법리를 오해한 위법이 있다고 하지 않을 수 없다(대판 1988.10.11. 88도1320).

② 경찰관인 피고인들은 동료 경찰관인 갑 및 피해자 을과 함께 술을 많이 마셔 취하여 있던 중 갑자기 위 갑이 총을 꺼내 을과 같이 총을 번갈아 자기의 머리에 대고 쏘는 소위 "러시안 룰렛" 게임을 하다가 을이 자신이 쏜 총에 맞아 사망한 경우 피고인들은 위 갑과 을이 "러시안 룰렛" 게임을 함에 있어 갑과 어떠한 의사의 연락이 있었다거나 어떠한 원인행위를 공동으로 한 바가 없고, 다만 위 게임을 제지하지 못하였을 뿐인데 보통사람의 상식으로서는 함께 수차에 걸쳐서 흥겹게 술을 마시고 놀았던 일행이 갑자기 자살행위와 다름없는 위 게임을 하리라고는 쉽게 예상할 수 없는 것이고 (신뢰의 원칙), 게다가 이 사건 사고는 피고인들이 "장난치지 말라"며 말로 위 갑을 만류하던 중에 순식간에 일어난 사고여서 음주만취하여 주의능력이 상당히 저하된 상태에 있던 피고인들로서는 미처 물리력으로 이를 제지할 여유도 없었던 것이므로, 경찰관이라는 신분상의 조건을 고려하더라도 위와 같은 상황에서 피고인들이 이 사건 "러시안 룰렛" 게임을 즉시 물리력으로 제지하지 못하였다 한들 그것만으로는 위 갑의 과실과 더불어 중과실치사죄의 형사상 책임을 지울 만한 위법한 주의의무위반이 있었다고 평가할 수 없다(대판 1992.3.10. 91도3172).

3. 소추조건

과실치상죄는 피해자의 명시한 의사에 반하여 공소를 제기할 수 없다.

II. 업무상과실·중과실치사상죄

제268조 【업무상과실·중과실치사상】 업무상과실 또는 중과실로 인하여 사람을 사상에 이르게 한 자는 5년 이하의 금고 또는 2천만원 이하의 벌금에 처한다.

1. 의의, 보호법익

본죄는 '업무상과실 또는 중대한 과실로 인하여 사람을 사상에 이르게 함으로써 성립하는 범죄'이다. 보호법익은 '사람의 생명과 신체의 건강'이다. 업무자라는 신분으로 인해 책임이 가중되는 구성요건으로 부진정신분범이다. 이는 업무자는 보통인보다 더 많은 주의의무가 요구되기 때문이다. 중과실에 있어서는 보통의 과실보다 주의의무위반이 정도가 크다는 면에서 책임이 가중된다.

본죄는 2020. 12. 8. '제268조(업무상과실·중과실치사상) 업무상과실 또는 중대한 과실로 사람을 사망이나 상해에 이르게 한 자는 5년 이하의 금고 또는 2천만원 이하의 벌금에 처한다'로 개정되었다(2021. 12. 9. 시행).

2. 구성요건

(1) 행위의 주체

행위의 주체는 '일정한 업무에 종사하는 자'이며, 중과실치사상의 주체에는 제한이 없다.

(2) 실행 행위

실행 행위는 '과실'이다. 과실 행위는 주의의무위반 행위를 의미한다

(3) 업무의 개념

업무상과실치상죄에 있어서의 '업무'란 사람의 사회생활면에 있어서의 하나의 지위로서 계속적으로 종사하는 사무를 말한다.[2]

① 사회생활면에서의 지위

업무는 사회생활상의 지위에 따른 사무여야 한다. 그러므로, 생활수단으로서의 사회적 활동은 업무에 해당한다. 하지만, 사회적 활동이 아닐지라도 생활수단으로서 계속하여 종사하는 사무도 업무에 해당한다.[3]

② 계속성

업무는 단순 1회성에 그치는 것이 아닌 상당한 횟수의 반복으로 행해지거나 계속할 의사로 행하여져야 한다. 그러므로 계속성이 없는 업무인 1회 운전을 하

---

2) 대판 2007.5.31. 2006도3493.
3) 피고인이 완구상 점원으로서 완구배달을 하기 위하여 자전거를 타고 소매상을 돌아다니는 일을 하고 있었다고 한다면 그 자전거를 운전하는 업무에 종사하고 있다고 보아야 한다(대판 1972.5.9. 72도701).

는 경우 등은 업무로 볼 수 없다.⁴⁾ 하지만, 1회라고 하더라도 계속적이고 반복적
으로 행할 의사인 경우에는 업무로 볼 수 있다.

□ 업무의 계속성 관련 판례

[1] 업무상과실치상죄의 '업무'란 사람의 사회생활면에서 하나의 지위로서 계속적으로
종사하는 사무를 말한다. 여기에는 수행하는 직무 자체가 위험성을 갖기 때문에 안전
배려를 의무의 내용으로 하는 경우는 물론 사람의 생명·신체의 위험을 방지하는 것을
의무의 내용으로 하는 업무도 포함된다. 그러나 건물 소유자가 안전배려나 안전관리
사무에 계속적으로 종사하거나 그러한 계속적 사무를 담당하는 지위를 가지지 않은 채
단지 건물을 비정기적으로 수리하거나 건물의 일부분을 임대하였다는 사정만으로는 건
물 소유자의 위와 같은 행위가 업무상과실치상죄의 '업무'에 해당한다고 보기 어렵다.
[2] 3층 건물의 소유자로서 건물 각 층을 임대한 피고인이, 건물 2층으로 올라가는 계
단참의 전면 벽이 아크릴 소재의 창문 형태로 되어 있고 별도의 고정장치가 없는데도
안전바를 설치하는 등 낙하사고 방지를 위한 관리의무를 소홀히 함으로써, 건물 2층에
서 나오던 甲이 신발을 신으려고 아크릴 벽면에 기대는 과정에서 벽면이 떨어지고 개
방된 결과 약 4m 아래 1층으로 추락하여 상해를 입었다고 하여 업무상과실치상으로 기
소된 사안에서, 피고인이 건물에 대한 수선 등의 관리를 비정기적으로 하였으나 그 이
상의 안전배려나 안전관리 사무에 계속적으로 종사하였다고 인정하기 어렵다고 보아
업무상과실치상의 공소사실을 이유에서 무죄로 판단하고 축소사실인 과실치상 부분을
유죄로 인정한 원심판결이 정당하다고 한 사례(대판 2017.12.5. 2016도16738).

③ 사무

사무는 사회생활상 계속성을 가진 일이다. 사무는 본업무이든 부수적 사무이
든 불문하며, 공무, 사무도 상관없다. 사회생활상 용인되는 사무라면 적법·부적
법을 불문한다. 업무는 반복·계속의 의사 또는 사실이 있는 한 그 사무에 대한
각별한 경험이나 법규상의 면허를 필요로 하지 아니한다.⁵⁾

(4) 업무상과실치사상죄의 업무

업무상과실치사상죄에 있어서의 업무란 사람의 사회생활면에 있어서의 하나
의 지위로서 계속적으로 종사하는 사무를 말하고, 여기에는 수행하는 직무 자체
가 위험성을 갖기 때문에 안전배려를 의무의 내용으로 하는 경우는 물론 사람의

---

4) 피고인은 차량의 운전업무에 종사하는 자가 아니므로 단 1회의 운전행위만을 대상으로 하
여 업무상과실이 있다고 단정한 것은 본조 제2항의 업무상과실에 관한 법리를 그릇된 위
법이 있다(대판 1966.5.31. 66도536).
5) 대결 1961.3.22. 4294형상5.

생명·신체의 위험을 방지하는 것을 의무내용으로 하는 업무도 포함된다 할 것이다.6) 의료행위, 자동차나 항공기, 선박의 운전, 가스나 폭발물 등 위험물의 제조·판매·취급행위, 교도관들의 업무,7) 액화석유가스 판매사업자8) 등이 이에 포함된다.

(5) 업무상과실

'업무상과실'이란 업무상 요구되는 주의의무를 태만히 함으로써 결과발생을 회피하지 못한 경우이다. 이때, 주의의무의 범위는 법규 이외 업무의 성질과 구체적 사정에 비추어 관습·조리·판례에서 요구되는 일체의 주의의무를 포함한다. 이때, 주의의무는 사회적으로 상당한 범위의 주의의무만이 요구되므로, 결과 발생을 예견하고 회피할 모든 주의의무를 말하는 것은 아니다.

☐ 자동차 운전자의 업무상 주의의무 관련 판례

〈주의의무 인정〉

① 운전자가 차를 세워 시동을 끄고 1단 기어가 들어가 있는 상태에서 시동 열쇠를 끼워놓은 채 11세 남짓한 어린이를 조수석에 남겨두고 차에서 내려온 동안 동인이 시동 열쇠를 돌리며 악셀레이터 페달을 밟아 차량이 진행하여 사고가 발생한 경우, 비록 동인의 행위가 사고의 직접적인 원인이었다 할지라도 그 경우 운전자로서는 위 어린이를 먼저 하차시키던가 운전기기를 만지지 않도록 주의를 주거나 손브레이크를 채운 뒤 시동 열쇠를 빼는 등 사고를 미리 막을 수 있는 제반조치를 취할 업무상 주의의무가 있다 할 것이어서 이를 게을리 한 과실은 사고결과와 법률상의 인과관계가 있다고 봄이 상당하다(대판 1986.7.8. 86도1048).
② 피고인이 운행하던 자동차로 도로를 횡단하던 피해자를 충격하여 피해자로 하여금 반대차선의 1차선상에 넘어지게 하여 피해자가 반대차선을 운행하던 자동차에 역과되

6) 대판 2007.5.31. 2006도3493.
7) 업무상과실치사상죄에 있어서의 업무란 사람의 사회생활면에 있어서의 하나의 지위로서 계속적으로 종사하는 사무를 말하고, 여기에는 수행하는 직무 자체가 위험성을 갖기 때문에 안전배려를 의무의 내용으로 하는 경우는 물론 사람의 생명·신체의 위험을 방지하는 것을 의무내용으로 하는 업무도 포함된다 할 것이다. 행형법 및 교도관직무규칙의 규정과 구치소라는 수용시설의 특성에 비추어 보면, 공휴일 또는 야간에는 소장을 대리하는 당직 간부에게는 구치소에 수용된 수용자들의 생명·신체에 대한 위험을 방지할 법령상 내지 조리상의 의무가 있다고 할 것이고, 이와 같은 의무를 직무로서 수행하는 교도관들의 업무는 업무상과실치사죄에서 말하는 업무에 해당한다(대판 2007.5.31. 2006도3493).
8) 액화석유가스 판매사업자인 피고인이 수요자의 소비설비의 철거를 요청받고도 이에 응하지 아니하고 직접 철거하라고 이야기하여 이사를 가는 자로 하여금 별다른 안전조치도 취하지 아니한 채 휴즈콕크(속칭 중간밸브)까지 떼어가게 하여 그 부분으로 새어 나온 가스로 폭발사고가 발생한 경우, 구 액화석유가스의 안전 및 사업관리법 제9조 제1항이 정한 안전점검의무를 위반한 것이라고 한 사례(대판 2006.5.12. 2006도819).

어 사망하게 하였다면 피고인은 그와 같은 사고를 충분히 예견할 수 있었고, 또한 피고인의 과실과 피해자의 사망 사이에는 인과관계가 있다고 할 것이므로 피고인은 업무상 과실치사죄의 죄책을 면할 수 없다(대판 1988.11.8. 88도928).

③ 택시 운전자인 피고인이 심야에 밀집된 주택 사이의 좁은 골목길이자 직각으로 구부러져 가파른 비탈길이 내리막에 누워 있던 피해자의 몸통 부위를 택시 바퀴로 역과하여 그 자리에서 사망에 이르게 하고 도주한 사안에서, 위 사고 당시 시각과 사고 당시 도로상황 등에 비추어 자동차 운전업무에 종사하는 피고인으로서는 평소보다 더욱 속도를 줄이고 전방 좌우를 면밀히 주시하여 안전하게 운전함으로써 사고를 미연에 방지할 주의의무가 있었는데도, 이를 게을리한 채 그다지 속도를 줄이지 아니한 상태로 만연히 진행하던 중 전방 도로에 누워 있던 피해자를 발견하지 못하여 위 사고를 일으켰으므로, 사고 당시 피고인에게는 이러한 업무상 주의의무를 위반한 잘못이 있었다(대판 2011.5.26. 2010도17506).

〈주의의무 부정〉

① 편도 5차선 도로의 1차로를 신호에 따라 진행하던 자동차 운전자에게 도로의 오른쪽에 연결된 소방도로에서 오토바이가 나와 맞은편 쪽으로 가기 위해서 편도 5차선 도로를 대각선 방향으로 가로질러 진행하는 경우까지 예상하여 진행할 주의의무는 없다(대판 2007.4.26. 2006도9216).

② 내리막길에서 버스의 브레이크가 작동되지 아니하여 대형사고를 피하기 위하여 인도 턱에 버스를 부딪쳐 정차시키려고 하였으나 버스가 인도 턱을 넘어 돌진하여 보행자를 사망에 이르게 한 경우에는 피고인에게 과실이 없다(대판 1996.7.9. 96도1198).

□ 의료인의 업무상 주의의무 관련 판례

〈주의의무 인정〉

① 의료사고에 있어서 의료종사원의 과실을 인정하기 위하여서는 의료종사원이 결과 발생을 예견할 수 있음에도 불구하고 그 결과 발생을 예견하지 못하였고, 그 결과 발생을 회피할 수 있었음에도 불구하고 그 결과 발생을 회피하지 못한 과실이 검토되어야 할 것이고, 또한 이와 같은 과실은 일반적 보통인을 표준으로 하여 요구되는 주의의무를 결한 것으로서 여기에서 일반적 보통인이라 함은 이는 추상적인 일반인이 아니라, 그와 같은 업무와 직무에 종사하는 사람을 뜻하는 것이므로, 결국 이와 같은 사람이라면 보통 누구나 할 수 있는 주의의 정도를 표준으로 하여 과실 유무를 논하여야 하며, 이에는 사고 당시의 일반적인 의학의 수준과 진료환경 및 조건, 의료행위의 특수성 등이 고려되어야 할 것이다(대판 2018.5.11. 2018도2844).

② 수혈은 종종 그 과정에서 부작용을 수반하는 의료행위이므로, 수혈을 담당하는 의

사는 혈액형의 일치 여부는 물론 수혈의 완성 여부를 확인하고, 수혈 도중에도 세심하게 환자의 반응을 주시하여 부작용이 있을 경우 필요한 조치를 취할 준비를 갖추는 등의 주의의무가 있다. 그리고 의사는 전문적 지식과 기능을 가지고 환자의 전적인 신뢰하에서 환자의 생명과 건강을 보호하는 것을 업으로 하는 자로서, 그 의료행위를 시술하는 기회에 환자에게 위해가 미치는 것을 방지하기 위하여 최선의 조치를 취할 의무를 지고 있고, 간호사로 하여금 의료행위에 관여하게 하는 경우에도 그 의료행위는 의사의 책임하에 이루어지는 것이고 간호사는 그 보조자에 불과하므로, 의사는 당해 의료행위가 환자에게 위해가 미칠 위험이 있는 이상 간호사가 과오를 범하지 않도록 충분히 지도, 감독을 하여 사고 발생을 미연에 방지하여야 할 주의의무가 있고, 이를 소홀히 한 채 만연히 간호사를 신뢰하여 간호사에게 당해 의료행위를 일임함으로써 간호사의 과오로 환자에게 위해가 발생하였다면 의사는 그에 대한 과실책임을 면할 수 없다(대판 1998.2.27. 97도2812).

③ 주사약인 에폰톨을 3,4분 정도의 단시간형 마취에 흔히 이용되는 마취제로서 점액성이 강한 유액성분이어서 반드시 정맥에 주사하여야 하며, 정맥에 투여하다가 근육에 새면 유액성분으로 인하여 조직괴사, 일시적인 혈관수축 등의 부작용을 일으킬 수 있으므로 위와 같은 마취제를 정맥주사할 경우 의사로서는 스스로 주사를 놓든가 부득이 간호사나 간호조무사에게 주사케 하는 경우에도 주사할 위치와 방법 등에 관한 적절하고 상세한 지시를 함과 함께 스스로 그 장소에 입회하여 주사시행 과정에서의 환자의 징후 등을 계속 주시하면서 주사가 잘못없이 끝나도록 조치하여야 할 주의의무가 있고, 또는 위와 같은 마취제의 정맥주사방법으로서는 수액세트에 주사침을 연결하여 정맥내에 위치하게 하고 수액을 공급하면서 주사제를 기존의 수액세트를 통하여 주사하는 이른바 사이드 인젝션방법이 직접 주사방법보다 안전하고 일반적인 것이라 할 것인바, 산부인과 의사인 피고인이 피해자에 대한 임신중절수술을 시행하기 위하여 마취주사를 시주함에 있어 피고인이 직접 주사하지 아니하고, 만연히 간호조무사로 하여금 직접방법에 의하여 에폰톨 500밀리그램이 함유된 마취주사를 피해자의 우측 팔에 놓게 하여 피해자에게 상해를 입혔다면 이에는 의사로서의 주의의무를 다하지 아니한 과실이 있다고 할 것이다(대판 1990.5.22. 90도579).

〈주의의무 부정〉

① 병원 인턴인 피고인이, 응급실로 이송되어 온 익수(溺水)환자 피해자를 담당의사의 지시에 따라 구급차에 태워 다른 병원으로 이송하던 중 산소통의 산소잔량을 체크하지 않은 과실로 산소 공급이 중단된 결과 피해자를 폐부종 등으로 사망에 이르게 하였다는 내용으로 기소된 사안에서, 담당의사에게서 이송 도중 피해자에 대한 앰부 배깅과 진정제 투여 업무만을 지시받은 피고인에게 일반적으로 구급차 탑승 전 또는 이송 도중 구급차에 비치되어 있는 산소통의 산소잔량을 확인할 주의의무가 있다고 보기는 어

렵고, 다만 피고인이 피해자에 대한 앰부 배깅 도중 산소 공급 이상을 발견하고도 구급차에 동승한 의료인에게 기대되는 적절한 조치를 취하지 아니하였다면 업무상과실이 있다고 할 것이나, 피고인이 산소부족 상태를 안후 취한 조치에 어떠한 업무상 주의의무 위반이 있었다고 볼 수없다(대판 2011.9.8. 2009도13959).

② 한의사인 피고인이 피해자에게 문진하여 과거 봉침을 맞고도 별다른 이상반응이 없었다는 답변을 듣고 알레르기 반응검사를 생략한 채 환부인 목부위에 봉침시술을 하였는데, 피해자가 위 시술 직후 아낙필락시 쇼크반응을 나타내는 등 상해를 입은 사안에서, 피고인에게 과거 알레르기 반응검사 및 약12일 전 봉침시술에서도 이상반응이 없었던 피해자를 상대로 다시 알레르기 반응검사를 실시할 의무가 있다고 보기는 어렵고, 설령 그러한 의무가 있다고 하더라도 제반 사정에 비추어 알레르기 반응검사를 하지 않은 과실과 피해자의 상해 사이에 상당인과관계를 인정하기 어렵다(대판 2011.4.14. 2010도10104).

□ 공사책임자 등 업무상 주의의무 관련 판례

〈주의의무 인정〉

① 공사를 발주한 구청 소속의 현장감독 공무원인 피고인이 갑 회사가 전문 건설업 면허를 소지한 을 회사의 명의를 빌려 원수급인인 병 회사로부터 콘크리트 타설공사를 하도급받아 전문 건설업 면허나 건설기술 자격이 없는 개인인 정에게 재하도급주어 이 사건 공사를 시공하도록 한 사실을 알았거나 쉽게 알 수 있었음에도 불구하고 그 직무를 유기 또는 태만히하여 정의 시공방법상의 오류와 그 밖의 안전상의 잘못으로 인하여 콘크리트 타설작업 중이던 건물이 붕괴되는 사고가 발생할 때까지도 이를 적발하지 아니하였거나 적발하지 못한 잘못이 있다면, 피고인의 위와 같은 직무상의 의무위반 행위는 이 사건 붕괴사고로 인한 치사상의 결과에 대하여 상당인과관계가 있다(대판 1995.9.15. 95도906).

② 일정한 용도, 규모 및 구조의 건축물을 건축하는 공사의 경우 반드시 건축사 등에 의한 공사 감리를 받도록 규정한 취지 및 공사감리자가 감리업무를 소홀히 하여 사상의 결과가 발생한 경우 업무상과실치사상의 죄책을 진다(대판 2010.6.24. 2010도2615).

〈주의의무 부정〉

① 지하철 공사구간 현장안전업무 담당자인 피고인이 공사현장에 인접한 기존의 횡단보도 표시선 안쪽으로 돌출된 강철빔 주위에 라바콘 3개를 설치하고 신호수 1명을 배치하였는데, 피해자가 위 횡단보도를 건너면서 강철빔에 부딪혀 상해를 입은 사안에서, 제반 사정에 비추어 피고인이 안전조치를 취하여야 할 업무상 주의의무를 위반하였다고 보기 어렵다(대판 2014.4.10. 2012도11361).

② 피해자가 추락하여 상처를 입은 장소는 빌딩 내에 자동차승강기를 설치하는 공사를 하면서 깊이 5미터가량 파놓았던 곳으로서 그 설치장소로부터 노폭 5미터가량의 뒷골목까지는 21.6미터 정도 떨어져 있고 그 도로와 승강기 설치장소 사이에 있는 공터에는 승강기설치를 위한 건축자재와 쓰레기가 사람의 왕래를 못하게 할 정도로 쌓여 있었으며 승강기 설치장소의 입구 중앙의 상단에는 추락주의라는 표지판을 부착해 놓았을 뿐 아니라 사람의 출입을 막기 위하여 각목과 쇠파이프로 입구를 막아 놓았기 때문에 그 위나 아래로 지나야만 승강기 설치장소에 들어갈 수 있다면 21.6미터나 떨어진 도로를 지나가던 술 취한 피해자가 쉬어 가기 위해 건물 내로 들어가려다 위 승강기 설치공사를 위해 파놓은 곳에 빠져 다친 결과는 공사 시공회사 직원의 주의의무 태만으로 인하여 발생한 것으로 볼 수 없다(대판 1986.12.9. 86도1933).

□ 기타 업무상과실 관련 판례

〈주의의무 인정〉

건축자재인 철판 수백 장의 운반을 의뢰한 자가 절단면이 날카롭고 무거운 철판을 묶기에 매우 부적합한 폴리에스터 끈을 사용하여 철판 묶음 작업을 하는 등의 과실로 철판 쏠림 현상이 발생하였고, 이로 인하여 철판을 차에서 내리는 과정에서 철판이 쏟아져 내려 화물차 운전자가 사망한 경우, 운반 의뢰인에게 업무상과실치사죄가 성립한다(대판 2009.7.23. 2009도3219).

〈주의의무 부정〉

피해자는 정문으로 들어와 계산대에서 근무하고 있던 피고인 1에게 이용요금을 지불하고 발한복을 대여받은 후, 다시 자신의 옷으로 갈아입고 후문으로 나가 술을 더 마신 다음, 위 피고인 몰래 후문으로 다시 들어와 발한실에서 잠을 자다가 사망한 점, 부검 결과 피해자의 혈중알코올농도는 0.270%로 밝혀진 점 등의 사정을 종합하여 보면, 피고인들에게 손님이 피고인들 몰래 후문으로 나가 술을 더 마시고 들어올 경우까지 예상하여 직원을 추가로 배치하거나 후문으로 출입하는 모든 자를 통제, 관리하여야 할 업무상 주의의무가 있다고 보기도 어렵다(대판 2010.2.11. 2009도9807).

3. 공범

공동정범이 성립하기 위해서는 주관적 요건인 공동가공의 의사와 객관적 요건인 공동의사에 의한 기능적 행위지배를 통한 범죄의 실행사실이 필요하다.[9] 주

---

9) 대판 2018.9.13. 2018도7658.

관적 요건인 공동의 의사도 고의를 공동으로 가질 의사임을 필요로 하지 않고 고의행위이건 과실행위이건 간에 그 행위를 공동으로 할 의사이면 족하다.[10] 본죄는 행위공동설의 입장에서 과실범의 공동정범을 인정하고 있다.[11]

4. 중과실치사상죄

중과실이란 주의의무의 위반이 현저히 심한 경우를 의미한다. 조금 더 주의를 하였다면 결과를 발생시키지 않을 수 있었던 경우를 말한다. 중과실은 행위자가 극히 근소한 주의를 함으로써 결과발생을 인식할 수 있었음에도 불구하고 부주의로 이를 인식하지 못한 경우를 지적하는 것으로서 중과실인가 경과실인가의 구별은 결국 구체적인 경우에 사회통념을 고려하여 결정될 문제라 할 것이다.[12]

□ 중과실 관련 판례

> 고령의 여자 노인이나 나이 어린 연약한 여자 아이들은 약간의 물리력을 가하더라도 골절이나 타박상을 당하기 쉽고, 더욱이 배나 가슴 등에 그와 같은 상처가 생기면 치명적 결과가 올 수 있다는 것은 피고인 정도의 연령이나 경험 지식을 가진 사람으로서는 약간의 주의만 하더라도 쉽게 예견할 수 있을 것임에도 불구하고, 그와 같은 예견될 수 있는 결과에 대해서 주의를 다하지 않아 사람을 죽음으로까지 가게 한 행위는 중대한 과실이라고 하지 않을 수 없다(대판 1997.4.22. 97도538).

5. 죄수 및 다른 죄와의 관계

① 무면허 운전과 업무상과실치사상죄는 실체적 경합범이 성립한다.

② 음주운전(약취운전포함)으로 인해 업무상과실치사상의 결과가 발생하면 특정범죄 가중처벌 등에 관한 법률 제5조의 11(위험운전치사상죄)[13]이 적용되고, 음

---

10) 대판 1962.3.29. 4294형상598.
11) 성수대교와 같은 교량이 그 수명을 유지하기 위하여는 건설업자의 완벽한 시공, 감독공무원들의 철저한 제작시공상의 감독 및 유지·관리를 담당하고 있는 공무원들의 철저한 유지·관리라는 조건이 합치되어야 하는 것이므로, 위 각 단계에서의 과실 그것만으로 붕괴원인이 되지 못한다고 하더라도, 그것이 합쳐지면 교량이 붕괴될 수 있다는 점은 쉽게 예상할 수 있고, 따라서 위 각 단계에 관여한 자는 전혀 과실이 없다거나 과실이 있다고 하여도 교량붕괴의 원인이 되지 않았다는 등의 특별한 사정이 있는 경우를 제외하고는 붕괴에 대한 공동책임을 면할 수 없다(대판 1997.11.28. 97도1740).
12) 대결 1960.3.9. 4292형상761.
13) 특정범죄 가중처벌 등에 관한 법률 제5조의11(위험운전치사상) '음주 또는 약물의 영향으로 정상적인 운전이 곤란한 상태에서 자동차(원동기장치자전거를 포함한다)를 운전하여 사람을 상해에 이르게 한 사람은 1년 이상 15년 이하의 징역 또는 1천만원 이상 3천만원 이

주운전죄와 위험운전치사상죄는 실체적 경합범이 성립한다.[14]

③ 차량의 운전자가 교통사고 후 피해자를 구호하지 않고 도주하거나 피해자를 사고 장소로부터 옮겨 유기하고 도주한 경우에는 특정범죄 가중처벌 등에 관한 법률 제5조의3(도주차량운전자의 가중처벌)에 의해 처벌된다. 이는 형법 제268조의 업무상과실치사상의 죄를 범한 자가 구호조치 없이 도주하는 행위에 대한 가중처벌 조항이다.

④ 음주로 인한 특정범죄 가중처벌 등에 관한 법률 위반(위험운전치사상)죄는 형법 제268조에서 규정하고 있는 업무상과실치사상죄의 특례를 규정하여 가중처벌함으로써 피해자의 생명, 신체의 안전이라는 개인적 법익을 보호하기 위한 것이다. 따라서 그 죄가 성립하는 때에는 차의 운전자가 형법 제268조의 죄를 범한 것을 내용으로 하는 교통사고처리특례법 위반죄는 그 죄에 흡수되어 별죄를 구성하지 아니한다.[15]

□ 특가법 관련 판례

〈특가법상 도주차량 인정 〉

① 특정범죄가중처벌 등에 관한 법률 제5조의3 제1항 소정의 "차의 교통으로 인하여 형법 제268조의 죄를 범한 당해차량의 운전자"란 차의 교통으로 인한 업무상과실 또는 중대한 과실로 인하여 사람을 사상에 이르게 한 자를 가리키는 것이지 과실이 없는 사고 운전자까지 포함하는 것은 아니다(대판 1991.5.28. 91도711).

② 피고인이 차로 충돌하여 피해자에게 상해를 입힌 후 차에서 내리지도 않고 피해자들의 상태를 확인하지도 않은 채 인적사항을 알려주는 등의 조치도 취하지 않고 그냥 차량을 운전하여 갔다면 특가법상 도주운전죄에 해당한다(대판 2008.7.10. 2008도1339).

③ 사고 운전자가 그가 일으킨 교통사고로 상해를 입은 피해자에 대한 구호조치의 필요성을 인식하고 부근의 택시 기사에게 피해자를 병원으로 이송하여 줄 것을 요청하였으나 경찰관이 온 후 병원으로 가겠다는 피해자의 거부로 피해자가 병원으로 이송되지 아니한 사이에 피해자의 신고를 받은 경찰관이 사고현장에 도착하였고, 피해자의 병원 이송 및 경찰관의 사고현장 도착 이전에 사고 운전자가 사고현장을 이탈하였다면, 비록 그 후 피해자가 택시를 타고 병원에 이송되어 치료를 받았다고 하더라도 운전자는 피해자에 대한 적절한 구호조치를 취하지 않은 채 사고현장을 이탈하였다고 할 것이어서, 설령 운전자가 사고현장을 이탈하기 전에 피해자의 동승자에게 자신의 신원을 알

하의 벌금에 처하고, 사망에 이르게 한 사람은 무기 또는 3년 이상의 유기징역에 처한다.'
14) 음주로 인한 특정범죄 가중처벌 등에 관한 법률 위반(위험운전치사상)죄와 도로교통법위반(음주운전)죄는 입법취지와 보호법익 및 적용영역을 달리하는 별개의 범죄로서, 양 죄가 모두 성립하는 경우 두 죄는 실체적 경합관계에 있는 것이다(대판 2008.11.13. 2008도7143).

수 있는 자료를 제공하였다고 하더라도, 피고인의 이러한 행위는 '피해자를 구호하는 등 조치를 취하지 아니하고 도주한 때'에 해당한다(대판 2004.3.12. 2004도250).

〈특가법상 도주차량 부정〉

① 사고 운전자가 교통사고 현장에서 경찰관에게 사고 차량의 운전자라고 진술하거나 그에게 같은 내용의 허위신고를 하도록 하였더라도, 사고 직후 피해자가 병원으로 후송될 때까지 사고 장소를 이탈하지 아니한 채 경찰관에게 위 차량이 가해차량임을 밝히고 경찰관의 요구에 따라 동승자와 함께 조사를 받기 위해 경찰 지구대로 동행한 경우, 구 특정범죄 가중처벌 등에 관한 법률 제5조의3의 도주에 해당하지 않는다(대판 2007.10.11. 2007도1738).

② 신호대기를 위하여 정차하고 있다가 브레이크 페달에서 발이 떨어져 차가 서행하면서 아자의 범퍼를 경미하게 충격하자 사고 차량 운전자와 동승자가 피해자에게 사과를 한 후 피해자가 양해를 한 것으로 오인하고 현장을 떠났고, 피해자의 상해와 피해차량의 손괴가 외견상 쉽게 알 수 있는 것이 아닌 경우, 도로교통법 제50조 제1항 소정의 필요한 조치를 취하지 않고 도주한 것으로 볼 수 없다(대판 1999.11.12. 99도3140).

③ 피고인이 자동차를 후진하여 운전하다가 피해자를 역과하여 사망에 이르게 하고도 구호조치 등을 하지 아니하고 도주하였다고 하여 특정범죄 가중처벌 등에 관한 법률 위반(도주차량)으로 기소된 사안에서, 피고인이 사고 직후 직접 119 신고를 하였을 뿐만 아니라, 119 구급차가 피해자를 후송한 후 출동한 경찰관들에게 현장 설명을 하고 인적사항과 연락처를 알려 준 다음 사고현장을 떠난 점 등 제반 사정을 종합할 때, 피고인이 사고현장이나 경찰 조사과정에서 목격자 행세를 하고 피해자의 발견 경위에 관하여 사실과 다르게 진술하였다는 사정만으로는 도주의 범의로써 사고현장을 이탈한 것으로 보기 어렵다(대판 2013.12.26. 2013도9124).

---

15) 대판 2008.12.11. 2008도9182.

제 4 장

낙태의 죄

제1절 서 설

I. 의의, 보호법익

낙태죄는 '태아를 자연분만기에 앞서서 인위적으로 모체 밖으로 배출하거나 모체 안에서 살해함으로써 성립하는 범죄'이다. 위와 같은 방법으로 인해 그 결과 태아가 사망하였는지 여부는 본죄의 성립에 영향이 없다.[1] 낙태죄의 보호법익은 '태아의 생명과 임부의 생명, 신체'로, 보호의 정도는 '추상적 위험범'이다. 폭행죄의 보호법익은 '신체의 안전'으로, 보호의 정도는 '추상적 위험범'이다.

II. 낙태죄의 구성요건 체계

낙태죄는 자기낙태죄(제269조 제1항)를 기본적 구성요건으로 한다. 업무상동의낙태죄(제270조 제1항)는 책임가중유형이며, 부동의낙태죄(제270조 제2항)는 불법가중유형이다. 결과적 가중범으로는 낙태치사상죄(제270조 제3항)이 규정되어 있다.

---

1) 대판 2005.4.15. 2003도2780.

Ⅲ. 모자보건법

모자보건법 제14조(인공임신중절수술의 허용한계) ① 의사는 다음 각 호의 어느 하나에 해당되는 경우에만 본인과 배우자(사실상의 혼인관계에 있는 사람을 포함한다. 이하 같다)의 동의를 받아 인공임신중절수술을 할 수 있다.

1. 본인이나 배우자가 대통령령으로 정하는 우생학적(優生學的) 또는 유전학적 정신장애나 신체질환이 있는 경우
2. 본인이나 배우자가 대통령령으로 정하는 전염성 질환이 있는 경우
3. 강간 또는 준강간(準强姦)에 의하여 임신된 경우
4. 법률상 혼인할 수 없는 혈족 또는 인척 간에 임신된 경우
5. 임신의 지속이 보건의학적 이유로 모체의 건강을 심각하게 해치고 있거나 해칠 우려가 있는 경우

② 제1항의 경우에 배우자의 사망·실종·행방불명, 그 밖에 부득이한 사유로 동의를 받을 수 없으면 본인의 동의만으로 그 수술을 할 수 있다.

③ 제1항의 경우 본인이나 배우자가 심신장애로 의사표시를 할 수 없을 때에는 그 친권자나 후견인의 동의로, 친권자나 후견인이 없을 때에는 부양의무자의 동의로 각각 그 동의를 갈음할 수 있다.

모자보건법 시행령 제15조(인공임신중절수술의 허용한계) ① 법 제14조에 따른 인공임신중절수술은 임신 24주일 이내인 사람만 할 수 있다.

② 법 제14조 제1항 제1호에 따라 인공임신중절수술을 할 수 있는 우생학적 또는 유전학적 정신장애나 신체질환은 연골무형성증, 낭성섬유증 및 그 밖의 유전성 질환으로서 그 질환이 태아에 미치는 위험성이 높은 질환으로 한다.

③ 법 제14조 제1항 제2호에 따라 인공임신중절수술을 할 수 있는 전염성 질환은 풍진, 톡소플라즈마증 및 그 밖에 의학적으로 태아에 미치는 위험성이 높은 전염성 질환으로 한다.

모자보건법 제28조는 형법의 적용을 배제하고 있다.

Ⅳ. 헌법불합치 결정

헌법재판소는 2019. 4. 11. 제269조 제1항 자기낙태죄와 제270조 제1항 업무상동의낙태죄 중 '의사'에 관한 부분이 임신한 여성의 자기결정권을 침해한다는

이유로 헌법불합치 결정을 하였다. 헌법재판소의 결정요지는 다음과 같다.

가. [재판관 유남석, 재판관 서기석, 재판관 이선애, 재판관 이영진의 헌법불합치의견]

자기낙태죄 조항은 모자보건법이 정한 예외를 제외하고는 임신기간 전체를 통틀어 모든 낙태를 전면적·일률적으로 금지하고, 이를 위반할 경우 형벌을 부과함으로써 임신의 유지·출산을 강제하고 있으므로, 임신한 여성의 자기결정권을 제한한다.

자기낙태죄 조항은 태아의 생명을 보호하기 위한 것으로서, 정당한 입법목적을 달성하기 위한 적합한 수단이다.

임신·출산·육아는 여성의 삶에 근본적이고 결정적인 영향을 미칠 수 있는 중요한 문제이므로, 임신한 여성이 임신을 유지 또는 종결할 것인지 여부를 결정하는 것은 스스로 선택한 인생관·사회관을 바탕으로 자신이 처한 신체적·심리적·사회적·경제적 상황에 대한 깊은 고민을 한 결과를 반영하는 전인적(全人的) 결정이다.

현 시점에서 최선의 의료기술과 의료 인력이 뒷받침될 경우 태아는 임신 22주 내외부터 독자적인 생존이 가능하다고 한다. 한편 자기결정권이 보장되려면 임신한 여성이 임신 유지와 출산 여부에 관하여 전인적 결정을 하고 그 결정을 실행함에 있어서 충분한 시간이 확보되어야 한다. 이러한 점들을 고려하면, 태아가 모체를 떠난 상태에서 독자적으로 생존할 수 있는 시점인 임신 22주 내외에 도달하기 전이면서 동시에 임신 유지와 출산 여부에 관한 자기결정권을 행사하기에 충분한 시간이 보장되는 시기(이하 착상 시부터 이 시기까지를 '결정가능기간'이라 한다)까지의 낙태에 대해서는 국가가 생명보호의 수단 및 정도를 달리 정할 수 있다고 봄이 타당하다.

낙태갈등 상황에서 형벌의 위하가 임신종결 여부 결정에 미치는 영향이 제한적이라는 사정과 실제로 형사처벌되는 사례도 매우 드물다는 현실에 비추어 보면, 자기낙태죄 조항이 낙태갈등 상황에서 태아의 생명 보호를 실효적으로 하지 못하고 있다고 볼 수 있다.

낙태갈등 상황에 처한 여성은 형벌의 위하로 말미암아 임신의 유지 여부와 관련하여 필요한 사회적 소통을 하지 못하고, 정신적 지지와 충분한 정보를 제공받지 못한 상태에서 안전하지 않은 방법으로 낙태를 실행하게 된다.

　모자보건법상의 정당화사유에는 다양하고 광범위한 사회적·경제적 사유에 의한 낙태갈등 상황이 전혀 포섭되지 않는다. 예컨대, 학업이나 직장생활 등 사회활동에 지장이 있을 것에 대한 우려, 소득이 충분하지 않거나 불안정한 경우, 자녀가 이미 있어서 더 이상의 자녀를 감당할 여력이 되지 않는 경우, 상대 남성과 교제를 지속할 생각이 없거나 결혼 계획이 없는 경우, 혼인이 사실상 파탄에 이른 상태에서 배우자의 아이를 임신했음을 알게 된 경우, 결혼하지 않은 미성년자가 원치 않은 임신을 한 경우 등이 이에 해당할 수 있다.

　자기낙태죄 조항은 모자보건법에서 정한 사유에 해당하지 않는다면 결정가능기간 중에 다양하고 광범위한 사회적·경제적 사유를 이유로 낙태갈등 상황을 겪고 있는 경우까지도 예외 없이 전면적·일률적으로 임신의 유지 및 출산을 강제하고, 이를 위반한 경우 형사처벌하고 있다.

　따라서, 자기낙태죄 조항은 입법목적을 달성하기 위하여 필요한 최소한의 정도를 넘어 임신한 여성의 자기결정권을 제한하고 있어 침해의 최소성을 갖추지 못하였고, 태아의 생명 보호라는 공익에 대하여만 일방적이고 절대적인 우위를 부여함으로써 법익균형성의 원칙도 위반하였으므로, 과잉금지원칙을 위반하여 임신한 여성의 자기결정권을 침해한다.

　자기낙태죄 조항은 모자보건법에서 정한 사유에 해당하지 않는다면 결정가능기간 중에 다양하고 광범위한 사회적·경제적 사유를 이유로 낙태갈등 상황을 겪고 있는 경우까지도 예외 없이 전면적·일률적으로 임신의 유지 및 출산을 강제하고, 이를 위반한 경우 형사처벌하고 있다.

　따라서, 자기낙태죄 조항은 입법목적을 달성하기 위하여 필요한 최소한의 정도를 넘어 임신한 여성의 자기결정권을 제한하고 있어 침해의 최소성을 갖추지 못하였고, 태아의 생명 보호라는 공익에 대하여만 일방적이고 절대적인 우위를 부여함으로써 법익균형성의 원칙도 위반하였으므로, 과잉금지원칙을 위반하여 임신한 여성의 자기결정권을 침해한다.

　자기낙태죄 조항과 동일한 목표를 실현하기 위하여 임신한 여성의 촉탁 또는 승낙을 받아 낙태하게 한 의사를 처벌하는 의사낙태죄 조항도 같은 이유에서 위헌이라고 보아야 한다.

　자기낙태죄 조항과 의사낙태죄 조항에 대하여 각각 단순위헌결정을 할 경우,

임신 기간 전체에 걸쳐 행해진 모든 낙태를 처벌할 수 없게 됨으로써 용인하기 어려운 법적 공백이 생기게 된다. 더욱이 입법자는 결정가능기간을 어떻게 정하고 결정가능기간의 종기를 언제까지로 할 것인지, 결정가능기간 중 일정한 시기까지는 사회적·경제적 사유에 대한 확인을 요구하지 않을 것인지 여부까지를 포함하여 결정가능기간과 사회적·경제적 사유를 구체적으로 어떻게 조합할 것인지, 상담요건이나 숙려기간 등과 같은 일정한 절차적 요건을 추가할 것인지 여부 등에 관하여 앞서 헌법재판소가 설시한 한계 내에서 입법재량을 가진다.

따라서 자기낙태죄 조항과 의사낙태죄 조항에 대하여 단순위헌 결정을 하는 대신 각각 헌법불합치 결정을 선고하되, 다만 입법자의 개선입법이 이루어질 때까지 계속적용을 명함이 타당하다.

[재판관 이석태, 재판관 이은애, 재판관 김기영의 단순위헌의견]

헌법불합치의견이 지적하는 기간과 상황에서의 낙태까지도 전면적·일률적으로 금지하고, 이를 위반한 경우 형사처벌하는 것은 임신한 여성의 자기결정권을 침해한다는 점에 대하여 헌법불합치의견과 견해를 같이한다. 다만 여기에서 더 나아가 이른바 '임신 제1삼분기(first trimester, 대략 마지막 생리기간의 첫날부터 14주 무렵까지)'에는 어떠한 사유를 요구함이 없이 임신한 여성이 자신의 숙고와 판단 아래 낙태할 수 있도록 하여야 한다는 점, 자기낙태죄 조항 및 의사낙태죄 조항(이하 '심판대상조항들'이라 한다)에 대하여 단순위헌결정을 하여야 한다는 점에서 헌법불합치의견과 견해를 달리 한다.

임신한 여성이 임신의 유지 또는 종결에 관하여 한 전인격적인 결정은 그 자체가 자기결정권의 행사로서 원칙적으로 보장되어야 한다. 다만 이러한 자기결정권도 태아의 성장 정도, 임신 제1삼분기를 경과하여 이루어지는 낙태로 인한 임신한 여성의 생명·건강의 위험성 증가 등을 이유로 제한될 수 있다.

한편, 임신한 여성의 안전성이 보장되는 기간 내의 낙태를 허용할지 여부와 특정한 사유에 따른 낙태를 허용할지 여부의 문제가 결합한다면, 결과적으로 국가가 낙태를 불가피한 경우에만 예외적으로 허용하여 주는 것이 되어 임신한 여성의 자기결정권을 사실상 박탈하게 될 수 있다.

그러므로 태아가 덜 발달하고, 안전한 낙태 수술이 가능하며, 여성이 낙태 여부를 숙고하여 결정하기에 필요한 기간인 임신 제1삼분기에는 임신한 여성의 자기결정권을 최대한 존중하여 그가 자신의 존엄성과 자율성에 터 잡아 형성한 인생관·사회관을 바탕으로 자신이 처한 상황에 대하여 숙고한 뒤 낙태 여부를 스스로 결정할 수 있도록 하여야 한다.

심판대상조항들은 임신 제1삼분기에 이루어지는 안전한 낙태조차 일률적·전면적으로 금지함으로써, 과잉금지원칙을 위반하여 임신한 여성의 자기결정권을 침해한다.

자유권을 제한하는 법률에 대하여, 기본권의 제한 그 자체는 합헌이나 그 제한의 정도가 지나치기 때문에 위헌인 경우에도 헌법불합치결정을 해야 한다면, 법률이 위헌인 경우에는 무효로 선언되어야 한다는 원칙과 그에 기초한 결정형식으로서 위헌결정의 존재 이유가 사라진다. 심판대상조항들이 예방하는 효과가 제한적이고, 형벌조항으로서의 기능을 제대로 하지 못하고 있으므로, 이들 조항이 폐기된다고 하더라도 극심한 법적 혼란이나 사회적 비용이 발생한다고 보기 어렵다. 반면, 헌법불합치결정을 선언하고 사후입법으로 이를 해결하는 것은 형벌규정에 대한 위헌결정의 효력이 소급하도록 한 입법자의 취지에도 반할 뿐만 아니라, 그 규율의 공백을 개인에게 부담시키는 것으로서 가혹하다. 또한 앞서 본 바와 같이 심판대상조항들 중 적어도 임신 제1삼분기에 이루어진 낙태에 대하여 처벌하는 부분은 그 위헌성이 명확하여 처벌의 범위가 불확실하다고 볼 수 없다. 심판대상조항들에 대하여 단순위헌결정을 하여야 한다.

나. 자기낙태죄 조항과 의사낙태죄 조항이 헌법에 위반된다는 단순위헌의견이 3인이고, 헌법에 합치되지 아니한다는 헌법불합치의견이 4인이므로, 단순위헌의견에 헌법불합치의견을 합산하면 법률의 위헌결정을 함에 필요한 심판정족수에 이르게 된다. 따라서 위 조항들에 대하여 헌법에 합치되지 아니한다고 선언하되, 2020. 12. 31.을 시한으로 입법자가 개선입법을 할 때까지 계속적용을 명한다. 아울러 종전에 헌법재판소가 이와 견해를 달리하여 자기낙태죄 조항과 형법 (1995. 12. 29. 법률 제5057호로 개정된 것) 제270조 제1항 중 '조산사'에 관한 부분이 헌법에 위반되지 아니한다고 판시한 헌재 2012. 8. 23. 2010헌바402 결정은 이 결정과 저촉되는 범위 내에서 변경하기로 한다.

제2절 개별적 범죄 유형

Ⅰ. 자기낙태죄

> 제269조 【낙태】 ① 부녀가 약물 기타 방법으로 낙태한 때에는 1년 이하의 징역 또는 200만원 이하의 벌금에 처한다. (2021. 1. 1. 효력상실)

1. 의의, 보호법익

본죄는 '부녀가 약물 기타 방법으로 낙태를 함으로써 성립하는 범죄'이다. 보호법익은 '태아의 생명'이며, 보호의 정도는 '추상적 위험범'이다.

본 조항은 2019. 4. 11. 헌법재판소의 헌법불합치 결정에 따라 2021. 1. 1자로 효력상실되었다. 하지만, 본 조항 이외 동의낙태죄, 업무상낙태죄에서의 '의사' 이외 주체자들, 부동의낙태죄, 낙태치사상죄 등에 대해서는 헌법불합치 결정의 심판대상에 포함되지 않아 현재까지도 처벌대상이 되고 있다. 따라서, 본 조항이 효력상실되었으나, 낙태죄의 기본유형으로서 구성요건에 대해 설명하고자 한다.

2. 객관적 구성요건

(1) 행위의 주체

행위의 주체는 '부녀'이다. 이때, 부녀는 '임산부'를 말한다. 따라서, 임산부가 아닌 자는 본죄의 주체가 될 수 없고, 간정정범의 방법으로 부녀로 하여금 낙태 행위를 하게 한 경우에는 부동의낙태죄가 성립할 뿐이다.

(2) 행위의 객체

행위의 객체는 '살아있는 태아'이다. 따라서, 사태(死胎)인 경우에는 본죄가 성립하지 않는다. 태아란 수태 후 분만이 개시되어 사람이 되기 전까지를 말한다. 수태는 수정란이 자궁에 착상된 시점 이후를 말하며, 사람이 되기 전이란 산모가 진통을 시작하는 시점을 의미한다.

(3) 실행 행위

실행 행위는 '낙태'이다. 낙태는 태아를 자연분만기에 앞서서 인위적으로 모체 밖으로 배출하거나 모체 안에서 살해함으로써 성립하고, 그 결과 태아가 사망

하였는지 여부는 낙태죄의 성립에 영향이 없다.[2]

낙태의 방법에는 '약물 기타 방법'으로 규정되어 있지만 제한이 없다. 유형적이든 무형적이든 불문한다. 약물을 사용하여 낙태하는 방법 이외 '기타방법'으로, 의사 등에게 낙태를 하게 하는 경우에는 임산부는 업무상동의낙태죄의 공범이 아니라 자기낙태죄의 정범이 된다. 따라서, 임산부가 의사 등에게 낙태수술을 의뢰한 경우, 의사 등은 업무상동의낙태죄, 임산부는 자기낙태죄의 정범이 성립한다.

(4) 기수 시기

본죄의 기수 시기는 '태아가 자연적 분만기 이전에 모체 밖으로 배출된 때 또는 모체 내에서 살해된 때'이다. 본죄의 미수는 처벌하지 않는다.

3. 주관적 구성요건

본죄는 고의범으로, 약물 기타 방법으로 태아를 자연분만기 이전에 모체 외로 배출하거나 태아를 살해한다는 인식과 인용이 필요하다.[3]

Ⅱ. 동의낙태죄

> 제269조 【낙태】 ② 부녀의 촉탁 또는 승낙을 받아 낙태하게 한 자도 제1항의 형과 같다.

본죄는 '부녀의 촉탁 또는 승낙을 받아 낙태함으로써 성립하는 범죄'이다. 부녀의 촉탁 또는 승낙은 낙태의 의미를 이해하고 자유로운 의사에 의한 것이어야 한다. 따라서, 부녀의 촉탁 또는 승낙이 없거나, 부녀가 낙태에 대한 판단능력이 없는 경우에는 본죄가 아니라 부동의낙태죄(제270조 제2항)가 성립한다. 또한, 부

---

2) 대판 2005.4.15. 2003도2780.

3) 산부인과 의사인 피고인이 임신 28주 상태인 공소외 1에 대하여 약물에 의한 유도분만의 방법으로 낙태시술을 하였으나, 태아가 살아서 미숙아 상태로 출생하자 그 미숙아에게 염화칼륨을 주입하여 사망하게 한 사실을 인정한 후, 낙태죄는 태아를 자연분만기에 앞서서 인위적으로 모체 밖으로 배출하거나 모체 안에서 살해함으로써 성립하고, 그 결과 태아가 사망하였는지 여부는 낙태죄의 성립에 영향이 없는 것이므로, 피고인이 살아서 출생한 미숙아에게 염화칼륨을 주입한 것을 낙태를 완성하기 위한 행위에 불과한 것으로 볼 수 없고, 살아서 출생한 미숙아가 정상적으로 생존할 확률이 적다고 하더라도 그 상태에 대한 확인이나 최소한의 의료행위도 없이 적극적으로 염화칼륨을 주입하여 미숙아를 사망에 이르게 한 피고인에게는 미숙아를 살해하려는 범의도 있었던 것으로 보아야 한다고 판단하였다(대판 2005.4.15. 2003도2780). ─업무상촉탁낙태죄와 살인죄의 실체적 경합범이 성립─

녀에게 낙태를 교사 또는 방조한 경우에는 자기낙태죄의 공범이 성립한다. 간접 정범, 부작위에 의한 방법도 가능하다.

Ⅲ. 업무상동의낙태죄

> **제270조【의사 등의 낙태】**① 의사, 한의사, 조산사, 약제사 또는 약종상이 부녀의 촉탁 또는 승낙을 받아 낙태하게 한 때에는 2년 이하의 징역에 처한다. (2021. 1. 1. 효력상실)

본죄는 '의사, 한의사, 조산사, 약제사 또는 약종상이 부녀의 촉탁 또는 승낙을 받아 낙태하게 함으로써 성립하는 범죄'이다. 본죄는 신분으로 인해 책임이 가중된 유형으로, 부진정신분범에 속한다. 행위의 주체는 조문에서 열거된 자에 한한다. 이는 예시적인 것이 아니라 제한적 열거에 해당한다. 그러므로, 수의사나 치과의사는 본죄의 주체에 해당하지 않는다.

본 조항은 2019. 4. 11. 헌법재판소의 헌법불합치 결정에 따라 2021. 1. 1자로 효력상실되었다. 하지만, '의사'에 관한 부분에 대해서만 헌법불합치 결정으로, 의사 이외 다른 행위 주체들에 있어서는 현행법이 유지되고 있다.

Ⅳ. 부동의낙태죄

> **제270조【부동의낙태】**② 부녀의 촉탁 또는 승낙없이 낙태하게 한 자는 3년 이하의 징역에 처한다.

본죄는 '부녀의 촉탁 또는 승낙없이 낙태하게 함으로써 성립하는 범죄'이다. 주체에는 제한이 없다. 본죄는 부녀의 진정한 촉탁 또는 승낙이 없는 경우에 성립하며, 부녀의 촉탁 또는 승낙이 없음에도 있다고 착오한 경우에는 제15조 제1항에 의해 동의낙태죄가 성립한다. 본죄는 행위의 불법으로 인해 가중된 불법가중유형이다.

Ⅴ. 낙태치사상죄

> **제269조 【낙태】** ③ 제2항의 죄를 범하여 부녀를 상해에 이르게 한때에는 3년 이상의 징역에 처한다. 사망에 이르게 한때에는 7년 이하의 징역에 처한다.
>
> **제270조 【의사 등의 낙태】** ③ 제1항 또는 제2항의 죄를 범하여 부녀를 상해에 이르게 한때에는 5년 이하의 징역에 처한다. 사망에 이르게 한때에는 10년 이하의 징역에 처한다.

　　본죄는 동의낙태죄, 업무상동의낙태죄, 부동의낙태죄에 대한 진정결과적 가중범이다. 따라서, 기본범죄인 낙태행위로 인해 부녀의 신체를 상해에 이르게 하거나 사망에 이르게 하여야 한다. 이때, 기본 범죄인 낙태행위가 미수인 경우, 본죄는 미수범을 처벌하지 않고 있으므로, 기수인 경우에만 본죄가 성립하며, 낙태 미수인 채로 부녀에게 치사상의 결과를 가져온 경우에는 (업무상)과실치사상죄만이 성립한다(다수설). 낙태행위로 인한 태아는 임산부 신체의 일부가 아니므로, 임산부에 대한 상해죄에 해당하지 않는다.[4]

　　본죄는 진정결과적 가중범으로 낙태행위와 부녀의 상해 또는 사망의 결과발생 사이에 인과관계가 인정되어야 한다.

---

[4] 현행 형법이 사람에 대한 상해 및 과실치사상의 죄에 관한 규정과는 별도로 태아를 독립된 행위객체로 하는 낙태죄, 부동의 낙태죄, 낙태치상 및 낙태치사의 죄 등에 관한 규정을 두어 포태한 부녀의 자기낙태행위 및 제3자의 부동의 낙태행위, 낙태로 인하여 위 부녀에게 상해 또는 사망에 이르게 한 행위 등에 대하여 처벌하도록 한 점, 과실낙태행위 및 낙태미수행위에 대하여 따로 처벌규정을 두지 아니한 점 등에 비추어 보면, 우리 형법은 태아를 임산부 신체의 일부로 보거나, 낙태행위가 임산부의 태아양육, 출산 기능의 침해라는 측면에서 낙태죄와는 별개로 임산부에 대한 상해죄를 구성하는 것으로 보지는 않는다고 해석된다. 따라서 태아를 사망에 이르게 하는 행위가 임산부 신체의 일부를 훼손하는 것이라거나 태아의 사망으로 인하여 그 태아를 양육, 출산하는 임산부의 생리적 기능이 침해되어 임산부에 대한 상해가 된다고 볼 수는 없다(대판 2007.6.29. 2005도3832).

제 5 장

유기와 학대의 죄

제1절 서 설

Ⅰ. 의의, 보호법익

유기죄는 '노유, 질병 기타 사정으로 인하여 부조를 요하는 자를 보호할 법률상 또는 계약상 의무있는 자가 유기함으로써 성립하는 범죄'이다. 보호법익은 '부조를 요하는 자의 생명·신체의 안전'이며, 보호의 정도는 단순유기죄의 경우는 '추상적 위험범'이고, 중유기죄와 존속중유기죄는 '구체적 위험범'이다.

학대죄는 '자기의 보호 또는 감독을 받는 사람을 학대함으로써 성립하는 범죄'이다. 보호법익은 '사람의 생명·신체의 안전 및 인격권'이며, 보호의 정도는 '추상적 위험범'이다.

Ⅱ. 유기와 학대의 죄의 구성요건체계

유기죄의 기본유형은 단순유기죄(제271조 제1항)이고, 존속유기죄(제271조 제2항)는 신분으로 인한 책임가중유형, 중유기죄(제271조 제3항), 존속중유기죄(제271조 제4항), 유기치사상죄(제275조 제1, 2항)는 결과적 가중범, 영아유기죄(제272조)는 신분으로 인한 책임감경유형이다.

학대죄의 기본유형은 단순학대죄(제273조 제1항)이고, 존속학대죄(제273 제2 항)는 신분으로 인한 책임가중유형, 아동혹사죄(제274조)는 불법이 가중된 유형, 학대치사상죄(제275조 제1, 2항)는 결과적 가중범이다.

Ⅲ. 특별법

가정폭력범죄의 처벌 등에 관한 특례법 제2조 제3호 나목에서 본장에 규정 된 유기와 학대의 죄 중 제271조(유기, 존속유기)제1항·제2항, 제272조(영아유기), 제273조(학대, 존속학대) 및 제274조(아동혹사)의 죄를 가정폭력범죄로 규정, 적용 하고 있다. 아동복지법 제17조에서는 아동에 대한 유기와 학대를 금지하고 있다.

제2절 개별적 범죄 유형

Ⅰ. 단순유기죄

> **제271조 【유기】** ① 노유, 질병 기타 사정으로 인하여 부조를 요하는 자를 보호할 법률 상 또는 계약상 의무있는 자가 유기한 때에는 3년 이하의 징역 또는 500만원 이하의 벌금에 처한다.

1. 의의, 보호법익

본죄는 '노유, 질병 기타 사정으로 인하여 부조를 요하는 자를 보호할 법률상 또는 계약상 의무있는 자가 유기를 함으로써 성립하는 범죄'이다. 보호법익은 '부 조를 요하는 자의 생명·신체의 안전'이며, 보호의 정도는 '추상적 위험범'이다.

본죄는 2020. 12. 8. '제271조(유기) ① 나이가 많거나 어림, 질병 그 밖의 사 정으로 도움이 필요한 사람을 법률상 또는 계약상 보호할 의무가 있는 자가 유기 한 경우에는 3년 이하의 징역 또는 500만원 이하의 벌금에 처한다'로 개정되었다 (2021. 12. 9. 시행).

2. 객관적 구성요건

(1) 행위의 주체

행위의 주체는 '보호할 법률상 또는 계약상 의무있는 자'이다. 따라서 '진정 신분범'이다.

(가) 법률상 보호의무 있는 자

법률상의 보호의무 있는 자는 공법, 사법을 불문한다. 예로, 공법으로는 경찰관직무집행법 제4조의 경찰관의 보호조치의무,[1] 도로교통법 제54조의 사고운전자의 피해자 구호의무가 있다. 사법으로는 민법 제974조의 직계혈족 및 그 배우자간 부양의무,[2] 제913조의 자녀에 대해 보호하고 교양할 권리의무가 있다.

(나) 계약상 보호의무 있는 자

계약상 보호의무는 보호의무자와 요부조자 사이의 계약뿐만 아니라 제3자와의 계약도 해당된다. 이때 계약은 구두, 서면, 명시적이든 묵시적이든 불문한다. 본죄에서의 계약상 의무는 간호사나 보모와 같이 계약에 기한 주된 급부의무가 부조를 제공하는 경우에 반드시 한정되지 아니하며, 계약의 해석상 계약관계의 목적이 달성될 수 있도록 상대방의 신체 또는 생명에 대하여 주의와 배려를 한다는 부수적 의무의 한 내용으로 상대방을 부조하여야 하는 경우를 배제하는 것은 아니라고 할 것이다.[3]

---

1) 국민의 생명과 신체의 안전을 보호하기 위한 응급의 조치를 강구하여야 할 직무를 가진 경찰관인 피고인으로서는 술에 만취된 피해자가 향토예비군 4명에게 떠메어 운반되어 지서 나무의자 위에 눕혀 놓았을 때 숨이 가쁘게 쿨쿨 내품고 자신의 수족과 의사도 자제할 수 없는 상태에 있음에도 불구하고 근 3시간 동안이나 아무런 구호조치를 취하지 아니한 것은 유기죄에 대한 범의를 인정할 수 있다(대판 1972.6.27. 72도863).

2) 형법 제271조 제1항에서 말하는 법률상 보호의무 가운데는 민법 제826조 제항에 근거한 부부간의 부양의무도 포함되며, 나아가 법률상 부부는 아니지만 사실혼 관계에 있는 경우에도 위 민법 규정의 취지 및 유기죄의 보호법익에 비추어 위와 같은 법률상 보호의무의 존재를 긍정하여야 하지만, 사실혼에 해당하여 법률혼에 준하는 보호를 받기 위하여는 단순한 동거 또는 간헐적인 정교관계를 맺고 있다는 사정만으로는 부족하고, 그 당사자 사이에 주관적으로 혼인의 의사가 있고 객관적으로도 사회관념상 가족질서적인 면에서 부부공동생활을 인정할 만한 혼인 생활의 실체가 존재하여야 한다(대판 2008.2.14. 2007도3952).

3) 피고인이 자신이 운영하는 주점에 손님으로 와서 수일 동안 식사는 한 끼도 하지 않은 채 계속해서 술을 마시고 만취한 피해자를 주점 내에 그대로 방치하여 저체온증 등으로 사망에 이르게 한 경우, 피고인은 피해자를 주점 내실로 옮기거나 인근에 있는 여관에 데려다 주어 쉬게 하거나 피해자의 지인 또는 경찰에 연락하는 등 필요한 조치를 강구하여야 할 계약상의 부조의무를 부담하므로 유기치사죄가 성립한다(대판 2011.11.24. 2011도12302).

(다) 기타

본죄의 '보호의무자'에 대해 법률상 또는 계약상이 아닌 관습이나 조리에 근거하여 인정할 수 있는가에 있어, ① 주체를 법률상·계약상의 보호의무자로 좁게 해석할 근거가 없으며, 본죄의 보호의무는 부진정부작위범의 보증인의무와 동일한 것이므로 조리상의 보호의무자도 본죄의 주체가 된다는 긍정설,[4] ② 형법 제271조에서 보호의무의 근거를 법률상·계약상으로 제한하고 있으므로 관습, 조리까지 주체를 확대하는 것은 죄형법정주의에 반한다는 부정설[5]이 있다. 이에 대해 판례는 "현행형법은 유기죄에 있어서 구법과는 달리 보호법익의 범위를 넓힌 반면에 보호책임 없는 자의 유기죄는 없애고 법률상 또는 계약상이 의무있는 자만을 유기죄의 주체로 규정하고 있으니 명문상 사회상규상의 보호책임을 관념할 수 없다고 하겠으며, 유기죄의 죄책을 인정하려면 보호책임이 있게 된 경위, 사정관계 등을 설시하여 구성요건이 요구하는 법률상 또는 계약상 보호의무를 밝혀야 될 것이다"라고 판시하여 부정설의 입장에 서있다.[6]

(2) 행위의 객체

행위의 객체는 '노유, 질병 기타 사정으로 인하여 부조를 요하는 자'이다.

'노유, 질병 기타 사정'은 노인과 유아, 육체적 또는 정신적인 질병 이외 불구나 부상 등 일시적이든 계속적이든 불문한다. '부조를 요하는 자' 즉 '요부조자'는 "신체적·정신적 결함으로 말미암아 타인의 조력이 없으면 스스로 일상생활에 필요한 동작을 할 수 없는 자"를 말한다.[7] 경제적 빈곤은 본 객체에 해당되지 않는다.

---

4) 임웅, 131면.
5) 이재상, 104~6면; 박상기, 93면; 배종대, 185~6면; 오영근, 90~91면.
6) 피고인은 피해자와 함께 가던 중 술에 취하였던 탓으로 도로 위에서 실족하여 2미터 아래 개울로 미끄러져 떨어져 약5시간가량 잠을 자다가 술과 잠에서 깨어난 피고인과 피해자는 도로 위로 올라가려 하였으나 야간이므로 도로로 올라가는 길을 발견치 못하여 개울 아래 위로 헤매던 중 피해자는 후두부 타박상을 입어서 정상적으로 움직이기가 어렵게 되었고 피고인은 도로로 나오는 길을 발견 혼자 도로 위로 올라왔으며 당시는 영하 15도의 추운 날씨이고 40미터 떨어진 곳에 민가가 있었으니 이러한 경우 피고인으로서 인접한 민가에 가서 피해자의 구조를 요청하던가 또는 스스로 피해자를 데리고 올라와서 병원으로 데려가 의사로 하여금 치료케하는 등 긴급히 구조조치를 취하여야 할 사회상규상의 의무가 있음에도 불구하고 그대로 방치 유치하므로서 약4, 5시간 후 심장마비로 사망케 한 것이다라고 하여 피고인을 처벌하였다. ~ 본건에 있어서 원판결이 설시한대로 피고인과 피해자가 특정지점에서 특정지점까지 가기 위하여 길을 같이 걸어간 관계가 있다는 사실만으로서는 피고인에게 설혹 동행자가 구조를 요하게 되었다 하여도 보호할 법률상 계약상 의무가 있다고 할 수 없으니 밑도 끝도 없이 일정한 거리를 동행한 사실만으로 유기죄의 주체로 인정한 원판결은 본죄의 보호책임의 법리를 오해한 위법이 있다고 하겠다(대판 1977.1.11. 76도3419).

(3) 실행 행위

실행 행위는 '유기'이다.

'유기'란 신체적·정신적 결함이 있어 타인의 조력이 필요한 요부조자를 보호 상태에서 벗어나게 함으로써 생명·신체에 위험을 끼칠 수 있는 상태에 두는 것을 말한다. 이는 작위 이외 부작위로도 가능하다.

□ 유기 관련 판례

생모가 사망의 위험이 예견되는 그 딸에 대하여는 수혈이 최선의 치료방법이라는 의사의 권유를 자신의 종교적 신념이나 후유증 발생의 염려만을 이유로 완강하게 거부하고 방해하였다면 이는 결과적으로 요부조자를 위험한 장소에 두고 떠난 경우나 다름이 없다고 할 것이고 그때 사리를 변식할 지능이 없다고 보아야 마땅한 11세 남짓의 환자 본인 역시 수혈을 거부하였다고 하더라도 생모의 수혈거부 행위가 위법한 점에 영향을 미치는 것이 아니다(대판 1980.9.24. 79도1387). — 유기치사죄 인정.

유기의 개념으로는 ① 요보호자를 보호 없는 장소로 이전을 수반하는 협의의 유기, ② 요보호자를 자리에 두고 행위자가 그 자리를 떠나 보호를 하지 않는 광의의 유기, ③ 요보호자와 같이 있어도 보호의무를 하지 않고 내버려두는 최광의의 유기가 있다.

(4) 기수시기

본죄는 추상적 위험범으로 요부조자의 생명·신체에 위험이 발생하게 하는 유기행위만으로 기수가 된다. 실질적으로 위험이 발생할 필요는 없다.

3. 주관적 구성요건

본죄는 고의범으로, 유기로 인해 요부조자가 생명·신체의 위험에 빠질 수 있다는 인식과 인용이 있어야 한다.[8]

---

7) 임웅, 128면.
8) 유기죄에 있어서는 행위자가 요부조자에 대한 보호책임의 발행원인이 된 사실이 존재한다는 것을 인식하고 이에 기한 부조의무를 해태한다는 의식이 있음을 요한다(대판 1988.8.9. 86도225).

Ⅱ. 존속유기죄

> **제271조【존속유기】** ② 자기 또는 배우자의 직계존속에 대하여 제1항의 죄를 범한 때에는 10년 이하의 징역 또는 1천500만원 이하의 벌금에 처한다.

본죄는 '자기 또는 배우자의 직계존속에 대하여 유기죄를 범함으로써 성립하는 범죄'이다. 이는 단순유기죄에 비하여 직계존속에 대한 행위로 인해 책임이 가중되는 유형으로, 부진정신분범이다.

본죄는 2020. 12. 8. '제271조(존속유기) ② 자기 또는 배우자의 직계존속에 대하여 제1항의 죄를 지은 경우에는 10년 이하의 징역 또는 1천500만원 이하의 벌금에 처한다'로 개정되었다(2021. 12. 9. 시행).

Ⅲ. 중유기죄·존속중유기죄

> **제271조【중유기·존속유기】** ③ 제1항의 죄를 범하여 사람의 생명에 대한 위험을 발생하게 한 때에는 7년 이하의 징역에 처한다.
> ④ 제2항의 죄를 범하여 사람의 생명에 대하여 위험을 발생한 때에는 2년 이상의 유기징역에 처한다.

본죄는 '유기죄 또는 존속유기죄를 범하여 사람의 생명에 대한 위험을 발생하게 함으로써 성립하는 범죄'이다. 단순유기죄와는 다르게 구체적인 위험이 발생해야 성립하는 구체적 위험범이다. 본죄는 부진정 결과적 가중범으로 '과실'뿐만 아니라 '고의'가 있는 경우에도 적용한다.

본죄는 2020. 12. 8. '제271조(유기) ③ 제1항의 죄를 지어 사람의 생명에 위험을 발생하게 한 경우에는 7년 이하의 징역에 처한다. ④ 제2항의 죄를 지어 사람의 생명에 위험을 발생하게 한 경우에는 2년 이상의 유기징역에 처한다'로 개정되었다(2021. 12. 9. 시행).

Ⅳ. 영아유기죄

> **제272조【영아유기】** 직계존속이 치욕을 은폐하기 위하거나 양육할 수 없음을 예상하거나 특히 참작할 만한 동기로 인하여 영아를 유기한 때에는 2년 이하의 징역 또는 300만원 이하의 벌금에 처한다.

1. 의의, 성격

본죄는 '직계존속이 치욕을 은폐하기 위하거나 양육할 수 없음을 예상하거나 특히 참작할 만한 동기로 인하여 영아를 유기함으로써 성립하는 범죄'이다. 행위자의 신분관계와 특수한 동기로 인한 책임감경 유형으로, 부진정신분범이다.

2. 구성요건

(1) 행위의 주체

행위의 주체는 '직계존속'이다. 이는 법률상의 직계존속이외 사실상의 직계존속도 포함한다(통설).

(2) 행위의 객체

행위의 객체는 '영아'이다. 본죄에서의 영아는 '영아살해죄'에서의 영아보다는 넓은 개념으로, 분만 중이거나 분만 직후의 영아보다 넓게 해석할 수 있다. 하지만, 유아는 본죄의 객체가 아니라 단순유기죄의 객체이다.

(3) 실행 행위

실행 행위는 '유기'이다.

(4) 고의

본죄의 고의는 치욕을 은폐하기 위하거나 양육할 수 없음을 예상하거나 특히 참작할 만한 동기가 있어야 한다.

Ⅴ. 단순학대죄

> **제273조【학대】** ① 자기의 보호 또는 감독을 받는 사람을 학대한 자는 2년 이하의 징역 또는 500만원 이하의 벌금에 처한다.

1. 의의, 보호법익

본죄는 '자기의 보호 또는 감독을 받는 사람을 학대함으로써 성립하는 범죄'이다. 보호법익은 '사람의 생명·신체의 안전 및 인격권'이며, 보호의 정도는 '추상적 위험범'이며, '상태범 또는 즉시범'이다.9)

2. 객관적 구성요건

(1) 행위의 주체

행위의 주체는 '타인을 보호 또는 감독하는 자'이다. 법문은 보호·감독의 근거를 유기죄의 경우와는 달리 법률상·계약상의 보호·감독에 제한하고 있지 않다. 따라서 관습·사무관리 등 조리상의 보호·감독자도 본죄의 주체가 될 수 있다(통설).10)

(2) 행위의 객체

행위의 객체는 '주체의 보호 또는 감독을 받는 자'이다. 단, 18세 미만의 아동은 아동복지법 제3조 제7호,11)와 아동학대범죄의 처벌 등에 관한 특례법 제2조 제3호가 적용될 수 있다.

(3) 실행 행위

실행 행위는 '학대'이다. 학대란 육체적으로 고통을 주거나 정신적으로 차별대우를 하는 행위를 가리키고, 이러한 학대행위는 형법의 규정체제상 학대와 유기의 죄가 같은 장에 위치하고 있는 점 등에 비추어 단순히 상대방의 인격에 대한 반인륜적 침해만으로는 부족하고 적어도 유기에 준할 정도에 이르러야 한다.12) 육체적인 폭행 이외 폭언, 감금, 휴식을 취하지 못하게 하는 등의 행위가 이에 해당한다. 4세인 아들이 대소변을 가지지 못한다고 닭장에 가두고 전신을 구타하는 것은 친권자의 징계권 행사에 해당한다고 볼 수 없어 본죄가 성립한다.13)

---

9) 학대죄는 자기의 보호 또는 감독을 받는 사람에게 육체적으로 고통을 주거나 정신적으로 차별대우를 하는 행위가 있음과 동시에 범죄가 완성되는 상태범 또는 즉시범이라 할 것이다(대판 1986.7.8. 84도2922).

10) 임웅, 135면.

11) 아동복지법 제3조 제7호 "아동학대"란 보호자를 포함한 성인이 아동의 건강 또는 복지를 해치거나 정상적 발달을 저해할 수 있는 신체적·정신적·성적 폭력이나 가혹행위를 하는 것과 아동의 보호자가 아동을 유기하거나 방임하는 것을 말한다.

12) 대판 2000.4.25. 2000도223.

3. 주관적 구성요건

본죄의 고의가 있어야 하며, 고의 이외에 초과주관적 구성요건요소로서 행위자의 일정한 주관적 경향, 학대성향이 표출될 것을 요한다.[14]

4. 위법성

학대죄는 자기의 보호 또는 감독을 받는 사람에게 육체적으로 고통을 주거나 정신적으로 차별대우를 하는 행위가 있음과 동시에 범죄가 완성되는 상태범 또는 즉시범이라 할 것이고 비록 수십회에 걸쳐서 계속되는 일련의 폭행행위가 있었다 하더라도 그중 친권자로서의 징계권의 범위에 속하여 위 위법성이 조각되는 부분이 있다면 그 부분을 따로 떼어 무죄의 판결을 할 수 있다 할 것이다.[15]

5. 다른 죄와의 관계

'아동복지법' 제71조(벌칙) 제1항에서는 제17조(금지행위)에 해당하는 행위를 각 유형별로 처벌하고 있다. 또한, 보호자에 의한 아동학대범죄에 대해서는 '아동학대 범죄의 처벌 등에 관한 특례법' 제2조 제4호에서 규정하고 있다.

Ⅵ. 존속학대죄

> **제273조【존속학대】** ② 자기 또는 배우자의 직계존속에 대하여 전항의 죄를 범한 때에는 5년 이하의 징역 또는 700만원 이하의 벌금에 처한다.

본죄는 '자기 또는 배우자의 직계존속을 학대함으로써 성립하는 범죄'이다. 본죄는 신분으로 인한 단순학대죄의 책임가중유형으로, 부진정신분범이다.

---

13) 대판 1969.2.4. 68도1793.
14) 임웅, 137면.
15) 대판 1986.7.8. 84도2922.

Ⅶ. 아동혹사죄

> **제274조【아동혹사】** 자기의 보호 또는 감독을 받는 16세 미만의 자를 그 생명 또는 신체에 위험한 업무에 사용할 영업자 또는 종업자에게 인도한 자는 5년 이하의 징역에 처한다. 그 인도를 받은 자도 같다.

1. 의의, 보호법익

본죄는 '자기의 보호 또는 감독을 받는 16세 미만의 자를 그 생명 또는 신체에 위험한 업무에 사용할 영업자 또는 종업자에게 인도함으로써 성립하는 범죄'이다. 보호법익은 '아동의 복지권'이며, 보호의 정도는 '추상적 위험범'이다. 본죄는 필요적 공범의 대향범이다.

2. 구성요건

행위의 주체는 '16세 미만의 자를 보호, 감독하는 자'이며, 상대방은 '생명, 신체에 위험한 업무에 사용할 영업자 또는 종업자'이다. 보호, 감독자의 지위는 법률이나 계약뿐 아니라 관습, 사회상규, 조리 등에 의해서도 발생할 수 있다. 객체는 '16세 미만의 자'이다.

실행 행위는 '생명, 신체에 위험한 업무에 사용할 영업자 또는 종업자에게 인도하거나 인도를 받는 것'이다. 인도를 한다는 계약만으로는 부족하고 현실적인 인도가 있어야 기수가 성립한다. 아동이 위험한 업무에 종사를 하였느냐의 문제는 불문한다.

본죄는 16세 미만의 자를 생명, 신체에 위험한 업무에 사용할 자에게 인도, 이를 인수한다는 고의가 있어야 한다.

Ⅷ. 유기 등 치사상

> **제275조【유기 등 치사상】** ① 제271조 내지 제273조의 죄를 범하여 사람을 상해에 이르게 한 때에는 7년 이하의 징역에 처한다. 사망에 이르게 한 때에는 3년 이상의 유기징역에 처한다.
> ② 자기 또는 배우자의 직계존속에 대하여 제271조 또는 제273조의 죄를 범하여 상해

> 에 이르게 한 때에는 3년 이상의 유기징역에 처한다. 사망에 이르게 한 때에는 무기 또
> 는 5년 이상의 징역에 처한다.

본죄는 '단순유기죄, 존속유기죄, 영아유기죄, 학대죄, 존속학대죄를 범하여 사람을 상해 또는 사망에 이르게 함으로써 성립하는 범죄'이다. 본죄는 진정결과적 가중범이다. 본죄는 유기 등의 행위와 상해 또는 사망의 결과발생 사이에 인과관계가 있어야 한다.

▶ 특정범죄가중처벌 등에 관한 법률 제5조의3(도주차량 운전자의 가중처벌)은 자동차 운전자가 교통사고를 내고 피해자를 구호조치하지 않고 유기한 채 도주한 경우에 처벌하는 규정이다. 이는 업무상과실치사상죄와 유기죄의 결합범으로, 본죄는 법조경합 중 보충관계로서 특정범죄가중처벌 등에 관한 법률만이 성립한다.16)

---

16) 특정범죄가중처벌 등에 관한 법률 제5조의3(도주차량 운전자의 가중처벌) ① 「도로교통법」 제2조에 규정된 자동차·원동기장치자전거의 교통으로 인하여 「형법」 제268조의 죄를 범한 해당 차량의 운전자(이하 "사고운전자"라 한다)가 피해자를 구호(救護)하는 등 「도로교통법」 제54조 제1항에 따른 조치를 하지 아니하고 도주한 경우에는 다음 각 호의 구분에 따라 가중처벌한다.
   1. 피해자를 사망에 이르게 하고 도주하거나, 도주 후에 피해자가 사망한 경우에는 무기 또는 5년 이상의 징역에 처한다.
   2. 피해자를 상해에 이르게 한 경우에는 1년 이상의 유기징역 또는 500만원 이상 3천만원 이하의 벌금에 처한다.
   ② 사고운전자가 피해자를 사고 장소로부터 옮겨 유기하고 도주한 경우에는 다음 각 호의 구분에 따라 가중처벌한다.
   1. 피해자를 사망에 이르게 하고 도주하거나, 도주 후에 피해자가 사망한 경우에는 사형, 무기 또는 5년 이상의 징역에 처한다.
   2. 피해자를 상해에 이르게 한 경우에는 3년 이상의 유기징역에 처한다.

제2편

자유에 대한 죄

제 1 장

체포와 감금의 죄

제1절 서 설

I. 의의, 보호법익

체포와 감금의 죄는 '사람을 불법하게 체포 또는 감금함으로써 성립하는 범죄'이다. 보호법익은 '신체활동의 자유'이며, 보호의 정도는 '침해범'이다. 이때, 신체활동의 자유는 장소이전의 자유이며, 잠재적 자유를 포함한다. 예컨대, 수면중인 자를 감금한 경우에 피해자는 장소이전의 자유를 침해받지 않았지만, 잠재적자유는 침해받았기 때문에 감금죄가 성립한다.

II. 체포·감금죄의 구성요건체계

체포·감금죄의 기본유형은 단순체포·감금죄(제276조 제1항)이고, 존속체포·감금죄(제276조 제2항)는 신분으로 인한 책임가중유형, 중체포·감금죄(제277조 제1항), 존속중체포·감금죄(제277조 제2항), 특수체포·특수감금죄(제278조)는 행위 및 신분관계로 인한 불법가중유형, 상습체포·감금죄(제279조)는 상습으로 인한 책임가중유형, 체포·감금 등의 치사상(제282조)은 중한 결과로 인해 불법이 가중되는 결과적 가중범이다. 체포·감금죄의 미수범은 처벌한다(제280조). 체포·감금죄는 자격정지를 병과할 수 있다(제282조).

Ⅲ. 특별법

폭력행위등 처벌에 관한 법률 제2조 제2항에서는 2인 이상의 공동체포·감금 죄를, 특정범죄 가중처벌 등에 관한 법률 제5조의9 제2항에서는 형사사건의 수사, 재판과 관련하여 보복 등의 목적으로 체포·감금죄를 범한 자를 가중처벌하고 있다.

제2절 개별적 범죄 유형

Ⅰ. 단순체포·감금죄

> **제276조 【체포·감금】** ① 사람을 체포 또는 감금한 자는 5년 이하의 징역 또는 700만원 이하의 벌금에 처한다.

1. 의의, 보호법익

본죄는 '사람을 체포 또는 감금함으로써 성립하는 범죄'이다. 보호법익은 '신체적 활동의(잠재적)자유'이며, 보호의 정도는 '계속범이며 침해범'이다. 미수범은 처벌한다.

2. 객관적 구성요건

(1) 행위의 주체

행위의 주체는 '피해자 이외 자연인'이다. 단, 재판, 검찰, 경찰 기타 인신구속에 관한 직무를 행하는 자 또는 이를 보조하는 자가 그 직권을 남용하여 사람을 체포 또는 감금한 때에는 불법체포·감금죄가 적용된다.[1]

---

1) 제124조(불법체포, 불법감금) ① 재판, 검찰, 경찰 기타 인신구속에 관한 직무를 행하는 자

(2) 행위의 객체

행위의 객체는 '사람'이며, 자연인을 의미한다. 이에 대해 ① 신체활동의 자유를 가졌는가를 불문하고 모든 자연인이 본죄의 객체가 된다는 견해(최광의설)로, 수면자, 정신병자, 영아처럼 신체활동의 자유가 없는 사람도 객체가 된다. ② 현실적으로 신체활동의 가능성이 있는 자연인이라면 본죄의 객체가 된다는 견해(광의설, 통설)로, 수면자, 정신병자, 명정자는 본죄의 객체가 되지만, 영아는 객체가 될 수 없다. ③ 신체활동의 의사를 가질 수 없는 유아, 명정자, 수면자는 본죄의 객체가 아니지만, 활동 가능성이 기대되는 정신병자, 불구자는 본죄의 객체가 될 수 있다는 견해(중간설), ④ 신체적 활동의 가능성이 있다고 하더라도 수면자, 명정자와 같이 신체활동의 의사가 없는 자는 본죄의 객체가 될 수 없다는 견해(협의설)가 있다.

본죄는 신체적 활동의 자유가 현실적으로 침해되었을 때 기수가 되므로, 현실적으로 신체활동의 가능성이 있는 자연인이라면 본죄의 객체가 될 수 있다고 볼 수 있다. 따라서 광의설이 타당하다고 생각한다. 이에 대해 판례는 '정신병자도 감금죄의 객체가 될 수 있다'고 판시하고 있다.[2]

(3) 실행 행위

실행 행위는 '체포 또는 감금'이다.

(가) 체포

체포란 '사람의 신체에 대하여 직접적이고 현실적인 구속을 기하여 신체활동의 자유를 박탈하는 행위'이다.[3] 체포의 수단과 방법은 불문한다. 손발을 묶는 유형적인 방법이든 협박이나 위계를 사용하는 무형적인 방법이든 상관없다.

□ 관련 판례

피해자가 피고인으로부터 강간미수 피해를 입은 후 피고인의 집에서 나가려고 하였는데 피고인이 피해자가 나가지 못하도록 현관에서 거실 쪽으로 피해자를 세 번 밀쳤고, 피해자가 피고인을 뿌리치고 현관문을 열고 나와 엘리베이터를 누르고 기다리는데 피고인이 팬티 바람으로 쫓아 나왔으며, 피해자가 엘리베이터를 탔는데도 피해자의 팔을 잡고 끌어내리려고 해서 이를 뿌리쳤고, 피고인이 닫히는 엘리베이터 문을 손으로 막

또는 이를 보조하는 자가 그 직권을 남용하여 사람을 체포 또는 감금한 때에는 7년 이하의 징역과 10년 이하의 자격정지에 처한다. ② 전항의 미수범은 처벌한다
2) 대판 2002.10.11. 2002도4315.
3) 대판 2018.2.28. 2017도21249.

으며 엘리베이터로 들어오려고 하자 피해자가 버튼을 누르고 손으로 피고인의 가슴을 밀어낸 경우, 피고인은 피해자의 신체적 활동의 자유를 박탈하려는 고의를 가지고 피해자의 신체에 대한 유형력의 행사를 통해 일시적으로나마 피해자의 신체를 구속하였다고 판단하였다. 이는 체포미수죄에서의 유형력 행사의 정도에 관한 법리를 오해한 잘못이 없다(대판 2018.2.28. 2017도21249).

(나) 감금

감금죄는 사람의 행동을 그 보호법익으로 하여 사람이 특정한 구역에서 나가는 것을 불가능하게 하거나 또는 심히 곤란하게 하는 것이다. 이와 같이 사람이 특정한 구역에서 나가는 것을 불가능하게 하거나 심히 곤란하게 하는 그 장애는 물리적, 유형적 장애뿐만 아니라 심리적, 무형적 장애에 의하여서도 가능하다.[4] 경찰에 거짓신고를 하여 구속을 하게 하는 간접정범의 행태로도 가능하며, 작위뿐만 아니라 방문을 열어주지 않는 부작위로도 가능하다.

감금에 있어서 사람의 행동 자유의 박탈은 반드시 전면적이어야 할 필요가 없으므로, 감금된 특정구역 내부에서 일정한 생활의 자유가 허용되어 있었다고 하더라도 감금죄의 성립에는 아무 소장이 없다.[5]

□ 관련 판례

① 감금죄에 있어서의 감금행위는 사람으로 하여금 일정한 장소 밖으로 나가지 못하도록 하여 신체의 자유를 제한하는 행위를 가리키는 것이고, 그 방법은 반드시 물리적, 유형적 장애를 사용하는 경우뿐만 아니라 심리적, 무형적 장애에 의하는 경우도 포함되는 것인바, 설사 재항고인이 경찰서 안에서 판시와 같이 식사도 하고 사무실 안팎을 내왕하였다 하여도, 재항고인을 경찰서 밖으로 나가지 못하도록 그 신체의 자유를 제한하는 유형, 무형의 억압이 있었다면, 이는 바로 감금행위에 해당할 수도 있다(대결 1991.12.30. 91모5).

---

4) 감금죄는 사람의 행동의 자유를 그 보호법익으로 하여 사람이 특정한 구역에서 나가는 것을 불가능하게 하거나 또는 심히 곤란하게 하는 죄로서, 이와 같이 사람이 특정한 구역에서 나가는 것을 불가능하게 하거나 심히 곤란하게 하는 그 장애는 물리적·유형적 장애뿐만 아니라 심리적·무형적 장애에 의하여서도 가능하고, 또 감금의 본질은 사람의 행동의 자유를 구속하는 것으로 행동의 자유를 구속하는 그 수단과 방법에는 아무런 제한이 없으므로 그 수단과 방법에는 유형적인 것이거나 무형적인 것이거나를 가리지 아니하며, 감금에 있어서의 사람의 행동의 자유의 박탈은 반드시 전면적이어야 할 필요가 없으므로 감금된 특정구역 내부에서 일정한 생활의 자유가 허용되어 있었다고 하더라도 감금죄의 성립에는 아무 소장이 없다(대판 2011.9.29. 2010도5962).
5) 대판 1984.5.15. 84도655.

② 피해자가 만약 도피하는 경우에는 생명 신체에 심한 위해를 당할지도 모른다는 공포감에서 도피하기를 단념하고 있는 상태하에서, 피고인이 피해자를 호텔로 데리고 가서 함께 유숙한 후 그와 함께 항공기로 국외에 나간 행위는 감금죄를 구성한다(대판 1991.8.27. 91도1604).

③ 피고인이 피해자를 협박하여 대기시켜 놓았던 자동차 뒷좌석에 강제로 밀어 넣고, 피해자가 내려 달라고 애원했으나 내려주지 않고 약 20분간 자동차를 운행하였다면 감금죄가 성립한다(대판 1982.6.22. 82도705).

④ 폭력행위등 처벌에 관한 법률 제3조 제1항 소정의 감금죄는 단체나 다중의 위력으로 사람의 행동의 자유를 장소적으로 구속하는 경우를 처벌하는 규정임이 명백하므로 피고인들이 대한상이군경회원 80여 명과 공동으로 호텔 출입문을 봉쇄하며 피해자들의 출입을 방해하였다면 위의 감금죄에 해당한다(대판 1983.9.13. 80도277).

(3) 기수시기

본죄는 계속범이며 침해범으로 신체의 활동의 자유가 현실적으로 침해된 사실이 일정시간 계속되었을 때 기수가 된다.[6] 즉, 체포·감금 행위가 일정시간 동안 지속되어야 한다. 사람을 체포·감금하려고 하였으나 피해자가 이를 피해 벗어났을 경우에는 신체적 활동의 자유에 대한 현실적 침해가 지속적이지 않았음으로 미수가 성립할 수 있다.[7]

3. 주관적 구성요건

본죄는 고의범으로 체포·감금에 대한 인식과 인용이 있어야 한다.[8]

---

6) 형법 제276조 제1항의 체포죄에서 말하는 '체포'는 사람의 신체에 대하여 직접적이고 현실적인 구속을 가하여 신체활동의 자유를 박탈하는 행위를 의미하는 것으로서 수단과 방법을 불문한다. 체포죄는 계속범으로서 체포의 행위에 확실히 사람의 신체의 자유를 구속한다고 인정할 수 있을 정도의 시간적 계속이 있어야 하나, 체포의 고의로써 타인의 신체적 활동의 자유를 현실적으로 침해하는 행위를 개시한 때 체포죄의 실행에 착수하였다고 볼 것이다(대판 2018.2.28. 2017도21249).
7) 체포죄는 계속범으로서 체포의 행위에 확실히 사람의 신체의 자유를 구속한다고 인정할 수 있을 정도의 시간적 계속이 있어야 기수에 이르고, 신체의 자유에 대한 구속이 그와 같은 정도에 이르지 못하고 일시적인 것으로 그친 경우에는 체포죄의 미수범이 성립할 뿐이다(대판 2020.3.27. 2016도18713).
8) 정신건강의학과 전문의인 피고인 갑과 을이 피해자의 아들 피고인 병의 진술뿐만 아니라 피해자를 직접 대면하여 진찰한 결과를 토대로 피해자에게 피해사고나 망상장애의 의심이 있다고 판단하여 입원이 필요하다는 진단을 한 후 피해자를 응급이송차량에 강제로 태워 병원으로 데려가 입원시킨 경우, 피해자를 정확히 진단하여 치료할 의사로 입원시켰다고 볼 여지 또한 충분하여 피고인 갑과 을에게 감금죄의 고의가 있었다거나 이들의 행위가 형

4. 위법성의 문제

① 법령에 의한 행위(정당행위)

경찰관의 보호조치,[9] 검사 또는 사법경찰관의 체포영장 또는 구속영장에 의한 체포·감금,[10] 현행범인의 체포,[11] 친권자의 징계권 행사로 자녀에 대한 감금[12] 등의 행위는 법령에 의한 행위로 위법성이 조각될 수 있다.

② 피해자의 승낙

체포·감금 행위에 있어서 피해자의 승낙은 피해자의 양해가 되어 구성요건해당성을 배제한다는 견해와 피해자의 승낙으로 위법성을 조각한다는 견해가 있다.

5. 죄수 및 다른 죄와의 관계

① 동일인을 체포한 후 감금한 때에는 포괄하여 1개의 감금죄가 성립한다.

② 감금 행위가 강간죄나 강도죄의 수단이 된 경우에도 감금죄는 강간죄나 강도죄에 흡수되지 아니하고 별죄를 구성한다.[13]

③ 감금을 하기 위한 수단으로서 행사된 단순한 협박행위는 감금죄에 흡수되어 따로 협박죄를 구성하지 아니한다.[14]

④ 미성년자를 유인한 자가 계속해서 감금을 하였을 때에는 미성년자유인죄와 감금죄가 성립한다.[15]

Ⅱ. 존속체포·감금죄

제276조【존속체포·존속감금】 ② 자기 또는 배우자의 직계존속에 대하여 제1항의 죄를 범한 때에는 10년 이하의 징역 또는 1천500만원 이하의 벌금에 처한다.

본죄는 '자기 또는 배우자의 직계존속에 대하여 감금을 함으로써 성립하는

법상 감금행위에 해당한다고 단정하기 어렵다(대판 2015.10.29. 2015도8429).

9) 경찰관직무집행법 제4조.
10) 형사소송법 제200조의2, 제201조.
11) 형사소송법 제212조.
12) 민법 제915조.
13) 대판 1997.1.21. 96도2715.
14) 대판 1982.6.22. 82도705.
15) 대판 1961.9.21. 61도455.

범죄'이다. 직계비속이라는 신분으로 인해 책임이 가중되는 유형으로, 부진정신분범이다. 미수범은 처벌한다.

Ⅲ. 중체포·감금죄, 존속중체포·감금죄

> **제277조【중체포·중감금, 존속중체포·존속중감금】** ① 사람을 체포 또는 감금하여 가혹한 행위를 가한 자는 7년 이하의 징역에 처한다.
> ② 자기 또는 배우자의 직계존속에 대하여 전항의 죄를 범한 때에는 2년 이상의 유기 징역에 처한다.

본죄는 '사람을 체포 또는 감금하여 가혹행위를 하거나, 자기 또는 배우자의 직계존속을 체포 또는 감금하여 가혹행위를 하면서 성립하는 범죄'이다. 체포·감금 행위와 가혹행위가 결합된 결합범으로, 행위 태양으로 인해 불법이 가중된 범죄이며, 존속중체포·감금죄는 부진정신분범이다. 배우자 및 직계존속은 법률상의 개념에 한정된다.16) 미수범은 처벌한다.

'가혹한 행위'란 육체적·정신적으로 고통을 주는 행위를 말하는데, 방법으로는 유형적이든 무형적이든 상관없다. 잠을 잘 수 없게 한다든지, 식사를 제공하지 않는다든지, 고문을 하는 행위 등이 이에 해당한다.

본죄는 미수범을 처벌하는데, ① 본죄의 고의로 범행을 시도하였으나, 체포 또는 감금을 하지 못한 경우, ② 체포·감금은 하였으나 가혹행위를 하지 못한 경우, ③ 가혹행위를 하려고 하였으나 가혹행위에 이르지 못한 경우에 성립한다.

Ⅳ. 특수체포·감금죄

> **제278조【특수체포, 특수감금】** 단체 또는 다중의 위력을 보이거나 위험한 물건을 휴대하여 전2조의 죄를 범한 때에는 그 죄에 정한 형의 2분의 1까지 가중한다.

본죄는 '단체 또는 다중의 위력을 보이거나 위험한 물건을 휴대하여 단순체포·감금죄, 존속체포·감금죄, 중체포·감금죄, 존속중체포·감금죄를 범함으로써

---

16) 오영근, 107면.

성립하는 범죄'이다. 미수범은 처벌한다.

'단체 또는 다중의 위력을 보이거나 위험한 물건을 휴대하여'는 제261조 특수폭행죄와 동일하다.

V. 상습체포·감금죄

> **제279조【상습범】** 상습으로 제276조 또는 제277조의 죄를 범한 때에는 전조의 예에 의한다.

본죄는 '상습으로 단순체포·감금죄, 존속체포·감금죄, 중체포·감금죄, 존속중체포·감금죄를 범한 경우'에 성립한다. 본죄는 상습으로 인해 책임이 가중되는 가중적 구성요건이며, 미수범은 처벌한다.

VI. 체포·감금치사상죄, 존속체포·감금치사상죄

> **제281조【체포, 감금 등의 치사상】** ① 제276조 내지 제280조의 죄를 범하여 사람을 상해에 이르게 한 때에는 1년 이상의 유기징역에 처한다. 사망에 이르게 한 때에는 3년 이상의 유기징역에 처한다.
> ② 자기 또는 배우자의 직계존속에 대하여 제276조 내지 제280조의 죄를 범하여 상해에 이르게 한 때에는 2년 이상의 유기징역에 처한다. 사망에 이르게 한 때에는 무기 또는 5년 이상의 징역에 처한다.

본죄는 '단순체포·감금죄, 존속체포·감금죄, 중체포·감금죄, 존속중체포·감금죄, 특수체포·감금죄, 상습체포·감금죄 또는 그 미수범을 범하여 사람을 상해 또는 사망에 이르게 함으로써 성립하는 범죄'이다. 본죄는 체포·감금죄에 대한 결과적 가중범이다. 따라서, 체포·감금 행위와 상해·사망과의 인과관계가 있어야 한다. 이때, 상해·사망의 결과는 체포·감금 행위의 결과가 아니라 체포·감금 행위를 수반하는 과정에서 발생하여도 족하다.

☐ 관련 판례

① 피고인이 당초 그의 승용차로 피해자를 가로막음으로써 피해자로 하여금 할 수 없이

위 차량에 승차하게 한 후, 피해자가 내려달라고 요청하였음에도 불구하고 당초 목적지라고 알려준 장소가 아닌 다른 장소를 향하여 시속 약 60km 내지 70km의 속도로 진행하여서 피해자를 위 차량에서 내리지 못하도록 하였다면, 그와 같은 피고인의 행위는 감금죄에 해당함이 분명하고, 나아가 피해자가 위와 같은 감금상태를 벗어날 목적으로 위 차량의 뒷좌석 창문을 통하여 밖으로 빠져나오려다가 길바닥에 떨어져 상해를 입고 그 결과 사망에 이르렀다면 피고인의 위 감금 행위와 피해자의 사망 사이에는 상당인과 관계가 있다고 할 것이므로 피고인으로서는 감금치사죄의 죄책을 면할 수 없다(대판 2000.2.11. 99도5286).

② 가. 피고인이 미성년자를 유인하여 포박 감금한 후 단지 그 상태를 유지하였을 뿐인데도 피감금자가 사망에 이르게 된 것이라면 피고인의 죄책은 감금치사죄에 해당한다 하겠으나, 나아가서 그 감금상태가 계속된 어느 시점에서 피고인에게 살해의 범의가 생겨 피감금자에 대한 위험발생을 방지함이 없이 포박감금상태에 있던 피감금자를 그대로 방치함으로써 사망케 하였다면 피고인의 부작위는 살인죄의 구성요건적 행위를 충족하는 것이라고 평가하기에 충분하므로 부작위에 의한 살인죄를 구성한다.

나. 피해자를 아파트에 유인하여 양 손목과 발목을 노끈으로 묶고 입에 반창고를 두 겹으로 붙인 다음 양 손목을 묶은 노끈은 창틀에 박힌 시멘트 못에, 양 발목을 묶은 노끈은 방문손잡이에 각각 잡아매고 얼굴에 모포를 씌워 감금한 후 수차 아파트를 출입하다가 마지막 들어갔을 때 피해자가 이미 탈진 상태에 이르러 박카스를 마시지 못하고 그냥 흘려버릴 정도였고 피고인이 피해자의 얼굴에 모포를 덮어씌워 놓고 그냥 나오면서 피해자를 그대로 두면 죽을 것 같다는 생각이 들었다면 피고인이 위와 같은 결과발생의 가능성을 인정하고 있으면서도 피해자를 병원에 옮기지 않고 사경에 이른 피해자를 그대로 방치한 소위는 피해자가 사망하는 결과에 이르더라도 용인할 수밖에 없다는 내심의 의사 즉 살인의 미필적 고의가 있다고 할 것이다(대판 1982.11.23. 82도2024).

제 2 장

협박의 죄

제1절 서 설

I. 의의, 보호법익

협박죄는 '사람의 의사결정에 영향을 주는 해악을 고지하여 공포심을 느끼게 하는 범죄'이다. 보호법익은 '의사결정의 자유'이며, 보호의 정도는 '침해범'이다. 하지만, 판례는 '위험범'으로 본다. 본죄의 미수범은 처벌한다.

II. 협박죄의 구성요건체계

협박죄의 기본유형은 단순협박죄(제283조 제1항)이고, 존속협박죄(제283조 제2항)는 신분으로 인한 책임가중유형, 특수협박죄(제284조)는 행위방법으로 인한 불법가중유형, 상습협박죄(제285조)는 상습성으로 인한 책임가중유형이다.

III. 특별법

폭력행위등 처벌에 관한 법률 제2조 제2항에서는 2인 이상의 공동협박을, 특정범죄 가중처벌 등에 관한 법률 제5조의9 제2항에서는 형사사건의 수사, 재판과 관련하여 보복 등의 목적으로 협박죄를 범한 자를 가중처벌하고 있다.

제2절 개별적 범죄 유형

Ⅰ. 단순협박죄

제283조【협박】① 사람을 협박한 자는 3년 이하의 징역 500만원 이하의 벌금, 구류 또는 과료에 처한다.
③ 제1항 및 제2항의 죄는 피해자의 명시한 의사에 반하여 공소를 제기할 수 없다.
---

1. 의의, 보호법익

본죄는 '사람을 협박함으로써 성립하는 범죄'이다. 보호법익은 '사람의 의사 결정의 자유'[1])이며, 보호의 정도는 통설은 '침해범'이나, 판례는 '위험범'으로 본다.[2]) 미수범은 처벌한다.

2. 객관적 구성요건

(1) 행위의 객체

행위의 객체는 '사람'이며, 자연인을 의미한다. 법인은 해당되지 않는다.[3]) 협

---

1) 협박죄는 사람의 의사결정의 자유를 보호법익으로 하는 범죄로서 형법규정의 체계상 개인적 법익, 특히 사람의 자유에 대한 죄 중 하나로 구성되어 있는바(대판 2010.7.15. 2010도1017).
2) 협박죄가 성립하려면 고지된 해악의 내용이 행위자와 상대방의 성향, 고지 당시의 주변 상황, 행위자와 상대방 사이의 친숙의 정도 및 지위 등의 상호관계, 제3자에 의한 해악을 고지한 경우에는 그에 포함되거나 암시된 제3자와 행위자 사이의 관계 등 행위 전후의 여러 사정을 종합하여 볼 때에 일반적으로 사람으로 하여금 공포심을 일으키게 하기에 충분한 것이어야 하지만, 상대방이 그에 의하여 현실적으로 공포심을 일으킬 것까지 요구하는 것은 아니며, 그와 같은 정도의 해악을 고지함으로써 상대방이 그 의미를 인식한 이상, 상대방이 현실적으로 공포심을 일으켰는지 여부와 관계없이 그로써 구성요건은 충족되어 협박죄의 기수에 이르는 것으로 해석하여야 한다. 결국 협박죄는 사람의 의사결정의 자유를 보호법익으로 하는 위험범이라 봄이 상당하고(대판 2007.9.28. 2007도606 전원합의체).
3) 협박죄의 보호법익, 형법규정상 체계, 협박의 행위 개념 등에 비추어 볼 때, 협박죄는 자연인만을 그 대상으로 예정하고 있을 뿐 법인은 협박죄의 객체가 될 수 없다(대판 2010.7.15.

박은 해악을 고지하여 공포심을 일으키게 하는 것으로 객체인 사람은 이를 이해할 수 있는 자로, 잠을 자고 있는 사람이나 정신병자, 갓태어난 아이는 객체에 해당하지 않는다(통설).

(2) 실행 행위

실행 행위는 협박이다. '협박'이란 사람으로 하여금 공포심을 일으킬 정도의 해악을 고지하는 것을 의미한다.

(가) 개념

① 광의의 협박

광의의 협박은 상대방이 현실적으로 공포심을 가졌을 것을 요하지 않는다. 즉, 상대방의 의사결정의 자유를 제한할 정도일 필요는 없다. 공무집행방해죄, 소요죄, 특주도주죄, 직무강요죄, (舊)공직선거및선거부정방지법[4]의 협박이 이에 해당한다.

② 협의의 협박

협의의 협박은 상대방으로 하여금 현실적으로 공포심을 일으키게 할 정도여야 한다. 즉 상대방의 의사결정의 자유를 제한할 정도여야 한다. 협박죄, 강요죄, 공갈죄의 협박[5]이 이에 해당한다.

③ 최협의의 협박

최협의의 협박은 상대방의 반항을 억압할 정도의 강도죄에서의 협박, 현저히 곤란하게 할 정도의 공포심을 일으킬 해악을 고지하는 강간죄에서의 협박이

2010도1017).

4) 구 공직선거및성거부정방지법 제244조에서 규정하고 있는 선거사무관리관계자에 대한 협박죄에 있어서의 협박이라 함은, 상대방에게 공포심을 일으킬 목적으로 해악을 고지하는 일체의 행위를 의미하는 것으로서, 고지하는 해악의 내용이 그 경위, 행위 당시의 주위 상황, 행위자의 성향, 행위자와 상대방과의 친숙의 정도, 지위 등의 상호관계 등 여러 사정을 종합하여 객관적으로 상대방으로 하여금 공포심을 느끼게 하기에 족하면 되고, 상대방이 현실로 공포심을 일으킬 것까지 요구되는 것은 아니며, 다만 고지하는 해악의 내용이 경미하여 상대방이 전혀 개의치 않을 정도인 경우에는 협박에 해당하지 않는다(대판 2005.3.25. 2004도8984).

5) 강요죄나 공갈죄의 수단인 협박은 사람의 의사결정의 자유를 제한하거나 의사실행의 자유를 방해할 정도로 겁을 먹게 할 만한 해악을 고지하는 것을 말하는데, 해악의 고지는 반드시 명시적인 방법이 아니더라도 말이나 행동을 통해서 상대방으로 하여금 어떠한 해악에 이르게 할 것이라는 인식을 갖게 하는 것이면 족하고, 피공갈자 이외의 제3자를 통해서 간접적으로 할 수도 있으며 행위자가 그의 직업, 지위 등에 기하여 불법한 위세를 이용하여 재물의 교부나 재산상 이익을 요구하고 상대방으로 하여금 그 요구에 응하지 않을 때에는 부당한 불이익을 당할 위험이 있다는 위구심을 일으키게 하는 경우에도 해악의 고지가 된다(대판 2013.4.11. 2010도13774).

있다.

(나) 협박죄에서의 협박의 정도

협박죄에서의 협박은 협의의 협박으로 '사람에게 현실적으로 공포심을 일으키게 할 만한 것으로, 상대방의 의사결정의 자유를 제한할 정도의 협박'이어야 한다. 협박의 내용은 발생 가능한 것으로 생각될 수 있는 정도의 구체적인 내용이어야 한다. 설령 해악의 고지가 있다 하더라도 그것이 사회의 관습이나 윤리관념 등에 비추어 볼 때에 사회통념상 용인할 수 있을 정도의 것이라면 협박죄는 성립하지 아니한다.[6] 단순히 불만의 표시로 '두고 보자'[7]라고 한다든지, 언쟁 중 '입을 찢어 버릴라'[8]라고 한 말은 감정적인 욕설에 불과하여 협박에 해당한다고 할 수 없다.

천재지변 또는 신력이나 길흉화복을 해악으로 고지하는 경우에는 상대방으로 하여금 행위자 자신이 그 천재지변 또는 신력이나 길흉화복을 사실상 지배하거나 그에 영향을 미칠 수 있는 것으로 믿게 하는 명시적 또는 묵시적 행위가 있어야 하므로, 조상천도제를 지내지 아니하면 좋지 않은 일이 생긴다는 취지의 해악의 고지는 길흉화복이나 천재지변의 예고로서 행위자에 의하여 직접, 간접적으로 좌우될 수 없는 것이고, 가해자가 현실적으로 특정되어 있지도 않으며 해악의 발생가능성이 합리적으로 예견될 수 있는 것이 아니므로 협박으로 평가될 수 없다.[9]

(다) 해악고지의 방법

해악을 고지하는 방법에는 제한이 없다. 구두나 문서, 거동[10] 등 불문한다. 해악의 고지는 직접적인 방법 이외 제3자를 통해서 간접적으로도 가능하다.[11] 행

---

6) 대판 1998.3.10. 98도70.
7) 대판 1974.10.8. 74도1892.
8) 피해자와 언쟁 중 "입을 찢어 버릴라"라고 한 말은 당사의 주위사정 등에 비추어 단순한 감정적인 욕설에 불과하고 피해자에게 해악을 가할 것을 고지한 행위라고 볼 수 없어 협박에 해당하지 않는다(대판 1986.7.22. 86도1140).
9) 조상천도제를 지내지 아니하면 좋지 않은 일이 생긴다는 취지의 해악의 고지는 길흉화복이나 천재지변의 예고로서 행위자에 의하여 직접, 간접적으로 좌우될 수 없는 것이고 가해자가 현실적으로 특정되어 있지도 않으며 해악의 발생가능성이 합리적으로 예견될 수 있는 것이 아니므로 협박으로 평가될 수 없다고 한 사례(대판 2002.2.8. 2000도3245).
10) 협박죄에 있어서의 해악을 가할 것을 고지하는 행위는 통상 언어에 의하는 것이나 경우에 따라서는 한마디 말도 없이 거동에 의하여서도 고지할 수도 있는 것이다. 가위로 목을 찌를 듯이 겨누었다면 신체에 대하여 위해를 가할 고지로 못볼 바 아니므로 이를 협박죄로 단정한 판결의 조치는 정당하다(대판 1975.10.7. 74도2727).
11) 협박의 경우 행위자가 직접 해악을 가하겠다고 고지하는 것은 물론, 제3자로 하여금 해악

위자가 해악을 가할 의사가 현실적으로 없다고 하여도 상대방에게 그러한 해악의 발생 가능성을 인식시키는 정도로도 가능하다.[12) 또한, 해악의 고지는 발생가능한 것으로 생각할 정도의 구체적인 것이어야 한다.[13)

(라) 기수시기와 미수

협박죄는 '상대방이 현실적으로 해악의 고지를 통하여 공포심을 느꼈을 때' 기수가 된다. 이는 의사결정의 자유가 침해되었을 때를 의미한다. 그러므로, 협박을 하였으나 공포심을 느끼지 않아 의사결정의 자유가 침해되지 않았을 때 미수범이 성립한다.

하지만, 판례는 기수시기와 미수에 대해 다음과 같이 판시하고 있다.

□ 관련 판례

협박죄가 성립하려면 고지된 해악의 내용이 행위자와 상대방의 성향, 고지 당시의 주변 상황, 행위자와 상대방 사이의 친숙의 정도 및 지위 등의 상호관계, 제3자에 의한 해악을 고지한 경우에는 그에 포함되거나 암시된 제3자와 행위자 사이의 관계 등 행위 전후의 여러 사정을 종합하여 볼 때에 일반적으로 사람으로 하여금 공포심을 일으키게 하기에 충분한 것이어야 하지만, 상대방이 그에 의하여 현실적으로 공포심을 일으킬 것까지 요구하는 것은 아니며, 그와 같은 정도의 해악을 고지함으로써 상대방이 그 의미를 인식한 이상, 상대방이 현실적으로 공포심을 일으켰는지 여부와 관계없이 그로써 구성요건은 충족되어 협박죄의 기수에 이르는 것으로 해석하여야 할 것이다. 우리 형법은 제286조에서 협박죄의 미수범을 처벌하는 조항을 두고 있으나 미수범 처벌조항이 있다 하여 반드시 침해범으로 해석할 것은 아니며, 지극히 주관적이고 복합적이며 종

을 가하도록 하겠다는 방식으로도 해악의 고지는 얼마든지 가능하지만, 이 경우 고지자가 제3자의 행위를 사실상 지배하거나 제3자에게 영향을 미칠 수 있는 지위에 있는 것으로 믿게 하는 명시적, 묵시적 언동을 하였거나 제3자에게 영향을 미칠 수 있는 지위에 의하여 좌우될 수 있는 것으로 상대방이 인식한 경우에 한하여 비로소 고지자가 직접 해악을 가하겠다고 고지한 것과 마찬가지의 행위로 평가할 수 있고, 만약 고지자가 위와 같은 명시적, 묵시적 언동을 하거나 상대방이 위와 같이 인식을 한 적이 없다면 비록 상대방이 현실적으로 외포심을 느꼈다고 하더라도 이러한 고지자의 행위가 협박죄를 구성한다고 볼 수는 없다(대판 2006.12.8. 2006도6155).
12) 피고인은 피해자와 횟집에서 술을 마시던 중 피해자가 모래 채취에 관하여 항의하는 데에 화가 나서 횟집 주방에 있던 횟칼 2자루를 들고 나와 죽어버리겠다며 자해하려고 하였다는 것이다. 피고인의 행위는 단순한 자해행위 시늉에 불과한 것이 아니라 피고인의 요구에 응하지 않으면 피해자에게 어떠한 해악을 가할 듯한 위세를 보인 행위로서 협박에 해당한다고도 볼 수 있다(대판 2011.1.27. 2010도14316).
13) 무릇 협박죄에 있어서 협박이라 함은 일반적으로 보아 사람으로 하여금 공포심을 일으킬 수 있을 정도의 해악을 고지하는 것을 의미하므로(대판 1991.5.10. 90도2102 등 참조), 그러한 해악의 고지는 구체적이어서 해악의 발생이 일응 가능한 것으로 생각될 수 있을 정도일 것을 필요로 한다고 보아야 할 것이다(대판 1995.9.29. 94도2187).

종 무의식의 영역에까지 걸쳐 있는 상대방의 정서적 반응을 객관적으로 심리, 판단하는 것이 현실적으로 불가능에 가깝고, 상대방이 과거 자신의 정서적 반응이나 감정상태를 회고하여 표현한다 하여도 공포심을 일으켰는지 여부의 의미나 판단기준이 사람마다 다르며 그 정도를 측정할 객관적 척도도 존재하지 아니하는 점 등에 비추어보면, 상대방이 현실적으로 공포심을 일으켰는지 여부에 따라 기수 여부가 결정되는 것으로 해석하는 것은 적절치 아니하기 때문이다. 결국, 협박죄는 사람의 의사결정의 자유를 보호법익으로 하는 위험범이라 봄이 상당하고, 위 미수범 처벌조항은 해악의 고지가 현실적으로 상대방에게 도달하지 아니한 경우나 도달은 하였으나 전혀 지각하지 못한 경우, 혹은 고지된 해악의 의미를 상대방이 인식하지 못한 경우 등에 적용될 뿐이라 할 것이다(대판 2007.9.28. 2007도606 전원합의체).

3. 주관적 구성요건

본죄는 상대방에게 해악을 고지하여 공포심을 느끼게 한다는 인식과 의사인 고의가 있어야 한다. 하지만, 고지한 해악을 실제로 발생하게 하겠다는 의사는 필요하지 않다.[14)

□ 협박죄 관련 판례

〈협박죄가 성립하는 경우〉

① 피고인이 피해자의 누나의 집에서 갑자기 온몸에 연소성이 높은 고무놀을 바르고 라이터 불을 켜는 동작을 하면서 이를 말리려는 피해자 등에게 가위, 송곳을 휘두르면서 "방에 불을 지르겠다, 가족 전부를 죽여버리겠다"고 소리쳤고 피해자가 피고인의 행위를 약 1시간가량 말렸으나 듣지 아니하여 무섭고 두려워서 신고를 하였다면, 피고인의 행위는 피해자 등에게 공포심을 일으키기에 충분할 정도의 해악을 고지한 것이고, 나아가 피고인에게 실제로 피해자 등이 신체에 위해를 가할 의사나 불을 놓을 의사가 없었다고 할지라도 위와 같은 해악을 고지한다는 점에 대한 인식, 인용은 있었다고 봄

---

14) 협박죄에 있어서의 협박이라 함은 일반적으로 보아 사람으로 하여금 공포심을 일으킬 수 있는 정도의 해악을 고지하는 것을 의미하므로, 그 주관적 구성요건으로서의 고의는 행위자가 그러한 정도의 해악을 고지한다는 것을 인식, 인용하는 것을 그 내용으로 하고, 고지한 해악을 실제로 실현할 의도나 욕구는 필요로 하지 아니하고, 다만 행위자의 언동이 단순한 감정적인 욕설 내지 일시적 분노의 표시에 불과하여 주위사정에 비추어 가해의 의사가 없음이 객관적으로 명백한 때에는 협박 행위 내지 협박의 의사를 인정할 수 없으나 위와 같은 의미의 협박행위 내지 협박의사가 있었는지의 여부는 행위의 외형뿐만 아니라 그러한 행위에 이르게 된 경위, 피해자와의 관계 등 주위 상황을 종합적으로 고려하여 판단해야 할 것이다(대판 1991.5.10. 90도2102).

이 상당하고, 피해자가 그 이상의 행동에 이르지 못하도록 막은 바 있다 해도 피고인의 행위가 단순한 감정적 언동에 불과하거나 가해의 의사가 없음이 객관적으로 명백한 경우에 해당한다고 볼 수 없다(대판 1991.5.10. 90도2102).

② 피고인이 피해자의 장모가 있는 자리에서 서류를 보이면서 "피고인의 요구를 들어주지 않으면 서류를 세무서로 보내 세무조사를 받게 하여 피해자를 망하게 하겠다"라고 말하여 피해자의 장모로 하여금 피해자에게 위와 같은 사실을 전하게 하고, 그 다음날 피해자의 처에게 전화를 하여 "며칠 있으면 국세청에서 조사가 나올 것이니 그렇게 아시오"라고 말한 경우, 위 각 행위는 협박죄에 있어서 해악의 고지에 해당한다(대판 2007.6.1. 2006도1125).

〈협박죄가 성립하지 않는 경우〉

① 자신의 동거남과 성관계를 가진 바 있던 피해자에게 "사람을 사서 쥐도 새도 모르게 파묻어버리겠다. 너까지 것 쉽게 죽일 수 있다"라고 말한 경우 언성을 높이면서 말다툼으로 흥분한 나머지 단순히 감정적인 욕설 내지 일시적 분노의 표시를 한 것에 불과하고 해악을 고지한다는 인식을 갖고 한 것이라고 보기 어렵다(대판 2006.8.25. 2006도546).

② 피해자가 공소외 (갑)을 대리하여 동인 소유의 여관을 피고인에게 매도하고 피고인으로부터 계약금과 잔대금 일부를 수령하였는데 그 후 위 (갑)이 많은 부채로 도피해 버리고 동인의 채권자들이 채무변제를 요구하면서 위 여관을 점거하여 피고인에게 여관을 명도하기가 어렵게 되자 피고인은 피해자에게 여관을 명도해주던가 명도소송비용을 내놓지 않으면 고소하여 구속시키겠다고 말한 경우, 피고인이 매도인의 대리인인 위 피해자에게 위 여관의 명도 또는 명도소송비용을 요구한 것은 매수인으로서 정당한 권리행사라 할 것이며 위와 같이 다소 위협적인 말을 하였다고 하여도 이는 사회통념상 용인될 정도의 것으로서 협박으로 볼 수 없다(대판 1984.6.26. 84도648).

③ 지서에 연행된 피고인이 경찰관으로부터 반공법위반 혐의사실을 추궁당하고 뺨까지 얻어맞게 되자 술김에 흥분하여 항의조로 "내가 너희들의 목을 자른다 내 동생을 시켜서라도 자른다"라고 말하였다 하여 당시 피고인에게 협박죄를 구성할 만한 해악을 고지할 의사가 있었다고 볼 수 없다(대판 1972.8.29. 72도1565).

4. 위법성의 문제

① 권리행사나 직무집행의 일환으로 상대방에게 일정한 해악을 고지한 경우, 그 해악의 고지가 정당한 권리행사나 직무집행으로서 사회상규에 반하지 아니한 때에는 협박죄가 성립하지 아니한다.[15]

---

15) 외관상 권리행사나 직무집행으로 보이더라도 실질적으로 권리나 직무권한의 남용이 되어

② 채권추심의 수단으로 협박이 행해진 경우, 그 수단이 사회통념상 허용되는 범위를 넘은 때에는 위법성이 조각되지 않는다.[16]

③ 정당한 훈계의 목적으로 해악을 고지한 경우, 정당행위로 위법성이 조각될 수 있다.[17]

④ 채무를 이행하지 않으면 형사고소를 하겠다고 한 경우, 사회통념상 용인될 수 있는 정도라면 협박에 해당하지 않는다.[18]

5. 죄수 및 다른 죄와의 관계

① 수인에게 동시에 협박을 한 경우에는 수개의 협박죄의 상상적 경합이 된다.

② 피해자를 협박하고 피해자의 업무를 방해한 경우에는 협박죄와 업무방해

사회상규에 반하는 때에는 협박죄가 성립한다고 보아야 할 것인바, 구체적으로는 그 해악의 고지가 정당한 목적을 위한 상당한 수단이라고 볼 수 있으면 위법성이 조각되지만, 위와 같은 관련성이 인정되지 아니하는 경우에는 그 위법성이 조각되지 아니한다(대판 2007.9.28. 2007도606 전원합의체).

16) 피해자에 대하여 금전채권이 있다고 하더라도 그 권리행사를 빙자하여 사회통념상 용인되기 어려운 정도를 넘는 협박을 수단으로 사용하였다면 공갈죄가 성립한다 할 것이므로, 피해자에 대한 채권이 있다하여 공갈죄가 성립되지 않는다는 주장도 이유 없다(대판 1996.9.24. 96도2151).

17) "앞으로 수박이 없어지면 네 책임으로 한다"고 말하였다고 하더라도 그것만으로는 구체적으로 어떠한 법익에 어떠한 해악을 가하겠다는 것인지를 알 수 없어 이를 해악의 고지라고 보기 어렵고, 가사 위와 같이 말한 것이 다소간의 해악의 고지에 해당한다고 가정하더라도, 피고인이 전에도 여러 차례 수박을 절취당하여 그 범인을 붙잡기 위해 수박밭을 지키고 있던 중 마침 같은 마을에 거주하며 피고인과 먼 친척간이기도 한 피해자가 피고인의 수박밭에 들어와 두리번거리는 것을 발견하자 피해자가 수박을 훔치려던 것으로 믿은 나머지 피해자를 훈계하려고 위와 같이 말하였으며 그 과정에서 폭행을 가하거나 달리 유형력을 행사한 바는 없었다면, 가사 피고인이 위와 같이 말한 것으로 인하여 피해자가 어떤 공포심을 느꼈다고 하더라도 피고인이 위와 같은 말을 하게 된 경위, 피고인과 피해자의 나이 및 신분관계 등에 비추어 볼 때 이는 정당한 훈계의 범위를 벗어나는 것이 아니어서 사회상규에 위배되지 아니하므로 위법성이 없다고 봄이 상당하고, 그 후 피해자가 스스로 음독 자살하기에 이르렀다 하더라도 이는 피해자가 자신의 결백을 밝히려는 데 그 동기가 있었던 것으로 보일 뿐 그것이 피고인의 협박으로 인한 결과라고 보기도 어려우므로 그와 같은 결과의 발생만을 들어 이를 달리 볼 것은 아니라고 한 사례(대판 1995.9.29. 94도2187).

18) 피해자가 공소외 (갑)을 대리하여 동인 소유의 여관을 피고인에게 매도하고 피고인으로부터 계약금과 잔대금 일부를 수령하였는데 그 후 위 (갑)이 많은 부채로 도피해 버리고 동인의 채권자들이 채무변제를 요구하면서 위 여관을 점거하여 피고인에게 여관을 명도하기가 어렵게 되자 피고인은 피해자에게 여관을 명도해 주던가 명도소송비용을 내놓지 않으면 고소하여 구속시키겠다고 말한 경우 피고인이 매도인의 대리인인 위 피해자에게 위 여관의 명도 또는 명도소송비용을 요구한 것은 매수인으로서 정당한 권리행사라 할 것이며 위와 같이 다소 위협적인 말을 하였다고 하여도 이는 사회통념상 용인될 정도의 것으로서 협박으로 볼 수 없다(대판 1984.6.26. 84도648).

죄의 실체적 경합이 된다.[19]

③ 해악을 고지하여 협박한 후 상해를 가한 경우에는 협박죄와 상해죄의 실체적 경합범이 성립하나,[20] 상해를 가하는 과정에서 협박을 한 경우에는 협박은 상해죄에 포함되어 상해죄만이 성립한다.[21]

6. 소추조건

본죄는 피해자의 명시한 의사에 반하여 공소를 제기할 수 없다.

Ⅱ. 존속협박죄

> **제283조 【존속협박】** ② 자기 또는 배우자의 직계존속에 대하여 제1항의 죄를 범한 때에는 5년 이하의 징역 또는 700만원 이하의 벌금에 처한다.
> ③ 제1항 및 제2항의 죄는 피해자의 명시한 의사에 반하여 공소를 제기할 수 없다.

본죄는 '자기 또는 배우자의 직계존속에 대해 협박을 함으로써 성립하는 범죄'이다. 직계비속이라는 신분으로 인해 책임이 가중되는 유형으로, 부진정신분범이다. 본죄는 반의사불벌죄이며, 미수범은 처벌한다.

Ⅲ. 특수협박죄

> **제284조 【특수협박】** 단체 또는 다중의 위력을 보이거나 위험한 물건을 휴대하여 전조 제1항, 제2항의 죄를 범한 때에는 7년 이하의 징역 또는 1천만원 이하의 벌금에 처한다.

---

19) 피고인이 슈퍼마켓사무실에서 식칼을 들고 피해자를 협박한 행위와 식칼을 들고 매장을 돌아다니며 손님을 내쫓아 그의 영업을 방해한 행위는 별개의 행위이다(대판 1991.1.29. 90도2445).

20) 흉기로 찔러 죽인다고 해악을 고지하여 협박한 후 다시 주먹과 발로 수회 구타하여 상해를 입힘으로써 다른 법익을 침해한 것이므로 실체적 경합범의 관계에 있다(대판 1982.6.8. 82도486).

21) 위험한 물건인 소주병으로 피해자의 머리를 1회 쳐서 상해를 가하고 또 흉기인 가위로써 동 피해자를 찔러죽인다고 협박을 하였다는 경우, 위 협박사실 행위라는 것은 피고인에게 인정된 위 상해사실과 같은 시간 같은 장소에서 동일한 피해자에게 가해진 것임이 명백하여 달리 특별한 사정이 있었음을 찾아볼 수 없는 본건에 있어서는 상해의 단일범의 하에서 이루어진 하나의 폭언에 불과하여 위 상해죄에 포함되는 행위라고 봄이 상당하다(대판 1976.12.14. 76도3375).

본죄는 '단체 또는 다중의 위력을 보이거나 위험한 물건을 휴대하여 단순협박죄 또는 존속협박죄를 범함으로써 성립하는 범죄'이다. '단체 또는 다중의 위력을 보이거나 위험한 물건을 휴대하여'는 특수폭행죄와 동일하며, 본죄는 행위 방법으로 인해 불법이 가중된 유형이다. 미수범은 처벌한다.

Ⅳ. 상습협박죄

> **제285조 【상습범】** 상습으로 제283조 제1항, 제2항 또는 전조의 죄를 범한 때에는 그 죄에 정한 형의 2분의 1까지 가중한다.

본죄는 '상습으로 단순협박죄, 존속협박죄 또는 특수협박죄를 범한 경우에 성립하는 범죄'이다. 상습성으로 인해 책임이 가중되는 구성요건이다. 미수범은 처벌한다.

제 3 장

강요의 죄

제1절 서 설

Ⅰ. 의의, 보호법익

강요의 죄는 '폭행 또는 협박으로 사람의 권리행사를 방해하거나 의무 없는 일을 하게 함으로써 성립하는 범죄'이다. 보호법익은 '의사결정의 자유와 의사실현의 자유'이며, 보호의 정도는 '침해범'이다.[1] 1995년 이전의 구형법에서는 본죄를 '폭력에 의한 권리행사방해죄'라고 하였으나, 강요죄로 죄명을 변경하고, 미수범과 인질강요죄를 신설하였다.

Ⅱ. 강요죄의 구성요건체계

강요죄의 기본적 구성요건은 단순강요죄(제324조 제1항)이다. 특수강요죄(제324조 제2항)와 인질강요죄(제324조의2)는 행위 방법으로 인한 불법이 가중된 유형

---

1) 형법 제324조 소정의 폭력에 의한 권리행사방해죄는 폭행 또는 협박에 의하여 권리행사가 현실적으로 방해되어야 할 것인바, 피해자의 해외도피를 방지하기 위하여 피해자를 협박하고 이에 피해자가 겁을 먹고 있는 상태를 이용하여 동인 소유의 여권을 교부하게 하여 피해자가 그의 여권을 강제 회수당하였다면 피해자가 해외여행을 할 권리는 사실상 침해되었다고 볼 것이므로 권리행사방해죄의 기수로 보아야 한다(대판 1993.7.27. 93도901).

이며, 인질상해죄(제324조의3)와 인질살해죄(제324조의4)는 인질강요죄와 상해죄·살인죄의 결합범으로 불법이 가중된 유형이며, 중강요죄(제326조)와 인질치상죄(제324조의3), 인질치사죄(제324조의4)는 결과적 가중범이다. 미수범(제324조의5)은 처벌하고, 석방감경규정(제324조의6)이 적용된다.

Ⅲ. 특별법

폭력행위 등 처벌에 관한 법률 제2조 제2항 제2호에서는 공동강요에 대해 가중처벌하고 있다.[2]

제2절 개별적 범죄 유형

Ⅰ. 단순강요죄

> 제324조 【강요】 ① 폭행 또는 협박으로 사람의 권리행사를 방해하거나 의무 없는 일을 하게 한 자는 5년 이하의 징역 또는 3천만원 이하의 벌금에 처한다.

1. 의의, 보호법익

본죄는 '폭행 또는 협박으로 사람의 권리행사를 방해하거나 의무 없는 일을 하게 함으로써 성립하는 범죄'이다. 보호법익은 '의사결정의 자유와 의사실현의 자유'이며, 보호의 정도는 '침해범'이다. 미수범은 처벌한다.

2. 객관적 구성요건

(1) 행위의 객체

행위의 객체는 '사람'이다. 사람은 타인이며 자연인을 말한다. 사람은 의사결

---

2) 폭력행위 등 처벌에 관한 법률 제2조(폭행 등) ② 2명 이상이 공동하여 다음 각 호의 죄를 범한 사람은 「형법」 각 해당 조항에서 정한 형의 2분의 1까지 가중한다. 2. 「형법」 제260 조 제2항(존속폭행), 제276조 제1항(체포, 감금), 제283조 제2항(존속협박) 또는 제324조 제1항(강요)의 죄.

정과 실현의 자유를 인식할 수 있는 자를 말한다. 그러므로, 의사결정을 할 수 없는 자는 객체가 될 수 없다. 본죄는 피강요자와 폭행·협박의 상대방이 일치할 필요는 없으므로, 제3자를 통한 강요죄가 가능하다. 예를 들어, 남자친구를 폭행·협박하여 여자친구가 고소를 하지 못하게 하는 경우이다.

(2) 실행 행위

실행 행위는 '폭행 또는 협박으로 사람의 권리행사를 방해하거나 의무 없는 일을 하게 하는 것'이다.

(가) 폭행 또는 협박

강요죄의 '폭행'은 사람에 대한 직접, 간접의 유형력의 행사인 광의의 폭행이다. 그러므로 반드시 사람에 대해 직접적으로 유형력이 가해질 필요는 없다. 폭행은 절대적인 폭력 이외 심리적인 폭력을 포함한다. 상대방의 반항을 곤란하게 할 정도일 필요는 없고, 의사결정과 행동의 자유를 제한할 정도면 충분하다.

강요죄의 '협박'은 상대방에게 해악을 가할 것을 고지하여 상대방이 현실로 공포심을 일으킬 것을 요하는 '협의'의 협박이다. 강요죄의 수단으로서 협박은 사람의 의사결정의 자유를 제한하거나 의사실행의 자유를 방해할 정도로 겁을 먹게 할 만한 해악을 고지하는 것이다.[3]

(나) 사람의 권리행사를 방해

권리행사를 방해한다는 것은 상대방이 행사할 수 있는 권리를 하지 못하게 하는 것이다. 이는 법률상 허용된 행위를 하지 못하게 하는 것뿐만 아니라 사회통념상 권리로 여겨지는 것도 포함한다. 피해자를 협박, 여권을 강제회수하여 해외여행을 가지 못하게 하는 경우,[4] 피해자를 폭행·협박하여 고소장을 제출하지 못하게 하는 경우 등이다. 하지만, 권리행사가 아닌 행위를 방해한 경우는 본죄가 성립하지 않는다.[5]

---

3) 강요죄의 수단으로서 협박은 사람의 의사결정의 자유를 제한하거나 의사실행의 자유를 방해할 정도로 겁을 먹게 할 만한 해악을 고지하는 것을 말하고, 해악의 고지는 반드시 명시적인 방법이 아니더라도 말이나 행동을 통해서 상대방으로 하여금 어떠한 해악에 이르게 할 것이라는 인식을 갖게 하는 것이면 족하다. 이러한 해악의 고지가 비록 정당한 권리의 실현 수단으로 사용된 경우라고 하여도 권리실현의 수단 방법이 사회통념상 허용되는 정도나 범위를 넘는다면 강요죄가 성립한다(대판 2017.10.26. 2015도16696).
4) 피해자를 협박하고 이에 피해자가 겁을 먹고 있는 상태를 이용하여 동인 소유의 여권을 교부하게 하여 피해자가 그의 여권을 강제 회수당하였다면 피해자가 해외여행을 할 권리는 사실상 침해되었다고 볼 것이다(대판 1993.7.27. 93도901).
5) 전답의 점유를 침탈당한 자라도 이를 실력으로 회수할 수는 없는 것이니, 그 전답의 점유를 실력으로 회수하려는 자에게 폭행을 가하였다면 이는 단순폭행죄에 해당한다 할 것이

(다) 의무 없는 일을 하게 하는 것

의무 없는 일을 하게 하는 것이란 '법령, 계약 등에 기하여 발생하는 법률상 의무 없는 일'을 하게 하는 것을 말한다.[6] 그러므로, 법률상 의무 있는 일을 하게 한 경우에는 본죄가 성립하지 않는다.[7] 의무 없는 일은 법률행위이든 사실행위이든 불문하며, 도덕상의 의무는 제외된다.

(3) 기수시기

폭행 또는 협박으로 인하여 현실적으로 권리행사가 방해되거나 의무 없는 일을 하게 됨으로써 기수가 된다.[8] 의사결정과 의사실현의 자유가 현실적으로 침해되었을 때를 말한다. 폭행·협박을 하였는데 권리행사를 방해하지 못한 경우나 폭행·협박과 권리행사방해 사이에 인과관계가 부정되었을 경우에는 미수범이 성립한다.

3. 주관적 구성요건

본죄는 고의범으로 권리행사를 방해하거나 의무 없는 일을 하도록 폭행·협박을 한다는 인식과 의사가 있어야 한다. 폭행 또는 협박으로 법률상 의무 있는 일을 하게 한 경우에는 폭행 또는 협박죄만 성립할 뿐 강요죄는 성립하지 않는다.[9]

4. 위법성의 문제

폭행·협박으로 강요를 하는데 있어 권리행사의 수단으로 사용되는 경우가 있다. 예를 들면, 법을 위반하는 사람을 보고 이를 막기 위해 강요를 하는 경우이다. 하지만, 이러한 경우에도 사회통념상 허용되는 정도나 범위를 넘지 않는 정도에서 행하여져야 한다.[10]

　　고, 권리행사를 방해하였다고 할 수 없다(대판 1961.11.9. 4294형상357).
6) 대판 2012.11.29. 2010도1233.
7) 상관이 직무수행을 태만히 하거나 지시사항을 불이행하고 허위보고 등을 한 부하에게 근무태도를 교정하고 직무수행을 감독하기 위하여 직무수행의 내역을 일지 형식으로 기재하여 보고하도록 명령하는 행위는 직무권한 범위 내에서 내린 정당한 명령이므로 부하는 명령을 실행할 법률상 의무가 있고, 명령을 실행하지 아니하는 경우 군인사법 제57조 제2항에서 정한 징계처분이 내려진다거나 그에 갈음하여 얼차려의 제재가 부과된다고 하여 그와 같은 명령이 형법 제324조의 강요죄를 구성한다고 볼 수 없다(대판 2012.11.29. 2010도1233).
8) 대판 1993.7.27. 93도901.
9) 대판 2008.5.15. 2008도1097.

5. 다른 죄와의 관계

① 강요죄는 공갈죄와 강도죄에 대해서 보충관계에 있다.[11]

② 폭행 또는 협박을 수단으로 하는 체포·감금·약취·유인·강도·강간·공갈 등의 행위를 한 경우 강요죄와는 법조경합 중 특별관계에 있기 때문에 위 범죄만 성립하고 강요죄는 적용되지 않는다.

Ⅱ. 특수강요죄

> 제324조【강요】② 단체 또는 다중의 위력을 보이거나 위험한 물건을 휴대하여 제1항의 죄를 범한 자는 10년 이하의 징역 또는 5천만원 이하의 벌금에 처한다.

본죄는 '단체 또는 다중의 위력을 보이거나 위험한 물건을 휴대하여 강요죄를 범한 경우에 성립하는 범죄'이다. 행위의 위험성으로 인해 강요죄에 불법이 가중되는 유형이다. 행위는 특수폭행죄와 같다. 미수범은 처벌한다.

Ⅲ. 중강요죄

> 제326조【중권리행사방해】제324조의 죄를 범하여 사람의 생명에 대한 위험을 발생하게 한 자는 10년 이하의 징역에 처한다.

본죄는 '강요죄를 범하여 사람의 생명에 대한 위험을 발생하게 함으로써 성립하는 범죄'이다. 생명에 대한 구체적 위험이 발생해야 하는 구체적 위험범이며,

---

10) 해악의 고지가 비록 정당한 권리의 실현 수단으로 사용된 경우라고 하여도 그 권리실현의 수단 방법이 사회통념상 허용되는 정도나 범위를 넘는다면 강요죄가 성립한다고 보아야 할 것이고, 여기서 어떠한 행위가 구체적으로 사회통념상 허용되는 정도나 범위를 넘는 것인지는 그 행위의 주관적인 측면과 객관적인 측면, 즉 추구된 목적과 선택된 수단을 전체적으로 종합하여 판단하여야 한다(대판 2017.10.26. 2015도16696).

11) 피고인이 투자금의 회수를 위해 피해자를 강요하여 물품대금을 횡령하였다는 자인서를 받아낸 뒤 이를 근거로 돈을 갈취한 경우, 피고인의 주된 범의가 피해자로부터 돈을 갈취하는 데에 있었던 것이라면 피고인은 단일한 공갈의 범의하에 갈취의 방법으로 일단 자인서를 작성케 한 후 이를 근거로 계속하여 갈취행위를 한 것으로 보아야 할 것이므로 위 행위는 포함하여 공갈죄일죄만을 구성한다고 보아야 한다(대판 1985.6.25. 84도2083).

강요죄의 부진정결과적 가중범이다. 미수범은 벌하지 않는다

Ⅳ. 인질강요죄

> **제324조의2【인질강요】** 사람을 체포·감금·약취 또는 유인하여 이를 인질로 삼아 제3자에 대하여 권리행사를 방해하거나 의무 없는 일을 하게 한 자는 3년 이상의 유기징역에 처한다.

1. 의의, 보호법익

본죄는 '사람을 체포·감금·약취 또는 유인하여 이를 인질로 삼아 제3자에 대하여 권리행사를 방해하거나 의무 없는 일을 하게 함으로써 성립하는 범죄'이다. 정치범의 석방을 요구하거나 정치적 목적을 달성하려는 범죄를 무겁게 처벌하기 위해 1995년 개정형법 때 신설된 조항이다.

보호법익은 '피강요자의 의사결정과 의사활동의 자유 및 인질의 신체의 자유'이다. 보호의 정도는 '침해범'이며, 사람을 체포·감금·약취 또는 유인하는 행위와 강요죄의 결합범이다. 미수범은 처벌한다.

2. 객관적 구성요건

(1) 행위의 객체

행위의 객체는 '사람'이다. 사람은 타인이며 자연인을 말한다. 피강요자와 신분관계가 있을 것을 요하지 않는다.

(2) 실행 행위

실행 행위는 '체포·감금·약취·유인'이다. 각 죄에서의 개념과 동일하다.

'인질로 삼는다'는 것은 체포·감금·약취·유인된 자의 생명이나 신체의 안전을 담보로 제3자에 대하여 권리행사를 방해하거나 의무 없는 일을 하게 하기 위해 인질의 자유를 구속하는 것이다. 제3자에 대해 강요를 하는 것이기 때문에 인질에 대한 강요는 본죄가 성립하지 않는다. 제3자에는 자연인 이외 국가, 법인, 법인격 없는 단체를 포함한다.

(3) 실행의 착수와 기수시기

본죄의 실행의 착수시기에 대해서 ① 체포·감금·약취·유인의 행위를 시작

한 때라는 견해, ② 강요의 행위를 개시한 때라는 견해, ③ 강요의 목적으로 체포·감금·약취·유인을 할 때에는 바로 실행의 착수가 인정되지만, 체포·감금·약취·유인 후에 고의가 생긴 경우에는 강요시에 실행의 착수가 인정된다는 견해가 대립하고 있다. 사견으로, 본죄는 인질을 담보로 자신의 목적을 실행하기 위한 것이므로, ③의 견해가 타당하다고 생각한다.

기수의 시기에 대해서는 ① 권리행사를 방해받았거나 의무없는 일을 하였을 때라는 견해, ② 인질범이 제3자에 대해 일정한 행위를 하거나 하지 못하도록 시도한 시점이라는 견해가 대립하고 있다. 사견으로 본죄는 권리행사를 방해받았거나 의무없는 일을 하게 함으로써 성립하는 범죄이므로 ①의 견해가 타당하다고 생각한다.

3. 주관적 구성요건

본죄의 고의는 인질을 삼아 제3자에게 강요를 한다는 인식과 의사가 있어야 한다.

4. 형의 감경

본죄는 인질석방감경규정이 적용된다.

V. 인질상해·치상죄

> **제324조의3 【인질상해·치상】** 제324조의2의 죄를 범한 자가 인질을 상해하거나 상해에 이르게 한 때에는 무기 또는 5년 이상의 징역에 처한다.

본죄는 '인질강요죄를 범한 자가 인질을 상해하거나 상해에 이르게 함으로써 성립하는 범죄'이다. 미수범은 처벌한다. 인질상해죄는 강요행위의 미수, 기수를 불문하고 상해행위가 미수에 그친 경우에 성립하고, 인질치상죄는 결과적 가중범으로 강요행위가 미수에 그친 경우에 성립한다.[12]

---

12) 박상기, 121면; 배종대, 217면.

Ⅵ. 인질살해·치사죄

> **제324조의4【인질살해·치사죄】** 제324조의2의 죄를 범한 자가 인질을 살해한 때에는 사형 또는 무기징역에 처한다. 사망에 이르게 한 때에는 무기 또는 10년 이상의 징역에 처한다.

　본죄는 '인질강요죄를 범한 자가 인질을 살해하거나 사망에 이르게 함으로써 성립하는 범죄'이다. 미수범은 처벌한다. 인질살해죄는 강요행위의 미수, 기수를 불문하고 살해행위가 미수에 그친 경우에 성립하고, 인질치사죄는 결과적 가중범으로 강요행위가 미수에 그친 경우에 성립한다.

제4장

약취, 유인 및 인신매매의 죄

제1절 서 설

Ⅰ. 의의, 보호법익

약취·유인죄 및 인신매매죄는 '사람을 약취·유인 및 매매하여 자기 또는 제3자의 실력적 지배하에 두거나 유상으로 다른 사람의 실력적 지배하에 옮기는 범죄'를 말한다. 보호법익은 '사람의 자유와 안전 및 보호자의 보호감독권'이며,[1] 보호의 정도는 '침해범'이다. 이때, 신체활동의 자유는 장소이전의 자유이며, 잠재적 자유를 포함한다. 예컨대, 수면 중인 자를 감금한 경우에 피해자는 장소이전의 자유를 침해받지 않았지만, 잠재적 자유는 침해받았기 때문에 감금죄가 성립한다.

---

[1] 형법 제287조에 규정된 미성년자약취죄의 입법 취지는 심신의 발육이 불충분하고 지려와 경험이 풍부하지 못한 미성년자를 특별히 보호하기 위하여 그를 약취하는 행위를 처벌하려는 데 그 입법의 취지가 있으며, 미성년자의 자유 외에 보호감독자의 감호권도 그 보호법익으로 하고 있다는 점(대판 2003.2.11. 2002도7115).

Ⅱ. 약취·유인 및 인신매매죄의 구성요건체계

미성년자의 약취·유인죄(제287조)와 인신매매죄(제289조 제1항)는 기본적 구성요건이며, 가중적 구성요건으로는 추행, 간음, 결혼, 영리목적 약취·유인죄(제288조 제1항), 노동력 착취, 성매매와 성적 착취·장기적출목적 약취·유인죄(제288조 제2항), 국외이송목적약취·유인 및 국외이송죄(제288조 제3항), 추행, 간음 결혼, 영리목적 인신매매죄(제289조 제2항), 노동력착취·성매매와 성적 착취·장기적출목적 인신매매죄(제289조 제3항), 국외이송목적 인신매매 및 국외이송죄(제289조 제4항). 피약취·유인, 매매, 이송자 상해죄(제290조 제1항). 피약취·유인, 매매, 이송자 살인죄(제291조 제1항)이다. 결과적 가중범으로는 피약취·유인, 매매, 이송자 치상죄(제290조 제2항), 피약취·유인, 매매, 이송자 치사죄(제291조 제2항)이며, 독립적 구성요건으로는 피약취·유인, 매매, 이송자 수수·은닉죄(제292조 제1항), 약취·유인, 매매, 이송목적 모집·운송 전달죄(제292조 제2항)이다.

미수범 처벌규정(제294조)은 미성년자의 약취·유인(287조). 추행 등 목적 약취, 유인 등(제288조). 인신매매(제289조), 피약취·유인, 매매, 이송자 상해죄(제290조 제1항), 피약취·유인, 매매, 이송자 살인죄(제291조 제1항), 피약취·유인, 매매, 이송자 수수·은닉죄(제292조 제1항)이다.

예비·음모의 처벌은 미수범 처벌과 동일하다.

석방감경규정으로 미성년자의 약취·유인(287조). 추행 등 목적 약취, 유인 등(제288조). 인신매매(제289조), 약취, 유인, 매매, 이송 등 상해·치상(제290조), 약취, 유인, 매매, 이송된 사람의 수수·은닉 등(제292조)과 그 미수의 죄를 범한 사람이 약취, 유인, 매매 또는 이송된 사람을 안전한 장소로 풀어준 때에는 그 형을 감경할 수 있다(제295조의2).

본죄는 외국인이 외국에서 외국인에 대해 범한 죄에도 우리 형법이 적용되는 세계주의를 채택하고 있다(제296조의2).

Ⅲ. 특별법

특정범죄 가중처벌 등에 관한 법률 제5조의2(약취·유인죄의 가중처벌)에서는 미성년자에 대한 약취·유인의 죄를 가중처벌한다.

① 13세 미만의 미성년자에 대하여 「형법」 제287조의 죄를 범한 사람은 그 약취(略取) 또는 유인(誘引)의 목적에 따라 다음 각 호와 같이 가중처벌한다.

 1. 약취 또는 유인한 미성년자의 부모나 그 밖에 그 미성년자의 안전을 염려하는 사람의 우려를 이용하여 재물이나 재산상의 이익을 취득할 목적인 경우에는 무기 또는 5년 이상의 징역에 처한다.

 2. 약취 또는 유인한 미성년자를 살해할 목적인 경우에는 사형, 무기 또는 7년 이상의 징역에 처한다.

② 13세 미만의 미성년자에 대하여 「형법」 제287조의 죄를 범한 사람이 다음 각 호의 어느 하나에 해당하는 행위를 한 경우에는 다음 각 호와 같이 가중처벌한다.

 1. 약취 또는 유인한 미성년자의 부모나 그 밖에 그 미성년자의 안전을 염려하는 사람의 우려를 이용하여 재물이나 재산상의 이익을 취득하거나 이를 요구한 경우에는 무기 또는 10년 이상의 징역에 처한다.

 2. 약취 또는 유인한 미성년자를 살해한 경우에는 사형 또는 무기징역에 처한다.

 3. 약취 또는 유인한 미성년자를 폭행·상해·감금 또는 유기(遺棄)하거나 그 미성년자에게 가혹한 행위를 한 경우에는 무기 또는 5년 이상의 징역에 처한다.

 4. 제3호의 죄를 범하여 미성년자를 사망에 이르게 한 경우에는 사형, 무기 또는 7년 이상의 징역에 처한다.

③ 제1항 또는 제2항의 죄를 범한 사람을 방조(幇助)하여 약취 또는 유인된 미성년자를 은닉하거나 그 밖의 방법으로 귀가하지 못하게 한 사람은 5년 이상의 유기징역에 처한다.

⑥ 제1항 및 제2항(제2항 제4호는 제외한다)에 규정된 죄의 미수범은 처벌한다.

⑦ 제1항부터 제3항까지 및 제6항의 죄를 범한 사람을 은닉하거나 도피하게 한 사람은 3년 이상 25년 이하의 징역에 처한다.

⑧ 제1항 또는 제2항 제1호·제2호의 죄를 범할 목적으로 예비하거나 음모한 사람은 1년 이상 10년 이하의 징역에 처한다.

특정강력범죄의 처벌에 관한 특례법 제2조 제1항 제2호에서 약취·유인 및 인신매매의 죄를 특정강력범죄로 분류하여 처벌상의 특례를 규정하고 있다.

제2절 개별적 범죄 유형

I. 미성년자약취·유인죄

> 제287조【미성년자의 약취, 유인】미성년자를 약취 또는 유인한 사람은 10년 이하의 징역
> 에 처한다.

1. 의의, 보호법익

본죄는 '미성년자를 약취 또는 유인함으로써 성립하는 범죄'이다. 보호법익
은 '미성년자의 자유와 보호감독자의 감호권'이며, 보호의 정도는 '침해범'이다.
본죄의 성격은 '계속범'이다. 미수범과 예비·음모는 처벌하며, 해방감경규정이
적용된다.

2. 객관적 구성요건

(1) 행위의 주체

행위의 주체는 제한이 없다. 미성년자의 보호감독자라 하더라도 다른 보호감
독자의 감호권을 침해하거나 미성년자 본인의 이익을 침해하는 경우에는 본죄의
주체가 될 수 있다.[2] 하지만, 보호감독자가 폭행, 협박이나 불법적인 사실상의 힘
을 행사함이 없이 미성년자의 보호, 양육을 계속하였다면, 본죄가 성립하지 않는
다.[3]

---

[2] 외조부가 맡아서 양육해 오던 미성년인 자를 자의 의사에 반하여 사실상 자신의 지배하에
옮긴 친권자에 대하여 미성년자 약취·유인죄를 인정(대판 2008.1.31. 2007도8011).
[3] 부모가 이혼하였거나 별거하는 상황에서 미성년의 자녀를 부모의 일방이 평온하게 보호,
양육하고 있는데, 상대방 부모가 폭행, 협박 또는 불법적인 사실상의 힘을 행사하여 그 보
호, 양육 상태를 깨드리고 자녀를 탈취하여 자기 또는 제3자의 사실상 지배하에 옮긴 경
우, 그와 같은 행위는 특별한 사정이 없는 한 미성년자에 대한 약취죄를 구성한다고 볼 수
있다. 그러나 이와 달리 미성년의 자녀를 부모가 함께 동거하면서 보호, 양육하여 오던 중
부모의 일방이 상대방 부모나 그 자녀에게 어떠한 폭행, 협박이나 불법적인 사실상의 힘을
행사함이 없이 그 자녀를 데리고 종전의 거소를 벗어나 다른 곳으로 옮겨 자녀에 대한 보
호, 양육을 계속하였다면, 그 행위가 보호, 양육권의 남용에 해당한다는 등 특별한 사정이
없는 한 설령 이에 관하여 법원의 결정이나 상대방 부모의 동의를 얻지 아니하였다고 하더
라도 그러한 행위에 대하여 곧바로 형법상 미성년자에 대한 약취죄의 성립을 인정할 수 없
다(대판 2013.6.20. 2010도14328).

(2) 행위의 객체

행위의 객체는 '미성년자'이다. 미성년자는 19세 미만의 자를 말한다. 혼인한 미성년자에 대해 민법에서는 성년으로 의제4)하고 있으나 이는 혼인생활의 독립을 위한 것으로, 본죄의 객체에서 제외된다고 할 수 없다. 그러므로, 혼인한 미성년자도 객체에 포함된다(다수설).

(3) 실행 행위

실행 행위는 '약취, 유인'이다.

'약취'는 의사에 반하여 자유로운 생활관계 또는 보호관계로부터 범인이나 제3자의 사실상 지배하에 옮기는 행위를 말하는 것으로서, 폭행 또는 협박을 수단으로 사용하는 경우에 그 폭행 또는 협박의 정도는 상대방을 실력적 지배하에 둘 수 있을 정도이면 족하고 반드시 상대방의 반항을 억압할 정도의 것임을 요하지는 않는다.5) 구체적 사건에서 어떤 행위가 약취에 해당하는지 여부는 행위의 목적과 의도, 행위 당시의 정황, 행위의 태양과 종류, 수단과 방법, 피해자의 상태 등 관련 사정을 종합하여 판단하여야 한다.6)

□ 미성년자 약취 관련 판례

> 피고인이 횡단보도 앞 노상에서 피해자(여, 11세)에게 다가가 "학교가기 싫으냐, 집에 가기 싫으냐, 우리 집에 같이 자러가자"고 말하면서 옷소매를 끌어당겨 피해자를 간음할 목적으로 약취하려 하였으나 피해자가 거부하면서 경찰에 신고하여 그 뜻을 이루지 못한 경우, 이 행위는 피고인이 피해자를 그 의사에 반하여 자유로운 생활관계 또는 보호관계로부터 피고인의 사실상 지배하에 옮기기 위한 약취 행위의 수단으로서 폭행에 충분히 해당한다고 할 것이고, 또한 약취의 의사도 인정된다고 할 것이므로, 피고인에게 약취행위에 해당하는 실행행위가 있다고 보아야 할 것이다(대판 2009.7.9. 2009도3816).

'유인'이란 기망 또는 유혹을 수단으로 하여 미성년자를 꾀어 현재의 보호상태로부터 이탈케 하여 자기 또는 제3자의 사실적 지배하로 옮기는 행위를 말하고, 여기서의 유혹이라 함은 기망의 정도에는 이르지 아니하나 감언이설로써 상대방을 현혹시켜 판단의 적정을 그르치게 하는 것이므로 반드시 그 유혹의 내용

---

4) 민법 제826조의2(성년의제) 미성년자가 혼인을 한 때에는 성년자로 본다.
5) 대판 1991.8.13. 91도1184.
6) 대판 2013.6.20. 2010도14328 전원합의체.

이 허위일 것을 요하지는 않는다.[7]

□ 미성년자 유인 관련 판례

> 피해자가 스스로 가출하였다고는 하나 그것이 피고인의 독자적인 교리설교에 의하여 하자있는 의사로써 이루어진 것이고, 동 피해자를 보호감독권자의 보호관계로부터 이탈시켜 피고인의 지배하에 옮긴 이상 미성년자 유인죄가 성립한다(대판 1982.4.27. 82도186).

(가) 약취, 유인의 대상, 방법 등

약취와 유인, 즉 인취(引取)는 자기 또는 제3자의 실력적 지배하에 두려는 행위가 있어야 한다.[8] 이때, 폭행이나 기망 등의 행위는 피인취자에게 행하여질 필요는 없고 보호자에게 행하여질 수도 있다. 또한, 피인취자를 장소적으로 이전시키는 것이 아닌 보호자의 보호관계로부터 이탈시켜 인취자나 제3자의 사실상 지배하에 두는 방법도 가능하다.[9]

□ 미성년자 유인죄 관련 판례

〈미성년자 유인죄 인정〉

피해자는 사고능력이 현저하게 떨어지는 미성년의 저능아로서 자신의 4촌 매형인 공소외 갑이 경영하는 청소대행업체에서 일하면서 숙식을 해결하는 등 위 공소외인의 보호하에 있었는데, 피고인들은 피해자와 위와 같은 사정을 알면서도 그로부터 약8개월 후 피해자가 다시 서울로 돌아올 때까지도 위 공소외인에게 피고인들이 피해자를 제주도로 데려간 사실을 한번도 이야기하지 아니한 채 숨긴 사실을 인정할 수 있는바, 위에서 본 법리에 비추어 보면 피고인들이 피해자를 제주도에 데려간 행위는 미성년자를 유인한 행위에 해당됨이 명백하다(대판 1996.2.27. 95도2980).

〈미성년자 유인죄 불인정〉

피고인 등은 이건 미성년자의 아버지인 공소외인의 부탁으로 위 두 아이들을 각 보호하고 있고, 위 공소외인은 자기 처이며 아이들의 어머니와의 사이에 내부적인 이유가 있어 아이들을 그 어머니로부터 격리시킬 필요가 있다 하여 위와 같은 조치를 취한 본 건과 같은 경우에 위 아이들의 어머니의 아이들 인도요구를 거부한 행위가 형사법상의 미성년자약취죄를 구성한다고 볼 수는 없을 것이며, 이 건의 경우 아이들의 아버지가 미국으로 갔으므로 그 어머니가 민법상 친권을 행사할 권한이 있다는 이유만

---

7) 대판 1996.2.27. 95도2980.

으로 위 사실이 미성년자약취죄를 구성한다고 할 수 없을 것이다(대판 1974.5.28. 74도 840).

(4) 기수시기

본죄는 약취·유인을 하기 위해 폭행이나 협박, 기망 등의 행위를 개시한 때에 실행의 착수가 인정되며, 미성년자를 자기 또는 제3자의 실력적 지배하에 놓이게 된 때 기수가 된다. 그리고 기수에 달한 이후에도 법익침해는 계속되어 법익침해가 종료된 시점인 피인취자의 자유가 회복되는 때 본죄는 종료가 된다. 미수범은 처벌한다.

3. 주관적 구성요건

본죄의 고의는 미성년자를 약취·유인하여 자기 또는 제3자의 실력적 지배하에 옮긴다는 것에 대한 인식과 인용이 있어야 한다. 피해자가 미성년자임을 알면서 유인행위에 대한 인식이 있으면 족하고 유인하는 행위가 피해자의 의사에 반하는 것까지 인식할 필요는 없다.[10] 이때, 동기나 목적은 불문한다.

4. 위법성과 죄수

① 본죄는 피해자의 승낙이 있는 경우에는 위법성을 조각한다. 이때 승낙은 미성년자와 친권자 양쪽 모두의 승낙이 있어야 한다.[11]

---

8) 국외이송약취죄 등의 구성요건요소로서 폭행, 협박 또는 불법적인 사실상의 힘을 수단으로 사용하여 피해자를 그 의사에 반하여 자유로운 생활관계 또는 보호관계로부터 이탈시켜 자기 또는 제3자의 사실상 지배하에 옮기는 행위를 의미하고, 구체적 사건에서 어떤 행위가 약취에 해당하는지 여부는 행위의 목적과 의도, 행위 당시의 정황, 행위의 태양과 종류, 수단과 방법, 피해자의 상태 등 관련 사정을 종합하여 판단하여야 한다(대판 2013.6.20. 2010도14328 전원합의체).

9) 형법 제287조에 규정된 약취행위는 폭행 또는 협박을 수단으로 하여 미성년자를 그 의사에 반하여 자유로운 생활관계 또는 보호관계로부터 이탈시켜 범인이나 제3자의 사실상 지배하에 옮기는 행위를 말하는 것이다. 물론, 여기에는 미성년자를 장소적으로 이전시키는 경우뿐만 아니라 장소적 이전 없이 기존의 자유로운 생활관계 또는 부모와의 보호관계로부터 이탈시켜 범인이나 제3자의 사실상 지배하에 두는 경우도 포함된다고 보아야 한다. 미성년자가 혼자 머무는 주거에 침입하여 그를 감금한 뒤 폭행 또는 협박에 의하여 부모의 출입을 봉쇄하거나 미성년자의 부모가 거주하는 주거에 침입하여 부모만을 강제로 퇴거시키고 독자적인 생활관계를 형성하기에 이르렀다면 비록 장소적 이전이 없었다 할지라도 형법 제287조의 미성년자약취죄에 해당함이 명백하다(대판 2008.1.17. 2007도8485).

10) 대판 1976.9.14. 76도2072.

② 미성년자를 유인한 자가 미성년자를 감금한 경우, 미성년자유인죄 외에 별도로 감금죄가 성립한다.[12]

③ 미성년자인 피해자를 약취한 후에 강간을 목적으로 피해자에게 가혹한 행위 및 상해를 가하고 나아가 그 피해자에 대한 강간 및 살인미수를 범하였다면, 이에 대하여는 약취한 미성년자에 대한 상해 등으로 인한 특정범죄 가중처벌 등에 관한 법률 위반죄 및 미성년자인 피해자에 대한 강간 및 살인미수행위로 인한 성폭력범죄의 처벌 등에 관한 특례법 위반죄가 각 성립하고, 설령 상해의 결과가 피해자에 대한 강간 및 살인미수행위 과정에서 발생한 것이라 하더라도 위각 죄는 서로 형법 제37조 전단의 실체적 경합범 관계에 있다.[13]

Ⅱ. 추행·간음·결혼·영리목적 약취·유인죄

> **제288조【추행 등 목적 약취, 유인 등】** ① 추행, 간음, 결혼 또는 영리의 목적으로 사람을 약취 또는 유인한 사람은 1년 이상 10년 이하의 징역에 처한다.

1. 의의, 성격

본죄는 '추행, 간음, 결혼 또는 영리의 목적으로 사람을 약취 또는 유인함으로써 성립하는 범죄'이다. 영리를 목적으로 하는 진정목적범으로, 불법이 가중되는 구성요건이다. 미수범과 예비·음모는 처벌하며, 해방감경규정이 적용된다.

2. 객관적 구성요건

행위의 객체는 '사람'이다. 이때, 사람은 성인과 미성년자, 남자·여자, 미혼·기혼을 불문한다. 실행 행위는 '약취, 유인'이다. 약취, 유인은 미성년자 약취·유인죄와 동일하다. 본죄의 기수는 피해자를 자기 또는 제3자의 실력적 지배하에 둔 때이며, 목적 달성 여부는 영향을 미치지 않는다.

---

11) 피해자(15세)가 스스로 가출하여 피고인 등의 한국복음전도회 부산 및 마산 지관에 입관할 것을 호소하였다고 하더라도 피고인들의 독자적인 교리설교에 의하여 하자있는 의사로 가출하게 된 것이고, 동 피해자의 보호감독권자의 보호관계로부터 이탈시키고, 피고인들의 지배하에서 그들 교리에서 말하는 소위 '주의 일'(껨팔이 등 행상)을 하도록 도모한 이상 미성년자 유인죄의 성립에 소장이 없다(대판 1982.4.27. 82도186).
12) 대판 1998.5.26. 98도1036.
13) 대판 2014.2.27. 2013도12031.

3. 주관적 구성요건

본죄는 사람을 약취·유인한다는 고의이외 '추행, 간음, 결혼 또는 영리를 목적'으로 하는 목적이 있어야 한다. '추행의 목적'이란 자기 또는 제3자의 추행의 대상으로 삼으려는 목적을 말한다. '간음의 목적'이란 결혼이 아닌 성교행위의 목적을 말한다.

□ 간음목적 약취·유인 관련 판례

피고인이 11세에 불과한 어린 나이의 피해자를 유혹하여 위 모텔 앞길에서부터 위 모텔 301호실까지 데리고 간 이상 그로써 피고인은 피해자를 자유로운 생활관계로부터 이탈시켜 피고인의 사실적 지배 아래로 옮겼다고 할 것이고, 이로써 간음목적유인죄의 기수에 이른 것으로 보아야 할 것이다(대판 2007.5.11. 2007도2318).

'결혼의 목적'이란 법률혼이든 사실혼이든 혼인관계를 맺을 목적을 말한다. 결혼목적으로 미성년을 약취·유인한 경우에는 미성년자약취·유인죄[14]와 본죄의 상상적 경합이 된다. '영리의 목적'이란 자기 또는 제3자로 하여금 재물이나 재산상의 이익을 취득하게 할 목적을 말한다. 이때, 이익은 단순1회에 그치는 것도 포함하며, 채무를 면제받는 경우, 피인취자의 합법적인 이익취득을 목적으로 한 경우에도 해당한다.

Ⅲ. 노동력착취 등 목적 약취·유인죄

제288조 ② 노동력 착취, 성매매와 성적 착취, 장기적출을 목적으로 사람을 약취 또는 유인한 사람은 2년 이상 15년 이하의 징역에 처한다.

1. 의의, 성격

본죄는 '노동력 착취, 성매매와 성적 착취, 장기적출을 목적으로 사람을 약취 또는 유인함으로써 성립하는 범죄'이다. 목적으로 인한 불법가중유형이며, 미수범과 예비·음모는 처벌한다. 해방감경규정이 적용된다.

---

14) 제287조.

2. 객관적 구성요건

본죄는 목적범으로, 노동력 착취, 성매매와 성적 착취, 장기적출을 목적으로 한다.

'노동력 착취'란 노동에 대한 대가를 주지 않거나 실제와 현저히 낮은 대가를 주고 노동력을 이용하는 것을 말한다. '성매매와 성적 착취'는 불특정인을 상대로 금품이나 그 밖의 재산상의 이익을 수수하거나 수수하기로 약속하고 성교행위 또는 유사성교행위를 하거나 그 상대방이 되는 것과 성매매의 대가를 주지 않거나 현저하게 낮은 대가를 주는 것을 말한다. '장기적출'이란 사람의 내장을 신체 밖으로 꺼내는 것을 말한다.

본죄는 위와 같은 목적을 위해 사람을 약취·유인하면 기수가 되고, 목적 달성 여부는 불문한다.

3. 주관적 구성요건

본죄는 고의 이외 목적범으로 '노동력 착취, 성매매와 성적 착취, 장기적출의 목적'이 있어야 한다.

4. 다른 죄와의 관계

① 본죄는 성매매와 성적 착취를 목적으로 사람을 약취·유인한 경우에 성립하고, 이와 관련하여 피인취자와 성매매를 하거나, 폭행, 협박으로 성을 하는 행위를 하게 하는 경우 등은 성매매알선 등 행위의 처벌에 관한 법률로 의율한다.
② 장기적출의 경우, 피인취자의 동의 없이 장기를 적출하는 경우에는 본죄와 장기 등 이식에 관한 법률 제44조와 실체적 경합범이 성립한다.

Ⅳ. 국외이송목적 인취죄 및 피인취자 국외이송죄

> 제288조 ③ 국외에 이송할 목적으로 사람을 약취 또는 유인하거나 약취 또는 유인된 사람을 국외에 이송한 사람도 제2항과 동일한 형으로 처벌한다.

본죄는 '국외에 이송할 목적으로 사람을 약취 또는 유인하거나 약취 또는 유인된 사람을 국외에 이송함으로써 성립하는 범죄'이다. 국외이송목적 인취죄는 목적범이나, 피인취자 국외이송죄는 목적범이 아니다. 국외이송목적 인취죄는 그 목적으로 사람을 약취, 유인한 때, 피인취자 국외이송죄는 약취, 유인된 사람을 대한민국 영역 외로 내보낸 때 기수가 된다. 미수범과 예비·음모는 처벌한다.

'국외'는 대한민국 영역 외를 의미한다. 그러므로 외국에서 대한민국으로 이송하는 경우는 해당되지 않는다.

Ⅴ. 단순인신매매죄

> 제289조【인신매매】① 사람을 매매한 사람은 7년 이하의 징역에 처한다.

1. 의의, 보호법익

본죄는 '사람을 매매함으로써 성립하는 범죄'이다. 보호법익은 '사람의 자유'이고, 보호의 정도는 '침해범'이다. 본죄의 매도자와 매수자는 필요적 공범 중 대향범이며, 미수범과 예비·음모는 처벌한다. 해방감경규정이 적용된다.

2. 객관적 구성요건

(1) 행위의 주체

행위의 주체는 제한이 없다. 따라서, 보호감독자도 본죄의 주체가 될 수 있다. 본죄는 매도자와 매수자를 처벌하는 필요적 공범 중 대향범으로, 총칙의 공범규정이 아닌 본죄가 적용된다.

(2) 행위의 객체

행위의 객체는 '사람'이다. 사람은 기혼·미혼, 성년·미성년, 내국인·외국인을 불문한다.

(3) 실행 행위

실행 행위는 '매매'이다. '매매'란 사고 파는 것으로, 본죄에서는 사람을 재물과 같이 유상으로 상대방에게 인도하고, 상대방은 교부를 받아 자신의 실력적 지배하에 두는 것이다.[15] 매매의 계약이 성립할 때 실행의 착수가 인정되고, 사람

---

15) 본죄의 성립 여부는 그 주체 및 객체에 중점을 두고 볼 것이 아니라 매매의 일방이 어떤 경위로 취득한 부녀자에 대한 실력적 지배를 대가를 받고 그 상대방에게 넘긴다고 하는 행

을 사실상 인도하거나 인수함으로써 기수가 된다(즉시범). 따라서 계약만 하고 사람을 인도하지 않은 경우에는 미수범이 성립한다.

3. 주관적 구성요건

본죄의 고의는 사람을 매매한다는 사실에 대한 인식과 인용이 있어야 한다.

4. 피해자의 승낙

피해자의 승낙이 본죄의 위법성을 조각할 수 있느냐에 대해서, 피해자의 승낙에 의한 행위의 위법성이 조각되자면 일정한 요건을 갖추어야 하는데, 특히 '승낙에 의한 행위가 사회상규에 위배되지 않아야 한다는 요건'이 필요하다.16) 예를 들어 프로운동선수나 연예인이 회사와의 전속계약을 하는 것이다. 하지만, 성매매를 목적으로 한 매매계약 등은 위법성이 조각된다고 할 수 없다.

Ⅵ. 추행·간음·결혼·영리목적 인신매매죄

제289조 【인신매매】 ② 추행, 간음, 결혼 또는 영리의 목적으로 사람을 매매한 사람은 1년 이상 10년 이하의 징역에 처한다.

본죄는 '추행, 간음 결혼 또는 영리의 목적으로 사람을 매매함으로써 성립하는 범죄'이다. 목적으로 인해 불법이 가중된 구성요건이며, 미수범과 예비·음모는 처벌한다. 해방감경규정이 적용된다.

본죄는 목적범으로, 인신매매가 추행, 간음, 결혼 또는 영리의 목적으로 행해져야 한다. 이와 같은 목적으로 사람을 매매하면 기수가 되며, 목적 달성 여부는 불문한다.

위에 중점을 두고 판단하여야 하므로 매도인이 매매 당시 부녀자를 실력으로 지배하고 있었는가 여부 즉 계속된 협박이나 명시적 혹은 묵시적인 폭행의 위협 등의 험악한 분위기로 인하여 보통의 부녀자라면 법질서에 보호를 호소하기를 단념할 정도의 상태에서 그 신체에 대한 인계인수가 이루어졌는가의 여부에 달려 있다고 하여야 할 것이다(대판 1992.1.21. 91도1402 전원합의체).

16) 임웅, 181면.

Ⅶ. 노동력착취 등 목적 인신매매죄

> 제289조 【인신매매】 ③ 노동력 착취, 성매매와 성적 착취, 장기적출을 목적으로 사람을
> 매매한 사람은 2년 이상 15년 이하의 징역에 처한다.

　　본죄는 '노동력 착취, 성매매와 성적 착취, 장기적출을 목적으로 사람을 매매
함으로써 성립하는 범죄'이다. 노동력 착취 등 약취·유인죄의 목적과 같다. 목적
으로 인해 불법이 가중된 구성요건이며, 미수범과 예비·음모는 처벌한다. 해방감
경규정이 적용된다.

　　본죄는 목적범으로, 인신매매가 노동력 착취, 성매매와 성적 착취, 장기적출
의 목적으로 행해져야 한다. 이와 같은 목적으로 사람을 매매하면 기수가 되며,
목적 달성 여부는 불문한다.

Ⅷ. 국외이송목적 인신매매죄 및 피매매자 국외이송죄

> 제289조 【인신매매】 ④ 국외에 이송할 목적으로 사람을 매매하거나 매매된 사람을 국외
> 로 이송한 사람도 제3항과 동일한 형으로 처벌한다.

　　본죄는 '국외에 이송할 목적으로 사람을 매매하거나 매매된 사람을 국외로
이송함으로써 성립하는 범죄'이다. 국외이송목적 인신매매죄는 목적범이나, 피매
매자 국외이송죄는 목적범이 아니다. 국외이송목적 인신매매죄는 그 목적으로 사
람을 매매한 때, 피매매자 국외이송죄는 피매매된 사람을 대한민국 영역 외로 내
보낸 때 기수가 된다. '국외'는 대한민국 영역 외를 의미한다. 목적으로 인해 불법
이 가중된 구성요건이며, 미수범과 예비·음모는 처벌한다. 해방감경규정이 적용
된다.

Ⅸ. 약취, 유인, 매매, 이송 등 상해·치상죄

> 제290조 【약취, 유인, 매매, 이송 등 상해·치상】 ① 제287조부터 제289조까지의 죄를 범하
> 여 약취, 유인, 매매 또는 이송된 사람을 상해한 때에는 3년 이상 25년 이하의 징역에

> 처한다.
> ② 제287조부터 제289조까지의 죄를 범하여 약취, 유인, 매매 또는 이송된 사람을 상해에 이르게 한 때에는 2년 이상 20년 이하의 징역에 처한다.

본죄는 '미성년자 약취·유인죄, 추행 등 목적 약취·유인죄, 인신매매의 죄를 범하여 약취, 유인, 매매 또는 이송된 사람을 상해하거나 상해에 이르게 함으로써 성립하는 범죄'이다.

제1항의 '약취, 유인, 매매, 이송 등 상해죄'는 본죄와 상해행위의 '결합범'이며, 고의를 요한다. 미수범과 예비·음모는 처벌하며, 해방감경규정이 적용된다.

제2항의 '약취, 유인, 매매, 이송 등 치상죄'는 본죄의 '결과적 가중범'으로, 상해의 결과에 대한 과실인 경우에 성립한다. 제1항과 달리 미수범과 예비·음모는 처벌하지 않으나, 해방감경규정은 적용된다.

X. 약취, 유인, 매매, 이송 등 살인·치사죄

> 제291조【약취, 유인, 매매, 이송 등 살인·치사】① 제287조부터 제289조까지의 죄를 범하여 약취, 유인, 매매 또는 이송된 사람을 살해한 때에는 사형, 무기 또는 7년 이상의 징역에 처한다.
> ② 제287조부터 제289조까지의 죄를 범하여 약취, 유인, 매매 또는 이송된 사람을 사망에 이르게 한 때에는 무기 또는 5년 이상의 징역에 처한다.

본죄는 '미성년자 약취·유인죄, 추행 등 목적 약취·유인죄, 인신매매의 죄를 범하여 약취, 유인, 매매 또는 이송된 사람을 살해하거나 사망에 이르게 함으로써 성립하는 범죄'이다.

제1항은 '약취, 유인, 매매, 이송 등 살인죄'는 본죄와 살인행위의 '결합범'이며, 두 행위에 대해 고의가 있어야 한다. 미수범과 예비·음모는 처벌한다. 피해자의 사망으로 인해 해방감경규정의 적용은 없다.

제2항은 '약취, 유인, 매매, 이송 등 치사죄'는 본죄의 '결과적 가중범'으로, 사망의 결과에 대한 과실인 경우에 성립한다. 미수범과 예비·음모, 해방감경규정이 적용되지 않는다.

XI. 피인취자·피매매자등 수수·은닉죄

> 제292조【약취, 유인, 매매, 이송된 사람의 수수·은닉 등】① 제287조부터 제289조까지의 죄로 약취, 유인, 매매 또는 이송된 사람을 수수 또는 은닉한 사람은 7년 이하의 징역에 처한다.
> ② 제287조부터 제289조까지의 죄를 범할 목적으로 사람을 모집, 운송, 전달한 사람도 제1항과 동일한 형으로 처벌한다.

1. 의의, 성격

본죄는 '미성년자 약취·유인죄, 추행 등 목적 약취·유인죄, 인신매매의 죄로 약취, 유인, 매매 또는 이송된 사람을 수수 또는 은닉하거나 미성년자 약취·유인죄, 추행 등 목적 약취·유인죄, 인신매매의 죄를 범할 목적으로 사람을 모집, 운송, 전달함으로써 성립하는 범죄'이다. 본죄의 방조 행위에 대한 독자적 처벌규정이다. 본죄의 제1항은 미수범과 예비·음모의 행위는 처벌하나, 제2항은 벌하지 아니하며, 해방감경규정이 적용된다. 제2항의 범죄는 목적범이다.

2. 구성요건

제1항의 '수수'란 피인취자나 피매매자, 피이송자를 주고 받아 자기의 실력적 지배하에 두는 것을 말한다. '은닉'이란 피인취자 등의 발견을 곤란하게 하는 일체의 행위를 말한다.

제2항의 '모집'이란 널리 사람을 구하는 것이며, '운송'이란 운반하는 것, '전달'이란 다른 사람에게 전해주는 것을 말한다.

XII. 미수범 등

> 제294조【미수범】제287조부터 제289조까지, 제290조 제1항, 제291조 제1항과 제292조 제1항이 미수범은 처벌한다.
> 제295조【벌금의 병과】제288조부터 제291조까지, 제292조 제1항의 죄와 그 미수범에 대하여 5천만원 이하의 벌금을 병과할 수 있다.
> 제295조의2【형의 감경】제287조부터 제290조까지, 제292조와 제294조의 죄를 범한 사람이 약취, 유인, 매매 또는 이송된 사람을 안전한 장소로 풀어준 때에는 그 형을 감경

할 수 있다.

제296조【예비, 음모】 제287조부터 제289조까지, 제290조 제1항, 제291조 제1항과 제292조 제1항의 죄를 범할 목적으로 예비 또는 음모한 사람은 3년 이하의 징역에 처한다.

제296조의2【세계주의】 제287조부터 제292조까지 및 제294조는 대한민국 영역 밖에서 죄를 범한 외국인에게도 적용한다.

제 5 장

강간과 추행의 죄

제1절 서 설

Ⅰ. 의의, 보호법익

강간과 추행의 죄는 '개인의 성적 자유를 침해하는 범죄'이다. 보호법익은 '개인의 성적 자기결정권"이며, 보호의 정도는 '침해범'이다.

2020. 5. 19. 형법개정에서 19세 이상 성인에 의한 13세 이상 16세 미만 미성년자 의제강간등죄(제305조 제2항)와 강간 등에 대한 예비·음모죄(제305조의3)를 신설하였다.

Ⅱ. 강간과 추행의 죄의 구성요건체계

강간과 추행의 죄의 기본적 구성요건은 단순강간죄(제297조)와 단순강제추행죄(제298조)이다. 유사강간죄(제297조의2)는 두 기본 범죄의 불법가중유형이며, 준강간, 준강제추행(제299조), 13세 미만자 의제강간죄, 의제강제추행죄, 19세 이상 성인에 의한 13세 이상 16세 미만 미성년자 의제강간 등의 죄(제305조), 위계 등 미성년자 등에 대한 간음죄(제302조). 업무상위력 등에 의한 간음죄(제303조)는 독립적 구성요건, 강간 등 상해, 치상(제301조), 강간 등 살인, 치사(제301조의2)는 결과적 가중유형이다. 상습가중처벌(제305조의2)과 예비·음모죄 처벌규정(제305조의3항)이 있다.

Ⅲ. 특별법

1. 성폭력범죄의 처벌 등에 관한 특례법에서는 본 장에서 규정한 죄에 대한 가중처벌 이외에도 성폭력관련 범죄에 대해 처벌규정을 마련해 두고 있다.

> **제3조(특수강도강간 등)** ① 「형법」 제319조 제1항(주거침입), 제330조(야간주거침입절도), 제331조(특수절도) 또는 제342조(미수범. 다만, 제330조 및 제331조의 미수범으로 한정한다)의 죄를 범한 사람이 같은 법 제297조(강간), 제297조의2(유사강간), 제298조(강제추행) 및 제299조(준강간, 준강제추행)의 죄를 범한 경우에는 무기징역 또는 7년 이상의 징역에 처한다.
> ② 「형법」 제334조(특수강도) 또는 제342조(미수범. 다만, 제334조의 미수범으로 한정한다)의 죄를 범한 사람이 같은 법 제297조(강간), 제297조의2(유사강간), 제298조(강제추행) 및 제299조(준강간, 준강제추행)의 죄를 범한 경우에는 사형, 무기징역 또는 10년 이상의 징역에 처한다.
> **제4조(특수강간 등)** ① 흉기나 그 밖의 위험한 물건을 지닌 채 또는 2명 이상이 합동하여 「형법」 제297조(강간)의 죄를 범한 사람은 무기징역 또는 7년 이상의 징역에 처한다.
> ② 제1항의 방법으로 「형법」 제298조(강제추행)의 죄를 범한 사람은 5년 이상의 유기징역에 처한다.
> ③ 제1항의 방법으로 「형법」 제299조(준강간, 준강제추행)의 죄를 범한 사람은 제1항 또는 제2항의 예에 따라 처벌한다.
> **제5조(친족관계에 의한 강간 등)** ① 친족관계인 사람이 폭행 또는 협박으로 사람을 강간한 경우에는 7년 이상의 유기징역에 처한다.
> ② 친족관계인 사람이 폭행 또는 협박으로 사람을 강제추행한 경우에는 5년 이상의 유기징역에 처한다.
> ③ 친족관계인 사람이 사람에 대하여 「형법」 제299조(준강간, 준강제추행)의 죄를 범한 경우에는 제1항 또는 제2항의 예에 따라 처벌한다.
> ④ 제1항부터 제3항까지의 친족의 범위는 4촌 이내의 혈족·인척과 동거하는 친족으로 한다.
> ⑤ 제1항부터 제3항까지의 친족은 사실상의 관계에 의한 친족을 포함한다.
> **제6조(장애인에 대한 강간·강제추행 등)** ① 신체적인 또는 정신적인 장애가 있는 사람에

대하여 「형법」 제297조(강간)의 죄를 범한 사람은 무기징역 또는 7년 이상의 징역에 처한다.

② 신체적인 또는 정신적인 장애가 있는 사람에 대하여 폭행이나 협박으로 다음 각 호의 어느 하나에 해당하는 행위를 한 사람은 5년 이상의 유기징역에 처한다.

1. 구강·항문 등 신체(성기는 제외한다)의 내부에 성기를 넣는 행위

2. 성기·항문에 손가락 등 신체(성기는 제외한다)의 일부나 도구를 넣는 행위

③ 신체적인 또는 정신적인 장애가 있는 사람에 대하여 「형법」 제298조(강제추행)의 죄를 범한 사람은 3년 이상의 유기징역 또는 3천만원 이상 5천만원 이하의 벌금에 처한다.

④ 신체적인 또는 정신적인 장애로 항거불능 또는 항거곤란 상태에 있음을 이용하여 사람을 간음하거나 추행한 사람은 제1항부터 제3항까지의 예에 따라 처벌한다.

⑤ 위계(僞計) 또는 위력(威力)으로써 신체적인 또는 정신적인 장애가 있는 사람을 간음한 사람은 5년 이상의 유기징역에 처한다.

⑥ 위계 또는 위력으로써 신체적인 또는 정신적인 장애가 있는 사람을 추행한 사람은 1년 이상의 유기징역 또는 1천만원 이상 3천만원 이하의 벌금에 처한다.

⑦ 장애인의 보호, 교육 등을 목적으로 하는 시설의 장 또는 종사자가 보호, 감독의 대상인 장애인에 대하여 제1항부터 제6항까지의 죄를 범한 경우에는 그 죄에 정한 형의 2분의 1까지 가중한다.

제7조(13세 미만의 미성년자에 대한 강간, 강제추행 등) ① 13세 미만의 사람에 대하여 「형법」 제297조(강간)의 죄를 범한 사람은 무기징역 또는 10년 이상의 징역에 처한다.

② 13세 미만의 사람에 대하여 폭행이나 협박으로 다음 각 호의 어느 하나에 해당하는 행위를 한 사람은 7년 이상의 유기징역에 처한다.

1. 구강·항문 등 신체(성기는 제외한다)의 내부에 성기를 넣는 행위

2. 성기·항문에 손가락 등 신체(성기는 제외한다)의 일부나 도구를 넣는 행위

③ 13세 미만의 사람에 대하여 「형법」 제298조(강제추행)의 죄를 범한 사람은 5년 이상의 유기징역에 처한다.

④ 13세 미만의 사람에 대하여 「형법」 제299조(준강간, 준강제추행)의 죄를 범한 사람은 제1항부터 제3항까지의 예에 따라 처벌한다.

⑤ 위계 또는 위력으로써 13세 미만의 사람을 간음하거나 추행한 사람은 제1항부터 제3항까지의 예에 따라 처벌한다.

제8조(강간 등 상해·치상) ① 제3조 제1항, 제4조, 제6조, 제7조 또는 제15조(제3조 제1항, 제4조, 제6조 또는 제7조의 미수범으로 한정한다)의 죄를 범한 사람이 다른 사람을 상해하거나 상해에 이르게 한 때에는 무기징역 또는 10년 이상의 징역에 처한다.

② 제5조 또는 제15조(제5조의 미수범으로 한정한다)의 죄를 범한 사람이 다른 사람을 상해하거나 상해에 이르게 한 때에는 무기징역 또는 7년 이상의 징역에 처한다.

제9조(강간 등 살인·치사) ① 제3조부터 제7조까지, 제15조(제3조부터 제7조까지의 미수범으로 한정한다)의 죄 또는 「형법」 제297조(강간), 제297조의2(유사강간) 및 제298조(강제추행)부터 제300조(미수범)까지의 죄를 범한 사람이 다른 사람을 살해한 때에는 사형 또는 무기징역에 처한다.

② 제4조, 제5조 또는 제15조(제4조 또는 제5조의 미수범으로 한정한다)의 죄를 범한 사람이 다른 사람을 사망에 이르게 한 때에는 무기징역 또는 10년 이상의 징역에 처한다.

③ 제6조, 제7조 또는 제15조(제6조 또는 제7조의 미수범으로 한정한다)의 죄를 범한 사람이 다른 사람을 사망에 이르게 한 때에는 사형, 무기징역 또는 10년 이상의 징역에 처한다.

제10조(업무상위력 등에 의한 추행) ① 업무, 고용이나 그 밖의 관계로 인하여 자기의 보호, 감독을 받는 사람에 대하여 위계 또는 위력으로 추행한 사람은 3년 이하의 징역 또는 1천500만원 이하의 벌금에 처한다.

② 법률에 따라 구금된 사람을 감호하는 사람이 그 사람을 추행한 때에는 5년 이하의 징역 또는 2천만원 이하의 벌금에 처한다.

제11조(공중 밀집 장소에서의 추행) 대중교통수단, 공연·집회 장소, 그 밖에 공중(公衆)이 밀집하는 장소에서 사람을 추행한 사람은 3년 이하의 징역 또는 3천만원 이하의 벌금에 처한다.

제12조(성적 목적을 위한 다중이용장소 침입행위) 자기의 성적 욕망을 만족시킬 목적으로 화장실, 목욕장·목욕실 또는 발한실(發汗室), 모유수유시설, 탈의실 등 불특정 다수가 이용하는 다중이용장소에 침입하거나 같은 장소에서 퇴거의 요구를 받고 응하지 아니하는 사람은 1년 이하의 징역 또는 1천만원 이하의 벌금에 처한다.

제13조(통신매체를 이용한 음란행위) 자기 또는 다른 사람의 성적 욕망을 유발하거나 만족시킬 목적으로 전화, 우편, 컴퓨터, 그 밖의 통신매체를 통하여 성적 수치심이나 혐오감을 일으키는 말, 음향, 글, 그림, 영상 또는 물건을 상대방에게 도달하게 한 사람은 2년 이하의 징역 또는 2천만원 이하의 벌금에 처한다.

제14조(카메라 등을 이용한 촬영) ① 카메라나 그 밖에 이와 유사한 기능을 갖춘 기계장치를 이용하여 성적 욕망 또는 수치심을 유발할 수 있는 사람의 신체를 촬영대상자의 의사에 반하여 촬영한 자는 7년 이하의 징역 또는 5천만원 이하의 벌금에 처한다.

② 제1항에 따른 촬영물 또는 복제물(복제물의 복제물을 포함한다. 이하 이 조에서 같다)을 반포·판매·임대·제공 또는 공공연하게 전시·상영(이하 "반포등"이라 한다)한 자 또는 제1항의 촬영이 촬영 당시에는 촬영대상자의 의사에 반하지 아니한 경우(자신의 신체를 직접 촬영한 경우를 포함한다)에도 사후에 그 촬영물 또는 복제물을 촬영대상자의 의사에 반하여 반포등을 한 자는 7년 이하의 징역 또는 5천만원 이하의 벌금에 처한다.

③ 영리를 목적으로 촬영대상자의 의사에 반하여 「정보통신망 이용촉진 및 정보보호 등에 관한 법률」 제2조 제1항 제1호의 정보통신망(이하 "정보통신망"이라 한다)을 이용하여 제2항의 죄를 범한 자는 3년 이상의 유기징역에 처한다.

④ 제1항 또는 제2항의 촬영물 또는 복제물을 소지·구입·저장 또는 시청한 자는 3년 이하의 징역 또는 3천만원 이하의 벌금에 처한다.

⑤ 상습으로 제1항부터 제3항까지의 죄를 범한 때에는 그 죄에 정한 형의 2분의 1까지 가중한다.

제14조의2(허위영상물 등의 반포등) ① 반포등을 할 목적으로 사람의 얼굴·신체 또는 음성을 대상으로 한 촬영물·영상물 또는 음성물(이하 이 조에서 "영상물등"이라 한다)을 영상물등의 대상자의 의사에 반하여 성적 욕망 또는 수치심을 유발할 수 있는 형태로 편집·합성 또는 가공(이하 이 조에서 "편집등"이라 한다)한 자는 5년 이하의 징역 또는 5천만원 이하의 벌금에 처한다.

② 제1항에 따른 편집물·합성물·가공물(이하 이 항에서 "편집물등"이라 한다) 또는 복제물(복제물의 복제물을 포함한다. 이하 이 항에서 같다)을 반포등을 한 자 또는 제1항의 편집등을 할 당시에는 영상물등의 대상자의 의사에 반하지 아니한 경우에도 사후에 그 편집물등 또는 복제물을 영상물등의 대상자의 의사에 반하여 반포등을 한 자는 5년 이하의 징역 또는 5천만원 이하의 벌금에 처한다.

③ 영리를 목적으로 영상물등의 대상자의 의사에 반하여 정보통신망을 이용하여 제2항의 죄를 범한 자는 7년 이하의 징역에 처한다.

④ 상습으로 제1항부터 제3항까지의 죄를 범한 때에는 그 죄에 정한 형의 2분의 1까지 가중한다.

제14조의3(촬영물 등을 이용한 협박·강요) ① 성적 욕망 또는 수치심을 유발할 수 있는 촬영물 또는 복제물(복제물의 복제물을 포함한다)을 이용하여 사람을 협박한 자는 1년 이상의 유기징역에 처한다.

② 제1항에 따른 협박으로 사람의 권리행사를 방해하거나 의무 없는 일을 하게 한 자는 3년 이상의 유기징역에 처한다.

③ 상습으로 제1항 및 제2항의 죄를 범한 경우에는 그 죄에 정한 형의 2분의 1까지 가중한다.

제15조(미수범) 제3조부터 제9조까지, 제14조, 제14조의2 및 제14조의3의 미수범은 처벌한다.

제15조의2(예비, 음모) 제3조부터 제7조까지의 죄를 범할 목적으로 예비 또는 음모한 사람은 3년 이하의 징역에 처한다.

2. 아동·청소년의 성보호에 관한 법률에서는 19세 미만자의 아동·청소년에 대한 강간죄 등에 대해 가중처벌하고 있다.

제7조(아동·청소년에 대한 강간·강제추행 등) ① 폭행 또는 협박으로 아동·청소년을 강간한 사람은 무기징역 또는 5년 이상의 유기징역에 처한다.

② 아동·청소년에 대하여 폭행이나 협박으로 다음 각 호의 어느 하나에 해당하는 행위를 한 자는 5년 이상의 유기징역에 처한다.

1. 구강·항문 등 신체(성기는 제외한다)의 내부에 성기를 넣는 행위

2. 성기·항문에 손가락 등 신체(성기는 제외한다)의 일부나 도구를 넣는 행위

③ 아동·청소년에 대하여 「형법」 제298조의 죄를 범한 자는 2년 이상의 유기징역 또는 1천만원 이상 3천만원 이하의 벌금에 처한다.

④ 아동·청소년에 대하여 「형법」 제299조의 죄를 범한 자는 제1항부터 제3항까지의 예에 따른다.

⑤ 위계(僞計) 또는 위력으로써 아동·청소년을 간음하거나 아동·청소년을 추행한 자는 제1항부터 제3항까지의 예에 따른다.

⑥ 제1항부터 제5항까지의 미수범은 처벌한다.

제7조의2(예비, 음모) 제7조의 죄를 범할 목적으로 예비 또는 음모한 사람은 3년 이하의 징역에 처한다.

제8조(장애인인 아동·청소년에 대한 간음 등) ① 19세 이상의 사람이 13세 이상의 장애 아동·청소년(「장애인복지법」 제2조 제1항에 따른 장애인으로서 신체적인 또는 정신적인 장애로 사물을 변별하거나 의사를 결정할 능력이 미약한 아동·청소년을 말한다. 이하 같다)을 간음하거나 13세 이상의 장애 아동·청소년으로 하여금 다른 사람을 간음하게 하는 경우에는 3년 이상의 유기징역에 처한다.

② 19세 이상의 사람이 13세 이상의 장애 아동·청소년을 추행한 경우 또는 13세 이상의 장애 아동·청소년으로 하여금 다른 사람을 추행하게 하는 경우에는 10년 이하의 징역 또는 1천500만원 이하의 벌금에 처한다.

제8조의2(13세 이상 16세 미만 아동·청소년에 대한 간음 등) ① 19세 이상의 사람이 13세 이상 16세 미만인 아동·청소년(제8조에 따른 장애 아동·청소년으로서 16세 미만인 자는 제외한다. 이하 이 조에서 같다)의 궁박(窮迫)한 상태를 이용하여 해당 아동·청소년을 간음하거나 해당 아동·청소년으로 하여금 다른 사람을 간음하게 하는 경우에는 3년 이상의 유기징역에 처한다.

② 19세 이상의 사람이 13세 이상 16세 미만인 아동·청소년의 궁박한 상태를 이용하여 해당 아동·청소년을 추행한 경우 또는 해당 아동·청소년으로 하여금 다른 사람을 추행하게 하는 경우에는 10년 이하의 징역 또는 1천500만원 이하의 벌금에 처한다.

제9조(강간 등 상해·치상) 제7조의 죄를 범한 사람이 다른 사람을 상해하거나 상해에 이르게 한 때에는 무기징역 또는 7년 이상의 징역에 처한다.

제10조(강간 등 살인·치사) ① 제7조의 죄를 범한 사람이 다른 사람을 살해한 때에는 사형 또는 무기징역에 처한다.

② 제7조의 죄를 범한 사람이 다른 사람을 사망에 이르게 한 때에는 사형, 무기징역 또는 10년 이상의 징역에 처한다.

제11조(아동·청소년성착취물의 제작·배포 등) ① 아동·청소년성착취물을 제작·수입 또는 수출한 자는 무기징역 또는 5년 이상의 유기징역에 처한다.

② 영리를 목적으로 아동·청소년성착취물을 판매·대여·배포·제공하거나 이를 목적으로 소지·운반·광고·소개하거나 공연히 전시 또는 상영한 자는 5년 이상의 징역에 처한다.

③ 아동·청소년성착취물을 배포·제공하거나 이를 목적으로 광고·소개하거나 공연히 전시 또는 상영한 자는 3년 이상의 징역에 처한다.

④ 아동·청소년성착취물을 제작할 것이라는 정황을 알면서 아동·청소년을 아동·청소년성착취물의 제작자에게 알선한 자는 3년 이상의 징역에 처한다.

⑤ 아동·청소년성착취물을 구입하거나 아동·청소년성착취물임을 알면서 이를 소지·시청한 자는 1년 이상의 징역에 처한다.

⑥ 제1항의 미수범은 처벌한다

⑦ 상습적으로 제1항의 죄를 범한 자는 그 죄에 대하여 정하는 형의 2분의 1까지 가중한다.

제12조(아동·청소년 매매행위) ① 아동·청소년의 성을 사는 행위 또는 아동·청소년성착취물을 제작하는 행위의 대상이 될 것을 알면서 아동·청소년을 매매 또는 국외에 이송하거나 국외에 거주하는 아동·청소년을 국내에 이송한 자는 무기징역 또는 5년 이상의 징역에 처한다.

② 제1항의 미수범은 처벌한다.

제13조(아동·청소년의 성을 사는 행위 등) ① 아동·청소년의 성을 사는 행위를 한 자는 1년 이상 10년 이하의 징역 또는 2천만원 이상 5천만원 이하의 벌금에 처한다.

② 아동·청소년의 성을 사기 위하여 아동·청소년을 유인하거나 성을 팔도록 권유한 자는 1년 이하의 징역 또는 1천만원 이하의 벌금에 처한다.

③ 16세 미만의 아동·청소년 및 장애 아동·청소년을 대상으로 제1항 또는 제2항의 죄를 범한 경우에는 그 죄에 정한 형의 2분의 1까지 가중처벌한다.

제14조(아동·청소년에 대한 강요행위 등) ① 다음 각 호의 어느 하나에 해당하는 자는 5년 이상의 유기징역에 처한다.

1. 폭행이나 협박으로 아동·청소년으로 하여금 아동·청소년의 성을 사는 행위의 상대방이 되게 한 자
2. 선불금(先拂金), 그 밖의 채무를 이용하는 등의 방법으로 아동·청소년을 곤경에 빠뜨리거나 위계 또는 위력으로 아동·청소년으로 하여금 아동·청소년의 성을 사는 행위의 상대방이 되게 한 자
3. 업무·고용이나 그 밖의 관계로 자신의 보호 또는 감독을 받는 것을 이용하여 아

동·청소년으로 하여금 아동·청소년의 성을 사는 행위의 상대방이 되게 한 자

4. 영업으로 아동·청소년을 아동·청소년의 성을 사는 행위의 상대방이 되도록 유인·권유한 자

② 제1항 제1호부터 제3호까지의 죄를 범한 자가 그 대가의 전부 또는 일부를 받거나 이를 요구 또는 약속한 때에는 7년 이상의 유기징역에 처한다.

③ 아동·청소년의 성을 사는 행위의 상대방이 되도록 유인·권유한 자는 7년 이하의 징역 또는 5천만원 이하의 벌금에 처한다.

④ 제1항과 제2항의 미수범은 처벌한다.

제15조(알선영업행위 등) ① 다음 각 호의 어느 하나에 해당하는 자는 7년 이상의 유기징역에 처한다.

1. 아동·청소년의 성을 사는 행위의 장소를 제공하는 행위를 업으로 하는 자

2. 아동·청소년의 성을 사는 행위를 알선하거나 정보통신망에서 알선정보를 제공하는 행위를 업으로 하는 자

3. 제1호 또는 제2호의 범죄에 사용되는 사실을 알면서 자금·토지 또는 건물을 제공한 자

4. 영업으로 아동·청소년의 성을 사는 행위의 장소를 제공·알선하는 업소에 아동·청소년을 고용하도록 한 자

② 다음 각 호의 어느 하나에 해당하는 자는 7년 이하의 징역 또는 5천만원 이하의 벌금에 처한다.

1. 영업으로 아동·청소년의 성을 사는 행위를 하도록 유인·권유 또는 강요한 자

2. 아동·청소년의 성을 사는 행위의 장소를 제공한 자

3. 아동·청소년의 성을 사는 행위를 알선하거나 정보통신망에서 알선정보를 제공한 자

4. 영업으로 제2호 또는 제3호의 행위를 약속한 자

③ 아동·청소년의 성을 사는 행위를 하도록 유인·권유 또는 강요한 자는 5년 이하의 징역 또는 3천만원 이하의 벌금에 처한다.

제16조(피해자 등에 대한 강요행위) 폭행이나 협박으로 아동·청소년대상 성범죄의 피해자 또는 「아동복지법」 제3조 제3호에 따른 보호자를 상대로 합의를 강요한 자는 7년 이하의 유기징역에 처한다.

제2절 개별적 범죄 유형

Ⅰ. 단순강간죄

> 제297조【강간】폭행 또는 협박으로 사람을 강간한 자는 3년 이상의 유기징역에 처한다.

1. 의의, 보호법익

본죄는 '폭행 또는 협박으로 사람을 강간함으로써 성립하는 범죄'이다. 보호법익은 '사람의 성적 자기결정권'이며, 보호의 정도는 '침해범'이다. 미수범과 예비·음모죄는 처벌한다.

2. 객관적 구성요건

(1) 행위의 주체

행위의 주체는 제한이 없다. 남자와 여자를 불문한다. 타인을 이용한 간접정범의 형태로도 주체가 될 수 있으므로, 본죄는 자수범이 아니다.

(2) 행위의 객체

행위의 객체는 '사람'이다. 사람은 남녀를 불문하며, 13세 미만의 자도 포함된다. 성전환자도 생물학적 요소 이외 정신적, 사회적 요소를 종합적으로 고려하여 사회통념상 신체적으로 전환된 성을 갖추고 있다고 인정될 수 있다.[1] 또한,

---

[1) 성전환증을 가진 사람의 경우에도 남성 또는 여성 중 어느 한쪽의 성염색체를 보유하고 있고 그 염색체와 일치하는 생식기와 성기가 형성, 발달되어 출생하지만, 출생 당시에는 아직 그 사람의 정신적, 사회적인 의미에서의 성을 인지할 수 없으므로, 사회통념상 그 출생 당시에는 생물학적인 신체적 성장에 따라 법률적인 성이 평가된다. 그러나 출생 후의 성장에 따라 일관되게 출생 당시의 생물학적인 성에 대한 불일치감 및 위화감, 혐오감을 갖고 반대의 성에 귀속감을 느끼면서 반대의 성으로서의 역할을 수행하며 성기를 포함한 신체 외관 역시 반대의 성으로서 형성하기를 강력히 원하여, 정신과적으로 성전환증의 진단을 받고 상당기간 정신과적 치료나 호르몬치료 등을 실시하여도 여전히 위 증세가 치유되지 않고 반대의 성에 대한 정신적, 사회적 적응이 이루어짐에 따라 일반적인 의학적 기준에 의하여 성전환 수술을 받고 반대 성으로서의 외부 성기를 비롯한 신체를 갖추고, 나아가 전환된 신체에 따른 성을 가진 사람으로서 만족감을 느끼며 공고한 성정체성의 인식 아래 그 성에 맞춘 의복, 두발 등의 외관을 하고 성관계 등 개인적인 영역 및 직업 등 사회적인 영역에서 모두 전환된 성으로서의 역할을 수행함으로써 주위 사람들로부터도 그 성으로서 인식되고 있으며, 전환된 성을 그 사람의 성이라고 보더라도 다른 사람들과의 신분관계에]

판례는 법률상의 부인도 강간죄의 객체가 될 수 있다고 판시하였다.[2]

(3) 실행 행위

실행 행위는 '폭행 또는 협박으로 강간'하는 것이다.

(가) 폭행·협박

폭행과 협박은 '최협의의 폭행·협박'이다. 이때, 폭행·협박은 상대방의 반항을 불가능하게 하는 것만을 의미하는 것이 아니라 반항을 현저히 곤란하게 할 정도이면 충분하다.[3] 본죄에 있어서의 폭행·협박이 있었는지 여부는 그 폭행·협박의 내용과 정도는 물론 유형력을 행사하게 된 경위, 피해자와의 관계 등 모든 사정을 종합하여 성교 당시 구체적인 상황을 기준으로 판단하여야 한다.[4]

(나) 강간

'강간'이란 상대방의 반항이 불가능하거나 현저히 곤란함을 이용하여 피해자의 의사에 반하여 간음하는 것을 말한다. 이때, '간음'이란 성교행위로서 남자성기와 여자성기의 삽입을 의미한다. 피해자의 동의가 있는 경우에는 본죄의 구성요건해당성이 없다. 하지만, 13세 미만자 또는 19세 이상의 자가 13세 이상 16세 미만의 자의 동의 또는 승낙을 받고 간음을 한 경우에는 미성년자 의제강간죄가 성립한다.

폭행·협박과 간음 사이에는 인과관계가 있어야 한다. 하지만, 반드시 간음행

중대한 변동을 초래하거나 사회에 부정적인 영향을 주지 아니하여 사회적으로 허용된다고 볼 수 있다면, 이러한 여러 사정을 종합적으로 고려하여 사람의 성에 대한 평가 기준에 비추어 사회통념상 신체적으로 전환된 성을 갖추고 있다고 인정될 수 있는 경우가 있다. 이와 같은 성전환자는 출생시와는 달리 전환된 성이 법률적으로도 그 성전환자의 성이라고 평가받을 수 있다(대판 2009.9.10. 2009도3580).

2) 헌법이 보장하는 혼인과 가족생활의 내용, 가정에서의 성폭력에 대한 인식의 변화, 형법의 체계와 그 개정 경과, 강간죄의 보호법익과 부부의 동거의무의 내용 등에 비추어 보면, 형법 제297조가 정한 강간죄의 객체인 '부녀'에는 법률상 처가 포함되고, 혼인관계가 파탄된 경우뿐만 아니라 혼인관계가 실질적으로 유지되고 있는 경우에도 남편이 반항을 불가능하게 하거나 현저히 곤란하게 할 정도의 폭행이나 협박을 가하여 아내를 간음한 경우에는 강간죄가 성립한다고 보아야 한다(대판 2013.5.16. 2012도14788 전원합의체).

3) 강간죄에 있어서의 폭행 또는 협박은 피해자의 반항을 현저히 곤란하게 할 정도의 것이어야 한다(대판 1991.5.28. 91도546).

4) 강간죄의 폭행·협박이 있었는지 여부는 그 폭행·협박의 내용과 정도는 물론 유형력을 행사하게 된 경위, 피해자와의 관계, 성교 당시와 그 후의 정황 등 모든 사정을 종합하여 피해자가 성교 당시 처하였던 구체적인 상황을 기준으로 판단하여야 하며, 사후적으로 보아 피해자가 성교 전에 범행 현장을 벗어날 수 있었다거나 피해자가 사력을 다하여 반항하지 않았다는 사정만으로 가해자의 폭행·협박이 피해자의 항거를 현저히 곤란하게 할 정도에 이르지 않았다고 섣불리 단정하여서는 안된다(대판 2012.7.12. 2012도4031).

위보다 선행되어야 하는 것은 아니다. 비록 간음행위를 시작할 때 폭행·협박이 없었다고 하더라도 간음행위와 거의 동시 또는 그 직후에 피해자를 폭행하여 간음한 것으로 볼 수 있으면 본죄를 구성한다.[5]

□ 강간죄 관련 판례

〈강간죄 인정〉

① 피고인이 피해자를 여관방으로 유인한 다음 방문을 걸어 잠근 후 피해자에게 성교할 것을 요구하였으나 피해자가 이를 거부하자 "옆방에서 내 친구들이 많이 있다. 소리 지르면 다 들을 것이다. 조용히 해라, 한 명하고 할 것이냐? 여러 명하고 할 것이냐?"라고 말하면서 성행위를 요구한 사실이 인정되는바, 이러한 사실과 피해자의 연령이 어린 점, 다른 사람의 출입이 곤란한 심야의 여관방에서 피고인과 피해자 단둘이 있는 상황인 점 등 모든 사정을 종합하면 피해자의 항거를 현저히 곤란하게 할 정도의 유형력을 행사한 사실은 충분히 인정된다고 보아야 할 것이다(대판 2000.8.18. 2000도1914).
② 유부녀인 피해자에 대하여 혼인 외 성관계 사실을 폭로하겠다는 등의 내용으로 협박하여 피해자를 간음 또는 추행한 사안에서 위와 같은 협박이 피해자를 단순히 외포시킨 정도를 넘어 적어도 피해자의 항거를 현저히 곤란하게 할 정도의 것이었다고 보기에 충분하다는 이유로 강간죄 및 강제추행죄가 성립한다(대판 2007.1.25. 2006도5979).

〈강간죄 불인정〉

피고인과 피해자가 전화로 사귀어 오면서 음담패설을 주고 받을 정도까지 되었고 당초 간음을 시도한 방에서 피해자가 "여기는 죽은 시어머니를 위한 제청방이니 이런 곳에서 이런 짓을 하면 벌받는다"고 말하여 안방으로 장소를 옮기게 된 사정 등으로 미루어 본다면 강간피고사건의 피해자에게 가한 폭행 또는 협박이 그 반항을 현저히 곤란하게 할 정도에까지 이른 것이라고 보기는 어렵다(대판 1991.5.28. 91도546).

(4) 기수시기

본죄는 폭행·협박을 개시한 때 실행의 착수가 인정된다.[6] 그리고 성기가 삽입한 시점에 기수가 된다(통설). 폭행·협박을 하였으나 간음을 하지 못한 경우, 폭행·협박 후에 간음에 대한 상대방의 동의가 있는 경우에는 미수범이 성립한다.

---

5) 대판 2017.10.12. 2016도16948.
6) 강간죄는 부녀를 간음하기 위하여 피해자의 항거를 불능하게 하거나 현저히 곤란하게 할 정도의 폭행 또는 협박을 개시한 때에 그 실행의 착수가 있다고 보아야 할 것이고, 실제로 그와 같은 폭행 또는 협박에 의하여 피해자의 항거가 불능하게 되거나 현저히 곤란하게 되어야만 실행의 착수가 있다고 볼 것은 아니다(대판 2000.6.9. 2000도1253).

□ 실행의 착수 관련 판례

〈실행의 착수 인정〉

피고인이 간음할 목적으로 새벽 4시에 여자 혼자 있는 방문 앞에 가서 피해자가 방문을 열어주지 않으면 부수고 들어갈 듯한 기세로 방문을 두드리고 피해자가 위험을 느끼고 창문에 걸터앉아 가까이 오면 뛰어내리겠다고 하는데도 베란다를 통하여 창문으로 침입하려고 하였다면 강간의 수단으로서의 폭행에 착수하였으므로 강간의 착수가 있었다(대판 1991.4.9. 91도288).

〈실행의 착수 불인정〉

강간죄의 실행의 착수가 있었다고 하려면 강간의 수단으로서 폭행이나 협박을 한 사실이 있어야 할터인데 피고인이 강간할 목적으로 피해자의 집에 침입하였다 하더라도 안방에 들어가 누워 자고 있는 피해자의 가슴과 엉덩이를 만지면서 간음을 기도하였다는 사실만으로는 강간의 수단으로 피해자에게 폭행이나 협박을 개시하였다고 하기는 어렵다(대판 1990.5.25. 90도607).

3. 주관적 구성요건

본죄의 고의는 폭행 또는 협박으로 사람을 강간한다는 인식과 인용으로, 미필적 고의로도 족하다.

4. 죄수 및 다른 죄와의 관계

① 동일한 폭행·협박을 이용하여 수회 간음한 경우에는 단순일죄가 성립한다.[7]

② 피해자를 간음한 후 1시간 후 장소를 옮겨 다시 간음한 경우에는 실체적 경합범이 성립한다.[8]

③ 주거를 침입하여 강간한 경우에는 주거침입죄와 강간죄의 실체적 경합범이 성립한다. 단, 성폭력범죄의 처벌 등에 관한 특례법 제3조 제1항을 적용, 포괄

---

7) 피해자를 1회 간음하고 200미터쯤 오다가 다시 1회 간음한 경우에는 피해자의 의사 및 그 범행시각과 장소로 보아 두 번째 간음행위는 처음 한 행위의 계속으로 볼 수 있어 강간죄의 단순일죄가 성립한다(대판 1970.9.29. 70도1516).

8) 피해자를 1회 강간하여 상처를 입게 한 후 약1시간 후에 장소를 옮겨 같은 피해자를 다시 1회 강간한 행위는 그 범행시간과 장소를 달리하고 있을 뿐만 아니라 각 별개의 범의에서 이루어진 행위로서 형법 제37조 전단의 실체적 경합범에 해당한다(대판 1987.5.12. 87도694).

일죄로 의율한다.

④ 강간 후에 강도행위를 한 경우에는 강간죄와 강도죄의 실체적 경합범이 성립한다.

⑤ 강간 중에 강도를 결의하고 강도를 하고 계속해서 강간을 하는 경우에는 강도강간죄가 성립한다.

⑥ 강간범이 강간의 기회에 살인을 한 경우에는 강간살인죄가 성립한다.

⑦ 강간의 수단으로 감금한 경우에는 강간죄와 감금죄의 상상적 경합범이 성립한다.[9]

5. 특별법

성폭력범죄의 처벌 등에 관한 법률 제3조에서 주거침입 등의 죄를 범한 사람이 강간의 죄를 범한 경우, 제4조 제1항에서 흉기나 그 밖의 위험한 물건을 지닌 채 또는 2명 이상이 합동하여 강간의 죄를 범한 경우, 제5조에서 친족관계인 사람이 폭행 또는 협박으로 강간의 죄를 범한 경우, 제6조에서 신체적인 또는 정신적인 장애가 있는 사람에 대하여 강간의 죄를 범한 경우, 제7조에서 13세 미만의 사람에 대하여 강간의 죄를 범한 경우, 제8조에서 강간의 죄를 범한 사람이 다른 사람을 상해하거나 상해에 이르게 하는 경우, 제9조에서 강간의 죄를 범한 사람이 다른 사람을 살해하거나 사망에 이르게 한 경우에는 가중처벌하고 있다.

아동·청소년의 성보호의 관한 법률에서도 19세 미만의 자에 대해 가중처벌하고 있다.

6. 특별법 관련판례

□ 특별법 관련 판례

〈성폭력범죄의 처벌 등에 관한 법률〉

① 성폭력범죄의 처벌 등에 관한 특례법 제13조는 "자기 또는 다른 사람의 성적 욕망을 유발하거나 만족시킬 목적으로 전화, 우편, 컴퓨터, 그 밖의 통신매체를 통하여 '성적

---

9) 위 협박은 감금죄의 실행의 착수임과 동시에 강간미수죄의 실행의 착수하고 할 것이고, 감금과 강간미수의 두 행위가 시간적, 장소적으로 중복될 뿐 아니라 감금행위 그 자체가 강간의 수단인 협박행위를 이루고 있는 경우로서 이 사건 감금과 강간미수죄는 일개의 행위에 의하여 실현된 경우로서 형법 제40조의 상상적 경합이라고 해석함이 상당할 것(대판 1983.4.26. 83도323).

수치심이나 혐오감을 일으키는 말, 음향, 글, 그림, 영상 또는 물건'(이하 '성적 수치심을 일으키는 그림 등'이라 한다)을 상대방에게 도달하게 한 사람"을 처벌하고 있다. 성폭력범죄의 처벌 등에 관한 특례법 제13조에서 정한 '통신매체 이용 음란죄'는 '성적 자기결정권에 반하여 성적 수치심을 일으키는 그림 등을 개인의 의사에 반하여 접하지 않을 권리'를 보장하기 위한 것으로 성적 자기결정권과 일반적 인격권의 보호, 사회의 건전한 성풍속 확립을 보호법익으로 한다. '자기 또는 다른 사람의 성적 욕망을 유발하거나 만족시킬 목적'이 있는지는 피고인과 피해자의 관계, 행위의 동기와 경위, 행위의 수단과 방법, 행위의 내용과 태양, 상대방의 성격과 범위 등 여러 사정을 종합하여 사회통념에 비추어 합리적으로 판단하여야 한다. '성적 욕망'에는 성행위나 성관계를 직접적인 목적이나 전제로 하는 욕망뿐만 아니라, 상대방을 성적으로 비하하거나 조롱하는 등 상대방에게 성적 수치심을 줌으로써 자신의 심리적 만족을 얻고자 하는 욕망도 포함된다. 또한 이러한 '성적 욕망'이 상대방에 대한 분노감과 결합되어 있더라도 달리 볼 것은 아니다(대판 2018.9.13. 2018도9775).

② 성폭력범죄의 처벌 등에 관한 특례법 제14조 제2항은 카메라나 그 밖에 이와 유사한 기능을 갖춘 기계장치를 이용하여 성적 욕망 또는 수치심을 유발할 수 있는 다른 사람의 신체를 촬영한 촬영물이 촬영 당시에는 촬영대상자의 의사에 반하지 아니하는 경우에도 사후에 의사에 반하여 촬영물을 반포·판매·임대·제공 또는 공공연하게 전시·상영한 사람을 처벌하도록 규정하고 있다. 여기에서 '반포'는 불특정 또는 다수인에게 무상으로 교부하는 것을 말하고, 계속적·반복적으로 전달하여 불특정 또는 다수인에게 반포하려는 의사를 가지고 있다면 특정한 1인 또는 소수의 사람에게 교부하는 것도 반포에 해당할 수 있다. 한편 '반포'와 별도로 열거된 '제공'은 '반포'에 이르지 아니하는 무상 교부 행위를 말하며, '반포'할 의사 없이 특정한 1인 또는 소수의 사람에게 무상으로 교부하는 것은 '제공'에 해당한다(대판 2016.12.27. 2016도16676).

③ 성폭력범죄의 처벌 등에 관한 특례법 제13조에서 '성적 수치심이나 혐오감을 일으키는 말, 음향, 글, 그림, 영상 또는 물건(이하 '성적 수치심을 일으키는 그림 등'이라 한다)을 상대방에게 도달하게 한다'는 것은 '상대방이 성적 수치심을 일으키는 그림 등을 직접 접하는 경우뿐만 아니라 상대방이 실제로 이를 인식할 수 있는 상태에 두는 것'을 의미한다. 따라서 행위자의 의사와 그 내용, 웹페이지의 성격과 사용된 링크기술의 구체적인 방식 등 모든 사정을 종합하여 볼 때 상대방에게 성적 수치심을 일으키는 그림 등이 담겨 있는 웹페이지 등에 대한 인터넷 링크(internet link)를 보내는 행위를 통해 그와 같은 그림 등이 상대방에 의하여 인식될 수 있는 상태에 놓이고 실질에 있어서 이를 직접 전달하는 것과 다를 바 없다고 평가되고, 이에 따라 상대방이 이러한 링크를 이용하여 별다른 제한 없이 성적 수치심을 일으키는 그림 등에 바로 접할 수 있는 상태가 실제로 조성되었다면, 그러한 행위는 전체로 보아 성적 수치심을 일으키는 그림 등을 상대방에게 도달하게 한다는 구성요건을 충족한다(대판 2017.6.8. 2016도21389).

〈아동·청소년의 성보호에 관한 법률〉

아동·청소년의 성보호에 관한 법률(이하 '청소년성보호법'이라 한다)의 입법목적은 아동·청소년을 대상으로 성적 행위를 한 자를 엄중하게 처벌함으로써 성적 학대나 착취로부터 아동·청소년을 보호하고 아동·청소년이 책임 있고 건강한 사회구성원으로 성장할 수 있도록 하려는 데 있다. 아동·청소년이용음란물은 직접 피해자인 아동·청소년에게는 치유하기 어려운 정신적 상처를 안겨줄 뿐만 아니라, 이를 시청하는 사람들에게까지 성에 대한 왜곡된 인식과 비정상적 가치관을 조장한다. 따라서 아동·청소년을 이용한 음란물 '제작'을 원천적으로 봉쇄하여 아동·청소년을 성적 대상으로 보는 데서 비롯되는 잠재적 성범죄로부터 아동·청소년을 보호할 필요가 있다. 특히 인터넷 등 정보통신매체의 발달로 음란물이 일단 제작되면 제작 후 제작자의 의도와 관계없이 언제라도 무분별하고 무차별적으로 유통에 제공될 가능성이 있다. 이러한 점에 아동·청소년을 이용한 음란물 제작을 처벌하는 이유가 있다. 그러므로 아동·청소년의 동의가 있다거나 개인적인 소지·보관을 1차적 목적으로 제작하더라도 청소년성보호법 제11조 제1항의 '아동·청소년이용음란물의 제작'에 해당한다고 보아야 한다. 피고인이 직접 아동·청소년의 면전에서 촬영행위를 하지 않았더라도 아동·청소년이용음란물을 만드는 것을 기획하고 타인으로 하여금 촬영행위를 하게 하거나 만드는 과정에서 구체적인 지시를 하였다면, 특별한 사정이 없는 한 아동·청소년이용음란물 '제작'에 해당한다. 이러한 촬영을 마쳐 재생이 가능한 형태로 저장이 된 때에 제작은 기수에 이르고 반드시 피고인이 그와 같이 제작된 아동·청소년이용음란물을 재생하거나 피고인의 기기로 재생할 수 있는 상태에 이르러야만 하는 것은 아니다. 이러한 법리는 피고인이 아동·청소년으로 하여금 스스로 자신을 대상으로 하는 음란물을 촬영하게 한 경우에도 마찬가지이다(대판 2018.9.13. 2018도9340).

II. 유사강간죄

제297조의2 【유사강간】 폭행 또는 협박으로 사람에 대하여 구강, 항문 등 신체(성기는 제외한다)의 내부에 성기를 넣거나 성기, 항문에 손가락 등 신체(성기는 제외한다)의 일부 또는 도구를 넣는 행위를 한 사람은 2년 이상의 유기징역에 처한다.

1. 의의, 성격

본죄는 '폭행 또는 협박으로 사람에 대하여 구강, 항문 등 신체(성기는 제외한다)의 내부에 성기를 넣거나 성기, 항문에 손가락 등 신체(성기는 제외한다)의 일부 또는 도구를 넣음으로써 성립하는 범죄'이다. 보호법익은 '사람의 성적 자기결정 권'이며, 보호의 정도는 '침해범'이다. 미수범과 예비·음모죄는 처벌한다.

2. 객관적 구성요건

(1) 행위의 주체

행위의 주체는 제한이 없다. 남자와 여자를 불문한다. 간접정범, 공동정범의 형태로도 주체가 될 수 있으므로, 동성간에도 성립할 수 있다.

(2) 행위의 객체

행위의 객체는 '사람'이다. 사람은 남녀를 불문한다. 13세 미만자에 대하여 본죄의 행위를 한 경우에는 성폭력범죄의 처벌 등에 관한 특례법 제7조 제2항에 의거, 7년 이상의 유기징역에 처한다. 또한, 13세 이상 19세 미만의 경우에는 아 동·청소년의 성보호에 관한 법률 제7조 제2항에 의거, 5년 이상의 유기징역에 처 한다.

(3) 실행 행위

실행 행위는 '폭행 또는 협박으로 유사강간행위'를 하는 것이다.

(가) 폭행 또는 협박

폭행 또는 협박은 강간죄와 동일하다. 최협의의 폭행 또는 협박으로 상대방 의 반항을 불가능하게 하는 것만을 의미하는 것이 아니라 반항을 현저히 곤란하 게 할 정도이면 충분하다

(나) 유사강간행위

'유사강간'이란 성기를 제외한 구강, 항문 등 신체의 내부에 성기를 넣거나 성기, 항문에 성기 이외의 손가락 등 신체의 일부 또는 도구를 넣는 행위이다.

① 성기를 제외한 구강, 항문 등 신체의 내부에 성기를 넣는 행위

성기 이외 구강, 항문 등에 성기를 넣는 행위를 말한다. 구강, 항문은 예시적 으로 성기를 넣을 수 있는 신체 부위라면 상관없다. 이때, 성기를 넣는다는 의미 에서 성기는 여성이 아닌 남성의 성기를 말한다고 보인다. 여성의 성기 구조상 남성의 구강이나 항문에 삽입을 할 수 없기 때문이다. 그러므로, 여성이 본죄의 행위태양의 주체가 될 수 없고, 다른 남자를 이용한 간접정범이나 공동정범만이 가능하다. 성기를 넣은 행위를 말하므로, 성기를 신체부위에 대거나 문지르는 행 위는 포함되지 않는다.

② 성기·항문에 성기 이외의 손가락 등 신체의 일부 또는 도구를 넣는 행위

성기·항문에 성기를 제외한 손가락 등 일부 또는 도구를 넣은 행위를 말한다. 성기·항문으로 한정되어 있기 때문에 이 부위를 제외한 다른 신체에 넣는 행위는 제외된다. 예를 들어 손가락을 상대방의 구강에 넣는 행위는 본죄가 성립하지 않는다. 손가락 등에 대해서는 손가락을 예시적으로 제시하였기 때문에 손가락 이외 발가락, 혀 등을 넣는 행위도 포함한다. 도구는 성관계를 목적으로 제작된 성적 자극을 줄 수 있는 도구 이외 사람의 성적 결정의 자유를 침해할 만한 것이면 상관없다. 본 행위의 주체는 남녀를 불문한다.

(4) 기수시기

행위자가 상대방을 폭행 또는 협박행위를 개시한 때 실행의 착수가 인정되며, 행위자의 성기 또는 신체일부, 도구를 상대방의 신체 등에 넣을 때 기수가 된다.

3. 주관적 구성요건

본죄의 고의는 폭행 또는 협박으로 유사강간을 한다는 인식과 인용이 있어야 한다.

4. 특별법

성매매알선 등 행위의 처벌에 관한 법률 제2조 제1항 제1호 (나)목에서 "구강, 항문 등 신체의 일부 또는 도구를 이용한 유사성교행위[10]"를 정의하고 있다. 형법 제297조의2에서는 신체의 일부나 도구를 상대방의 구강 등에 '넣는' 행위를 규정하고 있다면, 성매매특별법에서는 신체의 일부 또는 도구를 '이용'하는 행위를 규정하고 있어, 행위 태양이 구별된다.

성폭력범죄의 처벌 등에 관한 법률 제3조에서 특수강도 등의 죄를 범한 사람

10) 성매매알선 등 행위의 처벌에 관한 법률 제2조 제1항 제1호 (나)목의 '유사성교행위'는 구강, 항문 등 신체 내부로의 삽입행위 내지 적어도 성교와 유사한 것으로 볼 수 있는 정도의 성적 만족을 얻기 위한 신체접촉행위를 말하는 것으로 볼 것이고, 어떤 행위가 성교와 유사한 것으로 볼 수 있는 정도의 성적 만족을 얻기 위한 신체접촉행위에 해당하는지 여부는 당해 행위가 이루어진 장소, 행위자들의 차림새, 신체접촉 부위와 정도 및 행위의 구체적인 내용, 그로 인한 성적 만족감의 정도 등을 종합적으로 평가하여 규범적으로 판단하여야 할 것이다. 마사지 업소의 여종업원이 침대가 설치된 밀실에서 짧은 치마와 반소매 티를 입고 남자 손님의 온몸을 주물러 성적인 흥분을 일으킨 뒤 손님이 옷을 모두 벗기고 로션을 바른 손으로 손님의 성기를 감싸쥐고 성교행위를 하듯이 왕복운동을 하여 성적 만족감에 도달한 손님으로 하여금 사정하게 한 행위가 유사성교에 해당한다(대판 2006.10.26. 2005도8130).

이 유사강간의 죄를 범한 경우, 제6조에서 신체적인 또는 정신적인 장애가 있는 사람에 대하여 유사강간의 죄를 범한 경우, 제7조에서 13세 미만의 사람에 대하여 유사강간의 죄를 범한 경우, 제8조에서 유사강간의 죄를 범한 사람이 다른 사람을 상해하거나 상해에 이르게 하는 경우, 제9조에서 유사강간의 죄를 범한 사람이 다른 사람을 살해하거나 사망에 이르게 한 경우에는 가중처벌하고 있다.

아동·청소년의 성보호의 관한 법률에서도 19세 미만의 자에 대해 가중처벌하고 있다.

Ⅲ. 강제추행죄

> 제298조【강제추행】폭행 또는 협박으로 사람에 대하여 추행을 한 자는 10년 이하의 징역 또는 1천500만원 이하의 벌금에 처한다.

1. 의의, 보호법익

본죄는 '폭행 또는 협박으로 사람에 대하여 추행을 함으로써 성립하는 범죄'이다. 보호법익은 '사람의 성적 자기결정권'이며, 보호의 정도는 '침해범'이다. 미수범은 처벌한다.

2. 객관적 구성요건

(1) 행위의 주체

행위의 주체는 제한이 없다. 간접정범의 형태로도 가능하다.[11]

---

11) 강제추행죄는 사람의 성적 자유 내지 성적 자기결정의 자유를 보호하기 위한 죄로서 정범 자신이 직접 범죄를 실행하여야 성립하는 자수범이라고 볼 수 없으므로, 처벌되지 아니하는 타인을 도구로 삼아 피해자를 강제로 추행하는 간접정범의 형태로도 벌할 수 있다. 여기서 강제추행에 관한 간접정범의 의사를 실현하는 도구로서의 타인에는 피해자도 포함될 수 있으므로, 피해자를 도구로 삼아 피해자의 신체를 이용하여 추행행위를 한 경우에도 강제추행죄의 간접정범에 해당할 수 있다. 피고인이 피해자들을 협박하여 겁을 먹은 피해자들로 하여금 어쩔 수 없이 나체나 속옷만 입은 상태가 되게 하여 스스로를 촬영하게 하거나, 성기에 이물질을 삽입하거나 자위를 하는 등의 행위를 하게 하였다면, 이러한 행위는 피해자들을 도구로 삼아 피해자들의 신체를 이용하여 그 성적 자유를 침해한 행위로서, 그 행위의 내용과 경위에 비추어 일반적이고도 평균적인 사람으로 하여금 성적 수치심이나 혐오감을 일으키게 하고 선량한 성적 도덕관념에 반하는 행위라고 볼 여지가 충분하다(대판 2018.2.8. 2016도17733).

(2) 행위의 객체

행위의 객체는 '사람'이다. 사람은 자연인이 타인을 말한다.

13세 미만자에 대하여 본죄의 행위를 한 경우에는 제305조의 '13세 미만자 의제강제추행죄'와 '성폭력범죄의 처벌 등에 관한 특례법' 제7조 제3항이 적용되며, '흉기나 그 밖의 위험한 물건을 지닌 채 또는 2명 이상의 합동'한 경우에는 제4조 제2항, '친족관계인 사람'의 경우에는 제5조 제2항, '신체적인 또는 정신적인 장애가 있는 사람'인 경우에는 제6조 제3항이 적용된다. 19세 미만자에 대해서는 아동·청소년의 성보호에 관한 법률 제7조 제3항이 적용된다.

(3) 실행 행위

실행 행위는 '폭행 또는 협박으로 추행'하는 것이다.

(가) 폭행·협박

폭행 또는 협박은 상대방의 항거를 곤란하게 할 정도일 것을 요한다.[12) 이때, 항거를 곤란하게 한 뒤에 추행행위를 하는 경우뿐만 아니라 폭행행위 자체가 추행행위라고 인정되는 경우도 포함된다.[13) 또한, 폭행은 반드시 상대방의 의사를 억압할 정도의 것임을 요하지 않고 상대방의 의사에 반하는 유형력의 행사가 있는 이상 그 힘의 대소강약을 불문한다. 폭행 또는 협박은 반드시 추행 이전에 행하여질 것을 요하지 않고, 추행과 동시 또는 폭행 자체가 추행에 해당될 수도 있다.[14)

---

12) 상대방에 대하여 폭행 또는 협박을 가하여 추행 행위를 하는 경우에 강제추행죄가 성립하려면 그 폭행 또는 협박이 항거를 곤란하게 할 정도일 것을 요하고, 그 폭행·협박이 피해자의 항거를 곤란하게 할 정도의 것이었는지 여부 역시 그 폭행·협박의 내용과 정도는 물론, 유형력을 행사하게 된 경위, 피해자와의 관계, 추행 당시와 그 후의 정황 등 모든 사정을 종합하여 판단하여야 한다(대판 2007.1.25. 2006도5979).

13) 강제추행죄는 상대방에 대하여 폭행 또는 협박을 가하여 항거를 곤란하게 한 뒤에 추행 행위를 하는 경우뿐만 아니라 폭행행위 자체가 추행 행위라고 인정되는 경우도 포함되며, 이 경우의 폭행은 반드시 상대방의 의사를 억압할 정도의 것일 필요는 없다.
피고인이 밤에 술을 마시고 배회하던 중 버스에서 내려 혼자 걸어가는 피해자 갑을 발견하고 마스크를 착용한 채 뒤따라가다가 인적이 없고 외진 곳에서 가까이 접근하여 껴안으려 하였으나, 갑이 뒤돌아보면서 소리치자 그 상태로 몇 초 동안 쳐다보다가 다시 오던 길로 되돌아갔다고 하여 아동·청소년의 성보호에 관한 법률 위반으로 기소된 사안에서, 피고인의 행위가 아동·청소년에 대한 강제추행미수죄에 해당한다(대판 2015.9.10. 2015도6980).

14) 피해자와 춤을 추면서 피해자의 유방을 만진 행위가 순간적인 행위에 불과하더라도 피해자의 의사에 반하여 행하여진 유형력의 행사에 해당하고 피해자의 성적 자유를 침해할 뿐만 아니라 일반인의 입장에서도 추행 행위라고 평가될 수 있는 것으로서, 폭행행위 자체가 추행 행위라고 인정되어 강제추행에 해당된다(대판 2002.4.26. 2001도2417).

(나) 추행

'추행'이란 객관적으로 일반인에게 성적 수치심이나 혐오감을 일으키게 하고 선량한 성적 도덕관념에 반하는 행위로서 피해자의 성적 자유를 침해하는 것이고, 이에 해당하는지는 피해자의 의사, 성별, 연령, 행위자와 피해자의 이전부터의 관계, 행위에 이르게 된 경위, 구체적 행위 태양, 주위의 객관적 상황과 그 시대의 성적 도덕관념 등을 종합적으로 고려하여 신중히 결정되어야 한다. 그리고 강제추행죄의 성립에 필요한 주관적 구성요건으로 성욕을 자극, 흥분, 만족시키려는 주관적 동기나 목적이 있어야 하는 것은 아니다.[15] 상대방에 대하여 폭행 또는 협박을 가하여 항거를 곤란하게 한 뒤에 추행 행위를 하는 경우뿐만 아니라 폭행행위 자체가 추행 행위라고 인정되는 이른바 기습 추행의 경우도 포함된다.[16]

☐ 추행 관련 판례

〈추행에 해당되는 경우〉

① 피고인이 알고 지내던 여성인 피해자 갑이 자신의 머리채를 잡아 폭행을 가하자 보복의 의미에서 갑의 입술, 귀, 유두, 가슴 등을 입으로 깨무는 등의 행위를 한 사안에서, 객관적으로 여성인 피해자의 입술, 귀, 유두, 가슴을 입으로 깨무는 행위는 일반적이고 평균적인 사람으로 하여금 성적 수치심이나 혐오감을 일으키게 하고 선량한 성적 도덕관념에 반하는 행위로서, 갑의 성적 자유를 침해하였다고 보는 것이 타당하다(대판 2013.9.26. 2013도5856).

② 피고인이 엘리베이터라는 폐쇄된 공간에서 피해자들을 칼로 위협하는 등으로 꼼짝

---

15) 대판 2013.9.26. 2013도5856.
16) 강제추행죄는 상대방에 대하여 폭행 또는 협박을 가하여 항거를 곤란하게 한 뒤에 추행 행위를 하는 경우뿐만 아니라 폭행행위 자체가 추행 행위라고 인정되는 이른바 기습추행의 경우도 포함된다. 특히 기습추행의 경우 추행 행위와 동시에 저질러지는 폭행행위는 반드시 상대방의 의사를 억압할 정도의 것임을 요하지 않고 상대방의 의사에 반하는 유형력의 행사가 있기만 하면 그 힘의 대소강약을 불문한다는 것이 일관된 판례의 입장이다. 이에 따라 대법원은, 피해자의 옷 위로 엉덩이나 가슴을 쓰다듬는 행위, 피해자의 의사에 반하여 그 어깨를 주무르는 행위, 교사가 여중생의 얼굴에 자신의 얼굴을 들이밀면서 비비는 행위나 여중생의 귀를 쓸어 만지는 행위 등에 대하여 피해자의 의사에 반하는 유형력의 행사가 이루어져 기습추행에 해당한다고 판단한 바 있다.
나아가 추행은 객관적으로 일반인에게 성적 수치심이나 혐오감을 일으키게 하고 선량한 성적 도덕관념에 반하는 행위로서 피해자의 성적 자유를 침해하는 것으로, 이에 해당하는지 여부는 피해자의 의사, 성별, 연령, 행위자와 피해자의 이전부터의 관계, 그 행위에 이르게 된 경위, 구체적 행위태양, 주위의 객관적 상황과 그 시대의 성적 도덕관념 등을 종합적으로 고려하여 신중히 결정되어야 한다(대판 2020.3.26. 2019도15994).

하지 못하도록 자신의 실력적인 지배하에 둔 다음 피해자들에게 성적 수치심과 혐오감을 일으키는 자신의 자위행위 모습을 보여 주고 피해자들로 하여금 이를 외면하거나 피할 수 없게 한 행위는 강제추행죄의 추행에 해당한다(대판 2010.2.25. 2009도13716).
③ 피고인은 입양한 딸인 피해자(10세)와 나란히 누워서 잠을 자던 중 피고인의 오른쪽 다리로 피해자를 누르고 오른손으로 피해자의 엉덩이를 만지고, 왼손을 피해자의 상의 안으로 집어넣어 가슴을 만졌다는 것인바, 피고인과 피해자와의 관계, 피해자의 연령, 위 행위에 이르게 된 경위와 당시의 상황 등을 고려하여 보면, 피고인이 위 행위가 단순한 애정표현의 한계를 넘어서 피해자의 의사에 반하여 행하여진 유형력의 행사로 피해자의 성적 자유를 침해할 뿐만 아니라 일반인의 입장에서도 추행 행위라고 평가될 수 있는 것이고, 나아가 추행 행위의 형태와 당시의 정황 등에 비추어 볼 때 피고인의 범의도 넉넉히 인정할 수 있다(대판 2008.4.10. 2007도9487).

〈추행에 해당되지 않는 경우〉

① 피고인은 피해자(2세, 여)에게 사탕을 건네주며 나이를 물었는데, 피해자가 정작 아무런 대답도 하지 않자 대답을 재촉하는 상황에서 공소외인(피해자의 모)이 피해자의 팔을 잡아끌면서 피고인의 손이 피해자의 몸에 옷 위로 잠시 닿았던 것으로 보인다. 피고인은 당시 대답을 하지 않는 피해자에게 "말해도 돼요"라고 했고, 공소외인의 진술에 의하더라도 피고인이 그 과정에서 피해자에게 "아, 예쁘다"라고 말했다는 것이다. 그러한 말들이 만2세의 어린 아이에 대하여 어떠한 성적인 의미를 갖는다고 볼 수 없고, 그 밖에 피고인이 어떠한 성적인 의미를 포함하는 말을 한 적도 없다. 이와 같은 피해자의 나이, 피고인이 행위에 이르게 된 경위, 행위의 태양, 주위의 객관적 상황 등에 비추어 피고인이 당시 피해자와 신체적인 접촉을 하였다고 하더라도 피고인에게 추행에 대한 고의가 있었다고 볼 수 없을 뿐만 아니라 피고인의 행위가 일반인에게 성적 수치심이나 혐오감을 일으키게 하고 선량한 성적 도덕관념에 반하는 행위로서 추행에 해당한다고 단정하기도 어렵다(대판 2017.10.31. 2016도21231).
② 피고인이 피해자(48세, 여)에게 욕설을 하면서 자신의 바지를 벗어 성기를 보여주는 방법으로 강제추행하였다는 내용으로 기소된 사안에서, 제반 사정을 고려할 때 단순히 피고인이 바지를 벗어 자신의 성기를 보여준 것만으로는 폭행 또는 협박으로 '추행'을 하였다고 볼 수 없다(대판 2012.7.26. 2011도8805).

(4) 기수시기

본죄는 폭행·협박 또는 추행이 시작될 때 실행이 착수로 보며, 추행 행위가 어느 정도 진행이 될 때 기수가 된다. 본죄의 미수는 처벌한다.

3. 주관적 구성요건

본죄의 고의는 폭행 또는 협박으로 사람을 추행한다는 인식과 인용이다. 미필적 고의로도 충분하다.

4. 죄수

공연히 강제추행을 한 경우에는 본죄와 공연음란죄의 상상적 경합이 성립한다.

5. 특별법

성폭력범죄의 처벌 등에 관한 특례법 제4조 제2항에서 흉기나 그 밖의 위험한 물건을 지닌 채 또는 2인 이상이 합동하여 강제추행의 죄를 범한 경우, 제5조 제2항의 친족관계인 사람이 폭행 또는 협박으로 강제추행한 경우, 제6조 제3항의 신체적인 또는 정신적인 장애가 있는 사람에 대해 강제추행을 한 경우, 제7조 제3항의 13세 미만의 미성년자에 대한 강제추행한 경우에는 가중처벌하고 있다.

아동·청소년의 성보호의 관한 법률에서도 19세 미만의 자에 대해 가중처벌하고 있다.

Ⅳ. 준강간죄, 준유사강간죄, 준강제추행죄

> **제299조【준강간, 준강제추행】** 사람의 심신상실 또는 항거불능의 상태를 이용하여 간음 또는 추행을 한 자는 제297조, 제297조의2 및 제298조의 예에 의한다.

1. 의의, 성격

본죄는 '사람의 심신상실 또는 항거불능의 상태를 이용하여 간음 또는 추행함으로써 성립하는 범죄'이다. 본죄는 폭행·협박을 수단으로 하지 않고 상대방의 심신상실 또는 항거불능의 상태를 이용하는 점에서 강간죄, 유사강간죄, 강제추행죄와 구별된다. 미수범은 처벌하며, 준강간죄에 한하여 예비·음모죄는 처벌한다.

2. 객관적 구성요건

(1) 행위의 주체

행위의 주체는 제한이 없다. 간접정범, 공동정범의 형태로도 가능하다.

(2) 행위의 객체

행위의 객체는 '사람'이다. 사람은 자연인이 타인을 말하며, 남녀를 불문한다.

13세 미만자에 대하여 본죄의 행위를 한 경우에는 '성폭력범죄의 처벌 등에 관한 특례법' 제7조 제4항이 적용되며, '흉기나 그 밖의 위험한 물건을 지닌 채 또는 2명 이상의 합동'한 경우에는 제4조 제3항, '친족관계인 사람'의 경우에는 제5조 제3항, '신체적인 또는 정신적인 장애가 있는 사람'인 경우에는 제6조 제4항이 적용된다.

19세 미만자에 대해서는 아동·청소년의 성보호에 관한 법률 제7조 제4항이 적용된다.

(3) 실행 행위

실행 행위는 '심신상실 또는 항거불능의 상태를 이용하여 간음 또는 추행'하는 것이다.

(가) 심신상실

'심신상실'이란 심신장애로 인하여 사물을 변별할 능력이 없거나 의사를 결정할 능력이 없는 상태를 말한다. 즉, 정신장애 또는 의식 장애 때문에 성적 행위에 관하여 정상적인 판단을 할 수 없는 상태이다. 예컨대, 상대방이 깊은 잠에 빠져 있다거나 술·약물 등의 사유로 자신의 성적 행위에 대해 정상적인 대응·조절 능력과 판단을 제대로 행사할 수 없는 상태를 의미한다.[17] 본죄에 심신미약자가 해당이 되는가의 문제에 대해서는 제302조가 적용될 뿐이다.

(나) 항거불능

'항거불능'의 상태라 함은 심신상실 이외의 원인 때문에 심리적 또는 물리적으로 반항이 절대적으로 불가능하거나 곤란한 경우를 의미한다.[18] 예컨대, 진료

---

17) 대판 2000.5.26. 98도3257.
18) 형법 제299조는 사람의 심신상실 또는 항거불능의 상태를 이용하여 간음 또는 추행을 한 자를 같은 법 제297조, 제298조의 강간 또는 강제추행의 죄와 같이 처벌하도록 규정하고 있는바, 이 죄가 정신적 또는 신체적 사정으로 인하여 성적인 자기방어를 할 수 없는 사람에게 성적 자기결정권을 보호해 주는 것을 보호법익으로 하고 있고, 같은 법 제302조에서 미성년자 또는 심신미약자에 대하여 위계 또는 위력으로써 간음 또는 추행을 한 자의 처벌

중 의사가 환자를 추행한 경우, 종교적 믿음에 의해 정신적 혼란 상태인 경우 등
이다.

(다) 이용

'이용'한다는 것은 심신상실 또는 항거불능상태를 이용하여 간음 또는 추행
하는 것이다. 만약, 행위자가 상대방을 심신상실 또는 항거불능상태로 만든 후 간
음 또는 추행한 경우에는 본죄가 성립하는 것이 아니라 강간죄나 강제추행죄가
성립한다.

□ 심신상실·항거불능 관련 판례

〈심신상실·항거불능에 해당되는 경우〉

① 교회 노회장인 피고인이 안수기도를 하던 도중 피해자인 여신도의 가슴을 만졌는
데, 피해자는 피고인의 행위가 종교적으로 필요한 행위로서 이를 용인해야 하는지에
관해 판단과 결정을 하지 못한 채 곤혹과 당황, 경악 등 정신적 혼란을 겪어 피고인의
행위가 성적 행위임을 알면서도 거부하지 못한 경우, 피고인의 행위는 준강제추행죄에
해당한다(대판 2009.4.23. 2009도2001).
② 피고인은 잠을 자고 있는 피해자의 옷을 벗기고 자신의 바지를 내린 상태에서 피해
자의 음부 등을 만지는 행위를 한 시점에서 피해자의 항거불능의 상태를 이용하여 간
음을 할 의도를 가지고 간음의 수단이라고 할 수 있는 행동을 시작한 것으로서 준강간
죄의 실행에 착수하였다고 보아야 할 것이고, 그 후 피고인이 위와 같은 행위를 하는
바람에 피해자가 잠에서 깨어나 피고인이 성기를 삽입하려고 할 때에는 객관적으로 항
거불능의 상태에 있지 아니하였다고 하더라도 준강간미수죄의 성립에 지장이 없다(대
판 2000.1.14. 99도5187).

〈심신상실·항거불능에 해당되지 않는 경우〉

① 피고인이 술에 취하여 안방에서 잠을 자고 있던 피해자를 발견하고 갑자기 욕정을
일으켜 피해자의 옆에 누워 피해자의 몸을 더듬다가 피해자의 바지를 벗기려는 순간
피해자가 어렴풋이 잠에서 깨어났으나 피해자는 잠결에 자신의 바지를 벗기려는 피고
인을 자신의 애인으로 착각하여 반항하지 않고 응함에 따라 피해자를 1회 간음한 사실
을 인정한 다음, 이와 같이 피해자가 잠결에 피고인을 자신의 애인으로 잘못 알았다고
하더라도 피해자의 위와 같은 의식상태를 심신상실의 상태에 이르렀다고 보기 어렵고

에 관하여 따로 규정하고 있는 점 등에 비추어 보면, 형법 제299조에서의 항거불능의 상태
라 함은 위 제297조, 제298조와의 균형상 심신상실 이외의 원인 때문에 심리적 또는 물리
적으로 반항이 절대적으로 불가능하거나 현저히 곤란한 경우를 의미한다고 보아야 할 것
이다(대판 2000.5.26. 98도3257).

달리 피해자가 심신상실의 상태에 이르렀다고 인정할 증거가 없다(대판 2000.2.25. 98
도4355).

② 피해자들이 본인이나 가족의 병을 낫게 하려는 마음에서 목사인 피고인의 요구에
응하였고, 당시 피고인과 대화를 주고받기도 한 사실을 인정한 다음, 피고인의 이 사건
범행의 경위 및 횟수, 당시 피고인과 피해자들이 주고받은 대화의 내용 등에 비추어 피
해자들은 당시 피고인의 성적 행위를 인식하고 이에 따른 것이 항거가 현저히 곤란한
상태였다고 보기 어렵다(대판 2000.5.26. 98도3257).

(4) 기수시기

본죄는 피해자의 심신상실 또는 항거불능의 상태를 이용하여 간음할 의도를
가지고 간음의 수단이라고 할 수 있는 행동을 시작한 때이며,[19] 간음 또는 추행
을 한 때 기수가 된다. 미수범은 처벌하며, 준강간죄에 한정하여 예비·음모죄는
처벌한다.

□ **준강간죄의 불능미수**

형법 제300조는 준강간죄의 미수범을 처벌한다. 또한 형법 제27조는 "실행의 수단 또는
대상의 착오로 인하여 결과의 발생이 불가능하더라도 위험성이 있는 때에는 처벌한다.
단, 형을 감경 또는 면제할 수 있다"라고 규정하여 불능미수범을 처벌하고 있다. 따라
서, 피고인이 피해자가 심신상실 또는 항거불능의 상태에 있다고 인식하고 그러한 상
태를 이용하여 간음할 의사로 피해자를 간음하였으나 피해자가 실제로는 심신상실 또
는 항거불능의 상태에 있지 않은 경우에는, 실행의 수단 또는 대상의 착오로 인하여 준
강간죄에서 규정하고 있는 구성요건적 결과의 발생이 처음부터 불가능하였고 실제로
그러한 결과가 발생하였다고 할 수 없다. 피고인이 준강간의 실행에 착수하였으나 범
죄가 기수에 이르지 못하였으므로 준강간죄의 미수범이 성립한다. 피고인이 행위 당시
에 인식한 사정을 놓고 일반인이 객관적으로 판단하여 보았을 때 준강간의 결과가 발
생할 위험성이 있었으므로 준강간죄의 불능미수가 성립한다(대판 2019.3.28. 2018도
16002 전원합의체).

3. 주관적 구성요건

본죄의 고의는 피해자가 심신상실 또는 항거불능의 상태에 있다는 것과 그
러한 상태를 이용하여 간음 또는 추행한다는 구성요건적 결과 발생의 가능성을

---

19) 대판 2019.2.14. 2018도19295.

인식하고 그러한 위험을 용인하는 내심의 의사를 말한다.[20]

4. 특별법

성폭력범죄의 처벌 등에 관한 특례법 제6조 제4항에서 신체적인 또는 정신적인 장애로 항거불능 또는 항거곤란 상태에 있음을 이용하여 사람을 간음하거나 추행한 경우, 제4조 제3항에서 흉기나 그 밖의 위험한 물건을 지닌 채 또는 2명 이상이 합동하여 본죄를 범한 경우, 제7조 제2항에서 13세 미만의 사람에 대해 본죄를 범한 경우에는 가중처벌한다.

아동·청소년의 성보호의 관한 법률에서도 19세 미만의 자에 대해 가중처벌하고 있다.

Ⅴ. 강간 등 상해·치상죄

> **제301조 【강간 등 상해·치상】** 제297조, 제297조의2 및 제298조부터 제300조까지의 죄를 범한 자가 사람을 상해하거나 상해에 이르게 한 때에는 무기 또는 5년 이상의 징역에 처한다.

1. 의의, 보호법익

본죄는 '강간죄, 유사강간죄 및 강제추행죄, 준강간죄·준강제추행죄, 13세미만자 의제강간죄·의제강제 추행죄 및 그 미수범을 범한 자가 사람을 상해하거나 상해에 이르게 함으로써 성립하는 범죄'이다. 보호법익은 '성적 의사결정의 자유와 신체의 건강'이며, 보호의 정도는 '침해범'이다. 강간 등 상해죄는 강간죄·강제추행죄와 상해죄의 '결합범'이며, 강간 등 치상죄는 강간죄·강제추행죄의 '진정결과적 가중범'이다. 강간 등 상해죄에 한정하여 예비·음모죄는 처벌한다.

2. 객관적 구성요건

(1) 행위의 주체

행위의 주체는 강간죄, 유사강간죄 및 강제추행죄, 준강간죄·준강제추행죄, 13세 미만자 의제강간죄·의제강제 추행죄를 범한 자이며, 기수와 미수를 불문

---

20) 대판 2019.3.28. 2018도16002 전원합의체.

한다.

(2) 행위의 객체

행위의 객체는 '사람'이다. 사람은 자연인이 타인을 말하며, 남녀를 불문한다.

(3) 실행 행위

실행 행위는 '상해하거나 상해에 이르게 하는 것'이다.

'상해'는 상해죄의 상해와 동일하다. 본죄에서 상해는 강간이나 추행의 기회에 또는 이와 밀접하게 관련된 행위에서 발생한 것이어야 한다. 즉, 강간의 수단으로 사용한 폭행으로부터 발생한 경우뿐 아니라 간음행위 그 자체로부터 발생한 경우나 강간에 수반하는 행위에서 발생한 경우도 포함하는 것이다.[21]

'치상'은 상해의 고의가 없이 상해의 결과를 발생하게 하는 '결과적 가중범'을 말한다. 그러므로, 강간 등의 행위와 치상 사이에 인과관계가 있어야 하며, 결과 발생에 대한 예견가능성이 있어야 한다. '치상'도 상해와 같이 강간 등의 기회에 또는 이와 밀접하게 관련된 행위에서 발생한 것이어야 한다.

□ **강간 등 상해·치상 관련 판례**

〈상해·치상에 해당되는 경우〉

① 강간치상죄나 강제추행치상죄에 있어서의 상해는 피해자의 신체의 완전성을 훼손하거나 생리적 기능에 장애를 초래하는 것, 즉 피해자의 건강상태가 불량하게 변경되고 생활기능에 장애가 초래되는 것을 말하는 것으로, 여기서의 생리적 기능에는 육체적 기능뿐만 아니라 정신적 기능도 포함된다. 따라서 수면제와 같은 약물을 투약하여 피해자를 일시적으로 수면 또는 의식불명 상태에 이르게 한 경우에도 약물로 인하여 피해자의 건강상태가 불량하게 변경되고 생활기능에 장애가 초래되었다면 자연적으로 의식을 회복하거나 외부적으로 드러난 상처가 없더라도 이는 강간치상죄나 강제추행치상죄에서 말하는 상해에 해당한다(대판 2017.6.29. 2017도3196).

② 위험한 물건인 전자충격기를 사용하여 강간을 시도하다가 미수에 그치고, 피해자에게 약2주간의 치료를 요하는 안면부 좌상 등의 상해를 입힌 사안에서, 성폭력범죄의 처벌 및 피해자보호등에 관한 법률에 의한 특수강간치상죄가 성립한다(대판 2008.4.24. 2007도10058).

③ 강간행위에 수반하여 생긴 상해가 극히 경미한 것으로서 굳이 치료할 필요가 없어서 자연적으로 치유되며 일상생활을 하는데 아무런 지장이 없는 경우에는 강간치상죄의 상해에 해당되지 아니한다고 할 수 있을 터이니, 그러한 논거는 피해자의 반항을 억압할 만한 폭행 또는 협박이 없어도 일상생활 중 발생할 수 있는 것이거나 합의에 따른

---

21) 대판 1999.4.9. 99도519.

성교행위에서도 통상 발생할 수 있는 상해와 같은 정도임을 전제로 하는 것이므로 그러한 정도를 넘는 상해가 그 폭행 또는 협박에 의하여 생긴 경우라면 상해에 해당된다고 할 것이며, 피해자의 건강상태가 나쁘게 변경되고 생활 기능에 장애가 초래된 것인지는 객관적, 일률적으로 판단될 것이 아니라 피해자의 연령, 성별, 체격 등 신체, 정신상의 구체적 상태를 기준으로 판단되어야 한다. 피해자가 소형승용차 안에서 강간 범행을 모면하려고 저항하는 과정에서 피고인과의 물리적 충돌로 인하여 입은 '우측 슬관절 부위 찰과상'등이 강간치상죄의 상해에 해당한다(대판 2005.5.26. 2005도1039).
④ 처녀막은 부녀자의 신체에 있어서 생리조직의 일부를 구성하는 것으로서 그것이 파열되면 정도의 차이는 있어도 생활기능에 장애가 오는 것이라고 보아야 하고, 처녀막 파열이 그와 같은 성질의 것인 한 비록 피해자가 성경험을 가진 여자로서 특이체질로 인해 새로 형성된 처녀막이 파열되었다 하더라도 강간치상죄를 구성하는 상처에 해당된다(대판 1995.7.25. 94도1351).

〈상해·치상에 해당되지 않는 경우〉

① 강제추행 과정에서 입힌 가슴부 찰과상 등이 별도의 치료를 받지 않더라도 일상생활을 하는데 아무런 지장이 없고 시일이 경과함에 따라 자연적으로 치유되었다면 강제추행치상죄의 상해에 해당하지 않은 여지가 있다는 이유로, 이를 강제추행치상죄의 상해에 해당한다고 본 원심판결을 파기한 사례(대판 2009.7.23. 2009도1934).
② 강간도중 흥분하여 피해자의 왼쪽 어깨를 입으로 빨아서 생긴 동전크기 정도의 반상출혈상은 별다른 통증이나 자각증상도 없이 피해자는 그 상처를 알아차릴 수도 없었는데 의사가 진찰을 하던 과정에서 우연히 발견한 것이고 의학상 치료를 받지 아니하더라도 자연흡수되어 보통 1주 정도가 지나면 자연치유되는 것으로서 인체의 생활기능에 장해를 주고 건강상태를 불량하게 변경하는 것이 아니어서 강간치상죄의 상해에 해당한다 할 수 없다(대판 1986.7.8. 85도2042)

(4) 인과관계

강간치상죄는 결과적 가중범으로써 강간과 상해의 결과 사이에 인과관계가 인정되어야 한다. 또한, 상해에 대한 예견가능성이 있어야 한다.

(5) 기수·미수

기본 범죄인 강간 등의 기수·미수를 불문하고 상해·치사의 결과가 발생하면 기수가 된다. 형법상 강간치상죄에 대해서는 미수범 처벌규정이 없으나, 성폭력범죄의 처벌 등에 관한 특례법에서는 '특수강간치상죄'에 대해 미수범 처벌규정을 두고 있다.

□ 관련 판례

성폭력범죄의 처벌 및 피해자보호 등에 관한 법률 제9조 제1항에 의하면 같은 법 제6조 제1항에서 규정하는 특수강간의 죄를 범한 자뿐만 아니라 특수강간이 미수에 그쳤다고 하더라고 그로 인하여 피해자가 상해를 입었으면 특수강간치상죄가 성립하는 것이고, 같은 법 제12조에서 규정한위 제9조 제1항에 대한 미수범처벌규정은 제9조 제1항에서 특수강간치상죄와 함께 규정된 특수강간상해죄의 미수에 그친 경우, 즉 특수강간의 죄를 범하거나 미수에 그친 자가 피해자에 대하여 상해의 고의를 가지고 피해자에게 상해를 입히려다가 미수에 그친 경우 등에 적용된다. 원심이 그 판시의 증거를 종합하여 피고인이 위험한 물건인 전자충격기를 피해자의 허리에 대고 피해자를 폭행하여 강간하려다가 미수에 그치고 피해자에게 약2주간의 치료를 요하는 안면부 좌상 등의 상해를 입힌 사실을 인정하고, 이에 대하여 성폭력범죄의 처벌 및 피해자보호 등에 관한 법률 소정의 특수강간치상죄의 기수에 해당한다고 인정한 것은 기록과 앞서 본 법리에 비추어 정당하고, 상고이유에서 주장하는 바와 같은 결과적 가중범의 미수범에 관한 법리오해 등의 위법은 없다(대판 2008.4.24. 2007도10058).

3. 주관적 구성요건

본죄는 기본 범죄인 강간 등에 대한 고의가 있어야 하며, 상해에 대해서는 고의, 치상에 있어서는 과실에 대한 예견가능성이 있어야 한다.

4. 공범

공동정범의 경우에 공모자 전원이 일정한 일시, 장소에 집합하여 모의하지 아니하고 공범자 중 수인을 통하여 범의의 연락이 있고 그 범의내용에 대하여 포괄적 또는 개별적인 의사연락이나 그 인식이 있었다면 그들 전원이 공모관계에 있다 할 것이고, 이와 같이 공모한 후 공범자 중의 1인이 설사 범죄실행에 직접 가담하지 아니하였다 하더라도 다른 공모자가 분담실행한 공모자가 실행한 행위에 대하여 공동정범의 책임이 있다 할 것이며, 공범자 중 수인이 강간의 기회에 상해의 결과를 야기하였다면 다른 공범자가 그 결과의 인식이 없었더라도 강간치상죄의 책임이 없다고 할 수 없다.[22]

---

22) 대판 1984.2.14. 83도3120.

5. 특별법

성폭력범죄의 처벌 등에 관한 특례법 제8조 제1항은 제3조 제1항(특수강도강
간 등), 제4조(특수강간 등), 제6조(장애인에 대한 강간, 강제추행 등), 제7조(13세 미만
의 미성년자에 대한 강간, 강제추행 등), 제15조(제3조 제1항, 제4조, 제6조 또는 제7조의
미수범)의 죄를 범한 사람이 다른 사람을 상해하거나 상해에 이르게 한 때에는 무
기징역 또는 10년 이상의 징역으로 처벌하고 있다. 또한 제8조 제2항은 제5조(친
족관계에 의한 강간 등), 제15조(제5조의 미수범)의 죄를 범한 사람이 다른 사람을
상해하거나 상해에 이르게 한 때에는 무기징역 또는 7년 이상의 징역으로 처벌하
고 있다.

아동·청소년의 성보호의 관한 법률에서도 19세 미만의 자에 대해 가중처벌
하고 있다.

VI. 강간 등 살인·치사죄

> **제301조의2【강간 등 살인·치사】** 제297조, 제297조의2 및 제298조부터 제300조까지의 죄
> 를 범한 자가 사람을 살해한 때에는 사형 또는 무기징역에 처한다. 사망에 이르게 한
> 때에는 무기 또는 10년 이상의 징역에 처한다.

1. 의의, 보호법익

본죄는 '강간죄, 유사강간죄 및 강제추행죄, 준강간죄·준강제추행죄, 13세미
만자 의제강간죄·의제강제추행죄 및 그 미수범을 범한 자가 사람을 살해하거나
사망에 이르게 함으로써 성립하는 범죄'이다. 보호법익은 '성적 의사결정의 자유
와 사람의 생명'이며, 보호의 정도는 '침해범'이다. 강간 등 살인죄는 강간죄·강제
추행죄와 살해행위의 '결합범'이며, 강간 등 치사죄는 강간죄·강제추행죄의 '진정
결과적 가중범'이다. 미수 및 예비·음모죄의 처벌규정이 없다.

2. 객관적 구성요건

(1) 행위의 주체

행위의 주체는 강간죄, 유사강간죄 및 강제추행죄, 준강간죄·준강제추행죄,

13세 미만자 의제강간죄·의제강제추행죄를 범한 자이며, 기수와 미수를 불문한다.

(2) 행위의 객체

행위의 객체는 '사람'이다. 사람은 자연인이 타인을 말하며, 남녀를 불문한다.

(3) 실행 행위

실행 행위는 '살해하거나 사망에 이르게 하는 것'이다. 강간살인죄는 살해에 대한 고의가 있는 경우에 성립하는 고의범이며, 강간치사죄는 결과적 가중범으로 강간 등의 행위와 사망의 결과 발생에 대한 과실 사이에 인과관계 및 사망에 대한 예견가능성이 있어야 한다.[23)]

3. 주관적 구성요건

본죄는 기본 범죄인 강간 등에 대한 고의가 있어야 하며, 살인에 대해서는 고의, 치사에 있어서는 과실에 대한 예견가능성이 있어야 한다.

4. 특별법

성폭력범죄의 처벌 등에 관한 특례법 제9조 제1항은 제3조(특수강도강간 등), 제4조(특수강간 증), 제5조(친족관계에 의한 강간 등), 제6조(장애인에 대한 강간, 강제추행 등), 제7조(13세 미만의 미성년자에 대한 강간, 강제추행 등), 제15조(제3조부터 제7조까지의 미수범)의 죄 또는 형법 제297조(강간), 제297조의2(유사강간) 및 제298조(강제추행)부터 제300조(미수범)까지의 죄를 범한 사람이 다른 사람을 사망에 이르게 한 때에는 무기징역 또는 10년 이상의 징역으로 처벌하고 있다.

또한 제9조 제3항은 제6조(장애인에 대한 강간·강제추행 등), 제7조(13세 미만의 미성년자에 대한 강간·강제추행 등), 제15조(제6조 또는 제7조의 미수범)의 죄를 범한 사람이 다른 사람을 사망에 이르게 한 때에는 사형, 무기징역 또는 10년 이상의 징역으로 처벌하고 있다.

아동·청소년의 성보호의 관한 법률에서도 19세 미만의 자에 대해 가중처벌하고 있다.

---

23) 피고인들이 의도적으로 피해자를 술에 취하도록 유도하고 수차례 강간한 후 의식불명 상태에 빠진 피해자를 비닐창고로 옮겨 놓아 피해자가 저체온증으로 사망한 사안에서, 위 피해자의 사망과 피고인들의 강간 및 그 수반행위와의 인과관계 그리고 피해자의 사망에 대한 피고인들의 예견가능성이 인정되므로, 위 비닐창고에서 피해자를 재차 강제추행, 강간하고 하의를 벗겨 놓은 채 귀가한 피고인이 있다 하더라도 피고인들은 피해자의 사망에 대한 책임을 면한다고 볼 수 없어 강간치사죄가 인정된다(대판 2008.2.29. 2007도10120).

Ⅶ. 미성년자 등에 대한 간음죄

제302조 【미성년자 등에 대한 간음】 미성년자 또는 심신미약자에 대하여 위계 또는 위력으로써 간음 또는 추행을 한 자는 5년 이하의 징역에 처한다.

1. 의의, 보호법익

본죄는 '미성년자 또는 심신미약자에 대하여 위계 또는 위력으로써 간음 또는 추행을 함으로써 성립하는 범죄'이다. 보호법익은 '미성년자 또는 심신미약자의 성적 의사결정의 자유'이며, 보호의 정도는 '침해범'이다.

2. 객관적 구성요건

(1) 행위의 객체

행위의 객체는 '미성년자 또는 심신미약자'이다.

'미성년자'는 19세 미만의 자를 말한다. 단 13세 미만의 자는 본죄가 아닌 제305조(미성년자에 대한 간음, 추행)가 적용된다.[24) '심신미약자'는 정신기능의 장애로 인하여 사물을 변별하거나 의사를 결정할 능력이 미약한 사람을 말한다.[25)

(2) 실행 행위

실행 행위는 '위계 또는 위력으로써 간음 또는 추행'하는 것이다.

'위계'란 행위자가 간음의 목적으로 상대방에게 오인, 착각, 부지를 일으키고는 상대방의 그러한 심적 상태를 이용하여 간음의 목적을 달성하는 것을 말하는 것이고, 여기에서 오인, 착각, 부지에 빠지게 되는 대상은 간음행위 자체일 수도 있고 간음행위에 이르게 된 동기이거나 간음행위와 결부된 금전적·비금전적 대가와 같은 요소일 수도 있다.[26)

---

24) 성폭력범죄의 처벌 등에 관한 특례법 제7조 제5항은 13세 미만의 사람을 위계 또는 위력으로써 간음하거나 추행한 경우에는 13세 미만의 사람에 대한 강간, 유사강간, 추행을 가중처벌하고 있다.

25) 대판 2019.6.13. 2019도3341.

26) '위계'라 함은 행위자의 행위 목적을 달성하기 위하여 피해자에게 오인, 착각, 부지를 일으키게 하여 이를 이용하는 것을 말한다. 이러한 위계의 개념 및 앞서 본 바와 같이 성폭력 범행에 특히 취약한 사람을 보호하고 행위자를 강력하게 처벌하려는 입법태도, 피해자의 인지적·심리적·관계적 특정으로 온전한 성적 자기결정권 행사를 기대하기 어려운 사정 등을 종합하면, 행위자가 간음의 목적으로 피해자에게 오인, 착각, 부지를 일으키고 피해자의 그러한 심적 상태를 이용하여 간음의 목적을 달성하였다면 위계와 간음행위 사이의 인

'위력'이란 사람의 의사를 제압할 수 있는 유형·무형의 세력을 말한다. 폭행·협박뿐 아니라 사회적·경제적·정치적인 지위나 권세를 이용하는 것도 가능하며, 위력행위 자체가 추행 행위라고 인정되는 경우도 포함되고, 이 경우에 있어서의 위력은 현실적으로 피해자의 자유의사가 제압될 것임을 요하는 것은 아니다.[27]

□ 위계·위력 관련 판례

〈위계 관련 판례〉

피고인이 갑에게 정신장애가 있음을 알면서 인터넷 쪽지를 이용하여 갑을 피고인의 집으로 유인한 후 성교행위와 제모행위를 함으로써 장애인인 갑을 간음하고 추행하였다고 하여 구 성폭력범죄의 처벌 등에 관한 특례법위반으로 기소된 사안에서, 피고인이 성교 등의 목적을 가지고 갑을 유인하여 피고인의 집으로 오게 하였더라도 위 유인행위는 갑을 피고인의 집으로 오게 하기 이한 행위에 불과하고, 갑이 피고인의 집으로 온 것과 성교행위나 제모행위 사이에 불가분적 관련성이 인정되지 아니하여, 갑이 피고인의 유인행위로 간음행위나 추행 행위 자체에 대한 착오에 빠졌다거나 이를 알지 못하게 되었다고 할 수 없으므로, 피고인의 행위는 위 특례법에서 정한 장애인에 대한 위계에 의한 간음죄 또는 추행죄에 해당하지 않는다(대판 2014.9.4. 2014도8423).

〈위력 관련 판례〉

① 피고인은 피해자에게 필로폰을 제공하여 약물로 인해 사물을 변별하거나 의사를 결정할 능력이 미약한 상태에 빠진 피해자가 제대로 저항하거나 거부하지 못한다는 사정을 이용하여 피해자를 추행하기로 마음먹고 화장실에서 샤워를 하고 있던 피해자에게 다가가 피해자에게 자신의 성기를 입으로 빨게 하고, 피해자의 항문에 성기를 넣기 위해 피해자를 뒤로 돌아 엎드리게 한 다음, 피해자의 항문에 손가락을 넣고, 샤워기 호스의 헤드를 분리하여 그 호스를 피해자의 항문에 꽂아 넣은 후 물을 주입하였다. 이로써 피고인은 약물로 인하여 사물을 변별하거나 의사를 결정할 능력이 미약한 심신미약자를 위력으로 추행하였다(대판 2019.6.13. 2019도3341).
② 체구가 큰 만27세 남자가 만15세(48kg)인 피해자의 거부 의사에도 불구하고, 성교를

과관계를 인정할 수 있고, 따라서 위계에 의한 간음죄가 성립한다. 왜곡된 성적 결정에 기초하여 성행위를 하였다면 왜곡이 발생한 지점이 성행위 그 자체인지 성행위에 이르게 된 동기인지는 성적 자기결정권에 대한 침해가 발생한 것은 마찬가지라는 점에서 핵심적인 부분이라고 하기 어렵다. 피해자가 오인, 착각, 부지에 빠지게 되는 대상은 간음행위 자체일 수도 있고, 간음행위에 이르게 된 동기이거나 간음행위와 결부된 금전적·비금전적 대가와 같은 요소일 수도 있다(대판 2020.8.27. 2015도9436).
27) 대판 1998.1.23. 97도2506.

위하여 피해자의 몸 위로 올라간 것 외에 별다른 유형력을 행사하지는 않은 사안에서, 청소년의 성보호에 관한 법률상 '위력에 의한 청소년 강간죄'의 성립을 인정한 사례(대판 2008.7.24. 2008도4069).

(3) 인과관계

본죄는 위계 또는 위력의 행사와 간음 또는 추행 사이에 인과관계가 있어야 한다.

3. 주관적 구성요건

본죄는 미성년자 또는 심신미약자를 간음, 추행한다는 사실에 대한 인식과 인용이 있어야 한다.

VIII. 업무상위력 등에 의한 간음죄

제303조【업무상위력 등에 의한 간음】① 업무, 고용 기타 관계로 인하여 자기의 보호 또는 감독을 받는 사람에 대하여 위계 또는 위력으로써 간음한 자는 7년 이하의 징역 또는 3천만원 이하의 벌금에 처한다.
② 법률에 의하여 구금된 사람을 감호하는 자가 그 사람을 간음한 때에는 10년 이하의 징역에 처한다.

i. 피보호자 간음죄(제1항)

1. 의의, 보호법익

본죄는 '업무, 고용 기타 관계로 인하여 자기의 보호 또는 감독을 받는 사람에 대하여 위계 또는 위력으로써 간음함으로써 성립하는 범죄'이다. 보호법익은 '피보호자의 성적 의사결정의 자유'이며, 보호의 정도는 '침해범'이다.

2. 객관적 구성요건

(1) 행위의 주체

행위의 주체는 '업무, 고용 기타 관계로 인하여 자기의 보호 또는 감독하는 자'로 진정신분범이다.

(2) 행위의 객체

행위의 객체는 '업무, 고용 기타 관계로 인하여 자기의 보호 또는 감독을 받는 사람'이다. 이때, 사실상의 자기의 보호 또는 감독을 받는 사람이면 사적이든 공적이든 불문한다. 예컨대, 사실상의 보호 또는 감독을 받는 상황에 있는 부녀인 경우도 이에 포함된다.[28]

(3) 실행 행위

실행 행위는 '위계 또는 위력으로써 간음'하는 것이다. 업무 등 자기의 보호 또는 감독을 받는 사람에 대해 위계 또는 위력으로써 간음한 경우에는 본죄가 성립하고, 추행을 한 경우에는 성폭력범죄의 처벌 등에 관한 특례법 제10조 제1항이 성립한다.[29]

3. 주관적 구성요건

본죄는 피감호자를 위계 또는 위력으로써 간음한다는 사실에 대한 인식과 인용이 있어야 한다.

4. 다른 죄와의 관계

13세 미만의 피보호자를 위계 또는 위력으로써 간음한 경우에는 성폭력범죄의 처벌 등에 관한 특례법 제7조 제5항이 적용된다.

---

28) 피고인은 미장원 여주인 공소외 1의 남편으로서 매일같이 미장원에 수시고 출입하고 있을 뿐 아니라 청소는 물론 미장원을 지켜주고 한편 손님이 오면 살림집으로 연락을 해주는 등 그의 처를 도와 주고 있는 사실 및 피해자 공소외 2는 피고인을 "주인 아저씨", "주인남자" 라고 부르면서 직접 간접의 지시에 따르고 있었다는 사정 등이 시인될 수 있다 할 것이니 비록 피고인이 직접 피해자 공소외 2를 미장원 종업원으로 고용한 것은 아니라 하더라도 자기의 처가 경영하는 미장원에 매일같이 출입하면서 미장원 일을 돕고 있었다면 미장원 종업원인 공소외 2는 피고인을 주인으로 대접하고 또 그렇게 대접하는 것이 우리의 일반 사회 실정이라 할 것이고 또한 피고인도 따라서 미장원 종업원인 피해자 공소외 2에 대하여 남다른 정의로서 처우에 왔다고 보는 것이 또한 우리의 인지상정이라 할 수 있을 것이므로 이 사건에서 사정이 그와 같다면 피고인은 공소외 2에 대하여 사실상 자기의 보호 또는 감독을 받는 상황에 있는 부녀의 경우에 해당된다(대판 1976.2.10. 74도1519).
29) 법원 응급실에 당직 근무를 하던 의사가 가벼운 교통사고로 인하여 비교적 경미한 상처를 입고 입원한 여성 환자들의 바지와 속옷을 내리고 음부 윗부분을 진료행위를 가장하여 수회 누른 행위가 업무상위력 등에 위한 추행에 해당한다(대판 2005.7.14. 2003도7107).

ii. 피구금자 간음죄(제2항)

1. 의의, 보호법익

본죄는 '법률에 의하여 구금된 사람을 감호하는 자가 그 사람을 간음함으로써 성립하는 범죄'이다. 보호법익은 '피구금자의 성적 의사결정의 자유'이며, 보호의 정도는 '침해범'이다.

본죄는 피구금자는 감호자와의 관계에서 자유로운 성적 의사결정이 제한되어있다고 보기 때문에 위력이나 위계를 실행하지 않아도 본죄가 성립한다. 또한, 피구금자의 승낙이나 동의가 있어도 본죄의 성립에 아무런 문제가 되지 않는다. 따라서, 본죄는 자수범에 해당한다.

2. 객관적 구성요건

(1) 행위의 주체

행위의 주체는 '법률에 의하여 구금된 사람을 감호하는 자'로 진정신분범이다. 예컨대, 검찰이나 경찰공무원, 교정직 공무원 등이 해당된다.

(2) 행위의 객체

행위의 객체는 '법률에 의하여 구금된 사람'이다. 예컨대, 형사소송법에 의하여 구속된 피의자, 피고인, 수형자, 노역장에 유치된 사람 등이다.

(3) 실행 행위

실행 행위는 '간음'하는 것이다. 본죄는 별다른 행위 태양 없이 간음함으로써 성립한다. 단, 폭행이나 협박을 사용하여 간음한 경우에는 강간죄가 성립한다. 추행을 한 경우에는 성폭력범죄의 처벌 등에 관한 특례법 제10조 제2항이 성립한다.

3. 주관적 구성요건

본죄는 피구금자를 간음한다는 사실에 대한 인식과 인용이 있어야 한다.

4. 다른 죄와의 관계

13세 미만의 피구금자를 간음한 경우에는 미성년자 의제강간죄만 성립한다.

Ⅸ. 13세 미만자 의제강간죄·의제강제추행죄

> **제305조【미성년자에 대한 간음, 추행】** ① 13세 미만의 사람에 대하여 간음 또는 추행을 한 자는 제297조, 제297조의2, 제298조, 제301조 또는 제301조의2의 예에 의한다.
> ② 13세 이상 16세 미만의 사람에 대하여 간음 또는 추행한 한 19세 이상의 자는 제297조, 제297조의2, 제298조, 제301조 또는 제301조의2의 예에 의한다.

ⅰ. 13세 미만자 의제강간 등(제1항)

1. 의의, 보호법익

본죄는 '13세 미만의 사람에 대하여 간음 또는 추행을 함으로써 성립하는 범죄'이다. 보호법익은 '13세 미만의 사람의 건전한 성적 발육'이며, 보호의 정도는 '침해범'이다. 본죄는 13세 미만자의 성적 동의능력을 부정하므로, 13세 미만자의 동의가 있다고 하더라도 본죄가 성립한다.

2. 객관적 구성요건

(1) 행위의 객체

행위의 객체는 '13세 미만의 사람'이다.

(3) 실행 행위

실행 행위는 '13세 미만의 사람에 대한 간음 또는 추행'하는 것이다. 단, 폭행이나 협박을 사용하여 13세 미만의 사람에 대하여 간음 또는 추행한 경우에는 성폭력범죄의 처벌 등에 관한 특례법 제7조가 적용된다.

3. 주관적 구성요건

본죄의 고의는 13세 미만의 자라는 것을 인식하고, 간음 또는 추행하여야 한다. 이때, 고의만으로 충분하고, 그 외 성욕을 자극, 흥분, 만족시키려는 주관적 동기나 목적까지 있어야 하는 것은 아니다.[30]

---

30) 대판 2006.1.13. 2005도6791.

4. 미수범

본죄의 미수범에 관하여 판례는 "미성년자 의제강간·강제추행죄를 규정한 형법 제305조가 '13세 미만의 부녀를 간음하거나 13세 미만의 사람에게 추행을 한 자'는 제297조, 제298조, 제301조 또는 제301조의2의 예에 의한다고 되어 있어 강간죄와 강제추행죄의 미수범의 처벌에 관한 형법 제300조를 명시적으로 인용하고 있지 아니하나, 형법 제305조의 입법 취지는 성적으로 미성숙한 13세 미만의 미성년자를 특별히 보호하기 위한 것으로 보이는바 이러한 입법 취지에 비추어 보면 동조에서 규정한 형법 제297조와 제298조의 '예에 의한다'는 의미는 미성년자 의제강간·강제추행죄의 처벌에 있어 그 법정형뿐만 아니라 미수범에 관하여도 강간죄와 강제추행죄의 예에 따른다는 취지로 해석되고 이러한 해석이 형벌법규의 명확성의 원칙에 반하는 것이거나 죄형법정주의에 의하여 금지되는 확장해석이나 유추해석에 해당하는 것으로 볼 수 없다"라고 판시하고 있다.[31] 따라서 본죄의 미수범에 대해서는 처벌된다고 함이 타당하다.

ⅱ. 13세 이상 16세 미만자 의제강간 등(제2항)

1. 의의, 보호법익

본죄는 '19세 이상의 사람이 13세 이상 16세 미만의 사람에 대하여 간음 또는 추행을 함으로써 성립하는 범죄'이다. 보호법익은 '13세 이상 16세 미만의 사람의 건전한 성적 발육'이며, 보호의 정도는 '침해범'이다. 본죄는 2020. 5. 19. 신설된 것으로 13세 이상 16세 미만의 사람은 19세 미만의 사람과 성적 자기결정능력이 있지만, 19세 이상의 자에 대해서는 성적 자기결정능력이 없다고 보아, 13세 이상 16세 미만의 사람의 동의가 있다고 하더라도 본죄가 성립한다.

2. 객관적 구성요건

(1) 행위의 주체 및 객체

행위의 주체는 '19세 이상의 사람'이고, 객체는 '13세 이상 16세 미만의 사람'이다. 따라서, 13세 이상의 자가 19세 미만의 자와 합의하에 성행위를 한 경우,

---

31) 대판 2007.3.15. 2006도9453.

본죄가 성립하지 않으며, 16세 이상의 자가 19세 이상의 자와 합의하에 성행위를 한 경우에도 본죄가 성립하지 않는다.

(3) 실행 행위

실행 행위는 '13세 이상 16세 미만의 사람에 대한 간음 또는 추행'하는 것이다.

3. 주관적 구성요건

본죄의 고의는 자신이 19세 이상이라는 점과 상대방이 13세 이상 16세 미만 이라는 점을 인식해야 한다.

4. 미수범

제1항과 같다.

Ⅹ. 상습범

> 제305조의2 【상습범】 상습으로 제297조, 제297조의2, 제298조부터 제300조까지, 제302조, 제303조 또는 제305조의 죄를 범한 자는 그 죄에 정한 형의 2분의 1까지 가중한다.

Ⅺ. 예비·음모죄

> 제305조의3 【예비, 음모】 제297조, 제297조의2, 제299조(준강간죄에 한정한다), 제301조 (강간 등 상해죄에 한정한다) 및 제305조의 죄를 범할 목적으로 예비 또는 음모한 사람 은 3년 이하의 징역에 처한다.

본 조항은 2020. 5. 19. 신설된 것으로, 강간죄, 유사강간죄, 준강강죄, 강간 상해죄, 유사강간상해죄, 13세 미만 미성년자 의제강간죄, 13세 이상 16세 미만 미성년자 의제강간죄의 예비·음모행위를 처벌하기 위함이다.

제3편

명예와 신용·업무에 대한 죄

제 1 장

명예에 관한 죄

제1절 서 설

Ⅰ. 의의, 보호법익, 개념

명예에 관한 죄는 '공연히 사람의 명예를 훼손함으로써 성립하는 범죄'로, 그 보호법익은 '사람의 가치에 대한 사회적 평가인 외부적 명예[1]'이며, 추상적 위험 범이다.

명예의 사전적 의미는 '세상에 널리 인정받아 좋은 평판이나 이름'을 의미한다. 이러한 명예는 ① 자기 또는 타인의 평가와는 무관하게 인간의 인격에 내재하는 진정한 가치로서의 내부적 명예, ② 인격적 가치에 대한 사회적 평가로서의 외부적 명예, ③ 자신의 인격적 가치에 대한 자기 자신이 주관적 평가로서의 명예감정으로서의 의의를 가지고 있다.

---

[1] 명예훼손죄와 모욕죄의 보호법익은 다 같이 사람의 가치에 대한 사회적 평가인 이른바 외부적 명예인 점에서는 차이가 없으나, 다만 명예훼손은 사람의 사회적 평가를 저하시킬 만한 구체적 사실의 적시를 하여 명예를 침해함을 요하는 것으로서 구체적 사실이 아닌 단순한 추상적 판단이나 경멸적 감정의 표현으로서 사회적 평가를 저하시키는 모욕죄와 다르다(대판 1987.5.12. 87도739).

Ⅱ. 명예에 관한 죄의 구성요건체계

명예에 관한 죄의 기본적 구성요건은 단순명예훼손죄(제307조 제1항)와 모욕죄 (제311조)이다. 허위사실명예훼손죄(제307조 제2항)와 출판물등에 의한 명예훼손죄 (제309조)는 단순명예훼손죄에 대한 불법가중유형이며, 사자명예훼손죄(제308조) 는 피해자가 사자라는 점에서 감경유형이다. 제310조에서는 제307조 제1항의 행위 가 진실한 사실로서 오로지 공공의 이익에 관한 때에는 위법성을 조각하고 있다.

단순명예훼손죄와 출판물 등에 의한 명예훼손죄는 반의사불벌죄(제312조 제2 항)이며, 모욕죄와 사자명예훼손죄는 친고죄(제312조 제1항)로 규정되어 있다.

제2절 개별적 범죄유형

Ⅰ. 단순명예훼손죄

> **제307조 【명예훼손】** ① 공연히 사실을 적시하여 사람의 명예를 훼손한 자는 2년 이하의 징역이나 금고 또는 500만원 이하의 벌금에 처한다.

1. 의의, 보호법익

본죄는 '공연히 사실을 적시하여 사람의 명예를 훼손함으로써 성립하는 범 죄'이다. 보호법익은 '외부적 명예'이며, 보호의 정도는 '추상적 위험범'이다. 본죄 는 반의사불벌죄이다.

2. 객관적 구성요건

(1) 행위의 객체

행위의 객체는 '사람의 명예'이며, 이때, 명예는 외부적 명예를 의미한다. 명 예의 주체인 사람은 자연인 이외 법인을 포함한다. 하지만, 정부 또는 국가기관은 명예훼손죄의 피해자가 될 수 없다고 한다.[2]

---

2) 형법이 명예훼손죄 또는 모욕죄를 처벌함으로써 보호하고자 하는 사람의 가치에 대한 평

명예의 주체인 '자연인'은 남녀노소를 불문하나, 사망한 사람은 사자명예훼손죄(제308조)가 적용된다. '법인'은 설립 후 청산종료시까지 주체가 될 수 있다. '법인격없는 단체'인 노동조합, 종친회, 친목회 등의 경우에는 '법적으로 승인되어 사회적으로 독립된 기능을 담당하고, 통일된 의사를 형성할 수 있다'면 주체가 될 수 있다. 그러나 동호회 등과 같은 단순한 모임은 제외된다. '집단 또는 집합체'와 같이 집합명칭의 경우에는 집단구성원의 명예가 침해되는 경우이므로 일반인과 명백히 구별될 정도로 집합명칭이 특정되어야 한다, 집합적 명사를 쓴 경우에도 어떤 범위에 속하는 특정인을 가리키는 것이 명백하면, 이를 각자의 명예를 훼손하는 행위라고 볼 수 있다.[3] 예컨대, "3.19 동지회 소속 교사들이 학생들을 선동하여 무단하교를 하게 하였다"[4], "대전지역 검사들"[5]이라고 지칭하는 경우이다. 하지만, 서울시민, 경기도민과 같은 경우에는 집단 구성원을 특정하였다고 볼 수 없는 막연한 표시에 의한 것으로 명예훼손죄를 구성하지 아니한다.

명예는 현실적으로 침해될 것을 요하지 않고, 명예를 해할 우려가 있으면 성립하는 것으로, 추상적 위험범이다.

(2) 실행 행위

실행 행위는 '공연히 사실을 적시'하는 것이다.

가인 외부적 명예는 개인적 법익으로서, 국민의 기본권을 보호 내지 실현해야 할 책임과 의무를 지고 있는 공권력의 행사자인 국가나 지방자치단체는 기본권의 수범자일 뿐 기본권의 주체가 아니고, 정책결정이나 업무수행과 관련된 사항은 항상 국민의 광범위한 감시와 비판의 대상이 되어야 하며, 이러한 감시와 비판은 그에 대한 표현의 자유가 충분히 보장될 때에 비로소 정상적으로 수행될 수 있으므로, 국가나 지방자치단체는 국민에 대한 관계에서 형벌의 수단을 통해 보호되는 외부적 명예의 주체가 될 수는 없고, 따라서 명예훼손죄나 모욕죄의 피해자가 될 수 없다(대판 2016.12.27. 2014도15290).

3) 대판 2018.11.29. 2016도14678.

4) 피고인이 배포한 보도자료에는 "3.19 동지회 소속 교사들"이라고 되어 있을 뿐 그 소속 교사들 중 한 사람인 A의 이름이 구체적으로 명시되어 있지 않았다. 그러나 '3,19 동지회'라는 집합 명칭에 의하여 A를 포함한 그 구성원들이 일반인들과 명백히 구별될 정도로 특정이 되므로 이 경우에는 A를 포함하여 3.19 동지회에 소속된 모든 교사들에 대한 명예훼손죄가 성립한다. 적시된 사살이 허위이므로 제307조 제2항의 명예훼손되가 성립한다(대판 2000.10.10. 99도5407).

5) '대전 지역 검사들'이라는 표시에 의한 명예훼손은 그 구성원 개개인에 대하여 방송하는 것으로 여겨질 정도로 구성원의 수가 적고, 한 달여에 걸친 집중적인 관련 방송 보도 등 당시의 주위 정황 등으로 보아 집단 내 개별구성원을 지칭하는 것으로 여겨질 수 있다고 한 사례(대판 2003.9.2. 2002다63558).

(가) 공연성

'공연히'란 "불특정 또는 다수인이 인식할 수 있는 상태"를 의미한다. 이때, '불특정'은 사실을 적시한 경우에 사람의 수가 많고 적음을 불문한다. '다수인'은 개인의 명예가 훼손되었다고 평가할 수 있을 정도의 인원으로 단순히 특정한 숫자를 말하는 것은 아니다. 이 경우에는 특정된 사람들이 아니라고 하여도 공연성을 갖는다.6) '인식할 수 있는 상태'에 대해서는 많은 학자들이 불특정 또는 다수인이 직접으로 인식할 수 있는 상태(직접인식가능성설)를 말한다. 그러나 판례는 "반드시 불특정 또는 다수인이 동시에 인식할 수 있어야만 하는 것은 아니므로 비록 개별적으로 한 사람에 대하여 사실을 유포하였다고 하더라도 그로부터 불특정 또는 다수인에게 전파될 가능성이 있다면 공연성의 요건을 충족한다. 그러나 이와 달리 전파될 가능성이 없다면 특정한 한 사람에 대한 사실의 유포는 공연성이 없다7)"라며, 전파성의 이론으로 보고 있다.

□ 공연성 관련 판례

〈공연성 인정〉

① 명예훼손죄에 있어서 공연성은 불특정 또는 다수인이 인식할 수 있는 상태를 의미하므로, 비록 두세 사람이 있는 자리에서 허위사실을 유포하였다고 하더라도 그 사람들에 의하여 외부에 전파될 가능성이 있다면 명예훼손죄의 성립에 아무런 영향이 없다고 할 것이다(대판 1994.9.31. 94도1880).

---

6) 피고인이 공소외 사단법인 진주민속예술보존회의 이사장으로서 이사회 또는 임시총회를 진행하다가 회원 10여 명 또는 30여 명이 있는 자리에서 판시와 같은 허위사실을 말하였다면 그 공연성이 있다 할 것이고(대판 1990.12.26. 90도2473).

7) 명예훼손죄의 구성요건인 공연성은 불특정 또는 다수인이 인식할 수 있는 상태를 말한다. 반드시 불특정 또는 다수인이 동시에 인식할 수 있어야만 하는 것은 아니므로 비록 개별적으로 한 사람에 대하여 사실을 유포하였다고 하더라도 그로부터 불특정 또는 다수인에게 전파될 가능성이 있다면 공연성의 요건을 충족한다. 그러나 이와 달리 전파될 가능성이 없다면 특정한 한 사람에 대한 사실의 유포는 공연성이 없다. 전파가능성이 있는지 여부는 발언을 하게 된 경위와 발언 당시의 상황, 행위자의 의도와 발언 당시의 태도, 발언을 들은 상대방의 태도, 행위자·피해자·상대방 상호간의 관계, 발언의 내용, 상대방의 평소 성향 등 여러 가지 사정을 종합하여 구체적인 사안에서 객관적으로 판단하여야 한다. 전파가능성을 이유로 명예훼손죄의 공연성을 인정하는 경우에도 범죄구성요건의 주관적 요소로서 공연성에 대한 미필적 고의가 필요하므로 전파가능성에 대한 인식이 있음은 물론 나아가 그 위험을 용인하는 내심의 의사가 있어야 한다. 그 행위자가 전파가능성을 용인하고 있었는지 여부는 외부에 나타난 행위의 형태와 상황 등 구체적인 사정을 기초로 일반인이라면 그 전파가능성을 어떻게 평가할 것인가를 고려하면서 행위자의 입장에서 그 심리상태를 추인하여야 한다(대판 2020.1.30. 2016도21547).

② 명예훼손의 발언을 들은 사람들이 피해자들과는 일면식이 없다거나 이미 피해자들의 전과사실을 알고 있었다고 하더라도 공연성 즉 발언이 전파될 가능성이 없다고 볼 수 없다(대판 1993.3.23. 92도455).

③ 진정서와 고소장을 특정사람들에게 개별적으로 우송한 것이라고 하여도, 다수인(19명, 193명)에게 배포하였고, 또 그 내용이 다른 사람들에게 전파될 가능성도 있는 것이므로, 공연성의 요건은 충족된다(대판 1991.6.25. 91도347).

④ 피고인이 동네 골목에서 동네사람 1인과 피해자 시어머니가 있는 자리에서 피해자에 대해 "시커멓게 생긴 놈하고 매일같이 붙어 다닌다. 점방 마치면 여관에 가서 누워 자고 아침에 들어온다"고 말한 경우에 말의 전파가능성이 없어서 공연성이 결여되었다는 주장은 허용될 수 없다(대판 1983.10.11. 83도2222).

⑤ 인터넷 개인 블로그의 비공개 대화방에서 상대방으로부터 비밀을 지키겠다는 말을 듣고 일 대 일로 대화하였다고 하더라도, 그 사정만으로 대화 상대방이 대화내용을 불특정 또는 다수에게 전파할 가능성이 없다고 할 수 없으므로, 명예훼손죄의 요건인 공연성을 인정할 여지가 있다(대판 2008.2.14. 2007도8155).

⑥ 피고인이 자기에 대한 형사피의사건의 수사과정에서 수사경찰관으로부터 고문을 받았다는 허위의 사실을 1, 2, 3에게 순차 유포한 경우, 비록 개별적으로 한 사람씩에 대하여 순차 유포한 것이긴 하나 각 그들로부터 불특정 또는 다수인에게 충분히 전파될 가능성이 있던 경우라고 보기에 넉넉하다(대판 1985.12.10. 84도2380).

〈공연성 부정〉

① 사실적시행위가 피해자와 모두 집안관계에 있는 사람들 앞에서 이루어졌고 그 이외의 타인들에게는 알려지지 않도록 감추려는 것이었다면 불특정 다수인에게 전파될 가능성이 없어 공연성을 갖춘 것이라고 할 수 없다(대판 1982.4.27. 82도371).

② 피고인을 명예훼손죄로 고소할 수 있도록 그 증거자료를 미리 은밀하게 수집, 확보하기 위하여 피고인의 발언을 유도하였다고 의심되는 사람들에게 한 피해자의 여자 문제 등 사생활에 관란 피고인의 발언은 이들이 수사기관 이외의 다른 사람들에게 전파될 가능성이 있다고 단정하기는 어렵다(대판 1996.4.12. 94도3309).

③ 피고인이 다방에서 피해자와 동업관계로 친한 사이인 공소외인에게 대하여 피해자의 험담을 한 경우에 있어서 다방 내의 좌석이 다른 손님의 자리와 멀리 떨어져 있고 그 당시 공소외인은 피고인에게 "왜 피해자에게 그런 말을 하느냐"고 힐책까지 한 사실이 있다면 전파될 가능성이 있다고 볼 수 없다(대판 1984.2.28. 83도891).

④ 통상 기자가 아닌 보통 사람에게 사실을 적시할 경우에는 그 자체로서 적시된 사실이 외부에 공표되는 것이므로 그 때부터 곧 전파가능성을 따져 공연성 여부를 판단하여야 할 것이지만, 그와는 달리 기자를 통해 사실을 적시하는 경우에는 기사화되어 보도되어야만 적시된 사실이 외부에 공표된다고 보아야 할 것이므로, 기자가 취재를 한

상태에서 아직 기사화하여 보도하지 아니한 경우에는 전파가능성이 없다고 할 것이어
서 공연성이 없다(대판 2000.5.16. 99도5622).

(나) 사실의 적시

명예훼손죄에 있어서의 '사실의 적시'란 가치 판단이나 평가를 내용으로 하
는 의견표현에 대치되는 개념으로서 시간과 공간적으로 구체적인 과거 또는 현재
의 사실관계에 관한 보고 내지 진술을 의미하는 것이며, 그 표현내용이 증거에
의한 입증이 가능한 것을 말하고, 판단할 진술이 사실인가 또는 의견인가를 구별
함에 있어서는 언어의 통상적 의미와 용법, 입증가능성, 문제된 말이 사용된 문
맥, 그 표현이 행하여진 사회적 상황 등 전체적 정황을 고려하여 판단하여야 한
다.[8]

'사실'이란 특정인의 사회적 가치 내지 평가가 침해될 가능성이 있을 정도로
구체성을 띠어야 한다.[9] 사실은 '의견'과 구별되어진다.[10] 현실적으로 발생하고
증명될 수 있는 과거나 현재의 상태를 말한다. 하지만, 장래의 사실도 현재사실에
대한 주장을 포함할 경우에는 사실에 포함한다.[11] 또한, 사실은 비공지의 사실뿐
만 아니라 이미 널리 알려진 공지의 사실도 공연히 적시하면 명예훼손죄가 성립

---

8) 대판 2017.5.11. 2016도19255.
9) 대판 1994.6.28. 93도696.
10) 의견은 "불특정하거나 일정한 사항에 대한 가치판단 내지 평가에 관한 진술을 말하고, 이
    는 진위에 관한 문제로 증명의 대상이 되는 것이 아니라 당부나 선악 또는 미추 등으로 타
    인이나 사회의 평가의 대상이 되는 것"을 말하며, 사실이란 "일정하거나 특정한 사항에 관
    한 구체화된 진술로 문제 되는 표현의 존부 등 진위 여부가 증명대상으로서 증명될 수 있
    는 것"을 의미한다. 여기에서 말하는 진위여부란 진실인가 아니면 허위인가 또는 진실이란
    역사적으로 존재하였거나 존재하고 있는 상태나 객관적으로 확인되는 상태를 뜻하고, 허
    위는 그러한 진실에 부합하지 않는 것을 의미한다(오윤식, '공직선거법상 허위사실공표죄
    등에서 사실진술과 의견의 구별, 그리고 허위성의 증명', 사법 제33호, 사법발전재단(2015.
    9). 208~209). 헌법재판소는 "허위사실이라는 것은 언제나 명백한 관념은 아니다. 어떠한
    표현에서 '의견'과 '사실'을 구별해 내는 것은 매우 어렵고, 객관적인 '진실'과 '거짓'을 구별
    하는 것 역시 어려우며, 현재는 거짓인 것으로 인식되지만 시간이 지난 후에 그 판단이 뒤
    바뀌는 경우도 있을 수 있다. 이에 따라 '허위사실의 표현'임을 판단하는 과정에서 여러 가
    지 난제가 뒤따른다(헌재 2010.12.28. 2008헌바157).
11) 피고인이 경찰관을 상대로 진정한 사건이 혐의 인정되지 않아 내사종결 처리되었음에도
    불구하고 공연히 "사건을 조사한 경찰관이 내일부로 검찰청에서 구속영장이 떨어진다"고
    말한 것은 현재의 사실을 기초로 하거나 이에 대한 주장을 포함하여 장래의 일을 적시한
    것으로 볼 수 있어 명예훼손죄에 있어서의 사실의 적시에 해당한다(대판 2003.5.13. 2002
    도7420).

할 수 있다.[12] '사실을 적시'인 경우에는 제307조 제1항으로, '허위의 사실을 적시[13]'인 경우에는 제2항으로 적용되며, 제2항은 제1항에 대해 법조경합 중 특별관계에 있다.

'적시'란 특정[14]인의 사회적 가치 내지 평가가 침해될 가능성이 있을 정도로 구체성을 띠어야 한다.[15] 이는 사람의 사회적 가치 내지 평가를 저하시키는데 족한 사실을 지적하는 것이다. 그 수단이나 방법에는 제한이 없다.[16] 사실의 적시는 사실을 직접적으로 표현한 경우에 한정될 것은 아니고, 간접적이고 우회적인 표현에 의하더라도 그 표현의 전취지에 비추어 그와 같은 사실의 존재를 암시하고, 또 이로써 특정인의 사회적 가치 내지 평가가 침해될 가능성이 있을 정도의 구체성이 있으면 족한 것이다.[17] 타인의 말을 전하는 방식으로도 가능하다. 사실의 적시 없이 상대방을 비하하는 의견진술이나 추상적 사실, 경멸적인 가치판단의 표시는 모욕죄(제311조)가 적용될 뿐이다.

(3) 기수 시기

본죄는 공연히 사실을 적시한 행위가 종료된 때 기수가 된다.[18]

3. 주관적 구성요건

본죄의 고의는 범죄구성요건의 주관적 요소로서 미필적 고의가 필요하므로

---

12) 명예훼손죄가 성립하기 위하여는 반드시 숨겨진 사실을 적발하는 행위만에 한하지 아니하고, 이미 사회의 일부에 잘 알려진 사실이라고 하더라도 이를 적시하여 사람의 사회적 평가를 저하시킬 만한 행위를 한 때에는 명예훼손죄를 구성한다(대판 1994.4.12. 93도3535).

13) 형법 제307조 제2항을 적용하기 위하여 적시된 사실이 허위의 사실인지 여부를 판단함에 있어서는 적시된 사실의 내용 전체의 취지를 살펴볼 때 중요한 부분이 객관적 사실과 합치되는 경우에는 세부(細部)에 있어서 진실과 약간 차이가 나거나 다소 과장된 표현이 있다 하더라도 이를 허위의 사실이라고 볼 수는 없다(대판 2000.2.25. 99도4757).

14) 명예훼손죄에 있어서의 사실의 적시는 그 사실의 적시자가 스스로 실험한 것으로 적시하던 타인으로부터 전문한 것으로 적시하던 불문하는 것이므로 피해자가 처자식이 있는 남자와 살고 있다는데 아느냐고 한 피고인의 언동은 사실의 적시에 해당한다 할 것이고, 또 그 내용도 피해자의 사회적 평가를 저하시킬 가능성이 있는 불륜관계를 유포한 것이어서 구체성 있는 사실적시에 해당한다고 보기에 넉넉하므로 피고의 행위가 사실적시에 해당하지 않는다거나 그 사실적시가 구체성이 없다는 논지는 받아들일 수 없다(대판 1985.4.23. 85도431).

15) 대판 2000.2.25. 98도2188.

16) 비방의 목적으로 신문·잡지·라디오 기타 출판물에 의한 경우에는 출판물에 의한 명예훼손죄(제309조)가 적용된다.

17) 대판 1991.5.14. 91도420.

18) 대판 2007.10.25. 2006도346.

전파가능성에 대한 인식이 있음은 물론 나아가 그 위험을 용인하는 내심의 의사
가 있어야 한다.[19]

□ 고의 관련 판례

〈고의 인정〉

○○대학대학교 사무처장인 피고인은 이 사건 당일 인터넷신문 △△△△ 기자인 공
소외 1을 만나 점심을 먹으면서 총장의 여교수 성추행 사건 등으로 복잡한 학교 측 입
장을 이야기하였다. 당시 피해자 공소외 2 교수 등은 ○○대학교 총장을 성추행 혐의로
고소한 상황이었다. 이런 상황에서 피고인은 기자인 공소외 1에게 '○○대학교 교수인
피해자들이 이상한 남녀관계인데, 치정 행각을 가리기 위해 개명을 하였고, 나아가 이
를 확인해 보면 알 것이다'라는 취지의 말을 하였다. 이러한 사정에 비추어 보면 피고
인은 당시 공소외 1이 이에 관한 기사를 작성하도록 의도하였거나 이를 용인하는 내심
의 의사가 있었다고 보는 것이 타당하다(대판 2017.9.7. 2016도15819).

〈고의 부정〉

① 명예훼손내용의 사실을 발설하게 된 경위가 그 사실에 대한 확인요구에 대답하는
과정에서 나오게 된 것이라면 그 발설내용과 동기에 비추어 명예훼손의 범의를 인정할
수 없고 또 질문에 대한 단순한 확인 대답이 명예훼손의 사실적시라고 할 수 없다(대판
2010.10.28. 2010도2877).
② 피고인은 피해자가 납품업체들로부터 입점비를 받아 개인적으로 착복하였다는 소문
을 듣고 납품업체 직원인 공소외인을 불러 그 소문의 진위를 확인하면서 공소외인도
그와 같은 입점비를 피해자에게 주었는지 질문하는 과정에서 공소사실 기재와 같은 말
을 한 것으로 보아야 한다. 따라서 이와 같은 사실을 앞서 본 법리에 비추어 살펴보면,
피고인은 피해자의 사회적 평가를 저하시킬 의도를 가지거나 그러한 결과가 발생할 것
을 인식한 상태에서 위와 같은 말을 한 것이 아니라 단지 피해자의 입점비 수수 여부에
관한 진위를 확인하기 위한 질문을 하는 과정에서 그런 말을 한 것에 지나지 아니하므
로, 피고인에게 명예훼손의 고의를 인정하기 어렵다(대판 2018.6.15. 2018도4200).

인식한 사실에 대한 '착오'가 있는 경우, 제307조 제1항의 명예훼손죄는 적시
된 사실이 진실한 사실인 경우이든 허위의 사실인 경우이든 모두 성립될 수 있
고, 특히 적시된 사실이 허위의 사실이라고 하더라도 행위자에게 허위성에 대한
인식이 없는 경우에는 제307조 제2항의 명예훼손죄가 아니라 제1항의 명예훼손

---

19) 대판 2004.4.9. 2004도340.

죄가 성립될 수 있다.[20] 즉, 허위사실을 진실한 사실로 오인하고 적시한 경우에는 제15조 제1항[21]이 적용되어 제307조 제1항이 명예훼손죄가 성립한다.

4. 위법성의 조각(제310조)

제310조에서는 "제307조 제1항의 행위가 진실한 사실로서 오로지 공공의 이익에 관한 때에는 처벌하지 아니한다"라고 규정하고 있다. 공연히 사실을 적시하여 사람의 명예를 훼손한 행위가 형법 제310조에 따라서 위법성이 조각되기 위하여는 적시된 사실이 객관적으로 공공의 이익에 관한 것으로서 행위자도 공공의 이익을 위하여 그 사실을 적시한 것이어야 하고, 적시된 사실이 공공의 이익에 관한 것인지 여부는 그 구체적 내용, 공표가 이루어진 상대방의 범위, 표현의 방법 등 그 표현 자체에 관한 모든 사정을 감안하고 그에 의하여 훼손되거나 훼손될 수 있는 사람의 명예의 침해의 정도를 비교·고려하여 결정하여야 한다.[22]

(1) 성립요건

제307조 제1항의 행위가 '진실한 사실로서 오로지 공공의 이익에 관한' 것이어야 한다.

(가) 진실한 사실

적시된 사실이 '진실한 사실'이어야 한다. 만약, '허위의 사실을 적시'하는 경우에는 제307조 제2항이 적용될 뿐, 제310조가 적용되지 않는다. '진실한 사실'이란 그 내용 전체의 취지를 살펴볼 때 중요한 부분이 객관적 사실과 합치되는 사실이라는 의미로서, 일부 자세한 부분이 진실과 약간 차이가 나거나 다소 과장된 표현이 있다고 하더라도 무방하다.[23]

(나) 공공의 이익

사실의 적시가 '오로지 공공의 이익'에 관한 것이어야 한다. 객관적으로 볼 때 공공의 이익에 관한 것으로서 행위자도 주관적으로 공공의 이익(주관적 정당화 요소)을 위하여 그 사실을 적시한 것이어야 하는 것인데, 여기의 공공의 이익에 관한 것에는 널리 국가·사회 기타 일반 다수인이 이익에 관한 것뿐만 아니라 특

---

20) 대판 2017.4.26. 2016도18024.
21) 형법 제15조 제1항 "특별히 중한 죄가 되는 사실을 인식하지 못한 행위는 중한 죄로 벌하지 아니한다."
22) 대판 2001.6.12. 2001도1012.
23) 대판 2001.10.9. 2001도3594.

정한 사회집단이나 그 구성원 전체의 관심과 이익에 관한 것도 포함한다.[24] 개인적 동기가 포함된 경우에도 위법성이 조각될 수 있다.[25]

(다) 인식

행위자는 적시된 사실이 공공의 이익을 위한 것이라는 인식이 있어야 한다.

□ 제310조 관련 판례

〈위법성 조각사유 인정〉

① 교회 담임목사를 출교 처분한다는 취지의 교단산하 재판위원회의 판결문을 복사하여 예배를 보러 온 신도들에게 배포한 행위에 의하여 그 목사의 개인적인 명예가 훼손된다 하여도 그것은 진실한 사실로서 오로지 교단 또는 그 산하교회 소속 신자들의 이익에 관한 때에 해당하거나 적어도 사회상규에 위배되지 아니하는 행위에 해당하여 위법성이 없다(대판 1989.2.14. 88도899).

② 아파트 동대표인 피고인이 자신에 대한 부정비리 의혹을 해명하기 위하여 그 의혹제기자가 명예훼손죄로 입건된 사실 등을 기재한 문서를 아파트 입주민들에게 배포한 경우, 문서에 기재된 내용이 대체로 객관적인 사실과 일치하고, 배포가 이루어진 상대방의 범위가 제한되며, 그 표현방법도 위 의혹제기자를 비방하는 표현이 없는 점 등 제반 사정에 비추어, 위 문서 배포행위는 오로지 공공의 이익을 위하여 진실한 사실을 적시한 경우로서 형법 제310조의 위법성조각사유에 해당한다(대판 2005.7.15. 2004도1388).

③ 노동조합 조합장이 전임 조합장의 업무처리 내용 중 근거자료가 불명확한 부분에 대하여 대자보를 작성 부착한 행위가 공공의 이익을 위한 것이고, 적시된 내용을 진실이라고 믿고 그렇게 믿는 데에 상당한 이유가 있어 위법성이 조각된다(대판 1993.6.22. 92도3160).

④ 인터넷 포털사이트의 지식검색 질문·답변 게시판에 성형시술 결과가 만족스럽지 못하다는 주관적인 평가를 주된 내용으로 하는 한 줄의 댓글을 게시한 경우, 그 표현물은 공공의 이익에 관한 것이어서 비방할 목적이 있었다고 보기 어렵다(대판 2009.5.28. 2008도8812).

〈위법성 조각사유 부정〉

① 회사의 대표이사에게 압력을 가하여 단체협상에서 양보를 얻어내기 위한 방법의 하나로 현수막과 피켓을 들고 확성기를 사용하여 반복해서 불특정 다수의 행위을 상대로

---

24) 대판 2004.10.15. 2004도3912.
25) 행위자의 주요한 동기 내지 목적이 공공의 이익을 위한 것이라면, 부수적으로 다른 사익적 목적이나 동기가 내포되어 있더라도 형법 제310조의 적용을 배제할 수 없다(대판 2000.2.25. 98도2188).

소리치면서 거리행진을 함으로써 위 대표이사의 명예를 훼손한 행위는 공공의 이익을 위하여 사실을 적시한 것으로 볼 수 없어 위법성이 조각되지 아니한다(대판 2004.10.15. 2004도3912).

② 학교운영의 공공성, 투명성의 보장을 요구하여 학교가 합리적이고 정상적으로 운영되게 할 목적으로 공연히 사실을 적시하였더라도, 피해자들의 거주지 앞에서 그들의 주소까지 명시하여 명예를 훼손한 경우, 공공의 이익을 위한 사실의 적시로 볼 수 없어 위법성이 조각되지 아니한다(대판 2008.3.14. 2006도6049).

③ 작가협회 회원이 타인의 명의를 도용하여 협회 교육원장을 비방하는 내용의 호소문을 작성한 후 이를 협회 회원들에게 우편으로 송달한 경우, 사문서위조죄와 명예훼손죄가 성립하고 실체적 경합관계이다(대판 2009.4.23. 2008도8527).

(2) 효과

제310조는 실체법적으로 위법성이 조각되며, 소송법적으로는 '진실한 사실'과 '공공의 이익'에 대한 거증책임에 있어서는 피고인에게 전환된다는 것이 판례의 입장이다.[26]

(3) 착오

행위자가 허위의 사실에 대해 진실한 사실로 오인하여 명예훼손을 한 경우, 착오의 문제가 발생한다. 이러한 경우, 제310조는 위법성조각사유에 해당되어, 행위자의 착오는 '위법성조각사유의 전제사실에 대한 착오'로 볼 수 있다.

위와 같은 경우는 다음과 같이 해석할 수 있다.[27] ① '엄격책임설'로 보는 경우는 이 착오를 '위법성의 착오'[28]로 보기 때문에, 착오에 정당한 이유가 있으면 책임성이 조각되지만, 이와 반대로 정당한 이유가 없으면 책임성이 조각되지 않아 고의범으로 처벌이 된다. ② '제한책임설(다수설)'로 보는 경우는 이 착오를 '위법성조각사유의 전제사실에 관한 착오'를 법률효과에 있어서 구성요건적 착오와 동일하다고 보고, 그 착오에 과실이 있으면 과실범으로 처벌하게 되는데, 명예훼손죄는 과실범 처벌규정이 없으므로 결국 불가벌이 된다.[29] 판례는 "행위자가 진

---

26) 형법 제310조의 규정에 따라서 위법성이 조각되어 처벌대상이 되지 않기 위하여는 그것이 진실한 사실로서 오로지 공공의 이익에 관한 때에 해당된다는 점을 행위자가 증명하여야 한다(대판 1996.10.25. 95도1473).

27) 총론 '위법성조각사유의 전제사실에 대한 착오'부분 참조.

28) 제16조 【법률의 착오】 자기의 행위가 법령에 의하여 죄가 되지 아니하는 것으로 오인한 행위는 그 오인에 정당한 이유가 있는 때에 한하여 벌하지 아니한다.

29) 임웅, 248면.

실한 것으로 믿었고 또 그렇게 믿을 만한 상당한 이유가 있는 경우에는 위법성이 없다"라고 한다.[30)

(4) 적용범위

제310조를 제311조 모욕죄에 적용할 수 있는가의 문제에 있어서, 설령 공공의 이익을 위해 타인을 모욕한 경우라고 할지라도 사실의 적시 없이 경멸적인 표현만을 하는 모욕죄는 적용되지 않는다고 한다.[31)

5. 위법성의 조각(정당행위 등)

재판과정에서의 증인의 증언, 검사의 공소사실 진술, 피고인 및 변호인의 변론 등은 법령에 의한 행위, 학술논평, 판례평석 등은 업무로 인한 행위, 정당한 목적을 위한 상당한 수단으로서 행위[32) 등은 제20조의 정당행위로서 위법성이 조각될 수 있다. 또한, 국회의원이 국회에서 직무상 행한 발언은 제20조(정당행위) 또는 헌법 제45조에 의해 인적처벌조각사유가 된다.

6. 죄수

① 하나의 행위로 수인의 명예를 훼손한 경우, 명예훼손죄는 일신전속적 법익에 해당되므로 수개의 행위에 대해 상상적 경합이 된다.

② 동일인에게 수회 연속적 행위를 하여 명예를 훼손한 경우에는 연속범의 요건이 갖추어지므로 포괄적 일죄가 성립한다.

③ 하나의 행위로 동일인의 명예훼손과 모욕을 한 경우에는 모욕죄는 명예훼손죄와 법조경합 중 보충관계에 해당되어 흡수되므로, 명예훼손죄만이 성립한다.

---

30) 명예훼손죄에 있어서 인격권으로서의 개인의 명예의 보호와 정당한 표현의 자유의 보장이라는 상충되는 두 법익의 조화를 꾀하기 위하여 형법 제310조를 규정하고 있는바, 그 적시된 사실이 공공의 이익에 관한 것이며 진실한 것이라는 증명이 없다 할지라도 행위자가 진실한 것으로 믿었고 또 그렇게 믿을 만한 상당한 이유가 있는 경우에는 위법성이 없다고 보아야 할 것이다(대판 1996.8.23. 94도3191).

31) 대판 2004.6.25. 2003도4934.

32) 과수원을 경영하는 피고인이 사과를 절취당한 피해자의 입장에서 앞으로 이와 같은 일이 재발되지 않도록 예방하기 위하여 과수원의 관리자와 같은 동네 새마을 지도자에게 각각 그들만이 있는 자리에서 개별적으로 피해자가 피고인 소유의 과수원에서 사과를 훔쳐간 사실을 말하였다 하더라도 통상적인 사회생활면으로 보나 사회통념상 위와 같은 피고인의 소위를 위법하다고는 말하기 어렵다(대판 1986.10.14. 86도1341).

7. 소추조건

본죄는 반의사불벌죄이다.

Ⅱ. 허위사실적시에 의한 명예훼손죄

> 제307조【명예훼손】② 공연히 허위의 사실을 적시하여 사람의 명예를 훼손한 자는 5년 이하의 징역, 10년 이하의 자격정지 또는 1천만원 이하의 벌금에 처한다.

본죄는 '공연히 허위의 사실을 적시하여 사람의 명예를 훼손함으로써 성립하는 범죄'이다. 단순명예훼손죄에 비해 불법이 가중된 구성요건이다.

행위자는 적시하는 사실이 허위임을 인식해야 한다. 적시된 사실이 허위인지 여부를 판단함에 있어서는 적시된 사실의 내용 전체의 취지를 살펴볼 때 세부적인 내용에서 진실과 약간 차이가 나거나 다소 과장된 표현이 있는 정도에 불과하다면 이를 허위라고 볼 수 없으나, 중요한 부분이 객관적 사실과 합치하지 않는다면 이를 허위라고 보아야 한다. 나아가 행위자가 그 사항이 허위라는 것을 인식하였는지 여부는 성질상 외부에서 이를 알거나 증명하기 어려우므로, 공표된 사실의 내용과 구체성, 소명자료의 존재 및 내용, 피고인이 밝히는 사실의 출처 및 인지 경위 등을 토대로 피고인의 학력, 경력, 사회적 지위, 공표 경위, 시점 및 그로 말미암아 예상되는 파급효과 등의 여러 객관적 사정을 종합하여 판단할 수밖에 없으며, 범죄의 고의는 확정적 고의뿐만 아니라 결과 발생에 대한 인식이 있고 그를 용인하는 의사인 이른바 미필적 고의도 포함하므로 허위사실 적시에 의한 명예훼손죄 역시 미필적 고의에 의하여도 성립한다.[33]

행위자의 착오에 있어서 허위의 사실을 진실한 사실로 오인하거나 진실한 사실을 적시하면서 허위의 사실로 오인한 경우에는 제307조 제1항이 적용된다.[34]

---

33) 대판 2014.3.15. 2013도12430.
34) 형법 제307조 제1항, 제2항, 제310조의 체계와 문언 및 내용에 의하면, 제307조 제1항의 '사실'은 제2항의 '허위의 사실'과 반대되는 '진실한 사실'을 말하는 것이 아니라 가치판단이나 평가를 내용으로 하는 '의견'에 대치되는 개념이다. 따라서 제307조 제1항의 명예훼손죄는 적시된 사실이 진실한 사실인 경우이든 허위의 사실인 경우이든 모두 성립될 수 있고, 특히 적시된 사실이 허위의 사실이라고 하더라도 행위자에게 허위성에 대한 인식이 없는 경우에는 제307조 제2항의 명예훼손죄가 아니라 제307조 제1항의 명예훼손죄가 성립될 수 있다(대판 2017.4.26. 2016도18024).

본죄는 반의사불벌죄이다.

Ⅲ. 사자의 명예훼손죄

> 제308조【사자의 명예훼손】공연히 허위의 사실을 적시하여 사자의 명예를 훼손한 자는 2년 이하의 징역이나 금고 또는 500만원 이하의 벌금에 처한다.

1. 의의, 보호법익

본죄는 '공연히 허위의 사실을 적시하여 사자의 명예를 훼손함으로써 성립하는 범죄'이다. 보호법익은 '사자의 외부적 명예'이며,[35] 보호의 정도는 '추상적 위험범'이다. 본죄는 친고죄이다.

2. 객관적 구성요건

(1) 행위의 객체

행위의 객체는 '사자의 명예'이다. 따라서, 자연인만 해당되며, 법인은 포함되지 아니한다.

(2) 실행 행위

실행 행위는 '공연히 허위의 사실을 적시하는 것이다. 따라서, 진실한 사실을 적시한 경우에는 본죄가 성립되지 않으므로, 적시하는 사실이 '허위의 사실'이어야 한다. 실행 행위는 제307조와 동일하다.

3. 주관적 구성요건

본죄는 공연히 허위의 사실을 적시하여 사자의 명예를 훼손한다는 점에 대한 인식과 의사를 내용으로 하는 고의가 있어야 한다.[36]

---

35) 대판 1983.10.25. 83도1520.
36) 범죄의 고의는 확정적 고의뿐만 아니라 결과 발생에 대한 인식이 있고 그를 용인하는 의사인 이른바 미필적 고의도 포함하므로 허위사실 적시에 의한 명예훼손죄 역시 미필적 고의에 의하여도 성립하고, 위와 같은 법리는 형법 제308조의 사자명예훼손죄의 판단에서도 마찬가지로 적용된다(대판 2014.3.13. 2013도12430).

□ 허위의 사실 적시 관련 판례

〈허위의 사실 적시 인정〉

피고인이 피해자의 사망사실을 알면서 "피해자는 빚 때문에 도망다니며 죽은 척 하는 나쁜 놈"이라고 공연히 허위사실을 말하였다면 공연히 허위사실을 적시한 행위로서 사자의 명예를 훼손하였다고 볼 것이다(대판 1983.10.25. 83도1520).

〈허위의 사실 적시 부정〉

역사적 인물을 모델로 한 드라마(즉, 역사드라마)가 그 소재가 된 역사적 인물의 명예를 훼손할 수 있는 허위사실을 적시하였는지 여부를 판단할 때에는 적시된 사실의 내용, 진실이라고 믿게 된 근거나 자료의 신빙성, 예술적 표현의 자유로 얻어지는 가치와 인격권의 보호에 의해 달성되는 가치의 이익형량은 물론 역사드라마의 특성에 따르는 여러 사정과 드라마의 주된 제작 목적 ~ 허구로 승화되어 시청자의 입장에서 그것이 실제로 일어난 역사적 사실로 오해되지 않을 정도에 이른 것으로 볼 수 있는지 여부 등을 종합적으로 고려하여야만 한다. ― 본 판결은 역사드라마 '서울1945'에서 이승만, 장택상이 여운형의 암살을 암시적으로 지시하였다는 특정 장면은 구체적인 허위사실의 적시로 보기 어려워 이승만 등에 대한 사자명예훼손죄를 범하였다고 볼 수 없다고 판시하였다(대판 2010.4.29. 2007도8411).

4. 착오

사 례	적 용	효 과
생존한 사람을 사망한 것으로 오신하고 허위사실을 적시	구성요건적 착오 (제15조 제1항)[37]	사자명예훼손죄성립
사망한 사람을 생존한 것으로 오신하고 허위사실을 적시	죄질부합설[38] 적용	사자명예훼손죄성립
생존한 사람을 사망한 것으로 오신하고 진실한 사실을 적시	고의가 부정되어 과실범의 문제	처벌규정이 없어 범죄불성립
사망한 사람을 생존한 것으로 오신하고 진실한 사실을 적시	제307조 제1항의 불능미수 성립	미수범 처벌규정이 없어 범죄불성립

37) 형법 제15조 제1항 "특별히 중한 죄가 되는 사실을 인식하지 못한 행위는 중한 죄로 벌하지 아니한다."
38) 인식한 사실과 발생한 사실이 동일한 구성요건에 해당하는 경우뿐만 아니라 서로 다른 구성요건 사이에서도 죄질이 공통되면 부합을 인정하는 견해.

5. 소추조건

본 죄는 친고죄로 고소가 있어야 공소를 제기할 수 있다. 그러나 피해자가 사자이므로 고소권자는 사자의 친족 또는 자손이다.[39] 친고죄에 대하여 고소할 자가 없는 경우에는 이해관계인의 신청이 있으면 검사는 10일 이내에 고소할 수 있는 자를 지정하여야 한다.[40]

Ⅳ. 출판물 등에 의한 명예훼손죄

제309조【출판물 등에 의한 명예훼손】 ① 사람을 비방할 목적으로 신문, 잡지 또는 라디오 기타 출판물에 의하여 제307조 제1항의 죄를 범한 자는 3년 이하의 징역이나 금고 또는 700만원 이하의 벌금에 처한다.
② 제1항의 방법으로 제307조 제2항의 죄를 범한 자는 7년 이하의 징역, 10년 이하의 자격정지 또는 1천500만원 이하의 벌금에 처한다.

---

1. 의의, 보호법익

본죄는 '사람을 비방할 목적으로 신문, 잡지 또는 라디오 기타 출판물에 의하여 사람의 명예를 훼손함으로써 성립하는 범죄'이다. 제307조에 비하여 비방의 목적과 출판물 등에 의해 전파성이 큰 행위 방법에 의한다는 점에서 형이 가중되는 유형이다.[41] 본 죄는 비방의 목적을 요하는 '목적범'이며, 반의사불벌죄이다.

2. 객관적 구성요건

본죄는 '신문, 잡기 또는 라디오 기타 출판물에 의해 사실의 적시 또는 허위의 사실을 적시하는 것'이다. 출판물 등에 의한 방법이라는 점에서 공연성을 요건으로 하지 않는다. '신문, 잡지 또는 라디오'에 대해서는 다툼이 없으나, '출판물'

---

39) 형사소송법 제227조 : 사자의 명예를 훼손한 범죄에 대하여는 그 친족 또는 자손은 고소할 수 있다.
40) 형사소송법 제228조.
41) 형법이 출판물 등에 의한 명예훼손죄를 일반 명예훼손죄보다 중벌하는 이유는 사실적시의 방법으로서의 출판물 등의 이용이 그 성질상 다수인이 견문할 수 있는 높은 전파성과 신뢰성 및 장기간의 보존가능성 등 피해자에 대한 법익침해의 정도가 더욱 크다는 데 있는 점 (대판 2000.2.11. 99도3048).

에 대해서는 '출판물로 유통, 통용될 수 있는 외관을 가진 인쇄물'로 볼 수 있어야
한다.[42] 따라서, 복사물이나 프린트물, 낱장의 인쇄물 등은 포함되지 않는다. 인
터넷, 전자게시판 등 정보통신망을 통하여 사람을 비방할 목적으로 명예를 훼손
한 경우에는 '정보통신망 이용촉진 및 정보보호 등에 관한 법률' 제70조가 적용된
다.[43]

□ 출판물 관련 판례

① 형법 제309조 제1항 소정의 '기타 출판물'에 해당한다고 하기 위하여는, 사실적시의
방법으로서 출판물 등을 이용하는 경우 그 성질상 다수인이 견문할 수 있는 높은 전파
성과 신뢰성 및 장기간의 보존가능성 등 피해자에 대한 법익침해의 정도가 더욱 크다는
데 그 가중처벌의 이유가 있는 점에 비추어 보면, 그것이 등록·출판된 제본 인쇄물이나
제작물은 아니라고 할지라도 적어도 그와 같은 정도의 효용과 기능을 가지고 사실상 출
판물로 유통·통용될 수 있는 외관을 가진 인쇄물로 볼 수 있어야 한다(대판 1998.10.9.
97도158).

② 피고인이 배포한 이 사건 인쇄물은 가로 25cm, 세로 35cm 정도 되는 일정한 제호
(題號)가 표시되었다고 볼 수 없는 낱장의 종이에 단지 단편적으로 피고인의 주장을 광
고하는 문안이 인쇄되어 있는 것에 불과한 것인바, 이와 같은 이 사건 인쇄물의 외관이
나 형식에 비추어 볼 때 이 사건 인쇄물이 등록된 간행물과 동일한 정도의 높은 전파
성, 신뢰성, 보존가능성 등을 가지고 사실상 유통, 통용될 수 있는 출판물이라고는 보
기 어렵다 할 것이다(대판 1998.10.9. 97도158).

③ 피해자를 비방할 목적으로 흰 모조지 위에 사인펜으로 "피해자는 정신분열증 환자
로서 무단가출하였으니 연락해 달라"는 내용을 기재한 10여 장의 광고문을 가지고 형
법 제309조에서 규정하고 있는 출판물에 해당한다고 보기 어렵다(대판 1986.3.25. 85도
1143).

④ 장수가 2장에 불과하며 제본방법도 조잡한 것으로 보이는 최고서 사본이 출판물이
라고 할 수 있을 정도의 외관과 기능을 가진 인쇄물에 해당한다고 보기는 어렵다(대판

---

42) 형법 제309조 제1항 소정의 '기타 출판물'에 해당한다고 하기 위하여는 그것이 등록·출판
된 제본인쇄물이나 제작물은 아니라고 할지라도 적어도 그와 같은 정도의 효용과 기능을
가지고 사실상 출판물로 유통, 통용될 수 있는 외관을 가진 인쇄물로 볼 수 있어야 한다고
봄이 상당하다(대판 1997.8.26. 97도133).

43) 정보통신망 이용촉진 및 정보보호 등에 관한 법률 제70조(벌칙) 제1항 '사람을 비방할 목
적으로 정보통신망을 통하여 공공연하게 사실을 드러내어 다른 사람의 명예를 훼손한 자
는 3년 이하의 징역이나 금고 또는 3천만원 이하의 벌금에 처한다.' 제2항 '사람을 비방할
목적으로 정보통신망을 통하여 공공연하게 거짓의 사실을 드러내어 다른 사람의 명예를
훼손한 자는 7년 이하의 징역, 10년 이하의 자격정지 또는 5천만원 이하의 벌금에 처한다.'
제3항 '제1항과 제2항의 죄는 피해자가 구체적으로 밝힌 의사에 반하여 공소를 제기할 수
없다.'

1997.8.26. 97도133).
⑤ 컴퓨터 워드프로세서로 작성되어 프린트된 A4 용지 7쪽 분량의 인쇄물은 형법 제
309조 제1항 소정의 '기타 출판물'에 해당하지 않는다. 피고인이 피해자의 사망사실을
알면서 "피해자는 빛 때문에 도망다니며 죽은 척 하는 나쁜 놈"이라고 공연히 허위사
실을 말하였다면 공연히 허위사실을 적시한 행위로서 사자의 명예를 훼손하였다고 볼
것이다(대판 1983.10.25. 83도1520).

▶ 문제제기

본 죄의 구성요건은 '신문, 잡지 또는 라디오 기타 출판물'로 규정되어 있다.
그렇다면, TV, 영화, 비디오물 등의 영상매체를 통한 행위도 위 구성요건에 포함
되는지 여부가 문제시 된다.

이에 대해 다수설은 '신문, 잡지 또는 라디오'는 예시적 규정으로 위 영상매
체도 출판물의 개념에 포함된다고 한다. 그러나 "TV 등을 통하여 명예를 훼손하
는 행위를 본 죄로 처벌하는 것은 제309조의 입법취지에 아무리 합치된다고 하더
라도 피고인에게 불리한 유추적용이 되므로, 이러한 행위는 제307조에 의하여 처
벌할 수밖에 없다"라고 보는 견해도 있다.[44]

3. 주관적 구성요건

본죄는 신문·잡지 또는 라디오 기타 출판물에 의하여 타인의 명예를 훼손한
다는 인식과 인용의 고의가 있어야 한다. 이와 더불어 '비방의 목적'이라는 초과
주관적 요소도 필요하다.[45] 만약, '비방의 목적'이 없다면 제307조가 적용될 뿐이
다. 제309조 제1항은 '진실의 사실을 적시', 제2항은 '허위의 사실을 적시'라는 것
을 인식해야 한다. 적시하는 사실이 진실인 줄 알고 행위를 하였으나, 그 사실이
허위인 경우와 적시하는 사실이 허위의 사실로 알고 행위를 하였으나 그 사실이
진실인 경우와 같은 사실의 진실성 여부에 대한 착오가 있다면, 이는 제2항이 아
닌 제1항이 성립한다.

---

44) 임웅, 255면.
45) 형법 제309조 제2항 소정의 '사람을 비방할 목적'이란 가해의 의사 내지 목적을 요하는 것
   으로서, 사람을 비방할 목적이 있는지 여부는 당해 적시 사실의 내용과 성질, 당해 사실의
   공표가 이루어진 상대방의 범위, 그 표현의 방법 등 그 표현 자체에 관한 제반 사정을 감
   안함과 동시에 그 표현에 의하여 훼손되거나 훼손될 수 있는 명예의 침해 정도 등을 비교,
   고려하여 결정하여야 한다(대판 2007.7.13. 2006도6322).

□ 비방의 목적 관련 판례

〈비방의 목적 인정〉

감사원에 근무하는 감사주사가 일일감사상황보고서의 일부를 변조하여 제시하면서 자신의 상사인 감사원장 국장이 고위층에 압력을 받고 감사기간 중 자신이 감사를 진행 중인 사항에 대한 감사활동을 중단시켰다고 기자회견을 한 경우, 그 적시사실의 허위성에 대한 인식은 물론 상사에 대한 비방의 목적도 있다(대판 2002.8.23. 2000도329).

〈비방의 목적 부정〉

감사원 소속 공무원이 재벌그룹의 콘도미니엄 사업승인과 관련한 특혜의혹사건에 관하여 기자들에게 '양심선언'이란 제목 아래 감사원 국장이 외부의 압력을 받아 감사를 이유 없이 중단시켰다는 내용이 유인물을 배포한 경우, 비방의 목적이나 허위라는 인식이 없으므로 출판물에 의한 명예훼손죄가 성립하지 않는다(대판 2008.11.13. 2006도7915).

4. 제310조의 적용 여부

출판물 등을 이용하여 비방의 목적이 없이 진실한 사실을 적시하여 명예를 훼손한 경우, 제310조의 적용이 가능한가?

우선, 제310조는 제307조 제1항에만 해당된다. 그러므로, 행위자가 '진실한 사실을 적시'하였을 경우에만 가능하다. 만약, '허위 사실을 적시'하였을 경우에는 제310조가 적용되지 않는다. 위와 같이 비방의 목적이 없이 진실한 사실을 적시하였다면 제309조가 아니라 제307조 제1항에 해당하므로, 제310조의 적용이 가능하다. 다만, 제310조가 적용되기 위해서는 제307조 제1항의 행위에서 '공공의 이익에 관한 때'에 해당하는 경우에는 적용된다고 하겠다. 하지만, '비방의 목적'이 있는 제309조 제1항에 대해서는 제310조는 적용되지 않는다.[46]

---

46) 형법 제309조 제1항 소정의 '사람을 비방할 목적'이란 가해의 의사 내지 목적을 요하는 것으로서 공공의 이익을 위한 것과는 행위자의 주관적 의도의 방향에 있어 서로 상반되는 관계에 있다고 할 것이므로, 형법 제310조의 공공의 이익에 관한 때에는 처벌하지 아니한다는 규정은 사람을 비방할 목적이 있어야 하는 형법 제309조 제1항 소정의 행위에 대하여는 적용되지 아니하고 그 목적을 필요로 하지 않는 형법 제307조 제1항의 행위에 한하여 적용되는 것이고, 반면에 적시한 사실이 공공의 이익에 관한 것인 경우에는 특별한 사정이

5. 간접정범 성립 여부

타인을 비방할 목적으로 허위 사실의 기사의 재료를 비방의 목적이 없는 보도기관에 제공하여 사실을 보도하게 할 경우, 제309조의 간접정범이 성립하는가 하는 문제가 있다. 이에 대해 판례는 다음과 같다.

① 타인을 비방할 목적으로 허위사실인 기사의 재료를 신문기자에게 제공한 경우, 기사를 신문지상에 게재하느냐의 여부는 신문 편집인이 권한에 속한다고 할 것이나 이를 편집인이 신문지상에 게재한 이상 기사의 게재는 기사재료를 제공한 자의 행위에 기인한 것이므로 기사재료의 제공행위는 형법 제309조 제2항 소정의 출판물에 의한 명예훼손죄의 죄책을 면할 수 없다.[47]

② 제보자가 기사의 취재, 작성과 직접적인 연관이 없는 자에게 허위의 사실을 알렸을 뿐인 경우, 피제보자가 언론에 공개하거나 기자들에게 취재됨으로써 그 사실이 신문에 게재되어 일반 공중에게 배포되더라도 제보자에게 출판·배포된 기사에 관하여 출판물에 의한 명예훼손의 책임을 물을 수는 없다.[48]

6. 소추조건

본죄는 피해자의 명시한 의사에 반하여 공소를 제기할 수 없다.

V. 모욕죄

제311조【모욕】공연히 사람을 모욕한 자는 1년 이하의 징역이나 금고 또는 200만원 이하의 벌금에 처한다.

1. 의의, 보호법익

본죄는 '공연히 사람을 모욕함으로써 성립하는 범죄'이다. 보호법익은 '외부적 명예'이며, 보호의 정도는 '추상적 위험범'이다. 본죄는 명예훼손죄와 같이 사

없는 한 비방 목적은 부인된다고 봄이 상당하므로 이와 같은 경우에는 형법 제307조 제1항 소정의 명예훼손의 성립 여부가 문제될 수 있고 이에 대하여는 형법 제310조에 의한 위법성 조각 여부가 문제로 될 수 있다(대판 2003.12.26. 2003도6036).
47) 대판 1994.4.12. 93도3535.
48) 대판 2002.6.28. 2000도3045.

실을 적시가 없다는 점에서 구별된다.49) 본죄는 친고죄이다.

2. 객관적 구성요건

(1) 행위의 객체

행위의 객체는 '사람'이다. 자연인뿐만 아니라 법인이나 법인격 없는 단체도 포함되며, 사자는 해당되지 않으나, 허위의 사실을 적시한 경우에는 사자의 명예 훼손죄가 성립한다. 국가나 지방자치단체는 포함되지 않는다.50)

(2) 실행 행위

실행 행위는 '공연히 모욕'하는 것이다.

'공연히'란 '불특정 또는 다수인이 인식할 수 있는 상태'를 의미하며, 명예훼 손죄의 '공연성'과 같은 의미이다. 따라서, 특정소수인 앞에서 상대방을 모욕하는 경우는 공연성이 있다고 할 수 없다.51)

'모욕'이란 구체적인 사실의 적시가 없이 사람에 대해 '경멸의 의사 내지 감 정의 표현'이라는 추상적 가치판단의 표시이다.52) 사람에 대해 모욕을 하는데 있

---

49) 사람의 가치에 대한 사회적 평가를 의미하는 외부적 명예를 보호법익으로 하고, 여기에서 '모욕'이란 사실을 적시하지 아니하고 사람의 사회적 평가를 저하시킬 만한 추상적 판단이 나 경멸적 감정을 표현하는 것을 의미한다. 그리고 모욕죄는 피해자의 외부적 명예를 저하 시킬 만한 추상적 판단이나 경멸적 감정을 공연히 표시함으로써 성립하므로, 피해자의 외 부적 명예가 현실적으로 침해되거나 구체적, 현실적으로 침해될 위험이 발생하여야 하는 것도 아니다(대판 2016.10.13. 2016도9674).

50) 형법이 명예훼손죄 또는 모욕죄를 처벌함으로써 보호하고자 하는 사람의 가치에 대한 평 가인 외부적 명예는 개인적 법익으로서, 국민의 기본권을 보호 내지 실현해야 할 책임과 의무를 지고 있는 공권력의 행사자인 국가나 지방자치단체는 기본권의 수범자일 뿐 기본 권의 주체가 아니고, 정책결정이나 업무수행과 관련된 사항은 항상 국민의 광범위한 감시 와 비판의 대상이 되어야 하며 이러한 감시와 비판은 그에 대한 표현의 자유가 충분히 보 장될 때에 비로소 정상적으로 수행될 수 있으므로, 국가나 지방자치단체는 국민에 대한 관 계에서 형벌의 수단을 통해 보호되는 외부적 명예의 주체가 될 수는 없고, 따라서 명예훼 손죄나 모욕죄의 피해자가 될 수 없다(대판 2016.12.27. 2014도15290).

51) 피고인이 각 피해자에게 "사이비 기자 운운" 또는 "너 이 쌍년 왔구나"라고 말한 장소가 여 관방 안이고 그곳에는 피고인과 그의 처, 피해자들과 그들의 딸, 사위, 매형밖에 없었고 피 고인이 피고인의 딸과 피해자들의 아들간의 파탄된 혼인관계를 수습하기 위하여 만나 얘 기하던 중 감정이 격화되어 위와 같은 발설을 한 사실이 인정된다면, 위 발언은 불특정 또 는 다수인이 인식할 수 있는 상태, 또는 불특정 다수인에게 전파될 가능성이 있는 상태에 서 이루어진 것이라 보기 어려우므로 이는 공연성이 없다 할 것이다(대판 1984.4.10. 83도 49).

52) 동네사람 4명과 구청직원 2명 등이 있는 자리에서 피해자가 듣는 가운데 구청직원에게 피 해자를 가리키면서 "저 망할 년 저기 오네"라고 피해자를 경멸하는 욕설 섞인 표현을 하였 다면 피해자를 모욕하였다고 볼 수 있다(대판 1990.9.25. 90도873). 명예훼손죄에 있어서 '사실의 적시'라 함은 사람의 사회적 평가를 저하시키는데 충분한 구체적 사실을 적시하는

어 수단, 방법에는 제한이 없다. 그러므로, 언어, 문자, 그림, 거동 등 모욕적인 방법을 통해 사회일반인이 객관적 입장에서 보아 사람을 경멸하는 의미로 받아들일 만한 것이라면 가능하다. 이는 부작위에 의해서도 가능하다.53) 본죄가 성립하기 위해서는 어느 정도 구체성을 갖는 내용이어야 한다.54)

□ 모욕죄 관련 판례

〈모욕죄 인정〉

① 피고인이 다른 사람을 폭행하던 중 112신고를 받고 출동한 경장으로부터 제지를 당하자 위 식당의 업주와 손님들이 있는 가운데 피해자에게 큰 소리로 "젊은 놈의 새끼야, 순경새끼, 개새끼야, 씨발 개새끼야, 좆도 아닌 젊은 새끼는 꺼져 새끼야"라고 욕설을 한 행위는 모욕죄가 성립한다(대판 2016.10.13. 2016도9674).

② 피고인이 자신의 인터넷 블로그에 '듣보잡', '함량미달', '함량이 모자라도 창피한 줄 모를 정도로 멍청하게 충성할 사람', '싼 맛에 갖다 쓰는 거죠' 등이라고 한 부분은 피해자를 비하하여 사회적 평가를 저하시킬 만한 추상적 판단이나 경멸적 감정을 표현한 것으로 모욕죄에 해당한다(대판 2011.12.22. 2010도10130).

③ 피해자에 대하여 "야 이 개같은 잡년아, 시집을 열두 번을 간 년아, 자식도 못 낳는 창녀같은 년"이라고 큰소리를 친 경우, 위 발언 내용은 그 자체가 피해자의 사회적 평가를 저하시킬 만한 구체적 사실이라기보다는 피해자의 도덕성에 관하여 가지고 있는 추상적 판단이나 경멸적인 감정표현을 과장되게 강조한 욕설에 지나지 아니한다(대판 1985.10.22. 85도1629).

④ 피고인이 택시를 타고 목적지까지 갔음에도 택시기사에게 택시요금을 주지 않자 택시기사가 경찰서 지구대 앞까지 운전하여 간 다음 112 신고를 하였고, 위 지구대 앞길에서 피해자를 포함한 경찰관들이 위 택시에 다가가 피고인에게 택시요금을 지불하라고 요청하자 피고인이 "야! 뭐야!"라고 소리를 쳐서 피고인을 택시에서 내리게 한 후, 피해자가 피고인에게 "손님, 요금을 지불하고 귀가하세요"라고 말하자 피고인이 피해자를 향해 "뭐야. 개새끼야", "뭐 하는 거야. 새끼들아", "씨팔놈들아. 개새끼야"라고 큰

것을 말하므로, 이를 적시하지 아니하고 단지 모멸적인 언사를 사용하여 타인의 사회적 평가를 경멸하는 자기의 추상적 판단을 표시하는 것("빨갱이 계집년", "만신(무당)", "첩년")은 사람을 모욕한 경우에 해당하고 명예훼손죄에 해당하지 아니한다(대판 1981.11.24. 81도2280).

53) 예를 들어 군대 내의 의전행사에서 답례할 법적 의무가 있는 자가 답례하지 않는 부작위는 모욕행위에 해당할 수 있다(임웅, 259면). 그러나 일상생활에서 부작위에 의한 모욕죄가 성립하기는 어렵다고 판단된다.

54) "부모가 그런 식이니 자식도 그런 것이다"와 같은 표현으로 인하여 상대방의 기분이 다소 상할 수 있다고 하더라도 그 내용이 너무나 막연하여 그것만으로 곧 상대방의 명예감정을 해하여 형법상 모욕죄를 구성한다고 보기는 어렵다고 한 사례(대판 2007.2.22. 2006도8915).

소리로 욕설를 한 사실을 알 수 있다. 위와 같은 피고인의 발언 내용과 그 당시의 주변 상황, 경찰관이 현장에서 피고인에게 위와 같은 권유를 하게 된 경위 등을 종합해 보면, 당시 피고인에게 정당한 요금을 지불하게 하고 안전하게 귀가하게 하기 위하여 법집행을 하려는 경찰관 개인을 향하여 경멸적 표현을 담은 욕설을 함으로써 경찰관 개인의 인격적 가치에 대한 평가를 저하시킬 위험이 있는 모욕행위를 하였다고 볼 것이고, 이를 단순히 당시 상황에 대한 분노의 감정을 표출하거나 무례한 언동을 한 정도에 그친 것으로 평가하기는 어렵다. 그리고 설령 그 장소에 있던 사람들이 전후 경과를 지켜보았기 때문에 피고인이 근거 없이 터무니없는 욕설을 한다는 사정을 인식할 수 있었다고 하더라도 공연성 및 전파가능성도 있었다고 보이는 이상, 피해자인 경찰관 개인의 외부적 명예를 저하시킬 만한 추상적 위험을 부정할 수는 없다고 할 것이다(대판 2017.4.13. 2016도15264).

〈모욕죄 부정〉

① 피고인은 2014. 6. 10. 02:20경 서울 동작구 (주소 생략) 앞 도로에서 자신이 타고 온 택시의 택시 기사와 요금 문제로 시비가 벌어져 같은 날 02:38경 112 신고를 한 사실, 신고를 받고 출동한 서울동작경찰서 소속 경찰관인 피해자 공소외인이 같은 날 02:55경 위 장소에 도착한 사실, 피고인은 피해자에게 112 신고 당시 피고인의 위치를 구체적으로 알려 주었는데도 피해자가 위 장소를 빨리 찾지 못하고 늦게 도착한 데에 항의한 사실, 이에 피해자가 피고인에게 도착이 지연된 경위에 대하여 설명을 하려고 하는데, 피고인이 위 택시기사가 지켜보는 가운데 피해자에게 "아이 씨발!"이라고 말한 사실을 알 수 있다.

이러한 사실관계와 함께 기록에 의하여 인정되는 피고인과 피해자의 관계, 피고인이 이러한 발언을 하게 된 경위와 발언의 횟수, 발언의 의미와 전체적인 맥락, 발언을 한 장소와 발언 전후의 정황 등을 앞서 본 법리에 따라 살펴보면, 피고인의 위 "아이 씨발!"이라는 발언은 구체적으로 상대방을 지칭하지 않은 채 단순히 발언자 자신의 불만이나 분노한 감정을 표출하기 위하여 흔히 쓰는 말로서 상대방을 불쾌하게 할 수 있는 무례하고 저속한 표현이기는 하지만 위와 같은 사정에 비추어 직접적으로 피해자를 특정하여 그의 인격적 가치에 대한 사회적 평가를 저하시킬 만한 경멸적 감정을 표현한 모욕적 언사에 해당한다고 단정하기는 어렵다(대판 2015.12.24. 2015도6622).

② 아파트 입주자대표회의 감사인 피고인이 업무처리에 항의하기 위해 관리소장과 언쟁을 하다가 "야, 이따위로 일할래", "아니 처먹은 게 무슨 자랑이냐"라고 말한 경우 객관적으로 인격적 가치에 대한 사회적 평가를 저하시킬 만한 모욕적 언사에 해당하지 않는다(대판 2015.9.10. 2015도2229).

③ 골프클럽 경기보조원들의 구직편의를 위해 제작된 인터넷 사이트 내 회원 게시판에 특정 골프클럽의 운영상 불합리성을 비난하는 글을 게시하면서 위 클럽담당자에 대하

여 '한심하고 불쌍한 인간'이라는 등 경멸적 표현을 한 경우, 사회상규에 위배되지 않는다(대판 2008.7.10. 2008도8917).

④ 피고인이 공소외인이 인터넷 포털 사이트 '○○'의 다른 카페에서 다른 회원을 강제 탈퇴시킨 후 보여준 태도에 대하여 불만을 가지고 댓글을 게시하게 된 사실, 피고인이 게시한 댓글 내용은 '선무당이 사람 잡는다, 자승자박, 아전인수, 사필귀정, 자업자득, 자중지란, 공황장애 ㅋ'라고 되어 있는 사실을 알 수 있다. 위 사실관계에 나타난 피고인의 댓글 게시 경위, 댓글의 전체 내용과 표현 방식, 공황장애의 의미(뚜렷한 근거나 이유 없이 갑자기 심한 불안과 공포를 느끼는 공황 발작이 되풀이해서 일어나는 병) 등을 종합하면, 피고인이 댓글로 게시한 '공황장애 ㅋ'라는 표현이 상대방을 불쾌하게 할 수 있는 무례한 표현이기는 하나, 상대방의 인격적 가치에 대한 사회적 평가를 저하시킬 만한 표현에 해당한다고 보기는 어렵다(대판 2018.5.30. 2016도20890).

3. 주관적 구성요건

본죄의 고의는 공연히 사람을 모욕한다는 것에 대한 인식과 인용이다. 이는 미필적 고의로도 충분하다.

4. 소추조건

본죄는 친고죄로 고소가 있어야 공소를 제기할 수 있다.

5. 죄수

① 하나의 행위가 명예훼손과 모욕죄가 성립하는 경우 모욕죄는 명예훼손죄에 흡수된다(법조경합 중 보충관계).

② 하나의 행위로 다수인을 모욕한 경우에는 모욕죄의 상상적 경합이 발생한다.

③ 외국원수, 외국사절을 모욕한 경우에는 제311조가 아닌 제107조 제2항, 제108조 제2항(외국원수, 외국사절에 대한 모욕죄[55])이 적용되며(법조경합 중 특별관계), 이 경우에는 '공연성'을 요건으로 하지 않는다.

---

55) 형법 제107조 제2항 외국원수에 대하여 모욕을 가하거나 명예를 훼손한 자는 5년 이하의 징역이나 금고에 처한다. 제108조 제2항 외국사절에 대하여 모욕을 가하거나 명예를 훼손한 자는 3년 이하의 징역이나 금고에 처한다.

6. 위법성

본죄는 사회상규에 위배되지 않는 행위로 위법성이 조각될 수 있다.[56]

7. 제310조의 적용 여부

본죄는 제310조가 적용되지 않는다.[57] 제310조는 '제307조 제1항의 행위가 진실한 사실로서 오로지 공공의 이익에 관한 때에는 처벌하지 아니한다'라고 명시되어 있다. 모욕행위는 제307조 제1항과 같이 '사실의 적시'가 없이 단순히 경멸적인 의사 내지 감정을 표현하고 있으며, 또한, '공공의 이익'을 위할 의사가 있다고 보기도 어렵다. 그러므로, 제310조에 의해 위법성이 조각될 해석의 여지가 없다.

8. 모욕죄의 위헌성 여부

모욕죄는 명확성 원칙에 위반되고 표현의 자유를 침해하는 규정이라며 위헌법률심판제청을 신청하였으나 기각되자 헌법소원을 냈다. 하지만, 2013년 헌법제판소도 재판관 5(합헌)대 3(위헌)의 의견으로 합헌 결정을 내린다.[58] 헌재의 판단은 다음과 같다.

심판대상 조항의 보호법익은 사람의 가치에 대한 사회적 평가인 외부적 명예로서 위 조항에 규정된 모욕은 사전적으로 '깔보고 욕되게 함'을 의미하고, 대법원도 모욕죄의 구성요건으로서 '모욕'이란 사실을 적시하지 아니하고 단순히 사람의 사회적 평가를 저하시킬 만한 추상적 판단이나 경멸적 감정을 표현하는 것이라고 판시함으로써 문언적 의미를 기초로 한 객관적 해석기준을 마련하고 있다. 그리고, 사람의 사회적 평가를 저하시킬 만한 추상적 판단이나 경멸적 감정으로 표현하였는지 여부는 추상적, 일반적으로 결정될 수 없는 성질의 것이므로, 이

---

56) 피고인이 방송국 홈페이지의 시청자 의견란에 작성·게시한 글 중 일부의 표현은 이미 방송된 프로그램에 나타난 기본적인 사실을 전제로 한 뒤, 그 사실관계나 이를 둘러싼 문제에 관한 자신의 판단과 나아가 이러한 경우에 피해자가 취한 태도와 주장한 내용이 합당한가 하는 점에 대하여 자신의 의견을 개진하고, 피해자에게 자신의 의견에 대한 반박이나 반론을 구하면서, 자신의 판단과 의견의 타당함을 강조하는 과정에서 부분적으로 그와 같은 표현을 사용한 것으로서 사회상규에 위배되지 않는다고 봄이 상당하다(대판 2003.11.28. 2003도3972).

57) 대결 1959.12.23. 4291형상539.

58) 헌재 2013. 6. 27. 2012헌바37 전원재판부.

에 해당하는지 여부는 사회통념과 건전한 상식에 따라 구체적, 개별적으로 정해
질 수밖에 없다. 위와 같은 모욕죄의 보호법익과 그 입법목적, 취지 등을 종합할
때, 건전한 상식과 통상적인 법감정을 가진 일반인이라면 금지되는 행위가 무엇
인지를 예측하는 것이 현저히 곤란하다고 보기 어렵다. 또한, 대법원은 모욕의 의
미에 대하여 객관적인 해석기준을 제시하고 있으므로 법 집행기관이 심판대상 조
항을 자의적으로 해석할 염려도 없다. 나아가 구체적으로 어떠한 표현이 심판대
상 조항의 구성요건에 해당하는지 여부는 표현의 전체적인 내용과 맥락 등 여러
요인을 종합적으로 고려하여 판단되어야 할 법원의 통상적인 법률해석·적용의
문제로서, 어떠한 행위가 법적인 구성요건을 충족시키는가 하는 것에 관하여 구
체적인 사건에 있어서 의문이 있을 수 있다는 것은 형법규범의 일반성과 추상성
에 비추어 불가피한 것이므로, 그러한 사정만으로 심판대상 조항이 명확성원칙에
위배된다고 할 수 없다.

　　사람의 인격을 경멸하는 가치판단의 표시가 공연히 이루어진다면 그 사람의
사회적 가치는 침해되고 그로 인하여 사회의 구성원으로서 생활하고 발전해 나갈
가능성도 침해받지 않을 수 없으므로, 모욕적 표현행위를 금지시킬 필요성은 분
명 존재한다고 하지 않을 수 없어 심판 대상의 입법목적은 정당하고, 공연히 사
람을 모욕하는 행위를 처벌하는 것은 그 입법목적 달성에 기여하는 적합한 수단
에 해당한다. 그리고 모욕죄는 피해자의 고소가 있어야만 형사처벌이 가능한 점,
그 법정형의 상한이 비교적 낮은 점, 비교적 경미한 불법성을 가진 행위에 대하
여는 법관의 양형으로 불법과 책임을 일치시킬 수 있는 점, 법원은 개별사안에서
형법 제20조의 정당행위 규정을 적정하게 적용함으로써 표현의 자유와 명예보호
사이에 적절한 조화를 도모하고 있는 점 등을 고려할 때, 심판대상 조항은 필요
최소한의 범위 내에서 표현의 자유를 제한하고 있고, 법익균형성의 요건도 충족
하고 있다고 보아야 하므로 결국 표현의 자유를 침해한다고 할 수 없다.

제 2 장

신용, 업무와 경매에 관한 죄

제1절 서 설

I. 의의, 보호법익

신용, 업무와 경매에 관한 죄는 신용훼손죄, 업무방해죄, 경매·입찰방해죄로 구성되어 있다. 보호법익은 신용훼손죄는 '사람의 신용', 업무방해죄는 '업무', 경매·입찰방해죄는 '경매·입찰의 공정성'이며, 보호의 정도는 모두 '추상적 위험범'이다.

신용, 업무와 경매에 관한 죄는 자유에 대한 범죄이면서 재산에 대한 범죄의 성격을 가지고 있다.

II. 신용, 업무와 경매에 관한 죄의 구성요건체계

신용, 업무와 경매에 관한 죄의 기본적 구성요건은 신용훼손죄(제313조), 업무방해죄(제314조), 경매·입찰 방해죄(제315조)이며, 각각 독립된 구성요건으로 규정되어 있다. 이는 보호법익이 다른 바와 같다.

죄명		행위 태양(態樣)			
		허위사실유포	위계	위력	기타방법
신용훼손죄(제313조)		○	○	×	×
업무방해죄 (제314조)	①	○	○	○	×
	②	손괴, 허위의 정보 또는 부정한 명령 입력, 기타방법			
경매·입찰 방해죄 (제315조)		×	○	○	○

제2절 개별적 범죄유형

Ⅰ. 신용훼손죄

> **제313조 【신용훼손】** 허위의 사실을 유포하거나 기타 위계로써 사람의 신용을 훼손한 자는 5년 이하의 징역 또는 1천500만원 이하의 벌금에 처한다.

1. 의의, 보호법익

본죄는 '허위의 사실을 유포하거나 기타 위계로써 사람의 신용을 훼손함으로써 성립하는 범죄'이다. 보호법익은 '경제적 신용', 즉 사람의 지급능력 또는 지급의사에 대한 사회적 신뢰이며,[1] 보호의 정도는 '추상적 위험범'이다.

2. 객관적 구성요건

(1) 행위의 객체

행위의 객체는 '사람의 신용'이며, 이때, 사람은 자연인뿐만 아니라 법인 또는 법인격 없는 단체도 포함한다.

(2) 실행 행위

실행 행위는 '허위사실을 유포하거나 기타 위계로써 신용을 훼손'하는 것이다.

(가) 허위사실의 유포

'허위사실의 유포'란 객관적으로 진실과 부합하지 않는 과거 또는 현재의 사

---

[1] 형법 제313조의 신용훼손죄에서 '신용'은 경제적 신용, 즉 사람의 지급능력 또는 지급의사에 대한 사회적 신뢰를 의미한다(대판 2011.5.13. 2009도5549).

실을 유포하는 것으로서 단순한 의견이나 가치판단을 표시하는 것은 이에 해당하지 아니한다.[2] 유포는 명예훼손죄와 같이 불특정 또는 다수인에게 전파를 하는 것이고, 1인에게 고지하더라도 불특정 또는 다수인에게 전파될 가능성이 있으면 성립한다. 수단과 방법에는 제한이 없다.

(나) 기타 위계

'위계'란 행위자의 행위목적을 달성하기 위하여 상대방에게 오인, 착각 또는 부지를 일으키게 하여 이를 이용하는 것을 말한다.[3] 허위사실의 유포는 기타 위계의 예시적인 방법이라고 볼 수 있다.

(다) 신용의 훼손

'신용의 훼손'이란 사람의 지불능력이나 지불의사에 대한 사회적 평가를 훼손하는 것을 말한다. 신용이 현실적으로 훼손될 것을 요하지 아니하며, 훼손될 위험성만 있으면 성립한다.

□ 신용훼손 관련 판례

〈신용훼손죄 인정〉

피고인은 조흥은행 본점 앞으로 '피해자 공소외 1이 대출금 이자를 연체하여 위 은행의 수락지점장인 공소외 2가 3,000만원의 연체이자를 대납하였다'는 등의 내용을 기재한 편지를 보낸 사실, 그러나 실제로는 공소외 2가 위 연체이자를 대납한 적이 없는 사실을 인정할 수 있고, 피고인은 위 내용이 허위라는 점에 대하여 미필적으로나마 인식하고 있었던 것으로 보이는바, 위 인정 사실에 의하면 피고인이 위 편지를 조흥은행 본점에 송부한 행위가 그 내용을 불특정 또는 다수인에게 전파시킨 경우에 해당한다고 보기는 어려우나, 그로써 조흥은행의 오인 또는 착각 등을 일으켜 위계로써 피해자의 신용을 훼손한 경우에는 해당한다 할 것이다. 또한, 위 편지의 내용 중 기본적인 사실이 진실이라 하더라도, 위와 같이 상당부분의 허위내용을 부가시킴으로써 신용훼손의 정도가 증가된 이상 신용훼손죄의 성립에 영향이 생기는 것도 아니다(대판 2006.12.7. 2006도3400).

---

2) 형법상 신용훼손죄는 허위사실의 유포 기타 위계로써 사람의 신용을 훼손할 것을 요하고, 여기서 허위사실의 유포라 함은 객관적으로 진실과 부합하지 않는 과거 또는 현재의 사실을 유포하는 것으로서 (미래의 사실도 증거에 의한 입증이 가능할 때에는 여기의 사실에 포함된다고 할 것이다) 피고인의 단순한 의견이나 가치판단을 표시하는 것은 이에 해당하지 않는다고 할 것이므로(대판 1983.2.8. 82도2486).

3) 대판 2006.12.7. 2006도3400.

〈신용훼손죄 부정〉

① 퀵서비스 운영자인 피고인이 배달업무를 하면서, 손님의 불만이 예상되는 경우에는 평소 경쟁관계에 있는 피해자 운영의 퀵서비스 명의로 된 영수증을 작성, 교부함으로써 손님들로 하여금 불친절하고 배달을 지연시킨 사업체가 피해자 운영의 퀵서비스인 것처럼 인식하게 한 사안에서, 퀵서비스의 주된 계약내용이 신속하고 친절한 배달이라고 하더라고, 그와 같은 사정만으로 위 행위가 피해자의 경제적 신용, 즉 지급능력이나 지급의사에 대한 사회적 신뢰를 저해하는 행위에 해당한다고 보기는 어렵다(대판 2011.5.13. 2009도5549).

② 채권자인 피고인이 자신의 채무자인 피해자를 지칭하면서 계원들이 모인 자리에서 "피해자는 집도 남편도 없는 과부이며, 계주로서 계불 입금을 모아서 도망가더라도 도와줄 사람 하나 없는 알몸이다"라고 말하였다 하더라도, 이는 피고인이 개인적 의견이나 평가를 진술한 것에 불과하여 허위사실의 유포라고 볼 수 없다(대판 1983.2.8. 82도2486).

3. 주관적 구성요건

본죄의 고의는 허위사실유포와 위계로써 사람의 신용을 훼손한다는 사실에 대한 인식과 의사를 요한다.[4]

4. 죄수

① 공연히 허위의 사실을 유포한 행위가 신용훼손죄와 명예훼손죄의 구성요건을 동시에 충족한다고 하여도 명예훼손죄는 법조경합 중 특별관계로 신용훼손죄에 흡수된다고 본다(다수설).

② 공연히 진실한 사실을 적시하는 경우에는 신용훼손죄의 행위태양에는 해당되지 않아, 명예훼손죄만 성립한다.

---

[4] '허위의 사실을 유포한다'고 함은 실제의 객관적인 사실과 다른 사실을 불특정 또는 다수인에게 전파시키는 것을 말하는데, 이러한 경우 그 행위자에게 행위 당시 자신이 유포한 사실이 허위라는 점을 적극적으로 인식하였을 것을 요한다고 할 것이며, 이와 같이 전파가능성을 이유로 허위사실의 유포를 인정하는 경우에는 적어도 범죄구성요건의 주관적 요소로서 미필적 고의가 필요하므로 전파가능성에 대한 인식이 있음은 물론 나아가 그 위험을 용인하는 내심의 의사가 있어야 하고, 그 행위자가 전파가능성을 용인하고 있었는지의 여부는 외부에 나타난 행위의 형태와 행위의 상황 등 구체적인 사정을 기초로 하여 일반인이라면 그 전파가능성을 어떻게 평가할 것인가를 고려하면서 행위자의 입장에서 그 심리상태를 추인하여야 할 것이다(대판 2006.5.25. 2004도1313).

II. 업무방해죄

> **제314조【업무방해】** ① 제313조의 방법 또는 위력으로써 사람의 업무를 방해한 자는 5
> 년 이하의 징역 또는 1천500만원 이하의 벌금에 처한다.

1. 의의, 보호법익

본죄는 '허위의 사실을 유포하거나 위계 또는 위력으로 사람의 업무를 방해
함으로써 성립하는 범죄'이다. 보호법익은 '사람의 업무'이며, 보호의 정도는 '추
상적 위험범'이다. 본 죄는 업무가 방해될 위험성으로 족하며, 현실적으로 방해될
것을 요하지 않는다.

2. 객관적 구성요건

(1) 행위의 객체

행위의 객체는 '사람의 업무'이며, 이때, 사람은 자연인뿐만 아니라 법인 또
는 법인격 없는 단체도 포함한다.

'업무'라 함은 사람이 그 사회생활상의 지위에 기하여 계속적으로 종사하는
사무나 사업을 의미하는 것으로서, 주된 업무뿐만 아니라 이와 밀접 불가분한 관
계에 있는 부수적인 업무도 포함되는 것이지만, 계속하여 행하는 사무가 아닌 일
회적인 사무는 업무방해죄의 객체가 되는 '업무'에 해당되지 않는다.[5] 재산적·경
제적 업무뿐만 아니라 비경제적 업무도 포함하며, 보수의 유무도 불문한다. 업무
는 '보호할 가치'가 있는 것이어야 한다. 그러므로, 사회생활상 용인되는 업무일
것을 요한다. 하지만, 반드시 적법한 업무일 필요는 없으나,[6] 어떤 사무나 활동
자체가 위법의 정도가 중하여 사회생활상 도저히 용인될 수 없는 반사회성을 띠
는 경우에는 업무방해죄의 보호대상이 되는 '업무'에 해당한다고 볼 수 없다.[7]

---

5) 대판 1989.9.12. 88도1752.
6) 업무방해죄의 보호대상이 되는 '업무'는 직업 또는 계속적으로 종사하는 사무나 사업으로
   서 일정 기간 사실상 평온하게 이루어져 사회적 활동의 기반이 되는 것을 말하며, 그 업무
   의 기초가 된 계약 또는 행정행위 등이 반드시 적법하여야 하는 것은 아니지만, 타인의 위
   법한 행위에 의한 침해로부터 보호할 가치가 있는 것이어야 한다(대판 1991.6.28. 91도944
).
7) 형법상 업무방해죄의 보호대상이 되는 '업무'라 함은 직업 또는 계속적으로 종사하는 사무
   나 사업을 말하는 것으로서 타인의 위법한 행위에 의한 침해로부터 보호할 가치가 있는 것
   이면 되고, 그 업무의 기초가 된 계약 또는 행정행위 등이 반드시 적법하여야 하는 것은

□ 업무 관련 판례

⟨업무 인정⟩

① 회사가 사업장의 이전을 계획하고 그 이전을 전후하여 사업을 중단 없이 영위할 목적으로 이전에 따른 사업의 지속적인 수행방안, 새 사업장의 신축 및 가동개시와 구 사업장의 폐쇄 및 가동중단 등에 관한 일련의 경영상 계획의 일환으로서 시간적·절차적으로 일정기간의 소요가 예상되는 사업장 이전을 추진, 실시하는 행위는 그 자체로서 일정기간 계속성을 지닌 업무의 성격을 지니고 있을 뿐만 아니라, 회사의 본래 업무인 목적사업의 경영과 밀접불가분의 관계에서 그에 수반하여 이루어지는 것으로 볼 수 있으므로, 이 점에서도 업무방해죄에 의한 보호의 대상이 되는 '업무'에 해당한다(대판 2005.4.15. 2004도8701).

② 종중 정기총회를 주재하는 종중 회장의 의사진행업무 자체는 1회성을 갖는 것이라고 하더라도 그것이 종중 회장으로서의 사회적인 지위에서 계속적으로 행하여 온 종중 업무수행의 일환으로 행하여진 것이라면, 그와 같은 의사진행업무도 형법 제314조 소정의 업무방해죄에 의하여 보호되는 업무에 해당된다(대판 1995.10.12. 95도1589).

③ 조업이 끝난 후 공장 정문의 개폐 등 관리사무는 회사의 주된 업무와 밀접불가분의 관계에 있으면서 계속적으로 수행되어지는 회사의 부수적 업무라 할 것이므로, 이는 업무방해죄에서 보호의 대상으로 삼고 있는 업무에 해당된다(대판 1992.2.11. 91도1834).

⟨업무 부정⟩

① 공소외 1은 주부로서 개인적 용무로 서울행 고속버스를 타기 위해 대전 유성구에 있는 고속버스터미널까지 위 차량을 운행한 후 근처에 있던 건물 주차장에 주차하였다. 이 차량은 다른 사람의 명의로 등록이 마쳐진 자가용 차량으로서, 기록을 살펴보아도 위 차량이 영업과 관련되었다거나 공소외 1이 자신이 영업을 위하여 위 차량을 운전하였다고 볼 자료는 찾을 수 없다. 직업이나 사회생활상의 지위에 기한 것이라고 보기 어려운 단순한 개인적인 일상생활의 일환으로 행하여지는 사무는 업무방해죄의 보호대상인 업무에 해당한다고 볼 수 없다(대판 2017.11.9. 2014도3270).

② 초등학생들이 학교에 등교하여 교실에서 수업을 듣는 것은 헌법 제31조가 정하고 있는 무상으로 초등교육을 받을 권리 및 초·중등교육법 제12조, 제13조가 정하고 있는 국가의 의무교육 실시의무와 부모들의 취학의무 등에 기하여 학생들 본인의 권리를 행사하는 것이거나 국가 내지 부모들의 의무를 이행하는 것에 불과할 뿐 그것이 '직업 기타 사회생활상의 지위에 기하여 계속적으로 종사하는 사무 또는 사업'에 해당한다고 할 수 없으므로, 피고인이 원심 판시와 같은 행위를 하였다고 하더라도 학생들의 권리행사나

아니며, 다만 어떤 사무나 활동 자체가 위법의 정도가 중하여 사회생활상 도저히 용인될 수 없는 정도로 반사회성을 띠는 경우에는 업무방해죄의 보호대상이 되는 '업무'에 해당한다고 볼 수 없다(대판 2002.8.23. 2001도5592).

국가 내지 부모들의 의무이행을 방해한 것에 해당하는지 여부는 별론으로 하고 학생들의 업무를 방해하였다고 볼 수는 없다(대판 2013.6.14. 2013도3829).

③ 업무방해죄에 있어서의 '업무'라 함은 사람이 그 사회생활상의 지위에 기하여 계속적으로 종사하는 사무나 사업을 의미하는 것으로서, 주된 업무뿐만 아니라 이와 밀접불가분한 관계에 있는 부수적인 업무도 포함되는 것이지만, 계속하여 행하는 사무가 아닌 공장의 이전과 같은 일회적인 사무는 업무방해죄의 객체가 되는 '업무'에 해당되지 않는다(대판 1989.9.12. 88도1752).

④ 주주로서 주주총회에서 의결권 등을 행사하는 것은 주식의 보유자로서 그 자격에서 권리를 행사하는 것에 불과할 뿐 그것이 '직업 기타 사회생활상의 지위에 기하여 계속적으로 조사하는 사무 또는 사업'에 해당한다고 할 수 없으므로, 피고인이 제1심 판시와 같은 행위를 하였다고 하더라도 주주로서의 권리행사를 방해한 것에 해당하는지 여부는 별론으로 하고 주주들의 업무를 방해하였다고 볼 수 없다(대판 2004.10.28. 2004도1256).

〈사회생활상 용인되어 보호할 가치가 있는 업무〉

① 한국도로공사가 고속도로 통행료 자동징수시스템을 도입하기로 결정하고 제조구매입찰을 실시하면서 업체 선정을 위한 현장성능시험을 시행한 경우, 입찰에 참가한 회사가 입찰참여조건을 위반하여 성능시험 자체가 부적합한 것으로 드러났다고 하더라도, 도로공사의 위 성능시험 업무는 업무방해죄의 보호대상이 된다(대판 2010.5.27. 2008도2344).

② 전국철도노동조합이 파업을 예고한 상황에서 파업 예정일 하루 전에 사용자인 한국철도공사 측 교섭위원 甲이 산하 차량 정비단 직원들을 상대로 설명회 등 특별교육을 실시하려고 하자, 노동조합 간부인 피고인들 등이 직원들의 교육장 진입을 막는 등 위력으로 업무를 방해한 경우, 노동조합의 운영이나 활동을 지배하거나 그 활동에 개입하려는 의사가 있었던 것으로 추단되는지를 판단하지 아니한 채, 설명회 개최가 근로자가 노동조합을 운영하는 것을 지배하거나 이에 개입하는 행위로서 업무방해죄의 보호법익인 '업무'에 해당하지 않는다는 등의 이유로 피고인들에게 무죄를 선고한 원심판결에 법리오해 및 심리미진이 위법이 있다(대판 2013.1.31. 2012도3475).

③ 아파트관리사무실의 경리가 관리단 총회에서 새로이 선임된 관리인에 의하여 재임명되어 경리업무를 수행하여 온 경우, 위 관리인 선임에 무효사유가 있다고 하더라도 위 경리의 아파트관리업무가 업무방해죄의 보호대상에서 제외된다고 보기는 어렵다(대판 2006.3.9. 2006도382).

〈사회생활상 용인되지 않아 보호할 가치가 없는 업무〉

① 의료인이나 의료법인이 아닌 자가 의료기관을 개설하여 운영하는 행위는 그 위법의

정도가 중하여 사회생활상 도저히 용인될 수 없는 정도로 반사회성을 띠고 있으므로 업무방해죄의 보호대상이 되는 업무에 해당하지 않는다(대판 2001.11.30. 2001도2015).

② 공인중개사인 피고인이 자신의 명의로 등록되어 있으나 실제로는 공인중개사가 아닌 피해자가 주도적으로 운영하는 형식으로 동업하여 중개사무소를 운영하다가 위 동업관계가 피해자의 귀책사유로 종료되고 피고인이 동업관계의 종료로 부동산중개업을 그만두기로 한 경우, 피해자의 중개업은 법에 의하여 금지된 행위로서 형사처벌의 대상이 되는 범죄행위에 해당하는 것으로서 업무방해죄의 보호대상이 되는 업무라고 볼 수 없다(대판 2007.1.12. 2006도6599).

③ 폭력조직 간부인 피고인이 조직원들과 공모하여 甲이 운영하는 성매매업소 앞에 속칭 '병풍'을 치거나 차량을 주차해 놓은 등 위력으로써 甲의 성매매업소 운영을 방해한 경우, 甲의 성매매업소 운영업무는 업무방해죄의 보호보대상이 되는 업무라고 볼 수 없으므로, 피고인에게 업무방해죄가 성립하지 않는다(대판 2011.10.13. 2011도7081).

(2) 실행 행위

실행 행위는 '허위사실의 유포 기타 위계, 위력으로써 업무를 방해'하는 것이다. '허위사실 유포, 기타 위계'란 신용훼손죄의 행위 태양과 같다.

□ 허위사실 유포 기타 위계 관련 판례

〈허위사실유포 기타 위계 인정〉

① 한국소비자보호원을 비방할 목적으로 18회에 걸쳐서 출판물에 의하여 공연히 허위의 사실을 적시·유포함으로써 한국소비자보호원의 명예를 훼손하고 업무를 방해하였다는 각죄는 상상적 경합의 관계에 있다(대판 1993.4.13. 92도3035).

② 前 소방사업부장인 피고인이 직원들에게 회사에서 소방사업부를 정리하기로 하였으며 자신이 독립하여 운영하기로 하였다고 말하고 소방사업부 직원들로부터 집단사표를 제출받았다면 허위사실유포에 의한 업무방해죄가 성립한다(대판 2002.3.29. 2000도3231).

③ 甲 정당의 제19대 국회의원 비례대표 후보자 추천을 위한 당내 경선과정에서 피고인들이 선거권자들로부터 인증번호만을 전달받은 뒤 그들 명의로 특정 후보자에게 전자투표를 함으로써 위계로써 甲 정당의 경선관리 업무를 방해하였다는 내용으로 기소된 사안에서, 국회의원 비례대표 후보자 명단을 확정하기 위한 당내 경선은 정당의 대표자나 대의원을 선출하는 절차와 달리 국회의원 당선으로 연결될 수 있는 중요한 절차로서 직접투표의 원칙이 그러한 경선절차의 민주성을 확보하기 위한 최소한의 기준이 된다고 할 수 있는 점 등 제반 사정을 종합할 때, 당내 경선에도 직접·평등·비밀투표 등 일

반적인 선거원칙이 그대로 적용되고 대리투표는 허용되지 않는다(대판 2013.11.28. 2013 도5117).

④ 甲 상호저축은행 경영진인 피고인이 甲 저축은행의 영업정지가 임박한 상황에서 甲 저축은행에 파견되어 있던 금융감독원 감독관에게 알리지 아니한 채 영업마감 후에 특정 고액 예금채권자들에게 영업정지 예정사실을 알려주어 예금을 인출하도록 함으로써 파견감독관의 상시감독업무를 방해하였다는 내용으로 기소된 사안에서, 피고인이 영업 정지 예정사실 통지에 관한 파견감독관의 부지를 이용하여 예금채권자들로 하여금 예금을 인출하도록 한 것이 업무방해죄의 위계에 해당한다(대판 2013.1.24. 2012도10629).

⑤ 공소외인이 작성한 각 논문을 피고인이 전혀 수정하지 아니한 채 자신을 저작자 명의로 하여 각 학회 편집담당자에게 송부하고 학회지에의 게재를 요청하여 위 각 논문들이 그대로 게재된 사실, 학회지 등에 논문을 게재하는 데에, 해당 논문의 연구주제의 적합성, 연구내용의 참신성, 연구방법의 적절성, 논문구성의 충실성, 연구결과의 기여도, 논문의 의사전달 효과 등이 주로 검토될 뿐 해당 논문이 신청인이 아닌 타인이 작성한 것인지 여부 등은 대체로 검토되지 아니하는 사실 등을 인정한 다음, 학회지 등의 편집 또는 출판 업무담당자가 위와 같은 사실을 알았다면 결코 위 각 논문들을 위 학회지 등에 게재하지 않았을 것이고, 위와 같은 게재 요청된 논문에 대한 검토항목 등을 감안하면 위 학회지 편집 또는 출판 업무담당자들의 정상적인 업무처리과정으로는 위와 같은 허위성을 밝혀내기가 어렵다고 할 것이며, 실제로도 위 학회지 편집 또는 출판 업무담당자들이 피고인을 이 사건 각 논문의 단독저자 또는 공동저자로 오인하여 이 사건 각 논문들을 위 학회지 등에 게재하였으므로, 결국 피고인의 이 사건 위계행위로 인하여 위 학회지 업무담당자들의 편집 및 출판 업무가 방해되었다고 할 것이고, 공소외인이 피고인에게 논문의 저작자 표시를 피고인 단독 또는 공소외인과 공동 명의로 하는 점에 관하여 동의하거나 적극적인 권유를 하였는지 여부는 위 업무방해죄 성립에 아무런 영향이 없다(대판 2009.9.10. 2009도4772).

⑥ 주한외국영사관의 비자발급업무와 같이 상대방으로부터 신청을 받아 일정한 자격요건 등을 갖춘 경우에 한하여 그에 대한 수용 여부를 결정하는 업무에 있어서는 신청서에 기재된 사유가 사실과 부합하지 않을 수 있음을 전제로 하여 그 자격요건 등을 심사·판단하는 것이므로, 그 업무담당자가 사실을 충분히 확인하지 아니한 채 신청인이 제출한 허위의 신청사유나 허위의 소명자료를 가볍게 믿고 이를 수용하였다면 이는 업무담당자의 불충분한 심사에 기인한 것으로서 신청인의 위계가 업무방해의 위험성을 발생시켰다고 할 수 없어 위계에 의한 업무방해죄를 구성하지 않는다고 할 것이지만, 신청인이 업무담당자에게 허위의 주장을 하면서 이에 부합하는 허위의 소명자료를 첨부하여 제출한 경우 그 수리 여부를 결정하는 업무담당자가 관계 규정이 정한 바에 따라 그 요건의 존부에 관하여 나름대로 충분히 심사를 하였으나 신청사유 및 소명자료가 허위임을 발견하지 못하여 그 신청을 수리하게 될 정도에 이르렀다면 이는 업무담당자의 불충

분한 심사가 아니라 신청인의 위계행위에 의하여 업무방해의 위험성이 발생된 것이어서 이에 대하여 위계에 의한 업무방해죄가 성립된다(대판 2004.3.26. 2003도7927).

〈허위사실유포 기타 위계 부정〉

① 부산 남구 ○○동에 거주하는 피고인들은 이 사건 조합 설립을 반대하면서, 공소사실과 같이 "지역주택조합 실패 시 개발 투자금 전부 날릴 수 있으니 주의하세요"라는 문구가 기재된 현수막(이하 '이 사건 현수막'이라고 한다)과 "○○ 5구역 토지 등 소유자 50%가 개발 반대로 해산된 곳이니 지역주택조합 가입, 투자에 신중하세요", "지역주택조합 동의는 보증 빚지는 행위와 같을 수 있으니 투자에 신중하세요"라고 기재된 현수막을 만들어서 걸었다. 위와 같은 사실관계를 위 법리에 비추어 살펴보면, 이 사건 현수막에 지역주택조합 실패 시 개발 투자금 중 일부가 아니라 '전부'를 날릴 수 있다고 기재되어 있다고 하더라도, 이는 피고인들이 자신들이 거주하는 지역에 지역주택조합이 설립되어 주택건설사업이 진행되는 것에 대한 반대의견을 표명하면서 지역주택조합에 투자하였다가 그 사업이 실패할 경우 투자금 손실을 입을 수 있다는 사실을 과장하여 표현한 것에 불과하므로, 이를 허위사실의 유포에 해당한다고 보기는 어렵다(대판 2017.4.13. 2016도19159).

② 피고인이 이화여자대학교에 제출한 서류는 허위 학력이 기재된 이력서뿐이었고, 원심이 적법하게 채택하여 조사한 증거에 의하면, 가. 이화여자대학교는 피고인의 문화예술계 활동경력이 학생들에게 도움이 될 것이라는 점을 고려하여 피고인을 시간강사로 임용하였고, 나. 피고인이 강의한 과목은 학위취득 여부와 무관한 문화예술활동 경험이 뒷받침되어야 하는 것이었으며, 다. 시간강사 임용심사업무 담당자는 피고인의 성곡미술관 큐레이터 경력을 보고 이력서에 기재한 학력을 믿었기 때문에 학위증이나 졸업증명서를 따로 요구하지 않았던 사정을 인정할 수 있는바, 임용심사업무 담당자로서는 피고인에게 학력 관련 서류의 제출을 요구하여 이력서와 대조 심사하였더라면 문제를 충분히 인지할 수 있었음에도 불구하고, 업무담당자의 불충분한 심사로 인하여 허위 학력이 기재된 이력서를 믿은 것이므로 피고인의 위계행위에 의하여 업무방해의 위험성이 발생하였다고 할 수 없다(대판 2009.1.30. 2008도6950).

③ 형법 제314조 제1항 소정의 위계에 의한 업무방해죄에 있어서의 '위계'라 함은 행위자의 행위목적을 달성하기 위하여 상대방에게 오인·착각 또는 부지를 일으키게 하여 이를 이용하는 것을 말하는바, 원심이 적법하게 인정한 사실관계에 비추어 보면, 이 사건 공사의 신규직원 채용시험업무 담당자들인 공소외 1 등 공소외인들이 일반행정 6급 시험 응시자인 공소외 2의 필기시험성적을 조작한 것과 전문계약직인 사서직 응시자 공소외 3을 면접대상자에 포함시킬 수 있도록 응시자격 요건을 변경한 것은 피고인의 부정한 지시에 따른 결과일 뿐이지 피고인의 행위에 의해 위 시험업무 담당자들이 오인·착각 또는 부지를 일으킨 결과가 아니고, 이와 같이 신규직원 채용권한을 갖고 있는 피

고인 및 위 시험업무 담당자들이 모두 공모 내지 양해하에 위와 같은 부정한 행위를 하였다면 법인인 이 사건 공사에게 위 신규직원 채용업무와 관련하여 오인·착각 또는 부지를 일으키게 하였다고 볼 수는 없다. 그렇다면 이 사건에서는 피고인의 위 시험업무 담당자들에 대한 부정한 지시나 이에 따른 업무 담당자들의 부정행위로 말미암아 공사의 신규직원 채용업무와 관련하여 오인·착각 또는 부지를 일으킨 상대방이 있다고 할 수 없으므로, 피고인 등의 위 부정행위가 곧 위계에 의한 업무방해죄에 있어서의 '위계'에 해당한다고 할 수 없다(대판 2007.12.27. 2005도6404).
④ 시험의 출제위원이 문제를 선정하여 시험실시자에게 제출하기 전에 이를 유출하였다고 하더라도 이러한 행위 자체는 위계를 사용하여 시험실시자의 업무를 방해하는 행위가 아니라 그 준비단계에 불과한 것이고, 그 후 그와 같이 유출된 문제가 시험실시자에게 제출되지도 아니하였다면 그러한 문제유출로 인하여 시험실시 업무가 방해될 추상적인 위험조차도 있다고 할 수 없으므로 업무방해죄가 성립한다고 할 수 없다(대판 1999.12.10. 99도3487).

'위력'이란 사람의 자유의사를 제압·혼란하게 할 만한 일체의 세력으로, 유형적이든 무형적이든 묻지 아니하고, 현실적으로 피해자의 자유의사가 제압되어야만 하는 것도 아니다. 그렇지만, 범인의 위세, 사람 수, 주위의 상황 등에 비추어 피해자의 자유의사를 제압하기 족한 정도가 되어야 하는 것으로서, 그러한 위력에 해당하는지는 범행의 일시·장소, 범행의 동기, 목적, 인원수, 세력의 태양, 업무의 종류, 피해자의 지위 등 제반 사정을 고려하여 객관적으로 판단하여야 한다.[8] 그러나, 어떤 행위의 결과 상대방의 업무에 지장이 초래되었다 하더라도 행위자가 가지는 정당한 권한을 행사한 것으로 볼 수 있는 경우에는, 그 행위의 내용이나 수단 등이 사회통념상 허용될 수 없는 등 특별한 사정이 없는 한 업무방해죄를 구성하는 위력을 행사한 것이라고 할 수 없다.[9] 위력은 특별한 사정이 있는 경우, 제3자를 통하여 간접적으로 행사하는 것도 포함할 수 있다.[10]

---

8) 대판 2016.10.27. 2016도10956.
9) 대판 2013.2.28. 2011도16718.
10) 업무방해죄의 위력은 원칙적으로 피해자에게 행사되어야 하므로, 그 위력 행사의 상대방이 피해자가 아닌 제3자인 경우 그로 인하여 피해자의 자유의지가 제압될 가능성이 직접적으로 발생함으로써 이를 실질적으로 피해자에 대한 위력의 행사와 동일시할 수 있는 특별한 사정이 있는 경우가 아니라면 피해자에 대한 업무방해죄가 성립한다고 볼 수 없다(대판 2013.3.14. 2010도410).

□ 위력 관련 판례

〈위력 인정〉

① 피고인은 면접 오리엔테이션 자리에서 면접위원들에게 금메달을 가지고 올 승마 종목 특기생이 비선실세 공소외 1 딸이고, '총장님께 보고 드렸더니 총장님이 무조건 뽑으라고 하신다'는 취지로 말하였다(2015년 ○○대 체육특기자 전형 지원자 중 아시안게임 금메달리스트는 공소외 1뿐이었다). 입학부처장 공소외 3이 이를 제지하며 면접위원들을 면접고사 장소로 이동하도록 하였는데도, 피고인은 면접위원들을 쫓아가면서 "금메달입니다, 금메달"이라고 소리쳐 공소외 1을 뽑으라는 의사를 면접위원들에게 분명히 전달하였다. ~ 입학처장인 피고인은 자신의 사회적, 경제적, 정치적 지위와 권세를 이용하여 면접위원들에게 압박을 가하였고, 이는 면접위원들의 자유의사를 제압·혼란케 할 만한 '위력'에 해당하며, 이로 인하여 면접평가 업무의 적정성이나 공정성이 방해되었다고 봄이 상당하다(대판 2018.5.15. 2017도19499).

② 甲주식회사 임원인 피고인이 자동차 대리점 사업자 乙이 일정액의 사용료를 지급하고 판매정보 교환 등에 이용해 오던 甲 회사의 내부전산망 전체 및 고객관리시스템 중 자유게시판에 대한 접속권한을 차단하는 행위는 위력으로써 乙의 업무를 방해한 행위에 해당한다(대판 2012.5.24. 2009도4141).

③ 긴급조정결정 공표 이후 자택 복귀 도중에 결정 규탄대회에 참가한 행위는 회사의 업무를 방해하였다고 볼 수 없으나, 개별적 업무복귀 확인신고에 관한 회사의 지시를 집단적으로 어기고 지체한 행위는 다중의 위력으로 회사의 경영업무를 방해한 것이다(대판 2010.4.8. 2007도6754).

④ 피고인이 인천시와의 전대금지 약정 때문에 피해자와 동업하는 것처럼 계약하여 미술학원을 임대해 주었는데, 그 후 피고인이 피해자의 미술학원에 대하여 임의로 폐업신고를 하여 영업을 할 수 없게 하였다면 위력에 의한 업무방해죄가 성립한다(대판 2005.3.25. 2003도5004).

⑤ 피고인들이 공소외 1등 수십 명의 당권파 중앙위원들 및 당원들과 공동하여 ○○당 중앙위원회 회의와 진행되는 단상 앞으로 진출을 시도하면서 이를 제지하는 질서유지인 등을 몸으로 밀치거나 그 단상을 점거하는 등의 행위를 하여 그 회의를 중단시키고 회의가 속개되지 못하도록 막아 결국 무기한 정회가 선포되도록 함으로써 위력으로 ○○당의 중앙위원회 회의 운영업무를 방해하였다(대판 2013.11.28. 2013도4430).

⑥ 피고인은 시장번영회 회장으로서 피해자가 시장번영회를 상대로 잦은 진정을 하고 협조를 하지 않는다는 이유로 그의 점포에 단전조치할 정당한 권한 없이 단전조치를 한 것이라면 이는 결의에 참가한 회원의 위력에 의한 업무방해행위에 해당한다. 피해자에게 사전통고를 한 여부나 피고인이 회장의 자격으로 단전조치를 한 여부는 위 죄의 성립에 아무런 영향이 없다 할 것이다(대판 1983.11.8. 83도1798).

⑦ 피고인과 공소외 3이 약 30분에 걸쳐 공사인부들에게 언성을 높여 공사를 중단할 것을 요구하고 공사인부들과 서로 큰 소리로 고함을 지르고 욕설을 하면서 말다툼을 벌인 사실이 나타나며, 이 사건 공사현장은 건물 3층 부분의 기존 전면 유리창을 모두 떼어낸 상태로 추락의 위험성이 있었는데, 그러한 현장에 허락 없이 들어와 집주인을 불러내라면서 공사 중지를 요구하는 등 소란이 계속되자 공사인부들로서는 작업을 진행하는 데 지장이 있었던 것으로 보이고, 실제로 피고인의 행위로 공사가 약 1시간 이상 중단되는 등 피고인이 이 사건 공사현장에서 어머니 공소외 3과 함께 공사 업무를 방해하기에 충분한 위력을 행사하였다고 보아야 한다(대판 2016.10.27. 2016도10956).

〈위력 부정〉

① 계약갱신 및 체납임·관리비 상당액을 독려차 나온 사원에게 "너희들이 무엇인데 상인협의회에서 하는 일을 방해하며 협의회에서 돌리는 유인물을 압수하느냐 당장 해임시키겠다"고 한 정도의 욕설을 한 행위만으로는 업무방해죄의 위력을 행사한 것으로 보기 어렵다(대판 1983.10.11. 82도2584).

② 택시신문이 새마을금고 이사장인 피고인의 택시정보화사업에 관한 잘못된 처리내용을 알리는 기사를 제재하자, 택시신문에 새마을금고 또는 조합원이 광고를 게재하지 못하도록 하는 방침의 안건이 발의되어 조합 이사장이 피고인이 의사진행에 따라 만장일치로 통과된 후, '광고게재 금지 권고 통지'라는 공문으로 새마을금고에 전달된 사실, 방침에 따르지 않는 조합원을 징계위원회에 회부될 수 있다고 기재되어 있는 사실, 그동안 단발적으로 해오던 택시신문 광고를 중단하게 된 사실이,~ 제3자의 의사결정에 직접적으로 관여하거나 지시할 권한을 가지고 있는 행위자가 그 권한 범위 내에서 업무상의 지시 등을 하면서 그 실행을 확실하게 하기 위하여 지시 등에 따르지 않는 경우의 재제조치 등을 강조하는 과도한 표현을 사용하였다 하더라도 이는 특별한 사정이 없는 한 행위자 자신의 고유권한을 행사한 범주에서 벗어나는 것이 아니라고 할 것이다(대판 2013.2.28. 2011도16718).

③ 甲 주식회사가 운영하는 사우나에서 시설 및 보일러, 전기 등을 관리하던 피고인이, 甲 회사가 乙에게 사우나를 인계하는 과정에서 자신을 부당하게 해고하였다는 이유로 화가 나 그곳 전기배전반의 위치와 각 스위치의 작동방법 등을 알려주지 않는 등으로 甲 회사의 사우나 경영 업무를 방해하였다는 내용으로 기소된 사안에서, 제반 사정을 종합하면, 피고인의 위 행위가 甲 회사나 乙이 사우나를 운영하려는 자유의사 또는 甲 회사가 乙에게 사우나의 운영에 관한 업무 인수인계를 정상적으로 해 주려는 자유의사를 제압하기에 족한 위력에 해당한다고 단정하기 어렵다(대판 2017.11.9. 2017도12541).

④ 임대인 甲으로부터 건물을 임차하여 학원을 운영하던 피고인이 건물을 인도한 이후에도 자신 명의로 된 학원설립등록을 말소하지 않고 휴원신고를 연장함으로써 새로운 임차인 乙이 그 건물에서 학원설립등록을 하지 못하도록 한 경우, 피고인의 행위가 乙의 자

유의사를 제압·혼란케 할 정도의 위력에 해당한다고 보기 어렵다(대판 2010.11.25. 2010도9186).

(3) 업무방해

업무를 '방해한다' 함은 업무의 집행 자체를 방해하는 것은 물론이고 널리 업무의 경영을 저해하는 것도 포함한다.[11) 업무는 현실적으로 방해될 필요는 없고, 방해될 위험성만 있으면 족하다.[12)

3. 주관적 구성요건

본죄의 고의는 허위사실유포 기타 위계, 위력으로 사람의 업무를 방해한다는 사실의 인식과 인용이 있어야 한다.[13)

4. 공무와의 관계성

업무방해죄와 공무집행방해죄는 그 보호법익과 보호대상이 상이할 뿐만 아니라 업무방해죄의 행위 유형에 비하여 공무집행방해죄의 행위 유형은 보다 제한되어 있다. 즉 공무집행방해죄는 폭행, 협박에 이른 경우를 구성요건으로 삼고 있을 뿐, 이에 이르지 아니하는 위력 등에 의한 경우는 그 구성요건의 대상으로 삼고 있지 않다. 또한 형법은 공무집행방해죄 이에도 직무강요죄(제136조 제2항), 법정 또는 국회회의장모욕죄(제138조), 인권옹호직무방해죄(제139조), 공무상 비밀표시무효죄(제140조), 부동산강제집행효용침해죄(제140조의2), 공용서류 등 무효죄(제141조 제1항), 공용물파괴죄(제141조 제2항), 공무상 보관물무효죄(제142조) 및 특수

---

11) 대판 1999.5.14. 98도3767.

12) 위계에 의한 업무방해죄에 있어서 위계란, 행위자의 행위목적을 달성하기 위하여 상대방에게 오인, 착각 또는 부지를 일으키게 하여 이를 이용하는 것을 말하고, 업무방해죄의 성립에는 업무방해의 결과가 실제로 발생함을 요하지 않고 업무방해의 결과를 초래할 위험이 발생하는 것이면 족하며, 업무수행 자체가 아니라 업무의 적정성 내지 공정성이 방해된 경우에도 업무방해죄가 성립한다(대판 2008.1.17. 2008도1721).

13) 업무방해죄의 성립에 있어서 업무방해의 결과가 실제로 발생하여야만 하는 것은 아니고 업무방해의 결과를 초래할 위험이 있으면 충분하므로, 고의 또한 반드시 업무방해의 목적이나 계획적인 업무방해의 의도가 있어야만 하는 것은 아니고, 자신의 행위로 인하여 타인의 업무가 방해될 가능성 또는 위험에 대한 인식이나 예견으로 충분하며, 그 인식이나 예견은 확정적인 것은 물론 불확정적인 것이라도 이른바 미필적 고의로 인정된다(대판 2012.5.24. 2009도4141).

공무방해죄(제144조) 등과 같이 여러 가지 유형의 공무방해행위를 처벌하는 규정을 개별적, 구체적으로 마련하여 두고 있으므로, 이러한 처벌조항 이외에 공무의 집행을 업무방해죄에 의하여 보호받도록 하여야 할 현실적 필요가 적다는 측면도 있다. 그러므로, 형법이 업무방해죄와는 별도로 공무집행방해죄를 규정하고 있는 것은 사적 업무와 공무를 구별하여 공무에 관해서는 공무원에 대한 폭행, 협박 또는 위계의 방법으로 그 집행을 방해하는 경우에 한하여 처벌하겠다는 취지라고 보아야 할 것이고, 따라서 공무원이 직무상 수행하는 공무를 방해하는 행위에 대해서는 업무방해죄로 의율할 수는 없다고 해석함이 상당하다.

피고인 등은 충남지방경찰청 1층 민원실에서 자신들이 진정한 사건의 처리와 관련하여 지방경찰청장의 면담 등을 요구하면서 이를 제지하는 경찰관들에게 욕설을 하고 행패를 부림으로써 경찰관들의 수사관련 업무를 방해한 경우, 위력에 의한 업무방해죄에 해당하지 않는다.[14]

☐ 공무 관련 판례

〈공무는 업무방해죄에 해당되지 않는다는 판례〉

① 공무원이 직무상 수행하는 공무를 방해하는 행위에 대해서는 업무방해죄로 의율할 수 없으므로, 경찰청 민원실에 말똥을 책상 및 민원실 바닥에 뿌리고 소리를 지르는 등 난동을 부린 경우, 위력에 의한 업무방해죄에 해당하지 않는다(대판 2010.2.25. 2008도9049).
② 피고인이 甲 등과 공모하여 위력으로 마산시장의 기자회견 업무를 방해한 경우, 마산시장의 기자회견은 업무방해죄의 보호대상이 되는 업무에 해당하지 않는다(대판 2011.7.28. 2009도11104).

5. 부작위에 의한 업무방해 성립여부

업무방해죄와 같이 작위를 내용으로 하는 범죄를 부작위에 의하여 범하는 부진정 부작위범이 성립하기 위해서는 부작위를 실행행위로서의 작위와 동일시할 수 있어야 한다.[15]

---

14) 대판 2009.11.19. 2009도4166 전원합의체.
15) 피고인이 甲과 토지 지상에 창고를 신축하는 데 필요한 형틀공사 계약을 체결한 후 그 공사를 완료하였는데, 甲이 공사대금을 주지 않는다는 이유로 위 토지에 쌓아 둔 건축자재를 치우지 않고 공사현장을 막는 방법으로 위력으로써 甲의 창고 신축 공사 업무를 방해하였다는 내용으로, 피고인이 일부러 건축자재를 甲의 토지 위에 쌓아 두어 공사현장을 막은

6. 위법성

(1) 피해자의 승낙

피해자의 승낙에 의한 업무방해죄에 대해서는 위법성이 조각된다고 본다.16)

(2) 정당행위

업무방해죄를 구성하여도 정당행위로써 위법성이 조각될 수 있다.

□ 업무방해죄의 정당행위 관련 판례

① 호텔 내 주점의 임대인이 임차인의 차임 연체를 이유로 계약서상 규정에 따라 위 주점에 대하여 단전, 단수조치를 취한 경우, 약정 기간이 만료되었고 임대차보증금도 차임연체 등으로 공제되어 이미 남아있지 않은 상태에서 미리 예고한 후 단전단수조치를 하였다면 정당행위에 해당한다(대판 2007.9.20. 2006도9157).
② 시장번영회의 회장이 사장번영회에서 제정한 관리규정을 위반하여 칸막이를 천장에까지 설치한 일부 점포주들에 대하여 단전조치를 하였다면 이는 사회통념상 허용될 만한 정도의 상당성이 있는 것으로 정당행위에 해당한다(대판 1994.4.15. 93도2899).
③ 시장번영회에서 관리비의 고액체납자에 대하여 단전조치를 하기로 만장일치로 결의하여 이사회 결의와 시장번영회의 관리규정에 따라서 고액체납자들의 점포에 단전조치를 하였다면 이는 정당한 행위로서 업무방해죄를 구성하지 아니한다(대판 2004.8.20. 2003도4732).

(3) 쟁의행위

쟁의행위는 근로자가 소극적으로 노무제공을 거부하거나 정지하는 행위만이

것이 아니라 당초 자신의 공사를 위해 쌓아 두었던 건축자재를 공사 완료 후 치우지 않은 것에 불과하므로, 비록 공사대금을 받을 목적으로 건축자재를 치우지 않았더라도, 피고인이 자신의 공사를 위하여 쌓아 두었던 건축자재를 공사 완료 후에 단순히 치우지 않은 행위가 위력으로써 갑의 추가 공사 업무를 방해하는 업무방해죄의 실행행위로서 갑의 업무에 대하여 하는 적극적인 방해 행위와 동등한 형법적 가치를 가진다고 볼 수 없다(대판 2017.12.22. 2017도13211).

16) 피고인이 허위사실을 유포하여 계원들로 하여금 위 조○○ 대신 피고인을 계주로 믿게 하여 계금을 지급하고 불입금을 지급받음으로써 위계를 사용하여 위 조○○의 계 운영 업무를 방해한 사실을 인정하였으나, 앞서 든 위 조○○의 진술부분과 동녀 작성의 고소장 기재를 종합하여 보면, 피고인에 대하여 다액의 채무를 부담하고 있던 동녀로서는 채권확보를 위한 피고인의 요구를 거절할 수 없었기 때문에 피고인이 계주의 업무를 대행하는데 대하여 이를 승인 내지 묵인한 사실이 인정되니 그렇다면 피고인이 소위는 이른바 위 조○○의 승낙이 있었던 것으로서 그 위법성이 조각되는 경우라 할 것이다(대판 1983.2.8. 82도2486).

아니라 적극적으로 그 주장을 관철하기 위하여 업무의 정상적인 운영을 저해하는 행위까지 포함하는 것이므로, 쟁의행위의 본질상 사용자의 정상업무가 저해되는 경우가 있음은 부득이한 것으로서 사용자는 이를 수인할 의무가 있으나, 이러한 근로자의 쟁의행위가 정당성의 한계를 벗어날 때에는 근로자는 업무방해죄 등 형사상 책임을 면할 수 없는바, 형사상 책임이 면제되는 정당성의 요건은 쟁의행위가 단체교섭과 관련하여 근로조건의 유지, 개선 등을 목적으로 하는 것이어서 그 목적이 정당하여야 하고, 쟁의행위의 시기와 절차가 법령의 규정에 따른 것으로서 정당하여야 하며, 또 쟁의행위의 방법과 태양이 폭력 또는 파괴행위를 수반하거나 기타 고도의 반사회성을 띤 행위가 아닌 정당한 범위 내의 것이어야 한다.[17]

　　근로자의 쟁의행위가 형법상 정당행위가 되기 위해서는 첫째, 그 주체가 단체교섭의 주체로 될 수 있는 자이어야 하고, 둘째, 그 목적이 근로조건의 향상을 위한 노사간의 자치적 교섭을 조성하는 데에 있어야 하며, 셋째, 사용자가 근로자의 근로조건 개선에 관한 구체적인 요구에 대하여 단체교섭을 거부하였을 때 개시하되 특별한 사정이 없는 한 조합원의 찬성결정 등 법령이 규정한 절차를 거쳐야 하고, 넷째, 그 수단과 방법이 사용자의 재산권과 조화를 이루어야 함은 물론 폭력의 행사에 해당되지 아니하여야 한다는 여러 조건을 모두 구비하여야 하는바, 특히 그 절차에 관하여 쟁의행위를 함에 있어 조합원의 직접·비밀·무기명투표에 의한 찬성결정이라는 절차를 거쳐야 한다는 노동조합및노동관계조정법 제41조 제1항의 규정은 노동조합의 자주적이고 민주적인 운영을 도모함과 아울러 쟁의행위에 참가한 근로자들이 사후에 그 쟁의행위의 정당성 유무와 관련하여 어떠한 불이익을 당하지 않도록 그 개시에 관한 조합의사의 결정에 보다 신중을 기하기 위하여 마련된 규정이므로 위의 절차를 위반한 쟁의행위는 그 절차를 따를 수 없는 객관적인 사정이 인정되지 아니하는 한 정당성이 상실된다. 이와 달리 쟁의행위의 개시에 앞서 노동조합및노동관계조정법 제41조 제1항에 의한 투표절차를 거치지 아니한 경우에도 조합원의 민주적 의사결정이 실질적으로 확보된 때에는 단지 노동조합 내부의 의사형성 과정에 결함이 있는 정도에 불과하다고 하여 쟁의행위의 정당성이 상실되지 않는 것으로 해석한다면 위임에 의한 대리투표, 공개결의나 사후결의, 사실상의 찬성간주 등의 방법이 용인되는 결과, 그와

---

17) 대판 1996.2.27. 95도2970.

같은 견해는 위의 관계 규정과 대법원의 판례취지에 반하는 것이 된다.[18]

□ 쟁의행위 관련 판례

〈쟁의행위의 위법성 조각 인정〉

① 노조의 2008. 1. 23.자 파업은 단체협약 갱신을 위한 쟁의행위의 진행 중 회사가 단체협약안을 부정하는 내용의 일방적인 성과급제를 실시하자 이에 반발하여 실시된 것으로, 노사 간의 단체협약, 성과급제 도입에 관한 그간의 노사 간의 입장차와 그 논의 과정을 고려하면 위 파업의 목적 또한 노조가 궁극적으로 관철하고자 한, 2007. 11. 22.자 쟁의행위의 목적인 단체협약의 갱신과 단절되고 관련 없는 것이라고 보기 어려울 뿐 아니라, 회사로서는 위와 같은 노조의 단체협약 갱신을 위한 쟁의행위 중에 일방적으로 성과급제를 실시할 경우 노조가 파업에 돌입할 것을 충분히 예상할 수 있었다 할 것이므로, 이러한 사정들을 앞서 살펴본 법리에 비추어 보면, 피고인들이 주도한 이 사건 파업은 사용자가 예측할 수 없는 시기에 전격적으로 이루어진 것이라고 보기 어려워, 형법 제314조 제1항 소정의 '위력'에 해당한다고 보기 어렵다(대판 2012.1.27. 2009도8917).

② 직장 또는 사업장시설의 점거는 적극적인 쟁의행위의 한 형태로서 그 점거의 범위가 직장 또는 사업장 시설의 일부분이고 사용자측의 출입이나 관리지배를 배제하지 않는 병존적인 점거에 지나지 않을 때에는 정당한 쟁의행위로 볼 수 있으나, 이와 달리 직장 또는 사업장시설을 전면적, 배타적으로 점거하여 조합원 이외의 자의 출입을 저지하거나 사용자측의 관리지배를 배제하여 업무의 중단 또는 혼란을 야기케 하는 것과 같은 행위는 이미 정당성의 한계를 벗어난 것이라고 볼 수밖에 없다. 노동조합의 조합원들이 쟁의행위로 사용자인 서울특별시건축사회의 사무실 일부를 점거한 사안에서, 점거한 곳의 범위와 평소의 사용형태, 사용자 측에서 이를 사용하지 못하게 됨으로써 입은 피해의 내용과 정도 등에 비추어 이는 폭력의 행사에 해당하지 않는 사업장시설의 부분적·병존적인 점거로서 사용자의 재산권과 조화를 이루고 있고, 사용자의 업무가 실제로 방해되었거나 업무방해의 결과를 초래할 위험성이 발생하였다고 보기 어려우므로, 위 점거행위는 노동관계 법령에 따른 정당한 행위로서 위법성이 조각되어 업무방해죄의 책임을 물을 수 없다(대판 2007.12.28. 2007도5204).

〈쟁의행위의 위법성 조각 부정〉

정리해고나 사업조직의 통폐합 등 기업의 구조조정의 실시 여부는 경영주체의 고도의 경영상 결단에 속하는 사항으로서 이는 원칙적으로 단체교섭의 대상이 될 수 없고, 그것이 긴박한 경영상의 필요나 합리적 이유 없이 불순한 의도로 추진되는 등의 특별한 사정이 없는 한, 노동조합이 실질적으로 그 실시 자체를 반대하기 위하여 쟁의행위에

18) 대판 2008.9.11. 2004도746.

나아간다면, 비록 그 실시로 인하여 근로자들의 지위나 근로조건의 변경이 필연적으로 수반된다고 하더라도 그 쟁의행위는 목적의 정당성을 인정할 수 없다. 또한 쟁의행위에서 추구되는 목적이 여러 가지이고 그중 일부가 정당하지 못한 경우에는 주된 목적 내지 진정한 목적의 당부에 의하여 그 쟁의목적의 당부를 판단하여야 하고, 부당한 요구사항을 제외하였다면 쟁의행위를 하지 않았을 것이라고 인정되는 경우에는 그 쟁의행위 전체가 정당성을 갖지 못한다고 보아야 한다(대판 2011.1.27. 2010도11030).

7. 다른 죄와의 관계

① 허위사실을 유포한 1개의 행위가 형법 제314조 제1항의 허위사실 유포에 의한 업무방해죄 뿐 아니라 형법 제307조 제2항의 허위사실적시에 의한 명예훼손죄에도 해당하는 경우 그 2개의 죄는 상상적 경합관계에 있다.[19)

② 공동재물손괴의 범행이 업무방해의 과정에서 이루어졌다고 해도 양 죄의 피해자 및 행위의 태양이 다르므로 양 죄가 실체적 경합범의 관계에 있다.[20)

Ⅲ. 컴퓨터 등 업무방해죄

제314조【업무방해】 ② 컴퓨터 등 정보처리장치 또는 전자기록 등 특수매체기록을 손괴하거나 정보처리장치에 허위의 정보 또는 부정한 명령을 입력하거나 기타 방법으로 정보처리에 장애를 발생하게 하여 사람의 업무를 방해한 자도 제1항의 형과 같다.

1. 의의, 보호법익

본죄는 '컴퓨터 등 정보처리장치 또는 전자기록 등 특수매체기록을 손괴하거나 정보처리장치에 허위의 정보 또는 부정한 명령을 입력하거나 기타 방법으로 정보처리에 장애를 발생하게 하여 사람의 업무를 방해함으로써 성립하는 범죄'이다. 보호법익은 '사람의 업무'이며, 보호의 정도는 '추상적 위험범'이다. 본죄가 성립하기 위해서는 컴퓨터 등 정보처리의 장애가 현실적으로 발생하여야 한다.[21) 하지만 그 장애로 인하여 일반적으로 업무가 방해될 것을 요하는 것이 아니라 방

---

19) 대판 2007.11.15. 2007도7140.
20) 대판 2007.5.11. 2006도9478.
21) 컴퓨터 등 장애 업무방해죄가 성립하기 위해서는 가해행위의 결과 정보처리장치가 그 사용목적에 부합하는 기능을 하지 못하거나 사용목적과 다른 기능을 하는 등 정보처리의 장애가 현실적으로 발생하였을 것을 요한다(대판 2010.9.30. 2009도12238).

해될 위험성만 있으면 족하다.

2. 객관적 구성요건

(1) 행위의 객체

행위의 객체는 '컴퓨터 등 정보처리장치 또는 전자기록등 특수매체기록'이다.

'컴퓨터 등 정보처리 장치'란 자동적으로 계산이나 데이터의 처리, 정보의 검색 등을 할 수 있는 전자장치로서, 컴퓨터를 말한다. 독자적인 정보처리 능력이 없는 자동판매기, 휴대용 계산기, 전자수첩 등은 본 죄의 객체가 되지 않는다.[22] 그러나 software나 hardware는 포함한다.[23]

'전자기록 등 특수매체기록'이란 전자기록은 전자적 방식과 자기적 방식에 의해 만들어진 기록을 의미하고, 특수매체기록은 전자기록 포함, 전기적 기록, 광기술을 이용한 기록으로 정보처리장치에 의해 사용되는 것을 말한다. 예컨대, USB, CD-ROM, 마이크로필름, 컴퓨터디스켓 등이다.[24]

(2) 실행 행위

실행 행위는 '컴퓨터 등 정보처리장치 또는 전자기록 등 특수매체기록을 손괴하거나 정보처리장치에 허위의 정보 또는 부정한 명령을 입력하거나 기타 방법으로 정보처리에 장애를 발생하게 하는 것'이다.

'손괴'한다는 것은 물리적인 방법으로 그 효용을 해하는 것으로, 소거나 삭제하는 경우도 해당된다. '허위의 정보 또는 부정한 명령을 입력'하는 것은 진실에 반하는 정보나 정당하지 않은 명령을 입력하는 것을 말하며, '기타 방법으로 정보처리장치에 장애를 발생'하게 하는 것은 손괴나 허위의 정보 또는 부정한 명령의 입력 이외 바이러스를 유포하거나 악성프로그램을 설치하는 등의 방법으로 정보처리장치가 제대로 기능을 발휘하지 못하게 하는 일체의 행위를 말한다.

□ 컴퓨터 등 업무방해 관련 판례

〈컴퓨터 등 업무방해 인정〉

① 주택재건축조합 조합장인 피고인이 자신에 대한 감사활동을 방해하기 위하여 조합 사무실에 있던 조합 직원의 컴퓨터에 비밀번호를 설정하고 하드디스크를 분리·보관함

---

22) 박상기, 213면; 손동권, 224면; 오영근, 195면, 이재상, 216면; 임웅, 271면.
23) 대판 2004.7.9. 2002도631.
24) 임웅, 271면.

으로써 조합 업무를 방해한 행위는 ~ 업무 수행을 위해서가 아니라 담당직원의 정상적인 업무수행을 방해할 의도에서 그 담당 직원의 의사와는 상관없이 함부로 컴퓨터에 비밀번호를 설정한 행위는 '허위의 정보 또는 부정한 명령의 입력'에 해당하며 컴퓨터의 하드디스크를 분리·보관한 행위는 '손괴'에 해당하므로 컴퓨터 등 장애 업무방해에 해당한다(대판 2012.5.24. 2011도7943).

② 포털사이트 운영회사의 통계집계시스템 서버에 허위의 클릭정보를 전송하여 실제로 통계에 반영됨으로써 정보처리에 장애가 현실적으로 발생하였다면, 그로 인하여 실제로 검색순위의 변동을 초래하지는 않았다 하더라도 컴퓨터 등 장애 업무방해죄가 성립한다(대판 2009.4.9. 2008도11978).

③ 甲 주식회사 대표이사인 피고인이, 악성프로그램이 설치된 피해 컴퓨터 사용자들이 실제로 인터넷 포털사이트 '네이버' 검색창에 해당 검색어로 검색하거나 검색 결과에서 해당 스폰서링크를 클릭하지 않았음에도 악성프로그램을 이용하여 그와 같이 검색하고 클릭한 것처럼 네이버의 관련 시스템 서버에 허위의 신호를 발송하는 방법으로 정보처리에 장애를 발생하게 하였다고 하여 컴퓨터등장애업무방해로 기소된 사안에서, 피고인의 행위는 객관적으로 진실에 반하는 내용의 정보인 '허위의 정보'를 입력한 것에 해당하고, 그 결과 네이버의 관련 시스템 서버에서 실제적으로 검색어가 입력되거나 특정 스폰서링크가 클릭된 것으로 인식하여 그에 따른 정보처리가 이루어졌으므로 이는 네이버의 관련 시스템 등 정보처리장치가 그 사용목적에 부합하는 기능을 하지 못하거나 사용목적과 다른 기능을 함으로써 정보처리의 장애가 현실적으로 발생하였고, 이로 인하여 네이버의 검색어 제공서비스 등의 업무나 네이버의 스폰서링크 광고주들의 광고 업무가 방해되었다(대판 2013.3.28. 2010도14607).

④ 정보처리장치를 관리, 운영할 권한이 없는 자가 그 정보처리장치에 입력되어 있던 관리자의 아이디와 비밀번호를 무단으로 변경하는 행위는 정보처리장치에 부정한 명령을 입력하여 정당한 아이디와 비밀번호를 정보처리장치에 접속할 수 없게 만드는 행위로서 정보처리장치에 장애를 현실적으로 발생시킬 뿐 아니라 이로 인하여 업무방해의 위험을 초래할 수 있으므로 이 죄를 구성한다고 전제한 다음, (이름 생략)대학측이 정보지원센터에서 교학처로 전보발령한 것을 부당노동행위로서 무효라고 볼 수 없고, 그 전보발령으로 웹서버를 관리, 운영할 권한이 없는 상태에서 피고인이 웹서버에 접속하여 홈페이지 관리자의 비밀번호를 무단으로 변경한 행위는 정당한 행위라고 할 수 없고, 그로 인하여 정보처리장치에 현실적인 장애를 발생시킴으로써 (이름 생략)대학측에 대하여 업무방해의 위험을 초래한 행위에 해당하여 컴퓨터 등 장애업무방해죄를 구성한다(대판 2007.3.16. 2006도6663).

〈컴퓨터 등 업무방해 부정〉

형법 제314조 제2항은 '컴퓨터 등 정보처리장치 또는 전자기록 등 특수매체기록을 손괴하거나 정보처리장치에 허위의 정보 또는 부정한 명령을 입력하거나 기타 방법으로 정보처리에 장애를 발생하게 하여 사람의 업무를 방해한 자'를 처벌하도록 규정하고 있는바, 여기에서 '컴퓨터 등 정보처리장치'란 자동적으로 계산이나 데이터처리를 할 수 있는 전자장치로서 하드웨어와 소프트웨어를 모두 포함하고, '기타 방법'이란 컴퓨터의 정보처리에 장애를 초래하는 가해수단으로서 컴퓨터의 작동에 직접·간접으로 영향을 미치는 일체의 행위를 말하며, 위 죄가 성립하기 위해서는 위와 같은 가해행위의 결과 정보처리장치가 그 사용목적에 부합하는 기능을 하지 못하거나 사용목적과 다른 기능을 하는 등 정보처리의 장애가 현실적으로 발생하였을 것을 요한다고 할 것이다. 한편, 메인 컴퓨터의 비밀번호는 시스템관리자가 시스템에 접근하기 위하여 사용하는 보안 수단에 불과하므로, 단순히 메인 컴퓨터의 비밀번호를 알려주지 아니한 것만으로는 정보처리장치의 작동에 직접 영향을 주어 그 사용목적에 부합하는 기능을 하지 못하게 하거나 사용목적과 다른 기능을 하게 하였다고 볼 수 없어 형법 제314조 제2항에 의한 컴퓨터 등 장애업무방해죄로 의율할 수 없다 할 것이다(대판 2004.7.9. 2002도631).

3. 주관적 구성요건

본죄의 고의는 구성요건에 해당하는 실행 행위에 대한 인식과 의사가 있어야 한다.

4. 다른 죄와의 관계

① 제314조 제2항은 제1항에 대해 법조경합 중 특별법과 일반법의 관계이다. 따라서, 본죄가 성립하면 제1항은 흡수된다.[25]

② 컴퓨터 등을 손괴함으로써 업무를 방해하는 경우에는 손괴죄는 컴퓨터 등 업무방해죄에 흡수되어, 컴퓨터 등 업무방해죄가 성립한다.

Ⅳ. 경매·입찰방해죄

제315조【경매, 입찰의 방해】위계 또는 위력 기타 방법으로 경매 또는 입찰의 공정을 해한 자는 2년 이하의 징역 또는 700만원 이하의 벌금에 처한다.

---

25) 김/서, 224면; 박상기, 215면; 배종대, 316면; 오영근, 197면; 임웅, 272면.

1. 의의, 보호법익

본죄는 '위계 또는 위력 기타 방법으로 경매 또는 입찰의 공정을 해함으로 성립하는 범죄'이다. 보호법익은 '경매 또는 입찰의 공정성'이며, 보호의 정도는 '추상적 위험범'이다.[26]

2. 객관적 구성요건

(1) 행위의 객체

행위의 객체는 '경매와 입찰'이다.

'경매'란 다수의 매수인이 구두로 청약을 하면 매도인은 그중에서 최고 가격을 제시한 매수인(청약자)에게 승낙(경락)을 함으로써 매매가 성립하는 방식이다. '입찰'이란 경쟁 계약에 있어서 다수인이 문서로 계약의 내용을 제시하고, 그중에서 가장 유리한 내용을 제시한 청약자와 계약(낙찰)을 하는 형식의 매매이다. 이러한 경매와 입찰은 국가나 공동단체뿐만 아니라 사인이 행위도 포함한다. 입찰 방해 행위가 있다고 하기 위해서는 그 방해의 대상이 되는 입찰절차가 존재하여야 한다.[27]

(2) 실행 행위

실행 행위는 '위계 또는 위력 기타 방법으로 경매·입찰의 공정을 해하는 것'이다.

'위계 또는 위력 기타 방법'이란 업무방해죄의 행위와 동일하다. 본죄에서의 위력의 사용은 폭행·협박의 정도에 이르러야만 되는 것도 아니다. 예컨대, 행위자들이 공동하여 입찰 장소의 주변을 에워싸고 사람들의 출입을 막는 등 위력을 사용하여 입찰에 참가하려는 자들을 참석하지 못하도록 하는 정도이면 족하다.[28]

---

26) 입찰방해죄는 위태범으로서 결과의 불공정이 현실적으로 나타나는 것을 요하는 것이 아니고, 그 행위에는 가격을 결정하는 데 있어서뿐 아니라, 적법하고 공정한 경쟁방법을 해하는 행위도 포함된다(대판 2010.10.14. 2010도4940).

27) '입찰의 공정을 해하는 행위'란 공정한 자유경쟁을 통한 적정한 가격형성에 부당한 영향을 주는 상태를 발생시키는 것으로, 그 행위에는 가격결정뿐 아니라 적법하고 공정한 경쟁방법을 해하는 행위도 포함된다 할 것이지만, 이러한 입찰방해 행위가 있다고 하기 위해서는 그 방해의 대상이 되는 입찰절차가 존재하여야 할 것이므로, 공정한 자유경쟁을 통한 적정한 가격형성을 목적으로 하는 입찰절차가 아니라 공적·사적 경제주체의 임의의 선택에 따른 계약체결의 과정에 공정한 경쟁을 해하는 행위가 개재되었다 하여 입찰방해죄로 처벌할 수는 없다 할 것이다(대판 2008.12.24. 2007도9287).

28) 대판 1993.2.23. 92도3395.

□ 위계 또는 위력에 의한 경매·입찰 방해 관련 판례

① 피고인들이 한국전기공사협회 부산지부 소속 일부 회원으로 구성된 협력회의 회장
과 총무로서 공모하여, 위 지부회원들만이 수주할 수 있는 한국전력공사에서 발주하는
일정 공사금액 이하의 부산시내 전기공사를 자유경쟁에 기하여 입찰할 경우 예정가에
훨씬 못미치는 가격으로 수주를 하게 되는 결과를 방지하고 이를 개개 회사의 이익으로
돌리고자, 각 회원사들의 동의를 얻어 회원사들이 추첨에 기하여 순번제로 단독응찰하
고 나머지 일부 회원사는 이에 들러리를 서는 방식으로 사실상 단독으로 입찰하는 한편
낙찰한 회사는 도급액의 10%를 협력회기금으로 납부하여 연말에 분배하는 방법으로 떡
값을 주어 각 회원사들이 순번에 기하여 사실상 단독낙찰하게 하였다면, 피고인들의 행
위는 위계로써 입찰의 공정을 해한 경우에 해당한다(대판 1991.10.22. 91도1961).
② 조합의 조합장인 피고인이 1996. 6. 1. 주식회사 제주교역(이하 '제주교역'이라 한다)
의 실무책임자인 공소외인에게 자신의 지시대로 시행하지 않으면 앞으로 위 조합과 제
주교역간의 오렌지수입 대행계약을 취소할 것이니 수입대행 포기각서를 쓰라고 강요한
사실을 넉넉히 인정할 수 있고, 거기에 상고이유로 주장하는 바와 같은 채증법칙을 어긴
위법이 없다. 형법 제315조 소정의 입찰방해죄에 있어 '위력'이란 사람의 자유의사를 제
압, 혼란케 할 만한 일체의 유형적 또는 무형적 세력을 말하는 것으로서 폭행, 협박은 물
론 사회적, 경제적, 정치적 지위와 권세에 의한 압력 등을 포함하는 것이다. 원심이 그 판
시와 같은 사실을 인정하고, 피고인이 공소외인에게 행한 판시와 같은 언행이 입찰방해
죄에 있어 '위력'에 해당한다고 판단한 조치는 정당하다(대판 2000.7.6. 99도4079).

'경매·입찰의 공정을 해하는 것'이란 공정한 자유경쟁을 방해할 염려가 있는
상태를 발생시키는 것, 즉 공정한 자유경쟁을 통한 적정한 가격형성에 부당한 영
향을 주는 상태를 발생시키는 것을 의미한다.[29] 그 행위에는 가격결정뿐 아니라
적법하고 공정한 경쟁방법을 해하는 행위도 포함된다.[30] 이때, 경매·입찰의 공정
이 현실적으로 침해될 필요는 없고, 방해될 위험이 있음으로써 족하다.[31]

(3) 담합행위

'담합(談合)'이란 경매, 입찰에 참여하는 사람들이 특정인을 대상으로 낙찰 또
는 경락을 받을 수 있도록 그 이외의 자는 일정한 가격 이상 또는 그 이하로 호
가하거나 입찰하지 않을 것을 협정하는 것을 말한다. 이때, 입찰 참가자 전원이

---

29) 대판 2003.9.26. 2002도3924.
30) 대판 2010.10.14. 2010도4940.
31) 대판 1994.11.8. 94도2142.

아닌 일부 사이에서만 이루어져도 상관없다.[32] 담합행위는 위계에 의한 경매 또는 입찰방해행위이다. 하지만, 무모한 경쟁을 방지할 목적으로 한 담합은 입찰의 공정을 해하였다고 보지 않는다.[33] 담합행위에 있어서 경매·입찰방해죄의 기수는 '담합'행위가 이루어진 때이다.[34]

□ 담합행위와 경매·입찰 방해 관련 판례

〈담합 등 입찰방해죄 인정〉

① 입찰방해죄는 위태범으로서 결과의 불공정이 현실적으로 나타나는 것을 요하는 것이 아니며 그 행위에는 가격을 결정하는데 있어서뿐 아니라 적법하게 공정한 경쟁방법을 해하는 행위도 포함되므로 그 행위가 설사 유찰방지를 위한 수단에 불과하여 입찰가격에 있어 입찰실시자의 이익을 해하거나 입찰자에게 부당한 이익을 얻게 하는 것이 아니었다 하더라도 실질적으로 단독입찰하면서 경쟁입찰인 것 같이 가장하였다면 그 입찰가격으로서 낙찰하게 한 점에서 경쟁입찰의 방법을 해한 것이 되어 입찰의 공정을 해한 것이 된다. 피고인은 공소외 1, 2와 공모하여, 1984.8.7 시간미상경 인천 남구 도화2동 235 소재 인천전문대학 학생과 사무실에서 위 대학 1984. 학년도 졸업앨범제작 입찰에 피고인으로 하여금 낙찰을 받게 할 목적으로, 인천 북구 청천동에서 사진관을 운영하는 공소 외 3과 위 같은 구 십정동에서 사진관을 운영하는 공소외 4 등을 가장 경쟁자로 내세워 입찰에 필요한 서류 등을 제출한 후, 위 같은 달 11. 12:00경 위 학생과 사무실에서, 피고인은 자기명의로 응찰하고, 공소외 2는 공소외 4 명의로, 공소외 1은 공소외 3 명의로 각 응찰하여 피고인으로 하여금 응찰가 4,275만원에 낙찰받게 하여 위계로써 위 입찰의 공정을 해한 것이다(대판 1988.3.8. 87도2646).

---

32) 가장경쟁자를 조작하거나 입찰의 경쟁에 참가하는 자가 서로 통모하여 그중의 특정한 자를 낙찰자로 하기 위하여 일정한 가격 이하 또는 이상으로 입찰하지 않을 것을 협정하거나 입찰을 포기하게 하는 등의 소위 담합행위가 입찰방해죄로 되기 위하여는 반드시 입찰참가자 전원과의 사이에 담합이 이루어져야 하는 것은 아니고, 입찰참가자들 중 일부와의 사이에만 담합이 이루어진 경우라고 하더라도 그것이 입찰의 공정을 해하는 것으로 평가되는 이상 입찰방해죄는 성립한다(대판 2006.6.9. 2005도8498).

33) 피고인 2의 응찰행위는 본인의 의사이고 가장 경쟁자를 꾸미며, 그 입찰에 소요되는 서류를 허위로 작성한 것이라고 보여지지 아니하므로 이 사건 입찰이 주문자가 미리 예정가격을 내정하여 그 예정가격 내에서 최저가격으로 입찰한 자를 낙찰자로 하는 것임이 기록에 의하여 분명한 이상, 피고인 1, 2, 3의 담합의 목적이 세탁물 단가 가격을 올려 주문자의 이익을 해하려는 것이 아니고, 주문자의 예정가격 내에서 무모한 경쟁을 방지하려고 함에 있다고 보아야 할 것이고, 이러한 경우에 담합자끼리 금품의 수수가 있었다고 하더라도 입찰 자체의 공정을 해하였다고는 볼 수 없다(대판 1970.4.21. 70도2241).

34) 일부 입찰참가자들이 가격을 합의하고, 낙찰이 되면 특정 업체가 모든 공사를 하기로 합의하는 투찰행위가 입찰의 공정을 해하는 것으로 평가되는 이상 위 투찰에 참여한 업체의 수가 많아서 실제로 가격형성에 부당한 영향을 주지 않았다고 하더라도 입찰방해죄가 성립한다(대판 2009.5.14. 2008도11361).

② 입찰방해죄는 위계 또는 위력 기타의 방법으로 입찰의 공정을 해하는 경우에 성립하는 위태범으로서 결과의 불공정이 현실적으로 나타나는 것을 필요로 하지 않고, 여기서 '입찰의 공정을 해하는 행위'란 공정한 자유경쟁을 방해할 염려가 있는 상태를 발생시키는 것, 즉 공정한 자유경쟁을 통한 적정한 가격형성에 부당한 영향을 주는 상태를 발생시키는 것으로, 그 행위에는 가격결정뿐 아니라 '적법하고 공정한 경쟁방법'을 해하는 행위도 포함되고, 지명경쟁입찰의 시행자인 법인의 대표자가 특정인과 공모하여 그 특정인이 낙찰자로 선정될 수 있도록 예정가격을 알려 주고 그 특정인은 나머지 입찰참가인들과 담합하여 입찰에 응하였다면 입찰의 실시 없이 서류상으로만 입찰의 근거를 조작한 경우와는 달리 현실로 실시된 입찰의 공정을 해하는 것으로 평가되어 입찰방해죄가 성립한다(대판 2007.5.31. 2006도8070).

〈담합 등 입찰방해죄 부정〉

입찰자들의 전부 또는 일부 사이에서 담합을 시도하는 행위가 있었을 뿐 실제로 담합이 이루어지지 못하였고, 또 위계 또는 위력 기타의 방법으로 담합이 이루어진 것과 같은 결과를 얻어내거나 다른 입찰자들의 응찰 내지 투찰행위를 저지하려는 시도가 있었지만 역시 그 위계 또는 위력 등의 정도가 담합이 이루어진 것과 같은 결과를 얻어내거나 그들의 응찰 내지 투찰행위를 저지할 정도에 이르지 못하였고 또 실제로 방해된 바도 없다면, 이로써 공정한 자유경쟁을 방해할 염려가 있는 상태 즉, 공정한 자유경쟁을 통한 적정한 가격형성에 부당한 영향을 주는 상태를 발생시켜 그 입찰의 공정을 해하였다고 볼 수 없어, 이는 입찰방해미수행위에 불과하고 입찰방해죄의 기수에 이르렀다고 할 수는 없다(대판 2003.9.26. 2002도3924).

3. 주관적 구성요건

본죄의 고의는 위계 또는 위력 기타 방법으로 경매·입찰의 공정을 해한다는 사실에 대한 인식과 인용이 있어야 한다.

제4편

사생활의 평온에 대한 죄

제1장

비밀침해의 죄

제1절 서 설

I. 의의, 보호법익

비밀침해의 죄는 개인의 사생활에서의 비밀을 침해하는 것을 내용으로 하고 있다. 보호법익은 '개인의 비밀'이며, 보호의 정도는 '추상적 위험범'이다. 헌법 제17조에서는 '모든 국민은 사생활의 비밀과 자유를 침해받지 아니한다', 제18조에서는 '모든 국민은 통신의 비밀을 침해받지 아니한다'라고 규정하여 사생활의 비밀에 대해 기본권으로서 보호하고 있다.

II. 비밀침해의 죄의 구성요건체계

비밀침해의 죄는 비밀침해죄(제316조)와 업무상비밀누설죄(제317조)가 독립적 구성요건으로 규정되어 있다. 제316조와 제317조는 친고죄(제318조)이다.

III. 특별법

정보통신망이용촉진 및 정보보호 등에 관한 법률 제71조 제11호에서는 '제49

조를 위반하여 타인의 정보를 훼손하거나 타인의 비밀을 침해·도용 또는 누설한 자'를 처벌하고 있으며,[1] 통신비밀보호법에 제16조에서는 '우편물의 검열 또는 전기통신의 감청을 하거나 공개되지 아니한 타인 간의 대화를 녹음 또는 청취한 자'를 처벌하고 있고,[2] 부정경쟁방지 및 영업비밀보호에 관한 법률 제18조에서 타인의 영업비밀에 대해 누설한 행위를 처벌하고 있다.[3]

제2절 개별적 범죄 유형

Ⅰ. 비밀침해죄

> **제316조【비밀침해】** ① 봉함 기타 비밀장치한 편지, 문서 또는 도화를 개봉한 자는 3년 이하의 징역이나 금고 또는 500만원 이하의 벌금에 처한다.
> ② 봉함 기타 비밀장치한 사람의 편지, 문서, 도화 또는 전자기록 등 특수매체기록을 기술적 수단을 이용하여 그 내용을 알아 낸 자도 전1항과 같다.

---

1) 정보통신망이용촉진 및 정보보호 등에 관한 법률 제49조(비밀 등의 보호) 누구든지 정보통신망에 의하여 처리·보관 또는 전송되는 타인의 정보를 훼손하거나 타인의 비밀을 침해·도용 또는 누설하여서는 아니 된다.
2) 통신비밀보호법 제16조(벌칙) ① 다음 각 호의 어느 하나에 해당하는 자는 1년 이상 10년 이하의 징역과 5년 이하의 자격정지에 처한다. 1. 제3조의 규정에 위반하여 우편물의 검열 또는 전기통신의 감청을 하거나 공개되지 아니한 타인간의 대화를 녹음 또는 청취한 자. 2. 제1호에 따라 알게 된 통신 또는 대화의 내용을 공개하거나 누설한 자
3) 부정경쟁방지 및 영업비밀보호에 관한 법률 제18조(벌칙) ① 영업비밀을 외국에서 사용하거나 외국에서 사용될 것임을 알면서도 다음 각 호의 어느 하나에 해당하는 행위를 한 자는 15년 이하의 징역 또는 15억원 이하의 벌금에 처한다. 다만, 벌금형에 처하는 경우 위반행위로 인한 재산상 이득액의 10배에 해당하는 금액이 15억원을 초과하면 그 재산상 이득액의 2배 이상 10배 이하의 벌금에 처한다.
   1. 부정한 이익을 얻거나 영업비밀 보유자에 손해를 입힐 목적으로 한 다음 각 목의 어느 하나에 해당하는 행위
      가. 영업비밀을 취득·사용하거나 제3자에게 누설하는 행위
      나. 영업비밀을 지정된 장소 밖으로 무단으로 유출하는 행위
      다. 영업비밀 보유자로부터 영업비밀을 삭제하거나 반환할 것을 요구받고도 이를 계속 보유하는 행위
   2. 절취·기망·협박, 그 밖의 부정한 수단으로 영업비밀을 취득하는 행위
   3. 제1호 또는 제2호에 해당하는 행위가 개입된 사실을 알면서도 그 영업비밀을 취득하거나 사용(제13조 제1항에 따라 허용된 범위에서의 사용은 제외한다)하는 행위

1. 의의, 보호법익

본죄는 '봉함 기타 비밀장치한 편지, 문서 또는 도화를 개봉하거나 봉함 기타 비밀장치한 사람의 편지, 문서, 도화 또는 전자기록 등 특수매체기록을 기술적 수단을 이용하여 그 내용을 알아냄으로써 성립하는 범죄'이다. 보호법익은 '개인의 비밀'이며, 보호의 정도는 제1항은 '추상적 위험범'이며, 제2항은 '침해범'이다.[4] 본죄에 있어서 비밀의 주체는 개인이며, 법인 기타 법인격없는 단체는 영업비밀의 주체가 될 뿐이다.[5] 본죄는 친고죄이다.

2. 객관적 구성요건

(1) 행위의 객체

행위의 객체는 제1항은 '봉함 또는 비밀장치한 사람의 편지, 문서, 도화'이며, 제2항은 '봉함 또는 비밀장치한 사람의 편지, 문서, 도화 또는 전자기록등 특수매체기록'이다.

(가) 제1항

'봉함 기타 비밀장치'란 그 안의 내용을 파악하지 못하도록 하거나 어렵게 하기 위해 외포(外包)를 해두거나 특별한 장치를 해둔 것을 말한다. 반드시 문서 자체에 비밀장치가 되어 있는 것만을 의미하는 것은 아니고, 봉함 이외의 방법으로 외부 포장을 만들어서 그 안의 내용을 알 수 없게 만드는 일체의 장치를 말하는 것으로, 잠금장치 있는 용기나 서랍 등도 포함한다.[6] 따라서, 봉함을 하지 않은 편지나 우편엽서 등은 객체에 해당되지 않는다.

'편지'란 특정인으로부터 다른 특정인에게 의사를 전달하는 문서이다. 발송하기 전이나 발송 이후에도 상관이 없다. 하지만, 특정수신인이 개봉을 한 이후에는 본죄가 성립하지 않는다.

'문서'란 문서에 관한 죄에서의 문서와 동일하나, 문서죄와 같이 법률관계 내지 사회생활상 중요한 사실을 증명할 만한 것이 아니라도 상관없다. 편지 이외 문자 또는 부호에 의하여 의사가 표시된 것이면 충분하다.

---

4) 김/서, 231면; 손동권, 237면; 이재상, 226면; 임웅, 278면. 추상적 위험범으로 보는 견해로는 박상기, 219면; 오영근, 203면.
5) 오영근, 202면.
6) 대판 2008.11.27. 2008도9071.

'도화'란 그림, 사진 등 시각적 인식의 대상이 되는 것을 말한다.

(나) 제2항

'전자기록 등 특수매체기록'의 개념은 손괴죄의 객체와 동일하다. 전자기록 등 특수매체기록이란 전자기록은 전자적 방식과 자기적 방식에 의해 만들어진 기록을 의미하고, 특수매체기록은 전자기록 포함, 전기적 기록, 광기술을 이용한 기록으로 정보처리장치에 의해 사용되는 것을 말한다.

(2) 실행 행위

실행 행위의 제1항은 '개봉'이며, 제2항은 '기술적 수단을 이용하여 그 내용을 알아내는 것'이다.

(가) 제1항의 '개봉'

'개봉'이란 봉함 기타 비밀장치를 무효로 하거나 해체하여 편지, 문서, 도화의 내용을 알 수 있는 상태로 두는 것을 의미한다. 개봉을 하여 내용을 알 수 있는 상태에 두는 즉시 기수가 되므로(추상적 위험범), 그 내용을 알아야 할 필요까지 없다. 봉투를 뜯거나 묶여 있는 끈을 풀거나 하는 방법이 그 예이다.

(나) 제2항의 '기술적 수단을 이용하여 그 내용을 알아내는 것'

편지나 문서 등을 개봉하지 않고 투시기를 이용하거나 특수약물 등을 사용하는 등 기술적인 수단을 이용하여 그 내용을 알아내는 것, 전자기록 등 특수매체기록인 경우에는 타인의 비밀번호를 알아내거나 해킹 등을 이용하여 그 내용을 알아내는 것이다. 제2항은 제1항과 같이 내용을 알 수 있는 상태에 두는 것이 아닌 그 내용을 알아낼 것까지 요하는 침해범이다.

3. 주관적 구성요건

본죄의 고의는 봉함 기타 비밀장치한 편기, 문서 또는 도화를 개봉하거나 봉함 기타 비밀장치한 사람의 편지, 문서, 도화 또는 전자기록 등 특수매체기록을 기술적 수단을 이용하여 그 내용을 알아낸다는 인식과 인용이다. 미필적 고의로도 족하다. 그러나 타인의 편지를 자신의 것으로 오신하여 개봉한 경우에는 구성요건적 착오로 고의가 부정되며, 타인의 편지를 읽을 권한이 있다고 오신하여 개봉한 경우에는 위법성의 착오가 된다.

□ 비밀침해죄 관련 판례

① 피고인이 대체집행사건의 채무자의 승계인 갑 앞으로 우송된 결정정본을 평소 동명으로 호명되고 있는 자기의 장남 앞으로 온 신서인 줄 알고서 개피하였다고 주장하나, 피고인이 당초 건물 철거 등의 대체집행신청을 하면서 채무자의 승계인 갑의 주소로 표기한 장소에서는 피고인의 장남이 이미 10여 년 전에 살다가 타처로 이주하여 버렸고, 그 수신인 또한 피고인신청의 대체집행신청을 처리한 법원의 소송서류였다는 점, 그 수신인 또한 피고인이 대체집행신청을 한 사건의 상대방주소와 성명으로 표시되어 발송된 문서라는 점을 고려해 볼 때 피고인은 위 서류가 바로 대체집행사건의 채무자의 승계인 갑에게 송달되는 소송서류라는 사실을 능히 알고 있었다고 봄이 경험칙에 합치된다고 할 것이니 피고인에게 신서개피의 고의가 있었음을 부정할 수 없다(대판 1984.6.12. 84도620). ② 서랍이 2단으로 되어 있고 그중 아랫칸의 윗부분이 막혀 있지 않아 윗칸을 밖으로 빼내면 아랫칸의 내용물을 쉽게 볼 수 있는 구조로 되어 있는 서랍에서 편지를 꺼내어 갔다면 비밀침해죄에 해당한다(대판 2008.11.27. 2008도9071).

4. 위법성

편지의 개봉 등 타인의 비밀을 지득할 권한이 법령에 의해 허용된 형사소송법 제107조[7] 및 제120조,[8] 형의 집행 및 수용자의 처우에 관한 법률 제43조 제4항 단서,[9] 우편법 제28조 제2항 및 제35조,[10] 통신비밀보호법 제3조 제1항 단서

---

7) 형사소송법 제107조(우체물의 압수) ① 법원은 필요한 때에는 피고사건과 관계가 있다고 인정할 수 있는 것에 한정하여 우체물 또는 통신비밀보호법 제2조 제3호에 따른 전기통신에 관한 것으로서 체신관서, 그 밖의 관련 기관 등이 소지 또는 보관하는 물건의 제출을 명하거나 압수를 할 수 있다.

8) 형사소송법 제120조(집행과 필요한 처분) ① 압수, 수색영장을 집행에 있어서는 건정을 열거나 개봉 기타 필요한 처분을 할 수 있다.

9) 형의 집행 및 수용자의 처우에 관한 법률 제43조 제4항 '수용자가 주고받는 편지의 내용은 검열받지 아니한다. 다만, 다음 각 호의 어느 하나에 해당하는 사유가 있으면 그러하지 아니한다. 1. 편지의 상대방이 누구인지 확인할 수 없는 때 2. 형사소송법이나 그 밖의 법률에 따른 편지검열의 결정이 있는 때 3. 제1항 제2호 또는 제3호에 해당하는 내용이나 형사법령에 저촉되는 내용이 기재되어 있다고 의심할 만한 상당한 이유가 있는 때 4. 대통령령으로 정하는 수용자 간의 편지인 때

10) 우편법 제28조(법규 위반 우편물의 개봉) ① 우편관서는 취급 중인 우편물의 내용이 이 법 또는 대통령령으로 정한 규정을 위반한 혐의가 있으면 발송인이나 수취인에게 그 우편물의 개봉을 요구할 수 있다. ② 발송인이나 수취인이 제1항의 개봉을 거부하였을 때 또는 발송인이나 수취인에게 그 개봉을 요구할 수 없을 때에는 과학기술정보통신부장관이 지정하는 우편관서의 장이 그 우편물을 개봉할 수 있다, 다만, 대통령령으로 정하는 봉함한 우편물은 개봉하지 아니한 채로 발송인에게 되돌려 보내야 한다.
제35조(반환 불능 우편물의 개봉) 이 법 또는 이 법에 따른 명령으로 정한 절차를 밟아 우

및 제5조 등이 있다.

5. 소추조건

본죄는 친고죄로서 고소가 있어야 공소를 제기할 수 있다. 고소권자는 편지의 발신인뿐만 아니라 수신인도 포함한다.

II. 업무상비밀누설죄

제317조 【업무상비밀누설】 ① 의사, 한의사, 치과의사, 약제사, 약종상, 조산사, 변호사, 변리사, 공인회계사, 공증인, 대서업자나 그 직무상 보조자 　또는 차등의 직에 있던 자가 그 업무처리 중 지득한 타인의 비밀을 누설한 때에는 3년 이하의 징역이나 금고, 10년 이하의 자격정지 또는 700만원 이하의 벌금에 처한다.
② 종교의 직에 있는 자 또는 있던 자가 그 직무상 지득한 사람의 비밀을 누설한 때에도 전항의 형과 같다.

1. 의의, 보호법익

본죄는 '의사, 한의사, 치과의사, 약제사, 약종상, 조산사, 변호사, 변리사, 공인회계사, 공증인, 대서업자나 그 직무상 보조자 또는 차등의 직에 있던 자가 그 업무처리 중 지득한 타인의 비밀을 누설하거나 종교의 직에 있는 자 또는 있던 자가 그 직무상 지득한 사람의 비밀을 누설함으로써 성립하는 범죄'이다. 본죄의 보호법익은 '개인의 비밀'이고, 부차적 보호법익은 '일정한 직업에 종사하는 자가 업무상 알게 된 비밀을 누설하지 않으리라는 일반인의 신뢰'이다.[11] 보호의 정도는 '추상적 위험범'이다. 본죄는 친고죄이다.

2. 객관적 구성요건

(1) 행위의 주체

행위의 주체는 '의사, 한의사, 치과의사, 약제사, 약종상, 조산사, 변호사, 변리사, 공인회계사, 공증인, 대서업자나 그 직무상 보조자 또는 종교의 직에 있는 자와 또는 있었던 자'이다. 진정신분범으로 제한적으로 열거된 자 이외에는 주체

편물을 내주었을 때에서는 정당하게 내준 것으로 본다.
11) 이재상, 228면; 오영근, 206면; 임웅, 284면.

가 될 수 없다.

본죄의 주체 이외의 자인 공무원 또는 공무원이었던 자가 법령에 의한 직무
상 비밀을 누설한 때에는 공무상비밀누설죄(형법 제127조), 외교상의 비밀을 누설
한 때에는 외교상기밀누설죄(형법 제113조)가 성립한다. 부동산중개업자의 비밀누
설은 공인중개사법(공인중개사법 제49조 제1항 제9호, 제29조 제2항), 세무사의 비밀
누설은 세무사법(세무사법 제22조 제1항 제2호, 제11조), 기업에 손해를 가할 목적으
로 그 기업에 유용한 영업비밀을 누설한 때에는 부정경쟁방지 및 영업비밀보호에
관한 법률(부정경쟁방지 및 영업비밀보호에 관한 법률 제18조)이 성립한다.

(2) 행위의 객체

행위의 객체는 '업무처리 중 또는 직무상 지득한 타인의 비밀'이다.

'업무처리 중 또는 직무상 지득'이란 행위의 주체가 직업에 종사하면서 알게
된 비밀을 말한다. 업무처리 중 지득한 비밀이면 족하고 어떻게 누구에게서 지득
하였는지는 문제가 되지 않는다. 업무처리나 직무상이 아닌 방법으로 비밀을 알
게 된 때에는 본죄가 성립하지 않는다.

'비밀'은 일정범위의 한정된 사람에게만 알려져 있는 사실을 말한다. 공지된
사실은 비밀이 될 수 없다. 비밀인 이상 사적인 것이든 공적인 생활에 관한 것이
든 상관없다. 요건으로는 개인이 비밀로 유지하기를 원하는 의사가 있을 뿐만 아
니라 객관적으로도 비밀로서 보호할 가치가 있어야 한다.

(3) 실행 행위

실행 행위는 '누설'이다. 누설이란 비밀을 모르는 사람에게 이를 알리는 것을
말한다. 방법에는 제한이 없고, 상대방이 다수이건 1인이건 불문한다. 공연성을
요하지 않으므로 특정인에게 알려주는 것도 누설에 해당한다. 비밀을 누설하여
상대방이 인식하면 족하고 그 의미를 이해할 필요까지는 없다. 비밀이 기재된 서
류를 방치하여 알 수 있도록 하는 방법의 부작위로도 가능하다. 병원에서 분실된
진료기록의 일부를 당사자가 증거로 제출하는 것은 업무상비밀누설죄에 해당하
지 않는다.[12]

---

12) 병원에서 분실된 진료기록의 일부를 당사자가 증거로 제출하는 것이 형법 제317조 제1항
   소정의 업무상비밀누설죄에 해당된다고 볼 수 없다(대판 1992.5.22. 91다39320).

3. 주관적 구성요건

본죄의 고의는 자기의 신분에 대한 인식과 업무처리상 알게 된 비밀을 누설한다는 것에 대한 인식과 인용이다.

4. 위법성

① 피해자의 승낙이 있는 경우에는 처음부터 비밀이 되지 않음으로, 구성요건해당성이 없다.

② 형사소송법 제149조에는 증언거부권이 있음에도 본죄의 주체가 증언거부권을 행사하지 않고 증언을 함에 있어서 ㉮ 증언거부권이 인정되므로 증언의무가 없지만 비밀준수의무는 존재하고 있는 이상, 임의로 증언하여 비밀을 누설하는 행위는 비밀준수의무위반으로서 업무상비밀누설죄가 성립한다는 견해, ㉯ 증언거부권은 증언 거부의무가 아니므로 권리자가 증언거부권을 포기할 수 있으며, 실체적 진실발견이라는 소송상의 이익을 위하여 증언거부권을 포기하고 증언하는 행위가 비록 업무상비밀누설행위에 해당한다고 하더라고 '긴급피난'으로서 위법성이 조각된다는 견해가 있다.

③ 법령에 의한 행위로는 감염병 예방 및 관리에 관한 법률 제11조의 감염병환자를 신고하는 경우, 후천성면역결핍증예방법 제5조 제1항에 의해 감염자를 신고하는 경우 등이 있다.

5. 친고죄

본죄는 친고죄로서 고소가 있어야 공소를 제기할 수 있다.

제 2 장

주거침입의 죄

제1절 서 설

Ⅰ. 의의, 보호법익

주거침입의 죄는 '사람의 주거, 관리하는 건조물 등에 침입하거나 퇴거에 불응함으로써 성립하는 범죄'이다. 보호법익은 '사실상 주거의 평온'이며,[1] 보호의 정도는 '침해범'이다. 본죄의 미수범은 처벌한다.

Ⅱ. 주거침입의 죄의 구성요건체계

주거침입의 죄의 기본적 구성요건은 주거침입죄(제319조 제1항)와 퇴거불응죄(제319조 제2항)이다. 특수주거침입죄(제320조)는 불법이 가중된 유형이며, 주거·신체 수색죄(제321조)는 독립적 범죄유형이다. 본죄의 미수범(제322조)은 처벌한다.

---

[1] 주거침입죄는 사실상의 주거의 평온을 보호법익으로 하는 것이므로 그 거주자 또는 간호자가 건조물등에 거주 또는 간수할 권리를 가지고 있는가의 여부는 범죄의 성립을 좌우하는 것이 아니며, 점유할 권리없는 자의 점유라고 하더라도 그 주거의 평온은 보호되어야 할 것이므로, 권리자가 그 권리실행으로서 자력구제의 수단으로 건조물에 침입한 경우에도 주거침입죄가 성립한다(대판 1985.3.26. 85도122).

제2절 개별적 범죄 유형

I. 주거침입죄

> 제319조【주거침입】① 사람의 주거, 관리하는 건조물, 선박이나 항공기 또는 점유하는 방실에 침입한 자는 3년 이하의 징역 또는 500만원 이하의 벌금에 처한다.

1. 의의, 보호법익

본죄는 '사람이 주거, 관리하는 건조물, 선박이나 항공기 또는 점유하는 방실에 침입함으로써 성립하는 범죄'이다. 보호법익은 '사실상의 주거의 평온'[2]이며, 보호의 정도는 '침해범'이다. 미수범은 처벌한다.

2. 객관적 구성요건

(1) 행위의 객체

(가) 사람의 주거

사람의 주거란 사람이 거주하여 일상생활을 영위하는 장소이다. 이에 대해서 ① 기와침식(起臥寢食)에 사용하는 장소라는 견해, ② 일상생활을 영위하는 장소면 충분하고, 침식에 사용하는 장소일 필요까지는 없다는 견해로 나누어진다. 일반적으로 주거라고 함에 있어서는 숙식을 하는 곳으로, ①의 견해가 타당하다고 본다.

주거는 계속적으로 사는 곳 이외 별장과 같이 일시적으로 사용하는 곳도 포함한다. 주거용 차량과 같이 이동할 수 있는 동산도 주거가 될 수 있다. 주거를 이루는 구조물에 있어서도 제한이 없으므로 판자나 천막으로 집을 지어도 주거가 된다. 다가구용 단독주택이나 다세대 주택과 같이 공용으로 사용되는 계단과 복도는 특별한 사정이 없는 한 본죄의 객체에 해당한다.[3] 주거는 적법하게 개시된 후 그 권한을 상실하였다고 하여도 주거자의 사실상의 주거의 평온을 보호한다.[4]

---

2) 형법상 주거침입죄의 보호법익은 주거권이라는 법적 개념이 아니고 사적 생활관계에 있어서의 사실상 주거의 자유와 평온이다(대판 1984.6.26. 83도685).

3) 대판 2009.8.20. 2009도3452.

4) 주거침입죄는 사실상의 주거의 평온을 보호법익으로 하는 것이므로, 그 거주자 또는 간수자가 건조물 등에 거주 또는 간수할 법률상 권한을 가지고 있는 여부는 범죄의 성립을 좌우하는 것이 아니며, 일단 적법하게 거주 또는 간수를 개시한 후에 그 권한을 상실하여 사

주거자는 현존할 필요는 없다. 잠시 집을 비운 사이 침입하면 본죄가 성립한다.

　　주거 또는 건조물이라 함은 단순히 가옥만을 말하는 것이 아니고 그 위요지를 포함한다 할 것이다.[5] 위요지라는 것은 건조물에 인접한 그 주변의 토지로서 외부와의 경계에 담 등이 설치되어 그 토지가 건조물의 이용에 제공되고 또 외부인이 함부로 출입할 수 없다는 점이 객관적으로 명확하게 드러나야 한다.[6]

(나) 관리하는 건조물

　　건조물이란 주거용이 아닌 일체의 건물 및 그 위 요지를 말한다. 기본적으로 주위벽 또는 기둥과 지붕 또는 천정으로 구성된 구조물로서 사람이 기거하거나 출입할 수 있는 장소를 말하며 반드시 영구적인 구조물일 것을 요하지 않는다.[7] 비닐하우스[8]나 신문이나 담배를 팔기위해 설치된 간이건조물도 본죄의 객체에 해당한다. 이러한 건조물을 관리하기 위해서는 인적, 물적 설비를 갖추어야 한다. 단순히 출입금지 표시만으로는 부족하다.

(다) 선박이나 항공기, 점유하는 방실

　　선박, 항공기는 수상과 항공교통의 수단으로 사용되는 정도의 것을 말하며, 주거에 사용될 수 있을 정도임을 요한다. 점유하는 방실은 일정한 건물 내에서 실질적으로 지배하는 장소를 말한다. 예를 들어, 호텔 내 방실, 빌딩 내 사무실 등이다.

□ 주거침입 객체 관련 판례

〈주거침입 객체에 해당하는 경우〉

① 선박건조자재 운반용으로 도크에 고정되어 82m 높이에 설치되어 있으며 약10평 정도 되는 방실 등이 있고 평소 그 운전을 위해 1, 2명의 직원이 근무하며 인가자 이외의 출입이 금지되는 골리앗크레인에 피고인 등 70명 정도의 근로자가 함께 들어가서 농성

　　법상 불법점유가 되더라도 권리자가 이를 배제하기 위하여 정당한 절차에 의하지 아니하고 그 주거 또는 건조물을 침입한 경우에는 주거침입죄가 성립한다. 임대차기간이 경과한 후에도 임차인이 집을 비워주지 않자 임대인이 임의로 집에 들어가서 가구 등을 밖으로 들어 내놓았다면 주거침입죄를 구성한다(대판 1983.3.8. 82도1363).

5) 대판 2001.4.24. 2001도1092.
6) 대판 2020.4.29. 2009도14643.
7) 대판 1989.2.28. 88도2430.
8) 비닐하우스의 소유권이 피고인에게 있다 하더라도, 피해자가 공소외인으로부터 이 사건 비닐하우스를 인도받아 점유하고 있는 이상 피고인이 함부로 이 사건 비닐하우스의 열쇠를 손괴하고 그 안에 들어간 행위는 재물손괴죄 및 주거침입죄에 해당한다(대판 2007.3.15. 2006도7044).

을 하였다면 건조물에 침입한 것이다(대판 1991.6.11. 91도753).

② 피고인이 피해자가 사용 중인 공중화장실의 용변칸에 노크하여 남편으로 오인한 피해자가 용변 칸 문을 열자 강간할 의도로 용변칸에 들어간 것이라면 피해자가 명시적 또는 묵시적으로 이를 승낙하였다고 볼 수 없어 주거침입죄에 해당한다(대판 2003.5.30. 2003도1256).

③ 다가구용 단독주택인 빌라의 잠기지 않은 대문을 열고 들어가 공용 계단으로 빌라 3층까지 올라갔다가 1층으로 내려온 경우, 주거인 공용 계단에 들어간 행위가 거주자의 의사에 반한 것이라면 주거에 침입한 것이라고 보아야 한다(대판 2009.8.20. 2009도3452).

〈주거침입 객체에 해당하지 않는 경우〉

① 차량 통행이 빈번한 도로에 바로 접하여 있고, 도로에서 시설로 들어가는 입구에 인적, 물적 설비가 전혀 없고 누구나 통로를 통하여 축사 앞 공터까지 자유롭게 드나들 수 있었던 경우, 차를 몰고 진입하여 축사 앞 공터까지 들어간 행위는 주거침입에 해당하지 않는다(대판 2010.4.29. 2009도14643).

② 타워크레인은 건설기계의 일종으로서 작업을 위하여 토지에 고정되었을 뿐이고 운전실은 기계를 운전하기 위한 작업 공간 그 자체이지 건조물 침입죄의 객체인 건조물에 해당하지 아니하고, 피고인들이 위 공사현장에 컨테이너 박스 등으로 가설된 현장 사무실 또는 경비실 자체에 들어가지 아니하였다면, 피고인들이 위 공사현장의 구내에 들어간 행위는 주거침입죄가 성립하지 않는다(대판 2005.10.7. 2005도5351).

(2) 실행 행위

실행 행위는 '침입'이다. 이는 주거자의 의사에 반하여 들어가는 것이다. 침입이 되기 위해서는 신체적으로 들어가는 것을 말하므로, 밖에서 건물 안을 들여다보는 행위는 침입으로 볼 수 없다.

① 식당, 관공서, 은행 등과 같이 일반인이 자유로이 출입할 수 있도록 개방된 장소의 경우에는 공개된 시간 내, 관리자의 허락된 출입방법에 의한 것이라면 원칙적으로 침입 행위로 볼 수 없다. 그러나 판례는 일반적으로 출입이 허용된 장소라도 범죄목적으로 들어간 예외적인 경우에는 주거침입죄가 성립한다고 판시하고 있다.9)

9) 일반인의 출입이 허용된 음식점이라 하더라도 영업주의 명시적 또는 추정적 의사에 반하여 들어간 것이라면 주거침입죄가 성립되는바, 기관장들의 조찬모임에서의 대화내용을 도청하기 위한 도청장치를 설치할 목적으로 손님을 가장하여 그 조찬모임 장소인 음식점에

② 관리자 등 동의권자의 명시적·묵시적인 동의는 양해로서 침입이라 할 수 없고, 추정적 의사에 반한 경우에만 침입을 인정할 수 있다.10)

③ 기망에 의해 주거자의 허락을 받고 들어간 경우에는 (a) 양해로서의 효력이 없어 주거침입이 성립한다는 견해, (b) 피해자의 동의는 구성요건해당성을 배제하는 양해가 되므로 주거침입이 성립하지 않는다는 견해가 있다. 이에, 판례는 양해로서의 효력이 없어 주거침입이 성립한다는 입장이다.11)

④ 복수의 주거자 중 1인의 허락을 받은 경우에도 주거자 개개인의 사생활의 평온을 보호해야 할 것이므로, 다른 주거자의 의사에 반하는 경우에는 주거침입죄가 성립한다.12)

⑤ 부동산의 임대차 관계에서 임차인이 적법하게 점유를 개시하여 사실상의 거주를 하고 있다면 임대차 기간이 종료한 이후에도 다른 법적인 절차에 의하지 않는 한 주거의 사실상의 평온은 인정된다.13)

들어간 경우에는 영업주가 그 출입을 허용하지 않았을 것으로 보는 것이 경험칙에 부합하므로 그와 같은 행위는 주거침입죄가 성립한다(대판 1997.3.28. 95도2674). - 타인의 주거에 침입한 행위가 비록 불법선거운동을 적발하려는 목적으로 이루어진 것이라고 하더라도, 타인의 주거에 도청장치를 설치하는 행위는 그 수단과 방법의 상당성을 결하는 것으로서 정당행위에 해당하지 않는다.

10) 다방, 당구장, 독서실 등의 영업소가 들어서 있는 건물 중 공용으로 사용되는 계단과 복도는 주, 야간을 막론하고 관리자의 명시적 승낙이 없어도 누구나 자유롭게 통행할 수 있는 곳이라 할 것이므로 관리자가 1층 출입문을 특별히 시정하지 않는 한 범죄의 목적으로 위 건물에 들어가는 경우 이외에는 그 출입에 관하여 관리자나 소유자의 묵시적 승낙이 있다고 봄이 상당하여 그 출입행위는 주거침입죄를 구성하지 않는다(대판 1985.2.8. 84도2917).

11) 피고인이 피해자의 옛 애인 및 '사진 찍은 자'로 1인 2역을 수행하면서 설령 그 정을 알지 못하는 피해자로부터 승낙을 얻고 피해자의 주거에 들어갔다고 하더라도, 그 승낙의 의사표시는 기망 및 협박에 의한 것으로서 무효라는 등 그 판시와 같은 이유로 판시 각 주거침입의 범죄사실과 3회에 걸쳐 합계 88만원을 갈취하였다는 판시 각 공갈의 범죄사실을 모두 유죄로 인정하였다(대판 2007.1.25. 2006도5979).

12) 형법상 주거침입죄의 보호법익은 주거권이라는 법적 개념이 아니고 사적 생활관계에 있어서의 사실상 주거의 자유와 평온으로서 그 주거에서 공동생활을 하고 있는 전원이 평온을 누릴 권리가 있다 함은 원 판시 해석과 같으나 복수의 주거권자가 있는 경우 한 사람의 승낙이 다른 거주자의 의사에 직접, 간접으로 반하는 경우에는 그에 의한 주거에의 출입은 그 의사에 반한 사람의 주거의 평온, 즉 주거의 지배, 관리의 평온을 해치는 결과가 되므로 주거침입죄가 성립한다 할 것이며, 동거자 중의 1인이 부재중인 경우라도 주거의 지배 관리관계가 외관상 존재하는 상태로 인정되는 한 위 법리에는 영향이 없다고 볼 것이다. 따라서 남편이 일시 부재 중 간통의 목적하에 그 처의 승낙을 얻어 주거에 들어간 경우라도 남편의 주거에 대한 지배 관리관계는 여전히 존속한다고 봄이 옳고 사회통념상 간통의 목적으로 주거에 들어오는 것은 남편의 의사에 반한다고 보여지므로 처의 승낙이 있었다 하더라도 남편의 주거의 사실상의 평온은 깨어졌다 할 것이므로 이러한 경우에는 주거침입죄가 성립한다고 하여야 할 것이다(대판 1984.6.26. 83도685).

13) 적법한 임대차기간이 종료한 후 불법하게 점유하고 있는 건물에 대하여 소유자가 마음대

(3) 기수시기

주거침입죄에서의 기수시기는 '보호법익인 사실상의 주거의 평온을 해할 수 있는 정도'에 이르렀다면 기수를 인정한다.[14] 실행의 착수는 주거자, 관리자, 점유자 등의 의사에 반하여 주거나 관리하는 건조물 등에 들어가는 행위, 즉 구성요건의 일부를 실현하는 행위까지 요구하는 것은 아니고 범죄구성요건의 실현에 이르는 현실적 위험성을 포함하는 행위를 개시하면 실행의 착수가 인정된다.[15] 하지만, 다세대주택 가스배관을 타고 오르다가 순찰 중이던 경찰관에게 발각되어 그냥 뛰어내린 경우,[16] 침입하기 위해 사람이 있는지 확인차원에서 초인종을 누른 경우[17]에는 실행의 착수가 인정되지 않는다. 주거침입죄는 미수범을 처벌하는데, 위와 같은 논리에 의거, 범죄구성요건의 실현에 이르는 현실적 위험성을 포함하는 행위를 하였으나, 거주자의 사실상의 평온이 침해되었다고 볼 수 있기 이전의 단계에 불과하였다면 미수범 성립이 된다고 하겠다. 또한, 본죄는 주거의 사실상의 평온이 침해된 이후에도 침입자가 퇴거할 때까지 범죄행위가 계속되는 '계속범'이며, 기수 이후에는 주거침입죄만 성립할 뿐 별도의 퇴거불응죄는 성립하지 않는다(법조관계 중 보충관계).

로 건물출입문에 판자를 대어 폐쇄한 것을 임차인이 자력으로 판자를 뜯어 위 건물에 들어 갔다고 해서 건조물침입죄가 된다고 볼 수 없다(대판 1973.6.26. 73도460).

14) 주거침입죄는 사실상의 주거의 평온을 보호법익으로 하는 것이므로 반드시 행위자의 신체의 전부가 범행의 목적인 타인의 주거 안으로 들어가야만 성립하는 것이 아니라 신체의 일부만 타인의 주거 안으로 들어갔다고 하더라도 거주자가 누리는 사실상의 주거의 평온을 해할 수 있는 정도에 이르렀다면 범죄구성요건을 충족하는 것이라고 보아야 할 것이고, ~ 공소사실 기재와 같이 야간에 타인의 집의 창문을 열고 집 안으로 얼굴을 들이미는 등의 행위를 하였다면 피고인이 자신의 신체의 일부가 집 안으로 들어간다는 인식하에 하였더라도 주거침입죄의 범의는 인정되고, 또한 비록 신체의 일부만이 집 안으로 들어갔다고 하더라도 사실상 주거의 평온을 해하였다면 주거침입죄는 기수에 이르렀다고 할 것이다(대판 1995.9.15. 94도2561).

15) 대판 2006.9.14. 2006도2824.

16) 피고인이 이 사건 다세대주택 2층의 불이 꺼져있는 것을 보고 물건을 절취하기 위하여 가스배관을 타고 올라가다가, 발은 1층 방범창을 딛고 두 손은 1층과 2층 사이에 있는 가스배관을 잡고 있던 상태에서 순찰 중이던 경찰관에게 발각되자 그대로 뛰어내린 사실을 인정한 후, 이러한 피고인의 행위만으로는 주거의 사실상의 평온을 침해할 현실적 위험성이 있는 행위를 개시한 때에 해당한다고 보기 어렵다는 이유로 이 부분 공소사실을 무죄로 판단하였다(대판 2008.3.27. 2008도917).

17) 아파트의 초인종을 누르다가 사람이 없으면 만능키 등을 이용하여 문을 열고 안으로 들어가 물건을 훔치기로 모의한 피고인들이 함께 다니다가 피고인 A는 C의 집 초인종을 누르면서 "자장면 시키지 않았느냐"라고 말하였으나 집 안에 있던 C가 "시킨 적 없다"고 대답하자 계단을 이용하여 아래층으로 이동한 이 사건 사안에 대하여, 피고인들이 주거침입의 실행의 착수에 해당하는 행위를 하였다고 볼 수 없다(대판 2008.4.10. 2008도1464).

□ 기수 시기 관련 판례

① 피고인이 00:10경 피해자를 강간하기 위하여 피해자의 집에서 골목 쪽으로 나 있는 사람의 머리 정도만 들어갈 수 있는 창문을 열고 얼굴을 들이밀었다가 피해자가 소리치는 바람에 목적으로 이루지 못하였더라도 주거침입죄의 기수가 인정된다(대판 1995.9.15. 94도2561).
② 이미 수일 전에 2차례에 걸쳐 피해자를 강간하였던 피고인이 대문을 몰래 열고 들어와 담장과 피해자가 거주하던 방 사이의 좁은 통로에서 창문을 통하여 방안을 엿보다가 발각되었다면 주거침입죄의 기수에 해당한다(대판 2001.4.24. 2001도1092).

3. 주관적 구성요건

본죄의 고의는 주거자의 의사에 반하여 타인의 주거에 들어간다는 인식이 있어야 한다.[18]

4. 위법성의 문제

(1) 법령에 의한 행위

형사소송법에 의한 강제처분[19]이나, 민사집행법에 의한 강제집행[20]은 법령에 의한 행위로 위법성이 조각된다.

(2) 사인이 현행범체포를 위해 타인의 주거에 침입한 행위

사인이 현행범인을 체포하기 위해 타인의 주거에 침입하는 행위에 대해서는 현행범을 체포하기 위한 행위, 즉 저항하는 범인을 체포하기 위한 폭행 등의 한계를 벗어난 행위로서 위법하다는 입장이다.[21]

(3) 쟁의행위

정당한 쟁의행위에 의한 주거침입은 위법성이 조각될 수 있다. 사용자의 직장폐쇄가 정당한 쟁의행위로 인정되지 아니하는 경우,[22] 해고근로자가 조합원의

---

18) 주거침입죄의 범의는 반드시 신체의 전부가 타인의 주거 안으로 들어간다는 인식이 있어야만 하는 것이 아니라 신체의 일부라도 타인의 주거 안으로 들어간다는 인식이 있으면 족하다(대판 1995.9.15. 94도2561).
19) 형사소송법 제109조(수색), 제216조 제1항(영장에 의하지 아니한 강제처분).
20) 민사집행법 제5조 제1항(집행관의 강제력 사용)
21) 현행범을 추적하여 그 범인의 부의 집에 들어가서 동인과 시비 끝에 상해를 입힌 경우에 주거침입죄가 성립한다(대판 1965.12.21. 65도899).
22) 사용자의 직장폐쇄가 정당한 쟁위행위로 인정되지 아니하는 때에는 다른 특별한 사정이

자격으로 회사 내 노조사무실에 들어가는 행위[23) 등이다. 그러나 사용자와 제3자 간의 공동건조물에의 주거침입행위,[24) 해고근로자가 무단으로 노조 임시사무실에 들어간 행위,[25) 대의원이 아닌 해고근로자가 회사 내의 조합대의원회에 참석하는 행위[26) 등은 위법성을 조각하지 않는다.

(4) 권리실행

친권자의 친권행위를 위해 자녀의 집에 들어가는 행위[27)는 위법성을 조각할 수 있다. 하지만, 권리자가 권리실행으로서 권리 없는 점유자의 주거라 할지라도 평온을 해한 경우에는 위법성이 조각되지 않는다.[28)

없는 한 근로자가 평소 출입이 허용되는 사업장 안에 들어가는 행위는 주거침입죄를 구성하지 아니한다(대판 2002.9.24. 2002도2243).

23) 해고근로자가 조합원의 자격으로서 회사 내 노조사무실에 들어가는 것은 정당한 행위로서 회사측에서도 이를 제지할 수 없는 것이므로 노조사무실 출입목적으로 경비원의 제지를 뿌리치고 회사 내로 들어가는 것은 건조물침입죄로 벌할 수 없다(대판 1991.11.8. 91도326).

24) 2인 이상이 하나의 공간에서 공동생활을 하고 있는 경우에는 각자 주거의 평온을 누릴 권리가 있으므로, 사용자가 제3자와 공동으로 관리, 사용하는 공간을 사용자에 대한 쟁의행위를 이유로 관리자의 의사에 반하여 침입, 점거한 경우, 비록 그 공간의 점거가 사용자에 대한 관계에서 정당한 쟁의행위로 평가될 여지가 있다 하여도, 이를 공동으로 관리, 사용하는 제3자의 명시적 또는 추정적인 승낙이 없는 이상, 위 제3자에 대하여서까지 이를 정당행위라고 하여 주거침입의 위법성이 조각된다고 볼 수는 없다(대판 2010.3.11. 2009도5008).

25) 당시 노조간부들이 무단으로 점거하여 노조 임시사무실로 사용하고 있던 중이었을 뿐 아니라, 피고인이 위 사무실에 들어간 시점도 위 회사 노조원들에 의해 회사가 점거되어 회사의 업무가 정상적으로 수행되지 아니할 때인 것으로 엿보이는바, 그렇다면 오히려 특별한 사정이 없는 한 피고인의 위와 같은 출입행위는 관리자인 회사 측의 의사 내지 추정적 의사에 반하는 것이라 아니할 수 없고, 또 피고인이 그와 같은 승낙이 있다고 믿었음에 정당한 이유가 있다고도 보기 어렵다(대판 1994.2.8. 93도120).

26) 해고를 당한 후 해고처분무효확인소송을 제기하여 그 효력을 다툼으로써 노동조합의 조합원인 근로자의 지위를 그대로 갖고 있다 하더라도 회사가 조합의 대의원이 아닌 피고인에게 회사 내의 조합대의원회의에 참석하는 것을 허락하지 아니하였는데도 그 의사에 반하여 함부로 거기에 들어가고 회사경비원들의 출입통제업무를 방해한 것은 건조물침입죄와 업무방해죄에 해당한다(대판 1991.9.10. 91도1666).

27) 이혼 후 자녀를 직접 양육하지 아니하는 부모 중 일방은 자녀와 직접 면접, 서신교환 또는 접촉하는 권리인 면접교섭권을 가지므로, 이혼 후 자녀를 양육하지 아니하는 피고인인 어머니가 아버지의 허락 없이 그 주거에 들어가 자녀들의 양육에 필요한 최소한의 행위만을 한 경우에 주거침입죄의 고의가 없거나 형법 제20조 소정의 정당한 행위로서 위법성이 조각된다(대판 2003.11.28. 2003도5931).

28) 주거침입죄는 사실상의 주거의 평온을 보호법익으로 하는 것이므로 그 거주자 또는 간수자가 건조물 등에 거주 또는 간수할 권리를 가지고 있는가의 여부는 범죄의 성립을 좌우하는 것이 아니며, 점유할 권리없는 자의 점유라고 하더라도 그 주거의 평온은 보호되어야 할 것이므로, 권리자가 그 권리실행으로서 자력구제의 수단으로 건조물에 침입한 경우에도 주거침입죄가 성립한다(대판 1985.3.26. 85도122).

5. 다른 죄와의 관계

① 주간에 절도를 하기 위해 타인의 주거에 침입한 경우에는 절도죄와 주거침입죄의 실체적 경합범이다.

② 주간에 주거에 침입하기 위해 자물쇠 등을 손괴하는 경우에는 주거침입죄와 손괴죄의 실체적 경합범이다. ①과 ②의 경우, 야간에는 별도의 규정이 있어 야간주거침입절도죄와 특수절도죄가 성립한다.

③ 주거침입죄로 확정판결을 받았음에도 퇴거하지 않고 계속 거주하는 경우에 별도의 주거침입죄가 성립한다.29)

Ⅱ. 퇴거불응죄

> 제319조【퇴거불응】② 전항의 장소에서 퇴거요구를 받고 응하지 아니한 자도 전항의 형과 같다.

1. 의의, 보호법익

본죄는 '타인의 주거 등에서 퇴거요구를 받고 응하지 아니함으로써 성립하는 범죄'이다. 보호법익은 '주거의 사실상의 평온'이고, 보호의 정도는 '침해범'이다. 본죄는 퇴거불응이라는 부작위에 의해 성립하는 진정부작위범이다. 미수범은 처벌한다.

2. 객관적 구성요건

(1) 행위의 주체

행위의 주체는 '적법하게 주거 등에 들어온 자'이다. 타인의 주거에 들어갈 때에는 적법한 방법에 의해 들어갔으나 그 주거지에서 퇴거요구를 받았음에도 이에 응하지 않는 경우에 성립한다. 즉, 처음부터 타인의 의사에 반하여 주거에 침

---

29) 피고인이 이 사건 주택에 무단 침입한 범죄사실로 이미 2006. 5. 12. 유죄판결을 받고 그 판결이 확정되었음에도 퇴거하지 아니한 채 계속해서 이 사건 주택에 거주함으로써 위 판결이 확정된 이후로도 피고인의 주거침입행위 및 그로 인한 위법상태가 계속되고 있다고 보아 이 부분 공소사실에 대해 유죄로 판단하였는바, 이러한 원심의 판단은 정당한 것으로서 수긍이 가고, 거기에 주거침입죄에 대한 법리오해의 위법이 없다(대판 2008.5.8. 2007도11322).

입한 상태였다면, 퇴거요구에 불응하더라도 주거침입죄가 성립한다. 제319조 제2항은 제1항의 법조경합 중 보충관계에 있다. 본죄는 '진정부작위범'으로, 퇴거요구에 응하지 아니하는 부작위로 되어 있다.

(2) 실행 행위

실행 행위는 '퇴거요구를 받고 응하지 아니하는 것'이다.

퇴거를 요구할 수 있는 자는 주거자나 점유자 또는 관리자이며, 이러한 자의 위임을 받은 자도 포함한다. 퇴거요구는 1회로도 충분하며, 방법으로는 구두, 문서 등 가능하다. 의사는 명시적이든 묵시적이든 불문하나 상대방이 인식할 수 있는 정도에는 이르러야 한다. 퇴거요구를 받고 응하지 않은 때에 기수가 된다. 그러므로, 주거의 사실상의 평온이 보호법익인 만큼 사실상의 평온을 침해하기 이전에 밖으로 내보내진 경우에 본죄의 미수범이 성립한다고 볼 수 있다.

□ 퇴거불응 관련 판례

〈퇴거불응죄가 성립하는 경우〉

① 피고인이 지하철 내에서 승객들에게 무릎보호대를 판매하는 행위를 하다가 철도보안관에게 적발되어 즉시 지하철역 밖으로 퇴거를 요구당하였음에도 이를 불응한 경우, 철도보안관은 철도안전법령에 따라 피고인을 지하철역 밖으로 퇴거시킬 수 있는 정당한 권한이 있으므로 이에 불응한 피고인에게는 형법상 퇴거불응죄가 성립한다(대판 2015.4.23. 2014도655).

② 교회 당회에서 피고인에 대한 교회출입금지의결을 하고 이에 따라 위 교회의 관리인이 피고인에게 퇴거를 요구한 경우 이에 불응하여 퇴거를 하지 아니한 행위는 퇴거불응죄에 해당한다(대판 1992.4.28. 91도2309).

〈퇴거불응죄가 성립하지 않는 경우〉

퇴거불응죄 퇴거 역시 행위자의 신체가 주거에서 나감을 의미하므로, 정당한 퇴거요구를 받고 건물에서 나가면서 가재도구 등을 남겨둔 경우 퇴거불응죄를 구성하지 않는다(대판 2007.11.15. 2007도6990).

3. 주관적 구성요건

본죄의 고의는 주거자 등의 퇴거요구를 받고 응하지 아니한다는 인식과 의사가 있어야 한다.

Ⅲ. 특수주거침입죄

> **제320조【특수주거침입】** 단체 또는 다중의 위력을 보이거나 위험한 물건을 휴대하여 전조의 죄를 범한 때에는 5년 이하의 징역에 처한다.

본죄는 '단체 또는 다중의 위력을 보이거나 위험한 물건을 휴대하여 주거침입죄 또는 퇴거불응죄를 범한 경우에 성립하는 범죄'이다. 이는 행위태양의 위험성 때문에 불법이 가중된 구성요건이다. 단체 또는 다중의 위력을 보이거나 위험한 물건을 휴대하는 행위는 특수폭행죄와 같다. 흉기휴대의 판단에 대해 판례는 "수인이 흉기를 휴대하여 타인의 건조물에 침입하기로 공모한 후 그중 일부는 밖에서 망을 보고 나머지 일부만이 건조물 안으로 들어갔을 경우에 있어서 특수주거침입죄의 구성요건이 충족되었다고 볼 수 있는지의 여부는 직접 건조물에 들어간 범인을 기준으로 하여 그 범인이 흉기를 휴대하였다고 볼 수 있느냐의 여부에 따라 결정되어야 한다"라고 판시하고 있다.[30] 단체 또는 다중의 위력을 보이는 행위방법은 단체 또는 다중이 주거에 침입할 것을 요하는 것이 아니라, 1인이 단체 또는 다중의 위력을 보이고 주거에 침입하면 성립한다. 미수범은 처벌한다.

Ⅳ. 주거·신체수색죄

> **제321조【주거·신체수색】** 사람의 신체, 주거, 관리하는 건조물, 자동차, 선박이나 항공기 또는 점유하는 방실을 수색한 자는 3년 이하의 징역에 처한다.

본죄는 '사람의 신체, 주거, 관리하는 건조물, 자동차, 선박이나 항공기 또는 점유하는 방실을 수색함으로써 성립하는 범죄'이다. 보호법익은 '주거의사실상의 평온 또는 신체의 불가침성'이다. 보호의 정도는 '침해범'이며, 미수범은 처벌한다.

본죄의 객체는 사람의 신체, 주거, 관리하는 건조물, 자동차, 선박이나 항공기 또는 점유하는 방실이며, 행위는 수색이다.

---

30) 대판 1994.10.11. 94도1991.

정당한 목적이라고 하더라도 그 절차와 수단이 사회통념상 용인되지 않는 경우에는 본죄가 성립되며, 위법성이 조각되지 않는다.[31]

---

31) 회사의 정기주주총회에 적법하게 참석한 주주라고 할지라도 주주총회장에서의 질문, 의사진행 발언, 의결권의 행사 등의 주주총회에서의 통상적인 권리행사 범위를 넘어서서 회사의 구체적인 회계장부나 서류철 등을 열람하기 위하여는 별도로 상법 제466조 등에 정해진 바에 따라 회사에 대하여 그 열람을 청구하여야 하고, 만일 회사에서 정당한 이유 없이 이를 거부하는 경우에는 법원에 그 이행을 청구하여 그 결과에 따라 회계장부 등을 열람할 수 있을 뿐, 주주총회 장소라고 하여 회사 측의 의사에 반하여 회사의 회계장부를 강제로 찾아 열람할 수는 없다고 할 것이며, 설사 회사 측이 회사 운영을 부실하게 하여 소수주주들에게 손해를 입게 하였다고 하더라도, 위와 같은 사정만으로 주주총회에 참석한 주주가 강제로 사무실을 뒤져 회계장부를 찾아내는 것이 사회통념상 용인되는 정당행위로 되는 것은 아니라고 할 것이다(대판 2001.9.7. 2001도2917).

제5편

재산적 법익에 관한 죄

제 1 장

재산범죄 개관

Ⅰ. 재산범죄의 의의

재산적 법익에 대한 죄는 타인의 재산권을 침해함으로써 성립하는 범죄이다. 이러한 재산범죄로서 절도죄(제329조), 강도죄(제333조), 사기죄(제347조 제1항), 공갈죄(제350조), 횡령죄(제355조 제1항), 배임죄(제355조 제2항). 장물죄(제362조), 손괴죄(제366조), 권리행사방해죄(제323조) 등 9가지가 있다.

Ⅱ. 재산범죄의 분류

1. 재물죄와 이득죄

재물죄의 객체는 '재물', 이득죄의 객체는 '재산상 이익'으로 구분된다. 재물을 객체로 하는 재산죄로는 절도죄, 횡령죄, 장물죄, 손괴죄가 있고, 재산상 이익을 객체로 하는 재산죄로는 '배임죄'가 있으며, 재물과 재산상 이익을 객체로 하는 재산죄로는 강도죄, 사기죄, 공갈죄가 있다.

2. 영득죄와 손괴죄

'영득죄'는 고의 이외 불법영득의사를 필요로 하는 것으로, 권리자를 배제하고 타인의 재물을 자기의 것처럼 사용하려는 범죄로, 절도죄, 강도죄, 사기죄, 공갈죄, 횡령죄가 있다. '손괴죄'는 타인의 재물의 효용가치를 훼손하는 것으로 불법영득의사를 필요로 하지 않는 범죄이다.

3. 탈취죄와 편취죄

'탈취죄'란 권리자의 의사에 반하여 재산을 취득하는 범죄로, 절도죄, 강도죄, 장물죄, 횡령죄가 있다. '편취죄'란 상대방을 기망하여 상대방의 하자있는 의사에 의해 재물을 취득하는 범죄로, 사기죄, 공갈죄가 있다.

4. 그 외 소유에 따른 구분

자기소유의 재물이나 재산상 이익을 객체로 하는 범죄로는 권리행사방해죄, 점유강취죄, 강제집행면탈죄가 있다. 그 외 다른 범죄는 타인소유물을 객체로 하고 있다.

Ⅲ. 기타

재산범죄에 있어서의 재물과 재산상 이익의 개념, 소유 및 점유권의 구분, 금제품 및 불법원인급여물에 대한 문제, 단독점유와 공동점유의 구별, 불법영득의사의 개념 등에 대해서는 각 범죄별로 분설하기로 한다.

제 2 장

절도의 죄

제1절 서 설

I. 절도죄의 의의

절도죄는 타인의 재물을 절취하는 경우 성립하는 범죄이다. 본죄는 재산상의 이익을 객체로 하는 이득죄와는 달리 재물을 객체로 하는 재물죄, 상대방의 의사에 기한 것이지만 기망, 협박, 갈취와 같은 편취죄와는 달리 점유자의 의사에 반해 재물을 취득하는 탈취죄, 재물의 효용을 해하는 손괴죄 와는 달리 불법영득의사를 가지고 타인의 재물을 위하는 영득죄이다.

II. 절도죄의 보호법익

절도죄의 보호법익과 보호의 정도에 대해서는 다음과 같은 견해가 있다.

1. 소유권설

소유권설은 절도죄의 보호법익은 소유권으로, 권리행사방해죄와 같이 점유권은 형법적으로 보호하고 있으므로 소유권과는 구별해야 한다는 입장이다.[1] 보

---

1) 박상기, 250면; 배종대, 351면; 이재상, 247면.

호의 정도에 대해서 절도죄는 절취행위로 기수가 되는 것이므로, 소유권이 침해될 것을 요하지 않아 '위험범'이라는 견해와 절취행위에 의해 점유권이 배제된 것은 소유권 행사의 침해가 있다고 볼 수 있어 '침해범'이라는 견해가 있다.

2. 점유권설

점유권설은 절도죄의 보호법익은 점유권으로, 절취는 타인의 점유에 대한 침해로 보는 입장이다.

3. 소유권 및 점유권설(절충설)

절충설(소유권 및 점유설)은 절도죄의 보호법익은 소유권 및 점유권으로, 소유권은 주된 보호법익이며, 부차적으로 점유가 보호법익이 된다는 입장이다. 보호의 정도는 소유권의 측면에서는 위험범이고, 점유의 측면에서는 침해범이다.[2] 판례도 본 견해의 입장으로 "절도죄는 재물의 점유를 침탈함으로 인하여 성립하는 범죄이므로 재물의 점유자가 절도죄의 피해자가 되는 것이나 절도죄는 점유자의 점유를 침탈함으로 인하여 그 재물의 소유자를 해하게 되는 것이므로 재물의 소유자도 절도죄의 피해자로 보아야 할 것이다"라고 판시하고 있다.[3]

Ⅲ. 절도죄의 구성요건의 체계

절도죄는 단순절도죄(제329조)를 기본적 구성요건으로 하고, 야간주거침입절도죄(제330조), 특수절도죄(제331조), 상습절도죄(제332조)는 불법이 가중된 유형이며, 자동차 등 불법사용죄(제331조의2)는 불법이 감경된 유형이다. 미수범은 처벌하고(제342조), 친족상도례가 적용되며(제344조), 관리할 수 있는 동력은 재물로 간주한다(제346조).

Ⅳ. 특별법

특정범죄가중처벌 등에 관한 법률 제5조의4 제2항 5명 이상이 공동하여 상

2) 손동권, 262면; 오영근, 247~8면; 이형국, 312면, 임웅, 314~15면.
3) 대판 1980.11.11. 80도131.

습적으로 형법 제329조부터 제331조까지의 죄 또는 그 미수죄를 범한 사람은 2년 이상 20년 이하의 징역에 처한다. 제5조의4 제5항 제1호 형법 제329조부터 제331 조까지의 죄 또는 미수죄로 세 번 이상 징역형을 받은 사람이 다시 이들 죄를 범하여 누범으로 처벌하는 경우에는 2년 이상 20년 이하의 징역에 처한다. 제5조의4 제6항 상습적으로 형법 제329조부터 제331조까지의 죄나 그 미수죄 또는 제2항이 죄로 두 번 이상 실형을 선고받고 그 집행이 끝나거나 면제된 후 3년 이내에 다시 상습적으로 형법 제329조부터 제331조까지의 죄나 그 미수죄 또는 제2항의 죄를 범한 경우에는 3년 이상 25년 이하의 징역에 처한다.

제2절 개별적 범죄 유형

I. 단순절도죄

> 제329조 【절도】 타인의 재물을 절취한 자는 6년 이하의 징역 또는 1천만원 이하의 벌금에 처한다.

1. 의의, 보호법익

본죄는 '타인의 재물을 절취함으로써 성립하는 범죄'로, 본죄는 재물죄이며, 탈취죄, 영득죄이다. 보호법익은 '소유권'이고, 부차적으로 '점유권'이며, 보호의 정도는 소유권에서는 '위험범', 점유권에서는 '침해범'의 성격을 가지고 있다.

2. 객관적 구성요건

(1) 행위의 객체

행위의 객체는 '타인의 재물'이다. 즉 타인소유의 타인점유물이다. 이때 소유자와 점유자가 반드시 일치할 필요는 없다. 타인의 물건을 일시적인 보관을 하는 과정에서 절취자가 보관자의 물건을 절취할 경우 소유자와 점유자 모두 법익의 주체자로서 피해자라고 할 수 있다. 공동소유 및 공동점유는 타인소유, 타인점유로 본다. 그러나 무주물, 재산상 이익 등은 절도죄의 객체가 되지 않는다.

(가) 재물

관리할 수 있는 동력은 재물로 간주한다(제346조).

① 유체성설

재물은 형체가 있는, 즉 일정한 모양의 물체에 한정된다고 보는 견해이다. 그러므로, 무체물인 전기나 기타 에너지는 재물로 볼 수 없다. 이 학설에 의하면 제346조는 예외규정, 특별규정이 된다.

② 관리가능성설

재물은 관리가 가능한 것이라면 유체물뿐만 아니라 전기나 기타 에너지와 같은 무체물도 포함되며, 형법적으로 보호할 필요가 있다는 견해이다(다수설).[4] 물리적인 관리가능한 것을 의미하므로, 전파, 자기(磁氣) 등은 관리가 불가능하므로 재물로 볼 수 없다. 이 학설에 의하면 제346조는 당연규정이 된다. 판례는 관리가능성설의 입장에 있다.

□ 재물 관련 판례

① 횡령죄에 있어서의 재물은 동산, 부동산의 유체물에 한정되지 아니하고 관리할 수 있는 동력도 재물로 간주되지만, 여기에서 말하는 관리한 물리적 또는 물질적 관리를 가리킨다고 볼 것이고, 재물과 재산상 이익을 구별하고 횡령과 배임을 별개의 죄로 규정한 현행형법의 규정에 비추어 볼 때, 사무적으로 관리가 가능한 채권이나 그 밖의 권리 등은 재물에 포함된다고 해석할 수 없다(대판 1994.3.8. 93도2272). - 광업권은 재물인 광물을 취득할 수 있는 권리에 불과하지 재물 그 자체는 아니므로, 횡령죄의 객체가 될 수 없다.
② 절도죄의 객체는 관리가능한 동력을 포함한 '재물'에 한한다 할 것이고, 또 절도죄가 성립하기 위해서는 그 재물의 소유자 기타 점유자의 점유 내지 이용가능성을 배제하고 이를 자신의 점유하에 배타적으로 이전하는 행위가 있어야만 할 것인바, 컴퓨터에 저장되어 있는 '정보' 그 자체는 유체물이라고 볼 수도 없고 물질성을 가진 동력도 아니므로 재물이 될 수 없다 할 것이며, 또 이를 복사하거나 출력하였다 할지라도 그 정보 자체가 감소하거나 피해자의 점유 및 이용가능성을 감소시키는 것이 아니므로 그 복사나 출력행위를 가지고 절도죄를 구성한다고 볼 수도 없다(대판 2002.7.12. 2002도745).
③ 타인의 전화기를 무단으로 사용하여 전화통화를 하는 행위는 전기통신사업자가 그가 갖추고 있는 통신선로, 전화교환기 등 전기통신설비를 이용하고 전기의 성질을 과학적으로 응용한 기술을 사용하여 전화가입자에게 음향의 송수신이 가능하도록 하여

---

4) 오영근, 228~229면; 이재상, 250~251면; 이형국, 318면; 임웅, 318면; 정/박, 263면.

줌으로써 상대방과의 통신을 매개하여 주는 역무, 즉 전기통신사업자에 의하여 가능하게 된 전화기의 음향송수신기능을 부당하게 이용하는 것으로, 이러한 내용의 역무는 무형적인 이익에 불과하고 물리적 관리의 대상이 될 수 없어 재물이 아니라고 할 것이므로 절도죄의 객체가 되지 아니한다(대판 1998.6.23. 98도700).

(나) 재물의 경제적 가치

절도죄에서 재물의 가치는 주관적인 가치를 가지고 있으면 족하고, 금전적 교환가치, 즉 경제적 교환가치를 가질 필요는 없다.[5] 그러므로 처음부터 주관적 가치도 없는 물건은 절도의의 객체로 볼 수 없다. 판례는 부동산매매계약서 사본,[6] 법원으로부터 송달된 심문기일소환장,[7] 백지의 자동차출고의뢰서 용지,[8] 주권포기각서,[9] 인감증명서,[10] 주민등록증,[11] 발행자가 회수하여 세 조각으로 찢어버림으로서 폐지로 되어 쓸모없는 것처럼 보이는 약속어음[12] 등에 대해서 재물의 가치성을 인정하였다.

(다) 타인의 재물

① 타인소유의 재물

타인소유의 재물은 행위자 이외의 자가 소유하는 재물을 의미한다. 타인에는 자연인 이외 국가, 법인, 법인격 없는 단체도 포함한다. 공동소유는 타인소유의 재물로 인정된다.[13] 그러므로, 조합원의 1인이 공동점유에 속하는 합유의 물건을 다른 조합원의 승낙 없이 단독으로 취거한 경우에는 절도죄가 성립한다.[14] 소유

---

5) 재산죄의 객체인 재물은 반드시 객관적인 금전적 교환가치를 가질 필요는 없고, 소유자, 점유자가 주관적인 가치를 가지고 있음으로써 족하다고 할 것이고, 이 경우는 주관적, 경제적 가치의 유무를 판별함에 있어서는 그것이 타인에 의하여 이용되지 않는다고 하는 소극적 관계에 있어서 그 가치가 성립하더라도 관계없다 할 것이므로, 피고인이 절취한 백지의 자동차출고의뢰서 용지도 그것이 어떠한 권리도 표창하고 있지 않다 하더라도 경제적 가치가 없다고는 할 수 없어, 이는 절도죄의 객체가 되는 재물에 해당한다고 할 것이다(대판 1996.5.10. 95도3057).
6) 대판 2007.8.23. 2007도2595.
7) 대판 2000.2.25. 99도5775.
8) 대판 1996.5.10. 95도3057.
9) 대판 1996.9.10. 95도2747.
10) 대판 2011.11.10. 2011도9919.
11) 대판 1969.12.9. 69도1627.
12) 대판 1976.1.27. 74도3442.
13) 타인과 공동소유관계에 있는 물건도 절도죄의 객체가 되는 타인의 재물에 속한다고 할 것이다(대판 1994.11.25. 94도2432).
14) 대판 1982.4.27. 81도2956.

자가 없는 무주물인 경우에는 타인의 재물로 인정되지 않는다. 자기의 소유물이라고 하더라도 타인의 점유 또는 권리의 목적이 된 물건은 권리행사방해죄가 성립할 뿐이다.

□ 타인소유의 재물 관련 판례

〈타인소유의 재물 인정 - 절도죄 인정〉

① 사원이 회사를 퇴사하면서 부품과 원료의 배합비율과 제조공정을 기술한 자료와 회사가 시제품의 품질을 확인하거나 제조기술 향상을 위한 각종 실험을 통하여 나타난 결과를 기재한 자료를 가져간 경우 이는 절도죄에 해당한다(대판 2008.2.15. 2005도6223).

② 하나의 교회가 두 개 이상으로 분열된 경우 그 재산의 처분에 관하여 교회 장정 등에 규정이 없는 한 분열 당시 교인들이 총의에 따라 그 귀속을 정하여야 하고 그와 같은 절차 없이 위 재산에 대하여 다른 교파의 점유를 배제하고 자기 교파만의 지배에 옮긴다는 인식 아래 이를 가지고 갔다면 절도죄를 구성한다(대판 1984.8.21. 83도2981).

③ 피고인이 피고인과 피해자의 동업자금으로 구입하여 피해자가 관리하고 있던 다이야포크레인 1대를 그의 허락 없이 공소외인으로 하여금 운전하여 가도록 한 행위는 절도죄를 구성한다(대판 1990.9.11. 90도1021).

④ 피고인이 자신의 명의로 등록된 자동차를 사실혼 관계에 있던 甲에게 증여하여 甲만이 이를 운행·관리하여 오다가 서로 별거하면서 재산분할 내지 위자료 명목으로 甲이 소유하기로 하였는데, 피고인이 이를 임의로 운전해 간 사안에서, 자동차 등록명의와 관계없이 피고인과 甲 사이에서는 甲을 소유자로 보아야 한다는 이유로 절도죄를 인정한 사례(대판 2013.2.28. 2012도15303).

〈타인소유의 재물 부정 - 절도죄 부정〉

① 주식회사 직원이 연구개발실에서 회사가 업무용으로 지급한 노트북 컴퓨터에 저장되어 있는 직물원단고무코팅시스템의 설계도면과 공정도를 A2용지 2장에 출력하여 가지고 나온 경우 절도죄를 구성한다고 볼 수도 없다(대판 2002.7.12. 2002도745).

② 회사 직원이 업무와 관련하여 다른 사람이 작성한 회사의 문서를 복사기를 이용하여 복사를 한 후 원본은 제자리에 갖다 놓고 그 사본만 가져간 경우, 그 회사의 소유의 문서의 사본을 절취한 것으로 볼 수는 없다(대판 1996.8.23. 95도192).

② 타인점유의 재물

타인점유의 재물이란 타인이 절도죄의 객체인 재물을 점유하에 두고 있는 것을 말한다. 사회통념에 비추어 객관적으로 재물을 사실상 지배하고 있으며 주관적으로 점유 의사를 가지고 있다고 판단될 경우에 인정된다.[15] 형법상에 있어서의 점유는 민법과 같이 간접점유[16]와 상속에 의한 점유의 이전[17]을 인정하지 않는다. 민법상의 점유보조자라고 할지라도 그 물건에 대하여 사실상 지배력을 행사하는 경우에는 형법상 보관의 주체로 볼 수 있다.[18]

　이러한 점유는 '객관적·사실적 요소'와 '주관적 요소', '사회규범적 요소'가 있다.

　'객관적·사실적 요소'는 점유는 사실상 지배하면 충분하다고 본다. 그러하기 위해서는 점유자가 언제든 장소적으로 밀접해야 하며, 현실적으로 지배하는데 어려움이 없어야 한다. 이렇게 사실상 지배를 한 점유에 대해서는 적법한 것인가를 불문한다. 불법한 점유라도 사실상 평온한 점유가 설정되고, 처분할 가능성이 있으면 형법상 점유가 인정된다. 예를 들어 타인이 갈취한 재물을 그 타인의 의사에 반하여 절취하였다면 절도죄를 구성하고 장물취득죄가 되지 않는다.[19]

　'주관적 요소'는 재물에 대한 사실상의 지배 의사를 말한다. 사실상의 지배 의사에 대한 것이므로 법률상의 의사나 행위능력과는 무관하며, 유아나 정신병자의 점유에 대한 지배 의사도 인정된다. 또한 사실상 지배하는 재물에 대해 포괄적 지배 의사가 있으면 충분하고, 개개의 물건에 대한 의사일 필요는 없다. 수면 중, 잠시 자리를 비워 둔 장소의 재물에 대한 점유 등 점유를 포기하겠다는 의사가 없다면 잠재적 지배 의사로도 점유 의사가 인정된다.

　'사회규범적 요소'는 어떤 물건이 타인의 점유하에 있다고 할 것인지의 여부는, 객관적인 요소로서의 관리범위 내지 사실적 관리가능성 외에 주관적 요소로

---

15) 어떤 물건이 타인의 점유 하에 있다고 할 것인지의 여부는 객관적 요소로서의 관리범위 내지 사실적 관리가능성 외에 주관적 요소로서의 지배의사를 참작하여 결정하되 궁극적으로는 당해 물건의 형상과 그 밖의 구체적인 사정에 따라 사회통념에 비추어 규범적 관점에서 판단할 수밖에 없다(대판 1999.11.12. 99도3801).

16) 민법 제194조 : 지상권, 전세권, 질권, 사용대차, 임대차, 임치 기타의 관계로 타인으로 하여금 물건을 점유하게 한 자는 간접으로 점유권이 있다.

17) 민법 제193조 : 점유권은 상속인에 이전한다.
종전 점유자의 점유가 그의 사망으로 인한 상속에 의하여 당연히 그 상속인에게 이전된다는 민법 제193조는 절도죄의 요건으로서 '타인의 점유'와 관련하여서는 적용의 여지가 없고, 재물을 점유하는 소유자로부터 이를 상속받아 그 소유권을 취득하였다고 하더라도 상속인이 그 재물에 관하여 위에서 본 의미에서의 사실상의 지배를 가지게 되어야만 이를 점유하는 것으로서 그때부터 비로소 상속인에 대한 절도죄가 성립할 수 있다(대판 2012.4.26. 2010도6334).

18) 대판 1982.3.9. 81도3396.

19) 대판 1966.12.20. 66도1437.

서의 지배 의사를 참작하여 결정하되 궁극적으로는 당해 물건의 형상과 그 밖의
구체적인 사정에 따라 사회통념에 비추어 규범적 관점에서 판단할 수밖에 없
다.20) 재물에 대해 사실상의 점유를 하지 못하여도 사회규범적으로 보았을 때 점
유가 인정되는 경우가 있다. 예컨대, 외출하면서 집에 놓아둔 물건, 도로에 주차
해둔 차량 등이다. 이와 반대로, 사실상의 점유를 하고 있음에도 점유권이 부정되
는 경우가 있다. 예컨대, 호텔 내에서 사용하고 있는 물건, 식당에서 손님이 사용
하는 식기 등이다. 하지만, 점유 의사에 대해서는 최종적으로 사회규범적 관점에
서 판단할 수밖에 없다.21)

③ 유실물 및 분실물의 점유

유실물 및 분실문에 대한 점유에 있어 점유자가 잠시 재물을 놓고 이동을 하
였다고 하여도 그 소재를 알고 다시 올 수 있는 경우라면 여전히 점유를 인정할
수 있다. 그러나 소재를 알지 못하는 경우에는 점유를 인정할 수 없어 그 재물은
점유이탈물이 될 뿐이다. 다른 사람의 배타적인 지배범위 내에 두고 온 경우에는
사회통념상 그 장소의 관리자에게 새로운 점유가 인정이 된다.22) 하지만, '공중의
출입이 자유롭고 빈번하며 관리자의 배타적 지배가 미치기 어려운 장소'에 잃어
버리고 온 물건은 사회통념상 점유이탈물로 보는 것이 타당하다.23)24)

④ 사자의 점유

사자의 점유에 있어서 판례는 "피고인이 피해자를 살해한 방에서 사망한 피
해자 곁에 4시간 30분쯤 있다가 그곳 피해자의 자취방 벽에 걸려있던 피해자가
소지하는 원심판시 물건들을 영득의 의사로 가지고 나온 사실이 인정되는바, 이
와 같은 경우에 피해자가 생전에 가진 점유는 사망 후에도 여전히 계속되는 것으

20) 대판 1999.11.12. 99도3801.
21) 강간을 당한 피해자가 도피하면서 현장에 놓아두고 간 손가방은 점유이탈물이 아니라 사회
통념상 피해자의 지배하에 있는 물건이라고 보아야 할 것이므로, 피고인이 그 손가방 안에
들어 있는 피해자 소유의 돈을 꺼낸 행위는 절도죄에 해당한다(대판 1984.2.28. 84도38).
22) 어떤 물건을 잃어버린 장소가 이 사건 당구장과 같이 타인의 관리 아래 있을 때에는 그 물
건은 일응 그 관리자의 점유에 속한다 할 것이고, 이를 그 관리자가 아닌 제3자가 취거하
는 것은 유실물횡령이 아니라 절도죄에 해당한다 할 것이다(대판 1988.4.25. 88도409).
23) 임웅, 328면.
24) 승객이 놓고 내린 지하철의 전동차 바닥이나 선반 위에 있던 물건을 가지고 갈 경우, 지하
철의 승무원은 유실물법상 전동차의 관수자로서 승객이 잊고 내린 유실물을 교부받을 권
능을 가질 뿐 전동차 안에 있는 승객의 물건을 점유한다고 할 수 없고, 그 유실물을 현실
적으로 발견하지 않는 한 이에 대한 점유를 개시하였다고도 할 수 없으므로, 그 사이에 위
와 같은 유실물을 발견하고 가져간 행위는 점유이탈물횡령죄에 해당함은 별론으로 하고
절도죄에 해당하지는 않는다(대판 1999.11.26. 99도3963).

로 보아 이를 보호함이 법의 목적에 맞는 것이라고 할 것이고, 따라서 피고인의 위 행위는 피해자의 점유를 침탈한 것으로서 절도죄에 해당한다"라고 판시하고 있다.[25]

(라) 공동점유

공동점유란 2인 이상이 공동으로 재물에 대해 사실상 지배력을 행사하는 것이다. 공동점유는 다음과 같이 나누어 볼 수 있다.

① 대등 관계의 공동점유

공동점유자 상호간 타인성이 인정되어, 타인의 동의 없이 일방의 자가 재물에 대해 지배력을 행사할 때 절도죄가 성립한다.

□ 관련 판례

① 별거중인 남편과 처가 공동보관중인 인장을 공동보관자 중의 1인인 처가 다른 보관자인 남편이 동의 없이 불법영득의의사로 취거한 행위는 절도죄를 구성한다(대판 1984.1.31. 83도3027).
② 조합원의 1인이 조합원의 공동점유에 속하는 합유의 물건을 다른 조합원의 승낙 없이 조합원의 점유를 배제하고 단독으로 자신의 지배하에 옮긴다는 인식이 있었다면 절도죄에 있어서 불법영득의 의사가 있었다고 볼 것이다(대판 1982.12.28. 82도2058).
③ 하나의 교회가 두 개 이상으로 분열된 경우 위 재산에 대하여 다른 교파의 점유를 배제하고 자기 교파만의 지배에 옮긴다는 인식 아래 이를 가지고 갔다면 절도죄를 구성한다(대판 1998.7.10. 98도126).
④ 동업체에 제공된 물품은 동업관계가 청산되지 않는 한 동업자들의 공동점유에 속하므로, 그 물품이 원래 피고인의 소유라거나 피고인이 다른 곳에서 빌려서 제공하였다는 사유만으로는 절도죄의 객체가 됨에 지장이 없다(대판 1995.10.12. 94도2076).

② 상하 관계의 공동점유

상하주종관계의 공동점유에서 상위점유주에 대한 하위점유자의 점유침탈은 절도죄를 인정하고 있다.[26]

---

25) 대판 1993.9.28. 93도2143.
26) 피고인이 돈 50만원을 피해자를 위하여 운반하기 위하여 소지하였다 하더라도 피해자의 점유가 상실된 것이라고 볼 수 없을뿐더러 피고인의 운반을 위한 소지는 피고인의 독립적인 점유에 속하는 것이 아니고 피해자의 점유에 종속하는 점유의 기관으로서 소지함에 지나지 않으므로, 그 소지중에 있는 돈 10만원을 꺼내어 이를 영득한 행위는 피해자의 점유를 침탈함에 돌아가기 때문에 절도죄가 성립한다(대판 1966.1.31. 65도1178).

□ 관련 판례

〈하위점유자의 단독점유 인정〉

① 피고인은 점원으로서 평소는 점포 주인인 위 피해자의 점유를 보조하는 자에 지나
지 않으나, 위 범행 당시는 위 피해자의 위탁을 받아 금고 안의 현금과 오토바이를 사
실상 지배하에 두고 보관한 것이라고 보겠으니, 피고인의 위 범행은 자기의 보관 하에
있는 타인의 재물을 영득한 것으로서 횡령죄에 해당한다(대판 1982.3.9. 81도3396).
② 피고인이 피해자의 승낙을 받고 그의 심부름으로 오토바이를 타고 가서 수표를 현
금으로 바꾼 뒤에 마음이 변하여 그 오토바이를 반환하지 아니한 채 그대로 타고 가버
렸다 하더라도, 그것은 피고인과 피해자 사이에 오토바이의 보관에 따른 신임관계를
위배한 것이 되어 횡령죄를 구성함은 별론으로 하고, 적어도 절도죄는 구성하지 않는
다 할 것이다(대판 1986.8.19. 86도1093).

〈하위점유자의 단독점유 부정〉

단지 산지기로서 종중 소유의 분묘를 간수하고 있는 자는 그 분묘에 설치된 석등이나
문관석 등을 점유하고 있다고는 할 수 없으므로, 이러한 물건 등을 반출하여 가는 행위
는 횡령죄가 아니고 절도죄를 구성한다(대판 1985.3.26. 84도3024).

③ 운반자와 위탁자의 점유

운반자와 위탁자의 점유는 어떻게 볼 것인가의 문제에서, 운반자의 단독점유
를 인정할 수 있다면 횡령죄, 운반자의 단독점유를 인정할 수 없다면 절도죄가
성립한다.

□ 관련 판례

〈운반자의 단독점유 인정〉

피해자가 시장 점포에서 물건을 매수하여 묶어서 그곳에 맡겨 놓은 후 그곳에서 약50미
터 떨어져 동 점포를 살펴볼 수 없는 딴 가게로 가서 지게 짐꾼인 피고인을 불러 피고인
단독으로 위 점포에 가서 맡긴 물건을 운반해 줄 것을 의뢰하였더니 피고인이 동 점포
에 가서 맡긴 물건을 찾아 피해자에게 운반해 주지 않고 용달차에 싣고 가서 처분한 것
이라면 피고인의 위 운반을 위한 소지 관계는 피해자의 위탁에 의한 보관관계에 있다고
할 것이므로 이를 영득한 행위는 절도죄가 아니라 횡령죄를 구성한다(대판 1982.11.24.
82도2394).

〈운반자의 단독점유 불인정〉

피고인이 경리담당직원의 요청으로 경리담당직원과 동행하여 은행에 가서 같이 찾은 현금 200여만원 중 50만원을 그의 부탁으로 피고인이 소지하고 피해자와 동행하여 사무실에 당도하여 위 50만원을 피해자에게 교부할 때 그중 10만원을 현금처럼 가장한 돈뭉치와 바꿔치기 한 경우, 피고인의 운반을 위한 소지는 피고인의 독립적인 소지에 속하는 것이 아니고 피해자의 점유에 종속하는 점유의 기관으로서 소지함에 지나지 않으므로, 그 소지 중에 있는 돈 10만원을 꺼내어 이를 영득한 행위는 피해자의 점유를 침탈함에 돌아가기 때문에 절도죄가 성립한다(대판 1966.1.31. 65도1178).

④ 봉함물 및 잠금 장치된 포장물의 점유

포장이 된 위탁물에 대해서는 누구에게 점유권을 인정할 것인가의 문제에 있어서 판례는 "피고인이 보관계약에 의하여 보관 중인 정부소유의 미곡 가마니에서 식대를 사용하여 약간의 양씩을 발취한 경우에, 피고인이 발취한 포장함 입내의 보관 중의 정부소유미의 점유는 정부에 있다 할 것이므로 이를 발취한 보관자의 행위는 절도죄에 해당할 것이고, 횡령죄에 해당한다고 볼 수 없다"라고 판시하고 있다.[27] 이는 포장물 전체는 수탁자의 점유에 속하고, 그 내용물은 위탁자의 점유에 속한다고 보아 그 내용물만을 영득하면 절도죄가 성립한다는 입장이다. 위와 같은 경우에는 포장물 전체를 영득하면 횡령죄가 되고 그 내용물만을 영득하면 절도죄가 성립하게 되는데, 법정형을 비교할 때 그 결론이 부당하다고 보인다. 따라서, 점유에 있어서 현실적, 물리적 지배관계를 좀더 중시해야 할 것이므로, 봉함된 물건은 포장물과 내용물 모두 수탁자의 점유하에 있다고 보아야 할 것이다.[28]

잠금장치된 포장물에 대해서 판례는 공동점유를 인정한다.[29]

(2) 실행 행위

실행 행위는 '절취'이다. 절취란 타인이 점유하고 있는 자기 이외의 자의 소유물을 점유자의 의사에 반하여 그 점유를 배제하고 자기 또는 제3자의 점유로

---

27) 대결 1956.1.27. 4288형상375.
28) 오영근, 241면.
29) 인장이 들은 돈궤짝을 사실상 별개 가옥에 별거 중인 남편이 그 거주가옥에 보관 중이었다면 처가 그 돈궤짝의 열쇠를 소지하고 있었다고 하더라도 그 안에 들은 인장은 처의 단독보관하에 있은 것이 아니라 남편과 공동보관하에 있다고 보아야 할 것이므로, 공동보관자 중의 1인인 처가 다른 보관자인 남편의 동의없이 불법영득의 의사로 위 인장을 취거한 이상 절도죄를 구성한다고 보아야 할 것이다(대판 1984.1.31. 83도3027).

옮기는 것을 말한다.[30)

　'점유자의 의사에 반하여'라는 것은 탈취 의사를 말한다. 탈취 의사는 점유자 모르게 행하여질 수도 있지만, 점유자가 인식하고 있는 경우에도 의사에 반한다고 볼 수 있다. 또한, 상대방의 의사에 반할 것을 의미하므로 상대방의 승낙이나 동의가 있는 경우 구성요건을 조각하는 양해가 된다.[31) 그러나, 승낙의 범위를 벗어난 행위에 대해서는 벗어난 부분에 대해서 절도죄가 성립한다.

☐ 피해자 승낙 관련 판례

〈승낙의 범위를 벗어나 절도죄 인정〉

범인이 피해자로부터 직불카드 등을 강취한 경우에는, 이를 갈취 또는 편취한 경우와는 달리, 피해자가 그 직불카드 등의 사용 권한을 범인에게 부여하였다고 할 수 없고, 따라서 그와 같이 강취한 직불카드를 사용하여 현금자동인출기에서 현금을 인출하여 가진 경우에는 그 현금자동인출기 관리자의 의사에 반하여 그의 지배를 배제하고 그 현금을 자기의 지배하에 옮겨 놓는 것이 되므로 절도죄가 별도로 성립한다고 할 것이다(대판 2007.7.12. 2007도1377).

〈승낙에 의해 절도죄 부정〉

예금주인 현금카드 소유자를 협박하여 그 카드를 갈취한 다음 피해자의 승낙에 의하여 현금카드를 사용할 권한을 부여받아 이를 이용하여 현금자동지급기에서 현금을 인출한 행위는 모두 피해자의 예금을 갈취하고자 하는 피고인의 단일하고 계속된 범의 아래에서 이루어진 일련의 행위로서 포괄하여 하나의 공갈죄를 구성하므로, 현금자동지급기에서 피해자의 예금을 인출한 행위를 현금카드 갈취행위와 분리하여 따로 절도죄로 처단할 수는 없다. 왜냐하면 위 예금 인출행위는 하자 있는 의사표시이기는 하지만 피해자의 승낙에 기한 것이고, 피해자가 그 승낙의 의사표시를 취소하기까지는 현금카드를 적법, 유효하게 사용할 수 있으므로, 은행으로서도 피해자의 지급정지 신청이 없는 한 그의 의사에 따라 그의 계산으로 적법하게 예금을 지급할 수밖에 없기 때문이다(대판 2007.5.10. 2007도1375).

---

30) 대판 2006.9.28. 2006도2963.
31) 피고인이 동거 중인 피해자의 지갑에서 현금을 꺼내가는 것을 피해자가 현장에서 목격하고도 만류하지 아니하였다면 피해자가 이를 허용하는 묵시적 의사가 있었다고 봄이 상당하여 이는 절도죄를 구성하지 않는다(대판 1985.11.26. 85도1487). 이와 반대로 피해자의 승낙이 없는 경우, 피해자가 경영하는 주점의 잠겨 있는 샤타문을 열고 그곳 주방 안에 있던 맥주 등을 꺼내어 마셨다면 주점 점원의 초청에 의한 것이었다 하더라도 피해자의 승낙 없이 재물을 취거하는 행위는 절도죄를 구성한다(대판 1986.9.9. 86도1439).

사기죄와 같이 기망에 따른 교부행위가 있는 경우, 절도죄와의 문제에 있어서, '의사의 반하여' 재물의 교부가 있었다면 이는 사기죄가 아니라 절도죄가 성립한다. 이를 '책략절도'라고 하며, "기망 행위가 존재하는 점유 침탈의 한 방법으로 처분 행위는 존재하지 않는 경우의 절취"를 말한다. 점유자가 재물을 교부하는 모습을 지니고 있지만, 점유를 종국적으로 넘긴다는 의사가 없는 경우이다.

□ 책략 절도 관련 판례

〈책략 절도 인정〉

① 피고인이 피해자 경영의 금방에서 마치 귀금속을 구입할 것처럼 가장하여 피해자로부터 순금목걸이 등을 건네받은 다음 화장실에 갖다오겠다는 핑계를 대고 도주한 것이라면, 위 순금목걸이 등은 도주하기 전까지는 아직 피해자의 점유하에 있었다고 할 것이므로, 이를 절도죄로 이율 처단한 원심의 조처는 정당하다(대판 1994.8.12. 94도1487).
② 피해자가 결혼예식장에서 신부측 축의금 접수인인 것처럼 행세하는 피고인에게 축의금을 내어놓자 이를 교부받아 간 원심 판시와 같은 사건에서 피해자의 교부행위의 취지는 신부 측에 전달하는 것일 뿐 피고인에게 그 처분권을 주는 것이 아니므로, 이를 피고인에게 교부한 것이라고 볼 수 없고 단지 신부 측 접수대에 교부하는 취지에 불과하므로, 피고인이 위 돈을 가져간 것은 신부 측 접수처의 점유를 침탈하여 범한 절취행위라고 보는 것이 정당하다. 같은 취지에서 이를 절도죄로 의율한 원심이 조치는 정당하고, 이를 사기죄로 보아야 한다는 상고논지는 받아들일 수 없다(대판 1996.10.15. 96도2227).

〈책략 절도 불인정〉

자전거를 살 의사 없이 시운전을 빙자하여 피해자로부터 교부받은 자전거를 타고 시운전을 하는 척 하다가 그대로 도망간 경우에는 사기죄가 성립한다(대판 1968.5.21. 68도480).

점유를 배제하고 자기 또는 제3자의 점유로 옮기는 것은 점유자로부터 재물을 배제하고, 자기 또는 제3자가 재물에 대해 사실상의 지배를 함으로써 성립하므로, 장소적 이동을 반드시 요하지 않는다.

(3) 실행의 착수 시기

절도죄의 실행의 착수 시기는 타인의 재물을 사실상의 지배를 침해하는 데에 밀접한 행위를 개시하거나 절취할 물건의 물색행위를 시작할 때 실행의 착수

가 인정된다.[32]

□ 실행의 착수 관련 판례

〈실행의 착수 인정〉

① 금품을 훔칠 목적으로 피해자의 집에 담을 넘어 침입하여 그 집 부엌에서 금품을 물색하던 중에 발각되어 도주한 것이라면, 이는 절취행위에 착수한 것이라고 보아야 할 것이다(대판 1987.1.20. 86도2199).

② 절도죄의 실행의 착수 시기는 재물에 대한 타인의 사실상의 지배를 침해하는데 밀접한 행위가 개시된 때라 할 것인바, 피해자 소유 자동차 안에 들어있는 밍크코트를 발견하고 이를 절취할 생각으로 공범이 위 차 옆에서 망을 보는 사이 위 차 오른쪽 앞문을 열려고 앞문 손잡이를 잡아당기다가 피해자에게 발각되었다면 절도의 실행에 착수하였다고 봄이 상당하다(대판 1986.12.23. 86도2256).

③ 소매치기의 경우 피해자의 양복상의 주머니로부터 금품을 절취하려고 그 호주머니에 손을 뻗쳐 그 겉을 더듬은 때에는 절도의 범행은 예비단계를 지나 실행에 착수하였다고 봄이 상당하다(대판 1984.12.11. 84도2524).

〈실행의 착수 부정〉

① 노상에 세워 놓은 자동차 안에 있는 물건을 훔칠 생각으로 자동차의 유리창을 통하여 그 내부를 손전등으로 비추어 본 것에 불과하다면, 비록 유리창을 따기 위해 면장갑을 끼고 있었고 칼을 소지하고 있었다 하더라도 절도의 예비행위로 볼 수는 있겠으나, 타인의 재물에 대한 지배를 침해하는데 밀접한 행위를 한 것이라고는 볼 수 없어 절취행위의 착수에 이른 것이었다고 볼 수 없다(대판 1985.4.23. 85도464).

② 피고인이 1991. 12. 18. 11:20경 금품을 절취할 의도로 피해자 C의 집에 침입하여 계단을 통해 그 집 3층으로 올라갔다가 마침 2층에서 3층 옥상에 빨래를 널기 위하여 올라가던 피해자를 만나자 사람을 찾는 것처럼 가장하여 피해자에게 D라는 사람이 사느냐고 물어 피해자가 없다고 대답하자 알았다며 계단으로 내려갔다가 피해자가 옥상에 올라가 빨래를 널고 있는 틈을 이용하여 그 집 2층 부엌을 통해 방으로 들어가 절취할 금품을 물색중 옥상에서 내려온 피해자에게 발각되어 그 뜻을 이루지 못하고 미수에 그쳤다는 것이다. 그러나 기록에 의하면 피고인은 방안에 들어간 사실조차 극구 부인하고 있는바, 원심이 증거로 채용한 피해자의 1심 증언에 의하면 피해자가 옥상에 빨래를 널고 2층으로 내려와 방으로 통하는 부엌 앞에 이르렀을 때에 피고인이 신발을 신

---

32) 절도죄의 실행의 착수시기는 재물에 대한 타인의 사실상의 지배를 침해하는 데에 밀접한 행위를 개시한 때라고 보아야 하므로, 야간이 아닌 주간에 절도의 목적으로 타인의 주거에 침입하였다고 하여도 아직 절취할 물건의 물색행위를 시작하기 전이라면, 주거침입죄만 성립할 뿐 절도죄의 실행에 착수한 것으로 볼 수 없다(대판 1992.9.8. 92도1650).

은 채 방안에서 뛰어나오는 것을 보았다는 것이어서 피고인이 방안에 침입한 것은 인정되나, 방안에 들어가 절취할 물건의 물색행위에 까지 나간 것인지의 여부는 분명하지 않다. 피고인이 방안에 들어간 때로부터 피해자에게 발각될 때까지 물색행위를 할 만한 충분한 시간이 경과하였다면 절도목적으로 침입한 이상 물색행위를 하였을 것으로 보아도 무방하지만, 그럴 만한 시간적 여유가 없었다면 피고인이 방안에서 뛰어나온 것만 가지고 절취할 물건을 물색하다가 뛰어 나온 것으로 단정할 수는 없을 것이다(대판 1992.9.8. 92도1650).
③ 피고인이 이 사건 당시 소를 흥정하고 있는 피해자의 뒤에 접근하여 그가 들고 있던 가방으로 돈이 들어 있는 피해자의 하의 왼쪽 주머니를 스치면서 지나간 사실을 인정하고 있는바, 이는 단지 피해자의 주의력을 흐트려 주머니 속에 들은 금원을 절취하기 위한 예비단계의 행위에 불과한 것이고, 이로써 실행의 착수에 이른 것이라고는 볼 수 없다(대판 1986.11.11. 86도1109).

(4) 기수시기

절도죄는 타인의 소지를 침해하여 재물을 자기의 소지로 이동한 때, 즉 자기의 사실적 지배 밑에 둔 때에 기수가 된다.[33] 즉, 절취는 타인의 점유를 배제하고 재물을 자기 또는 제3자의 점유하에 둔 때에 기수가 된다.

□ 기수시기 관련 판례

〈기수 인정〉
① 피고인이 피해자 경영의 카페에서 야간에 아무도 없는 그곳 내실에 침입하여 장식장 안에 들어있던 정기적금 통장 등을 꺼내 들고 카페로 나오던 중 발각되어 돌려 준 경우, 피고인은 피해자의 재물에 대한 소지(점유)를 침해하고, 일단 피고인 자신의 지배 내에 옮겼다고 볼 수 있으니 절도의 미수에 그친 것이 아니라 야간주거침입절도의 기수라고 할 것이다(대판 1991.4.23. 91도476).
② 피고인이 길가에 시동을 걸어놓은 채 세워둔 모르는 사람의 자동차를 함부로 운전하고 약200미터가량을 갔다면 절도죄의 기수에 해당한다(대판 1992.9.22. 92도1949).
③ 피고인이 소유자의 도둑이야 하는 고함소리에 당황하여 라디오와 탁상시계를 가지고 나오다가 탁상시계는 그 집 방문 밖에 떨어뜨리고 라디오는 방에 던진 채 달아난 경우, 피고인은 소유자의 물건에 대한 소지를 침해하고 피고인 자신이 지배 내로 옮겼다고 볼 수 있으나 이는 절도의 기수이고 미수가 아니라고 할 것이다(대판 1964.4.22. 64도112).

---
33) 대판 1964.12.8. 64도577.

〈기수 부정〉

피고인은 내리막길에 주차되어 있던 승합차를 절취할 생각으로 그 차량의 조수석 문을 열고 들어가 시동을 걸려고 시도하는 등 차 안의 기기를 이것저것 만지다가 핸드브레이트를 풀게 되었는데 그 장소가 내리막길인 관계로 위 차량이 시동이 걸리지 않은 상태에서 약10m 전진하다가 가로수를 들이받는 바람에 멈추게 되었다면 절도의 기수에 해당한다고 볼 수 없을 뿐 아니라 도로교통법 제2조 제19호 소정의 자동차의 운전에 해당하지 아니한다(대판 1994.9.9. 94도1522).

3. 주관적 구성요건

본죄의 고의는 타인의 재물을 절취한다는 인식과 인용이 있어야 한다. 또한 고의 이외 불법영득의 의사가 필요하다.

(1) 고의

타인의 재물을 절취한다는 사실에 대한 인식과 인용이다. 점유자의 의사에 반하여 점유를 배제하고 자기 또는 제3자의 점유하에 둔다는 것을 말한다.

□ 고의 관련 판례

〈고의가 인정되지 않는 경우〉

① 절도죄에 있어서 재물의 타인성을 오신하여 그 재물이 자기에게 취득(빌린 것)할 것이 허용된 동일한 물건으로 오인하고 가져온 경우에는 범죄사실에 대한 인식이 있다고 할 수 없으므로 범의가 조각되어 절도죄가 성립하지 아니한다(대판 1983.9.13. 83도1762).
② 상대방이 계약의 이행에 착수한 이후에는 계약당사자 일방은 계약금의 포기 또는 배액상환으로써 계약을 해제할 수 없는 것이므로 매수인이 묘목매매계약의 잔대금 지급 전이라도 매수 묘목을 이식 인도받을 수 있도록 한 특약에 따라 묘목의 이식작업에 착수하였다면 그 이후 매도인의 계약해제는 효력이 없고 따라서 매수인이 위 계약통고 후 묘목을 이식한 행위에는 타인의 재물을 절취한다는 의사가 있다고 볼 수 없다(대판 1983.6.28. 83도1132).

(2) 불법영득의사

불법영득의사란 관리자를 배제하고 타인의 물건을 자기의 소유물과 같이 그 경제적 용법에 따라서 이를 이용하고 또는 처분할 의사를 말하는 것이다.[34]

---

34) 대판 1996.5.10. 95도3057.

(가) 불법영득의사의 필요 여부

절도죄의 성립에 있어 불법영득의사가 필요한가에 대해 ① 절도죄의 보호법익은 소유권이므로 단순히 타인의 점유권을 배제하는데 그치는 것이 아니라 타인의 소유권을 침탈하고자 하는 의사가 필요하다는 것이다. 따라서 소유권의 침탈 없이 일시적으로 사용을 한 후 돌려주었을 때에는 절도죄를 구성하지 않는 '사용절도'와 구분할 수 있고, 타인의 점유를 배제한 경우에도 불법영득의사가 필요하지 않다면 '손괴죄'와의 구분이 명확하지 않기 때문에 절도죄에 있어서는 불법영득의사가 필요하다는 견해, ② 절도의 구성요건에서 불법영득의사를 명문규정으로 두고 있지 않으며, 보호법익을 점유에 두고 있으므로 타인의 점유를 취득하려는 고의로 충분하다는 견해가 있다. 이에 판례는 불법영득의사가 필요하다는 견해와 입장을 같이한다.[35]

(나) 불법영득의사의 내용

불법영득의사가 필요하다는 견해에 대해서는 ① 권리자를 배제하고 타인의 재물을 자기의 소유물과 같이 그 소유권의 내용을 행사하겠다는 의사로 파악하는 소유자 의사설,[36] ② 권리자를 배제하고 타인의 재물을 자기의 소유물과 같이 그 경제적 용법에 따라 이용·처분하려는 의사로 파악하는 경제적 용법설[37]로 나뉜다. 판례는 경제적 용법설 입장을 취하고 있다.[38]

(다) 불법영득의사의 요소

불법영득의사의 요소는 ① 재물에 대해 계속적으로 권리자를 배제하려는 의사인 소극적 요소, ② 타인의 재물에 대해서 자기의 소유물과 같이 그 소유권을 행사하여 이용, 처분하겠다는 의사인 적극적 요소로 나뉜다. 소극적 요소인 경우에는 계속적으로 권리자를 배제한다는 점에서 일시사용하는 사용절도를 처벌할

---

35) 내연관계에 있던 여자가 계속 회피하며 만나주지 않자 내연관계를 회복시켜 볼 목적으로 그녀의 물건을 가져와 보관한 후 이를 찾으러 오면 그때 그 물건을 반환하면서 타일러 다시 내연관계를 지속시킬 생각으로 물건을 가져왔고 그녀의 가족에게 그 사실을 그녀에게 연락하라고 말하였으며 그 후 이를 보관하고 있으면서 이용 내지 소비하지 아니한 경우에는 불법영득의 의사가 있었다고 할 수 없다(대판 1992.5.12. 92도280).

36) 배종대, 344면; 오영근, 254~254면; 이재상, 272면; 이형국, 324면; 임웅, 341~342면; 정/박, 295~296면.

37) 박상기, 260면.

38) 형법상 절도죄의 성립에 필요한 불법영득의 의사라 함은 권리자를 배제하고 타인의 물건을 자기의 소유물과 같이 그 경제적 용법에 따라서 이를 이용하고 또는 처분할 의사를 말하는 것이다(대판 1996.5.10. 95도3057).

수 없다.[39] 또한, 적극적 요소는 타인의 재물에 대해 그 소유권을 행사하여 이용, 처분하겠다는 점에서 재물의 효용을 해하는 손괴죄의 고의와 구별된다.[40]

(라) 불법영득의사의 대상

불법영득의사의 대상으로는 ① 재물 자체, 즉 물체라고 하는 물체설, ② 재물의 경제적 가치를 대상으로 한다는 가치설, ③ 물체 자체 또는 그 물체에 화체되어 있는 경제적 가치를 대상으로 하는 종합설(통설)로 나뉜다. 판례는 종합설의 입장이다.[41] 이때, 단순한 사용가치를 침해한 경우에는 물체의 경제적 가치가 감소되지 않으므로 영득의사가 부정이 된다. 그러므로, 기능가치의 사용이 경제적 가치의 감소 또는 소멸을 가져오는 경우에 한하여 절도죄를 인정한다.

□ 영득의사의 대상 관련 판례

〈경제적 가치의 감소 또는 소멸 인정〉

예금통장은 예금 채권을 표창하는 유가증권이 아니고 그 자체에 예금액 상당의 경제적 가치가 화체되어 있는 것도 아니지만, 이를 소지함으로써 예금채권의 행사자격을 증명할 수 있는 자격증권으로서 예금계약사실뿐 아니라 예금액에 대한 증명기능이 있고 이러한 증명기능은 예금통장 자체가 가지는 경제적 가치라고 보아야 하므로, 예금통장을 사용하여 예금을 인출하게 되면 그 인출된 예금액에 대하여는 예금통장 자체의 예금액 증명기능이 상실되고 이에 따라 그 상실된 기능에 상응한 경제적 가치도 소모된다고 할 수 있다. 그렇다면 타인의 예금통장을 무단 사용하여 예금을 인출한 후 바로 예금통장을 반환하였다 하더라도 그 사용으로 인한 위와 같은 경제적 가치의 소모가 무시할 수 있을 정도로 경미한 경우가 아닌 이상, 예금통장 자체가 가지는 예금액 증명기능의 경제적 가치에 대한 불법영득의 의사를 인정할 수 있으므로 절도죄가 성립한다(대판

---

39) 타인의 재물을 점유자의 승낙 없이 무단 사용하는 경우 그 사용으로 인하여 재물 자체가 가지는 경제적 가치가 상당한 정도로 소모되거나 또는 사용 후 그 재물을 본래의 장소가 아닌 다른 곳에 버리거나 곧 반환하지 아니하고 장시간 점유하고 있는 것과 같은 때에는 그 소유권 또는 본권을 침해할 의사가 있다고 보아 불법영득의 의사를 인정할 수 있으나, 그렇지 아니하고 그 사용으로 인한 가치의 소모가 무시할 수 있을 정도로 경미하고 또 사용 후 곧 반환한 것과 같은 때에는 그 소유권 또는 본권을 침해할 의사가 있다고 할 수 없어 불법영득의 의사를 인정할 수 없다(대판 2000.3.28. 2000도493).
40) 피고인이 살해된 피해자의 주머니에서 꺼낸 지갑을 살해 도구로 이용한 골프채와 옷 등 다른 증거품들과 함께 자신의 차량에 싣고 가다가 쓰레기 소각장에서 태워버린 경우, 살인 범행의 증거를 인멸하기 위한 행위로서 불법영득의 의사가 있었다고 보기 어렵다(대판 2000.10.13. 2000도3655).
41) 절도죄의 성립에 필요한 불법영득의 의사는 영구적으로 그 물건의 경제적 이익을 보유할 의사가 필요치 아니하여도, 소유권 또는 이에 준하는 본권을 침해하는 의사, 즉 목적물의 물질을 영득할 의사나 물질의 가치만을 영득할 의사라도 영득의 의사가 있다고 할 것이다(대판 1981.10.13. 81도2394).

2010.5.27. 2009도9008).

〈경제적 가치의 감소 또는 소멸 불인정〉

피고인인 종업원으로 일하던 만화천국 가게에서, 위 가게의 주인인 피해자가 자리를 비운 틈을 타서 위 피해자가 계산대 뒤의 창문에 두고 간 핸드백에서 피해자 소유의 엘지 신용카드 1장을 꺼내어, 그곳에서 약 50m 떨어진 신한은행 종로5가 출장소에 설치된 현금자동지급기에서 위 신용카드를 이용하여 50만원을 현금서비스 받고, 다시 위 가게로 돌아와서 피해자의 핸드백 안에 신용카드를 넣어 둔 사실을 인정한 다음, 신용카드를 이용하여 현금자동지급기에서 현금을 인출하였다 하더라도 그 카드 자체가 가지는 경제적 가치가 인출된 예금액만큼 소모되었다고 할 수 없을 뿐만 아니라 사용 후 바로 원래의 위치에 넣어 둔 점에 비추어 불법영득의 의사가 있다고 보기 어렵다 하여, 이 부분 절도의 공소사실에 대하여 무죄를 선고하고 있다(대판 1999.7.9. 99도857). - 신용카드나 현금카드는 예금통장과는 달리 카드 자체에 있어 청구권이 화체되어 있는 것이 아니며, 단지 현금인출 등을 가능하게 해주는 단순한 기능을 가지고 있기 때문에 이를 사용하고 반환하였다면 카드 자체의 경제적 가치가 감소되거나 소멸되는 것이 아니므로 신용카드에 대한 불법영득의사를 인정할 수 없다는 취지이다. 그러나 신용카드로 현금을 인출한 행위에 대해서는 현금에 대한 절도죄가 인정된다.

(마) 불법영득의사의 불법

행위자에게 반환청구권이 있어도 점유자의 승낙 없이 물건을 가져갔다면 절도죄가 성립한다.[42] 이는 절취의 불법을 의미하므로 절취가 불법하면 영득의사를 인정해야 하며, 행위자에게 반환청구권이 있어도 위법성조각사유가 없는 한 절도죄가 인정된다.[43]

---

42) 외상매매계약의 해제가 있고 동 외상매매물품의 반환청구권이 피고인에게 있다고 하여도, 절도라 함은 타인이 점유하는 재물을 도취하는 행위, 즉 점유자의 의사에 의하지 아니하고 그 점유를 취득하는 행위로서 절도행위의 객체는 점유라 할 것이므로, 피고인이 위 정○○의 승낙을 받지 않고 위 물품들을 가져갔다면, 그 물품에 대한 반환청구권이 피고인에게 있었다 하여도 피고인의 그 행위는 절도행위에 해당하는 법리라 할 것이다(대판 1973.2.28. 72도2538).

43) '절취의 불법설'을 의미하는 것이며, 다른 학설로는 절도죄의 성립에 필요한 영득의사는 불법 영득의 의사로, 아무런 청구권도 없이 영득함을 말하며, 청구권에 기하여 타인의 재물을 영득하는 것은 불법영득이 아니라고 보는 '영득의 불법설'이 있다. 관련판례 : 피고인이 물품대금의 변제청구에 응하지 않는 채무자 정○○에게 대금을 갚지 않으니 물건을 도로 찾아 가겠다고 한 것은 바로 채무 불이행을 이유로 채무자인 정○○과의 외상 매매계약을 해제한 것이라 볼 수 있다고 한 후 피고인이 외상 매매계약을 해제한 이상 동 외상 매매물품들의 반환 청구권을 당연히 피고인에게 돌아오는 것이므로 피고인이 위 정○○의 승낙

□ 불법영득의사 관련 판례

〈불법영득의사를 인정〉

① 형법상 절취란 타인이 점유하고 있는 자기 이외의 자의 소유물을 점유자의 의사에 반하여 점유를 배제하고 자기 또는 제3자의 점유로 옮기는 것을 말한다. 그리고 절도죄의 성립에 필요한 불법영득의 의사란 타인의 물건을 그 권리자를 배제하고 자기의 소유물과 같이 그 경제적 용법에 따라 이용·처분하고자 하는 의사를 말하는 것으로서, 단순히 타인의 점유만을 침해하였다고 하여 그로써 곧 절도죄가 성립하는 것은 아니나, 재물의 소유권 또는 이에 준하는 본권을 침해하는 의사가 있으면 되고 반드시 영구적으로 보유할 의사가 필요한 것은 아니며, 그것이 물건 자체를 영득할 의사인지 물건의 가치만을 영득할 의사인지를 불문한다. 따라서 어떠한 물건을 점유자의 의사에 반하여 취거하는 행위가 결과적으로 소유자의 이익으로 된다는 사정 또는 소유자의 추정적 승낙이 있다고 볼 만한 사정이 있다고 하더라도, 다른 특별한 사정이 없는 한 그러한 사유만으로 불법영득의 의사가 없다고 할 수는 없다(대판 2014.2.21. 2013도14139).

② 형법상 절취한 타인이 점유하고 있는 자기 이외의 자의 소유물을 점유자의 의사에 반하여 그 점유를 배제하고 자기 또는 제3자의 점유로 옮기는 것을 말하는 것으로, 비록 약정에 기한 인도 등의 청구권이 인정된다고 하더라도, 취거 당시에 점유 이전에 관한 점유자의 명시적, 묵시적인 동의가 있었던 것으로 인정되지 않는 한, 점유자의 의사에 반하여 점유를 배제하는 행위를 함으로써 절도죄는 성립하는 것이고, 그러한 경우에 특별한 사정이 없는 한 불법영득의 의사가 없었다고 할 수는 없다. 굴삭기 매수인이 약정된 기일에 대금채무를 이행하지 아니하면 굴삭기를 회수하여 가도 좋다고 약정을 하고 각서와 매매계약서 및 양도증명서 등을 작성하여 판매회사 담당자에게 교부한 후 그 채무를 불이행하자 그 담당자가 굴삭기를 취거하여 매도한 경우, 굴삭기에 대한 소유권 등록없이 매수인의 위와 같은 약정 및 각서 등의 작성, 교부만으로 굴삭기에 대한 소유권이 판매회사로 이전될 수 없으므로, 굴삭기 취거 당시 그 소유권은 여전히 매수인에게 남아 있고, 매수인의 의사표시 중에 자신의 동의나 승낙없이 현실적으로 자신의 점유를 배제하고 굴삭기를 가져가도 좋다는 의사까지 포함되어 있었던 것으로 보기는 어려우므로, 그 굴삭기 취거행위는 절도죄에 해당하고 불법영득의 의사도 인정된다(대판 2001.10.26. 2001도4546).

③ 피고인이 甲의 영업점 내에 있는 甲 소유의 휴대전화를 허락 없이 가지고 나와 이를 이용하여 통화를 하고 문자메시지를 주고받은 다음 약 1~2시간 후 甲에게 아무런 말을 하지 않고 위 영업점 정문 옆 화분에 놓아두고 감으로써 이를 절취하였다는 내용으

을 받지 않고 동 물품들을 가져갔다 하여도 이는 자기가 가져갈 수 있는 물건을 가져간 것이므로 그 행위가 경우에 따라 다른 죄(예컨대 권리행사 방해죄 등)를 구성한 여지가 있는 것을 별론으로 하고 절도죄를 구성할 여지는 없다고 판단하였다(대판 1973.2.28. 72도2538).

로 기소된 사안에서, 피고인이 甲의 휴대전화를 자신의 소유물과 같이 경제적 용법에 따라 이용하다가 본래의 장소와 다른 곳에 유기한 것이므로 피고인에게 불법영득의사가 있었다(대판 2012.7.12. 2012도1132).

④ 피고인들이 자신들의 피해자에 대한 물품대금 채권을 다른 채권자들보다 우선적으로 확보할 목적으로 피해자가 부도를 낸 다음날 새벽에 피해자의 승낙을 받지 아니한 채 피해자의 가구점의 시정장치를 쇠톱으로 절단하고 그곳에 침입하여 시가 16,000,000 원 상당의 피해자의 가구들을 화물차에 싣고 가 다른 장소에 옮겨 놓은 행위에 대하여 피고인들에게는 불법영득의사가 있었다고 볼 수밖에 없어 특수절도죄가 성립한다(대판 2006.3.24. 2005도8081).

⑤ 절도죄에 있어 영득의 의사라 함은 권리자를 배제하고 타인의 물건을 자기 소유물과 같이 그 경제적 용법에 따라 이용·처분할 의사를 말하는 것이므로, 피고인이 현금 등이 들어 있는 피해자의 지갑을 가져갈 당시에 피해자의 승낙을 받지 않았다면 가사 피고인이 후일 변제할 의사가 있었다고 하더라도 불법영득의사가 있었다고 할 것이다 (대판 1999.4.9. 99도519).

〈불법영득의사 부정〉

① 두 사람으로 된 동업관계, 즉 조합관계에 있어 그중 1인이 탈퇴하면 조합관계는 해산됨이 없이 종료되어 청산이 뒤따르지 아니하며 조합원의 합유에 속한 조합재산은 남은 조합원의 단독소유에 속하고, 탈퇴자와 남은 자 사이에 탈퇴로 인한 계산을 하여야 한다. 공소외인과 피고인이 2007년 초경 공동으로 이 사건 밭에 생강을 경작하여 그 이익을 분배하기로 약정하고, 2007. 4.경 함께 생강 종자를 심고 생강 농사를 시작하였는데, 공소외인과 피고인 사이에 불화가 생겨 2007. 6.경부터 공소외인이 이 사건 생강밭에 나오지 않았으며, 그때부터 피고인 혼자 생강밭을 경작하고 수확까지 한 사실을 인정한 다음, 공소외인이 2007. 6.경 묵시적으로 동업탈퇴의 의사표시를 한 것이라고 보아, 피고인이 2007. 11. 17.경 및 같은 달 20.경 이 사건 생강밭에서 생강을 반출하여 이를 절취하였다는 이 사건 공소사실을 무죄라고 판단하였다(대판 2009.2.12. 2008도11804).

② 내연관계에 있던 여자가 계속 회피하며 만나 주지 않자 내연관계를 회복시켜 볼 목적으로 그녀의 물건을 가져 와 보관한 후 이를 찾으러 오면 그 때 그 물건을 반환하면서 타일러 다시 내연관계를 지속시킬 생각으로 물건을 가져 왔고 그녀의 가족에게 그 사실을 그녀에게 연락하라고 말하였으며 그 후 이를 보관하고 있으면서 이용 내지 소비하지 아니한 경우 불법영득의 의사가 있다고 할 수 없다(대판 1992.5.12. 92도280).

③ 피고인이 피해자 등과 말다툼을 하면서 시비하는 중에 그들 중 일행이 피고인을 식칼로 찔러 죽이겠다고 위협을 하여 주위를 살펴보니 식칼이 있어 이를 갖고 파출소에 가져가 협박의 증거물로 제시하였다면, 가사 피고인의 위 협박의 신고내용이 허위라고

하더라도 불법영득의 의사가 있었다고 할 수는 없다(대판 1986.7.8. 86도354).
④ 절도죄의 성립에 필요한 불법영득의 의사라 함은 권리자를 배제하고 타인의 물건을 자기의 소유물과 같이 이용, 처분할 의사를 의미한다 할 것인바, 피고인이 피해자의 전화번호를 알아두기 위하여 피해자가 떨어뜨린 전화요금영수증을 습득한 후 돌려주지 않은 경우에 그에게 불법영득의 의사가 있다고 인정하기 어렵다(대판 1989.11.28. 89도1679).

4. 사용절도

사용절도는 '권리자를 완전히 배제하려는 의사 없이 타인의 재물을 일시 사용한 후 반환하는 것'이다. 사용절도는 일시적으로 사용을 한 후 반환하는 것으로 불법영득의사가 있다고 볼 수 없어 절도죄가 성립하지 않는다. 이러한 사용절도가 성립하기 위해서는 ① 재물을 일시사용하고 반환할 의사가 있어야 하며, 반환되어야 한다. 이때, 반환은 권리자의 재물의 회복이 용이해야 한다. ② 재물을 일시사용함으로 인해 가치가 현저하게 감소되지 않아야 한다. 만약 재물의 가치가 현저히 감소한 경우에는 사용절도가 인정되지 않는다. ③ 재물의 사용이 장기간이지 않아야 한다.

□ 사용절도 관련 판례

〈사용절도 인정〉

① 타인의 재물을 점유자의 승낙 없이 무단사용하는 경우에 있어서 그 사용으로 물건 자체가 가지는 경제적 가치가 상당한 정도로 소모되거나 또는 사용 후 본래의 장소가 아닌 다른 곳에 버리거나 곧 반환하지 아니하고 장시간 점유하고 있는 것과 같은 때에는 그 소유권 또는 본권을 침해할 의사가 있다고 보아 불법영득의 의사를 인정할 수 있을 것이나 그렇지 아니하고 그 사용으로 인한 가치의 소모가 무시할 정도로 경미하고 또 사용 후 곧 반환한 것과 같은 때에는 그 소유권 또는 본권을 침해할 의사가 있다고 할 수 없어 불법영득의 의사를 인정할 수 없다고 봄이 상당하다. 동네 선배로부터 차량을 빌렸다가 반환하지 아니한 보조열쇠를 이용하여 그 후 3차례에 걸쳐 위 차량을 2~3시간 정도 운행한 후 원래 주차된 곳에 갖다 놓아 반환한 경우 피해자와의 친분관계, 차량의 운행경위, 운행시간, 운행 후의 정황 등에 비추어 불법영득의 의사가 있었다고 볼 수 없다(대판 1992.4.24. 92도118).
② 피해자의 승낙없이 혼인신고서를 작성하기 위하여 피해자의 도장을 몰래 꺼내어 사용한 후 곧바로 제자리에 갖다 놓은 경우에 도장에 대한 불법영득의 의사가 있었다고

볼 수 없다(대판 2000.3.28. 2000도493).

③ 피고인들이 친구의 근무처인 세차장에 들렀다가 이 사건 승용차를 발견하고는 습득한 승용차열쇠로 문을 열고 시동을 걸고서 아는 여자를 만나러 가기 위해 위 차를 운행하여 갔다가 위 세차장으로 되돌아 오던 중 위 승용차가 운행정지처분을 당하여 앞 번호판이 없었던 관계로 때마침 순찰중이던 방범대원에게 검문을 당하여 입건되었고 피고인들이 검거장소까지 운행한 거리가 약 2킬로미터 정도로서 그에 소요된 시간이 약 10분 정도라면 피고인들은 위 승용차를 불법영득하려 한 것이 아니고 잠깐 동안 사용할 의사로 위와 같이 무단운행한 것이라 인정되므로 피고인들에게 불법영득의 의사가 있다고 보기 어렵다(대판 1984.4.24. 84도311).

〈사용절도 부정〉

① 피고인이 甲의 영업점 내에 있는 甲 소유의 휴대전화를 허락 없이 가지고 나와 이를 이용하여 통화를 하고 문자메시지를 주고받은 다음 약 1~2시간 후 甲에게 아무런 말을 하지 않고 위 영업점 정문 옆 화분에 놓아두고 감으로써 이를 절취하였다는 내용으로 기소된 사안에서, 피고인이 甲의 휴대전화를 자신의 소유물과 같이 경제적 용법에 따라 이용하다가 본래의 장소와 다른 곳에 유기한 것이므로 피고인에게 불법영득의사가 있었다(대판 2012.7.12. 2012도1132).

② 甲 주식회사 감사인 피고인이 회사 경영진과의 불화로 한 달 가까이 결근하다가 회사 감사실에 침입하여 자신이 사용하던 컴퓨터에서 하드디스크를 떼어간 후 4개월 가까이 지난 시점에 반환한 사안에서, 피고인이 하드디스크를 일시 보관 후 반환하였다고 평가하기 어려워 불법영득의사를 인정할 수 있다(대판 2011.8.18. 2010도9570).

③ 형법 제331조의2에서 규정하고 있는 자동차등불법사용죄는 타인의 자동차 등의 교통수단을 불법영득의 의사 없이 일시 사용하는 경우에 적용되는 것으로서 불법영득의사가 인정되는 경우에는 절도죄로 처벌할 수 있을 뿐 본죄로 처벌할 수 없다 할 것이며, 절도죄의 성립에 필요한 불법영득의 의사라 함은 권리자를 배제하고 타인의 물건을 자기의 소유물과 같이 이용, 처분할 의사를 말하고 영구적으로 그 물건의 경제적 이익을 보유할 의사임은 요치 않으며 일시사용의 목적으로 타인의 점유를 침탈한 경우에도 이를 반환할 의사 없이 상당한 장시간 점유하고 있거나 본래의 장소와 다른 곳에 유기하는 경우에는 이를 일시 사용하는 경우라고는 볼 수 없으므로 영득의 의사가 없다고 할 수 없다(대판 2002.9.6. 2002도3465).

5. 죄수

절도죄는 하나의 행위로 수인 소유의 재물을 동일한 기회에 여러 동작으로 절취한 경우에는 하나의 절도죄가 성립하고, 수개의 행위로 수개의 재물을 절취한 경우에는 수개의 절도죄의 경합범이 성립한다.

□ 죄수 관련 판례

〈일죄〉

피고인은 1969.12.27 03:00경 진주시 (상세지번 생략)(이름 생략) 경영의 (상호 생략)에 침입하여 그곳 방안 방바닥에 놓여있던 김두한 소유의 전축 1대와 음판 7장을 절취한 후 그 방벽에 걸려있던 최갑성 소유의 옷 호주머니 속에서 그 사람 소유 팔뚝시계 1개, 현금 350원을 꺼내어 이를 절취한 사실을 인정하고 물건의 소유자가 다르고 절취한 시간, 장소가 다르므로 형법 제37조 전단의 경합죄가 성립된다고 판시하였다. 그러나 원심이 증거로 한 것을 보면 피고인은 단일범의로서 절취한 시간과 장소가 접착되어 있고 같은 관리인의 관리하에 있는 방안에서 김두한과 최갑성의 물건을 절취한 것으로서 이러한 경우에는 일개의 절도죄가 성립된다(대판 1970.7.21. 70도1133).

〈수죄〉

절도범이 갑의 집에 침입하여 그 집의 방안에서 그 소유의 재물을 절취하고 그 무렵 그 집에 세들어 사는 을의 방에 침입하여 재물을 절취하려다 미수에 그쳤다면 위 두 범죄는 그 범행장소와 물품의 관리자를 달리하고 있어서 별개의 범죄를 구성한다(대판 1989.8.8. 89도664).

6. 불가벌적 사후행위

절도죄는 상태범으로, 법익침해가 계속되고 있으므로, 사후행위가 일정한 구성요건에 해당되더라도 포괄적 평가 범위 내에 있으면 별개의 범죄를 구성하지 않고 흡수된다. 이 사후행위를 '불가벌적 사후행위'라고 하여 불가벌이다. 예컨대, 절취한 물건을 손괴한 경우, 별도의 손괴죄를 구성하지 않고 절도죄에 흡수된다. 그러나, 법익침해의 포괄적 평가 범위를 넘어서 새로운 법익을 침해하는 경우에는 별개의 범죄를 구성한다.

□ 불가벌적 사후행위 관련 판례

〈불가벌적 사후행위 성립〉

① 금융기관발행의 자기앞수표는 그 액면금을 즉시 지급받을 수 있어 현금에 대신하는 기능을 하고 있으므로 절취한 자기앞수표를 현금 대신으로 교부한 행위는 절도행위에 대한 가벌적 평가에 당연히 포함되는 것으로 봄이 상당하다 할 것이므로 절취한 자기

앞수표를 음식대금으로 교부하고 거스름돈을 환불받은 행위는 절도의 불가벌적 사후처분행위로서 사기죄가 되지 아니한다(대판 1987.1.20. 86도1728).

② 열차승차권은 그 자체에 권리가 화체되어 있는 무기명증권이므로 이를 곧 사용하여 승차하거나 권면가액으로 양도할 수 있고 매입금액의 환불을 받을 수 있는 것으로서 열차승차권을 절취한 자가 환불을 받음에 있어 비록 기망행위가 수반한다 하더라도 절도죄 외에 따로 사기죄가 성립하지 아니한다(대판 1975.8.29. 75도1996).

〈불가벌적 사후행위 불성립〉

① 부정한 이익을 얻거나 기업에 손해를 가할 목적으로 그 기업에 유용한 영업비밀이 담겨 있는 타인의 재물을 절취한 후 그 영업비밀을 사용하는 경우, 영업비밀의 부정사용행위는 새로운 법익의 침해로 보아야 하므로 위와 같은 부정사용행위가 절도범행의 불가벌적 사후행위가 되는 것은 아니다(대판 2008.9.11. 2008도5364).

② 자동차를 절취한 후 자동차등록번호판을 떼어내는 행위는 새로운 법익의 침해로 보아야 하므로 위와 같은 번호판을 떼어내는 행위가 절도범행의 불가벌적 사후행위가 되는 것은 아니다(대판 2007.9.6. 2007도4739).

③ 신용카드를 절취한 후 이를 사용한 경우 신용카드의 부정사용행위는 새로운 법익의 침해로 보아야 하고 그 법익침해가 절도범행보다 큰 것이 대부분이므로 위와 같은 부정사용행위가 절도범행의 불가벌적 사후행위가 되는 것은 아니다(대판 1996.7.12. 96도1181).

7. 금제품의 절도죄 객체 여부

금제품이란 법률에 의해 소유 또는 점유가 금지되어 있는 물건으로, 마약 등 단순히 점유가 금지되는 상대적 금제품과 위조통화 등 소유 및 점유가 금지되는 절대적 금제품으로 나눌 수 있다. 금제품에 대해 과연 절도죄의 객체가 될 수 있느냐에 대해서는 ① 금제품은 개인이 소유나 소지가 금지되어 있지만 법적인 절차에 따라 몰수되기까지는 그 소지 또는 소유를 보호하여야 하므로 재물성을 인정할 수 있어 절도죄의 객체가 될 수 있다는 견해, ② 금제품은 형법적으로 소유권이 객체가 될 수 없으므로 절도의 객체가 되지 않는다는 견해, ③ 소유가 금지된 제품은 절도죄의 객체가 될 수 없으나, 점유만이 금지된 상대적 금제품은 객체가 될 수 있다는 견해가 있다. 이에, 판례는 ①항과 같은 입장에 있다.[44]

---

44) 유가증권도 그것이 정상적으로 발생된 것은 물론 비록 작성권한없는 자에 의하여 위조된 것이라고 하더라도 절차에 따라 몰수되기까지는 그 소지자의 점유를 보호하여야 한다는

8. 친족상도례

> 제344조 【친족간의 범행】 제328조의 규정은 제329조 내지 제332조의 죄 또는 미수범에 준용한다
>
> 제328조 【친족간의 범행과 고소】 ① 직계혈족, 배우자, 동거친족, 동거가족 또는 그 배우자간의 제323조의 죄는 형을 면제한다.
>
> ② 제1항 이외의 친족간에 제323조의 죄를 범한 때에는 고소가 있어야 공소를 제기할 수 있다.
>
> ③ 전 2항의 신분관계가 없는 공범에 대하여는 전 2항을 적용하지 아니한다.

(1) 의의, 성격

친족상도례는 친족간에 행해진 일정한 재산범죄에 있어서 법률이 개입하지 않고, 친족 내부에서 처리하는 하도록 하고 있다. 친족상도례는 제323조 권리행사방해죄에서 규정되어 있는 것을 강도죄와 손괴죄, 강제집행면탈죄를 제외한 재산범죄에 준용하고 있다. 제1항에서는 친족간의 범죄에 대해서 형을 면제하고 있고, 제2항에서는 친고죄로 규정하고 있다. 제1항과 같은 경우에는 '인적 처벌조각사유'로 보고 있다.

(2) 친족의 범위

친족의 개념과 범위는 민법에 따른다.[45]

'직계혈족'이란 직계존속과 직계비속으로 동거여부는 요하지 않는다. 인지하지 않은 혼인 외의 자는 포함되지 않고, 양자의 경우 입양된 사실이 있다 할지라도 친생부모와는 자연 혈족 관계가 소멸되지 않으므로 직계존속 관계는 인정된다.[46] 친양자[47]의 경우에는 입양이 확정된 때, 친생자와 친생부모 사이에 친족관계는 종료된다. '배우자'는 혼인으로 인한 법률상 배우자만을 의미하며, 사실상의 배우자는 포함하지 않는다.[48] '동거친족'은 동일한 주거지에서 생계를 같이하는

점에서 형법상 재물로서 절도죄의 객체가 된다. 리프트탑승권 발매기를 전산조작하여 위조한 탑승권을 발매기에서 뜯어간 행위는 탑승권 위조행위와 위조탑승권 절취행위가 결합된 것이다(대판 1998.11.24. 98도2967).

45) 민법 제777조 : 친족은 8촌 이내의 혈족, 4촌 이내의 인척, 배우자이다.

46) 대판 1967.1.31. 66도1438.

47) 자녀의 복리를 위해 양자를 법률상 완전한 친생자로 인정하는 제도이다. 따라서 친양자로 입양되면 친생부모와의 친족관계나 상속관계는 모두 종료되고, 양부모와의 법률상 친생자 관계를 새롭게 형성하며, 성과 본도 양부의 성과 본으로 변경할 수 있다(민법 제908조의2 제1항).

친족을 말하며, 일시 체류 중인 친족은 제외한다. '동거가족은' 가족의 구성원을
말하고, 동거가족인 경우는 형이 면제, 비동거가족일 경우에는 친고죄이다.

(3) 친족관계의 인적 적용 범위

친족상도례가 적용되기 위해서는 신분관계가 범인이 소유자와 점유자 누구
와 관계가 있어야 하는지의 문제로, 판례는 범인이 재물의 소유자 및 점유자 쌍
방에 대해 존재해야 친족상도례가 적용된다고 본다.[49]

(4) 친족관계의 시적 범위

친족관계는 범죄 행위시에 존재하면 되고, 그 후에 친족관계가 소멸되었다
하더라도 친족상도례는 그대로 적용된다. 혼인외 출생자의 경우 인지가 범행 후
에 이루어진 경우라고 하더라도 소급하여 적용된다.[50]

(5) 공범의 문제

형법 제344조 제3항은 '전 2항의 신분관계가 없는 공범에 대하여는 전 2항을
적용하지 아니한다'라고 규정하고 있어, 정범뿐만 아니라 공범도 친족상도례가
적용되기 위해서는 피해자와 친족관계에 있어야 한다.

(6) 착오의 문제

친족상도례는 인적 처벌조각사유이므로 범인과 피해자의 친족관계는 객관적
으로 존재하면 되고, 이를 범인이 인식할 필요는 없다. 그러므로 범인의 친족관계

---

48) 형법 제354조에 의하여 준용되는 제328조 제1항에서 "직계혈족, 배우자, 동거친족, 동거가
족 또는 그 배우자 간의 제323조의 죄는 그 형을 면제한다"고 규정하고 있는바, 여기서 그
배우자는 동거가족의 배우자만을 의미하는 것이 아니라, 직계혈족, 동거친족, 동거가족 모
두의 배우자를 의미하는 것으로 볼 수 있다(대판 2011.5.13. 2011도1765).

49) 절도죄는 재물의 점유를 침탈함으로 인하여 성립하는 범죄이므로 재물의 점유자가 절도죄
의 피해자가 되는 것이나 절도죄는 점유자의 점유를 침탈함으로 인하여 그 재물의 소유자
를 해하게 되는 것이므로 재물의 소유자도 절도죄의 피해자로 보아야 할 것이다. 그러니
형법 제344조에 의하여 준용되는 형법 제328조 제2항의 소정의 친족간의 범행에 관한 조
문은 범인과 피해자 문건의 소유자 및 점유자 쌍방간에 같은 조문 소정의 친족관계가 있는
경우에만 적용되는 것이고, 단지 절도범인과 피해물건의 소유자 간에만 친족관계가 있거
나 절도범인과 피해물건의 점유자 간에만 친족관계가 있는 경우에는 그 적용이 없는 것이
라고 보는 것이 타당할 것이다(대판 1980.11.11. 80도131).

50) 형법 제344조, 제328조 제1항 소정의 친족간의 범행에 관한 규정이 적용되기 위한 친족 관
계는 원칙적으로 범행 당시에 존재하여야 하는 것이지만, 부가 혼인외의 출생자를 인지하
는 경우에 있어서는 민법 제860조에 의하여 그 자의 출생시에 소급하여 인지의 효력이 생기
는 것이며, 이와 같은 인지의 소급효는 친족상도례에 관한 위 규정의 적용에도 미친다고 보
아야 할 것이므로, 인지가 범행 후에 이루어진 경우라고 하더라도 그 소급효에 따라 형성
되는 친족관계를 기초로 하여 위 친족상도례의 규정이 적용되어야 한다(대판 1997.1.24.
96도1731).

에 대한 착오는 범죄 성립에 영향을 미치지 않는다.[51]

□ 친족상도례 관련 판례

〈친족관계 인정〉

① 피해품인 민화가 피고인의 오빠가 매수한 것이라면 이 민화는 피고인 오빠의 특유재산으로서 이에 대한 점유, 관리권은 동인에게 있다 할 것이고, 비록 그 오빠가 집에 없었다고 하더라도 그것이 오빠 소유의 집 벽에 걸려있었던 이상 동인의 지배력이 미치는 범위 안에 있는 것이라 할 것이므로 그 부부의 공동점유하에 있다고 볼 수는 없어 이를 절취한 행위에 대하여는 친족상도례가 적용된다(대판 1985.3.26. 84도365).

〈친족관계 부정〉

① 피고인이 백화점 내 점포에 입점시켜 주겠다고 속여 피해자로부터 입점비 명목으로 돈을 편취하였다며 사기로 기소된 경우, 피고인의 딸과 피해자의 아들이 혼인하여 피고인과 피해자가 사돈지간이라고 하더라도 민법상 친족으로 볼 수 없으므로, 친족상도례를 적용할 수 없다(대판 2011.4.28. 2011도2170).
② 사기죄를 범하는 사람이 금원을 편취하기 위한 수단으로 피해자와 혼인신고를 한 것이어서 혼인이 무효인 경우, 피해자에 대한 사기죄에서 친족상도례를 적용할 수 없다(대판 2015.12.10. 2014도11533).
③ 손자가 할아버지 소유 농업협동조합 예금통장을 절취하여 이를 현금자동지급기에 넣고 조작하는 방법으로 예금 잔고를 자신의 거래 은행 계좌로 이체한 경우, 위 농업협동조합이 컴퓨터등사용사기죄의 피해자이므로 친족상도례를 적용할 수 없다(대판 2007.3.15. 2006도2704).

(7) 특별법상의 재산죄

형법상 사기죄의 성질은 특정경제범죄 가중처벌 등에 관한 법률 제3조 제1항에 의해 가중 처벌되는 경우에도 그대로 유지되고, 형법 제354조는 특정경제범죄가중처벌 등에 관한 법률 제3조 제1항 위반죄에도 그대로 적용된다.[52]

---

51) 피고인이 그 본가의 소유물로 오신하여 이를 절취하였다 할지라도 그 오신은 형의 면제사유에 관한 것으로서 이에 범죄의 구성요건 사실에 관한 제15조 제1항은 적용되지 않는 것이므로 그 오신은 본건 범죄의 성립이나 처벌에 아무런 영향도 미치지 아니한다(대판 1966.6.28. 66도104).
52) 대판 2000.10.13. 99오1.

Ⅱ. 야간주거침입절도죄

> **제330조 【야간주거침입절도】** 야간에 사람의 주거, 간수하는 저택, 건조물이나 선박 또는 점유하는 방실에 침입하여 타인의 재물을 절취한 자는 10년 이하의 징역에 처한다.

1. 의의, 보호법익

본죄는 '야간에 사람의 주거, 간수하는 저택, 건조물이나 선박 또는 점유하는 방실에 침입하여 타인의 재물을 절취함으로써 성립하는 범죄'이다. 본죄는 절도죄와 주거침입죄의 결합범으로, 보호법익은 '재산과 야간의 주거의 평온'이며, 보호의 정도는 '침해범'이다.

본죄는 2020. 12. 8. '제330조(야간주거침입절도) 야간에 사람의 주거, 관리하는 건조물, 선박, 항공기 또는 점유하는 방실(房室)에 침입하여 타인의 재물을 절취(竊取)한 자는 10년 이하의 징역에 처한다'로 개정되었다(2021. 12. 9. 시행).

2. 객관적 구성요건

(1) 행위의 객체

행위의 객체는 '사람의 주거, 간수하는 저택, 건조물이나 선박 또는 점유하는 방실'이다.[53) 객체는 주거침입죄와 동일하다.

(2) 실행 행위

실행 행위는 '야간에 주거 등에 침입하여 재물을 절취하는 것'이다.

(가) 야간

야간주거침입절도죄에 대하여 정하는 형법 제330조에서 '야간에'라고 함은 일몰 후부터 일출 전까지를 말한다.[54)

(나) 주거침입·절취

본죄는 주거침입과 절취행위가 있어야 한다. 이때, 주거침입행위와 절취행위 중 어느 쪽이 '야간에' 이루어져야 하는가에 대해서는 학설이 대립하고 있다. 사견으로는, 본죄의 구성요건이 '야간에 사람의 주거 등에 침입하여 타인의 재물을

---

53) 2020년 형법개정에 따라 2021. 12. 9.부터는 '항공기'가 객체에 포함되었다.
54) 대판 2015.8.27. 2015도5381.

절취한 자'라고 되어있는 점으로 보아, 주거침입행위가 '야간에' 이루어지면 절취행위 시점과 상관없이 본죄가 성립한다고 생각한다. 본죄는 계속범의 성격을 가지고 있으므로, 주간에 침입하여 야간에 재물을 절취하는 경우에도 절취시점에 행위자는 주거에 침입한 상태이므로 본죄가 성립하며 또한 야간에 침입하여 주간에 재물을 절취하는 경우도 포함할 수 있다고 하겠다. 따라서, 본죄의 성립은 주거침입이 '야간에' 행해지면 족하다고 본다.

   이에, 판례는 "형법은 제329조에서 절도죄를 규정하고 곧바로 제330조에서 야간주거침입절도죄를 규정하고 있을 뿐, 야간절도죄에 관하여는 처벌규정을 별도로 두고 있지 아니한다. 이러한 형법 제330조의 규정형식과 그 구성요건의 문언에 비추어 보면, 형법은 야간에 이루어지는 주거침입행위의 위험성에 주목하여 그러한 행위를 수반한 절도를 야간주거침입절도죄로 중하게 처벌하고 있는 것으로 보아야 한다. 따라서 주거침입이 주간에 이루어진 경우에는 야간주거침입절도죄가 성립하지 않는다고 해석함이 상당하다. 이와 달리 만일 주거침입의 시점과는 무관하게 절취행위가 야간에 이루어지면 야간주거침입절도죄가 성립한다고 해석하거나, 주거침입 또는 절취 중 어느 것이라도 야간에 이루어지면 야간주거침입절도죄가 성립한다고 해석한다면, 이는 이 사건과 같이 주간에 주거에 침입하여 야간에 재물을 절취한 경우에도 야간주거침입절도죄의 성립을 인정하여 결국 야간절도를 주간절도보다 엄하게 처벌하는 결과가 되는바, 현행법상 야간절도라는 이유만으로 주간절도보다 가중하여 처벌하는 규정은 없을 뿐만 아니라, 재산범죄 일반에 관하여 야간에 범죄가 행하여졌다고 하여 가중처벌하는 규정이 존재하지 아니한다. 또한, 절도행위가 야간에 이루어졌다고 하여 절도행위 자체만으로 주간절도에 비하여 피해자의 심리적 불안감이나 피해 증대 등의 위험성이 커진다고 보기도 어렵다. 나아가, 예컨대 일몰 전에 주거에 침입하였으나 시간을 지체하는 등의 이유로 절취행위가 일몰 후에 이루어진 경우 야간주거침입절도죄로 가중처벌하는 것은 주거침입이 일몰 후에 이루어진 경우와 그 행위의 위험성을 비교하여 볼 때 가혹하다. 한편, 야간주거침입절도죄는 주거에 침입한 단계에서 이미 실행에 착수한 것으로 보아야 한다는 것이 대법원의 확립된 판례인바(대판 2006.9.14. 2006도2824 참조) 만일 주간에 주거에 침입하여 야간에 재물을 절취한 경우에도 야간주거침입절도죄의 성립을 인정한다면, 행위자가 주간에 주거에 침입하여 절도의 실행에는 착수하지 않은 상태에서 발각된 경우 야간에 절취할

의사였다고 하면 야간주거침입절도의 미수죄가 되고 주간절도를 계획하였다고
하면 주거침입죄만 인정된다는 결론에 이르는데, 결국 행위자의 주장에 따라 범
죄의 성립이 좌우되는 불합리한 결과를 초래하게 된다. 위와 같은 여러점들을 종
합하여 보면, 주간에 사람의 주거 등에 침입하여 야간에 타인의 재물을 절취한
행위는 형법 제330조의 야간주거침입절도죄를 구성하지 않은 것으로 봄이 상당
하다"라고 판시하고 있다.[55]

(3) 실행의 착수·기수시기

본죄의 실행의 착수는 사람의 주거 등에 침입할 때이며, 기수시기는 재물을
취득할 때이다.[56]

□ 실행의 착수·기수시기 관련 판례

〈실행의 착수 인정〉

주거침입죄의 실행의 착수는 주거자, 관리자, 점유자 등의 의사에 반하여 주거나 관리
하는 건조물 등에 들어가는 행위, 즉 구성요건의 일부를 실현하는 행위까지 요구하는
것은 아니고 범죄구성요건의 실현에 이르는 현실적 위험성을 포함하는 행위를 개시하
는 것으로 족하므로, 출입문이 열려 있으면 안으로 들어가겠다는 의사 아래 출입문을
당겨보는 행위는 바로 주거의 사실상의 평온을 침해할 객관적인 위험성을 포함하는 행
위를 한 것으로 볼 수 있어 그것으로 주거침입의 실행에 착수한 것으로 보아야 한다(대
판 2006.9.14. 2006도2824).

〈실행의 착수 부정〉

피고인이 이 사건 다세대주택 2층의 불이 꺼져있는 것을 보고 물건을 절취하기 위하여
가스배관을 타고 올라가다가, 발은 1층 방범창을 딛고 두 손은 1층과 2층 사이에 있는
가스배관을 잡고 잇던 상태에서 순찰 중이던 경찰관에게 발각되자 그대로 뛰어내린 사
실을 인정한 후, 이러한 피고인의 행위만으로는 주거의 사실상의 평온을 침해할 현실
적 위험성이 있는 행위를 개시한 때에 해당한다고 보기 어렵다(대판 2008.3.27. 2008도
917).

---

55) 대판 2011.4.14. 2011도300,
56) 피고인이 피해자 경영의 까페에서 야간에 아무도 없는 그곳 내실에 침입하여 장식장 안에
　　들어 있던 정기적금통장 등을 꺼내 들고 까페로 나오던 중 발각되어 돌려준 경우 피고인은
　　피해자의 재물에 대한 소지를 침해하고, 일단 피고인 자신의 지배 내에 옮겼다고 볼 수 있
　　으니 절도의 미수에 그친 것이 아니라 야간주거침입절도의 기수라고 할 것이다(대판
　　1991.4.23. 91도476).

3. 주관적 구성요건

본죄는 주거침입 및 절도의 고의가 있어야 한다. 절도의 고의는 불법영득의 사를 포함한다.

Ⅲ. 특수절도죄

> **제331조【특수절도】** ① 야간에 문호 또는 장벽 기타 건조물의 일부를 손괴하고 전조의 장소에 침입하여 타인의 재물을 절취하는 자는 1년 이상 10년 이하의 징역에 처한다.
> ② 흉기를 휴대하거나 2인 이상이 합동하여 타인의 재물을 절취한 자도 전항과 같다.

1. 의의, 성격

본죄는 '야간에 문호 또는 장벽 기타 건조물의 일부를 손괴하고 주거 등에 침입하여 타인의 재물을 절취하거나, 흉기를 휴대하거나 2인 이상이 합동하여 타인의 재물을 절취함으로써 성립하는 범죄'이다. 특수절도죄는 손괴죄, 주거침입죄, 절도죄의 결합범과 합동절도라는 행위방법을 통해 불법이 가중된 유형이다. 미수범은 처벌한다.

본죄는 2020. 12. 8. '제331조(특수절도) ① 야간에 문이나 담 그 밖의 건조물의 일부를 손괴하고 제330조의 장소에 침입하여 타인의 재물을 절취한 자는 1년 이상 10년 이하의 징역에 처한다. ② 흉기를 휴대하거나 2명 이상이 합동하여 타인의 재물을 절취한 자도 제1항의 형에 처한다'로 개정되었다(2021. 12. 9. 시행).

2. 구성요건

(1) 야간손괴 주거침입절도(제1항)

본죄는 손괴죄와 야간주거침입절도죄의 결합범으로, 행위는 야간에 이루어져야 한다.[57] 손괴는 주거침입을 하기 위한 수단으로, 이러한 행위는 야간에 이루어져야 하므로 주간에 행하여진 경우에는 본죄가 성립하지 않는다.

---

57) 본 죄에서의 '야간'은 야간주거침입절도죄의 그것과 같다.

(가) 실행 행위

실행 행위는 '문호 또는 장벽 기타 건조물의 일부를 손괴하고 주거에 침입하여 타인의 재물을 절취하는 것'이다.

'문호·장벽 기타 건조물의 일부'란 권한없는 자의 침입을 막기 위한 인공적 시설물을 의미한다. 따라서 자연적 장애물은 포함하지 않는다.[58] '손괴'란 건조물 등의 일부를 물리적으로 훼손하여 그 효용을 상실하게 하는 것을 말한다.[59]

□ 손괴 관련 판례

야간에 불이 꺼져 있는 상점의 출입문을 손으로 열어보려고 하였으나 출입문이 하단에 부착 되어 있던 잠금 고리가 잠겨져 있어 열리지 않았는데, 출입문을 발로 걷어차고 잠금 고리의 아래쪽 부착 부분이 출입문에서 떨어져 출입문과의 사이가 뜨게 되면서 출입문이 열려 상점 안으로 침입하여 재물을 절취하였다면, 이는 물리적으로 위장시설을 훼손하여 그 효용을 상실시키는 행위에 해당한다(대판 2004.10.15. 2004도4505).

(나) 실행의 착수와 기수 시기

본죄의 실행의 착수는 건조물 등의 일부를 손괴하기 시작한 때이며,[60] 기수 시기는 재물을 취득할 때이다.

(2) 흉기휴대절도 및 합동절도(제2항)

(가) 흉기휴대절도

본죄는 '흉기를 휴대하고 타인의 재물을 절취하는 것'이다.

① 흉기·휴대

'흉기'란 무기와 같이 처음부터 사람을 살상하기 위해 만들어진 물건을 말한다. 이와 구별되는 개념으로 '위험한 물건'은 사람을 살상하기 위해 만들어진 물건은 아니나 객관적 성질 및 사용방법에 따라서는 사람을 능히 살상할 수 있는 것을 말한다. 이는 구체적인 사안에서 사회통념에 비추어 그 물건을 사용하면 상

---

58) 이재상, 254면.
59) 형법 제331조 제1항에서 정한 '손괴'란 물리적으로 문호 또는 장벽 기타 건조물의 일부를 훼손하여 그 효용을 상실시키는 것을 말한다. 피고인이 창문과 방충망을 창틀에서 분리한 사실만을 인정할 수 있을 뿐, 달리 창문과 방충망을 물리적으로 훼손하여 그 효용을 상실하게 하였음으로 인정할 만한 증거가 없으므로, 제331조 제1항의 특수절도죄의 손괴는 성립하지 않는다(대판 2015.10.29. 2015도7559).
60) 야간에 타인의 주거에 침입하여 건조물의 일부인 방문고리를 손괴하였다면 형법 제331조의 특수절도죄의 실행에 착수한 것이다(대판 1977.7.26. 77도1802).

대방이나 제3자가 곧 살상의 위험을 느낄 수 있는지 여부에 따라 판단하여야 한다.[61] 판례는 흉기와 위험한 물건을 구분하고 있다.[62]

'휴대'란 몸에 지니고 있는 것을 말한다. 그러나 몸 가까이에 두고 언제든지 사용할 수 있는 위치에 있으면 충분하다. 이러한 흉기는 범죄 행위시에 휴대하면 되므로, 처음부터 준비하여 휴대하지 않고, 범행 장소 주변에서 습득한 흉기를 휴대한 경우에도 본죄가 성립한다. 행위자 스스로 흉기를 휴대하고 있다는 것을 인식하면 족하고, 상대방에게 휴대한 사실을 인식시킬 필요는 없다.[63]

② 실행의 착수, 기수시기

주간에 행하여지면 절도죄와 같고, 야간에 이루어지면 야간주거침입절도죄의 실행의 착수, 기수시기와 동일하다.

(나) 합동절도

본죄는 '2인 이상이 합동하여 타인의 재물을 절취함으로써 성립하는 범죄'이다. 합동범의 대해서는 ① 현장에서 실행행위의 분담을 필요로 하는 현장설, ② 총칙상 공동정범과 동일하지만 가중처벌하는 것으로 가중적 공동정범설, ③ 합동이란 개념에 공동정범과 공모공동정범을 포함한다는 공모공동정범설이 있다. 이에 대해 판례는 현장설과 같은 입장이다.[64]

□ 합동범의 현장성 관련 판례

① 2인 이상의 범인이 합동절도의 범행을 공모한 후 1인의 범인만이 단독으로 절도의 실행행위를 한 경우에는 합동절도의 객관적 요건을 갖추지 못하여 합동절도가 성립할 여지가 없는 것이지만, 3인 이상의 범인이 합동절도의 범행을 공모한 후 적어도 2인 이상의 범인이 범행현장에서 시간적, 장소적으로 협동관계를 이루어 절도의 실행행위를 분담하여 절도범행을 한 경우에는 공동정범의 일반이론에 비추어 그 공모에는 참여하

---

61) 대판 1999.11.9. 99도4146.
62) 형법은 흉기와 위험한 물건을 분명하게 구분하여 규정하고 있는바, 형벌법규는 문언에 따라 엄격하게 해석, 적용하여야 하고 피고인에게 불리한 방향으로 지나치게 확장해석하거나 유추해석해서는 아니 된다. 그리고 형법 제331조 제2항에서 '흉기를 휴대하여 타인의 재물을 절취한' 행위를 특수절도죄로 가중하여 처벌하는 것은 흉기의 휴대로 인하여 피해자 등에 대한 위해의 위험이 커진다는 점 등을 고려한 것으로 볼 수 있다. 이에 비추어 위 형법 조항에서 규정한 흉기는 본래 살상용, 파괴용으로 만들어진 것이거나 이에 준할 정도의 위험성을 가진 것으로 봄이 상당하고, 그러한 위험성을 가진 물건에 해당하는지 여부는 그 물건의 본래의 용도, 크기와 모양, 개조 여부, 구체적 범행 과정에서 그 물건을 사용한 방법 등 제반 사정에 비추어 사회통념에 따라 객관적으로 판단할 것이다(대판 2012.6.14. 2012도4175).
63) 임웅, 360면.

였으나 현장에서 절도의 실행행위를 직접 분담하지 아니한 다른 범인에 대하여도 그가 현장에서 절도범행을 실행한 위 2인 이상의 범인의 행위를 자기 의사의 수단으로 하여 합동절도를 범행하였다고 평가할 수 있는 정범성의 표지를 갖추고 있다고 보여지는 한 그 다른 범인에 대하여 합동절도의 공동점범의 성립을 부정할 이유가 없다(대판 1998.5.21. 98도321 전원합의체).

② 피고인은 공소외 갑, 을과 실행행위의 분담을 공모하고 위 공소외인들의 절취행위 장소 부근에서 피고인이 운전하는 차량 내에 대기하여 실행행위를 분담한 사실이 인정되고 다만 위 공소외인들이 범행대상을 물색하는 과정에서 절취행위 장소가 피고인이 대기 중인 차량으로부터 다소 떨어지게 된 때가 있었으나 그렇다고 하여 시간적, 장소적 협동관계에서 일탈하였다고는 보여지지 아니한다(대판 1988.9.13. 88도1197).

② 실행의 착수, 기수시기

흉기휴대절도와 동일하다.

□ 합동절도의 실행의 착수 관련 판례

① 2인이 공모 합동하여 야간에 다른 사람의 재물을 절취하려고 한 사람은 망을 보고 한 사람은 기구를 가지고 출입문의 자물쇠를 떼어내거나, 출입문의 환기창문을 열었다면 특수절도죄의 실행의 착수하였다 할 것이다(대판 1986.7.8. 86도843).

② 피고인들이 합동하여 주간에 피해자의 아파트 출입문 시정장치를 손괴하다가 마침 귀하던 피해자에게 발각되어 도주한 경우에는 2인 이상이 합동하여 야간이 아닌 주간에 절도의 목적으로 타인이 주거에 침입하였다 하여도 아직 절취할 물건의 물색행위를 시작하기 전이라면 특수절도죄의 실행에는 착수한 것으로 볼 수 없는 것이어서 그 미수죄가 성립하지 않는다(대판 2009.12.24. 2009도9667).

---

64) 형법 제331조 제2항 후단의 '2인 이상이 합동하여 타인의 재물을 절취한 자에 관한 규정'은 2인 이상의 범인이 범행현장에서 합동하여 절도의 범행을 하는 경우는 범인이 단독으로 절도 범행을 하는 경우에 비하여 그 범행이 조직적이고 집단적이며 대규모적으로 행하여져 그로 인한 피해도 더욱 커지기 쉬운 반면 그 단속이나 검거는 어려워지고, 범인들의 악성도 더욱 강하다고 보아야 할 것이기 때문에 그와 같은 행위를 통상의 단독 절도범행에 비하여 특히 무겁게 처벌하기 위한 것이다. 합동절도가 성립하기 위하여는 주관적 요건으로 2인 이상의 범인의 공모가 있어야 하고, 개관적 요건으로 2인 이상의 범인이 현장에서 절도의 실행행위를 분담하여야 하며, 그 실행 행위는 시간적, 장소적으로 협동관계가 있음을 요한다(대판 1998.5.21. 98도321 전원합의체).

3. 죄수 및 다른 죄와의 관계

① 야간에 흉기를 휴대하고 건조물 등을 손괴 후 주거에 침입하여 절도한 경우에는 제331조 제1항과 제2항의 상상적 경합이 성립한다.

② 야간에 건조물 등을 손괴한 후 주거에 침입한 경우, 손괴죄와 주거침입죄는 특수절도죄에 흡수되고, 주간의 경우에는 손괴죄와 주거침입죄는 특수절도죄와의 실체적 경합이 된다.

Ⅳ. 자동차 등 불법사용죄

> **제331조의2【자동차 등 불법사용】** 권리자의 동의 없이 타인의 자동차, 선박, 항공기 또는 원동기장치자전거를 일시 사용한 자는 3년 이하의 징역, 500만원 이하의 벌금, 구류 또는 과료에 처한다.

1. 의의, 성격

본죄는 '권리자의 동의 없이 타인의 자동차, 선박, 항공기 또는 원동기장치자전거를 일시 사용함으로써 성립하는 범죄'이다. 본죄는 불법영득의사가 없는 사용절도를 예외적으로 처벌하는 규정으로, 자동차 등을 불법사용함에 따라 발생하는 실질적인 피해를 고려하여 1995년 개정형법에서 신설된 조항이다.

본죄의 보호법익에 대해 ① 자동차 등의 사용에 있으므로 보호법익은 '사용권'이라는 사용권설, ② '소유권'이라는 소유권설이 대립한다. 보호의 정도는 '침해범'이다. 미수범은 처벌한다.

2. 객관적 구성요건

(1) 행위의 객체

행위의 객체는 '자동차, 선박, 항공기 또는 원동기장치자전거[65]'이다.

(2) 실행 행위

실행 행위는 '권리자의 동의 없이 일시 사용하는 것'이다.

---

65) 도로교통법 제2조 제19호 '자동차관리법 제3조에 따른 이륜자동차 가운데 배기량 125시시 이하의 이륜자동차와 배기량 50시시 미만(전기를 동력으로 하는 경우에는 정격출력 0.59 킬로와트 미만)의 원동기를 단 차'를 말한다.

'권리자'는 본죄의 객체의 소유자뿐만 아니라 소유자로부터 동의를 얻거나 위임을 받아 사용하는 사용자도 포함한다. '동의'는 사전에 이루어져야 한다. 동의의 방법으로는 명시적이든 묵시적이든 상관없다. '일시사용'은 권리자의 점유를 일시적으로 배제하고 자동차 등을 본래의 용도로 사용하는 것이다. 이때 권리자가 이를 알고 있는지는 불문한다. 사용은 교통수단으로서의 사용을 의미하므로, 장소의 이동을 하지 않고 단지, 자동차 내부에 앉아 있거나, 잠을 자거나, 음악을 듣는 경우에는 본죄가 성립하지 않는다.

(3) 실행의 착수, 기수시기

본죄의 실행의 착수는 자동차 등의 시동을 건 때이며, 기수는 자동차 등을 본래의 용도로 사용할 때, 즉 어느 정도의 거리를 운행하였을 때 기수가 된다.

□ 자동차등 불법사용죄 관련 판례

피고인이 친구와 함께 삼촌의 카센타를 찾아갔다가 삼촌이 없자 삼촌의 친구 소유의 액센트 승용차를 하루만 운전하고 돌려주려는 생각에서 위 차량을 운전하여 돌아다니다가 불심검문에 걸려 체포되었다면 특수절도죄가 아닌 자동차 등 불법사용죄가 성립한다(대판 1998.9.4. 98도2181).

3 주관적 구성요건

본죄는 고의범으로 행위자가 자동차 등을 동의 없이 일시 사용한다는 점에 대한 인식과 인용이 있어야 한다. 만약 불법영득의사로써 차량을 이용한다면 절도죄가 성립할 수 있다. 일시적인 사용이라고 하더라도 자동차 등의 가치를 현저히 감소시키거나 본래의 장소와 다른 곳에 유기하는 경우에는 일시 사용이라고 볼 수 없다.[66]

---

66) 형법 제331조의2에서 규정하고 있는 자동차 등 불법사용죄는 타인의 자동차 등의 교통수단을 불법영득의 의사 없이 일시 사용하는 경우에 적용되는 것으로서 불법영득의사가 인정되는 경우에는 절도죄로 처벌할 수 있을 뿐, 본죄로 처벌할 수 없다. 일시 사용의 목적으로 타인의 점유를 침탈한 경우에도 이를 반환할 의사없이 상당히 장시간 점유하고 있거나 본래의 장소와 다른 곳에 유기하는 경우에는 이를 일시 사용하는 경우라고는 볼 수 없으므로, 영득의 의사가 없다고 할 수 없다. 소유자의 승낙 없이 오토바이를 타고 가서 다른 장소에 버린 행위는 자동차 등 불법사용죄가 아니라 절도죄가 성립한다(대판 2002.9.6. 2002도3465).

4. 착오

권리자의 동의가 없음에도 불구하고 동의가 있는 것으로 오신하여 자동차 등을 사용한 경우에는 구성요건적 착오가 발생한 것으로 고의를 조각한다. 이와 반대로 권리자의 동의가 있었음에도 불구하고 동의가 없는 것으로 오신한 경우에는 불능범 또는 불능미수가 성립할 수 있다.

5. 죄수

절도죄와 본죄는 법조경합 중 보충관계로, 불법영득의 의사로 자동차 등을 사용한 경우에는 절도죄가 성립할 수 있지만, 불법영득의 의사가 없이 일시 사용한 경우에는 절도죄가 아닌 본죄가 성립한다.

V. 상습절도죄

> **제332조 【상습범】** 상습으로 제329조 내지 제331조의 2의 죄를 범한 자는 그 죄에 정한 형의 2분의 1까지 가중한다.

1. 의의, 성격

본죄는 '절도죄, 야간주거침입절도죄, 특수절도죄 또는 자동차 등 불법사용죄를 범함으로써 성립하는 범죄'이다. 행위자의 상습으로 인해 책임이 가중되는 유형으로, 부진정신분범이다. 미수범은 처벌한다.

2. 행위

본죄가 성립하기 위해서는 상습적으로 절취행위를 하는 경우이다. 상습성을 인정하기 위해서는 수회의 행위를 반복하는 것만으로는 부족하고, 절도습벽의 발현으로 인정되어야 한다.[67] 일반적으로 절도의 범죄경력이 많은 경우 이를 상습

---

67) 절도죄에 있어서 상습성의 인정은 절도행위를 여러 번 하였다는 것만으로 반드시 상습성이 인정된다고는 볼 수 없고, 그 여러 번 행하여진 범행이 절도습성이 발현한 것으로 인정되는 경우에만 상습성이 인정이 가능한 것이라 할 것이요, 그 수회의 범행이 우발적인 동기에서 또는 경제적 사정이 급박한 나머지 범행한 것으로서 범인이 평소에 가지고 있던 절도습성의 발현이라고 볼 수 없는 경우에는 이를 상습절도로 인정할 수 없다(대판 1976.4.13. 76도259).

성을 인정하는 자료로 사용하는데, 절도습벽의 발현이라고 평가되기 어려운 경우에는 상습성이 있다고 볼 수 없다.

3. 공범관계

본죄는 부진정신분범으로, 상습자와 비상습자가 공범관계에 있는 경우에는 형법 제33조 단서규정이 적용된다.

4. 죄수

① 상습으로 인한 수회의 절취행위는 본죄의 포괄일죄가 성립하고, 절도, 야간주거침입절도, 특수절도를 상습적으로 범한 경우에는 가장 중한 죄인 상습특수절도죄의 포괄일죄가 성립한다.[68]

② 상습절도 등의 범행을 한 자가 추가로 자동차 등 불법사용죄의 범행을 한 경우에 그것이 절도 습벽의 발현이라고 보이는 이상, 자동차 등 불법사용죄의 범행은 상습절도 등의 죄에 흡수되어 1죄만이 성립하고, 이와 별개로 자동차 등 불법사용죄는 성립하지 않는다.[69]

③ 상습으로 단순절도를 범한 범인이 상습적인 절도범행의 수단으로 주간에 주거침입을 한 경우에 주간 주거침입행위는 제332조의 상습절도죄와 별개의 주거침입죄를 구성한다.[70]

---

68) 3번의 특수절도사실, 2번의 특수절도미수사실, 1번의 야간주거침입절도사실, 1번의 절도사실들이 상습적으로 반복된 것으로 볼 수 있다면, 이러한 경우에는 그중 법정형이 가장 중한 상습특수절도의 죄에 나머지의 행위를 포괄시켜 하나의 죄만이 성립한다(대판 1975.5.27. 75도1184).
69) 대판 2002.4.26. 2002도429.
70) 실체적 경합범(대판 2015.10.15. 2015도8169).

제3장

강도의 죄

제1절 서 설

Ⅰ. 의의, 보호법익

강도의 죄는 '폭행 또는 협박으로 타인의 재물을 강취하거나 재산상의 이익을 취득함으로써 성립하는 범죄'이다. 본죄는 폭행 또는 협박과 재물강취가 수단과 목적의 관계로 연결된 결합범이고, 재물을 강취하는 점에서 재물죄, 재산상의 이익을 취득하는 점에서 영득죄이다. 또한 불법영득의사 또는 불법이득의사가 있어야 한다. 본죄는 재물과 재산상의 이익을 객체로 하는 사기죄·공갈죄와 같으나 탈취를 수단으로 한다는 점에서 하자있는 의사표시를 수단으로 하는 사기죄·공갈죄와 구별된다. 또한, 폭행·협박을 수단으로 하는 공갈죄와 같으나 본죄는 상대방의 반항을 억압할 정도임에 비해 공갈죄는 의사결정의 자유를 제한할 정도라는 점에서 구별이 된다.

본죄의 보호법익은 '재산권 및 의사결정의 자유 또는 신체의 안전'이며, 침해범이다.

Ⅱ. 강도죄의 구성요건의 체계

강도의 죄는 단순강도죄(제333조)를 기본적 구성요건으로 한다. 특수강도죄 (제334조), 인질강도죄(제336조), 해상강도죄(제340조)는 행위 방법에 의해 불법이 가중된 유형이며, 강도상해·치상죄(제337조), 강도살인·치사죄(제338조), 강도강간죄(제339조)는 강도죄와 상해·살인이 결합 또는 결과적 가중범이다. 상습강도죄(제341조)는 상습으로 인해 책임이 가중되는 유형이며, 준강도죄(제335조)는 독립된 구성요건이다. 미수범(제342조)과 예비·음모(제343조)는 처벌하고, 유기징역에 처할 경우에는 10년 이하의 자격정지를 병과할 수 있다(제345조).

Ⅲ. 특별법

특정범죄가중처벌 등에 관한 법률 제5조의4 제5항 제2호에 의해 가중처벌한다.[1] 강도의 죄는 특정강력범죄의 처벌에 관한 특례법이 적용된다.[2]

제2절 개별적 범죄 유형

Ⅰ. 단순강도죄

> 제333조【강도】폭행 또는 협박으로 타인의 재물을 강취하거나 기타 재산상의 이익을 취득하거나 제3자로 하여금 이를 취득하게 한 자는 3년 이상의 유기징역에 처한다.

1. 의의, 보호법익

본죄는 '폭행 또는 협박으로 타인의 재물을 강취하거나 기타 재산상의 이익

---

1) 제5항「형법」제329조부터 제331조까지, 제333조부터 제336조까지 및 제340조·제362조의 죄 또는 그 미수죄로 세 번 이상 징역형을 받은 사람이 다시 이들 죄를 범하여 누범(累犯)으로 처벌하는 경우에는 다음 각 호의 구분에 따라 가중처벌한다. 제2호「형법」제333조부터 제336조까지의 죄 및 제340조 제1항의 죄(미수범을 포함한다)를 범한 경우에는 무기 또는 10년 이상의 징역에 처한다.
2) 특정강력범죄의 처벌에 관한 특례법 제2조 제1항 제5호.

을 취득하거나 제3자로 하여금 이를 취득하게 함으로써 성립하는 범죄'이다. 보호
법익은 '재산권 및 의사결정의 자유 또는 신체의 안전'이며, 침해범이다. 또한 재
산죄와 폭행, 협박죄의 결합범이다. 미수범과 예비·음모는 처벌한다.

2. 객관적 구성요건

(1) 행위의 객체

행위의 객체는 '타인의 재물 또는 재산상의 이익'이다.

'재물'은 절도죄에서의 재물과 같다. '재산상 이익'이란 경제적 재산상 가치의
증가를 가져올 수 있는 이익을 말한다.[3] 따라서, 불법원인급여에 기한 채무를 면
탈하기 위해 폭행, 협박을 사용하는 경우에도, 반드시 사법상 유효한 재산상이 이
익만을 의미하는 것이 아니므로, 강도죄가 성립한다.

(2) 실행 행위

실행 행위는 '폭행 또는 협박으로 타인의 재물을 강취하거나 재산상의 이익
을 취득하는 것'이다.

(가) 폭행 또는 협박

'폭행'이란 사람에 대하여 직접, 간접의 유형력의 행사를 의미한다. 폭행의
정도는 '최협의'의 폭행으로, 상대방의 반항을 억압할 정도임을 요한다. '협박'이
란 해악을 가할 것을 고지하여 상대방으로 하여금 공포심을 일으키게 하는 것을
말한다. 해악을 고지하는데 있어 내용에는 제한이 없다. 해악을 실현하겠다는 의
사나 실현가능성을 요하지 않는다. 하지만, 피해자는 해악의 내용이 행위자에 의
해 실현이 가능하다고 느껴야 한다.

폭행·협박의 상대방은 직접적으로 재물의 소유자와 점유자에게 행사되지 않
고, 제3자에게 가해져도 상관없다.[4] 간접적으로 재물을 탈취하는데 사용되어지면
족하다.

폭행·협박의 정도는 항거불가능할 정도이면 충분하고 피해자가 현실적으로
반항을 하였는가 또는 현실적으로 폭행·협박을 인식하였는가의 여부는 문제되지
않는다. 따라서 수면 중이 사람, 술에 취한 사람 등을 묶어 놓고 재물을 절취한

---

3) 재산상의 이익은 반드시 사법상 유효한 재산상의 이득만을 의미하는 것이 아니고, 외견상
재산상의 이득을 얻을 것이라고 인정할 수 있는 사실관계만 있으면 족하다(대판 1997.2.25.
96도3411).
4) 대판 1967.6.13. 67도610.

경우에도 본죄가 성립한다.5) 정도의 판단은 행위자 또는 상대방의 주관을 표준으로 할 것이 아니고, 행위자와 상대방의 사정 및 범행 장소, 시각, 행위 자체의 성질, 방법 등 구체적 사정을 종합적으로 고려해서 사회통념에 따라 객관적으로 판단한다.6)

(나) 재물강취

재물의 강취는 폭행·협박에 의해 상대방의 의사에 반하여 타인의 재물을 자기 또는 제3자에게 옮기는 것을 말한다. 의사에 반한 교부인 경우에도 강취에 해당한다. 폭행·협박은 재물을 탈취하기 전에 이루어져야 한다. 그러나 강도의 범의 없이 폭행·협박을 하여도 반항억압의 상태와 재물의 탈취가 시간적으로 극히 밀접하여 전체적, 실질적으로 재물 탈취의 범의를 실현한 행위로 평가할 수 있다면 강도죄가 성립한다.7) 폭행·협박과 재물강취의 사이에는 인과관계가 존재하여야 한다.8)

(다) 재산상 이익의 취득

폭행·협박에 의해 상대방의 의사에 반하여 재산상 이익을 취득하거나 제3자로 하여금 취득하게 하는 것을 말한다. 이익을 취득하는 유형으로는 채권을 포기

---

5) 오영근, 277면.

6) 임웅, 371~372면.

7) 피고인이 강도의 범의 없이 공범들과 함께 피해자의 반항을 억압함에 충분한 정도로 피해자를 폭행하던 중 공범들이 피해자를 계속하여 폭행하는 사이에 피해자의 재물을 취거한 경우에는 피고인 및 공범들의 위 폭행에 의한 반항억압의 상태와 재물의 탈취가 시간적으로 극히 밀접하여 전체적, 실질적으로 재물 탈취의 범의를 실현한 행위로 평가할 수 있으므로 강도죄의 성립을 인정할 수 있고, 그 과정에서 피해자가 상해를 입었다면 강도상해죄가 성립한다고 보아야 한다(대판 2013.12.12. 2013도11899). 강도죄는 재물탈취의 방법으로 폭행·협박을 사용하는 행위를 처벌하는 것이므로 폭행·협박으로 타인의 재물을 탈취한 이상 피해자가 우연히 재물탈취 사실을 알지 못하였다고 하더라도 강도죄는 성립하고, 폭행·협박 당한 자가 탈취당한 재물의 소유자 또는 점유자일 것을 요하지도 아니하며, 강간범인이 부녀를 강간할 목적으로 폭행·협박에 의하여 반항을 억압한 후 반항억압 상태가 계속 중임을 이용하여 재물을 탈취하는 경우에는 재물탈취를 위한 새로운 폭행·협박이 없더라도 강도죄가 성립한다(대판 2010.12.9. 2010도9630).

8) 피고인이 타인에 대하여 반항을 억압함에 충분한 정도의 폭행 또는 협박을 가한 사실이 있다 해도 그 타인이 재물 취거의 사실을 알지 못하는 사이에 그 틈을 이용하여 피고인이 우발적으로 타인의 재물을 취거한 경우에는 위 폭행이나 협박이 재물탈취의 방법으로 사용된 것이 아님은 물론, 그 폭행 또는 협박으로 조성된 피해자의 반항억압의 상태를 이용하여 재물을 취득하는 경우에도 해당하지 아니하여 양자 사이에 인과관계가 존재하지 아니한다 할 것이므로, 위 폭행 또는 협박에 의한 반항억압의 상태가 처음부터 재물 탈취의 계획하에 이루어졌다거나 양자가 시간적으로 극히 밀접되어 있는 등 전체적, 실질적으로 단일한 재물 탈취의 범의의 실현행위로 평가할 수 있는 경우에 해당하지 아니하는 한 강도죄의 성립을 인정하여서는 안 될 것이다(대판 2009.1.30. 2008도10308).

하게 하거나 자신의 채무를 제3자로부터 면하게 하는 경우,[9] 택시기사를 폭행·협박하여 운행하게 한 후 대가를 지불하지 않는 경우, 채무 면탈의 목적으로 피해자를 살해한 경우[10] 등이다. 채무면탈의 목적을 가지고 살해행위에 착수하였다가 미수에 그친 경우에는 강도살인미수죄가 성립한다.[11]

□ 강도죄 관련 판례

〈강도죄 인정〉

① 피해자가 맞은편에서 걸어오는 것을 발견하고 접근하여 미리 준비한 돌멩이로 안면을 1회 강타하여 전치 3주간의 안면부좌상 및 피하출혈상 등을 입히고 가방을 빼앗은 것이라면 피해자의 반항을 억압할 수 있을 정도의 폭행행위에 해당한다(대판 1986.12.23. 86도2203).

② "아리반"(신경안정제) 4알을 탄 우유나 사와가 들어 있는 갑을 휴대하고 다니다가 사람에게 마시게 하여 졸음에 빠지게 하고 그 틈에 그 사람의 돈이나 물건을 빼앗은 경우에 그 수단은 강도죄에서 요구하는 남의 항거를 억압할 정도의 폭행에 해당된다(대판 1979.9.25. 79도1735).

③ 소위 '날치기'와 같이 강제력을 사용하여 재물을 절취하는 행위가 때로는 피해자를 넘어뜨리거나 상해를 입게 하는 경우가 있고, 그러한 결과가 피해자의 반항 억압을 목적으로 함이 없이 점유탈취의 과정에서 우연히 가해진 경우라면 이는 강도가 아니라 절도에 불과하지만, 그 강제력의 행사가 사회통념상 객관적으로 상대방의 반항을 억압하거나 항거 불능케 할 정도의 것이라면 이는 강도죄의 폭행에 해당한다. 그러므로 날치기 수법의 점유탈취 과정에서 이를 알아채고 재물을 뺏기지 않으려는 상대방의 반항에 부딪혔음에도 계속하여 피해자를 끌고 가면서 억지로 재물을 빼앗은 행위는 피해자의 반항을 억압한 후 재물을 강취한 것으로서 강도에 해당한다(대판 2007.12.13. 2007

---

9) 형법 제333조 후단의 강도죄, 이른바 강제이득죄의 요건인 재산상의 이익이란 재물 이외의 재산상의 이익을 말하는 것으로서 적극적 이익(적극적인 재산의 증가)이든 소극적 이익(소극적인 부채의 감소)이든 상관없는 것이고, 강제이득죄는 권리의무관계가 외형상으로라도 불법적으로 변동되는 것을 막고자 함에 있는 것으로서 항거불능이나 반항을 억압할 정도의 폭행 협박을 그 요건으로 하는 강도죄의 성질상 그 권리의무관계의 외형상 변동의 사법상 효력의 유무는 그 범죄의 성립에 영향이 없고, 법률상 정당하게 그 이행을 청구할 수 있는 것이 아니라도 강도죄에 있어서의 재산상의 이익에 해당하는 것이며, 따라서 이와 같은 재산상의 이익은 반드시 사법상 유효한 재산상의 이득만을 의미하는 것이 아니고 외견상 재산상의 이득을 얻을 것이라고 인정할 수 있는 사실관계만 있으면 된다(대판 1994.2.22. 93도428).

10) 술집에 피고인과 술집 주인 두 사람밖에 없는 상황에서 술값의 지급을 요구하는 술집 주인을 살해하고 곧바로 피해자가 소지하던 현금을 탈취한 경우 강도살인죄가 성립한다(대판 1999.3.9. 99도242).

11) 대판 1964.9.8. 64도310.

도7601).

④ 강도죄는 재물탈취의 방법으로 폭행, 협박을 사용하는 행위를 처벌하는 것이므로 폭행, 협박으로 타인의 재물을 탈취한 이상 피해자가 우연히 재물탈취 사실을 알지 못하였다고 하더라도 강도죄는 성립하고, 폭행, 협박당한 자가 탈취당한 재물의 소유자 또는 점유자일 것을 요하지도 아니하며, 강간범인이 부녀를 강간할 목적으로 폭행, 협박에 의하여 반항을 억압한 후 반항억압 상태가 계속 중임을 이용하여 재물을 탈취하는 경우에는 재물탈취를 위한 새로운 폭행, 협박이 없더라도 강도죄가 성립한다(대판 2010.10.29. 2010도9630).

〈강도죄 부정〉

① 채무의 존재가 명백할 뿐만 아니라 채권자의 상속인이 존재하고 그 상속인에게 채권의 존재를 확인할 방법이 확보되어 있는 경우에는 비록 그 채무를 면탈할 의사로 채권자를 살해하더라도 일시적으로 채권자측의 추급을 면한 것에 불과하여 재산상 이익의 지배가 채권자측으로부터 범인 앞으로 이전되었다고 보기는 어려우므로, 이러한 경우에는 강도살인죄가 성립할 수 없다(대판 2004.6.24. 2004도1098).

② 피고인이 비록 칼을 내보이기는 하였으나 피해자(15세)가 피고인에게 "내 돈을 돌려주어"라고 요구했고, 피고인이 피해자에게 시계를 벗어 달라고 했으나 시계는 안주었다는 사실 등으로 보아 그 협박의 정도가 피해자 등의 반항을 억압함에 족한 협박이라고 볼 수 없다(대판 1976.8.24. 76도1932).

(5) 실행의 착수와 기수시기

본죄는 결합범으로 행위 태양인 '폭행·협박'이 개시된 때 실행의 착수가 인정되며, 피해자의 반항이 억압되고 재물 또는 재산상 이익을 취득할 때 기수가 된다. 상대방의 반항을 억압하기에 부족한 폭행·협박이 있거나, 재물을 취득하지 못한 경우에는 미수범의 문제가 된다.

3. 주관적 구성요건

본죄는 주관적 구성요건으로 고의 이외 재물에 대한 불법영득의사, 재산상 이익에 대한 불법이득의 의사가 필요하다. 미필적 고의로도 족하다.

4. 위법성

권리행사를 위해 권리자가 폭행·협박으로 채무자의 재물을 강취한 경우에는

① 권리행사를 위한 것이라도 위법성 조각사유에 해당하지 않는 한 강도죄가 성립한다는 견해, ② 권리 행사의 경우 불법영득의사가 없으므로, 단지 폭행·협박죄만 성립한다는 견해로 나누어진다. 이에 판례는 "채권자로부터 채무자에 대한 외상물품 대금채권의 회수를 의뢰받았다 하더라도 채무자의 반항을 억압할 정도의 폭행과 협박을 가하여 재물 및 재산상 이득을 취득한 이상 이는 정당한 권리행사하고 볼 수 없음이 명백하여 강도죄가 성립한다"라고 판시하고 있다.12)

5. 강도죄와 공갈죄의 구분

강도죄는 피해자의 반항을 억압함에 족한 폭행·협박을 요하고, 공갈죄는 피해자의 임의의사를 제한하는 정도의 폭행·협박임을 요한다.13) 행위자가 반항을 억압할 정도의 폭행·협박을 하였음에도 상대방의 반항이 억압되지 않았다면, 이는 강도미수죄가 성립한다. 또한, 강도의 고의를 가지고 폭행·협박을 하였는데, 객관적으로는 상대방의 의사를 제한하는 정도였다면 공갈죄가 성립한다. 폭행·협박을 하여 상대방이 재물을 교부하는 모습이라고 하여도, 반항이 억압되어 의사에 반해 교부한 것이라면 강도죄가 성립한다.

6. 죄수 및 다른 죄와의 관계

강도죄의 죄수를 결정하는데 있어 보호법익인 재산과 의사의 자유를 고려해야 한다.

① 1인이 점유하는 수인 소유의 재물을 강취하였다면 1개의 강도죄가 성립하는 단순일죄이다.14)

② 수인을 상대로 각각 수인의 재물을 강취하였다면 수개의 강도죄가 성립하는 실체적 경합범이다.15)

---

12) 대판 1995.12.12. 95도2385.
13) 대결 1961.5.12. 4294형상101.
14) 강도가 시간적으로 접착된 상황에서 가족을 이루는 수인에게 폭행·협박을 가하여 집안에 있는 재물을 탈취한 경우 그 재물은 가족의 공동점유 아래 있는 것으로서 이를 탈취하는 행위는 그 소유자가 누구인지에 불구하고 단일한 강도죄의 죄책을 진다(대판 1996.7.30. 96도1285).
15) 피고인이 여관에 들어가 1층 안내실에 있던 여관의 관리인을 칼로 찔러 상해를 가하고, 그로부터 금품을 강취한 다음, 각 객실에 들어가 각 투숙객들로부터 금품을 강취하였다면, 피고인의 위와 같은 각 행위는 비록 시간적으로 접착된 상황에서 동일한 방법으로 이루어지기는 하였으나, 포괄하여 1개의 강도상해죄만을 구성하는 것이 아니라 실체적 경합범의 관계에 있는 것이다(대판 1991.6.25. 91도643).

③ 1개의 행위로 수인의 재물을 강취하였다면 수개의 강도죄의 상상적 경합범이다.[16]

④ 감금행위가 강간죄나 강도죄의 수단이 된 경우에도 감금죄는 강간죄나 강도죄에 흡수되지 아니하고 별죄를 구성하므로, 상상적 경합이 된다.[17] 그러나 감금행위가 단순히 강도상해범행의 수단이 되는 데 그치지 아니하고 강도상해의 범행이 끝난 뒤에도 계속된 경우에는 1개의 행위가 감금죄와 강도상해죄에 해당하는 경우라고 볼 수 없고, 형법 제37조의 경합범 관계에 있다고 보아야 한다.[18]

Ⅱ. 특수강도죄

> 제334조 【특수강도】 ① 야간에 사람의 주거, 관리하는 건조물, 선박이나 항공기 또는 점유하는 방실에 침입하여 제333조의 죄를 범한 자는 무기 또는 5년 이상의 징역에 처한다.
> ② 흉기를 휴대하거나 2인 이상이 합동하여 전조의 죄를 범한 자도 전항의 형과 같다.

1. 의의, 성격

본죄는 '야간에 사람의 주거, 관리하는 건조물, 선박이나 항공기 또는 점유하는 방실에 침입하여 강도죄를 범하거나, 흉기를 휴대하거나 2인 이상이 합동하여 강도죄를 범함으로써 성립하는 범죄'이다. 제1항은 주거침입죄와 강도죄의 결합범인 야간주거침입강도죄이고, 제2항은 흉기휴대강도죄와 합동강도죄로, 강도죄의 불법이 가중되는 구성요건이다. 미수범과 예비·음모는 처벌한다.

2. 구성요건

본죄의 '야간'과 '흉기휴대' 그리고 '합동'은 특수절도죄에서 규정하고 있는 것과 동일하다. 실행의 착수시기에 대해서는 판례는 '주거침입시'[19]와 '폭행·협박

---

16) 피고인이 여관에서 종업원을 칼로 찔러 상해를 가하고 객실로 끌고 들어가는 등 폭행·협박을 하고 있던 중, 마침 다른 방에서 나오던 여관의 주인도 같은 방에 밀어 넣은 후, 주인으로부터 금품을 강취하고 1층 안내실에서 종업원 소유의 현금을 꺼내 갔다면, 여관 종업원과 주인에 대한 각 강도행위가 각별로 강도죄를 구성하되 피고인이 피해자인 종업원과 주인을 폭행·협박한 행위는 법률상 1개의 행위로 평가되는 것이 상당하므로, 위 2죄는 상상적 경합범 관계에 있다.
17) 대판 1997.1.21. 96도2715.
18) 대판 2003.1.10. 2002도4380.

의 행위시'20)로 나누어지고 있다. 기수 시기는 '재물 또는 재산상의 이익을 취득한 때'이다.

3. 죄수

① 제334조 제2항과 같이 합동하여 흉기를 휴대하고 야간에 타인의 주거에 침입하여 강도를 한 경우에는 제334조 제1항과 제2항의 상상적 경합이 성립하고, 제2항에 규정된 요건인 합동하여 흉기를 휴대하고 강도를 한 경우에는 제2항의 포괄1죄가 성립한다.

② 제334조 제1항 특수강도죄는 '주거침입'이라는 요건을 포함하고 있으므로 제334조 제1항 특수강도죄가 성립할 경우 주거침입죄는 별도로 처벌할 수 없고, 제334조 제1항 특수강도에 의한 강도상해가 성립할 경우에도 별도로 주거침입죄를 처벌할 수 없다.21)

Ⅲ. 준강도죄

> 제335조【준강도】절도가 재물의 탈환을 항거하거나 체포를 면탈하거나 죄적을 인멸할 목적으로 폭행 또는 협박을 가한 때에는 전 2조의 예에 의한다.

1. 의의, 성격

본죄는 '절도가 재물의 탈환을 항거하거나 체포를 면탈하거나 죄적을 인멸할 목적으로 폭행 또는 협박을 가함으로써 성립하는 범죄'이다. 폭행 또는 협박이 아닌 절도가 먼저 행해지는 점에서 사후강도죄라고도 한다. 본죄는 목적범이며, 절도와 폭행 또는 협박이 구성요건으로 결합된 결합범이다. 성격은 독립된 구성요건이다.

---

19) 형법 제334조 제1항 소정의 야간주거침입강도죄는 주거침입과 강도의 결합범으로서 시간적으로 주거침입행위가 선행되므로 주거침입을 한 때에 본죄의 실행에 착수한 것으로 볼 것인바, 같은 조 제2항 소정의 흉기휴대 합동강도죄에 있어서도 그 강도행위가 야간에 주거에 침입하여 이루어지는 경우에는 주거침입을 한 때에 실행에 착수한 것으로 보는 것이 타당하다(대판 1992.7.28. 92도917).

20) 형법 제334조 제1, 2항 소정의 특수강도의 실행의 착수는 어디까지나 강도의 실행행위, 즉 사람의 반항을 억압할 수 있는 정도의 폭행 또는 협박에 나아갈 때에 있다 할 것이다(대판 1991.11.22. 91도2296).

21) 대판 2012.12.27. 2012도12777.

본죄는 2020. 12. 8. '제335조(준강도) 절도가 재물의 탈환에 항거하거나 체포를 면탈하거나 범죄의 흔적을 인멸할 목적으로 폭행 또는 협박한 때에는 제333조 및 제334조의 예에 따른다'로 개정되었다(2021. 12. 9. 시행).

2. 객관적 구성요건

(1) 행위의 주체

행위의 주체는 '절도'이다. 주체가 절도인 만큼 단순절도뿐만 아니라 야간주거침입절도, 특수절도, 상습절도도 본죄의 주체가 된다. 절도의 실행의 착수만 있으면 되므로 기수, 미수는 불문한다.[22] 절도행위의 교사범 또는 방조범은 본죄의 주체가 될 수 없다. 이는 시간적·장소적의 근접성이 결여되었다고 볼 수 있기 때문이며, 폭행 또는 협박을 하였다면 폭행 또는 협박죄가 성립하거나, 시간적·장소적의 근접성이 인정된다면 합동범의 문제가 발생할 뿐이다.

(2) 실행 행위

실행 행위는 상대방의 반항을 억압할 정도의 '폭행·협박'이다. 폭행 또는 협박은 항거를 불가능하게 할 정도이면 충분하고 반드시 현실적으로 반항을 억압하였음을 요하지 않는다.[23] 상대방은 절도의 피해자뿐만 아니라 행위자의 목적달성에 방해가 되는 제3자도 될 수 있다.[24] 폭행 또는 협박은 절도의 기회에 행해져야 한다. 이때, 절도행위와 폭행 또는 협박 사이에 시간적·장소적으로 근접해야 한다.

(가) 시간·장소의 근접성

폭행·협박은 절도의 기회에 행해져야 한다.[25] 폭행·협박이 절도와의 시간·

---

22) 형법 제335조의 조문 가운데 '절도' 운운함은 절도기수범죄 절도미수범을 모두 포함하는 것이고, 준강도가 사람을 상해했을 때에는 형법 제337조의 강도상해죄가 성립한다(대판 1990.2.27. 89도2532).

23) 준강도죄에 있어서의 폭행이나 협박은 상대방의 반항을 억압하는 수단으로서 일반적·객관적으로 가능하다고 인정하는 정도의 것이면 되고 반드시 현실적으로 반항을 억압하였음을 필요로 하는 것은 아니다(대판 1981.3.24. 81도409).

24) 피고인이 점유자 또는 소유자의 승낙 없이 물건을 갖고 나오다 경비원에게 발각되어 동인이 절도범인 체포 사실을 파출소에 신고 전화하려는데 피고인이 잘해 보자며 대들면서 폭행을 가한 경우에는, 설사 그 같은 행위가 피고인이 사장도 잘 안다 하며 전화확인을 하자는 제의를 경비원이 거부하면서 내일이나 모래 와서 확인한 후에 가져가라 하자 피고인이 자기의 것이니 무조건 달라고 시비한 끝에 저질러진 것이라 하여도, 그곳이 체포현장이었고 주위 사람에게 도주를 방지케 부탁한 상태 아래 일어난 것이라면 준강도 행위에 해당한다(대판 1984.7.24. 84도1167).

25) 준강도는 절도범인이 절도의 기회에 재물탈환의 항거 등의 목적으로 폭행 또는 협박을 가함으로써 성립되는 것으로서, 여기서 절도의 기회라고 함은 절도범인과 피해자 측이 절도

장소의 근접성이 없다면 준강도죄는 성립하지 않는다.26)

시간적 근접성에 대해서는 ① 폭행·협박은 절도의 실행의 착수 후부터 기수 후까지 사이에 행해져야 하는 견해, ② 절도의 기수 후부터 완료 전에 행해져야 한다는 견해, ③ 절도의 실행의 착수 후부터 종료까지 행해져야 한다는 견해, ④ 절도의 실행의 착수 후부터 절도의 종료 직후까지 행해져야 한다는 견해로 나누어진다. 이에 대해 판례는 "폭행 또는 협박은 절도의 실행에 착수하여 그 실행 중이거나 그 실행 직후 또는 실행의 범의를 포기한 직후로서 사회통념상 범죄행위가 완료되지 아니하였다고 인정될만한 단계에서 행하여짐을 요한다"라고 판시하고 있다.27)28)

장소의 근접성은 절도현장 또는 그 부근에서 행해져야 한다. 추적 중인 경우에도 포함한다.

(3) 준강도죄의 미수와 기수의 구별기준

준강도죄의 미수와 기수의 구별에 대해서 ① 절도의 미수와 기수에 의해 결정된다는 절취행위기준설, ② 폭행·협박에 의해 결정된다는 폭행·협박행위기준설로 나누어진다. 이에 판례는 '절취행위기준설'의 입장이다.29)

의 현장에 있는 경우와 절도에 잇달아 또는 절도의 시간, 장소에 접착하여 피해자 측이 범인을 체포할 수 있는 상황, 범인이 죄적인멸에 나올 가능성이 높은 상황에 있는 경우를 말하고, 그러한 의미에서 피해자 측이 추적태세에 있는 경우나 범인이 일단 체포되어 아직 신병확보가 확실하다고 할 수 없는 경우에는 절도의 기회에 해당한다(대판 2001.10.23. 2001도4142).

26) 피고인이 피해자의 집에서 절도범행을 마친 지 10분가량 지나 피해자의 집에서 200m가량 떨어진 버스정류장이 있는 곳에서 피고인을 절도범인이라고 의심하고 뒤쫓아 온 피해자에게 붙잡혀 피해자의 집으로 돌아왔을 때 비로소 피해자를 폭행한 것은 사회통념상 절도범행이 이미 완료된 이후라 할 것이므로 준강도죄가 성립할 수 없다고 판단하였다(대판 1999.2.26. 98도3321).

27) 준강도는 절도범인이 절도의 기회에 재물탈환·항거 등의 목적으로 폭행 또는 협박을 가함으로써 성립되는 것이므로 그 폭행 또는 협박은 절도의 실행에 착수하여 그 실행중이거나 그 실행 직후 또는 실행의 범의를 포기한 직후로서 사회통념상 범죄행위가 완료되지 아니하였다고 인정될 만한 단계에서 행하여짐을 요한다(대판 1984.9.11. 84도1398).

28) 절도범행의 종료 후 얼마 되지 아니한 단계이고 안전지대에로 이탈하지 못하고 피해자 측에 의하여 체포될 가능성이 남아있는 단계에서 추적당하여 체포되려 하자 구타한 경우에는 절도행위와 그 체포를 면탈하기 위한 구타행위와의 사이에 시간상 및 거리상 극히 근접한 관계에 있다 할 것이므로, 준강도죄가 성립한다(대판 1982.7.13. 82도1352).

29) 형법 제335조에서 절도가 재물의 탈환을 항거하거나 체포를 면탈하거나 죄적을 인멸할 목적으로 폭행 또는 협박을 가한 때에 준강도로서 강도죄의 예에 따라 처벌하는 취지는, 강도죄와 준강도조의 구성요건인 재물탈취와 폭행·협박 사이에 시간적 순서상 전후의 차이가 있을 뿐 실질적으로 위법성이 같다고 보기 때문이다. 그러므로 피해자에 대한 폭행·협박을 수단으로 하여 재물을 탈취하고자 하였으나 그 목적을 이루지 못한 자가 강도미수죄

□ 준강도죄 관련 판례

〈준강도 인정〉

① 피고인들은 승용차를 타고 가다가 현금을 인출하여 나오는 피해자의 가방을 낚아채 었는데, 피해자가 이에 저항하다 힘이 빠져 넘어진 상태에서 승용차에 의해 5m 정도를 끌려가서 왼쪽 무릎과 어깨에 상처를 입었다면 강도치상죄가 성립한다(대판 2007.12.13. 2007도7601).

② 피고인이 19:45경 절취할 목적으로 아파트의 철제난간부분까지 올라갔으나 경비원이 달려오자, 체포를 면탈할 목적으로 드라이버를 경비원의 얼굴에 들이대면서 "너 잡지 마, 잡으면 죽여"라고 말하였다면 준강도미수가 성립한다(대판 2003.10.24. 2003도4417).

③ 갑과 을은 함께 절취를 하다가 현장에서 함께 발각되었다. 피해자가 추격해오자 갑과 을은 서로 다른 길로 도주하였는데, 피해자는 갑을 뒤쫓아 갔고, 갑이 체포를 면하려고 피해자를 협박하였다면 준강도죄의 공동정범이 성립한다(대판 1984.10.10. 84도1887).

〈준강도 부정〉

① 피고인이 피해자의 재물을 절취하였으나 발각되어 피해자가 피고인을 체포하려고 중상을 입을 정도로 폭력을 가하자 피고인이 엉겁결에 곁에 있던 솥뚜껑을 들어 막으려다 솥뚜껑에 스쳐 피해자가 상처를 입었다면 준강도치상죄가 성립하지 아니한다(대판 1990.4.24. 90도193).

② 갑과 을은 절도를 공모하고 갑이 담배창구를 통하여 피해자의 가게에 들어가 절취하고, 을은 망을 보고 있었는데, 인기척이 나므로 을은 그대로 도주해 버렸고, 갑도 나오다가 담배창구에 몸이 걸려 피해자에게 붙들리게 되자 갑이 체포를 면하기 위하여 피해자에게 상처를 입혔다면 준강도상해죄의 공동책임을 지을 수 없다(대판 1984.2.28. 83도3321).

3. 주관적 구성요건

본죄는 고의범으로 절도, 불법영득의 의사, 폭행·협박의 고의가 필요하고, 재물탈환항거, 체포면탈, 죄적인멸의 목적이 있어야 한다. 재물탈환에 항거할 목

로 처벌되는 것과 마찬가지로, 절도미수범인이 폭행·협박을 가한 경우에도 강도미수에 준하여 처벌하는 것이 합리적이라 할 것이다. 만일 강도죄에 있어서는 재물을 강취하여야 기수가 됨에도 불구하고 준강도의 경우에는 폭행·협박을 기준으로 기수와 미수를 결정하게 되면, 재물을 절취하지 못한 채 폭행·협박만 가한 경우에도 준강도죄의 기수로 처벌받게 됨으로써 강도미수죄와의 불균형이 초래된다. 위와 같은 준강도죄의 입법취지, 강도죄와의 균형 등을 종합적으로 고려해 보면, 준강도죄의 기수 여부는 절도행위의 기수 여부를 기준으로 하여 판단하여야 한다고 봄이 상당하다(대판 2004.11.18. 2004도5074 전원합의체).

적으로 폭행·협박은 절도의 기수를 요하나, 체포면탈과 죄적인멸의 목적으로의 폭행·협박은 기수, 미수를 불문한다.

4. 준강도죄의 공동정범

절도의 공동정범 중 1인이 체포를 면탈할 목적으로 폭행 또는 협박을 한 경우 폭행 또는 협박을 하지 않은 다른 공동정범자에 대해 준강도죄를 적용할 수 있는가의 문제이다. 통설은 절도의 공동정범자는 절도의 실행에 대해서 의사를 함께한 것이기 때문에 공동정범자 사이에 폭행 또는 협박의 의사연락이 있었다고 보기 어렵고, 다른 공동정범의 행위까지 기능적으로 지배하였다고 단정할 수 없기 때문에 공동의사의 범위를 초과한 부분에 대해서는 단독정범이 될 뿐, 공동정범이 성립할 수 없다고 한다. 하지만, 판례는 위와 같은 경우 준강도죄의 공동정범을 인정하고 있다.

□ 준강도죄 공동정범 관련 판례

〈준강도죄의 공동정범 인정〉

① 피고인과 원심공동피고인 1, 2, 3 등은 봉고승합차량을 타고 다니면서 행인의 재물을 탈취할 것을 공모하고 합동하여 원심판시 범행일시 및 장소에서 그곳을 지나가는 피해자 유금순을 범행대상으로 지목하고 위 차량을 세운 후 원심 공동피고인 1, 2는 위 차량 안에서 대기하거나 위 차량 주위에서 망을 보고 피고인과 위 윤용선은 위 차량에서 내려 위 피해자에게 다가가서 위 윤용선이 위 피해자가 들고 있던 가방을 나꿔채고 피고인은 위 피해자를 힘껏 떠밀어 콘크리트바닥에 넘어져 상처를 입게 함으로써 추적을 할 수 없게 한 사실이 인정되는바, 피고인들 사이에 사전에 피해자를 밀어 넘어뜨려서 반항을 억압하기로 하는 구체적인 의사연락이 없었다고 하여도 합동하여 절도범행을 하는 도중에 피고인이 체포를 면탈할 목적으로 위 피해자에게 폭행을 가하여 상처를 입혔고 그 폭행의 정도가 피해자의 추적을 억압할 정도의 것이었던 이상 피고인들은 강도상해의 죄책을 면할 수 없는 것이다(대판 1991.11.26. 91도2267).

② 피고인과 원심피고인들이 타인의 재물을 절취하기로 공모한 다음 피고인은 망을 보고 원심피고인들이 재물을 절취한 다음 달아나려다가 피해자에게 발각되자 체포를 면탈할 목적으로 피해자를 때려 상해를 입혔다면 피고인도 이를 전연 예견하지 못했다고 볼 수 없어 강도상해죄의 죄책을 면할 수 없다(대판 1989.12.12. 89도1991).

③ 피고인은 제1심 공동피고인 1, 2 및 공소외인과 합동하여 박종석이 경영하는 대성서점에 이르러 제1심 공동피고인 1과 2는 망을 보고 피고인과 공소외인은 미리 준비한 절단기로 서점 샷타문 자물쇠를 절단하고 서점 내에 들어가 현금 등을 절취한 후 주민

의 신고를 받고 경찰관이 위 절취현장에 출동하자 피고인과 공소외인이 약 50미터가량 도주하다가 공소외인은 우연히 그곳을 지나다가 뒤쫓아온 피해자에게 체포를 면탈할 목적으로 소지하고 있던 제도용 면도칼로 그의 얼굴을 1회 그어 그에게 약 2주간의 치료를 요하는 안면부열상 및 우측 귀바퀴 다발성열상을 입힌 사실이 인정되는바, 사실이 위와 같다면 피고인이 범행이 발각되어 함께 도망가던 공소외인이 추격하는 피해자에게 체포를 면탈할 목적으로 위와 같은 상해를 입힐 것을 전혀 예기치 못한 것으로는 볼 수 없다 할 것이므로 그 결과에 대하여 형법 제337조, 제335조의 강도상해죄가 성립된다(대판 1988.2.9. 87도2460).

〈준강도죄의 공동정범 부정〉

① 준강도가 성립하려면 절도가 절도행위의 실행중 또는 실행 직후에 체포를 면탈할 목적으로 폭행, 협박을 한 때에 성립하고 이로써 상해를 가하였을 때에는 강도상해죄가 성립되는 것이고 공모합동하여 절도를 한 경우 범인 중의 하나가 체포를 면탈할 목적으로 폭행을 하여 상해를 가한 때에는 나머지 범인도 이를 예기하지 못한 것으로 볼 수 없으면 강도상해죄의 죄책을 면할 수 없다 할 것인바, 피고인이 원심 상피고인 황○○의 위 폭행행위에 대하여 사전양해나 의사의 연락이 전혀 없었고, 원심상 피고인과 이건 절도를 공모함에 있어 범행장소가 빈 가게로 알고 있었고 황○○이 담배창구를 통하여 손으로 담배를 훔쳐내고 이어 창구를 통하여 가게에 들어가 물건을 절취하고 피고인은 가게 밖에서 망을 보던 중 예기치 않던 인기척 소리가 나므로 도주해버린 이후에 위 황○○이 담배가게 위 창구로 다시 나오려다가 창구에 몸이 걸려 빠져 나오지 못하게 되어 피해자에게 손을 붙들리자 체포를 면탈할 목적으로 피해자에게 폭행을 가하여 상해를 입힌 것이고 피고인으로서는 위 피해자가 대문을 열고 담배가게에 나오고, 위 황○○은 인기척을 듣고 판시와 같은 자그만 담배창구로 몸을 밀어 빠져 나오는데 시간이 지체되었을 것이고 피고인은 그동안 상당한 거리를 도주하였을 것으로 추정되는바 이러한 상황하에서는 피고인이 위 황○○의 폭행행위를 전연 예기할 수 없었다고 보여지므로 같은 견해에서 피고인에게 준강도상해죄의 공동책임을 지울 수 없다(대판 1984.2.28. 83도3321).

5. 죄수 및 다른 죄와의 관계

① 절도범이 체포를 면탈할 목적으로 체포하려는 여러 명의 피해자에게 같은 기회에 폭행을 가하여 그중 1인에게만 상해를 가하였다면 이러한 행위는 포괄하여 하나의 강도상해죄만 성립한다.[30]

---

30) 대판 2001.8.21. 2001도3447.

② 절도범인이 체포하려는 경찰관에 대해 폭행·협박을 가한 때에는 준강도죄와 공무집행방해죄를 구성하고 상상적 경합관계에 있다. 강도범인이 체포를 면탈할 목적으로 경찰관에게 폭행을 가한 때에는 강도죄와 공무집행방해죄는 실체적 경합관계에 있다.[31]

③ 절도가 재물을 절취한 후 피해자를 강간할 목적으로 폭행·협박하였다면, 절도죄와 강간죄의 실체적 경합관계에 있다.

Ⅳ. 인질강도죄

> **제336조 【인질강도】** 사람을 체포·감금·약취 또는 유인하여 이를 인질로 삼아 재물 또는 재산상의 이익을 취득하거나 제3자로 하여금 이를 취득하게 한 자는 3년 이상의 유기징역에 처한다.

1. 의의, 보호법익

본죄는 '사람을 체포·감금·약취 또는 유인하여 이를 인질로 삼아 재물 또는 재산상의 이익을 취득하거나 제3자로 하여금 이를 취득하게 하게 함으로써 성립하는 범죄'이다. 체포·감금죄 또는 약취·유인죄와 공갈죄가 결합된 결합범이다. 보호법익으로는 '인질의 자유와 생명 및 재산'이며, 보호의 정도는 '침해범'이다. 미수범과 예비·음모는 처벌한다.

2. 객관적 구성요건

(1) 행위의 객체

행위의 객체는 '사람'이다. 사람은 미성년자이든 성년이든 제한이 없다.

(2) 실행 행위

실행 행위는 '체포·감금·약취 또는 유인하여 이를 인질로 삼아 재물 또는 재산상의 이익을 취득하거나 제3자로 하여금 이를 취득하게 하는 것'이다.

'체포·감금·약취 또는 유인'은 각 죄에서의 행위와 동일하다. '인질'은 재물 또는 재산상의 이익의 피해자와 동일할 필요는 없다. 행위자가 인질을 대상으로 재물 또는 재산상의 이익을 취득하거나 인질을 대상으로 다른 사람에게 재물 및

---

31) 대판 1992.7.28. 92도917.

재산상의 이익을 요구하여 취득하여도 된다. '인질로 삼아'는 '체포·감금·약취 또는 유인된 자의 생명, 신체 등의 안전에 관한 제3자의 우려를 이용하여 석방이나 생명, 신체에 대한 안전을 보장하는 대상으로 재물 또는 재산상의 이익을 취득하기 위하여 인질의 자유를 구속하는 것'이다.

(3) 실행의 착수 및 기수 시기

실행의 착수시기에 대해서는 체포·감금·약취 또는 유인을 개시한 때와 석방 등의 대상으로 재물 또는 재산상의 이익을 요구한 때에 있다고 나누어진다. 기수 시기는 재물 또는 재산상의 이익을 취득한 때이다.

3. 주관적 구성요건

본죄는 고의범으로 본죄의 고의와 영득의사로써의 불법영득의사가 필요하다.

V. 강도상해·치상죄

> 제337조【강도상해, 치상】강도가 사람을 상해하거나 상해에 이르게 한 때에는 무기 또는 7년 이상의 징역에 처한다.

1. 의의, 보호법익

본죄는 '강도가 사람을 상해하거나 상해에 이르게 함으로써 성립하는 범죄'이다. 강도상해죄는 강도죄와 상해죄의 결합범이고, 강도치상죄는 강도죄와 과실치상죄의 결합범이면서, 강도로 인해 사람에게 상해에 이르게 하는 결과적 가중범이다. 보호법익은 '신체의 건강과 재산'이며, 보호의 정도는 '침해범'이다. 미수범과 예비·음모는 처벌한다.

2. 객관적 구성요건

(1) 행위의 주체

행위의 주체는 '강도'이다. 본죄의 강도는 단순강도, 특수강도, 준강도,[32) 인

---

32) 형법 제337조에서 말하는 강도 중에는 형법 제333조의 조를 범한 강도뿐만 아니라 형법 제335조에 의하여 강도로서 논할 범인 즉 준강도 포함되는 것으로 해석할 것이므로 원심이 피고인에 대한 소론 준강도상해의 범죄사실을 형법 제337조의 강도상해죄로 의율처단한 조치는 정당하다(대판 1984.1.24. 83도3043).

질강도 모두가 포함되고, 실행에 착수한 이상 미수, 기수는 불문한다.33) 그러나
예비·음모 단계의 강도는 포함되지 않는다.

(2) 실행 행위

강도상해죄에서 '상해'는 고의로써 상대방에게 상해를 가하는 경우이고, 강도
치상죄에서의 '상해에 이르게 하는 것'은 상해의 고의 없이 과실로 인하여 상대방
에게 상해의 결과를 발생시키는 경우이다. 본죄에서 상대방은 피해자 이외 제3자
도 포함한다.

상해 또는 치상의 결과는 강도가 상대방에 대한 폭행·협박을 수단으로 할
때 발생될 것을 요하지 않고, 강도의 기회에 발생하면 충분하다.34) 그러나 피해
자의 적극적인 체포행위과정에서 스스로의 행위의 결과로 입은 상해는 본죄가 성
립하지 않는다.35)

본죄는 결과범이므로 강도행위와 상해사이에 인과관계가 인정되어야 한
다.36) 따라서 인과관계가 부정되는 경우에는 본죄가 아니라 강도죄 또는 과실치

33) 강도의 범인이 강도의 기회에 사람을 상해하여 상해의 결과가 발생하면 형법 제337조 전
   단의 강도상해죄의 기수가 되는 것이고, 거기에 반드시 재물탈취의 목적달성을 필요로 하
   는 것은 아닌 것이다. 소론은 재물의 강취가 미수에 그치거나 상해의 결과가 경미한 경우
   에는 강도상해죄의 미수범으로 처단하여야 한다는 것이나 이는 독단의 견해로서 받아들일
   수 없다(대판 1988.2.9. 87도2492).
34) 형법 제337조의 강도상해죄는 강도범인이 그 강도의 기회에 상해행위를 함으로써 성립하
   는 것이므로 강도범행의 실행 중이거나 그 실행 직후 또는 실행의 범의를 포기한 직후로서
   사회통념상 범죄행위가 완료되지 아니하였다고 볼 수 있는 단계에서 상해가 행하여짐을
   요건으로 한다. 그러나 반드시 강도범행의 수단으로 한 폭행에 의하여 상해를 입힐 것을
   요하는 것은 아니고 상해행위가 강도가 기수에 이르기 전에 행하여 져야 하는 것은 아니므
   로, 강도범행 이후에도 피해자를 계속 끌고 다니거나 차량에 태우고 함께 이동하는 등으로
   강도범행으로 인한 피해자의 심리적 저항불능 상태가 해소되지 않은 상태에서 강도범인의
   상해행위가 있었다면 강취행위와 상해행위 사이에 다소의 시간적·공간적 간격이 있었다
   는 것만으로는 강도상해죄의 성립에 영향이 없다(대판 2014.9.26. 2014도9567).
35) 강도상해죄는 강도가 사람을 상해한 경우에 성립하는 것이므로, 도주하는 강도를 체포하기
   위해 뒤에서 덮쳐 오른손으로 목을 잡고, 왼손으로 앞부분을 잡는 순간 강도가 들고 있던
   벽돌에 끼어 있는 철사에 찔려 부상을 입었다거나, 또는 도망하려는 공범을 뒤에서 양팔로
   목을 감싸 잡고 내려오다 같이 넘어져 부상을 입은 경우라면, 위 부상들은 피해자들의 적
   극적인 체포행위과정에서 스스로의 행위의 결과로 입은 부상이어서 위 부상의 결과에 대
   하여 강도상해죄로 의율할 수 없다(대판 1985.7.9. 85도1109).
36) 폭행 또는 협박으로 타인의 재물을 강취하려는 행위와 이에 극도의 흥분을 느끼고 공포심
   에 사로잡혀 이를 피하려다 상해에 이르게 된 사실과는 상당인과관계가 있다 할 것이고 이
   경우 강취 행위자가 상해의 결과의 발생을 예견할 수 있었다면 이를 강도치상죄로 다스릴
   수 있다. 피고인이 피해자와 함께 도박을 하다가 돈 3,200만원을 잃자 도박을 할 때부터
   같이 있었던 일행 2명 외에 후배 3명을 동원한 데다가 피고인은 식칼까지 들고 위 피해자
   로부터 돈을 빼앗으려고 한 점, 위 피해자는 이를 피하려고 도박을 하고 있었던 위 집 안

상죄가 성립될 뿐이다.

(3) 미수·기수시기

본죄의 기수 또는 미수는 상해의 기수 또는 미수에 따라 결정된다. 강도의
기수·미수와는 무관하다.[37][38] 강도치상죄는 상해의 결과가 발생하면 기수가 되
고, 결과적 가중범으로 미수는 인정되지 않는다.

3. 주관적 구성요건

강도상해죄는 강도와 상해에 대한 고의와 불법영득의사가 필요하고, 강도치
상죄는 강도에 대한 고의와 치상에 대한 과실 그리고 불법영득의사가 필요하다.

4. 공범

강도의 공동정범 중 1인이 강도의 기회에 상해 또는 치상의 결과를 발생시킨
경우에 다른 공동정범자에게도 본죄의 죄책을 인정할 수 있는가에 대해서 통설은
공동정범은 공동의사의 범위 내에서만 성립하므로 강도의 폭행·협박에 대해서는
의사 연락이 있지만 상해 또는 치상에 대한 공동의사가 인정되지 않으므로 공동
의사가 없는 공범자에게는 강도상해죄의 죄책을 물을 수는 없다. 또한 강도치상

방 출입문을 잠그면서 출입문이 열리지 않도록 완강히 버티고 있었던 점, 이에 피고인이
위 피해자에게 "이 새끼 죽여 버리겠다"고 위협하면서 위 출입문 틈 사이로 위 식칼을
집어넣어 잠금장치를 풀려고 하고 발로 위 출입문을 수회 차서 결국 그 문을 열고 위 안
방 안으로 들어 왔으며, 칼을 든 피고인 외에도 그 문 밖에 피고인의 일행 5명이 있어
그 문을 통해서는 밖으로 탈출하기가 불가능하였던 점 등을 종합하여 보면 피고인의 위
폭행·협박행위와 위 피해자의 상해 사이에는 상당인과관계가 있고, 피고인으로서는 위
피해자가 위 도박으로 차지한 금원을 강취당하지 않기 위하여 반항하면서 경우에 따라
서는 베란다의 외부로 통하는 창문을 통하여 위 주택 아래로 뛰어내리는 등 탈출을 시도
할 가능성이 있고 그러한 경우에는 위 피해자가 상해를 입을 수 있다는 예견도 가능하였
다고 봄이 상당하므로, 피고인의 위 범죄사실은 강도치상죄를 구성한다(대판 1996.7.12.
96도1142).
37) 절도범이 체포를 면탈할 목적으로 폭행을 가하여 피해자에게 상해의 결과를 발생케 한 경
우에는 비록 재물의 절취는 미수에 그쳤다 할지라도 강도상해죄의 기수범으로 보아야 한
다(대판 1971.1.26. 70도2518).
38) 성폭력범죄의 처벌 및 피해자보호 등에 관한 법률 제9조 제1항에 의하면 같은 법 제6조 제
1항에서 규정하는 특수강간의 죄를 범한 자뿐만 아니라, 특수강간이 미수에 그쳤다고 하더
라도 그로 인하여 피해자가 상해를 입었으면 특수강간치상죄가 성립하는 것이고, 같은 법
제12조에서 규정한 위 제9조 제1항에 대한 미수범 처벌규정은 제9조 제1항에서 특수강간
치상죄와 함께 규정된 특수강간상해죄의 미수에 그친 경우, 즉 특수강간의 죄를 범하거나
미수에 그친 자가 피해자에 대하여 상해의 고의를 가지고 피해자에게 상해를 입히려다가
미수에 그친 경우 등에 적용된다(대판 2008.4.24. 2007도10058).

죄에 있어서도 다른 공범자가 초과실행한 중한 결과에 대해서 예견가능성이 인정되는 경우에 한하여 강도치상죄가 성립한다고 한다. 판례는 상해에 대한 고의 및 공동의사가 없는 공범자에게도 공동정범을 인정하고 있다.

□ 강도상해죄의 공범 관련 판례

① 을은 갑과 공모한 대로 과도를 들고 강도를 하기 위하여 피해자의 거소에 들어가 피해자를 향하여 칼을 휘두른 이상 이미 강도의 실행행위에 착수한 것임이 명백하고, 을이 피해자를 과도로 찔러 상해를 가하였다면 갑이 을과 구체적으로 상해를 가할 것까지 공모하지 않았다 하더라도 피고인은 상해의 결과에 대하여도 공범으로서의 책임을 면할 수 없다(대판 1998.4.14. 98도356).
② 행위자 상호간에 범죄의 실행을 공모하였다면 다른 공모자가 이미 실행에 착수한 이후에는 그 공모관계에서 이탈하였다고 하더라도 공동정범의 책임을 면할 수 없는 것이므로 피고인 등이 금품을 강취할 것을 공모하고 피고인은 집 밖에서 망을 보기로 하였으나, 다른 공모자들이 피해자의 집에 침입한 후 담배를 사기 위해서 망을 보지 않았다고 하더라도 피고인은 강도상해죄의 공동정범의 죄책을 면할 수가 없다(대판 1984.1.31. 83도2941).
③ 강도공범자 중의 1인이 강도의 기회에 피해자에게 폭력을 가하여 상해를 입힌 경우에 구체적으로 상해에 관하여는 공모하지 않았다 하더라도 폭행으로 생긴 결과에 대하여 공범으로서의 책임을 진다(대판 1988.12.13. 88도1844).

5. 죄수

강도가 서로 다른 시기에 다른 장소에서 수인의 피해자들에게 각기 폭행 또는 협박을 하여 각 그 피해자들의 재물을 강취하고, 그 피해자들 중 1인을 상해한 경우에는, 각기 별도로 강도죄와 강도상해죄가 성립하는 것임은 물론, 법률상 1개의 행위로 평가되는 것도 아닌바, 피고인이 여관에 들어가 1층 안내실에 있던 여관의 관리인을 칼로 찔러 상해를 가하고, 그로부터 금품을 강취한 다음, 각 객실에 들어가 각 투숙객들로부터 금품을 강취하였다면, 피고인의 위와 같은 각 행위는 비록 시간적으로 접착된 상황에서 동일한 방법으로 이루어지기는 하였으나, 포괄하여 1개의 강도상해죄만을 구성하는 것이 아니라 실체적 경합범의 관계에 있는 것이라고 할 것이다.[39]

---

39) 대판 1991.6.25. 91도643.

Ⅵ. 강도살인·치사죄

> **제338조【강도살인, 치사】**강도가 사람을 살해한 때에는 사형 또는 무기징역에 처한다. 사망에 이르게 한 때에는 무기 또는 10년 이상의 징역에 처한다.

1. 의의, 보호법익

본죄는 '강도가 사람을 살해하거나 사망에 이르게 함으로써 성립하는 범죄' 이다. 강도살인죄는 강도죄와 살인죄의 결합범이고, 강도치사죄는 강도죄와 과실 치사죄의 결합범이면서, 강도로 인해 사람에게 사망에 이르게 하는 결과적 가중 범이다. 보호법익은 '사람의 생명과 재산'이며, 보호의 정도는 '침해범'이다. 미수 범과 예비·음모는 처벌한다.

2. 객관적 구성요건

(1) 행위의 주체

행위의 주체는 '강도'이다. 범위는 강도상해·치상죄와 동일하다.

(2) 실행 행위

강도살인죄에서 살해는 살인에 대한 고의, 강도치사죄에서의 사망에 이르게 하는 것은 과실로 인하여 사망의 결과를 발생시키는 경우이다. 살해 또는 치사의 결과는 강도가 상대방에 대한 폭행·협박을 수단으로 할 때 발생될 것을 요하지 않고, 강도의 기회에 발생하면 충분하다.[40] 강도치사죄는 결과적 가중범으로 강 도행위와 사망 사이에 인과관계 및 예견가능성이 있어야 한다.

---

40) 강도살인이라 함은 강도범인이 강도의 기회에 살인행위를 함으로써 성립하는 것이므로, 강 도범행의 실행 중이거나 그 실행 직후 또는 실행의 범의를 포기한 직후로서 사회통념상 범 죄행위가 완료되지 아니하였다고 볼 수 있는 단계에서 살인이 행하여짐을 요건으로 한다. 강도범행 직후 신고를 받고 출동한 경찰관이 위 범행 현장으로부터 약150m 지점에서, 화 물차를 타고 도주하는 피고인을 발견하고 순찰차로 추적하여 격투 끝에 피고인을 붙잡았 으나 피고인이 너무 힘이 세고 반항이 심하여 수갑도 채우지 못한 채 피고인을 순찰차에 억지로 밀어넣고서 파출소로 연행하고자 하였는데 그 순간 피고인이 체포를 면하기 위하 여 소지하고 있던 과도로써 옆에 앉아 있던 경찰관을 찔러 사망케 하였다면 피고인의 위 살인행위는 강도행위와 시간상 및 거리상 극히 근접하여 사회통념상 범죄행위가 완료되지 아니한 상태에서 이루어진 것이라고 보여지므로(위 살인행위 당시에 피고인이 체포되어 신체가 완전히 구속된 상태이었다고 볼 수 없다), 원심이 피고인을 강도살인죄로 적용하여 처벌한 것은 옳다(대판 1996.7.12. 96도1108).

□ 강도상인·치사 공범 관련 판례

① 피고인들이 등산용 칼을 이용하여 노상강도를 하기로 공모한 사건에서 범행당시 차안에서 망을 보고 있던 피고인 갑이나 등산용 칼을 휴대하고 있던 피고인 을과 함께 차에서 내려 피해자로부터 금품을 강취하려 했던 피고인 병으로서는 그때 우연히 현장을 목격하게 된 다른 피해자를 피고인 을이 소지 중인 등산용 칼로 살해하여 강도살인행위에 이를 것을 전혀 예상하지 못하였다고 할 수 없으므로 피고인들(갑과 병) 모두는 강도치사죄로 의율 처단함이 옳다(대판 1990.11.27. 90도2262).
② 피고인들이 사전에 금품강취범행을 모의하고 전원이 범행현장에 임하여 각자 범죄의 실행을 분담하였으며 그 과정에 피고인(갑)을 제외한 나머지 3명이 모두 과도 또는 쇠파이프 등을 휴대하였고, 쇠파이프를 휴대한 피고인(을)이 위 피해자를 감시하였던 상황에 비추어 피고인(을)이 피해자를 강타, 살해하리라는 점에 관하여 나머지 피고인들도 예기할 수 없었다고는 보여지지 아니하므로 피고인들을 모두 강도살인죄의 정범으로 처단함은 정당하다(대판 1984.2.28. 83도3162).
③ 강도살인죄가 성립하려면 먼저 강도죄의 성립이 인정되어야 하고, 강도죄가 성립하려면 불법영득(또는 불법이득)의 의사가 있어야 하며, 형법 제333조 후단 소정의 이른바 강제이득죄의 성립요건인 '재산상 이익의 취득'을 인정하기 위하여는 재산상 이익이 사실상 피해자에 대하여 불이익하게 범인 또는 제3자 앞으로 이전되었다고 볼 만한 상태가 이루어져야 하는데, 채무의 존재가 명백할 뿐만 아니라 채권자의 상속인이 존재하고 그 상속인에게 채권의 존재를 확인할 방법이 확보되어 있는 경우에는 비록 그 채무를 면탈할 의사로 채권자를 살해하더라도 일시적으로 채권자 측의 추급을 면한 것에 불과하여 재산상 이익의 지배가 채권자 측으로부터 범인 앞으로 이전되었다고 보기는 어려우므로, 이러한 경우에는 강도살인죄가 성립할 수 없다(대판 2004.6.24. 2004도1098).

(3) 기수시기

강도살인죄의 기수 또는 미수는 살인의 기수 또는 미수에 따라 결정된다. 강도의 기수·미수와는 무관하다. 강도치사죄는 사망의 결과가 발생하면 기수가 되고, 결과적 가중범으로 미수는 인정되지 않는다.

3. 주관적 구성요건

강도살인죄는 강도와 살인에 대한 고의와 불법영득의사가 필요하고, 강도치사죄는 강도에 대한 고의와 사망에 대한 과실 그리고 불법영득의사가 필요하다.

4. 공범

수인이 합동하여 강도를 한 경우 그중 1인이 사람을 살해하는 행위를 하였다면 그 범인은 강도살인죄의 기수 또는 미수의 죄책을 지는 것이고 다른 공범자도 살해행위에 관한 고의의 공동이 있었으면 그 또한 강도살인죄의 기수 또는 미수의 죄책을 지는 것이 당연하다 하겠으나, 고의의 공동이 없었으면 피해자가 사망한 경우에는 강도치사의, 강도살인이 미수에 그치고 피해자가 상해만 입은 경우에는 강도상해 또는 치상의, 피해자가 아무런 상해를 입지 아니한 경우에는 강도의 죄책만 진다.[41]

Ⅶ. 강도강간죄

> 제339조 【강도강간죄】 강도가 사람을 강간한 때에는 무기 또는 10년 이상의 징역에 처한다.

1. 의의, 보호법익

본죄는 '강도가 사람을 강간함으로써 성립하는 범죄'이다. 강도강간죄는 강도죄와 강간죄의 결합범이다. 보호법익은 '사람의 성적 결정의 자유와 재산'이며, 보호의 정도는 '침해범'이다. 미수범과 예비·음모는 처벌한다.

2. 객관적 구성요건

(1) 행위의 주체

행위의 주체는 '강도'이다. 범위는 강도상해·치상죄와 동일하다. 강간범이 강도를 한 경우에는 본죄가 성립하지 않고 강간죄와 강도죄의 실체적 경합범이 된다.[42]

---

41) 대판 1991.11.12. 91도2156.
42) 강간범이 강간행위 후에 강도의 범의를 일으켜 그 부녀의 재물을 강취하는 경우에는 형법상 강도강간죄가 아니라 강간죄와 강도죄의 경합범이 성립될 수 있을 뿐인바, 성폭력범죄의 처벌 및 피해자보호 등에 관한 법률 제5조 제2항은 형법 제334조(특수강도) 등의 죄를 범한 자가 형법 제297조(강간) 등의 죄를 범한 경우에 이를 특수강도강간 등의 죄로 가중하여 처벌하고 있으므로, 다른 특별한 사정이 없는 한 강간범이 강간의 범행 후에 특수강도의 범의를 일으켜 그 부녀의 재물을 강취한 경우에는 이를 성폭력범죄의 처벌 및 피해자

(2) 실행 행위

실행 행위는 강도가 사람을 강간하는 것이다. 강간은 강도의 기회에 행해지면 충분하다. 강도 현장에서 강간을 하였다면 강도의 대상과 강간의 대상이 다른 경우에도 강도강간죄가 성립한다.[43]

(3) 기수시기

본죄의 기수 또는 미수는 강간의 기수 또는 미수에 따라 결정된다. 강도의 기수·미수와는 무관하다.[44]

3. 주관적 구성요건

본죄는 강도와 강간에 대한 고의와 불법영득의사가 필요하다.

4. 공범

강도의 현장에서 다른 공범이 피해자에게 상해를 입혔다 하더라도 그와 공모 공동하여 강도강간을 한 자는 위 공범이 범한 강도상해죄의 죄책을 면할 수 없다.[45]

5. 죄수 및 다른 죄와의 관계

① 강도가 피해자에게 상해를 입혔으나 재물의 강취에는 이르지 못하고 그 자리에서 항거불능 상태에 빠진 피해자를 간음한 경우에는 강도상해죄와 강도강간죄만 성립하고, 그 실행행위의 일부인 강도미수 행위는 위 각 죄에 흡수되어 별개의 범죄를 구성하지 않는다.[46]

② 강도가 재물강취의 뜻을 재물의 부재로 이루지 못한 채 미수에 그쳤으나 그 자리에서 항거불능의 상태에 빠진 피해자를 간음할 것을 결의하고 실행에 착수했으나 역시 미수에 그쳤더라도 반항을 억압하기 위한 폭행으로 피해자에게 상

보호 등에 관한 법률 제5조 제2항 소정의 특수강도강간죄로 의율할 수 없다(대판 2002.2.8. 2001도6425).
43) 피고인이 강도하기로 모의를 한 후 피해자 갑남으로부터 금품을 빼앗고 이어서 피해자 을녀를 강간하였다면 강도강간죄를 구성한다(대판 1991.11.12. 91도2241).
44) 형법 제339조의 강도강간죄는 강도범인이 강도의 기회에 강간행위를 한 경우에 성립되는 것으로서 강도가 실행에 착수하였으나 아직 강도행위를 완료하기 전에 강간을 한 경우도 이에 포함된다(대판 1984.10.10. 84도1880).
45) 대판 1987.5.26. 87도832.
46) 대판 2010.4.29. 2010도1099.

해를 입힌 경우에는 강도강간미수죄와 강도치상죄의 상상적 경합으로 본다.[47]

Ⅷ. 해상강도죄

> 제340조 【해상강도】 ① 다중의 위력으로 해상에서 선박을 강취하거나 선박 내에 침입하여 타인의 재물을 강취한 자는 무기 또는 7년 이상의 징역에 처한다.
> ② 제1항의 죄를 범한 자가 사람을 상해하거나 상해에 이르게 한 때에는 무기 또는 10년 이상의 징역에 처한다
> ③ 제1항의 죄를 범한 자가 사람을 살해 또는 사망에 이르게 하거나 강간한 때에는 사형 또는 무기징역에 처한다.

1. 의의, 보호법익

제1항 해상강도죄는 '다중의 위력으로 해상에서 선박을 강취하거나 선박 내에 침입하여 타인의 재물을 강취함으로써 성립하는 범죄'이고, 제2항 해상강도상해·치상죄는 '해상강도가 사람을 상해하거나 상해에 이르게 함으로써 성립하는 범죄'이고, 제3항 해상강도 살인·치사 ·강간죄는 '해상강도가 사람을 살해 또는 사망에 이르게 하거나 강간함으로써 성립하는 범죄'이다. 보호법익은 '재산 및 선박의 사실상 평온과 의사결정의 자유'이며, 보호의 정도는 '침해범'이다. 미수범과 예비·음모는 처벌한다.

2. 객관적 구성요건

해상강도죄에서 '해상'은 지상 경찰력이 미치기 힘든 영해, 공해를 의미한다. 따라서 하천, 항만은 제외된다. '다중'은 집단적 위력을 과시할 수 있는 정도의 다수이며, '위력'은 상대방의의사를 제압할 수 있는 유형·무형의 세력을 말한다. '선박'은 종류와 크기를 불문하지만 해상을 항해할 수 있는 정도일 것을 요한다.

제2항은 해상강도의 기수·미수를 불문하고, 상해 또는 치상은 강도의 기회에 이루어져야 한다. 미수는 해상강도행위가 미수에 그친 경우에 성립한다.

제3항의 기수·미수는 제2항과 같으며, 미수는 해상강도치사죄의 미수는 해상강도행위가 미수에 그친 경우, 해상강도강간죄의 미수는 강간행위가 미수에 그

---

47) 대판 1988.6.28. 88도820.

친 경우에 성립한다.

3. 주관적 구성요건

본죄는 고의와 불법영득의사가 필요하다.

IX. 상습강도죄

> **제341조【상습범】** 상습으로 제333조, 제334조, 제336조 또는 전조 제1항의 죄를 범한 자는 무기 또는 10년 이상의 징역에 처한다.

1. 의의, 성격

본죄는 '상습으로 단순강도죄, 특수강도죄, 인질강도죄 및 해상강도죄를 범함으로써 성립하는 범죄'이다. 이는 상습으로 인해 책임이 가중되는 유형이다. 미수범과 예비·음모는 처벌한다.

□ **상습 관련 판례**

① 특정범죄가중처벌 등에 관한 법률 제5조의4 제3항의 상습강도범은 강도의 습벽이 있는 자가 그 습벽이 발현되어 강도죄의 범한 경우에 성립되는 것이므로 절도죄의 전과가 2회 있을 뿐 강도의 전력이 없다면 위와 같은 절도의 전과만으로 강도죄의 상습성을 인정하는 자료로 삼을 수 없다(대판 1989.12.12. 89도1995).
② 특정범죄가중처벌 등에 관한 법률 제5조의4 제3항 소정의 상습강도범은 강도의 습벽이 있는 자가 그 습벽이 발현되어 다시 강도죄를 범한 경우에 성립되는 것이므로, 피고인들에게 절도 내지 상습절도죄의 전력이 있을 뿐 강도의 전력을 인정할 자료가 없고 또 공범 중 1인의 유혹에 빠져 하루 사이에 2회 또는 이틀 사이에 3회의 강도범행에 가담한 경우라면 피고인들에게 강도의 습벽이 있다거나 그 범행이 습벽의 발로로서 범하여진 것이라 할 수 없다(대판 1987.1.20. 86도2281).

2. 죄수

특정범죄가중처벌 등에 관한 법률 제5조의4 제3항에 규정된 상습강도죄를 범한 범인이 그 범행 외에 상습적인 강도의 목적으로 강도예비를 하였다가 강도에 이르지 아니하고 강도예비에 그친 경우에도 그것이 강도상습성의 발현이라고 보여지는 경우에는 강도예비행위는 상습강도죄에 흡수되어 위 법조에 규정된 상습강도죄의 1죄만을 구성하고 이 상습강도죄와 별개로 강도예비죄를 구성하지 아니한다.[48]

X. 강도예비·음모죄

> 제343조 【예비·음모】 강도할 목적으로 예비 또는 음모한 자는 7년 이하의 징역에 처한다.

1. 의의, 성격

본죄는 '강도할 목적으로 예비 또는 음모하였으나 강도의 실행에 착수하지 않은 경우에 성립하는 범죄'이다. 본죄는 목적범이다.

□ 예비·음모 관련 판례

〈예비·음모 인정〉

① 본범자와 공동하여 장물을 운반한 경우에 본범자는 장물죄에 해당하지 않으나 그 외의 자의 행위는 장물운반죄를 구성하므로, 피고인이 본범이 절취한 차량이라는 정을 알면서도 본범 등으로부터 그들이 위 차량을 이용하여 강도를 하려 함에 있어 차량을 운전해 달라는 부탁을 받고 위 차량을 운전해 준 경우, 피고인은 강도예비와 아울러 장물운반의 고의를 가지고 위와 같은 행위를 하였다고 봄이 상당하다(대판 1999.3.26. 98도3030).

〈예비·음모 부정〉

① 강도예비·음모죄가 성립하기 위해서는 예비·음모 행위자에게 미필적으로라도 '강도'를 할 목적이 있음이 인정되어야 하고 그에 이르지 않고 단순히 '준강도'할 목적이 있음에 그치는 경우에는 강도예비·음모죄로 처벌할 수 없다(대판 2006.9.14. 2004도6432).

---

48) 대판 2003.3.28. 2003도665.

제4장

사기의 죄

제1절 서 설

Ⅰ. 의의, 보호법익

사기의 죄는 '사람을 기망하여 재물 또는 재산상의 이익을 취득하거나 제3자로 하여금 취득하게 함으로써 성립하는 범죄'이다. 본죄는 영득죄이면서 편취죄이다. 영득죄라는 점에서 절도·강도와 같고, 편취죄라는 점에서 공갈죄와 같다. 그러나 절도·강도는 상대방의 의사에 반해 재산을 취득하는 탈취죄라는 점에서 다르고, 공갈죄는 편취의 수단이 공갈이라는 점에서 다르다. 본죄의 보호법익은 '재산'이며, 보호의 정도는 '침해범'이다.

Ⅱ. 사기죄의 구성요건의 체계

사기의 죄는 단순사기죄(제347조)를 기본적 구성요건으로 하고, 컴퓨터 등 사용사기죄(제347조의2), 준사기죄(제348조), 편의시설부정이용죄(제348조의2), 부당이득죄(제349조)는 독립적 구성요건이며, 상습사기죄(제351조)는 상습성으로 인한 책임가중유형이다. 부당이득죄를 제외한 사기죄의 미수범(제352조)은 처벌하고, 친족상도례와 동력에 대한 규정(제354조)이 적용된다. 사기죄에 대해서는 10년 이하의 자격정지를 병과할 수 있다(제353조).

Ⅲ. 특별법

특정경제범죄 가중처벌 등에 관한 법률 제3조(특정재산범죄의 가중처벌) ① 「형법」제347조(사기), 제347조의2(컴퓨터등 사용사기), 제350조(공갈), 제350조의2(특수공갈), 제351조(제347조, 제347조의2, 제350조 및 제350조의2의 상습범만 해당한다), 제355조(횡령·배임) 또는 제356조(업무상의 횡령과 배임)의 죄를 범한 사람은 그 범죄행위로 인하여 취득하거나 제3자로 하여금 취득하게 한 재물 또는 재산상 이익의 가액(이하 이 조에서 "이득액"이라 한다)이 5억원 이상일 때에는 다음 각 호의 구분에 따라 가중처벌한다.
1. 이득액이 50억원 이상일 때: 무기 또는 5년 이상의 징역
2. 이득액이 5억원 이상 50억원 미만일 때: 3년 이상의 유기징역
② 제1항의 경우 이득액 이하에 상당하는 벌금을 병과(倂科)할 수 있다.

제2절 개별적 범죄 유형

Ⅰ. 단순사기죄

> **제347조 【사기】** ① 사람을 기망하여 재물의 교부를 받거나 재산상의 이익을 취득한 자는 10년 이하의 징역 또는 2천만원 이하의 벌금에 처한다.
> ② 전항의 방법으로 제3자로 하여금 재물의 교부를 받게 하거나 재산상의 이익을 취득하게 한 때에도 전항의 형과 같다.

1. 의의, 성격

본죄는 '사람을 기망하여 재물의 교부를 받거나 재산상의 이익을 취득하거나 또는 제3자로 하여금 재물의 교부를 받게 하거나 재산상의 이익을 취득하게 함으로써 성립하는 범죄'이다. 미수범은 처벌한다.

2. 객관적 구성요건

(1) 행위의 객체

행위의 객체는 '재물 또는 재산상의 이익'이다.

(가) 재물

본죄에서의 재물은 절도죄에서의 재물과 동일하며, 타인소유, 타인점유의 재물이다.

□ 재물 관련 판례

〈재물에 해당하는 경우〉

① 피고인이 피해자에게서 매수한 재개발아파트 수분양권을 이미 매도하였는데도 마치 자신이 피해자의 입주권을 정당하게 보유하고 있는 것처럼 피해자의 딸과 사위에게 거짓말하여 피해자 명의의 인감증명서 3장을 교부받은 경우, 인감증명서는 다른 특별한 사정이 없는 한 재산적 가치를 가지는 것이어서 형법상의 재물에 해당한다고 할 것이므로 그 소지인에 대한 관계에서 사기죄가 성립한다(대판 2011.11.10. 2011도9919).

② 약속어음공정증서에 증서를 무효로 하는 사유가 존재한다고 하더라도 그 증서 자체에 이를 무효로 하는 사유의 기재가 없고 외형상 권리의무를 증명함에 족한 체제를 구비하고 있는 한 그 증서는 형법상의 재물로서 사기죄의 객체가 됨에 아무런 지장이 없다(대판 1995.12.22. 94도3013).

③ 이 사건 수출물품수령증은 피고인이 경영하는 직물공업사가 공소외 회사의 의뢰에 의하여 개설받은 내국신용장 개설은행에 매입시키기 위하여 반드시 첨부해야 될 필요불가결의 증서임이 분명하여 그 한도 내에서 경제적 가치와 재물성이 있다고 볼 수 있으므로 사기죄의 객체가 되며(대판 1982.9.28. 82도1656).

〈재물에 해당하지 않는 경우〉

보험가입사실증명원은 그 증명에 의하여 사기죄에서 말하는 재물이나 재산상의 이익이 침해된 것으로 볼 것은 아니어서 사기죄의 객체가 되지 아니한다(대판 1997.3.28. 96도2625).

(나) 재산상 이익

재산상의 이익이란 전체적으로 재산상태의 증가를 가져오는 일체의 이익 내지 가치로서 재물을 포함한다. 사실상의 취득으로 충분하며, 반드시 사법상 유효할 필요는 없다.[1] 채무이행을 연기받는 것도 재산상의 이익으로 본다.[2]

---

1) 형법 제347조 소정의 재산상 이익처분은 그 재산상의 이익을 법률상 유효하게 취득함을

☐ 성매매의 대금(화대)을 재산상 이익으로 볼 것인가의 문제 ════════

일반적으로 부녀와의 성행위 자체는 경제적으로 평가할 수 없고, 부녀가 상대방으로부터 금품이나 재산상 이익을 받을 것을 약속하고 성행위를 하는 약속 자체는 선량한 풍속 기타 사회질서에 위반한 사항을 내용으로 하는 법률행위로서 무효이나, 사기죄의 객체가 되는 재산상의 이익이 반드시 사법(私法)상 보호되는 경제적 이익만을 의미하지 아니하고, 부녀가 금품 등을 받을 것을 전제로 성행위를 하는 경우 그 행위의 대가는 사기죄의 객체인 경제적 이익에 해당하므로, 부녀를 기망하여 성행위 대가의 지급을 면하는 경우 사기죄가 성립한다(대판 2001.10.23. 2001도2991).

☐ 재산상 이익 관련 판례 ════════

〈재산상 이익에 해당되는 경우〉

① 피고인이 자신이 개발한 주식운용프로그램을 이용하면 상당한 수익을 낼 수 있고 만일 손해가 발생하더라도 원금과 은행 정기예금 이자 상당의 반환은 보장하겠다는 취지로 피해자 甲을 기망하여 甲의 자금이 예치된 甲 명의 주식계좌에 대한 사용권한을 부여받아 재산상 이익을 취득하였다는 내용으로 기소된 사안에서, 주식운용에 따른 수익금이 발생할 경우 피고인이 그중 1/2에 해당하는 돈을 매달 지급받기로 약정한 점 등 제반 사정을 종합하면, 피고인은 장래의 수익 발생을 조건으로 한 수익분배청구권을 취득하였을 뿐 아니라 그러한 경제적 이익을 기대할 수 있는 자금운용의 권한과 지위를 획득하였고, 이는 주식거래의 특성 등에 비추어 충분히 경제적 가치가 있다고 평가할 수 있으므로 甲을 기망하여 그러한 권한과 지위를 획득한 것 자체를 사기죄의 객체인 재산상 이익을 취득한 것으로 볼 수 있다(대판 2012.9.27. 2011도282).

② 사기죄에 있어서 채무이행을 연기받는 것도 재산상의 이익이 되므로, 채무자가 채권자에 대하여 소정기일까지 지급할 의사와 능력이 없음에도 종전 채무의 변제기를 늦출 목적으로 어음을 발행 교부한 경우에는 사기죄가 성립한다(대판 1997.7.25. 97도1095).

③ 부동산 위에 소유권이전청구권 보전의 가등기를 마친 자가 그 가등기를 말소하면 부동산 소유자는 가등기의 부담이 없는 부동산을 소유하게 되는 이익을 얻게 되는 것이므

필요로 하지 아니하고 그 이익 취득이 법률상 무효라 하여도 외형상 취득한 것이면 족한 것이므로 피전부채권이 법률상으로는 유효한 것이 아니고 전부명령이 효력을 발생할 수 없다 하여도 피전부채권이나 전부명령이 외형상으로 존재하는 한 위 법조 소정의 재산상 이익취득이다(대판 1975.5.27. 75도760).

2) 약속어음 또는 당좌수표를 수수함에 의하여 채무이행을 연기받는 것도 재산상의 이익이 되므로, 채무이행을 연기받은 사기죄는 성립할 수 있으나, 채무이행을 연기받은 것에 의한 재산상의 이익액은 이를 산출할 수 없으므로 이는 특정경제범죄 가중처벌 등에 관한 법률 제3조 제1항 제2호의 이득액을 계산함에 있어서는 합산될 것이 아니다(대판 1998.12.9. 98도3282).

로, 가등기를 말소하는 것 역시 사기죄에서 말하는 재산적 처분행위에 해당하고, 설령 그 후 위 가등기에 의하여 보전하고자 하였던 소유권이전청구권이 존재하지 않아 위 가등기가 무효임이 밝혀졌다고 하더라도 가등기의 말소로 인한 재산상의 이익이 없었던 것으로 볼 수 없다. 한편, 피고인에게 피해자 명의의 가등기 말소를 구할 권리가 인정된다 하더라도 피고인이 기망행위를 사용하여 피해자로 하여금 위 가등기를 말소하게 한 경우 그 기망행위가 사회통념상 권리행사의 수단으로서 용인될 수 없는 것이라면 피고인의 위와 같은 행위는 사기죄를 구성한다(대판 2008.1.24. 2007도9417).

〈재산상 이익에 해당되지 않는 경우〉

① 사기죄는 사람을 기망하여 자기 또는 제3자로 하여금 재물 또는 재산상의 이익을 얻거나 얻게 하는 경우에 성립하는 것인바, 자기의 채권자에 대한 채무이행으로 채권을 양도하였다 하더라도 위 채권이 존재하지 않는다면 이를 양도하였다 하여 권리이전의 효력을 발생할 수 없는 것이고, 따라서 채권자에 대한 기존의 채무도 소멸하는 것이 아니므로 채무면탈의 효과도 발생할 수 없어, 위 채권의 양도로써 재산상의 이득을 취하였다고는 볼 수 없으므로 사기죄의 구성요건을 충족한 것이라고 볼 수는 없다(대판 1985.3.12. 85도74).

② 위조된 약속어음을 진정한 약속어음인 것처럼 속여 기왕의 물품대금채무의 변제를 위하여 채권자에게 교부한 경우, 어음이 결제되지 않는 한 물품대금채무가 소멸되지 아니하므로 사기죄는 성립되지 않는다(대판 1983.4.12. 82도2938).

(2) 실행 행위

본죄의 실행 행위는 사람을 기망하여 → 상대방을 착오에 빠뜨린 후 → 착오에 의해 교부 또는 처분행위 → 재물 또는 재산상의 이익 취득 → 상대방의 재산상의 손해 발생을 요건으로 한다.

(가) 기망 행위

① 의의

기망이란 허위의 의사표시에 의해 사람을 착오에 빠뜨리는 일체의 행위를 말한다. 상대방이 착오에 빠져있는 상태를 이용할 때에도 본죄가 성립한다. 착오란 기망자의 고지 내용이 객관적 사실과 불일치하는 것을 말한다. 기망행위는 거래의 상황, 상대방의 지식 등 행위 당시의 구체적 사정을 고려하여 일반적, 객관적으로 판단한다.[3] 기망행위의 착오는 법률행위의 중요부분에 관하여 착오를 일

---

3) 사기죄의 요건으로서의 기망은 널리 재산상의 거래관계에서 서로 지켜야 할 신의와 성실

으킨 경우뿐만 아니라 법률행위의 내용으로 표시되지 아니한 의사결정의 동기에 관하여 착오를 일으킨 경우에도 포함된다.[4]

② 기망의 내용

상대방을 착오에 빠뜨리는 허위의 사실, 진실한 사실의 왜곡 등 기망은 사실을 상대방에게 고지하면서 발생한다. '차용사기'와 같이 변제능력(외적사실)이 없으면서도 마치 변제의사(내적사실)가 있는 것처럼 가장하여 금원을 차용하는 경우, 이는 사실에 대한 기망으로서 사기죄가 성립한다.[5]

상대방을 기망하는데 고지되는 내용을 '사실' 이외 '의견이나 가치판단'도 포함될 수 있는가에 대해서 ① '사람을 기망하여'라고 형법상 규정되어 있고 그 대상을 제한하고 있지 않으므로 의견이나 가치판단도 기망행위에 포함된다는 견해, ② 순수한 의견진술이나 가치판단은 기망자의 주관의 세계를 표명함에 그치는 것으로 객관적 확정이 불가능하므로 기망행위의 대상에서 제외된다는 견해(다수설)가 대립하고 있다.

③ 기망의 정도

기망행위는 구체적 사정을 고려하여 일반인이 착오에 빠질 정도여야 한다. 누구나 쉽게 허위임을 알 수 있는 정도이거나 일반 상거래상의 신의칙에 반하지 않은 정도의 기망행위는 포함되지 않는다.[6] 상대방을 착오에 빠지게 하였더라도

의 의무를 저버리는 모든 적극적 또는 소극적 행위를 말하는 것으로서, 반드시 법률행위의 중요부분에 관한 것임을 요하지 않고, 상대방을 착오에 빠지게 하여 행위자가 희망하는 재산적 처분행위를 하도록 하기 위한 판단의 기초 사실에 관한 것이면 충분하고, 어떤 행위가 다른 사람을 착오에 빠지게 한 기망행위에 해당하는가의 여부는 거래의 상황, 상대방의 지식, 경험, 직업 등 행위 당시의 구체적 사정을 고려하여 일반적, 객관적으로 판단해야 할 것이다(대판 2007.10.25. 2005도1991).

4) 토지의 매매계약서에 매수인의 매수목적, 즉 건물건축의 목적으로 매수한다는 내용이 표시되지 않았다고 하여도 매도인인 피고인이 그러한 매수인의 매수목적을 알면서 건축이 가능한 것처럼 가장하여 이를 오신한 매수인과 사이에 매매계약이 성립된 것이라면, 위와 같은 피고인의 행위는 사기죄의 구성요건인 기망행위에 해당하는 것이고 ~ 기망행위로 인하여 법률행위 중요부분에 관하여 착오를 일으킨 경우뿐만 아니라 법률행위의 내용으로 표시되지 아니한 의사결정의 동기에 관하여 착오를 일으킨 경우에도 표의자는 그 법률행위를 사기에 의한 의사표시로서 취소할 수 있다고 할 것이다(대판 1985.4.9. 85도167).

5) 민사상 금전대차관계에서 채무불이행 사실을 가지고 바로 차용금 편취의 고의를 인정할 수는 없으나 피고인이 확실한 변제의 의사가 없거나 또는 차용 시 약속한 변제기일 내에 변제할 능력이 없는데도 변제할 것처럼 가장하여 금원을 차용한 경우에는 편취의 범의를 인정하기에 넉넉한 것(대판 2018.8.1. 2017도20682).

6) 일반적으로 상거래에 있어서 상품의 품질이나 가치에 관한 광고, 선전에는 다소의 과장이 수반되는 것이 보통이며 특히 기업체의 매매에 있어서 매도인이 그 기업의 자산 가치나 수익성을 다소 과장하여 매수인에게 고지하는 것은 흔히 있는 일로서 그 과장이 일반 상거래

거래목적을 달성하는데 이상이 없다면 기망행위가 있다고 할 수 없다.[7] 기망의
정도에 있어서 과장광고나 허위광고가 문제가 된다. 판례는 "일반적으로 상거래
에 있어서 상품의 품질이나 가치에 관한 광고, 선전에는 다소의 과장이 수반되나
이는 신의칙에 비추어 시인될 수 있는 정도의 것이라면 사기죄의 기망성이 결여
된다. 그러나 위와 같은 정도를 넘는 과장행위는 기망행위로서 사기죄를 구성한
다"라고 한다.[8]

☐ 기망의 정도 관련 판례

〈신의칙에 부합하여 사기죄 불성립〉

① 빌라를 분양함에 있어 평형의 수치를 다소 과장하여 광고를 한 사실은 인정되나 ~
거래에 있어 중요한 사항에 관하여 구체적 사실을 거래상의 신의성실의 의무에 비추어
비난받을 정도의 방법으로 허위로 고지함으로써 사회적으로 용인될 수 있는 상술의 정
도를 넘어 기망행위에 해당한다고는 보여지지 아니한다(대판 1995.7.28. 95다19515).
② 인터넷 사이트의 초기화면에 성인동영상물에 대한 광고용 선전문구 및 영상을 제재
하고 이를 통해 접속한 사람들을 유료회원으로 가입시킨 경우, 실제 제공하는 영상물과
광고내용에 다소 차이가 있더라도 사기의 기망행위에 해당하지 않는다(대판 2008.6.12.
2008도76).

〈신의칙에 반하여 사기죄 성립〉

① 통신판매에 있어 소비자가 갖는 상품의 품질, 가격에 대한 정보는 전적으로 유통업
자의 광고에 의존할 수밖에 없고, TV홈쇼핑업체에 대한 소비자들의 신뢰는 TV라는 영
상매체를 이용한 스스로의 강도 높은 광고에 의하여 창출된 것인 만큼, 이에 대한 소비
자들의 신뢰와 기대는 특별히 보호되어야 할 것인바, 농업협동조합의 조합원이나 검품
위원이 아닌 자가 TV홈쇼핑업체에 납품한 삼이 제3자가 산삼의 종자인지 여부가 불분
명한 삼의 종자를 뿌려 이식하면서 인공적으로 재배한 삼이라는 사실을 알면서도, 광
고방송에 출연하여 위 삼이 위 조합의 조합원들이 자연산삼의 종자를 심산유곡에 심고
자연방임 상태에서 성장시킨 산양산삼이며 자신이 조합의 검품위원으로서 위 삼 중 우
수한 것만을 선정하여 감정인의 감정을 받은 것처럼 허위 내용의 광고를 한 것은 진실

의 관행과 신의칙에 비추어 시인될 수 있는 정도의 것이라면 사기죄의 기망성이 결여된다
고 볼 것이나, 위와 같은 정도를 넘는 과장행위는 위법한 기망행위로서 사기죄의 구성요건
을 충족한다고 보아야 할 것이다(대판 1983.8.23. 83도1447).

7) 피고인 단독명의로 소유권이전등기가 되어 있는 부동산 중 1/2지분은 타인으로부터 명의
신탁 받은 것임에도 불구하고 피고인이 그의 승낙 없이 위 부동산 전부를 피해자에게 매도
하여 그 소유권이전등기를 마쳐준 경우, 매수인은 유효하게 위 부동산의 소유권을 취득하
므로 매수인인 피해자에 대하여 사기죄를 구성하지 않는다(대판 1990.11.13. 90도1961).

8) 일반적으로 상거래에 있어서 상품의 품질이나 가치에 관한 광고·선전에는 다소의 과장이

규명이 가능하고 구매의 결정에 있어 가장 중요한 요소로서 구체적 사실인 판매물품의
품질에 관하여 기망한 것으로서, 그 사술의 정도가 사회적으로 용인될 수 있는 상술의
정도를 넘은 것이어서 사기죄의 기망행위를 구성한다(대판 2002.2.5. 2001도5789).
② 부동산 관련 업체가 지방자치단체의 특정 용역보고서만을 근거로 확정되지도 않은
개발계획이 마치 확정된 것처럼 허위 또는 과장된 정보를 제공하여 매수인들과 토지매
매계약을 체결한 경우 사기죄가 성립한다(대판 2008.10.23. 2008도6549).

④ 기망의 방법

기망의 방법에는 제한이 없다. 작위와 부작위를 불문한다.

(ⅰ) 작위에 의한 기망

작위에 의한 기망행위는 명시적 기망행위와 묵시적 기망행위가 있다. '명시
적 기망행위'는 언어나 문서 등에 의하여 허위의 주장을 적극적으로 표시하는 것
이고, '묵시적 기망행위'는 행동으로써 상대방의 착오를 일으키게 하는 경우이다.
대부분의 기망행위는 명시적 기망행위이며, 대금의 지불능력이 없으면서 마치 지
불할 것 같이 음식을 주문하여 취식하는 '무전취식'과 같은 경우가 묵시적 기망행
위에 해당된다. 이는 상대방으로 하여금 음식 주문이라는 행동을 통해 대금을 지
불할 것 같은 착오를 일으키게 하였기 때문이다.

□ 작위에 의한 기망행위 관련 판례

〈기망행위에 해당하는 경우〉

① 사기죄의 구성요건인 편취의 범의는 피고인이 자백하지 아니하는 이상 범행 전후의
피고인의 재력, 환경, 범행의 내용, 기망 대상 행위의 이행가능성 및 이행과정 등과 같
은 객관적인 사정 등을 종합하여 판단할 수밖에 없다. 그리고 피고인이 피해자에게 불
행을 고지하거나 길흉화복에 관한 어떠한 결과를 약속하고 기도비 등의 명목으로 대가
를 교부받은 경우에 전통적인 관습 또는 종교행위로서 허용될 수 있는 한계를 벗어났
다면 사기죄에 해당한다(대판 2017.11.9. 2016다12460).
② 헌법은 국민의 보건에 관한 국가적 보호의무를 선언하고 있고(제36조 제3항), 국민
건강보험은 이를 실현하기 위해 피보험자인 국민이 납부하는 기여금 형태의 보험료와
국고부담을 재원으로 하여 국민 보건에 관하여 발생하는 사회적 위험을 보험의 방식으

수반되는 것이 보통이며 특히 기업체의 매매에 있어서 매도인이 그 기업의 자산가치나 수
익성을 다소 과장하여 매수인에게 고지하는 것은 그 과장이 일반상거래의 관행과 신의칙
에 비추어 시인될 수 있는 한 기망성이 결여된다 할 것이나 위와 같은 정도를 넘는 과장행
위는 위법한 기망행위가 된다(대판 1983.8.23. 83도1447).

로 대처하는 일종의 사회보험이다. 이를 위해 국민건강보험법은, 공법인인 국민건강보험공단을 단일의 보험자로 설립하고(제13조), 의료법에 따라 개설된 의료기관만을 요양기관으로 건강보험제도 내에 편입시킨 다음 이들로 하여금 국민건강보험공단을 대신하여 요양급여를 실시하게 하고(제42조), 요양급여 실시에 따른 비용 중 공단부담금에 해당하는 부분에 대해서는 요양기관이 직접 국민건강보험공단을 상대로 '요양급여비용'을 청구하도록 규정하고 있다(제44조 제1항, 제47조 제1항). 따라서 의료법 제33조 제2항을 위반하여 적법하게 개설되지 아니한 의료기관에서 환자를 진료하는 등의 요양급여를 실시하였다면 해당 의료기관은 국민건강보험법상 요양급여비용을 청구할 수 있는 요양기관에 해당되지 아니하므로 요양급여비용을 적법하게 지급받을 자격이 없다고 보아야 한다. 결국 의료인의 자격이 없는 일반인(비의료인)이 개설한 의료기관이 마치 의료법에 의하여 적법하게 개설된 요양기관인 것처럼 국민건강보험공단에 요양급여비용의 지급을 청구하는 것은 국민건강보험공단으로 하여금 요양급여비용 지급에 관한 의사결정에 착오를 일으키게 하는 것이 되어 사기죄의 기망행위에 해당하고, 이러한 기망행위에 의하여 국민건강보험공단으로부터 요양급여비용을 지급받을 경우에는 사기죄가 성립한다(대판 2008.6.12. 2008도76).
③ 보험계약자가 보험계약 체결 시 보험금액이 목적물의 가액을 현저하게 초과하는 초과보험 상태를 의도적으로 유발한 후 보험사고가 발생하자 초과보험 사실을 알지 못하는 보험자에게 목적물의 가액을 묵비한 채 보험금을 청구하여 보험금을 교부받은 경우, 보험자가 보험금액이 목적물의 가액을 현저하게 초과한다는 것을 알았더라면 같은 조건으로 보험계약을 체결하지 않았을 뿐만 아니라 협정보험가액에 따른 보험금을 그대로 지급하지 아니하였을 관계가 인정된다면, 보험계약자가 초과보험 사실을 알지 못하는 보험자에게 목적물의 가액을 묵비한 채 보험금을 청구한 행위는 사기죄의 실행행위로서의 기망행위에 해당한다(대판 2015.7.23. 2015도6905).
④ 변제의 의사나 능력이 없음에도 이를 숨긴 채 피해자에게 금원 대여를 요청하여 이에 속은 피해자로부터 동인의 배서가 된 약속어음을 교부받아 이를 금융기관에서 할인한 후 그 할인금을 사용하였다면, 그 후 위 약속어음이 지급기일에 지급거절되고 피고인이 금융기관에 대하여 그 상환채무를 지게 되었다고 하더라도 피해자에 대한 사기죄가 성립한다고 할 것이다(대판 20017.4.12. 2007도1033).

⟨기망행위에 해당하지 않는 경우⟩

① 의료인으로서 자격과 면허를 보유한 사람이 의료법에 따라 의료기관을 개설하여 건강보험의 가입자 또는 피부양자에게 국민건강보험법에서 정한 요양급여를 실시하고 국민건강보험공단으로부터 요양급여비용을 지급받았다면, 설령 그 의료기관이 다른 의료인의 명의로 개설·운영되어 의료법 제4조 제2항을 위반하였더라도 그 자체만으로는 국민건강보험법상 요양급여비용을 청구할 수 있는 요양기관에서 제외되지 아니하므로,

달리 요양급여비용을 적법하게 지급받을 수 있는 자격 내지 요건이 흠결되지 않는 한 국민건강보험공단을 피해자로 하는 사기죄를 구성한다고 할 수 없다(대판 2019.5.30. 2019도1839).

② 개설자격이 없는 비의료인이 의료법 제33조 제2항을 위반하여 개설한 의료기관이라고 하더라도, 면허를 갖춘 의료인을 통해 피해자에 대한 진료가 이루어지고 보험회사 등에 자동차손해배상 보장법에 따라 자동차보험진료수가를 청구한 것이라면 보험회사 등으로서는 특별한 사정이 없는 한 그 지급을 거부할 수 없다고 보아야 한다. 따라서 피해자를 진료한 의료기관이 위 의료법 규정에 위반되어 개설된 것이라는 사정은 피해자나 해당 의료기관에 대한 보험회사 등의 자동차보험진료수가 지급의무에 영향을 미칠 수 있는 사유가 아니어서, 해당 의료기관이 보험회사 등에 이를 고지하지 아니한 채 그 지급을 청구하였다고 하여 사기죄에서 말하는 기망이 있다고 볼 수는 없다(대판 2018.4.10. 2017도17699).

③ 피고인이 甲에게 '각 5,000만원씩 출자하여 회사를 설립하되, 우선 자본금 1억원에 대한 잔고증명은 甲의 돈으로 발급받고 회사가 설립되면 바로 출자금 5,000만원을 납부하겠다'고 속여 甲으로 하여금 5,000만원을 투자하게 하고 甲 명의 은행계좌의 예금 잔고증명서(1억원)를 제출하여 乙 주식회사를 설립하게 한 후 그 주식 10,000주(1주의 금액 5,000원, 합계 5,000만원)를 편취하였다는 내용으로 기소된 사안에서, 피고인과 甲은 乙 회사를 설립하면서 각 발기인으로서 10,000주씩을 인수한 것으로 볼 여지가 있어 피고인이 甲으로부터 乙 회사 주식 10,000주를 취득한 것이 아니므로 甲을 피해자로 볼 수 없고, 甲의 예금잔고증명서를 이용하여 주금을 가장납입하였다면 피고인은 乙 회사에 주금 상당의 체당금 반환책임을 부담할 뿐이어서 甲에 대한 사기죄가 성립한다고 보기 어렵다(대판 2018.2.8. 2017도19799).

(ii) 부작위에 의한 기망

부작위에 의한 기망행위는 상대방이 스스로 착오에 빠져있고, 행위자는 상대방의 착오를 없애야 할 보증인 지위, 사실을 알려야 할 고지의무가 있어야 한다. 이는 작위에 의한 기망과 같은 가치로 평가될 수 있어야 한다. 판례는 "사기죄의 요건으로서 기망은 널리 재산상의 거래관계에 있어 서로 지켜야 할 신의와 성실의 의무를 저버리는 모든 적극적 또는 소극적 행위를 말하는 것이고, 이러한 소극적 행위로서의 부작위에 의한 기망은 법률상 고지의무 있는 자가 일정한 사실에 관하여 상대방이 착오에 빠져있음을 알면서도 이를 고지하지 아니함을 말하는 것으로서, 일반거래의 경험칙상 상대방이 그 사실을 알았더라면 당해 법률행위를 하지 않았을 것이 명백한 경우에는 신의칙에 비추어 그 사실을 고지할 법률상 의무가 인정되는 것이다"라고 판시하고 있다.[9] 단. 상대방에게 별다른 피해가 되지 않은 사실은 반드시 알려야 할 의무는 없다.[10]

☞ 착오로 초과된 금전을 수령하였을 경우

사기죄의 요건으로서의 기망은 널리 재산상의 거래관계에 있어 서로 지켜야 할 신의와 성실의 의무를 저버리는 모든 적극적 또는 소극적 행위를 말하는 것이고, 그중 소극적 행위로서의 부작위에 의한 기망은 법률상 고지의무 있는 자가 일정한 사실에 관하여 상대방이 착오에 빠져있음을 알면서도 그 사실을 고지하지 아니함을 말하는 것으로서, 일반거래의 경험칙상 상대방이 그 사실을 알았더라면 당해 법률행위를 하지 않았을 것이 명백한 경우에는 신의칙에 비추어 그 사실을 고지할 법률상 의무가 인정된다 할 것인바, 매수인이 매도인에게 매매잔금을 지급함에 있어 착오에 빠져 지급해야 할 금액을 초과하는 돈을 교부하는 경우, 매도인이 사실대로 고지하였다면 매수인이 그와 같이 초과하여 교부하지 아니하였을 것임은 경험칙상 명백하므로, 매도인이 매매잔금을 교부받기 전 또는 교부받던 중에 그 사실을 알게 되었을 경우에는 특별한 사정이 없는 한 매도인으로서는 매수인에게 사실대로 고지하여 매수인의 그 착오를 제거하여야 할 신의칙상 의무를 지므로 그 의무를 이행하지 아니하고 매수인이 건네주는 돈을 그대로 수령한 경우에는 사기죄에 해당될 것이지만, 그 사실을 미리 알지 못하고 매매잔금을 건네주고 받는 행위를 끝마친 후에야 비로소 알게 되었을 경우에는 주고받는 행위는 이미 종료되어 버린 후이므로 매수인의 착오 상태를 제거하기 위하여 그 사실을 고지하여야 할 법률상 의무의 불이행은 더 이상 그 초과된 금액 편취의 수단으로서의 의미는 없으므로, 교부하는 돈을 그대로 받은 그 행위는 점유이탈물횡령죄가 될 수 있음은 별론으로 하고 사기죄를 구성할 수는 없다.[11]

---

9) 대판 1998.12.8. 98도3263.
10) 매매계약에서 신의성실의 원칙상 매도인에게 고지의무가 인정되어 그 위반이 사기죄의 구성요건인 '기망'에 해당하는 경우 및 매매로 인한 법률관계에 아무런 영향을 미칠 수 없어 매수인의 권리 실현에 장애가 되지 않는 사유에 대해서 매도인에게 고지의무가 있다고 볼 수 없다(대판 2015.5.28. 2014도8540).
11) 대판 2004.5.27. 2003도4531.

□ 부작위에 의한 기망 관련 판례

〈부작위에 의한 기망 인정- 고지의무 인정〉

① 부작위에 의한 기망은 보험계약자가 보험자와 보험계약을 체결하면서 상법상 고지의무를 위반한 경우에도 인정될 수 있다. 다만 보험계약자가 보험자와 보험계약을 체결하더라도 유연한 사고가 발생하여야만 보험금이 지급되는 것이므로, 고지의무 위반은 보험사고가 이미 발생하였음에도 이를 묵비한 채 보험계약을 체결하거나 보험사고 발생의 개연성이 농후함을 인식하면서도 보험계약을 체결하는 경우 또는 보험사고를 임의로 조작하려는 의도를 가지고 보험계약을 체결하는 경우와 같이 '보험사고의 우연성'이라는 보험의 본질을 해할 정도에 이르러야 비로소 보험금 편취를 위한 고의의 기망행위에 해당한다(대판 2017.4.26. 2017도1405).

② 임대인이 임대차 계약을 체결하면서 임차인에게 임대목적물이 경매진행중인 사실을 알리지 아니한 경우, 임차인이 등기부를 확인 또는 열람하는 것이 가능하더라도 사기죄가 성립한다(대판 1998.12.8. 98도3263).

③ 피고인이, 甲에게 이미 당뇨병과 고혈압이 발병한 상태임을 숨기고 乙 생명보험 주식회사와 피고인을 보험계약자로, 甲을 피보험자로 하는 2건의 보험계약을 체결한 다음, 고지의무 위반을 이유로 乙 회사로부터 일방적 해약이나 보험금 지급거절을 당할 수 없는 이른바 면책기간 2년을 도과한 이후 甲의 보험사고 발생을 이유로 乙 회사에 보험금을 청구하여 당뇨병과 고혈압 치료비 등의 명목으로 14회에 걸쳐 보험금을 수령하여 편취하였다는 내용으로 기소된 사안에서, 피고인의 보험계약 체결행위와 보험금 청구행위는 乙 회사를 착오에 빠뜨려 처분행위를 하게 만드는 일련의 기망행위에 해당하고, 乙 회사가 그에 따라 보험금을 지급하였을 때 사기죄는 기수에 이른다(대판 2019.4.3. 2014도2754).

④ 특정 시술을 받으면 아들을 낳을 수 있을 것이라는 착오에 빠져있는 피해자들에게 그 시술의 효과와 원리에 관하여 사실대로 고지하지 아니한 채 아들을 낳을 수 있는 시술인 것처럼 가장하여 일련의 시술과 처방을 행한 의사에 대하여 사기죄의 성립을 인정(대판 2000.1.28. 99도2884).

⑤ 수표나 어음이 지급기일에 결제되지 않으리라는 점을 예견하였거나 지급기일에 지급될 수 있다는 확신이 없으면서도 그러한 내용을 수취인에게 고지하지 아니하고 이를 속여서 할인을 받으면 사기죄가 성립한다(대판 1998.12.9. 98도3282).

〈부작위에 의한 기망 부정 - 고지의무 부정〉

① 피고인이 공소외 1에게 이 사건 오피스텔 중 17세대를 대물변제조로 이전해 주고 공소외 1의 동의 없이 이를 신탁할 수 없다는 취지의 약정을 체결하였다는 사정만으로는 이 사건 신탁계약의 효력과 그 신탁계약에 따르는 채무의 이행에 장애를 가져오거

나 수탁자와 우선수익자의 권리실현에 장애가 된다고 볼 수 없고, 따라서 피고인이 피해자에게 이 사건 신탁금지약정을 체결한 사실을 고지하지 아니하였다고 하여 피해자를 기망한 것이라고 평가할 수는 없을 것이다(대판 2012.4.13. 2011도2989).
② 중고 자동차 매매에 있어서 매도인의 할부금융회사 또는 보증보험에 대한 할부금 채무가 매수인에게 당연히 승계되는 것이 아니라는 이유로 그 할부금 채무의 존재를 매수인에게 고지하지 아니한 것이 부작위에 의한 기망에 해당하지 아니한다(대판 1998.4.14. 98도231).
③ 토지의 공유자 겸 명의수탁자인 피고인이 나머지 공유자들로부터 그들 소유 지분에 관하여 매도가격 및 처분기한을 특정하여 처분권한을 위임받고 그 처분에 따른 양도소득세 등 일체의 경비를 피고인이 부담하기로 약정한 경우, 피고인이 위 매도위임가격보다 훨씬 고가로 매도하였다 하더라도 그와 같은 사실을 위임인에게 고지할 법률상 의무가 없다(대판 1999.5.25. 98도2792).

(나) 착오

행위자의 기망으로 인해 피기망자는 착오에 빠져야 한다. 착오는 주관적인 인식과 객관적인 현실의 불일치를 말한다. 즉, 기망자가 객관적 사실에 부합하지 않은 내용을 고지하고, 피기망자는 객관적 사실로 오인하고 있는 것이다. 사실을 잘못 인식한 적극적 착오인지 사실을 인식하지 못하고 있는 소극적 착오인지는 불문한다. 행위자의 기망과 피기망자의 착오 사이에는 인과관계가 성립해야 한다.[12] 행위자가 기망을 하였음에도 피기망자가 착오에 빠지지 않거나, 인과관계가 결여된 경우에는 본죄의 미수범이 성립한다. 피해자가 법인이나 단체인 경우, 기망행위로 인한 착오나 인과관계 등의 판단은 법인의 의사를 결정하고 처분할 권한을 가지고 있는 자를 기준으로 한다.[13] 기망은 사람에 대해서 적용되므로,

---

[12] 사기죄가 성립하기 위해서는 기망행위와 상대방의 착오 및 재물의 교부 또는 재산상의 이익의 공여와의 사이에 순차적인 인과관계가 있어야 하지만, 착오에 빠진 원인 중에 피기망자 측에 과실이 있는 경우에도 사기죄가 성립한다(대판 2009.6.23. 2008도1697). 사기죄의 인과관계를 인정하지 않은 판례 : 일반 사인이나 회사가 금원을 대여한 경우와는 달리 전문적으로 대출을 취급하면서 차용인에 대한 체계적인 신용조사를 행하는 금융기관이 금원을 대출한 경우에는 비록 대출 신청 당시 차용인에게 변제기 안에 대출금을 변제할 능력이 없었고, 금융기관으로서 자체 신용조사 결과에는 관계없이 '변제기 안에 대출금을 변제하겠다'는 취지의 차용인 말만을 그대로 믿고 대출하였다고 하더라도, 차용인의 이러한 기망행위와 금융기관의 대출행위 사이에 인과관계를 인정할 수는 없다(대판 2000.6.27. 200도1155).
[13] 사기죄의 피해자가 법인이나 단체인 경우에 기망행위로 인한 착오, 인과관계 등이 있었는지는 법인이나 단체의 대표 등 최종 의사결정권자 또는 내부적인 권한 위임 등에 따라 실

기계와 같이 주어진 사실에 따라 피동적으로 작동되는 것은 기망행위의 대상이 되지 않는다.

(다) 교부행위 또는 처분행위

① 처분행위

재물사기죄에서는 교부행위, 이득사기죄에서는 처분행위가 있어야 한다. 착오에 빠진 피기망자가 재물을 교부하거나 재산상의 처분행위를 해야 한다. 재물에 대한 사기죄에 있어서 처분행위란 범인의 기망에 따라 피해자가 착오로 재물에 대한 사실상의 지배를 범인에게 이전하는 것을 의미하므로, 외관상 재물의 교부에 해당하는 행위가 있었다고 하더라도, 재물이 범인의 사실상의 지배 아래에 들어가 그의 자유로운 처분이 가능한 상태에 놓이지 않고 여전히 피해자의 지배 아래에 있는 것으로 평가된다면, 그 재물에 대한 처분행위가 있다고 볼 수 없다.14) 처분행위는 작위 또는 부작위를 불문한다. 계약체결 같은 법률행위, 노무제공과 같은 사실행위15)뿐만 아니라 기망자의 재물취거를 소극적으로 수인·묵인하는 행위도 교부행위에 해당한다. 처분행위는 자유로운 의사에 의해 이루어져야 한다.

② 처분의사 및 지위

사기죄에서 피기망자의 재산적 처분행위로 평가되기 위하여 작위 또는 부작위를 피기망자가 인식하고 한 것이라면 처분의사는 인정되고, 처분의사는 착오에 빠진 피기망자가 어떤 행위를 한다는 인식이 있으면 충분하고 그 행위가 가져오

질적으로 법인의 의사를 결정하고 처분을 할 권한을 가지고 있는 사람을 기준으로 판단하여야 한다. 따라서 피해자 법인이나 단체의 대표자 또는 실질적으로 의사결정을 하는 최종결재권자 등이 기망행위로 인한 착오가 있다고 볼 수 없고, 재물교부 등의 처분행위가 있었더라도 기망행위와 인과관계가 있다고 보기 어렵다. 이러한 경우에는 사안에 따라 업무상횡령죄 또는 업무상배임죄 등이 성립하는 것은 별론으로 하고 사기죄가 성립한다고 볼 수 없다. 반면에 피해자 법인이나 단체의 업무를 처리하는 실무인 일반 직원이나 구성원 등이 기망행위임을 알고 있었더라도, 피해자 법인이나 단체의 대표자 또는 실질적으로 의사결정을 하는 최종결재권자 등이 기망행위임을 알지 못한 채 착오에 빠져 처분행위에 이른 경우라면, 피해자 법인에 대한 사기죄의 성립에 영향이 없다(대판 2017.9.26. 2017도8449).

14) 대판 2018.8.1. 2018도7030.
15) 피고인이 점포에 대한 권리금을 지급한 것처럼 허위의 사용내역서를 작성, 교부하여 동업자들을 기망하고 출자금 지급을 면제받으려 하였으나 미수에 그친 사안에서, 동업자들이 피고인에 대한 출자의무를 명시적으로 면제하지 않았더라도 착오에 빠져 이를 면제해 주는 결과에 이를 수 있어, 이는 부작위에 의한 처분행위에 해당한다(대판 2009.3.26. 2008도6641).

는 결과에 대한 인식까지 필요하다고 볼 것은 아니다.[16] 처분행위자의 지위는 피해자의 재산을 사실상 처분할 수 있는 지위에 있거나 법적 권한이 있어야 한다.[17)18]

(라) 재물을 교부받거나 재산상 이익의 취득

본죄가 성립하기 위해서는 재물을 교부받거나 재산상의 이익의 취득이 있어야 한다. 재산상 이익이란 전체적으로 재산상태의 증가를 가져오는 일체의 이익 내지 가치로서 재물을 포함한다.[19] 재물 또는 재산상 이익은 객체에서와 동일하다.

(마) 재산상 손해의 발생

본죄가 성립하기 위해 재산상의 손해가 발생해야 하는지에 대해서는 ① 본죄는 재산범죄이고 전체로서의 재산을 보호법익을 하므로 재산상의 손해가 필요하다는 견해, ② 구성요건에서 손해발생을 명시하지 않고 있으며, 재물이나 재산상의 이익을 제공하면 손해가 발생하는 것은 당연하므로 손해발생이 필요하지 않다는 견해, ③ 재물사기죄에서는 손해가 발생할 필요가 없으나, 이득사기죄에서는 손해 발생이 필요하다는 견해가 있다. 이에, 다수설은 ①의 견해이나, 판례는 ②의 입장에 있다.[20]

---

16) 사기죄에서 피기망자의 처분의사는 기망행위로 착오에 빠진 상태에서 형성된 하지 있는 의사이므로 불완전하거나 결함이 있을 수밖에 없다. 처분행위의 법적 의미나 경제적 효과 등에 대한 피기망자의주관적 인식과 실제로 초래되는 결과가 일치하지 않는 것이 오히려 당연하고, 이 점이 사기죄의 본질적 속성이다. 따라서 처분의사는 착오에 빠진 피기망자가 어떤 행위를 한다는 인식이 있으면 충분하고 그 행위가 가져오는 결과에 대한 인식까지 필요하다고 볼 것은 아니다(대판 2017.2.16. 2016도13362 전원합의체).

17) 사기죄가 성립되려면 피기망자가 착오에 빠져 어떠한 재산상의 처분행위를 하도록 유발하여 재산적 이득을 얻을 것을 요하고, 피기망자와 재산상의 피해자가 같은 사람이 아닌 경우에는 피기망자가 피해자를 위하여 그 재산을 처분할 수 있는 권능을 갖거나 그 지위에 있어야 하는 것이지만, 여기에서 피해자를 위하여 재산을 처분할 수 있는 권능이나 지위라 함은 반드시 사법상의 위임이나 대리권의 범위와 일치하여야 하는 것은 아니고, 피해자의 의사에 기하여 재산을 처분할 수 있는 서류 등이 교부된 경우에는 피기망자의 처분행위가 설사 피해자의 진정한 의도와 어긋나는 경우라고 할지라도 위와 같은 권능을 갖거나 그 지위에 있는 것으로 보아야 할 것이다(대판 1994.10.11. 94도1575).

18) 용도를 속여 국민주택 건설자금을 대출받음에 있어, 기금 대출사무를 위탁받은 은행의 일선 담당 직원이 대출금이 지정된 용도에 사용되지 않을 것이라는 점을 알고 있었다 하더라도, 대출 신청액이 일정한 금액을 초과하는 경우에는 은행장이 대출 승인 여부를 결정할 권한이 있으므로, 은행장을 피기망자라고 보아 사기죄의 성립은 인정(대판 2002.7.26. 2002도2620).

19) 임웅, 421면.

20) 사기죄는 타인을 기망하여 그로 인한 하자 있는 의사에 기하여 재물의 교부를 받거나 재산상의 이득을 취득함으로써 성립되는 범죄로서 그 본질은 기망행위에 의한 재산이나 재산

(3) 인과관계

사기죄가 성립하려면 피기망자가 착오에 **빠져** 어떠한 재산상의 처분행위를 하도록 유발하여 재산적 이득을 얻을 것을 요하고 피기망자와 재산상의 피해자가 같은 사람이 아닌 경우에는 피기망자가 피해자를 위하여 그 재산을 처분할 수 있는 권능이나 지위에 놓여져 있어야 하며 기망, 착오, 처분, 이득 사이에 인과관계가 있어야 한다.[21]

3. 주관적 구성요건

본죄의 고의는 기망행위, 피기망자의 착오와 처분행위, 재물 또는 재산상의 이익의 취득 등에 대한 인식과 인용이 있어야 한다.[22] 본죄는 고의 이외에도 불법영득의사나 불법이득의사가 필요하다.

□ 사기죄의 고의 관련 판례

〈사기죄의 고의 인정〉

① 보험계약자가 상법상 고지의무를 위반하여 보험자와 생명보험계약을 체결한다고 하더라도 그 보험금은 보험계약의 체결만으로 지급되는 것이 아니라 우연한 사고가 발생하여야만 지급되는 것이므로, 상법상 고지의무를 위반하여 보험계약을 체결하였다는 사정만으로 보험계약자에게 미필적으로나마 보험금 편취를 위한 고의의 기망행위가 있었다고 단정하여서는 아니 되고, 더 나아가 보험사고가 이미 발생하였음에도 이를 묵비한 채 보험계약을 체결하거나 보험사고 발생의 개연성이 농후함을 인식하면서도 보험계약을 체결하는 경우 또는 보험사고를 임의로 조작하려는 의도를 갖고 보험계약을 체결하는 경우와 같이 그 행위가 '보험사고의 우연성'과 같은 보험의 본질을 해할 정도에 이르러야 비로소 보험금 편취를 위한 고의의 기망행위를 인정할 수 있다고 할 것이

상 이익의 취득에 있는 것이고 상대방에게 현실적으로 재산상 손해가 발생함을 요건으로 하지 아니한다(대판 2000.4.9. 2003도7828). 주유소 운영자가 농민들에게 면세유를 공급한 것처럼 부당하게 발급받은 면세유류공급확인서로 석유정제업자를 기망하여 부가가치세 등에 상당한 석유류를 취득한 사안에서, 석유정제업자에게 현실적인 재산상 손해가 없더라도 사기죄가 성립한다(대판 2009.1.15. 2006도6687).

21) 대판 1991.1.15. 90도2180.
22) 사기죄는 타인을 기망하여 그로 인한 하자 있는 의사에 기하여 재물의 교부를 받거나 재산상의 이득을 취득할 때 성립하고, 사기죄의 요건으로서의 기망은 널리 재산상의 거래관계에 있어서 서로 지켜야 할 신의와 성실의 의무를 저버리는 모든 적극적 또는 소극적 행위를 말하며, 사기죄의 성립에 있어서 피해자에게 손해를 가하려는 목적을 필요로 하지는 않지만 적어도 타인의 재물 또는 이익을 침해한다는 의사와 피기망자로 하여금 어떠한 처분을 하게 한다는 의사는 있어야 한다(대판 1998.4.24. 97도3054).

다(대판 2012.11.15. 2010도6910).

② 사기죄의 주관적 구성요건인 편취의 범의는 피고인이 자백하지 않는 이상 범행 전후 피고인의 재력, 환경, 범행의 내용, 거래의 이행과정 등과 같은 객관적인 사정 등을 종합하여 판단할 수밖에 없고, 그 범의는 확정적인 고의가 아닌 미필적 고의로도 족하다. 특히 물품거래관계에 있어서 편취에 의한 사기죄의 성립 여부는 거래 당시를 기준으로 피고인에게 납품대금을 변제할 의사나 능력이 없음에도 피해자에게 납품대금을 변제할 것처럼 거짓말을 하여 피해자로부터 물품 등을 편취할 고의가 있었는지 여부에 의하여 판단하여야 하며, 어음할인의 방법으로 금원을 교부받은 경우에는 어음이 지급기일에 결제되지 않으리라는 점을 예견하였거나 지급기일에 지급될 수 있다는 확신이 없으면서도 그러한 내용을 수취인에게 고지하지 아니하고 이를 속여서 할인을 받았다면 사기죄가 성립한다(대판 2008.2.28. 2007도10416).

〈사기죄의 고의 부정〉

① 사업의 수행과정에서 이루어진 거래에 있어서 그 채무불이행이 예측된 결과라고 하여 그 기업경영자에 대한 사기죄의 성부가 문제된 경우, 그 거래시점에서 그 사업체가 경영부진 상태에 있었기 때문에 사정에 따라 파산에 이를 수 있다고 예견할 수 있었다는 것만으로 사기죄의 고의가 있다고 단정하는 것은 발생한 결과에 따라 범죄의 성부를 결정하는 것과 마찬가지이다. 따라서 설사 기업경영자가 파산에 의한 채무불이행의 가능성을 인식할 수 있었다고 하더라도 그러한 사태를 피할 수 있는 가능성이 있다고 믿었고, 계약이행을 위해 노력할 의사가 있었을 때에는 사기죄의 고의가 있었다고 단정하여서는 안 된다(대판 2016.6.9. 2015도18555).

② 피고인 등이 허위의 주장을 하여 소유권보존등기말소청구 소송 등을 제기한 것은 그로 인하여 경매절차가 진행 중인 부동산에 예고등기가 경료되도록 함으로써 경매가격 하락 등을 의도한 것으로 보일 뿐이고, 위 말소청구소송을 통하여 승소판결을 받아 재산상의 이익을 취하려고 한 것으로 보기 어렵다. 피고인 등이 위와 같이 말소청구소송 등을 제기하고 법원의 촉탁으로 예고등기가 경료된 이후에는 대부분 그 소를 취하하거나 변론기일에 출석하지 아니하여 소취하 간주되는 등으로 소송이 종결된 것도 그러한 의도가 없음을 뒷받침한다. 따라서 피고인에게는 허위 주장에 기한 소송을 통하여 승소판결을 받아 재물 또는 재산상의 이익을 취득하려는 고의 내지 불법영득의 의사가 있었다고 볼 수 없다(대판 2009.4.9. 2009도128).

4. 소송사기

처분행위자와 피기망자는 동일인이지만, 처분행위자와 피해자는 동일인임을 요하지 않는다. 이렇듯 피기망자와 피해자가 일치하지 않는 경우 기망행위자 · 피기망자·피해자라는 3자관계가 형성되는데, 이를 '삼각사기'라고 부르며, 대표적인 예로는 '소송사기'가 있다.

소송사기란 '법원에 허위의 사실을 주장하거나 허위의 증거를 제출하는 방법으로 법원을 기망하여 승소판결을 받아냄으로써 재산상의 이익을 취득하는 경우'이다.[23] 소송사기에서 피기망자는 법원이고, 피해자는 소송의 상대방이다. 이때, 원고뿐만 아니라 피고도 소송사기의 주체가 된다.[24] 실행의 착수는 법원에 소장을 제출한 때이며,[25] 기수는 승소판결이 확정된 때이다.[26] 소송사기에서 법원의 판결은 피해자의 처분행위에 갈음하는 내용과 효력이 있는 것이어야 한다.

□ 소송사기 관련 판례

〈소송사기에서 사기죄를 구성하지 않는 경우〉

① 소유권자가 아닌 자를 상대로 소송을 제기한 경우 : 소송사기에 있어서 피기망자인 법원의 재판은 피해자의 처분행위에 갈음하는 내용과 효력이 있는 것이어야 하고, 그렇지 않은 경우에는 착오에 의한 재물의 교부행위가 있다고 볼 수 없으므로, 피고인이 타인소유의 부동산에 관하여 아무런 권한이 없는 자를 상대로 소유권확인 등의 소송을 제기하여 승소판결을 받고 그 확정판결을 이용하여 그 부동산에 관한 소유권보존등기를 경료하게 되었다 하더라도, 그 판결의 효력은 소송당사자에게만 미치고 제3자인 부동산 소유자에게는 미치지 아니하여, 위 판결로 인하여 위 부동산에 대한 제3자의 소유권이 피고인에게 이전되는 것도 아니므로, 사기죄를 구성한다고 볼 수 없다(대판 1985.10.8. 84도2642).

② 허무인을 상대로 소송을 제기한 경우 : 소송사기에 있어서 피기망자인 법원의 재판은 피해자의 처분행위에 갈음하는 내용과 효력이 있는 것이어야 하는바, 실재하고 있

---

23) 소송사기는 법원을 기망하여 자기에게 유리한 판결을 얻고 이에 터잡아 상대방으로부터 재물의 교부를 받거나 재산상 이익을 취득하는 것을 말하는 것으로서 소송에서 주장하는 권리가 존재하지 않는 사실을 알고 있으면서도 법원을 기망한다는 인식을 가지고 소를 제기하면 이로써 그 실행의 착수가 있었다고 할 것이고, 피해자에 대한 직접적인 기망이 있어야 하는 것은 아니다(대판 1993.9.14. 93도915).

24) 적극적 소송당사자인 원고뿐만 아니라 방어적인 위치에 있는 피고라 하더라도 허위내용의 서류를 작성하여 이를 증거로 제출하거나 위증을 시키는 등의 적극적인 방법으로 법원을 기망하여 착오에 빠지게 한 결과 승소확정판결을 받음으로써 자기의 재산상의 의무이행을 면하게 된 경우에는 그 재산가액 상당에 대하여 사기죄가 성립한다(대판 2004.3.12. 2003도333).

25) 허위의 내용을 기재한 준비서면과 자술서를 작성하여 위 법원에 제출한 행위는 허위의 증거를 조작하고 적극적으로 사술을 사용하여 법원을 기망하는 행위로서 소송사기의 실행의 착수에 해당한다(대판 1998.9.20. 87도964).

26) 소송사기의 경우 그 기수시기는 소송의 판결이 확정된 때라 할 것(대판 1997.7.11. 95도1874).

지 아니한 자에 대하여 판결이 선고되더라도 그 판결은 피해자의 처분행위에 갈음하는 내용과 효력을 인정할 수 없고, 따라서 착오에 의한 재물의 교부행위를 상정할 수 없는 것이므로 사기죄의 성립을 시인할 수 없다(대판 1992.12.11. 92도743).

③ 사자를 상대로 소송을 제기한 경우 : 사망한 자를 상대로 한 것이라면 이와 같은 사망한 자에 대한 판결은 그 내용에 따른 효력이 생기지 아니하여 상속인에게 그 효력이 미치지 아니하고 ~ 따라서 사기죄를 구성한다고는 할 수 없다(대판 2002.1.11. 2000도1881).

④ 화해조서의 효력 : 피고인이 국가 등의 소유인 토지들이 미등기임을 기화로 갑과 공모하여 을을 그 소유자로 내세운 다음 갑이 을을 상대로 위 토지들에 대하여 매매를 원인으로 한 소유권이전등기절차이행의 소를 제기하여 소송진행 중 쌍방의 소송대리인 등에게 화해하도록 하여, 재판부로 하여금 을이 대금수령과 상환으로 갑에게 위 토지들에 대한 소유권이전등기절차를 이행한다는 취지의 화해조서를 작성하게 한 경우, 이와 같은 소송상 화해의 효력은 소송당사자들 사이에만 미치고 제3자인 토지소유자에게는 미치지 아니하며 그 화해조서에 기하여 위 토지들에 대한 제3자의 소유권이 갑에게 이전되는 것도 아니므로 피고인의 위와 같은 행위가 사기죄를 구성한다고 할 수 없다(대판 1987.8.18. 87도1153).

〈소송사기에서 사기죄를 구성하는 경우〉

① 채권이 소멸했음에도 불구하고 약속어음 공정증서정본 또는 판결정본을 소지하고 있음을 기화로 강제집행을 한 경우 : 채무자가 강제집행을 승낙한 취지의 기재가 있는 약속어음 공정증서에 있어서 그 약속어음의 원인관계가 소멸하였음에도 불구하고, 약속어음 공정증서정본을 소지하고 있음을 기화로, 이를 근거로 하여 강제집행을 하였다면 사기죄를 구성한다(대판 1999.12.10. 99도2213).

② 허위의 공시최고 신청 : 가계수표발행인이 자기가 발행한 가계수표를 타인이 교부받아 소지하고 있는 사실을 알면서도, 또한 그 수표가 적법히 지급 제시되어 수표상의 소구의무를 부담하고 있음에도 불구하고, 허위의 분실사유를 들어 공시최고신청을 하고, 이에 따라 법원으로부터 제권판결을 받음으로써 수표상의 채무를 면하여 그 수표금 상당의 재산상 이득을 취득하였다면, 이러한 행위는 사기죄에 해당한다(대판 1999.4.9. 99도364).

〈소송사기의 실행의 착수를 인정〉

① 강제집행절차를 통한 소송사기에서 실행의 착수시기는 집행절차의 개시신청을 한 때 또는 진행 중인 집행절차에 배당신청을 한 때이며, 부동산에 관한 소유권이전등기청구권에 대한 강제집행절차에서 소송사기의 실행의 착수시기는 허위 채권에 기한 공정증서를 집행권원으로 하여 채무자의 소유권이전등기청구권에 대하여 압류신청을 한

때이다. 즉, 강제집행절차를 통한 소송사기는 집행절차의 개시신청을 한 때 또는 진행 중인 집행절차에 배당신청을 한 때에 실행에 착수하였다고 볼 것이다. 민사집행법 제 244조에서 규정하는 부동산에 관한 권리이전청구권에 대한 강제집행은 그 자체를 처분 하여 그 대금으로 채권에 만족을 기하는 것이 아니고, 부동산에 관한 권리이전청구권 을 압류하여 청구권의 내용을 실현시키고 부동산을 채무자의 책임재산으로 귀속시킨 다음 다시 그 부동산에 대한 경매를 실시하여 그 매각대금으로 채권에 만족을 기하는 것이다. 이러한 경우 소유권이전등기청구권에 대한 압류는 당해 부동산에 대한 경매의 실시를 위한 사전 단계로서의 의미를 가지나, 전체로서의 강제집행절차를 위한 일련의 시작행위라고 할 수 있으므로, 어휘 채권에 기한 공정증서를 집행권원으로 하여 채무 자의 소유권이전등기청구권에 대하여 압류신청을 한 시점에 소송사기의 실행에 착수하 였다고 볼 수 있다(대판 2015.2.12. 2014도10086).
② 진정한 임차권자가 아니면서 허위의 임대차계약서를 법원에 제출하여 임차권등기명 령을 신청하면 그로써 소송사기의 실행행위에 착수한 것으로 보아야 하고, 나아가 그 임차보증금 반환채권에 관하여 현실적으로 청구의 의사표시를 하여야만 사기죄의 실행 의 착수가 있다고 볼 것은 아니다(대판 2012.5.24. 2010도12732).

〈소송사기의 실행의 착수를 부정〉

① 부동산 경매절차에서 피고인들이 허위로 유치권을 신고한 사실을 기초로 하고, 법원 을 피기망자 겸 처분행위자로 구성하여 소송사기 미수죄로 기소된 이 사건 공소사실에 대하여, 유치권자가 경매절차에서 유치권을 신고하는 경우 법원은 이를 매각물건명세 서에 기재하고 그 내용을 매각기일공고에 적시하나, 이는 경매목적물에 대하여 유치권 신고가 있음을 입찰예정자들에게 고지하는 것에 불과할 뿐 처분행위로 볼 수는 없고, 또한 유치권자는 권리신고 후 이해관계인으로서 경매절차에서 이의신청권 등 몇 가지 권리를 얻게 되지만 이는 법률의 규정에 따른 것으로서 재물 또는 재산상 이득을 취득 하는 것으로 볼 수도 없다는 점을 근거로 들어, 허위 공사대금채권을 근거로 유치권 신 고를 하였더라도 이를 소송사기 실행의 착수가 있다고 볼 수는 없다(대판 2009.9.24. 2009도5900).
② 가압류는 강제집행의 보전방법에 불과한 것이어서 허위의 채권을 피보전권리로 삼 아 가압류를 하였다고 하더라도 그 채권에 관하여 현실적으로 청구의 의사표시를 한 것이라고는 볼 수 없으므로, 본안소송을 제기하지 아니한 채 가압류를 한 것만으로는 사기죄의 실행에 착수하였다고 할 수 없다(대판 1988.9.1. 88도55).

〈소송사기의 불능〉

소송비용을 편취할 의사로 소송비용의 지급을 구하는 손해배상청구의 소를 제기한 경 우, 민사소송법상 소송비용의 청구는 소송비용액 확정절차에 의하도록 규정하고 있으므로, 위 절차에 의하지 아니하고 손해배상금 청구의 소 등으로 소송비용의 지급을 구하는 것은 소의 이익이 없는 부적법한 소로서 허용될 수 없다고 할 것이다. 따라서 소송비용을 편취할 의사로 소송비용의 지급을 구하는 손해배상청구의 소를 제기하였다고 하더라도 이는 객관적으로 소송비용의 청구방법에 관한 법률적 지식을 가진 일반인의 판단으로 보아 결과 발생의 가능성이 없어 위험성이 인정되지 않는다고 할 것이다(대판 2005.12.8. 2005도8105).

5. 불법원인급여물

불법원인급여물을 경우에 사기죄가 성립할 것인가의 문제이다. 이에 대해서는 불법원인급여물이라고 하더라도 피기망자는 재산상의 손해가 발생하였고, 재산상 이익은 경제적 개념이며, 민법상 반환청구권이 없다고 하더라도 형법상 사기죄에 영향을 줄 수 없다는 이유로 불법원인급여물에 대해서도 사기죄가 성립한다는 것이 통설이다. 판례도 "민법 제746조의 불법원인급여에 해당하여 급여자가 수익자에 대한 반환청구권을 행사할 수 없다고 하더라도, 수익자가 기망을 통하여 급여자로 하여금 불법원인급여에 해당하는 재물을 제공하도록 하였다면 사기죄가 성립한다고 할 것인바, 피고인이 피해자 공소외인으로부터 도박자금으로 사용하기 위하여 금원을 차용하였더라도 사기죄의 성립에는 영향이 없다"라고 판시하여 불법원인급여물에 대해서 사기죄를 인정하였다.[27]

6. 특정경제범죄 가중처벌 등에 관한 법률상 이득액 산정[28]

특정경제범죄 가중처벌 등에 관한 법률 제3조 제1항은 형법상의 사기, 공갈, 상습사기, 상습공갈, 횡령, 배임, 업무상횡령, 업무상배임의 각 죄를 범한 자를 그 범죄행위로 인하여 취득한 이득액이 5억원 이상인 때 그 이득액에 따라 가중처벌 하도록 규정하고 있는바, 여기서 말하는 이득액은 단순일죄의 이득액이나 혹은 포괄일죄가 성립되는 경우의 이득액의 합산액을 의미하는 것이다.[29] 재물편취를 내용으로 하는 사기죄에 있어서는 기망으로 인한 재물교부가 있으면 그 자체로써 피해자의 재산침해가 되어 이로써 곧 사기죄가 성립하는 것이고, 상당한 대가가 지급되었다거나 피해자의 전체 재산상에 손해가 없다 하여도 사기죄의 성립에는

---

27) 대판 2006.11.23. 2006도6795.
28) 오영근, 315면.
29) 대판 2018.8.18. 2009도7813.

그 영향이 없으므로 사기죄에 있어서 그 대가가 일부 지급된 경우에도 그 편취액
은 피해자로부터 교부된 재물의 가치로부터 그 대가를 공제한 차액이 아니라 교
부받은 재물 전부라 할 것이다.[30] 단, 특정경제범죄 가중처벌 등에 관한 법률 제3
조의 적용을 전제로 하여 그 부동산의 가액을 산정함에 있어서는, 그 부동산에
아무런 부담이 없는 때에는 그 부동산의 시가 상당액이 곧 그 가액이라고 볼 것
이지만, 그 부동산에 근저당권설정등기가 경료되어 있거나 압류 또는 가압류 등
이 이루어져 있는 때에는 특별한 사정이 없는 한 아무런 부담이 없는 상태에서의
그 부동산의 시가 상당액에서 근저당권의 채권최고액 범위 내에서의 피담보채권
액, 압류에 걸린 집행채권액, 가압류에 걸린 청구금액 범위 내에서의 피보전채권
액 등을 뺀 실제의 교환가치를 그 부동산의 가액으로 보아야 한다.[31] 유가증권을
편취한 사기범행의 이득액은 그 유가증권의 액면가액이라고 할 것이다.[32]

7. 죄수와 다른 죄와의 관계

① 하나의 기망행위로 1인으로부터 수회 재물을 편취한 경우에는 사기죄의
포괄일죄가 된다.[33] 수인의 피해자에 대하여 각 피해자별로 기망행위를 하여 각
각 재물을 편취한 경우에 그 범의가 단일하고 범행방법이 동일하다고 하더라도
포괄1죄가 성립하는 것이 아니라 피해자별로 1개씩의 죄가 성립하는 것으로 보아
야 하며, 동일한 피해자에 대하여 수회에 걸쳐 기망행위를 하여 금원을 편취한
경우 범의가 단일하고 범행방법이 동일하다면 사기죄의 포괄1죄만이 성립한다고
할 것이나, 범의의 단일성과 계속성이 인정되지 아니하거나 범행방법이 동일하지
않은 경우에는 각 범행은 실체적 경합범에 해당한다.[34]

② 예금자 명의의 예금청구서를 위조한 다음 이를 은행원에게 제출행사하여
예금인출금 명목의 금원을 교부받았다면 사문서위조, 동행사, 사기의 각 범죄가
성립하고 이들은 실체적 경합범이 성립한다.[35]

---

30) 대판 2000.7.7. 2000도1899.
31) 대판 2007.4.19. 2005도7288 전원합의체.
32) 대판 1994.9.9. 94도2032.
33) 피해자를 기망하여 1994. 2. 25.경부터 같은 해 11.경까지 휴대폰 할부대금 및 사용료 금
    226만원을 피해자의 통장에서 지급되도록 하여 합계 금 2,392,000원 상당을 편취한 경우와
    같이 여러 차례에 걸쳐 금원을 교부받거나 재산상 이익을 취득한 행위는 포괄하여 1개의
    사기죄를 구성한다(대판 1996.1.26. 95도2437).
34) 대판 1997.6.27. 97도508.
35) 대판 1991.9.10. 91도1722.

③ 사기도박과 같이 도박당사자의 일방이 사기의 수단으로써 승패의 수를 지배하는 경우에는 도박에서의 우연성이 결여되어 사기죄만 성립하고 도박죄는 성립하지 아니한다.[36)]

④ 사기죄는 타인이 점유하는 재물을 그의 처분행위에 의하여 취득함으로써 성립하는 죄이므로 자기가 점유하는 타인의 재물에 대하여는 이것을 영득함에 기 망행위를 한다 하여도 사기죄는 성립하지 아니하고 횡령죄만을 구성한다.[37)]

⑤ 보이스피싱 범죄의 피해자가 대포통장 명의인 앞으로 계좌 송금한 돈을 명의인이 임의로 인출한 경우, 명의인이 보이스피싱 사기방조범이 성립한 경우에 는 횡령죄가 성립하지 않지만, 사기방조범이 성립하지 않는 경우에는 송금인에 대한 횡령죄가 성립한다.[38)]

⑥ 타인의 사무를 처리하는 자가 본인을 기망하여 재물를 교부받은 경우, 사 기죄와 배임죄의 상상적 경합이 성립한다.[39)]

---

36) 대판 2011.1.13. 2010도9330.

37) 대판 1987.12.22. 87도2168.

38) 송금의뢰인이 다른 사람의 예금계좌에 자금을 송금·이체한 경우 특별한 사정이 없는 한 송금의뢰인과 계좌명의인 사이에 그 원인이 되는 법률관계가 존재하는지 여부에 관계없이 계좌명의인(수취인)과 수취은행 사이에는 그 자금에 대하여 예금계약이 성립하고, 계좌명 의인은 수취은행에 대하여 그 금액 상당의 예금채권을 취득한다. 이때 송금의뢰인과 계좌 명의인 사이에 송금·이체의 원인이 된 법률관계가 존재하지 않음에도 송금·이체에 의하 여 계좌명의인이 그 금액 상당의 예금채권을 취득한 경우 계좌명의인은 송금의뢰인에게 그 금액 상당의 돈을 반환하여야 한다. 이와 같이 계좌명의인이 송금·이체의 원인이 되는 법률관계가 존재하지 않음에도 계좌이체에 의하여 취득한 예금채권 상당의 돈은 송금의뢰 인에게 반환하여야 할 성격의 것이므로, 계좌명의인은 그와 같이 송금·이체된 돈에 대하 여 송금의뢰인을 위하여 보관하는 지위에 있다고 보아야 한다. 따라서 계좌명의인이 그와 같이 송금·이체된 돈을 그대로 보관하지 않고 영득할 의사로 인출하면 횡령죄가 성립한 다. 이러한 법리는 계좌명의인이 개설한 예금계좌가 전기통신금융사기 범행에 이용되어 그 계좌에 피해자가 사기피해금을 송금·이체한 경우에도 마찬가지로 적용된다. 계좌명의 인은 피해자와 사이에 아무런 법률관계 없이 송금·이체된 사기피해금 상당의 돈을 피해자 에게 반환하여야 하므로, 피해자를 위하여 사기피해금을 보관하는 지위에 있다고 보아야 하고, 만약 계좌명의인이 그 돈을 영득할 의사로 인출하면 피해자에 대한 횡령죄가 성립한 다. 이때 계좌명의인이 사기의 공범이라면 자신이 가담한 범행의 결과 피해금을 보관하게 된 것일 뿐이어서 피해자와 사이에 위탁관계가 없고, 그가 송금·이체된 돈을 인출하더라 도 이는 자신이 저지른 사기범행의 실행행위에 지나지 아니하여 새로운 법익을 침해한다 고 볼 수 없으므로 사기죄 외에 별도로 횡령죄를 구성하지 않는다(대판 2018.7.19. 2017도 17494 전원합의체).

39) 업무상배임행위에 사기행위가 수반된 때의 죄수 관계에 관하여 보면, 사기죄는 사람을 기 망하여 재물의 교부를 받거나 재산상의 이익을 취득하는 것을 구성요건으로 하는 범죄로 서 임무위배를 그 구성요소로 하지 아니하고 사기죄의 관념에 임무위배 행위가 당연히 포 함된다고 할 수도 없으며, 업무상배임죄는 업무상 타인의 사무를 처리하는 자가 그 업무상 의 임무에 위배하는 행위로써 재산상의 이익을 취득하거나 제3자로 하여금 이를 취득하게

8. 친족상도례

본죄는 친족상도례 규정이 적용된다.

Ⅱ. 컴퓨터 등 사용사기죄

> **제347조의2【컴퓨터 등 사용사기】** 컴퓨터 등 정보처리장치에 허위의 정보 또는 부정한 명령을 입력하거나 권한없이 정보를 입력·변경하여 정보처리를 하게 함으로써 재산상의 이익을 취득하거나 제3자로 하여금 취득하게 한 자는 10년 이하의 징역 또는 2천만원 이하의 벌금에 처한다.

1. 의의, 성격

본죄는 '컴퓨터 등 정보처리장치에 허위의 정보 또는 부정한 명령을 입력하거나 권한없이 정보를 입력·변경하여 정보처리를 하게 함으로써 재산상의 이익을 취득하거나 제3자로 하여금 취득하게 함으로써 성립하는 범죄'이다. 1995년 형법개정에서 신설된 범죄이며,[40] 2001. 12. 29일 형법개정에서 "권한없이 정보를 입력·변경하여"라는 행위태양을 추가하였다. 보호법익은 '재산'이며, 침해범이다. 미수범은 처벌한다.

2. 객관적 구성요건

(1) 행위의 주체

행위의 주체는 제한이 없다. 컴퓨터를 사용하는 정보처리담당자 이외 업무와 관련성이 없는 사람도 주체가 될 수 있다.

하여 본인에게 손해를 가하는 것을 구성요건으로 하는 범죄로서 기망적 요소를 구성요건의 일부로 하는 것이 아니어서 양 죄는 그 구성요건을 달리하는 별개의 범죄이고 형법상으로도 각각 별개의 장(章)에 규정되어 있어, 1개의 행위에 관하여 사기죄와 업무상배임죄의 각 구성요건이 모두 구비된 때에는 양 죄를 법조경합 관계로 볼 것이 아니라 상상적 경합 관계로 봄이 상당하다 할 것이다(대판 2002.7.18. 2002도669).

40) 컴퓨터의 보급이 대중화되고 정보통신기술과 결합하여 그 기능이 확대됨에 따라 컴퓨터를 이용한 재산범죄도 대폭 증가하고 있다. 그럼에도 불구하고 컴퓨터를 이용하여 사람을 기망하지도 않고 현금을 취득하지도 않은 채 예금계좌 간의 이동이나 대체송금을 통하여 재산상의 이익을 취득하는 경우에 구성요건의 명확성의 원칙과 유추적용금지의 원칙에 입각하여 기존의 형벌법규로는 처벌할 수 없다는 점, 특히 단순사기죄에 의하여 처벌할 수 없다는 점을 고려하여 시설된 범죄이다(형법개정법률안 제한이유서).

(2) 행위의 객체

행위의 객체는 '재산상 이익'이다. 단순사기죄는 재물도 객체로 포함하고 있으나 본죄는 재산상의 이익만을 객체로 하고 있어, 현금자동지급기에서 현금을 인출한 행위는 본죄가 아닌 절도죄가 성립한다.[41]

(3) 실행 행위

실행 행위는 '컴퓨터 등 정보처리장치에 허위의 정보 또는 부정한 명령을 입력하거나 권한없이 정보를 입력·변경하여 정보처리를 하게 함으로써 재산상이익을 취득하거나 제3자로 하여금 취득하게 하는 것'이다.

(가) 컴퓨터 등 정보처리장치

자동적으로 계산이나 데이터의 처리를 할 수 있는 전자장치로서, 사무처리에 사용하는 정보처리장치를 말한다. 범용컴퓨터를 비롯하여 오피스컴퓨터·퍼스널컴퓨터·제어용컴퓨터·마이크로컴퓨터 등이 이에 속하며, 은행의 현금자동인출기, 현금자동입출금기도 포함한다.[42]

(나) 허위의 정보 또는 부정한 명령을 입력

'허위의 정보를 입력'이란 허위의 정보, 즉 진실에 반하는 정보를 입력하는 것이며, '부정한 명령을 입력'이란 당해 사무처리시스템에 예정되어있는 사무처리의 목적에 비추어 지시해서는 안 될 명령을 입력하는 것을 의미한다. 따라서 설령 '허위의 정보'를 입력한 경우가 아니라고 하더라도, 당해 사무처리시스템의 프로그램을 구성하는 개개의 명령을 부정하게 변개, 삭제하는 행위는 물론 프로그램 자체에서 발생하는 오류를 적극적으로 이용하여 그 사무처리의 목적에 비추어 정당하지 아니한 사무처리를 하게 하는 행위도 특별한 사정이 없는 한 부정한 명령에 해당한다.[43]

---

41) 형법은 재산범죄의 객체가 재물인지 재산상의 이익인지에 따라 이를 재물죄와 이득죄로 명시하여 규정하고 있는데, 형법 제347조가 일반 사기죄를 재물죄 겸 이득죄로 규정한 것과 달리 형법 제347조의2는 컴퓨터등사용사기죄의 객체를 재물이 아닌 재산상의 이익으로만 한정하여 규정하고 있으므로, 절취한 타인의 신용카드로 현금자동지급기에서 현금을 인출하는 행위가 재물에 관한 범죄임이 분명한 이상 이를 위 컴퓨터등사용사기죄로 처벌할 수는 없다고 할 것이고, 입법자의 의도가 이와 달리 이를 위 죄로 처벌하고자 하는데 있었다거나 유사한 사례와 비교하여 처벌상의 불균형이 발생할 우려가 있다는 이유만으로 그와 달리 볼 수는 없다(대판 2003.5.13. 2003도1178).

42) 임웅, 435면.

43) 대판 2010.9.9. 2008도128.

(다) 권한 없이 정보를 입력·변경

타인의 진정한 정보를 권한이 없는 자가 입력하거나 변경하는 행위를 말한다. 예를 들어, 권한없이 인터넷뱅킹으로 타인의 예금계좌에서 자신의 예금계좌로 돈을 이체한 후 그중 일부를 인출하는 행위,[44] 타인의 명의를 모용하여 발급받은 신용카드의 번호와 그 비밀번호를 이용하여 ARS 전화서비스나 인터넷을 통하여 신용대출을 받는 방법으로 재산상의 이득을 취득하는 행위[45] 등이 권한 없이 정보를 입력하는 것에 해당한다.

(라) 정보처리를 하게 함

허위의 정보나 부정한 명령을 입력하여 진실에 반하는 사무처리를 하게 하는 것이다. '정보처리'는 사기죄에 있어서 피해자의 처분행위에 상응하는 것이므로 입력된 허위의 정도 등에 의하여 계산이나 데이터의 처리가 이루어짐으로써 직접적으로 재산처분의 결과를 초래하여야 하고, 행위자나 제3자의 '재산상 이익 취득'은 사람의 처분행위가 개재됨이 없이 컴퓨터 등에 의한 정보처리과정에서 이루어져야 한다.[46]

(마) 재산상의 이익을 취득

행위자가 재산상의 이익을 취득하거나 제3자로 하여금 취득하게 하여야 한다.

(4) 실행의 착수·기수 시기

실행의 착수는 정보처리장치에 허위의 정보나 부정한 명령을 입력할 때 또는 권한없이 정보를 입력·변경할 때 실행의 착수가 인정된다. 기수시기는 재산상 이익의 취득시점이다.[47] 실행에는 착수하였으나 재산상의 이익 취득과 인과관계가 부정이 될 때는 미수범이 성립할 뿐이다.

3. 주관적 구성요건

본죄의 고의는 컴퓨터 등 정보처리장치에 허위의 정보 또는 부정한 명령을

---

44) 대판 2004.4.16. 2004도353.
45) 대판 2006.7.27. 2006도3126.
46) 대판 2014.3.13. 2013도16099.
47) 금융기관 직원이 전산단말기를 이용하여 다른 공범들이 지정한 특정계좌에 돈이 입금된 것처럼 허위의 정보를 입력하는 방법으로 위 계좌로 입금되도록 한 경우, 이러한 입금절차를 완료함으로써 장차 그 계좌에서 이를 인출하여 갈 수 있는 재산상 이익을 취득하였으므로, 형법 제347조의2에서 정하는 컴퓨터 등 사용사기죄는 기수에 이르렀고, 그 후 그러한 입금이 취소되어 현실적으로 인출되지 못하였다고 하더라도 이미 성립한 컴퓨터 등 사용사기죄에 어떤 영향이 있다고 할 수는 없다(대판 2006.9.14. 2006도4127).

입력하거나 권한없이 정보를 입력·변경하여 정보처리를 하게 함으로써 재산상이익을 취득하거나 제3자로 하여금 취득하게 한다는 인식과 인용이다. 이외 불법이득의 의사가 필요하다.

4. 다른 죄와의 관계

① 컴퓨터 등 사용사기죄의 범행으로 예금채권을 취득한 다음 자기의 현금카드를 사용하여 현금자동지급기에서 현금을 인출한 경우, 현금카드 사용권한 있는 자의 정당한 사용에 의한 것으로, 절도죄나 사기죄의 구성요건에 해당하지 않는 할 것이고, 그 결과 그 인출된 현금은 재산범죄에 의하여 취득한 재물이 아니므로 장물이 될 수 없다.[48]

② 절취한 타인의 신용카드를 이용하여 현금지급기에서 계좌이체를 한 행위는 컴퓨터 등 사용사기죄에서 컴퓨터 등 정보처리장치에 권한 없이 정보를 입력하여 정보처리를 하게 한 행위에 해당함은 별론으로 하고 이를 절취행위라고 볼수는 없고, 위 계좌이체 후 현금지급기에서 현금을 인출한 행위는 자신의 신용카드나 현금카드를 이용한 것이어서 이러한 현금인출이 현금지급기 관리자의 의사에 반한다고 볼 수 없어 절취행위에 해당하지 않으므로 절도죄를 구성하지 않는다.

5. 신용카드 범죄

(1) 의의

신용카드란 이를 제시함으로써 반복하여 신용카드가맹점에서 일정사항을 결제할 수 있는 증표로서 신용카드업자(외국에서 신용카드업에 상당하는 영업을 영위하는 자를 포함한다)가 발행한 것을 말한다.[49]

(2) 종류

① '직불카드'란 직불카드 회원과 신용카드 가맹점 간에 전자적 또는 자기적 방법으로 금융 거래계좌에 이체하는 등의 방법으로 결제가 이루어질 수 있도록 신용카드업자가 발행한 증표(자금을 융통받을 수 있는 증표는 제외한다)를 말한다.[50] 직불카드는 신용카드에 준한 법적 규제를 받는다.

② '선불카드'란 신용카드업자가 대금을 미리 받고 이에 상당하는 금액을 기

---

48) 대판 2004.4.16. 2004도353.
49) 여신전문금융업법 제2조 제3호.
50) 여신전문금융업법 제2조 제6호.

록(전자적 또는 자기적 방법에 따른 기록을 말한다)하여 발행한 증표로서 선불카드소지자가 신용카드 가맹점에 제시하여, 그 카드에 기록된 금액의 범위에서 결제할 수 있게 한 증표를 말한다.[51] 버스카드나 공중전화카드, 지하철승차권 등이 있다.

③ '현금카드'란 예금구좌에 잔고의 범위내에서 예금주가 현금자동인출기로부터 현금을 인출하는 수단으로서의 기능을 가지고 있는 카드이며, 신용카드와 같이 신용기능이 있지는 않다.

(3) 성격

신용카드는 관리가 가능한 물리적 유체물로써 신용구매기능이라는 경제적 가치를 가지고 있어 재물성이 인정되나, 그 자체에 경제적 가치가 화체되어 있거나 특정의 재산권을 표창하는 유가증권으로는 볼 수 없다.[52]

(4) 범죄 유형

(가) 자기 명의의 신용카드를 부정발급받는 경우

카드 대금을 결제할 능력과 의사없이 자기 명의의 신용카드를 발급받는 행위는 카드회사에 대한 기망행위이고, 물품을 구입하거나 현금서비스를 받는 행위 모두 사기죄에 해당한다. 이에 대해 판례는 "피고인이 카드 사용으로 인한 대금결재의 의사와 능력이 없으면서도 있는 것 같이 가장하여 카드회사를 기망하고, 카드회사는 이에 착오를 일으켜 일정 한도 내에서 카드사용을 허용해 줌으로써 피고인은 기망당한 카드회사의 신용공여라는 하자 있는 의사표시에 편승하여 자동지급기를 통한 현금대출도 받고 가맹점을 통한 물품구입대금 대출도 받아 카드발급회사로 하여금 같은 액수 상당의 피해를 입게 함으로써, 카드사용으로 인한 일련의 편취행위가 포괄적으로 이루어지는 것이다. 따라서 카드사용으로 인한 카드회사의 손해는 그것이 자동지급기에 의한 인출행위이든 가맹점을 통한 물품구입행위이든 불문하고 모두가 피해자인 카드회사의 기망당한 의사표시에 따른 카드발급에 터잡아 이루어지는 사기죄의 포괄일죄이다"라고 판시하였다.[53] 실행의 착수는 카드회사에 카드발급 신청을 할 때이며, 기수는 발급받은 카드를 사용할 때이다.

(나) 타인 명의의 신용카드 부정발급받는 경우

타인이 명의를 모용하여 타인 명의의 신용카드를 신청, 발급받는 경우에는 타인 명의의 카드발급신청서를 작성·제출하는 것은 사문서위조 및 동행사죄, 신

---

51) 여신전문금융업법 제2조 제8호.
52) 대판 1999.7.9. 99도857.
53) 대판 1996.4.9. 95도2466.

용카드를 발급 받는 행위는 카드회사에 대한 사기죄, 현금자동지급기에서 현금대
출을 받는 행위는 현금자동지급기의 관리자에 대한 절도죄[54]가 성립한다, 또한,
타인의 명의를 모용하여 발급받은 신용카드의 번호와 그 비밀번호를 이용하여
ARS 전화서비스나 인터넷 등을 통하여 신용대출을 받는 방법으로 재산상 이익을
취득하는 행위 역시 미리 포괄적으로 허용된 행위가 아닌 이상, 컴퓨터 등 정보
처리장치에 권한 없이 정보를 입력하여 정보처리를 하게 함으로써 재산상 이익을
취득하는 행위로서 컴퓨터 등 사용사기죄에 해당한다.[55]

(다) 타인 명의의 신용카드 부정사용

① 물품을 구입하는 행위

행위자가 타인 명의의 신용카드로 가맹점으로부터 물품을 구입하고 그 카드
상의 명의인인 것처럼 가장하여 매출전표에 서명하는 경우, 행위자는 그 카드의
명의인인 것처럼 가맹점을 기망, 이에 가맹점은 착오를 일으켜 물품을 교부, 이로
인해 가맹점에 재산상의 손해가 발생하였음으로 사기죄가 성립,[56] 타인명의의 신
용카드로 물품을 구입하면서 매출전표에 타인 명의의 서명을 하고 이를 교부하는
행위는 사문서위조 및 동행자죄가 성립,[57] 사기로 인해 취득한 신용카드를 사용
하였으므로 여신전문금융업법상 신용카드부정사용죄가 성립한다.[58]

□ **신용카드 사용의 피해자**

사기죄에서의 피해자에 대해 ㉠ 물품의 제공을 가맹점에서 하였음으로 가맹점이 피해
자라는 견해, ㉡ 물품에 대금은 카드회사에서 지불하기 때문에 카드회사가 피해자라는
견해, ㉢ 가맹점에 귀책사유가 있어서 카드회사로부터 카드대금을 받지 못하는 경우에
는 가맹점이 피해자이고, 가맹점에 귀책사유가 없어서 카드회사가 카드대금을 보전해야
하는 경우에는 카드회사가 피해자라는 견해가 대립하고 있다. 이에 대해 판례는 행위자
가 여러 가맹점에 들어가 타인의 신용카드를 부정사용하여 재물을 교부받은 경우 사기
죄의 실체적 경합으로 판시, 가맹점을 피해자로 보는 듯한 모습을 보이고 있다.[59]

---

54) 피고인이 타인의 명의를 모용하여 발급받은 신용카드를 사용하여 현금자동지급기에서 현
금대출을 받는 행위는 카드회사에 의하여 미리 포괄적으로 허용된 행위가 아니라, 현금자
동지급기의 관리자의 의사에 반하여 그의 지배를 배제한 채 그 현금을 자기의 지배하에 옮
겨 놓는 행위로서 절도죄에 해당한다고 봄이 상당하다(대판 2002.7.12. 2002도2134).
55) 대판 2006.7.27. 2006도3126.
56) 대판 1997.1.21. 96도2715.
57) 매출전표에 타인 명의의 서명을 하는 행위는 서명위조죄에 해당하나, 이는 사문서위조죄에
흡수된다(법조경합 중 흡수관계).

☐ 여신전문금융업법상의 신용카드부정사용죄와 사문서위조 및 동행사죄와의 관계

여신전문금융업법상의 신용카드부정사용죄와 사문서위조 및 동행사죄의 관계는 법조경합 중 흡수관계로 판례는 "신용카드의 소지인이 신용카드의 본래 용도인 대금결제를 위하여 가맹점에 신용카드를 제시하고 매출표에 서명하여 이를 교부하는 일련의 행위를 가르키고 단순히 신용카드를 제시하는 행위만을 가리키는 것은 아니라고 할 것이므로, 위 매출표의 서명 및 교부가 별도로 사문서위조 및 동행사의 죄의 구성요건을 충족한다고 하여도 이 사문서위조 및 동행사의 죄는 위 신용카드부정사용죄에 흡수되어 신용카드부정사용죄의 1죄만이 성립하고 별도로 사문서위조 및 동행사의 죄는 성립하지 않는다"라고 판시하고 있다(대판 1992.6.9. 92도77).

② 현금자동인출기에서 현금을 인출한 행위

타인의 명의를 모용하여 발급받은 신용카드를 사용하여 현금자동지급기에서 현금대출을 받는 행위는 카드회사에 의하여 미리 포괄적으로 허용된 행위가 아니라, 현금자동지급기의 관리자의 의사에 반하여 그의 지배를 배제한 채 그 현금을 자기의 지배하에 옮겨 놓는 행위로서 절도죄에 해당한다.[60]

☐ 컴퓨터 등 사용사기죄의 성립여부

타인 명의의 신용카드와 비밀번호를 사용하여 현금자동인출기에서 현금을 인출하는 행위에 대해서 컴퓨터 등 사용사기죄에 대해 판례는 상반된 입장을 보이고 있다.
① "우리 형법은 재산범죄의 객체가 재물인지 재산상의 이익인지에 따라 이를 재물죄와 이득죄로 명시하여 규정하고 있는데, 형법 제347조가 일반 사기죄를 재물죄 겸 이득죄로 규정한 것과 달리 형법 제347조의2는 컴퓨터등사용사기죄의 객체를 재물이 아닌 재산상의 이익으로만 한정하여 규정하고 있으므로, 절취한 타인의 신용카드로 현금자

---

58) 여신전문금융업법 제70조 제1항 제3호의 객체는 '분실 또는 도난된 카드'였으나, 2002. 3. 30. 법률개정에서 '제4호'를 신설 "강취·횡령하거나 사람을 기망·공갈하여 취득한 신용카드 또는 직불카드를 사용한 자"를 추가함.
59) 피고인은 절취한 카드로 가맹점들로부터 물품을 구입하겠다는 단일한 범의를 가지고 그 범의가 계속된 가운데 동종의 범행인 신용카드 부정사용행위를 동일한 방법으로 반복하여 행하였고, 또 위 신용카드의 각 부정사용의 피해법익도 모두 위 신용카드를 사용한 거래의 안전 및 이에 대한 공중의 신뢰인 것으로 동일하므로, 피고인이 동일한 신용카드를 위와 같이 부정사용한 행위는 포괄하여 일죄에 해당하고, 신용카드를 부정사용한 결과가 사기죄의 구성요건에 해당하고 그 각 사기죄가 실체적 경합관계에 해당한다고 하여도 신용카드부정사용죄와 사기죄는 그 보호법익이나 행위의 태양이 전혀 달라 실체적 경합관계에 있으므로 신용카드 부정사용행위를 포괄일죄로 취급하는데 아무런 지장이 없다(대판 1996.7.12. 96도1181)

동지급기에서 현금을 인출하는 행위가 재물에 관한 범죄임이 분명한 이상 이를 위 컴퓨터등사용사기죄로 처벌할 수는 없다고 할 것이다"라며 부정하였다(대판 2003.5.13. 2003도1178).

② "예금주인 현금카드 소유자로부터 일정한 금액의 현금을 인출해 오라는 부탁을 받으면서 이와 함께 현금카드를 건네받은 것을 기화로 그 위임을 받은 금액을 초과하여 현금을 인출하는 방법으로 그 차액 상당을 위법하게 이득할 의사로 현금자동지급기에 그 초과된 금액이 인출되도록 입력하여 그 초과된 금액의 현금을 인출한 경우에는 그 인출된 현금에 대한 점유를 취득함으로써 이때에 그 인출한 현금 총액 중 인출을 위임받은 금액을 넘는 부분의 비율에 상당하는 재산상 이익을 취득한 것으로 볼 수 있으므로, 이러한 행위는 그 차액 상당액에 관하여 형법 제347조의2에 규정된 '컴퓨터 등 정보처리장치에 권한 없이 정보를 입력하여 정보처리를 하게 함으로써 재산상의 이익을 취득'하는 행위로서 컴퓨터 등 사용사기죄에 해당한다" 하며 긍정의 입장에 서기도 하였다(대판 2006.3.24. 2005도3516).

(라) 자기 명의 신용카드 부정사용
① 물품을 구입하는 행위

정상적으로 발급받은 신용카드이나 카드대금의 결재를 할 능력이나 의사가 없는 상태에서 물품을 구입한 행위에 대해서 사기죄의 긍정설과 부정설의 견해가 있으나, 판례는 "신용카드의 거래는 신용카드업자로부터 카드를 발급받은 사람(이하 '카드회원'이라 한다)이 신용카드를 사용하여 가맹점으로부터 물품을 구입하면 신용카드업자는 그 카드를 소지하여 사용한 사람이 신용카드업자로부터 신용카드를 발급받은 정당한 카드회원인 한 그 물품구입대금을 가맹점에 결제하는 한편, 카드회원에 대하여 물품구입대금을 대출해 준 금전채권을 가지는 것이고, 또 카드회원이 현금자동지급기를 통해서 혹은 이른바 인터넷 뱅킹이나 폰뱅킹의 방법으로 현금서비스를 받아 가면 현금대출관계가 성립되어 신용카드업자는 카드회원에게 대출금채권을 가지는 것이므로, 궁극적으로는 카드회원이 신용카드업자에게 신용카드 거래에서 발생한 대출금채무를 변제할 의무를 부담하게 된다. 그렇다면 이와 같이 신용카드 사용으로 인한 신용카드업자의 금전채권을 발생케 하는 행위는 카드회원이 신용카드업자에 대하여 대금을 성실히 변제할 것을 전제로 하는 것이므로, 카드회원이 일시적인 자금궁색 등의 이유로 그 채무를 일시적

---

60) 대판 2002.7.12. 2002도2134.

으로 이행하지 못하게 되는 상황이 아니라 이미 과다한 부채의 누적 등으로 신용
카드 사용으로 인한 대출금채무를 변제할 의사나 능력이 없는 상황에 처하였음에
도 불구하고 신용카드를 사용하였다면, 사기죄에 있어서 기망행위 내지 편취의
범의를 인정할 수 있다 할 것이다"라고 판시하여 사기죄를 인정하였다.[61]

② 현금서비스를 받는 행위

본 행위는 사람을 기망하는 행위가 없어 사기죄가 성립하지 않으며, 허위의
정보입력이나 부정한 명령의 입력도 아니므로 컴퓨터 등 사용사기죄도 성립하지
않는다고 볼 수 있으나 판례는 "피해자인 카드회사가 기망당한 의사표시에 따른
신용카드발급에 터잡아 이루어진 것으로 사기죄가 성립한다"고 판시하였다.[62]

Ⅲ. 준사기죄

제348조【준사기】 ① 미성년자의 지려천박 또는 사람의 심신장애를 이용하여 재물의 교
부를 받거나 재산상의 이익을 취득한 자는 10년 이하의 징역 또는 2천만원 이하의 벌
금에 처한다.
② 전항의 방법으로 제3자로 하여금 재물의 교부를 받게 하거나 재산상의 이익을 취득
하게 한 때에도 전항의 형과 같다.
---

61) 대판 2006.3.24. 2006도282.
62) 신용카드의 거래는 신용카드회사로부터 카드를 발급받은 사람이 위 카드를 사용하여 카드
가맹점으로부터 물품을 구입하면 그 카드를 소지하여 사용하는 사람이 카드회사로부터 카
드를 발급받은 정당한 소지인인 한 카드회사가 그 대금을 가맹점에 결제하고, 카드회사는
카드사용자에 대하여 물품구입대금을 대출해 준 금전채권을 가지는 것이고, 또 카드사용
자가 현금자동지급기를 통해서 현금서비스를 받아 가면 현금대출관계가 성립되게 되는 것
인바, 이와 같은 카드사용으로 인한 카드회사의 금전채권을 발생케 하는 카드사용 행위는
카드회사로부터 일정한 한도 내에서 신용공여가 이루어지고, 그 신용공여의 범위 내에서
는 정당한 소지인에 의한 카드사용에 의한 금전대출이 카드 발급시에 미리 포괄적으로 허
용되어 있는 것인바, 현금자동지급기를 통한 현금대출도 결국 카드회사로부터 그 지급이
미리 허용된 것이고, 단순히 그 지급방법만이 사람이 아닌 기계에 의해서 이루어지는 것에
불과하다. 그렇다면 피고인이 카드사용으로 인한 대금결제의 의사와 능력이 없으면서도
있는 것 같이 가장하여 카드회사를 기망하고, 카드회사는 이에 착오를 일으켜 일정 한도
내에서 카드사용을 허용해 줌으로써 피고인은 기망당한 카드회사의 신용공여라는 하자 있
는 의사표시에 편승하여 자동지급기를 통한 현금대출도 받고, 가맹점을 통한 물품구입대
금 대출도 받아 카드발급회사로 하여금 같은 액수 상당의 피해를 입게 함으로써, 카드사용
으로 인한 일련의 편취행위가 포괄적으로 이루어지는 것이다. 따라서 카드사용으로 인한
카드회사의 손해는 그것이 자동지급기에 의한 인출행위이든 가맹점을 통한 물품구입행위
이든 불문하고 모두가 피해자인 카드회사의 기망당한 의사표시에 따른 카드발급에 터잡아
이루어지는 사기의 포괄일죄이다(대판 1996.4.9. 95도2466).

1. 의의, 성격

본죄는 '미성년자의 지려천박 또는 사람의 심신장애를 이용하여 재물의 교부를 받거나 재산상의 이익을 취득하거나 제3자로 하여금 재물의 교부를 받게 하거나 재산상의 이익을 취득하게 함으로써 성립하는 범죄'이다. 이는 하자있는 자를 이용하는 것으로 기망의 수단을 사용하고 있지 않지만 사기죄에 준하여 취급된다. 본죄는 사기죄의 보충관계에 있지만, 지려천박한 미성년자 또는 심신장애자에 대해 기망의 수단을 사용하였을 경우에는 사기죄가 성립한다. 보호법익은 '재산'이며, 보호의 정도는 침해범이다. 미수범은 처벌한다.

본죄는 2020. 12. 8. '제348조(준사기) ① 미성년자의 사리분별력 부족 또는 사람의 심신장애를 이용하여 재물을 교부받거나 재산상 이익을 취득한 자는 10년 이하의 징역 또는 2천만원 이하의 벌금에 처한다. ② 제1항의 방법으로 제3자로 하여금 재물을 교부받게 하거나 재산상 이익을 취득하게 한 경우에도 제1항의 형에 처한다'로 개정되었다(2021. 12. 9. 시행).

2. 객관적 구성요건

본죄의 행위는 '미성년자의 지려천박 또는 사람의 심신장애를 이용하여 재물의 교부를 받거나 재산상의 이익을 취득하거나 제3자로 하여금 재물의 교부를 받게 하거나 재산상의 이익을 취득하는 것'이다.

'미성년자'는 민법상 19세 미만의 자를 말한다. 단, 지려천박한 미성년자에 한한다. '지려천박'이란 타인과 재산적 거래를 할 수 없는 지적 판단능력이 현저히 낮은 경우를 말한다. '심신장애'란 지려천박과 같이 재산적 거래능력에 있어 하자있는 처분을 할 정도를 말한다. 심신장애자에는 미성년자뿐만 아니라 성년도 포함한다.

'이용'한다는 것은 지려천박이나 심신장애를 이용하는 것을 말한다. 지려천박의 미성년자 또는 심신장애자를 기망하여 착오에 빠뜨린 후 재물 또는 재산상의 이익을 취득한 경우에는 본죄가 아니라 사기죄가 성립한다.

실행의 착수는 이용행위를 시작할 때이며, 기수시기는 재산상의 손해가 발생한 때이다.

3. 주관적 구성요건

본죄는 고의와 함께 불법영득의사가 필요하다.

Ⅳ. 편의시설부정이용죄

> **제348조의2 【편의시설부정이용】** 부정한 방법으로 대가를 지급하지 아니하고 자동판매기, 공중전화 기타 유료자동설비를 이용하여 재물 또는 재산상의 이익을 취득한 자는 3년 이하의 징역, 500만원 이하의 벌금, 구류 또는 과료에 처한다.

1. 의의, 성격

본죄는 '부정한 방법으로 대가를 지급하지 아니하고 자동판매기, 공중전화 기타 유료자동설비를 이용하여 재물 또는 재산상의 이익을 취득함으로써 성립하는 범죄'이다. 보호법익은 '재산'이며, 보호의 정도는 '침해범'이다. 본죄는 유료자동설비를 대가없이 부정한 방법으로 사용한 경우에 기존의 형법으로 처벌할 수 없는 문제점을 보완하고자 1995년 형법개정에서 신설한 조항이다.[63] 미수범은 처벌한다.

2. 객관적 구성요건

(1) 행위의 객체

행위의 객체는 '재물 또는 재산상의 이익'이다.

(2) 실행 행위

실행 행위는 '부정한 방법으로 대가를 지급하지 않고 자동판매기, 공중전화 기타 유료자동설비를 이용하는 것'이다.

(가) 부정한 방법

'부정한 방법'이란 유료자동설비를 대가없이 부정한 방법으로 이용하는 것이다. 부정한 방법에는 제한이 없으며, 권한 없이 이용을 하거나 방법을 위반하여

---

63) 유료자동설비의 부정사용은 사람에 대한 기망이 없고 동시에 기계에 대한 기망행위가 인정되지 않으므로 사기죄로 처벌할 수 없으며, 공중전화의 부정사용과 같이 재물의 취득이 없는 경우에는 절도죄로 처벌할 수 없고, 자동판매기 안의 재물을 부정취득하는 경우처럼 경미한 절도에 대하여는 통상의 절도죄보다 낮은 법정형의 처벌규정을 별도로 마련할 필요가 있다(형법개정법률안 제안이유서 183면).

자동설비를 가동시켜 재물 또는 재산상의 이익을 취득하는 것이다. 이때, 자동설비를 손괴한 후 그 안의 물건을 가져가는 경우에는 본죄가 아닌 손괴죄와 절도죄가 성립한다.

☐ 부정한 방법 관련 판례

① 타인의 KT전화카드(한국통신의 후불식 통신카드)를 절취하여 전화통화에 이용한 경우에는 통신카드서비스 이용계약을 한 피해자가 그 통신요금을 납부할 책임을 부담하게 되므로, 이러한 경우에는 피고인이 '대가를 지급하지 아니하고' 공중전화를 이용한 경우에 해당한다고 볼 수 없어, 편의시설부정이용죄를 구성하지 아니한다(대판 2001.9.25. 2001도3625).
② 사용자에 관한 각종 정보가 전자기록되어 있는 자기띠가 카드번호와 카드발생자 등이 문자로 인쇄된 플라스틱 카드에 부착되어 있는 전화카드의 경우 그 자기띠 부분은 카드의 나머지 부분과 불가분적으로 결합되어 전체가 하나의 문서를 구성하므로, 전화카드를 공중전화기에 넣어 사용하는 경우 비록 전화기가 전화카드로부터 판독할 수 있는 부분은 자기띠 부분에 수록된 전자기록에 한정된다고 할지라도, 전화카드 전체가 하나의 문서로서 사용된 것으로 보아야 하고 그 자기띠 부분만 사용된 것으로 볼 수는 없다. 따라서 피고인이 절취한 전화카드를 공중전화기에 넣어 사용한 것은 권리의무에 관한 타인의 사문서를 부정행사한 경우에 해당한다(대판 2002.6.5. 2002도461).

(나) 자동판매기, 공중전화 기타 유료자동설비

'자동판매기, 공중전화 기타 유료자동설비'로 자동판매기, 공중전화는 기타 유료자동설비에 대한 예시적 열거에 해당한다. '유료자동설비'란 일정한 대가를 지불하면 선택한 물건이나 서비스를 제공해주는 자동기계설비를 말한다. 공중교통기관의 이용, 영화·연극 등 공연장소에서의 관람, 도서관·박물관의 이용 등에 있어서 그 출입시설이 '무인화, 자동화'된 유료기계설비라면, 대가없이 부정하게 이용하는 경우에 본죄가 성립한다.66)

☐ 일반전화기를 부정사용한 경우

일반전화기는 유료자동설비에 해당되지 않아 편의시설부정이용죄가 성립하지 않는다. 또한 사람에 대한 기망행위도 없기 때문에 사기죄도 성립하지 않으며,64) 전화기의 음향송수신기능을 부당하게 이용하는 것은 무형적인 이익에 불과하고 물리적 관리의 대상이 될 수 없어 재물이 아니라고 할 것이므로 절도죄의 객체가 되지 아니한다.65) 현행 형법상 일반전화를 부정사용한 경우에는 처벌할 수 있는 조항이 없다 하겠다.

(3) 실행의 착수와 기수시기

실행의 착수는 부정이용행위를 개시한 때이며, 기수시기는 부정이용행위로 재물 또는 재산상 이익을 취득한 때이다.

3. 주관적 구성요건

본죄는 고의와 불법영득의사가 있어야 한다.

V. 부당이득죄

> 제349조【부당이득】① 사람의 궁박한 상태를 이용하여 현저하게 부당한 이익을 취득한 자는 3년 이하의 징역 또는 1천만원 이하의 벌금에 처한다.
> ② 전항의 방법으로 제3자로 하여금 부당한 이익을 취득하게 한 때에도 전항의 형과 같다.

1. 의의, 성격

본죄는 '사람의 궁박한 상태를 이용하여 현저하게 부당한 이익을 취득하거나 제3자로 하여금 부당한 이익을 취득하게 함으로써 성립하는 범죄'이다. 보호법익은 '재산'이며, 보호의 정도는 '침해범'이다.

---

64) 사기죄가 성립하기 위하여는 기망행위와 이에 기한 피해자의 처분행위가 있어야 할 것인바, 타인의 일반전화를 무단으로 이용하여 전화통화를 하는 행위는 전기통신사업자인 한국전기통신공사가 일반전화 가입자인 타인에게 통신을 매개하여 주는 역무를 부당하게 이용하는 것에 불과하여 한국전기통신공사에 대한 기망행위에 해당한다고 볼 수 없을 뿐만 아니라, 이에 따라 제공되는 역무도 일반전화 가입자와 한국전기통신공사 사이에 체결된 서비스이용계약에 따라 제공되는 것으로서 한국전기통신공사가 착오에 빠져 처분행위를 한 것이라고 볼 수 없으므로, 결국 위와 같은 행위는 형법 제347조의 사기죄를 구성하지 아니한다 할 것이고, 이는 형법이 제348조의2를 신설하여 부정한 방법으로 대가를 지급하지 아니하고 공중전화를 이용하여 재산상 이익을 취득한 자를 처벌하는 규정을 별도로 둔 취지에 비추어 보아도 분명하다 할 것이다(대판 1999.6.25. 98도3891).
65) 타인의 전화기를 무단으로 사용하여 전화통화를 하는 행위는 전기통신사업자가 그가 갖추고 있는 통신선로, 전화교환기 등 전기통신설비를 이용하고 전기의 성질을 과학적으로 응용한 기술을 사용하여 전화가입자에게 음향의 송수신이 가능하도록 하여 줌으로써 상대방과의 통신을 매개하여 주는 역무, 즉 전기통신사업자에 의하여 가능하게 된 전화기의 음향 송수신기능을 부당하게 이용하는 것으로, 이러한 내용이 역무는 무형적인 이익에 불과하고 물리적 관리의 대상이 될 수 없어 재물이 아니라고 할 것이므로 절도죄의 객체가 되지 아니한다(대판 1998.6.23. 98도700).
66) 이재상, 360면; 박상기, 348면; 임웅, 456면.

본죄는 2020. 12. 8. '제349조(부당이득) ① 사람의 곤궁하고 절박한 상태를 이용하여 현저하게 부당한 이익을 취득한 자는 3년 이하의 징역 또는 1천만원 이하의 벌금에 처한다. ② 제1항의 방법으로 제3자로 하여금 부당한 이익을 취득하게 한 경우에도 제1항의 형에 처한다'로 개정되었다(2021. 12. 9. 시행).

2. 객관적 구성요건

본죄는 '사람의 궁박한 상태를 이용하여 현저하게 부당한 이익을 취득하거나 제3자로 하여금 취득하게 하는 것'이다.

(1) 궁박한 상태를 이용

'궁박한 상태'라 함은 경제적으로 궁박한 상태뿐만 아니라 정신적·육체적으로 궁박한 상태를 포함한다. 궁박한 상태에 이르게 된 원인에 있어서는 누구에게 있더라도 불문한다. 생존이 위태로울 정도까지는 아니더라도 현저한 경제적 감소가 있으면 충분하다. 이러한 궁박상태를 상대방이 이익취득의 수단으로 이용하는 것이다. 궁박한 상태의 여부는 거래당사자의 신분과 상호관계, 피해자가 처한 상황의 절박성 등 제반상황을 종합하여 판단해야 한다.[67]

(2) 현저하게 부당한 이익 취득

'현저하게 부당한 이익의 취득'이라 함은 단순히 시가와 이익과의 배율로만 판단해서는 안되고 구체적, 개별적 사안에 있어서 일반인의 사회통념에 따라 결정하여야 한다. 피해자가 궁박한 상태에 있었는지 여부 및 급부와 반대급부 사이에 현저히 부당한 불균형이 존재하는지 여부는 거래당사자의 신분과 상호 간의 관계, 피해자가 처한 상황이 절박성의 정도, 계약의 체결을 둘러싼 협상과정 및

---

67) 부당이득죄에 있어서 궁박이라 함은 '급박한 곤궁'을 의미하는 것으로서, 피해자가 궁박한 상태에 있었는지 여부는 거래당사자의 신분과 상호간의 관계, 피해자가 처한 상황의 절박성의 정도 등 제반 상황을 종합하여 구체적으로 판단하여야 할 것이고, 특히 부동산의 매매와 관련하여 피고인이 취득한 이익이 현저하게 부당한지 여부는 우리 헌법이 규정하고 있는 자유시장경제질서와 여기에서 파생되는 계약자유의 원칙을 바탕으로 피고인이 당해 토지를 보유하게 된 경위 및 보유기간, 주변 부동산의 시가, 가격결정을 둘러싼 쌍방의 협상과정 및 거래를 통한 피해자의 이익 등을 종합하여 구체적으로 신중하게 판단하여야 한다. 피고인이 피해자인 재건축조합에게 토지를 시세보다 비싼 가격으로 매도하였더라도 그 매매대금이 현저하게 부당하다고 단정할 수 없거나, 위 조합이 재건축사업을 추진함에 있어서 위 토지가 반드시 필요한 것은 아니었고, 이를 매입하지 아니하고도 재건축을 추진할 대안이 있었음에도 재건축조합의 이익에 가장 부합한다는 판단하에 피고인을 설득하여 위 토지를 매입하게 된 사정 등에 비추어 재건축조합의 궁박 상태를 인정하기에는 부족하다는 이유로 피고인에 대하여 무죄를 선고(대판 2005.4.15. 2004도1246).

거래를 통한 피해자의 이익, 피해자가 그 거래를 통해 추구하고자 한 목적을 달성하기 위한 다른 적절한 대안의 존재 여부, 피고인에게 피해자와 거래하여야 할 신의칙상 의무가 있는지 여부 등 여러 상황을 종합하여 구체적으로 판단하여야 한다.68)

□ 부당이득죄 관련 판례

〈부당이득죄 인정〉

① 건설회사의 공동주택신축사업 계획을 미리 알고 있던 피고인이 사업부지 내의 토지소유자를 회유하여 건설회사와 맺은 토지매매 약정을 깨고 자신에게 이를 매도 및 이전등기하게 한 다음 이를 건설회사에게 재매도하면서 2배 이상의 매매대금과 양도소득세를 부담시킨 경우 피고인에게는 부당이득죄가 성립한다(대판 2008.5.29. 2008도2612).

② 토지매수인인 건설회사 토지에 관하여 명의자인 문중원들과 문중 사이의 민사소송의 종료시까지 기다릴 여유가 없는 사정을 이용하여 토지의 공유지분권자인 사람이 자기 지분에 대해 문중 명의 매매계약과 따로 별도의 매매계약을 체결하고 나머지 지분권자들의 3배 이상의 매매대금을 수령한 경우 부당이득죄가 성립한다(대판 2007.12.28. 2007도6441).

〈부당이득죄 부정〉

① 피고인들이 부동산을 시가의 약6배에 해당하는 가격으로 매도함으로써 사회통념상 다소 과도한 이득을 취득하였다고 할지라도, 토지의 보유경위 및 기간, 쌍방 당사자의 협상과정, 거래를 통한 매수인의 이익 등을 종합하여 보면, 피고인들이 현저하게 부당한 이득을 취득하였다고 단정할 수 없다(대판 2005.9.29. 2005도4239).

② 개발사업 등이 추진되는 사업부지 중 일부의 매매와 관련된 이른바 '알박기' 사건에서 부당이득죄의 성립여부가 문제되는 경우, 그 범죄의 성립을 인정하기 위해서는 피고인이 피해자의 개발사업 등이 추진되는 상황을 미리 알고 그 사업부지 내의 부동산을 매수한 경우이거나 피해자에게 협조할 듯한 태도를 보여 사업을 추진하도록 한 후에 협조를 거부하는 경우 등과 같이 피해자가 궁박한 상태에 빠지게 된 데에 피고인이 적극적으로 원인을 제공하였거나 상당한 책임을 부담하는 정도에 이르러야 한다. 이러한 정도에 이르지 않은 상태에서 단지 개발사업 등이 추진되기 오래전부터 사업부지 내의 부동산을 소유하여 온 피고인이 이를 매도하라는 피해자의 제안을 거부하다가 수용하는 과정에서 큰 이득을 취하였다는 사정만으로 함부로 부당이득죄의 성립을 인정해서는 안된다(대판 2009.1.15. 2008도8577).

---

68) 대판 2009.1.15. 2008도8577.

3. 주관적 구성요건

본죄는 상대방이 궁박한 상태에 있다는 것과 이를 이용하여 현저하게 부당한 이익을 취한다는 고의와 불법영득의사가 있어야 한다.

Ⅵ. 상습사기죄

> **제351조【상습사기】** 상습으로 제347조 내지 전조의 죄를 범한 자는 그 죄에 정한 형의 2분의 1까지 가중한다.

본죄는 '상습으로 사기죄, 컴퓨터 등 사용사기죄, 준사기죄, 편의시설부정이용죄, 부당이득죄를 범함으로써 성립하는 범죄'이다. 이는 행위자의 상습으로 인해 책임이 가중된 유형이다.

제 5 장

공갈의 죄

제1절 서 설

Ⅰ. 의의, 보호법익

공갈의 죄는 '사람을 공갈하여 재물의 교부를 받거나 재산상의 이익을 취득함으로써 성립하는 범죄'이다. 재물과 재산상의 이익을 객체로 한다는 점에서 강도죄·사기죄와 같다. 그러나, 피해자의 하자있는 의사에 기한 처분행위를 필요로 한다는 점과 폭행·협박의 정도에서 탈취죄인 강도죄와 구별되고, 기망이 아닌 폭행·협박을 수단으로 한다는 점에서 사기죄와 구별된다. 보호법익은 '개인의 재산과 의사결정의 자유'이며, 보호의 정도는 '침해범'이다.

Ⅱ. 공갈죄의 구성요건의 체계

공갈죄는 단순공갈죄(제350조)를 기본적 구성요건으로 한다. 특수공갈죄(제350조의2)는 방법에 의해 불법이 가중된 유형이며, 상습공갈죄(제351조)는 책임가중유형이다. 미수범은 처벌하고(제352조), 친족상도례 규정도 준용된다(제354조),

Ⅲ. 특별법

폭력행위 등 처벌에 관한 법률 제2조 제2항 제3호에서 2인 이상이 공동하여 공갈죄를 범한 경우에는 가중처벌한다.

특정경제범죄 가중처벌 등에 관한 법률 제3조에서는 공갈죄로 취득한 재물 또는 재산상 이익이 5억원 이상인 경우에는 가중처벌한다.[1]

제2절 개별적 범죄 유형

Ⅰ. 단순공갈죄

> 제350조 【공갈】 ① 사람을 공갈하여 재물의 교부를 받거나 재산상의 이익을 취득한 자는 10년 이하의 징역 또는 2천만원 이하의 벌금에 처한다.
> ② 전항의 방법으로 제3자로 하여금 재물의 교부를 받게 하거나 재산상의 이익을 취득하게 한 때에도 전항의 형과 같다.

1. 의의, 보호법익

본죄는 '사람을 공갈하여 재물의 교부를 받거나 재산상의 이익을 취득하거나 제3자로 하여금 재물의 교부를 받게 하거나 재산상의 이익을 취득하게 함으로써 성립하는 범죄'이다. 보호법익은 '개인의 재산과 의사결정의 자유'이며, 보호의 정도는 '침해범'이다. 미수범은 처벌한다.

---

[1] 제3조(특정재산범죄의 가중처벌) ① 「형법」 제347조(사기), 제347조의2(컴퓨터등 사용사기), 제350조(공갈), 제350조의2(특수공갈), 제351조(제347조, 제347조의2, 제350조 및 제350조의2의 상습범만 해당한다), 제355조(횡령·배임) 또는 제356조(업무상의 횡령과 배임)의 죄를 범한 사람은 그 범죄행위로 인하여 취득하거나 제3자로 하여금 취득하게 한 재물 또는 재산상 이익의 가액(이하 이 조에서 "이득액"이라 한다)이 5억원 이상일 때에는 다음 각 호의 구분에 따라 가중처벌한다.
1. 이득액이 50억원 이상일 때: 무기 또는 5년 이상의 징역
2. 이득액이 5억원 이상 50억원 미만일 때: 3년 이상의 유기징역
② 제1항의 경우 이득액 이하에 상당하는 벌금을 병과(倂科)할 수 있다.

2. 객관적 구성요건

(1) 행위의 객체

행위의 객체는 '재물'과 '재산상 이익'이다. 사람을 공갈하여 재물 또는 재산상의 이익을 취득함으로써 성립하고, 채무의 변제 또는 채권양도 등을 약속받는 것도 재산상의 이익에 해당한다.[2]

(2) 실행 행위

실행 행위는 '공갈'이다. '공갈'이란 재물을 교부받거나 재산상의 이익을 취득하기 위해 폭행 또는 협박으로 상대방으로 하여금 공포심을 일으키게 하는 것이다.

본죄는 사람을 공갈(폭행 또는 협박)하여, 상대방으로 하여금 공포심을 일으키게 한 다음에 이로 인해 피해자가 재물이나 재산상의 이익을 처분하면 자기 또는 제3자가 이를 취득하는 것이다. 이 과정에서 공갈행위와 재물 또는 재산상의 이익을 취득 사이에 인과관계가 있어야 한다.

(가) 폭행·협박

'폭행'이란 사람에 대한 직접·간접의 일체의 유형력의 행사를 말하고, 본죄의 폭행은 광의의 폭행에 해당한다. 상대방의 처분행위를 기본으로 하기때문에 심리적인 폭력을 의미하고, 상대방의 의사를 제압하여 처분행위를 할 수 없게 하는 절대적 폭력은 제외된다. 이는 상대방의 의사결정이 부정되어 강도죄 성립의 문제가 되기 때문이다.

'협박'이란 해악을 가할 것을 고지하여 상대방에게 외포심을 일으키게 하는 것을 말하며, 협의의 협박으로써, 상대방이 실제로 공포심을 일으켜서 의사결정에 제한을 받을 정도가 되어야 한다.[3] 그 해악에는 인위적인 것뿐만 아니라 천재지변 또는 신력이나 길흉화복에 관한 것도 포함될 수 있으나, 다만 천재지변 또는 신력이나 길흉화복을 해악으로 고지하는 경우에는 상대방으로 하여금 행위자 자신이 그 천재지변 또는 신력이나 길흉화복을 사실상 지배하거나 그에 영향을 미칠 수 있는 것으로 믿게 하는 명시적 또는 묵시적 행위가 있어야 한다.[4] 해악

---

2) 대판 2010.12.9. 2010도10187.
3) 공갈죄의 수단으로서 협박은 사람의 의사결정의 자유를 제한하거나 의사실행의 자유를 방해할 정도로 겁을 먹게 할 만한 해악을 고지하는 것을 말하고, 해악의 고지는 반드시 명시의 방법에 의할 것을 요하지 아니하며 언어나 거동 등에 의하여 상대방으로 하여금 어떠한 해악을 입을 수 있을 것이라는 인식을 갖게 하는 것이면 족하고, 직접적이 아니더라도 피공갈자 이외의 제3자를 통해서 간접적으로 할 수도 있다(대판 2005.7.15. 2004도1565).

의 고지는 직접적이 아니더라도 피공갈자 이외의 제3자를 통해서 간접적으로 할 수도 있으며, 행위자가 그의 직업, 지위 등에 기하여 불법한 위세를 이용하여 재물의 교부나 재산상 이익을 요구하고 상대방으로 하여금 그 요구에 응하지 아니한 때에는 부당한 불이익을 초래할 위험이 있다는 위구심을 야기하게 하는 경우에도 해당한다.[5]

폭행·협박의 정도는 상대방의 의사결정을 제한할 정도이면 족하다. 만약, 상대방의 반항을 억압할 정도라면 강도죄가 성립한다. 이에 대한 판단은 행위 당시의 상황 등을 구체적이며 객관적으로 판단하여 사회일반인의 입장으로 결정한다.

(나) 교부행위 또는 처분행위

행위자가 상대방에게 폭행·협박을 통해 공갈을 하면 상대방은 공포심을 일으켜 행위자에게 재물을 교부하거나 재산상의 이익을 처분한다. 그러므로 행위자는 교부를 받거나 취득한 자에 해당한다. 피공갈자의 교부·처분 행위는 민법상의 법률행위 이외에 사실상의 재산처분행위로 족하다는 것이 통설이다.[6] 공갈죄가 성립하려면 피공갈자의 처분행위가 있어야 하는데, 이는 반드시 작위에 한하지 아니하고 부작위로도 족하여서, 피공갈자가 외포심을 일으켜 묵인하고 있는 동안에 공갈자가 직접 재산상의 이익을 탈취한 경우에도 공갈죄가 성립할 수 있다.[7] 피공갈자의 하자 있는 의사에 기하여 이루어지는 재물의 교부 자체가 공갈죄에서의 재산상 손해에 해당하므로, 반드시 피해자의 전체 재산의 감소가 요구되는 것도 아니다.[8] 공갈로 여자와 정교한 경우에는 공갈죄에서 말하는 재산상 이익을 갈취한 것이라고 볼 수 없다.[9]

---

4) 대판 2002.2.8. 2000도3245.
5) 대판 2003.5.13. 2003도709.
6) 임웅, 467면.
7) 대판 2012.1.27. 2011도16044.
8) 대판 2013.4.11. 2010도13774.
9) 피고인은 가짜 기자행세를 하면서 싸롱 객실에서 나체쇼를 한 피해자를 고발할 것처럼 데리고 나와 여관으로 유인한 다음, 겁에 질려있는 그녀의 상태를 이용하여 동침하면서 1회 성교하여, 그녀의 정조대가에 상당하는 재산상 이익을 갈취하였는데, 공갈죄는 재산범으로서 그 객체인 재산상 이익은 경제적 이익이 있는 것을 말하는 것인바, 일반적으로 부녀와의 정조 그 자체는 이를 경제적으로 평가할 수 없는 것이므로, 부녀를 공갈하여 정교를 맺었다고 하여도 특단의 사정이 없는 한 이로써 재산상 이익을 갈취한 것이라고 볼 수는 없는 것이며, 부녀가 주점 접대부라 할지라도 피고인과 매음을 전제로 정교를 맺은 것이 아닌 이상, 피고인이 매음 대가의 지급을 면하였다고 볼 여지가 없으니 공갈죄가 성립하지 아니한다(대판 1983.2.8. 82도2714). - 본 판례는 강간죄 또는 강요죄가 성립할 수 있다.

(다) 상대방

공갈죄에 있어서 공갈의 상대방은 재산상의 피해자와 동일함을 요하지는 아니하나, 공갈의 목적이 된 재물 기타 재산상의 이익을 처분할 수 있는 사실상 또는 법률상의 권한을 갖거나 그러한 지위에 있음을 요한다.[10]

(라) 인과관계

본죄는 행위자의 공갈로 인해 피공갈자가 재물의 교부나 재산상의 이익을 처분하여야 한다. 다시 말해서 행위자가 공갈하여 피공갈자는 공포심을 일으키고, 이로 인해 교부나 처분행위를 함으로써 행위자는 재물 내지 재산상의 이익을 취득한다. 만약 이러한 인과관계로 인하지 않은 재물의 교부나 재산상의 이익의 취득 행위는 다른 범죄가 성립할 수 있다. 행위자가 공갈을 하였는데 피공갈자는 외포심을 일으키지 않고 오히려 측은한 마음이 생겨 재물을 교부한 경우, 공갈미수가 성립한다.

(마) 재산상의 손해 발생

본죄의 성립에 있어 재산상의 손해가 발생해야 하는가에 대해서는 견해가 대립하고 있다. 사견으로, 본죄의 보호법익이 재산이고, 보호의 정도가 침해범인 점을 고려하면 재산상의 손해발생이 필요하다고 본다.[11]

(3) 실행의 착수·기수시기

실행의 착수는 폭행·협박을 개시한 때이며, 기수는 재물이나 재산상의 이익을 취득한 때이다. 부동산에 대한 공갈죄는 그 부동산에 관하여 소유권이전등기를 경료받거나 또는 인도를 받은 때에 기수가 되는 것이고, 소유권이전등기에 필요한 서류를 교부 받은 때에 기수로 되어 그 범행이 완료되는 것은 아니다.[12]

□ 공갈죄 관련 판례

〈공갈죄 인정〉

① 14세 또는 15세 되는 아이들은 의사능력이 있다고 할 것이므로 이들을 공갈하여 금원을 갈취하였다면 이는 준사기죄가 되는 것이 아니고 공갈죄에 해당한다(대판 1968.1.31. 67도1319).

② 종업원이 주인을 협박하여 업소에 취직한 후 종업원으로서 상당한 근로를 제공한

---

10) 대판 2005.9.29. 2005도4738.
11) 손해발생이 필요하다는 견해로 김/서, 474면; 박상기, 360면; 배종대, 512면; 이재상, 381면; 이형국, 404면; 임웅, 468면.
12) 대판 1992.9.14. 92도1506.

바 없으면서도 월급 상당액을 교부받았다면 공갈죄가 성립한다(대판 1991.10.11. 91도1755).

③ 방송기자인 피고인이 피해자에게 피해자 경영의 건설회사가 건축한 아파트의 진입도로미비 등 공사하자에 관하여 방송으로 계속 보도할 것 같은 태도를 보임으로써 피해자가 위 방송으로 말미암아 그의 아파트 건축사업이 큰 타격을 받고 자신이 경영하는 회사의 신용에 커다란 손실을 입게 될 것을 우려하여 방송을 하지 말아 달라는 취지로 돈 2,000,000원을 피고인에게 교부한 경우 공갈죄의 구성요건이 충족되고 또 인과관계도 인정된다고 할 것이다(대판 1991.5.28. 91도80).

④ 피고인이, 甲 주식회사가 특정 신문들에 광고를 편중했다는 이유로 기자회견을 열어 甲 회사에 대하여 불매운동을 하겠다고 하면서 특정 신문들에 대한 광고를 중단할 것과 다른 신문들에 대해서도 특정 신문들과 동등하게 광고를 집행할 것을 요구하고 甲 회사 인터넷 홈페이지에 '甲 회사는 앞으로 특정 언론사에 편중하지 않고 동등한 광고 집행을 하겠다'는 내용의 팝업창을 띄우게 한 사안에서, 불매운동의 목적, 그 조직 과정 및 규모, 대상 기업으로 甲 회사 하나만을 선정한 경위, 기자회견을 통해 공표한 불매운동의 방법 및 대상 제품, 甲 회사 직원에게 고지한 요구사항의 구체적인 내용, 위 공표나 고지행위 당시의 상황, 그에 대한 甲 회사 경영진의 반응, 위 요구사항에 응하지 않을 경우 甲 회사에 예상되는 피해의 심각성 등 제반 사정을 고려할 때, 피고인의 행위는 甲 회사의 의사결정권자로 하여금 그 요구를 수용하지 아니할 경우 불매운동이 지속되어 영업에 타격을 입게 될 것이라는 겁을 먹게 하여 의사결정 및 의사실행의 자유를 침해한 것으로 강요죄나 공갈죄의 수단으로서의 협박에 해당한다(대판 2013.4.11. 2010도13774).

⑤ 주점의 종업원에게 신체에 위해를 가할 듯한 태도를 보여 이에 겁을 먹은 위 종업원으로부터 주류를 제공받은 경우에 있어 위 종업원은 주류에 대한 사실상의 처분권자이므로 공갈죄의 피해자에 해당된다고 보아 공갈죄가 성립한다(대판 2005.9.29. 2005도4738).

⑥ 피해자의 정신병원에서의 퇴원 요구를 거절해 온 피해자의 배우자가 피해자에 대하여 재산이전 요구를 한 경우, 그 배우자가 재산이전 요구에 응하지 않으면 퇴원시켜 주지 않겠다고 말한 바 없더라도 이는 암묵적 의사표시로서 공갈죄의 수단인 해악의 고지에 해당하고 이러한 해악의 고지가 권리의 실현수단으로 사용되었더라도 그 수단방법이 사회통념상 허용되는 정도나 범위를 넘는 것으로서 공갈죄를 구성한다(대판 2001.2.23. 2000도4415).

〈공갈죄 부정〉

① 절도범이 절도 피해자로부터 금전을 절취한 후 다른 금전과 섞거나 교환한 바 없이 쇼핑백에 넣어 자신의 집에 숨겨두었는데, 이를 안 절도 피해자가 절도범에게 겁을 주어 그로부터 쇼핑백에 들어 있던 절취된 금전을 그대로 돌려받았다면 공갈죄가 성립하

지 않는다(대판 2012.8.30. 2012도6157).

② 지역신문 발행인인 피고인이 풍문과 자신의 추측에 근거하여 수차례 시정에 관한 비판기사를 보도한 뒤에 시 관계자에게 당시 시로부터 받고 있는 광고비외 직보배정 수준을 다른 지역신문과 같이 높여달라고 요청한 사실만으로 공갈죄의 수단으로서 그 상대방을 협박하였다고 볼 수 없다(대판 2002.12.10. 2001도7095).

③ 피해자가 피고인에게 계속해서 택시요금의 지급을 요구하였으나 피고인이 이를 면하고자 피해자를 폭행하고 달아났을 뿐 피해자가 폭행을 당하여 외포심을 일으켜 수동적, 소극적으로라도 피고인이 택시요금 지급을 면하는 것을 용인하여 이익을 공여하는 처분행위를 하였다고 할 수 없는 경우 공갈죄가 성립하지 아니한다(대판 2012.1.27. 2011도16044).

④ 피고인이 게임머니 환전 사업에 필수적인 휴대전화와 장부 및 피고인 명의의 예금통장을 피해자가 가출하면서 몰래 가지고 간 행위를 따지는 한편 위 장부와 예금통장 등의 반환을 요구하는 내용의 문자를 보내거나 메모를 친정집에 붙이고, 피해자를 상대로 게임머니 환전 사업을 하면서 번 돈 중 절반의 지급을 구하는 민사소송을 제기한 후 그 소장 부본 수령을 재촉하면서 판결 결과에 따라 빨리 손해배상금을 정산할 것을 요구한 것은 정당한 권리행사라 할 것이고, 그러한 정당한 권리행사를 하면서 다소 위협적인 언사를 사용하였다고 하여도 이는 사회통념상 용인될 정도의 것으로서 공갈죄의 수단인 협박에 해당한다고 보기 어렵다(대판 2013.9.13. 2013도6809).

3. 주관적 구성요건

본죄는 고의 이외 불법영득의 의사 또는 불법이득의 의사가 있어야 한다.

4. 권리수단으로 공갈행위를 한 경우

권리행사의 수단으로 공갈행위를 하여 재물이나 재산상의 이익을 취득한 경우에 공갈죄가 성립하는가의 문제이다.

이에, 대해 ① 권리행사라 하더라도 사회통념상 허용되는 정도나 범위를 넘을 경우 수단이 위법하므로 공갈죄가 성립한다는 견해, ② 정당한 권리가 있으므로 불법한 이익이라 할 수 없어 공갈죄는 성립하지 않고, 폭행·협박죄만이 성립한다는 견해, ③ 권리행사가 있는 재물을 교부받은 경우에는 영득행위가 위법하지 않으므로 공갈죄가 성립하지 않지만, 권리행사가 없가 재물을 교부받거나 재산상 이익을 취득한 경우에는 공갈죄가 성립한다는 견해가 대립하고 있다. 판례는 ①과 같은 견해로, 권리실행의 수단이 사회통념상 용인되기 어려운 정도를 넘

는 경우 공갈죄가 성립한다고 판시하였다.[13]

□ 권리행사 관련 공갈죄 판례

〈공갈죄 인정 – 사회통념상 허용되는 범위를 초과〉

① 피고인들이 권리행사에 빙자하여 위 회사측에 대하여 회사비리를 관계기관에 고발하겠다는 내용의 협박 내지 회사사무실의 장시간 무단점거 및 회사직원들에 대한 폭행 등의 위법수단을 써서 기성고 공사대금 명목으로 금 80,000,000원을 교부받은 소위는 사회통념상 허용되는 범위를 넘는 것으로서 이는 공갈죄에 해당한다고 할 것이다(대판 1991.12.13. 91도2127).

② 피해자에 대하여 금전채권이 있다고 하더라도 그 권리행사를 빙자하여 사회통념상 용인되기 어려운 정도를 넘는 협박을 수단으로 사용하였다면 공갈죄가 성립한다 할 것이므로, 피해자에 대한 채권이 있다 하여 공갈죄가 성립되지 않는다는 주장도 이유 없다(대판 1996.9.24. 96도2151).

③ 피고인 운영 회사는 계속적인 재정 악화 등으로 회사 운영에 어려움을 겪었고 그로 인해 피해자 회사들이 피고인으로부터 금형 이관 절차를 검토하는 등으로 피고인 운영 회사가 절박한 상황에 있었는데, 피고인이 합법적인 방법으로 피해자 회사들과 갈등을 해결하려고 시도하지 않고 곧바로 생산라인을 중단하겠다고 협박한 것은 피고인이 법익을 보호하기 위한 유일한 수단이라거나 적합한 수단이었다고 볼 수 없으므로 위법성이 조각되지 않는다(대판 2019.2.14. 2018도19493).

〈공갈죄 부정 – 사회통념상 용인되는 정도〉

① 국가안전기획부 직원이 아들 담임선생의 부탁을 받고 그 담임선생의 채무자에게 채무변제를 독촉하는 과정에서 다소 위협적인 말을 하였다 하더라도 사회통념상 허용되는 범위를 넘어선 것이라고 할 수 없어 공갈죄가 성립되지 아니한다(대판 1993.12.24. 93도2339).

② 피해자가 공소외 (갑)을 대리하여 동인 소유의 여관을 피고인에게 매도하고 피고인으로부터 계약금과 잔대금 일부를 수령하였는데 그 후 위 (갑)이 많은 부채로 도피해 버리고 동인의 채권자들이 채무변제를 요구하면서 위 여관을 점거하여 피고인에게 여관을 명도하기가 어렵게 되자 피고인은 피해자에게 여관을 명도해 주던가 명도소송비용을 내놓지 않으면 고소하여 구속시키겠다고 말한 경우 피고인이 매도인의 대리인인 위 피해자에게 위 여관의 명도 또는 명도소송비용을 요구한 것은 매수인으로서 정당한 권리행사라 할 것이며 위와 같이 다소 위협적인 말을 하였다고 하여도 이는 사회통념상 용인될 정도의 것으로서 협박으로 볼 수 없다(대판 1984.6.26. 84도648).

---

13) 대판 2013.9.13. 2013도6809.

5. 다른 죄와의 관계

(1) 공갈죄와 수뢰죄의 관계

공무원이 직무집행의 의사 없이 또는 직무처리와 대가적 관계없이 타인을 공갈하여 재물을 교부하게 한 경우에는 공갈죄만이 성립하고, 이러한 경우 재물의 교부자가 공무원의 해악의 고지로 인하여 외포의 결과 금품을 제공한 것이라면, 그는 공갈죄의 피해자가 될 것이고 뇌물공여죄는 성립될 수 없다.[14] 이와 반대로 직무집행의 의사가 있는 경우에는 수뢰죄와 공갈죄의 상상적 경합이 된다.

(2) 공갈죄와 사기죄의 관계

공갈과 기망이 병행되어 재물을 교부받거나 재산상의 이익을 취득한 경우, 공갈과 기망 중 상대방의 의사결정에 미친 영향이 중대한 행위에 따라 공갈죄와 사기죄의 여부가 결정된다. 그러나 그 비중의 판단이 모호할 경우 공갈죄와 사기죄의 상상적 경합이 된다(다수설).[15]

(3) 기타의 죄와의 관계

① 피고인이 피해자의 목을 붙잡아 뒤로 밀어 넘어뜨리고 입술을 때려 치아 진탕상 등의 상해를 가하고 피해자로부터 금품을 갈취한 경우, 공갈죄와 별도로 상해죄가 성립하고, 이들 죄는 상상적 경합관계에 있다.[16]

② 공갈죄와 도박죄는 그 구성요건과 보호법익을 달리하고 있고, 공갈죄의 성립에 일반적, 전형적으로 도박행위를 수반하는 것은 아니며, 도박행위가 공갈죄에 비하여 별도로 고려되지 않을 만큼 경미한 것이라고 할 수도 없으므로, 도박행위가 공갈죄의 수단이 되었다 하여 그 도박행위가 공갈죄에 흡수되어 별도의 범죄를 구성하지 않는다고 할 수 없다.[17]

③ 예금통장과 인장을 갈취한 후 예금 인출에 관한 사문서를 위조한 후 이를 행사하여 예금을 인출한 행위는 공갈죄, 사문서 위조, 동행사 및 사기죄가 성립한다.[18]

④ 공갈죄에 대해서 피해자가 반의사불벌죄인 협박죄로 고소하였으나 그 후 고소가 취소된 경우라도 협박은 공갈죄에 흡수될 뿐 별도로 협박죄를 구성하지

---

14) 대판 1994.12.22. 94도2528.
15) 임웅, 471면.
16) 대판 2008.1.24. 2007도9580.
17) 대판 2014.3.13. 2014도212.
18) 대판 1979.10.30. 79도489.

않으므로, 공갈죄로 처벌할 수 있다.[19]

⑤ 피해자를 협박하여 현금카드를 갈취하고, 현금자동지급기에서 수차례 현금을 인출한 경우 공갈죄의 포괄일죄가 되고, 컴퓨터 등 사용사기죄는 성립하지 않는다.[20]

6. 친족상도례

본죄는 친족상도례가 적용된다.

Ⅱ. 특수공갈죄

> **제350조의2 【특수공갈】** 단체 또는 다중의 위력을 보이거나 위험한 물건을 휴대하여 제350조의 죄를 범한 자는 1년 이상 15년 이하의 징역에 처한다.

본죄는 '단체 또는 다중의 위력을 보이거나 위험한 물건을 휴대하여 제350조의 죄를 범한 경우 성립하는 범죄'이다. 집단적 위력이나 위험한 물건을 휴대한다는 위험성 때문에 불법이 가중된 유형이다. 미수범은 처벌한다.

Ⅲ. 상습공갈죄

> **제351조 【상습공갈】** 상습으로 제347조 내지 전조의 죄를 범한 자는 그 죄에 정한 형의 2분의 1까지 가중한다.

본죄는 공갈의 상습성으로 인해 책임이 가중된 유형이다.

---

19) 대판 1996.9.24. 96도2151.
20) 예금주인 현금카드 소유자를 협박하여 그 카드를 갈취하였고, 하자 있는 의사표시이기는 하지만 피해자의 승낙에 의하여 현금카드를 사용할 권한을 부여받아 이를 이용하여 현금을 인출한 이상, 피해자가 그 승낙의 의사표시를 취소하기까지는 현금카드를 적법, 유효하게 사용할 수 있고, 은행의 경우에도 피해자의 지급정지 신청이 없는 한 피해자의 의사에 따라 그의 계산으로 적법하게 예금을 지급할 수밖에 없는 것이므로, 피고인이 피해자로부터 현금카드를 사용한 예금인출의 승낙을 받고 현금카드를 교부받은 행위와 이를 사용하여 현금자동지급기에서 예금을 여러 번 인출한 행위들은 모두 피해자의 예금을 갈취하고자 하는 피고인의 단일하고 계속된 범의 아래에서 이루어진 일련의 행위로서 포괄하여 하나의 공갈죄를 구성한다고 볼 것이지, 현금지급기에서 피해자의 예금을 취득한 행위를 현금지급기 관리자의 의사에 반하여 그가 점유하고 있는 현금을 절취한 것이라 하여 이를 현금카드 갈취행위와 분리하여 따로 절도죄로 처단할 수는 없다(대판 1996.9.20. 95도1728).

제 6 장

횡령의 죄

제1절 서 설

I. 의의, 보호법익

횡령의 죄는 '타인의 재물을 보관하는 자가 그 재물을 횡령하거나 반환을 거부함으로써 성립하는 범죄'이다. 횡령죄는 재물을 객체로 하는 점에서 절도죄, 권리행사방해죄, 장물죄와 같다. 횡령은 자기가 보관하는 재물에 대해 타인소유의 재물을 영득한다는 점에서 타인점유·타인소유의 재물을 영득하는 절도죄와 강도죄와는 구별된다. 또한, 횡령죄는 처분행위가 필요하지 않다는 점에서 소유자의 처분을 요하는 사기죄·공갈죄와 구별된다.

횡령죄의 보호법익은 '소유권'이며, 보호의 정도는 '위태범'이다. 이에 대해 침해범이라고 보는 견해도 있으나,[1] 횡령행위로 인해 소유자의 소유권이 사실상 위태화되는 상태가 발생하기 때문이다. 판례도 '횡령죄는 침해될 위험성이 있으면 그 침해의 결과가 발생되지 아니하더라도 성립하는 위태범이다'라고 판시하고 있다.[2]

---

1) 김/서, 351면; 배종대, 517면; 오영근, 354면.
2) 횡령죄는 다른 사람의 재물에 관한 소유권 등 본권을 그 보호법익으로 하고, 본권이 침해될 위험성이 있으면 그 침해의 결과가 발생되지 아니하더라도 성립하는 이른바 위태범이

Ⅱ. 횡령죄의 구성요건의 체계

횡령의 죄는 단순횡령죄(제355조 제1항)를 기본적 구성요건으로 하고, 업무상 횡령죄(제356조)는 책임가중유형이다. 점유이탈물횡령죄(제360조)는 독립적 구성 요건이다.

단순횡령죄는 타인의 재물을 보관하는 자로 인한 진정신분범이고, 업무상횡 령죄는 보관자와 업무자라는 신분을 가지고 있는 부진정신분범이다. 횡령죄와 업 무상횡령죄의 미수범(제359조)은 처벌하고, 횡령죄에 대해서는 친족상도례와 동력 에 대한 규정(제361조)이 적용되며, 횡령죄와 업무상횡령죄에 대해서는 10년 이하 의 자격정지를 병과할 수 있다(제358조).

Ⅲ. 성격

횡령죄의 본질에 대해서 어떻게 볼 것인가에 대해 다음과 같은 견해가 대립 하고 있다.

1. 월권행위설

본 견해는 횡령죄의 본질을 월권행위로 본다. 이는 위탁된 보관물을 보관하 는 자가 권한을 초과하여 위탁자의 신뢰를 배신하고 처분하는 것이다. 이 견해에 의하면 영득행위가 없어도 횡령죄가 성립한다는 것으로 불법영득의사를 요하지 않는다. 따라서, 손괴 또는 은닉이나 반환거부도 본죄가 성립한다.

2. 영득행위설

본 견해는 타인의 보관물을 불법하게 영득하는데 본질이 있다고 본다(통설). 그러므로, 횡령죄가 성립하기 위해서는 불법영득의사가 있어야 하기에 타인의 재 물을 자기의 소유물처럼 이용하거나 처분하려는 의사가 있어야 한다. 판례도 본 견해의 입장이다.[3]

다(대판 2002.11.13. 2002도2219).

3) 횡령죄에 있어서의 불법영득의 의사라 함은 타인의 재물을 보관하는 자가 자기 또는 제3자 의 이익을 꾀할 목적으로 업무상의 임무에 위배하여 보관하는 타인의 재물을 자기의 소유 인 경우와 같이 사실상 또는 법률상 처분하는 의사를 의미하고, 반드시 자기 스스로 영득

Ⅳ. 특별법

특정경제범죄 가중처벌 등에 관한 법률 제3조에서는 취득가액이 5억원 이상 인 경우에는 가중처벌한다.[4]

제2절 개별적 범죄 유형

Ⅰ. 단순횡령죄

제355조【횡령】① 타인의 재물을 보관하는 자가 그 재물을 횡령하거나 그 반환을 거부 한 때에는 5년 이하의 징역 또는 1천500만원 이하의 벌금에 처한다.

---

1. 의의, 보호법익

본죄는 '타인의 재물을 보관하는 자가 그 재물을 횡령하거나 그 반환을 거부 함으로써 성립하는 범죄'이다. 보호법익은 '소유권'이며, 보호의 정도는 '위태범'이 다. 본죄는 '타인의 재물을 보관하는 자'로 진정신분범이며, 미수범은 처벌한다.

2. 객관적 구성요건

(1) 행위의 주체

행위의 주체는 '타인의 재물을 보관하는 자'이며, 진정신분범이다. 보관하는 자란 '위탁관계 내지 신임관계'에 의해 재물을 보관하는 자를 말한다.[5]

하여야만 하는 것은 아니다(대판 2000.12.27. 2000도4005).

4) 제3조(특정재산범죄의 가중처벌) ①「형법」제347조(사기), 제347조의2(컴퓨터등 사용사 기), 제350조(공갈), 제350조의2(특수공갈), 제351조(제347조, 제347조의2, 제350조 및 제 350조의2의 상습범만 해당한다), 제355조(횡령·배임) 또는 제356조(업무상의 횡령과 배 임)의 죄를 범한 사람은 그 범죄행위로 인하여 취득하거나 제3자로 하여금 취득하게 한 재 물 또는 재산상 이익의 가액(이하 이 조에서 "이득액"이라 한다)이 5억원 이상일 때에는 다음 각 호의 구분에 따라 가중처벌한다. 1. 이득액이 50억원 이상일 때: 무기 또는 5년 이 상의 징역. 2. 이득액이 5억원 이상 50억원 미만일 때: 3년 이상의 유기징역. ② 제1항의 경우 이득액 이하에 상당하는 벌금을 병과(倂科)할 수 있다.

5) 횡령죄에 있어서 재물의 보관이라 함은 재물에 대한 사실상 또는 법률상 지배력이 있는 상 태를 의미하고, 그 보관이 위탁관계에 기인하여야 할 것임은 물론이나, 그것이 반드시 사

  타인의 재물을 보관하는데 있어서는 위탁관계 내지 신임관계에 의한 것이어야 한다. 이러한 위탁관계는 사실상의 관계에 있으면 충분하다. 또한, 위탁관계는 사용대차·임대차·위임·임치 등의 계약에 의하여 발생하는 것이 보통이지만 이에 한하지 않고 사무관리와 같은 법률의 규정, 관습이나 조리 또는 신의성실의 원칙에 의해서도 발생할 수 있다.[6] 위탁관계 없이 타인의 재물을 보관하는 자가 이를 영득하였을 경우에는 본죄가 성립하지 않고 점유이탈물횡령죄가 될 뿐이다.

□ 위탁관계 관련 판례

〈위탁관계가 인정되는 경우〉

① 피고인이 종중의 회장으로부터 담보 대출을 받아달라는 부탁과 함께 종중 소유의 임야를 이전받은 다음 임야를 담보로 금원을 대출받아 임의로 사용하고 자신의 개인적인 대출금 채무를 담보하기 위하여 임야에 근저당권을 설정하였다면 비록 피고인이 임야를 이전받는 과정에서 적법한 종중총회의 결의가 없었다고 하더라도 피고인은 임야나 위 대출금에 관하여 사실상 종중의 위탁에 따라 이를 보관하는 지위에 있다고 보아야 할 것이어서 피고인의 위 행위가 종중에 대한 관계에서 횡령죄를 구성한다(대판 2005.6.24. 2005도2413).
② 임차인이 이사하면서 그가 소유하거나 타인으로부터 위탁받아 보관 중이던 물건들을 임대인의 방해로 옮기지 못하고 그 임차공장 내에 그대로 두었다면 임대인은 사무관리 또는 조리상 당연히 임차인을 위하여 위 물건들을 보관하는 지위에 있다 할 것이므로 임대인이 그 후 이를 임의로 매각하거나 반환을 거부하였다면 횡령죄를 구성한다(대판 1985.4.9. 84도300).

  용대차·임대차·위임 등의 계약에 의하여 설정되는 것임을 요하지 아니하고, 사무관리·조리·신의칙 등에 의해서도 성립될 수 있다(대판 2011.3.24. 2010도17396).
6) 형법 제355조 제1항이 정한 횡령죄의 주체는 타인의 재물을 보관하는 자라야 하고, 여기에서 보관이란 위탁관계에 의하여 재물을 점유하는 것을 뜻하므로 횡령죄가 성립하기 위하여는 재물의 보관자와 재물의 소유자(또는 기타의 본권자) 사이에 위탁관계가 있어야 한다. 이러한 위탁관계는 사실상의 관계에 있으면 충분하고 피고인이 반드시 민사상 계약의 당사자일 필요는 없다. 위탁관계는 사용대차·임대차·위임·임치 등의 계약에 의하여 발생하는 것이 보통이지만 이에 한하지 않고 사무관리와 같은 법률의 규정, 관습이나 조리 또는 신의성실의 원칙에 의해서도 발생할 수 있다. 그러나 횡령죄의 본질이 위탁받은 타인의 재물을 불법으로 영득하는 데 있음에 비추어 볼 때 그 위탁관계는 횡령죄로 보호할 만한 가치가 있는 것으로 한정된다. 위탁관계가 있는지 여부는 재물의 보관자와 소유자 사이의 관계, 재물을 보관하게 된 경위 등에 비추어 볼 때 보관자에게 재물의 보관 상태를 그대로 유지하여야 할 의무를 부과하여 그 보관 상태를 형사법적으로 보호할 필요가 있는지 등을 고려하여 규범적으로 판단하여야 한다(대판 2018.7.19. 2017도17494).

〈위탁관계가 인정되지 않는 경우〉

① 피고인이 이태원동과는 전혀 무관하게 피해자로부터 위 임야 지분을 명의신탁받아 피고인 명의로 지분이전등기를 경료한 것에 의하여 소유자인 이태원동과 피고인 사이에 위 임야 지분에 관한 법률상 또는 사실상의 위탁신임관계가 성립되었다고 할 수도 없으며, 또한 어차피 원인무효인 소유권이전등기의 명의자에 불과하여 위 임야 지분을 제3자에게 유효하게 처분할 수 있는 권능을 갖지 아니한 피고인으로서는 위 임야 지분을 보관하는 자의 지위에 있다고도 할 수 없으니, 앞서 본 각 법리에 비추어 볼 때, 피고인의 공소사실과 같은 행위는 피해자 공소외 1에 대해서나 또는 소유자 이태원동에 대하여 위 임야 지분을 횡령한 것으로 된다고 할 수 없다(대판 2007.5.31. 2007도1082).
② 채무자 법인의 대표이사인 피고인을 비롯한 공동상속인들이 피상속인의 채무자 법인에 대한 대여금채권을 공동상속한 경우, 피고인이 다른 공동상속인들로부터 위 대여금채권의 변제수령에 관한 권한을 위임받은 바가 없음에도 단독으로 피상속인의 채무자 법인에 대한 채권을 변제받는 것으로 회계처리하면서 채무자 법인의 자금을 인출하였다면, 그 인출금액 중 피고인의 상속분을 초과하는 부분에 대하여는 권한 없이 채무자 법인 소유의 금원을 인출한 것이어서 채무자 법인에 대한 업무상횡령죄가 성립한다 할 것이고, 피고인이 위와 같이 인출한 금원에 대하여 다른 공동상속인들과 사이에 어떠한 위탁관계를 맺고 있다고 할 수 없으므로 다른 공동상속인들을 위하여 위 인출금원을 보관하는 자의 지위에 있다고 할 수 없다(대판 2006.6.30. 2005도5338).

(2) 행위의 객체

행위의 객체는 '자기가 보관하는 타인소유의 재물'이다.

(가) 타인소유

타인은 자연인 이외 법인 및 법인격 없는 단체를 포함한다. 소유권의 귀속은 민법 및 상거래상의 관습에 의해 결정된다. 1인 회사의 경우에도 회사와 주주는 별개의 인격체로서 회사소유의 금원을 임의로 소비하면 본죄가 성립한다.[7] 공동소유에 있어서 공동소유물은 타인소유로 보기 때문에 자기가 보관하는 공동소유물을 영득한 경우에는 횡령죄가 성립한다.

---

7) 주식회사의 주식이 사실상 1인의 주주에 귀속하는 1인 회사에 있어서도 회사와 주주는 분명히 별개의 인격이어서 1인 회사의 재산이 곧바로 그 1인 주주의 소유라고 볼 수 없으므로, 회사의 사실상 1인 주주라고 하더라도 회사의 금원을 업무상 보관 중 이를 임의로 처분한 소위는 업무상횡령죄를 구성한다(대판 1995.3.14. 95도59).

□ 공동소유 등 관련 판례

〈횡령죄 인정〉

① 피고인이 2천원을 내어 피해자를 통하여 구입한 복권 4장을 피고인과 피해자를 포함한 4명이 한 장씩 나누어 그 당첨 여부를 확인하는 결과 피해자 등 2명이 긁어 확인한 복권 2장이 1천원씩에 당첨되자 이를 다시 복권 4장으로 교환하여 같은 4명이 각자 한 장씩 골라잡아 그 당첨 여부를 확인한 결과 피해자 등 2명이 긁어 확인한 복권 2장이 2천만원씩에 당첨되었으나 당첨금을 수령한 피고인이 피해자에게 그 당첨금의 반환을 거부한 경우, 피고인과 피해자를 포함한 4명 사이에는 어느 누구의 복권이 당첨되더라도 당첨금을 공평하게 나누거나 공동으로 사용하기로 하는 묵시적인 합의가 있었다고 보아야 하므로 그 당첨금 전액은 같은 4명의 공유라고 봄이 상당하여 피고인으로서는 피해자의 당첨금 반환요구에 따라 그의 몫을 반환할 의무가 있고 피고인이 이를 거부하고 있는 이상 불법영득의사가 있다는 이유로 횡령죄가 성립될 수 있다(대판 2000.11.10. 2000도4335).

② 동업재산은 동업자의 합유에 속하므로, 동업관계가 존속하는 한 동업자는 동업재산에 대한 지분을 임의로 처분할 권한이 없고, 동업자 한 사람이 지분을 임의로 처분하거나 또는 동업재산의 처분으로 얻은 대금을 보관 중 임의로 소비하였다면 횡령죄의 죄책을 면할 수 없다. 동업자 사이에 손익분배 정산이 되지 아니하였다면 동업자 한 사람이 임의로 동업자들의 합유에 속하는 동업재산을 처분할 권한이 없는 것이므로, 동업자 한 사람이 동업재산을 보관 중 임의로 횡령하였다면 지분비율에 관계없이 횡령한 금액 전부에 대하여 횡령죄의 죄책을 부담한다. 피고인과 甲 주식회사가 서로 금전 또는 노무를 출자하여 甲 회사 명의로 공동주택건립사업을 시행하기로 하는 내용의 동업약정을 맺고 사업을 진행하다가 乙 주식회사에 사업권을 양도하는 양도양수계약을 체결한 다음, 위 양도대금에서 비용을 공제한 이익금을 같은 비율로 분배하기로 약정했는데도, 피고인이 乙 회사에게서 甲 명의의 법인계좌로 송금받은 일부 계약금을 보관 중 甲 회사 대표이사인 丙 승낙 없이 그 대부분을 임의로 인출하여 개인적인 용도로 소비한 사안에서, 피고인이 甲 회사와 동업관계에 있더라도 지분비율에 관계없이 임의로 소비한 금액 전부에 대하여 횡령죄의 죄책을 면할 수 없다(대판 2011.6.10. 2010도17684).

③ 약속어음을 할인을 위하여 교부받은 수탁자는 위탁의 취지에 따라 보관하는 것에 불과하므로, 위탁된 약속어음을 수탁자가 자신의 채무변제에 충당하였다면 이와 같은 수탁자의 행위는 위탁의 취지에 반하는 것으로서 횡령죄를 구성한다(대판 2004.5.28. 2003도7509).

④ 회사의 대표이사 혹은 그에 준하여 회사 자금의 보관이나 운용에 관한 사실상의 사무를 처리하여 온 자가 회사를 위한 지출 이외의 용도로 거액의 회사 자금을 가지급금 등의 명목으로 인출, 사용함에 있어서 이자나 변제기의 약정이 없음은 물론 이사회 결

의 등 적법한 절차도 거치지 아니하는 것은 통상 용인될 수 있는 범위를 벗어나 대표이
사 등의 지위를 이용하여 회사 자금을 사적인 용도로 임의로 대여, 처분하는 것과 다름
없어 횡령죄를 구성한다(대판 2017.4.13. 2017도953).
⑤ 사용자는 매월 임금에서 국민연금 보험료 중 근로자가 부담할 기여금을 원천공제하
여 근로자를 위하여 보관하고, 국민연금관리공단에 위 보험료를 납부하여야 할 업무상
임무를 부담하게 되며, 사용자가 이에 위배하여 근로자의 임금에서 원천공제한 기여금
을 위 공단에 납부하지 아니하고, 나아가 이를 개인적 용도로 소비하였다면 업무상횡
령죄의 책임을 면할 수 없다(대판 2011.2.10. 2010도13284).
⑥ 운송회사와 소속 근로자 사이에 근로자가 운송회사로부터 일정액의 급여를 받으면
서 당일 운송수입금을 전부 운송회사에 납입하되, 운송회사는 근로자가 납입한 운송수
입금을 월 단위로 정산하여 그 운송수입금이 월간 운송수입금 기준액인 사납금을 초과
하는 경우에는 그 초과금액에 대하여 운송회사와 근로자에게 일정 비율로 배분하여 정
산하고, 사납금에 미달되는 경우에는 그 부족금액에 대하여 근로자의 급여에서 공제하
여 정산하기로 하는 약정이 체결되었다면, 근로자가 사납금 초과 수입금을 개인 자신
에게 직접 귀속시키는 경우와는 달리, 근로자가 애초 거둔 운송수입금 전액은 운송회
사의 관리와 지배 아래 있다고 봄이 상당하므로 근로자가 운송수입금을 임의로 소비하
였다면 횡령죄를 구성한다. 이는 근로자가 운송회사에 대하여 사납금을 초과하는 운송
수입금의 일부를 배분받을 권리를 가지고 있다고 하더라도 다른 특별한 사정이 없는
한 다를 바 없다고 할 것이다(대판 2014.4.30. 2013도8799).

〈횡령죄 부정〉

① 피고인이 본사와 맺은 가맹점계약은 독립된 상인 간에 일방이 타방의 상호, 상표 등
의 영업표지를 이용하고 그 영업에 관하여 일정한 통제를 받으며 이에 대한 대가를 타
방에 지급하기로 하는 특수한 계약 형태인 이른바 '프랜차이즈 계약'으로서 그 기본적
인 성격은 각각 독립된 상인으로서의 본사 및 가맹점주 간의 계약기간 동안의 계속적
인 물품공급계약이고, 본사의 경우 실제로는 가맹점의 영업활동에 관여함이 없이 경영
기술지도, 상품대여의 대가로 결과적으로 매출액의 일정 비율을 보장받는 것에 지나지
아니하여 본사와 가맹점이 독립하여 공동경영하고, 그 사이에서 손익분배가 공동으로
이루어진다고 할 수 없으므로 이러한 가맹점 계약을 동업계약 관계로는 볼 수 없고, 따
라서 가맹점주인 피고인이 판매하여 보관 중인 물품판매 대금은 피고인의 소유라 할
것이어서 피고인이 이를 임의 소비한 행위는 프랜차이즈 계약상의 채무불이행에 지나
지 아니하므로, 결국 횡령죄는 성립하지 아니한다(대판 1998.4.14. 98도292).
② 채권자가 그 채권의 지급을 담보하기 위하여 채무자로부터 수표를 발행·교부받아
이를 소지한 경우에는, 단순히 보관의 위탁관계에 따라 수표를 소지하고 있는 경우와
는 달리 그 수표상의 권리가 채권자에게 유효하게 귀속되고, 채권자와 채무자 사이의

수표 반환에 관한 약정은 원인관계상의 인적 항변사유에 불과하므로, 채권자는 횡령죄의 주체인 타인의 재물을 보관하는 자의 지위에 있다고 볼 수 없다(대판 2000.2.11. 99도4979).

③ 지입차주들이 차량위탁관리료와 산업재해보상보험료 및 제세공과금을 합한 일정 금액을 일괄하여 납입하는 지입료는 일단 지입회사의 소유로 되어 회사가 그 지입료 등을 가지고 그 운영비와 전체 차량의 제세공과금 및 보험료에 충당할 수 있는 것이므로 지입차주들이 낸 보험료나 세금을 회사가 항목유용하였다 하더라도 횡령죄가 되지 아니한다(대판 1997.9.5. 97도1592).

④ 피고인이 한국수자원공사에 대하여 가지는 토지보상금채권에 관하여 피고인의 채권자 甲 압류 및 추심명령을 받아 그 명령이 피고인에게 송달되었는데, 그 후 한국수자원공사가 업무착오로 토지보상금을 집행공탁이 아닌 변제공탁하자 피고인이 이를 수령하여 보관하며 반환요구를 거절함으로써 횡령하였다는 내용으로 기소된 사안에서, 공탁취지에 좇아 수령한 토지보상금은 피고인의 소유라고 보아 무죄를 인정(대판 2012.1.12. 2011도12604).

(나) 재물

본죄의 있어서의 재물은 동산, 부동산의 유체물에 한정되지 아니하고 관리할 수 있는 동력도 재물로 간주한다. 관리는 물리적 또는 물질적 관리를 가리키고, 사무적으로 관리가 가능한 채권이나 그 밖의 권리 등은 재물에 포함하지 않으며, 재산상의 이익은 본죄의 객체가 될 수 없다.[8]

(다) 보관

보관이란 재물을 법률상·사실상 지배하는 것으로, 신임관계를 기초로 한 것이므로 사실상의 지배 이외에 법률상의 지배까지 포함한다.[9]

① 부동산에서의 보관

부동산에서는 보관자의 지위는 점유가 아니라 그 부동산을 제3자에게 유효하게 처분할 수 있는 권능을 기준으로 결정하여야 한다.[10] 부동산의 보관은 원칙

---

8) 대판 2014.2.27. 2011도832.
9) 횡령죄에서 보관이라 함은 재물이 사실상 지배하에 있는 경우뿐만 아니라 법률상의 지배·처분이 가능한 상태에 있는 경우를 포함한다. 그 보관은 반드시 사용대차, 임대차, 위임 등의 계약에 의하여 설정되어야 하는 것은 아니고, 사무관리, 관습, 조리, 신의칙에 의해서도 성립하며, 타인의 금전을 위탁받아 보관하는 자가 보관방법으로 이를 은행 등의 금융기관에 예치한 경우에도 보관자의 지위를 가진다(대판 2015.2.12. 2014도11244).
10) 횡령죄의 주체는 타인의 재물을 보관하는 자이어야 하고, 여기서 보관이라 함은 위탁관계에 의하여 재물을 점유하는 것을 의미하므로, 결국 횡령죄가 성립하기 위하여는 그 재물의

으로 등기부상의 소유명의인에 대하여 인정되지만 등기부상의 명의인이 아니라도 소유자의 위임에 의거해서 실제로 타인의 부동산을 관리, 지배하면 부동산의 보관자라 할 수 있고, 미등기건물에 대하여는 위탁관계에 의하여 현실로 부동산을 관리, 지배하는 자가 보관자라고 할 수 있다.[11] 원인무효인 소유권이전등기의 명의자로서 그 부동산을 법률상 유효하게 처분할 수 있는 지위에 있지 않은 자는 횡령죄의 주체인 타인의 재물을 보관하는 자에 해당하지 않는다.[12]

□ **부동산의 보관자 관련 판례**

〈부동산의 보관자 인정〉

① 구분소유적 공유관계에서 각 공유자 상호 간에는 각자의 특정 구분부분을 자유롭게 처분함에 서로 동의하고 있다고 볼 수 있으므로, 공유자 각자는 자신의 특정 구분부분을 단독으로 처분하고 이에 해당하는 공유지분등기를 자유로이 이전할 수 있는데, 이는 공유지분등기가 내부적으로 공유자 각자의 특정 구분부분을 표상하기 때문이다. 그러나 구분소유하고 있는 특정 구분부분별로 독립한 필지로 분할되는 경우에는 특별한 사정이 없는 한 각자의 특정 구분부분에 해당하는 필지가 아닌 나머지 각 필지에 전사된 공유자 명의의 공유지분등기는 더 이상 당해 공유자의 특정 구분부분에 해당하는 필지를 표상하는 등기라고 볼 수 없고, 각 공유자 상호 간에 상호명의신탁관계만이 존속하므로, 각 공유자는 나머지 각 필지 위에 전사된 자신 명의의 공유지분에 관하여 다른 공유자에 대한 관계에서 그 공유지분을 보관하는 자의 지위에 있다(대판 2014.12.24. 2011도11084).

② 횡령죄에 있어 부동산에 대한 보관자의 지위는 그 부동산에 대한 점유를 기준으로 할 것이 아니라 그 부동산을 유효하게 처분할 수 있는 권능이 있는지의 여부를 기준으로 하여 결정하여야 할 것이고, 위 임야의 사정명의자로서 명의수탁자인 조부가 사망함에 따라 그의 자인 부가, 또 위 부가 사망함에 따라 피고인이 각 그 상속인이 됨으로써 피고인은 위 임야의 수탁관리자로서의 지위를 포괄승계한 것이어서, 피고인은 위 임야를 유효하게 처분할 수 있는 보관자로서의 지위를 취득하였다고 할 것이다(대판 1996.1.23. 95도784).

③ 토지의 일부 지분에 관하여 명의신탁에 의한 소유권이전등기를 경료받아 가지고 있는 사람은 그 지분의 범위 내에서 그 토지를 제3자에게 유효하게 처분할 수 있는 권능

보관자가 재물의 소유자(또는 기타의 본권자)와 사이에 법률상 또는 사실상의 위탁신임관계가 존재하여야 하고, 또한 부동산의 경우 보관자의 지위는 점유를 기준으로 할 것이 아니라 그 부동산을 제3자에게 유효하게 처분할 수 있는 권능의 유무를 기준으로 결정하여야 하므로, 원인무효인 소유권이전등기의 명의자는 횡령죄의 주체인 타인의 재물을 보관하는 자에 해당한다고 할 수 없다(대판 2007.5.31. 2007도1082).

11) 대판 1993.3.9. 92도2999.
12) 대판 1989.2.28. 88도1368.

을 가지게 되어 횡령죄의 주체인 보관자의 지위에 있다 할 것이므로 위 명의신탁되었던 지분에 관하여 수용보상금을 수령한 것은 위 토지의 보관자의 지위에서 수령한 것이니 이를 명의신탁자에게 반환하지 않고 임의 소비한 행위는 횡령죄를 구성한다(대판 1987.2.10. 86도1607).

〈부동산의 보관자 부정〉

① 임야의 진정한 소유자와는 전혀 무관하게 신탁자로부터 임야 지분을 명의신탁받아 지분이전등기를 경료한 수탁자가 신탁받은 지분을 임의로 처분한 사안에서, 소유자와 수탁자 사이에 위 임야 지분에 관한 법률상 또는 사실상의 위탁신임관계가 성립하였다고 할 수 없고, 또한 어차피 원인무효인 소유권이전등기의 명의자에 불과하여 위 임야 지분을 제3자에게 유효하게 처분할 수 있는 권능을 갖지 아니한 수탁자로서는 위 임야 지분을 보관하는 자의 지위에 있다고도 할 수 없으므로, 그 처분행위가 신탁자에 대해서나 또는 소유자에 대하여 위 임야 지분을 횡령한 것으로 된다고 할 수 없다(대판 2007.5.31. 2007도1082).

② 물품제조 회사가 농지를 매수하여 피고인 명의로 소유권이전등기를 마침으로써 소유명의를 신탁하여 두었는데 피고인이 그 후 이를 타인에게 처분함으로써 횡령하였다는 공소사실에 대하여, 제조업을 하는 일반 법인은 농지에 관한 매매계약을 체결하였더라도 당시 시행되던 구 농지개혁법(1994. 12. 22. 법률 제4817호 농지법 부칙 제2조로 폐지)상의 농지매매증명을 발급받을 수가 없어 소유권을 취득할 수 없으므로, 매도인들이 매수인인 물품제조 회사에 대하여 부담하는 소유권이전등기의무는 원시적으로 이행불능이다. 따라서 이 농지 매매계약은 채권계약으로서도 무효로 보아야 하며, 위 법이 폐지되고 농지법이 시행되었다고 하여 위 매매계약이 유효하게 될 수는 없는 것이므로, 피고인은 애초부터 명의수탁자가 아니라 원인무효인 소유권이전등기의 명의자에 불과하여 위 토지를 제3자에게 유효하게 처분할 수 있는 권능을 가지지 아니한다는 이유로 횡령죄의 성립을 부정(대판 2010.6.24. 2009도9242).

③ 부동산에 관한 횡령죄에 있어서 타인의 재물을 보관하는 자의 지위는 동산의 경우와는 달리 부동산에 대한 점유의 여부가 아니라 부동산을 제3자에게 유효하게 처분할 수 있는 권능의 유무에 따라 결정하여야 하므로, 부동산을 공동으로 상속한 자들중 1인이 부동산을 혼자 점유하던 중 다른 공동상속인의 상속지분을 임의로 처분하여도 그에게는 그 처분권능이 없어 횡령죄가 성립하지 아니한다(대판 2000.4.11. 2000도565).

② **동산의 보관**

소유권의 취득에 등록이 필요한 차량의 경우에는 타인소유의 차량을 인도받

아 보관하고 있는 사람이 이를 사실상 처분하면 횡령죄가 성립한다.[13] 민법상의
점유보조자라고 할지라도 그 물건에 대하여 사실상 지배력을 행사하는 경우에는
형법상 보관의 주체로 볼 수 있다.[14] 타인의 금전을 위탁받아 보관하는 자는 보관
방법으로 이를 은행 등의 금융기관에 예치한 경우에도 보관자의 지위를 갖는다.[15]

(3) 실행 행위

실행 행위는 '횡령하거나 반환을 거부하는 것이다'이다.

(가) 횡령

횡령이란 불법영득의사를 실현하는 일체의 행위를 말하고, 횡령죄에 있어서

---

13) 횡령죄는 타인의 재물을 보관하는 사람이 재물을 횡령하거나 반환을 거부한 때에 성립한
다(형법 제355조 제1항). 횡령죄에서 재물의 보관은 재물에 대한 사실상 또는 법률상 지배
력이 있는 상태를 의미하며, 횡령행위는 불법영득의사를 실현하는 일체의 행위를 말한다.
따라서 소유권의 취득에 등록이 필요한 타인 소유의 차량을 인도받아 보관하고 있는 사람
이 이를 사실상 처분하면 횡령죄가 성립하며, 보관 위임자나 보관자가 차량의 등록명의자
일 필요는 없다. 그리고 이와 같은 법리는 지입회사에 소유권이 있는 차량에 대하여 지입
회사에서 운행관리권을 위임받은 지입차주가 지입회사의 승낙 없이 보관 중인 차량을 사
실상 처분하거나 지입차주에게서 차량 보관을 위임받은 사람이 지입차주의 승낙 없이 보
관 중인 차량을 사실상 처분한 경우에도 마찬가지로 적용된다(대판 2015.6.25. 2015도1944
전원합의체).
14) 피해자는 당일 피고인에게 금고 열쇠와 오토바이 열쇠를 맡기고 금고 안의 돈은 배달될 가
스대금으로 지급할 것을 지시한 후 외출하였던바, 피고인은 혼자서 점포를 지키다가 금고
안에서 현금을 꺼내어 오토바이를 타고 도주한 사실이 인정된다. 위와 같은 인정 사실에
비추어 보면 피고인은 점원으로서는 평소는 점포 주인인 위 피해자의 점유를 보조하는 자
에 지나지 않으나 위 범행 당시는 위 피해자의 위탁을 받아 금고 안의 현금과 오토바이를
사실상 지배하에 두고 보관한 것이라고 보겠으니, 피고인의 위 범행은 자기의 보관하에 있
는 타인의 재물을 영득한 것으로서 횡령죄에 해당한다고 보아야 할 것이다(대판 1982.3.9.
81도3396).
15) 횡령죄에 있어서 보관이라 함은 재물이 사실상 지배하에 있는 경우뿐만 아니라 법률상의
지배·처분이 가능한 상태를 모두 가리키는 것으로 타인의 금전을 위탁받아 보관하는 자는
보관방법으로 이를 은행 등의 금융기관에 예치한 경우에도 보관자의 지위를 갖는 것이고,
은행에 공동명의로 예금을 하고 은행에 대하여 그 권리를 함께 행사하기로 한 경우에 만일
동업자금을 공동명의로 예금한 경우라면 채권의 준합유관계에 있다고 볼 것이나, 공동명
의 예금채권자들 각자가 분담하여 출연한 돈을 동업 이외의 특정 목적을 위하여 공동명의
로 예치해 둠으로써 그 목적이 달성되기 전에는 공동명의 예금채권자가 단독으로 예금을
인출할 수 없도록 방지·감시하고자 하는 등의 목적으로 공동명의로 예금을 개설한 경우라
면 하나의 예금채권이 분량적으로 분할되어 각 공동명의 예금채권자들에게 귀속된다. …
피고인 강○○과 서○○의 동업 이외의 특정 목적을 위하여 공동명의로 예치해 둠으로써
그 목적이 달성되기 전에는 공동명의 예금채권자가 단독으로 예금을 인출할 수 없도록 방
지·감시하고자 하는 등의 목적으로 공동명의로 예금을 개설한 경우로서 하나의 예금채권
이 분량적으로 분할되어 각 공동명의 예금채권자들에게 귀속된다고 할 것이므로, 피고인
강○○은 이 사건 예금을 법률상으로 지배·처분할 수 있는 지위에 있고, 따라서 횡령죄에
서의 보관자에 해당한다(대판 2008.12.11. 2008도8279).

의 행위자는 이미 타인의 재물을 점유하고 있으므로 점유를 자기를 위한 점유로 변개하는 의사를 일으키면 곧 영득의 의사가 있었다고 할 수 있지만, 단순한 내심의 의사만으로는 횡령행위가 있었다고 할 수 없고 영득의 의사가 외부에 인식될 수 있는 객관적 행위가 있을 때 횡령죄가 성립한다.[16] 다른 사람의 재물을 보관하는 사람이 그 사람의 동의 없이 함부로 이를 담보로 제공하는 행위는 불법영득의 의사를 표현하는 횡령행위로서 사법(私法)상 그 담보제공행위가 무효이거나 그 재물에 대한 소유권이 침해되는 결과가 발생하는지 여부에 관계없이 횡령죄를 구성한다.[17]

(나) 반환거부

횡령죄에서 '반환의 거부'라고 함은 보관물에 대하여 소유자의 권리를 배제하는 의사표시를 하는 행위를 뜻하므로, 타인의 재물을 보관하는 사람이 단순히 반환을 거부한 사실만으로 횡령죄가 성립하는 것은 아니며, 반환거부의 이유 및 주관적인 의사 등을 종합하여 반환거부행위가 횡령행위와 같다고 볼 수 있을 정도이어야만 횡령죄가 성립할 수 있다.[18] 반환을 거부하였다고 하더라도 그 반환거부에 정당한 사유가 있을 때에는 불법영득의 의사가 있다고 할 수 없다.[19]

□ 반환거부 관련 판례

〈반환거부에 의한 횡령죄 인정〉

① … 피고인 스스로도 위 사업장을 설립하고 운영하는 과정에서 피해자와 사이에 동업계약서 등 동업지분에 관한 서류를 작성한 사실이 없고, 이익금을 정산한 사실도 없다는 취지로 진술하고 있는 점 등을 종합하여 보면, 위 사업은 실질적으로 피해자가 단독으로 운영하여 온 것으로 봄이 상당하고, 따라서 위 사업장의 재산은 피해자의 단독소유라고 할 것이므로, 피고인이 익명조합관계의 영업자의 지위에 있다고 주장하는 등 위 사업이 자신의 것이라고 주장하며 이 사건 지게차 등에 관한 피해자의 반환요구를 거부한 것은 업무상횡령죄를 구성한다(대판 2009.4.23. 2007도9924).

② 임차인이 이사하면서 그가 소유하거나 타인으로부터 위탁받아 보관 중이던 물건들을 임대인의 방해로 옮기지 못하고 그 임차공장 내에 그대로 두었다면 임대인은 사무관리 또는 조리상 당연히 임차인을 위하여 위 물건들을 보관하는 지위에 있다 할 것이므로 임대인이 그 후 이를 임의로 매각하거나 반환을 거부하였다면 횡령죄를 구성한다(대판 1985.4.9. 84도300).

---

16) 대판 1993.3.9. 92도2999.
17) 대판 2002.11.13. 2002도2219.

〈반환거부에 의한 횡령죄 부정〉

① 공동피고인 5 등 등기명의자들의 의사는 이 사건 부동산들의 실제 매수인에 관하여 이○○와 회사 사이에 다툼이 있음을 이유로 이 사건 부동산들의 진정한 소유자가 밝혀진 다음 명의이전을 하겠다는 의사를 표현한 것으로 볼 수 있으며, 또한, 이 사건 부동산들의 매입경위와 그 목적 및 그 후의 분쟁과정 등 위 1심 공동피고인 5 등이 이○○ 에게 이 사건 부동산의 소유 명의를 이전하지 아니한 이유와 주관적인 의사를 종합하여 보면 동인들이 불법영득의사를 가지고 그 반환을 거부한 것이라고 단정할 수는 없다(대판 2002.9.4. 2000도637).

② 피고인들이 피해자 조합원들에 대하여 이 사건 예금계좌에 초과로 입금된 개발부담금의 반환을 거부한 것은 피해자 조합원들이 제기한 소송으로 인하여 조합이 입게 되는 손해에 대한 구상금채권의 집행 확보를 위한 것에 불과하고, 위 개발부담금을 영득하기 위한 것이라고 볼 수 없다고 판단하여 피고인들에 대하여 횡령죄가 성립하지 않는다(대판 2008.12.11. 2008도8279).

③ 피고인이 반환을 거부한 이 사건 물건들은 피해자가 피고인으로부터 피고인 소유의 점포 1개를 임차하여 그곳에서 식품대리점을 운영하다가 경영난으로 임차기간이 만료하기 훨씬 전에 위 점포를 제3자에게 세를 놓아 달라고 부탁하고 위 점포를 비우면서 그곳에 두고 나온 것들을 피고인이 보관하고 있던 것으로서, 피고인은 피해자가 그때까지 연체한 2개월분의 월세를 지급받기 전까지는 피해자에게 위 점포에 보관 중인 이 사건 물건들을 반환할 수 없다고 거부하였다는 것이니, 피고인의 위와 같은 위 물건에 대한 반환거부의 이유 및 그 주관적인 의사 등을 종합하여 볼 때 피고인이 불법영득의 의사를 가지고 그 물건의 반환을 거부한 것이라고는 할 수 없다 할 것이다(대판 1992.11.27. 1992도22079).

(4) 기수시기

본죄의 기수시기에 대해서는 ① 불법영득의 의사를 객관적으로 표현하는 행위가 있으면 즉시 기수가 된다는 견해(표현설), ② 처분행위로 인해 불법영득의사가 실현되었을 때 기수가 된다는 견해(실현설)가 대립하고 있다. 판례는 표현설과 실현설 두 입장을 모두 취하고 있다.

---

18) 대판 2013.8.23. 2011도7637.
19) 횡령죄에 있어서의 불법영득의 의사는 타인의 재물을 보관하는 자가 자기 또는 제3자의 이익을 위하여 위탁의 취지에 반하여 권한 없이 그 재물을 자기의 소유인 것 같이 처분하는 의사를 말하는 것이므로, 비록 그 반환을 거부하였다고 하더라도 그 반환거부에 정당한 사유가 있을 때에는 불법영득의 의사가 있다고 할 수 없다(대판 2004.3.12. 2004도134).

□ 기수시기 관련 판례

〈표현설 입장〉

감정평가법인 지사에서 근무하는 감정평가사들이 접대비 명목 등으로 임의로 나누어 사용할 목적으로 감정평가법인을 위하여 보관 중이던 돈의 일부를 비자금으로 조성한 사안에서, 피고인들이 위 지사를 독립채산제로 운영하기로 했다고 하더라도 그것은 지사가 처리한 감정평가업무로 인한 경제적 이익의 분배에 관하여 그와 같이 약정을 한 것에 불과한 것이므로 피고인들이 사용한 지사의 자금이 법률상으로는 위 법인의 자금이 아니라고 할 수는 없고, 당초의 비자금 조성 목적 등에 비추어 비자금 조성 당시 피고인들의 불법영득의사가 객관적으로 표시되었다고 할 것인 점 등에 비추어, 위 비자금 조성행위가 업무상횡령죄에 해당한다(대판 2010.5.13. 2009도1373).

〈실현설 입장〉

타인소유의 부동산을 보관 중인 명의수탁자가 위 신탁관계에 위반하여 이를 담보로 제공하고 근저당권을 설정하는 경우에는 후에 이를 반환하였는지 여부에 관계없이 위 부동산에 관한 근저당권설정등기를 마치는 때에 위 부동산에 관한 횡령죄의 기수가 된다(대판 1985.9.10. 85도86).

3. 주관적 구성요건

본죄의 고의는 자기가 보관하는 타인의 재물을 횡령한다는 사실에 대한 인식과 의사 그리고 불법영득의사가 있어야 한다. 이때, 불법영득의사는 타인의 재물을 보관하는 자가 자기 또는 제3자의 이익을 꾀할 목적으로 위탁의 취지에 반하여 타인의 재물을 자기의 소유인 것처럼 권한 없이 스스로 처분하는 의사를 의미한다. 따라서 보관자가 자기 또는 제3자의 이익을 위하여 소유자의 이익에 반하여 재물을 처분한 경우에는 재물에 대한 불법영득의사를 인정할 수 있으나, 그와 달리 소유자의 이익을 위하여 재물을 처분한 경우에는 특별한 사정이 없는 한 그 재물에 대하여는 불법영득의사를 인정할 수 없다.[20]

□ 고의(불법영득의사)관련 판례

〈고의(불법영득의사) 인정〉

법인의 운영자 또는 관리자가 법인을 위한 목적이 아니라 법인과는 아무런 관련이 없

---

20) 대판 2016.8.30. 2013도658.

거나 개인적인 용도로 착복할 목적으로 법인의 자금을 빼내어 별도로 비자금을 조성하였다면 그 조성행위 자체로써 불법영득의 의사가 실현된 것이며, 이때 그 행위자에게 법인의 자금을 빼내어 착복할 목적이 있었는지 여부는 그 법인의 성격과 비자금의 조성 동기, 방법, 규모, 기간, 비자금의 보관방법 및 실제 사용용도 등 제반 사정을 종합적으로 고려하여 판단하여야 한다(대판 2011.2.10. 2010도12920).

〈고의(불법영득의사) 부정〉

① 피고인이 甲과 함께 소주방에서 술을 마시다가 서로 몸싸움을 하는 과정에서 甲이 떨어뜨리고 간 휴대전화를 소주방 업주로부터 건네받아 보관하던 중 甲의 휴대전화를 임의로 사용하는 등 횡령하였다는 내용으로 기소된 사안에서, 피고인은 조리상 甲을 위하여 휴대전화를 보관하는 지위에 있으나, 甲의 휴대전화를 임의로 사용한 것만으로는 불법영득의사가 있었다고 단정하기 어렵다(대판 2014.3.13. 2012도5346).
② 회사에 대하여 개인적인 채권을 가지고 있는 대표이사가 회사를 위하여 보관하고 있는 회사 소유의 금전으로 자신의 채권 변제에 충당하는 행위는 회사와 이사의 이해가 충돌하는 자기거래행위에 해당하지 않는 것이므로, 대표이사가 이사회의 승인 등의 절차 없이 그와 같이 자신의 회사에 대한 채권을 변제하였더라도, 이는 대표이사의 권한 내에서 한 회사 채무의 이행행위로서 유효하고, 따라서 불법영득의 의사가 인정되지 아니하여 횡령죄의 죄책을 물을 수 없다(대판 2002.7.26. 2001도5459).

예산을 집행할 직책에 있는 자가 자기 자신의 이익을 위한 것이 아니고 경비 부족을 메우기 위하여 예산을 전용한 경우, 그것이 본래 책정되거나 영달되어 있어야 할 필요경비이기 때문에 일정한 절차를 거치면 그 지출이 허용될 수 있었던 때에는 그 간격을 메우기 위한 유용이 있었다는 것만으로 바로 그 유용자에게 불법영득의 의사가 있었다고 단정할 수는 없는 것이지만, 그 예산의 항목유용 자체가 위법한 목적을 가지고 있다거나 예산의 용도가 엄격하게 제한되어 있는 경우에는 불법영득의 의사가 인정된다.[21]

□ 용도가 엄격하게 제한된 자금의 전용 관련 판례

〈불법영득의사 인정〉

① 타인으로부터 용도가 엄격히 제한된 자금을 위탁받아 집행하면서 그 제한된 용도 이외의 목적으로 자금을 사용하는 것은 그 사용이 개인적인 목적에서 비롯된 경우는

21) 대판 2004.12.24. 2003도4570.

물론 결과적으로 자금을 위탁한 본인을 위하는 면이 있더라도 그 사용행위 자체로써 불법영득의 의사를 실현한 것이 되어 횡령죄가 성립한다(대법원 2013. 1. 31. 선고 2011도1701 판결 참조). 보조금을 집행할 직책에 있는 자가 자기 자신의 이익을 위한 것이 아니고 경비부족을 메우기 위하여 보조금을 전용한 것이라 하더라도, 그 보조금의 용도가 엄격하게 제한되어 있는 이상 불법영득의 의사를 부인할 수는 없다(대판 2018.10.4. 2016도16388).

② 초·중등교육법, 그 시행령 및 학교발전기금의 조성·운용 및 회계에 관한 규칙 등 관련 법령이 학교발전기금의 조성에 관한 그 주체·목적·절차·방법 등은 물론이고 학교발전기금의 운용·사용·회계관리 등에 관하여도 엄격히 규정하고 있고, 이와 같은 관련 법령의 입법취지가 '열악한 교육재정여건을 감안하여 학교운영위원회를 통한 기금의 조성을 허용하는 대신에 기금의 조성 및 사용에 투명성을 기하고 찬조금 등 금품모금과 관련한 잡음을 없애기 위한 것'에 있는 점 등에 비추어 볼 때, 초·중등교육법에 정한 학교발전기금으로 기부한 금원의 경우, 그 기부의 경위와 목적, 상황, 액수 등 그 실질에 비추어 위와 같이 법령상 엄격히 제한된 용도 외에 학교운영에 필요한 특정한 공익적 용도로 수수한 것으로 볼 수 있는 예외적 경우가 아닌 한, 학교운영위원회에 귀속되어 법령에서 정한 사용목적으로만 사용되어야 할 것이므로, 그 정해진 용도 외의 사용행위는 원칙적으로 횡령죄를 구성한다고 보아야 할 것이다(대판 2014.3.13. 2012도6336).

③ 사립학교법 제29조 및 같은법 시행령에 의해 학교법인의 회계는 학교회계, 법인회계로 구분되고, 학교회계 중 특히 교비회계에 속하는 수입은 다른 회계에 전출하거나 대여할 수 없는 등 용도가 엄격히 제한됨에도 불구하고, 갑 학교의 교비회계자금을 같은 학교법인에 속하는 을 학교의 교비회계에 사용한 경우, 횡령죄 소정의 불법영득의 사가 있다(대판 2002.5.10. 2001도1779).

④ 의류유통 판매업체인 甲 주식회사 대표이사 및 실질적 운영자인 피고인들이 공모하여, 甲 회사가 乙 유한회사 등과 체결한 투자약정과 乙 회사와 체결한 위탁판매 및 구매계약의 사무처리 위임에 따라 투자금으로 구입한 의류의 판매대금을 甲 회사 명의 미지정계좌로 입금받아 임의로 소비한 사안에서, 甲 회사는 위임자인 乙 회사를 위하여 위 대금을 보관하는 지위에 있으므로 피고인들의 행위가 횡령죄를 구성한다(대판 2011.6.10. 2010도17202).

〈불법영득의사 부정〉

① 피고인이 甲 사립학교 경영자 乙과 공모하여 학생 등이 납부한 수업료 등을 교비회계 아닌 다른 회계에 임의로 사용하였다고 하여 구 특정경제범죄 가중처벌 등에 관한 법률 위반(횡령)으로 기소된 사안에서, 甲 학교는 사인(私人)인 乙 등이 설립하여 운영하는 학교로서 수업료 등으로 조성된 교비는 특별한 사정이 없는 한 甲 학교의 설치·경영자인 乙 등의 소유에 속하므로, 피고인이 乙과 공모하여 이를 임의로 사용하였더

라도 사립학교법 위반죄 외에 따로 횡령죄가 성립하지 않는다(대판 2012.5.10. 2011도 12408).

② 피고인은 출장비로 구입하였다는 사무실 비품의 사진, 출장비의 지출 용도와 관련된 직원들의 진술서 등을 제출하고 있는 반면, 원심이 인용한 제1심의 채용 증거들을 살펴보아도 출장비 예산의 항목유용 자체가 위법한 목적을 가지고 있다거나 예산의 용도가 엄격하게 제한되어 있다고 볼만한 자료가 없는바, 그렇다면 원심으로서는 단지 피고인이 출장비를 지정용도 이외로 임의 소비하였다는 것만으로 바로 피고인에게 불법영득의 의사를 인정할 수는 없는 것이고, 앞서 본 바와 같은 취지에 따라 출장비 예산에 관한 관련규정 등을 확인하고, 피고인이 주장하는 소비처의 사실 여부 등을 따지는 등의 과정을 거쳐, 피고인이 당해 금원을 본래 허용될 수 있는 지정외 필요경비에 유용한 것인지 그렇지 아니하고 부정한 영득의 의사로 또는 전혀 허용되지 않는 용도로 사용한 것인지 여부를 가려서 그 횡령액수에 따른 죄책을 인정하였어야 할 것이다 (대판 2002.11.26. 2002도5130).

③ 사립학교에 있어서 학교교육에 직접 필요한 시설, 설비를 위한 경비 등과 같이 원래 교비회계에 속하는 자금으로 지출할 수 있는 항목에 관한 차입금을 상환하기 위하여 교비회계 자금을 지출한 경우, 이러한 차입금 상환행위에 관하여 교비회계 자금을 임의로 횡령하고자 하는 불법영득의 의사가 있다고 보기는 어렵고, 만일 그 행위자가 이러한 차입을 하거나 지출을 하는 과정에서 사립학교법의 관련 규정을 제대로 준수하지 아니하였다면 이에 대하여 사립학교법에 따른 형사적 제재 등이 부과될 수 있을 뿐이다(대판 2006.4.28. 2005도4085).

4. 불법원인급여

불법원인급여란 불법한 원인으로 재물을 급여하였기 때문에 급여자가 민법상 그 재물의 반환을 청구할 수 없는 것을 말한다.[22] 이때, 불법원인급여를 수탁자가 임의처분하였을 경우, 횡령죄가 성립하는가의 문제가 발생한다. 이에 대해서는 다음과 같은 견해가 대립한다.

(1) 횡령죄 긍정설

본 견해는 불법원인급여물을 임의처분한 수탁자에 대해 ① 민법상 불법원인급여물에 대해 위탁자가 반환청구를 할 수 없는 것일 뿐이므로, 범죄는 형법의 독자적 견지에서 판단해야 한다. ② 민법상 반환청구가 되지 않는다고 하여 위탁

---

22) 민법 제746조(불법원인급여) 불법의 원인으로 인하여 재산을 급여하거나 노무를 제공한 때에는 그 이익의 반환을 청구하지 못한다. 그러나 그 불법원인이 수익자에게만 있는 때에는 그러하지 아니하다.

자가 소유권을 상실하는 것은 아니다. ③ 불법원인급여물에 대해서도 위탁자와 수탁자 사이에 위탁관계가 존재하므로, 수탁자의 임의처분은 횡령죄의 본질인 신임관계를 위배하는 것이다.

(나) 횡령죄 부정설

본 견해는 불법원인급여물을 임의처분한 수탁자에 대해 ① 위탁자는 반환청구권이 없으므로 수탁자는 보관물을 임의처분할 수 있다. ② 민법상 반환의무가 없는 수탁자를 형법상 횡령죄로 처벌하는 것은 법질서의 통일성을 깨뜨리는 부당한 결과를 가져온다. ③ 불법원인급여물의 소유권은 수탁자에게 귀속되므로 자기소유의 재물을 임의처분한 것이다.

(다) 판례

판례는 부정설의 입장이다. 단, 예외적으로 수탁자의 불법성이 위탁자의 그것보다 '현저히 큰 경우'에는 위탁자의 반환청구가 허용된다고 하여 횡령죄를 인정하고 있다.[23]

□ 불법원인급여물에 대한 횡령죄 관련 판례

〈횡령죄 인정〉

① 범죄수익은닉의 규제 및 처벌 등에 관한 법률(이하 '범죄수익은닉규제법'이라 한다)은 형법 등을 보충하여 중대범죄를 억제하기 위한 형사법 질서의 중요한 일부를 이루고 있다. 이 법에 따라 직접 처벌되는 행위를 내용으로 하는 계약은 그 자체로 반사회성이 현저하여 민법 제746조에서 말하는 불법의 원인에 해당하는 것으로 볼 수 있다. 그러나 자금의 조성과정에 반사회적 요소가 있더라도 그 자금을 위탁하거나 보관시키는 등의 행위가 범죄수익은닉규제법을 위반하지 않고 그 내용, 성격, 목적이나 연유 등에 비추어 선량한 풍속 그 밖의 사회질서에 반한다고 보기 어려운 경우라면 불법원인이 있다고 볼 수 없다.

---

23) 민법 제746조에 의하면, 불법의 원인으로 인한 급여가 있고, 그 불법원인이 급여자에게 있는 경우에는 수익자에게 불법원인이 있는지 여부, 수익자의 불법원인의 정도, 그 불법성이 급여자의 그것보다 큰지 여부를 막론하고 급여자는 불법원인급여의 반환을 구할 수 없는 것이 원칙이나, 수익자의 불법성이 급여자의 그것보다 현저히 큰 데 반하여 급여자의 불법성은 미약한 경우에도 급여자의 반환청구가 허용되지 않는다면 공평에 반하고 신의성실의 원칙에도 어긋나므로, 이러한 경우에는 민법 제746조 본문의 적용이 배제되어 급여자의 반환청구는 허용된다. 포주가 윤락녀와 사이에 윤락녀가 받은 화대를 포주가 보관하였다가 절반씩 분배하기로 약정하고도 보관 중인 화대를 임의로 소비한 경우, 포주와 윤락녀의 사회적 지위, 약정에 이르게 된 경위와 약정의 구체적 내용, 급여의 성격 등을 종합해 볼 때 포주의 불법성이 윤락녀의 불법성보다 현저히 크므로 화대의 소유권이 여전히 윤락녀에게 속한다는 이유로 횡령죄를 구성한다(대판 1999.9.17. 98도2036).

피고인이 甲과, 甲이 해외투자처인 乙 회사에 투자하고자 하는 자들로부터 사기 및 유사수신행위의 규제에 관한 법률 위반 범행으로 모집한 투자금을 피고인에게 송금하면 피고인이 이를 甲이 지정하는 외국환거래 회사를 통하여 乙 회사에 전달하고, 변호사로서 그 전달과정에 부수되는 자문업무를 수행하는 것을 내용으로 하는 '에스크로(Escrow) 및 자문 계약'을 체결한 후 계약에 따라 甲으로부터 50억원을 송금받아 보관하던 중 20억여원을 임의로 소비하여 횡령하였다고 하여 특정경제범죄 가중처벌 등에 관한 법률 위반으로 기소된 사안에서, 甲이 피고인에게 투자금을 교부한 원인이 된 위 계약이 범죄수익은닉의 규제 및 처벌 등에 관한 법률(이하 '범죄수익은닉규제법'이라 한다) 위반을 내용으로 한다고 보기 어렵고, 계약 당시 피고인이 투자금이 범죄수익금이라는 사실이나 불법적인 해외 송금 사실을 알았거나 이를 알면서도 협조하기로 하였다고 보기 어려우며, 피고인은 범죄수익은닉규제법 위반, 甲의 사기와 유사수신행위의 규제에 관한 법률 위반 범행에 대한 방조, 외환거래법 위반 등의 혐의로 기소되지도 않았다는 이유로, 甲의 피고인에 대한 투자금의 교부가 불법원인급여에 해당하지 않는다(대판 2017.10.31. 2017도11931).

② 피고인이 병원을 대신하여 제약회사들로부터 의약품을 공급받는 대가로 그 의약품 매출액에 비례하여 기부금 명목의 금원을 제공받은 다음 병원을 위하여 보관하여 왔던 것뿐이라면, 다른 특별한 사정이 없는 한 이를 두고 선량한 풍속 기타 사회질서에 반하는 행위로서 불법원인급여에 해당한다고 보기는 어려우므로, 위 병원이 병원을 대신하여 위 제약회사들로부터 위와 같은 금원을 제공받아 보관하고 있던 피고인에 대해 그 반환을 구하지 못한다고 할 수는 없다. 그럼에도 피고인이 병원을 대신하여 제약회사들로부터 제공받아 보관하고 있던 위와 같은 기부금 명목의 금원이 불법원인급여에 해당한다는 이유로 이 사건 공소사실이 죄가 되지 아니하는 경우에 해당한다고 판단한 원심 판결에는 불법원인급여와 횡령죄에 관한 법리를 오해한 나머지 판결에 영향을 미친 위법이 있다(대판 2008.10.9. 2007도2511).

〈횡령죄 부정〉

① 피고인 3이 피고인 1, 피고인 2로부터 이 사건 400만 위안을 교부받은 원인행위는 이 사건 400만 위안의 보관을 위탁하는 계약(이하 '이 사건 계약'이라고 한다)으로서, 범죄수익은닉규제법 제3조 제1항 제1호, 제3호에 의하여 형사 처벌되는 행위, 즉 거기에서 정한 범죄수익 등에 해당하는 이 사건 400만 위안의 처분을 가장하고 그 발견을 현저히 곤란하게 하는 은닉행위를 법률행위의 목적인 권리의무의 내용으로 하는 것이므로 선량한 풍속 기타 사회질서에 위반된다. 한편 범죄수익은닉규제법은 국제적 기준에 맞는 자금세탁방지 제도를 마련하고 범죄수익의 몰수·추징에 관한 특례를 규정함으로써 특정범죄를 조장하는 경제적 요인을 근원적으로 제거하여 건전한 사회질서의 유지에 이바지함을 목적으로 제정된 법률로서, 특정범죄를 직접 처벌하는 형법 등을 보충함으로

써 중대범죄를 억제하기 위한 형사법 질서의 중요한 일부를 이루고 있다. 이에 비추어, 범죄수익은닉규제법에 의하여 직접 처벌되는 행위를 내용으로 하는 이 사건 계약은 그 자체로 반사회성이 현저하다. 뿐만 아니라 형벌법규에서 금지하고 있는 자금세탁행위를 목적으로 교부된 범죄수익 등을 특정범죄를 범한 자가 다시 반환받을 수 있도록 한다면, 그 범죄자로서는 교부의 목적을 달성하지 못하더라도 언제든지 범죄수익을 회수할 수 있게 되어 자금세탁행위가 조장될 수 있으므로, 범죄수익 등의 은닉이나 가장, 수수 등의 행위를 억지하고자 하는 범죄수익은닉규제법의 입법목적에도 배치된다. 그러므로 피고인 3이 피고인 1, 피고인 2로부터 범죄수익 등의 은닉범행 등을 위해 교부받은 이 사건 400만 위안은 불법의 원인으로 급여한 물건에 해당하여 그 소유권이 피고인 3에게 귀속된다. 따라서 피고인 3이 이 사건 400만 위안을 임의로 소비하였다고 하더라도 횡령죄가 성립하지 않는다고 봄이 타당하다(대판 2017.4.26. 2017도1270).

② 피고인이 甲으로부터 수표를 현금으로 교환해 주면 대가를 주겠다는 제안을 받고 위 수표가 乙 등이 사기범행을 통해 취득한 범죄수익 등이라는 사실을 잘 알면서도 교부받아 그 일부를 현금으로 교환한 후 丙, 丁과 공모하여 아직 교환되지 못한 수표 및 교환된 현금을 임의로 사용하여 횡령하였다고 하여 특정경제범죄 가중처벌 등에 관한 법률 위반으로 기소된 사안에서, 피고인이 甲으로부터 범죄수익 등의 은닉범행 등을 위해 교부받은 수표는 불법의 원인으로 급여한 물건에 해당하여 소유권이 피고인에게 귀속되므로 횡령죄가 성립하지 않는다(대판 2017.4.26. 2016도18035).

③ 피고인이, 甲 등이 금융다단계 사기 범행을 통하여 취득한 범죄수익 등인 무기명 양도성예금증서 7장을 乙로부터 건네받아 현금으로 교환한 후 임의로 소비하였다고 하여 특정경제범죄 가중처벌 등에 관한 법률 위반(횡령)으로 기소된 사안에서, 피고인이 乙로부터 범죄수익 등의 은닉을 위해 교부받은 무기명 양도성예금증서는 불법의 원인으로 급여한 물건에 해당하여 소유권이 피고인에게 귀속되므로, 피고인이 무기명 양도성예금증서를 교환한 현금을 임의로 소비하였더라도 횡령죄가 성립하지 않는다(대판 2017.10.26. 2017도9254).

5. 부동산 명의신탁

부동산 명의신탁이란 신탁자가 부동산의 소유권을 가지나 등기부상의 명의를 수탁자의 명의로 하는 것을 말한다. 이때, 수탁자가 부동산을 횡령하였을 때 횡령죄가 성립한다고 하였으나, 1995. 7. 1. '부동산 실권리자명의 등기에 관한 법률'24)의 제정, 명의신탁을 금지함으로 인해 이전과 같이 횡령죄가 적용되는가에 대한 문제가 제기되고 있다.

---

24) 이하 '부동산실명법'이라고 함.

명의신탁은 ① 2자간 명의신탁, ② 중간생략등기형과 계약명의신탁의 3자간 명의신탁이 있다.

(1) 2자간 명의신탁

'2자간 명의신탁'이란 신탁자가 수탁자의 명의로 소유권등기를 하는 명의신탁 방식으로, 부동산실명법상 명의신탁에 관한 물권변동은 무효이지만 소유권 등기는 수탁자로 되어 있어 수탁자는 타인의 부동산을 보관하는 지위에 있기 때문에 이를 횡령하였을 경우에는 횡령죄가 성립한다는 견해와 부동산실명법상 명의신탁약정과 그에 기한 등기 및 물권변동이 무효이므로 명의수탁자는 부동산의 보관자라 할 수 없어 횡령죄가 성립하지 않는다는 견해가 대립한다.

이에, 판례는 "부동산을 소유자로부터 명의수탁받은 자가 이를 임의로 처분하였다면 명의신탁자에 대한 횡령죄가 성립하며, 그 명의신탁이 부동산실권리자 명의등기에 관한 법률 시행 전에 이루어졌고 같은 법이 정한 유예기간 이내에 실명등기를 하지 아니함으로써 그 명의신탁약정 및 이에 따라 행하여진 등기에 의한 물권변동이 무효로 된 후에 처분행위가 이루어졌다고 하여 달리 볼 것이 아니다"라고 판시함으로써 횡령죄가 성립한다고 한다.[25]

(3) 3자간 명의신탁

3자간 명의신탁은 중간생략등기형 명의신탁과 계약명의신탁으로 나누어진다.

① 중간생략등기형 명의신탁

'중간생략등기형 명의신탁'이란 신탁자(갑)와 수탁자(을) 사이에 명의를 수탁자로 할 것의 약정을 맺고, 신탁자가 부동산에 대해 매도인(병)과 직접 매매계약을 체결하되 소유권이전등기를 매도인에서 바로 수탁자로 이전하는 방식을 말한다. 이는, 신탁자가 매도인으로부터 소유권이전등기를 하고 다시 수탁자에게 계약명의를 하는 과정을 생략한 것이다. 이에 대해 판례는 "명의신탁자는 신탁부동산의 소유권을 가지지 아니하고, 명의신탁자와 명의수탁자 사이에 위탁신임관계를 인정할 수도 없다. 따라서 명의수탁자가 명의신탁자의 재물을 보관하는 자라고 할 수 없으므로, 명의수탁자가 신탁받은 부동산을 임의로 처분하여도 명의신탁자에 대한 관계에서 횡령죄가 성립하지 아니한다"고 판시하였다.[26]

---

25) 대판 2000.2.22. 99도5227.
26) 형법 제355조 제1항이 정한 횡령죄의 주체는 타인의 재물을 보관하는 자라야 하고, 타인의 재물인지 아닌지는 민법, 상법, 기타의 실체법에 따라 결정하여야 한다. 횡령죄에서 보관이

② **계약명의신탁**

'계약명의신탁'이란 신탁자(갑)와 수탁자(을) 사이에 명의를 수탁자로 할 것의 약정을 맺고, 수탁자가 직접 매매계약의 당사자가 되어 매도인(병)과 부동산 계약

란 위탁관계에 의하여 재물을 점유하는 것을 뜻하므로 횡령죄가 성립하기 위하여는 재물의 보관자와 재물의 소유자(또는 기타의 본권자) 사이에 법률상 또는 사실상의 위탁신임관계가 존재하여야 한다. 이러한 위탁신임관계는 사용대차·임대차·위임 등의 계약에 의하여서뿐만 아니라 사무관리·관습·조리·신의칙 등에 의해서도 성립될 수 있으나, 횡령죄의 본질이 신임관계에 기초하여 위탁된 타인의 물건을 위법하게 영득하는 데 있음에 비추어 볼 때 위탁신임관계는 횡령죄로 보호할 만한 가치 있는 신임에 의한 것으로 한정함이 타당하다. 그런데 부동산을 매수한 명의신탁자가 자신의 명의로 소유권이전등기를 하지 아니하고 명의수탁자와 맺은 명의신탁약정에 따라 매도인에게서 바로 명의수탁자에게 중간생략의 소유권이전등기를 마친 경우, 부동산 실권리자명의 등기에 관한 법률(이하 '부동산실명법'이라 한다) 제4조 제2항 본문에 의하여 명의수탁자 명의의 소유권이전등기는 무효이고, 신탁부동산의 소유권은 매도인이 그대로 보유하게 된다. 따라서 명의신탁자로서는 매도인에 대한 소유권이전등기청구권을 가질 뿐 신탁부동산의 소유권을 가지지 아니하고, 명의수탁자 역시 명의신탁자에 대하여 직접 신탁부동산의 소유권을 이전할 의무를 부담하지는 아니하므로, 신탁부동산의 소유자도 아닌 명의신탁자에 대한 관계에서 명의수탁자가 횡령죄에서 말하는 '타인의 재물을 보관하는 자'의 지위에 있다고 볼 수는 없다. 명의신탁자가 매매계약의 당사자로서 매도인을 대위하여 신탁부동산을 이전받아 취득할 수 있는 권리 기타 법적 가능성을 가지고 있기는 하지만, 명의신탁자가 이러한 권리 등을 보유하였음을 이유로 명의신탁자를 사실상 또는 실질적 소유권자로 보아 민사상 소유권이론과 달리 횡령죄가 보호하는 신탁부동산의 소유자라고 평가할 수는 없다. 명의수탁자에 대한 관계에서 명의신탁자를 사실상 또는 실질적 소유권자라고 형법적으로 평가하는 것은 부동산실명법이 명의신탁약정을 무효로 하고 있음에도 불구하고 무효인 명의신탁약정에 따른 소유권의 상대적 귀속을 인정하는 것과 다름이 없어서 부동산실명법의 규정과 취지에 명백히 반하여 허용될 수 없다. 그리고 부동산에 관한 소유권과 그 밖의 물권을 실체적 권리관계와 일치하도록 실권리자 명의로 등기하게 함으로써 부동산등기제도를 악용한 투기·탈세·탈법행위 등 반사회적 행위를 방지하고 부동산 거래의 정상화와 부동산 가격의 안정을 도모하여 국민경제의 건전한 발전에 이바지함을 목적으로 하고 있는 부동산실명법의 입법취지와 아울러, 명의신탁약정에 따른 명의수탁자 명의의 등기를 금지하고 이를 위반한 명의신탁자와 명의수탁자 쌍방을 형사처벌까지 하고 있는 부동산실명법의 명의신탁관계에 대한 규율 내용 및 태도 등에 비추어 볼 때, 명의신탁자와 명의수탁자 사이에 위탁신임관계를 근거 지우는 계약인 명의신탁약정 또는 이에 부수한 위임약정이 무효임에도 불구하고 횡령죄 성립을 위한 사무관리·관습·조리·신의칙에 기초한 위탁신임관계가 있다고 할 수는 없다. 또한 명의신탁자와 명의수탁자 사이에 존재한다고 주장될 수 있는 사실상의 위탁관계라는 것도 부동산실명법에 반하여 범죄를 구성하는 불법적인 관계에 지나지 아니할 뿐 이를 형법상 보호할 만한 가치 있는 신임에 의한 것이라고 할 수 없다. 그러므로 명의신탁자가 매수한 부동산에 관하여 부동산실명법을 위반하여 명의수탁자와 맺은 명의신탁약정에 따라 매도인에게서 바로 명의수탁자 명의로 소유권이전등기를 마친 이른바 중간생략등기형 명의신탁을 한 경우, 명의신탁자는 신탁부동산의 소유권을 가지지 아니하고, 명의신탁자와 명의수탁자 사이에 위탁신임관계를 인정할 수도 없다. 따라서 명의수탁자가 명의신탁자의 재물을 보관하는 자라고 할 수 없으므로, 명의수탁자가 신탁받은 부동산을 임의로 처분하여도 명의신탁자에 대한 관계에서 횡령죄가 성립하지 아니한다(대판 2016.5.19. 2014도6992 전원합의체).

을 하고 수탁자 앞으로 소유권 이전등기를 하는 방식을 말한다. 이는, 수탁자가 신탁자를 배제하고 매도인과 직접 매매계약의 당사자가 되는 것으로, 매도인이 명의신탁을 모르는 경우(선의)와 매도인이 명의신탁을 알고 있는 경우(악의)로 나누어진다.

(a) 매도인이 명의신탁을 모르는 경우(선의)

판례는 "횡령죄는 타인의 재물을 보관하는 자가 그 재물을 횡령하는 경우에 성립하는 범죄인바, 부동산실권리자명의등기에 관한 법률 제2조 제1호 및 제4조의 규정에 의하면, 신탁자와 수탁자가 명의신탁 약정을 맺고, 이에 따라 수탁자가 당사자가 되어 명의신탁 약정이 있다는 사실을 알지 못하는 소유자와 사이에서 부동산에 관한 매매계약을 체결한 후 그 매매계약에 기하여 당해 부동산의 소유권이전등기를 수탁자 명의로 경료한 경우에는, 그 소유권이전등기에 의한 당해 부동산에 관한 물권변동은 유효하고, 한편 신탁자와 수탁자 사이의 명의신탁 약정은 무효이므로, 결국 수탁자는 전소유자인 매도인뿐만 아니라 신탁자에 대한 관계에서도 유효하게 당해 부동산의 소유권을 취득한 것으로 보아야 할 것이고, 따라서 그 수탁자는 타인의 재물을 보관하는 자라고 볼 수 없다"라고 판시하여 횡령죄의 성립을 부정하였다.[27]

(b) 매도인이 명의신탁을 아는 경우(악의)

판례는 "명의신탁자와 명의수탁자가 이른바 계약명의신탁 약정을 맺고 명의수탁자가 당사자가 되어 명의신탁 약정이 있다는 사실을 알고 있는 소유자와 부동산에 관한 매매계약을 체결한 후 매매계약에 따라 부동산의 소유권이전등기를 명의수탁자 명의로 마친 경우에는 부동산 실권리자명의 등기에 관한 법률(이하 '부동산실명법'이라 한다) 제4조 제2항 본문에 의하여 수탁자 명의의 소유권이전등기는 무효이고 부동산의 소유권은 매도인이 그대로 보유하게 되므로, 명의수탁자는 부동산 취득을 위한 계약의 당사자도 아닌 명의신탁자에 대한 관계에서 횡령죄에서 '타인의 재물을 보관하는 자'의 지위에 있다고 볼 수 없고, 또한 명의수탁자가 명의신탁자에 대하여 매매대금 등을 부당이득으로 반환할 의무를 부담한다고 하더라도 이를 두고 배임죄에서 '타인의 사무를 처리하는 자'의 지위에 있다고 보기도 어렵다. 한편 위 경우 명의수탁자는 매도인에 대하여 소유권이전등기말소 의무를 부담하게 되나, 위 소유권이전등기는 처음부터 원인무효여서 명의수탁자

---

27) 대판 2000.3.24. 98도4347.

는 매도인이 소유권에 기한 방해배제청구로 말소를 구하는 것에 대하여 상대방으로서 응할 처지에 있음에 불과하고, 그가 제3자와 한 처분행위가 부동산실명법 제4조 제3항에 따라 유효하게 될 가능성이 있다고 하더라도 이는 거래 상대방인 제3자를 보호하기 위하여 명의신탁 약정의 무효에 대한 예외를 설정한 취지일 뿐 매도인과 명의수탁자 사이에 위 처분행위를 유효하게 만드는 어떠한 신임관계가 존재함을 전제한 것이라고는 볼 수 없으므로, 말소등기의무의 존재나 명의수탁자에 의한 유효한 처분가능성을 들어 명의수탁자가 매도인에 대한 관계에서 횡령죄에서 '타인의 재물을 보관하는 자' 또는 배임죄에서 '타인의 사무를 처리하는 자'의 지위에 있다고 볼 수도 없다"라고 판시하여 횡령죄를 부정하였다.[28]

6. 동산 및 부동산의 양도담보

① 동산

동산에서 양도담보란 채무자는 채권의 담보로 동산을 채권자에게 양도하나, 채무자가 담보물을 점유하고 사용하는 방식을 말한다. 이때, '채권자'가 변제기 이전에 동산을 임의처분한 경우에는 횡령죄가 성립하고,[29] '채무자'가 양도담보된 동산을 임의처분한 경우에는 횡령죄가 성립하지 않는다.[30]

② 부동산의 양도담보

부동산에서 양도담보란 채무자는 채권의 담보로 부동산을 채권자에게 양도하나, 채무자가 담보물을 점유하고 사용하는 방식을 말한다. 가등기담보 등에 관한 법률 제4조 제2항은 '채권자는 담보부동산에 관하여 이미 소유권이전등기가 경료된 경우에는 청산기간 경과 후 청산금을 채무자 등에게 지급한 때에 목적부동산의 소유권을 취득한다'라고 규정되어 있다. 이때, '채권자'가 청산금 지급 이

---

28) 대판 2012.11.29. 2011도7361.

29) 채무자가 채무이행의 담보를 위하여 동산에 관한 양도담보계약을 체결하고 점유개정의 방법으로 여전히 그 동산을 점유하는 경우 그 계약이 채무의 담보를 위하여 양도의 형식을 취하였을 뿐이고 실질은 채무의 담보와 담보권실행의 청산절차를 주된 내용으로 하는 것이라면 별단의 사정이 없는 한 그 동산의 소유권은 여전히 채무자에게 남아 있고, 채권자는 단지 양도담보물권을 취득하는 데 지나지 않으므로 그 동산을 다른 사유에 의하여 보관하게 된 채권자는 타인 소유의 물건을 보관하는 자로서 횡령죄의 주체가 될 수 있다(대판 1989.4.11. 88도906).

30) 동산양도담보의 경우에는 대내적으로 그 목적물의 소유권은 여전히 채무자에게 남아 있고 채권자에게는 담보의 목적범위 내에서만 그 권리가 이전되는 것으로 볼 것이므로 채무자가 그 채무의 변제를 위하여 이를 처분하거나 그 보관장소를 옮겼다 하여도 그 행위 자체를 횡령이라고 볼 수 없다(대판 1983.8.23. 80도1545).

전에 부동산을 임의처분한 경우, 판례는 배임죄를 인정하나,[31] 다수설은 채권자
가 변제기 이전에 처분한 행위는 채무자 소유의 부동산을 불법영득한 것으로 보
아 횡령죄가 성립한다고 한다. '채무자'가 청산금을 지급받기 이전에 부동산을 임
의처분한 경우에는 자기 소유의 물건을 처분한 것이므로 횡령죄 및 배임죄도 성
립하지 않는다.[32]

7. 할부매매 및 소유권유보부 매매

동산의 경우, 할부매매 및 소유권유보부 매매에서 소유권은 대금이 완납하기
까지는 매도인에게 유보되어 있다. 따라서, 매수인이 대금완납 전에 이를 임의대
로 처분하면 횡령죄가 성립할 수 있다.[33] 하지만, 부동산이나 자동차 등과 같은
경우에는 등록에 의하여 소유권이 이전되므로, 횡령죄가 성립하지 않는다.[34]

---

31) 배임죄에 있어서 재산상 손해를 가한 때라 함은 현실적인 손해를 가한 경우뿐만 아니라 재
산상 손해발생의 위험을 초래한 경우도 포함되는바, 채권담보의 목적으로 부동산의 소유
권이전등기를 넘겨받은 채권자는 채무자가 변제기까지 그 채무를 변제하면 그 등기를 환
원하여 줄 의무가 있는 것이므로 그 변제기일 이전에 그 임무에 위배하여 제3자에게 소유
권이전청구권의 보전을 위한 가등기를 하여 주었다면 설사 그 때문에 채무자의 환매권을
종국적으로 상실케 하는 것은 아니라고 하더라도 그 담보가치 상당의 실해가 발생할 위험
을 초래한 것이 되므로 비록 채무자가 변제기일까지 채무를 변제하지 아니하였더라도 배
임죄의 성립에는 아무런 영향이 없다(대판 1989.11.28. 89도1309).
32) 채무자가 금전채무를 담보하기 위한 저당권설정계약에 따라 채권자에게 그 소유의 부동산
에 관하여 저당권을 설정할 의무를 부담하게 되었다고 하더라도, 이를 들어 채무자가 통상
의 계약에서 이루어지는 이익대립관계를 넘어서 채권자와의 신임관계에 기초하여 채권자
의 사무를 맡아 처리하는 것으로 볼 수 없다. 채무자가 저당권설정계약에 따라 채권자에
대하여 부담하는 저당권을 설정할 의무는 계약에 따라 부담하게 된 채무자 자신의 의무이
다. 채무자가 위와 같은 의무를 이행하는 것은 채무자 자신의 사무에 해당할 뿐이므로, 채
무자를 채권자에 대한 관계에서 '타인의 사무를 처리하는 자'라고 할 수 없다. 따라서 채무
자가 제3자에게 먼저 담보물에 관한 저당권을 설정하거나 담보물을 양도하는 등으로 담보
가치를 감소 또는 상실시켜 채권자의 채권실현에 위험을 초래하더라도 배임죄가 성립한다
고 할 수 없다(대판 2020.6.18. 2019도14340).
33) 동산의 매매계약을 체결하면서, 매도인이 대금을 모두 지급받기 전에 목적물을 매수인에게
인도하기는 하지만 대금이 모두 지급될 때까지는 목적물의 소유권은 매도인에게 유보되며
대금이 모두 지급된 때에 그 소유권이 매수인에게 이전된다는 내용의 이른바 소유권유보
의 특약을 한 경우, 목적물의 소유권을 이전한다는 당사자 사이의 물권적 합의는 매매계약
을 체결하고 목적물을 인도한 때 이미 성립하지만 대금이 모두 지급되는 것을 정지조건으
로 하므로, 목적물이 매수인에게 인도되었다고 하더라도 특별한 사정이 없는 한 매도인은
대금이 모두 지급될 때까지 매수인뿐만 아니라 제3자에 대하여도 유보된 목적물의 소유권
을 주장할 수 있으며, 이와 같은 법리는 소유권유보의 특약을 한 매매계약이 매수인의 목
적물 판매를 예정하고 있다 하더라도 다를 바 없다(대판 2007.6.1. 2006도8400).
34) 소유권유보부매매는 동산을 매매함에 있어 매매목적물을 인도하면서 대금완납시까지 소유
권을 매도인에게 유보하기로 특약한 것을 말하며, 이러한 내용의 계약은 동산의 매도인이

8. 공범

본죄는 타인의 재물을 보관하는 자라는 진정신분범이다. 따라서 비신분자가 보관자의 횡령에 관여한 경우, 제33조 본문이 적용되어, 비신분자의 행위에 따라 공동정범, 교사범, 방조범이 성립한다.

9. 죄수 및 다른 죄와의 관계

① 횡령죄는 위탁관계의 수에 따라 죄수가 결정된다.[35]

② 횡령행위로 인해 발생한 법익침해의 범위를 벗어나 새로인 법익침해가 있는 경우 별도의 범죄를 구성한다.[36]

③ 사기죄는 타인이 점유하는 재물을 그의 처분행위에 의하여 취득함으로써 성립하는 죄이므로 자기가 점유하는 타인의 재물에 대하여는 이것을 영득함에 기망행위를 한다 하여도 사기죄는 성립하지 아니하고 횡령죄만을 구성한다.[37]

④ 종친회장이 공탁관을 기망하여 수용보상금을 출금받아 편취하고, 이를 종친회에 반환을 거부한 경우에는 사기죄만이 성립한다.[38]

매매대금을 다 수령할 때까지 그 대금채권에 대한 담보의 효과를 취득·유지하려는 의도에서 비롯된 것이다. 따라서 부동산과 같이 등기에 의하여 소유권이 이전되는 경우에는 등기를 대금완납시까지 미룸으로써 담보의 기능을 할 수 있기 때문에 굳이 위와 같은 소유권유보부매매의 개념을 원용할 필요성이 없으며, 일단 매도인이 매수인에게 소유권이전등기를 경료하여 준 이상은 특별한 사정이 없는 한 매수인에게 소유권이 귀속되는 것이다. 한편 자동차, 중기, 건설기계 등은 비록 동산이기는 하나 부동산과 마찬가지로 등록에 의하여 소유권이 이전되고, 등록이 부동산 등기와 마찬가지로 소유권이전의 요건이므로, 역시 소유권유보부매매의 개념을 원용할 필요성이 없는 것이다(대판 2010.2.25. 2009도5064).

35) 여러 개의 위탁관계에 의하여 보관하던 여러 개의 재물을 1개의 행위에 의하여 횡령한 경우 위탁관계별로 수개의 횡령죄가 성립하고, 그 사이에는 상상적 경합의 관계가 있는 것으로 보아야 한다(대판 2013.10.31. 2013도10020).

36) 명의수탁자가 신탁 받은 부동산의 일부에 대한 토지수용보상금 중 일부를 소비하고, 이어 수용되지 않은 나머지 부동산 전체에 대한 반환을 거부한 경우, 부동산의 일부에 관하여 수령한 수용보상금 중 일부를 소비하였다고 하여 객관적으로 부동산 전체에 대한 불법영득의 의사를 외부에 발현시키는 행위가 있었다고 볼 수는 없으므로, 그 금원 횡령죄가 성립된 이후에 수용되지 않은 나머지 부동산 전체에 대한 반환을 거부한 것은 새로운 법익의 침해가 있는 것으로서 별개의 횡령죄가 성립하는 것이지 불가벌적 사후행위라 할 수 없다(대판 2001.11.27. 2000도3463).

37) 대판 1987.12.22. 87도2168.

38) 甲 종친회 회장인 피고인이 위조한 종친회 규약 등을 공탁관에게 제출하는 방법으로 甲 종친회를 피공탁자로 하여 공탁된 수용보상금을 출급받아 편취하고, 이를 종친회를 위하여 업무상 보관하던 중 반환을 거부하여 횡령하였다는 내용으로 기소된 사안에서, 피고인이 공탁관을 기망하여 공탁금을 출급받음으로써 甲 종친회를 피해자로 한 사기죄가 성립하고,

⑤ 장물의 보관을 위탁받은 자가 이를 횡령한 경우에는 장물보관죄가 성립하므로, 그 행위는 불가벌적 사후행위에 해당하여 별도로 횡령죄가 성립하지 않는다.[39]

⑥ 회사의 자금으로 뇌물을 공여하거나 배임증재를 한 경우 증뢰죄나 배임증재죄 이외 횡령죄가 성립한다.[40]

10. 친족상도례

본죄는 친족상도례에 관한 규정이 적용된다.

Ⅱ. 업무상횡령죄

> **제356조【업무상의 횡령과 배임】** 업무상의 임무에 위배하여 제355조의 죄를 범한 자는 10년 이하의 징역 또는 3천만원 이하의 벌금에 처한다.

1. 의의, 성격

본죄는 '업무상의 임무에 의하여 자기가 보관하는 타인이 재물을 횡령함으로써 성립하는 범죄'이다. 본죄는 단순횡령죄에 비해 업무자라는 신분으로 인한 책임가중유형으로, 부진정신분범이다. 미수범은 처벌한다.

그 후 甲 종친회에 대하여 공탁금 반환을 거부한 행위는 새로운 법익의 침해를 수반하지 않는 불가벌적 사후행위에 해당할 뿐 별도의 횡령죄가 성립하지 않는다(대판 2015.9.10. 2015도8592).

39) 절도 범인으로부터 장물보관 의뢰를 받은 자가 그 정을 알면서 이를 인도받아 보관하고 있다가 임의 처분하였다 하여도 장물보관죄가 성립하는 때에는 이미 그 소유자의 소유물 추구권을 침해하였으므로 그 후의 횡령행위는 불가벌적 사후행위에 불과하여 별도로 횡령죄가 성립하지 않는다(대판 2004.4.9. 2003도8219).

40) 횡령 범행으로 취득한 돈을 공범자끼리 수수한 행위가 공동정범들 사이의 범행에 의하여 취득한 돈을 공모에 따라 내부적으로 분배한 것에 지나지 않는다면 별도로 그 돈의 수수행위에 관하여 뇌물죄가 성립하는 것은 아니다. 그와 같이 수수한 돈의 성격을 뇌물로 볼 것인지 횡령금의 분배로 볼 것인지 여부는 돈을 공여하고 수수한 당사자들의 의사, 수수된 돈의 액수, 횡령 범행과 수수행위의 시간적 간격, 수수한 돈이 횡령한 그 돈인지 여부, 수수한 장소와 방법 등을 종합적으로 고려하여 객관적으로 평가하여 판단하여야 한다(대판 2019.11.28. 2019도11766).

2. 구성요건

본죄의 주체는 보관자라는 신분 이외 업무자라는 신분을 갖는 이중적 신분을 가지고 있다.

본죄에서의 '업무'란 직업 혹은 직무라는 말과 같아 법령, 계약에 의한 것뿐만 아니라, 관례를 쫓거나 사실상이거나를 묻지 않고 같은 행위를 반복할 지위에 따른 사무를 가리킨다.[41] 즉, 사회생활상 지위에서 계속적으로 종사하는 사무를 말한다. 업무에 의한 위탁관계에 기하여 타인의 재물을 보관하는 것이어야 한다. 따라서, 업무가 관계없이 타인의 재물을 보관하던 중 이를 영득한 경우에는 단순횡령죄만 성립한다. 이때, 업무는 부수적인 업무라도 상관없다.

3. 공범

비신분자가 업무상점유자와 공모하여 횡령한 경우에는 형법 제33조 본문에 의하여 공범관계가 성립되어 업무상횡령죄가 성립하지만, 그 처단에 있어서는 동조단서의 적용을 받아 단순횡령죄의 공범으로 처벌된다.[42]

Ⅲ. 점유이탈물횡령죄

> 제360조【점유이탈물횡령】① 유실물, 표류물 또는 타인의 점유를 이탈한 재물을 횡령한 자는 1년 이하의 징역이나 300만원 이하의 벌금 또는 과료에 처한다.
> ② 매장물을 횡령한 자도 전항의 형과 같다.

1. 의의, 성격

본죄는 '유실물, 표류물, 매장물 또는 타인의 점유를 이탈한 재물을 횡령함으로써 성립하는 범죄'이다. 본죄는 독립된 구성요건으로, 보호법익은 '소유권'이며, 보호의 정도는 '위험범'이다.

---

41) 대판 1982.1.12. 80도1970.
42) 대판 1965.8.24. 65도493.

2. 객관적 구성요건

(1) 행위의 객체

행위의 객체는 '유실물, 표류물, 매장물 기타 점유이탈물'이다.

'유실물'이라 함은 분실한 물건으로 점유자가 잃어버린 물건을 말하고, '표류물'이란 바다, 강, 개천 등을 떠다니는 물건을 말하며, '매장물'이란 땅이나 바다 밑에 묻혀있는 물건을 말한다. 유실물, 표류물, 매장물은 기타 점유이탈물의 예시적인 열거이다.

'점유이탈물'이란 점유자의 의사에 의하지 않고 그 점유를 떠난 재물을 의미한다.

□ 점유이탈물 관련 판례

〈점유이탈물에 해당되는 경우〉

① 승객이 놓고 내린 지하철의 전동차 바닥이나 선반 위에 있던 물건을 가지고 간 경우, 지하철의 승무원은 유실물법상 전동차의 관수자로서 승객이 잊고 내린 유실물을 교부받을 권능을 가질 뿐 전동차 안에 있는 승객의 물건을 점유한다고 할 수 없고, 그 유실물을 현실적으로 발견하지 않는 한 이에 대한 점유를 개시하였다고 할 수도 없으므로, 그 사이에 위와 같은 유실물을 발견하고 가져간 행위는 점유이탈물횡령죄에 해당함은 별론으로 하고 절도죄에 해당하지는 않는다(대판 1999.11.26. 99도3963).
② 고속버스 운전사는 고속버스의 관수자로서 차내에 있는 승객의 물건을 점유하는 것이 아니고 승객이 잊고 내린 유실물을 교부받을 권능을 가질 뿐이므로 유실물을 현실적으로 발견하지 않는 한 이에 대한 점유를 개시하였다고 할 수 없고, 그 사이에 다른 승객이 유실물을 발견하고 이를 가져갔다면 절도에 해당하지 아니하고 점유이탈물횡령에 해당한다(대판 1993.3.16. 92도3170).

〈점유이탈물에 해당되지 않는 경우〉

① 피고인이 종업원으로 종사하던 공소의 박○○ 경영 당구장의 당구대 밑에서 어떤 사람이 잃어버린 판시 금반지를 피고인이 주워서 손가락에 끼고 다니다가 그 소유자가 나타나지 않고 용돈이 궁하여 전당포에 전당잡힌 것이어서 이는 유실물횡령에 해당하는 것이지 절도죄로 의율할 수는 없다는 취지이나, 어떤 물건을 잃어버린 장소가 이 사건 당구장과 같이 타인의 관리 아래 있을 때에는 그 물건은 일응 그 관리자의 점유에 속한다 할 것이고, 이를 그 관리자가 아닌 제3자가 취거하는 것은 유실물횡령이 아니라 절도죄에 해당한다 할 것이다(대판 1988.4.25. 88도409).

② 강간을 당한 피해자가 도피하면서 현장에 놓아두고 간 손가방은 점유이탈물이 아니라 사회통념상 피해자의 지배하에 있는 물건이라고 보아야 할 것이므로 피고인이 그 손가방 안에 들어 있는 피해자 소유의 돈을 꺼낸 소위는 절도죄에 해당한다(대판 1984.2.28. 84도38).

3. 주관적 구성요건

본죄는 점유이탈물을 횡령한다는 고의와 불법영득의사가 있어야 한다. 단순히, 유실물을 반환하려는 절차는 행하지 않았다는 이유만으로는 범의를 인정할 수 없다.[43]

4. 친족상도례

본죄는 친족상도례에 대한 규정이 적용된다.

---

43) 다른 사람의 유실물인 줄 알면서 당국에 신고하거나 피해자의 숙소에 운반하지 아니하고 자기 친구집에 운반한 경우 점유이탈물 횡령의 범위를 인정하기 어렵다(대판 1969.8.19. 69도1078).

제 7 장

배임의 죄

제1절 서 설

I. 의의, 보호법익

배임의 죄는 '타인의 사무를 처리하는 자가 그 임무에 위배하는 행위로써 재산상의 이익을 취득하거나 제3자로 하여금 취득하게 하여 본인에게 손해를 가함으로써 성립하는 범죄'이다. 본죄는 재산상의 이익을 객체로 하고 있지만 손해발생을 필요로 하는 본죄의 특성상 '전체로서의 재산'을 보호법익으로 하며, 보호의 정도는 다수설은 '침해범'이나, 판례는 '위험범'의 입장이다.[1]

---

1) 배임죄는 현실적인 재산상 손해액이 확정될 필요까지는 없고 단지 재산상 권리의 실행을 불가능하게 할 염려 있는 상태 또는 손해 발생의 위험이 있는 경우에 바로 성립되는 위태범이므로 피고인이 그 업무상 임무에 위배하여 부당한 외상 거래행위를 함으로써 업무상 배임죄가 성립하는 경우, 담보물의 가치를 초과하여 외상 거래한 금액이나 실제로 회수가 불가능하게 된 외상거래 금액만이 아니라 재산상 권리의 실행이 불가능하게 될 염려가 있거나 손해 발생의 위험이 있는 외상 거래대금 전액을 그 손해액으로 보아야 하고, 그것을 제3자가 취득한 경우에는 그 전액을 특정경제범죄 가중처벌 등에 관한 법률 제3조에 규정된 제3자로 하여금 취득하게 한 재산상 이익의 가액에 해당하는 것으로 보아야 할 것이다 (대판 2000.4.11. 99도334).

Ⅱ. 배임죄의 구성요건의 체계

배임의 죄는 단순배임죄(제355조 제2항)를 기본적 구성요건으로 하고, 업무상배임죄(제356조)는 책임가중유형이다. 배임수증재(제357조)는 독립적 구성요건이다.

단순배임죄는 타인의 사무를 처리하는 자로 인한 진정신분범이고, 업무상횡령죄는 사무처리자라는 신분과 업무자라는 신분을 가지고 있는 부진정신분범이다. 배임죄의 미수범(제359조)은 처벌하고, 친족상도례와 동력에 대한 규정(제361조)이 적용되며, 배임죄에 대해서는 10년 이하의 자격정지를 병과할 수 있다(제358조).

Ⅲ. 성격

배임죄의 본질에 대해서 권한남용설과 배신설이 있으나, 권한남용설은 학설사적 의미이며, 현재 통설과 판례는 배신설 입장에 있다.

'배신설'이란 배임죄의 본질은 위탁자에 대한 신임관계의 위배로 인해 재산상의 이익을 취하고 본인에게 재산상의 손해를 가하는 것이라고 한다. 배임죄에 있어서 타인의 사무를 처리하는 자라 함은 양자간의 신임관계에 기초를 둔 타인의 재산보호 내지 관리의무가 있음을 그 본질적 내용으로 하는 것이므로, 배임죄의 성립에 있어 행위자가 대외관계에서 타인의 재산을 처분할 적법한 대리권이 있음을 요하지 아니한다.[2]

배임죄와 횡령죄는 신임관계에 위배하는 '배신성'에 본질이 있으며, 각 죄는 행위의 객체로 구별된다. 배임죄와 횡령죄는 일반법과 특별법의 관계에 있다고 한다(통설).

Ⅳ. 특별법

특정경제범죄 가중처벌 등에 관한 법률 제3조에서는 취득가액이 5억원 이상인 경우에는 가중처벌한다.[3]

---

2) 대판 1999.9.17. 97도3219.
3) 제3조(특정재산범죄의 가중처벌) ①「형법」제347조(사기), 제347조의2(컴퓨터등 사용사기), 제350조(공갈), 제350조의2(특수공갈), 제351조(제347조, 제347조의2, 제350조 및 제

제2절 개별적 범죄 유형

Ⅰ. 단순배임죄

> 제355조【배임】② 타인의 사무를 처리하는 자가 그 임무에 위배하는 행위로써 재산상
> 의 이익을 취득하거나 제3자로 하여금 이를 취즉하게 하여 본인에게 손해를 가한 때에
> 도 전항의 형과 같다.

1. 의의, 보호법익

본죄는 '타인의 사무를 처리하는 자가 그 임무에 위배하는 행위로써 재산상
의 이익을 취득하거나 제3자로 하여금 이를 취득하게 하여 본인에게 손해를 가함
으로써 성립하는 범죄'이다. 보호법익은 '전체로서의 재산'이며, 보호의 정도는 다
수설은 '침해범'이나, 판례는 '위험범'의 입장이다.[4] 미수범은 처벌한다.

2. 객관적 구성요건

(1) 행위의 주체

행위의 주체는 '타인의 사무를 처리하는 자'이며, 진정신분범이다.

(가) 의의 및 발생근거

행위의 주체로서 '타인의 사무를 처리하는 자'란 타인과의 대내관계에 있어
서 신의성실의 원칙에 비추어 그 사무를 처리할 신임관계가 존재한다고 인정되는
자를 의미하고, 반드시 제3자에 대한 대외관계에서 그 사무에 관한 대리권이 존
재할 것을 요하지 않으며, 업무상배임죄에 있어서의 업무의 근거는 법령, 계약,
관습의 어느 것에 의하건 묻지 않고, 사실상의 것도 포함한다.[5] 법적인 권한이

350조의2의 상습범만 해당한다), 제355조(횡령·배임) 또는 제356조(업무상의 횡령과 배
임)의 죄를 범한 사람은 그 범죄행위로 인하여 취득하거나 제3자로 하여금 취득하게 한 재
물 또는 재산상 이익의 가액(이하 이 조에서 "이득액"이라 한다)이 5억원 이상일 때에는
다음 각 호의 구분에 따라 가중처벌한다. 1. 이득액이 50억원 이상일 때: 무기 또는 5년 이
상의 징역. 2. 이득액이 5억원 이상 50억원 미만일 때: 3년 이상의 유기징역. ② 제1항의
경우 이득액 이하에 상당하는 벌금을 병과(倂科)할 수 있다.

4) 배임죄는 현실적인 재산상 손해액이 확정될 필요까지는 없고 단지 재산상 권리의 실행을
불가능하게 할 염려 있는 상태 또는 손해 발생의 위험이 있는 경우에 바로 성립되는 위태
범(대판 2000.4.11. 99도334).

소멸된 후에 사무를 처리하거나 그 사무처리자가 그 직에서 해임된 후 사무인계 전에 사무를 처리한 경우도 본죄에 있어서 사무를 처리하는 경우에 해당한다.[6] 하지만, 사무처리의 근거가 선량한 풍속과 사회질서에 반하는 경우에는 무효이므 로 신임관계가 존재한다고 할 수 없다.[7]

(나) 사무처리의 내용

사무처리를 하는데 있어서는 일정한 범위의 책임과 독립성이 인정되어야 한 다. 이때, 고유의 권한으로서 그 처리를 하는 자에 한하지 않고 그 자의 보조기관 으로서 직접 또는 간접으로 그 처리에 관한 사무를 담당하는 자도 포함한다.[8]

사무처리의 내용에 대해서는 ① 재산상의 사무로 제한한다는 견해, ② 재산 상의 사무로 제한하지 않고 재산적 이해관계가 있는 사무여야 한다는 견해가 있 다. 이에, 다수설과 판례는 사무처리의 내용을 '재산상의 사무로 제한'하는 입장을 취하고 있다.[9]

(다) 타인의 사무

본죄에서의 사무는 타인의 사무이어야 한다. 그 사무의 처리가 오로지 타인 의 이익을 보호·관리하는 것만을 내용으로 하여야 할 필요는 없고, 자신의 이익 을 도모하는 성질도 아울러 가진다고 하더라도 타인을 위한 사무로서의 성질이 부수적·주변적인 의미를 넘어서 중요한 내용을 이루는 경우에는 '타인의 사무를 처리하는 자'에 해당한다.[10]

---

5) 대판 2003.1.10. 2002도758.
6) 대판 1999.6.22. 99도1095.
7) 내연의 처와의 불륜관계를 지속하는 대가로서 부동산에 관한 소유권이전등기를 경료해 주 기로 약정한 경우, 위 부동산 증여계약은 선량한 풍속과 사회질서에 반하는 것으로 무효이 어서 위 증여로 인한 소유권이전등기의무가 인정되지 아니하는 이상 동인이 타인의 사무 를 처리하는 자에 해당한다고 볼 수 없어 비록 위 등기의무를 이행하지 않는다 하더라도 배임죄를 구성하지 않는다(대판 1986.9.9. 86도1382).
8) 대판 2004.6.24. 2004도520.
9) 배임죄는 타인의 사무를 처리하는 자가 그 임무에 위배하는 행위에 의하여 재산상의 이익 을 취득하거나 제3자로 하여금 이를 취득하게 하여 본인에게 손해를 가함으로써 성립하는 것으로, 여기에서 그 주체인 '타인의 사무를 처리하는 자'란 양자 간의 신임관계에 기초를 두고 타인의 재산관리에 관한 사무를 대행하거나 타인 재산의 보전행위에 협력하는 자의 경우 등을 가리킨다(대판 2004.6.17. 2003도7645).
10) 대판 2017.4.26. 2017도2181.

☐ **타인의 사무 관련 판례**

〈타인의 사무로 보아 배임죄 인정〉

① 부동산 매매계약에서 계약금만 지급된 단계에서는 어느 당사자나 계약금을 포기하거나 그 배액을 상환함으로써 자유롭게 계약의 구속력에서 벗어날 수 있다. 그러나 중도금이 지급되는 등 계약이 본격적으로 이행되는 단계에 이른 때에는 계약이 취소되거나 해제되지 않는 한 매도인은 매수인에게 부동산의 소유권을 이전해 줄 의무에서 벗어날 수 없다. 따라서 이러한 단계에 이른 때에 매도인은 매수인에 대하여 매수인의 재산보전에 협력하여 재산적 이익을 보호·관리할 신임관계에 있게 된다. 그때부터 매도인은 배임죄에서 말하는 ‘타인의 사무를 처리하는 자’에 해당한다고 보아야 한다. 그러한 지위에 있는 매도인이 매수인에게 계약 내용에 따라 부동산의 소유권을 이전해 주기 전에 그 부동산을 제3자에게 처분하고 제3자 앞으로 그 처분에 따른 등기를 마쳐 준 행위는 매수인의 부동산 취득 또는 보전에 지장을 초래하는 행위이다. 이는 매수인과의 신임관계를 저버리는 행위로서 배임죄가 성립한다(대판 2018.5.17. 2017도4027 전원합의체).

② 피고인이 자신의 모(母) 명의를 빌려 자동차를 매수하면서 피해자 甲 주식회사에서 필요한 자금을 대출받고 자동차에 저당권을 설정하였는데, 저당권자인 甲 회사의 동의 없이 이를 성명불상의 제3자에게 양도담보로 제공하였다고 하여 배임으로 기소된 사안에서, 피고인은 신원을 정확히 알 수 없는 제3자에게서 돈을 차용하고 담보로 자동차를 인도하면서 차량포기각서까지 작성해 주었고, 이후 차용금을 변제하지 아니하였을 뿐만 아니라 甲 회사에 대한 대출금 변제도 중단하였던 점, 甲 회사가 자동차에 대한 저당권을 실행하기 위하여 자동차 인도명령을 받았으나 소재파악이 되지 않아 집행불능에 이르렀던 점, 정상적인 거래관계였다면 마땅히 수반되어야 할 양도인의 인감증명서 교부 등 자동차관리법 기타 관계 법령에 따른 이전등록에 필요한 조치도 전혀 이루어지지 않았던 사정 등을 종합할 때, 피고인의 행위는 적어도 미필적으로나마 甲 회사의 자동차에 대한 추급권 행사가 불가능하게 될 수 있음을 알면서도 그 담보가치를 실질적으로 상실시키는 것으로서 배임죄가 성립되는 특별한 사정이 있는 경우에 해당한다(대판 2012.9.13. 2010도11665).

③ 계주가 계원들로부터 월불입금을 모두 징수하였음에도 불구하고 그 임무에 위배하여 정당한 사유 없이 이를 지정된 계원에게 지급하지 아니하였다면 다른 특별한 사정이 없는 한 그 지정된 계원에 대한 관계에 있어서 배임죄를 구성한다(대판 1995.9.29. 95도1176).

④ 배임죄의 주체는 타인을 위하여 사무를 처리하는 자이며, 그의 임무위반 행위로써 그 타인인 본인에게 재산상의 손해를 발생케 하였을 때 이 죄가 성립되는 것인 즉, 소위 1인회사에 있어서도 행위의 주체와 그 본인은 분명히 별개의 인격이며, 그 본인인 주식회사에 재산상 손해가 발생하였을 때 배임죄는 기수가 되는 것이므로 궁극적으로

그 손해가 주주의 손해가 된다 하더라도 이미 성립한 죄에는 아무 소장이 없다(대판 1983.12.13. 83도2330).

⑤ 신용카드 정보통신부가사업회사[통상 '밴(VAN, value added network의 약어) 사업자'라고도 한다]인 甲 주식회사와 가맹점 관리대행계약, 대리점계약, 단말기 무상임대차계약, 판매장려금계약을 각 체결하고 甲 회사의 대리점으로서 카드단말기의 판매 및 설치, 가맹점 관리업무 등을 수행하는 乙 주식회사 대표이사인 피고인이, 그 임무에 위배하여 甲 회사의 기존 가입 가맹점을 甲 회사와 경쟁관계에 있는 다른 밴사업자 가맹점으로 임의로 전환하여 甲 회사에 재산상 손해를 가하였다고 하여 업무상배임으로 기소된 사안에서, 甲 회사가 보유하는 가맹점은 甲 회사의 수익과 직결되는 재산적 가치를 지니고 있어 피고인이 甲 회사를 대신하여 가맹점을 모집·유지 및 관리하는 것은 본래 甲 회사의 사무로서 피고인에 대한 인적 신임관계에 기하여 그 처리가 피고인에게 위탁된 것이고, 이는 단지 피고인 자신의 사무만에 그치지 아니하고 甲 회사의 재산적 이익을 보호 내지 관리하는 것을 본질적 내용으로 하며, 그 업무가 피고인 자신의 계약상 의무를 이행하고 甲 회사로부터 더 많은 수수료 이익을 취득하기 위한 피고인 자신의 사무의 성격을 일부 가지고 있다고 하여 달리 볼 것이 아니므로, 피고인은 甲 회사와 신임관계에 기하여 甲 회사의 가맹점 관리업무를 대행하는 '타인의 사무를 처리하는 자'의 지위에 있다(대판 2012.5.10. 2010도3532).

⑥ 부동산 매매계약에서 중도금이 지급되는 등 계약이 본격적으로 이행되는 단계에 이른 때에는 계약이 취소되거나 해제되지 않는 한 매도인은 매수인에게 부동산의 소유권을 이전할 의무에서 벗어날 수 없다. 이러한 단계에 이른 때에 매도인은 매수인에게 매수인의 재산보전에 협력하여 재산적 이익을 보호·관리할 신임관계에 있게 되고, 그때부터 배임죄에서 말하는 '타인의 사무를 처리하는 자'에 해당한다고 보아야 한다. 그러한 지위에 있는 매도인이 매수인에게 계약 내용에 따라 부동산의 소유권을 이전해 주기 전에 부동산을 제3자에게 처분하여 등기를 하는 행위는 매수인의 부동산 취득이나 보전에 지장을 초래하는 행위로서 배임죄가 성립한다. 이러한 법리는 서면에 의한 부동산 증여계약에도 마찬가지로 적용된다. 서면으로 부동산 증여의 의사를 표시한 증여자는 계약이 취소되거나 해제되지 않는 한 수증자에게 목적부동산의 소유권을 이전할 의무에서 벗어날 수 없다. 그러한 증여자는 '타인의 사무를 처리하는 자'에 해당하고, 그가 수증자에게 증여계약에 따라 부동산의 소유권을 이전하지 않고 부동산을 제3자에게 처분하여 등기를 하는 행위는 수증자와의 신임관계를 저버리는 행위로서 배임죄가 성립한다(대판 2018.12.13. 2016도19308).

〈타인의 사무로 볼 수 없어 배임죄 부정〉

① 주권발행 전 주식의 양도는 양도인과 양수인의 의사표시만으로 효력이 발생한다. 그 주식 양수인은 특별한 사정이 없는 한 양도인의 협력을 받을 필요 없이 단독으로 자

신이 주식을 양수한 사실을 증명함으로써 회사에 대하여 명의개서를 청구할 수 있다. 따라서 양도인이 양수인으로 하여금 회사 이외의 제3자에게 대항할 수 있도록 확정일 자 있는 증서에 의한 양도통지 또는 승낙을 갖추어 주어야 할 채무를 부담한다 하더라 도 이는 자기의 사무라고 보아야 하고, 이를 양수인과의 신임관계에 기초하여 양수인 의 사무를 맡아 처리하는 것으로 볼 수 없다. 그러므로 주권발행 전 주식에 대한 양도 계약에서의 양도인은 양수인에 대하여 그의 사무를 처리하는 지위에 있지 아니하여, 양도인이 위와 같은 제3자에 대한 대항요건을 갖추어 주지 아니하고 이를 타에 처분하 였다 하더라도 형법상 배임죄가 성립하는 것은 아니다(대판 2020.6.4. 2015도6057).

② 동산을 점유개정 방식으로 양도담보에 제공한 채무자는 양도담보 설정 이후에도 여 전히 남아 있는 자신의 권리에 기하여, 그리고 자신의 이익을 위하여 자신의 비용부담 하에 담보목적물을 계속하여 점유·사용하는 것이지, 채권자인 양도담보권자로부터 재 산관리에 관한 임무를 부여받았기 때문이 아니다. 따라서 이러한 측면에서도 채무자가 양도담보권자의 재산을 보호·관리하는 사무를 위탁받아 처리하는 것이라고 할 수 없 다(대판 2020.2.20. 2019도9756 전원합의체).

③ 예금은 은행 등 법률이 정하는 금융기관을 수치인으로 하는 금전의 소비임치계약으 로서, 그 예금계좌에 입금된 금전의 소유권은 금융기관에 이전되고, 예금주는 그 예금계 좌를 통한 예금반환채권을 취득하므로, 금융기관의 임직원은 예금주로부터 예금계좌를 통한 적법한 예금반환 청구가 있으면 이에 응할 의무가 있을 뿐 예금주와의 사이에서 그 의 재산관리에 관한 사무를 처리하는 자의 지위에 있다고 할 수 없다(대판 2017.8.24. 2017도7489).

④ 채무자가 대물변제예약에 따라 부동산에 관한 소유권을 이전해 줄 의무는 예약 당 시에 확정적으로 발생하는 것이 아니라 채무자가 차용금을 제때에 반환하지 못하여 채 권자가 예약완결권을 행사한 후에야 비로소 문제가 되고, 채무자는 예약완결권 행사 이후라도 얼마든지 금전채무를 변제하여 당해 부동산에 관한 소유권이전등기절차를 이 행할 의무를 소멸시키고 의무에서 벗어날 수 있다. 한편 채권자는 당해 부동산을 특정 물 자체보다는 담보물로서 가치를 평가하고 이로써 기존의 금전채권을 변제받는 데 주 된 관심이 있으므로, 채무자의 채무불이행으로 인하여 대물변제예약에 따른 소유권등 기를 이전받는 것이 불가능하게 되는 상황이 초래되어도 채권자는 채무자로부터 금전 적 손해배상을 받음으로써 대물변제예약을 통해 달성하고자 한 목적을 사실상 이룰 수 있다. 이러한 점에서 대물변제예약의 궁극적 목적은 차용금반환채무의 이행 확보에 있 고, 채무자가 대물변제예약에 따라 부동산에 관한 소유권이전등기절차를 이행할 의무 는 궁극적 목적을 달성하기 위해 채무자에게 요구되는 부수적 내용이어서 이를 가지고 배임죄에서 말하는 신임관계에 기초하여 채권자의 재산을 보호 또는 관리하여야 하는 '타인의 사무'에 해당한다고 볼 수는 없다(대판 2014.8.21. 2014도3363 전원합의체).

⑤ 매매의 목적물이 동산일 경우, 매도인은 매수인에게 계약에 정한 바에 따라 그 목적

물인 동산을 인도함으로써 계약의 이행을 완료하게 되고 그때 매수인은 매매목적물에 대한 권리를 취득하게 되는 것이므로, 매도인에게 자기의 사무인 동산인도채무 외에 별도로 매수인의 재산의 보호 내지 관리 행위에 협력할 의무가 있다고 할 수 없다. 동산매매계약에서의 매도인은 매수인에 대하여 그의 사무를 처리하는 지위에 있지 아니하므로, 매도인이 목적물을 매수인에게 인도하지 아니하고 이를 타에 처분하였다 하더라도 형법상 배임죄가 성립하는 것은 아니다(대판 2011.1.20. 2008도10479 전원합의체).

(2) 실행 행위

실행 행위는 '그 임무에 위배하는 행위로써 재산상의 이익을 취득하거나 제3자로 하여금 이를 취득하게 하여 본인에게 손해를 가하는 것'이다.

(가) 임무에 위배하는 행위

임무에 위배하는 행위, 즉 '배임행위'는 타인의 사무를 처리함에 있어서 그 업무에 위배하는 행위로서, 사무의 내용·성질 등 구체적 상황에 비추어 법률의 규정, 계약의 내용 또는 신의성실의 원칙상 당연히 할 것으로 기대되는 행위를 하지 않거나 당연히 하지 말아야 할 것으로 기대되는 행위를 함으로써 본인에 대한 신임관계를 저버리는 일체의 행위를 말한다.[11] 이러한 행위는 작위·부작위로도 가능하며, 법률행위 이외 준법률행위 또는 사실행위로도 가능하다. 행위자가 가사 본인을 위한다는 의사를 가지고 행위를 하였다고 하더라도 그 목적과 취지가 법령이나 사회상규에 위반된 위법한 행위로서 용인할 수 없는 경우에는 그 행위의 결과가 일부 본인을 위하는 측면이 있다고 하더라도 이는 본인과의 신임관계를 저버리는 행위이다.[12]

재산상 손해의 위험이 있는 모험적인 거래에 있어서 배임행위에 해당하는지 여부는 거래의 범위, 방법, 이익과 손해의 규모, 거래의 관행 등 기타 종합적인 상황을 고려하여 판단하여야 한다.

□ 배임행위 관련 판례

〈배임행위 인정〉

① 회사 직원이 영업비밀이나 영업상 주요한 자산인 자료를 적법하게 반출하여 그 반출행위가 업무상배임죄에 해당하지 않는 경우라도, 퇴사 시에 그 영업비밀 등을 회사

---

11) 대판 2012.9.13. 2012도3840.
12) 대판 2002.7.22. 2002도1696.

에 반환하거나 폐기할 의무가 있음에도 경쟁업체에 유출하거나 스스로의 이익을 위하여 이용할 목적으로 이를 반환하거나 폐기하지 아니하였다면, 이러한 행위는 업무상배임죄에 해당한다(대판 2016.7.7. 2015도17628).

② 甲 주식회사 대표이사인 피고인이 자신과 딸이 발행주식 전부를 소유하고 있는 乙 주식회사 및 丙 주식회사를 운영하면서, 甲 회사로 하여금 乙 회사가 건물 신축 과정에서 丁 은행에서 받은 대출금 등 채무를 연대보증하게 하고 신축될 건물을 미리 임차하여 임대차보증금을 선지급하도록 하거나, 丙 회사의 丁 은행에 대한 대출금채무를 연대보증하게 함으로써 甲 회사에 재산상 손해를 가하였다고 하여 특정경제범죄 가중처벌 등에 관한 법률 위반(배임)으로 기소된 사안에서, 피고인이 甲 회사로 하여금 乙 회사 및 丙 회사를 위하여 수차례에 걸쳐 대출금 등 채무를 연대보증하게 하면서도 어떠한 대가나 이익을 제공받지 아니하였고, 甲 회사가 연대보증채무를 이행할 경우 구상금채권의 확보방안도 마련하지 아니한 점, 피고인이 甲 회사의 이사회 승인을 받거나 다른 주주들의 동의를 받지 아니한 점 등을 종합하면, 피고인의 행위는 甲 회사에 대한 임무위배행위로서 甲 회사에 재산상 손해발생의 위험을 초래하였고, 피고인에게 배임의 고의도 인정된다(대판 2015.11.26. 2014도17180).

③ 배임죄의 성립을 인정하려면 재산상 손해의 발생이 합리적인 의심이 없는 정도의 증명에 이르러야 하므로, 배임행위로 인한 재산상 손해의 발생 여부가 충분히 증명되지 않았음에도 가볍게 액수 미상의 손해가 발생하였다고 인정함으로써 배임죄의 성립을 인정하는 것은 허용될 수 없다. 회사의 대표이사 등이 임무에 위배하여 회사로 하여금 다른 사업자와 용역계약을 체결하게 하면서 적정한 용역비의 수준을 벗어나 부당하게 과다한 용역비를 정하여 지급하게 하였다면 다른 특별한 사정이 없는 한 통상 그와 같이 지급한 용역비와 적정한 수준의 용역비 사이의 차액 상당의 손해를 회사에 가하였다고 볼 수 있다. 이 경우 배임죄가 성립하기 위해서는 해당 용역비가 적정한 수준에 비하여 과다하다고 볼 수 있는지가 객관적이고 합리적인 평가 방법이나 기준을 통하여 충분히 증명되어야 하고, 손해의 발생이 그와 같이 증명된 이상 손해액이 구체적으로 명백하게 산정되지 아니하였더라도 배임죄의 성립에는 영향이 없다. 그러나 적정한 수준에 비하여 과다한지 여부를 판단할 객관적이고 합리적인 평가 방법이나 기준 없이 단지 임무위배행위가 없었다면 더 낮은 수준의 용역비로 정할 수도 있었다는 가능성만을 가지고 재산상 손해 발생이 있었다고 쉽사리 단정하여서는 안 된다(대판 2018.2.13. 2017도17627).

④ 공무원인 피고인 ~ 사저부지 가격을 높게 평가하면 경호부지 가격이 내려가고 경호부지 가격을 높게 평가하면 사저부지 가격이 내려가는 관계에 있으므로, 이러한 경우 다른 특별한 대체수단이 없는 이상 공익사업을 위한 토지 등의 취득 및 보상에 관한 법률에서 정한 복수의 감정평가업자의 평가액의 산술평균액을 기준으로 하여 그 비율을 정하여 배분하는 것이 가장 합리적이고 객관적인 방법이라 할 것인데, 이미 복수의 감

정평가업자에게 감정평가를 의뢰하여 그 결과를 통보받았음에도 굳이 이를 무시하면서 인근 부동산업자들이나 인터넷, 지인 등으로부터의 불확실한 정보를 가지고 감정평가 결과와 전혀 다르게 상대적으로 사저부지 가격을 낮게 평가하고 경호부지 가격을 높게 평가하여 매수대금을 배분한 것은 국가사무를 처리하는 자로서의 임무위배행위에 해당하고 위 피고인들에게 배임의 고의 및 불법이득의사도 인정된다고 판단하였다(대판 2013.9.27. 2013도6835).

⟨배임행위 부정⟩

① 타인에 대한 채무의 담보로 제3채무자에 대한 채권에 대하여 권리질권을 설정한 경우 질권설정자는 질권자의 동의 없이 질권의 목적된 권리를 소멸하게 하거나 질권자의 이익을 해하는 변경을 할 수 없다(민법 제352조). 또한 질권설정자가 제3채무자에게 질권설정의 사실을 통지하거나 제3채무자가 이를 승낙한 때에는 제3채무자가 질권자의 동의 없이 질권의 목적인 채무를 변제하더라도 이로써 질권자에게 대항할 수 없고, 질권자는 여전히 제3채무자에 대하여 직접 채무의 변제를 청구하거나 변제할 금액의 공탁을 청구할 수 있다(민법 제353조 제2항, 제3항). 그러므로 이러한 경우 질권설정자가 질권의 목적인 채권의 변제를 받았다고 하여 질권자에 대한 관계에서 타인의 사무를 처리하는 자로서 임무에 위배하는 행위를 하여 질권자에게 손해를 가하거나 손해 발생의 위험을 초래하였다고 할 수 없고, 배임죄가 성립하지도 않는다(대판 2016.4.29. 2015도5665).

② 새마을금고의 동일인 대출한도 제한규정은 새마을금고 자체의 적정한 운영을 위하여 마련된 것이지 대출채무자의 신용도를 평가해서 대출채권의 회수가능성을 직접적으로 고려하여 만들어진 것은 아니므로 동일인 대출한도를 초과하였다는 사실만으로 곧바로 대출채권을 회수하지 못하게 될 위험이 생겼다고 볼 수 없고, 구 새마을금고법(2007. 5. 25. 법률 제8485호로 개정되기 전의 것) 제26조의2, 제27조에 비추어 보면 동일인 대출한도를 초과하였다는 사정만으로는 다른 회원들에 대한 대출을 곤란하게 하여 새마을금고의 적정한 자산운용에 장애를 초래한다는 등 어떠한 위험이 발생하였다고 단정할 수도 없다. 따라서 동일인 대출한도를 초과하여 대출함으로써 구 새마을금고법을 위반하였다고 하더라도, 대출한도 제한규정 위반으로 처벌함은 별론으로 하고, 그 사실만으로 특별한 사정이 없는 한 업무상배임죄가 성립한다고 할 수 없고, 일반적으로 이러한 동일인 대출한도 초과대출이라는 임무위배의 점에 더하여 대출 당시의 대출채무자의 재무상태, 다른 금융기관으로부터의 차입금, 기타 채무를 포함한 전반적인 금융거래상황, 사업현황 및 전망과 대출금의 용도, 소요기간 등에 비추어 볼 때 채무상환능력이 부족하거나 제공된 담보의 경제적 가치가 부실해서 대출채권의 회수에 문제가 있는 것으로 판단되는 경우에 재산상 손해가 발생하였다고 보아 업무상배임죄가 성립한다고 해야 한다(대판 2008.6.19. 2006도4876 전원합의체).

③ 계주인 피고인이 계원에게 100만원의 곗돈을 부족되게 지급한 것이 사실이라 하더라도 그 당시 피고인이 100만원을 다음달에 주겠다고 말하고 계원인 고소인이 처음에는 안된다고 하다가 나중에는 다음달에 달라고 승락하였다면 피고인의 위 소위를 가리켜 임무에 위배한 행위라고 할 수 없다(대판 1983.11.8. 83도2309).

(나) 재산상 이익의 취득

본죄는 배임행위와 재산상 손해발생 사이에 자기 또는 제3자가 재산상의 이익을 취득해야 한다. 따라서, 본인에게 재산상의 손해를 가했다고 하여도 자신이나 제3자가 재산상의 이익을 취득하지 않으면 본죄가 성립하지 않는다.[13] 재산상의 이익은 소유권을 취득하는 적극적인 이익 이외 채무를 면하는 것과 같은 소극적 이익도 포함한다.

□ 재산상 이익의 취득 관련 판례

〈재산상 이익을 취득하지 못한 경우〉

① 입주자대표회의 회장이 지출결의서에 날인을 거부함으로써 아파트 입주자들에게 그 연체료를 부담시킨 사안에서, 열 사용요금 납부 연체로 인하여 발생한 연체료는 금전채무 불이행으로 인한 손해배상에 해당하므로, 공급업체가 연체료를 지급받았다는 사실만으로 공급업체가 그에 해당하는 재산상의 이익을 취득하게 된 것으로 단정하기 어렵(대판 2009.6.25. 2008도3792).
② 회사를 대표하여 기계 제작·설치 계약의 이행에 관한 업무를 처리하는 사람이 고의로 기계 제작 의무를 이행하지 않아 계약이 해제됨으로써 상대방이 보증보험회사로부터 선급금반환 및 위약금 명목의 보험금을 수령한 사안에서, 위 보험금의 수령사실만으로 상대방이 재산상 이익을 취득하였다고 단정할 수 없다(대판 2007.7.26. 2005도6439).

(다) 재산상 손해

본죄는 배임행위로 인하여 본인에게 재산상의 손해가 발생하여야 한다. 따라서, 자기 또는 제3자의 재산상 이익을 취득하여도 본인에게 재산상 손해가 발생하지 않으면 본죄가 성립하지 않는다. 본죄에 있어 재산상의 손해를 가한 때라 함은 현실적인 손해를 가한 경우뿐만 아니라 재산상 실해 발생의 위험을 초래한

---

13) 대판 2009.12.24. 2007도2484.

경우도 포함되고, 재산상 손해의 유무에 대한 판단은 본인의 전 재산상태와의 관계에서 법률적 판단에 의하지 아니하고 경제적 관점에서 파악하여야 하며, 따라서 법률적 판단에 의하여 당해 배임행위가 무효라 하더라도 경제적 관점에서 파악하여 배임행위로 인하여 본인에게 현실적인 손해를 가하였거나 재산상 실해 발생의 위험을 초래한 경우에는 재산상의 손해를 가한 때에 해당한다고 할 것이고, 일단 손해의 위험성을 발생시킨 이상 사후에 담보를 취득하였거나 피해가 회복되었다 하여도 본죄의 성립에 영향을 주는 것은 아니다.[14] 이때, 재산상 실해 발생의 위험이란 본인에게 손해가 발생할 막연한 위험이 있는 것만으로는 부족하고 경제적인 관점에서 보아 본인에게 손해가 발생한 것과 같은 정도로 구체적인 위험이 있는 경우를 의미한다.[15]

　　손해액의 산정에 있어 판례는 손해발생의 위험이 있는 전액을 그 손해액으로 본다.[16]

□ 재산상 손해 관련 판례

〈재산상 손해 인정〉

① 한국농어촌공사의 직원이 자금을 농지매매사업의 지원대상에 해당하지 아니하는 농지를 매입하는 데 사용하거나 지원요건을 갖추지 아니한 농업인을 위하여 부당하게 지원하도록 한 것이라면, 매입 농지에 대한 근저당권 설정 등으로 지원금의 회수가 사실상 보장되더라도 특정 목적을 위하여 조성된 기금의 감소를 초래함으로써 기금이 목적을 위하여 사용됨을 저해하였다고 할 것이므로, 이러한 의미에서 한국농어촌공사는 그와 같은 기금의 지원으로 인하여 재산상 손해를 입었다고 보아야 한다(대판 2015.8.13. 2014도5713).
② 회사의 대표이사가 사료첨가제 납품업체와 가격협상을 함에 있어 유리한 위치에 있었음에도 사료첨가제 납품으로 발생하는 이익금을 자신 등이 얻기 위한 의도에서, 납

---

14) 대판 2004.3.26. 2003도7878.
15) 대판 2017.10.12. 2017도6151.
16) 배임죄는 현실적인 재산상 손해액이 확정될 필요까지는 없고 단지 재산상 권리의 실행을 불가능하게 할 염려 있는 상태 또는 손해 발생의 위험이 있는 경우에 바로 성립되는 위태범이므로 피고인이 그 업무상 임무에 위배하여 부당한 외상 거래행위를 함으로써 업무상 배임죄가 성립하는 경우, 담보물의 가치를 초과하여 외상 거래한 금액이나 실제로 회수가 불가능하게 된 외상거래 금액만이 아니라 재산상 권리의 실행이 불가능하게 될 염려가 있거나 손해 발생의 위험이 있는 외상 거래대금 전액을 그 손해액으로 보아야 하고, 그것을 제3자가 취득한 경우에는 그 전액을 특정경제범 죄가중처벌 등에 관한 법률 제3조에 규정된 제3자로 하여금 취득하게 한 재산상 이익의 가액에 해당하는 것으로 보아야 할 것이다(대판 2000.4.11. 99도334).

품업자에게 가공의 납품업체를 만들어 사료첨가제를 납품하라고 지시하고 이를 납품받음으로써 통상적인 납품가격과 가격협상을 통하여 더 낮은 수준에서 납품받을 수 있었던 납품가격의 차액 상당의 재산상 이익을 취득한 경우, 업무상배임죄가 성립하고, 이로 인하여 회사에는 '가액을 산정할 수 없는 손해'가 발생하였다(대판 2009.10.15. 2009 도5655).

③ 부동산 매도인이 매수인 앞으로 소유권이전등기를 마쳐 주기 전에 제3자로부터 금원을 차용하고 그 담보로 근저당권을 설정해 준 경우 매수인이 입은 손해는 그 근저당권이 설정될 당시의 부동산 교환가치 중 근저당권에 이용되어 상실된 담보가치 상당이다. 그리고 배임죄에 있어서 손해액이 구체적으로 명백하게 산정되지 않았더라도 배임죄의 성립에는 영향이 없다고 할 것이나, 발생된 손해액을 구체적으로 산정하여 인정하는 경우 이를 잘못 산정하는 것은 위법하다(대판 2018.7.11. 2015도12692).

〈재산상 손해 부정〉

① 일반경쟁입찰에 의하여 체결하여야 할 공사도급계약을 수의계약에 의하여 체결하였다 하더라도 수의계약에 의한 공사대금이 적정한 공사대금의 수준을 벗어나 부당하게 과대하여 일반경쟁입찰에 의하여 공사도급계약을 체결할 경우 예상되는 공사대금의 범위를 벗어난 것이 아니라면 재산상의 손해를 가한 때에 해당한다고 할 수 없다(대판 2005.3.25. 2004도5731).

② 甲 은행 지점장인 피고인이 업무상 임무에 위배하여 물품대금지급보증서를 발급한 후 乙 주식회사의 거래처인 丙 주식회사에 건네줌으로써 甲 은행에 손해를 가하였다고 하여 특정경제범죄 가중처벌 등에 관한 법률 위반(배임)으로 기소된 사안에서, 丙 회사는 지급보증서가 정상적으로 발급된 것이 아님을 확인하고 乙 회사를 통하여 물품을 주문하였던 사람들에게 물품을 공급하지 않음으로써 乙 회사가 丙 회사에 대하여 아무런 물품대금 채무를 부담하지 않게 된 사정 등에 비추어, 피고인이 甲 은행을 대리하여 乙 회사가 丙 회사에 대해 장래 부담하게 될 물품대금 채무에 대하여 지급보증을 하였더라도, 丙 회사가 乙 회사와 거래를 개시하지 않아 지급보증 대상인 물품대금 지급채무 자체가 현실적으로 발생하지 않은 이상, 보증인인 甲 은행에 경제적인 관점에서 손해가 발생한 것과 같은 정도로 구체적인 위험이 발생하였다고 평가할 수 없다(대판 2015.9.10. 2015도6745).

③ 피고인이 甲과 공동으로 토지를 매수하여 그 지상에 창고사업을 하는 내용의 동업약정을 하고 동업재산이 될 토지에 관한 매매계약을 체결한 다음 매도인에게 계약금을 지급하였는데, 이후 소유권이전등기 업무를 처리하면서 甲 몰래 매도인과 사이에 위 매매계약을 해제하고 甲을 배제하는 내용의 새로운 매매계약을 체결한 다음 제3자 명의로 소유권이전등기를 마친 사안에서, 피해자인 조합으로서는 장차 취득할 것이 기대되었던 토지의 가치에 상응하는 재산이 감소되었지만 다른 한편으로는 토지의 잔금지

급의무를 면하게 되었으므로 토지의 매수대금 상당액이 위 배임행위로 인하여 조합이 입게 된 재산상 손해액에 해당한다고 할 수 없다(대판 2011.4.28. 2009도14268).

(3) 기수시기

타인의 사무를 처리하는 자가 배임의 범의로, 즉 임무에 위배하는 행위를 한다는 점과 이로 인하여 자기 또는 제3자가 이익을 취득하여 본인에게 손해를 가한다는 점에 대한 인식이나 의사를 가지고 임무에 위배한 행위를 개시한 때 배임죄의 실행에 착수한 것이고, 이러한 행위로 인하여 자기 또는 제3자가 이익을 취득하여 본인에게 손해를 가한 때 기수에 이른다.[17]

3. 주관적 구성요건

본죄의 고의는 타인의 사무를 처리하는 자가 배임행위를 하여 자기 또는 제3자가 재산상 이익을 취득하고 본인에게 손해를 가한다는 것에 대한 인식과 의사와 함께 불법이득의 의사가 필요하다.

□ 배임죄의 고의 관련 판례

〈배임죄의 고의〉

① 배임죄에 있어서 배임의 범의는 배임행위의 결과 본인에게 재산상의 손해가 발생하거나 발생할 염려가 있다는 인식과 자기 또는 제3자가 재산상의 이득을 얻는다는 인식이 있으면 족하고 본인에게 재산상의 손해를 가한다는 의사나 자기 또는 제3자에게 재산상의 이득을 얻게 하려는 목적은 요하지 아니하며, 이러한 인식은 미필적 인식으로도 족한 것인바, 피고인이 본인의 이익을 위하여 문제가 된 행위를 하였다고 주장하면서 범의를 부인하는 경우에는, 사물의 성질상 고의와 상당한 관련성이 있는 간접사실을 증명하는 방법에 의하여 입증할 수밖에 없고, 무엇이 상당한 관련성이 있는 간접사실에 해당할 것인가는 정상적인 경험칙에 바탕을 두고 치밀한 관찰력이나 분석력에 의하여 사실의 연결상태를 합리적으로 판단하는 방법에 의하여야 한다(대판 2004.7.9. 2004도810).

〈배임죄의 고의 인정〉

① 주식회사의 임원이 공적 업무수행을 위하여서만 사용이 가능한 법인카드를 개인 용도로 계속적, 반복적으로 사용한 경우 특별한 사정이 없는 한 임원에게는 임무위배의

인식과 그로 인하여 자신이 이익을 취득하고 주식회사에 손해를 가한다는 인식이 있었다고 볼 수 있으므로, 이러한 행위는 업무상배임죄를 구성한다. 위와 같은 법인카드 사용에 대하여 실질적 1인 주주의 양해를 얻었다거나 실질적 1인 주주가 향후 그 법인카드 대금을 변상, 보전해 줄 것이라고 일방적으로 기대하였다는 사정만으로는 업무상배임의 고의나 불법이득의 의사가 부정된다고 볼 수 없다(대판 2014.2.21. 2011도8870). ② 학교법인의 경우 그 사용목적에 따른 재산을 보존하기 위하여 관계 법령 또는 정관에서 재산의 처분행위나 채무의 부담행위에 대하여 엄격한 절차를 규정하고 있고, 학교법인(법인명 생략)의 이사장인 피고인이 관련 법령 또는 정관 규정의 취지에 의하여 학교법인 명의로는 임의로 채무를 부담하는 행위를 하여서는 아니 된다는 사실을 잘 알면서도, 그러한 임무에 위반하여 자금사정이 악화되어 있던 의료법인(법인명 생략)의 주식회사 영천상호신용금고에 대한 채무를 사실상 인수하면서 이 사건 약속어음에 배서연대보증행위를 하였으므로 피고인에게 배임의 범의를 충분히 인정할 수 있다(대판 2005.8.25. 2005도3410).

〈배임죄의 고의 부정〉

기업의 경영에는 원천적으로 위험이 내재하여 있어서 경영자가 개인적인 이익을 취할 의도 없이 가능한 범위 내에서 수집된 정보를 바탕으로 기업의 이익을 위한다는 생각으로 신중하게 결정을 내렸더라도 예측이 빗나가 기업에 손해가 발생하는 경우가 있으므로, 이러한 경우에까지 고의에 관한 해석기준을 완화하여 업무상배임죄의 형사책임을 물을 수 없다. 여기서 경영상의 판단을 이유로 배임죄의 고의를 인정할 수 있는지는 문제 된 경영상의 판단에 이르게 된 경위와 동기, 판단대상인 사업의 내용, 기업이 처한 경제적 상황, 손실발생의 개연성과 이익획득의 개연성 등 제반 사정에 비추어 자기 또는 제3자가 재산상 이익을 취득한다는 인식과 본인에게 손해를 가한다는 인식하의 의도적 행위임이 인정되는 경우인지에 따라 개별적으로 판단하여야 한다. … 동일한 기업집단에 속한 계열회사 사이의 지원행위가 합리적인 경영판단의 재량 범위 내에서 행하여진 것인지를 판단하기 위해서는 앞서 본 여러 사정들과 아울러, 지원을 주고받는 계열회사들이 자본과 영업 등 실체적인 측면에서 결합되어 공동이익과 시너지 효과를 추구하는 관계에 있는지, 이러한 계열회사들 사이의 지원행위가 지원하는 계열회사를 포함하여 기업집단에 속한 계열회사들의 공동이익을 도모하기 위한 것으로서 특정인 또는 특정회사만의 이익을 위한 것은 아닌지, 지원 계열회사의 선정 및 지원 규모 등이 당해 계열회사의 의사나 지원 능력 등을 충분히 고려하여 객관적이고 합리적으로 결정된 것인지, 구체적인 지원행위가 정상적이고 합법적인 방법으로 시행된 것인지, 지원을 하는 계열회사에 지원행위로 인한 부담이나 위험에 상응하는 적절한 보상을 객관적으로 기대할 수 있는 상황이었는지 등까지 충분히 고려하여야 한다. 위와 같은 사정들을 종합하여 볼 때 문제된 계열회사 사이의 지원행위가 합리적인 경영판단의 재량

범위 내에서 행하여진 것이라고 인정된다면 이러한 행위는 본인에게 손해를 가한다는
인식하의 의도적 행위라고 인정하기 어렵다(대판 2017.11.9. 2015도12633).

4. 부동산의 이중매매

부동산의 이중매매란 매도인이 매수인에게 부동산을 매도하였으나 소유권
이전등기를 하기 전에 다른 매수인에게 그 부동산을 매도하고 소유권 이전등기를
해주는 것을 말한다. 이때, 매도인이 배임죄의 타인의 사무를 처리하는 자에 해당
하는지 문제가 된다.

(1) 계약금만 수령한 경우

매도인은 1차 매수인에게 민법 제565조에 의해 계약금의 배액을 지급하고
해약할 수 있다.[18] 따라서, 매도인은 1차 매수인에 대해 채무불이행의 책임만 있
으며, 본죄의 타인의 사무를 처리하는 자라고 할 수 없다.[19]

(2) 중도금 또는 잔금을 수령한 경우

중도금 또는 잔금을 수령한 경우에는 매도인은 일방적으로 계약을 해제할
수 없고 매수인에게 부동산을 이전할 의무를 지므로 매도인은 매수인의 관계에서
사무를 처리하는 자라고 할 수 있어 배임죄가 성립한다.[20] 하지만, 계약이 처음
체결된 때부터 확정적으로 무효인 경우에는 배임죄가 성립하지 않는다.[21]

---

[18] 민법 제565조(해약금) ① 매매의 당사자 일방이 계약당시에 금전 기타 물건을 계약금, 보
증금 등의 명목으로 상대방에게 교부한 때에는 당사자간에 다른 약정이 없는 한 당사자의
일방이 이행에 착수할 때까지 교부자는 이를 포기하고 수령자는 그 배액을 상환하여 매매
계약을 해제할 수 있다.

[19] 매도인이 매수인에게 부동산을 매도하고 계약금만을 수수한 상태에서 매수인이 잔대금의
지급을 거절한 이상 매도인으로서는 이행을 최고할 필요없이 매매계약을 해제할 수 있는
지위에 있었으므로 위 매도인을 타인의 사무를 처리하는 자라고 볼 수 없다(대판 1984.5.15.
84도315).

[20] 부동산 매매계약에서 계약금만 지급된 단계에서는 어느 당사자나 계약금을 포기하거나 그
배액을 상환함으로써 자유롭게 계약의 구속력에서 벗어날 수 있다. 그러나 중도금이 지급
되는 등 계약이 본격적으로 이행되는 단계에 이른 때에는 계약이 취소되거나 해제되지 않
는 한 매도인은 매수인에게 부동산의 소유권을 이전해 줄 의무에서 벗어날 수 없다. 따라
서 이러한 단계에 이른 때에 매도인은 매수인에 대하여 매수인의 재산보전에 협력하여 재
산적 이익을 보호·관리할 신임관계에 있게 된다. 그때부터 매도인은 배임죄에서 말하는
'타인의 사무를 처리하는 자'에 해당한다고 보아야 한다. 그러한 지위에 있는 매도인이 매
수인에게 계약 내용에 따라 부동산의 소유권을 이전해 주기 전에 그 부동산을 제3자에게
처분하고 제3자 앞으로 그 처분에 따른 등기를 마쳐준 행위는 매수인의 부동산 취득 또는
보전에 지장을 초래하는 행위이다. 이는 매수인과의 신임관계를 저버리는 행위로서 배임
죄가 성립한다(대판 2018.5.17. 2017도4027 전원합의체).

(3) 채권 담보 목적으로 부동산에 관한 대물변제예약을 체결한 채무자가 대물로 변제하기로 한 부동산을 제3자에게 처분한 경우

채무자가 채권자에 대하여 소비대차 등으로 인한 채무를 부담하고 이를 담보하기 위하여 장래에 부동산의 소유권을 이전하기로 하는 내용의 대물변제예약에서, 약정의 내용에 좇은 이행을 하여야 할 채무는 특별한 사정이 없는 한 '자기의 사무'에 해당하는 것이 원칙이다.

채무자가 대물변제예약에 따라 부동산에 관한 소유권을 이전해 줄 의무는 예약 당시에 확정적으로 발생하는 것이 아니라 채무자가 차용금을 제때에 반환하지 못하여 채권자가 예약완결권을 행사한 후에야 비로소 문제가 되고, 채무자는 예약완결권 행사 이후라도 얼마든지 금전채무를 변제하여 당해 부동산에 관한 소유권이전등기절차를 이행할 의무를 소멸시키고 의무에서 벗어날 수 있다. 한편 채권자는 당해 부동산을 특정물 자체보다는 담보물로서 가치를 평가하고 이로써 기존의 금전채권을 변제받는 데 주된 관심이 있으므로, 채무자의 채무불이행으로 인하여 대물변제예약에 따른 소유권등기를 이전받는 것이 불가능하게 되는 상황이 초래되어도 채권자는 채무자로부터 금전적 손해배상을 받음으로써 대물변제예약을 통해 달성하고자 한 목적을 사실상 이룰 수 있다. 이러한 점에서 대물변제예약의 궁극적 목적은 차용금반환채무의 이행 확보에 있고, 채무자가 대물변제예약에 따라 부동산에 관한 소유권이전등기절차를 이행할 의무는 궁극적 목적을 달성하기 위해 채무자에게 요구되는 부수적 내용이어서 이를 가지고 배임죄에서 말하는 신임관계에 기초하여 채권자의 재산을 보호 또는 관리하여야 하는 '타인의 사무'에 해당한다고 볼 수는 없다.

그러므로 채권 담보를 위한 대물변제예약 사안에서 채무자가 대물로 변제하기로 한 부동산을 제3자에게 처분하였다고 하더라도 형법상 배임죄가 성립하는

21) 부동산 매매업자 甲이 피고인에게서 구 국토의 계획 및 이용에 관한 법률(2007. 7. 27. 법률 제8564호로 개정되기 전의 것, 이하 '법'이라 한다)에서 정한 토지거래허가구역 내 토지를 매수하면서, 매수인을 자신이 운영하는 부동산컨설팅 회사 직원 乙 등의 명의로 하고, 소유권이전등기는 甲이 지정하는 자에게 하기로 하는 내용의 토지매매계약을 체결하고 대금을 지급하였는데, 그 후 위 토지가 허가구역 지정에서 해제되자 피고인이 이를 임의로 처분한 사안에서, 법상 토지거래허가에 필요한 거주요건을 갖추지 못한 甲이 허가요건을 갖춘 丙 명의로 허가를 받으려는 의사로 위와 같이 토지매매계약을 체결한 이상, 이와 같은 행위는 처음부터 토지거래허가를 잠탈한 경우에 해당하고, 따라서 위 계약은 처음 체결된 때부터 확정적으로 무효이므로 피고인의 행위가 배임죄를 구성한다고 보기 어렵다(대판 2011.6.30. 2011도614).

것은 아니다.[22)]

(4) 2차 매수인이 악의인 경우

매도인이 1차 매수인으로부터 중도금 또는 잔금을 수령한 이후, 2차 매수인이 1차 매수인을 해할 목적으로 양도를 교사하거나 양도행위에 적극가담하였을 경우에는 공범이 성립한다.

□ 관련 판례

① 거래상대방의 대향적 행위의 존재를 필요로 하는 유형의 배임죄의 경우에, 거래상대방으로서는 기본적으로 배임행위의 실행행위자와는 별개의 이해관계를 가지고 반대편에서 독자적으로 거래에 임한다는 점을 감안할 때, 거래상대방을 배임의 실행행위자와 공동정범으로 인정하기 위해서는 거래상대방이 실행행위자의 행위가 피해자 본인에 대한 배임행위에 해당한다는 것을 알면서도 소극적으로 그 배임행위에 편승하여 이익을 취득한 것만으로는 부족하고, 실행행위자의 배임행위를 교사하거나 또는 배임행위의 전 과정에 관여하는 등으로 배임행위에 적극 가담할 것을 필요로 한다(대판 2013.7.11. 2011도5337).
② 점포의 임차인이 임대인이 그 점포를 타에 매도한 사실을 알고 있으면서 점포의 임대차 계약 당시 "타인에게 점포를 매도할 경우 우선적으로 임차인에게 매도한다"는 특약을 구실로 임차인이 매매대금을 일방적으로 결정하여 공탁하고 임대인과 공모하여 임차인 명의로 소유권이전등기를 경료하였다면 임대인의 배임행위에 적극가담한 것으로서 배임죄의 공동정범에 해당한다(대판 1983.7.12. 82도180).

(5) 기수시기

부동산 이중매매에서 '중도금을 수령하였을 때' 실행의 착수가 인정되고,[23)] 제3자에게 소유권 이전등기를 마쳤을 때 기수가 된다.[24)]

---

22) 대판 2014.8.21. 2014도3363 전원합의체.
23) 매도인이 부동산을 제1차 매수인에게 매도하고 계약금과 중도금까지 수령한 이상 특단의 약정이 없는 한 잔금수령과 동시에 매수인 명의로의 소유권이전등기에 협력할 임무가 있고 이 임무는 주로 위 매수인을 위하여 부담하는 임무라 할 것이므로, 위 매매계약이 적법하게 해제되지 않은 이상 매도인이 다시 제3자와 사이에 매매계약을 체결하고 계약금과 중도금까지 수령한 것은 제1차 매수인에 대한 소유권이전등기 협력임무의 위배와 밀접한 행위로서 배임죄의 실행착수라고 보아야 할 것이다(대판 1983.10.11. 83도2057).
24) 부동산의 매도인이 매수인 앞으로의 소유권이전등기에 협력할 의무가 있음에도 불구하고 같은 부동산을 위 매수인 이외의 자에게 2중으로 매도하여 그 소유권이전등기를 마친 경우에는 1차 매수인에 대한 소유권이전등기의무는 이행불능이 되고 이로써 1차 매수인에게 그 부동산의 소유권을 취득할 수 없는 손해가 발생하는 것이므로 부동산의 2중매매에 있어서 배임죄의 기수시기는 2차 매수인 앞으로 소유권이전등기를 마친 때라고 할 것이다(대판 1984.11.27. 83도1946).

(6) 다른 죄와의 문제

① 횡령죄 : 부동산의 이중매매에서 소유권 이전등기를 경료하기 전까지 부동산은 매도인의 소유이므로 다른 사람에게 매도하였다고 하더라도 이는 자신의 소유에 속하는 부동산을 매도한 것이므로 '횡령죄'는 성립하지 않는다.

② 사기죄 : 매도인이 처음부터 이중매매를 할 생각으로 1차 매수인을 기망하여 계약금을 교부받아 편취하고 2차 매수인에게 소유권이전등기를 해주었다면 사기죄가 성립한다. 그러나 1차 매수인과 부동산 계약시 이중매매를 할 의사가 없었다면 1차 매수인에 대한 기망행위가 있다고 볼 수 없고, 또한 2차 매수인은 부동산에 대한 소유권을 취득하였으므로 사기죄가 성립하지 않는다.

5. 부동산의 이중저당

채무자가 금전채무를 담보하기 위한 저당권설정계약에 따라 채권자에게 그 소유의 부동산에 관하여 저당권을 설정할 의무를 부담하게 되었다고 하더라도, 이를 들어 채무자가 통상의 계약에서 이루어지는 이익대립관계를 넘어서 채권자와의 신임관계에 기초하여 채권자의 사무를 맡아 처리하는 것으로 볼 수 없다.

채무자가 저당권설정계약에 따라 채권자에 대하여 부담하는 저당권을 설정할 의무는 계약에 따라 부담하게 된 채무자 자신의 의무이다. 채무자가 위와 같은 의무를 이행하는 것은 채무자 자신의 사무에 해당할 뿐이므로, 채무자를 채권자에 대한 관계에서 '타인의 사무를 처리하는 자'라고 할 수 없다. 따라서 채무자가 제3자에게 먼저 담보물에 관한 저당권을 설정하거나 담보물을 양도하는 등으로 담보가치를 감소 또는 상실시켜 채권자의 채권실현에 위험을 초래하더라도 배임죄가 성립한다고 할 수 없다.

위와 같은 법리는, 채무자가 금전채무에 대한 담보로 부동산에 관하여 양도담보설정계약을 체결하고 이에 따라 채권자에게 소유권이전등기를 해 줄 의무가 있음에도 제3자에게 그 부동산을 처분한 경우에도 적용된다.[25]

---

25) 피고인이 갑으로부터 18억원을 차용하면서 담보로 피고인 소유의 아파트에 갑 명의의 4순위 근저당권을 설정해 주기로 약정하였음에도 제3자에게 채권최고액을 12억원으로 하는 4순위 근저당권을 설정하여 줌으로써 12억원 상당의 재산상 이익을 취득하고 갑에게 같은 금액 상당의 손해를 가하였다고 하여 특정경제범죄 가중처벌 등에 관한 법률 위반(배임)으로 기소된 사안에서, 위 근저당권설정계약에서 피고인과 갑 사이 당사자 관계의 전형적·본질적 내용은 채무의 변제와 이를 위한 담보에 있고, 피고인을 통상의 계약에서의 이익대립관계를 넘어서 갑과의 신임관계에 기초하여 갑의 사무를 맡아 처리하는 것으로 볼 수 없는 이상 갑에 대한 관계에서 '타인의 사무를 처리하는 자'에 해당한다고 할 수 없다(대판

6. 동산의 이중매매

동산의 이중매매란 매도인이 매수인에게 동산을 매도하기로 하고 중도금 또는 잔금까지 수령한 후 제2매수인에게 동산을 매도한 경우를 말한다.

매매와 같이 당사자 일방이 재산권을 상대방에게 이전할 것을 약정하고 상대방이 그 대금을 지급할 것을 약정함으로써 그 효력이 생기는 계약의 경우(민법 제563조), 쌍방이 그 계약의 내용에 좇은 이행을 하여야 할 채무는 특별한 사정이 없는 한 '자기의 사무'에 해당하는 것이 원칙이다.

매매의 목적물이 동산일 경우, 매도인은 매수인에게 계약에 정한 바에 따라 그 목적물인 동산을 인도함으로써 계약의 이행을 완료하게 되고 그때 매수인은 매매목적물에 대한 권리를 취득하게 되는 것이므로, 매도인에게 자기의 사무인 동산인도채무 외에 별도로 매수인의 재산의 보호 내지 관리 행위에 협력할 의무가 있다고 할 수 없다. 동산매매계약에서의 매도인은 매수인에 대하여 그의 사무를 처리하는 지위에 있지 아니하므로, 매도인이 목적물을 매수인에게 인도하지 아니하고 이를 타에 처분하였다 하더라도 형법상 배임죄가 성립하는 것은 아니다.[26]

7. 동산의 이중 양도담보

채무자가 금전채무를 담보하기 위하여 그 소유의 동산을 채권자에게 양도담보로 제공함으로써 채권자인 양도담보권자에 대하여 담보물의 담보가치를 유지·보전할 의무 내지 담보물을 타에 처분하거나 멸실, 훼손하는 등으로 담보권 실행에 지장을 초래하는 행위를 하지 않을 의무를 부담하게 되었더라도, 이를 들어 채무자가 통상의 계약에서의 이익대립관계를 넘어서 채권자와의 신임관계에 기초하여 채권자의 사무를 맡아 처리하는 것으로 볼 수 없다. 따라서 채무자를 배

2020.6.18. 2019도14340 전원합의체).

[26] 피고인이 이 사건 인쇄기를 공소외 1에게 135,000,000원에 양도하기로 하여 그로부터 1, 2차 계약금 및 중도금 명목으로 합계 43,610,082원 상당의 원단을 제공받아 이를 수령하였음에도 불구하고 그 인쇄기를 자신의 채권자인 공소외 2에게 기존 채무 84,000,000원의 변제에 갈음하여 양도함으로써 동액 상당의 재산상 이익을 취득하고 공소외 1에게 동액 상당의 손해를 입혔다는 이 사건 공소사실에 대하여, 피고인이 이 사건 동산매매계약에 따라 공소외 1에게 이 사건 인쇄기를 인도하여 줄 의무는 민사상의 채무에 불과할 뿐 타인의 사무라고 할 수 없으므로 위 인쇄기의 양도와 관련하여 피고인이 타인의 사무를 처리하는 자의 지위에 있다고 볼 수 없다(대판 2011.1.20. 2008도10479 전원합의체).

임죄의 주체인 '타인의 사무를 처리하는 자'에 해당한다고 할 수 없고, 그가 담보물을 제3자에게 처분하는 등으로 담보가치를 감소 또는 상실시켜 채권자의 담보권 실행이나 이를 통한 채권실현에 위험을 초래하더라도 배임죄가 성립한다고 할 수 없다.[27]

8. 권리이전에 등기·등록을 요하는 동산에 대한 매매계약(대판 2020.10. 22. 2020도6258 전원합의체)

[1] 금전채권채무 관계에서 채권자가 채무자의 급부이행에 대한 신뢰를 바탕으로 금전을 대여하고 채무자의 성실한 급부이행에 의해 채권의 만족이라는 이익을 얻게 된다 하더라도, 채권자가 채무자에 대한 신임을 기초로 그의 재산을 보호 또는 관리하는 임무를 부여하였다고 할 수 없고, 금전채무의 이행은 어디까지나 채무자가 자신의 급부의무의 이행으로서 행하는 것이므로 이를 두고 채권자의 사무를 맡아 처리하는 것으로 볼 수 없다. 따라서 채무자를 채권자에 대한 관계에서 '타인의 사무를 처리하는 자'에 해당한다고 할 수 없다. 채무자가 금전채무를 담보하기 위하여 '자동차 등 특정동산 저당법' 등에 따라 그 소유의 동산에 관하여 채권자에게 저당권을 설정해 주기로 약정하거나 저당권을 설정한 경우에도 마찬가지이다. 채무자가 저당권설정계약에 따라 부담하는 의무, 즉 동산을 담보

---

27) 갑 주식회사를 운영하는 피고인이 을 은행으로부터 대출을 받으면서 대출금을 완납할 때까지 갑 회사 소유의 동산인 골재생산기기(크러셔)를 점유개정 방식으로 양도담보로 제공하기로 하는 계약을 체결하였음에도 담보목적물인 동산을 병 등에게 매각함으로써 을 은행에 대출금 상당의 손해를 가하였다고 하여 배임의 공소사실로 기소된 사안에서, 위 양도담보계약은 피고인이 운영하는 갑 회사가 을 은행에 대한 대출금 채무를 담보하기 위하여 동산에 관하여 양도담보를 설정하고, 갑 회사의 채무불이행 시 양도담보권의 실행, 즉 동산을 처분하여 그 매각대금으로 채무의 변제에 충당하거나 채무의 변제에 갈음하여 을 은행이 담보목적물을 취득하기로 하는 내용의 전형적인 양도담보계약으로서, 양도담보계약서 제2조, 제4조 등에는 '담보목적물은 설정자가 채권자의 대리인으로서 점유·사용·보전·관리한다', '설정자는 선량한 관리자로서의 주의의무를 다하여 점유·사용·보전·관리하여야 한다' 등과 같이 담보설정자(갑 회사)의 담보목적물의 보전·관리에 관한 내용이 포함되어 있으나, 위와 같은 계약서의 기재 내용만으로 위 양도담보계약이 전형적인 양도담보계약이 아니라거나 양도담보계약과 별도로 을 은행이 갑 회사에 신임관계에 기초하여 담보목적물의 보관·관리에 관한 사무의 처리를 위탁하는 내용의 특약이 있다고 보기 어려운 점 등을 종합하면, 위 양도담보계약에서 갑 회사와 을 은행 간 당사자 관계의 전형적·본질적 내용은 대출금 채무의 변제와 이를 위한 담보에 있고, 갑 회사를 통상의 계약에서의 이익대립관계를 넘어서 을 은행과의 신임관계에 기초하여 을 은행의 사무를 맡아 처리하는 것으로 볼 수 없는 이상 갑 회사를 운영하는 피고인을 을 은행에 대한 관계에서 '타인의 사무를 처리하는 자'에 해당한다고 할 수 없다(대판 2020.2.20. 2019도9756 전원합의체).

로 제공할 의무, 담보물의 담보가치를 유지·보전하거나 담보물을 손상, 감소 또는 멸실시키지 않을 소극적 의무, 담보권 실행 시 채권자나 그가 지정하는 자에게 담보물을 현실로 인도할 의무와 같이 채권자의 담보권 실행에 협조할 의무 등은 모두 저당권설정계약에 따라 부담하게 된 채무자 자신의 급부의무이다. 또한 저당권설정계약은 피담보채권의 발생을 위한 계약에 종된 계약으로, 피담보채무가 소멸하면 저당권설정계약상의 권리의무도 소멸하게 된다. 저당권설정계약에 따라 채무자가 부담하는 의무는 담보목적의 달성, 즉 채무불이행 시 담보권 실행을 통한 채권의 실현을 위한 것이므로 저당권설정계약의 체결이나 저당권 설정 전후를 불문하고 당사자 관계의 전형적·본질적 내용은 여전히 금전채권의 실현 내지 피담보채무의 변제에 있다. 따라서 채무자가 위와 같은 급부의무를 이행하는 것은 채무자 자신의 사무에 해당할 뿐이고, 채무자가 통상의 계약에서의 이익 대립관계를 넘어서 채권자와의 신임관계에 기초하여 채권자의 사무를 맡아 처리한다고 볼 수 없으므로 채무자를 채권자에 대한 관계에서 배임죄의 주체인 '타인의 사무를 처리하는 자'에 해당한다고 할 수 없다. 그러므로 채무자가 담보물을 제3자에게 처분하는 등으로 담보가치를 감소 또는 상실시켜 채권자의 담보권 실행이나 이를 통한 채권실현에 위험을 초래하더라도 배임죄가 성립하지 아니한다. 위와 같은 법리는, 금전채무를 담보하기 위하여 '공장 및 광업재단 저당법'에 따라 저당권이 설정된 동산을 채무자가 제3자에게 임의로 처분한 사안에도 마찬가지로 적용된다.

　[2] 매매와 같이 당사자 일방이 재산권을 상대방에게 이전할 것을 약정하고 상대방이 그 대금을 지급할 것을 약정함으로써 효력이 생기는 계약의 경우(민법 제563조), 쌍방이 그 계약의 내용에 좇은 이행을 하여야 할 채무는 특별한 사정이 없는 한 '자기의 사무'에 해당하는 것이 원칙이다. 동산 매매계약에서의 매도인은 매수인에 대하여 그의 사무를 처리하는 지위에 있지 아니하므로, 매도인이 목적물을 타에 처분하였다 하더라도 형법상 배임죄가 성립하지 아니한다. 위와 같은 법리는 권리이전에 등기·등록을 요하는 동산에 대한 매매계약에서도 동일하게 적용되므로, 자동차 등의 매도인은 매수인에 대하여 그의 사무를 처리하는 지위에 있지 아니하여, 매도인이 매수인에게 소유권이전등록을 하지 아니하고 타에 처분하였다고 하더라도 마찬가지로 배임죄가 성립하지 아니한다.

9. 죄수 및 다른 죄와의 관계

① 1개의 행위로 수인의 사무위탁자에게 배임행위를 한 경우에는 각 배임죄의 상상적 경합범이 성립한다.

② 횡령죄와 배임죄는 특별의 관계에 있다. 따라서 횡령죄가 성립하면 배임죄는 성립하지 않는다.

③ 타인의 사무를 처리하는 자가 1개의 행위로 임무에 위배하여 본인을 기망하여 재물을 교부받은 경우에는 배임죄와 사기죄의 상상적 경합범이 성립한다.[28]

10. 친족상도례

본죄의 친족상도례 규정이 적용된다.

Ⅱ. 업무상배임죄

> 제356조 【업무상의 횡령과 배임】 업무상의 임무에 위배하여 제355조의 죄를 범한 자는 10년 이하의 징역 또는 3천만원 이하의 벌금에 처한다.

1. 의의, 성격

본죄는 '업무상의 임무에 의하여 재산상의 이익을 취득하거나 또는 제3자로 하여금 이익을 취득하게 하고 이로 인하여 본인에게 손해를 가함으로써 성립하는 범죄'이다. 본죄는 단순배임죄에 비해 업무자라는 신분으로 인한 책임가중유형으로, 부진정신분범이다. 미수범은 처벌한다.

---

28) 업무상배임행위에 사기행위가 수반된 때의 죄수 관계에 관하여 보면, 사기죄는 사람을 기망하여 재물의 교부를 받거나 재산상의 이익을 취득하는 것을 구성요건으로 하는 범죄로서 임무위배를 그 구성요소로 하지 아니하고 사기죄의 관념에 임무위배 행위가 당연히 포함된다고 할 수도 없으며, 업무상배임죄는 업무상 타인의 사무를 처리하는 자가 그 업무상의 임무에 위배하는 행위로써 재산상의 이익을 취득하거나 제3자로 하여금 이를 취득하게 하여 본인에게 손해를 가하는 것을 구성요건으로 하는 범죄로서 기망적 요소를 구성요건의 일부로 하는 것이 아니어서 양 죄는 그 구성요건을 달리하는 별개의 범죄이고 형법상으로도 각각 별개의 장(章)에 규정되어 있어, 1개의 행위에 관하여 사기죄와 업무상배임죄의 각 구성요건이 모두 구비된 때에는 양 죄를 법조경합 관계로 볼 것이 아니라 상상적 경합 관계로 봄이 상당하다 할 것이다(대판 2002.7.18. 2002도669 전원합의체).

2. 구성요건

본죄의 주체는 타인의 사무를 처리하는 자라는 신분 이외 업무자라는 신분을 갖는 이중적 신분을 가지고 있다. 본죄에서의 '업무'는 업무상횡령죄에서와 동일하다.

3. 공범

비신분자가 신분자와 업무상배임죄를 공모한 경우에는 비신분자에게도 일단 업무상배임죄가 성립한 다음 형법 제33조 단서에 의하여 중한 형이 아닌 형법 제355조 제2항에 정한 형으로 처벌된다.[29]

Ⅲ. 배임수재죄

제357조【배임수증재】① 타인이 사무를 처리하는 자가 그 임무에 관하여 부정한 청탁을 받고 재물 또는 재산상의 이익을 취득하거나 제3자로 하여금 이를 취득하게 한 때에는 5년 이하의 징역 또는 1천만원 이하의 벌금에 처한다.
③ 범인이 취득한 제1항의 재물은 몰수한다. 그 재물을 몰수하기 불능하거나 재산상의 이익을 취득한 때에는 그 가액을 추징한다.

1. 의의, 성격

본죄는 '타인이 사무를 처리하는 자가 그 임무에 관하여 부정한 청탁을 받고 재물 또는 재산상의 이익을 취득하거나 제3자로 하여금 이를 취득하게 함으로써 성립하는 범죄'이다. 본죄가 성립함에 있어 배임행위를 요하지 않아 배임죄와는

---

[29] 상호신용금고법 제39조 제1항 제2호 위반죄는 상호신용금고의 발기인·임원·관리인·청산인·지배인 기타 상호신용금고의 영업에 관한 어느 종류 또는 특정한 사항의 위임을 받은 사용인이 그 업무에 위배하여 배임행위를 한 때에 성립하는 것으로서, 이는 위와 같은 지위에 있는 자의 배임행위에 대한 형법상의 배임 내지 업무상배임죄의 가중규정이고, 따라서 형법 제355조 제2항의 배임죄와의 관계에서는 신분관계로 인하여 형의 경중이 있는 경우라고 할 것이다. 그리고 위와 같은 신분관계가 없는 자가 그러한 신분관계에 있는 자와 공모하여 위 상호신용금고법위반죄를 저질렀다면, 그러한 신분관계가 없는 자에 대하여는 형법 제33조 단서에 의하여 형법 제355조 제2항에 따라 처단하여야 할 것인바, 그러한 경우에는 신분관계가 없는 자에게도 일단 업무상배임으로 인한 상호신용금고법 제39조 제1항 제2호 위반죄가 성립한 다음 형법 제33조 단서에 의하여 중한 형이 아닌 형법 제355조 제2항에 정한 형으로 처벌되는 것이다(대판 1997.12.26. 97도2609).

별개의 독립적 구성유형이다.30) 보호법익은 '타인의 사무를 처리하는 자의 청렴 성'이며, 보호의 정도는 '침해범'이다. 미수범은 처벌한다.

본죄는 2020. 12. 8. '제357조(배임수증재) ③ 범인 또는 그 사정을 아는 제3자 가 취득한 제1항의 재물은 몰수한다. 그 재물을 몰수하기 불가능하거나 재산상의 이익을 취득한 때에는 그 가액을 추징한다'로 개정되었다(2021. 12. 9. 시행).

2. 객관적 구성요건

(1) 행위의 주체

행위의 주체는 '타인의 사무를 처리하는 자'이다. 타인의 사무를 처리하는 자 라 함은 타인과의 대내관계에 있어서 신의성실의 원칙에 비추어 그 사무를 처리 할 신임관계가 존재한다고 인정되는 자를 의미하고, 반드시 제3자에 대한 대외관 계에서 그 사무에 관한 권한이 존재할 것을 요하지 않으며, 또 그 사무가 포괄적 위탁사무일 것을 요하는 것도 아니고, 사무처리의 근거, 즉 신임관계의 발생 근거 는 법령의 규정, 법률행위, 관습 또는 사무관리에 의하여도 발생할 수 있다.31)

□ 타인의 사무를 처리하는 자 관련 판례

〈타인의 사무를 처리하는 자로 인정〉

① 대학병원 의사인 피고인이, 의약품인 조영제나 의료재료를 지속적으로 납품할 수 있도록 해달라는 부정한 청탁 또는 의약품 등을 사용해 준 대가로 제약회사 등으로부 터 명절 선물이나 골프접대 등 향응을 제공받았다고 하여 배임수재의 공소사실로 기소 된 사안에서, 피고인이 실질적으로 조영제 등의 계속사용 여부를 결정할 권한이 있었 고, 단순히 1회에 그치지 않고 여러 차례에 걸쳐 선물과 향응을 제공받았으며, 제약회 사 등은 피고인과 유대강화를 통해 지속적으로 조영제 등을 납품하기 위하여 이를 제 공한 점 등의 사정을 종합할 때, 피고인은 '타인의 사무를 처리하는 자'에 해당하고, 피 고인이 받은 선물, 골프접대비, 회식비 등은 부정한 청탁의 대가로서 단순한 사교적 의 례 범위에 해당하지 않는다는 이유로, 피고인에게 유죄를 인정한 원심판단을 수긍한

---

30) 형법 제357조 제1항의 배임수재죄는 타인의 사무를 처리하는 자가 그 임무에 관하여 부정 한 청탁을 받고 재물 등을 취득함으로써 성립하는 것이고 어떠한 임무 위배행위나 본인에 게 손해를 가한 것을 요건으로 하는 것이 아닌데 대하여 동법 제256조, 제355조 제2항의 배임죄는 타인의 사무를 처리하는 자가 그 임무에 위배하는 행위가 있어야 하고 그 행위로 서 본인에게 손해를 가함으로써 성립하는 것이나 부정한 청탁을 받거나 금품을 수수한 것 을 그 요건으로 하지 않고 있으므로 이들 양 죄는 행위의 태양을 전연 달리하고 있어 일반 법과 특별법관계가 아닌 별개의 독립된 범죄라고 보아야 한다(대판 1984.11.27. 84도1906).
31) 대판 2003.2.26. 2002도6834.

사례(대판 2011.8.18. 2010도10290).

② 시·도 화물자동차운송사업협회(이하 '지역협회'라 한다) 대표자인 피고인들이 甲으로부터 전국화물자동차운송사업연합회(이하 '연합회'라 한다) 회장 선거에서 자신을 지지해달라는 취지의 부정한 청탁을 받고 돈을 수수하였다고 하여 배임수재죄로 기소된 사안에서, 구 화물자동차 운수사업법(2008. 2. 29. 법률 제8852호로 개정되기 전의 것) 제33조 제1항, 제2항, 제9항, 제35조 제1항 및 연합회와 지역협회 각 정관규정 등에 의하면, 각 지역협회 대표자가 연합회 총회에서 총회의 구성원이 되어 회장 선출에 관한 선거권 내지 의결권을 행사하는 것은 연합회 회원인 각 지역협회 업무집행기관으로서 권한을 행사하는 것에 불과하므로, 이러한 대표자의 권한행사는 자기의 사무를 처리하는 것이 아니라 타인인 '지역협회'의 사무를 처리하는 것으로 보아야 한다(대판 2011.8.25. 2009도5618).

〈타인의 사무를 처리하는 자로 부정〉

① 피고인은 제1심 공동피고인 등으로부터 경쟁 업체보다 동부건설 컨소시엄이 제출한 설계도면에 유리한 점수를 주어 동부건설 컨소시엄이 낙찰을 받을 수 있도록 해 달라는 취지의 청탁을 받은 이후인 2007. 11. 15.에 비로소 이 사건 건설사업의 평가위원으로 위촉된 사실을 인정할 수 있을 뿐이고, 피고인이 이 사건 건설사업의 평가위원으로 선임된 이후에 그 임무에 관하여 제1심 공동피고인 등으로부터 어떠한 청탁을 받았다는 내용은 포함되어 있지 않다. 따라서 앞서 본 법리에 비추어 보면 피고인이 제1심 공동피고인 등으로부터 원심 판시와 같은 청탁을 받을 당시에 춘천시가 발주한 이 사건 건설사업에 관한 사무를 처리하는 지위에 있었다고 인정되지 아니하는 이상 피고인을 배임수재죄로 처벌할 수는 없다고 할 것이다(대판 2010.7.22. 2009도12878).

② 지역별 수산업협동조합의 총대는 조합의 의결기관인 총회의 구성원일 뿐 임원이나 기타 업무집행기관이 아니며 선출지역 조합원의 지시나 간섭을 받지 않고 스스로의 권한으로 총회에서 임원선거에 참여하고 의결권을 행사하는 등 자주적으로 업무를 수행하는 것이므로 총회에서의 의결권 또는 선거권의 행사는 자기의 사무이고 이를 선거구역 조합원이나 조합의 사무라고 할 수 없는 것이고, 따라서 총대가 조합장선거에 출마한 후보자들로부터 자신을 지지하여 달라는 부탁과 함께 금원을 교부받았더라도 배임수재죄로 처벌할 수 없다(대판 1990.2.27. 89도970).

(2) 행위의 객체

행위의 객체는 '재물과 재산상 이익'이다. 횡령죄와 배임죄의 객체와 동일하다.

(3) 실행 행위

실행 행위는 '임무에 관하여 부정한 청탁을 받고 재물 또는 재산상의 이익을 취득하는 것'이다.

(가) 임무에 관한 부정한 청탁

부정한 청탁은 임무와 관련성이 있어야 한다. '임무에 관하여'라 함은 타인의 사무를 처리하는 자가 위탁받은 사무를 말하는 것이나, 이는 그 위탁관계로 인한 본래의 사무뿐만 아니라 그와 밀접한 관계가 있는 범위 내의 사무도 포함되는 것이며, '부정한 청탁'이라 함은 청탁이 사회상규와 신의성실의 원칙에 반하는 것을 말하고, 이를 판단함에 있어서는 청탁의 내용 및 이와 관련되어 교부받거나 공여한 재물의 액수·형식, 보호법익인 사무처리자의 청렴성 등을 종합적으로 고찰하여야 하며, 그 청탁이 반드시 명시적으로 이루어져야 하는 것은 아니고, 묵시적으로 이루어지더라도 무방하다.[32]

□ 임무에 관하여 부정한 청탁 관련 판례

〈임무에 관하여 부정한 청탁 인정〉

① 타인의 사무를 처리하는 자가 그 신임관계에 기한 사무의 범위에 속한 것으로서 장래에 담당할 것이 합리적으로 기대되는 임무에 관하여 부정한 청탁을 받고 재물 또는 재산상 이익을 취득한 후 그 청탁에 관한 임무를 현실적으로 담당하게 되었다면 이로써 타인의 사무를 처리하는 자의 청렴성은 훼손되는 것이어서 배임수재죄의 성립을 인정할 수 있다(대판 2013.10.11. 2012도13719).

② 주택조합아파트 시공회사 직원인 피고인들이 조합장으로부터 조합의 이중분양에 관한 민원을 회사에 보고하지 않고 묵인하거나 이중분양에 대한 조치를 강구할 때 조합의 입장을 배려하여 달라는 청탁을 받고 위 아파트 분양권을 취득한 사안에서, 피고인들에게 배임수재죄를 인정한 원심판단을 수긍한 사례(대판 2011.2.24. 2010도11784).

③ 경품용 상품권 발행 지정업체인 주식회사 해피머니 아이앤씨(이하 '해피머니'라고 한다)의 대표이사로서 위 회사의 상품권 발행 및 공급업무를 총괄하는 지위에 있는 피고인이 위 회사가 발행하는 경품용 상품권의 유통을 대행하는 전국총판인 주식회사 푸럼(나중에 '주식회사 버레스티'로 바뀌었다. 이하 두 회사를 '전국총판'이라고 한다)의 대표이사 공소외 1로부터 신·구 상품권 교환수수료 인하, 발행량 확대 등의 부정한 청탁을 받고 그 대가로 11개월 동안 합계 6억원을 교부받아 이를 취득하였다고 판단하였다. 앞서 본 바와 같은 법리 및 기록에 비추어 살펴보면, 위와 같은 원심의 증거의 취사선택과 사실인정 및 판단은 정당하여 수긍할 수 있고, 거기에 상고이유로 주장하는 바

---

32) 대판 2010.9.9. 2019도10681.

와 같은 채증법칙 위배 또는 배임수재죄에 관한 법리오해 등의 위법이 있다고 할 수 없
다(대판 2007.10.26. 2007도4702).

〈임무에 관하여 부정한 청탁 부정〉

① 학교법인의 이사장 또는 사립학교경영자가 학교법인 운영권을 양도하고 양수인으로
부터 양수인 측을 학교법인의 임원으로 선임해 주는 대가로 양도대금을 받기로 하는 내
용의 '청탁'을 받았다 하더라도, 그 청탁의 내용이 당해 학교법인의 설립 목적과 다른 목
적으로 기본재산을 매수하여 사용하려는 것으로서 학교법인의 존립에 중대한 위협을 초
래할 것임이 명백하다는 등의 특별한 사정이 없는 한, 그 청탁이 사회상규 또는 신의성
실의 원칙에 반하는 것을 내용으로 하는 것이라고 할 수 없으므로 이를 배임수재죄의 구
성요건인 '부정한 청탁'에 해당한다고 할 수 없다(대판 2014.1.23. 2013도11735).

② 아파트개발사업 시행업체 측으로부터 철거공사를 담당할 업체를 선정할 권한과 함
께 명도·이주 업무를 책임지고 수행할 임무를 위임받은 피고인이, 시행업체의 양해하
에 철거업체로 선정되면 철거공사 하도급대금 중 일부를 피고인에게 지급하기로 하는
내용의 약정을 철거업체와 체결한 사안에서, 타인의 부탁을 받아 계약과 사무를 처리
하는 사람이 특정인으로부터 계약체결의 상대방이 될 수 있게 해달라는 부정한 청탁을
받고 대가를 받은 경우라고 보기 어렵다(대판 2011.4.14. 2010도8743).

(나) 재물 또는 재산상의 이익의 취득

재물 또는 재산상의 이익은 부정한 청탁과 함께 현실적으로 수령을 하여야
한다. 따라서, 부정한 청탁을 받았어도 재물 또는 재산상 이익의 취득이 없는 경
우에는 본죄가 성립하지 않는다.[33] 이때, 단순히 요구나 약속만으로는 부족하다.
또한, 제3자가 재물 또는 재산상 이익을 취득한 때에도 제3자가 받은 것을 본인
이 직접 받은 것과 같이 평가할 수 있는 관계에 있는 경우에는 본인이 취득한 것

[33] 실질적으로 학교법인의 이사장 직무를 수행하면서 학교공사와 관련하여 공사대금 중 수급
인이 학교법인 부담부분 상당액을 학교법인에 기부하는 것을 조건으로 공사계약을 체결한
후 공사를 완성하여 이 부분에 대한 공사대금 지급의무를 면제받거나 그 대금 상당액을 입
금받은 다음 다시 수급인에게 공사대금으로 지급한 것으로 처리한 경우, 이러한 행위는 학
교공사에 관하여 관계 규정에 따른 공개입찰을 하지 아니하는 대신 특정 공사업자와 수의
계약을 체결하면서 공사업자에게 공사대금 중 국고지원 부분만을 지급하기로 하고 학교법
인 부담 부분은 면제받은 것으로 볼 것이고, 이러한 경우 공사대금 지급채무는 학교법인이
공사업자에 대하여 부담하는 것이므로 이를 면제받는 것은 학교법인의 이익으로 되는 것
일 뿐 실질적으로 학교법인의 이사장 직무를 수행한 자가 면제받은 대금 상당의 이익을 취
득하였다고 볼 수는 없고, 따라서 위와 같은 행위는, 공개입찰을 하지 아니하고 수의계약
을 체결한 것에 대하여 행정상의 책임 등을 묻는 것은 별론으로 하고, 타인의 사무를 처리
하는 자가 그 임무에 위배하여 부정한 청탁을 받고 재물 또는 재산상의 이익을 취득한 경
우에 해당한다고 할 수는 없다(대판 2001.2.9. 2000도4700).

으로 보아야 한다.[34] 타인의 사무를 처리하는 자가 증재자(贈財者)로부터 돈이 입금된 계좌의 예금통장이나 이를 인출할 수 있는 현금카드나 신용카드를 교부받아 이를 소지하면서 언제든지 위 예금통장 등을 이용하여 예금된 돈을 인출할 수 있어 예금통장의 돈을 자신이 지배하고 입금된 돈에 대한 실질적인 사용권한과 처분권한을 가지고 있는 것으로 평가될 수 있다면, 예금된 돈을 취득한 것으로 보아야 한다.[35]

(4) 기수시기

본죄는 타인의 사무를 처리하는 자가 그 임무에 관하여 부정한 청탁을 받고 재물 또는 재산상의 이익을 취득한 경우에 성립하고, 재물 또는 이익의 취득만으로 바로 기수에 이르며, 그 청탁에 상응하는 부정행위 내지 배임행위에 나아갈 것이 요구되지 아니한다.[36]

3. 주관적 구성요건

본죄의 고의는 타인이 사무를 처리하는 자가 그 임무에 관하여 부정한 청탁을 받고 재물 또는 재산상의 이익을 취득하거나 제3자로 하여금 이를 취득하게 한다는 것에 대한 인식과 인용이 있어야 한다. 또한, 고의와 함께 영득의사가 필요하다.

4. 몰수와 추징

범인이 또는 그 정을 아는 제3자가 취득한 재물은 몰수한다. 그 재물을 몰수하기 불능하거나 재산상의 이익을 취득한 때에는 그 가액을 추징한다. 이는 필요적 몰수·추징이다. 수재자가 증재자로부터 받은 재물을 그대로 가지고 있다가 증재자에게 반환하였다면 증재자로부터 이를 몰수하거나 그 가액을 추징하

---

34) 백화점 및 면세점의 입점업체 선정 업무를 총괄하는 피고인이 입점업체들로부터 추가 입점이나 매장 이동 등 입점 관련 편의를 제공해 달라는 청탁을 받고 그 대가로 매장 수익금 등을 지급받는 방법으로 돈을 수수하였다고 하여 구 형법(2016. 5. 29. 법률 제14178호로 개정되기 전의 것)상 배임수재로 기소된 사안에서, 피고인이 입점업체 대표 甲으로부터 부정한 청탁을 받고 그 대가로 자신이 받아온 수익금을 딸에게 주도록 甲에게 지시하였다면 이는 피고인 자신이 수익금을 취득한 것과 같다고 평가하여야 하고, 피고인이 입점업체인 乙 주식회사 대표이사 丙으로부터 부정한 청탁을 받고 그 대가를 피고인이 아들 명의로 설립하여 자신이 지배하는 丁 주식회사 계좌로 돈을 입금하도록 한 이상 사회통념상 피고인이 직접 받은 것과 동일하게 보아야 한다(대판 2017.12.7. 2017도12129).

35) 대판 2017.12.5. 2017도11564.

36) 대판 2010.9.9. 2009도10681.

여야 한다.37)

Ⅳ. 배임증재죄

> **제357조【배임수증재】** ② 제1항의 재물 또는 이익을 공여한 자는 2년 이하의 징역 또는 500만원 이하의 벌금에 처한다.

1. 의의, 성격

본죄는 '타인이 사무를 처리하는 자가 그 임무에 관하여 부정한 청탁을 하고 재물 또는 재산상의 이익을 공여함으로써 성립하는 범죄'이다. 본죄는 배임수재 죄와 필요적 공범관계에 있다. 미수범은 처벌한다.

본죄는 2020. 12. 8. '제357조(배임수증재) ② 제1항의 재물 또는 재산상 이익을 공여한 자는 2년 이하의 징역 또는 500만원 이하의 절금에 처한다'로 개정되었다(2021. 12. 9. 시행).

2. 구성요건

행위의 주체는 제한이 없다. 하지만, 상대방은 타인이 사무를 처리하는 자이어야 한다. 증재자는 수재자에게 그 임무에 관하여 부정한 청탁을 한다. 이때. 증재자에게는 정당한 업무에 속하는 청탁이라도 수재자에게는 부정한 청탁이 될 수 있다.38) 현실적인 공여가 있는 경우에 기수가 되고, 공여의 의사표시 또는 약속한 경우에는 미수에 해당한다.

---

37) 대판 2017.4.7. 2016도18104.

38) 형법 제357조 제1항의 배임수재죄와 같은 조 제2항의 배임증재죄는 통상 필요적 공범의 관계에 있기는 하나, 이것은 반드시 수재자와 증재자가 같이 처벌받아야 하는 것을 의미하는 것은 아니고, 증재자에게는 정당한 업무에 속하는 청탁이라도 수재자에게는 부정한 청탁이 될 수도 있다.

甲 주식회사를 사실상 관리하는 乙이 甲 회사가 사업용 부지로 매수한 토지에 관하여 처분금지가처분등기를 마쳐두었는데, 위 토지를 매수하려는 丙에게서 가처분을 취하해 달라는 취지의 청탁을 받고 돈을 수수하였다는 내용으로 기소된 사안에서, 乙이 받은 돈은 부정한 청탁의 대가임이 분명하고 乙에게 부정한 청탁에 대한 인식이 없었다고 볼 수 없어 배임수재죄가 성립하나, 반면 丙은 사업의 더 큰 손실을 피하기 위하여 가처분 취하의 대가로 乙이 지정하는 계좌로 돈을 송금한 점, 丙으로서는 위 돈이 궁극적으로 甲 회사에 귀속될 것인지 乙에게 귀속될 것인지에 관한 분명한 인식이 있었다고 볼 수 없는 점 등 제반 사정에 비추어, 丙이 가처분 취하의 대가로 돈을 교부한 행위는 사회상규에 위배되지 아니하여 배임증재죄를 구성할 정도의 위법성은 없다(대판 2011.10.27. 2010도7624).

제8장

장물에 관한 죄

제1절 서 설

I. 의의, 성격, 보호법익

장물의 죄는 '장물을 취득·양도·운반·보관하거나 이를 알선함으로써 성립하는 범죄'이다. '장물'은 절도, 강도 등 재산범죄에 의해 불법하게 영득한 재물을 말한다.

장물죄는 재물을 객체로 하는 재물죄이다. 장물취득죄는 불법영득의사가 필요한 영득죄이지만, 장물양도·운반·보관·알선죄는 영득죄가 아니므로 불법영득의사를 요하지 않는다. 장물죄는 본범을 비호하는 성격을 가지며, 본범과는 독립된 유형이다.

보호법익에 있어서 다양한 견해가 대립하고 있는데 다수설은 '재산권'이며, 보호의 정도는 침해범이라는 견해, 위험범이라는 견해가 대립하고 있다. 사견으로 본죄는 미수범 처벌규정이 없고, 본범에 의해 재산이 침해가 있었으므로 장물범에 의해 다시 재산의 침해를 요하지 않는다고 하겠다. 따라서 위험범설이 타당하다고 생각한다.

Ⅱ. 장물죄의 본질

장물죄의 본질에 대해서는 추구권설, 유지설, 공범설, 결합설이 대립하고 있다.

1. 추구권설

본 견해는 본범의 피해자가 점유를 상실한 재물에 대하여 추구 내지 회복하는 것을 곤란하게 하는데 있다는 것이다. 이 견해는 추구권이 없거나 상실하게 되면 장물성이 소멸된다고 한다. 따라서, 불법원인급여, 선의취득 등에 대해서는 피해자가 반환청구권을 청구할 수 없다.

2. 유지설

본 견해는 사법상의 반환청구권 여부와 상관없이 본범에 의해 성립된 위법한 재산 상태를 본범 또는 점유자와의 합의하에 유지·존속시키는 것으로 본다. 이 견해는 형법의 독자적 견지에서 장물을 파악하고 있어, 불법원인급여나 통화위조죄, 도박죄 등에 의해 취득한 재물의 장물성을 인정한다.

3. 공범설

본 견해는 장물죄를 사후종범으로 파악한다. 따라서, 본범이 취득한 이익에 관여하여 간접적으로 이익을 취득하는 형식으로 본다. 따라서, 피해자와 연관성이 있는 경우에는 대체장물, 장물의 매각대금, 선의취득에 의해 반환청구권을 행사할 수 없는 경우에도 장물죄가 성립한다.

4. 결합설

본 견해는 다수설로, 장물죄는 피해자의 반환청구권의 행사를 곤란하게 하는 것과 위법한 상태를 유지하는 것으로 본다. 따라서, 선의취득이나 반환청구권을 행사할 수 없는 경우에는 장물성을 인정하지 않고, 연쇄장물은 장물죄가 본범에 해당하므로 장물성이 인정된다. 불법원인급여와 대체장물은 견해가 다시 나누어진다.

5. 판례

판례는 일관된 입장을 유지하지 않고 있다. 대부분은 추구권설 입장이기는 하나, 결합설 입장도 보이고 있다.

□ 장물죄의 본질 관련 판례

〈추구권설 입장〉

① 절도 범인으로부터 장물보관 의뢰를 받은 자가 그 정을 알면서 이를 인도받아 보관하고 있다가 임의 처분하였다 하여도 장물보관죄가 성립하는 때에는 이미 그 소유자의 소유물 추구권을 침해하였으므로 그 후의 횡령행위는 불가벌적 사후행위에 불과하여 별도로 횡령죄가 성립하지 않는다(대판 2004.4.9. 2003도8219).

② 형법상 장물죄의 객체인 장물이라 함은 재산권상의 침해를 가져올 위법행위로 인하여 영득한 물건으로서 피해자가 반환청구권을 가지는 것을 말하고 본건 대지에 관하여 매수인 "갑"에게 소유권 이전등기를 하여 줄 임무가 있는 소유자가 그 임무에 위반하여 이를 "을"에게 매도하고 소유권이전등기를 경유하여 준 경우에는 위 부동산소유자가 배임행위로 인하여 영득한 것은 재산상의 이익이고 위 배임범죄에 제공된 대지는 범죄로 인하여 영득한 것 자체는 아니므로 그 취득자 또는 전득자에게 대하여 배임죄의 가공여부를 논함은 별문제로 하고 장물취득죄로 처단할 수 없다(대판 1975.12.9. 74도2804).

〈결합설 입장〉

장물인 정을 모르고 보관하던 중 장물인 정을 알게 되었고, 위 장물을 반환하는 것이 불가능하지 않음에도 불구하고 계속 보관함으로써 피해자의 정당한 반환청구권 행사를 어렵게 하여 위법한 재산상태를 유지시킨 경우에는 장물보관죄에 해당한다(대판 1987.10.13. 87도1633).

Ⅲ. 장물죄 구성요건의 체계

장물죄는 단순장물취득·양도·운반·보관·알선죄(제362조)를 기본적 구성요건으로 한다. 상습장물죄(제363조)는 상습으로 인한 책임가중유형이고, 업무상과실·중과실 장물죄(제364조)는 과실범으로 처벌한다.

장물범과 피해자, 장물범과 본범 간에 친족관계가 있는 경우에는 친족상도례가 적용된다(제365조).

제2절 개별적 범죄 유형

Ⅰ. 장물취득·양도·운반·보관·알선죄

> 제362조【장물의 취득, 알선 등】① 장물을 취득, 양도, 운반 또는 보관한 자는 7년 이하의 징역 또는 1천500만원 이하의 벌금에 처한다.
> ② 전항의 행위를 알선한 자도 전항의 형과 같다.

1. 의의, 보호법익

본죄는 '장물을 취득·양도·운반·보관하거나 이를 알선함으로써 성립하는 범죄'이다. 보호법익은 '본범 피해자의 재산권'이며, 보호의 정도는 '위험범'이다. 미수범은 처벌하지 않는다.

2. 객관적 구성요건

(1) 행위의 주체

행위의 주체는 '본범의 정범을 제외한 자'이다. 본범에는 공동정범, 간접정범, 합동범을 포함한다.[1][2] 즉, 장물죄에서 본범은 본죄의 주체가 될 수 없다. 하지만, 교사범이나 방조범의 공범은 본죄의 주체가 될 수 있다.[3]

(2) 행위의 객체

객체는 '장물'이다. 장물이라 함은 본범인 재산범죄로 인하여 불법하게 영득한 재물을 말한다.

---

1) 장물죄는 타인(본범)이 불법하게 영득한 재물의 처분에 관여하는 범죄이므로 자기의 범죄에 의하여 영득한 물건에 대하여는 성립되지 아니하고 이는 불가벌적 사후행위에 해당한다고 할 것이지만, 여기에서 자기의 범죄라 함은 정범자(공동정범과 합동정범을 포함)에 한정되는 것이므로, 평소 본범과 공동하여 수차 상습으로 강도 등 범행을 자행함으로써 실질적인 범죄집단을 이루고 있었다고 하더라도, 당해 범죄행위의 정범자로 되지 아니한 이상 이를 자기의 범죄라고 할 수 없고, 따라서 그 장물의 취득을 불가벌적 사후행위라고 할 수 없다(대판 1986.9.9. 86도1273).
2) 특수강도의 범행을 모의한 이상 범행의 실행에 가담하지 아니하고, 공모자들이 강취해 온 장물의 처분을 알선만 하였다 하더라도, 특수강도의 공동정범이 된다 할 것이므로 장물알선죄로 의율할 것이 아니다(대판 1983.2.22. 82도3103).
3) 횡령교사를 한 후 그 횡령한 물건을 취득한 대에는 횡령교사죄와 장물취득죄의 경합범이 성립된다(대판 1969.6.24. 69도692).

(가) 재물

장물은 재물이어야 한다. 따라서, 재산상의 이익은 장물의 객체가 될 수 없다. 전화가입권과 같은 채권적 권리,[4] 예금채권[5]이나 정보는 장물죄에서의 재물이 아니다. 본죄에서 재물은 관리할 수 있는 동력도 장물이 될 수 있다.[6]

(나) 본범인 재산범죄

본범은 재산범죄에 한한다. 재산범죄는 절도죄, 강도죄, 사기죄, 공갈죄, 횡령죄, 권리행사방해죄, 점유강취죄, 강제집행면탈죄이며, 특별법상의 산림절도나 문화재 절도죄도 이에 포함된다. 하지만, 배임죄와 같이 재산상의 이익을 객체로 하거나[7] 영득행위가 없는 손괴죄는 본죄의 본범이 될 수 없다. 장물죄도 본죄에서의 본범이 될 수 있다.

본범의 재산범죄는 구성요건에 해당하고 위법성 조각사유가 없으면 충분하다. 책임이나 소추조건을 요하지 않는다. 본범의 공소시효가 완성되거나 친족상도례가 적용되는 경우에도 본죄의 성립에는 영향이 없다. '장물'이라 함은 재산범죄로 인하여 취득한 물건 그 자체를 말하므로, 재산범죄를 저지른 이후에 별도의 재산범죄의 구성요건에 해당하는 사후행위가 있었다면 비록 그 행위가 불가벌적 사후행위로서 처벌의 대상이 되지 않는다 할지라도 그 사후행위로 인하여 취득한 물건은 장물이 될 수 있다.[8]

(다) 본범의 행위 종료 시점

장물죄가 성립하기 위해 본범의 행위가 종료, 즉 기수가 되어야 하는 점에 있어서는 ① 불법하게 영득한 재물이어야 하므로 본범이 기수에 달해야 한다는

---

4) 전화가입권의 실체는 가입권자가 전화관서로부터 전화역무를 제공받을 하나의 채권적 권리이며, 이는 하나의 재산상의 이익은 될지언정, 위에 말한 '장물'의 범주에 속하지 아니한다(대판 1971.2.23. 70도2589).

5) 컴퓨터등사용사기죄의 범행으로 예금채권을 취득한 다음 자기의 현금카드를 사용하여 현금자동지급기에서 현금을 인출한 경우, 현금카드 사용권한 있는 자의 정당한 사용에 의한 것으로서 현금자동지급기 관리자의 의사에 반하거나 기망행위 및 그에 따른 처분행위도 없었으므로, 별도로 절도죄나 사기죄의 구성요건에 해당하지 않는다 할 것이고, 그 결과 그 인출된 현금은 재산범죄에 의하여 취득한 재물이 아니므로 장물이 될 수 없다(대판 2004.4.16. 2004도353).

6) 장물이란 재산죄로 인하여 얻어진 재물(관리할 수 있는 동력도 포함된다)을 말하는 것이다(대판 1972.6.13. 72도971).

7) 양도담보로 제공한 물건을 다시 타에 양도한 행위는 배임죄에 해당되지만, 양도담보로 제공한 후 다시 타에 양도한 물건은 배임행위에 제공한 물건이지 배임행위로 인하여 영득한 물건 자체는 아니므로 장물이라고 볼 수 없다(대판 1983.11.8. 82도2119).

8) 대판 2004.4.16. 2004도353.

견해(다수설), ② 본범이 미수에 그치더라도 재물을 영득한 이상 그 재물은 장물이 되므로 기수임을 요하지 않는다는 견해가 있다. 판례는 "횡령죄에 있어서 기수에 달하는 것과 동시에 그 금원은 장물이 된다"라고 판시하고 있다.9)

(라) 재물의 동일성

장물은 재산범죄로 인해 영득한 재물 그대로이거나 원형이 변경되었다 하더라도 최소한 물질적 동일성은 인정되어야 한다. 그러므로, 물질적 동일성이 상실된 장물을 팔아서 얻은 돈,10) 장물을 전당잡힌 전당표11)와 같은 '대체장물'은 장물이 아니다. 하지만, 장물인 통화를 다른 통화로 환전한 경우에는 "금전적 가치에는 아무런 변동이 없으므로 장물로서의 성질은 그대로 유지된다"는 이유로 환전통화의 장물성을 인정하고 있다.12) 또한, 재물이 금전인 경우에는 원래 금전이 그 개성에 특별한 가치가 있는 경우가 아닌 한 수표나 예금 혹은 현금 등으로 바뀌더라도 가액이 명확히 구분되는 한도 내에서 장물로서의 성질을 잃지 않는다고 본다.13) 사기범에게 기망당한 피해자가 사기방조범의 계좌로 입금한 돈을 사기방조범이 인출한 경우에는 장물취득죄가 성립하지 않는다.14)

9) 횡령죄는 타인의 재물을 보관하는 자가 그 재물을 횡령하는 경우에 성립하는 범죄이고, 횡령죄의 구성요건으로서의 횡령행위란 불법영득의사를 실현하는 일체의 행위를 말하는 것으로서 불법영득의사가 외부에 인식될 수 있는 객관적 행위가 있을 때 횡령죄가 성립한다. 장물이라 함은 재산죄인 범죄행위에 의하여 영득한 물건을 말하는 것으로서 절도, 강도, 사기, 공갈, 횡령 등 영득죄에 의하여 취득된 물건이어야 한다. 甲이 회사 자금으로 乙에게 주식매각 대금 조로 금원을 지급한 경우, 그 금원은 단순히 횡령행위에 제공된 물건이 아니라 횡령행위에 의하여 영득된 장물에 해당한다고 할 것이고, 나아가 설령 甲이 乙에게 금원을 교부한 행위 자체가 횡령행위라고 하더라도 이러한 경우 甲의 업무상횡령죄가 기수에 달하는 것과 동시에 그 금원은 장물이 된다(대판 2004.12.9. 2004도5904).
10) 장물을 팔아서 얻은 돈에는 이미 장물성을 찾아볼 수 없다(대판 1972.6.13. 72도971).
11) 장물을 전당잡힌 전당표는 그것이 장물 그 자체라고 볼 수 없음은 물론 동일성 있는 변형된 물건이라고 볼 수도 없는 것이다(대판 1973.3.13.73도58).
12) 장물이라 함은 재산범죄로 인하여 취득한 물건 그 자체를 말하고, 그 장물의 처분대가는 장물성을 상실하는 것이지만, 금전은 고도의 대체성을 가지고 있어 다른 종류의 통화와 쉽게 교환할 수 있고, 그 금전 자체는 별다른 의미가 없고 금액에 의하여 표시되는 금전적 가치가 거래상 의미를 가지고 유통되고 있는 점에 비추어 볼 때, 장물인 현금을 금융기관에 예금의 형태로 보관하였다가 이를 반환받기 위하여 동일한 액수의 현금을 인출한 경우에, 예금계약의 성질상 인출된 현금은 당초의 현금과 물리적인 동일성은 상실되었지만 액수에 의하여 표시되는 금전적 가치에는 아무런 변동이 없으므로 장물로서의 성질은 그대로 유지된다고 봄이 상당하고, 자기앞수표도 그 액면금을 즉시 지급받을 수 있는 등 현금에 대신하는 기능을 가지고 거래상 현금과 동일하게 취급되고 있는 점에서 금전의 경우와 동일하게 보아야 한다(대판 2000.3.10. 98도2579).
13) 대판 1999.9.17. 98도2269.
14) 장물취득죄에서 '취득'이라 함은 장물의 점유를 이전받음으로써 그 장물에 대하여 사실상 처분권을 획득하는 것을 의미하는데, 이 사건의 경우 본범의 사기행위는 피고인이 예금계

(마) 장물성의 상실

① 제3자가 장물을 선의취득한 경우

민법 제249조의 선의취득한 경우에는 장물성이 상실됨으로 인해 본죄가 성립하지 않는다. 예를 들어 甲(본범)이 절도죄를 통해 금반지를 취득하였고, 乙(장물범)이 그 금반지를 취득한 후 丙에게 양도하였는데, 丙은 그 금반지가 장물인지 모르고 선의 취득한 후, 장물임을 알고 있는 丁에게 취득케 한 경우에는 丁에게는 장물취득죄가 성립하지 않는다. 하지만, 민법 제250조에 의해 피해자가 반환을 청구할 수 있는 2년 동안은 장물성이 소멸되지 않는다.[15]

② 불법원인급여물인 경우

불법원인급여로 제공받은 재물에 대해 불법영득한 경우, 유지설 및 결합설에 의하면 위법한 재산상태가 존재하므로 장물성이 인정된다고 하며, 추구권설에 의해서도 본범의 피해자에게 민법상 반환청구권이 있으므로 장물성이 인정된다고 한다.

③ 취소권 및 해지권의 소멸된 경우

사기나 강박에 의한 의사표시는 취소할 수 있다.[16] 그러나, 피해자가 취소나 해제권을 포기하거나 소멸된 경우에는 민법상 취소권 및 해지권의 소멸로 인해 피해자에게 반환청구권이 인정되지 않는다 하여도 위법한 재산상태는 유지되는 것으로 장물성이 상실되지 않는다는 견해와 취소권이 소멸되면 장물성도 소멸된다는 견해가 있다.

④ 가공, 부합, 혼화

민법상 가공, 부합, 혼화되어 가공자에게 소유권이 이전된 경우, 위법한 재산

죄를 개설하여 본범에게 양도한 방조행위가 가공되어 본범에게 편취금이 귀속되는 과정 없이 피고인이 피해자로부터 피고인의 예금계좌로 돈을 송금받아 취득함으로써 종료되는 것이고, 그 후 피고인이 자신의 예금계좌에서 위 돈을 인출하였다 하더라도 이는 예금명의자로서 은행에 예금반환을 청구한 결과일 뿐 본범으로부터 위 돈에 대한 점유를 이전받아 사실상 처분권을 획득한 것은 아니므로, 피고인의 위와 같은 인출행위를 장물취득죄로 벌할 수는 없다(대판 2010.12.9. 2010도6256).

15) 민법 제250조(도품, 유실물에 대한 특례) 전조의 경우에 그 동산이 도품이나 유실물인 때에는 피해자 또는 유실자는 도난 또는 유실된 날로부터 2년 내에 그 물건의 반환을 청구할 수 있다. 그러나 도품이나 유실물이 금전인 때에는 그러하지 아니하다.

16) 민법 제110조(사기, 강박에 의한 의사표시) ① 사기나 강박에 의한 의사표시는 취소할 수 있다. ② 상대방있는 의사표시에 관하여 제삼자가 사기나 강박을 행한 경우에는 상대방이 그 사실을 알았거나 알 수 있었을 경우에 한하여 그 의사표시를 취소할 수 있다. ③ 전2항의 의사표시의 취소는 선의의 제삼자에게 대항하지 못한다.

상태가 소멸함으로써 재물의 장물성은 상실한다.

⑤ 장물의 증여 또는 상속

본범의 피해자가 본범에게 증여하거나 본범이 장물을 상속하는 경우에는 추구권도 없고 위법상태도 없어 장물성이 상실된다.

⑥ 명의신탁된 부동산

신탁행위에 있어서는 수탁자가 외부관계에 대하여 소유자로 간주되므로 이를 취득한 제3자는 수탁자가 신탁자의 승낙없이 매각하는 정을 알고 있는 여부에 불구하고 장물취득죄가 성립하지 아니한다.[17] 이는 제3자는 유효하게 부동산을 취득할 수 있으며, 명의신탁자에게 추구권이 없기 때문이다.

(3) 실행 행위

실행 행위는 '장물의 취득·양도·운반·보관 또는 이러한 행위를 알선'하는 것이다.

(가) 취득

'취득'이란 장물의 점유를 이전받음으로써 그 장물을 대하여 사실상 처분권을 획득하는 것을 의미한다.[18] 장물은 매매나 교환, 채무변제와 같은 유상취득, 증여나 사용대차와 같은 무상취득을 불문하며, 본범으로부터 직접 취득을 하던 제3자를 통해 취득을 하던 불문한다. 취득은 사실상의 처분권을 획득하는 것을 의미하는 것이므로, 단순히 보수를 받고 본범을 위하여 장물을 일시 사용하거나 그와 같이 사용할 목적으로 장물을 건네받은 것만으로는 장물을 취득한 것으로 볼 수 없다.[19] 또한, 사실상의 처분권을 획득한다는 점에서 보관, 운반과는 구별된다. 장물취득죄는 현실적인 점유 이전이 있어야 하므로 계약만으로는 장물취득죄가 성립하지 않는다. 그러므로 사실상의 점유를 이전이 되었을 때 본죄의 기수가 되며, 행위자가 장물을 취득할 때 장물이라는 점을 인식해야 한다.[20] 따라서 장물을 취득한 후에 장물이라는 점을 알았다면 본죄는 성립하지

---

17) 대판 1979.11.27. 79도2410.
18) 대판 2010.12.9. 2010도6256.
19) 대판 2003.5.13. 2003도1366.
20) 공동피고인의 행위는 발매할 권한 없이 발매기를 임의조작함으로써 유가증권인 리프트탑승권을 위조하는 행위와 발매기로부터 위조되어 나오는 리프트탑승권을 절취하는 행위가 결합된 것이고, 나아가 그와 같이 위조된 리프트탑승권을 판매하는 행위는 일면으로는 위조된 리프트탑승권을 행사하는 행위임과 동시에 절취한 장물인 위조 리프트탑승권의 처분행위에 해당한다 할 것이다. 따라서, 공동피고인이 위 위조된 리프트탑승권을 위와 같은 방법으로 취득하였다는 정을 피고인이 알면서 이를 제1심 공동피고인으로부터 매수하였다

않는다.[21]

(나) 양도

'양도'란 장물을 취득할 당시 그 정을 알지 못하였으나 이후 장물임을 알면서 제3자에게 넘기는 것을 말한다.[22] 양수인에게 사실상의 소유권을 갖도록 하는 것이다. 취득과 같이 계약만으로는 부족하고 사실상의 점유가 이전되어야 기수가 된다. 양도는 유상이든 무상이든 불문하며, 양수인이 선의든 악의든 상관없다. 장물인 줄 모르고 취득하였다가 이후 장물인 줄 알고서 양도한 경우에는 장물양도죄가 성립한다. 처음부터 장물인 줄 알고 취득한 후 양도한 경우에는 장물취득죄만 성립하고 장물을 양도한 행위는 불가벌적 사후행위로 보아야 한다.

(다) 운반

'운반'이란 장물을 장소적으로 이전하는 것을 말한다. 운반도 계약만으로는 부족하고 사실상의 장소적 이동이 있어야 기수가 된다. 장물을 운반한 자가 이를 취득한 때에는 장물취득죄만이 성립한다. 본범자와 공동하여 장물을 운반한 경우는 본범자는 장물죄에 해당하지 않으나 그 외의 자의 행위는 장물운반죄를 구성한다.[23] 그러나 타인이 절취, 운전하는 승용차의 뒷좌석에 편승한 것을 가리켜 장물운반행위의 실행을 분담하였다고는 할 수 없다.[24]

면 그러한 피고인의 행위는 위조된 유가증권인 리프트탑승권에 대한 장물취득죄를 구성한다(대판 1998.11.24. 98도2967).

21) 장물취득죄는 취득 당시 장물인 정을 알면서 재물을 취득하여야 성립하는 것이므로 피고인이 재물을 인도받은 후에 비로소 장물이 아닌가 하는 의구심을 가졌다고 하여 그 재물수수행위가 장물취득죄를 구성한다고 할 수 없고, 장물인 정을 모르고 장물을 보관하였다가 그 후에 장물인 정을 알게 된 경우 그 정을 알고서도 이를 계속하여 보관하는 행위는 장물죄를 구성하는 것이나 이 경우에도 점유할 권한이 있는 때에는 이를 계속하여 보관하더라도 장물보관죄가 성립한다고 할 수 없다(대판 2006.10.13. 2004도6084).

22) 장물죄에 있어서 장물의 인식은 확정적 인식임을 요하지 않으며 장물일지도 모른다는 의심을 가지는 정도의 미필적 인식으로서도 충분하다. 피고인은 미등록상태였던 수입자동차를 취득한 후, 최초 등록이 마쳐진 이 사건 수입자동차가 장물일지도 모른다고 생각하면서도 이를 다시 공소외인에게 양도한 사실을 알 수 있는바, 이를 법리에 비추어 살펴보면 피고인이 선의취득 주장을 배척하고 이 사건 수입자동차에 대한 장물양도죄의 공소사실을 유죄로 인정한 조치는 정당하다(대판 2011.5.13. 2009도3552).

23) 본범자와 공동하여 장물을 운반한 경우에 본범자는 장물죄에 해당하지 않으나 그 외의 자의 행위는 장물운반죄를 구성하므로, 피고인이 본범이 절취한 차량이라는 정을 알면서도 본범 등으로부터 그들이 위 차량을 이용하여 강도를 하려 함에 있어 차량을 운전해 달라는 부탁을 받고 위 차량을 운전해 준 경우, 피고인은 강도예비와 아울러 장물운반의 고의를 가지고 위와 같은 행위를 하였다고 봄이 상당하다(대판 1999.3.26. 98도3030).

24) 대판 1983.9.13. 83도1146.

(라) 보관

'보관'이란 위탁을 받아서 장물을 자기 점유하에 두는 것을 말한다. 장물인 정을 알고 현실적으로 보관을 할 때 기수가 된다.[25] 보관은 취득과 달리 점유의 취득은 있으나 사실상의 처분권이 없는 경우이다. 장물인 정을 모르고 장물을 보관하였다가 그 후에 장물인 정을 알게 된 경우, 그 정을 알고서도 이를 계속하여 보관하는 행위는 장물보관죄가 성립한다.[26] 하지만, 점유할 권한이 있는 때에는 장물보관죄가 성립하지 않는다.[27] 장물취득자가 이를 보관한 경우에는 장물취득죄 이외 별도로 처벌되지 않고 흡수된다.

(마) 알선

'알선'이란 장물의 취득·양도·운반·보관하려는 당사자 사이에 서서 이를 중개하거나 편의를 도모하는 것을 말한다. 장물알선의 기수시기에 대해서는 ① 알선행위만 있으면 계약성립과 관련없이 기수가 된다는 견해, ② 알선행위 이외 계약이 성립되어야 기수가 된다는 견해, ② 알선을 하여 점유 이전까지 있어야 기수가 된다는 견해가 있다. 이에 판례는 "계약이 성립하지 아니하였거나 장물의 점유가 현실적으로 이전되지 아니한 경우에도 장물알선죄가 성립한다"고 판시하였다.[28]

---

25) 공소외인이 위 신용카드를 습득한 것으로 알고 있었다고 진술하고 있고, 이 사건 장물취득의 점에 관한 공소사실 자체도 이와 같이 되어 있음을 알 수 있는바, 공소외인은 늦어도 습득한 위 신용카드 2장으로 물건을 구입하여 줄 것을 피고인에게 부탁한 때에는 불법영득의 의사가 확정됨으로써 점유이탈물횡령죄의 기수에 이른 것이고, 점유이탈물횡령으로 인하여 영득한 재물 역시 장물로 보아야 하므로, 공소외인의 위와 같은 부탁을 받아들여 위 신용카드 2장을 교부받은 피고인의 행위는 적어도 형법 제362조 제1항 소정의 장물을 보관한 경우에 해당한다(대판 2003.5.13. 2003도1366).

26) 대판 1987.10.13. 87도1633.

27) 장물인 정을 모르고 장물을 보관하였다가 그 후에 장물인 정을 알게 된 경우, 그 정을 알고서도 이를 계속하여 보관하는 행위는 장물죄를 구성하는 것이나, 이 경우에도 점유할 권한이 있는 때에는 이를 계속하여 보관하더라도 장물보관죄가 성립하지 않는 것이라고 할 것이다. 원심이 같은 취지에서 피고인이 채권의 담보로서 이 사건 수표들을 교부받았다가 장물인 정을 알게 되었음에도 이를 보관한 행위는 장물보관죄에 해당하지 아니한다고 하여 무죄를 선고한 조처는 정당하다(대판 1986.1.21. 85도2472).

28) 형법 제362조 제2항에 정한 장물알선죄에서 '알선'이란 장물을 취득·양도·운반·보관하려는 당사자 사이에 서서 이를 중개하거나 편의를 도모하는 것을 의미한다. 따라서 장물인 정을 알면서, 장물을 취득·양도·운반·보관하려는 당사자 사이에 서서 서로를 연결하여 장물의 취득·양도·운반·보관행위를 중개하거나 편의를 도모하였다면, 그 알선에 의하여 당사자 사이에 실제로 장물의 취득·양도·운반·보관에 관한 계약이 성립하지 아니하였거나 장물의 점유가 현실적으로 이전되지 아니한 경우라도 장물알선죄가 성립한다(대판 2009.4.23. 2009도1203). - 장물인 귀금속의 매도를 부탁받은 피고인이 그 귀금속이 장물임을 알면서도 매매를 중개하고 매수인에게 이를 전달하려다가 매수

3. 주관적 구성요건

본죄는 장물에 대한 고의가 있어야 한다. 장물의 인식은 확정적 인식을 요하지 않으며, 장물일지도 모른다는 의심을 가지는 정도의 미필적 인식으로서도 충분하다.[29] 범인이 장물이라는 정을 알면 족하고 그 본범의 범행을 구체적으로 알아야 하는 것이 아니며 또 그 인식은 미필적 인식으로 족하다.[30]

고의 이외 불법영득의사가 있어야 하는 문제에 있어 다수설은 장물취득죄는 불법영득의사를 필요로 하는 영득죄이지만, 장물양도·운반·보관·알선죄의 성립에는 불법영득 의사 내지 이득의 의사가 필요하지 않다고 본다.

4. 죄수 및 다른 죄와의 관계

① 처음부터 장물임을 알고 취득한 후 양도한 경우, 다수설은 처음부터 장물임을 알고 취득한 후 양도한 경우는 장물취득죄만 성립하고, 양도 행위는 불가벌적 사후행위로 본다.

② 장물을 보관하다가 취득한 경우에는 보관은 취득의 보충관계로 장물취득죄만이 성립한다.

③ 장물을 보관하던 자가 횡령한 경우에는 장물보관죄만 성립하고, 횡령행위는 불가벌적 사후행위가 된다.[31]

④ 장물을 절취한 경우에는 절도죄만 성립하고 장물취득죄는 되지 않는다.[32] 강취, 편취도 동일하다.

⑤ 장물을 알선하여 정을 모르는 매수인으로부터 대금을 수취한 경우에는 장물알선죄와 사기죄의 실체적 경합이 된다.

⑥ 장물임을 알면서 뇌물로 받은 경우에는 수뢰죄와 장물취득죄의 상상적

인을 만나기도 전에 체포되었다 하더라도, 위 귀금속의 매매를 중개함으로써 장물알선죄가 성립한다.
29) 대판 1995.1.20. 94도1968.
30) 대판 1969.1.21. 68도1474.
31) 절도범인으로부터 장물보관의뢰를 받은 자가 그 정을 알면서 이를 인도받아 보관하고 있다가 임의 처분하였다 하여도 장물보관죄가 성립되는 때에는 이미 그 소유자의 소유물추구권을 침해하였으므로 그 후의 횡령행위는 불가벌적 사후행위에 불과하여 별도로 횡령죄가 성립하지 않는다(대판 1976.11.23. 76도3067).
32) 타인이 갈취한 재물을 그 타인의 의사에 반하여 절취하였다면 절도죄를 구성하고 장물취득죄가 되지 않는다(대판 1966.12.20. 66도1437).

경합이 된다.

5. 친족간의 범행

> **제365조【친족간의 범행】** ① 전 3조의 죄를 범한 자와 피해자간에 제328조 제1항, 제2항의 신분관계가 있는 때에는 동조의 규정을 준용한다.
> ② 전 3조의 죄를 범한 자와 본범간에 제328조 제1항의 신분관계가 있는 때에는 그 형을 감경 또는 면제한다. 단 신분관계가 없는 공범에 대하여는 예외로 한다.

(1) 장물범과 피해자간 친족관계의 경우

① 장물범이 본범의 피해자와 직계혈족, 배우자, 동거친족, 동거가족 또는 그 배우자의 신분관계가 있는 때에는 형을 면제한다.

② 장물범이 본범의 피해자와 친족의 신분관계가 있는 때에는 고소가 있어야 공소를 제기할 수 있다(친고죄).

(2) 장물범과 본범간에 친족관계의 경우

① 장물범이 본범과 직계혈족, 배우자, 동거친족, 동거가족 또는 그 배우자의 신분관계가 있는 때에는 형을 감경 또는 면제한다.

② 신분관계 없는 공범에 대하여는 형의 감경이나 면제, 친고죄가 적용되지 않는다.

Ⅱ. 상습장물죄

> **제363조【상습범】** ① 상습으로 전조의 죄를 범한 자는 1년 이상 10년 이하의 징역에 처한다.
> ② 제1항의 경우에는 10년 이하의 자격정지 또는 1천500만원 이하의 벌금을 병과할 수 있다.

본죄는 '상습으로 장물을 취득·양도·운반·보관하거나 알선함으로써 성립하는 범죄'이다. 상습으로 인해 책임이 가중되는 유형이다.

'상습성'이라 함은 반복하여 장물취득행위를 하는 습벽으로서 행위자의 속성을 말하고, 이러한 습벽의 유무를 판단함에 있어서는 장물취득의 전과가 중요한 판단자료가 되나 장물취득의 전과가 없다고 하더라도 범행의 횟수, 수단과 방법,

동기 등 제반 사정을 참작하여 장물취득의 습벽이 인정되는 경우에는 상습성을 인정할 수 있다.[33]

Ⅲ. 업무상과실 · 중과실 장물죄

> **제364조【업무상과실 · 중과실】** 업무상과실 또는 중대한 과실로 인하여 제362조의 죄를 범한 자는 1년 이하의 금고 또는 500만원 이하의 벌금에 처한다.

본죄는 '업무상과실 또는 중대한 과실로 인하여 장물을 취득 · 양도 · 운반 · 보관하거나 이들의 행위를 알선함으로써 성립하는 범죄'이다. 이는 장물을 취급하기 쉬운 업무를 하는 자에게 업무처리의 주의를 요하는 규정이다.

□ 업무상과실 · 중과실 장물죄 관련 판례

〈업무상과실 인정〉

① 전당포주가 물품을 전당잡고자 할 때는 전당물주의 주소, 성명, 직업, 연령과 그 물품의 출처, 특징 및 전당잡히려는 동기, 그 신분에 상응한 소지인지의 여부 등을 알아보아야 할 업무상의 주의의무가 있다 할 것이고, 이를 게을리하여 장물인 정을 모르고 전당잡은 경우에는 비록 주민등록증을 확인하였다 하여도 그 사실만으로는 업무상과실 장물취득의 죄책을 면할 수 없다(대판 1985.2.26. 84도2732).

② 금은방을 운영하는 자가 귀금속류를 매수함에 있어 매도자의 신원확인절차를 거쳤다고 하여도 장물인지의 여부를 의심할 만한 특별한 사정이 있거나, 매수물품의 성질과 종류 및 매도자의 신원 등에 좀 더 세심한 주의를 기울였다면 그 물건이 장물임을 알 수 있었음에도 불구하고 이를 게을리하여 장물인 정을 모르고 매수하여 취득한 경우에는 업무상과실장물취득죄가 성립한다고 할 것이고, 물건이 장물인지의 여부를 의심할 만한 특별한 사정이 있는지 여부나 그 물건이 장물임을 알 수 있었는지 여부는 매도자의 인적사항과 신분, 물건의 성질과 종류 및 가격, 매도자의 그 물건의 객관적 관련성, 매도자의 언동 등 일체의 사정을 참작하여 판단하여야 한다(대판 2003.4.25. 2003도348).

〈업무상과실 부정〉

① 미싱취급 고물영업을 하는 피고인들이 새로운 설비를 하기 위하여 미싱을 처분한다는 봉제공장 경영자로부터 그 공장에 설치되어 있던 미싱 50대를 구입함에 있어서 다

---

33) 대판 2007.2.8. 2006도6955.

른 고물영업자 2사람과 함께 만든 견적서에 의하여 그 대금을 결정하고 매매계약서를 작성할 때에도 그의 사업자등록증과 주민등록증을 확인하고 위 물품을 인수한 후에 피고인들의 고물상 장부에 이를 모두 기재하였다면 피고인들로서는 위 물품들이 장물인지의 여부의 확인에 관한 업무상 요구되는 주의의무를 다하였다(대판 1991.11.26. 91도2332).

② 절도범이 장물을 전당하면서 전당포주에게 위조한 주민등록증을 제시하고 전당포주의 질문에 대하여 전당물의 취득경위나 전당이유 등을 그럴싸 하게 꾸며서 진술하여 전당포주가 육안으로는 위조여부를 쉽게 식별할 수 없는 위 주민등록증과 절도범의 말이 진실한 것으로 믿고 전당물 대상에 소정 양식대로 기재한 후 통상의 경우와 같이 그 가격에 상응한 한도 내에서 위 절도범이 요구하는 금원을 대출하였다면 전당포주로서는 장물인 여부의 확인에 관하여 의무상 요구되는 주의의무를 다하였다고 볼 것이다(대판 1983.9.27. 83도1857).

제 9 장

손괴의 죄

제1절 서 설

I. 의의, 보호법익

손괴죄는 '타인의 재물·문서 또는 전자기록 등 특수기록매체기록을 손괴·은 닉 기타 방법으로 그 효용을 해함으로써 성립하는 범죄이다.' 본죄는 재물 등을 객체로 하는 재물죄로써의 고의를 필요로 하지만, 기타 영득죄와 같이 불법영득 의사를 요하지는 않는다. 그러므로, 타인의 재물을 손괴하더라도 불법영득의사를 가지고 있었다면 본죄는 성립하지 않는다.

보호법익은 재물손괴죄는 '소유권의 이용가치'이며, 공익건조물파괴죄는 '공 익건조물의 이용에 대한 공공의 이익'이며, 경계침범죄는 '토지경계의 명확성'이 다. 보호의 정도는 침해범이다.

Ⅱ. 손괴죄의 구성요건의 체계

손괴죄는 재물손괴죄(제366조)를 기본적 구성요건으로 하며, 공익건조물파괴 죄(제367조)는 독립적 구성요건이다. 특수손괴죄(제369조 제1항), 특수공익건조물파괴죄(제369)는 재물손괴죄와 공익건조물파괴죄의 행위로 인해 불법이 가중된 유형이다. 중손괴죄(제368조 제1항), 손괴등치사상죄(제368조 제2항)는 결과적 가중범으로 불법이 가중된 유형이다. 경계침범죄(제370조)는 독립유형이다.

Ⅲ. 특별법

폭력행위 등 처벌에 관한 법률 제2조 제2항 제1호에서 2인 이상이 공동하여 손괴죄를 범한 경우에는 가중처벌한다.

제2절 개별적 범죄 유형

Ⅰ. 재물손괴죄

> **제366조【재물손괴 등】** 타인의 재물·문서 또는 전자기록 등 특수기록매체기록을 손괴·은닉 기타 방법으로 그 효용을 해한 자는 3년 이하의 징역 또는 700만원 이하의 벌금에 처한다.

1. 의의, 보호법익

본죄는 '타인의 재물·문서 또는 전자기록 등 특수기록매체기록을 손괴·은닉 기타 방법으로 그 효용을 해함으로써 성립하는 범죄'이다. 보호법익은 '재물 등 객체의 효용'이며, 보호의 정도는 '침해범'이다. 본죄는 재물 등을 객체로 하는 재물죄이나 불법영득의사를 요하지는 않는다. 미수범은 처벌한다. 본죄는 강도죄와 함께 친족상도례 규정이 준용되지 않는다.

2. 객관적 구성요건

(1) 행위의 객체

행위의 객체는 '타인의 재물, 문서 또는 전자기록등 특수매체기록'이다.

(가) 재물

재물은 절도죄에서 규정한 것과 같으며, 관리할 수 있는 동력은 재물로 간주한다.[1] 관리할 수 있는 것이라면 동산 이외 부동산도 포함되며, 경제적 교환가치의 유무를 불문한다. 주관적 가치에 불가한 것이라도 재물이 될 수 있으며, 이용가치나 효용이 있는 물건은 본죄의 객체가 될 수 있다.[2] 그러나, 이용가치가 전혀 없거나 소유자도 가치를 부여하지 않은 재물은 해당되지 않는다.[3] 또한, 본래의 가치가 상실되었다 하더라도 다른 용도에 사용될 수 있는 한 재물성은 인정된다.[4] 행위자가 공무소에서 사용하는 서류 기타 물건 또는 전자기록 등 특수기록매체를 손상할 경우에는 본죄가 아닌 형법 제141조 제1항 공용물손상죄가 성립한다. 본죄와 법조경합 중 특별관계이다.

(나) 문서

본죄의 문서는 제141조 제1항에서 규정하고 있는 공용서류 이외 모든 서류인 문서를 말한다. 이때 문서는 사문서이든 공문서이든 상관없으며, 권리의무에 관한 문서이든 사실증명에 관한 문서이든 불문한다. 문서에 표시된 내용이 적어도 법률상 또는 사회생활상 중요한 사항에 관한 것이라면 본죄의 객체가 된다.[5] 타인이 소유한 것이라면 작성명의인이 행위자 명의의 문서라도 가능하다.[6] 단순

---

1) 형법 제346조.
2) 재건축사업으로 철거가 예정되어 있었고 그 입주자들이 모두 이사하여 아무도 거주하지 않은 채 비어 있는 아파트라 하더라도, 그 아파트 자체의 객관적 성상이 본래 사용목적인 주거용으로 사용될 수 없는 상태가 아니었고, 더욱이 그 소유자들이 재건축조합으로의 신탁등기 및 인도를 거부하는 방법으로 계속 그 소유권을 행사하고 있는 상황이었다면 위와 같은 사정만으로는 위 아파트가 재물로서의 이용가치나 효용이 없는 물건으로 되었다고 할 수 없으므로, 위 아파트는 재물손괴죄의 객체가 된다고 할 것이다(대판 2010.2.25. 2009도8473).
3) 김일수, 330면.
4) 포도주 원액이 부패하여 포도주 원료로서의 효용가치는 상실되었으나 그 산도가 1.8도 내지 6.2도에 이르고 있어 식초의 제도 등 다른 용도에 사용할 수 있는 경우에는 재물손괴죄의 객체가 될 수 있다(대판 1979.7.24. 78도2138).
5) 손괴죄의 객체인 문서란 거기에 표시된 내용이 적어도 법률상 또는 사회생활상 중요한 사항에 관한 것이어야 하는바, 이미 작성되어 있던 장부의 기재를 새로운 장부로 이기하는 과정에서 누계 등을 잘못 기재하다가 그 부분을 찢어버리고 계속하여 종전 장부의 기재내용을 모두 이기하였다면 그 당시 새로운 경리장부는 아직 작성 중에 있어서 손괴죄의 객체가 되는 문서로서의 경리장부가 아니라 할 것이고, 또 그 찢어버린 부분이 진실된 증빙내용을 기재한 것이었다는 등의 특별한 사정이 없는 한, 그 이기 과정에서 잘못 기재되어 찢어버린 부분 그 자체가 손괴죄의 객체가 되는 재산적 이용가치 내지 효용이 있는 재물이라고도 볼 수 없다(대판 1989.10.24. 88도1296).
6) 확인서가 소유자의 의사에 반하여 손괴된 것이라면 그 확인서가 피고인 명의로 작성된 것이고 또 그것이 진실에 반하는 허위내용을 기재한 것이라도 피고인은 문서손괴의 죄책을

히 종래의 사용상태를 제거하거나 변경시키는 것에 불과하고 손괴, 은닉하는 등
으로 새로이 문서 소유자의 문서 사용에 지장을 초래하지 않는 경우에는 문서 소
유자의 문서에 대한 사용가치를 일시적으로도 해하였다고 할 수 없어 문서손괴죄
가 성립하지 않는다.[7] 약속어음,[8] 계약서,[9] 영수증[10] 등은 문서에 포함되나, 사
진이나 그림은 재물에 해당된다.

(다) 전자기록 등 특수매체기록

전자기록 등 특수매체기록이란 전자기록은 전자적 방식과 자기적 방식에 의
해 만들어진 기록을 의미하고, 특수매체기록은 전자기록 포함, 전기적 기록, 광기
술을 이용한 기록으로 정보처리장치에 의해 사용되는 것을 말한다.[11] 컴퓨터에
저장된 '정보'의 손괴는 특수매체기록손괴죄가 성립하지만, 정보를 담고 있는 컴
퓨터 등의 손괴는 재물손괴죄가 성립한다.

면할 수 없다(대판 1982.12.28. 82도1807).

7) 문서손괴죄는 타인 소유의 문서를 손괴 또는 은닉 기타 방법으로 효용을 해함으로써 성립
하고, 문서의 효용을 해한다는 것은 문서를 본래의 사용목적에 제공할 수 없게 하는 상태
로 만드는 것은 물론 일시적으로 그것을 이용할 수 없는 상태로 만드는 것도 포함한다. 따
라서 소유자의 의사에 따라 어느 장소에 게시 중인 문서를 소유자의 의사에 반하여 떼어내
는 것과 같이 소유자의 의사에 따라 형성된 종래의 이용 상태를 변경시켜 종래의 상태에
따른 이용을 일시적으로 불가능하게 하는 경우에도 문서손괴죄가 성립할 수 있다. 그러나
문서손괴죄는 문서의 소유자가 문서를 소유하면서 사용하는 것을 보호하려는 것이므로,
어느 문서에 대한 종래의 사용상태가 문서 소유자의 의사에 반하여 또는 문서 소유자의 의
사와 무관하게 이루어진 경우에 단순히 종래의 사용상태를 제거하거나 변경시키는 것에
불과하고 손괴, 은닉하는 등으로 새로이 문서 소유자의 문서 사용에 지장을 초래하지 않는
경우에는 문서의 효용, 즉 문서 소유자의 문서에 대한 사용가치를 일시적으로도 해하였다
고 할 수 없어서 문서손괴죄가 성립하지 아니한다(대판 2015.11.27. 2014도13083). – 회신
문서가 그 소유자의 의사에 반하여 또는 소유자의 의사와 무관하게 엘리베이터 벽면에 게
시된 경우 피고인이 이를 떼어낸 행위만으로 이 사건 회신 문서의 효용을 해하였다고 할
수 없다.
8) 수취인이 은행에 보관시킨 약속어음을 은행지점장이 발행인의 부탁을 받고 지급기일란의
일자를 지워버린 경우 손괴죄가 성립한다(대판 1982.7.27. 82도223).
9) 작성명의인의 표시가 없고 그 내용에 있어 표시가 부분적으로 생략되어 몇 개의 계산수식
만 기재되어 있는 계산서를 찢어버린 경우, 계산서의 내용, 형식, 필적 등을 종합하면 그
작성명의인을 쉽게 알 수 있을 뿐 아니라 동 계산서에 기재되어 있는 계산수식만으로서도
그 내용을 객관적으로 이해하기 충분하다면 위 계산서는 그 작성명의인의 확정적인 의사
가 표시된 것이 분명하여 문서에 해당되므로 문서손괴죄가 성립한다(대판 1985.10.22. 85
도1677).
10) 전세금을 받고 영수증을 작성교부한 뒤에 전세금을 반환하겠다고 말하여 위 영수증을 교
부받고 나서 전세금을 반환가기도 전에 이를 찢어버린 경우 손괴죄가 성립한다(대판
1984.12.26. 84도2290).
11) USB, CD – ROM, 마이크로필름, 컴퓨터 디스켓 등.

(라) 타인

본죄의 객체는 타인소유의 것만 해당되며, 자기소유물에 대해서는 타인점유일 경우, 권리행사방해죄의 객체가 될 수 있다. 이때, 타인은 자연인 외 국가, 법인, 법인격 없는 단체를 포함한다. 문서에 있어서 자기명의의 문서라도 타인소유의 것이라면 소유자의 동의 없이 손괴하면 문서손괴죄가 성립한다.

(2) 실행 행위

실행 행위는 '손괴 또는 은닉 기타 방법으로 그 효용을 해하는 것'이다.

(가) 손괴

손괴란 객체인 재물에 대해 직접 유형력을 행사하여 물체의 상태변화를 가져와 그 효용을 해하는 것이다. 재물의 효용을 해한다고 함은 사실상으로나 감정상으로 그 재물을 본래의 사용목적에 제공할 수 없게 하는 상태로 만드는 것을 말한다.[12] 물건의 본래 목적에 사용할 수 없는 상태로 만드는 경우뿐만 아니라 일시적으로 물건 등의 구체적 역할을 할 수 없는 상태로 만들어 효용을 떨어뜨리는 경우도 포함된다.[13] 재물에 있어서는 물체 자체에 물리적 영향을 주어 효용을 해하여야 하고, 문서에 대해서는 찢거나 소각하거나 내용을 말소시키거나 하는 방법, 특수매체기록에 대해서는 물리적 파손과 정보기록을 변경하는 경우이다.

□ 손괴관련 판례

〈손괴에 해당되는 경우〉
① 자동문을 자동으로 작동하지 않고 수동으로만 개폐가 가능하게 하여 자동잠금장치로서 역할을 할 수 없도록 한 경우에도 재물손괴죄가 성립한다(대판 2016.11.25. 2016도9219).
② 갑이 홍보를 위해 광고판(홍보용 배너와 거치대)을 1층 로비에 설치해 두었는데, 피고인이 을에게 지시하여 을이 위 광고판을 그 장소에서 제거하여 컨테이너로 된 창고로 옮겨 놓아 갑이 사용할 수 없도록 한 경우, 비록 물질적인 형태의 변경이나 멸실, 감손을 초래하지 않은 채 그대로 옮겼더라도 위 광고판은 본래적 역할을 할 수 없는 상태로 되었으므로 피고인의 행위는 재물손괴죄에서의 재물의 효용을 해하는 행위에 해당한다(대판 2018.7.24. 2017도18807).
③ 피고인이 다른 사람 소유의 광고용 간판을 백색 페인트로 도색하여 광고문안을 지워버린 행위는 재물손괴죄를 구성한다(대판 1991.10.22. 91도2090).

〈손괴에 해당되지 않는 경우〉
① 피고인이 야간에 피해자들이 운영하는 식당의 창문과 방충망을 손괴하고 침입하여

현금을 절취하였다는 내용으로 형법 제331조 제1항의 특수절도로 기소된 사안에서, 피고인은 창문과 방충만을 창틀에서 분리하였을 뿐 물리적으로 훼손하여 효용을 상실하게 하지 않은 경우 손괴죄가 성립하지 않는다(대판 2015.10.29. 2015도7559).
② 피고인이 피해자를 좀 더 호젓한 곳으로 데려가려고 피해자의 가방을 빼앗고 따라오라고 하였는데 피해자가 따라오지 아니하고 그냥 돌아가자, 피고인이 가방을 돌려주기 위하여 부근 일대를 돌아다니면서 피해자를 찾아다녔다면 피고인에게 손괴죄가 성립하지 아니한다(대판 1992.7.28. 92도1345).

(나) 은닉

은닉이란 재물 등의 객체의 소재를 불분명하게 하여 소유자가 발견하기 곤란하게 하거나 불가능하게 하여 그 효용을 해하는 것이다. 재물이 행위자에게 이전될 필요 없으며, 피해자가 점유하고 있어도 이를 발견할 수 없다면 은닉에 해당한다.

□ 은닉관련 판례

〈은닉에 해당되는 경우〉

회사의 경리사무처리상 필요불가결한 매출계산서, 매출명세서 등의 반환을 거부함으로써 그 문서들을 일시적으로 그와 같은 용도에 사용할 수 없게 하는 것도 그 문서의 효용을 해한 경우에 해당한다(대판 1971.11.23. 71도1576).

〈은닉에 해당되지 않는 경우〉

피고인이 자기가 속하고 있는 종중 소유라고 믿고 있는 임야에 대한 소외인 명의의 등기권리증을 그 소지인이 제시하자 이를 가지고 가서 위 종중이 원고가 되어 그 말소등기를 구하는 민사사건에 증거로 제출한 소위는 문서은닉죄에 해당되지 아니한다(대판 1979.8.28. 79도1266).

(다) 기타 방법

손괴나 은닉 이외 재물의 효용을 해할 수 있는 일체의 행위이다. 기타 방법에는 물건의 본래의 용도를 해하는 사실상의 개념 이외 감정상으로 본래의 용도에 맞게 사용할 수 없게 하는 경우도 포함한다. 예를 들어, 타인의 목장의 문을

---

12) 대판 2007.6.28. 2007도2590.
13) 대판 2016.11.25. 2016도9219.

열어 동물을 밖으로 나가게 하는 행위, 컴퓨터에 바이러스를 감염시켜 컴퓨터 작동이 정상적으로 되지 않게 하는 행위 등이다.

□ 기타 방법 판례

① 재물손괴죄에서의 효용을 해하는 행위에는 일시 물건의 구체적 역할을 할 수 없는 상태로 만드는 경우도 해당하므로 판결에 의하여 명도받은 토지의 경계에 설치해 놓은 철조망과 경고판을 치워 버림으로써 울타리로서의 역할을 해한 때에는 재물손괴죄가 성립한다(대판 1982.7.13. 82도1057).

② 형법 제366조 소정의 재물손괴죄는 타인의 재물을 손괴 또는 은닉하거나 기타의 방법으로 그 효용을 해하는 경우에 성립하는바, 여기에서 재물의 효용을 해한다고 함은 사실상으로나 감정상으로 그 재물을 본래의 사용목적에 제공할 수 없게 하는 상태로 만드는 것을 말하며, 일시적으로 그 재물을 이용할 수 없는 상태로 만드는 것도 여기에 포함된다. 특히, 건조물의 벽면에 낙서를 하거나 게시물을 부착하는 행위 또는 오물을 투척하는 행위 등이 그 건조물의 효용을 해하는 것에 해당하는지 여부는, 당해 건조물의 용도와 기능, 그 행위가 건조물의 채광·통풍·조망 등에 미치는 영향과 건조물의 미관을 해치는 정도, 건조물 이용자들이 느끼는 불쾌감이나 저항감, 원상회복의 난이도와 거기에 드는 비용, 그 행위의 목적과 시간적 계속성, 행위 당시의 상황 등 제반 사정을 종합하여 사회통념에 따라 판단하여야 한다. 해고노동자 등이 복직을 요구하는 집회를 개최하던 중 래커 스프레이를 이용하여 회사 건물 외벽과 1층 벽면 등에 낙서한 행위는 건물의 효용을 해한 것으로 볼 수 있으나, 이와 별도로 계란 30여 개를 건물에 투척한 행위는 건물의 효용을 해하는 정도의 것에 해당하지 않는다(대판 2007.6.28. 2007도2590).

(라) 실행의 착수와 기수시기

실행의 착수는 본죄의 행위 태양의 방법으로 효용을 해하는 행위를 시작한 때이며, 기수시기는 재물 등의 효용이 훼손되었을 때이다.

3. 주관적 구성요건

본죄는 고의범으로 재물·문서 또는 전자기록 등 특수기록매체기록의 효용을 해한다는 인식이 있어야 한다.[14] 본죄는 재물죄이지만 불법영득의사는 요하지 않

---

14) 재물손괴의 범의를 인정함에 있어서는 반드시 계획적인 손괴의 의도가 있거나 물건의 손괴를 적극적으로 희망하여야 하는 것은 아니고, 소유자의 의사에 반하여 재물의 효용을 상실케 하는 데 대한 인식이 있으면 되고, 여기에서 재물의 효용을 해한다고 함은 그 물건의 본래의 사용목적에 공할 수 없게 하는 상태로 만드는 것은 물론 일시 그것을 이용할 수 없

는다. 만약 불법영득의사가 있는 경우 손괴나 은닉행위를 하여도 절도죄 성립의
여부가 문제된다.

□ 고의 판례

〈고의가 인정되는 경우〉

피고인이 경락받은 농수산물 저온저장 공장건물 중 공냉식 저온창고를 수냉식으로 개
조함에 있어 그 공장에 시설된 피해자 소유의 자재에 관하여 피해자에게 철거를 최고
하는 등 적법한 조치를 취함이 없이 이를 일방적으로 철거하게 하여 손괴하였다면 이
는 재물손괴의 범의가 없었다고 할 수 없고 이것이 사회상규상 당연히 허용되는 것이
라고 할 수도 없다(대판 1990.5.22. 90도700).

〈고의가 인정되지 않는 경우〉

갑 소유였다가 약정에 따라 을 명의로 이전되었으나 권리관계에 다툼이 생긴 토지상에
서 갑이 버스공용터미널을 운영하고 있는데 을이 갑의 영업을 방해하기 위하여 철조망
을 설치하려 하자 갑이 위 철조망을 가까운 곳에 마땅한 장소가 없어 터미널로부터 약
200 내지 300미터가량 떨어진 갑 소유의 다른 토지 위에 옮겨 놓았다면 갑의 행위에는
재물의 소재를 불명하게 함으로써 그 발견을 곤란 또는 불가능하게 하여 그 효능을 해
하게 하는 재물은닉의 범의가 있다고 할 수 없다(대판 1990.9.25. 90도1591).

4. 위법성

본죄에 있어 정당행위 등 위법성 조각사유가 있는 경우에는 위법성이 조각
될 수 있다.[15]

5. 다른 죄와의 관계

① 자기명의의 문서라 하더라도 타인 소유인 경우, 문서의 내용을 변경하면
문서손괴죄가 성립한다.[16]

② 타인에게 온 봉함된 편지를 몰래 개봉해서 읽은 후 편지를 찢어버리거나

는 상태로 만드는 것도 역시 효용을 해하는 것에 해당한다(대판 1993.12.7. 93도2701).

15) 재건축사업으로 철거가 예정되어 있는 아파트를 가집행선고부 판결을 받아 철거한 행위는
   형법 제20조의 정당행위에 해당한다(대판 2010.2.25. 2009도8473).

16) 자기명의의 문서라 할지라도 이미 타인에 접수되어 있는 문서에 대하여 임의로 이를 무효
   화시켜 그 용도에 사용하지 못하게 하였다면 문서손괴죄를 구성한다(대판 1987.4.14. 87도
   177).

은닉한 때에는 비밀침해죄와 손괴죄의 실체적 경합범이 된다.[17]

③ 위탁을 받아 보관 중인 물건을 손괴한 경우 영득의사가 없으면 손괴죄가 성립하고, 불법이득의 의사가 있는 경우에는 배임죄가 성립한다.

④ 증거를 인멸하기 위해 재물을 손괴하는 경우에는 증거인멸죄와 손괴죄의 상상적 경합이 된다.

Ⅱ. 공익건조물파괴죄

> **제367조 【공익건조물파괴】** 공익에 공하는 건조물을 파괴한 자는 10년 이하의 징역 또는 2천만원 이하의 벌금에 처한다.

1. 의의, 성격

본죄는 '공익에 공하는 건조물을 파괴함으로써 성립하는 범죄'이다. 행위의 객체와 행위태양의 중함으로 인해 재물손괴죄의 불법가중유형이다. 미수범은 처벌한다.

2. 객관적 구성요건

(1) 행위의 객체

행위의 객체는 '공익에 공하는 건조물'이다.

'공익에 공하는 건조물'이란 공익에 사용되는 것을 말한다. 공익에 공한다는 것은 공익건조물로서 그 건조물의 사용목적이 공익을 위한 것과 쉽게 일반인이 접근하여 누구나 이용할 수 있는 곳이어야 한다. 예를 들어, 전철역, 마을회관, 공설운동장, 버스터미널 등이다. 공익건조물이라면 국가 또는 공공단체의 소유이든 사인 소유이든 불문한다. 행위자가 공익건조물의 소유자라 할지라도 파괴하는 경우에는 본죄가 성립한다. 공익건조물이라도 일정한 사람에게만 이용할 수 있도록 하고, 일반인의 출입이 제한되는 건조물은 본죄의 객체에 해당하지 않는다. 예를 들면, 대학도서관이나 국회도서관 등이다. 본죄의 공익에 공하는 건조물과 제141조 제2항의 객체인 '공무소에서 사용하는 건조물'은 다른 것이며, 이는 공용건조물파괴죄가 성립한다.

---

17) 임웅, 586면.

'건조물'이란 주위 벽 또는 기둥과 지붕 또는 천정으로 구성된 구조물로서 사람이 기거하거나 출입할 수 있는 장소를 말하며 반드시 영구적인 구조물일 것을 요하지 않는다.18)

(2) 실행 행위

실행 행위는 '파괴'이다.

'파괴'란 건조물의 중요부분을 손괴하여 그 용도에 따라 사용할 수 없게 하는 행위를 말한다. 파괴는 손괴보다 훼손의 정도가 크다는 점에서 다르며, 파괴의 방법에는 제한이 없다. 공익건조물을 파괴하려고 하였으나 파괴에 이르지 못하였을 경우에는 본죄의 미수범이 성립하고, 단순히 파괴의 정도가 아닌 손괴의 정도에 이른 경우에는 손괴죄가 성립한다. 방화 또는 일수에 의한 방법을 사용한 경우에는 공익건조물방화죄 또는 공익건조물일수죄가 성립한다.

3. 주관적 구성요건

본죄는 고의범으로, 공익에 공하는 건조물을 파괴한다는 인식과 인용이 있어야 한다.

Ⅲ. 중손괴죄·손괴치사상죄

제368조 【중손괴】 ① 전 2조의 죄를 범하여 사람의 생명 또는 신체에 대하여 위험을 발생하게 한 때에는 1년 이상 10년 이하의 징역에 처한다.
② 제366조 또는 제367조의 죄를 범하여 사람을 상해에 이르게 한 때에는 1년 이상의 유기징역에 처한다. 사망에 이르게 한 때에는 3년 이상의 유기징역에 처한다.

---

1. 의의, 성격

본죄는 '재물손괴죄 또는 공익건조물파괴죄를 범하여 사람의 생명 또는 신체에 위험을 발생하게 함으로써 성립하는 범죄'이고, 손괴치사상죄는 '재물손괴죄 또는 공익건조물파괴죄를 범하여 사상의 결과를 발생하게 함으로써 성립하는 범죄'이다.

---

18) 대판 1989.2.28. 88도2430.

2. 구성요건

(1) 중손괴죄

중손괴죄는 손괴죄의 부진정결과적 가중범이며, 구체적 위험범이다. 기본적으로 손괴죄로 인하여 생명, 신체에 위험이 구체적으로 발생하여야 하고, 이 과정에서 인과관계가 인정되야 한다. 기본범죄인 손괴죄의 미수, 기수여부는 불문한다.

(2) 손괴치사상죄

손괴치사상죄는 진정결과적 가중범이며, 기본구조는 중손괴죄와 같다.

3. 주관적 구성요건

중손괴죄와 손괴등치상죄는 부진정결과적 가중범으로 기본범죄인 손괴죄와 공익건조물파괴죄에 대한 고의가 있어야 하고, 그로 인한 생명·신체에 대한 위험발생과 상해의 결과 등에 대한 고의 또는 과실이 있어야 한다.

손괴등치상죄는 결과적 가중범으로 기본범죄인 손괴 등에 대한 고의와 사망에 대한 과실이 있어야 한다.

Ⅳ. 특수손괴죄·특수공익건조물파괴죄

> **제369조【특수손괴】** ① 단체 또는 다중의 위력을 보이거나 위험한 물건을 휴대하여 제366조의 죄를 범한 때에는 5년 이하의 징역 또는 1천만원 이하의 벌금에 처한다.
> ② 제1항의 방법으로 제367조의 죄를 범한 때에는 1년 이상의 유기징역 또는 2천만원 이하의 벌금에 처한다.

본죄는 '단체 또는 다중의 위력을 보이거나 위험한 물건을 휴대하여 손괴죄의 죄를 범함으로써 성립하는 범죄'이며, 특수공익건조물파괴죄는 '단체 또는 다중의 위력을 보이거나 위험한 물건을 휴대하여 공익건조물파괴죄를 범함으로써 성립하는 범죄'이다.

단체 또는 다중의 위력을 보이거나 위험한 물건을 휴대하는 것은 특수폭행죄의 행위와 같다.

V. 경계침범죄

> 제370조【경계침범】경계표를 손괴, 이동 또는 제거하거나 기타 방법으로 토지의 경계를 인식불능하게 한 자는 3년 이하의 징역 또는 500만원 이하의 벌금에 처한다.

1. 의의, 보호법익

본죄 '경계표를 손괴, 이동 또는 제거하거나 기타 방법으로 토지의 경계를 인식불능하게 함으로써 성립하는 범죄'이다. 보호법익은 '토지경계의 명확성'이며, 보호의 정도는 '침해범'이다. 미수범은 처벌하지 않는다.

2. 객관적 구성요건

(1) 행위의 객체

행위의 객체는 '토지의 경계'이다.

'경계'라 함은 소유권 등 권리의 장소적 한계를 나타내는 지표를 말한다.[19] 경계는 반드시 법률상의 정당한 경계를 말하는 것이 아니고 비록 법률상의 정당한 경계에 부합되지 아니하는 경계라고 하더라도 이해관계인들의 명시적 또는 묵시적 합의에 의하여 정하여진 것이면 되고, 객관적으로 통용되는 사실상의 경계를 표시하는 것이라면 영속적인 것이 아니고 일시적인 것이라도 본죄의 객체가 된다.[20] 상대방 일방적으로 설정한 경계는 본죄의 객체로 볼 수 없다.[21]

경계표는 토지의 경계를 표시하기 위해 토지에 설치된 표지물을 말한다. 토

---

19) 형법 제370조 소정 경계라 함은 소유권등 권리의 장소적 한계를 나타내는 지표를 말함이니 실체상의 권리관계에 부합하지는 않더라도 관습으로 인정되었거나 일반적으로 승인되어 왔다거나 이해관계인의 명시 또는 묵시의 합의에 의하여 정하여진 것이거나 또는 권한 있는 당국에 의하여 확정된 것이어야 함도 아니고 사실상의 경계표로 되어 있다면 침해의 객체가 되는 것이다(대판 1976.5.25. 75도2564).

20) 대판 1999.4.9. 99도480.

21) 형법 제370조의 경계침범죄는 토지의 경계에 관한 권리관계의 안정을 확보하여 사권을 보호하고 사회질서를 유지하려는데 그 규정목적이 있으므로 비록 실체상의 경계선에 부합되지 않는 경계표라 할지라도 그것이 종전부터 일반적으로 승인되어 왔다거나 이해관계인들의 명시적 또는 묵시적 합의에 의하여 정하여진 것이라면 그와 같은 경계표는 위 법조 소정의 계표에 해당된다 할 것이고 반대로 기존경계가 진실한 권리상태와 맞지 않는다는 이유로 당사자의 어느 한쪽이 기존경계를 무시하고 일방적으로 경계측량을 하여 이를 실체 권리관계에 맞는 경계라고 주장하면서 그 위에 계표를 설치하더라도 이와 같은 경계표는 위 법조에서 말하는 계표에 해당되지 않는다(대판 1986.12.9. 86도1492).

지의 경계의 예시적인 것으로 경계를 나타낼 수 있다면 인위적으로 설치한 것이든 자연적으로 존재한 것이든 상관없다. 또한 경계표는 타인소유이든 자기소유이든 무주물이든 불문한다. 어느 정도 객관적이고 사실상의 경계를 표시하는 한, 종래부터 존재하는 경계표 시설이 실제의 경계선과 다소 상이한 위치에 있더라도 경계표로 된다.[22]

(2) 실행 행위

실행 행위는 '경계표를 손괴, 이동 또는 제거하거나 기타 방법으로 토지의 경계를 인식불능하게 하는 것'이다.

경계표를 물질적으로 훼손하는 손괴, 경계표를 원래의 위치에서 다른 장소로 옮기는 이동, 경계표를 원래 설치된 장소에서 취거하는 제거행위는 기타 방법의 예시적인 방법이다.

기타방법으로 경계를 인식불능하게 하는 행위는 손괴, 이동, 제거행위에 준하는 방법으로 경계를 인식불능하게 하는 것이다. 예를 들어, 경계를 표시하는 나무를 뽑아버리고 석축을 쌓은 행위,[23] 자기토지에 인접한 타인소유 토지를 침범하여 건축함으로써 위 양 토지간의 경계를 인식불능케 한 경우,[24] 토지의 경계에 관하여 다툼이 있던 중 경계선 부근의 조형소나무 등을 뽑아내고 그 부근을 굴착하여 경계를 불분명하게 한 행위,[25] 경계로 삼아오던 개천의 물줄기를 임의대로 바꾸는 행위 등이다. 그러나 기존의 경계가 없는 상태에서 새로운 경계를 만들기 위해 땅을 파거나 나무를 심은 행위는 본죄가 성립하지 않는다.[26]

(3) 기수시기

실행 행위로 인하여 토지의 경계의 일부 또는 전부가 인식불능하게 되었을

---

22) 대결 1956.12.7. 4289형상272.
23) 피고인 소유토지 135평과 높은 언덕으로 인접한 국유지 89평과의 경계선을 표시하는 위 언덕 위의 10년생 내지 18년생의 포플라 및 아카시아나무 약 30본을 뽑아버리고 위 국유 대지 1평 7합을 깎아 내려 약 1미터 높이의 석축을 쌓은 행위는 경계침범죄를 구성한다(대판 1980.10.27. 80도225).
24) 피고인이 자기토지에 인접한 타인소유 토지 8평을 침범하여 점포를 건축함으로써 위 양 토지간의 경계를 인식불능케 하였다면 본조 소정의 경계침범죄가 성립한다(대판 1968.9.17. 68도967).
25) 대판 2007.12.28. 2007도9181.
26) 피고인이 피해자 소유의 인접한 토지를 침범하여 나무를 심고 도랑을 파내는 등의 행위를 하였다는 경계침범의 공소사실에 대하여, 피고인과 피해자 소유의 토지는 이전부터 경계 구분이 되어 있지 않았고, 피고인의 행위로 새삼스럽게 토지경계에 대한 인식불능의 결과를 초래하였다고 볼 수 없다(대판 2010.9.9. 2008도8973).

때 기수이다. 미수범 처벌 규정이 없으므로, 토지경계의 인식불능의 결과가 발생하지 않으면 본죄가 성립하지 않는다.[27] 경계는 인식불가능할 정도가 아닌 사실상 곤란할 정도면 족하다.

3. 주관적 구성요건

경계표를 고의로 손괴, 이동 또는 제거하거나 기타 방법으로 토지 경계를 인식불능하게 하는 것이다. 불법영득의사는 요하지 않으며, 단순히 경계표를 훼손한다는 인식만 있는 경우에는 재물손괴죄가 성립한다.

---

27) 경계침범죄는 경계표를 손괴, 이동 또는 제거하거나 기타 방법으로 토지의 경계를 인식불능하게 함으로써 성립하는 것이므로, 경계표의 손괴 등의 행위가 있다 하더라도 토지경계의 인식불능의 결과가 발생하지 않는 한 경계침범죄가 성립하지 아니한다(대판 1972.2.29. 71도2293).

제10장

권리행사를 방해하는 죄

제1절 서 설

Ⅰ. 의의, 보호법익

권리행사를 방해하는 죄는 '타인의 점유 또는 권리의 목적이 된 자기의 물건 또는 전자기록 등 특수매체기록을 취거, 은닉 또는 손괴하여 타인의 권리행사를 방해함으로써 성립하는 범죄'이다.

보호법익은 '소유권 이외 재산권'이며, 보호의 정도는 '추상적 위험범'이다. 점유강취죄의 보호법익은 '자유권과 소유권 이외의 재산권'이며, 강제집행면탈죄는 '채권자의 채권'이다.

Ⅱ. 권리행사를 방해하는 죄의 구성요건의 체계

권리행사를 방해하는 죄는 권리행사방해죄(제323조)를 기본적 구성요건으로 한다. 점유강취죄와 준점유강취죄(제325조)는 행위방법으로 인해 불법이 가중된 유형이며, 결과적 가중범으로 중권리행사방해죄(제326조)가 있다. 강제집행면탈죄(제327조)는 독자적 구성요건이다.

점유강취죄와 준점유강취죄의 미수범은 처벌하고(제325조 제3항), 권리행사방해죄는 친족간의 특례가 적용된다(제328조).

제2절 개별적 범죄 유형

Ⅰ. 권리행사방해죄

> 제323조【권리행사방해】타인의 점유 또는 권리의 목적이 된 자기의 물건 또는 전자기록 등 특수매체기록을 취거, 은닉 또는 손괴하여 타인의 권리행사를 방해한 자는 5년 이하의 징역 또는 700만원 이하의 벌금에 처한다.

1. 의의, 보호법익

본죄는 '타인의 점유 또는 권리의 목적이 된 자기의 물건 또는 전자기록 등 특수매체기록을 취거, 은닉 또는 손괴하여 타인의 권리행사를 방해함으로써 성립하는 범죄'이다. 본죄는 자기 소유의 물건을 객체로 하므로 불법영득의사는 요하지 않는다. 보호법익은 '물건 또는 채권'이며, 보호의 정도는 '위험범'이다.[1]

2. 객관적 구성요건

(1) 행위의 주체

행위의 주체는 타인의 점유 또는 권리의 목적이 된 물건 등을 제공한 소유권자이다. 그러므로 물건의 소유자가 아닌 자는 본죄의 주체가 될 수 없다.[2]

---

1) 형법 제323조의 권리행사방해죄는 타인의 점유 또는 권리의 목적이 된 자기의 물건 또는 전자기록 등 특수매체기록을 취거, 은닉 또는 손괴하여 타인의 권리행사를 방해함으로써 성립한다. 여기서 '은닉'이란 타인의 점유 또는 권리의 목적이 된 자기 물건 등의 소재를 발견하기 불가능하게 하거나 또는 현저히 곤란한 상태에 두는 것을 말하고, 그로 인하여 권리행사가 방해될 우려가 있는 상태에 이르면 권리행사방해죄가 성립하고 현실로 권리행사가 방해되었을 것까지 필요로 하는 것은 아니다(대판 2016.11.10. 2016도13734).

2) 형법 제323조의 권리행사방해죄는 타인의 점유 또는 권리의 목적이 된 자기의 물건을 취거, 은닉 또는 손괴한 물건이 자기의 물건이 아니라면 권리행사방해죄가 성립할 수 없다. 물건의 소유자가 아닌 사람은 형법 제33조 본문에 따라 소유자의 권리행사방해 범행에 가담한 경우에 한하여 그의 공범이 될 수 있을 뿐이다. 그러나 권리행사방해죄의 공범으로 기소된 물건의 소유자에게 고의가 없는 등으로 범죄가 성립하지 않는다면 공동정범이 성

(2) 행위의 객체

행위의 객체는 '타인의 점유 또는 권리의 목적이 된 자기의 물건 또는 전가기록 등 특수매체기록'이다.

(가) 자기의 물건 또는 전자기록 등 특수매체기록

본 객체의 개념은 손괴죄의 객체와 동일하다. '자기의'라 함은 타인의 소유물이 아닌 자기의 소유물을 말한다. 따라서 물건의 소유자가 아닌 사람은 제33조에 의거, 공범이 될 수 있을 뿐이다.[3)]

□ 관련 판례

〈자기소유의 물건 인정 - 권리행사방해죄 성립〉

① 甲 종합건설회사가 유치권 행사를 위하여 점유하고 있던 주택에 피고인이 그 소유자인 처(妻)와 함께 출입문 용접을 해제하고 들어가 거주한 사안에서, 유치권자인 甲 회사의 권리행사를 방해하였다고 보아 형법 제323조의 권리행사방해죄의 유죄를 인정하였다(대판 2011.5.13. 2011도2368).

〈자기소유의 물건 부정 - 권리행사방해죄 불성립〉

① 피고인이, 갑 주식회사가 유치권을 행사 중인 건물을 강제경매를 통하여 자신의 아들 을 명의로 매수한 후 그 잠금장치를 변경하여 점유를 침탈함으로써 갑 회사의 유치권 행사를 방해하였다는 내용으로 기소된 사안에서, 부동산경매절차에서 부동산을 매수하려는 사람이 타인과의 명의신탁약정 아래 타인 명의로 매각허가결정을 받아 자신의 부담으로 매수대금을 완납한 때에는 경매목적 부동산의 소유권은 매수대금의 부담 여부와는 관계없이 그 명의인이 취득하게 되므로, 피고인이 위 건물에 대한 갑 회사의 점유를 침탈하였더라도 피고인의 물건에 대한 타인의 권리행사를 방해한 것으로 볼 수 없다(대판 2019.12.27. 2019도14623).

② 형법 제323조의 권리행사방해죄에서 말하는 '자기의 물건'이라 함은 범인이 소유하는 물건을 의미하고, 여기서 소유권의 귀속은 민법 기타 법령에 의하여 정하여진다 할 것인바, 부동산실권리자 명의등기에 관한 법률 제4조 제1항, 제2항 및 제8조에 의하면

립할 여지가 없다(대판 2017.5.30. 2017도4578).

3) 형법 제323조의 권리행사방해죄는 타인의 점유 또는 권리의 목적이 된 자기의 물건을 취거, 은닉 또는 손괴하여 타인의 권리행사를 방해함으로써 성립하므로 그 취거, 은닉 또는 손괴한 물건이 자기의 물건이 아니라면 권리행사방해죄가 성립할 수 없다. 물건의 소유자가 아닌 사람은 형법 제33조 본문에 따라 소유자의 권리행사방해 범행에 가담한 경우에 한하여 그의 공범이 될 수 있을 뿐이다. 그러나 권리행사방해죄의 공범으로 기소된 물건의 소유자에게 고의가 없는 등으로 범죄가 성립하지 않는다면 공동정범이 성립할 여지가 없다(대판 2017.5.30. 2017도4578).

종중 및 배우자에 대한 특례가 인정되는 경우나 부동산에 관한 물권을 취득하기 위한 계약에서 명의수탁자가 그 일방당사자가 되고 그 타방 당사자가 명의신탁약정이 있다는 사실을 알지 못하는 경우 이외에는 명의수탁자는 명의신탁 받은 부동산의 소유자가 될 수 없고, 이는 제3자에 대한 관계에 있어서도 마찬가지이므로, 명의수탁자로서는 명의신탁 받은 부동산이 '자기의 물건'이라고 할 수 없다(대판 2007.1.11. 2006도4215).
③ 피고인이 택시를 회사에 지입하여 운행하였다고 하더라도, 피고인이 회사와 사이에 위 택시의 소유권을 피고인이 보유하기로 약정하였다는 등의 특별한 사정이 없는 한, 위 택시는 그 등록명의자인 회사의 소유이고 피고인의 소유는 아니라고 할 것이므로 회사의 요구로 위 택시를 회사 차고지에 입고하였다가 회사의 승낙을 받지 않고 이를 가져간 피고인의 행위는 권리행사방해죄에 해당하지 않는다(대판 2003.5.30. 2000도5767).

(나) 타인의 점유 또는 권리의 목적

'타인'은 자기 이외의 자로 자연인, 법인, 법인격 없는 단체이며, 공동점유는 타인의 점유로 간주한다. '점유'는 자기 소유물에 대해 타인이 실질적으로 지배하고 있는 경우를 말한다. 점유를 하게 된 원인이 법률에 의한 것이든 계약, 물건, 채권에 의한 것이든 불문한다. 하지만, 본죄의 점유는 적법한 권원에 기한 점유에 국한한다.[4] 일단 적법한 권원에 기하여 점유를 개시하였으나 사후에 점유 권원을 상실한 경우,[5] 동시이행항변권 등으로 대항할 수 있는 점유,[6] 법정절차를 통하여 권원의 존부가 밝혀질 때까지의 점유,[7] 유치권 등에 의한 점유[8]는 본죄의 점유

---

4) 권리행사방해죄에 있어서의 타인의 점유라 함은 권원으로 인한 점유, 즉 정당한 원인에 기하여 그 물건을 점유하는 권리있는 자의 점유를 의미하는 것이다(대판 1994.11.11. 94도343).

5) 갑은 을에게 건물을 임대하였는데 계약이 만료된 이후에도 을이 퇴거하지 아니하고 그 건물에 거주하고 있었다. 갑은 을로부터 그 건물을 명도받기 이전에 을이 거주하고 있는 방의 천정 및 마루바닥 판자 4매를 뜯어낸 경우, 일단 적법한 원유에 기하여 물건을 점유한 이상 그 후에 그 점유물을 소유자에게 명도하여야 할 사정이 발생하였다 할지라도 점유자가 임의로 명도를 하지 아니하고 계속 점유하고 있다면 그 점유자는 권리행사방해죄에 있어서의 타인의 물건을 점유하고 있는 자이다(대판 1977.9.13. 77도1672).

6) 권리행사방해죄에서 타인의 점유란 ~ 본권에 의한 점유만에 한하지 아니하고 동시이행항변권 등에 기한 점유와 적법한 점유도 여기에 해당한다. ~ 무효인 경매절차에서 경매목적물을 경락받아 이를 점유하고 있는 낙찰자의 점유는 적법한 점유로서 그 점유자는 권리행사방해죄에 있어서의 타인의 물건을 점유하고 있는 자라고 할 것이다(대판 2003.11.28. 2003도4257).

7) 렌트카 회사의 공동대표이사 중 1인이 회사 보유 차량을 자신의 개인적인 채무담보 명목으로 피해자에게 넘겨주었는데 다른 공동대표이사가 위 차량을 몰래 회수하도록 한 경우, 위 피해자는 권리행사방해죄의 보호대상인 점유에 해당한다(대판 2006.3.23. 2005도4455). — 피고인 명의로 신규등록절차를 마치지 않은 상태로 렌트카회사 혹은 피고인의 소유물이라

에 해당된다. 절도범인의 점유와 같이 점유할 권리 없는 자의 점유임이 외관상 명백한 경우는 보호할 가치가 있는 점유에 포함되지 아니한다.9)

'권리의 목적'이란 제한물권만을 의미하는 것이 아니라 물건에 대하여 점유를 수반하지 아니하는 채권도 이에 포함된다.10) 타인의 점유를 수반하지 않는 경우로, 가압류된 물건,11) 특정물에 대한 인도청구권12) 등이다. 단순 채권채무관계는 권리에 포함되지 않는다.

(3) 실행 행위

실행 행위는 '취거, 은닉 또는 손괴하여 타인의 권리행사를 방해하는 것'이다.

(가) 취거·은닉·손괴

'취거'란 타인의 점유 또는 권리목적이 된 자기의 물건을 그 점유자의 의사에 반하여 그 점유자의 점유로부터 자기 또는 제3자의 점유로 옮기는 것을 말한다. 점유자의 하자있는 의사에 기하여 점유자가 이전된 경우에는 취거로 볼 수 없고 이는 편취에 해당하여 타인 소유물인 경우에는 사기죄가 성립할 수 있다.13) 은닉·손괴는 손괴죄의 행위 태양과 동일하다.

□ 관련 판례

① 피고인이 차량을 구입하면서 피해자로부터 차량 매수대금을 차용하고 담보로 차량에 피해자 명의의 저당권을 설정해 주었는데, 그 후 대부업자로부터 돈을 차용하면서

고 할 수 없어 권리행사방해죄는 성립되지 아니한다.
8) 종합건설회사가 유치권 행사를 위하여 점유하고 있던 주택에 피고인이 그 소유자인 처와 함께 출입문 용접을 해제하고 들어가 거주한 경우, 유치권자인 회사의 권리행사를 방해하였으므로 권리행사방해죄가 성립한다(대판 2011.5.13. 2011도2368).
9) 대판 2006.3.23. 2005도4455.
10) 대판 1991.4.26. 90도1958.
11) 가압류된 건물의 소유자가 채권자의 승낙 없이 그 건물을 파괴 철거한 소위는 권리행사방해죄를 구성한다(대판 1960.9.14. 4292형상537).
12) 피고인과 갑 간에 '갑이 임야의 입목을 벌채하는 등의 공사를 완료하면 피고인은 갑에게 그 벌채한 원목을 인도한다'는 계약이 성립되고 갑이 위 계약상 의무를 모두 이행하였더라도, 그것만으로 위 원목의 소유권이 바로 갑에게 귀속되는 것이 아니라 별도로 그 소유자인 피고인이 갑에게 위 원목에 관한 소유권이전의 의사표시를 하고 이를 인도함으로써 비로소 그 소유권이전의 효력이 생기는 것이므로, 아직 피고인이 갑에게 위 원목에 관한 소유권이전의 의사표시를 하고 이를 인도하지 아니한 채 이를 타인에게 매도한 행위는 자기 소유 물건의 처분행위에 불과하여 절도죄를 구성하지 아니한다. ~ 원심은 피해자와 피고인간의 위와 같은 계약체결 사실을 살피지 아니한 채 이 사건 원목이 권리행사방해죄의 객체에 해당하지 아니한다고 판단하는 ~ 법리를 오해하여 판결에 영향을 미친 위법이 있다(대판 1991.4.26. 90도1958).
13) 대판 1988.2.23. 87도1952.

차량을 대부업자에게 담보로 제공하여 이른바 '대포차'로 유통되게 한 경우, 피고인이 피해자의 권리의 목적이 된 피고인의 물건을 은닉하여 권리행사를 방해하였다(대판 2016.11.10. 2016도13734).

② 공장 근저당권이 설정된 선반기계 등을 이중담보로 제공하기 위하여 이를 다른 장소로 옮긴 경우, 이는 공장저당권의 행사가 방해될 우려가 있는 행위로서 권리행사방해죄에 해당한다(대판 1994.9.27. 94도1439).

③ 피고인들이 공모하여 렌트카 회사인 甲 주식회사를 설립한 다음 乙 주식회사 등의 명의로 저당권등록이 되어 있는 다수의 차량들을 사들여 甲 회사 소유의 영업용 차량으로 등록한 후 자동차 대여사업자등록 취소처분을 받아 차량등록을 직권말소시켜 저당권 등이 소멸되게 함으로써 乙 회사 등의 저당권의 목적인 차량들을 은닉한 경우, 이러한 행위는 그 자체로 저당권자인 乙 회사 등으로 하여금 자동차등록원부에 기초하여 저당권의 목적이 된 자동차의 소재를 파악하는 것을 현저하게 곤란하게 하거나 불가능하게 하는 행위에 해당한다(대판 2017.5.17. 2017도2230).

(나) 권리행사방해

권리행사방해는 권리행사가 방해될 우려가 있는 상태에 이르면 성립하고, 현실로 권리행사가 방해되었을 것까지 필요로 하지 않는다.[14] 추상적 위험범이다.

3. 주관적 구성요건

본죄의 고의는 타인의 권리행사를 방해한다는 인식과 인용이다. 미필적 고의로도 족하고, 자기 소유물이므로 불법영득의사는 필요하지 않다.

---

14) 피고인들이 공모하여 렌트카 회사인 甲 주식회사를 설립한 다음 乙 주식회사 등의 명의로 저당권등록이 되어 있는 다수의 차량들을 사들여 甲 회사 소유의 영업용 차량으로 등록한 후 자동차대여사업자등록 취소처분을 받아 차량등록을 직권말소시켜 저당권 등이 소멸되게 함으로써 乙 회사 등의 저당권의 목적인 차량들을 은닉하는 방법으로 권리행사를 방해하였다는 내용으로 기소된 사안에서, 피고인들은 처음부터 자동차대여사업자에 대한 등록취소 및 자동차등록 직권말소절차의 허점을 이용하여 권리행사를 방해할 목적으로 범행을 모의한 다음 렌트카 사업자등록만 하였을 뿐 실제로는 영업을 하지 아니함에도 차량 구입자들 또는 지입차주들로 하여금 차량을 관리·처분하도록 함으로써 차량들의 소재를 파악할 수 없게 하였고, 나아가 자동차대여사업자등록이 취소되어 차량들에 대한 저당권등록마저 직권말소되도록 하였으므로, 이러한 행위는 그 자체로 저당권자인 乙 회사 등으로 하여금 자동차등록원부에 기초하여 저당권의 목적이 된 자동차의 소재를 파악하는 것을 현저하게 곤란하게 하거나 불가능하게 하는 행위에 해당함에도, 이와 달리 피고인들이 차량들을 은닉하였다고 단정할 수 없다는 이유로 무죄로 판단한 원심판결에 권리행사방해죄에 관한 법리오해의 잘못이 있다고 한 사례(대판 2017.5.17. 2017도2230).

4. 친족간의 특례

본죄는 친족간의 특례가 적용된다.[15)]

II. 점유강취죄

> **제325조【점유강취, 준점유강취】** ① 폭행 또는 협박으로 타인의 점유에 속하는 자기의 물건을 강취한 자는 7년 이하의 징역 또는 10년 이하의 자격정지에 처한다.
> ② 타인의 점유에 속하는 자기의 물건을 취거함에 당하여 그 탈환을 항거하거나 체포를 면탈하거나 죄적을 인멸할 목적으로 폭행 또는 협박을 가한 때에도 전항의 형과 같다.
> ③ 전 2항의 미수범은 처벌한다.

1. 점유강취죄(제1항)

(1) 의의

점유강취죄는 '폭행 또는 협박으로 타인의 점유에 속하는 자기의 물건을 강취함으로써 성립하는 범죄'이다. 강도죄의 구성요건과 비슷하나, 타인소유, 타인점유가 아닌 '타인의 점유에 속하는 자기소유의 물건'인 점에서 다르다. 또한, 소유자를 배제하는 불법영득의사를 요하지 않는다. 본죄의 보호법익은 '재산권'이고, 보호의 정도는 '침해범'이다. 미수범은 처벌한다.

(2) 구성요건

본죄의 객체는 '타인이 점유하는 자기의 물건'이다. 실행 행위는 '폭행 또는 협박'이다. 폭행·협박의 정도는 강도죄와 같이 '상대방의 반항을 억압할 정도'여야 한다. 본죄의 미수범은 폭행·협박이 있었으나 재물을 강취하지 못한 경우, 또는 폭행·협박이 있고 재물도 취득하였으나 상대방의 의사가 억압당하지 않은 경우에 성립한다.[16)]

(3) 다른 죄와의 관계

① 공무소로부터 보관명령을 받거나 공무소의 명령으로 타인이 관리하는 자

---

15) 제328조 (친족간의 범행과 고소) 제1항 : 직계혈족, 배우자, 동거친족, 호주, 가족 또는 배우자간의 제343조의 죄는 형을 면제한다. 제2항 : 제1항 이외의 친족간에 제323조의 죄를 범한 때에는 고소가 있어야 공소를 제기할 수 있다. 제3항 : 전2항의 신분관계가 없는 공범에 대하여는 전2항을 적용하지 아니한다.

16) 임웅, 601면.

기의 물건을 폭행·협박으로 강취한 경우에는 본죄가 성립한다. 이는 제142조의 공무상보관물무효죄의 행위 태양이 손상 또는 은닉하거나 기타방법이기 때문이다.

② 타인이 점유하는 자기의 물건을 폭행·협박하여 강취하는 과정에서 사상의 결과가 발생한 경우에는 점유강취죄와 폭행치사상죄가 성립한다.

2 준점유강취죄(제2항)

(1) 의의

준점유강취죄는 '타인의 점유에 속하는 자기의 물건을 취거함에 당하여 그 탈환을 항거하거나 체포를 면탈하거나 죄적을 인멸할 목적으로 폭행 또는 협박을 함으로써 성립하는 범죄'이다. 준강도죄에 대응하는 개념으로, '타인의 점유에 속하는 자기소유의 물건'인 점에서 다르다. 본죄는 목적범이며, 미수범은 처벌한다.

(2) 구성요건

본죄는 행위자가 취거의 기회에 폭행·협박을 행하는 것으로, 이는 실행에 착수한 후부터 종료 직후까지 이루어져야 한다. 폭행·협박의 정도는 준강도죄와 같이 상대방의 반항을 억압할 정도여야 한다. 목적범이므로 탈환을 항거하거나 체포를 면탈하거나 죄적을 인멸한 목적이 있어야 한다. 본죄의 미수범은 준강도죄의 미수범과 동일하다. 즉, 취거행위가 미수에 그칠 때 또는 취거의 기수에 이른 후 폭행·협박이 있었으나 상대방의 의사가 억압되지 않았을 때이다.

Ⅲ. 중권리행사방해죄

> **제326조【중권리행사방해】** 제324조 또는 제325조의 죄를 범하여 사람의 생명에 대한 위험을 발생하게 한 자는 10년 이하의 징역에 처한다.

본죄는 '강요죄 또는 점유강취죄·준점유강취죄를 범하여 사람의 생명에 대한 위험을 발생하게 함으로써 성립하는 범죄'이다. 이는 부진정결과적 가중범으로, 사람의 생명에 대한 위험을 발생해야 하는 구체적 위험범이다.

Ⅳ. 강제집행면탈죄

> 제327조【강제집행면탈죄】강제집행을 면할 목적으로 재산을 은닉, 손괴, 허위양도 또는
> 허위의 채무를 부담하여 채권자를 해한 자는 3년 이하의 징역 또는 1천만원 이하의 벌
> 금에 처한다.

1. 의의, 보호법익

본죄는 '강제집행을 면할 목적으로 재산을 은닉, 손괴, 허위양도 또는 허위의
채무를 부담하여 채권자를 해함으로써 성립하는 범죄'이다. 보호법익은 '채권자의
정당한 권리행사 보호외에 강제집행의 기능보호'이며,[17] 보호의 정도는 '추상적
위험범'이다.[18]

2. 객관적 구성요건

(1) 행위의 주체

행위의 주체는 '채무자'이다. 이에 대해 제3자도 주체가 될 수 있는가에 대해
① 본죄의 주체를 채무자로 제한하고 있지 아니한 형법상 해석으로 제3자도 주체
가 될 수 있다는 견해(다수설), ② 강제집행면탈을 목적으로 하기 때문에 강제집
행의 위기에 처한 채무자만이 본죄의 주체가 될 수 있다는 견해가 있다. 판례에
서 제3자는 공범의 형태로 처벌된다고 판시하고 있다.[19]

---

17) 강제집행면탈죄는 채권자의 정당한 권리행사 보호 외에 강제집행의 기능보호도 그 법익으
로 하는 것이다, 현행 형법상 강제집행면탈죄가 개인적 법익에 관한 재산범의 일종으로 규
정되어 있는 점과 채권자를 해하는 것을 그 구성요건으로 규정하고 있는 점 등에 비추어
보면 그 주된 법익은 채권자의 권리보호에 있다고 해석함이 상당하므로, 강제집행의 기본
이 되는 채권자의 권리 즉 채권의 존재는 강제집행면탈죄의 성립 요건이며 그 채권의 존재
가 인정되지 않을 때에는 강제집행면탈죄는 성립하지 않는다(대판 1982.10.26. 82도2157).
18) 강제집행면탈죄의 성립에 있어서는 채권자가 현실적으로 실제로 손해를 입을 것을 요하는
것이 아니라 채권자가 손해를 입을 위험성만 있으면 족하다(대판 2011.11.27. 2001도4759).
19) 부동산의 1번 가등기권자와 제3취득자(갑)가 채무자인 부동산소유자의 이익을 위하여 후
순위 채권자들에 의한 강제집행을 막고자, 갑이 그 부동산을 매수하고 그 매매대금의 일
부로 그 부동산의 가등기권자에 대한 채무를 변제하되 일단 가등기권자 명의로의 소유권
이전의 본등기를 경료하여 다른 채권자들의 가압류 및 강제경매의 기입등기를 직권말소
케 하는 일련의 등기절차를 거치기로 상호 간에 사전에 협의, 공모하였다면 가등기권자
는 채무자의 강제집행면탈되에 가담하였다 할 것이므로, 설사 가등기권자가 자기의 채권
담보의 실행책으로 소유권이전의 본등기를 하고 또 갑이 정당한 가격으로 그 부동산을
매수하였다 할지라도, 채무자의 강제집행면탈죄의 공범으로서의 죄책을 면할 수 없다(대
판 1983.5.10. 82도1987).

(2) 행위의 객체

행위의 객체는 '재산'이다.[20] 재산은 동산·부동산뿐만 아니라 재산적 가치가 있는 민사소송법에 의한 강제집행 또는 보전처분이 가능한 특허 내지 실용신안 등을 받을 수 있는 권리도 포함된다.[21]

□ 강제집행의 객체 관련 판례

〈강제집행의 객체 인정〉

강제집행면탈죄의 객체인 재산은 채무자의 재산 중에서 채권자가 민사집행법상 강제집 행 또는 보전처분의 대상으로 삼을 수 있는 것을 의미하는데, 장래의 권리라도 채무자 와 제3채무자 사이에 채무자의 장래청구권이 충분하게 표시되었거나 결정된 법률관계 가 존재한다면 재산에 해당하는 것으로 보아야 한다.
피해자 갑은 을의 채권자로서 을이 병 소유 부동산 경매사건에서 지급받을 배당금 채 권의 일부에 가압류해 두었는데, 을 사망 후 피고인과 병, 을의 상속인 등이 공모하여 병의 을에 대한 채무가 완제된 것처럼 허위의 채무완제확인서를 작성하여 법원에 제출 하는 등의 방법으로 매각허가결정된 병 소유 부동산의 경매를 취소한 경우, 을의 상속 인들이 병 소유 부동산의 경매절차에서 배당받을 배당금지급채권은 강제집행면탈죄의 객체인 '재산'에 해당하고, 피고인 등이 병의 을에 대한 채권이 완제된 것처럼 가장하 여 을의 상속인 등을 상대로 청구이의의 소를 제기하고 그 판결에 기하여 강제집행정 지 및 경매취소에 이르게 한 행위는 소유관계를 불명하게 하는 방법에 의한 '재산의 은 닉'에 해당하므로 피고인에게 강제집행면탈죄가 성립한다(대판 2011.7.28. 2011도6115).

〈강제집행의 객체 부정〉

① '보전처분 단계에서의 가압류채권자의 지위' 자체는 원칙적으로 민사집행법상 강제 집행 또는 보전처분의 대상이 될 수 없어 강제집행면탈죄의 객체에 해당한다고 볼 수 없 고, 이는 가압류채무자가 가압류해방금을 공탁한 경우에도 마찬가지이다(대판 2008.9.11. 2006도8721).
② 의료법에 의하여 적법하게 개설되지 아니한 의료기관에서 요양급여가 행하여졌다면 해당 의료기관은 국민건강보험법상 요양급여비용을 청구할 수 있는 요양기관에 해당되 지 아니하여 해당요양급여비용 전부를 청구할 수 없고, 해당 의료기관의 채권자로서도 위 요양급여비용 채권을 대상으로 강제집행 또는 보전처분의 방법으로 채권의 만족을 얻을 수 없는 것이므로, 결국 위와 같은 채권은 강제집행면탈죄의 객체가 되지 아니한 다(대판 2017.4.26. 2016도19982).
③ 압류금지채권의 목적물이 채무자의 예금계좌에 입금되기 전까지는 여전히 강제집행

---

20) 강제집행면탈죄의 객체는 채무자의 재산 중에서 채권자가 민사집행법상 강제집행 또는 보 전처분의 대상으로 삼을 수 있는 것이어야 한다(대판 2017.8.18. 2017도6229).

또는 보전처분의 대상이 될 수 없는 것이므로, 압류금지채권의 목적물을 수령하는데 사용하던 기존 예금계좌가 채권자에 의해 압류된 채무자가 압류되지 않은 다른 예금계좌를 통하여 그 목적물을 수령하더라도 강제집행이 임박한 채권자의 권리를 침해할 위험이 있는 행위라고 볼 수 없어 강제집행면탈죄가 성립하지 않는다(대판 2017.8.18. 2017도6229). ─ 휴업급여를 받을 권리는 산업재해보상법 제88조 제2항에 의해 압류가 금지되는 채권으로 강제집행면탈죄의 객체가 되지 아니한다.

(3) 실행 행위

실행 행위는 '재산을 은닉·손괴·허위양도 또는 허위의 채무를 부담하여 채권자를 해하는 것'이다.

(가) 은닉

강제집행을 실시하는 자에 대하여 재산의 발견을 불능 또는 곤란케 하는 것을 말한다.[22] 재산의 소재를 불명케 하는 경우는 물론 그 소유관계를 불명하게 하는 경우도 포함한다.[23]

□ 은닉 관련 판례

〈은닉에 해당하는 경우〉

① 피고인이 회사의 어음 채권자들의 가압류 등을 피하기 위하여 회사의 예금계좌에 입금된 회사 자금을 인출하여 제3자 명의의 다른 계좌로 송금하였다면 강제집행면탈죄를 구성하는 것이고, 이른바 어음 되막기 용도의 자금 조성을 위하여 위와 같은 행위를 하였다는 사정만으로 피고인의 강제집행면탈 행위가 정당행위에 해당한다고 볼 수 없다(대판 2005.10.13. 2005도4522).

② 피고인이 자신의 채권담보의 목적으로 채무자 소유의 선박들에 관하여 가등기를 경료하여 두었다가 채무자와 공모하여 위 선박들을 가압류한 다른 채권자들의 강제집행을 불가능하게 할 목적으로 정확한 청산절차도 거치지 않은 채 의제자백판결을 통하여 선순위 가등기권자인 피고인 앞으로 본등기를 경료함과 동시에 가등기 이후에 경료된 가압류등기 등을 모두 직원말소하게 하였음은 소유관계를 불명하게 하는 방법에 의한 '재산의 은닉'에 해당한다(대판 2000.7.28. 98도4558).

〈은닉에 해당하지 않는 경우〉

채무자가 제3자 명의로 되어 있던 사업자등록을 또 다른 제3자 명의로 변경하였다는

21) 대판 2001.11.27. 2001도4759.
22) 대판 2001.11.27. 2001도4759.

사정만으로는 그 변경이 채권자의 입장에서 볼 때 사업장 내 유체동산에 관한 소유관계를 종전보다 더 불명하게 하여 채권자에게 손해를 입게 할 위험성을 야기한다고 단정할 수 없다(대판 2014.6.12. 2012도2732).

(나) 손괴

손괴는 재물을 물질적으로 훼손하거나 가치를 소멸, 감소시키는 것을 말한다.

(다) 허위양도

'허위양도'란 실제적으로 재산의 양도가 없음에도 불구하고 마치 있는 것처럼 가장하여 재산의 명의를 변경하는 것이다. 이때, 허위양도는 유상이든 무상이든 불문한다.

□ 허위양도 관련 판례

⟨허위양도에 해당하는 경우⟩

① 피고인은 사업부진으로 다액의 채무를 부담한 채 구속되자, 공동피고인이 피고인의 채권자들이 채권확보를 위해 소송을 제기할 듯한 기세를 보이자, 앞으로 그 소송으로 인한 강제집행이 있을 것을 예측하여 피고인을 구치소로 찾아가 피고인이 공소외 인으로부터 1,480만원에 양수한 동대문시장 주식회사 소유 점포임차권의 명의가 전임차인 명의로 있는 것을 공동피고인 명의로 임차권자 명의를 이전한 사실을 인정할 수 있어서 이는 구체적으로 강제집행을 받을 우려가 있는 상태에서 강제집행을 면할 목적으로 재산을 허위양도한 것이라고 할 것이다(대판 1971.4.20. 71도319).
② 가압류결정 정본이 송달된 날짜와 피고인이 채권을 양도한 날짜가 동일한데도 가압류 결정 정본이 제3채무자에게 송달되기 전에 피고인이 채권을 허위로 양도하였다면 피고인의 행위는 강제집행면탈죄에 해당한다(대판 2012.6.28. 2012도3999).

⟨허위양도에 해당하지 않는 경우⟩

강제집행면탈죄에 있어서 은닉이라 함은 강제집행을 면탈할 목적으로 강제집행을 실시하는 자로 하여금 채무자의 재산을 발견하는 것을 불능 또는 곤란하게 만드는 것을 말하는 것으로서 진의에 의하여 재산을 양도하였다면 설령 그것이 강제집행을 면탈할 목적으로 이루어진 것으로서 채권자의 불이익을 초래하는 결과가 되었다고 하더라도 강제집행면탈죄의 허위양도 또는 은닉에는 해당하지 아니한다 할 것이다(대판 2000.9.8. 2000도1447).

---

23) 사업장의 유체동산에 대한 강제집행을 면탈할 목적으로 사업자 등록의 사업자 명의를 변경함이 없이 사업장에서 사용하는 금전등록기의 사업자 이름만을 변경한 경우는 강제집행면탈죄에 있어서 재산의 '은닉'에 해당한다(대판 2003.10.9. 2003도3387).

(라) 허위의 채무부담

'허위의 채무부담'이란 실제로는 채무가 없음에도 불구하고 마치 있는 것처럼 가장하여 채무를 부담하는 것이다. 하지만 진실한 채무부담인 경우에는 본죄는 성립하지 않는다.

□ 허위의 채무부담 관련 판례

〈허위의 채무부담에 해당하는 경우〉

① 재단법인의 이사장인 피고인이 강제집행을 면탈할 목적으로 재단법인에 대하여 채권을 가지는 양 가장하여 이를 공동피고인에게 양도함으로써 재단법인으로 하여금 허위의 채무를 부담케 하고 이를 담보한다는 구실 하에 재단법인 소유토지를 공동피고인 명의로 가등기 및 본등기를 경료케 하였다면 강제집행면탈죄를 구성한다(대판 1982.12.14. 80도2403).

② 이혼을 요구하는 처로부터 재산분할청구권에 근거한 가압류 등 강제집행을 받을 우려가 있는 상태에서 남편이 이를 면탈할 목적으로 허위채무를 부담하고 소유권이전청구권보전가등기를 경료한 경우, 강제집행면탈죄가 성립한다(대판 2008.6.26. 2008도3184).

〈허위의 채무부담에 해당하지 않는 경우〉

피고인 갑이 을, 병에 대하여 장래에 발생할 특정의 위 조건부채권을 담보하기 위한 방편으로, 이 사건 각 부동산에 대하여 위 각 근저당권을 설정한 것이라면, 특별한 사정이 없는 한, 이는 장래 발생할 진실한 채무를 담보하기 위한 것으로 보여져, 피고인의 위 행위를 가리켜 강제집행면탈죄 소정의 '허위의 채무를 부담'하는 경우에 해당한다고 할 수 없다(대판 1996.10.25. 96도1531).

(마) 강제집행을 받을 상황

본죄가 성립하기 위해서는 행위자의 주관적인 면탈의 의도가 있어야 할 뿐만 아니라 객관적으로 강제집행을 면탈할 상태여야 한다.[24] 여기서 강제집행을 면탈할 상태라 함은 민사소송법에 의한 강제집행 또는 이를 준용하는 가압류·가처분 등의 집행을 당할 구체적인 염려가 있는 상태를 말한다.[25] 집행을 당할 구체적인 위험이 있는 상태란 채권자가 이행청구의 소 또는 그 보전을 위한 가압류, 가처분신청을 제기하거나 제기할 태세를 보인 경우를 말한다.[26] 민사집행법

---

24) 대판 1974.10.8. 74도1798.
25) 대판 1981.6.23. 81도588.

제3편의 적용대상인 '담보권 실행 등을 위한 경매'를 면탈할 목적으로 재산을 은닉하거나[27] 국세징수법에 의한 체납처분을 면탈할 목적으로 재산을 은닉하는 등[28]의 행위는 본죄에 해당되지 않는다. 강제집행의 기본이 되는 채권자의 권리즉 채권의 존재는 강제집행면탈죄의 성립요건이며, 그 채권의 존재가 인정되지 않을 때에는 본죄가 성립하지 않는다.[29]

□ 강제집행을 받을 상황 관련 판례

〈객관적 상태〉

강제집행면탈죄는 채무자가 현실적으로 민사소송법에 의한 강제집행 또는 가압류, 가처분의 집행을 받을 우려가 있는 객관적인 상태 즉 적어도 채권자가 민사소송을 제기하거나 가압류, 가처분의 신청을 할 기세를 보이고 있는 상태에서, 채무자가 강제집행을 면탈할 목적으로, 재산을 은닉, 손괴, 허위양도하거나 허위의 채무를 부담하여 채권자를 해할 위험이 있는 경우에 성립한다(대판 1998.9.8. 98도1949).

〈강제집행의 대상〉

① 강제집행면탈죄가 적용되는 강제집행은 민사집행법 제2편의 적용 대상인 '강제집행' 또는 가압류·가처분 등의 집행을 가르키는 것이고, 민사집행법 제3편의 적용 대상인 '담보권 실행 등을 위한 경매'를 면탈할 목적으로 재산을 은닉하는 등의 행위는 위죄의 규율 대상에 포함되지 않는다(대판 2015.3.26. 2014도14909).
② 강제집행면탈죄의 강제집행에는 광의의 강제집행인 의사의 진술에 갈음하는 판결의 강제집행도 포함되고, 강제집행면탈죄의 성립요건으로서의 채권자의 권리와 행위의 객체인 재산은 국가의 강제집행권이 발동될 수 있으면 충분하다(대판 2015.9.15. 2015도9883).
③ 강제집행면탈죄가 적용되는 강제집행은 민사집행법의 적용대상인 강제집행 또는 가압류·가처분 등의 집행을 가리키는 것이므로, 국세징수법에 의한 체납처분을 면탈할 목적으로 재산을 은닉하는 등의 행위는 위 죄의 규율대상에 포함되지 않는다(대판 2012.4.26. 2010도5693).

〈채권의 존재 인정〉

강제집행할 채권이 조건부채권이라고 하여도 그 채권자는 이를 피보전권리로 하여 보전처분을 함에는 법률상 아무런 장애가 없다 할 것이므로, 이와 같은 보전처분을 면할

---

26) 대판 1999.2.9. 96도3141.
27) 대판 2015.3.26. 2014도14909.
28) 대판 2012.4.26. 2010도5693.
29) 대판 1982.10.26. 82도2157.

목적으로 위 조항 소정의 행위를 한 이상 강제집행면탈죄는 성립되고, 그 후 조건의 불성취로 채권이 소멸되었다 하여도 일단 성립한 범죄에는 영향을 미치지 아니한다(대판 1984.6.12. 82도1544).

〈채권의 존재 부정〉

① 상계로 인하여 소멸한 것으로 보게 되는 채권에 관하여는 그 상계의 효력이 발생하는 시점 이후에는 채권의 존재가 인정되지 않으므로 강제집행면탈죄가 성립하지 않는다(대판 2012.8.30. 2011도2252).

② 채권자의 채권이 금전채권이 아니라 토지 소유자로서 그 지상 건물의 소유자에 대하여 가지는 건물철거 및 토지인도청구권인 경우라면 채무자인 건물 소유자가 제3자에게 허위의 금전채무를 부담하면서 이를 피담보채무로 하여 건물에 관하여 근저당설정등기를 경료하였다는 것만으로는 강제집행면탈죄가 성립한다고 할 수 없다(대판 2008.6.12. 2008도2279).

(바) 채권자를 해한 자

'채권자를 해한 자'라 함은 채권자가 현실적으로 해를 입는 것이 아니라 해를 입을 위험성만 있으면 충분하다.[30] 그러므로, 채권이 존재하는 경우에도 채무자의 재산은닉 등 행위시를 기준으로 채무자에게 채권자의 집행을 확보하기에 충분한 다른 재산이 있었다면, 채권자를 해하였거나 해할 우려가 있다고 할 수 없어 본죄가 성립하지 않는다.[31]

3. 주관적 구성요건

본죄는 고의로 재산을 은닉, 손괴, 허위양도 또는 허위의 채무를 부담하여 채권자를 해한다는 인식과 인용이 있어야 한다. 추상적 위험범이면서 목적범이므로 강제집행면탈의 목적이 있어야 한다. 목적을 달성하였는지는 본죄의 성립에 영향을 주지 않는다.

---

30) 강제집행면탈죄는 위태범이므로 채권자를 해하는 결과가 야기되거나 행위자가 어떤 이득을 취하여야 범죄가 성립하는 것은 아니다. 강제집행을 당할 위험이 있는 상태에서 재산을 은닉, 손괴, 허위양도 또는 허위채무를 부담하여 채권자를 해할 때 성립하고 반드시 현실적으로 채권자를 해하는 결과가 야기되어야만 강제집행면탈죄가 성립하는 것은 아니다(대판 2001.11.27. 2001도4759).
31) 대판 2011.9.8. 2011도5165.

4. 죄수 및 다른 죄와의 관계

① 채권자들에 의한 복수의 강제집행이 예상되는 경우 재산을 은닉 또는 허위양도함으로써 채권자들을 해하였다면 채권자별로 각각 강제집행면탈죄가 성립하고, 상호 상상적 경합범의 관계에 있다.[32]

② 채무자가 자신의 부동산에 甲 명의로 허위의 금전채권에 기한 담보가등기를 설정하고 이를 乙에게 양도하여 乙 명의의 본등기를 경료하게 한 사안에서, 甲 명의 담보가등기 설정행위로 강제집행면탈죄가 성립한다고 하여 그 후 乙 명의로 이루어진 가등기 양도 및 본등기 경료행위가 불가벌적 사후행위가 되는 것은 아니다.[33]

③ 횡령죄의 구성요건으로서의 횡령행위란 불법영득의 의사, 즉 타인의 재물을 보관하는 자가 자기 또는 제3자의 이익을 꾀할 목적으로 위탁의 취지에 반하여 권한 없이 그 재물을 자기의 소유인 것처럼 사실상 또는 법률상 처분하려는 의사를 실현하는 행위를 말하고, 강제집행면탈죄에 있어서 은닉이라 함은 강제집행을 면탈할 목적으로 강제집행을 실시하는 자로 하여금 채무자의 재산을 발견하는 것을 불능 또는 곤란하게 만드는 것을 말하는 것으로서 진의에 의하여 재산을 양도하였다면 설령 그것이 강제집행을 면탈할 목적으로 이루어진 것으로서 채권자의 불이익을 초래하는 결과가 되었다고 하더라도 강제집행면탈죄의 허위양도 또는 은닉에는 해당하지 아니한다 할 것이며, 이와 같은 양죄의 구성요건 및 강제집행면탈죄에 있어 은닉의 개념에 비추어 보면 타인의 재물을 보관하는 자가 보관하고 있는 재물을 영득할 의사로 은닉하였다면 이는 횡령죄를 구성하는 것이고 채권자들의 강제집행을 면탈하는 결과를 가져온다 하여 이와 별도로 강제집행면탈죄를 구성하는 것은 아니다.[34]

---

32) 대판 2011.12.8. 2010도4129.
33) 대판 2008.5.8. 2008도198.
34) 대판 2000.9.8. 2000도1447.

제2부 사회적 법익에 대한 죄

제1장

공안을 해하는 죄

제1절 서 설

I. 의의, 보호법익

공안을 해하는 죄는 '공공의 법질서 또는 공공의 안전과 평온을 해하는 범죄'이다. 본 죄는 사회적 범죄에 해당하나, 전시공수계약불이행죄와 공무원자격사칭죄는 국가적 기능인 국가적 법익에 대한 범죄로 해석된다.[1]

보호법익은 '공공의 안전과 평온'이며, 보호의 정도는 '추상적 위험범'이다.

II. 공안을 해하는 죄의 구성요건의 체계

공안을 해하는 죄는 범죄단체 등 조직죄(제114조)와 소요죄(제115조)를 기본적 구성요건으로 하고 있다. 다중불해산죄(제116조)는 소요죄의 예비단계의 범죄로 독립적 구성요건이다. 그 밖에 전시공수계약불이행죄(제117조)와 공무원자격사칭죄(제118조)는 국가적 법익에 대한 범죄로 구성되어 있다.

---

1) 박상기, 453면; 이재상, 487면; 이형국, 492면; 오영근, 461면; 임웅, 613면.

제2절 개별적 범죄 유형

Ⅰ. 범죄단체조직죄

> **제114조【범죄단체 등의 조직】** 사형, 무기 또는 장기 4년 이상의 징역에 해당하는 범죄를 목적으로 하는 단체 또는 집단을 조직하거나 이에 가입 또는 그 구성원으로 활동한 사람은 그 목적한 죄에 정한 형으로 처벌한다. 다만, 형을 감경할 수 있다.

1. 의의, 보호법익

본죄는 '사형, 무기 또는 장기 4년 이상의 징역에 해당하는 범죄를 목적으로 하는 단체 또는 집단을 조직하거나 이에 가입 또는 그 구성원으로 활동함으로써 성립하는 범죄'이다. 보호법익은 '공공의 안전과 평온'이며, 보호의 정도는 '추상적 위험범'이며, '즉시범'이다.[2]

본죄는 조직범죄의 위험성을 미리 차단하기 위한 예비·음모에 해당하는 행위를 독립적으로 처벌하기 위해 규정된 것이다. 본죄는 필요적 공범 중 집단범에 해당한다.

2. 객관적 구성요건

본죄는 '사형, 무기 또는 장기 4년 이상의 징역에 해당하는 범죄를 목적으로 하는 단체 또는 집단을 조직하거나 이에 가입 또는 그 구성원으로 활동하는 것'이다.

(1) 사형, 무기 또는 장기 4년 이상의 징역에 해당하는 범죄를 목적

본죄를 목적으로 하는 범죄는 '사형, 무기 또는 장기 4년 이상의 징역에 해당하는 범죄'로 제한하며, 형법 이외 특별법상의 범죄도 포함한다.

(2) 단체 또는 집단

'단체'란 특정다수인이 일정한 범죄를 수행한다는 공동목적 아래 이루어진

---

[2] 구(舊) 폭력행위 등 처벌에 관한 법률 제4조 소정의 단체 등의 구성죄는 같은 법에 규정된 범죄를 목적으로 한 단체 또는 집단을 구성함으로써 즉시 성립·완성되는 즉시범이므로 범죄성립과 동시에 공소시효가 진행되는 것이다(대판 2005.9.9. 2005도3857).

계속적인 결합체로서 그 단체를 주도하는 최소한의 통솔체제를 갖추고 있음을 요하며,3) 범죄의 계획과 실행을 용이하게 할 정도의 조직적 구조를 갖추어야 한다. 범죄단체의 구성은 단체를 새로이 조직, 창설하는 것을 의미한다.4)

'집단'이란 다수인의 계속적인 집합체이며, 단체와는 다르게 다수인을 통솔하기 위해 조직화될 필요성은 없다.5) 특정 다수인이 사형, 무기 또는 장기 4년 이상의 범죄를 수행한다는 공동목적 아래 구성원들이 정해진 역할분담에 따라 행동함으로써 범죄를 반복적으로 실행할 수 있는 조직체계를 갖춘 계속적인 결합체를 의미한다.6)

□ **범죄단체 관련 판례**

〈범죄단체가 인정되는 경우〉

① 보이스피싱 조직은 보이스피싱이라는 사기범죄를 목적으로 구성된 다수인의 계속적인 결합체로서 총책을 중심으로 간부급 조직원들과 상담원들, 현금인출책 등으로 구성되어 내부의 위계질서가 유지되고 조직원의 역할 분담이 이루어지는 최소한의 통솔체계를 갖춘 형법상의 범죄단체에 해당하고, 보이스피싱 조직의 업무를 수행한 피고인들에게 범죄단체 가입 및 활동에 대한 고의가 인정되며, 피고인들의 보이스피싱 조직에 의한 사기범죄 행위는 범죄단체 활동에 해당한다.

범죄단체 가입행위 또는 범죄단체 구성원으로서 활동하는 행위와 사기행위는 각각 별개의 범죄 구성요건을 충족하는 독립된 행위이고 서로 보호법익도 달라 법조경합 관계로 목적된 범죄인 사기죄만 성립하는 것은 아니다(대판 2017.10.26. 2017도8600).

② 피고인들이 수괴, 간부 가입자를 구분할 수 있을 정도의 지휘통솔체계를 갖춘 단체를 구성하고 또는 이에 가입한 후 피고인 갑으로부터 단체생활에 필요한 자금 등을 제공받고, 싸움에 대비하여 수시로 단체 및 개인훈련을 실시하는 한편 피고인 갑의 사주

---

3) 대판 1985.10.8. 85도1515.
4) 범죄단체의 구성은 단체를 새로이 조직, 창설하는 것을 의미하므로, 기존의 범죄단체를 이용하여 새로운 범죄단체를 구성하였다고 하려면, 기존의 범죄단체가 이미 해체 내지 와해된 상태에 있어 그 조직을 재건하거나 기존의 범죄단체에서 분리되어 나와 별도의 범죄단체를 구성하거나, 현재 활동 중인 범죄단체가 다른 범죄단체를 흡수하거나 그와 통합함으로써 그 조직이 완전히 변경되어 기존의 범죄단체와 동일성이 없는 별개의 단체로 인정될 수 있어야 한다(대판 2014.2.13. 2013도12804).
5) 폭력행위 등 처벌에 관한 법률 제4조에 규정된 범죄단체라 함은 폭력을 내용으로 하는 각종 범죄를 행한다는 공동목적 아래 특정다수인에 의하여 이루어진 계속적이고 최소한 통솔체제를 갖춘 조직체를 의미하고 또 범죄집단이라 함은 범죄 단체와 같이 계속적일 필요는 없으나 다수자가 동시에 동일 장소에 집합되어 있고 그 조직의 형태가 위 법에서 정한 수괴, 간부, 가입자를 구분할 수 있는 정도의 결합체를 의미한다(대판 1991.12.24. 91도2397).
6) 대판 2020.8.20. 2019도16263.

를 받거나 고향의 선배들을 괴롭히는 자들을 응징한다는 명목 등으로 위 단체구성 후 1년 10개월 동안 16건에 걸쳐 강도상해 및 폭력행위(상해, 협박 등)를 자행하여 왔다면 그 과정에서 생활비절감 등 편의상 함께 모여 단체생활을 한 일면이 있다고 인정된다 거나 위 단체의 명칭이 수사단계에서야 비로소 붙여진 것이라 하더라도 피고인들의 위 와 같은 소위는 결국 폭력를 목적으로 한 범죄단체를 구성 또는 이에 가입한 죄에 해당 된다(대판 1987.10.13. 87도1240).

〈범죄단체가 인정되지 않는 경우〉

① 피고인들이 각기 소매치기의 범죄를 목적으로 그 실행 행위를 분담하기로 약정하였으나 위에서 본 계속적이고 통솔체제를 갖춘 단체를 조직하였거나 그와 같은 단체에 가입하였다고 볼 증거가 없다(대판 1981.11.24. 81도2608).
② 사북 지역 출신의 청년들에 의하여 자생적으로 조직된 사북청년회라는 단체의 일부 회원들이 사북 지역에 내국인 카지노가 들어서면서 폭력 범행을 저지르거나 관여하게 되었다고 하여 사북청년회 자체가 폭력행위등 처벌에 관한 법률상의 폭력 범행을 목적으로 조직화되었고 사북청년회 자체에서 그러한 폭력 범행을 지시하였거나 의도하였다 보기 어려워 사북청년회가 폭력행위등 처벌에 관한 법률에서 정한 범죄단체에 해당하지 아니한다(대판 2004.7.8. 2004도2009).

(3) 조직, 가입, 구성원으로 활동

'조직'이란 다수인이 의사연락하에 계속적으로 모이는 집합체이다. 단순히 위 폭력 등의 범죄를 예비, 음모하거나 또는 그 범죄의 모의에 가담하여 실행 행위의 분담을 정함에 불과하거나 실행 행위를 하였다는 사실만으로는 위와 같은 폭력의 범죄단체를 조직하거나 범죄집단을 구성한 것이라고 할 수 없다.[7]

'가입'이란 조직된 단체나 집단의 구성원이 되는 것으로, 방법에는 제한이 없다.

---

7) 폭력행위등 처벌에 관한 법률 제4조 소정의 범죄단체는 같은 법 소정의 범죄를 한다는 공동목적하에 특정다수인에 의하여 이루어진 계속적이고도 최소한의 통솔체제를 갖춘 조직화된 결합체를 말하고, 같은 법조 소정의 범죄집단은 같은 법에서 규정하고 있는 폭력등 범죄의 실행을 공동목적으로 한 다수 자연인의 결합체를 의미하는 것으로서 위의 범죄단체와는 달라서 계속적일 필요는 없고 위의 목적하에 다수자가 동시에 동일장소에 집합되어 있고 그 조직의 형태가 위 법조에서 정하고 있는 수괴, 간부, 가입자를 구분할 수 있는 정도로 결합체를 이루고 있어야 하는 것이며 단순히 위 폭력 등의 범죄를 예비, 음모하거나 또는 그 범죄의 모의에 가담하여 실행행위의 분담을 정함에 불과하거나 실행행위를 하였다는 사실만으로는 위와 같은 폭력의 범죄단체를 조직하거나 범죄집단을 구성한 것이라고 할 수 없다(대판 1991.1.15. 90도2301).

'구성원으로 활동'이란 범죄단체 또는 집단의 내부 규율 및 통솔 체계에 따른 조직적, 집단적 의사 결정에 의하여 행하는 범죄단체 또는 집단의 존속, 유지를 지향하는 적극적인 행위이다.[8] 그 구성원으로 활동하였는지 여부는 활동이 행해진 일시, 장소, 목적 등 구체적인 사정을 종합하여 판단하여야 한다.

(4) 기수시기

본죄는 범죄목적의 단체를 조직하거나 가입한 때 기수가 되며, 그 후 목적한 범죄를 실행하였는지 여부는 범죄단체조직죄의 성립에 영향이 없다.[9]

3. 주관적 구성요건

본죄의 고의는 범죄를 목적으로 단체 또는 집단을 조직하거나 이에 가입 또는 그 구성원으로 활동한다는 인식과 인용이 필요하다.

4. 죄수 및 다른 죄와의 관계

① 범죄단체를 구성하거나 이에 가입한 자가 더 나아가 구성원으로 활동하는 경우에는 포괄일죄가 성립한다.[10]

② 범죄단체의 조직과 가입에 대해 특별규정이 있는 경우에는 본죄와 법조경합 중 특별관계로 인해 본죄는 적용되지 않고 특별규정이 적용된다. 특별규정으로는 폭력행위 등 처벌에 관한 법률 제4조 제1항[11]과 국가보안법 제3조 제1

---

8) 특정한 행위가 범죄단체 또는 집단의 구성원으로서의 '활동'에 해당하는지 여부는 당해 행위가 행해진 일시, 장소 및 그 내용, 그 행위가 이루어지게 된 동기 및 경위, 목적, 의사, 결정자와 실행 행위자 사이의 관계 및 그 의사의 전달 과정 등의 구체적인 사정을 종합하여 실질적으로 판단하여야 한다. 따라서 다수의 구성원이 관여되었다고 하더라도 범죄단체 또는 집단의 존속, 유지를 목적으로 하는 조직적, 집단적 의사결정에 의한 것이 아니거나, 범죄단체 또는 집단의 수괴나 간부 등 상위 구성원으로부터 모임에 참가하라는 등의 지시나 명령을 소극적으로 받고 이에 단순히 응하는데 그친 경우, 구성원 사이의 사적이고 의례적인 회식이나 경조사 모임 등을 개최하거나 참석하는 경우 등은 '활동'에 해당한다고 볼 수 없다(대판 2009.9.10. 2008도10177).

9) 대판 1975.9.23. 75도2321.

10) 범죄단체의 구성이나 가입은 범죄행위의 실행 여부와 관계없이 범죄단체 구성원으로서의 활동을 예정하는 것이고, 범죄단체 구성원으로서의 활동은 범죄단체의 구성이나 가입을 당연히 전제로 하는 것이므로, 양자는 모두 범죄단체의 생성 및 존속, 유지를 도모하는 범죄행위에 대한 일련의 예비·음모 과정에 해당한다는 점에서 범의의 단일성과 계속성을 인정할 수 있을 뿐만 아니라 피해법익도 다르지 않다. 따라서 범죄단체를 구성하거나 이에 가입한 자가 더 나아가 구성원으로 활동하는 경우, 이는 포괄일죄의 관계에 있다(대판 2015.9.10. 2015도7081).

11) 제4조 제1항 : 이 법에 규정된 범죄를 목적으로 한 단체 또는 집단을 구성하거나 그러한

항[12) 등이 있다.

③ 피고인이 보이스피싱 사기 범죄단체에 가입한 후 사기범죄의 피해자들로부터 돈을 편취하는 등 그 구성원으로서 활동하였다는 내용의 공소사실이 유죄로 인정된 사안에서, 범죄단체 가입행위 또는 범죄단체 구성원으로서 활동하는 행위와 사기행위는 각각 별개의 범죄구성요건을 충족하는 독립된 행위이고 서로 보호법익도 달라 법조경합 관계로 목적된 범죄인 사기죄만 성립하는 것은 아니다. 따라서, 본죄와 사기죄의 실체적 경합범이 성립한다.[13)

Ⅱ. 소요죄

> 제115조 【소요죄】 다중이 집합하여 폭행, 협박 또는 손괴의 행위를 한 자는 1년 이상 10년 이하의 징역이나 금고 또는 1천500만원 이하의 벌금에 처한다.

1. 의의, 보호법익

본죄는 '다중이 집합하여 폭행, 협박 또는 손괴의 행위를 함으로써 성립하는 범죄'이다. 보호법익은 '공공의 안전과 평온'이며, 보호의 정도는 '추상적 위험범'이다.

본죄는 필요적 공범으로 다중의 집합을 요건으로 하며, 집합범에 해당한다.

2. 객관적 구성요건

(1) 행위의 주체

행위의 주체는 '집합한 다중을 구성하는 개인'이다(다수설). '다중'이란 많은 사람들이 모여있는 것을 말한다. 계속적이고 조직적이 아니라는 점에서 단체와 구별된다. 다중의 정도는 한 지방의 평온을 해할 수 있을 정도의 폭행·협박·손

단체 또는 집단에 가입하거나 그 구성원으로 활동한 자는 다음의 구별에 의하여 처벌한다. 1. 수괴는 사형, 무기 또는 10년 이상의 징역에 처한다. 2. 간부는 무기 또는 7년 이상의 징역에 처한다. 3. 그 외의 자는 2년 이상의 유기징역에 처한다.
12) 제3조 제1항 : 반국가단체를 구성하거나 이에 가입한 자는 다음의 구별에 따라 처벌한다. 1. 수괴의 임무에 종사하는 자는 사형 또는 무기징역에 처한다. 2. 간부 기타 지도적 임무에 종사한 자는 사형, 무기 또는 5년 이상의 징역에 처한다. 3. 그 이외의 자는 2년 이상의 유기징역에 처한다.
13) 대판 2017.10.26. 2017도8600.

괴를 하기에 족한 다수인을 요한다(통설).[14]

(2) 실행 행위

실행 행위는 '집합하여 폭행, 협박 또는 손괴'하는 것이다.

'집합'이란 다수인이 일정한 장소에 모여 집단을 형성하는 것을 말한다. 조직적이거나 공동의 목적이 있을 것을 요하지 않으며, 통솔체계 또한 필요하지 않다.

'폭행과 협박'은 최광의의 개념으로, 폭행은 사람 또는 물건에 대한 일체의 유형력의 행사를 말하며, 협박은 상대방의 공포심을 일으킬 의사로 해악을 가할 것을 고지하는 일체의 행위이다.

'손괴'는 재물의 효용을 해하는 것을 말한다.

폭행, 협박 또는 손괴는 사람이나 물건에 대한 공격적, 적극적인 행위일 것을 요한다.[15] 따라서, 단순히 소극적인 저항을 하거나 연좌 농성을 하는 것은 본죄에 해당하지 않는다.

(3) 기수시기

다중이 집합하여 폭행, 협박 또는 손괴 행위를 할 때 실행의 착수가 인정되며, 이로 인해 한 지방의 공공의 안전과 평온을 해할 위험성이 있으면 기수가 된다. 미수범 처벌규정은 없다.

3. 주관적 구성요건

본죄의 고의는 다중이 집합하여 폭행, 협박 또는 손괴하려는 의사가 있어야 한다. 이때, 공동의 의사는 다중이 서로 믿고 스스로 폭행, 협박 또는 손괴행위에 가담하는 것으로, 행위자 상호간 공모나 계획을 요하지 않는다.

4. 공범여부

본죄는 필요적 공범으로 총칙의 공범규정이 적용될 여지는 없다. 하지만, 집합한 다중의 외부 관여자에 대해서는 임의적 공범의 형태로 교사나 방조는 가능하다(다수설).

---

14) 박상기, 459면; 배종대, 624면; 오영근, 466면; 이재상, 493면; 임웅, 621면.
15) 박상기, 459면; 배종대, 625면; 오영근, 466면; 이재상, 493면.

5. 죄수

① 소요죄의 행위 태양인 폭행, 협박 또는 손괴는 본죄에 흡수된다.

② 소요 행위로 인하여 발생한 살인, 방화의 경우에는 본죄와 상상적 경합이 된다(다수설).

③ 소요 행위로 인한 업무방해죄와 공무집행방해죄는 본죄에 흡수된다.[16]

Ⅲ. 다중불해산죄

> 제116조【다중불해산】폭행, 협박 또는 손괴의 행위를 할 목적으로 다중이 집합하여 그
> 를 단속할 권한이 있는 공무원으로부터 3회 이상의 해산명령을 받고 해산하지 아니한
> 자는 2년 이하의 징역이나 금고 또는 300만원 이하의 벌금에 처한다.

1. 의의, 보호법익

본죄는 '폭행, 협박 또는 손괴의 행위를 할 목적으로 다중이 집합하여 그를 단속할 권한이 있는 공무원으로부터 3회 이상의 해산명령을 받고 해산하지 아니함으로써 성립하는 범죄'이다. 본죄는 목적범이며, 진정부작위범이다.

본죄는 소요죄와 법조경합 중 보충관계로 본죄를 범한 자가 계속해서 폭행, 협박 또는 손괴 행위를 한 경우에는 소요죄만 성립한다.

보호법익은 '공공의 평온과 안전'이고, 보호의 정도는 '추상적 위험범'이다.

2. 객관적 구성요건

(1) 행위의 주체

행위의 주체는 '폭행, 협박 또는 손괴의 행위를 할 목적으로 집합한 다중을 구성하는 구성원 개인'이다.

(2) 실행 행위

실행 행위는 '단속할 권한이 있는 공무원으로부터 3회 이상의 해산명령을 받고 해산하지 아니하는 것'이다.

'단속할 권한이 있는 공무원'은 법령에 의하여 집합한 다중을 해산할 수 있는

---

16) 오영근, 468면.

해산명령권을 가진 공무원을 말한다. 예컨대, 경찰관직무집행법 제6조 '범죄의 예방과 제지'[17]의 권한을 가진 경찰공무원 등이 있다.

'해산명령'은 집합한 다중이 인식할 수 있으면 그 방법에는 제한이 없다. '3회 이상'이란 최소한의 숫자를 의미하는 것이며, 적어도 3회 이상임을 의미한다. 해산 명령을 할 때에는 일정한 시간적 간격을 두어 다중이 해산할 수 있는 여유를 주어야 한다. 이러한, 시간적 여유 없이 짧은 간격으로 연이은 3회 이상은 이에 해당하지 않는다.

'해산'은 다중에서 흩어짐을 말한다. 다른 장소로 옮기는 행위는 해산으로 볼 수 없고, 본죄가 성립한 이후에 흩어지는 행위도 해산에 해당하지 않는다.

(3) 기수시기

본죄의 기수는 3회 이상의 해산명령을 받고도 해산하지 않은 때이다. 3회이든 4회이든 최종적인 해산명령을 기준으로 판단하여야 하며, 최종적인 해산명령에 의해 해산하는 경우에는 본죄가 적용되지 않는다. 본죄는 진정부작위범으로 미수범은 성립하지 않는다.

3. 주관적 구성요건

본죄의 고의는 권한있는 공무원의 해산명령을 3회 이상 받고도 해산하지 않는다는 인식과 인용이다. 또한 목적범으로 폭행, 협박 또는 손괴한다는 목적으로 집합하여야 한다.

4. 특별법

'집회 및 시위에 관한 법률' 제20조(집회 또는 시위의 해산) 제1항은 "관할경찰관서장은 다음 각 호의 어느 하나에 해당하는 집회 또는 시위에 대하여는 상당한 시간 이내에 자진 해산할 것을 요청하고 이에 따르지 아니하면 해산을 명할 수 있다." 제2항은 "집회 또는 시위가 제1항에 따른 해산 명령을 받았을 때에는 모든 참가자는 지체 없이 해산하여야 한다"라고 규정하고 있다. 집회 및 시위에 관한 법률은 본죄와 같이 폭행, 협박 또는 손괴의 목적이 아닌, 신고 없는 집회 등 시

---

17) 제6조(범죄의 예방과 제지) 경찰관은 범죄행위가 목적에 행하여지려고 하고 있다고 인정될 때에는 이를 예방하기 위하여 관계인에게 필요한 경고를 하고, 그 행위로 인하여 사람의 생명, 신체에 위해를 끼치거나 재산에 중대한 손해를 끼칠 우려가 있는 긴급한 경우에는 그 행위를 제지할 수 있다.

위에 대한 규정이다.

Ⅳ. 전시공수계약불이행죄

제117조【전시공수계약불이행】 ① 전쟁, 천재 기타 사변에 있어서 국가 또는 공공단체와 체결한 식량 기타 생활필수품의 공급계약을 정당한 이유 없이 이행하지 아니한 자는 3년 이하의 징역 또는 500만원 이하의 벌금에 처한다.
② 전항의 계약이행을 방해한 자도 전항의 형과 같다.
③ 전2항의 경우에는 그 소정의 벌금을 병과할 수 있다.

1. 의의, 보호법익

본죄는 '전쟁, 천재 기타 사변에 있어서 국가 또는 공공단체와 체결한 식량 기타 생활필수품의 공급계약을 정당한 이유 없이 이행하지 아니하거나 이러한 계약이행을 방해함으로써 성립하는 범죄'이다. 본죄는 국가비상시 생활필수품의 원활한 공급을 하기 위함으로, 제1항의 경우에는 진정부작위범으로 볼 수 있다.

보호법익은 '국가의 기능'이며, 보호의 정도는 '추상적 위험범'이다.

2. 구성요건

본죄의 실행 행위는 '전쟁, 천재 기타 사변에 있어서 국가 또는 공공단체와 체결한 식량 기타 생활필수품의 공급계약을 정당한 이유 없이 이행하지 아니하거나 이러한 계약이행을 방해하는 것'이다.

'전쟁, 천재 기타 사변'이란 전쟁, 천재는 기타 사변의 예시적인 개념으로, 전쟁, 천재 이외 내란이나 소요 등으로 인해 사회의 불안한 요소가 발생하여 생활필수품의 공급이 원활하지 않은 상태를 말한다.

'정당한 이유없이'는 법령이나 계약 등 사회통념에 따라 판단한다. 정당한 이유가 있거나 불가항력적인 이유가 발생한 경우에는 본죄가 성립하지 않는다.

'계약 이행을 방해'는 국가 또는 공공단체와 체결한 계약 이행을 방해하는 것으로, 방법과 수단에는 제한이 없다.

V. 공무원자격사칭죄

> **제118조【공무원자격의 사칭】** 공무원의 자격을 사칭하여 그 직권을 행사한 자는 3년 이하의 징역 또는 700만원 이하의 벌금에 처한다.

1. 의의, 보호법익

본죄는 '공무원의 자격을 사칭하여 그 직원을 행사함으로써 성립하는 범죄'이다. 본죄는 공무원의 자격을 사칭하는 것과 직권을 행사하는 것이 결합된 결합범의 성격을 가지고 있다.

보호법익은 '국가의 기능'이고, 보호의 정도는 '추상적 위험범'이다.

2. 구성요건

본죄는 '공무원의 자격을 사칭하여 그 직권을 행사하는 것'이다.

'공무원의 자격을 사칭'한다고 함은 공무원[18]이 아닌 자가 마치 자신이 공무원인양 오신케 하는 일체의 행위를 말한다. 이때, 자격을 사칭하는데 있어서 공무원 아닌 자가 공무원인 것처럼 하는 행동 이외에도 공무원이 다른 공무원의 자격을 사칭하는 경우도 해당된다. 자격을 사칭하는 방법에는 제한이 없으며, 스스로 착각에 빠진 피해자에 대하여 부작위로도 가능하다.

'직권을 행사'라 함은 사칭한 공무원의 직무에 관한 권한을 행사함을 말한다. 따라서, 그 직무와 관련성이 없는 직권행사는 본죄가 성립하지 않는다.

□ 직권행사 관련 판례

〈직권행사가 인정되지 않는 경우〉

① 공무원자격사칭죄가 성립하려면 어떤 직권을 행사할 수 있는 권한을 가진 공무원임을 사칭하고 그 직권을 행사한 사실이 있어야 하는바, 피고인들은 그들이 위임받은 채권을 용이하게 추심하는 방편으로 합동수사반원임을 사칭하고 협박한 사실이 있다고 하여도 위 채권의 추심행위는 개인적인 업무이지 합동수사반의 수사업무의 범위에는 속하지 아니하므로 이를 공무원자격사칭죄로 처벌할 수 없다(대판 1981.9.8. 81도1955).

---

18) '공무원'은 국가 또는 지방자치단체 및 이에 준하는 공법인의 사무에 종사하는 자로서 그 노무의 내용이 단순한 기계적·육체적인 것에 한정되어 있지 않은 자를 말한다(대판 2011.1.27. 2010도14484).

② 중앙정보부 직원이 아닌 자가 동 직원임을 사칭하고 청와대에 파견된 감사실장인데 사무실에 대통령 사진의 액자가 파손된 채 방치되었다는 사실을 보고받고 나왔으니 자인서를 작성 제출하라고 말한 행위는 중앙정보부 직원의 직권행사에 해당되지 않는다 (대판 1977.12.13. 77도2750).

③ 피고인이 공소외 1에게 중앙정보부원을 사칭하고 그가 그 내연의 남편인 공소외 2를 유가증권 위조 등으로 김해 경찰서에 고소하였던 피의 사건의 수사경위를 청취함으로서 그 직권인 정보 업무를 행하였다고 하여 이를 공무원 사칭죄로 처단하였다. 그러나, 공무원 사칭죄는 행위자가 자격을 사칭한 그 공무원의 직권을 행사함으로써 성립하는 것으로서, 위 고소사건의 수사경위를 청취한 소위가 중앙정보부 부원의 직무를 규정한 중앙정보부법 제2조에 규정한 정보업무에 해당하는지를 심리함이 없이는, 그 자격을 사칭한 중앙정보부원의 직권인 정보업무를 행한 것이라고 단정하기 어렵다(대판 1972.6.27. 72도550).

공무원의 자격을 사칭하였으나 직권을 행사하지 않은 경우에는 본죄가 아니라 경범죄처벌법 제3조 제1항 제7호의 '관명사칭'이 적용된다.

3. 죄수와 다른 죄와의 관계

① 공무원 자격을 사칭하여 재물을 편취한 경우에는 본죄와 사기죄의 상상적 경합범이 성립한다.

② 공무원증을 위조하여 그 공무원증을 행사하고 공무원의 자격을 사칭하여 직권을 행사한 경우에는 본죄와 공문서위조죄는 실체적 경합이 되고, 위조공문서행사죄와는 상상적 경합이 된다.[19]

---

19) 신호진, 1169면.

제2장

폭발물에 관한 죄

제1절 서 설

Ⅰ. 의의, 보호법익

폭발물에 관한 죄는 '폭발물을 사용하여 사람의 생명·신체 또는 재산을 해하거나 기타 공공의 안전을 문란하게 함으로써 성립하는 범죄'이다. 본죄에서 공공의 안전은 국가법질서 전체라기보다는 한 지방의 평온을 해할 정도이면 충분하다.

보호법익은 '공공의 안전과 평온 및 사람의 생명·신체 그리고 재산'이며, 보호의 정도는 '구체적 위험범' 및 '침해범'이다.

Ⅱ. 폭발물에 관한 죄의 구성요건의 체계

폭발물에 관한 죄는 폭발물사용죄(제119조 제1항)를 기본적 구성요건으로 하고 있다. 전시폭발물사용죄(제119조 제2항)는 행위 불법으로 인한 가중유형이며, 전시폭발물제조 등의 죄(제121조)는 독립적 구성요건이다. 폭발물사용죄와 전시폭발물사용죄의 미수범은 처벌하고(제119조 제3항), 폭발물사용죄를 범할 목적의 예비·음모·선동죄도 처벌한다(제120조).

제2절 개별적 범죄 유형

I. 폭발물사용죄

> 제119조【폭발물사용】① 폭발물을 사용하여 사람의 생명, 신체 또는 재산을 해하거나 기타 공안을 문란한 자는 사형, 무기 또는 7년 이상의 징역에 처한다.

1. 의의, 보호법익

본죄는 '폭발물을 사용하여 사람의 생명, 신체 또는 재산을 해하거나 기타 공안을 문란하게 함으로써 성립하는 범죄'이다. 보호법익은 '공공의 안전과 평온 및 사람의 생명, 신체 또는 재산'이다. 보호의 정도는 공공의 안전에 대해서는 '구체적 위험범'이며, 생명, 신체 또는 재산에 대해서는 '침해범'이다.

본죄는 2020. 12. 8. '제119조(폭발물 사용) ① 폭발물을 사용하여 사람의 생명, 신체 또는 재산을 해하거나 그 밖에 공공의 안전을 문란하게 한 자는 사형, 무기 또는 7년 이상의 징역에 처한다'로 개정되었다(2021. 12. 9. 시행).

2. 객관적 구성요건

(1) 행위의 객체
행위의 객체는 '폭발물'이다

'폭발물'이란 점화 등 일정한 자극을 가하면 급격히 팽창하여 폭발하는 성질을 가진 물체를 말한다. 예컨대, 다이너마이트, 폭탄, 지뢰, 화약 등이 있다. 하지만, 팽창하여 폭발하는 성질를 가지고 있지 않은 총포나 폭죽은 본죄의 객체에 해당하지 않는다. 폭발물에 해당하는지는 폭발작용 자체의 위력이 공안을 문란하게 할 수 있는 정도로 고도의 폭발성능을 가지고 있는지에 따라 엄격하게 판단하여야 한다. 폭발물의 소유가 누구인지, 그 과정이 어떤지는 상관없다. 본죄가 성립하기 위해서는 그 파괴력이 사람의 생명, 신체 또는 재산을 침해하거나 공안을 문란하게 할 정도의 위력을 가져야 한다. 단지 사람의 생명, 신체 또는 재산을 해할 정도의 성능이 없거나, 사람의 신체 또는 재산을 경미하게 손상시키는 정도에 그친 경우에는 본죄가 성립하지 않는다.[1]

(2) 실행 행위

실행 행위는 '폭발물을 사용하여 사람의 생명, 신체 또는 재산을 해하거나 기타 공안을 문란하게 하는 것'이다.

(가) 사람의 생명, 신체 또는 재산을 해하는 것

'사람의 생명, 신체 또는 재산을 해하는 것'이란, 이에 대한 위험성만을 의미하는 것이 아니라 살인이나 상해 또는 손괴의 침해가 발생해야 한다. 이는 기타 공안을 문란하게 하는 것에 대한 예시적인 열거이다.

(나) 공안을 문란하게 하는 것

'공안을 문란하게 하는 것'이란 한 지방의 법질서를 교란하는 것을 말한다.

(다) 폭발물 사용

'폭발물 사용'이란 폭발물을 그 용법에 따라 사용하는 것으로, 폭발을 시키거나 폭발할 수 있는 상태에 두는 것을 말한다.[2]

---

1) 피고인이 자신이 제작한 폭발물을 배낭에 담아 고속버스터미널 등의 물품보관함 안에 넣어 두고 폭발하게 함으로써 공안을 문란하게 하였다고 하여 폭발물사용으로 기소된 사안에서, 피고인이 제작한 물건의 구조, 그것이 설치된 장소 및 폭발 당시의 상황 등에 비추어, 위 물건은 폭발작용 자체에 의하여 공공의 안전을 문란하게 하거나 사람의 생명, 신체 또는 재산을 해할 정도의 성능이 없거나, 사람의 신체 또는 재산을 경미하게 손상시킬 수 있는 정도에 그쳐 사회의 안전과 평온에 직접적이고 구체적인 위험을 초래하여 공공의 안전을 문란하게 하기에는 현저히 부족한 정도의 파괴력과 위험성만을 가진 물건이므로, 형법 제172조 제1항에 규정된 '폭발성 있는 물건'에는 해당될 여지가 있으나 이를 형법 제119조 제1항에 규정된 '폭발물'에 해당한다고 볼 수는 없는데도, 위 제작물이 폭발물에 해당한다고 보아 폭발물사용죄가 성립한다고 한 원심판결에 법리오해의 위법이 있다(대판 2012.4.26. 2011도17254).
2) 피고인이 폭약을 호송하던 중 화차 내에서 금지된 촛불을 켜 놓은 채 잠자다가 폭약상자에 불이 붙는 순간 잠에서 깨어나 이를 발견하였다면 불이 붙은 상자를 뒤집어 쉽게 진화할 수 있고 또는 그 상자를 화차 밖으로 던지는 방법 등으로 대형폭발사고만은 방지할 수 있었는데도 불구하고 피고인이 화약호송책임자로서 더구나 위험발생의 원인을 야기한 자로서의 진화 및 위험발생원인제거에 관한 의무에 위반하여 이를 그대로 방치하면 화차 안 모든 화약류가 한꺼번에 폭발하리라는 정을 예견하면서도 화차 밖으로 도주하였음은 부작위에 의한 폭발물파열죄가 성립된다(대판 1978.9.26. 78도1996) − 1995년도 개정형법은 제172조 제1항의 죄의 죄명을 폭발물파열죄에서 폭발성물건파열죄로 바꾸면서 화약을 그 객체에서 제외시켰다. 따라서 개정형법에 의하면 본 사건에서는 부작위에 의한 폭발물사용죄(제119조 제1항)가 성립한다.

(3) 기수시기

본죄에서 실행의 착수는 폭발물을 사용할 때이고, 기수시기는 그 폭발물로 인하여 사람의 생명, 신체 또는 재산이 침해를 받거나 공안이 문란해졌을 때이다.

실행의 착수는 있었으나 폭발물이 폭발하지 않거나, 폭발을 하였는데, 사람의 생명, 신체 또는 재산이 침해되지 않거나 공안이 문란해지지 않았을 때 본죄의 미수범이 성립한다.

3. 주관적 구성요건

본죄는 사람의 생명, 신체 또는 재산을 해하거나 기타 공안을 문란한다는 고의가 있어야 한다.[3]

Ⅱ. 전시폭발물사용죄

> 제119조【폭발물 사용】② 전쟁·천재 기타 사변에 있어서 제1항의 죄를 지은 자는 사형이나 무기징역에 처한다.

본죄는 '전쟁·천재 기타 사변에 있어서 폭발물사용죄를 범함으로써 성립하는 범죄'이다. 이는 행위로 인해 불법이 가중된 유형이다.

본죄는 '전쟁·천재 기타 사변'에 있어서 폭발물을 사용한 때에 성립한다. '전쟁'이란 상대국이나 교전단체에 대하여 선전포고를 하였거나 적대행위를 취한 때로부터 당해 상대국이나 교전단체에 대한 휴전협정이 성립된 때까지 이 기간을 말하고,[4] '사변'이란 전시에 준하는 동란 상태로서 전국 또는 지역별로 계엄이 선포된 기간을 말한다.[5]

본죄는 2020. 12. 8. '제119조(폭발물 사용) ① 폭발물을 사용하여 사람의 생명, 신체 또는 재산을 해하거나 그 밖에 공공의 안전을 문란하게 한 자는 사형, 무기 또는 7년 이상의 징역에 처한다'로 개정되었다(2021. 12. 9. 시행).

---

3) 대판 1969.7.8. 69도832.
4) 군형법 제2조 제6호.
5) 군형법 제2조 제7호.

Ⅲ. 폭발물사용예비·음모·선동죄

> **제120조【예비, 음모, 선동】** ① 전조 제1항, 제2항의 죄를 범할 목적으로 예비 또는 음모한 자는 2년 이상의 유기징역에 처한다. 단, 그 목적한 죄의 실행에 이르기 전에 자수한 때에는 그 형을 감경 또는 면제한다.
> ② 전조 제1항, 제2항의 죄를 범할 것을 선동한 자도 전항의 형과 같다.

본죄는 '폭발물사용죄를 범할 목적으로 예비·음모 또는 선동함으로써 성립하는 범죄'이다. 이는 폭발물사용죄는 공공에 대한 위험성이 크므로 예외적으로 본 규정을 둔 것이다. 예비·음모는 총론에서와 동일하며, '선동'은 불특정 또는 다수인으로 하여금 일정한 행위를 하도록 교사나 권유, 설득 등의 방법으로 영향을 주는 행위를 말한다. 본죄는 목적범이다.

Ⅳ. 전시폭발물제조 등 죄

> **제121조【전지폭발물제조 등】** 전쟁 또는 사변에 있어서 정당한 이유 없이 폭발물을 제조, 수입, 수출, 수수 또는 소지한 자는 10년 이하의 징역에 처한다.

본죄는 '전쟁 또는 사변에 있어서 정당한 이유 없이 폭발물을 제조, 수입, 수출, 수수 또는 소지함으로써 성립하는 범죄'이다. 본죄는 전시폭발물사용죄의 예비단계에 해당하는 구성요건이다.

본죄의 실행 행위는 '전쟁 또는 사변에 있어서 정당한 이유 없이 폭발물을 제조, 수입, 수출, 수수 또는 소지하는 것'이다. '정당한 이유 없이'란 법률의 규정에 의하지 않거나 국가기관의 허가가 없음을 말한다.

제 3 장

방화와 실화의 죄

제1절 서 설

Ⅰ. 의의, 성격

방화와 실화의 죄는 고의 또는 과실로, 건조물 기타 물건을 소훼함으로써 공공의 위험을 발행시키는 범죄이다. 방화와 실화죄는 '공공의 안전'을 보호법익으로 한다. 방화죄는 사회적 법익인 공공의 안전 이외 개인적 법익인 재산죄와의 관계에서 다음과 같이 견해가 나뉜다.

(1) 공공위험죄설

방화죄는 사회적 법익인 공공의 안전을 보호법익으로 규정되어 있어 재산은 보호법익에 포함되지 않는다는 견해이다.[1] 이는 형법상 방화죄와 재산죄가 별도로 구분되어 있다는 것을 논거로 하고 있다.

(2) 이중성격설

방화죄는 다른 위험범과 달리 공공의 위험 이외 재산적 피해의 결과가 발생한다. 공공의 위험이란 불특정·다수인의 생명·신체·재산에 대한 안전을 말하는 것이며, 공공의 안전을 제1차적인 보호법익으로 하고 제2차적으로는 개인의 재산

---

1) 이재상, 437면.

권을 보호하는 것으로, 이 견해는 방화죄를 공공의 위험죄인 동시에 재산죄로 보고 있다. 판례는 본 학설의 입장이다.[2]

Ⅱ. 보호법익

방화죄의 그 주된 보호법익은 공공의 안전이다. 방화죄는 ① 법익이 현실적으로 침해됨을 요하지 않고, 침해될 일반적 위험성만 있으면 구성요건이 충족되는 추상적 위험범, ② 법익 침해가 현실적으로 발생한 경우 구성요건이 충족되는 구체적 위험범[3]으로 구성되어 있다.

Ⅲ. 방화와 실화의 죄의 구성요건의 체계

방화와 실화의 죄는 방화죄와 실화죄 그리고 준방화·실화죄로 구성되어 있다.

방화죄는 일반물건방화죄(제167조)를 기본적 구성요건으로 하고 있다. 현주건조물방화죄(제164조), 공용건조물방화죄(제165조), 일반건조물방화죄(제166조)는 불법이 가중된 유형이다. 실화죄는 방화죄를 객체로 하고 있다.

준방화·실화죄로는 진화방해죄(제169조), 고의·과실 폭발성물건파열죄(제172조, 제173조의2), 고의·과실 가스·전기등방류죄(제172조의2, 제173조의2), 고의·과실 가스·전기공급방해죄(제173조, 제173조의2)가 있다.

결과적 가중범 유형으로는 현주건조물방화치사상죄(제164조 제2항), 연소죄(제168조), 폭발성물건파열치사상죄(제172조 제2항), 가스·전기 등 방류치사사죄(제172조의2 제2항), 가스·전기 등 공급방해치사상죄(제173조 제2항)이 있다.

현주건조물방화죄, 공용건조물방화죄, 타인소유 일반건조물방화죄, 폭발성물건파열죄, 가스·전기 등 방류죄, 가스·전기 등 공급방해죄의 미수범(제174조)과 예비·음모(제175조)는 처벌한다.

---

2) 형법 제164조 전단의 현주건조물에의 방화죄는 공중의 생명·신체·재산 등에 대한 위험을 예방하기 위하여 공공의 안전을 그 제1차적인 보호법익으로 하고 제2차적으로는 개인의 재산권을 보호하는 것(대판 1983.1.18. 82도2341).
3) 이 경우에는 행위자가 공공의 위험발생을 인식하여야 하며, 고의의 인식대상이 된다.

제2절 개별적 범죄 유형

I. 현주건조물방화죄

> **제164조【현주건조물 등에의 방화】**① 불을 놓아 사람이 주거로 사용하거나 사람이 현존하는 건조물, 기차, 전차, 자동차, 선박, 항공기 또는 광갱을 소훼한 자는 무기 또는 3년 이상의 징역에 처한다.

1. 의의, 보호법익

본죄는 '불을 놓아 사람이 주거로 사용하거나 사람이 현존하는 건조물, 기차, 전차, 자동차, 선박, 항공기 또는 광갱을 소훼한 자를 처벌하는 범죄'이다. 본죄는 사람의 생명이나 재산의 위험이 발생한다는 점에서 일반건조물방화죄보다 불법이 가중된 유형이다.

보호법익은 '공공의 안전과 개인의 재산권'이며, 보호의 정도는 '공공의 안전'은 추상적 위험범으로, '개인의 재산권'은 침해범이다. 미수범과 예비, 음모는 처벌한다.

본죄는 2020. 12. 8. '제164조(현주건조물 등 방화) ① 불을 놓아 사람이 주거로 사용하거나 사람이 현존하는 건조물, 기차, 전차, 자동차, 선박, 항공기 또는 지하채굴시설을 불태운 자는 무기 또는 3년 이상의 징역에 처한다'로 개정되었다 (2021. 12. 9. 시행).

2. 객관적 구성요건

(1) 행위의 객체

행위의 객체는 '사람이 주거로 사용하거나 사람이 현존하는 건조물, 기차, 전차, 자동차, 선박, 항공기 또는 광갱'이다.

(가) 사람이 주거로 사용하거나 현존하는 건조물

'사람'이란 행위자 이외 모든 사람을 말한다. 그러므로 행위자 이외 다른 사람이라면 가족, 동거인 등도 공범이 아닌 이상 본죄의 죄책을 진다. 행위자가 주거로 사용하는 본인의 집에 불을 놓는 경우에는 본죄가 아니라 자기소유 일반건조물방화죄(제166조 제2항)가 성립할 뿐이다.

'주거로 사용'이란 일시적이든 계속적이든 사람이 실생활의 장소로 사용하는 곳이면 가능하고, 주거로 사용되는 곳이라면 방화시에 거주자가 반드시 현존할 것을 요하지 않는다. 또한, 건물의 일부분이 주거로 사용되는 곳이라면 건물 전체가 현주건조물에 해당된다.[4]

'사람이 현존'이란 방화시에 행위자 이외의 자가 건조물 등에 존재하는 것을 말한다.[5] 이는 사람이 현존하는 경우에는 건조물 등이 주거로 사용되는냐는 불문한다. 그러므로, 주거용이 아니라고 하더라도 사람이 현존하고 있다면 본죄의 객체가 된다. 또한, 건조물의 일부에 사람이 현존하면 건물 전체가 현주건조물에 해당된다. 사람의 현존여부는 행위자가 방화시를 기준으로 판단한다.

(나) 건조물, 기차, 전차, 자동차, 선박, 항공기, 광갱

'건조물'은 토지에 정착되고 벽 또는 기둥과 지붕 또는 천장으로 구성되어 사람이 내부에 기거하거나 출입할 수 있는 공작물을 말하고, 반드시 사람의 주거용이어야 하는 것은 아니라도 사람이 사실상 기거·취침에 사용할 수 있는 정도는 되어야 한다.[6] 동굴과 같이 자연적 구조물은 객체에 해당하지 않는다.

그외 '기차, 전차, 자동차, 선박, 항공기, 광갱'도 사람이 주거에 사용하거나 현존하는 경우에는 본죄의 객체가 된다.

(2) 실행 행위

실행 행위는 '불을 놓아 건조물 등을 소훼'하는 것이다.

'불을 놓아'란 방화를 의미하는 것으로, 불을 이용하여 목적물을 소훼하는 것이다. 목적물을 소훼하는데 있어서는 불을 직접 놓는 방법이나 다른 매개물을 이용하여 간접적으로 놓는 방법이든 불문하며, 수단·방법에도 제한이 없다. 방화는 작위 또는 부작위에 의한 방법으로도 가능하다. 단 부작위에 의한 방화가 되기 위해서는 소방관 등 소화의무의 보증인적 지위에 있는 특별한 자의 부작위만이 해당된다.

---

4) 사람이 거주하는 가옥의 일부로 되어있는 우사(牛舍)에 대한 방화는 현주건조물방화에 해당한다(대판 1967.8.29. 67도925).

5) 현주건조물 등의 방화죄에 있어서 사람이 주거로 사용하거나 현존하는 건조물이란 행위당시 피고인 이외의 사람이 주거로 사용하거나 피고인 이외의 사람이 현재하는 건조물을 말한다(대판 1948.3.19. 4281형상5).

6) 대판 2013.12.12. 2013도3950.

'소훼'란 불에 의해 목적물이 타버린 것을 말한다. 목적물이 타버린 경우 기수가 되는데, 어느 정도 소훼가 되어야 기수가 되느냐에 대해서는 ① 불이 매개물을 떠나 목적물에 옮겨 붙어 독립하여 연소를 계속할 수 있는 상태인 독립연소설, ② 독립연소로는 부족하고, 목적물의 중요부분이 소실된 때인 효용상실설, ③ 목적물의 중요부분에 불이 붙기 시작한 때인 중요부분연소개시설, ④ 목적물의 일부가 손괴가 있을 때인 일부손괴설, ⑤ 추상적 위험범은 독립연소설로, 구체적 위험범은 중요부분연소개시설로 파악하자는 견해인 이분설이 대립한다. 이에 판례는 "방화죄는 화력이 매개물을 떠나 스스로 연소할 수 있는 상태에 이르렀을 때에 기수가 되고, 반드시 목적물의 중요부분이 소실하여 그 본래의 효용을 상실한 때라야만 기수가 되는 것이 아니라고 할 것"이라며 독립연소설의 입장이다.[7]

(3) 실행의 착수, 기수시기

방화에 있어서 실행의 착수 시기는 목적물 또는 매개물에 발화 또는 점화한 때이다.[8] 실행에는 착수하였으나 목적물인 건조물 등에 불이 옮겨 붙지 아니하였다면 미수범이 성립한다.

□ 실행의 착수 관련 판례

〈실행의 착수 인정〉

피고인이 방화의 의사로 뿌린 휘발유가 인화성이 강한 상태로 주택 주변과 피해자의 몸에 적지 않게 살포되어 있는 사정을 알면서도 라이터를 켜 불꽃을 일으킴으로써 피해자의 몸에 불이 붙는 경우, 비록 외부적 사정에 의하여 불이 방화 목적물인 주택 자체에 옮겨 붙지는 아니하였다 하더라도, 현존건조물방화죄의 실행의 착수가 있었다고 봄이 상당하다(대판 2002.3.26. 2001도6641).

〈실행의 착수 부정〉

피고인이 선박에 침입하여 준비하였던 휘발유 1통을 선박 갑판부에 살포하고 소지중이던 라이터를 꺼내어 점화하려 한 사실은 인정되나, 피고인이 불을 아직 방화 목적물 내지 그 도화물체에 점화하지 아니한 이상 방화의 착수로 논단하지 못할 것이다(대판 1960.7.22. 4293형상213).

---

7) 대판 1970.3.24. 70도330.
8) 매개물을 통한 점화에 의하여 건조물을 소훼함을 내용으로 하는 형태의 방화죄의 경우에, 범인이 그 매개물에 불을 켜서 붙였거나 또는 범인의 행위로 인하여 매개물에 불이 붙게 됨으로써 연소작용이 계속될 수 있는 상태에 이르렀다면, 그것이 곧바로 진화되는 등의 사정으로 인하여 목적물인 건조물 자체에는 불이 옮겨 붙지 못하였다고 하더라도, 방화죄의

방화죄의 기수시기는 독립연소설에 따른다.

□ 방화죄 기수 관련 판례

피해자의 사체 위에 옷가지 등을 올려놓고 불을 붙인 천조각을 던져서 그 불길이 방안을 태우면서 천정에까지 옮겨 붙었다면 도중에 진화되었다고 하더라도 이미 현주건조물방화죄의 기수에 이른 것이다(대판 2007.3.16. 2006도9164).

3. 주관적 구성요건

본죄는 사람이 주거로 사용하거나 현존하는 건조물 등을 소훼한다는 인식과 의사가 있어야 하는 고의범이다. 이는 미필적 고의로도 충분하며, 추상적 위험범이므로 공공의 안전에 위험을 가한다는 인식 또한 불필요하다.

□ 고의가 부정되는 판례

피고인이 동거하던 공소외인과 가정불화가 악화되어 헤어지기로 작정하고 홧김에 죽은 동행의 유품으로 보관하던 서적 등을 뒷마당에 내어 놓고 불태워 버린 경우 피고인에게는 가옥을 불태워 버리겠다고 결의하여 불을 놓았다고 볼 수 없어 방화의 범의가 있었다고 할 수 없다(대판 1984.7.24. 84도1245).

4. 다른 죄와의 관계

① 1개의 방화행위로 수개의 현주건조물을 소훼한 경우, 1개의 현주건조물방화죄가 성립한다. 방화죄의 죄수는 행위객체의 수가 아니라 공공의 안전이라는 보호법익을 기준으로 판단해야 한다.[9]

② 1개의 방화행위로 현주건조물과 일반건조물을 소훼한 경우, 가장 중한 범죄의 1죄가 성립한다.

③ 보험금을 목적으로 건조물에 방화하는 경우, 방화 행위만 있는 경우에는 사기죄의 예비에 해당하나 처벌 규정이 없어 방화죄만 성립하고, 보험회사를 상대로 화재보험금을 청구하여 수령하였다면 방화죄와 사기죄의 경합범이 성

실행의 착수가 있었다고 보아야 할 것이다(대판 2002.3.26. 2001도6641).

9) 김일수, 485면.

립한다.

④ 1개의 방화행위로 현주건조물을 소훼한 동시에 재물손괴가 발생한 경우, 손괴죄는 방화죄에 흡수된다(법조경합 중 흡수관계).

Ⅱ. 현주건조물방화치사상죄

> 제164조【현주건조물 등에의 방화】② 제1항의 죄를 범하여 사람을 상해에 이르게 한 때에는 무기 또는 5년 이상의 징역에 처한다. 사망에 이르게 한 때에는 사형, 무기 또는 7년 이상의 징역에 처한다.

1. 의의, 보호법익

본죄는 '현주건조물방화죄를 범하여 사람을 사상에 이르게 함으로써 성립하는 범죄'이다. 본 죄는 고의에 의한 기본범죄에 기하여 중한 결과를 과실뿐만 아니라 고의로 발생케 한 경우에도 성립하는 부진정결과적 가중범이다.[10]

보호법익은 '공공의 안전과 사람의 생명·신체'이며, 보호의 정도는 '침해범'이다.

본죄는 2020. 12. 8. '제164조(현주건조물 등 방화) ② 제1항의 죄를 지어 사람을 상해에 이르게 한 경우에는 무기 또는 5년 이상의 징역에 처한다. 사망에 이르게 한 경우에는 사형, 무기 또는 7년 이상의 징역에 처한다'로 개정되었다(2021. 12. 9. 시행).

2. 객관적 구성요건

본 죄가 성립하기 위해서는 기본범죄로 '현주건조물 등 방화죄'가 발생하고, 상해 또는 사망의 결과가 있어야 한다. 기본범죄는 기수범이다. 상해 또는 사망의 결과 발생은 기본범죄와의 인과관계 및 객관적 귀속, 예견가능성이 인정되어야 한다. 방화의 기회 또는 밀접한 행위에서 발생된 정도이면 충분하다.

---

10) 형법 제164조 후단이 규정하는 현주건조물방화치사상죄는 그 전단이 규정하는 죄에 대한 일종의 가중처벌 규정으로서 과실이 있는 경우뿐만 아니라, 고의가 있는 경우에도 포함된다고 볼 것이므로 사람을 살해할 목적으로 현주건조물에 방화하여 사망에 이르게 한 경우에는 현주건조물방화치사죄로 의율하여야 하고 이와 더불어 살인죄와의 상상적 경합범으로 의율할 것은 아니며, 다만 존속살인죄와 현주건조물방화치사죄는 상상적 경합범 관계에 있으므로, 법정형이 중한 존속살인죄로 의율함이 타당하다(대판 1996.4.26. 96도485).

□ 인과관계와 예견가능성 인정 판례

현존건조물방화치상죄와 같은 이른바 부진정결과적 가중범은 예견가능한 결과를 예견
하지 못한 경우뿐만 아니라 그 결과를 예견하거나 고의가 있는 경우까지도 포함하는
것이므로 이 사건에서와 같이 사람이 현존하는 건조물을 방화하는 집단행위의 과정에
서 일부 집단원이 고의행위로 살상을 가한 경우에도 다른 집단원에게 그 사상의 결과
가 예견 가능한 것이었다면 다른 집단원도 그 결과에 대하여 현존건조물방화치사상의
책임을 면할 수 없는 것인바, 피고인을 비롯한 집단원들이 당초 공모시 쇠파이프를 소
지한 방어조를 운용하기로 한 점에 비추어 보면 피고인으로서는 이 사건 건물을 방화
하는 집단행위의 과정에서 상해의 결과가 발생하는 것도 예견할 수 있었다고 보이므
로, 이 점에서도 피고인을 현존건조물방화치상죄로 의율할 수 있다(대판 1996.4.12. 96
도215).

3. 주관적 구성요건

본 죄는 부진정결과적 가중범으로 기본범죄인 현주건조물 등에 대한 방화의
고의와 상해 또는 사망의 결과에 대한 과실 또는 고의가 있어야 한다.[11]

4. 다른 죄와의 관계

① 살해의 목적으로 현주건조물에 방화하여 사망에 이르게 한 경우에는 현
주건조물방화치사죄로 의율하여야 하고, 이와 더불어 살인죄와의 상상적 경합범
으로 의율할 것은 아니라고 할 것이고, 다만 존속살해죄와 현주건조물방화치사죄
는 상상적 경합범관계에 있으므로, 법정형이 중한 존속살해죄로 의율함이 타당하
다.[12]

② 현주건조물에 방화하여 동 건조물에서 탈출하려는 사람을 막아 소사케
한 경우에는 "살인죄는 일신전속적인 개인적 법익을 보호하는 범죄이므로, 이 사
건에서와 같이 불을 놓은 집에서 빠져 나오려는 피해자들을 막아 소사케 한 행위
는 1개의 행위가 수개의 죄명에 해당하는 경우라고 볼 수 없고, 위 방화행위와 살
인행위는 법률상 별개의 범의에 의하여 별개의 법익을 해하는 별개의 행위라고

---

11) 형법 제164조 후단이 규정하는 현주건조물방화치사상죄는 그 전단이 규정하는 죄에 대한
   일종의 가중처벌규정으로서 과실이 있는 경우뿐만 아니라 고의가 있는 경우에도 포함된다
   (대판 1996.4.26. 96도485).
12) 대판 1996.4.26. 96도485.

할 것이니, 현주건조물방화죄와 살인죄는 경합관계에 있다.[13]

③ 피해자들의 재물을 강취한 후 그들을 살해할 목적으로 현주건조물에 방화하여 사망에 이르게 한 경우, 피고인들의 행위는 강도살인죄와 현주건조물방화치사죄에 모두 해당하고 그 두 죄는 상상적 경합범관계에 있다.[14]

Ⅲ. 공용건조물 등 방화죄

> **제165조【공용건조물 등에의 방화】** 불을 놓아 공용 또는 공익에 공하는 건조물, 기차, 전차, 자동차, 선박, 항공기 또는 광갱을 소훼한 자는 무기 또는 3년 이상의 징역에 처한다.

1. 의의, 보호법익

본죄는 '불을 놓아 공용 또는 공익에 공하는 건조물, 기차, 전차, 자동차, 선박, 항공기 또는 광갱을 소훼한 자를 처벌하는 범죄'이다. 일반건조물방화죄에 대해 객체가 공용 또는 공익으로 불법이 가중된 구성요건이다.

보호법익은 '공공의 안전과 평온'이며, 보호의 정도는 '추상적 위험범'이다. 미수범과 예비·음모는 처벌한다.

본죄는 2020. 12. 8. '제165조(공용건조물등에의 방화) 불을 놓아 공용(公用)으로 사용하거나 공익을 위해 사용하는 건조물, 기차, 전차, 자동차, 선박, 항공기 또는 지하채굴시설을 불태운 자는 무기 또는 3년 이상의 징역에 처한다'로 개정되었다(2021. 12. 9. 시행).

2. 객관적 구성요건

본죄의 객체는 '국가 또는 공공단체에서 사용하는 공용 또는 일반 공중의 이익을 위하여 사용되는 건조물, 기차, 전차, 자동차, 선박, 항공기 또는 광갱'이다.

공용 또는 공익에 사용되면 충분하고 자기 또는 타인소유를 불문한다. 공용 또는 공익에 사용되는 건조물 등이라고 하여도 사람이 현존하거나 주거에 사용되어지고 있다면, 본 죄가 아니라 현주건조물방화죄가 성립한다.

---

13) 대판 1983.1.18. 82도2341.
14) 대판 1998.12.8. 98도3416.

3. 주관적 구성요건

본죄의 고의는 공용 또는 공익에 공하는 건조물 등에 대해 불을 놓는다는 인식과 의사가 있어야 한다. 추상적 위험범으로 공공의 위험은 인식대상이 아니다.

Ⅳ. 일반건조물 등 방화죄

> 제166조 【일반건조물 등에의 방화】 ① 불을 놓아 전2조에 기재한 이외의 건조물, 기차, 전차, 자동차, 선박, 항공기 또는 광갱을 소훼한 자는 2년 이상의 유기징역에 처한다.
> ② 자기소유에 속하는 제1항의 물건을 소훼하여 공공의 위험을 발생하게 한 자는 7년 이하의 징역 또는 1천만원 이하의 벌금에 처한다.

1. 의의, 보호법익

본죄는 '불을 놓아 현주건조물과 공용건조물에 해당하지 않는 일반건조물을 소훼함으로써 성립하는 범죄'이다.

제1항의 타인소유 일반건조물방화죄는 기본 유형으로, 보호법익은 '공공의 안전과 평온 및 재산'이며, 보호의 정도는 공공의 안전은 '추상적 위험범'이고, 재산은 '침해범'이다. 미수범과 예비·음모는 처벌한다.

제2항의 자기소유 일반건조물방화죄는 불법이 감경된 유형으로, 보호법익은 '공공의 안전과 평온'이며, 보호의 정도는 '구체적 위험범'이다. 미수범과 예비·음모를 처벌하지 않는다.

본죄는 2020. 12. 8. '제166조(일반건조물 등 방화) ① 불을 놓아 제164조와 제165조에 기재한 외의 건조물, 기차, 전차, 자동차, 선박, 항공기 또는 지하채굴시설을 불태운 자는 2년 이상이 유기징역에 처한다. ② 자기 소유인 제1항의 물건을 불태워 공공의 위험을 발생하게 한 자는 7년 이하의 징역 또는 1천만원 이하의 벌금에 처한다'로 개정되었다(2021. 12. 9. 시행).

2. 객관적 구성요건

본죄의 객체는 '사람이 주거에 사용하거나 현존하지 않아야 하며, 공용, 공익에 공하지 않는 건조물, 기차, 전차, 자동차, 선박, 항공기 또는 광갱'이다.

(1) 타인소유 일반건조물방화죄(제166조 제1항)

타인소유 일반건조물방화죄의 객체는 위와 동일하다. 그러나 제176조 '자기의 소유에 속하는 물건이라도 압류 기타 강제처분을 받거나 타인의 권리 또는 보험의 목적물이 된 때에는 본장의 규정의 적용에 있어서 타인의 물건으로 간주한다'라는 규정에 따라 자기의 소유에 속하는 건조물이라도 타인의 물건으로 간주한다.

'강제처분'에는 국세징수법에 의한 체납처분, 강제경매절차에서의 압류, 형사소송법에 의한 몰수물의 압류, '타인의 권리'에는 저당권, 전세권, 질권, 임차권 등이 포함된다. '보험'은 보험대상물이 훼손되었을 때 보상을 받을 수 있는 것을 말한다.

타인소유의 목적물 소유자가 방화에 동의를 한 경우에는 자기소유 일반건조물 등 방화죄가 성립한다.

(2) 자기소유 일반건조물방화죄(제166조 제2항)

자기소유 일반건조물방화죄의 객체도 위와 동일하다. 자기소유의 건조물 등으로 인해 제1항에 비해 불법이 감경된 유형이다. 범인 이외 공범자의 소유, 소유자의 동의가 있을 때, 무주물인 경우에도 자기소유로 간주한다.

본죄는 구체적 위험범으로, 공공의 위험이 발생해야 한다. '공공의 위험'이란 불특정 또는 다수인의 생명, 신체 또는 재산에 대한 위험을 말한다. 방화행위와 공공의 위험발생 사이에는 인과관계가 있어야 한다.

3. 주관적 구성요건

본죄는 고의가 있어야 한다. 제1항은 추상적 위험범으로 공공의 위험의 인식이 필요 없으나, 제2항은 구체적 위험범으로 공공의 위험에 대한 인식이 필요하다. 공공의 위험에 대한 판단은 행위자를 기준으로 하지 않고 객관적으로 판단해야 한다. 따라서, 일반인들이라면 생명·신체·재산에 대한 위험을 느낄 수 있을 정도여야 한다.[15]

---

15) 오영근, 488면.

V. 일반물건 방화죄

> **제167조【일반물건에의 방화】** ① 불을 놓아 전3조에 기재한 이외의 물건을 소훼하여 공공의 위험을 발생하게 한 자는 1년 이상 10년 이하의 징역에 처한다.
> ② 제1항의 물건이 자기의 소유에 속한 때에는 3년 이하의 징역 또는 700만원 이하의 벌금에 처한다.

1. 의의, 성격

본죄는 '불을 놓아 제164조 내지 제166조에 기재된 이외의 물건을 소훼하여 공공의 위험을 발생하게 함으로써 성립하는 범죄'이다. 즉 현주건조물과 공용건조물 및 일반건조물 등을 제외한 일반물건을 소훼하는 것이다. 타인 또는 자기 소유의 물건을 불문하며, 공공의 위험발생이 있어야 성립한다. 미수, 예비·음모 처벌규정은 없다.

본죄는 2020. 12. 8. '제167조(일반물건 방화) 불을 놓아 제164조부터 제166조까지에 기재한 외의 물건을 불태워 공공의 위험을 발생하게 한 자는 1년 이상 10년 이하의 징역에 처한다. ② 제1항의 물건이 자기 소유인 경우에는 3년 이하의 징역 또는 700만원 이하의 벌금에 처한다'로 개정되었다(2021. 12. 9. 시행).

2. 객관적 구성요건

본죄의 객체는 '제164조 내지 제166조에 기재된 이외의 물건'으로, 타인 소유의 물건인 경우는 제1항, 자기 소유의 물건인 경우는 제2항이 성립한다. 하지만, 본 죄에도 제176조[16]가 적용된다.

본 죄는 공공의 위험 발생이 있어야 성립하는 구체적 위험범으로, 불을 놓아 일반물건을 소훼하였을지라도 공공의 위험 발생이 없으면 재물손괴죄만이 성립한다. 이때 물건은 타인 소유물인 경우에 한한다.

☐ 일반물건의 소유관계

노상에서 전봇대 주변에 놓인 재활용품과 쓰레기 등에 불을 놓아 소훼한 경우, 그 재활용품과 쓰레기 등은 '무주물'로서 형법 제167조 제2항에 정한 자기 소유의 물건에 준하

---

16) 제176조 '자기의 소유에 속하는 물건이라도 압류 기타 강제처분을 받거나 타인의 권리 또는 보험의 목적물이 된 때에는 본장의 규정의 적용에 있어서 타인의 물건으로 간주한다.'

는 것으로 보아야 하므로, 자기소유 일반물건방화죄 성립한다(대판 2009.10.15. 2009도 7412).

3. 주관적 구성요건

본죄의 고의는 일반물건을 소훼하여 공공의 위험을 발생하게 한다는 사실에 대한 인식과 의사가 있어야 한다.

Ⅵ. 연소죄

> 제168조 【연소】 ① 제166조 제2항 또는 전조 제2항의 죄를 범하여 제164조, 제165조 또는 제166조 제1항에 기재한 물건에 연소한 때에는 1년 이상 10년 이하의 징역에 처한다.
> ② 전조 제2항의 죄를 범하여 전조 제1항에 기재한 물건에 연소한 때에는 5년 이하의 징역에 처한다.

1. 의의, 성격

본죄는 '자기소유의 건조물 또는 일반물건에 대한 방화로 인해 현주건조물, 공용건조물 또는 타인소유 일반건조물 또는 타인소유 일반물건에 옮겨 소훼됨으로써 성립하는 범죄'이다. 자기소유 건조물방화죄 또는 자기소유 일반물건 방화죄의 진정결과적 가중범이다.

2. 객관적 구성요건

본죄는 기본범죄인 방화행위에 대한 고의와 이로 인해 다른 목적물에 연소되는 결과가 발생할 것을 요한다.

(1) 제1항은 자기소유의 건조물 또는 일반물건에 대한 방화로 인해 현주건조물, 공용건조물 또는 타인소유 일반건조물을 소훼하는 것이다. 이때 소훼는 '연소17)'되는 것을 말하며, 기본범죄인 자기소유의 건조물 또는 일반물건방화죄는 미수범 처벌규정이 없으므로, 기수범임을 요한다(다수설).

---

17) 행위자가 고의로 물건에 불을 놓았는데, 예기치 않게 다른 목적물에 불이 옮겨 붙어 이를 소훼하는 것을 말한다.

(2) 제2항은 자기소유 일반물건을 방화하여 타인소유 일반물건에 연소되는 것이다.

본죄는 자기소유 일반건조물방화죄·자기소유 일반물건방화죄와 연소 사이에는 인과관계가 있어야 한다. 이때 결과에 대한 예견가능성이 있어야 한다.

3. 주관적 구성요건

본죄는 결과적 가중범으로 기본범죄에 대한 고의와 중한 결과에 대한 과실이 있어야 한다. 그러므로, 행위자가 처음부터 연소된 목적물에 대한 인식이 있었다면, 이는 현주건조물, 공용건조물 또는 타인소유 일반건조물 또는 타인소유 일반물건방화죄의 고의범이 성립한다.

Ⅶ. 진화방해죄

> **제169조【진화방해】** 화재에 있어서 진화용의 시설 또는 물건을 은닉 또는 손괴하거나 기타 방법으로 진화를 방해한 자는 10년 이하의 징역에 처한다.

1. 의의, 보호법익

본죄 '화재에 있어서 진화용의 시설 또는 물건을 은닉 또는 손괴하거나 기타 방법으로 진화를 방해함으로써 성립하는 범죄'이다. 방화의 행위가 없는 범죄로 준방화죄의 성격을 갖는다.

보호법익은 '공공의 안전'이고, 보호의 정도는 '추상적 위험범'이다.

2. 객관적 구성요건

본죄는 '화재에 있어서'의 방해 행위로써, 공공의 위험이 발생할 수 있는 연소 상태를 의미한다. 화재가 발생한 원인에 있어서는 방화 또는 실화를 구분하지 않으며, 인재나 천재지변으로 인한 것인지를 불문한다.

(1) 행위의 객체

행위의 객체는 '진화용의 시설 또는 물건'이다. 이는 소화 활동을 하는데 사용하는 기구로서 일반적으로 소화기, 소화전, 화재경보기, 소방차 등의 소방용으로 제작된 기구를 말한다. 따라서, 진화를 할 수 있는 물건이라고 하더라도 소방

용으로 제작된 기구가 아닌 것은 본죄의 객체가 되지 않는다. 자기소유이든 타인
소유이든 불문한다.

(2) 실행 행위

실행 행위는 '은닉 또는 손괴 기타 방법'이다.

'은닉'이란 진화용의 시설 또는 물건을 숨겨 그 발견을 불가능 또는 곤란하게
하는 것이고, '손괴'란 진화용의 시설 또는 물건을 훼손하여 그 효용을 해하는 것
이다. '기타 방법'은 은닉 또는 손괴 이외 모든 행위로, 소방차의 진로를 방해하거
나 소방관을 폭행, 협박하는 것이 이에 포함된다.

본죄는 부작위에 의해서도 할 수 있다. 예컨대, 법률상 소방관 등 화재진화
의 의무 있는 자가 화재에 대한 보고를 하지 않아 진화를 방해하는 것이다. 공무
원의 진화협력 요구에 불응하는 일반인은 부작위를 하여도 진화방해죄가 성립하
지 않는다.[18]

본죄는 추상적 위험범으로 소방시설물에 대한 은닉 또는 손괴 기타방법에
의한 진화방해 행위가 있으면 바로 기수가 된다. 현실적으로 방해될 필요는 없다.

3. 주관적 구성요건

본죄의 고의는 화재시라는 행위 상황과 진화를 방해한다는 인식과 의사가
필요하다.

4. 진화방해 행위에 대한 소방기본법

소방기본법 제50조는 진화방해 행위를 한 사람에 대해서 벌하고 있다.

소방기본법 제50조(벌칙) 다음 각 호의 어느 하나에 해당하는 사람은 5년 이하의 징
역 또는 5천만원 이하의 벌금에 처한다.
1. 제16조 제2항을 위반하여 다음 각 목의 어느 하나에 해당하는 행위를 한 사람
    가. 위력을 사용하여 출동한 소방대의 화재진압·인명구조 또는 구급활동을 위
        하여 현장에 출동하거나 현장에 출입하는 것을 고의로 방해하는 행위

---

18) 위와 같은 경우 경범죄처벌법 적용이 가능하다. 경범죄처벌법 제3조 제1항 제29호(공무원
원조불응) '눈, 비, 바람, 해일, 지진 등으로 인한 재해, 화재, 교통사고, 범죄 그 밖의 급작
스러운 사고가 발생하였을 때에 현장에 있으면서도 정당한 이유없이 관계 공무원 또는 이
를 돕는 사람의 현장출입에 관한 지시에 따르지 아니하거나 공무원이 도움을 요청하여도
도움을 주지 아니한 사람'

    나. 소방대가 화재진압·인명구조 또는 구급활동을 위하여 현장에 출동하거나 현장에 출입하는 것을 고의로 방해하는 행위

    다. 출동한 소방대원에게 폭행 또는 협박을 행사하여 화재진압·인명구조 또는 구급활동을 방해하는 행위

    라. 출동한 소방대의 소방장비를 파손하거나 그 효용을 해하여 화재진압·인명구조 또는 구급활동을 방해하는 행위

  2. 제21조 제1항을 위반하여 소방자동차의 출동을 방해한 사람

  3. 제24조 제1항에 따른 사람을 구출하는 일 또는 불을 끄거나 불이 번지지 아니하도록 하는 일을 방해한 사람

  4. 제28조를 위반하여 정당한 사유 없이 소방용수시설 또는 비상소화장치를 사용하거나 소방용수시설 또는 비상소화장치의 효용을 해치거나 그 정당한 사용을 방해한 사람

Ⅷ. 단순실화죄

> 제170조 【실화】 ① 과실로 인하여 제164조 또는 제165조에 기재한 물건 또는 타인의 소유에 속하는 제166조에 기재한 물건을 소훼한 자는 1천500만원 이하의 벌금에 처한다. ② 과실로 인하여 자기의 소유에 속하는 제166조 또는 제167조에 기재한 물건을 소훼하여 공공의 위험을 발생하게 한 자도 전항의 형과 같다.

1. 의의, 보호법익

    본죄는 '과실로 현주건조물 등 방화죄, 공용건조물 등 방화죄 또는 타인소유 일반건조물 등 방화죄의 물건을 소훼하거나, 과실로 자기소유 일반건조물 등 방화죄 또는 일반물건방화죄의 물건을 소훼하여 공공의 위험을 발생하게 함으로써 성립하는 범죄'이다.

    본죄는 과실범으로 실화죄의 기본적 구성요건이다. 제1항은 추상적 위험범이고, 제2항은 구체적 위험범이다.

    본죄는 2020. 12. 8. '제170조(실화) ① 과실로 제164조 또는 제165조에 기재한 물건 또는 타인 소유인 제166조에 기재한 물건을 불태운 자는 1천500만원 이하의 벌금에 처한다. ② 과실로 자기 소유인 제166조의 물건 또는 제167조에 기재한 물건을 불태워 공공의 위험을 발생하게 한 자도 제1항의 형에 처한다'로 개

정되었다(2021. 12. 9. 시행).

2. 구성요건

'과실'이란 사회생활을 하는데 있어 요구되는 주의의무를 위반하거나 태만히 함으로써 결과발생을 예견하지 못하거나 회피하지 못한 경우이다. 본죄에서는 주의의무를 다하지 못하여 목적물에 대한 소훼를 인식하지 못하거나 회피하지 못한 경우를 말한다. 공동의 과실이 경합되어 화재가 발생한 경우에 적어도 각 과실이 화재의 발생에 대하여 하나의 조건이 된 이상은 그 공동적 원인을 제공한 각자에 대하여 실화죄의 죄책을 물어야 한다.[19]

본죄는 실화죄로 작위이외 부작위에 의해서도 가능하다. 그러나 부작위에 의한 실화죄가 성립하기 위해서는 방화책임자와 같은 보증인적 지위에 있는 자만이 가능하다.

제1항은 목적물의 전부 또는 일부의 훼손이 있어야 하는 추상적 위험범이고, 제2항은 목적물의 전부 또는 일부의 훼손 및 공공의 위험발생이 있어야 하는 구체적 위험범이다.

□ 제170조 제2항의 해석(판례)

형법 제170조 제2항에서 말하는 '자기의 소유에 속하는 제166조 또는 제167조에 기재한 물건'이라 함은 '자기의 소유에 속하는 제166조에 기재한 물건 또는 자기의 소유에 속하든, 타인의 소유에 속하든 불문하고 제167조에 기재한 물건'을 의미하는 것이라고 해석하여야 할 것이며, 제170조 제1항과 제2항의 관계로 보아서도 제166조에 기재한 물건(일반건조물) 중 타인의 소유에 속하는 것에 관하여는 제1항에서 이미 규정하고 있기 때문에 제2항에서는 그중 자기의 소유에 속하는 것에 관하여 규정하고, 제167조에 기재한 물건에 관하여는 소유의 귀속을 불문하고 그 대상으로 삼아 규정하고 있는 것이라고 봄이 관련조문을 전체적, 종합적으로 해석하는 방법일 것이다. 이렇게 해석한다고 하더라도 그것이 법규정의 가능한 의미를 벗어나 법형성이나 법창조행위에 이른 것이라고는 할 수 없어, 죄형법정주의의 원칙상 금지되는 유추해석이나 확장해석에 해당한다고 볼 수는 없을 것이다(대결 1994.12.20. 94모32 전원합의체).

---

19) 대판 1983.5.10. 82도2279.

IX. 업무상실화·중실화죄

> **제171조【업무상실화, 중실화】** 업무상과실 또는 중대한 과실로 인하여 제170조의 죄를 범한 자는 3년 이하의 금고 또는 2천만원 이하의 벌금에 처한다.

1. 의의, 성격

본죄는 '업무상과실 또는 중대한 과실로 인하여 보통실화죄를 범함으로써 성립하는 범죄'이다. 업무상실화죄는 행위자가 업무자라는 신분으로 인해, 중실화죄는 현저한 주의의무위반으로 인해 불법이 가중된 유형이다.

2. 구성요건

(1) 업무상실화죄

본죄는 업무상 주의의무를 위반하여 현주건조물 등을 소훼하는 것을 말한다. 본죄에서의 업무는 직무로서 화기로부터의 안전을 배려해야 할 사회생활상의 지위를 뜻한다.[20] 이때, 업무에는 그 직무상 화재의 원인이 된 화기를 직접 취급하는 것에 그치지 않고 화재의 발견, 방지 등의 의무가 지워진 경우를 포함한다.[21] 따라서, 주유소나 극장 등 공중을 위한 화재방지업무를 하는 곳이 해당된다. 본죄의 업무에는 본래 업무와 관련된 부수적인 업무도 포함된다.

□ 업무상실화죄 관련 판례

① 자동차 운전업무에 종사하는 자는 자동차 충돌로 인한 사고발생을 미리 방지하여야 할 의무가 있다고 하는 것은 몰라도, 일반적으로 그 자동차 운전중 충돌로 인한 기름탱크의 파열로 발생할지 모를 화재를 미리 방지하여야 할 업무상의 주의의무는 없다고 할 것이다(대판 1972.2.22. 71도2231).

② 유조차의 운전사에게 위험물취급주임의 지시 없이도 석유가 제대로 급유되는지, 어떠한 사유로 인하여 급유장애가 발생하는지 여부를 확인하기 위하여 급유가 끝날 때까지 그와 함께 또는 그와 교대로 급유호스가 주입구에서 빠지려고 할 때는 즉시 대응조치를 할 수 있는 자세를 갖추어야 할 업무상의 주의의무가 있다고 할 수는 없으므로, 유조차 운전사가 석유구판점의 위험물취급주임의 지시를 받아 유조차의 석유를 구판점 탱크로 급유하다가 급유호스가 탱크주입구에서 빠지는 바람에 분출된 석유가 화기에

---

20) 대판 1988.10.11. 88도1273.
21) 대판 1983.5.10. 82도2279.

인화되어 화재가 발생한 경우 운전수가 위험물취급주임이 탱크주입구 부분을 이탈하였음을 보고서도 유조차 운전석에 앉아 다른 일을 보고 있었다고 하여 운전사에게 화재발생에 대하여 과실이 있다고 책임을 물을 수는 없다(대판 1990.11.13. 90도2011).

(2) 중실화죄

본죄는 현저한 주의의무위반이 있는 경우를 의미하는데, 행위자가 극히 작은 주의를 함으로써 결과발생을 예견할 수 있었는데도, 부주의로 이를 예견하지 못하는 경우를 말하는 것이다.[22)

□ 중실화죄 관련 판례

〈중실화죄 인정〉

① 성냥불이 꺼진 것을 확인하지 아니한 채 플라스틱 휴지통에 던진 것이 중대한 과실에 해당한다(대판 1993.7.27. 93도135).

② 피고인이 약 2.5평 넓이의 주방에 설치된 간이온돌용 새마을보일러에 연탄을 갈아 넣음에 있어서 연탄의 연소로 보일러가 가열됨으로써 그 열이 전도, 복사되어 그 주변의 가열접촉물에 인화될 것을 쉽게 예견할 수 있었음에도 불구하고 그 주의의무를 게을리하여 위 보일러로부터 5내지 10센티미터쯤의 거리에 판시 가연물질을 그대로 두고 신문지를 구겨서 보일러의 공기조절구를 살짝 막아놓은 채 그 자리를 떠나버렸기 때문에 판시와 같은 화재가 발생한 사실을 인정하기에 넉넉하므로 원심판결의 지적하는 바와 같은 채증법칙을 어긴 위법이 없다. 그리고 형법 제171조가 정하는 중실화는 행위자가 극히 작은 주의를 함으로써 결과발생을 예견할 수 있었는데도 부주의로 이를 예견하지 못하는 경우를 말하는 것이므로 앞에서 본 바와 같은 피고인의 행위를 중실화죄로 다스린 원심의 조치도 정당하다(대판 1988.8.23. 88도855).

〈중실화죄 부정〉

호텔오락실의 경영자가 그 오락실 천정에 형광등을 설치하는 공사를 하면서 그 호텔의 전기보안담당자에게 아무런 통고를 하지 아니한 채 무자격전기기술자로 하여금 전기공사를 하게 하였더라도, 전기에 관한 전문지식이 없는 오락실경영자로서는 시공자가 조인터박스를 설치하지 아니하고 형광등을 천정에 바짝 붙여 부착시키는 등 부실하게 공사를 하였거나 또는 전기보안담당자가 전기공사사실을 통고받지 못하여 전기설비에 이상이 있는지 여부를 점검하지 못함으로써 위와 같은 부실공사가 그대로 방치되고 그로인해 전선의 합선에 의한 방화가 발생할 것 등을 쉽게 예견할 수 있었다고 보기는 어려우므로 위 오락실경영자에게 위와 같은 과실이 있었더라도 사회통념상 이를 화재발생에 관한 중대한 과실이라고 평가하기는 어렵다(대판 1989.10.13. 89도204).

Ⅹ. 폭발성물건파열죄, 폭발성물건파열치사상죄

> **제172조【폭발성물건파열】** ① 보일러, 고압가스 기타 폭발성 있는 물건을 파열시켜 사람의 생명, 신체 또는 재산에 대하여 위험을 발생시킨 자는 1년 이상의 유기징역에 처한다.
> ② 제1항의 죄를 범하여 사람을 상해에 이르게 한 때에는 무기 또는 3년 이상의 징역에 처한다. 사망에 이르게 한 때에는 무기 또는 5년 이상의 징역에 처한다.

1. 의의, 보호법익

본죄는 '보일러, 고압가스 기타 폭발성 있는 물건을 파열시켜 사람의 생명, 신체 또는 재산에 위험을 발생시키거나 이로 인해 사람을 상해 또는 사망에 이르게 함으로써 성립하는 범죄'이다. 보호법익은 '사람의 생명, 신체, 재산과 공공의 안전'이며, 보호의 정도는 구체적 위험범이다.

폭발성물건파열치사상죄는 폭발성물건파열죄의 결과적 가중범으로, 상해의 경우에는 부진정결과적 가중범, 사망의 경우에는 진정결과적 가중범이다. 그러므로, 과실이나 고의로 인한 상해의 경우에는 폭발성물건파열치사상죄만 성립하나, 과실이 아닌 살인의 고의로 폭발성물건을 파열시켜 사람을 살해하면 폭발성물건파열죄와 살인죄의 상상적 경합범이 성립한다.

폭발성물건파열죄의 미수범과 예비·음모는 처벌한다.

2. 구성요건

(1) 행위의 객체

행위의 객체는 '보일러·고압가스 기타 폭발성 있는 물건'이다. 따라서 폭발성 있는 물건을 말하며 보일러나 고압가스는 이에 대한 예시적 열거이다. 폭발성 물건이란 급격한 파열에 의하여 폭발할 수 있는 성질의 물건이다.

(2) 실행 행위

실행 행위는 '파열'이다. 파열이란 깨지거나 갈라져 터지는 것을 말하는데 본죄에서는 급격한 팽창력으로 폭발하는 것을 의미한다. 폭발성물건파열행위와 위험발생 사이에는 인과관계가 있어야 한다.

---

22) 대판 1988.8.23. 88도855.

(3) 기수시기

본죄는 파열행위로 인해 사람의 생명, 신체 또는 재산에 위험이 발생하거나 치사상에 이르게 한 때에 기수가 된다. 파열행위는 하였으나 구체적 위험이 발생하지 않은 경우에는 미수범으로 처벌한다. 그러나, 과실범인 폭발성물건파열치사상죄는 미수범 처벌규정이 없다.

3. 주관적 구성요건

본죄는 폭발성 있는 물건을 파열하여 사람의 생명, 신체 또는 재산에 대한 위험을 발생시킨다는 고의가 있어야 한다. 과실로 인하여 사람의 생명이나 신체를 침해한 경우에는 폭발성물건파열치사상죄가 성립한다.

XI. 가스·전기 등 방류죄, 가스·전기 등 방류치상상죄

제172조2 【가스·전기 등 방류】 ① 가스, 전기, 증기 또는 방사선이나 방사성물질을 방출, 유출 또는 살포시켜 사람의 생명, 신체 또는 재산에 대하여 위험을 발생시킨 자는 1년 이상 10년 이하의 징역에 처한다.
② 제1항의 죄를 범하여 사람을 상해에 이르게 한 때에는 무기 또는 3년 이상의 징역에 처한다. 사망에 이르게 한 때에는 무기 또는 5년 이상의 징역에 처한다.

---

1. 가스·전기 등 방류죄(제1항)

본죄는 '가스, 전기, 증기 또는 방사선이나 방사성물질을 방출, 유출 또는 살포시켜 사람의 생명, 신체 또는 재산에 대하여 위험을 발생시킴으로써 성립하는 범죄'이다.

보호법익은 '공공의 안전과 생명, 신체 또는 재산'이며, 보호의 정도는 '구체적 위험범'이다. 미수범과 예비·음모는 처벌한다.

(1) 행위의 객체

행위의 객체는 '가스, 전기, 증기 또는 방사선이나 방사성 물질'이다. 가스, 전기, 증기 외 '방사선'이란 전자파 또는 입자선 중 직접 또는 간접으로 공기를 전리(電離)하는 능력을 가진 것이고,[23] '방사성 물질'이란 핵연료물질·사용 후 핵연

---

23) 원자력안전법 제2조 제7호.

료·방사성동위원소 및 원자핵분열생성물을 말한다.[24]

(2) 실행 행위

실행 행위는 '방출, 유출 또는 살포'이다.

'방출'이란 전기 또는 방사선 등을 외부로 노출시키는 것이고, '유출'이란 가스·증기 등의 기체를 밀폐된 용기 밖으로 새어 나가게 하는 것이며, '살포'란 분말 또는 미립자상태의 방사성물질을 흩어지게 하는 것을 말한다.[25]

(3) 사람의 생명, 신체 또는 재산에 대한 위험발생

본죄는 가스 등 방출 행위와 사람의 생명, 신체 또는 재산의 결과 발생 사이에 인과관계가 있어야 한다.

(4) 기수시기

본죄는 가스 등의 객체 물질을 방출 등의 행위로 인하여 사람의 생명, 신체 또는 재산에 대해 위험을 발생시킬 때 기수가 되는 구체적 위험범이다. 방출 등 실행 행위가 있었으나 사람의 생명 등의 구체적 위험이 발생하지 않거나 인과관계가 인정되지 않으면 미수범이 성립한다.

2. 가스·전기 등 방류치사상죄(제2항)

본죄는 '가스·전기 등 방류죄를 범하여 사람을 상해나 사망에 이르게 하는 범죄'이다.

보호법익은 '공공의 안전과 생명, 신체 또는 재산'이며, 보호의 정도는 공공의 안전에 대해서는 '구체적 위험범'이며, 사람의 생명, 신체에 대해서는 '침해범'이다.

가스·전기 등 방류치상죄는 부진정결과적 가중범이며, 가스·전기 등 방류치사죄는 진정결과적 가중범이다.

XII. 가스·전기 등 공급방해죄, 가스·전기 등 공급방해치사상죄

> 제173조【가스·전기 등 공급방해】 ① 가스, 전기 또는 증기의 공작물을 손괴 또는 제거하거나 기타 방법으로 가스, 전기 또는 증기의 공급이나 사용을 방해하여 공공의 위험

---

24) 원자력안전법 제2조 제5호.
25) 임웅, 662면.

> 을 발생하게 한 자는 1년 이상 10년 이하의 징역에 처한다.
> ② 공공용의 가스, 전기 또는 증기의 공작물을 손괴 또는 제거하거나 기타 방법으로 가스, 전기 또는 증기의 공급이나 사용을 방해한 자도 전항의 형과 같다.
> ③ 제1항 또는 제2항의 죄를 범하여 사람을 상해에 이르게 한 때에는 2년 이상의 유기 징역에 처한다. 사망에 이르게 한 때에는 무기 또는 3년 이상의 징역에 처한다.

1. 가스·전기 등 공급방해죄(제1항)

본죄는 '가스, 전기 또는 증기의 공작물을 손괴 또는 제거하거나 기타 방법으로 가스, 전기 또는 증기의 공급이나 사용을 방해하여 공공의 위험을 발생하게 함으로써 성립하는 범죄'이다.

보호법익은 '공공의 안전'이고, 보호의 정도는 '구체적 위험범'이다. 미수범 및 예비·음모는 처벌한다.

(1) 행위의 객체

행위의 객체는 '가스, 전기 또는 증기의 공작물'이다.

(2) 실행 행위

실행 행위는 '손괴 또는 제거하거나 기타 방법으로 가스·전기 또는 증기의 공급이나 사용을 방해하는 것'이다. '손괴'란 물리적 힘을 가해 물질을 훼손하여 그 효용을 해하는 것이며, '제거'는 공작물을 분리하는 것을 말한다. '기타방법'이란 가스 등의 공급이나 사용을 불가능하게 하거나 곤란하게 하는 일체의 방법을 말한다.

(3) 기수시기

본죄는 가스 등의 공작물을 손괴 등의 행위로 가스, 전기 또는 증기의 공급이나 사용을 방해하여 공공의 위험을 발생시킬 때 기수가 되는 구체적 위험범이다. 공공의 위험이 발생하지 않거나 실행 행위와 공공의 위험발생 사이에 인과관계가 인정되지 않으면 미수범이 성립한다.

(4) 고의

본죄의 고의는 가스 등의 공급을 방해한다는 인식과 인용이 있어야 한다.

2. 공공용가스 등 공급방해죄(제2항)

본죄는 '공공용의 가스, 전기 또는 증기의 공작물을 손괴 또는 제거하거나 기타 방법으로 가스, 전기 또는 증기의 공급이나 사용을 방해함으로써 성립하는 범죄'이다.

보호법익은 '공공의 안전'이며, 보호의 정도는 '추상적 위험범'이다. 미수범 및 예비·음모는 처벌한다.

(1) 행위의 객체

행위의 객체는 '공공용의 가스, 전기 또는 증기의 공작물'이다. '공공용'이란 누구나 사용할 수 있는 것을 말한다.

(2) 실행 행위

실행 행위는 '손괴 또는 제거하거나 기타 방법으로 가스·전기 또는 증기의 공급이나 사용을 방해하는 것'이다. 제1항의 행위와 동일하다.

(3) 기수시기

본죄는 공공용의 가스 등의 공작물을 손괴 등의 행위로 가스, 전기 또는 증기의 공급이나 사용을 방해하면 기수가 된다. 본죄는 제1항과 같이 공공의 위험을 발생요건으로 하지 않는 추상적 위험범이다.

(4) 고의

본죄의 고의는 공공용의 가스 등의 공급을 방해한다는 인식과 인용이 있어야 한다.

3. 가스·전기 등 공급방해치사상(제3항)

본죄는 '가스·전기 등 공급방해죄 또는 공용가스 등 공급방해죄를 범하여 사람을 상해 또는 사망에 이르게 함으로써 성립하는 범죄'이다.

가스·전기 등 공급방해치상은 '부진정결과적 가중범'이고, 가스·전기 등 공급방해치사는 '진정결과적 가중범'이다.[26] 기본범죄인 가스·전기 등 공급방해죄는 기수범에 한정한다.

XIII. 과실폭발성물건파열 등 죄

제173조2【과실폭발성물건파열 등】① 과실로 제172조 제1항, 제172조의2 제1항, 제173조 제1항과 제2항의 죄를 범한 자는 5년 이하의 금고 또는 1천500만원 이하의 벌금에 처한다.

---

26) 박상기, 480면; 이재상, 526면; 이형국, 539면; 임웅, 664~5면.

> ② 업무상과실 또는 중대한 과실로 제1항의 죄를 범한 자는 7년 이하의 금고 또는 2천만원 이하의 벌금에 처한다.

1. 과실폭발성물건파열 등 죄(제1항)

본죄는 '과실로 폭발성물건파열죄, 가스·전기 등 방류죄, 가스·전기 등 공급방해죄, 공공용가스 등 공급방해죄를 범한 경우에 성립하는 범죄'이다.

2. 업무상중과실 폭발성물건파열 등 죄(제2항)

본죄는 '업무상과실 또는 중대한 과실로 폭발성물건파열죄, 가스·전기 등 방류죄, 가스·전기 등 공급방해죄, 공공용가스 등 공급방해죄를 범한 경우에 성립하는 범죄'이다. 본죄는 업무상과실 또는 중과실로 형이 가중되는 구성요건이다.

XIV. 미수범, 예비·음모 등

> 제174【미수범】 제164조 제1항, 제165조, 제166조 제1항, 제172조 제1항, 제172조의2 제1항, 제173조 제1항과 제2항의 미수범은 처벌한다.
> 제175【예비, 음모】 제164조 제1항, 제165조, 제166조 제1항, 제172조 제1항, 제172조의2 제1항, 제173조 제1항과 제2항의 죄를 범할 목적으로 예비 또는 음모한 자는 5년 이하의 징역에 처한다. 단 그 목적한 죄의 실행에 이르기 전에 자수한 때에는 형을 감경 또는 면제한다.
> 제176【타인의 권리대상이 된 자기의 물건】 자기의 소유에 속하는 물건이라도 압류 기타 강제처분을 받거나 타인의 권리 또는 보험의 목적물이 된 때에는 본장의 규정의 적용에 있어서 타인의 물건으로 간주한다.

제 4 장

일수와 수리에 관한 죄

제1절 서 설

I. 의의, 보호법익

일수에 관한 죄란 '고의 또는 과실로 물을 넘겨 현주건조물 등, 공용건조물 등, 일반건조물 등, 및 재산을 침해하거나 방수를 방해하는 범죄'이다. 본죄는 방화죄와 같이 공공위험죄에 포함되지만 불이 아닌 물을 수단으로 한다.

일수에 관한 죄의 보호법익은 '공공의 안전과 재산'이며, 보호의 정도는 공공의 안전에 대해서는 '추상적 위험범 또는 구체적 위험범'이고, 재산에 대해서는 '침해범'이다. 수리에 관한 죄의 보호법익은 '수리권'이며, 보호의 정도는 '추상적 위험범'이다. 수리에 관한 죄는 '수리방해죄'가 있다.

II. 일수와 수리에 관한 죄의 구성요건의 체계

일수에 관한 죄는 타인소유 일반건조물일수죄(제179조 제1항)를 기본적 구성요건으로 하고 있다. 현주건조물 등 일수죄(제177조), 공용건조물 등 일수죄(제178조)는 객체로 인해 불법이 가중된 유형이다. 자기소유 일반건조물일수죄(제179조

제2항)는 자기소유로 인해 불법이 감경된 구성요건이다. 일수죄의 과실범은 처벌한다(제181조). 방수방해죄는 준일수죄의 성격이다. 결과적 가중범 유형으로는 현주건조물일수치사상죄(제177조 제2항)가 있다. 현주건조물일수죄, 공용건조물일수죄, 타인소유 일반건조물일수죄와 현주건조물일수치사상죄의 미수범(제182조)과 예비·음모(제183조)는 처벌한다. 수리에 관한 죄는 수리방해죄(제184조)가 있다.

자기소유의 속하는 물건이라도 압류 기타 강제처분을 받거나 타인의 권리 또는 보험의 목적물이 된 때에는 타인의 물건으로 간주한다(제179조 제3항).

제2절 개별적 범죄 유형

Ⅰ. 현주건조물일수죄

> 제177조 【현주건조물 등에의 일수】 ① 물을 넘겨 사람이 주거로 사용하거나 사람이 현존하는 건조물, 기차, 전차, 자동차, 선박, 항공기 또는 광갱을 침해한 자는 무기 또는 3년 이상의 징역에 처한다.

1. 의의, 보호법익

본죄는 '물을 넘겨 사람이 주거로 사용하거나 사람이 현존하는 건조물, 기차, 전차, 자동차, 선박, 항공기 또는 광갱을 침해함으로써 성립하는 범죄'이다.

본죄는 주거 또는 사람이 현존하는 건조물이라는 행위의 객체로 인해 일반건조물일수죄보다 불법이 가중된 유형이다.

보호법익은 '공공의 안전과 개인의 재산권'이며, 보호의 정도는 '공공의 안전'은 추상적 위험범으로, '개인의 재산권'은 침해범이다. 미수범과 예비, 음모는 처벌한다.

2. 객관적 구성요건

(1) 행위의 객체

행위의 객체는 '사람이 주거로 사용하거나 사람이 현존하는 건조물, 기차, 전차, 자동차, 선박, 항공기 또는 광갱'이다. 위 객체는 현주건조물방화죄와 동일하다.

(2) 실행 행위

실행 행위는 '물을 넘겨 건조물 등을 침해'하는 것이다.

'물을 넘겨'라는 것은 일수를 말한다. 물을 넘기는 방법에는 제한이 없다. 일정한 구역에 고여있는 물을 밖으로 내보내 범람하게 하는 것이다. 제방을 파괴하거나 수문을 여는 방법, 물을 흐름을 바꾸는 등의 방법이 있다.

'침해'란 목적물을 물에 잠기게 하거나 젖게 하여 그 효용을 해하는 것이다. 이때, 침해로 인해 타인의 건조물이 효용을 해하는 손괴가 발생하더라도 손괴죄는 본죄에 흡수된다.

(3) 실행의 착수, 기수시기

실행의 착수 시기는 물을 넘기는 행위를 할때이고, 기수시기는 목적물의 일부 또는 중요부분의 효용이 상실되거나 감소된 시점이다. 물을 넘겼는데 침해의 결과가 발생하지 않거나, 물을 넘기는 행위와 결과 발생 사이에 인과관계가 인정되지 않으면 미수범이 성립한다.

3. 주관적 구성요건

본죄의 고의는 사람의 주거에 사용하거나 현존한다는 것을 알면서도 물을 넘겨 침해한다는 인식과 인용이 있어야 한다.

Ⅱ. 현주건조물일수치사상죄

> 제177조【현주건조물 등에의 일수】② 제1항의 죄를 범하여 사람을 상해에 이르게 한 때에는 무기 또는 5년 이상의 징역에 처한다. 사망에 이르게 한 때에는 무기 또는 7년 이상의 징역에 처한다.

1. 의의, 보호법익

본죄는 '현주건조물일수죄를 범하여 사람을 사상에 이르게 함으로써 성립하는 범죄'이다.

현주건조물일수치상죄는 고의에 의한 기본범죄에 기하여 중한 결과를 과실뿐만 아니라 고의로 발생케 한 경우에도 성립하는 부진정결과적 가중범이며, 현주건조물일수치사죄는 중한 결과에 대한 과실이 있는 경우에만 성립하는 진정결과적 가중범이다.

보호법익은 '공공의 안전과 사람의 생명·신체'이며, 보호의 정도는 공공의 안전에 대해서는 '추상적 위험범'이고, 생명·신체에 대해서는 '침해범'이다.

2. 객관적 구성요건

본 죄가 성립하기 위해서는 기본범죄로 '현주건조물등일수죄'가 발생하고, 상해 또는 사망의 결과가 있어야 한다. 기본범죄는 기수범이다. 상해 또는 사망의 결과 발생은 기본범죄와의 인과관계 및 객관적 귀속, 예견가능성이 인정되어야 한다. 일수의 기회 또는 밀접한 행위에서 발생된 정도이면 충분하다.

3. 주관적 구성요건

본죄는 기본범죄인 현주건조물 등에 대한 일수의 고의와 상해 또는 사망의 결과에 대한 과실 또는 고의가 있어야 한다.

4. 미수범 규정

본죄는 미수범 처벌규정이 있다. 현주건조물 등 방화치사상죄는 미수범 처벌규정이 없는 것과 비교된다. 본 규정에 대해서는 미수범 처벌을 인정할 수 있는가에 대한 견해가 대립하고 있다. 하지만, 제182조에서 본죄를 제외하고 있지 않은 점으로 보아 미수범 처벌을 긍정하는 것이 타당하다고 본다.

Ⅲ. 공용건조물 등 일수죄

> **제178조【공용건조물 등에의 일수】** 물을 넘겨 공용 또는 공익에 공하는 건조물, 기차, 전차, 자동차, 선박, 항공기 또는 광갱을 침해한 자는 무기 또는 2년 이상의 징역에 처한다.

본죄는 '물은 넘겨 공용 또는 공익에 공하는 건조물, 기차, 전차, 자동차, 선박, 항공기 또는 광갱을 침해함으로써 성립하는 범죄'이다. 일반건조물일수죄에 대해 객체가 공용 또는 공익으로 불법이 가중된 구성요건이다.

보호법익은 '공공의 안전과 평온'이며, 보호의 정도는 '추상적 위험범'이다.

미수범과 예비·음모는 처벌한다. 행위의 객체는 공용건조물등방화죄와 동일하다.

Ⅳ. 일반건조물 등 일수죄

제179조 【일반건조물 등에의 일수】 ① 물을 넘겨 전2조에 기재한 이외의 건조물, 기차, 전차, 자동차, 선박, 항공기 또는 광갱을 기타 타인의 재산을 침해한 자는 1년 이상 10년 이항의 징역에 처한다.
② 자기의 소유에 속하는 전항의 물건을 침해하여 공공의 위험을 발생하게 한 때에는 3년 이하의 징역 또는 700만원 이하의 벌금에 처한다.
③ 제176조의 규정은 본조의 경우에 준용한다.

본죄는 '물을 넘겨 현주건조물일수죄와 공용건조물일수죄의 객체가 되는 목적물 이외 건조물 기타 물건을 침해함으로써 성립하는 범죄'이다.

제1항의 타인소유 일반건조물일수죄는 기본 유형으로, 보호법익은 '공공의 안전과 평온 및 재산'이며, 보호의 정도는 공공의 안전은 '추상적 위험범'이고, 재산은 '침해범'이다. 미수범과 예비·음모는 처벌한다.

제2항의 자기소유 일반건조물방화죄는 불법이 감경된 유형으로, 보호법익은 '공공의 안전과 평온'이며, 보호의 정도는 '구체적 위험범'이다. 자기소유에 속하는 물건이라도 압류 기타 강제처분을 받거나 타인의 권리 또는 보험의 목적물이 된 때에는 타인의 물건으로 간주한다(제3항).

Ⅴ. 일수예비·음모죄

제183조 【예비·음모】 제177조 내지 제179조 제1항의 죄를 범할 목적으로 예비 또는 음모한 자는 3년 이하의 징역에 처한다.

본죄는 '현주건조물일수죄, 공용건조물 등 일수죄, 타인소유 일반건조물일수죄를 범할 목적으로 예비 또는 음모함으로써 성립하는 범죄'이다.

Ⅵ. 방수방해죄

> 제180조【방수방해】수재에 있어서 방수용의 시설 또는 물건을 손괴 또는 은닉하거나 기타방법으로 방수를 방해한 자는 10년 이하의 징역에 처한다.

1. 의의, 보호법익

본죄는 '수재에 있어서 방수용의 시설 또는 물건을 손괴 또는 은닉하거나 기타방법으로 방수를 방해함으로써 성립하는 범죄'이다. 진화방해죄와 같은 준일수죄에 해당된다.

보호법익은 '공공의 안전 및 평온'이며, 보호의 정도는 '추상적 위험범'이다.

2. 객관적 구성요건

(1) 행위의 객체

행위의 객체는 '방수용 시설 또는 물건'이다.

'방수용 시설 또는 물건'이란 방수활동에 필요한 일체의 시설 또는 기구를 말한다. 예컨대, 양수기, 모래주머니 등이 있다. 이때, 소유관계는 불문한다. 따라서, 행위자의 소유물도 객체가 될 수 있다.

(2) 실행 행위

실행 행위는 '손괴 또는 은닉 기타 방법으로 방수를 방해하는 것'이다.

'손괴 또는 은닉 기타방법'은 진화방해죄와 동일하다. '방수를 방해한다'는 것은 방수활동을 할 수 없게 하는 일체의 방법을 말한다. 방수를 하기 위해 쌓아놓은 모래주머니를 손괴하거나 물을 퍼내기 위해 준비한 양수기를 은닉, 방수활동을 하는 자를 폭행하는 등이 그 예이다.

방수의 방해는 현실적으로 방해될 필요는 없고 방해될 위험성만 있으면 족하다.

(3) 수재에 있어서

'수재에 있어서'란 수재로 인해 위험이 발생한 상태를 말한다. 이때, 발생할 위험이 있는 상태도 포함한다. 이러한 수재는 자연재해든 인재이든 불문한다.

3. 주관적 구성요건

본죄의 고의는 수재시라는 행위상황과 방수활동을 방해한다는 인식과 의사가 있어야 한다.

VII. 과실일수죄

> 제181조 【과실일수】 과실로 인하여 제177조 또는 제178조에 기재한 물건을 침해한 자 또는 제179조에 기재한 물건을 침해하여 공공의 위험을 발생하게 한 자는 1천만원 이하의 벌금에 처한다.

본죄는 '과실로 현주건조물일수죄 또는 공용건조물일수죄의 목적물인 물건을 침해하거나, 일반건조물일수죄의 목적물인 물건을 침해하여 공공의 위험을 발생하게 함으로써 성립하는 범죄'이다. 보통실화죄와 같은 과실범이다. 따라서, 주의의무위반과 침해나 공공의 위험발생 사이에 인과관계가 인정되어야 한다.

VIII. 수리방해죄

> 제184조 【수리방해】 제방을 결궤하거나 수문을 파괴하거나 기타 방법으로 수리를 방해한 자는 5년 이하이 징역 또는 700만원 이하의 벌금에 처한다.

1. 의의, 보호법익

본죄는 '제방을 결궤하거나 수문을 파괴하거나 기타 방법으로 수리를 방해함으로써 성립하는 범죄'이다.

보호법익은 '수리권'이고, 보호의 정도는 '침해범'이다.[1]

본죄는 2020. 12. 8. '제184조(수리방해) 둑을 무너뜨리거나 수문을 파괴하거나 그 밖의 방법으로 수리(水利)를 방해한 자는 5년 이하의 징역 또는 700만원 이하의 벌금에 처한다'로 개정되었다(2021. 12. 9. 시행).

---

[1] 몽리민들이 계속하여 20년 이상 평온 공연하게 본건 유지의 물을 사용하여 소유농지를 경작하여 왔다면 그 유지의 물을 사용할 권리가 있다고 할 것이므로 그 권리를 침해하는 행위는 수리방해죄를 구성한다 할 것이다(대판 1968.2.20. 67도1677).

2. 객관적 구성요건

(1) 행위의 객체

행위의 객체는 '제방 또는 수문'이다.

'제방'은 물이 넘치는 것을 막기 위해 축조한 시설물을 말한다. 이때, 자연적으로 형성된 제방이든 인공적으로 만든 것인지는 불문한다. '수문'이란 댐이나 저수지 등에서 물의 유입이나 유출의 양을 조절하기 위해 설치된 시설물을 말한다.

(2) 실행 행위

실행 행위는 '제방을 결궤하거나 수문을 파괴하거나 기타 방법으로 수리를 방해하는 것'이다.

'결궤'란 제방을 무너뜨리거나 손상을 가해 물이 흘러나오게 하는 것을 말한다. '파괴'란 수문의 기능을 상실하게 하거나 현저히 감소시키는 행위로, 때려 부수거나 깨뜨려 헐어버리는 것을 말한다. '기타방법'은 결궤나 파괴를 제외한 일체의 행위로, 수로를 폐쇄하거나 변경시키는 등의 행위이다. '수리'란 관개용·목축용·발전이나 수차 등의 동력용·상수도의 원천용 등 널리 물이라는 천연자원을 사람의 생활에 유익하게 사용하는 것을 의미한다.[2]

수리방해는 추상적 위험범으로 현실적으로 방해될 필요는 없어 방해할 위험성만 있으면 충분하다. 이때, 수리권은 피해자에게 있어야 하며, 수리권은 법률이나 계약 이외 관습에 의해서도 발생할 수 있다.[3]

☐ 수리방해죄 관련 판례

〈수리방해죄가 성립하지 않는 경우〉

① 원천 내지 자원으로서의 물의 이용이 아니라, 하수나 폐수 등 이용이 끝난 물을 배수

---

2) 형법 제184조는 '제방을 결궤(決潰, 무너뜨림)하거나 수문을 파괴하거나 기타 방법으로 수리를 방해'하는 것을 구성요건으로 하여 수리방해죄를 규정하고 있는바 여기서 수리(水利)라 함은, 관개용·목축용·발전이나 수차 등의 동력용·상수도의 원천용 등 널리 물이라는 천연자원을 사람의 생활에 유익하게 사용하는 것을 가리키고(다만, 형법 제185조의 교통방해죄 또는 형법 제195조의 수도불통죄의 경우 등 다른 규정에 의하여 보호되는 형태의 물의 이용은 제외될 것이다), 수리를 방해한다 함은 제방을 무너뜨리거나 수문을 파괴하는 등 위 조문에 예시된 것을 포함하여 저수시설, 유수로(流水路)나 송·인수시설 또는 이들에 부설된 여러 수리용 장치를 손괴·변경하거나 효용을 해침으로써 수리에 지장을 일으키는 행위를 가리키며, 나아가 수리방해죄는 타인의 수리권을 보호법익으로 하므로 수리방해죄가 성립하기 위하여는 법령, 계약 또는 관습 등에 의하여 타인의 권리에 속한다고 인정될 수 있는 물의 이용을 방해하는 것이어야 한다(대판 2001.6.26. 2001도404).

로를 통하여 내려보내는 것은 형법 제184조 소정의 수리에 해당한다고 할 수 없고, 그러한 배수 또는 하수처리를 방해하는 행위는, 특히 그 배수가 수리용의 인수(引水)와 밀접하게 연결되어 있어서 그 배수의 방해가 직접 인수에까지 지장을 초래한다는 등의 특수한 경우가 아닌 한, 수리방해죄의 대상이 될 수 없다. 농촌주택에서 배출되는 생활하수의 배수관(소형 PVC관)을 토사로 막아 하수가 내려가지 못하게 한 경우, 수리방해죄에 해당하지 아니한다(대판 2001.6.26. 2001도404).
② 삽으로 흙을 떠올려 물줄기를 막은 행위만으로 수리방해를 인정할 수 없는 것이다 (대판 1975.6.24. 73도2594).

3. 주관적 구성요건

본죄의 고의는 제방을 결궤하거나 수문을 파괴하거나 기타 방법으로 수리를 방해한다는 사실에 대한 인식과 인용이 있어야 한다.

---

3) 몽리민들이 1944년경부터 계속하여 20년 이상 평온, 공연하게 본건 유지의 물을 사용하여 소유 농지를 경작하여 왔다면 본법 부칙 제2조, 본조, 본법 제245조 제1항, 제291조, 제292 조 등에 의하여 지역권취득기간의 경과로 유지소유자에 대하여 그 저주 관계에 이용할 수 있는 권리를 취득하였다 하여 용수지역권에 관한 등기를 청구할 수 있다(대판 1968.2.20. 67도1677).

제 5 장

교통방해의 죄

제1절 서 설

Ⅰ. 의의, 보호법익

교통방해의 죄는 '고의 또는 과실로 교통시설 또는 교통기관을 손괴하거나 기타 방법으로 교통을 방해함으로써 성립하는 범죄'이다.

보호법익은 '공공의 교통안전'이며, 보호의 정도는 '추상적 위험범'이다.

Ⅱ. 교통방해의 죄의 구성요건의 체계

교통방해의 죄는 일반교통방해죄(제185조)를 기본적 구성요건으로 하고 있다. 기차·선박등 교통방해죄(제186조)와 기타 등 전복죄(제187조)는 객체 및 행위의 위험성으로 인해 불법이 가중된 유형이다. 결과적 가중범으로 교통방해치사상죄(제188조)가 있고, 과실·업무상과실·중과실에 의한 일반교통방해죄·기차 등 교통방해죄·기차 등 전복죄도 처벌한다(제189조). 교통방해죄와 기차등전복죄는 미수범을 처벌하고(제190조), 기차 등 교통방해죄와 기차 등 전복죄는 예비·음모를 처벌한다(제191조).

제2절 개별적 범죄 유형

Ⅰ. 일반교통방해죄

> **제185조【일반교통방해】** 육로, 수로 또는 교량을 손괴 또는 불통하게 하거나 기타 방법으로 교통을 방해한 자는 10년 이하의 징역 또는 1천500만원 이하의 벌금에 처한다.

1. 의의, 보호법익

본죄 '육로, 수로 또는 교량을 손괴 또는 불통하게 하거나 기타 방법으로 교통을 방해함으로써 성립하는 범죄'이다. 보호법익은 '공공의 교통안전'이며,[1] 보호의 정도는 '추상적 위험범'이다. 미수범은 처벌한다.

2. 객관적 구성요건

(1) 행위의 객체

행위의 객체는 '육로·수로 또는 교량'이다.

'육로'란 사실상 일반공중의 왕래에 공용되는 육상의 통로를 널리 일컫는 것으로,[2] 특정인에 한하지 않고 불특정 다수인 또는 차마가 자유롭게 통행할 수 있는 공공성을 지닌 장소를 말한다.[3] 그 관리자나 부지의 소유자가 누구인가 또는 그 노면폭이나 통행인이 다과 등을 불문하고 사실상 왕래에 공용되는 도로를 말한다.[4] 하지만, 공로에 출입할 수 있는 다른 도로가 있는 상태에서 토지 소유자로부터 일시적인 사용승낙을 받아 통행하거나 토지 소유자가 개인적으로 사용하면서 부수적으로 타인의 통행을 묵인한 장소에 불과한 도로는 육로에 해당하지 않는다.[5]

---

1) 형법 제185조의 일반교통방해죄는 일반공중의 교통의 안전을 보호법익으로 하는 범죄로서 (대판 1999.7.27. 99도1651).
2) 대판 2002.4.26. 2001도6903.
3) 대판 1988.5.10. 88도262.
4) 대판 1989.6.27. 88도2264.
5) 대판 2017.4.7. 2016도12563.

526 제 2 부 사회적 법익에 대한 죄

□ 육로 관련 판례

〈육로에 해당하는 경우〉

① 신도로가 개통된 후에도 위 구도로는 종전에 구도로를 건축선으로 하여 건축된 건물들과 신도로 사이에 위치하여 여전히 편도2차로의 아스팔트 포장도로의 형태를 유지하고 있고, 신도로와는 높이가 달라 종전에 이 사건 토지 부분을 통행하던 차량들은 여전히 이 사건 토지를 거쳐서 신도로와 구도로의 높이가 동일한 곳에 설치된 신도로와 구도로의 연결 부분을 통하여 신도로로 진입할 수 있도록 되어 있으므로 이 사건 토지는 여전히 사실상 도로로서의 필요성이 있으며 신도로에 의하여 대체될 수 없는 상태로 되어 있어 여전히 일반인 및 차량이 통행하고 있는 사실을 알 수 있는바, 이와 같은 점에 비추어 보면 이 사건 토지는 신도로가 개통되었다고 하여 더 이상 공공성을 가진 도로가 아니게 되었다고 보기는 어렵다(대판 1999.7.27. 99도1651).

② 불특정 다수인의 통행로로 이용되어 오던 도로의 토지 일부의 소유자라 하더라도 그 도로의 중간에 바위를 놓아두거나 이를 파헤침으로써 차량의 통행을 못하게 한 행위는 일반교통방해죄 및 업무방해죄에 해당된다(대판 2002.4.26. 2001도6903).

③ 주민들에 의하여 공로로 통하는 유일한 통행로로 오랫동안 이용되어 온 폭 2m의 골목길을 자신의 소유라는 이유로 폭 50 내지 75cm가량만 남겨두고 담장을 설치하여 주민들의 통행을 현저히 곤란하게 하였다면 일반교통방해죄를 구성한다(대판 1994.11.4. 94도2112).

④ 도로가 농가의 영농을 위한 경운기나 리어카 등의 통행을 위한 농로로 개설되었다 하더라도 그 도로가 사실상 일반 공중의 왕래에 공용되는 도로로 된 이상 경운기나 리어카 등만 통행할 수 있는 것이 아니고 다른 차량도 통행할 수 있는 것이므로 이러한 차량의 통행을 방해한다면 이는 일반교통방해죄에 해당한다(대판 1995.9.15. 95도1475).

〈육로에 해당하지 않는 경우〉

① 목장 소유자가 목장운영을 위해 목장용지 내에 임도를 개설하고 차량 출입을 통제하면서 인근 주민들의 일부 통행을 부수적으로 묵인한 경우, 위 임도는 공공성을 지닌 장소가 아니어서 일반교통방해죄의 '육로'에 해당하지 않는다(대판 2007.10.11. 2005도7573).

② 이 사건 토지일대는 농작물을 경작하던 농토이었는데, 도시계획이 수립된 다음부터 이 사건 토지를 통하여 부근일대의 큰 도로로 통행하려는 주민들이 늘어나자, 소유자인 피고인이 이를 막고 농작물을 재배하려고 그동안 수차에 걸쳐 철조망 등을 설치하였는데 그때마다 주민들이 이를 부수고 통행을 하여온 사정이 엿보이는바, 이와 같이 이 사건 토지상에 정당한 도로개설이 되기 전까지 소유자가 농작물경작지로서 이용하려고 하였고, 부근 주민들은 큰 도로로 나아가는 간편한 통로로 이용하려고 하여 분

쟁이 계속되었다면 이는 주민들이 자유롭게 통행할 수 있는 공공성이 있는 곳이라고
보기 어렵다(대판 1988.5.10. 88도262).

③ '육로'란 일반 공중의 왕래에 제공된 장소, 즉 특정인에 한하지 않고 불특정 다수인
또는 차마가 자유롭게 통행할 수 있는 공공성을 지닌 장소를 말한다. 통행로를 이용하
는 사람이 적은 경우에도 위 규정에서 말하는 육로에 해당할 수 있으나, 공로에 출입할
수 있는 다른 도로가 있는 상태에서 토지 소유자로부터 일시적인 사용승낙을 받아 통
행하거나 토지 소유자가 개인적으로 사용하면서 부수적으로 타인의 통행을 묵인한 장
소에 불과한 도로는 위 규정에서 말하는 육로에 해당하지 않는다(대판 2017.4.7. 2016
도12563).

'수로'란 선박에 항해에 사용되는 하천, 바다, 운하, 해협 등을 말한다. 공해
상의 해로도 수로에 포함된다.[6]

'교량'은 물이나 어떤 공간 위로 사람이나 차량이 건너다닐 수 있도록 만든
시설물로, 일반인의 교통에 제공된 다리를 말한다.[7]

(2) 실행 행위

실행 행위는 '손괴, 불통, 기타 방법으로 교통을 방해하는 것'이다. 손괴와 불
통은 교통을 방해하는 행위의 예로 공공의 교통안전과 원활한 교통소통을 방해할
수 있는 방법이면 족하다.

'손괴'의 방법으로는 육로나 교량을 훼손 또는 파괴, '불통'은 쇠파이프 구조
물을 설치하거나 화물차로 도로를 가로막는 등 교통의 실질적인 이용을 할 수 없
게 하는 것이다. '기타 방법'으로는 집회·시위의 조건을 위반하여 도로 교통을 방
해하는 등 공중의 교통을 방해할 수 있는 정도의 행위면 충분하다.[8] '교통을 방해
한다'라고 함은 교통을 불가능하게 하거나 현저히 곤란하게 하는 것을 말한다.

(3) 교통방해

본죄는 추상적 위험범으로 교통이 현실적으로 방해될 필요는 없고, 방해될
위험성이 있으면 기수가 된다.[9]

---

6) 배종대, 660면; 오영근, 513면; 이재상, 536면; 이형국, 552면; 임웅, 677면.
7) 대판 1959.3.13. 4291형상5620.
8) 집회 및 시위에 관한 법률에 따라 적법한 신고를 마친 집회 또는 시위라고 하더라도 당초
  에 신고한 범위를 현저히 벗어나거나 집시법 제12조에 따른 조건을 중대하게 위반하여 도
  로 교통을 방해함으로써 통행을 불가능하게 하거나 현저하게 곤란하게 하는 경우에는 형
  법 제185조의 일반교통방해죄가 성립한다(대판 2018.1.24. 2017도11408).
9) 형법 제185조이 일반교통방해죄는 이른바 추상적 위험범으로서 교통이 불가능하거나 또는

□ 일반교통방해 관련 판례

〈일반교통방해죄 인정되는 경우〉

① 피고인의 가옥 앞 도로가 폐기물 운반 차량의 통행로로 이용되어 가옥 일부에 균열 등이 발생하자 피고인이 위 도로에 트랙터를 세워두거나 철책 팬스를 설치함으로써 위 차량의 통행을 불가능하게 하거나 위 차량들의 앞을 가로막고 앉아서 통행을 일시적으로 방해한 경우, 피고인이 이 사건 도로에 트랙터를 세워두거나 철책 팬스를 설치하여 노폭을 현저하게 제한함으로써 종전에는 통행이 가능하던 차량의 통행을 불가능하게 한 행위는 일반교통방해죄를 구성한다고 봄이 상당하나, 피고인이 이 사건 도로를 가로막고 앉아서 위 차량의 통행을 일시적으로 방해한 행위가 교통을 방해하여 통행을 불가능하게 하거나 현저하게 곤란하게 하는 행위라고 보기는 어렵다(대판 2009.1.30. 2008도10560).

② 집회 및 시위에 관한 법률에 따른 신고 없이 이루어진 집회에 참석한 참가자 모두에게 당연히 일반교통방해죄가 성립하는 것은 아니고, 실제로 참가자가 집회·시위에 가담하여 교통방해를 유발하는 직접적인 행위를 하였거나, 참가자와 참가 경위나 관여 정도 등에 비추어 참가자에게 공모공동정범의 죄책을 물을 수 있는 경우라야 일반교통방해죄가 성립한다. 일반교통방해죄는 이른바 추상적 위험범으로서 교통이 불가능하거나 또는 현저히 곤란한 상태가 발생하면 바로 기수가 되고 교통방해의 결과가 현실적으로 발생하여야 하는 것은 아니다. 또한 일반교통방해죄에서 교통방해 행위는 계속범의 성질을 가지는 것이어서 교통방해의 상태가 계속되는 한 위법상태는 계속 존재한다. 따라서 교통방해를 유발한 집회에 참가한 경우, 참가 당시 이미 다른 참가자들에 의해 교통의 흐름이 차단된 상태였더라도 교통방해를 유발한 다른 참가자들과 암묵적·순차적으로 공모하여 교통방해의 위법상태를 지속시켰다고 평가할 수 있다면 일반교통방해죄가 성립한다(대판 2019.4.23. 2017도1056).

〈일반교통방해죄 인정되지 않는 경우〉

① 구 집회 및 시위에 관한 법률 제6조 제1항 및 입법 취지에 비추어, 적법한 신고를 마치고 도로에서 집회나 시위를 하는 경우, 도로의 교통이 어느 정도 제한될 수 밖에 없으므로, 그 집회 또는 시위가 신고된 범위 내에서 행해졌거나 신고된 내용과 다소 다르게 행해졌어도 신고된 범위를 현저히 일탈하지 않는 경우에는, 그로 인하여 도로의 교통이 방해를 받았다고 하더라도 특별한 사정이 없는 한 형법 제185조의 일반교통방해죄가 성립한다고 볼 수 없다(대판 2008.11.13. 2006도755).

② 공항 여객터미널 버스정류장 앞 도로 중 공항리무진 버스 외의 다른 차의 주차가 금

현저히 곤란한 상태가 발생하면 바로 기수가 되고, 교통방해의 결과가 현실적으로 발생하여야 하는 것은 아니다(대판 2007.12.14. 2006도4662).

지된 구역에서 밴 차량을 40분간 불법주차하고 호객행위를 한 것이, 다른 차량들의 통행을 불가능하거나 현저히 곤란하게 한 것으로 볼 수 없어 형법 제185조의 일반교통방해죄를 구성하지 않는다(대판 2009.7.9. 2009도4266).

3. 주관적 구성요건

본죄의 고의는 육로 등 교통을 방해한다는 사실에 대한 인식과 인용이 있어야 한다.

Ⅱ. 기차·선박 등 교통방해죄

제186조【기차, 선박 등의 교통방해】궤도, 등대 또는 표지를 손괴하거나 기타 방법으로 기차, 전차, 자동차, 선박 또는 항공기의 교통을 방해한 자는 1년 이상의 유기징역에 처한다.

1. 의의, 성격

본죄는 '궤도, 등대 또는 표지를 손괴하거나 기타 방법으로 기차, 전차, 자동차, 선박 또는 항공기의 교통을 방해함으로써 성립하는 범죄'이다. 본죄는 행위 객체의 중요성으로 인해 불법이 가중된 유형이다. 미수범과 예비·음모는 처벌한다.

2. 객관적 구성요건

(1) 행위의 객체

행위의 객체는 '궤도, 등대 또는 표지'이다. 객체는 공용이건 사인소유이건 불문한다.

'궤도'란 사람이나 화물을 운송하는 데에 필요한 궤도시설과 궤도차량 및 이와 관련된 운영 지원 체계가 유기적으로 구성된 운송 체계를 말하며, 삭도(索道)를 포함한다.[10] '등대'란 해상교통의 안전과 선박 운항의 능률 증진을 위하여 해안이나 섬에 설치한 구조물을 말한다. '표지'는 교통의 신호 기타 안전교통을 위한 시설물을 말한다.

---

10) 궤도운송법 제2조 제1호.

(2) 실행 행위

실행 행위는 '손괴하거나 기타 방법으로 기차, 전차, 자동차, 선박, 항공기의 교통을 방해하는 것'이다. 손괴 또는 기타 방법은 제185조와 동일하다.

(3) 교통방해

본죄는 추상적 위험범으로 교통이 현실적으로 방해될 필요는 없고, 방해될 위험성이 있으면 기수가 된다.

3. 주관적 구성요건

본죄의 고의는 궤도, 등대 또는 표지를 손괴하거나 기타 방법으로 기차, 전차, 자동차, 선박 또는 항공기의 교통을 방해한다는 사실에 대한 인식과 인용이 있어야 한다.

Ⅲ. 기차 등 전복죄

> 제187조 【기차 등의 전복 등】 사람이 현존하는 기차, 전차, 자동차, 선박 또는 항공기를 전복, 매몰, 추락 또는 파괴한 자는 무기 또는 3년 이상의 징역에 처한다.

1. 의의, 성격

본죄는 '사람이 현존하는 기차, 전차, 자동차, 선박 또는 항공기를 전복, 매몰, 추락 또는 파괴함으로써 성립하는 범죄'이다. 사람이 현존하는 기차 등을 전복하는 등의 방법을 사용함에 불법이 가중된 구성요건이다. 미수범과 예비·음모는 처벌한다.

2. 객관적 구성요건

(1) 행위의 객체

행위의 객체는 '사람이 현존하는 기차, 전차, 자동차, 선박 또는 항공기'이다. '사람이 현존'한다는 것은 예시된 교통기관에 사람이 타고 있는 것을 말하는데, 승객이든 승무원이든 상관이 없으며, 현존하는 사람의 수도 불문한다. 기차 등은 운행 중뿐만 아니라 정차 중인 경우에도 상관없다. 그러나 다른 사람이 없이 혼자서 운행을 하던 중 차량 등을 전복시키거나 추락시키는 행위는 본죄가 성립되

지 않는다.[11]

(2) 실행 행위

실행 행위는 '전복, 매몰, 추락 또는 파괴'이다. 이는 예시가 아닌 제한적 행위이다.

'전복'이란 교통기관을 넘어뜨리거나 뒤집어 버리는 것을 말하고, '매몰'이란 기차 등을 땅속에 묻거나 선박을 침몰시키는 것이며, '추락'은 항공기 등을 높은 곳에서 떨어뜨리게 하는 것이며, '파괴'란 교통기관으로서의 기능·용법의 전부나 일부를 불가능하게 할 정도의 파손을 의미하고, 그 정도에 이르지 아니하는 단순한 손괴는 포함되지 않는다.[12]

3. 주관적 구성요건

본죄의 고의는 행위시에 사람이 현존하는 것이라는 인식과 전복 등 결과발생에 대한 인식이 필요하다.[13]

Ⅳ. 교통방해치사상죄

> **제188조【교통방해치사상】** 제185조 내지 제187조의 죄를 범하여 사람을 상해에 이르게 한 때에는 무기 또는 3년 이상의 징역에 처한다. 사망에 이르게 한 때에는 무기 또는 5년 이상의 징역에 처한다.

본죄는 '일반교통방해죄, 기차·선박 등 교통방해죄 또는 기차 등 전복죄를 범하여 사람을 사상에 이르게 함으로써 성립하는 범죄'이다.

교통방해치상은 부진정결과적 가중범이고, 교통방해치사는 진정결과적 가중범이다. 상해나 사망은 실행 행위와 관련된 행위에서 발생하면 족하고, 교통기관

---

11) 대판 1970.9.17. 70도1665.
12) 대판 2009.4.23. 2008도11921.
13) 선박매몰죄의 고의가 성립하기 위하여는 행위시에 사람이 현존하는 것이라는 점에 대한 인식과 함께 이를 매몰한다는 결과발생에 대한 인식이 필요하며, 현존하는 사람을 사상에 이르게 한다는 등 공공의 위험에 대한 인식까지는 필요하지 않고, 사람의 현존하는 선박에 대한 매몰행위의 실행을 개시하고 그로 인하여 선박을 매몰시켰다면, 매몰의 결과발생시 사람이 현존하지 않았거나 범인이 선박에 있는 사람을 안전하게 대피시켰다고 하더라도, 선박매몰죄의 기수로 보아야 할 것이지, 이를 미수로 볼 것은 아니다(대판 2000.6.23. 99도4688).

내에 있는 사람뿐만 아니라 그 부근에 있는 사람을 포함한다.[14) 교통방해 등의
행위와 상해 또는 사망의 결과 사이에 인과관계가 있어야 한다.

V. 과실교통방해죄

> **제189조 【과실, 업무상과실, 중과실】** ① 과실로 인하여 제185조 내지 제187조의 죄를 범한
> 자는 1천만원 이하의 벌금에 처한다.
> ② 업무상과실 또는 중대한 과실로 인하여 제185조 내지 제187조의 죄를 범한 자는 3
> 년 이하의 금고 또는 2천만원 이하의 벌금에 처한다.

제1항 과실교통방해죄는 '과실로 일반교통방해죄, 기차·선박 등 교통방해죄
또는 기차 등 전복죄를 범함으로써 성립하는 범죄'이다.

제2항은 업무상과실·중과실 교통방해죄는 '업무상과실 또는 중과실로 일반
교통방해죄, 기차·선박 등 교통방해죄 또는 기차 등 전복죄를 범함으로써 성립하
는 범죄'이다.

업무상과실에서 업무라 함은 교통왕래에 관여하는 일에 종사하는 자를 말
하며, 직접이든 간접이든 불문한다. 업무자는 주의의무가 있으며 주의 위무를 다
하지 못하여 발생한 결과에 대해서는 인과관계와 예견가능성 인정된 경우에는 처
벌한다.[15)

□ **과실교통방해죄 관련 판례**

〈업무상과실교통방해 인정〉

① 예인선 정기용선자의 현장소장 갑은 사고의 위험성이 높은 해상에서 철골 구조물
및 해상크레인 운반작업을 함에 있어 선적작업이 지연되어 정조시점에 맞추어 출항할
수 없게 되었음에도 출항을 연기하거나 대책을 강구하지 않고 예인선 선장 을의 출항
연기 건의를 묵살한 채 출항을 강행하도록 지시하였고, 예인선 선장 을은 갑의 지시에
따라 사고의 위험이 큰 시점에 출항하였고 해상에 강조류가 흐르고 있었음에도 무리하
게 예인선을 운항한 결과 무동력 부선에 적재된 철골 구조물이 해상에 추락하여 해상
의 선박교통을 방해한 사안에서, 갑과 을을 업무상과실일반교통방해죄의 공동정범으로
처벌한 사례(대판 2009.6.11. 2008도11784).
② 열차 기관사는 운전개시 전 차장으로부터 차장실의 공기압력계 점검결과 등을 무전으

---

14) 배종대, 663면; 오영근, 519면; 이재상, 541면; 임웅, 682면.

로 수신하는 등으로 열차의 제동장치 이상 유무를 확인하여야 할 업무상 주의의무가 있음에도 불구하고 이를 게을리 하였다 하여 업무상과실을 인정한 사례(대판 1991.11.12. 91도1278).

〈업무상과실교통방해 부정〉

기관사가 열차 운행중 사고지점 부근이 좌우 진동이 심하다는 다른 열차로부터의 연락이 있으니 주의 운전을 바란다는 무전만 받고 시속 약 85km로 운행하던 중 사고지점 약 50m 앞에서 궤도가 장출되어 있는 것을 발견하고 비상제동을 걸었으나 미치지 못하여 열차가 일부 탈선한 경우, 열차는 미리 지정된 속도로 진행하고 특별한 사정이 없는 한 마음대로 속력을 가감할 수 없는데, 육안으로 궤도장출을 발견하려면 상당히 가까이 가야만 가능하며 그 지점에 이르기 전에 시속 약 20 내지 30km로 감속하여야만 열차를 정지시킬수 있었던 점 및 위 사고는 기온의 급상승으로 인한 철로장출이 그 직접적인 원인이 된 점 등에 비추어 보면 이와 같은 상황에서 기관사에게 위 사고를 예상하고 충분히 감속하여 즉시 정차해야 할 주의의무가 있다고 할 수 없다(대판 1991.12.10. 91도2044).

---

15) 성수대교와 같은 교량이 그 수명을 유지하기 위하여는 건설업자의 완벽한 시공, 감독공무원들의 철저한 제작시공상의 감독 및 유지·관리를 담당하고 있는 공무원들의 철저한 유지·관리라는 조건이 합치되어야 하는 것이므로, 위 각 단계에서의 과실 그것만으로 붕괴원인이 되지 못한다고 하더라도, 그것이 합쳐지면 교량이 붕괴될 수 있다는 점은 쉽게 예상할 수 있고, 따라서 위 각 단계에 관여한 자는 전혀 과실이 없다거나 과실이 있다고 하여도 교량붕괴의 원인이 되지 않았다는 등의 특별한 사정이 있는 경우를 제외하고는 붕괴에 대한 공동책임을 면할 수 없다(대판 1997.11.28. 97도1740).

제 6 장

음용수에 관한 죄

제1절 서 설

Ⅰ. 의의, 보호법익

음용수에 관한 죄는 '일상음용에 공하는 정수 또는 수원에 독물 기타 건강에 해할 물건을 혼입하거나 수도 등의 시설을 손괴 기타 방법으로 불통하게 하여 공중의 건강과 음용수의 이용을 위태롭게 함으로써 성립하는 범죄'이다.

보호법익은 '공중의 건강'이며, 보호의 정도는 '추상적 위험범'이다.

Ⅱ. 음용수에 관한 죄의 구성요건의 체계

음용수에 관한 죄는 음용수사용방해죄(제192조 제1항)를 기본적 구성요건으로 하고 있다. 음용수유해물혼입죄(제192조 제2항)는 행위에 대해 불법이 가중된 유형이며, 수도음용수사용방해죄(제193조 제1항)는 객체로 인해 불법이 가중된 유형이고, 수도음용수유해물혼입죄(제193조 제2항)와 수도불통죄(제195조)는 개체와 방법으로 인해 불법이 가중된 유형이다. 결과적 가중범으로 음용수혼독치사상죄(제194조)가 있다. 음용수유해물혼입죄, 수도음용수유해물혼입죄와 수도불통죄의 미수범(제196조)과 예비·음모는 처벌한다(제197조).

Ⅲ. 특별법

환경범죄 등의 단속 및 가중처벌에 관한 법률 제3조에서 음용수에 관한 죄에 대해 가중처벌하고 있다.[1]

제2절 개별적 범죄 유형

Ⅰ. 음용수사용방해죄

> 제192조 【음용수의 사용방해】 ① 일상음용에 공하는 정수에 오물을 혼입하여 음용하지 못하게 한 자는 1년 이하의 징역 또는 500만원 이하의 벌금에 처한다.

1. 의의, 보호법익

본죄 '일상의 음용에 공하는 정수에 오물을 혼입하여 음용하지 못하게 함으로써 성립하는 범죄'이다. 보호법익은 '공중의 건강'이며, 보호의 정도는 '추상적 위험범'이다.

본죄는 2020. 12. 8. '제192조(먹는 물의 사용방해) ① 일상생활에서 먹는 물로

---

1) 환경범죄 등의 단속 및 가중처벌에 관한 법률 제3조(오염물질 불법배출의 가중처벌)
   ① 오염물질을 불법배출함으로써 사람의 생명이나 신체에 위해를 끼치거나 상수원을 오염 시킴으로써 먹는 물의 사용에 위험을 끼친 자는 3년 이상 15년 이하의 유기징역에 처한다.
   ② 제1항의 죄를 범하여 사람을 죽거나 다치게 한 자는 무기 또는 5년 이상의 유기징역에 처한다.
   ③ 오염물질을 불법배출한 자로서 다음 각 호의 어느 하나에 해당하거나 「물환경보전법」 제15조 제1항 제4호를 위반한 자로서 제3호에 해당하는 자는 1년 이상 7년 이하의 징역에 처한다.
   1. 농업, 축산업, 임업 또는 원예업에 이용되는 300제곱미터 이상의 토지를 해당 용도로 이용할 수 없게 한 자
   2. 바다, 하천, 호소(湖沼) 또는 지하수를 별표 1에서 정하는 규모 및 기준 이상으로 오염 시킨 자
   3. 어패류를 별표 2에서 정하는 규모 이상으로 집단폐사(集團斃死)에 이르게 한 자

사용되는 물에 오물을 넣어 먹는 물로 쓰지 못하게 한 자는 1년 이하의 징역 또는 500만원 이하의 벌금에 처한다'로 개정되었다(2021. 12. 9. 시행).

2. 객관적 구성요건

(1) 행위의 객체

행위의 객체는 '일상음용에 공하는 정수'이다.

'일상음용에 공하는 정수'란 불특정 또는 다수인이 일상적으로 계속적·반복적으로 마시는 깨끗한 물을 말한다. 따라서 특정인이 사용하거나 일시적인 음용인 경우에는 본죄가 성립하지 않는다. 또한, 음용할 수 있는 정수이어야 한다. 공업용수는 객체에서 제외된다.

(2) 실행 행위

실행 행위는 '오물을 혼입하거나 음용하지 못하게 하는 것'이다

'오물'이란 음용할 수 없을 정도로 오염된 물질을 말한다. 이때, 독물이나 유해물질은 본죄가 아닌 음용수유해물혼입죄로 가중처벌한다. '혼입'이란 정수에 오물을 넣는 것을 말한다. '음용하지 못하게'는 음용할 수 없을 정도로 오염이 되어 마실 수 없게 되는 것을 말한다.

3. 주관적 구성요건

본죄의 고의는 일상음용에 공하는 정수에 오물을 혼입하거나 음용하지 못하게 한다는 것에 대한 인식과 인용이 있어야 한다.

II. 음용수유해물혼입죄

제192조 【음용수의 사용방해】 전항의 음용수에 독물 기타 건강을 해할 물건을 혼입한 자는 10년 이하의 징역에 처한다.

본죄는 '일상음용에 공하는 정수에 독물 기타 건강에 유해한 물건을 혼입함으로써 성립하는 범죄'이다. 행위방법에 의해 불법이 가중된 유형이다.

행위의 객체는 '일상음용에 공하는 정수'이다. 제1항과 같다.

실행 행위는 '독물 기타 건강에 유해한 물건을 혼입하는 것'이다. '독물'이란

소량으로도 건강을 해할 수 있는 물질이다. 농약이나 염산 등이 해당한다. '건강에 유해한 물건'이란 독물을 제외한 건강을 해할 수 있는 물질을 말한다. 본죄의 미수범과 예비·음모는 처벌한다.

본죄는 2020. 12. 8. '제192조(먹는 물의 사용방해) ② 제1항의 먹는 물에 독물(毒物)이나 그 밖에 건강을 해하는 물질을 넣은 사람은 10년 이하의 징역에 처한다'로 개정되었다(2021. 12. 9. 시행).

Ⅲ. 수도음용수사용방해죄

> 제193조【수도음용수의 사용방해】① 수도에 의하여 공중의 음용에 공하는 정수 또는 그 수원에 오물을 혼입하여 음용하지 못하게 한 자는 1년 이상 10년 이하의 징역에 처한다.

1. 의의, 성격

본죄는 '수도에 의하여 공중의 음용에 공하는 정수 또는 그 수원에 오물을 혼입하여 음용하지 못하게 함으로써 성립하는 범죄'이다. 행위 객체로 인해 불법이 가중된 유형이다.

본죄는 2020. 12. 8. '제193조(수돗물의 사용방해) ① 수도(水道)를 통해 공중이 먹는 물로 사용하는 물 또는 그 수원(水原)에 오물을 넣어 먹는 물로 쓰지 못하게 한 자는 1년 이상 10년 이하의 징역에 처한다'로 개정되었다(2021. 12. 9. 시행).

2. 객관적 구성요건

(1) 행위의 객체

행위의 객체는 '수도에 의하여 공중의 음용에 공하는 정수 또는 그 수원'이다.

'수도'란 음용할 정수를 공급하기 위해 설치한 인공적 시설을 말한다. 자연적으로 흐르고 있는 수로는 수도라기보다는 수원에 가깝다. '공중의 음용에 공하는 정수'는 제192조에서 의미하는 일상생활에서의 음용보다는 더 많은 다수인이 사용하는 것을 말한다. '수원'이란 수도에 들어오기 이전 단계의 물을 말한다. 저수지나 정수장으로 흘러들어가는 물이 이에 해당한다.

(2) 실행 행위

실행 행위는 '오물을 혼입하여 음용하지 못하게 하는 것'이다. 제192조와 동일하다.

Ⅳ. 수도음용수유해물혼입죄

> **제193조【수도음용수의 사용방해】** 음용수 또는 수원에 독물 기타 건강을 해할 물건을 혼입한 자는 2년 이상의 유기징역에 처한다.

본죄는 '음용수 또는 수원에 독물 기타 건강을 해할 물건을 혼입함으로써 성립하는 범죄'이다. 행위객체와 방법으로 인해 불법이 가중된 유형이다. 미수범과 예비·음모는 처벌한다.

Ⅴ. 음용수혼독치사상죄

> **제194조【음용수혼독치사상】** 제192조 제2항 또는 제193조 제2항의 죄를 범하여 사람을 상해에 이르게 한 때에는 무기 또는 3년 이상의 징역에 처한다. 사망에 이르게 한 때에는 무기 또는 5년 이상의 징역에 처한다.

본죄는 '음용수유해물혼입죄 또는 수도음용수유해물혼입죄를 범하여 사람을 사상에 이르게 함으로써 성립하는 범죄'이다. 이는 음용수유해물혼입죄 또는 수도음용수유해물혼입죄의 결과적 가중범이다.

음용수혼독치상죄는 부진정결과적 가중범이고, 음용수혼독치사죄는 진정결과적 가중범이다.

본죄는 2020. 12. 8. '제194조(먹는 물 혼독치사상) 제192조 제2항 또는 제193조 제2항의 죄를 지어 사람을 상해에 이르게 한 경우에는 무기 또는 3년 이상의 징역에 처한다. 사망에 이르게 한 경우에는 무기 또는 5년 이상의 징역에 처한다'로 개정되었다(2021. 12. 9. 시행).

Ⅵ. 수도불통죄

> 제195조【수도불통】공중의 음용수를 공급하는 수도 기타 시설을 손괴 기타 방법으로 불통하게 한 자는 1년 이상 10년 이하의 징역에 처한다.

1. 의의, 성격

본죄는 '공중의 음용수를 공급하는 수도 기타 시설을 손괴 기타 방법으로 불통하게 함으로써 성립하는 범죄'이다. 행위객체와 방법으로 인해 불법이 가중된 유형이다. 미수범과 예비·음모는 처벌한다.

본죄는 2020. 12. 8. '제195조(수도불통) 공중이 먹는 물을 공급하는 수도 그 밖의 시설을 손괴하거나 그 밖의 방법으로 불통(不通)가해 한 자는 1년 이상 10년 이하의 징역에 처한다'로 개정되었다(2021. 12. 9. 시행).

2. 객관적 구성요건

(1) 행위의 객체

행위의 객체는 '공중의 음용수를 공급하는 수도 기타 시설'이다. 현실로 공중생활에 필요한 음용수를 공급하고 있는 시설인 이상 이를 불법하게 손괴하여서 수도를 불통하게 한 때에는 본죄가 성립한다. 이때, 절차에 의하지 않은 임의로 가설한 수도라고 상관없다.[2]

(2) 실행 행위

실행 행위는 '손괴하거나 그 밖의 방법으로 불통하게 하는 것'이다. '불통'이란 손괴 이외 방법으로, 전원을 차단하거나 급수를 단절하는 행위 등을 이에 해당한다. 손괴 등의 행위를 할 때 실행의 착수가 인정되며, 불통이라는 결과가 발생할 때 기수가 된다. 따라서, 행위를 하였으나 종료를 하지 못한 경우와 행위를 종료하였는데 결과가 발생하지 않은 경우 또는 행위와 결과발생 사이에 인과관계가 인정되지 않은 경우에는 미수범이 성립한다.

□ 수도불통 관련 판례

① 사설수도를 설치한 시장 번영회가 수도요금을 체납한 회원에 대하여 사전 경고까지

---

2) 대판 1957.2.1. 4289형상317.

하고 한 단수행위에는 위법성이 있다고 볼 수 없다(대판 1977.11.22. 77도103).
② 사설특수가입수도시설은 피고인이 관계당국으로부터 그 명의 설치허가를 받아 사재로써 시의 상수도관에다 특수가압간선을 시설한 것으로, 그 시설자인 피고인이 불법이용자에 대한 단수조치로서 급수관을 발굴 절단하였다 하여도 수도불통죄에 해당하는 행위라고 할 수 없다(대판 1971.1.26. 70도2654).

3. 주관적 구성요건

본죄의 고의는 공중의 음용수를 공급하는 수도 기타 시설을 손괴 기타 방법으로 불통하게 한다는 인식과 의사가 있어야 한다.

제 7 장

아편에 관한 죄

제1절 서 설

Ⅰ. 의의, 보호법익

아편에 관한 죄란 '아편을 흡식하거나 아편 또는 아편흡식기구를 제조·수입·판매·소지하거나 아편흡식의 장소를 제공하여 이익을 취함으로써 성립하는 범죄'이다.

보호법익은 '공중의 건강'이며, 보호의 정도는 '추상적 위험범'이다.

Ⅱ. 아편에 관한 죄의 구성요건의 체계

아편에 관한 죄는 아편흡식죄(제201조 제1항)를 기본적 구성요건으로 하고 있다. 아편흡식장소제공죄(제201조 제2항)는 방조유형으로 독립적 구성요건이다. 아편 등 제조·수입·판매 또는 판매목적소지죄(제198조), 아편흡식기 제조·수입·판매 또는 판매목적소지죄(제199조)는 불법이 가중된 유형이며, 세관공무원의 아편 등 수입·수입허용죄(제200조), 상습범(제203조)은 책임이 가중된 유형이다. 단순아편소지죄(제205조)는 판매목적아편소지죄에 대해 감경유형이다. 아편소지죄를 제외한 유형에 대해서는 미수범(제202조)을 처벌한다.

Ⅲ. 특별법

아편에 관한 죄에 대해서는 '마약류관리에 관한 법률'이 우선 적용된다. 현실적으로 마약류에 대해서 형법이 적용되는 경우는 거의 없다. 또한, 마약류관리에 관한 법률 제58조, 제59조, 제60조 중 마약과 관련된 죄를 범한 사람에 대해서 가중처벌하고 있다.

제2절 개별적 범죄 유형

Ⅰ. 아편 등 흡식죄

> 제201조【아편흡식 등, 동장소제공】① 아편을 흡식하거나 몰핀을 주사한 자는 5년 이하의 징역에 처한다.

1. 의의, 보호법익

본죄는 '아편을 흡식하거나 몰핀을 주사함으로써 성립하는 범죄'이다. 아편에 관한 죄의 기본유형이다.

보호법익은 '공중의 건강'이며, 보호의 정도는 '추상적 위험범'이다. 미수범은 처벌한다.

2. 객관적 구성요건

(1) 행위의 객체

행위의 객체는 '아편 또는 몰핀'이다.

'아편'이란 양귀비의 액즙이 응결된 것과 이를 가공한 것, 단 의약품으로 가공한 것을 제외하며, '몰핀'은 양귀비, 아편 및 코카엽에서 추출되는 알카로이드로서 '마약류 관리에 관한 법률' 시행령 별표1에서 규정한 것이다.[1]

---

1) 마약류관리에 관한 법률 제2조.

(2) 실행 행위

실행 행위는 '아편의 흡식하거나 몰핀을 주사하는 것'이다.

'흡식'이란 코로 들이마시거나 입으로 먹는 것을 말한다. '주사'란 주사기를 이용하여 신체 혈관이나 근육에 주입하는 것을 말한다. 치료의 목적으로 의사의 적법한 처방을 받고 흡식한 경우에는 본죄가 성립하지 않는다.

(3) 실행의 착수, 기수시기

실행의 착수 시기는 흡식 또는 주사를 놓기 시작할 때이고, 기수시기는 흡식하거나 주사 주입이 종료된 시점이다.

3. 주관적 구성요건

본죄의 고의는 아편을 흡식하거나 몰핀을 주사한다는 인식과 인용이 있어야 한다. 목적은 상관없다.

4. 몰수, 추징

본죄에 제공한 아편, 몰핀이나 그 화합물 또는 아편흡식기구는 몰수한다. 그를 몰수하기 불능한 때에는 그 가액을 추징한다(제206조).

Ⅱ. 아편흡식장소제공죄

> **제201조【아편흡식 등, 동장소제공】** ② 아편흡식 또는 몰핀주사의 장소를 제공하여 이익을 취한 자도 전항의 형과 같다.

본죄는 '아편흡식 또는 몰핀주사의 장소를 제공하여 이익을 취득함으로써 성립하는 범죄'이다. 미수범은 처벌한다.

'장소제공'은 아편을 흡식하거나 몰핀을 주사할 수 있는 장소를 마련해주는 것이다. 장소제공자는 이에 대한 대가를 받고 이익을 취득해야 한다. 이익은 재산상 이익에 한하지 않고 장소제공과 관련된 일체의 이익을 말한다.[2]

---

[2] 타인을 과거에 3년간 사역한 관계로 그 노무에 대한 대가적인 의미로 그 타인의 아편판매를 위한 장소를 제공한 경우는 이익을 취득한 때에 해당한다(대판 1960.4.6. 4292형상844).

Ⅲ. 아편 등 제조·수입·판매·판매목적 소지죄

> 제198조【아편 등의 제조 등】아편, 몰핀 또는 그 화합물을 제조, 수입 또는 판매하거나
> 판매할 목적으로 소지한 자는 10년 이하의 징역에 처한다.

1. 의의

본죄는 '아편, 몰핀 또는 그 화합물을 제조, 수입 또는 판매하거나 판매할 목적으로 소지함으로써 성립하는 범죄'이다. 미수범은 처벌한다.

2. 구성요건

(1) 행위의 객체

행위의 객체는 '아편, 몰핀 또는 그 화합물'이다.

(2) 실행 행위

실행 행위는 '제조, 수입 또는 판매하거나 판매할 목적으로 소지하는 것'이다.

'제조'란 아편이나 몰핀 또는 그 화합물을 만드는 것을 말하고, '수입'이란 국외에서 국내로 반입하는 것이며, '판매'란 상대방에게 유상으로 양도하는 것을 말한다. '소지'는 아편 등을 자신의 사실상의 지배하에 두는 것으로 말하며, 소지하게 된 방법은 불문한다. 또한 소지는 판매할 목적임으로 부진정목적범이다. 판매목적이 아닌 단순소지는 본죄가 아닌 단순소지죄가 적용된다.

(3) 실행의 착수·기수시기

본죄의 실행의 착수는 제조, 수입 또는 판매, 소지행위를 할 때이다. 기수시기는 제조의 경우에는 아편이나 그 화합물이 생성되었을 때이고, 판매의 경우에는 아편 등을 양도하고 그 대가를 취득했을 때, 소지의 경우에는 아편 등을 사실상의 지배하에 두었을 때이다. 수입은 국내로 반입되었을 때이다.

Ⅳ. 아편흡식기 제조·수입·판매·판매목적 소지죄

> 제199조【아편흡식기의 제조 등】아편을 흡식하는 기구를 제조, 수입 또는 판매하거나 판매할 목적으로 소지한 자는 5년 이하의 징역에 처한다.

본죄는 '아편을 흡식하는 기구를 제조, 수입 또는 판매하거나 판매할 목적으로 소지함으로써 성립하는 범죄'이다.

'아편흡식기'는 아편을 흡식하는데 사용하기 위해 제작된 기구를 말한다. 실행행위는 제198조와 동일하다.

Ⅴ. 세관공무원의 아편 등 수입·수입허용죄

> **제200조【세관공무원의 아편 등의 수입】** 세관의 공무원이 아편, 몰핀이나 그 화합물 또는 아편흡식기구를 수입하거나 그 수입을 허용한 때에는 1년 이상의 유기징역에 처한다.

1. 의의

본죄는 '세관의 공무원이 아편, 몰핀이나 그 화합물 또는 아편흡식기구를 수입하거나 그 수입을 허용함으로써 성립하는 범죄'이다. 신분으로 인해 책임이 가중되는 유형이다. 미수범은 처벌한다.

2. 구성요건

행위의 주체는 '세관공무원'이다. 세관공무원은 세관에서 수입사무를 담당하는 공무원을 말한다. 실행 행위는 '수입하거나 수입을 허용하는 것'으로, 이는 작위가 아닌 부작위로도 가능하다.

3. 공범

본죄는 총칙상의 공범과 신분에 관한 규정이 적용된다.

Ⅵ. 상습범

> **제203조【상습범】** 상습으로 전5조의 죄를 범한 때에는 각 조에 정한 형의 2분의 1까지 가중한다.

본죄는 상습으로 인해 책임이 가중되는 구성요건 유형이다.

Ⅶ. 아편 등 소지죄

> 제205조【아편 등의 소지】아편, 몰핀이나 그 화합물 또는 아편흡식기구를 소지한 자는
> 1년 이하의 징역 또는 500만원 이하의 벌금에 처한다.

본죄는 '아편, 몰핀이나 그 화합물 또는 아편흡식기구를 소지함으로써 성립하는 범죄'이다. 본죄에서 소지는 판매 목적인 아닌 경우에만 해당한다. 예비행위 성격을 가지고 있으며 판매목적아편소지죄에 대해 감경된 유형이다.

제 8 장

통화에 관한 죄

제1절 서 설

Ⅰ. 의의, 성격

통화에 관한 죄는 '행사할 목적으로 통화를 위조·변조하거나, 위조·변조한 통화를 행사, 수입, 수출, 취득하거나, 취득 후에 위조·변조 통화임을 알고 행사하거나, 통화유사물을 제조함으로써 성립하는 범죄'이다.

보호법익은 '통화에 대한 공공의 신용과 거래의 안전'이며, 보호의 정도는 '추상적 위험범'이다.

Ⅱ. 통화에 관한 죄의 구성요건의 체계

통화에 관한 죄는 내국통화위조·변조죄(제207조 제1항)를 기본적 구성요건으로 하고 있다. 내국유통외국통화위조·변조죄(제207조 제2항), 외국통용 외국통화위조·변조죄(제207조 제3항)는 불법이 감경된 유형이다. 행사죄에 있어서 위조·변조통화행사죄(제207조 제4항)는 기본유형이고, 위조통화취득후 지정행사죄(제201조)는 책임감경유형이다. 그 외 통화유사물제조 등 죄(제211조)로 통화유사물을 제조·수출입·판매하는 행위를 처벌하고 있다.

위조통화취득후 지정행사죄를 제외한 통화에 관한 죄의 미수범을 처벌하고 (제212조), 내·외국통화위조·변조죄에 대한 예비·음모는 처벌한다. 단, 실행에 착수 전에 자수한 때에는 형을 감경 또는 면제한다(제213조).

제2절 개별적 범죄 유형

Ⅰ. 내국통화위조·변조죄

> **제207조【통화의 위조 등】** ① 행사할 목적으로 통용하는 대한민국의 화폐, 지폐 또는 은행권을 위조 또는 변조한 자는 무기 또는 2년 이상의 징역에 처한다.

1. 의의, 보호법익

본죄는 '행사할 목적으로 통용하는 대한민국의 화폐, 지폐 또는 은행권을 위조 또는 변조함으로써 성립하는 범죄'이다. 보호법익은 '통화에 대한 공공의 신용과 거래의 안전'이며, 보호의 정도는 '추상적 위험범'이다. 행사할 목적을 요하는 진정목적범이다. 미수범과 예비·음모는 처벌한다.

2. 객관적 구성요건

(1) 행위의 객체

본죄의 객체는 '통용하는 대한민국의 화폐, 지폐 또는 은행권'이다.

(가) 통화

'통화'란 화폐, 지폐 또는 은행권을 총칭하는 것으로, 유통화폐(流通貨幣)의 줄임말이다. 국가기관에서 발행권자에 의해 금액이 표시된 지불수단의 매개물로서 법률상 강제통용력이 부여된 것을 말한다.

'화폐'란 거래를 원활히 하는데 쓰이는 매개물로써, 금속화폐인 경화(硬貨)를 말하는데, 대한민국은 주화를 사용한다. '지폐'란 화폐를 대체하는 증권으로서 발행권자가 발행한 것을 말한다. '은행권'은 일정한 화폐액을 표기한 지권으로 일반적 유통수단으로서 법률상 발행권이 인정된 은행에 의해 발행된 것을 말한다.

대한민국은 한국은행만이 주화와 은행권를 발행할 수 있으며, 한국은행만이 화폐의 발행권을 가진다.[1]

(나) 통용

통용한다는 것은 사실상 사용되고 있다는 뜻의 '유통'[2]과는 다르게, 법률에 의하여 강제통용력이 부여된 것을 의미한다. 예컨대, 고화(古貨)나 폐화(廢貨)는 유통은 될지언정 통용되지 않기 때문에 통화로 볼 수 없다.

(2) 실행 행위

실행 행위는 '위조 또는 변조'이다.

(가) 위조

'위조'란 통화 발행권자가 아닌 자가 통화의 모양과 같은 외관을 가진 물건을 만드는 것을 말하는데, 이 방법에는 제한이 없다. 따라서 복사 또는 인쇄를 하거나 수작업으로 만드는 것도 가능하다. 위조는 일반인으로 하여금 진정통화로 오신케 할 정도에 이른 것이면 족하고 그 위조의 정도가 반드시 진물에 흡사하여야 한다거나 누구든지 쉽게 그 진부를 식별하기가 불가능한 정도의 것일 필요는 없다.[3] 위조가 성립하기 위해서는 위조하려는 진화(眞貨)가 있어야 한다.[4] 하지만 통화발행이 예정된 경우에는 진화로 오인할 수 있는 위화(僞貨)가 가능하기 때문에 통화위조죄가 가능하다(통설).

---

[1] 한국은행법 제47조(화폐의 발행) 화폐의 발행권은 한국은행만이 가진다. 제48조(한국은행권의 통용) 한국은행이 발행한 한국은행권은 법화로서 모든 거래에 무제한 통용된다. 제53조(주화의 발행) 제1항 한국은행은 주화를 발행할 수 있다.

[2] 형법 제207조 제2항 소정의 내국에서 '유통하는'이란, 같은 조 제1항, 제3항 소정의 '통용하는'과 달리 강제통용력이 없이 사실상 거래 대가의 지급수단이 되고 있는 상태를 가리킨다(대판 2003.1.10. 2002도3340).

[3] 대판 1985.4.23. 85도570.

[4] 미국에서 발행된 적이 없이 단지 여러 종류의 관광용 기념상품으로 제조, 판매되고 있는 미합중국 100만 달러 지폐와 과거에 발행되어 은행 사이에서 유통되다가 현재는 발행되지 않고 있으나 화폐수집가나 재벌들이 이를 보유하여 오고 있는 미합중국 10만 달러 지폐가 막연히 일반인의 관점에서 미합중국에서 강제통용력을 가졌다고 오인할 수 있다는 이유로 형법 제207조 제3항의 외국에서 통용하는 지폐에 포함된다고 판단한 원심판결을 파기한 사례(대판 2004.5.14. 2003도3487).

☐ 통화변조 관련 판례

〈변조가 되지 않은 경우〉

① 피고인들이 한국은행발생 500원짜리 주화의 표면 일부를 깎아내어 손상을 가하였지만 그 크기와 모양 및 대부분의 문양이 그대로 남아 있어, 이로써 기존의 500원짜리 주화의 명목가치나 실질가치가 변경되었다거나, 객관적으로 보아 일반인으로 하여금 일본국의 500엔짜리 주화로 오신케 할 정도의 새로운 화폐를 만들어 낸 것이라고 볼 수 없고, 일본국의 자동판매기 등이 위와 같이 가공된 주화를 일본국의 500엔짜리 주화로 오인한다는 사정만을 들어 그 명목가치가 일본국의 500엔으로 변경되었다거나 일반인으로 하여금 일본국의 500엔짜리 주화로 오신케 할 정도에 이르렀다고 볼 수도 없다(대판 2002.1.11. 2000도3950).

② 진정한 통화인 미화 1달러 및 2달러 지폐의 발행연도, 발행번호, 미국 재무부를 상징하는 문양, 재무부장관의 사인, 일부 색상을 고친 경우, 객관적으로 보아 일반인으로 하여금 기존 통화와 다른 진정한 화폐로 오신하게 할 정도의 새로운 물건을 만들어 낸 것으로는 보기는 어렵다(대판 2004.3.26. 2003도5640).

(나) 변조

'변조'란 진정한 통화를 가공하여 진화의 금액이나 가치의 변화를 주는 것을 말한다. 1천원권을 가공하여 1만원권으로 만드는 것이 그 예이다. 변조는 진화를 가공하는 것이기 때문에 진화를 가공하지 않거나 설령 진화를 가공하였다고 하더라도 그 외관이나 동일성이 완전히 상실하게 된다면 이는 변조가 아니라 위조에 해당할 수 있다. 변조의 정도는 위조와 마찬가지로 일반인으로 하여금 진정통화로 오신케 할 정도에 이른 것이면 족하다.

☐ 통화위조 관련 판례

〈위조가 되지 않은 경우〉

① 피고인들이 한국은행발행 일만원권 지폐의 앞, 뒷면을 전자복사기로 복사하고 비슷한 크기로 잘라 진정한 지폐와 유사한 형태로 만들어낸 사실은 인정되나, 증거에 의하면 그 복사상태가 정밀하지 못하고 진정한 통화의 색체를 갖추지 못한 흑백으로만 되어 있어 이는 객관적으로 진정한 것으로 오인할 정도에 이르지 못한 것에 불과하며 실제로 공소외 김○○(행사의 상대방)은 야간에 택시 안에서도 이를 진정한 것으로 오인한바 없으니 피고인들이 위조행사하였다는 위조통화는 통화위조죄와 그 행사죄의 객체가 될 수 없어 피고인들의 소위는 통화위조죄와 위조통화행사죄를 구성하지 않는다(대

판 1986.3.25. 86도255).

② 한국은행 10,000원권과 같이 전자복사기로 복사하여 그 크기와 모양 및 앞뒤로 복사되어 있는 점은 진정한 통화와 유사하나 그 복사된 정도가 조잡하여 정밀하지 못하고 진정한 통화의 색채를 갖추지 못하고 흑백으로만 되어 있어 객관적으로 이를 진정한 것으로 오인할 염려가 전혀 없는 정도의 것인 경우에는 위조통화행사죄의 객체가 될 수 없다(대판 1985.4.23. 85도570).

③ 한국은행권 10원짜리에 흰 약칠을 하여 100원짜리와 유사한 색을 갖게 하였다면 일반인으로 하여금 진정한 통화로 오신케 할 정도의 새로운 화폐를 만들어 낸 것이라고 볼 수 없다(대판 1979.8.28. 79도639).

(3) 기수시기

본죄의 기수는 일반인들이 진정한 통화라고 오인할 정도의 외관을 갖춘 경우에 성립한다.

3. 주관적 구성요건

본죄는 고의 이외 행사할 목적이 있어야 하는 진정목적범이다. 이때, '행사할 목적'이란 유가증권위조의 경우와 달리, 위조, 변조한 통화를 진정한 통화로서 유통에 놓겠다는 목적을 말한다.5) 자신뿐만 아니라 타인이 행사할 수 있도록 할 목적으로 하여도 상관없다.

Ⅱ. 내국유통 외국통화위조 · 변조죄

> 제207조【통화의 위조 등】② 행사할 목적으로 내국에서 유통하는 외국의 화폐, 지폐 또는 은행권을 위조 또는 변조한 자는 1년 이상의 유기징역에 처한다.

본죄는 '행사할 목적으로 내국에서 유통하는 외국의 화폐, 지폐 또는 은행권을 위조 또는 변조함으로써 성립하는 범죄'이다. 진정목적범이며, 미수범과 예비 · 음모는 처벌한다.

---

5) 형법 제207조에서 정한 '행사할 목적'이란 유가증권위조의 경우와 달리 위조 · 변조한 통화를 진정한 통화로서 유통에 놓겠다는 목적을 말하므로, 자신의 신용력을 증명하기 위하여 타인에게 보일 목적으로 통화를 위조한 경우에는 행사할 목적이 있다고 할 수 없다(대판 2012.3.29. 2011도7704).

행위의 객체는 '내국에서 유통하는 외국의 통화'이다. '내국'은 대한민국의 영력을 의미하므로 북한도 포함한다.6) '유통'은 통용과는 달리 강제통용력이 없이 사실상 거래 대가의 지급수단이 되고 있는 상태를 말한다. 외국의 통화는 본국에서 강제통용력이 없는 것이라도 상관없다.7)

□ 내국유통 외국통화 관련 판례

스위스 화폐로서 1998년까지 통용되었으나 현재는 통용되지 않고 다만 스위스 은행에서 신권과의 교환이 가능한 진폐가 형법 제207조 제2항 소정의 내국에서 유통되는 외국의 화폐에 해당하지 아니한다(대판 2003.1.10. 2002도3340).

Ⅲ. 외국통용 외국통화위조 · 변조죄

제207조【통화의 위조 등】③ 행사할 목적으로 외국에서 통용하는 외국의 화폐, 지폐 또는 은행권을 위조 또는 변조한 자는 10년 이하의 징역에 처한다.

본죄는 '행사할 목적으로 외국에서 통용하는 외국의 화폐, 지폐 또는 은행권을 위조 또는 변조 함으로써 성립하는 범죄'이다. 진정목적범이며, 미수범과 예비 · 음모는 처벌한다.

행위의 객체는 '외국에서 통용하는 외국의 통화'이다. '통용'이므로 강제통용력이 인정되는 것을 의미한다. 따라서, 강제통용력이 없는 것은 객체에 해당하지 않는다. 이때, 외국통화는 대한민국에서 유통되지 않아도 본국에서 통용되는 것이라면 본죄에 해당한다.

Ⅳ. 위조 · 변조통화행사 등 죄

제207조【통화의 위조 등】④ 위조 또는 변조한 전 3항 기재의 통화를 행사하거나 행사할 목적으로 수입 또는 수출한 자는 그 위조 또는 변조의 각 죄에 정한 형에 처한다.

---

6) 대결 1949.2.22. 4281형상5.
7) 이재상, 549면; 임웅, 689면.

1. 의의, 성격

본죄는 '위조 또는 변조한 통화를 행사하거나 행사할 목적으로 수입 또는 수출함으로써 성립하는 범죄'이다. 미수범은 처벌한다.

2. 객관적 구성요건

(1) 행위의 객체

행위의 객체는 '위조·변조한 내국통화, 내국유통 외국통화, 외국통용 외국통화'이다.

(2) 실행 행위

실행 행위는 '행사하거나 수입 또는 수출'하는 것이다.

(가) 행사

'행사'란 위조·변조된 통화를 진화처럼 유통할 수 있도록 하는 것이다. 행사의 방법에는 제한이 없다. 직접 거래를 하면서 위조·변조된 통화를 대가로 지불하거나 위화임을 모르는 제3자를 이용하여 행사하도록 하여도 본죄의 간접정범이 성립한다. 사람과의 거래가 아닌 자동판매기 등의 위화를 투입하는 것도 행사에 해당한다. 위조통화임을 알고 있는 자에게 그 위조통화를 교부한 경우에 피교부자가 이를 유통시키리라는 것을 예상 내지 인식하면서 교부하였다면, 그 교부행위 자체가 통화에 대한 공공의 신용 또는 거래의 안전을 해할 위험이 있으므로 본죄가 성립한다.[8] 행사를 함에 있어 단순히 보관을 하고 있거나 타인에게 보여주는 것만으로는 유통하였다고 볼 수 없기에 본죄가 성립하지 않는다.

(나) 수입 또는 수출

'수입'은 외국에서 국내로 반입하는 것이고, '수출'은 국내에서 외국으로 반출하는 것을 말한다.

(3) 기수시기

'행사'에 있어서의 기수는 실질적으로 타인에게 대가로 위화를 지불함으로써 기수가 되며, '수입'의 경우에는 양륙시, '수출'의 경우에는 이륙시 기수가 된다(다수설).

---

8) 대판 2003.1.10. 2002도3340.

3. 주관적 구성요건

위조·변조된 통화를 행사한다는 고의가 필요하며, 수입·수출의 경우에는 고의 이외 행사의 목적이 있어야 하는 진정목적범이다.

4. 죄수 및 다른 죄와의 관계

① 위조통화를 한번에 사용하는 경우에는 위조통화행사죄의 단순1죄, 여러 번 나누어 사용한 경우에는 위조통화행사죄의 실체적 경합범이 성립한다.

② 위조통화를 행사하여 재물을 편취한 경우, 판례는 "통화위조죄에 관한 규정은 공공의 거래상의 신용 및 안전을 보호하는 공공적인 법익을 보호함을 목적으로 하고 있고, 사기죄는 개인의 재산법익에 대한 죄이어서 양죄는 그 보호법익을 달리하고 있으므로 위조통화를 행사하여 재물을 불법영득한 때에는 위조통화행사죄와 사기죄의 양죄가 성립한다.[9]

V. 위조·변조통화취득죄

> 제208조【위조통화의 취득】행사할 목적으로 위조 또는 변조한 제207조의 기재의 통화를 취득한 자는 5년 이하의 징역 또는 1천500만원 이하의 벌금에 처한다.

1. 의의, 성격

본죄는 '행사할 목적으로 위조 또는 변조한 통화를 취득함으로써 성립하는 범죄'이다. 미수범은 처벌한다.

2. 객관적 구성요건

(1) 행위의 객체

행위의 객체는 '위조·변조한 내국통화, 내국유통 외국통화, 외국통용 외국통화'이다.

(2) 실행 행위

실행 행위는 '취득'이다.

---

9) 대판 1979.7.10. 79도840.

'취득'이란 자기의 것으로 삼아 가지는 행위를 말한다. 즉 점유를 자기로 하는 일체의 행위이다. 취득의 방법에는 제한이 없음으로 적법한 방법 이외 절취나 강취 등의 불법한 취득도 상관없다. 자기가 보관하는 타인의 위조통화를 행사의 목적으로 횡령한 경우에는 점유의 이전이 없으므로 취득에 해당하지 않는다(다수설).[10]

3. 주관적 구성요건

본죄는 고의 이외 행사할 목적이 있어야 하는 진정목적범이다.

4. 죄수 및 다른 죄와의 관계

① 위조통화임을 알면서 행사의 목적으로 취득한 후 이를 행사한 경우에는, 위조통화취득죄와 위조통화행사죄의 실체적 경합이 성립한다(다수설).

② 위조통화임을 모르고 취득한 후 이를 알고 행사한 경우에는, 위조통화취득 후 지정행사죄가 성립한다.

③ 위조통화를 행사할 목적으로 절취한 경우에는, 위조통화는 금제품으로 재산죄의 객체가 되지 않아 위조통화취득죄만이 성립한다는 견해와 위조통화를 국가의 소유로 인정, 절도죄의 객체가 되므로 위조통화취득죄와 절도죄의 상상적 경합이 성립한다는 견해가 있다.

VI. 위조통화취득후 지정행사죄

> **제210조【위조통화취득 후의 지정행사】** 제207조 기재의 통화를 취득한 후 그 정을 알고 행사한 자는 2년 이하의 징역 또는 500만원 이하의 벌금에 처한다.

1. 의의, 성격

본죄는 '위조·변조한 통화임을 모르고 취득한 후에 그 정을 알고 행사함으로써 성립하는 범죄'이다. 본죄는 독립적 구성요건으로 책임이 감경되는 유형이다.

---

10) 박상기, 503면; 이재상, 553면; 임웅, 693면.

2. 객관적 구성요건

(1) 행위의 객체

행위의 객체는 '위조·변조한 내국통화, 내국유통 외국통화, 외국통용 외국통화'이다.

(2) 실행 행위

실행 행위는 '위조·변조된 통화인지는 모르고 취득한 후 행사하는 것'이다.

취득시에는 위조·변조된 통화임을 알지 못하였어야 하기에 처음부터 위조·변조된 통화임을 알고 행사할 목적으로 취득하였다면 본죄가 성립하는 것이 아니라 위조·변조통화취득죄가 성립한다.

'행사'는 위조·변조통화를 진정한 것처럼 상대방에게 유통시키는 것을 말한다. 본죄는 상대방을 기망하는 행위로 인해 사기죄와 상상적 경합관계에 있다.

3. 주관적 구성요건

본죄의 고의는 위조·변조된 통화임을 알면서도 이를 행사한다는 인식과 인용이 있어야 한다.

Ⅶ. 통화유사물제조 등 죄

제211조【통화유사물제조 등】 ① 판매할 목적으로 내국 또는 외국에서 통용하거나 유통하는 화폐, 지폐 또는 은행권에 유사한 물건을 제조, 수입 또는 수출한 자는 3년 이하의 징역 또는 700만원 이하의 벌금에 처한다.
② 전항의 물건을 판매한 자도 전항의 형과 같다.

---

1. 의의, 성격

본죄는 '판매할 목적으로 내국 또는 외국에서 통용하거나 유통하는 화폐, 지폐 또는 은행권에 유사한 물건을 제조, 수입 또는 수출하거나, 통화유사물을 판매함으로써 성립하는 범죄'이다. 판매할 목적을 필요로 하는 진정목적범이다. 미수범은 처벌한다.

2. 객관적 구성요건

(1) 행위의 객체

행위의 객체는 '내국 또는 외국에서 통용하거나 유통하는 화폐, 지폐 또는 은행권에 유사한 물건'이다. 즉, 통화유사물을 말한다. '통화유사물'이란 통화로 오인할 정도의 유사한 외관을 갖추었으나 일반인으로 하여금 진화로 오인할 정도라고 할 수 없는 모조품을 말한다.

(2) 실행 행위

실행 행위는 '제조, 수입 또는 수출, 판매'이다. '제조'는 발행권자가 아닌 자가 통화유사물을 만드는 것을 말하고, '판매'는 불특정 다수인에게 유상으로 양도하는 것을 말한다.

3. 주관적 구성요건

본죄의 고의는 판매할 목적으로 통화유사물을 제조, 수입 또는 수출한다는 인식과 인용이 있어야 한다.

Ⅷ. 통화위조·변조의 예비·음모죄

> 제213조【예비, 음모】제207조 제1항 내지 제3항의 죄를 범할 목적으로 예비 또는 음모한 자는 5년 이하의 징역에 처한다. 단, 그 목적한 죄의 실행에 이르기 전에 자수한 때에는 그 형을 감경 또는 면제한다.

본죄는 '내국통화위조·변조죄, 내국유통 외국통화위조·변조죄, 외국통용 외국통화위조·변조죄를 범할 목적으로 예비·음모함으로써 성립하는 범죄'이다.

'예비'란 범죄를 실현하기 위한 외부적 준비행위로 아직 실행에 착수하기 이전의 단계를 말하며, '음모'란 2인 이상이 범죄를 실현하기 위해 모의하는 행위를 말한다. 본죄는 목적범으로 본죄의 고의 이외 통화의 위조·변조할 목적이 있어야 한다.

목적한 죄의 실행에 이르기 전에 자수한 때에는 필요적으로 감면한다.

제9장

유가증권·우표와 인지에 관한 죄

제1절 서 설

Ⅰ. 의의, 보호법익

유가증권에 관한 죄는 '행사할 목적으로 유가증권을 위조·변조·허위작성하거나, 위조·변조·허위작성한 유가증권을 행사·수입·수출함으로써 성립하는 범죄'이다. 유가증권은 유통성에 있어 통화와 유사하나 유통성이 적어 통화에 관한 죄에 비해 형벌이 경하게 규정되어 있다.

보호법익은 '유가증권·우표에 대한 공공의 신용 및 거래의 안전'이고, 보호의 정도는 '추상적 위험범'이다.

Ⅱ. 유가증권·우표와 인지에 관한 죄의 구성요건의 체계

유가증권에 관한 죄는 유가증권위조·변조죄(제214조 제1항), 기재의 위조·변조죄(제214조 제2항), 자격모용에 의한 유가증권작성죄(제215조), 허위유가증권작성 등의 죄(제216조), 위조유가증권 등의 행사죄(제217조)로 구성되어 있으며, 각 죄의 미수범(제223조)과 제214조와 제215조의 예비·음모죄(제224조)는 처벌한다.

우표와 인지에 관한 죄는 우표·인지의 위조·변조죄(제218조 제1항), 위조·변조된 우표·인지의 행사·수입·수출죄(제218조 제2항), 위조·변조된 우표·인지의 취득죄(제219조), 우표·인지의 소인말소죄(제221조), 우표·인지유사물제조죄(제222조)로 구성되어 있으며, 우표·인지의 소인말소죄를 제외한 각 범죄에 대한 미수범(제223조)과 우표·인지의 위조·변조죄의 예비·음모죄(제224조)는 처벌한다.

Ⅲ. 특별법

유가증권 중 '수표'에 대해서는 부정수표단속법 제5조가 적용된다.[1]

제2절 개별적 범죄 유형

Ⅰ. 유가증권위조·변조죄

> **제214조【유가증권의 위조 등】** ① 행사할 목적으로 대한민국 또는 외국의 공채증서 기타 유가증권을 위조 또는 변조한 자는 10년 이하의 징역에 처한다.

---

1) 제2조(부정수표 발행인의 형사책임) ① 다음 각 호의 어느 하나에 해당하는 부정수표를 발행하거나 작성한 자는 5년 이하의 징역 또는 수표금액의 10배 이하의 벌금에 처한다.
   1. 가공인물의 명의로 발행한 수표
   2. 금융기관(우체국을 포함한다. 이하 같다)과의 수표계약 없이 발행하거나 금융기관으로부터 거래정지처분을 받은 후에 발행한 수표
   3. 금융기관에 등록된 것과 다른 서명 또는 기명날인으로 발행한 수표
   ② 수표를 발행하거나 작성한 자가 수표를 발행한 후에 예금부족, 거래정지처분이나 수표계약의 해제 또는 해지로 인하여 제시기일에 지급되지 아니하게 한 경우에도 제1항과 같다.
   ③ 과실로 제1항과 제2항의 죄를 범한 자는 3년 이하의 금고 또는 수표금액의 5배 이하의 벌금에 처한다.
   ④ 제2항과 제3항의 죄는 수표를 발행하거나 작성한 자가 그 수표를 회수한 경우 또는 회수하지 못하였더라도 수표 소지인의 명시적 의사에 반하는 경우 공소를 제기할 수 없다.
   제5조(위조·변조자의 형사책임) 수표를 위조하거나 변조한 자는 1년 이상의 유기징역과 수표금액의 10배 이하의 벌금에 처한다.

1. 의의, 보호법익

본죄는 '행사할 목적으로 대한민국 또는 외국의 공채증서 기타 유가증권을 위조 또는 변조함으로써 성립하는 범죄'이다. 보호법익은 '유가증권에 대한 공공의 신용 및 거래의 안전'이며, 보호의 정도는 '추상적 위험범'이다. 미수범과 예비·음모는 처벌한다.

2. 객관적 구성요건

(1) 행위의 객체

행위의 객체는 '대한민국 또는 외국의 공채증서 기타 유가증권'이다. 공채증서는 유가증권의 예시적 열거이다.

(가) 공채증서

'공채증서'란 국가 또는 지방자치단체에서 발행하는 국채 또는 지방채의 유가증권을 말한다.

(나) 유가증권

'유가증권'이란 재산적 가치가 있는 재산권이 표창된 증권으로서 그 권리의 발생·행사·이전의 전부 또는 일부를 증권에 의해서만 행사할 수 있는 것을 말한다. 즉, 증권상에 표시된 재산상의 권리의 행사와 처분에 그 점유를 필요로 하는 것이다. 어음, 수표, 주식, 상품권, 공중전화카드,[2] 선하증권, 할부구매전표,[3] 리프트탑승권,[4] 복권 등이 예이다. 신용카드,[5] 운송장, 위조된 유가증권 사본,[6] 정

---

[2] 형법 제214조에서 유가증권이라 함은, 증권상에 표시된 재산상의 권리의 행사와 처분에 그 증권의 점유를 필요로 하는 것을 총칭하는 것인바, 공중전화카드는 그 표면에 전체 통화가능 금액과 발행인이 문자로 기재되어 있고, 자기기록 부분에는 당해 카드의 진정성에 관한 정보와 잔여 통화가능 금액에 관한 정보가 전자적 방법으로 기록되어 있어, 사용자가 카드식 공중전화기의 카드 투입구에 공중전화카드를 투입하면 공중전화기에 내장된 장치에 의하여 그 자기정보가 해독되어 당해 카드가 발행인에 의하여 진정하게 발행된 것임이 확인된 경우 잔여 통화가능 금액이 공중전화기에 표시됨과 아울러 그 금액에 상당하는 통화를 할 수 있도록 공중전화기를 작동하게 하는 것이어서, 공중전화카드는 문자로 기재된 부분과 자기기록 부분이 일체로써 공중전화 서비스를 제공받을 수 있는 재산상의 권리를 화체하고 있고, 이를 카드식 공중전화기의 카드 투입구에 투입함으로써 그 권리를 행사하는 것으로 볼 수 있으므로, 공중전화카드는 형법 제214조의 유가증권에 해당한다(대판 1998.2.27. 97도2483).

[3] 할부구매전표가 그 소지인이 판매회사의 영업소에서 그 취급상품을 그 금액의 한도 내에서 구매할 수 있는 권리가 화체된 증권으로서 그 권리의 행사와 처분에 증권의 점유를 필요로 하는 것임이 인정된다면 이를 유가증권으로 봄이 정당하다(대판 1995.3.14. 95도20).

기예탁증서,7) 물품구입증,8) 예금통장,9) 국제전화카드,10) 휴대품보관증, 매매계약서, 차용증서 등은 유가증권이 아니다.

유가증권이란 재산권이 증권에 화체된다는 것과 그 권리의 행사와 처분에 증권의 점유를 필요로 한다는 두 가지 요소를 갖추면 족하고, 반드시 유통성을 가질 필요도 없다.11) 유가증권은 형식상 일반인으로 하여금 유효한 유가증권이라고 오신할 수 있을 정도의 외관을 갖추고 있으면 되므로 그것이 비록 허무인의 명의로 작성되었거나 유가증권으로서 요건의 흠결 등의 사유로 무효한 것이라도 상관없다.12) 유가증권의 발행인은 개인이든 국가든 공공단체임을 불문한다.

(2) 실행 행위

실행 행위는 기본적 증권행위에 대한 '위조 또는 변조'이다.

(가) 위조

'위조'는 작성권한이 없는 자가 타인명의를 모용하여 그 명의의 유가증권을 작성하는 것을 말한다. 작성권한자로부터 권한을 위임받아 위임자 명의로 유가증권을 작성하는 것은 위조가 아니다.13)

---

4) 회원용 리프트탑승권은 그 소지인이 스키장에서 거리에 기재된 일시에 리프트를 탑승할 수 있는 권리가 화체된 증권으로서 그 권리의 행사와 처분에 증권의 점유를 필요로 하는 유가증권이고(대판 1998.11.24. 98도2967).

5) 신용카드업자가 발행한 신용카드는 이를 소지함으로써 신용구매가 가능하고 금융의 편의를 받을 수 있다는 점에서 경제적 가치가 있다 하더라도, 그 자체에 경제적 가치가 화체되어 있거나 특정의 재산권을 표창하는 유가증권이라고 볼 수 없고, 단지 신용카드회원이 그 제시를 통하여 신용카드회원이라는 사실을 증명하거나 현금자동지급기 등에 주입하는 등의 방법으로 신용카드업자로부터 서비스를 받을 수 있는 증표로서의 가치는 갖는 것이다(대판 1999.7.9. 99도857).

6) 위조유가증권행사죄에 있어서의 유가증권이라 함은 위조된 유가증권의 원본을 말하는 것이지 전자복사기 등을 사용하여 기계적으로 복사한 사본은 이에 해당하지 않는다(대판 1998.2.13. 97도2922).

7) 정기예탁금증서는 채무자가 그 증서 소지인에게 변제하여 책임을 면할 목적으로 발행된 이른바 면책증권에 불과하여 형법에서 규정된 유가증권에 해당하지 아니한다(대판 1984.11.27. 84도2147).

8) 대판 1972.12.26. 72도1688.

9) 대판 2010.5.27. 2009도9008.

10) 국제전화카드는 국제전화서비스를 이용할 때 필요한 정보인 카드일련번호가 기재된 것으로서 매매, 소지 등의 편의를 위하여 카드의 형태로 되어 있을 뿐 그 카드에 국제전화서비스를 이용할 수 있는 권리가 화체되어 있다고 보기 어렵고, 설령 그와 같은 권리가 화체되어 있다고 하더라도 그 권리의 행사와 처분에 카드의 점유가 반드시 필요한 것은 아니므로 이 사건 국제전화카드를 유가증권으로 보기 어렵다(대판 2011.11.10. 2011도9620).

11) 대판 1995.3.14. 95도20.

12) 대판 1979.9.25. 78도1980.

13) 회사를 대표하여 문서를 작성할 권한이 있는 대표이사가 은행과의 당좌거래약정이 전 대표

위조의 방법에는 제한이 없다. 타인명의의 유가증권을 작성하는 경우뿐만 아니라 타인을 기망하여 유가증권 발행인으로 서명하게 한 후 요건을 기재한 경우에는 간접정범이 성립한다. 찢어버린 타인발행명의의 어음파지편을 이용하여 이를 조합하여 어음의 외형을 갖춘 경우,[14] 약속어음의 액면금액란에 자의로 합의된 금액의 한도를 엄청나게 넘는 금액을 기입하는 경우,[15] 타인이 위조한 백지로된 약속어음의 액면란에 금액을 기입하여 그 위조어음을 완성하는 행위[16] 등이 본죄에 해당한다. 위조는 일반인으로 하여금 진정한 유가증권으로 오신케 할 정도의 외관을 구비하면 충분하고, 실체법상 유효할 필요는 없다.[17] 유가증권은 실재하지 않은 사자 또는 허무인이라도 상관없다.[18]

(나) 변조

'변조'란 진정하게 성립된 타인명의의 유가증권의 내용에 권한없는 자가 그 유가증권의 동일성을 해하지 않는 한도에서 변경을 가하는 것을 말한다.[19] 진정하게 성립된 유가증권을 전제로 하며, 유가증권의 발행일자, 지급인의 주소 등을 변경하는 것이 그 예이다. 유가증권의 내용 중 권한 없는 자에 의하여 이미 변조된 부분을 다시 권한 없이 변경한 경우에는 본죄가 성립하지 않는다.[20] 타인에게 속한 자기명의의 유가증권에 무단히 변경을 가한 경우에는 본죄가 아니라 문서손괴죄나 허위유가증권작성죄에 해당한다.[21] 변조는 간접정범의 형태로도 가능하다.[22]

이사 명의로 되어 있어 당좌거래명의를 변경함이 없이 그대로 전 대표이사 명의를 사용하여 회사발행 명의의 수표를 발행한 경우, 유가증권위조죄가 성립되지 아니한다(대판 1975.9.23. 74도1684).

14) 대판 1976.1.27. 74도3442.
15) 대판 1972.6.13. 72도897.
16) 대판 1982.6.22. 82도677.
17) 대판 1959.7.10. 4290형상355.
18) 약속어음과 같이 유통성을 가진 유가증권의 위조는 일반거래의 신용을 해하게 될 위험성이 매우 크다는 점에서 적어도 행사할 목적으로 외형상 일반인으로 하여금 진정하게 작성된 유가증권이라고 오신케 할 수 있을 정도로 작성된 것이라면 그 발행명의인이 가령 실재하지 않은 사자 또는 허무인이라 하더라도 그 위조죄가 성립된다고 해석함이 상당하다. 그리고 사자 명의로 된 약속어음을 작성함에 있어 사망자의 처로부터 사망자의 인장을 교부받아 생존 당시 작성한 것처럼 약속어음의 발행일자를 그 명의자의 생존 중의 일자로 소급하여 작성한 때에는 발행명의인의 승낙이 있었다고 볼 수 없다(대판 2011.7.14. 2010도1025).
19) 대판 2006.1.26. 2005도4764.
20) 대판 2012.9.27. 2010도15206.
21) 대판 1978.11.14. 78도1904.
22) 유가증권변조죄에 있어서 변조라 함은 진정으로 성립된 유가증권의 내용에 권한없는 자가 그 유가증권의 동일성을 해하지 않는 한도에서 변경을 가하는 것을 말하고, 설사, 진실에

□ 유가증권변조 관련 판례

〈유가증권 변조에 해당되는 경우〉

어음발행인이라 하더라도 어음상에 권리의무를 가진 자가 있는 경우에는 이러한 자의 동의를 받지 아니하고 어음의 기재 내용에 변경을 가하였다면 이는 유가증권의 권리의무에 관한 기재를 변조한 것에 해당한다(대판 2003.1.10. 2001도6553).

〈유가증권 변조에 해당되지 않는 경우〉

① 약속어음의 발행인으로부터 어음금액이 백지인 약속어음의 할인을 위임받은 자가 위임 범위 내에서 어음금액을 기재한 후 그 목적을 이루지 못하자 유통되지 아니한 당해 약속어음을 원상태대로 발행인에게 반환하기 위하여 어음금액의 기재를 삭제하는 것은 유가증권변조라고 볼 수 없다(대판 2006.1.12. 2005도6267).
② 타인이 백지 약속어음의 액면란 등을 부당하게 보충하여 위조한 후 피고인이 타인과 공모하여 금액란을 임의로 변경한 경우, 피고인의 행위는 유가증권위조나 변조에 해당하지 않는다(대판 2008.12.24. 2008도9494).

3. 주관적 구성요건

본죄는 고의 이외 행사할 목적이 있어야 하는 진정목적범이다.

4. 죄수 및 다른 죄와의 관계

① 유가증권위조죄의 죄수는 원칙적으로 위조된 유가증권의 매수를 기준으로 정할 것이므로, 약속어음 2매의 위조행위는 포괄일죄가 아니라 경합범이다.[23]

② 타인의 서명, 인장 등을 위조하여 유가증권을 위조·변조하면 인장위조죄는 본죄에 흡수된다.

③ 절취한 유가증권용지를 이용하여 위조한 경우에는 절도죄와 본죄의 실체적 경합범이 된다.

④ 유가증권을 위조하여 행사한 경우에는 본죄와 동 행사죄의 실체적 경합

합치하도록 변경한 것이라 하더라도 권한없이 변경한 경우에는 변조로 되는 것이고 정을 모르는 제3자를 통하여 간접정범의 형태로도 범할 수 있는 것인바, 신용카드를 제시받은 상점 점원이 그 카드의 금액란을 정정기재하였다 하더라도 그것이 카드소지인이 위 점원에게 자신이 위 금액을 정정기재할 수 있는 권리가 있는 양 기망하여 이루어졌다면 이는 간접정범에 의한 유가증권변조로 봄이 상당하다(대판 1984.11.27. 84도1862).

23) 대판 1983.4.12. 82도2938.

범이 된다.

Ⅱ. 기재의 위조·변조죄

> **제214조【유가증권의 위조 등】** ② 행사할 목적으로 유가증권의 권리의무에 관한 기재를 위조 또는 변조한 자도 전항의 형과 같다.

1. 의의, 성격

본죄는 '행사할 목적으로 유가증권의 권리의무에 관한 기재를 위조 또는 변조함으로써 성립하는 범죄'이다. 증권행위에는 발행·배서·보증·지급보증·인수 등이 있다. 이때, 발행은 기본적 증권행위라고 하며, 그 외 행위에 대해서는 부수적 증권행위라고 한다. 본죄는 부수적인 증권행위에 대한 위조·변조를 처벌하는 조항이다. 미수범과 예비·음모는 처벌한다.

2. 객관적 구성요건

(1) 행위의 객체

행위의 객체는 '권리·의무에 관한 기재', 즉 부수적 증권행위의 기재사항이다.

(2) 실행 행위

실행 행위는 '위조·변조'이다.

'위조'란 기본적 증권행위가 진정하게 성립한 후에 부수적 증권행위를 하는 것이다. 권한없는 자가 타인명의를 모용하여 배서·보증 등을 하거나 명의대여자의 승낙없이 명의대여자의 명의로 어음을 배서한 경우24) 등이 예이다.

'변조'란 권한없는 자가 진정하게 성립된 유가증권에 대해서 그 부수적 증권행위에 속하는 사항의 내용을 변경하는 것이다. 배서일자나 수취일자를 변경하거나 유가증권의 발행인이더라도 부수적 증권행위자의 동의없이 그 기재내용에 변

---

24) 타점포체인의 명의를 사용하여 영업하고 그 체인대표자의 명의를 사용할 수 있는 내용의 명의임대차계약이 체결된 경우에 있어서 명의대여자의 승낙(점포체인의 대표자로부터 체인의 지점장으로 임명받는 형식)없이 제1의 명의임차인으로부터 지점의 영업권을 사실상 매수한 제2의 명의임차인이 명의대여자의 승낙없이 본래의 명의대여자의 명의로 어음을 배서하고 이를 행사하였다면 제2의 명의임차인은 유가증권위조의 책임을 면할 수 없다(대판 1984.2.28. 83도3284).

경을 가하는 경우25) 등이 예이다.

3. 주관적 구성요건

본죄에 대한 고의와 행사할 목적이 있어야 하는 진정목적범이다.

Ⅲ. 자격모용에 의한 유가증권작성죄

> **제215조【자격모용에 의한 유가증권 작성】** 행사할 목적으로 타인의 자격을 모용하여 유가
> 증권을 작성하거나 유가증권의 권리 또는 의무에 관한 사항을 기재한 자는 10년 이하
> 의 징역에 처한다.

1. 의의, 성격

본죄는 '행사할 목적으로 타인의 자격을 모용하여 유가증권을 작성하거나 유
가증권의 권리 또는 의무에 관한 사항을 기재함으로써 성립하는 범죄'이다. 미수
범과 예비·음모는 처벌한다.

2. 객관적 구성요건

(1) 실행 행위

실행 행위는 '타인의 자격을 모용하여 유가증권을 작성하거나 유가증권의 권
리·의무에 관한 사항을 기재'하는 것이다.

(가) 타인의 자격을 모용

타인의 자격을 모용한다는 것은 대리권이나 대표권이 없는 자가 타인의 대
리인이나 대표자로서의 자격을 사칭하는 것을 말한다. 직무집행정지가처분결정
으로 인해 대표이사의 직무집행이 정지되었음에도 대표이사 명의의 유가증권을
작성 행사하는 행위,26) 자격을 상실하였음에도 자격을 사칭하는 경우도 해당된

---

25) 형법 제214조 제2항에 규정된 '유가증권의 권리의무에 관한 기재를 변조한다'는 것은 진정
   하게 성립된 타인명의 부수적 증권행위에 관한 유가증권의 기재내용에 작성권한이 없는
   자가 변경을 가하는 것을 말하고, 어음발행인이라 하더라도 어음상에 권리의무를 가진 자
   가 있는 경우에는 이러한 자의 동의를 받지 아니하고 어음의 기재내용에 변경을 가하였다
   면 이는 유가증권의 권리의무에 관한 기재를 변조한 것에 해당한다(대판 2003.1.10. 2001
   도6553).
26) 직무집행정지가처분결정이 송달되어 일절의 직무집행이 정지됨으로써 직무집행의 권한이

다.[27]

(나) 작성·기재

'작성'이란 유가증권의 기본적 증권행위인 발행을 말하는 것이고, '기재'란 부수적 증권행위인 배서, 인수 등과 같은 것을 말한다.

3. 주관적 구성요건

본죄의 고의 이외 행사할 목적을 필요로 하는 진정목적범이다.

Ⅳ. 허위유가증권 작성죄

제216조【허위유가증권 작성 등】행사할 목적으로 허위의 유가증권을 작성하거나 유가증권에 허위의 사항을 기재한 자는 7년 이하의 징역 또는 3천만원 이하의 벌금에 처한다.

1. 의의, 성격

본죄는 '행사할 목적으로 허위의 유가증권을 작성하거나 유가증권에 허위의 사항을 기재함으로써 성립하는 범죄'이다. 미수범은 처벌한다.

2. 객관적 구성요건

(1) 실행 행위

실행 행위는 '허위의 유가증권을 작성하거나 유가증권에 허위의 사항을 기재'하는 것이다.

없게 된 대표이사가 그 권한 밖의 일인 대표이사 명의의 유가증권을 작성 행사하는 행위가 회사업무의 중단을 막기 위한 긴급한 인수인계 행위라 하더라도 합법적인 권한행사라 할 수 없으므로 이는 자격모용유가증권작성 및 동 행사죄에 해당한다(대판 1987.8.18. 87도145).

27) 주식회사 대표이사로 재직하던 피고인이 대표이사가 타인으로 변경되었음에도 불구하고 이전부터 사용하여 오던 피고인 명의로 된 위 회사 대표이사의 명판을 이용하여 여전히 피고인을 위 회사의 대표이사로 표시하여 약속어음을 발행, 행사하였다면, 설사 약속어음을 작성, 행사함에 있어 후임 대표이사의 승낙을 얻었다거나 위 회사의 실질적인 대표이사로서의 권한을 행사하는 피고인이 은행과의 당좌계약을 변경하는데에 시일이 걸려 잠정적으로 전임 대표이사인 그의 명판을 사용한 것이라 하더라도 이는 합법적인 대표이사로서의 권한 행사라 할 수 없어 자격모용유가증권작성 및 동행사죄에 해당한다(대판 1991.2.26. 90도577).

(가) 허위의 유가증권을 작성

'허위의 유가증권을 작성'한다는 것은 유가증권을 작성할 권한이 있는 자가 기본적 증권행위에 허위내용을 기재하는 것을 말한다. 그러므로 작성 권한 없는 자가 위 행위를 하였을 경우에는 본죄가 아니라 유가증권위조죄 또는 자격모용에 의한 유가증권작성죄가 성립한다. 대리인·대표자가 그 권한을 남용하여 본인 또는 회사명의로 유가증권을 작성한 경우에는 본죄가 성립한다. 화물을 인수하거나 확인하지도 아니하고 실제로 선적한 사실이 없는 화물을 선적하였다고 선하증권을 발행한 경우,28) 발행일자를 소급 기재하여 그 기재일자에 발행된 것처럼 허위내용을 기재한 경우,29) 실재하지 아니한 유령회사의 대표라 기재하고 자기명의의 인장을 찍어서 회사명의의 약속어음을 발행한 경우30)가 그 예이다.

(나) 유가증권에 허위의 사항을 기재

'유가증권에 허위의 사항을 기재'한다는 것은 기재권한이 있는 자가 진정하게 성립된 유가증권에 기본적 증권행위 또는 부수적 증권행위 사항을 허위로 기재하는 것을 말한다.

□ 허위의 사항 기재 관련 판례

〈 허위기재로 인정되지 않은 경우〉

① 피고인이 주권발행 전에 주식을 양도받은 자에 대하여 주권을 발행한 경우에 가사 그 주식양도가 주권발행 전에 이루어진 것이어서 상법 제335조에 의하여 무효라 할지

---

28) 선하증권 기재의 화물을 인수하거나 확인하지도 아니하고 또한 선적할 선편조차 예약하거나 확보하지도 않은 상태에서 수출면장만을 확인한 채 실제로 선적한 일이 없는 화물을 선적하였다는 내용의 선하증권을 발행, 교부하였다면 피고인들은 위 선하증권을 작성하면서 진실에 반하는 허위의 기재를 하였음이 명백할 뿐만 아니라, 위 선하증권이 허위라는 사실을 인식하였다고 볼 것이고, 피고인들이 진실에 반하는 선하증권을 작성하면서 곧 위 물품이 선적될 것이라고 예상하였다고 하여 위 각 선하증권의 허위성의 인식이 없었다고 할 수 없으며, 화물이 선적되기도 전에 이른바 선하증권을 발행하는 것이 해운업계의 관례라고 하더라도 이를 가리켜 정상적인 행위라거나 그 목적과 수단의 관계에서 보아 사회적 상당성이 있다고 할 수는 없으므로, 피고인들이 위 행위가 죄가 되지 아니한다고 그릇 인식하였다고 하더라도 거기에 정당한 이유가 있는 경우라고 할 수 없으므로, 허위유가증권작성죄의 죄책을 면할 수 없다(대판 1995.9.29. 95도803).
29) 허위유가증권 작성이란 유가증권의 효력에 영향을 미칠 기재사항에 관하여 진실에 반한 기재를 하는 모든 행위를 말하는 것으로 비록 주권발행의 권한을 위임받았다고 하더라도 행사의 목적으로 발행일자 소급 기재하여 그 기재일자에 발행된 것처럼 허위내용을 기재한 때에는 허위유가증권작성죄를 구성한다(대판 1974.1.15. 73도2041).
30) 피고인이 실재하지 아니한 유령회사의 대표라 기재하고 자기명의의 인장을 찍어서 회사명의의 약속어음을 발행한 경우에는 허위유가증권작성죄가 성립한다(대판 1970.12.29. 70도2389).

라도, 권리의 실체관계에 부합되어, 허위의 주권발행의 범의가 있다고 할 수 없다(대판 1982.6.22. 81도1935).

② 배서인의 주소기재는 배서의 요건이 아니므로 약속어음 배서인의 주소를 허위로 기재하였다고 하더라도 그것이 배서인의 인적 동일성을 해하여 배서인이 누구인지를 알 수 없는 경우가 아닌 한 약속어음상의 권리관계에 아무런 영향을 미치지 않는다 할 것이고, 따라서 약속어음상의 권리에 아무런 영향을 미치지 않는 사항은 그것을 허위로 기재하더라도 형법 제216조 소정의 허위유가증권작성죄에 해당되지 않는다(대판 1986.6.24. 84도547).

3. 주관적 구성요건

본죄는 고의 이외 행사할 목적이 있어야 하는 진정목적범이다.

V. 위조 등 유가증권행사죄

제217조 【위조유가증권 등의 행사 등】 위조, 변조, 작성 또는 허위기재한 전 3조 기재의 유가증권을 행사하거나 행사할 목적으로 수입 또는 수출한 자는 10년 이하의 징역에 처한다.

1. 의의, 성격

본죄는 '위조, 변조, 작성 또는 허위기재한 유가증권을 행사하거나 행사할 목적으로 수입 또는 수출함으로써 성립하는 범죄'이다. 보호의 정도는 '추상적 위험범'이며, 미수범은 처벌한다.

2. 객관적 구성요건

(1) 행위의 객체

행위의 객체는 '위조, 변조, 작성 또는 허위기재한 유가증권'이다. 이때, 유가증권은 원본을 위조한 것을 말하고, 사본은 해당하지 않는다.[31]

---

31) 위조유가증권행사죄에 있어서의 유가증권이라 함은 위조된 유가증권의 원본을 말하는 것이지, 전자복사기 등을 사용하여 기계적으로 복사한 사본은 이에 해당하지 않는다(대판 1998.2.13. 97도2922).

(2) 실행 행위

실행 행위는 '행사하거나 수입 또는 수출'하는 것이다.

'행사'라는 것은 위조, 변조, 작성 또는 허위기재한 유가증권을 진정하게 성립된 유가증권과 같이 사용하는 것을 의미한다. 행사의 방법으로는 제시를 하거나 교부, 비치, 제출하는 등 반드시 유통을 시킬 필요는 없다. 위조공·사문서행사죄와 달리 위조유가증권임을 알고 있는 자에게 교부하였더라도 본죄가 성립한다.32) 하지만, 공모하여 공범인 관계에서 그들 사이의 교부행위는 본죄가 성립하지 않는다.33)

수입·수출은 위조통화행사죄와 동일하다.

3. 주관적 구성요건

본죄의 고의 이외 수입·수출의 경우에는 행사할 목적이 있어야 하는 진정목적범이다.

4. 다른 죄와의 관계

허위작성된 유가증권을 피교부자가 그것을 유통하게 한다는 사실을 인식하고 교부한 때에는 허위작성유가증권행사죄에 해당하고, 행사할 의사가 분명한 자에게 교부하여 그가 이를 행사한 때에는 허위작성유가증권행사죄의 공동정범이 성립된다.34)

---

32) 위조유가증권행사죄의 처벌목적은 유가증권의 유통질서를 보호하고자 함에 있는 만큼 단순히 문서의 신용성을 보호하고자 하는 위조, 공·사문서행사죄의 경우와는 달리 교부자가 진정 또는 진실한 유가증권인 것처럼, 위조유가증권을 행사하였을 때뿐만 아니라 위조유가증권임을 알고 있는 자에게 교부하였더라도 피교부자가 이를 유통시킬 것임을 인식하고 교부하였다면 그 교부행위 그 자체가 유가증권의 유통질서를 해할 우려가 있어 처벌의 이유와 필요성이 충분히 있다고 할 것이므로 위조유가증권행사죄가 성립한다고 보아야 할 것이다(대판 1983.6.14. 81도2492).
33) 위조유가증권의 교부자와 피교부자가 서로 유가증권위조를 공모하였거나 위조유가증권을 타에 행사하여 그 이익을 나누어 가질 것을 공모한 공범의 관계에 있다면, 그들 사이의 위조유가증권 교부행위는 그들 이외의 자에게 행사함으로써 범죄를 실현하기 위하 전단계의 행위에 불과한 것으로서 위조유가증권은 아직 범인들의 수중에 있다고 볼 것이지 행사되었다고 볼 수는 없다(대판 2010.12.9. 2010도12553).
34) 대판 1995.9.29. 95도803.

Ⅵ. 우표·인지 등 위조·변조죄

> 제218조【인지·우표의 위조 등】① 행사할 목적으로 대한민국 또는 외국의 인지, 우표 기타 우편요금을 표시하는 증표를 위조 또는 변조한 자는 10년 이하의 징역에 처한다.

1. 의의, 성격

본죄는 '행사할 목적으로 대한민국 또는 외국의 인지, 우표 기타 우편요금을 표시하는 증표를 위조 또는 변조함으로써 성립하는 범죄'이다. 행사할 목적을 요하는 진정목적범이며, 미수범과 예비·음모는 처벌한다.

2. 객관적 구성요건

(1) 행위 객체

행위 객체는 '대한민국 또는 외국의 인지, 우표 기타 우편요금을 표시하는 증표'이다.

'인지'란 민사소송 등 인지법에 정한 바에 따라 수수료 또는 인지세의 납부방법으로 정부 기타의 발행권자가 일정 금액을 표시하여 발행한 증표를 말한다.

'우표'란 우편법에 의해 정부 기타 발행권자가 일정한 금액을 표시하여 발행한 증표를 말한다.

'우편요금을 표시하는 증표'란 우표를 대신하는 기능으로 사용하는 증표를 말한다. 요금별납 등의 표지가 그 예이다.

(2) 실행 행위

실행 행위는 '위조 또는 변조'이다. 유가증권에 관한 죄와 동일하다.

3. 주관적 구성요건

본죄의 고의 이외 행사할 목적이 있어야 한다.

Ⅶ. 위조 등 우표·인지행사죄

> **제218조【인지·우표의 위조 등】** ② 위조 또는 변조된 대한민국 또는 외국의 인지, 우표 기타 우편요금을 표시하는 증표를 행사하거나 행사할 목적으로 수입 또는 수출한 자도 제1항의 형과 같다.

　　본죄는 '위조 또는 변조된 대한민국 또는 외국의 인지, 우표 기타 우편요금을 표시하는 증표를 행사하거나 행사할 목적으로 수입 또는 수출함으로써 성립하는 범죄'이다. 수입·수출의 경우에는 행사할 목적을 요하는 진정목적범이며, 미수범은 처벌한다.

　　'행사'라 함은 위조된 대한민국 또는 외국의 우표를 진정한 우표로서 사용하는 것으로 반드시 우편요금의 납부용으로 사용하는 것에 한정되지 않고 우표수집의 대상으로서 매매하는 경우도 이에 해당된다.[35]

Ⅷ. 위조 등 우표·인지취득죄

> **제219조【위조인지·우표 등의 취득】** 행사할 목적으로 위조 또는 변조된 대한민국 또는 외국의 인지, 우표 기타 우편요금을 표시하는 증표를 취득한 자는 3년 이하의 징역 또는 1천만원 이하의 벌금에 처한다.

　　본죄는 '행사할 목적으로 위조 또는 변조된 대한민국 또는 외국의 인지, 우표 기타 우편요금을 표시하는 증표를 취득함으로써 성립하는 범죄'이다. 행사할 목적을 요하는 진정목적범이며, 미수범은 처벌한다.

Ⅸ. 우표·인지 등 소인말소죄

> **제221조【소인말소】** 행사할 목적으로 대한민국 또는 외국의 인지, 우표 기타 우편요금을 표시하는 증표의 소인 기타 사용의 표지를 말소한 자는 1년 이하의 징역 또는 300만원 이하의 벌금에 처한다.

---

35) 대판 1989.4.11. 88도1105.

　　본죄는 '행사할 목적으로 대한민국 또는 외국의 인지, 우표 기타 우편요금을 표시하는 증표의 소인 기타 사용의 표지를 말소함으로써 성립하는 범죄'이다. 행사할 목적을 요하는 진정목적범이다.

　　'말소'라는 것은 인지, 우표 기타 우편요금을 표시하는 증표의 소인 기타 사용의 표지를 소멸시켜서 재차 사용할 수 있도록 하는 것을 말하며, 그 방법에는 제한이 없다.

X. 우표 · 인지 유사물제조 등 죄

> 제222조 【인지 · 우표 유사물의 제조 등】 ① 판매할 목적으로 대한민국 또는 외국의 공채증서, 인지, 우표 기타 우편요금을 표시하는 증표와 유사한 물건을 제조, 수입 또는 수출한 자는 2년 이하의 징역 또는 500만원 이하의 벌금에 처한다.
> ② 전항의 물건을 판매한 자도 전항의 형과 같다.

　　본죄는 '판매할 목적으로 대한민국 또는 외국의 공채증서, 인지, 우표 기타 우편요금을 표시하는 증표와 유사한 물건을 제조, 수입 또는 수출하거나, 이를 판매함으로써 성립하는 범죄'이다. 판매할 목적을 요하는 진정목적범이며, 미수범은 처벌한다.

　　'유사한 물건'이란 일반인이 진정한 공채증서, 인지, 우표라고 오인할 정도의 외관을 갖추지 못한 물건을 말한다. 만약, 일반인이 오인할 정도의 외관을 갖추었을 경우에는 본죄가 아니라 제218조가 성립할 따름이다. 이때, 행사할 목적이 있어야 한다.

제10장

문서에 관한 죄

제1절 서 설

Ⅰ. 의의, 보호법익

문서에 관한 죄는 '행사할 목적으로 문서를 위조·변조·허위작성하거나, 위조·변조·허위작성된 문서를 행사하거나, 진정한 문서를 부정행사하거나, 전자기록을 위작·변작함으로써 성립하는 범죄'이다. 보호법익은 '문서에 대한 공공의 신용'이며,[1] 보호의 정도는 '추상적 위험범'이다.

Ⅱ. 문서의 개념

1. 의의

문서란 '문자 또는 이에 대신할 수 있는 가독적 부호로 계속적으로 물체상에 기재된 의사 또는 관념의 표시인 원본 또는 이와 사회적 기능, 신용성 등을 동시할 수 있는 기계적 방법에 의한 복사본으로서 그 내용이 법률상, 사회생활상 주요 사항에 관한 증거로 될 수 있는 것'을 말한다.[2] 즉, 문자 또는 이를 대신할 부

---

[1] 문서위조 또는 변조 및 동 행사죄의 보호법익은 문서 자체의 가치가 아니고 문서에 대한 공공의 신용(대판 1993.7.27. 93도1435).

호에 의하여 사람의 의사 또는 관념이 표시된 물체라고 할 수 있다. 문서죄의 보호법익이 '문서에 대한 공공의 신용'이므로, 공공의 신용과 관련한 문서만이 객체가 될 수 있다.

2. 요소

문서는 사람의 의사나 관념이 문자 또는 부호에 의해 계속적으로 표시되어야 하고, 법률상 내지 사회생활상 주요사항을 증명할 수 있는 것이어야 하며, 그 문서의 사상이나 관념을 표시한 작성명의인이 있어야 한다.

(1) 계속적 기능

문서는 사람의 의사나 관념이 문자 또는 부호에 의해 표시된 것으로 어느 정도 계속성을 가지고 있어야 한다. 그러므로, 흙 위에 쓴 글자나 말에 의한 표시는 지속성을 갖추고 있지 않아 문서로 볼 수 없다. 종이에 작성한 글이나 컴퓨터 등을 이용하여 작성된 글, 금속, 목판에 쓰여진 것이라도 상관없다. 접수일부인,[3] 소인 등과 같은 생략문서라고 하더라도 일정한 의사 내지 관념을 해독할 수 있다면 문서에 속한다.[4]

의사 또는 관념의 표시방법은 문자와 시각적 부호이다. 문자는 가독성이 있는 것이라면 현재 사용되지 않는 외국어라도 상관없다. 부호는 반드시 발음적 부호일 필요는 없고, 속기용 부호, 전신부호, 점자 등 시각적·가독적 형상이면 충분하다. 따라서, 특정인들만 사용하는 암호나, 음반과 같은 청각적 방법, 컴퓨터에 입력된 자료,[5] 공인중개사 자격증의 이미지 파일[6] 등은 시각적 가독성이 결여되어 있으므로 문서에 포함되지 않는다. '도화'는 상형적 부호에 의해 사람의 의사나 관념이 표시된 경우로 문서에 해당된다. 담뱃갑,[7] 지적도[8] 등이 해당된다. 택

---

2) 대판 2018.5.15. 2017도19499.

3) 신용장에 날인된 은행의 접수일부인이 사실증명에 관한 사문서에 해당되므로 신용장에 허위의 접수인을 날인한 것은 사문서위조에 해당된다(대판 1989.10.30. 77도1879).

4) 이른바 생략문서라는 것도 그것이 사람 등의 동일성을 나타내는 데에 그치지 않고 그 이외의 사항도 증명, 표시하는 한 이는 인장이나 기호가 아니라 문서로서 취급하여야 할 것이다(대판 1995.9.5. 95도1269).

5) 컴퓨터 모니터 화면에 나타나는 이미지는 이미지 파일을 보기 위한 프로그램을 실행할 경우에 그때마다 전자적 반응을 일으켜 화면에 나타나는 것에 지나지 않아서 계속적으로 화면에 고정된 것으로는 볼 수 없으므로, 형법상 문서에 관한 죄에 있어서의 문서에는 해당되지 않는다고 할 것이다(대판 2007.11.29. 2007도7480).

6) 컴퓨터 스캔 작업을 통하여 만들어낸 공인중개사 자격증의 이미지 파일이 형법상 문서에 관한 죄의 문서에 해당하지 않는다(대판 2008.4.10. 2008도1013).

시요금미터기, 전기 또는 수도 사용미터기 등 '기계적 기록'은 의사나 관념이 표시된 것이 아니라 외부적 상황을 자동적으로 기록할 뿐이기 때문에 문서에 속하지 않는다. 그러나, 전자기록위작·변작죄의 객체는 될 수 있다. '서화에 표시된 예술가의 서명 또는 낙관'은 문서의 객체라기보다는 인장·서명위조죄의 객체가 될 뿐이다.

□ 복본·등본·초본·사본과 복사문서의 문서성

문서란 작성자의 의사 또는 관념이 표시된 것으로 원본만이 문서성을 가진다. 하지만, 복본의 경우에는 처음부터 수통의 문서를 작성한 것으로 문서로 볼 수 있다. 하지만, 등본, 초본, 사본은 작성명의인의 보증적 기능이 결여된 상태이기 때문에 문서로 볼 수 없고, 원본과 같다는 인증이 있는 경우에 한하여 문서성을 가졌으나, "사진기나 복사기 등을 사용하여 기계적인 방법에 의하여 원본을 복사한 문서, 이른바 복사문서는 사본이더라도 필기의 방법 등에 의한 단순한 사본과는 달리 복사자의 의식이 개재할 여지가 없고, 그 내용에서부터 규모, 형태에 이르기까지 원본을 실제 그대로 재현하여 보여주므로 관계자로 하여금 그와 동일한 원본이 존재하는 것으로 믿게 할 뿐만 아니라 그 내용에 있어서도 원본 그 자체를 대하는 것과 같은 감각적 인식을 가지게 하고, 나아가 오늘날 일상거래에서 복사문서가 원본에 대신하는 증명수단으로서의 기능이 증대되고 있는 실정에 비추어 볼 때 이에 대한 사회적 신용을 보호할 필요가 있으므로 복사한 문서의 사본은 문서위조 및 동행사죄의 객체인 문서에 해당한다"라는 판례에 의해 복사문서의 문서성을 인정하였다.9) 이후, 1995년 개정형법에서 제37조의2를 신설, "전자복사기, 모사전송기 기타 이와 유사한 기기를 사용하여 복사한 문서 또는 도화의 사본도 문서 또는 도화로 본다"라고 명문화하였다.

(2) 증명적 기능

문서는 '법률관계 내지 사회생활상 중요한 사실 증명할 만한 것'이어야 한다. 따라서, 객관적으로 증명능력과 주관적으로 증명의사가 있어야 한다.

(가) 증명능력

문서는 법률상 또는 사회생활상 중요한 사실을 증명할 만한 것이어야 한다.

---

7) 담뱃갑은 적어도 그 담뱃갑 안에 들어 있는 담배가 특정 제조회사가 제조한 특정한 종류의 담배라는 사실을 증명하는 기능이 있으므로, 그러한 담뱃갑은 문서 등 위조의 대상인 도화에 해당한다(대판 2010.7.29. 2010도2705).

8) 지적도는 이해관계인의 권리에 관한 사항을 기입한 것으로서 형법 제225조 소정의 공무소가 비치한 도화라고 봄이 상당하다(대판 1980.8.12. 80도1134).

9) 대판 1989.9.12. 87도506 전원합의체.

법률관계에 있어서는 공법이든 사법이든 불문하며, 권리의무의 발생·유지·변경·소멸과 관련된 것을 말하는 것으로 예금청구서나 매매계약서, 고소장 등이 이에 해당한다. 사회생활상 중요한 사실을 증명할 만한 것은 권리의무 이외의 사항으로 신분증, 영수증, 추천서 등이 있다. 외부적으로 명백히 무효인 문서는 증명할 만한 것에 해당되지 않는다.

(나) 증명의사

문서는 법률상 또는 사회생활상 중요한 사실을 증명하기 의한 의사가 필요하다. 증명의사는 '확정적'이어야 한다. 그러므로, 작성중인 초안, 개인의 일기 등은 문서가 아니나, 가계약서, 가영수증 등과 같이 가한부 의사로 작성된 것이라 할지라도 확정적 증명의사가 있다면 문서에 포함된다. 증명의사와 관련 ① 공문서와 같이 처음부터 증명의사를 가지고 작성된 문서인 '목적문서', ② 작성 후에 증명의사가 발생한 '우연문서'로 분류할 수 있다. 사문서는 목적문서와 우연문서의 양면을 가지고 있다.

(3) 보증적 기능

문서에는 '작성명의인', 즉 의사 또는 관념을 표시한 주체가 있어야 한다. 이는 명의인에 의하여 문서에 표시된 의사 또는 관념의 내용이 보증되기 때문이다. 명의인은 특정되어야 한다. 불특정한 명의인이나 무명의 문서는 문서가 아니다. 그러나 작성명의인이 명시되어 있지 아니하더라도 문서의 형식, 내용 등 그 문서 자체에 의하여 누가 작성하였는가를 추지할 수 있을 정도의 것이라면 문서라고 할 수 있다.[10] 사문서의 작성명의자의 인장이 찍히지 않았더라도, 그 사람의 상호와 성명이 기재되어 그 명의자의 문서로 믿을 만한 형식과 외관을 갖춘 경우에는 사문서에 해당한다.[11] 작성명의인을 판별할 수 없는 경우에는 문서로 볼 수 없다.[12] 사자(死者)·허무인(虛無人) 또는 해산한 법인명의의 문서도 공공의 신용

---

10) 허위공문서작성죄에 있어서의 객체가 되는 문서는 문서상 작성명의인이 명시된 경우뿐 아니라 작성명의인이 명시되어 있지 아니하더라도 문서의 형식·내용 등 그 문서 자체에 의하여 누가 작성하였는가를 추지할 수 있을 정도의 것이라야만 위 죄의 객체가 될 수 있는 문서라고 할 수 있는 것(대판 1973.9.29. 73도1765).

11) 대판 2000.2.11. 99도4819.

12) 새마을금고 총무부장이 작성한 대의원 피선거권자명단에는 작성명의인이 표시되어 있지 않음은 물론, 그 내용·형식·체제 등에 비추어 보더라도 그 서류 자체에 의하여 그 작성명의인을 판별할 수 없을 뿐만 아니라, 위 피선거권자명단은 그가 위 금고의 이사장의 결재를 받아 작성한 것이 아니라 금고의 총무부장으로서 직책상 대의원선거가 원활하게 진행되게 하기 위하여 선거구별로 1통씩 작성한 경우라면 피선거권자명단을 작성함에 있어서 타인의 명의를 모용하였다고 볼 수 없으므로 그 서류를 사문서위조죄의 객체가 되는 문서

을 해할 위험성이 있으므로 문서로 볼 수 있다.[13]

Ⅲ. 문서의 보호방식

1. 형식주의와 실질주의

문서에 있어서 '성립의 진정'을 보호대상으로, 문서에 대한 공공의 신용을 보호하고자 하는 입법주의를 '형식주의'라고 한다. 성립의 진정이 인정되는 문서, 즉 작성명의자가 문서와 일치됨을 말한다. 그러므로, 형식주의는 문서의 내용이 진실한가의 여부와 상관없이 작성명의를 모용하면 문서위조가 된다.

이에 반하여, '실질주의'는 '내용의 진실'을 보호대상으로, 공공의 신용을 보호하고자 한다. 즉, 문서의 내용을 허위로 작성하는 행위를 처벌하고자 한다. 내용이 허위인 경우 작성명의의 진실한가의 여부와 상관없이 문서위조가 된다.

2. 유형위조와 무형위조

'유형위조'는 작성권한이 없는 자가 타인 명의의 문서를 작성하는 것을 말한다. 이는 형식주의는 유형위조를 처벌하기 위함이다. '무형위조'는 작성권한이 있는 자가 진실에 반하는 내용의 문서를 작성하는 것을 말한다. 이는 실질주의는 무형위조를 처벌하기 위함이다.

3. 현행법의 입장

현행형법은 형식주의를 원칙으로 하되, 실질주의를 예외적으로 인정하고 있다. 공문서인 경우에는 유형위조뿐만 아니라 무형위조인 경우도 처벌하고 있다. 무형위조인 허위공문서작성죄가 그 예이다. 사문서인 경우에는 유형위조만을 처벌하되, 예외적으로 허위진단서작성죄의 무형위조를 처벌하고 있다.

로 볼 수 없다(대판 1992.5.26. 92도353).

13) 문서위조죄는 문서의 진정에 대한 공공의 신용을 그 보호법익으로 하는 것이므로 행사할 목적으로 작성된 문서가 일반인으로 하여금 당해 명의인의 권한 내에서 작성된 문서라고 믿게 할 수 있는 정도의 형식과 외관을 갖추고 있으면 문서위조죄가 성립하는 것이고, 위와 같은 요건을 구비한 이상 그 명의인이 실재하지 않는 허무인이거나 또는 문서의 작성일자 전에 이미 사망하였다고 하더라도 그러한 문서 역시 공공의 신용을 해할 위험성이 있으므로 문서위조죄가 성립한다고 봄이 상당하며, 이는 공문서뿐만 아니라 사문서의 경우에도 마찬가지라고 보아야 할 것이다(대판 2005.2.24. 2002도18 전원합의체).

판례도 "사문서변조에 있어서 그 변조당시 명의인의 명시적, 묵시적 승낙없이 한 것이면 변조된 문서가 명의인에 유리하여 결과적으로 그 의사에 합치한다 하더라도 사문서변조죄의 구성요건을 충족한다"라고 판시하고 있다.14)

Ⅳ. 문서의 종류

1. 공문서와 사문서

공문서란 공무원 또는 공무소가 그 직무와 관련하여 작성한 문서로, 작성명의인이 공무원 또는 공무소로 되어 있어야 한다. 그러나 사회일반인으로 하여금 공무원 또는 공무소의 권한 내에서 작성된 것이라고 오신할 만한 형식·외관을 구비하면 충분하고, 공무원 또는 공무소의 직인이 없더라도 공문서가 될 수 있다.15) 작성명의인이 공무원 또는 공무소인 경우에도 직무상 작성한 것이 아니면 공문서가 아니다. 우리나라 공무원 또는 공무소에서 작성된 문서이기 때문에 외국에서 작성한 문서는 공문서에 포함되지 않고 사문서에 불과하다.

□ 공문서 관련 판례

① 간이절차에 의한 민사분쟁사건처리특례법에 의하여 설립된 공증인가 합동법률사무소 작성의 사서증서에 관한 인증서는 공문서이다(대판 1992.10.13. 92도1064).
② 지방자치단체의 장 또는 계약담당자가 그 검사를 위임받아 수행한 전문기관으로부터 검사결과를 검사조서로 작성, 보고받고 이를 결재하였다면 그와 같이 결재된 검사조서는 허위공문서작성죄의 객체인 공문서에 해당한다(대판 2010.4.29. 2010도875).
③ 십지지문대조표는 수사기관이 피의자의 신원을 특정하고 지문대조조회를 하기 위하여 직무상 작성하는 서류로서 비록 자서란에 피의자로 하여금 스스로 성명 등의 인적사항을 기재하도록 하고 있다 하더라도 이를 사문서로 볼 수는 없다(대판 2000.8.22. 2000도2393).

사문서란 사인 명의로 작성된 문서를 말한다. 사인은 외국인뿐만 아니라 자연인 이외 법인도 포함한다.

---

14) 대판 1985.1.22. 84도2422.
15) 대결 1958.9.26. 4291형상359.

□ 사문서 관련 판례

① 지방세의 수납업무를 일부 관장하는 시중은행의 직원이나 은행이 형법 제225조 소
정의 공무원 또는 공무소가 되는 것은 아니고 세금수납영수증도 공문서에 해당하지 않
는다(대판 1996.3.26. 95도3073).
② 피고인이 위조하였다는 홍콩 교통국장 명의의 국제운전면허증이 그 유효기관을 경
과하여 본래의 용법에 따라 사용할 수는 없게 되었다고 하더라도, 피고인이 명의자로
부터 국제운전면허를 받은 것으로 오신하기에 충분한 정도의 형식과 외관을 갖추고 있
다면 피고인의 행위는 사문서위조죄에 해당한다(대판 1998.4.10. 98도164).

2. 기타 문서

'개별문서'란 개별적으로 의사 또는 관념을 표시하는 것으로 독립된 문서이
다. '전체문서'란 예금통장, 상업장부 등과 같이 개개의 문서가 전체적으로 결합한
문서이다. '결합문서'란 사진을 첨부한 증명서와 같이 검증의 목적물과 결합하여
통일된 증명내용을 가진 것을 말한다. '복합문서'란 1통의 용지에 서로 다른 두
종류 이상의 문서가 병존하는 것을 말한다. 확정일자가 찍힌 전세계약서, 내용증
명우편에 의한 통지서와 같이 공문서와 사문서가 병존하는 경우이다.

Ⅴ. 문서에 관한 죄의 구성요건의 체계

문서에 관한 죄는 사문서에 관한 죄(제231조~제236조)를 기본적 구성요건으
로 하고, 공문서에 관한 죄(제225조~제230조)를 불법가중유형으로 한다.[16]

위조·변조의 유형위조에는 사문서위조·변조죄(제231조), 자격모용에 의한
사문서작성죄(제232조), 사전자기록위작·변작죄(제232조의2) 그리고 공문서위조·
변조죄(제225조), 자격모용에 의한 공문서작성죄(제226조), 공전자기록위작·변작
죄(제227조의2)가 있다.

허위문서작성의 무형위조에는 허위진단서 등 작성죄(제233조) 그리고 허위공
문서작성죄(제227조), 공정증서원본부실기재죄(제228조)가 있다.

위·변조 및 허위작성된 문서의 행사죄에는 위조사문서 등 행사죄(제234조)
그리고 위조공문서 등 행사죄(제229조)가 있다. 부정행사죄에는 사문서부정행사

16) 임웅, 727면.

(제236조) 그리고 공문서부정행사죄(제230조)가 있다.

사문서부정행사죄를 제외한 문서에 관한 죄의 미수범은 처벌한다.

제2절 개별적 범죄 유형

Ⅰ. 공문서 등의 위조·변조죄

제225조 【공문서 등의 위조·변조】 행사할 목적으로 공무원 또는 공무소의 문서 또는 도화를 위조 또는 변조한 자는 10년 이하의 징역에 처한다.

1. 의의, 보호법익

본죄는 '행사할 목적으로 공무원 또는 공무소의 문서 또는 도화를 위조 또는 변조함으로써 성립하는 범죄'이다. 본죄는 사문서 위조·변조죄에 비해 불법이 가중된 유형이다. 보호법익은 '공문서에 대한 공공의 신용'이며, 보호의 정도는 '추상적 위험범'이며, '진정목적범'이다. 미수범은 처벌한다.

2. 객관적 구성요건

(1) 행위의 주체

행위의 주체는 제한이 없다. 공문서라고 하여 공무원이 아닌 자만 해당되는 것이 아니라, 공무원이라고 하더라도 권한 밖의 공문서를 작성하거나 다른 공무원의 명의를 도용하거나 내용을 변경한 경우에는 본죄가 성립한다. 포괄적인 권한을 수여받은 업무보조자인 공무원이 그 위임의 취지에 반하는 허위내용을 작성한 경우에도 본죄가 성립한다.[17] 작성권한자의 승낙 또는 인식하에 공문서를 작

---

17) 공문서 작성권자로부터 일정한 요건이 구비되었는지 여부를 심사하여 그 요건이 구비되었음이 확인될 경우에 한하여 작성권자의 직인을 사용하여 작성권자 명의의 공문서를 작성하라는 포괄적인 권한을 수여받은 업무보조자인 공무원이, 그 위임의 취지에 반하여 공문서 용지에 허위내용을 기재하고 그 위에 보관하고 있던 작성권자의 직인을 날인하였다면, 그 업무보조자인 공무원에게 공문서위조죄가 성립할 것이고, 그에게 위와 같은 행위를 하도록 지시한 중간결재자인 공무원도 공문서위조죄의 공범으로서의 책임을 면할 수 없다 (대판 1996.4.23. 96도424).

성한 자가 작성권한자 몰래 허위내용을 작성한 경우에도 본죄의 주체가 된다.[18]

(2) 행위의 객체

행위의 객체는 '공무원 또는 공무소의 문서 또는 도화'이다. 이는 공문서 또는 공도화를 의미한다.

'공무원'은 국가 또는 지방자치단체 및 이에 준하는 공법인의 사무에 종사하는 자로서 그 노무의 내용이 단순한 기계적 육체적인 것에 한정되어 있지 않은 자를 말한다.[19] '공무소'란 공무원이 직무를 집행하는 관공서나 관청 등을 말한다.

'공문서'란 공무원 또는 공무소가 직무와 관련하여 작성한 문서로서, 공무원 등으로 의제되는 경우에는 이들이 직무와 관련하여 작성한 문서도 공문서가 된다. 그러나, 외국의 공무원 또는, 공무소에서 작성한 문서 또는 도화는 공문서가 아니라 사문서에 해당한다. 행위주체가 공무원과 공무소가 아닌 경우에는 형법 또는 특별법에 의하여 공무원 등으로 의제되는 경우를 제외하고는 계약 등에 의하여 공무와 관련되는 업무를 일부 대행하는 경우가 있더라도 공무원 또는 공무소가 될 수 없다.[20]

'공도화'란 공무원 또는 공무소가 직무상 작성한 도화로, 지적도, 가환지를 표시한 경지정리확정지구 원도[21] 등이 이에 해당한다. 공문서 또는 공도화의 사본도 제237조의2에 의거, 본죄에 해당한다.

공무원 또는 공무소에서 작성한 문서라고 하더라도 직무와 관련성이 없으면 공문서로 볼 수 없다. 이때, 직무상 작성된 것이면 충분하고 대외적이든 대내적이든 상관없으며, 권리의무나 사실관계증명에 관한 문서일 필요도 없다.

---

18) 주민등록표 등본 작성업무를 취급할 지위에 있지 아니하나 그 사무를 담당하는 자가 바쁠 때 동인의 승낙 또는 인식하에 사실상 협조하여 동장명의의 주민등록표등본을 작성하여 온 자가 동인 모르게 주민등록표 원본기재 사실과 일치하지 아니한 주민등록표등본을 작성한 경우에는 공문서위조죄가 성립한다(대판 1979.12.11. 78도704).
19) 대판 2011.1.27. 2010도14484
20) 대판 2020.3.12. 2016도19170.
21) 가환지에 관한 경지정리확정지구 원도를 광주시장의 위탁에 의하여 대한지적협회 전라남도지부가 측량 작성하여 전라남도 세정과 지적계 기좌의 검사를 마친 후 광주시에 납품하고 다시 서구청으로 회송되어 온 경우에 위 지적도는 이미 이해관계인의 권리에 관한 사항을 기입한 것으로서 형법 제225조 소정의 공무소가 비치한 도화라고 봄이 상당하다(대판 1980.8.12. 80도1134).

□ 공문서 관련 판례

〈공문서에 해당되는 것〉

주민등록증, 인감증명서, 수사기관이 작성한 십지지문 지문대조표, 국립경찰병원장 명의의 진단서, 면장의 주거표 및 주거표이송부, 사서증서 인증서 중 인증기재 부분, 국립학교 학생증, 호적등본, 증인신문조서, 운전면허증, 여권, 토지대장 등이다.

〈공문서에 해당되지 않는 것〉

화물자동차운송사업협회 이사장이 작성한 대폐차수리통보서, 사서증서의 기재내용, 지방세의 수납업무를 일부 관장하는 시중은행의 세금수납영수증, 공무원의 개인 채무부담의 의사표시, 공립학교의 교원실태조사카드의 교사작성 부분, 계약 등에 의하여 공무와 관련되는 업무를 일부 대행하는 자가 작성한 문서 등은 공문서에 해당되지 않는다.

(3) 실행 행위

본죄의 실행 행위는 '위조 또는 변조'이다.

(가) 위조

'위조'란 작성권한이 없는 자가 공무원 또는 공무소의 명의를 모용하여 문서를 작성하는 것으로, 이때 위조는 유형위조를 말한다.

□ 공문서 위조 관련 판례

〈공문서 위조 인정〉

① 경제기획원조사 통계국 경남 제2기획 통제실장이라는 공무소 또는 공무원이 실존하지 아니하여도 경제기획원 조사통계국은 실존하는 것으로서 그 산하에 경남 제2기획통제실장이라는 공무원이 실존하는 것으로 일반인이 오신할 우려가 있는 이상 그 이름의 문서가 실존하는 공무원이 작성한 문서로 볼 수 있는 정도의 형식과 외관을 갖은 문서인 이상 공문서위조죄가 성립한다는 견해로서 공문서위조 동 행사의 범죄사실을 인정한 조치는 정당하다(대판 1968.9.17. 68도981).

② 유효기간이 경과하여 무효가 된 공문서상에 '정정의 경우에는 무효로 한다'는 기재가 있다고 하더라도 이는 작성권한 없는 자의 정정을 무효로 한다는 취지로 보아야 할 것이므로 권한없는 자가 그 유효기간과 발행일자를 정정하고 그 부분에 작성권한 자의 직인을 압날하여 공문서를 작성하였다면 이는 형식과 외관에 의하여 효력이 있는 공문서를 위조한 것이 된다(대판 1980.11.11. 80도2126).

③ 일반인으로 하여금 공무원 또는 공무소의 권한 내에서 작성된 문서라고 믿을 수 있는 형식과 외관을 구비한 문서를 작성하면 공문서위조죄가 성립한다(대판 1992.11.27.

92도2226).

④ 피고인이 국립경찰병원장 명의의 진단서에 직인과 계인을 날인하고 환자의 성명과 병명 및 향후치료소견을 기재하였다면 비록 진단서 발행번호나 의사의 서명날인이 없더라도 이는 공문서로서 형식과 외관을 구비하였으므로 공문서위조죄가 성립한다(대판 1987.9.22. 87도1443).

⑤ 군청소속의 도축장 검사원에게 군수명의로 된 백지의 지방우육 서울반출증을 보관하면서 적법한 도축신청과 서울축산기업 납세조합에서 발행한 지방우육 서울반입 실수요자확인증의 제출이 있는 경우에 한하여 위 백지반출증에 실수요자증명서의 발행번호와 반출증의 발행일자, 유효기간 등을 보충기재하여 반입실수요자에 교부할 권한만이 위임되어 있었던 경우라면 동 검사원에게 위 반출증의 작성권한이 위임되어 있다고 볼 수 없으므로 동 검사원이 적법한 도축신청과 실수요자확인증의 제출이 없음에도 허위의 반출증을 작성교부하였다면 공문서위조죄가 성립한다(대판 1984.9.11. 84도368).

⑥ 피고인이 타인의 주민등록증을 이용하여 주민등록증상 이름과 사진을 하얀 종이로 가린 후 복사기로 복사를 하고, 다시 컴퓨터를 이용하여 위조하고자 하는 당사자의 인적사항과 주소, 발급일자를 기재한 후 덮어쓰기를 하여 이를 다시 복사하는 방식으로 전혀 별개의 주민등록증사본을 창출시킨 사실을 인정한 다음, 그 사본 또한 공문서위조 및 행사죄의 객체가 되는 공문서에 해당한다(대판 2004.10.28. 2004도5183).

⑦ 타인의 주민등록증사본의 사진란에 피고인의 사진을 붙여 복사하여 행사한 행위가 공문서위조죄 및 동행사죄에 해당한다(대판 2000.9.5. 2000도2855).

〈공문서 위조 부정〉

① 위조 행사하였다는 출근통지서는 타자용지에 타자기로 작성한 것으로 그 두문에 발신기관명이 기재되어 있지 않고, 그 작성명의도 공무소인 시청이나 공무원인 그 시장 또는 보조기관인 A과장으로 되어 있지 않고 말단에 A과로만 기재되어 있어 본문의 내용을 읽어 보지 않고는 어느 기관의 A과인지 선뜻 알아볼 수 없게 되어 있고, 위 "A과"라는 기재 부분 옆에는 직인이나 관인이 아닌 공소외인의 사인이 찍혀 있어 그 외관이 공문서라고 보기 어려울 정도로 극히 조악하고, 그 본문에 있어서도 출근통지라는 매우 이례적인 내용을 담고 있는 점 등을 종합 고찰하여 보면, 위 출근통지서는 외견상으로도 공무소 또는 공무원이 그 직무권한 내에서 작성한 공문서라고 보기 어려울 정도로 공문서로서의 외관과 형식을 갖추지 못하였다(대판 1992.5.26. 92도699).

② 공문서의 위조라 함은 행사할 목적으로 공무원 또는 공무소의 문서를 정당한 작성권한 없는 자가 작성권한 있는 자의 명의로 작성하는 것을 말하므로, 공문서인 기안문서의 작성권한자가 직접 이에 서명하지 않고 피고인에게 지시하여 자기의 서명을 흉내내어 기안문서의 결재란에 대신 서명케 한 경우라면 피고인의 기안문서 작성행위는 작성권자의 지시 또는 승낙에 의한 것으로서 공문서위조죄의 구성요건해당성이 조각된다

(대판 1983.5.24. 82도1426).

③ 종량제 쓰레기봉투에 인쇄할 시장 명의의 문안이 새겨진 필름을 제조하는 행위에 그친 경우에는 아직 위 시장 명의의 공문서인 종량제 쓰레기봉투를 위조하는 범행의 실행의 착수에 이르지 아니한 것으로서 그 준비단계에 불과한 것으로 보아 무죄를 선고했다(대판 2007.2.23. 2005도7430).

(나) 변조

'변조'란 권한없는 자가 진정하게 성립된 공문서의 동일성을 해하지 않을 정도로 문서의 내용을 변경하는 것이다. 변조는 문서의 동일성을 해하지 않을 정도여야 한다. 내용의 변경이 있다고 하더라도 문서의 동일성이 유지되지 않고 새로운 문서가 작성되었다고 볼 수 있으면 이는 변조가 아니라 위조가 된다.[22] 변조된 문서는 진정한 문서라고 오인될 정도의 형식과 외관을 갖추어야 한다. 변조가 조잡하여 공문서에 이르지 못한 경우에는 변조라고 할 수 없다.[23]

□ 공문서 변조 관련 판례

⟨공문서 변조 인정⟩

① 시장명의로 작성하여 도지사에게 송부한 환지계획인가신청서에 첨부된 당초의 도면에 잘못 표시된 부분이 있다고 하여도 시에서 도시계획 업무를 담당한 공무원이 적법한 절차를 거침이 없이 임의로 위 도면을 정정도면과 바꿔치기 한 행위에 대하여는 공문서변조, 동행사의 범의를 인정하기 넉넉하며, 도면에 간인이 없다든가 시장의 승인이 예상된다 하여 그 범의를 부정할 수는 없다(대판 1985.6.25. 85도540).

② 최종 결재권자를 보조하여 문서의 기안업무를 담당한 공무원이 이미 결재를 받아 완성된 공문서에 대하여 적법한 절차를 밟지 않고 그 내용을 변경한 경우에도 특별한 사정이 없는 한 공문서 변조죄가 성립한다(대판 2017.6.8. 2016도5218).

③ 재산세 과세대장의 작성 권한이 있던 자가 인사이동되어 그 권한이 없어진 후 그 기재내용을 변경한 경우, 공문서 변조죄에 해당한다(대판 1996.11.22. 96도1862).

---

22) 피고인이 용암면장의 직인이 날인된 고발장에 기재된 피고발인 김병환을 김성환으로 개서한 경우 이로 인하여 외형상으로는 문서내용의 중요부분이 변경되었고 실질적으로는 전연 새로운 별개의 공문서를 작성한 것이므로 공문서위조죄가 된다(대판 1962.12.20. 62도183).

23) 자신의 주민등록증 비닐커버 위에 검은색 볼펜을 사용하여 주민등록번호 전부를 덧기재하고 투명 테이프를 붙이는 방법으로 주민등록번호 중 출생연도를 나타내는 "71"을 "70"으로 고친 사안에서, 변조행위가 공문서 자체에 변경을 가한 것이 아니며 그 변조방법이 조잡하여 공문서에 대한 공공의 위험을 초래할 정도에 이르지 못하였다는 이유로 공문서변조의 점에 대하여 무죄를 선고했다(대판 1997.3.28. 97도30).

〈공문서 변조 부정〉

① 복사된 내사결과보고서가 외견상 다른 문서의 일부분을 복사한 것일 가능성이 충분히 예상되고, 원본인 내사결과보고서의 표지와 '7.건의'부분의 내용이 복사된 내사결과보고서의 내용과 상충하여 원본 전체의 내용을 오인하게 할 가능성이 있는 경우에 해당한다고 보기 어려우므로 피고인이 이 사건 내사결과보고서를 복사하면서 표지를 제외하고 '건의'부분을 가린 채 복사하였다고 하여도 이를 기존 공문서에 새로운 증명력을 작출하는 행위로 볼 수 없다고 판단하여 피고인에 대한 공문서변조, 동행사의 점에 대하여 무죄를 선고했다(대판 2003.12.26. 2002도7339).

② 권한 없는 자가 임의로 인감증명서의 사용용도란의 기재를 고쳐 썼다고 하더라도 공무원 또는 공무소의 문서 내용에 대하여 변경을 가하여 새로운 증명력을 작출한 경우라고 볼 수 없으므로 공문서변조죄나 이를 전제로 하는 변조공문서행사죄가 성립되지는 않는다(대판 2004.8.20. 2004도2767).

③ 공문서변조라 함은 권한없이 이미 진정하게 성립된 공무원 또는 공무소명의의 문서 내용에 대하여 그 동일성을 해하지 아니할 정도로 변경을 가하는 것을 말한다 할 것이므로 이미 허위로 작성된 공문서는 형법 제225조 소정의 공문서변조죄의 객체가 되지 아니한다(대판 1986.11.11. 86도1984).

④ 인낙조서에 첨부되어있는 도면 및 그 사본에 임의로 그은 점선은 인낙조서 본문이나 도면에서 그에 대한 설명이 없는 이상 특정한 의미 내용을 갖지 아니한 단순한 도형에 불과하여 그 자체로서 새로운 증명력이 작출케 된다고 할 수 없다는 이유로 그와 같은 점선을 그은 행위가 문서의 손괴에 해당할 수 있음은 별론으로 하고, 공도화로서의 공공적 신용을 해할 위험이 있는 공도화변조죄에 해당한다고 할 수 없다(대판 2000.11.10. 2000도3033).

(4) 기수시기

본죄는 행사할 목적으로 공문서를 위조 또는 변조하는 행위를 개시할 때 실행의 착수가 인정되고, 문서의 작성 또는 변경하였을 때 기수가 된다.

3. 주관적 구성요건

본죄는 공문서를 위조·변조한다는 고의 이외 행사할 목적이 있어야 한다.[24] 이는 위조·변조된 공문서를 진정한 것처럼 사용할 목적을 의미한다.

---

24) 공문서변조죄에 있어서 행사할 목적이란 변조된 공문서를 진정한 문서인 것처럼 사용할 목적 즉 행사의 상대방이 누구이든지간에 그 상대방에게 문서의 진정에 대한 착오를 일으킬 목적이면 충분한 것이지 반드시 변조 전의 그 문서의 본래의 용도에 사용할 목적에 한정되는 것은 아니다(대판 1995.3.24. 94도1112).

Ⅱ. 자격모용에 의한 공문서 등의 작성죄

> **제226조【자격모용에 의한 공문서 등의 작성】** 행사할 목적으로 공무원 또는 공무소의 자격을 모용하여 문서 또는 도화를 작성한 자는 10년 이하의 징역에 처한다.

1. 의의

본죄는 '행사할 목적으로 공무원 또는 공무소의 자격을 모용하여 문서 또는 도화를 작성함으로써 성립하는 범죄'이다. 본죄는 자격모용에 의한 사문서작성죄에 대해 불법이 가중된 유형이다. 미수범은 처벌한다.

2. 구성요건

'자격을 모용한다'는 것은 자신의 명의로 문서를 작성하되, 자신이 공무원 또는 공무소의 권한이 있는 것처럼 문서를 작성하는 것을 말한다. 예컨대, 공무원이 아닌 자 또는 작성권한이 없는 공무원(경찰공무원 순경)이 'A경찰서장 김총경'이라고 공문서를 작성하는 것이다. 본죄는 타인명의를 도용한다는 점에서 위조죄와는 다르다.

□ 관련 판례

① 피고인이 동래구청장으로 전보된 후에 남구청장의 권한에 속하는 이 사건 건축허가에 관한 기안용지의 결재란에 서명을 하였다면 이는 자격모용에 의한 공문서작성죄를 구성한다(대판 1993.4.27. 92도2688).
② 식당의 주·부식 구입 업무를 담당하는 공무원이 주·부식구입요구서의 과장결재란에 권한 없이 자신의 서명을 한 경우, 자격모용공문서작성죄가 성립하고 공문서위조죄는 문제되지 않는다(대판 2008.1.17. 2007도6987).

Ⅲ. 허위공문서 등 작성죄

> **제227조【허위공문서작성 등】** 공무원이 행사할 목적으로 그 직무에 관하여 문서 또는 도화를 허위로 작성하거나 변개한 때에는 7년 이하의 징역 또는 2천만원 이하의 벌금에 처한다.

1. 의의, 보호법익

본죄는 '공무원이 행사할 목적으로 그 직무에 관하여 문서 또는 도화를 허위로 작성하거나 변개함으로써 성립하는 범죄'이다. 이는 공문서의 무형위조에 대한 처벌규정이다. 보호법익은 '공문서의 내용의 진실에 대한 공공의 신용'이며, 보호의 정도는 '추상적 위험범'이며, 행사할 목적의 '진정목적범'이다. 미수범은 처벌한다.

2. 객관적 구성요건

(1) 행위의 주체

행위의 주체는 '공무원'이다. 이때, 공무원은 직무상 작성권한이 있는 공무원으로, 진정신분범이다.[25)]

'작성권한이 있는 공무원'이란 사실상의 업무 담당을 말하는 것이 아니라 자기 명의로 공문서를 작성할 권한이 있는 것을 의미한다. 단, 전결권을 위임받은 공무원은 가능하다. 작성권한을 위임받은 자가 그 권한을 초월하여 공문서를 작성한 경우에는 본죄가 아니라 공문서위조죄가 성립한다.[26)] 본죄의 주체는 직무상 그 문서를 작성할 권한이 있는 공무원에 한하고 작성권자를 보조하는 직무에 종사하는 공무원은 허위공문서작성죄의 주체가 되지 못한다. 다만 공문서의 작성권한이 있는 공무원의 직무를 보좌하는 사람이 그 직위를 이용하여 행사할 목적으로 허위의 내용이 기재된 문서 초안을 그 정을 모르는 상사에게 제출하여 결재하도록 하는 등의 방법으로 작성권한이 있는 공무원으로 하여금 허위의 공문서를 작성하게 한 경우에는 허위공문서작성죄의 간접정범이 성립한다.[27)]

---

25) 허위공문서작성죄는 그 공문서의 작성권한자인 공무원을 주체로 하는 신분범이라고 볼 것이므로 피고인의 행위가 허위공문서작성죄에 해당한다고 하기 위하여는 피고인에게 그 작성권한이 있음을 확정하여야 한다(대판 1984.3.13. 83도3152).

26) 형법 제227조가 규정한 허위공문서작성죄는 그 문서를 작성할 권한이 있는 공무원이 허위내용의 공문서를 작성한 경우에 성립하는 것이고 그 공무원을 보조하는 직무에 종사하는 공무원이 작성권한을 가진 공무원의 결재도 받지 아니하고 임의로 허위내용의 공문서를 작성권한자 명의로 작성한 때에는 공문서위조죄가 성립한다고 할 것인바, 면사무소 호적계장이 면장의 결재 없이 호적의 출생년란, 주민등록번호란에 허위내용의 호적정정 기재를 한 경우에는 공문서위조 및 동행사죄를 구성하는 것은 별론으로 하고 형법 제227조가 규정한 허위공문서작성죄에 해당할 수는 없다(대판 1990.10.12. 90도1790).

27) 대판 2011.5.13. 2011도1415.

(2) 행위의 객체

행위의 객체는 '공문서 또는 공도화'이다. 허위공문서작성죄에 있어서의 '직무에 관한 문서'라 함은 공무원이 그 직무권한 내에서 작성하는 문서를 말하고, 그 문서는 대외적인 것이거나 내부적인 것을 구별하지 아니하며, 그 직무권한이 반드시 법률상 근거가 있음을 필요로 하는 것이 아니고, 널리 명령, 내규 또는 관례에 의한 직무집행의 권한으로써 작성 하는 경우를 포함한다.[28] 공문서위조·변조죄의 객체와 동일하다.

(3) 실행 행위

실행 행위는 '문서 또는 도화를 허위로 작성하거나 변개하는 것'이다.

(가) 허위작성

'허위로 작성'한다는 것은 공무원이 작성권한 내에서 진실에 반하는 허위의 내용을 기재하는 것을 말한다. 이는 표시된 내용과 진실이 부합하지 아니하여 그 문서에 대한 공공의 신용을 위태롭게 하는 경우를 의미한다.[29] 허위작성은 부작위로도 가능하다. 사법경찰관이 피의자신문조서를 작성함에 있어서 피의자의 자백사실을 고의로 누락한 경우에 부작위에 의한 허위공문서작성이 된다.[30]

신고내용이 허위임을 알고 있으면서도 공무원이 공문서를 작성함에 있어 그대로 기재한 경우에는 본죄가 성립한다.[31]

□ 허위작성 관련 판례

〈허위작성 인정〉

① 공증담당 변호사가 법무사의 직원으로부터 인증촉탁서류를 제출받았을 뿐 법무사가 공증사무실에 출석하여 사서증서의 날인이 당사자 본인의 것임을 확인한 바 없음에도

---

28) 대판 1981.12.8. 81도943.
29) 대판 1985.6.25. 85도758.
30) 임웅, 751면.
31) 호적사무를 관장하는 호적리는 호적에 기재를 함에 있어서 그 신고가 적어도 형식상의 요건을 갖추고 있는 경우에 있어서는 이것의 기재절차를 밟은 것이고 그 신고사항이 진실한 여부를 심사한 후 그 수리 여부를 정정할 필요는 없다고 할 것은 소론과 같으나 호적부는 사람의 신분을 공증하고 타인으로 하여금 각 사람이 가지는 신분 지위 등을 알게 하기 위하여 설정된 공부로서 그 기재사항의 적법하고 진실에 부합될 것임은 당연한 이치이므로 신고사항이 허위인 것이 명백한 경우에 있어서는 호적리는 그 기재를 거부할 수 있다고 해석함이 법정신에 적합한 것이라 할 것이다. 그러므로 호적리는 신고사항이 허위인 것을 알고 있으면서 고의로 신고인의 뜻을 받아 이를 호적부에 기재한 때에는 형법 제227조의 허위공문서 작성죄를 구성한다고 할 것이다(대판 1977.12.27. 77도2155).

마치 그러한 확인을 한 것처럼 인증서에 기재한 경우, 인증촉탁 대리인이 법무사일 경우 그 직원이 공증사무실에 촉탁서류를 제출할 뿐 법무사 본인이 사서증서의 날인 또는 서명이 당사자 본인의 것임을 확인하지 아니하는 것이 업계의 관행이라고 할지라도 그와 같은 업계의 관행이 정당하다고 볼 수 없어 허위공문서작성죄가 성립한다(대판 2007.1.25. 2006도3844).

② 농지법 제8조 제1항 소정의 농지취득자격증명은 농지를 취득하는 자가 그 소유권에 관한 등기를 신청할 때에 첨부하여야 할 서류로서(농지법 제8조 제4항), 농지를 취득하는 자에게 농지취득의 자격이 있다는 것을 증명하는 것이므로, 신청인에게 농업경영능력이나 영농의사가 없음을 알거나 이를 제대로 알지 못하면서도 농지취득자격에 아무런 문제가 없다는 내용으로 농지취득자격증명통보서를 작성하였다면, 허위공문서작성죄가 성립한다(대판 2017.1.25. 2016도3996).

③ 공문서허위작성죄에 있어서 허위라 함은 표시된 내용과 진실이 부합하지 아니하여 그 문서에 대한 공공의 신용을 위태롭게 하는 경우를 말하고 인감증명서는 각종의 법률행위에 있어서 본인인 여부 및 본인의 진정한 의사인 여부를 확인케 하는데 일반적으로 사용되는 만큼 그 인감증명서가 본인 또는 대리인 중 누구의 신청에 의하여 발행된 문서이냐 하는 점 역시 그 증명력을 담보함에 필요한 사항이라 할 것이므로 인감증명서를 발행함에 있어 인감증명서의 인적사항과 인감 및 그 용도를 일치하게 기재하였어도 대리인에 의한 것을 본인의 신청에 의한 것으로 기재하였다면 그 사항에 관하여는 허위기재한 것으로 보아야 할 것이다(대판 1985.6.25. 85도758).

④ 지방공무원인 피고인이 갑으로부터 부탁을 받고 1989.4.15.까지는 갑이 세대주이고 처인 을은 동거가족에 불과하였음에도 불구하고 마치 1988.3.26.부터 을이 세대주인 것처럼 된 세대별 주민등록표 1장을 작성하여 동사무소의 주민등록표 보관함에 비치한 행위는 허위공문서작성 및 동행사죄에 해당한다(대판 1990.10.16. 90도1199).

〈허위작성 부정〉

① 허위공문서작성죄란 공문서에 진실에 반하는 기재를 하는 때에 성립하는 범죄이므로, 고의로 법령을 잘못 적용하여 공문서를 작성하였다고 하더라도 그 법령적용의 전제가 된 사실관계에 대한 내용에 거짓이 없다면 허위공문서작성죄가 성립될 수 없는바 당사자로부터 뇌물을 받고 고의로 적용하여서는 안될 조항을 적용하여 과세표준을 결정하고 그 과세표준에 기하여 세액을 산출하였다고 하더라도, 그 세액계산서에 허위내용의 기재가 없다면 허위공문서작성죄에는 해당하지 않는다(대판 1996.5.14. 96도554).

② 건축 담당 공무원이 건축허가신청서를 접수·처리함에 있어 건축법상의 요건을 갖추지 못하고 설계된 사실을 알면서도 기안서인 건축허가통보서를 작성하여 건축허가서의 작성명의인인 군수의 결재를 받아 건축허가서를 작성한 경우, 건축허가서는 그 작성명의인인 군수가 건축허가신청에 대하여 이를 관계 법령에 따라 허가한다는 내용에

> 불과하고 위 건축허가신청서와 그 첨부서류에 기재된 내용(건축물의 건축계획)이 건축
> 법의 규정에 적합하다는 사실을 확인하거나 증명하는 것은 아니라 할 것이므로 군수가
> 위 건축허가통보서에 결재하여 위 건축허가신청을 허가하였다면 위 건축허가서에 표현
> 된 허가의 의사표시 내용 자체에 어떠한 허위가 있다고 볼 수는 없다 할 것이어서, 이
> 러한 건축허가에 그 요건을 구비하지 못한 잘못이 있고 이에 담당 공무원의 위법행위
> 가 개입되었다 하더라도 그 위법행위에 대한 책임을 추궁하는 것은 별론으로 하고 위
> 건축허가서를 작성한 행위를 허위공문서작성죄로 처벌할 수는 없다(대판 2000.6.27.
> 2000도1858).

(나) 변개

'변개'란 작성권한 있는 공무원이 기존문서의 내용을 허위로 고치는 것을 말
한다. 변조는 작성권한이 없는 자임에 비해 변개는 작성권한이 있는 자의 변경
이다.

(4) 기수시기

공문서에 허위의 내용을 기재하고 문서작성을 완료할 때 기수가 된다. 한 개
의 공문서에 작성자가 2인 이상일 경우에도 1인의 작성행위의 완료로서 그 1인의
공문서 작성행위는 완료되는 것이며 나머지 다른 사람의 서명 날인이 없다 하여
전체의 허위공문서가 작성되지 않는다고 볼 것이 아니다.[32]

3. 주관적 구성요건

본죄의 고의는 직무에 관하여 허위작성 또는 변개한다는 인식과 인용이 있
어야 하며, 행사할 목적이 있어야 한다.

4. 간접정범 성립여부

본죄는 작성권한 있는 공무원이라는 진정신분범으로, 공범에 있어서는 제33
조가 적용된다.[33] 그러나, 비신분자가 신분자를 이용하여 본죄의 간접정범이 될
수 있는가에 대해서는 다음과 같다.

---

32) 대판 1973.6.26. 73도733.
33) 피고인이 건축물조사 및 가옥대장 정리업무를 담당하는 지방행정서기를 교사하여 무허가 건
　　물을 허가받은 건축물인 것처럼 가옥대장 등에 등재케 하여 허위공문서 등을 작성케 한 사
　　실이 인정된다면, 허위공문서작성죄의 교사범으로 처단한 것은 정당하다(대판 1983.12.13.
　　83도1458).

① 작성권한 있는 공무원이 비공무원 또는 작성권한 없는 공무원을 이용한 경우

작성권한 있는 공무원이 허위임을 모르는 비공무원 또는 작성권한 없는 다른 공무원을 이용하여 허위공문서를 작성한 경우에는 허위공문서작성죄의 간접정범이 성립한다.

② 비공무원이 작성권한 있는 공무원을 이용한 경우

본죄는 진정신분범이므로 작성권한이 있는 공무원만이 정범적격이 있기 때문에 비공무원은 허위공문서작성죄의 간접정범이 될 수 없다.[34]

③ 작성권한 없는 공무원이 작성권한 있는 공무원을 이용한 경우

작성권한 있는 공무원을 지시하거나 보조하는 공무원이 허위임을 모르는 작성권한 있는 공무원을 이용하여 허위공문서를 작성하게 한 경우에는 보조공무원은 작성권한 있는 공무원은 아니지만 사실상 또는 실질적으로 공문서 작성에 관여하고 있으므로 간접정범이 성립한다.[35]

---

34) 형법은 소위 무형위조에 관하여서는 공문서에 관하여서만 이를 처벌하고 일반 사문서의 무형위조를 인정하지 아니할 뿐 아니라(다만 형법 제233조의 경우는 예외) 공문서의 무형위조에 관하여서도 동법 제227조 이외에 특히 공무원에 대하여 허위의 신고를 하고 공정증서 원본 면허장 감찰 또는 여권에 사실 아닌 기재를 하게 할 때에 한하여 동법 제228조의 경우의 처벌규정을 만들고 더구나 위 227조의 경우의 형벌보다 현저히 가볍게 벌하고 있음에 지나지 아니하는 점으로 보면 공무원이 아닌 자가 허위의 공문서 위조의 간접정범이 되는 때에는 동법 제228조의 경우 이외에는 이를 처벌하지 아니하는 취지로 해석함을 상당하다고 할 것이다(대판 1961.12.14. 4292형상645 전원합의체). 어느 문서의 작성권한을 갖는 공무원이 그 문서의 기재 사항을 인식하고 그 문서를 작성할 의사로써 이에 서명날인하였다면, 설령 그 서명날인이 타인의 기망으로 착오에 빠진 결과 그 문서의 기재사항이 진실에 반함을 알지 못한 데 기인한다고 하여도, 그 문서의 성립은 진정하며 여기에 하등 작성명의를 모용한 사실이 있다고 할 수는 없으므로, 공무원 아닌 자가 관공서에 허위 내용의 증명원을 제출하여 그 내용이 허위인 정을 모르는 담당공무원으로부터 그 증명원 내용과 같은 증명서를 발급받은 경우 공문서위조죄의 간접정범으로 의율할 수는 없다(대판 2001.3.9. 2000도938).
35) 공문서의 작성권한이 있는 공무원의 직무를 보좌하는 자가 그 직위를 이용하여 행사할 목적으로 허위의 내용이 기재된 문서 초안을 그 정을 모르는 상사에게 제출하여 결재하도록 하는 등의 방법으로 작성권한이 있는 공무원으로 하여금 허위의 공문서를 작성하게 한 경우에는 간접정범이 성립되고 이와 공모한 자 역시 그 간접정범의 공범으로서의 죄책을 면할 수 없는 것이고, 여기서 말하는 공범은 반드시 공무원의 신분이 있는 자로 한정되는 것은 아니라고 할 것이다(대판 1992.1.17. 91도2937).

□ 관련 판례

〈간접정범 인정〉

① 경찰서 보안과장인 피고인이 갑의 음주운전을 눈감아주기 위하여 그에 대한 음주운전자 적발보고서를 찢어버리고, 부하로 하여금 일련번호가 동일한 가짜 음주운전 적발보고서에 을에 대한 음주운전 사실을 기재케 하여 그 정을 모르는 담당 경찰관으로 하여금 주취운전자 음주측정처리부에 을에 대한 음주운전 사실을 기재하도록 한 이상, 을이 음주운전으로 인하여 처벌을 받았는지 여부와는 관계없이 허위공문서작성 및 동행사죄의 간접정범으로서의 죄책을 면할 수 없다(대판 1996.10.11. 95도1706).

② 공문서가 되는 이 사건 준공검사조서의 경우 직무상 그 작성권한이 있는 농업기술센터 소장만이 허위공문서작성죄의 주체가 되고 그 직무를 보조하는 지위에 있는 공무원 공소외 2는 허위공문서작성죄의 주체가 되지 못하나, 공소외 2는 피고인과 공모하여 그로 하여금 이 사건 준공검사조서를 허위로 작성·제출하게 하고 그에 관하여 준공검사에 입회한 담당자로서 그 진정성을 확인한다는 의미로 결재한 다음 담당과장을 통해 그 허위의 정을 모르는 소장에게 이를 제출하여 결재하게 함으로써 이 사건 준공검사조서를 허위의 공문서로 완성하였던 것이므로 허위공문서작성죄의 간접정범으로서 죄책을 지게 되고, 그와 공모한 피고인도 공무원의 신분을 가지는지 여부와 관계없이 그 간접정범의 공범으로서 죄책을 면할 수 없다(대판 2010.4.29. 2010도875).

③ 허위공문서작성죄의 주체는 직무상 그 문서를 작성할 권한이 있는 공무원에 한하고 작성권자를 보조하는 직무에 종사하는 공무원은 허위공문서작성죄의 주체가 되지 못하나 이러한 보조직무에 종사하는 공무원이 허위공문서를 기안하여 허위인 정을 모르는 작성권자에게 제출하고 그로 하여금 그 내용이 진실한 것으로 오신케 하여 서명 또는 기명날인케 함으로써 공문서를 완성한 때에는 허위공문서작성죄의 간접정범이 성립된다 할 것인바, 면의 호적계장이 정을 모른 면장의 결재를 받아 허위내용의 호적부를 작성한 경우 허위공문서작성, 동행사죄의 간접정범이 성립된다(대판 1990.10.30. 90도1912).

〈간접정범 부정〉

① 허위공문서작성죄의 주체는 문서를 작성할 권한이 있는 명의인인 공무원에 한하고 그 공무원의 문서작성을 보조하는 직무에 종사하는 공무원은 허위공문서작성죄의 주체가 될 수 없다. 따라서 보조 직무에 종사하는 공무원이 허위공문서를 기안하여 허위임을 모르는 작성권자의 결재를 받아 공문서를 완성한 때에는 허위공문서작성죄의 간접정범이 될 것이지만, 이러한 결재를 거치지 않고 임의로 작성권자의 직인 등을 부정 사용함으로써 공문서를 완성한 때에는 공문서위조죄가 성립한다. 이는 공문서의 작성권한 없는 사람이 허위공문서를 기안하여 작성권자의 결재를 받지 않고 공문서를 완성한 경우에도 마찬가지이다.

나아가 작성권자의 직인 등을 보관하는 담당자는 일반적으로 작성권자의 결재가 있는 때에 한하여 보관 중인 직인 등을 날인할 수 있을 뿐이다. 이러한 경우 다른 공무원 등이 작성권자의 결재를 받지 않고 직인 등을 보관하는 담당자를 기망하여 작성권자의 직인을 날인하도록 하여 공문서를 완성한 때에도 공문서위조죄가 성립한다(대판 2017.5.17. 2016도13912).

② 형법 제227조가 규정한 허위공문서작성죄는 그 문서를 작성할 권한이 있는 공무원이 허위내용의 공문서를 작성한 경우에 성립하는 것이고 그 공무원을 보조하는 직무에 종사하는 공무원이 작성권한을 가진 공무원의 결재도 받지 아니하고 임의로 허위내용의 공문서를 작성권한자 명의로 작성한 때에는 공문서위조죄가 성립한다고 할 것인바, 면사무소 호적계장이 면장의 결재 없이 호적의 출생년란, 주민등록번호란에 허위내용의 호적정정 기재를 한 경우에는 공문서위조 및 동행사죄를 구성하는 것은 별론으로 하고 형법 제227조가 규정한 허위공문서작성죄에 해당할 수는 없다(대판 1990.10.12. 90도1790).

5. 다른 죄와의 관계

① 공무원인 의사가 허위진단서를 작성한 경우에는 허위공문서작성죄만이 성립한다.[36]

② 공무원이 직무상 위법사실을 은폐하기 위해 허위공문서를 작성한 경우에는 작위범인 허위공문서작성죄, 동행사죄만이 성립하고 부작위범인 직무유기죄는 따로 성립하지 않는다.[37]

Ⅳ. 공전자기록위작·변작죄

제227조의2【공전자기록위작·변작】사무처리를 그르치게 할 목적으로 공무원 또는 공무소의 전자기록 등 특수매체기록을 위작 또는 변작한 자는 10년 이하의 징역에 처한다.

---

36) 형법 제233조 소정의 허위진단서작성죄의 대상은 공무원이 아닌 의사가 사문서로서 진단서를 작성한 경우에 한정되고, 공무원인 의사가 공무소의 명의로 허위진단서를 작성한 경우에는 허위공문서작성죄만이 성립하고 허위진단서작성죄는 별도로 성립하지 않는다(대판 2004.4.9. 2003도7762).

37) 대판 2008.2.14. 2005도4202.

1. 의의, 보호법익

본죄는 '사무처리를 그르치게 할 목적으로 공무원 또는 공무소의 전자기록 등 특수매체기록을 위작 또는 변작함으로써 성립하는 범죄'이다. 본죄는 사전자기록위작·변작죄의 불법가중유형이다. 보호법익은 '전자기록 등 특수매체기록에 대한 공공의 신용'이며, 보호의 정도는 '추상적 위험범'이며, 사무처리를 그르치게 할 목적의 '진정목적범'이다. 미수범은 처벌한다.

2. 객관적 구성요건

(1) 행위의 객체

행위의 객체는 '공무원 또는 공무소의 전자기록 등 특수매체기록'이다. 공무원 또는 공무소는 공문서위조죄와 동일하고, 전자기록 등 특수매체기록은 재물손괴죄와 같다.

'공무원 또는 공무소의 전자기록'은 공무원 또는 공무소가 직무상 작성할 권한을 가지는 전자기록을 말한다. 따라서 그 행위 주체가 공무원과 공무소가 아닌 경우에는 형법 또는 특별법에 의하여 공무원 등으로 의제되는 경우를 제외하고는 계약 등에 의하여 공무와 관련되는 업무를 일부 대행하는 경우가 있더라도 공무원 또는 공무소가 될 수 없다.[38] 본죄의 객체는 기록이므로 저장되지 않은 채 컴퓨터화면상에 현출되거나 전송중인 데이터는 객체에 해당되지 않는다.

(2) 실행 행위

실행 행위는 '위작 또는 변작'이다.

'위작'이란 권한없이 기록을 작성, 입력하는 것으로, 시스템을 설치·운영하는 주체와의 관계에서 전자기록의 생성에 관여할 권한이 없는 사람이 전자기록을 작출하거나 전자기록의 생성에 필요한 단위 정보의 입력을 하는 경우는 물론 시스템의 설치·운영 주체로부터 각자의 직무 범위에서 개개의 단위정보의 입력 권한을 부여받은 사람이 그 권한을 남용하여 허위의 정보를 입력함으로써 시스템 설치·운영 주체의 의사에 반하는 전자기록을 생성하는 경우도 포함된다.[39] '변작'이란 기존기록에 변경을 가하거나 말소 또는 허위내용을 작성, 입력하는 것을 말한다.

---

38) 대판 2020.3.12. 2016도19170.
39) 대판 2020.8.27. 2019도11294 전원합의체.

□ 공전자기록 위작 관련 판례

〈공전자기록 위작 인정〉

① 출장복명서상 실제 체비지 현장에 출장을 나가서 그 현황을 파악한 공무원이 누구인지 여부에 관한 정보는 그 출장복명서의 내용의 신뢰도에 직접 영향을 미치며 그 관련 업무를 처리함에 있어서 중요한 정보가 된다고 할 것이고, 따라서 이에 관하여 허위의 정보를 입력하는 것은 그 사무처리를 그르치게 할 목적으로 위 부천시청 행정지식관리시스템을 설치·운영하는 주체의 의사에 반하는 전자기록인 허위의 출장복명서를 생성하는 것으로서 공전자기록등위작의 범의가 충분히 인정된다고 할 것이고, 그 출장복명서상 기타 내용이 사실과 다르지 않다는 사정이나 업무관행상 그와 같이 작성하여 왔다는 사정만으로는 위작의 범위를 부정할 수는 없다고 할 것이다(대판 2007.7.27. 2007도3798).

〈공전자기록 위작 부정〉

① 자동차등록 담당공무원인 피고인이 여객자동차 운수사업법상 차량충당연한 규정에 위배되어 영업용으로 변경 및 이전등록을 할 수 없는 차량인 것을 알면서 자동차등록정보 처리시스템의 자동차등록원부 용도란에 '영업용'이라고 입력하였으나, 변경 및 이전등록에 관한 구체적 등록내용인 최초등록일 등은 사실대로 입력한 사안에서, 자동차등록원부상 '영업용으로의 용도변경 및 이전'에 관한 등록정보가 확인·공시하는 내용에 자동차가 영업용으로 용도변경되어 이전되었다는 사실 외에 변경 및 이전등록에 필요한 법령상 자격의 구비 사실까지 포함한다고 볼 법적인 근거가 없고, 최초등록일 등 등록과 관련된 사실관계에 대한 내용에 거짓이 있다고 볼 수 없는 이상, 위 행위가 공전자기록등위작죄의 '위작'에 해당한다고 할 수 없다(대판 2011.5.13. 2011도1415).

3. 주관적 구성요건

본죄의 고의는 공무원 또는 공무소의 전자기록 등 특수매체기록을 위작 또는 변작한다는 것 이외 사무처리를 그르치게 할 목적이 있어야 한다. '사무처리를 그르치게 할 목적'이란 위작·변작된 기록을 사무처리전산시스템에 사용함으로써 정당하거나 정상적인 사무처리 이외의 하자있는 처리를 하게 할 목적을 말한다.

□ 공전자기록 위작 고의 인정 판례

"사무처리를 그르치게 할 목적"이란 위작 또는 변작된 전자기록이 사용됨으로써 위와 같은 시스템을 설치·운영하는 주체의 사무처리를 잘못되게 하는 것을 말한다. 공군 복

> 지근무지원단 예하 18지구대에서 부대매점 및 창고관리 부사관으로 근무하던 피고인이 창고 관리병 공소외인으로 하여금 위 복지근무지원단의 업무관리시스템인 복지전산시스템에 피고인이 그 전에 이미 이 사건 다른 공소사실 내용과 같이 횡령한 바 있는 면세주류를 2009. 7. 10.경 및 2009. 7. 14.경 마치 당일 정상적으로 판매한 것처럼 허위로 입력하게 한 것은 각 지구대의 판매량의 신뢰도에 직접 영향을 미쳐 그 관련 업무를 처리함에 있어 중요한 정보를 허위로 생성하게 한 것으로서 피고인에게는 사무처리를 그르치게 할 목적이 있었다(대판 2010.7.8. 2010도3545).

V. 공정증서원본 등 부실기재죄

> 제228조【공정증서원본 등의 부실기재】① 공무원에 대하여 허위신고를 하여 공정증서원본 또는 이와 동일한 전자기록 등 특수매체기록에 부실의 사실을 기재 또는 기록하게 한 자는 5년 이하의 징역 또는 1천만원 이하의 벌금에 처한다.
> ② 공무원에 대하여 허위신고를 하여 면허증, 허가증, 등록증 또는 여권에 부실의 사실을 기재하게 한 자는 3년 이하의 징역 또는 700만원 이하의 벌금에 처한다.

1. 의의, 보호법익

본죄는 '공무원에 대하여 허위신고를 하여 공정증서원본 또는 이와 동일한 전자기록 등 특수매체기록, 면허증, 허가증, 등록증 또는 여권에 부실의 사실을 기재 또는 기록하게 함으로써 성립하는 범죄'이다. 본죄는 공무원이 아닌 자가 공무원을 이용한 간접적인 허위공문서작성죄의 형태로 볼 수 있다. 보호법익은 '공정증서원본 등의 내용의 진실에 대한 공공의 신용'이며, 보호의 정도는 '추상적 위험범'이다. 미수범은 처벌한다.

2. 객관적 구성요건

(1) 행위의 주체

행위의 주체는 제한이 없다. 비신분자 이외 직무와 관련없는 공무원도 본죄의 주체가 될 수 있다.

(2) 행위의 객체

행위의 객체는 '공정증서원본 또는 이와 동일한 전자기록 등 특수매체기록, 면허증, 허가증, 등록증 또는 여권'이다. 객체는 제한적 열거이다.

(가) 공정증서원본

'공정증서'란 권리의무에 관한 공정증서만을 가리키는 것이고 사실증명에 관한 것은 이에 포함되지 아니한다.[40] 공정증서는 원본만을 말하며, 정본, 등본, 초본, 사본 등은 해당하지 않는다.[41]

☐ 공정증서원본

〈공정증서원본에 해당되는 것〉
부동산등기부, 자동차등록부, 상업등기부, 선박등기부, 가족관계등록부, 호적부, 민사분쟁사건처리특례법에 의하여 합동법률사무소 명의로 작성된 공증에 관한 문서, 화해조서

〈공정증서원본에 해당되지 않는 것〉
권리의무의 변동에 영향을 주지 않는 주민등록부와 인감대장, 토지대장, 가옥대장, 자동차운전면허대장, 민사조저업상의 조정조서, 공증인이 인증한 사서증서, 선거인명부, 주민등록증, 법원의 판결원본, 지급명령원본, 임야대장, 수사기관이 작성하는 진술조서, 감정인의 감정서

(나) 전자기록 등 특수매체기록

본죄의 전자기록 등 특수매체기록은 공정증서원본과 동일한 효력을 갖는 것을 말한다. 예컨대, 자동차 등록파일, 호적파일, 전산자료화된 부동산등기파일[42] 등이 있다.

(다) 면허증

'면허증'이란 일정한 기능을 가진 사람에게 그 기능을 수행할 수 있는 권능을 증명하기 위해 공무원 또는 공무소가 발행하는 증서를 말한다. 예컨대, 자동차운전면허증, 수렵면허증, 의사면허증, 침구사자격증, 약사면허증 등이다. 공무원증과 교사자격증과 같은 일정한 자격을 표시함에 불과한 것은 면허증에 해당하지 않는다.

---

40) 대판 1988.5.24. 87도2696.
41) '공정증서원본'에는 공정증서의 정본이 포함된다고 볼 수 없으므로 불실의 사실이 기재된 공정증서의 정본을 그 정을 모르는 법원 직원에게 교부한 행위는 형법 제229조의 불실기재공정증서원본행사죄에 해당하지 아니한다(대판 2002.3.26. 2001도6503).
42) 대판 2017.2.15. 2014도2415.

(라) 허가증

'허가증'이란 특정인에게 일정한 업무 또는 영업을 할 수 있도록 공무원 또는 공무소가 발행하는 증서를 말한다. 예컨대, 음식점, 미용실, 주류판매업 등의 영업허가증이 있다.

(마) 등록증

'등록증'은 일정한 자격을 취득한 자에게 그 자격에 따른 영업을 할 수 있도록 공무원 또는 공무소에서 작성한 증서를 말한다. 예컨대, 변호사, 공인회계사, 기술사, 변리사, 세무사, 노무사, 감정평가사 등이다. 사업자등록증은 이에 해당하지 않는다.[43)

(바) 여권

'여권'은 공무원 또는 공무소가 발행하는 여행허가증을 말한다.

(3) 실행 행위

실행 행위는 '공무원에 대하여 허위신고를 하여 부실의 사실을 기재 또는 기록하게 하는 것'이다. 허위신고와 부실의 사실 기재 사이에는 인과관계가 있어야 한다.

(가) 공무원에 대한 허위신고

공무원에게 허위신고를 하여야 한다. '공무원'은 공정증서원본 등에 신고사실의 기재권한을 가진 공무원이어야 하며, 허위신고임을 몰라야 한다. 허위사실임을 알면서도 그대로 기재하면 허위공문서작성죄가 성립한다.[44) '허위신고'는 일정한 사실에 대해 객관적 진실에 반하는 사실을 신고함을 말한다. 법원의 촉탁에 의해 이루어진 경우에는 가령 그 전제절차에 허위적 요소가 있다 하더라도 그것은 법원의 촉탁에 의하여 이루어진 것이지 당사자의 허위신고에 의하여 이루어진 것이 아니므로 본죄를 구성하지 않는다.[45) 허위신고의 방법에는 제한이 없다. 대리인을 통해서도 가능하다.

---

43) 사업자등록증은 단순한 사업사실의 등록을 증명하는 증서에 불과하고 그에 의하여 사업을 할 수 있는 자격이나 요건을 갖추었음을 인정하는 것은 아니라고 할 것이어서 형법 제228조 제1항에 정한 '등록증'에 해당하지 않는다(대판 2005.7.15. 2003도6934).

44) 신고사항이 허위인 것이 명백한 경우에는 호적리는 그 기재를 거부할 수 있다고 해석할 것이므로 허위임을 알고 있으면서 이를 호적부에 기재하였다면 허위공문서 작성죄가 성립한다(대판 1977.12.27. 77도2155).

45) 대판 1983.12.27. 83도2442.

(나) 부실의 사실을 기재 또는 기록

'부실의 사실'이란 권리의무관계에 중요한 의미를 갖는 사항이 진실에 반하는 것을 말한다.46) 기재 또는 기록한다는 것은 공무원으로 하여금 객관적인 진실에 반하는 사실을 기재 또는 기록하게 하는 것을 말한다. 이때 부실기재 여부는 부분적으로 허위가 있다 하더라도 전체적으로 진실하다고 판단되는 경우에는 부실기재라고 할 수 없다. 공정증서원본에 기재된 사항이 부존재하거나 외관상 존재한다고 하더라도 무효에 해당되는 하자가 있다면, 그 기재는 불실기재에 해당한다. 그러나 기재된 사항이나 그 원인된 법률행위가 객관적으로 존재하고, 다만 거기에 취소사유인 하자가 있을 뿐인 경우, 취소되기 전에 공정증서원본에 기재된 이상, 그 기재는 공정증서원본의 불실기재에 해당하지는 않는다.47) 등기 경료 당시에는 실체권리관계에 부합하지 아니한 등기인 경우에는 사후에 이해관계인들의 동의 또는 추인 등의 사정으로 실체권리관계에 부합하게 된다 하더라도 본죄의 성립에는 아무런 영향이 없다.48)

□ 허위신고 및 부실기재 관련 판례

〈허위신고 및 부실기재 인정〉
① 실제로는 채권·채무관계가 존재하지 않는데도 허위의 채무를 가장하고 이를 담보한다는 명목으로 허위의 근저당권설정등기를 마친 것이라면 등기공무원에게 허위신고를 하여 등기부에 불실의 사실을 기재하게 한 때에 해당하므로 공정증서원본 등의 불실기재죄 및 불실기재공정증서원본 등의 행사죄가 성립한다(대판 2017.2.15. 2014도2415).
② 발행인과 수취인이 통모하여 진정한 어음채무 부담이나 어음채권 취득에 관한 의사 없이 단지 발행인의 채권자에게서 채권 추심이나 강제집행을 받는 것을 회피하기 위하여 형식적으로만 약속어음의 발행을 가장한 경우 이러한 어음발행행위는 통정허위표시로서 무효이므로, 이와 같이 발행인과 수취인 사이에 통정허위표시로서 무효인 어음발행행위를 공증인에게는 마치 진정한 어음발행행위가 있는 것처럼 허위로 신고함으로써 공증인으로 하여금 어음발행행위에 대하여 집행력 있는 어음공정증서원본을 작성케 하고 이를 비치하게 하였다면, 이러한 행위는 공정증서원본불실기재 및 불실기재공정증서원본행사죄에 해당한다고 보아야 한다(대판 2012.4.26. 2009도5786).
③ 지교회가 소속된 교단의 헌법상 지교회의 부동산을 특정 재단법인 앞으로 등기하도록 하는 규정이 있다고 하더라도, 지교회의 대표자가 총회의 결의 없이 지교회 교인들

46) 대판 2020.2.27. 2019도9293.
47) 대판 2018.6.19. 2017도21783.
48) 대판 2001.11.9. 2001도3959.

의 총유에 속하는 교회 부지 및 건물을 위 재단법인 앞으로 소유권이전등기를 마친 행위는 공정증서불실기재죄를 구성한다(대판 2008.9.25. 2008도3198).

④ 총 주식을 한 사람이 소유한 이른바 1인 회사와 달리, 주식의 소유가 실질적으로 분산되어 있는 주식회사의 경우, 실제의 소집절차와 결의절차를 거치지 아니한 채 주주총회의 결의가 있었던 것처럼 주주총회 의사록을 허위로 작성한 것이라면, 설사 1인이 총 주식의 대다수를 가지고 있고 그 지배주주에 의하여 의결이 있었던 것으로 주주총회 의사록이 작성되어 있다 하더라도, 도저히 그 결의가 존재한다고 볼 수 없을 정도로 중대한 하자가 있는 때에 해당하여, 그 주주총회의 결의는 부존재하다고 보아야 한다(대판 2018.6.19. 2017도21783).

⑤ 피고인들이 중국 국적의 조선족 여자들과 참다운 부부관계를 설정할 의사 없이 단지 그들의 국내 취업을 위한 입국을 가능하게 할 목적으로 형식상 혼인하기로 한 것이라면, 피고인들과 조선족 여자들 사이에는 혼인의 계출에 관하여는 의사의 합치가 있었으나 참다운 부부관계의 설정을 바라는 효과의사는 없었다고 인정되므로 피고인들의 혼인은 우리나라의 법에 의하여 혼인으로서의 실질적 성립요건을 갖추지 못하여 그 효력이 없고, 따라서 피고인들이 중국에서 중국의 방식에 따라 혼인식을 거행하였다고 하더라도 우리나라의 법에 비추어 그 효력이 없는 혼인의 신고를 한 이상 피고인들의 행위는 공정증서원본불실기재 및 동행사 죄의 죄책을 면할 수 없다(대판 1996.11.22. 96도2049).

〈허위신고 및 부실기재 부정〉

① 피고인이 甲 유한회사를 설립한 후 회사 명의로 통장을 개설하여 이른바 대포통장을 유통시킬 목적이었을 뿐 회사를 설립한 사실이 없는데도 허위의 회사설립등기 신청서를 법원 등기관에게 제출하여 등기관으로 하여금 상업등기 전산정보처리시스템의 법인등기부에 위 신청서의 기재 내용을 입력하고 이를 비치하게 하였다고 하여 공전자기록 등 불실기재와 불실기재 공전자기록 등 행사의 공소사실로 기소된 사안에서, 피고인이 실제 유한회사를 설립하려는 의사를 가지고 상법이 정하는 유한회사 설립에 필요한 정관 작성, 출자 이행, 임원 선임 등의 절차를 이행함으로써 甲 회사는 상법상 유한회사로 성립하였다는 등의 이유로, 甲 회사 설립등기는 공전자기록 등 불실기재죄에서 말하는 '불실의 사실'에 해당하지 않는다(대판 2020.3.26. 2019도7729).

② 부동산의 거래당사자가 거래가액을 시장 등에게 거짓으로 신고하여 신고필증을 받은 뒤 이를 기초로 사실과 다른 내용의 거래가액이 부동산등기부에 등재되도록 하였다면, '공인중개사의 업무 및 부동산 거래신고에 관한 법률'에 따른 과태료의 제재를 받게 됨은 별론으로 하고, 형법상의 공전자기록등불실기재죄 및 불실기재공전자기록등행사죄가 성립하지는 아니한다(대판 2013.1.24. 2012도12363).

③ 공증인이 채권양도·양수인의 촉탁에 따라 그들의 진술을 청취하여 채권의 양도·양

수가 진정으로 이루어짐을 확인하고 채권양도의 법률행위에 관한 공정증서를 작성한 경우 그 공정증서가 증명하는 사항은 채권양도의 법률행위가 진정으로 이루어졌다는 것일 뿐 그 공정증서가 나아가 양도되는 채권이 진정하게 존재한다는 사실까지 증명하는 것으로 볼 수는 없으므로, 양도인이 허위의 채권에 관하여 그 정을 모르는 양수인과 실제로 채권양도의 법률행위를 한 이상, 공증인에게 그러한 채권양도의 법률행위에 관한 공정증서를 작성하게 하였다고 하더라도 그 공정증서가 증명하는 사항에 관하여는 불실의 사실을 기재하게 하였다고 볼 것은 아니고, 따라서 공정증서원본불실기재죄가 성립한다고 볼 수 없다(대판 2004.1.27. 2001도5414).

④ 주식회사의 임시주주총회가 법령 및 정관상 요구되는 이사회의 결의나 소집절차 없이 이루어졌다고 하더라도, 주주 전원이 참석하여 총회를 개최하는 데 동의하고 아무런 이의 없이 만장일치로 결의가 이루어졌다면 그 결의는 특별한 사정이 없는 한 유효하고, 그 결의에 따른 등기는 실체관계에 부합하는 것으로 이를 불실의 사항을 기재한 등기라고 할 수 없다(대판 2014.5.16. 2013도15895).

⑤ 공정증서원본에 기재된 사항이 외관상 존재하는 사실이라 하더라도, 이에 무효나 부존재에 해당되는 흠이 있다면 그 기재는 부실기재에 해당된다. 그러나 그것이 객관적으로 존재하는 사실이고 이에 취소사유에 해당되는 하자가 있을 뿐인 경우에는 그 취소 전에 그 사실의 내용이 공정증서원본에 기재된 이상, 그 기재가 공정증서원본불실기재죄를 구성하지 않는다(대판 2009.2.12. 2008도10248).

(4) 기수시기

본죄는 허위신고를 할 때 실행의 착수가 인정된다. 이때, 공정증서원본등에 기재를 하는 공무원이 아닌 신고접수를 받는 공무원에게 신고를 하더라도 상관없다. 기수시기는 공정증서원본등에 부실의 기재가 되는 때이다. 허위신고를 하였으나 기재가 되지 않는 경우나 허위신고와 부실기재 사이에 인과관계가 인정되지 않을 때 미수가 성립한다.

3. 주관적 구성요건

본죄의 고의는 허위신고에 의해 부실기재가 된다는 점에 대한 인식과 인용이 있어야 한다. 그러나, 객관적으로 부실의 기재가 있다 하여도 그에 대한 인식이 없는 경우에는 본죄가 성립하지 않는다.[49]

---

49) 대판 1996.4.26. 95도2468.

4. 중간생략등기에서의 부실기재

'중간생략등기'란 부동산 매도인 甲이 제1매수인 乙에게 부동산을 매도하고, 乙은 다시 최종매수인 丙에게 부동산을 매도할 때, 매도인 甲이 제1매수인 乙을 생략하고 바로 최종매수인 丙에게 부동산소유권이전등기를 해주는 것을 말한다. 이는 양도세나 취등록세 등 세금을 포탈하기 위함이다. 이에 대해 판례는 "소유권의 중간생략으로 인한 이전등기라 할지라도 민사실체법상 권리관계에 부합되어 유효인 등기인 이상, 부실의 등기라고 볼 수 없다"라는 이유로 본죄가 성립하지 않는다고 한다.50)

5. 죄수 및 다른 죄와의 관계

① 법원을 기망하여 승소의 확정판결을 받고 소유권이전등기를 경료한 경우에는 사기죄와 본죄의 실체적 경합범이 성립한다.51)

② 1인회사에서 1인주주가 임원의 의사에 기하지 아니하고 사임서를 작성하거나 이에 기한 등기부의 기재를 한 경우, 사문서위조죄 및 공정증서원본부실기재죄의 실체적 경합범이 성립한다.52)

---

50) 당사자들의 합의가 없이 경유된 이른바 소유권의 중간생략으로 인한 이전등기라 할지라도 그것이 민사실체법상의 권리관계에 부합되어 유효인 등기로서의 구실을 할 수 있는 한 형사상으로도 이러한 등기가 사실관계와 다른 이른바 불실의 등기라고 볼 수는 없다. 따라서 본건에서도 원심이 확정한 것처럼 피고인이 정당하게 취득한 건물소유권에 대한 소유권이전등기를 경유함에 있어서 관계당사자들의 동의를 얻지 아니하고, 함부로 피고인 앞으로 중간생략의 소유권 이전등기를 경유하였다면 이러한 피고인 명의의 소유권 취득등기가 공정증서 원본불실기재죄에 해당한다고는 말할 수 없다 할 것이다(대판 1967.11.28. 66도1682).

51) 대판 1996.5.31. 95도1967.

52) 이른바 1인회사에 있어서 1인주주의 의사는 바로 주주총회나 이사회의 의사와 같은 것이어서 가사 주주총회나 이사회의 결의나 그에 의한 임원변경등기가 불법하게 되었다 하더라도 그것이 1인주주의 의사에 합치되는 이상 이를 가리켜 의사록을 위조하거나 불실의 등기를 한 것이라고는 볼 수 없다 하겠으나 한편 임원의 사임이나 이에 따른 이사사임등기는 위와 같은 주주총회나 이사회의 결의 또는 1인주주의 의사와는 무관하고 오로지 당해 임원의 의사에 따라야 하는 것이므로 당해 임원의 의사에 기하지 아니한 사임서의 작성이나 이에 기한 등기부의 기재를 하였다면 이는 사문서위조 및 공정증서원본불실기재의 죄책을 면할 수 없다(대판 1992.9.14. 92도1564).

Ⅵ. 위조 등 공문서의 행사

> **제229조【위조 등 공문서의 행사】** 제225조 내지 제228조의 죄에 의하여 만들어진 문서,
> 도화, 전자기록 등 특수매체기록, 공정증서원본, 면허증, 허가증, 등록증 또는 여권을
> 행사한 자는 그 각 죄에 정한 형에 처한다.

1. 의의, 성격

본죄는 '위조·변조하거나 자격모용에 의해 작성하거나 허위작성된 공문서,
도화, 위작·변작된 공전자기록등 특수매체기록, 부실기재한 공정증서원본, 면허
증, 허가증, 등록증 또는 여권을 행사함으로써 성립하는 범죄'이다. 본죄는 위조
등 사문서행사죄에 비해 불법이 가중된 유형이다. 미수범은 처벌한다.

2. 객관적 구성요건

(1) 행위의 주체

행위의 주체에는 제한이 없다.

(2) 행위의 객체

행위의 객체는 '위조·변조하거나 자격모용에 의해 작성하거나 허위작성된
공문서, 도화, 위작·변작된 공전자기록등 특수매체기록, 부실기재한 공정증서원
본, 면허증, 허가증, 등록증 또는 여권'이다. 복사문서도 해당된다.

(3) 실행 행위

실행 행위는 '행사'이다. 행사란 위조·변조된 공문서 등을 진정한 문서 또는
그 내용이 진실한 것처럼 사용하는 것을 말한다.

휴대나 소지하는 것으로는 부족하고, 상대방이 인식할 수 있는 상태에 두어
야 한다.53) 상대방에게 제시나 제출하는 것만이 아니라 비치하는 것도 행사에 포
함된다.54) 문서가 위조된 것임을 이미 알고 있는 공범자 등에게 행사하는 경우에
는 본죄가 성립할 수 없다.55)

□ 위조 등 공문서 행사 관련 판례

① 위조문서행사죄에 있어서의 행사는 위조된 문서를 진정한 문서인 것처럼 타인에게
제시함으로써 성립하는 것이므로 위조된 매매계약서를 피고인으로부터 교부받은 변호
사가 복사본을 작성하여 원본과 동일한 문서임을 인증한 다음 소장에 첨부하여 법원에

제출함으로써 위조문서행사죄는 성립된다(대판 1989.12.12. 89도1253).

② 사진기나 복사기 등을 사용하여 기계적인 방법으로 원본을 복사한 복사문서는 사본이라고 하더라도 문서위조죄 및 위조문서행사죄의 객체인 문서에 해당하는 것인바, 위조한 문서를 모사전송(facsimile)의 방법으로 타인에게 제시하는 행위도 위조문서행사죄를 구성한다(대판 1994.3.22. 94도4).

③ 형법 제228조 제1항의 공정증서원본불실기재죄는 공무원에 대하여 진실에 반하는 허위신고를 하여 공정증서원본 또는 이와 동일한 전자기록 등 특수매체기록에 실체관계에 부합하지 않는 불실의 사실을 기재 또는 기록하게 함으로써 성립한다. 그런데 발행인과 수취인이 통모하여 진정한 어음채무 부담이나 어음채권 취득에 관한 의사 없이 단지 발행인의 채권자에게서 채권 추심이나 강제집행을 받는 것을 회피하기 위하여 형식적으로만 약속어음의 발행을 가장한 경우 이러한 어음발행행위는 통정허위표시로서 무효이므로, 이와 같이 발행인과 수취인 사이에 통정허위표시로서 무효인 어음발행행위를 공증인에게는 마치 진정한 어음발행행위가 있는 것처럼 허위로 신고함으로써 공증인으로 하여금 어음발행행위에 대하여 집행력 있는 어음공정증서원본을 작성케 하고 이를 비치하게 하였다면, 이러한 행위는 공정증서원본불실기재 및 불실기재공정증서원본행사죄에 해당한다고 보아야 한다(대판 2012.4.26. 2009도5786).

3. 주관적 구성요건

본죄에 대한 고의가 있어야 한다.

Ⅶ. 공문서 등의 부정행사

> **제230조【공문서 등의 부정행사】** 공무원 또는 공무소의 문서 또는 도화를 부정행사한 자는 2년 이하의 징역이나 금고 또는 500만원 이하의 벌금에 처한다.

1. 의의, 성격

본죄는 '공무원 또는 공무소의 문서 또는 도화를 부정행사함으로써 성립하는

---

53) 대판 1956.11.2. 4289형상240.
54) 허위공문서작성죄에 있어서 행사의 목적이라 함은 허위내용의 문서를 그 내용이 진실한 문서인 것처럼 그 문서의 효용에 따라 사용할 목적이 있는 것을 말하는 것이고 그러한 공문서를 관청에 비치하는 경우도 허위공문서의 행사로 인정된다(대판 1988.1.19. 89도1253).
55) 대판 2012.2.23. 2011도14441.

범죄'이다. 본죄는 사문서부정행사죄에 비해 불법이 가중된 유형이다. 미수범은
처벌한다.

2. 객관적 구성요건

(1) 행위의 주체
행위의 주체에는 제한이 없다.

(2) 행위의 객체
행위의 객체는 '공무원 또는 공무소의 문서 또는 도화'이다. 본죄의 객체는
진정하게 성립된 문서 또는 도화이다. 그중에서도 사용권한자와 용도가 특정되어
있는 공문서 또는 공도화로 제한한다.[56] 따라서, 사용권한자가 특정되어 있는 것
도 아니고 용도도 특정되어 있지 않은 주민등록표등본,[57] 인감증명서나 등기필
증,[58] 신원증명서,[59] 공문서를 촬영한 이미지 파일[60] 등은 본죄의 객체로 볼 수
없다.

(3) 실행 행위
실행 행위는 '부정행사'이다. '부정행사'에 대해서는 다음과 같다.

(가) 권한 없는 자의 사용
① 본래 용도 내의 사용
사용권한이 없는 자가 공문서를 본래의 용도대로 사용한 경우에는 본죄가
성립한다.

---

56) 공문서부정행사죄는 사용권한자와 용도가 특정되어 작성된 공문서 또는 공도화를 사용권한
   없는 자가 사용권한이 있는 것처럼 가장하여 부정한 목적으로 행사하거나 또는 권한 있는
   자라도 정당한 용법에 반하여 부정하게 행사하는 경우에 성립되는 것이다(대판 1999.5.14.
   99도206).
57) 대판 1999.5.14. 99도206.
58) 대판 1983.6.28. 82도1985.
59) 대판 1993.5.11. 93도127.
60) 경찰공무원으로부터 운전면허증의 제시를 요구받은 경우 운전면허증의 특정된 용법에 따
   른 행사는 도로교통법 관계 법령에 따라 발급된 운전면허증 자체를 제시하는 것이라고 보
   아야 한다. 이 경우 자동차 등의 운전자가 경찰공무원에게 다른 사람의 운전면허증 자체가
   아니라 이를 촬영한 이미지파일을 휴대전화 화면 등을 통하여 보여주는 행위는 운전면허
   증의 특정된 용법에 따른 행사라고 볼 수 없는 것이어서 그로 인하여 경찰공무원이 그릇된
   신용을 형성할 위험이 있다고 할 수 없으므로, 이러한 행위는 결국 공문서부정행사죄를 구
   성하지 아니한다(대판 2019.12.12. 2018도2560).

□ 권한 없는 자의 용도 내 사용

① 자동차운전면허증은 운전면허시험에 합격하여 자동차의 운전이 허락된 자임을 증명하는 공문서로서 운전중에 휴대하도록 되어 있고, 자동차대여약관상 대여회사는 운전면허증 미소지자에게는 자동차 대여를 거절할 수 있도록 되어 있으므로, 자동차를 임차하려는 피고인들이 자동차 대여업체의 담당직원들로부터 임차할 자동차의 운전에 필요한 운전면허가 있고 또 운전면허증을 소지하고 있는지를 확인하기 위한 운전면허증의 제시 요구를 받자 타인의 운전면허증을 소지하고 있음을 기화로 자신이 타인의 자동차운전면허를 받은 사람들인 것처럼 행세하면서 자동차 대여업체의 직원들에게 이를 제시한 것이라면, 피고인들의 위와 같은 행위는 단순히 신분확인을 위한 것이라고는 할 수 없고, 이는 운전면허증을 사용권한이 없는 자가 사용권한이 있는 것처럼 가장하여 부정한 목적으로 사용한 것이기는 하나 운전면허증의 본래의 용도에 따른 사용행위라고 할 것이므로 공문서부정행사죄에 해당한다(대판 1998.8.21. 98도1701).

② 피고인이 공소외(갑)인 양 허위신고하여 피고인의 사진과 지문이 찍힌 공소외(갑)명의의 주민등록증을 발급받은 이상 주민등록증의 발행목적상 피고인에게 위 주민등록증에 부착된 사진의 인물이 공소외(갑)의 신원 상황을 가진 사람이라는 허위사실을 증명하는 용도로 이를 사용할 수 있는 권한이 없다는 사실을 인식하고 있었다고도 할 것이므로 이를 검문경찰관에게 제시하여 이러한 허위사실을 증명하는 용도로 사용한 것은 공문서 부정행사죄를 구성한다(대판 1982.9.28. 82도1297).

② 본래 용도 외 사용

사용권한 없는 자가 공문서를 본래의 용도 이외의 다른 용도로 사용하는 경우이다. 이에 대해 판례는 본죄가 성립하지 않는다는 입장이다.61) 하지만, 신분확인을 위해 다른 사람의 운전면허증을 제시한 경우에는 그 사용목적에 따른 행위로서 본죄에 해당한다고 한다.62) 이는 본래 용도 외 사용에 대해 긍정하는 입장

---

61) 대판 2019.12.12. 2018도2560.
62) 인감증명법상 인감신고인 본인 확인, 공직선거 및 선거부정방지법상 선거인 본인 확인, 부동산등기법상 등기의무자 본인 확인 등 여러 법령에 의한 신분 확인절차에서도 운전면허증은 신분증명서의 하나로 인정되고 있다. 또한 주민등록법 자체도 주민등록증이 원칙적인 신분증명서이지만, 주민등록증을 제시하지 아니한 사람에 대하여 신원을 증명하는 증표나 기타 방법에 의하여 신분을 확인하도록 규정하는 등으로 다른 문서의 신분증명서로서의 기능을 예상하고 있다. 한편 우리 사회에서 운전면허증을 발급받을 수 있는 연령의 사람들 중 절반 이상이 운전면허증을 가지고 있고, 특히 경제활동에 종사하는 사람들의 경우에는 그 비율이 훨씬 더 이를 앞지르고 있으며, 금융기관과의 거래에 있어서도 운전면허증에 의한 실명확인이 인정되고 있는 등 현실적으로 운전면허증은 주민등록증과 대등한 신분증명서로 널리 사용되고 있다. 따라서, 제3자로부터 신분확인을 위하여 신분증명서의

이라기보다는 이전에 신원확인을 위해 운전면허증을 제시하는 것은 본래용도로 사용한 것이 아니라는 것을 본래용도에 따른 사용이라고 변경한 것으로 보인다. 따라서, 권한없는 자가 공문서를 본래 용도 이외 다른 용도로 사용한 경우에는 본죄가 성립하지 않는다고 보아야 할 것이다.

(나) 권한 있는 자의 사용

① 본래 용도 내의 사용

사용권한이 있는 자가 본래 용도로 사용하는 것이므로 본죄가 성립하지 않는다.

□ 권한 있는 자의 용도 내 사용

① 선박국적증서는 한국선박으로서 등록하는 때에 선박번호, 국제해사기구에서 부여한 선박식별번호, 호출부호, 선박의 종류, 명칭, 선적항 등을 수록하여 발급하는 문서이고, 선박검사증서는 선박정기검사 등에 합격한 선박에 대하여 항해구역·최대승선인원 및 만재흘수선의 위치 등을 수록하여 발급하는 문서이다. 위 각 문서는 당해 선박이 한국선박임을 증명하고, 법률상 항행할 수 있는 자격이 있음을 증명하기 위하여 선박소유자에게 교부되어 사용되는 것이다. 따라서 어떤 선박이 사고를 낸 것처럼 허위로 사고신고를 하면서 그 선박의 선박국적증서와 선박검사증서를 함께 제출하였다고 하더라도, 선박국적증서와 선박검사증서는 위 선박의 국적과 항행할 수 있는 자격을 증명하기 위한 용도로 사용된 것일 뿐 그 본래의 용도를 벗어나 행사된 것으로 보기는 어려우므로, 이와 같은 행위는 공문서부정행사죄에 해당하지 않는다(대판 2009.2.26. 2008도10851).

② 본래 용도 외의 사용

사용권한 있는 자라도 정당한 용법에 반하여 부정하게 행사하는 경우에는 본죄가 성립한다.[63]

3. 주관적 구성요건

본죄에 대한 고의가 있어야 한다.

제시를 요구받고 다른 사람의 운전면허증을 제시한 행위는 그 사용목적에 따른 행사로서 공문서부정행사죄에 해당한다고 보는 것이 옳다(대판 2001.4.19. 2000도985 전원합의체).
[63] 공문서부정행사죄는 사용권한자와 용도가 특정되어 작성된 공문서 또는 공도화를 사용권한 없는 자가 사용권한이 있는 것처럼 가장하여 부정한 목적으로 행사하거나 또는 권한 있는 자라도 정당한 용법에 반하여 부정하게 행사하는 경우에 성립되는 것이다(대판 1999.5.14. 99도206).

VIII. 사문서위조 · 변조죄

> 제231조【사문서 등의 위조·변조】 행사할 목적으로 권리·의무 또는 사실증명에 관한 타인의 문서 또는 도화를 위조 또는 변조한 자는 5년 이하의 징역 또는 1천만원 이하의 벌금에 처한다.

1. 의의, 보호법익

본죄는 '행사할 목적으로 권리·의무 또는 사실증명에 관한 타인의 문서 또는 도화를 위조 또는 변조함으로써 성립하는 범죄'이다. 보호법익은 '문서에 대한 공공의 신용'이며, 보호의 정도는 '추상적 위험범'이며, '진정목적범'이다. 미수범은 처벌한다.

2. 객관적 구성요건

(1) 행위의 객체

행위의 객체는 '권리·의무 또는 사실증명에 관한 타인의 문서 또는 도화'이다.

'권리·의무에 관한 타인의 문서'는 공법상 또는 사법상 권리·의무에 발생·유지·변경·소멸에 관한 사항을 내용으로 하는 타인명의의 문서이다. 예컨대, 영수증, 보관증, 임대차계약서, 예금청구서, 고소장 등이다.

'사실증명에 관한 타인의 문서'는 권리·의무에 관한 문서 이외 사실을 증명하는 타인의 문서이다. 예컨대, 신분증, 이력서, 안내장, 건의문, 호소문[64] 등이다.

'타인'의 문서는 타인소유가 아닌 타인명의의 문서를 의미한다. 기타 '복사문서'도 제237조의2 규정에 의해 본죄의 객체에 포함된다.

(2) 실행 행위

실행 행위는 '위조 또는 변조'이다.

---

[64] 거래상 중요한 사실을 증명하는 문서는 법률관계의 발생·존속·변경·소멸의 전후과정을 증명하는 것이 주된 취지인 문서뿐만 아니라, 직접적인 법률관계에 단지 간접적으로만 연관된 의사 표시 내지 권리·의무의 변동에 사실상으로만 영향을 줄 수 있는 의사표시를 내용으로 하는 문서도 포함될 수 있다고 할 것인데, 이에 해당하는지 여부는 문서의 제목만을 고려할 것이 아니라 문서의 내용과 더불어 문서 작성자의 의도, 그 문서가 작성된 객관적인 상황, 문서에 적시된 사항과 그 행사가 예정된 상대방과의 관계 등을 종합적으로 고려하여 판단하여야 한다(대판 2009.4.23. 2008도8527) — 타인의 명의를 도용하여 작성한 건의문과 호소문이 중요한 사실을 증명하는 사실증명에 관한 문서에 해당한다고 한 사례.

(가) 위조

위조란 '작성권한이 없는 자가 타인명의를 모용하여 문서를 작성하는 행위'를 말한다. 이는 문서작성자가 타인명의의 문서를 권한 없이 작성하는 것으로, 작성자와 명의인이 일치하지 않는 '부진정문서', 즉 유형위조를 의미한다.

① 작성권한 없는 자

'작성권한이 없는 자'란 타인명의의 문서를 작성할 정당한 권한이 없는 자를 말한다.

□ 작성권한 없는 자 관련 판례

〈사문서등 위조·변조 인정〉

① 피고인 갑이 을과의 동업계약에 따라 피고인 갑의 명의로 변경하기 위하여 을의 인장이 날인된 백지의 건축주명의변경신청서를 받아 보관하고 있던 중 그 위임의 취지에 반하여 피고인 병 앞으로 건축주명의를 변경하는 건축주명의변경신청서를 작성하여 구청에 제출하였다면 사문서위조 및 그 행사죄가 성립한다(대판 1984.6.12. 83도2408).

② 회사 내부규정 등에 의하여 각 지배인이 회사를 대리할 수 있는 행위의 종료, 내용, 상대방 등을 한정하여 권한을 제한한 경우에 제한된 권리 범위를 벗어나서 회사 명의의 문서를 작성하였다면, 이는 문서위조죄에 해당한다(대판 2012.9.27. 2012도7467).

③ 사문서위조나 공정증서원본불실기재가 성립한 후, 사후에 피해자의 동의 또는 추인 등의 사정으로 문서에 기재된 대로 효과의 승인을 받거나 등기가 실체적 권리관계에 부합하게 되었다 하더라도 이미 성립한 범죄에는 아무런 영향이 없다(대판 2007.6.28. 2007도2714).

④ 피고인이 회사를 인수하면서 회사 대표이사의 명의를 계속 사용하기로 승낙을 받았다고 하더라도, 사기범행을 목적으로 실제로는 위 회사에 근무한 바 없는 제3자의 재직증명서 및 근로소득원천징수영수증 등 허위의 문서를 작성한 행위는 위임된 권한의 범위를 벗어나는 것으로서 사문서위조죄를 구성한다(대판 2005.10.28. 2005도6088).

⑤ 甲 은행의 지배인으로 등기되어 있는 피고인이 신용이나 담보가 부족한 차주 회사가 저축은행 등 대출기관에서 대출을 받는 데 사용하도록 지급보증의 성질이 있는 甲 은행 명의의 대출채권양수도약정서와 사용인감계를 작성하였다고 하여 사문서위조로 기소된 사안에서, 제반 사정에 비추어 甲 은행의 내부규정은 지급보증 등 여신에 관하여 금액 규모 등에 따라 전결권자를 구분하고 나아가 여신 결재가 이루어진 것을 전제로 인감관리자의 결재를 받아 사용인감계를 작성하도록 하는 등으로 지급보증 등의 의사결정 권한을 상위 결재권자에게 부여하고 있으므로, 위와 같은 문서작성 행위는 제한된 지배인의 대리권한을 넘는 경우에 해당하여 사문서위조죄가 성립한다고 본 원심 판단을 정당하다(대판 2012.9.27. 2012도7467).

〈사문서 위조·변조 부정〉

① 사문서의 위·변조죄는 작성권한 없는 자가 타인명의를 모용하여 문서를 작성하는 것을 말하는 것이므로, 사문서를 작성·수정함에 있어 그 명의자의 명시적이거나 묵시적인 승낙이 있었다면 사문서의 위·변조죄에 해당하지 않고, 한편 행위 당시 명의자의 현실적인 승낙은 없었지만 행위 당시의 모든 객관적 사정을 종합하여 명의자가 행위 당시 그 사실을 알았다면 당연히 승낙했을 것이라고 추정되는 경우 역시 사문서의 위·변조죄가 성립하지 않는다(대판 2003.5.30. 2002도235).

② 문서명의인이 문서작성자에게 문서 작성의 권한을 포괄적으로 위임하여 그 권한의 범의 내에서 문서명의인 명의의 문서를 작성, 행사한 것이라면, 비록 문서작성자가 개개의 문서 작성에 관하여 문서명의인으로부터 승낙을 받지 않았다고 하더라도 특별한 사정이 없는 한 사문서위조 및 위조사문서행사죄는 성립하지 않는다(대판 2015.6.11. 2012도1352).

③ 사문서변조죄는 권한 없는 자가 이미 진정하게 성립된 타인명의의 사문서 내용을 동일성을 해하지 않을 정도로 변경하여 새로운 증명력을 만드는 경우에 성립한다. 그러므로 사문서를 수정할 때 명의자가 명시적이거나 묵시적으로 승낙을 하였다면 사문서변조죄가 성립하지 않고, 행위 당시 명의자가 현실적으로 승낙하지는 않았지만 명의자가 그 사실을 알았다면 당연히 승낙했을 것이라고 추정되는 경우에도 사문서변조죄가 성립하지 않는다(대판 2015.11.26. 2014도781).

② 타인명의를 모용

타인명의를 모용한다는 것은 권한 없이 명의자를 사칭하는 것을 말한다. 문서의 진정한 작성명의자가 누구인지 여부는 문서의 표제나 명칭만으로 이를 판단하여서는 아니되고, 문서의 형식과 외관은 물론 문서의 종류, 내용, 일반 거래에 있어서 그 문서가 가지는 기능 등 제반 사정을 종합적으로 참작하여 판단하여야 할 것이다.65)

□ 타인명의 모용 관련 판례

〈타인명의 모용 인정〉

① 사망한 사람 명의의 사문서에 대하여도 문서에 대한 공공의 신용을 보호할 필요가 있다는 점을 고려하면, 문서명의인이 이미 사망하였는데도 문서명의인이 생존하고 있다는 점이 문서의 중요한 내용을 이루거나 그 점을 전제로 문서가 작성되었다면 이미

---

65) 대판 1996.2.9. 94도1858.

문서에 관한 공공의 신용을 해할 위험이 발생하였다 할 것이므로, 그러한 내용의 문서에 관하여 사망한 명의자의 승낙이 추정된다는 이유로 사문서위조죄의 성립을 부정할 수는 없다(대판 2011.9.29. 2011도6223).

② 甲 교회 목사인 피고인이 자신을 지지하는 일부 교인들과 甲 교회를 탈퇴함으로써 대표자의 지위를 상실하였으므로, 그 후 甲 교회 명의로 甲 교회 소유 부동산을 자신에게 매도하는 내용의 매매계약서를 작성하고 이를 행사한 행위는 사문서위조죄 및 위조사문서행사죄에 해당한다(대판 2011.1.13. 2010도9725).

③ 주취운전자 적발보고서 및 주취운전자 정황진술보고서의 각 운전자란에 타인의 서명을 한 다음 이를 경찰관에게 제출한 것은 사문서위조 및 동행사죄에 해당한다(대판 2004.12.23. 2004도6483).

〈타인명의 모용 부정〉

① 부가가치세 과세사업자가 재화나 용역을 공급하는 때에 이를 공급받은 자에게 작성·교부하여야 하는 계산서이므로(부가가치세법 제16조 제1항), 그 작성권자는 어디까지나 재화나 용역을 공급하는 공급자라고 보아야 할 것이고, 공급받는 자의 상호, 성명, 주소는 필요적 기재사항이 아닌 임의적 기재사항에 불과하여(부가가치세법 시행령 제53조 제1항) 공급받는 자의 상호, 성명, 주소가 기재되어 있지 않은 세금계산서라도 그 효력에는 영향이 없으며, 공급자가 세금계산서를 작성함에 있어 공급받은 자의 동의나 협조가 요구되지도 않는 점 등에 비추어 세금계산서상의 공급받는 자는 그 문서 내용의 일부에 불과할 뿐 세금계산서의 작성명의인은 아니라 할 것이니, 공급받는자란에 임의로 다른 사람을 기재하였다 하여 그 사람에 대한 관계에서 사문서위조죄가 성립된다고 할 수 없다(대판 2007.3.15. 2007도169).

③ 문서 작성(위조)

위조는 타인명의를 모용하여 문서를 작성하는 것으로, 방법에는 제한이 없다. 위조된 문서는 그 명의자가 작성한 것으로 볼 수 있을 정도의 형식과 외관을 갖추어 일반인이 그 명의자의 진정한 사문서로 오인하기에 충분하면 족하다.[66]

□ 문서위조 관련 판례

〈문서 위조 인정〉

① 문서위조 및 동행사죄의 보호법익은 문서에 대한 공공의 신용이므로 '문서가 원본인지 여부'가 중요한 거래에서 문서의 사본을 진정한 원본인 것처럼 행사할 목적으로 다른 조작을 가함이 없이 문서의 원본을 그대로 컬러복사기로 복사한 후 복사한 문서의 사본을 원본인 것처럼 행사한 행위는 사문서위조죄 및 동행사죄에 해당한다. 또한

사문서위조죄는 명의자가 진정으로 작성한 문서로 볼 수 있을 정도의 형식과 외관을 갖추어 일반인이 명의자의 진정한 사문서로 오신하기에 충분한 정도이면 성립한다(대판 2016.7.14. 2016도2081).

② 피고인이 다른 서류에 찍혀 있던 甲의 직인을 칼로 오려내어 풀로 붙인 후 이를 복사하는 방법으로 甲 명의의 추천서와 경력증명서를 위조하고 이를 행사하였다고 하여 기소된 사안에서, 위 문서는 피고인이 직인을 오려붙인 흔적을 감추기 위하여 복사한 것으로서 일반적으로 문서가 갖추어야 할 형식을 다 구비하고 있고, 주의 깊게 관찰하지 아니하면 외관에 비정상적인 부분이 있음을 알아차리기가 어려울 정도이므로, 일반인이 명의자의 진정한 사문서로 오신하기에 충분한 정도의 형식과 외관을 갖추었다(대판 2011.2.10. 2010도8361).

③ 명의인을 기망하여 문서를 작성케 하는 경우는 서명, 날인이 정당히 성립된 경우에도 기망자는 명의인을 이용하여 서명 날인자의 의사에 반하는 문서를 작성케 하는 것이므로 사문서위조죄가 성립한다(대판 2000.6.13. 2000도778).

⟨문서 위조 부정⟩

입금확인서의 경우 수기로 기재된 부분이 전혀 없이 컴퓨터 활자로만 작성된 점, 공동작성명의자 중 피고인 이름 다음에는 날인이 되어 있으나 공소외인의 이름 다음에는 날인이 되어 있지 않은 점 등에 비추어 그 기재와 같은 정도만으로는 공소외인이 작성한 진정한 문서로 오신하기에 충분한 정도의 외관과 형식을 갖춘 완성된 문서라고 보기에 부족하다고 판단한 것(대판 2006.9.14. 2005도2518).

(나) 변조

변조란 권한 없는 자가 문서의 동일성을 해하지 않는 범위에서 문서내용을 변경하는 것이다. 이때, 문서는 진정문서에 국한한다. 명의자의 승낙이나 위임을 받고 내용을 변경하는 경우에는 본죄가 성립하지 않는다. 행위 당시 명의자의 현실적인 승낙은 없었지만 행위 당시의 모든 객관적 사정을 종합하여 명의자가 행위 당시 그 사실을 알았다면 당연히 승낙했을 것이라고 추정되는 경우 역시 사문서의 위·변조죄가 성립하지 않는다고 할 것이나, 명의자의 명시적인 승낙이나 동의가

---

66) 문서위조죄는 문서의 진정에 대한 공공의 신용을 그 보호법익으로 하는 것이므로, 피고인이 위조하였다는 국제운전면허증이 그 유효기간을 경과하여 본래의 용법에 따라 사용할 수는 없게 되었다고 하더라도, 이를 행사하는 경우 그 상대방이 유효기간을 쉽게 알 수 없도록 되어 있거나 위 문서 자체가 진정하게 작성된 것으로서 피고인이 명의자로부터 국제운전면허를 받은 것으로 오신하기에 충분한 정도의 형식과 외관을 갖추고 있다면 피고인의 행위는 문서위조죄에 해당한다(대판 1998.4.10. 98도164).

없다는 것을 알고 있으면서도 명의자가 문서작성 사실을 알았다면 승낙하였을 것이라고 기대하거나 예측한 것만으로는 그 승낙이 추정된다고 단정할 수 없다.[67]

☐ 문서 변조 관련 판례 ════════════════════════════════════

〈문서 변조 인정〉

① 사문서변조에 있어서 그 변조 당시 명의인의 명시적, 묵시적 승낙없이 한 것이면 변조된 문서가 명의인에게 유리하여 결과적으로 그 의사에 합치한다 하더라도 사문서변조죄의 구성요건을 충족한다(대판 1985.1.22. 84도2422).
② 최종 결재권자를 보조하여 문서의 기안업무를 담당한 공무원이 이미 결재를 받아 완성된 공문서에 대하여 적법한 절차를 밟지 않고 그 내용을 변경한 경우에도 특별한 사정이 없는 한 공문서변조죄가 성립한다(대판 2017.6.8. 2016도5218).
③ 이사회 회의록에 관한 이사의 서명권한에는 서명거부사유를 기재하고 그에 대해 서명할 권한이 포함된다. 이사가 이사회 회의록에 서명함에 있어 이사장이나 다른 이사들의 동의를 받을 필요가 없는 이상 서명거부사유를 기재하고 그에 대한 서명을 함에 있어서도 이사장 등의 동의가 필요 없다고 보아야 한다. 따라서 이사가 이사회 회의록에 서명 대신 서명거부사유를 기재하고 그에 대한 서명을 하면, 특별한 사정이 없는 한 그 내용은 이사회 회의록의 일부가 되고, 이사회 회의록의 작성권한자인 이사장이라 하더라도 임의로 이를 삭제한 경우에는 이사회 회의록 내용에 변경을 가하여 새로운 증명력을 가져오게 되므로 사문서변조에 해당한다(대판 2018.9.13. 2016도20954).

〈문서 변조 부정〉

① 사문서변조죄는 권한 없는 자가 이미 진정하게 성립된 타인명의 문서 내용에 대하여 동일성을 해하지 않을 정도로 변경을 가하여 새로운 증명력을 작출케 함으로써 공공적 신용을 해할 위험성이 있을 때 성립한다. 따라서 이미 진정하게 성립된 타인명의의 문서가 존재하지 않는다면 사문서변조죄가 성립할 수 없다(대판 2017.12.5. 2014도14924).
② 갑의 위임을 받아 그 소유부동산을 매도함에 있어서 갑을 대리하여 매수인과 매매계약을 체결한 자가 위 매매계약의 이행문제로 분쟁이 생기자 매수인의 요구에 따라 매매계약서상 매도인 갑 명의 위에 갑이 을의 대리인이라는 표시로 "을대"라는 문구를 삽입 기재하였다 하더라도 이는 부동산의 처분권한을 위임받아 매매계약서 작성권한 있는 자가 한 변경행위에 불과하여 비록 그 명의인의 승낙을 받지 아니하였다고 하여 사문서변조죄가 성립되는 것은 아니다(대판 1986.8.19. 86도544).

---

67) 대판 2011.9.29. 2010도14587.

3. 주관적 구성요건

본죄는 고의 이외 행사할 목적이 있어야 한다. '행사할 목적'이란 위조·변조된 문서를 진정한 문서인 것처럼 사용할 목적을 말하는 것으로 적극적 의욕이나 확정적 인식을 요하지 아니하고 미필적 인식이 있으면 족하다.[68]

4. 다른 죄와의 관계

① 행사의 목적으로 문서를 위조하고, 위조한 문서를 행사한 경우에는 문서위조죄와 위조문서행사죄의 실체적 경합범이 성립한다.[69]

② 타인의 예금통장으로 은행에서 예금자 명의의 예금청구서를 위조한 다음 은행원으로부터 인출금을 교부받은 경우에는 사문서위조죄, 위조사문서행사죄, 사기죄의 실체적 경합범이 성립한다.

③ 신용카드부정사용죄와 관련해서 신용카드업법 제25조 제1항은 신용카드를 위조·변조하거나 도난·분실 또는 위조·변조된 신용카드를 사용한 자는 7년 이하의 징역 또는 5천만 원 이하의 벌금에 처한다고 규정하고 있는바, 위 부정사용죄의 구성요건적 행위인 신용카드의 사용이라 함은 신용카드의 소지인이 신용카드의 본래 용도인 대금결제를 위하여 가맹점에 신용카드를 제시하고 매출표에 서명하여 이를 교부하는 일련의 행위를 가리키고 단순히 신용카드를 제시하는 행위만을 가리키는 것은 아니라고 할 것이므로, 위 매출표의 서명 및 교부가 별도로 사문서위조 및 동행사의 죄의 구성요건을 충족한다고 하여도 이 사문서위조 및 동행사의 죄는 위 신용카드부정사용죄에 흡수되어 신용카드부정사용죄의 1죄만이 성립하고 별도로 사문서위조 및 동행사의 죄는 성립하지 않는다.[70]

④ 타인명의의 인장을 위조해서 문서를 위조한 경우에는 인장위조죄는 본죄에 흡수된다.[71]

---

68) 대판 2006.1.26. 2004도788.
69) 대판 1991.9.10. 91도1722.
70) 대판 1992.6.9. 92도77.
71) 흡수관계에 있는 인장위조죄와 사문서위조죄를 경합범으로 잘못 기소한 경우에 인장위조 사실 자체가 없는 것으로 밝혀진 경우에는 경합범으로 기소한 인장위조의 공소사실에 대한 판단으로서 별도로 무죄선고를 하여야 한다(대판 1978.9.26. 78도1787).

IX. 자격모용에 의한 사문서의 작성

> 제232조【자격모용에 의한 사문서의 작성】행사할 목적으로 타인의 자격을 모용하여 권리·의무 또는 사실증명에 관한 문서 또는 도화를 작성한 자는 5년 이하의 징역 또는 1천만원 이하의 벌금에 처한다.

1. 의의, 보호법익

본죄는 '행사할 목적으로 타인의 자격을 모용하여 권리·의무 또는 사실증명에 관한 문서 또는 도화를 작성함으로써 성립하는 범죄'이다. 미수범은 처벌한다.

2. 객관적 구성요건

(1) 행위의 객체

행위의 객체는 '권리·의무 또는 사실증명에 관한 문서 또는 도화'이다.

(2) 실행 행위

실행 행위는 '타인의 자격을 모용하여 문서 또는 도화를 작성하는 것'이다. 본죄는 일반인으로 하여금 당해 명의인의 권한 내에서 작성된 문서라고 믿게 할 수 있는 정도의 형식과 외관을 갖추고 있으면 성립하는 것이고, '타인'에는 자연인뿐만 아니라 법인, 법인격 없는 단체를 비롯하여 거래관계에서 독립한 사회적 지위를 갖고 활동하고 있는 존재로 취급될 수 있으면 여기에 해당된다.[72]

'자격모용'이란 정당한 대표권이나 대리권이 없는 자가 마치 대표권이나 대리권이 있는 것처럼 가장하여 타인의 자격을 모용하여 문서를 작성하는 것을 말한다.[73] 대표권이나 대리권이 있는 자라도 권한을 초월하여 권한 이외 내용에 대해 문서를 작성한 경우에는 본죄가 성립한다. 그러나, 타인의 승낙을 받은 후 자격을 모용하여 작성한 경우에는 본죄가 성립하지 않는다.[74] 또한 단순히 권한 내의 범위에서 남용한 경우에도 해당하지 않는다.[75]

---

72) 대판 2008.2.14. 2007도9606.
73) 대판 1993.7.27. 93도1435.
74) 회사의 대표이사직에 있었던 자가 재직시에 발행한 약속어음의 발행명의인과 일치시키기 위하여 위 약속어음에 대한 회사명의의 지급각서를 작성함에 있어서 당시의 대표이사의 승낙을 받아 작성하였다면 이는 진정한 문서로서 타인의 자격을 모용하여 문서를 작성하였다고 볼 수 없다(대판 1975.11.25. 75도2067).
75) 자격모용 사문서작성죄를 구성하는지 여부는 그 문서를 작성함에 있어 타인의 자격을 모

3. 주관적 구성요건

본죄는 고의 이외 행사할 목적이 있어야 한다.

Ⅹ. 사전자기록위작·변작죄

> **제232조의2 【사전자기록위작·변작】** 사무처리를 그르치게 할 목적으로 권리·의무 또는 사실증명에 관한 타인의 전자기록 등 특수매체기록을 위작 또는 변작한 자는 5년 이하의 징역 또는 1천만원 이하의 벌금에 처한다.

1. 의의, 보호법익

본죄는 '사무처리를 그르치게 할 목적으로 권리·의무 또는 사실증명에 관한 타인의 전자기록 등 특수매체기록을 위작 또는 변작함으로써 성립하는 범죄'이다. 본죄는 공전자기록위작·변작죄와 같이 컴퓨터 범죄를 처벌하기 위함이다. 보호법익은 '전자기록 등 특수매체기록에 대한 공공의 신용'이며, 보호의 정도는 '추상적 위험범'이며, 사무처리를 그르치게 할 목적의 '진정목적범'이다. 미수범은 처벌한다.

2. 객관적 구성요건

(1) 행위의 객체

행위의 객체는 '권리·의무 또는 사실증명에 관한 타인의 전자기록 등 특수매체기록'이다. '권리·의무 또는 사실증명'은 사문서위조·변조죄의 경우와 동일하다. 그러나, 본죄에서 '타인'에 대한 해석은 다르다, 사문서위조·변조죄의 타인은 작성명의자를 의미하나, 본죄에서는 작성명의자 이외 소유자나 소지자를 포함한다. 그 이유는 "전자기록의 작성 등을 위해 시스템이 요구하는 본인확인 절차를 거친 사람은 특별한 사정이 없는 한 해당 전자기록의 작성 등을 할 권한이 있다.

용하였는지 아닌지의 형식에 의하여 결정하여야 하고, 그 문서의 내용이 진실한지 아닌지는 이에 아무런 영향을 미칠 수 없으므로, 타인의 대표자 또는 대리자가 그 대표 또는 대리명의로 문서를 작성할 권한을 가지는 경우에 그 지위를 남용하여 단순히 자기 또는 제3자의 이익을 도모할 목적으로 문서를 작성하였다 하더라도 자격모용 사문서작성죄는 성립하지 아니한다(대판 2007.10.11. 2007도5838).

그런데 전자기록은 작성명의인을 특정하여 표시할 수 없고, 생성 과정에 여러 사람의 의사나 행위가 개재됨은 물론 개개의 입력한 정보가 컴퓨터 등 정보처리장치에 의하여 자동으로 기존의 정보와 결합하여 가공·처리됨으로써 새로운 전자기록이 만들어지므로 문서죄에서와 같은 작성명의인이란 개념을 상정하기 어렵다. 또한, 형법 개정 당시 입법자의 의사도 본죄의 '위작'에 무형위조를 포함하고 있음을 확인할 수 있다."[76] 따라서 본죄에서의 '타인'은 유형위조뿐만 아니라 무형위조까지 처벌대상에 포함되므로, 작성명의자 이외 소유자나 소지자도 포함한다고 할 수 있다. 예컨대, 전자기록 등 특수매체기록 작성명의자가 다른 사람에게 넘겨준 기록을 소유자나 소지자의 동의 없이 내용을 무단으로 변경할 경우, 본죄가 성립하게 되며, 본죄의 입법취지에 맞다고 할 수 있기 때문이다.

(2) 실행 행위

실행 행위는 '위작 또는 변작'이다. 위작·변작은 공전자기록위작·변작죄와 동일하다. 방법에는 제한이 없다. 따라서 사무처리를 그르치게 할 목적으로 타인의 전자기록을 무단으로 조작하는 컴퓨터해킹도 본죄에 의하여 처벌될 수 있다.[77]

□ 사전자기록 위작·변작죄 관련 판례

형법 제232조의2의 사전자기록위작·변작죄에서 말하는 권리의무 또는 사실증명에 관한 타인의 전자기록 등 특수매체기록이라 함은 일정한 저장매체에 전자방식이나 자기

---

76) 형법 제232조의2에서 정한 사전자기록등위작죄는 전자기록 등 특수매체기록에 대한 공공의 신용을 보호법익으로 하는 범죄이다. 위 형벌규정이 보호하고자 하는 전자기록 내용의 진정성에 대한 공공의 신용은 권한 없는 사람이 전자기록의 작성 등에 관여한 경우뿐만 아니라, 권한이 있는 사람이 그 권한을 남용하여 허위의 정보를 입력하는 경우에도 위험성이 발생될 수 있다. 나아가 시스템 관리자라고 하더라도 그가 시스템 설치·운영자로부터 부여받은 권한을 초월하거나 남용하여 전자기록의 작성 등을 한 경우에는 위 형벌규정이 보호하고자 하는 법익이 침해된다고 보기에 충분하다. 전자기록의 작성 등을 위해 시스템이 요구하는 본인확인 절차를 거친 사람은 특별한 사정이 없는 한 해당 전자기록의 작성 등을 할 권한이 있다. 그런데 전자기록은 작성명의인을 특정하여 표시할 수 없고, 생성 과정에 여러 사람의 의사나 행위가 개재됨은 물론 개개의 입력한 정보가 컴퓨터 등 정보처리장치에 의하여 자동으로 기존의 정보와 결합하여 가공·처리됨으로써 새로운 전자기록이 만들어지므로 문서죄에서와 같은 작성명의인이란 개념을 상정하기 어렵다. 이러한 전자기록의 특성 이외에도 사전자기록 등위작죄를 사문서위조죄와 비교해 보면 두 죄는 범행의 목적, 객체, 행위 태양 등 구성요건이 서로 다르다. 이러한 사정을 종합적으로 고려하면, 형법 제232조의2가 정한 사전자기록등위작죄에서 '위작'의 의미를 작성권한 없는 사람이 행사할 목적으로 타인의 명의를 모용하여 문서를 작성한 경우에 성립하는 사문서위조죄의 '위조'와 반드시 동일하게 해석하여 그 의미를 일치시킬 필요는 없다(대판 2020.8.27. 2019도11294).
77) 임웅, 743면.

방식에 의하여 저장된 기록을 의미한다고 할 것인데, 비록 컴퓨터의 기억장치 중 하나인 램(RAM, Random Access Memory)이 임시기억장치 또는 임시저장매체이기는 하지만, 형법이 전자기록 위·변작죄를 문서 위·변조죄와 따로 처벌하고자 한 입법취지, 저장매체에 따라 생기는 그 매체와 저장된 전자기록 사이의 결합강도와 각 매체별 전자기록의 지속성의 상대적 차이, 전자기록의 계속성과 증명적 기능과의 관계, 본죄의 보호법익과 그 침해행위의 태양 및 가벌성 등에 비추어 볼 때, 위 램에 올려진 전자기록역시 사전자기록위작·변작죄에서 말하는 전자기록 등 특수매체기록에 해당한다.
램에 올려진 전자기록은 원본파일과 불가분적인 것으로 원본파일의 개념적 연장선상에있는 것이므로, 비록 원본파일의 변경까지 초래하지는 아니하였더라도 이러한 전자기록에 허구의 내용을 권한 없이 수정입력한 것은 그 자체로 그러한 사전자기록을 변작한 행위의 구성요건에 해당된다고 보아야 할 것이며 그러한 수정입력의 시점에서 사전자기록변작죄의 기수에 이르렀다(대판 2003.10.9. 2000도4993).

3. 주관적 구성요건

본죄의 고의는 권리·의무 또는 사실증명에 관한 타인의 전자기록 등 특수매체기록을 위작 또는 변작한다는 인식과 인용이 있어야 하며, 이러한 고의 이외사무처리를 그르치게 할 목적이 있어야 하는 진정목적범이다. 본죄에서 '사무처리를 그르치게 할 목적이란' 위작 또는 변작된 전자기록이 사용됨으로써 전자적방식에 의한 정보의 생성·처리·저장·출력을 목적으로 구축·설치한 시스템을 운영하는 주체인 개인 또는 법인의 사무처리를 잘못되게 하는 것을 말한다.

XI. 허위진단서 작성죄

제233조 【허위진단서 등의 작성】 의사, 한의사, 치과의사 또는 조산사가 진단서, 검안서 또는 생사에 관한 증명서를 허위로 작성한 때에는 3년 이하의 징역이나 금고 7년 이하의 자격정지 또는 3천만원 이하의 벌금에 처한다.

1. 의의, 보호법익

본죄는 '의사, 한의사, 치과의사 또는 조산사가 진단서, 검안서 또는 생사에 관한 증명서를 허위로 작성함으로써 성립하는 범죄'이다. 본죄는 무형위조의 처벌규정으로, 의사 등 전문직 종사자의 높은 신뢰성에 반하는 행위를 처벌하고자

함이다. 보호법익은 '진단서 등의 내용의 진실에 대한 공공의 신용'이며, 보호의 정도는 '추상적 위험범'이다. 미수범은 처벌한다.

2. 객관적 구성요건

(1) 행위의 주체

행위의 주체는 '의사, 한의사, 치과의사 또는 조산사'로, 진정신분범이다. 따라서, 제한적으로 열거된 자 이외에는 본죄의 주체가 될 수 없다. 본죄의 주체는 사인인지 공무원인지를 불문한다. 단, 공무원인 의사가 공무소의 명의로 허위진단서를 작성한 경우에는 허위공문서작성죄만이 성립하고 허위진단서작성죄는 별도로 성립하지 않는다.[78] 의사 아닌 자가 허위진단서를 작성한 경우에는 공문서인 경우에는 공문서위조죄, 사문서인 경우에는 사문서위조죄가 성립한다.[79]

(2) 행위의 객체

행위의 객체는 '진단서, 검안서 또는 생사에 관한 증명서'이다.

'진단서'란 의사가 진찰의 결과에 관한 판단을 표시하여 사람의 건강상태를 증명하기 위하여 작성하는 문서를 말한다. 이때, 의사의 소견서도 진단서에 해당하나,[80] 입퇴원확인서는 진단서에 포함되지 않는다.[81] '검안서'란 의사가 사체를

---

78) 형법이 제225조 내지 제230조에서 공문서에 관한 범죄를 규정하고, 이어 제231조 내지 제236조에서 사문서에 관한 범죄를 규정하고 있는 점 등에 비추어 볼 때 형법 제233조 소정의 허위진단서작성죄의 대상은 공무원이 아닌 의사가 사문서로서 진단서를 작성한 경우에 한정되고, 공무원인 의사가 공무소의 명의로 허위진단서를 작성한 경우에는 허위공문서작성죄만이 성립하고 허위진단서작성죄는 별도로 성립하지 않는다(대판 2004.4.9. 2003도7762).

79) 일반인으로 하여금 공무원 또는 공무소의 권한 내에서 작성된 문서라고 믿을 수 있는 형식과 외관을 구비한 문서를 작성하면 공문서위조죄가 성립되므로, 피고인이 국립경찰병원장 명의의 진단서에 직인과 계인을 날인하고 환자의 성명과 병명 및 향후치료소견을 기재하였다면 비록 진단서 발행번호나 의사의 서명날인이 없더라도 이는 공문서로서 형식과 외관을 구비하였으므로 공문서위조죄가 성립한다(대판 1987.9.22. 87도1443).

80) 형법 제233조의 허위진단서작성죄에 있어서 진단서라 함은 의사가 진찰의 결과에 관한 판단을 표시하여 사람의 건강상태를 증명하기 위하여 작성하는 문서를 말하는 것이므로, 비록 그 문서의 명칭이 소견서로 되어 있더라도 그 내용이 의사가 진찰한 결과 알게 된 병명이나 상처의 부위, 정도 또는 치료기간 등의 건강상태를 증명하기 위하여 작성된 것이라면 위 진단서에 해당되는 것이다(대판 1990.3.27. 89도2083).

81) 형법 제233조의 허위진단서작성죄에서 '진단서'란 의사가 진찰의 결과에 관한 판단을 표시하여 사람의 건강상태를 증명하기 위하여 작성하는 문서를 말하고, 위 조항에서 규율하는 진단서에 해당하는지 여부는 서류의 제목, 내용, 작성목적 등을 종합적으로 고려하여 판단하여야 한다. 의사인 피고인이 환자의 인적사항, 병명, 입원기간 및 그러한 입원사실을 확인하는 내용이 기재된 '입퇴원 확인서'를 허위로 작성하였다고 하여 허위진단서작성으로 기소된 사안에서, 위 '입퇴원 확인서'는 문언의 제목, 내용 등에 비추어 의사의 전문적 지식

검시하고 사망의 원인, 사망 시간, 장소 등 검안결과를 기재한 문서를 말한다. '생사에 관한 증명서'란 검안서와 같이 출생증명서, 사망진단서 등 사람의 출생 및 사망에 대한 사실을 증명하는 문서를 의미한다.

(3) 실행 행위

실행 행위는 '진단서 등을 허위로 작성하는 것'이다. '허위로 작성'한다는 것은 진실한 사실에 반하는 내용을 기재하는 것이다. 이때 허위기재는 사실에 관한 것이든 판단에 관한 것이든 불문한다.[82] 질병이나 치료기간, 방법, 현재의 진단명과 앞으로 발생가능한 합병증 등 향후 치료에 대한 소견 등의 내용도 불문한다.[83]

3. 주관적 구성요건

본죄의 고의는 허위로 진단서 등을 작성한다는 인식이 있어야 한다. 그러한

에 의한 진찰이 없더라도 확인 가능한 환자들의 입원 여부 및 입원기간의 증명이 주된 목적인 서류로서 환자의 건강상태를 증명하기 위한 서류라고 볼 수 없어 허위진단서작성죄에서 규율하는 진단서로 보기 어렵다(대판 2013.12.12. 2012도3173).

82) 허위진단서작성죄에 있어서 허위의 기재는 사실에 관한 것이건 판단에 관한 것이건 불문하는 것이나, 본죄는 원래 허위의 증명을 금지하려는 것이므로 그 내용이 허위라는 의사의 주관적 인식이 필요함은 물론, 실질상 진실에 반하는 기재일 것이 필요하다(대판 1990.3.27. 89도2083).

83) 진단서에는 의료법 시행규칙 제9조 제1항, 제2항에서 정한 사항을 반드시 기재하여야 하나 그 밖의 사항은 반드시 기재하여야 하는 것이 아니다. 그리고 형사소송법 제471조 제1항 제1호에서 정하고 있는 형집행정지의 요건인 '형의 집행으로 인하여 현저히 건강을 해할 염려가 있는 때'에 해당하는지에 대한 판단은 검사가 직권으로 하는 것이고, 그러한 판단 과정에 의사가 진단서 등으로 어떠한 의견을 제시하였더라도 검사는 그 의견에 구애받지 아니하며, 검사의 책임하에 규범적으로 형집행정지 여부의 판단이 이루어진다. 그렇지만 이 경우에 의사가 환자의 수형(受刑)생활 또는 수감(收監)생활의 가능 여부에 관하여 기재한 의견이 환자의 건강상태에 기초한 향후 치료 소견의 일부로서 의료적 판단을 기재한 것으로 볼 수 있다면, 이는 환자의 건강상태를 나타내고 있다는 점에서 허위진단서 작성의 대상이 될 수 있다. 따라서 의사가 진단서에 단순히 환자의 수형생활 또는 수감생활의 가능 여부에 대한 의견만 기재한 것이 아니라, 그 판단의 근거로 환자에 대한 진단 결과 또는 향후 치료 의견 등을 함께 제시하였고 그와 결합하여 수형생활 또는 수감생활의 가능 여부에 대하여 판단한 것이라면 그 전체가 환자의 건강상태를 나타내고 있는 의료적 판단에 해당한다. 그리고 그러한 판단에 결합된 진단 결과 또는 향후 치료 의견이 허위라면 수형생활 또는 수감생활의 가능 여부에 대한 판단 부분도 허위라고 할 수 있다. 그러나 그러한 판단에 결합된 진단 결과 내지 향후 치료 의견이 허위가 아니라면, 수형생활 또는 수감생활의 가능 여부에 관한 판단을 허위라고 할 수 있기 위해서는 먼저 환자가 처한 구체적이고 객관적인 수형생활 또는 수감생활의 실체를 확정하고 위 판단에 결합된 진단 결과 내지 향후 치료 의견에 의한 환자의 현재 및 장래 건강상태를 거기에 비추어 보아 환자의 실제 수형생활 또는 수감생활 가능 여부가 위 판단과 다르다는 것이 증명되어야 하고 또한 그에 대한 의사의 인식이 인정될 수 있어야 한다(대판 2017.11.9. 2014도15129).

인식은 미필적 인식으로도 충분하다.[84)]

□ 고의 관련 판례

① 의사인 피고인이 환자의 장애상태를 정밀하게 관찰하기 위한 MRI 검사 등을 하지 아니하는 등 일부 소홀한 점은 있으나, 장애진단서의 기재내용이 객관적 진실에 반한다거나 또는 피고인에게 그 내용이 허위라는 인식이 있었다고 보기는 어렵다(대판 2006.3.23. 2004도3360).

② 피고인은 이순택의 허위조작된 말과 행동을 경솔하게 그대로 믿은 나머지 대강한 진찰로서 환자의 호소하는 병세대로 진단을 내리고 그대로 진단서를 써준 것뿐, 피고인이 선천적인 모반인 줄을 알고서도 이를 거짓으로 좌상이라고 진단서를 썼다고 인정될 수는 없으니 다른 특단의 사정이 엿보이지 아니하는 본 건에 있어서 피고인이 위와 같은 경우에 처하여 경솔한 진찰을 거쳐 소견으로 좌상이란 판단을 하고 이것을 그대로 진단서에 기재한 행위를 가리켜 허위진단서작성의 인식이 있다고 인정될 수는 없을 것이다(대판 1976.2.10. 75도1888).

XII. 위조사문서 등 행사죄

제234조【위조사문서 등의 행사】 제231조 내지 제233조의 죄에 의하여 만들어진 문서, 도화 또는 전자기록 등 특수매체기록을 행사한 자는 그 각 죄에 정한 형에 처한다.

1. 의의, 보호법익

본죄는 '사문서위조·변조죄, 자격모용에 의한 사문서작성죄, 사전자기록위작·변작죄, 허위진단서 등 작성죄에 의하여 만들어진 문서 도화 또는 전자기록 등 특수매체기록을 행사함으로써 성립하는 범죄'이다. 위조문서행사죄의 기본적인 유형이다. 미수범은 처벌한다.

2. 객관적 구성요건

(1) 실행 행위

실행 행위는 '행사'이다. 행사란 위조·변조된 사문서 등을 진정한 문서 또는 그 내용이 진실한 것처럼 사용하는 것을 말한다. 실행 행위는 위조공문서 등 행

---

84) 대판 2017.11.9. 2014도15129.

사죄와 동일하다. 본죄에서 행사의 상대방에는 아무런 제한이 없고 위조된 문서의 작성 명의인이라고 하여 행사의 상대방이 될 수 없는 것은 아니다. 본죄는 상대방으로 하여금 위조된 문서를 인식할 수 있는 상태에 둠으로써 기수가 되고 상대방이 실제로 그 내용을 인식하여야 하는 것은 아니므로, 위조된 문서를 우송한 경우에는 그 문서가 상대방에게 도달한 때에 기수가 되고 상대방이 실제로 그 문서를 보아야 하는 것은 아니다.[85]

3. 주관적 구성요건

본죄의 고의는 위조·변조된 문서를 행사한다는 인식과 인용이 있어야 한다. 목적은 요하지 않는다.

4. 다른 죄와의 관계

피고인이 예금통장을 강취하고 예금자 명의의 예금청구서를 위조한 다음 이를 은행원에게 제출행사하여 예금인출금 명목의 금원을 교부받았다면 강도, 사문서위조, 동행사, 사기의 각 범죄가 성립하고 이들은 실체적 경합관계에 있다 할 것이다.[86]

XIII. 사문서 등 부정행사죄

> **제236조【사문서의 부정행사】** 권리·의무 또는 사실증명에 관한 타인의 문서 또는 도화를 부정행사한 자는 1년 이하의 징역이나 금고 또는 300만원 이하의 벌금에 처한다.

1. 의의, 보호법익

본죄는 '권리·의무 또는 사실증명에 관한 타인의 문서 또는 도화를 부정행사함으로써 성립하는 범죄'이다. 문서부정행사죄의 기본적인 유형이다.

---

85) 대판 2005.1.28. 2004도4663.
86) 대판 1991.9.10. 91도1722.

2. 객관적 구성요건

(1) 실행의 객체

실행의 객체는 '권리·의무 또는 사실증명에 관한 타인의 문서 또는 도화'이다. 본죄의 문서 또는 도화는 진정하게 작성된 문서로, 위조사문서행사죄와 같이 허위문서를 객체로 하지 않는 점이 다르다. 또한 본죄의 문서 또는 도화는 사용권한자와 용도가 특정되어 있어야 한다.[87]

(2) 실행 행위

실행 행위는 '부정행사'이다. '부정사용'이란 사문서를 사용할 권한없는 자가 그 문서명의자로 가장 행세하여 이를 사용하거나 또는 사용할 권원이 있다 하더라도 문서를 본래의 작성 목적 이외의 다른 사실을 직접 증명하는 용도에 이를 사용하는 것을 말한다.[88]

☐ 부정행사 관련 판례 ─────────────────────

〈사문서부정행사 인정〉

사용자에 관한 각종 정보가 전자기록되어 있는 자기띠가 카드번호와 카드발행자 등이 문자로 인쇄된 플라스틱 카드에 부착되어있는 전화카드의 경우 그 자기띠 부분은 카드의 나머지 부분과 불가분적으로 결합되어 전체가 하나의 문서를 구성하므로, 전화카드를 공중전화기에 넣어 사용하는 경우 비록 전화기가 전화카드로부터 판독할 수 있는 부분은 자기띠 부분에 수록된 전자기록에 한정된다고 할지라도, 전화카드 전체가 하나의 문서로서 사용된 것으로 보아야 하고 그 자기띠 부분만 사용된 것으로 볼 수는 없으므로 절취한 전화카드를 공중전화기에 넣어 사용한 것은 권리의무에 관한 타인의 사문서를 부정행사한 경우에 해당한다(대판 2002.6.25. 2002도461).

〈사문서부정행사 부정〉

① 사문서부정행사죄에 있어서의 부정사용이란 사문서를 사용할 권원없는 자가 그 문서명의자로 가장 행세하여 이를 사용하거나 또는 사용할 권원이 있다 하더라도 문서를 본래의 작성 목적 이외의 다른 사실을 직접 증명하는 용도에 이를 사용하는 것을 말하

---

87) 형법 제236조 소정의 사문서부정행사죄는 사용권한자와 용도가 특정되어 작성된 권리의무 또는 사실증명에 관한 타인의 사문서 또는 사도화를 사용권한 없는 자가 사용권한이 있는 것처럼 가장하여 부정한 목적으로 행사하거나 또는 권한 있는 자라도 정당한 용법에 반하여 부정하게 행사하는 경우에 성립한다(대판 2007.3.30. 2007도629).

88) 대판 1985.5.28. 84도2999.

는 것이므로 현금보관증이 자기 수중에 있다는 사실 자체를 증명키 위하여 증거로서 법원에 제출하는 행위는 사문서의 부정행사에 해당되지 아니한다(대판 1985.5.28. 84도 2999).

② 형법 제236조 소정의 사문서부정행사죄에 있어서 부정행사란 권리의무 또는 사실증명에 관한 진정성립된 타인의 사문서를 그 사용에 있어서 사용할 권한 없는 자가 문서명의자로 가장 행세하여 이를 사용하거나 또는 사용할 권한이 있더라도 그 문서를 본래의 작성목적 이외의 다른 사실을 직접 증명하는 용도에 이를 사용하는 것을 말하는 것이므로 피고인과 이ㅇㅇ 사이의 위 동업약정의 효력이야 후에 어찌되었던 간에 위두 사람 사이에 체결되었던 동업약정서라고 하면서 위 동업약정서를 증거로 법원에서 제시하였음에 불과한 본건의 경우에는 이를 부정행사라고 볼 수 없다(대판 1978.2.14. 77도2645).

3. 주관적 구성요건

본죄의 고의는 타인이 진정한 문서를 부정하게 사용한다는 인식과 인용이 있어야 한다. 목적은 요하지 않는다.

제11장

인장에 관한 죄

제1절 서 설

I. 의의, 보호법익

인장에 관한 죄는 '행사할 목적으로 공무원 또는 공무소 또는 타인의 인장·서명·기명·기호를 위조 또는 부정사용하거나, 위조 또는 부정사용한 인장·서명·기명 또는 기호를 행사함으로써 성립하는 범죄'이다. 보호법익은 '인장·서명 등의 진정에 대한 공공의 신용과 거래의 안전'이며, 보호의 정도는 '추상적 위험범'이다.

인장 등을 위조 또는 부정사용하는 행위는 문서나 유가증권에 관한 죄와 결합되어 사용되는 경우가 많다. 그러나, 문서나 유가증권에 관한 죄와 상관없이 본죄가 행하여질 수도 있어 독립적으로 구성요건에 대해 규정하고 있다. 인장에 관한 죄는 '성립의 진정'만을 보호하고 있어, 내용의 진실성 여부를 문제시하는 문서에 관한 죄와 구별된다.

Ⅱ. 인장에 관한 죄의 구성요건의 체계

인장에 관한 죄는 사인 등의 위조, 부정행사죄(제239조 제1항)와 위조·부정사용된 사인 등 행사죄(제239조 제2항)이다. 공인위조·부정사용죄(제238조 제1항)와 위조·부정사용된 공인 등 행사죄(제238조 제2항)는 불법이 가중된 유형이다. 미수범(제240조)은 처벌하고, 공인위조·부정사용죄와 위조·부정사용된 공인 등 행사죄는 7년 이하의 자격정지를 병과할 수 있다. 공인위조·부정사용죄와 위조·부정사용된 공인 등 행사죄는 제5조 제7호에 의거, 외국인의 국외범에도 적용된다.

제2절 개별적 범죄 유형

Ⅰ. 공인 등 위조·부정사용죄

> 제238조 【공인 등의 위조, 부정사용】① 행사할 목적으로 공무원 또는 공무소의 인장·서명·기명 또는 기호를 위조 또는 부정사용한 자는 5년 이하의 징역에 처한다.

1. 의의, 성격

본죄는 '행사할 목적으로 공무원 또는 공무소의 인장·서명·기명 또는 기호를 위조 또는 부정사용함으로써 성립하는 범죄'이다. 본죄는 사인 등 위조·부정사용죄에 대해 불법이 가중된 유형이다. 행사할 목적을 요하는 진정목적범이다. 미수범은 처벌한다.

2. 객관적 구성요건

(1) 행위의 객체

행위의 객체는 '공무원 또는 공무소의 인장·서명·기명 또는 기호'이다.

'공무원 또는 공무소'의 개념은 공문서 등의 위조·변조죄와 동일하다. 공무원 또는 공무소는 우리나라를 의미하며, 외국의 공무원 또는 공무소는 본죄의 객체에 해당하지 않는다.

'공무원 또는 공무소의 인장 등'이란 공무원 또는 공무소에서 직무와 관련하여 사용하는 것을 말하며, 개인이 사용하는 인장이라도 공무원 또는 공무소에서 직무와 관련하여 사용되는 것이라면 본죄의 객체에 해당한다.

(가) 인장

'인장'이란 사람의 동일성을 표시하기 위해 사용되는 상형(象刑)을 말한다.[1] 이때, 상형이란 반드시 이름일 필요는 없고, 특정인을 나타낼 수 있는 별명이나 문양도 상관없다. 지장이나 무인도 인장에 해당한다. 인장은 대표적으로 도장이 그 예이다.

인장에는 인영과 인과가 있다.

① 인영과 인과

'인영(印影)'이란 일정한 사항을 증명하기 위해 문서나 물체에 현출된 상형을 말하고, '인과'란 인영을 현출시키는데 필요한 물체를 말한다. 예컨대, 도장을 찍어 나타난 문자가 인영이라면, 도장이라는 물체는 인과이다. 인장은 인영과 인과를 포함한다.

② 생략문서

'생략문서'라는 것도 그것이 사람 등의 동일성을 나타내는 데에 그치지 않고 그 이외의 사항도 증명, 표시하는 한 이는 인장이나 기호가 아니라 문서로서 취급하여야 할 것이다.[2] 따라서, 접수일부인[3]이나 전세계약서의 확정일자 등은 인장이 아니라 문서이다.

(나) 서명, 기명, 기호

'서명'이란 특정인이 자기임을 표시하기 위하여 성명 기타 호칭을 문자로 표기한 것을 말한다. 서명은 자필로 된 것을 말하며, 성명의 전부 또는 일부만을 쓰거나 아호·별칭·상호·옥호를 쓰거나 국어 또는 외국어로 쓰거나 상관없다.[4] '기명'은 자필이 아닌 대필이나 인쇄, 컴퓨터로 친 것 등에 의해 특정인을 표시한 것

---

1) 사람의 동일성을 표시하기 위하여 사용되는 일정한 상형인 인장이나, 사람의 인격상의 동일성 이외의 사항에 대해서 그 동일성을 증명하기 위한 부호인 기호와는 구분되며, 이른바 생략문서라는 것도 그것이 사람 등의 동일성을 나타내는 데에 그치지 않고 그 이외의 사항도 증명, 표시하는 한 이는 인장이나 기호가 아니라 문서로서 취급하여야 할 것이다(대판 1995.9.5. 95도1269).
2) 대판 1995.9.5. 95도1269.
3) 신용장에 날인된 은행의 접수일부인은 사실증명에 관한 사문서에 해당되므로 신용장에 허위의 접수인을 날인한 것은 사문서위조에 해당된다(대판 1979.10.30. 77도1879).
4) 오영근, 617면.

을 말한다. '기호'란 물건에 압날 또는 기타방법으로 일정한 사항을 증명하는 문자 또는 부호를 말한다.

(3) 실행 행위

실행 행위는 '위조 또는 부정사용'이다.

(가) 위조

'위조'란 권한없이 타인의 인장·서명·기명 또는 기호를 작성 또는 기재하여 일반인으로 하여금 명의인의 것으로 오인하게 하는 것을 말한다. 위조의 방법에는 제한이 없으며, 위조의 개념은 문서에 관한 죄에서와 동일하다.

(나) 부정사용

'부정사용'이란 권한이 없는 자가 사용하거나 권한이 있는 자라고 하더라도 권한 외에 사용 또는 권한을 초월하여 사용하는 것을 말한다. 부정사용은 진정하게 작성된 것을 대상으로 하며, 일반인이 현실적으로 인식하거나 손해가 발생할 필요는 없는 추상적 위험범이다.

□ 관련 판례

① 형법 제238조 제1항에서 규정하고 있는 공기호인 자동차등록번호판의 부정사용이라 함은 진정하게 만들어진 자동차등록번호판을 권한 없는 자가 사용하든가, 권한 있는 자라도 권한을 남용하여 부당하게 사용하는 행위를 말하는 것이고, 같은 조 제2항에서 규정하고 있는 그 행사죄는 부정사용한 공기호인 자동차등록번호판을 마치 진정한 것처럼 그 용법에 따라 사용하는 행위를 말하는 것으로 그 행위개념을 달리하고 있다. 부정사용한 공기호인 자동차등록번호판의 용법에 따른 사용행위인 행사라 함은 이를 자동차에 부착하여 운행함으로써 일반인으로 하여금 자동차의 동일성에 관한 오인을 불러일으킬 수 있는 상태 즉 그것이 부착된 자동차를 운행함을 의미한다고 할 것이고, 그 운행과는 별도로 부정사용한 자동차등록번호판을 타인에게 제시하는 등 행위가 있어야 그 행사죄가 성립한다고 볼 수 없다(대판 1997.7.8. 96도3319).
② 택시미터기의 수리는 계량법시행규칙에 의하여 검정의무가 면제되는 간이수리에 해당하나, 택시미터기에 적법하게 부착된 검정납봉의 봉인철사를 일단 절단한 후에는 소관 검정기관만이 이를 다시 부착할 수 있는 것이므로 피고인이 임의로 한 검정납봉 재봉인부착행위는 형법 제238조 제2항 소정의 공무소기호 부정사용에 해당한다(대판 1982.6.8. 82도138).

3. 주관적 구성요건

본죄는 고의와 함께 행사할 목적을 요하는 목적범이다.

Ⅱ. 위조공인 등 행사죄

> **제238조【공인 등의 위조, 부정사용】** ② 위조 또는 부정사용한 공무원 또는 공무소의 인장, 서명, 기명 또는 기호를 행사한 자도 전항의 형과 같다.

본죄는 '위조 또는 부정사용한 공무원 또는 공무소의 인장, 서명, 기명 또는 기호를 행사함으로써 성립하는 범죄'이다. 위조사인행사죄에 비해 불법이 가중된 유형이다.

'행사'란 위조·부정사용한 인장 등을 진정한 것처럼 사용하는 것을 말한다. 이때 행사는 위조·부정사용한 인장 등이라는 것을 모르는 사람을 대상으로 해야 한다. 미수범은 처벌한다.

절취한 타인의 차량등록번호판을 다른 차량에 부착하고 운행한 경우에는 공기호부정사용죄와 부정사용공기호행사죄의 실체적 경합범이 성립한다.[5]

Ⅲ. 사인 등 위조·부정사용죄

> **제239조【사인 등의 위조, 부정사용】** ① 행사할 목적으로 타인의 인장·서명·서명·기명 또는 기호를 위조 또는 부정사용한 자는 3년 이하의 징역에 처한다.

1. 의의, 보호법익

본죄는 '행사할 목적으로 타인의 인장·서명·기명 또는 기호를 위조 또는 부정사용함으로써 성립하는 범죄'이다. 본죄는 인장위조죄의 기본 유형이다. 행사할 목적을 필요로 하는 진정목적범이며, 미수범은 처벌한다.

---

5) 피고인이 절취한 자동차등록번호판을 부착한 위 뉴그랜져 승용차를 운행하였다면 이는 부정사용된 공기호행사죄에 해당한다 할 것임에도 불구하고 원심은 이와 달리 판시와 같은 이유로 피고인의 위 행위가 부정사용된 공기호행사죄에 해당하지 아니한다고 판단한 것은 부정사용공기호행사죄에 관한 법리를 오해하여 판결에 영향을 미친 잘못이 있다고 할 것이다(대판 1997.7.8. 96도3319).

2. 객관적 구성요건

(1) 행위의 객체

행위의 객체는 '타인의 인장·서명·기명 또는 기호'이다.

'타인'이란 공무원 또는 공무소를 제외한 다른 사람을 말한다. 이때, 자연인, 법인이나 법인격 단체를 불문한다. 사망자 명의의 인장을 위조, 행사한 경우에도 문서에 관한 죄와 동일한 논리로 판단하여 사인위조죄 및 동행사죄가 성립한다고 보아야 할 것이다.

□ 관련 판례

문서위조죄는 문서의 진정에 대한 공공의 신용을 그 보호법익으로 하는 것이므로 행사할 목적으로 작성된 문서가 일반인으로 하여금 당해 명의인의 권한 내에서 작성된 문서라고 믿게 할 수 있는 정도의 형식과 외관을 갖추고 있으면 문서위조죄가 성립하는 것이고, 위와 같은 요건을 구비한 이상 그 명의인이 실재하지 않는 허무인이거나 또는 문서의 작성일자 전에 이미 사망하였다고 하더라도 그러한 문서 역시 공공의 신용을 해할 위험성이 있으므로 문서위조죄가 성립한다고 봄이 상당하며, 이는 공문서뿐만 아니라 사문서의 경우에도 마찬가지라고 보아야 한다(대판 2005.2.24. 2002도18).

'인장·서명·기명 또는 기호'는 공인 등 위조 부정사용죄에서와 동일하다.

(2) 실행 행위

실행 행위는 '위조 또는 부정사용'이다. 공인 등 위조 부정사용죄에서와 동일하다.

□ 관련 판례

〈사인 등 위조죄에 해당되는 경우〉

① 아파트 주민대표회 간부들이, 동대표로 당선된 공소외 甲이 사실은 대학을 졸업하지 않았음이 사립대학 교무처장 명의로 된 학력조회 회보서를 통해 확인되자, 甲의 허위학력 사실을 아파트 주민들에게 공고문 형식으로 알리면서 그 공고문의 신뢰성 제고를 위해 공고문 안에 대학 교무처장 명의의 직인을 함께 나타내어 사(私)인장인 위 직인을 위조하였다는 공소사실에 대하여, 위 직인을 대학 교무처장의 정당한 인장인 것처럼 가장하기 위해서 현출하였다거나 위 직인을 위조하여 행사할 의사가 있었다고 볼 수는 없다고 판단한 원심판결에 사인위조죄의 성립 요건에 관한 법리오해의 위법이 있다(대판

2010.1.14. 2009도5929).

② 사서명 등 위조죄가 성립하기 위하여는 그 서명 등이 일반인으로 하여금 특정인의 진정한 서명 등으로 오신하게 할 정도에 이르러야 할 것이고, 일반인이 특정인의 진정한 서명 등으로 오신하기에 충분한 정도인지 여부는 그 서명 등의 형식과 외관, 작성경위 등을 고려하여야 할 뿐만 아니라 그 서명 등이 기재된 문서에 있어서의 서명 등 기재의 필요성, 그 문서의 작성경위, 종류, 내용 및 일반거래에 있어서 그 문서가 가지는 기능 등도 함께 고려하여 판단하여야 할 것이다. 한편 어떤 문서에 권한 없는 자가 타인의 서명 등을 기재하는 경우에는 그 문서가 완성되기 전이라도 일반인으로서는 그 문서에 기재된 타인의 서명 등을 그 명의인의 진정한 서명 등으로 오신할 수도 있으므로, 일단 서명 등이 완성된 이상 문서가 완성되지 아니한 경우에도 서명 등의 위조죄는 성립한다.

그리고 수사기관이 수사대상자의 진술을 기재한 후 진술자로 하여금 그의 면전에서 조서의 말미에 서명 등을 하도록 한 후 그 자리에서 바로 회수하는 수사서류의 경우에는 그 진술자가 그 문서에 서명 등을 하는 순간 바로 수사기관이 열람할 수 있는 상태에 놓이게 되는 것이므로, 그 진술자가 마치 타인인 양 행세하며 타인의 서명 등을 기재한 경우 그 서명 등을 수사기관이 열람하기 전에 즉시 파기하였다는 등의 특별한 사정이 없는 이상 그 서명 등 기재와 동시에 위조사서명 등 행사죄가 성립하는 것이며, 그와 같이 위조사서명 등 행사죄가 성립된 직후에 수사기관이 위 서명 등이 위조된 것임을 알게 되었다고 하더라도 이미 성립한 위조사서명 등 행사죄를 부정할 수 없다.

기록에 의하면, 피고인은 공소외인으로 행세하면서 피의자로서 조사를 받은 다음 신분이 탄로나기 전에 이미 경찰관에 의하여 작성된 피의자신문조서의 말미에 공소외인의 서명 및 무인을 하고, 공소외인의 이름이 기재된 수사과정확인서에 무인을 하였음을 알 수 있다. 그렇다면 원심이 피고인의 위와 같은 행위에 대하여 사서명 등 위조죄 및 위조사서명 등 행사죄를 인정한 것은 앞서 본 법리에 비추어 정당하고, 거기에 상고이유 주장과 같은 법리 오해의 위법이 있다고 할 수 없다(대판 2011.3.10. 2011도503).

〈사인 등 위조죄에 해당되지 않는 경우〉

형법 제239조 제1항의 사인위조죄는 그 명의인의 의사에 반하여 위법하게 행사할 목적으로 권한 없이 타인의 인장을 위조한 경우에 성립하므로, 타인의 인장을 조각할 당시에 그 명의자로부터 명시적이거나 묵시적인 승낙 내지 위임을 받았다면 인장위조죄가 성립하지 않는다고 할 것이다(대판 2012.9.28. 2014도9213).

3. 주관적 구성요건

본죄는 고의와 함께 행사할 목적을 요하는 목적범이다.

4. 다른 죄와의 관계

행사의 목적으로 타인의 인장을 위조하고 그 위조한 인장을 사용하여 권리
의무 또는 사실증명에 관한 타인의 사문서를 위조한 경우에는 인장위조죄는 사문
서위조죄에 흡수되고 따로 인장위조죄가 성립하는 것은 아니다.6)

Ⅳ. 위조사인 등 행사죄

> 제239조【사인 등의 위조, 부정사용】② 위조 또는 부정사용한 타인의 인장, 서명, 기명 또
> 는 기호를 행사한 자도 전항의 형과 같다.

본죄는 '위조 또는 부정사용한 타인의 인장, 서명, 기명 또는 기호를 행사함
으로써 성립하는 범죄'이다. '행사'는 위조공인 등 행사죄와 동일하다. 미수범은
처벌한다.

□ 관련 판례

〈위조사인 등 행사죄에 해당되는 경우〉

피고인이 음주운전 등으로 경찰서에서 조사를 받으면서 제3자로 행세하여 피의자신문
조서의 진술자란에 제3자의 서명을 기재하였으나 그 이후 피고인의 간인이나 조사 경
찰관의 서명날인 등이 완료되기 전에 그 서명위조 사실이 발각되었다고 하더라도 사서
명위조죄 및 그 행사죄가 성립한다(대판 2005.12.23. 2005도4478).

〈위조사인 등 행사죄에 해당되지 않는 경우〉

형법 제239조 제2항의 위조인장행사죄에 있어서 행사라 함은 위조된 인장을 진정한 것
처럼 용법에 따라 사용하는 행위를 말한다 할 것이므로 위조된 인영을 타인에게 열람
할 수 있는 상태에 두든지, 인과의 경우에는 날인하여 일반인이 열람할 수 있는 상태에
두면 그것으로 행사가 되는 것이고, 위조된 인과 그 자체를 타인에게 교부한 것만으로
는 위조인장행사죄를 구성한다고 할 수 없다(대판 1984.2.28. 84도90).

---

6) 대판 1978.9.26. 78도1787.

제12장

성풍속에 관한 죄

제1절 서 설

Ⅰ. 의의, 구성요건의 체계

성풍속에 관한 죄는 개인의 성적 자기 결정권, 청소년 또는 미성년자의 건전한 성적 발육, 건전한 성풍속·성도덕을 보호하고자 하는 범죄로 나누어진다.

성풍속에 관한 죄는 음행매개죄(제242조), 음화반포등죄(제243조), 음화제조등죄(제244조), 공연음란죄(제245조)가 있다.

Ⅱ. 특별법

성매매알선등 행위의 처벌에 관한 법률 제19조 제2항에서는 영업으로 성매매 알선 등 행위를 한 자를 처벌하고 있다.

아동·청소년의 성보호에 관한 법률 제15조에서는 아동·청소년의 성을 사는 행위를 알선하거나 정보통신망에서 알선정보를 제공한 자를 처벌하고 있다.

제2절 개별적 범죄 유형

I. 간통죄

간통죄는 2015. 2. 26. 헌법재판소에 의하여 위헌결정된 형법 제241조 간통죄 처벌규정은 2016. 1. 6자 형법개정에서 삭제되었다.

II. 음행매개죄

> 제242조【음행매개】영리의 목적으로 사람을 매개하여 간음하게 한 자는 3년 이하의 징역 또는 1천500만원 이하의 벌금에 처한다.

1. 의의, 보호법익

본죄는 '영리의 목적으로 사람을 매개하여 간음하게 함으로써 성립하는 범죄'이다. 영리를 목적으로 하는 진정목적범이다. 보호법익은 '건전한 성풍속'이며, 보호의 정도는 '추상적 위험범'이다.

□ 본죄와 관련된 특별법

〈성매매알선 등 행위의 처벌에 관한 법률〉

제19조 제1항에서는 성매매알선 등 행위를 한 사람에 대해 3년 이하의 징역 또는 3천만원 이하의 벌금, 제2항에서는 영업으로 성매매알선 등 행위를 한 사람에 대해 7년 이하의 징역 또는 7천만원 이하의 벌금에 처한다.

제20조 제1항에서는 성을 파는 행위 등에 대해 3년 이하의 징역 또는 3천만원 이하의 벌금, 제21조 제1항에서는 성매매를 한 사람에 대해 1년 이하의 징역이나 300만원 이하의 벌금, 구류 또는 과료에 처한다.

〈아동복지법〉

제17조 제2호에서는 아동에게 음란한 행위를 시키거나 이를 매개하는 행위 또는 성적 수치심을 주는 성희롱 등의 성적 학대행위에 대해 제71조 제1항 제1호에서 10년 이하의 징역 또는 1억원 이하의 벌금에 처한다.

〈아동·청소년의 성보호에 관한 법률〉

제14조에서는 폭행이나 협박으로 아동·청소년의 성을 사는 행위의 상대방이 되게 한 자 등에 대해 5년 이상의 유기징역, 제15조에서는 아동·청소년의 성을 사는 행위의 장소를 제공하는 행위를 업으로 하는 자 등에 대해 7년 이상의 유기징역에 처한다.

2. 객관적 구성요건

(1) 행위의 주체

행위의 주체는 제한이 없다. 그러나, 업무·고용이나 그 밖의 관계로 자신의 보호 또는 감독을 받는 것을 이용하여 아동·청소년으로 하여금 아동·청소년의 성을 사는 행위의 상대방이 되게 한 자는 아동·청소년의 성보호에 관한 법률 제14조 제1항 제3호에 의거, 5년 이상의 유기징역에 처한다. 또한, 친족관계, 고용관계, 그 밖의 관계로 인하여 다른 사람을 보호·감독하는 것을 이용하여 성을 파는 행위를 하게 한 사람은 성매매알선 등 행위의 처벌에 관한 법률 제18조 제1항 제3호에 의거, 10년 이하의 징역 또는 1억원 이하의 벌금에 처한다.

본죄는 음행을 매개하여 간음한 자에 대해 처벌을 하고 있음으로, 음행 매개의 상대방은 처벌하지 않는다. 단, 성매매의 경우에는 성매매자와 성매수자에 대해 성매매알선 등 행위의 처벌에 관한 법률이 적용된다.

(2) 행위의 객체

행위의 객체는 '사람'이다. 사람에는 성인과 미성년자, 남자·여자도 불문한다. 또한, 음행의 상습 유무도 불문한다. 하지만, 객체가 19세 미만자인 아동·청소년의 경우에는 '아동·청소년의 성보호에 관한 법률'이 적용되고, 18세 미만 자인 경우에는 '아동복지법'이 적용된다.

(3) 실행 행위

실행 행위는 '사람을 매개하여 간음하게 하는 것'이다.

'매개'란 사람을 간음하게 알선하는 행위를 말한다. 간음의 의사가 있는가 없는가는 불문함으로 매개의 행위가 간음을 교사하는 형태를 갖출 필요는 없다.

'간음'이란 배우자 이외 이성간의 성교행위를 말한다. 따라서 동성애는 본죄에 해당하지 않는다. 본죄가 성립하기 위해서는 영리를 목적으로 하여야 하며 간음이라는 결과가 있어야 한다.

본죄는 간음을 함으로써 기수가 되며, 미수범은 처벌하지 않는다.

3. 주관적 구성요건

본죄에 대한 고의 이외 영리를 목적으로 하는 목적범이다. '영리 목적'은 재물 또는 재산상의 이익을 취득할 목적을 말한다. 이때, 영리의 목적이 있으면 충분하고, 현실적으로 이익을 취득하였는가는 문제되지 않는다.

Ⅲ. 음화반포 등의 죄

> 제243조【음화반포 등】 음란한 문서, 도화, 필름 기타 물건을 반포, 판매 또는 임대하거나 공연히 전시 또는 상영한 자는 1년 이하의 징역 또는 500만원 이하의 벌금에 처하다.

1. 의의, 보호법익

본죄는 '음란한 문서, 도화, 필름 기타 물건을 반포, 판매 또는 임대하거나 공연히 전시 또는 상영함으로써 성립하는 범죄'이다. 보호법익은 '건전한 성풍속'이며, 보호의 정도는 '추상적 위험범'이다.

반포, 판매, 임대는 '즉시범'이고, 공연전시 또는 상영은 '계속범'이다.

2. 객관적 구성요건

(1) 행위의 객체

행위의 객체는 '음란한 문서, 도화, 필름 기타 물건'이다.

(가) 음란

'음란'이란 사회통념상 일반 보통인의 성욕을 자극하여 성적 흥분을 유발하고 정상적인 성적 수치심을 해하여 성적 도의관념에 반하는 것을 말한다.[1] 음란 여부를 판단함에 있어서는 행위자의 주관적 의도 등이 아니라 그 사회의 평균인의 입장에서 그 시대의 건전한 사회통념에 따라 객관적이고 규범적으로 평가하여야 한다.[2] 하지만, 최종적인 판단의 주체는 어디까지나 당해 사건을 담당하는 법관이라 할 것이니, 음란성을 판단함에 있어 법관이 자신의 정서가 아닌 일반 보

---

1) 대판 2017.10.26. 2012도13352.
2) 대판 2014.7.24. 2013도9228.

통인의 정서를 규준으로 하여 이를 판단하면 족한 것이지 법관이 일일이 일반 보통인을 상대로 과연 당해 문서나 도화 등이 그들의 성욕을 자극하여 성적 흥분을 유발하거나 정상적인 성적 수치심을 해하여 성적 도의관념에 반하는 것인지의 여부를 묻는 절차는 거쳐야만 되는 것은 아니라고 할 것이다.[3]

① 예술작품 및 과학성의 음란성

예술작품 및 과학성에 있어서는 견해가 대립하고 있다. Ⓐ 예술작품이나 과학서라고 하더라도 음란성을 대중에게 제공할 수 있는 권한을 가질 수 없으므로 음란성이 당연히 부정되는 것이 아니라는 견해, Ⓑ 예술작품이나 과학서는 기존의 관념을 깨뜨리면서 발전해나가는 것이기 때문에 기존의 관념으로 법관이 이를 평가해서는 안된다라는 견해가 있다. 이에, 판례는 "예술작품에 예술성이 있다고 하여 그 작품의 음란성이 당연히 부정되는 것은 아니다"라고 판시하고 있다.[4]

② 상대적 음란 개념

상대적 음란 개념이란 예술작품은 자체는 음란하다고 평가될 수 없지만 일반인에게 공개되었을 경우 상대적으로 음란하다고 평가될 수 있다는 것이다. 음란성은 문서의 내용 이외에 작자나 출판자의 의도, 광고, 선전, 판매의 방법, 독자, 관람자의 제한성 등의 부수적 사정을 고려하여 상대적으로 판단해야 한다는 이론이다.[5][6]

(나) 문서 · 도화 · 필름 기타의 물건

문서 · 도화 · 필름은 기타 물건에 대한 예시로서, 음란이라고 평가되는 것이라면 어떤 물건이라도 본죄의 객체에 해당한다. 하지만, 컴퓨터 프로그램 파일은 본죄의 음란물에 해당하지 아니한다.[7]

---

3) 대판 1995.2.10. 94도2266.
4) 예술성과 음란성은 차원을 달리하는 관념이므로 어느 예술작품에 예술성이 있다고 하여 그 작품의 음란성이 당연히 부정되는 것은 아니라 할 것이고, 다만 그 작품의 예술적 가치, 주제와 성적 표현의 관련성 정도 등에 따라서는 그 음란성이 완화되어 결국은 형법이 처벌 대상으로 삼을 수 없게 되는 경우가 있을 수 있을 뿐이다(대판 2002.8.23. 2002도2889).
5) 신호진, 1312면.
6) 본 이론과 관련하여 판례는 "비록 명화집에 실려있는 그림이라 할지라도 이것을 예술 문학 등 공공의 이익을 위해서가 아닌 성냥갑 속에 넣어 판매할 목적으로 그 카드사진을 복사 제조하거나 시중에 판매하였다면 명화를 모독하여 음화화시켰다 할 것이고, 그림의 음란성 유무는 개관적으로 판단해야 할 것이다"라고 판시하고 있다(대판 1970.10.30. 70도1879).
7) 형법 제243조는 음란한 문서, 도화, 필름 기타 물건을 반포, 판매 또는 임대하거나 공연히 전시 또는 상영한 자에 대한 처벌규정으로서, 피고인들이 판매하였다는 컴퓨터프로그램파일은 위 규정에서 규정하고 있는 문서, 도화, 필름 기타 물건에 해당한다고 할 수 없으므

□ 음란성 관련 판례

〈음란성 인정〉

① 사진첩에 남자 모델이 전혀 등장하지 아니하고 남녀간의 정교 장면에 관한 사진이나 여자의 국부가 완전히 노출된 사진이 수록되어 있지 않다 하더라도, 이들 사진들은 모델의 의상 상태, 자세, 촬영 배경, 촬영 기법이나 예술성 등에 의하여 성적 자극을 완화시키는 요소는 발견할 수 없고, 오히려 사진 전체로 보아 선정적 측면을 강조하여 주로 독자의 호색적 흥미를 돋구는 것으로서 일반 보통인의 성욕을 자극하여 성적 흥분을 유발하고 정상적인 성적 수치심을 해하는 것으로서 도의관념에 반하는 것이므로, 그 사진첩은 음란한 도화에 해당한다(대판 1997.8.22. 97도937).

② 남성용 자위기구가 그 시대적 수요가 있고 어느 정도의 순기능을 하고 있으며 은밀히 판매되고 사용되는 속성을 가진 것은 사실이나, 이 사건 기구는 사람의 피부에 가까운 느낌을 주는 실리콘을 재질로 사용하여 여성의 음부, 항문, 음모, 허벅지 부위를 실제와 거의 동일한 모습으로 재현하는 한편, 음부 부위는 붉은 색으로, 음모 부위는 검은 색으로 채색하는 등 그 형상 및 색상 등에 있어서 여성의 외음부를 그대로 옮겨놓은 것이나 진배없는 것으로서, 여성 성기를 지나치게 노골적으로 표현함으로써 사회통념상 그것을 보는 것 자체만으로도 성욕을 자극하거나 흥분시킬 수 있고 일반인의 정상적인 성적 수치심을 해치고 선량한 성적 도의관념에 반한다고 하지 않을 수 없다(대판 2003.5.16. 2003도988). - 남성용 자위기구인 모조여성기가 음란한 물건에 해당한다고 한 사례

③ 소설 '즐거운 사라'가 음란한 문서에 해당한다. 헌법 제22조 제1항, 제21조 제1항에서 기본권으로 보장되는 문학에 있어서의 표현의 자유도 헌법 제21조 제4항, 제37조 제2항에서 공중도덕이나 사회윤리를 침해하는 경우에는 이를 제한할 수 있도록 하였으며, 이에 따라 형법에서는 건전한 성적 풍속 내지 성도덕을 보호하기 위하여 제243조에서 음란한 문서를 판매한 자를, 제244조에서 음란한 문서를 제조한 자를 각 처벌하도록 규정하고 있으므로, 문학작품이라고 하여 무한정의 표현의 자유를 누려 어떠한 성적 표현도 가능하다고 할 수는 없고 그것이 건전한 성적 풍속이나 성도덕을 침해하는 경우에는 형법규정에 의하여 이를 처벌할 수 있다(대판 1995.6.16. 94도2413).

④ 미술교사가 자신의 인터넷 홈페이지에 게시한 임신한 자신의 부인과 함께 찍은 알몸사진, 여성의 성기를 근접하여 묘사한 그림 및 동영상은 음란성이 인정된다(대판 2005.7.22. 2003도2911).

로, 피고인들의 위와 같은 행위에 대하여 전기통신기본법 제48조의2의 규정을 적용할 수 있음은 별론으로 하고, 원심이 형법 제243조의 규정을 적용하여 유죄의 판결을 한 데에는 위 형법 제243조의 음화판매죄의 법리를 오해한 위법이 있다고 하지 않을 수 없다(대판 1999.2.24. 98도3140).

〈음란성 불인정〉

① 사람의 피부에 가까운 느낌을 주는 실리콘을 소재로 하여 여성의 음부, 항문, 엉덩이 부위를 재현하였다고는 하나, 여성 성기의 일부 특징만을 정교하지 아니한 형상으로 간략하게 표현한 것에 불과하고 그 색상 또한 사람의 실제 피부색과는 차이가 있는 점 등을 알 수 있다. 사정이 이와 같다면, 이 사건 물건은 전체적으로 관찰, 평가하여 볼 때 그 모습이 상당히 저속한 느낌을 주는 것은 사실이지만 이를 넘어서서 형사법상 규제의 대상으로 삼을 만큼 사람의 존엄성과 가치를 심각하게 훼손, 왜곡하였다고 평가할 수 있을 정도로 노골적인 방법에 의하여 사람의 특정 성적 부위를 적나라하게 표현 또는 묘사한 것이라고 단정할 수 없다. 따라서 이 사건 물건이 사회통념상 일반 보통인의 성욕을 자극하여 성적 흥분을 유발하고 정상적인 성적 수치심을 해하여 성적 도의관념에 반하는 물건에 해당한다고 보기 어렵다(대판 2014.6.12. 2013도6345).

② 남성용 자위기구로서의 기능과 목적을 위하여 사람의 피부와 유사한 질감, 촉감, 색상을 가진 실리콘을 소재로 하여 여성의 특정 신체부위를 개괄적인 형상과 단일한 재질, 색상을 이용하여 재현한 것일 뿐, 단순히 저속하다거나 문란한 느낌을 준다는 정도를 넘어서서 존중, 보호되어야 할 인격을 갖춘 존재인 사람의 존엄성과 가치를 심각하게 훼손, 왜곡하였다고 평가할 수 있을 정도로 노골적인 방법에 의하여 성적 부위를 적나라하게 표현 또는 묘사한 것으로 보이지 않는다는 이유로 음란한 물건에 해당하지 않는다(대판 2014.5.29. 2014도3312).

③ 방송통신심의위원회 심의위원인 피고인이 자신의 인터넷 블로그에 위원회에서 음란정보로 의결한 '남성의 발기된 성기 사진'을 게시함으로써 정보통신망을 통하여 음란한 화상 또는 영상인 사진을 공공연하게 전시하였다고 하여 정보통신망 이용촉진 및 정보보호 등에 관한 법률위반(음란물 유포)으로 기소된 사안에서, 피고인의 게시물은 사진과 학술적, 사상적 표현 등이 결합된 결합 표현물로서, 사진은 음란물에 해당하나 결합 표현물인 게시물을 통한 사진의 게시는 형법 제20조에 정하여진 사회상규에 위배되지 아니하는 행위에 해당한다(대판 2017.10.26. 2012도13352).

(2) 실행 행위

실행 행위는 '반포, 판매, 임대, 공연전시, 공연상영'이다.

'반포'란 불특정 또는 다수인에게 무상으로 교부하는 것이다. '판매'는 불특정 또는 다수인에게 유상으로 양도하는 것이다. '임대'란 유상으로 대여하는 것이다. '공연전시'란 불특정 또는 다수인이 관람할 수 있도록 하는 것으로, 유상 또는 무상을 불문한다. '공연상영'이란 불특정 또는 다수인이 관람할 수 있는 상태하에 현출시키는 것을 뜻하는 것으로서, 특정한 소수인만이 볼 수 있는 상태에 두는

것은 이에 해당되지 않는다.[8]

□ 공연전시 관련 판례

〈공연전시 인정〉

① PC방 운영자가 자신의 PC방 컴퓨터의 바탕화면 중앙에 음란한 영상을 전문적으로 제공하는 웹사이트로 연결되는 바로가기 아이콘을 설치하고 접속에 필요한 성인인증까지 미리 받아둠으로써 PC방을 이용하는 불특정·다수인이 아무런 제한 없이 위 웹사이트의 음란한 영상을 접할 수 있는 상태를 조성한 경우, 음란한 영상을 공연히 전시한다는 구 전기통신망 이용촉진 및 정보보호 등에 관한 법률 제65조 제1항 제2호의 구성요건을 충족한다(대판 2008.2.1. 2007도8286).

② 인터넷사이트에 집단 성행위 목적의 카페를 개설, 운영한 자가 남녀 회원을 모집한 후 특별모임을 빙자하여 집단으로 성행위를 하고 그 촬영물이나 사진 등을 카페에 게시한 사안에서, 카페가 회원제로 운영되는 등 제한적이고 회원들 상호간에 음란물을 게시, 공유해 온 사정이 있다고 하더라도, 위 카페의 회원수에 비추어 위 게시행위가 음란물을 공연히 전시한 것에 해당한다(대판 2009.5.14. 2008도10914).

〈공연전시 불인정〉

인터넷 폰팅광고 및 연예인 누드광고 사이트에 전라의 여성 사진, 남녀의 성행위 장면을 묘사한 만화 등을 게시한 사안에서, 그 게시물의 내용이 형사적 규제의 대상으로 삼을 만큼 사람의 존엄성과 가치를 심각하게 훼손, 왜곡하였다고 평가할 정도는 아니다 (대판 2008.4.11. 2008도254).

(3) 기수시기

'반포' 행위에 있어서는 현실적으로 교부됨을 요하므로 교부가 된 때, '판매'는 계약이 아닌 현실적으로 인도하였을 때, '임대'는 현실적으로 교부가 되었을 때, '공연전시·상영'은 불특정 또는 다수인을 상대로 음란물을 전시하거나 상영하였을 때 기수가 된다. 본죄는 미수범 처벌규정은 없다.

3. 주관적 구성요건

본죄에 대한 고의가 있어야 한다. 고의는 음란물에 대한 인식과 인용이 있어야 한다. 음란성 유무는 그림 자체로서 객관적으로 판단해야 할 것이고, 그 제조자나 판매자의 주관적인 의사에 따라 좌우되는 것은 아니라 할 것이며, 그 음화

---

8) 대판 1973.8.21. 73도409.

의 제조 내지 판매죄의 범의성립에 있어서도 그러한 그림이 존재한다는 것과 이를 제조나 판매하고 있다는 것을 인식하고 있으면 되고, 그 이상 더 나가서 그림의 음란한 것인가 아닌가를 인식할 필요는 없다.[9] 공연전시와 상영은 '공연성'에 대한 인식이 필요하다.

4. 죄수 및 다른 죄와의 관계

① 음란물을 반포 등의 행위가 다수인을 상대로 수차례 행하여졌다고 하여도 동일한 의사에 의한 것이라면 포괄일죄가 성립한다.

② 음란한 영상 등을 판매, 임대하거나 공공연하게 전시한 경우에는, 정보통신망이용촉진 및 정보보호 등에 관한 법률 제74조 제1항 제2호, 제44조의7 제1항 제1호가 성립한다.

③ 자기 또는 다른 사람의 성적 욕망을 유발하거나 만족시킬 목적으로 전화 등 통신매체를 통하여 성적 수치심을 일으키는 말, 그림, 영상 등을 상대방에게 도달하게 한 경우에는, 성폭력범죄의 처벌 등에 관한 특례법 제13조가 성립한다.

Ⅳ. 음화 등 제조죄

> **제244조 【음화제조 등】** 제243조의 행위에 공할 목적으로 음란한 물건을 제조, 소지, 수입 또는 수출한 자는 1년 이하의 징역 또는 500만원 이하의 벌금에 처한다.

본죄는 '반포·판매·임대·공연전시·공연상영의 목적으로 음란한 물건을 제조·소지·수입 또는 수출함으로써 성립하는 범죄'이다. 본죄는 목적범으로 단순소지에 대해서는 처벌하지 않는다.

Ⅴ. 공연음란죄

> **제245조 【공연음란】** 공연히 음란한 행위를 한 자는 1년 이하의 징역, 500만원 이하의 벌금, 구류 또는 과료에 처한다.

---

9) 대판 2003.5.16. 2003도988.

1. 의의, 성격

본죄는 '공연히 음란한 행위를 함으로써 성립하는 범죄'이다. 음란 행위 자체를 처벌하는 거동범이다.

2. 객관적 구성요건

(1) 실행 행위

실행 행위는 '공연히 음란한 행위'를 하는 것이다.

'공연히'란 불특정 또는 다수인이 인식할 수 있는 상태를 말한다. 공연성에 있어서는 불특정 또는 다수인이 현실적으로 인식할 수 있는 가능성만 있으면 족하다. 특정 소수인을 대상으로 하거나 공공장소라 하더라도 숨어서 한 경우에는 공연성이 있다고 할 수 없다.

'음란한 행위'란 일반 보통인의 성욕을 자극하여 성적 흥분을 유발하고 정상적인 성적 수치심을 해하여 성적 도의관념에 반하는 행위를 가리키는 것이고, 그 행위가 반드시 성행위를 묘사하거나 성적인 의도를 표출할 것을 요하는 것은 아니다.[10]

□ 음란한 행위 관련 판례

〈음란한 행위 인정〉

① 고속도로에서 승용차를 손괴하거나 타인에게 상해를 가하는 등의 행패를 부리던 자가 이를 제지하려는 경찰관에 대항하여 공중 앞에서 알몸이 되어 성기를 노출하였다면, 그 행위는 일반적으로 보통인의 정상적인 성적 수치심을 해하여 성적 도의관념에 반하는 음란한 행위라고 할 것이고, 또 타인의 정상적인 성적 수치심을 해하는 음란한 행위라는 인식도 있었다고 보아야 할 것이다(대판 2000.12.22. 2000도4372).

② 요구르트 제품의 홍보를 위하여 전라의 여성 누드모델들이 일반 관람객과 기자 등 수십 명이 있는 자리에서, 알몸에 밀가루를 바르고 무대에 나와 분무기로 요구르트를 몸에 뿌려 밀가루를 벗겨내는 방법으로 알몸을 완전히 드러낸 채 음부 및 유방 등이 노출된 상태에서 무대를 돌며 관람객들을 향하여 요구르트를 던진 행위는 공연음란죄에 해당한다(대판 2006.1.13. 2005도1264).

〈음란한 행위 불인정〉

① 피고인은 주차한 차량으로 인해 공소외 1과 말다툼을 하였을 때, 공소외 1이 자신에

게 "술을 먹었으면 입으로 먹었지 똥구멍으로 먹었냐"라며 말하였다는 이유로, 다시 위 상점으로 찾아가 가게를 보고 있던 공소외 1의 딸인 피해자(여, 23세)에게 소리 지르면 서, 그 앞에서 바지와 팬티를 무릎까지 내린 후 엉덩이를 들이밀며 "내 항문에 술을 부 어라"라고 말하여 공연히 음란한 행위를 하였다. 비록 피고인이 피해자 앞에서 바지와 팬티를 내린 후 엉덩이를 노출시키면서 위와 같은 말을 하였다고 하더라도 그러한 행 위는 보는 사람에게 부끄러운 느낌이나 불쾌감을 주는 정도에 불과하다고 보여지고, 일반 보통인의 성욕을 자극하여 성적 흥분을 유발하거나 정상적인 성적 수치심을 해할 정도에 해당한다고 보기는 어렵다고 할 것이다(대판 2004.3.12. 2003도6514).
② 유흥주점 여종업원들이 웃옷을 벗고 브레지어만 착용하거나 치마를 허벅지가 다 드 러나도록 걷어 올리고 가슴이 보일 정도로 어깨끈을 밑으로 내린 채 손님을 접대한 사 안에서, 위 종업원들의 행위와 노출 정도가 형사법상 규제의 대상으로 삼을 만큼 사회 적으로 유해한 영향을 끼칠 위험성이 있다고 평가할 수 있을 정도로 노골적인 방법에 의하여 성적 부위를 노출하거나 성적 행위를 표현한 것이라고 단정하기에 부족하다는 이유로 구 풍속영업의 규제에 관한 법률 제3조 제1호에 정한 '음란행위'에 해당한다고 판단한 원심 판결을 파기한 사례(대판 2009.2.26. 2006도3119).

3. 주관적 구성요건

본죄의 고의는 공연히라는 행위상황과 자신의 행위가 음란하다는 인식이 있 어야 한다.

4. 다른 죄와의 관계

경범죄처벌법 제3조 제1항 제33호(과다노출) "공개된 장소에서 공공연하게 성기·엉덩이 등 신체의 주요한 부위를 노출하여 다른 사람에게 부끄러운 느낌이 나 불쾌감을 준 사람"으로 규정되어 있다. 따라서 신체의 단순히 노출행위가 있 다고 하여 음란행위가 되는 것은 아니다.[11]

---

10) 대판 2006.1.13. 2005도1264.
11) 신체의 노출행위가 있었다고 하더라도 그 일시와 장소, 노출부위, 노출방법·정도, 노출동 기·경위 등 구체적 사정에 비추어 그것이 일반 보통인의 성욕을 자극하여 성적 흥분을 유 발하고 정상적인 성적 수치심을 해하는 것이 아니라, 단순히 다른 사람에게 부끄러운 느낌 이나 불쾌감을 주는 정도에 불과하다고 인정되는 경우, 그와 같은 행위는 경범죄처벌법 제 1조 제41호에 해당될지언정, 형법 제245조의 음란행위에 해당한다고 할 수 없을 것(대판 2004.3.12. 2003도6514). ─ 2017.10.24.자 일부개정으로 경범죄처벌법 제3조 제1항 제33호 에 해당.

제13장

도박과 복표에 관한 죄

제1절 서 설

Ⅰ. 의의, 보호법익

도박과 복표에 관한 죄는 '도박을 하거나 도박장소를 개설하거나, 복표를 발매·중개·취득함으로써 성립하는 범죄'이다. 본죄는 사행심을 조장하여 선량한 사회의 풍속을 혼탁하게 할 위험성이 있다.

본죄의 보호법익은 '사회의 건전한 근로의식 내지 경제의 건전한 도덕법칙'이며, 보호의 정도는 '추상적 위험범'이다.[1]

---

1) 형법 제246조 도박죄를 처벌하는 이유는 정당한 근로에 의하지 아니한 재물의 취득을 처벌함으로써 경제에 관한 건전한 도덕법칙을 보호하기 위한 것인바, 그 처벌은 헌법이 보장하는 국민의 행복추구권이나 사생활의 자유를 침해할 수 없고, 동조의 입법취지가 건전한 근로의식을 배양 보호함에 있다면 일반 서민대중이 여가를 이용하여 평소의 심신의 긴장을 해소하는 오락은 이를 인정함이 국가정책적 입장에서 보더라도 허용된다 할 것으로, 일시 오락에 불과한 도박행위를 처벌하지 아니하는 이유가 여기에 있다(대판 1983.3.22. 82도2151).

Ⅱ. 도박과 복표에 관한 죄의 구성요건의 체계

도박과 복표에 관한 죄는 단순도박죄(제246조 제1항)를 기본구성요건으로 한다. 상습도박죄(제246조 제2항)는 상습으로 인한 책임가중유형이며, 도박장소개설죄(제247조)는 도박의 교사·방조의 성격을 가진 독립적 구성요건이다. 복표에 관한 죄는 복표발매죄(제248조 제1항)를 기본구성요건으로 하고, 복표발매중개죄(제248조 제2항)와 복표취득죄(제248조 제3항)를 불법감경유형으로 하고 있다.

제2절 개별적 범죄 유형

Ⅰ. 단순도박죄

> 제246조 【도박】 ① 도박을 한 사람은 1천만원 이하의 벌금에 처한다. 다만, 일시오락 정도 불과한 경우에는 예외로 한다.

1. 의의, 보호법익

본죄는 '도박을 함으로써 성립하는 범죄'이다. 보호법익은 '건전한 근로관념과 사회의 미풍양속'이며,[2] 보호의 정도는 '추상적 위험범'이다. 일시오락에 불과한 도박행위는 서민대중이 여가를 이용하여 평소의 심신의 긴장을 해소할 수 있다는 이유로 인해 처벌하지 아니한다.[3]

---

2) 도박죄는 사행심에 의한 행위자의 재산일실위험을 제거하려는 한편 건전한 국민의 근로관념과 사회의 미풍양속을 보호하려 함에 그 뜻이 있으므로 도박의 장소, 행위자의 사회적 지위 및 재산정도, 도박 그 자체의 흥미성 및 근소성 등에 비추어 일시 오락의 정도에 지나지 않는 도박은 가벌성이 없다 할 것이다(대판 1984.7.10. 84도1043).

3) 형법 제246조 도박죄를 처벌하는 이유는 정당한 근로에 의하지 아니한 재물의 취득을 처벌함으로써 경제에 관한 건전한 도덕법칙을 보호하기 위한 것인바, 그 처벌은 헌법이 보장하는 국민의 행복추구권이나 사생활의 자유를 침해할 수 없고, 동조의 입법취지가 건전한 근로의식을 배양 보호함에 있다면 일반 서민대중이 여가를 이용하여 평소의 심신의 긴장을 해소하는 오락은 이를 인정함이 국가정책적 입장에서 보더라도 허용된다 할 것으로, 일시 오락에 불과한 도박행위를 처벌하지 아니하는 이유가 여기에 있다(대판 1983.3.22. 82도2151).

2. 객관적 구성요건

(1) 행위의 주체

행위의 주체는 제한이 없다. 도박은 2인 이상이 하여야 하므로 필요적 공범에 해당한다.

(2) 실행 행위

실행 행위는 '도박'을 하는 것이다. '도박'이란 '재물 기타 재산상의 이익[4]을 걸고 우연한 승부에 의하여 득실을 결정하는 것'이다.

(가) 재물 기타 재산상 이익

'재물'은 관리할 수 있는 동력을 말하나, 본죄에서는 '개개의 재화'를, '재산상 이익'은 '일체의 이익 내지 가치'를 의미한다. 일반적으로 도박은 금전이라는 재물을 이용하여 우연성에 의해 승패를 나누지만, 채무를 면제하게 해주거나 서비스를 제공해주는 방식의 재산상 이익을 주는 방식으로도 행하여진다. 재물은 도박 현장에 반드시 존재할 것을 요하지 않으며, 재물의 액수는 미리 정해져 있을 필요 없이 교부시에 확정할 수 있으면 족하다.

(나) 우연성

도박의 승패는 우연에 의해 결정되어야 한다.[5] 그러므로, 당사자가 승패를 미리 예견하거나 영향을 미칠 수 없어야 한다. 만약, 당사자가 승패에 결정적 영향을 미칠 수 있다면 이는 도박이 아니라 사기죄가 될 수 있다.[6] 또한, 도박당사자의 일방이 사기의 수단으로 승패의 수를 지배하는 이른바 '편면적 도박'은 사기죄만 성립되고, 도박죄는 성립하지 아니한다.[7] 사기도박에서 사기적인 방법으로

---

4) 2013. 4. 5. 형법 개정을 통하여 '재물로써 도박한 자'를 '도박을 한 사람'으로 변경하였는 바, 이는 도박죄의 객체를 재물뿐만 아니라 재산상 이익을 포함한다고 하겠다.

5) 도박의 의미는 '재물을 걸고 우연에 의하여 재물의 득실을 결정하는 것'을 말하는바, 여기서 '우연'이라 함은 주관적으로 '당사자에 있어서 확실히 예견 또는 자유로이 지배할 수 없는 사실에 관하여 승패를 결정하는 것'을 말하고, 객관적으로 불확실할 것을 요구하지 아니하며, 당사자의 능력이 승패의 결과에 영향을 미친다고 하더라도 다소라도 우연성의 사정에 의하여 영향을 받게 되는 때에는 도박죄가 성립할 수 있다(대판 2008.10.23. 2006도736). - 내기 골프 도박죄 인정

6) 도박이란 2인 이상의 자가 상호간에 재물을 도(賭)하여 우연한 승패에 의하여 그 재물의 득실을 결정하는 것이므로, 이른바 사기도박과 같이 도박당사자의 일방이 사기의 수단으로써 승패의 수를 지배하는 경우에는 도박에서의 우연성이 결여되어 사기죄만 성립하고 도박죄는 성립하지 아니한다(대판 2011.1.13. 2010도9330).

7) 대결 1960.11.16. 4293형상743.

도금을 편취하려고 하는 자가 상대방에게 도박에 참가할 것을 권유하는 등 기망행위를 개시한 때에 실행의 착수가 있는 것으로 보아야 하고, 그 후에 사기도박을 숨기기 위하여 정상적인 도박을 하였더라도 이는 사기죄의 실행행위에 포함된다.[8]

운동경기의 경우에는 당사자의 기량 등 개인적 능력이 승패의 큰 영향을 미치지만, 다소라도 우연성의 사정에 의하여 영향을 받게 되는 때에는 도박죄가 성립할 수 있다.[9]

(3) 기수시기

도박죄는 추상적 위험범으로 도박행위에 착수하는 순간 기수가 된다. 도박행위는 카드나 화투의 경우 분배를 할 때이다. 승패의 결정이나 재물의 득실이 있어야 하는 것은 아니다.

3. 주관적 구성요건

본죄의 고의는 도박을 한다는 인식과 인용이다.

4. 위법성 조각사유

제246조 제1항의 단서로 '일시 오락 정도에 불과한 경우에는 예외로 한다'라고 하여 도박죄로 처벌하지 않는다. 이는 위법성조각사유로 해석한다.[10] 도박죄에 있어서의 위법성의 한계는 도박의 시간과 장소, 도박자의 사회적 지위 및 재산 정도, 재물의 근소성, 그 밖에 도박에 이르게 된 경위 등 모든 사정을 참작하여 구체적으로 판단하여야 할 것이다.[11]

---

8) 대판 2015.10.29. 2015도10948.

9) 피고인들이 각자 핸디캡을 정하고 홀마다 또는 9홀마다 별도의 돈을 걸고 총26 내지 32회에 걸쳐 내기 골프를 한 행위가 도박에 해당한다(대판 2008.10.23. 2006도736).

10) 일시 오락 정도에 불과한 도박은 그 재물의 경제적 가치가 근소하여 건전한 근로의식을 침해하지 않을 정도이므로, 건전한 풍속을 해할 염려가 없는 정도의 단순한 오락에 그치는 경미한 행위에 불과하고, 일반 서민대중이 여가를 이용하여 평소의 심신의 긴장을 해소하는 오락은 이를 인정함이 국가정책적 입장에서 보더라도 허용되는 것이라는 점을 아울러 고려하면, 피고인의 이 사건 풍속법위반 행위는 사회통념에 비추어 용인될 수 있는 행위로서 사회상규에 위배되지 아니하는 행위에 해당하여 위법성이 조각된다(대판 2004.4.9. 2003도6351).

11) 대판 1985.11.12. 85도2096.

□ 일시 오락 정도로 본 관련 판례

① 피고인들이 서로 친숙한 사이로서 이 사건 당일 우연히 다방에서 만나게 되어 약 3,000원 상당의 음식내기 화투놀이를 약 30분간 한 소위는 피고인들 친분관계, 화투놀이의 시간과 장소, 도박의 경위 및 그 금액의 근소성에 비추어 일시 오락의 정도에 불과하고 도박죄를 구성하지 않는다(대판 1984.4.10. 84도194).

② 풍속영업자가 풍속영업소에서 도박을 하게 한 때에는 그것이 일시 오락 정도에 불과하여 형법상 도박죄로 처벌할 수 없는 경우에도 풍속영업자의 준수사항 위반을 처벌하는 풍속영업규제에 관한 법률 제10조 제1항, 제3조 제3호의 구성요건 해당성이 있다고 할 것이나, 어떤 행위가 법규정의 문언상 일단 범죄 구성요건에 해당된다고 보이는 경우에도 그것이 정상적인 생활형태의 하나로서 역사적으로 생성된 사회생활 질서의 범위 안에 있는 것이라고 생각되는 경우에는 사회상규에 위배되지 아니하는 행위로서 그 위법성이 조각되어 처벌할 수 없다.

일시 오락 정도에 불과한 도박행위의 동기나 목적, 그 수단이나 방법, 보호법익과 침해법익과의 권형성 그리고 일시 오락 정도에 불과한 도박은 그 재물의 경제적 가치가 근소하여 건전한 근로의식을 침해하지 않을 정도이므로 건전한 풍속을 해할 염려가 없는 정도의 단순한 오락에 그치는 경미한 행위에 불과하고, 일반서민대중이 여가를 이용하여 평소의 심신의 긴장을 해소하는 오락은 이를 인정함이 국가정책적 입장에서 보더라도 허용된다.

풍속영업자가 자신이 운영하는 여관에서 친구들과 일시 오락 정도에 불과한 도박을 한 경우, 형법상 도박죄는 성립하지 아니하고 풍속영업규제에 관한 법률위반죄의 구성요건에는 해당하나 사회상규에 위배되지 않는 행위로서 위법성이 조각된다(대판 2004.4.9. 2003도6351).

Ⅱ. 상습도박죄

제246조【상습도박】② 상습으로 제1항의 죄를 범한 사람은 3년 이하의 징역 또는 2천만원 이하의 벌금에 처한다.

본죄는 '상습으로 도박죄를 범함으로써 성립하는 범죄'이다. 상습으로 인한 책임가중유형이며, 부진정신분범이다.

'상습성'이란 반복하여 도박행위를 하는 습벽으로서 행위자의 속성을 말하는데, 이러한 습벽의 유무를 판단함에 있어서는 도박의 전과나 도박횟수 등이 중요한 판단 자료가 되나 도박전과가 없다 하더라도 도박의 성질과 방법, 도금의 규모, 도박에 가담하게 된 태양 등의 제반 사정을 참작하여 도박의 습벽이 인정되는 경우에는 상습성이 인정된다.[12] 그러므로, 도박행위 횟수가 1~2회라고 하더라도 상습성이 인정될 수 있다.[13]

□ 상습도박 관련 판례

〈상습성이 인정된 경우〉

① 상습도박죄에 있어서의 상습성이라 함은 반복하여 도박행위를 하는 습벽으로서 행위자의 속성을 말한다 할 것인데, 이러한 습벽의 유무를 판단함에 있어서는 도박의 전과나 도박횟수 등이 중요한 판단자료가 된다 할 것이나, 도박전과가 없다 하더라도 도박의 성질과 방법, 도금의 규모, 피고인이 도박에 가담하게 된 태양 등의 제반 사정을 참작하여 도박의 습벽이 인정되는 경우에는 상습성을 인정하여도 무방하다 할 것이다. 피고인은 평소 알고 지내던 제1심 상피고인을 만나 각자 사람을 끌어들여 거액의 판돈을 놓고 포커판을 벌이기로 미리 모의한 끝에 이 사건 도박이 성사된 것인데, 제1회 도박에 참가한 5명 중 피고인과 제1심 상피고인을 제외한 나머지 3명은 위 포커판에서 처음 만난 사이인 점, 2회에 걸친 이 사건 도박은 모두 호텔방에서 딜러가 카드를 분배하는 수법으로 행해졌는데, 피고인이 도금으로 금 5,000,000원을 소지한 것을 비롯하여 각자 소지한 도금은 수백만원씩에 이르렀고, 1회 판돈은 금 150,000원 내지 1,000,000원에 이르렀으며, 특히 제1회 도박은 2박 3일 동안 같은 장소에서 계속되어 딜러의 몫으로 떼어진 돈만도 금 400,000원이나 되었던 사실, 피고인은 제1회 도박시 호텔방을 예약하고 딜러를 데리고 가는 등 주도적인 역할을 맡았다가 거액의 돈을 잃자, 그로부터 3일 후에 다시 호텔방을 예약하고 공범들 및 딜러에게 연락을 하여 제2회 도박을 성사시킨 사실 등을 인정할 수 있는바, 위 인정사실에 나타난 여러 사정을 참작하면 피고인에 대하여 도박의 습벽을 인정함에 부족함이 없다 할 것이다(대판 1995.7.11. 95도955).
② 피고인이 1990.12.26. 상습도박죄로 징역 10월에 집행유예 3년의 형을 선고받고, 그 유예기간중인 1991.10.4.경 상해죄 등으로 징역 8월의 형을 선고받음으로써 위 집행유예가 실효되어 1992.8.6. 형의 집행을 종료한 후, 불과 6개월 만인 1993.2.3. 22:00경부터 그 다음 날 06:30경까지 다시 판시와 같이 도박행위를 한 것이라면 피고인의 전과나 도박횟수 등에 비추어 상습성을 인정할 수 있다(대판 1994.3.8. 93도3608).

〈상습성이 인정되지 않는 경우〉

피고인에게는 도박의 전과가 전혀 없고 이 사건 외에 도박을 한 전력이 전혀 나타나 있

---

12) 대판 2017.4.13. 2017도953.
13) 1회의 도금 및 승패금과 압수된 금원 등을 볼 때 일시적인 오락으로 한 것으로 볼 수 없고 단시일 내에 전후 6회에 걸쳐 판돈 3,000,000여원이 오간 점을 볼 때 여기에는 상습성이 있다고 할 것이다(대판 1985.6.11. 85도748).

지 않을 뿐 아니라 이 사건 도박행위는 연말과 연초에 단 두 차례에 한하여 평소 잘 아
는 사이의 사람들과 어울려서 한 것임을 알 수 있으므로 이러한 사실관계에 비추어 보
면 피고인에게 도박의 습벽 즉 상습성을 인정하기는 어렵다고 하지 않을 수 없다(대판
1990.12.11. 90도2250).

1. 공범

상습자와 비상습자가 도박을 한 경우에는 제33조 단서가 적용되어, 상습자에
게는 상습도박죄, 비상습자에게는 단순도박죄가 성립한다.

도박의 습벽이 있는 자가 타인의 도박을 방조하면 상습도박방조의 죄에 해
당하는 것이며, 도박의 습벽이 있는 자가 도박을 하고 또 도박방조를 하였을 경
우, 상습도박방조의 죄는 무거운 상습도박의 죄에 포괄시켜 1죄로서 처단한다.[14]

2. 죄수

도박의 행위가 다수일 때 포괄1죄가 되어 하나의 상습도박죄로 처벌하여야
한다.[15]

Ⅲ. 도박장소개설죄

제247조【도박장소 등 개설】영리의 목적으로 도박을 하는 장소나 공간을 개설한 사람은
5년 이하의 징역 또는 3천만원 이하의 벌금에 처한다.

1. 의의, 성격

본죄는 '영리의 목적으로 도박을 하는 장소나 공간을 개설함으로써 성립하는
범죄'이다. 본죄는 도박의 교사나 방조를 독립행위로 보는 독립적 구성요건이다.
영리의 목적을 요하는 목적범이다.

---

14) 대판 1984.4.24. 84도195.
15) 상습범이라 함은 수다한 동종의 행위가 상습적으로 반복될 때 이를 일괄하여 하나의 죄로
    처단하는 소위 과형상의 1죄를 말하는 것이니, 동종의 수개의 행위에 상습성이 인정된다면
    그중 형이 중한 죄에 나머지 행위를 포괄시켜 처단하는 것이 상당한바, 위 판시가 본건 범
    죄를 상습범으로 인정하면서도 실질적인 경합범으로 보아 형법 제37조, 제38조를 적용하
    여 경합 가중하였음은 법률위반이 있다고 할 것이다(대판 1982.9.28. 82도1669).

2. 객관적 구성요건

(1) 도박장소 개설

도박을 하는 장소나 공간을 개설하는 것이다. 이는 영리를 목적으로 스스로 주재자가 되어 그 지배하에 도박장소를 개설하는 것이다.[16] 주재자가 되지 않거나 영리를 목적으로 하지 않으면서 단순히 장소를 제공한 경우에는 본죄가 성립하지 않고, 도박방조죄가 성립할 수 있다. 도박의 공간을 개설하는데 있어서는 인터넷을 통한 도박사이트 등의 제공이 이에 해당된다.[17]

(2) 영리 목적

도박장소개설죄가 성립하기 위해서는 고의 이외 영리의 목적이 있어야 한다. '영리의 목적'이란 도박개장을 통하여 얻을 수 있는 직접적, 간접적인 이익을 말한다. 예를 들어, 도박장소의 입장료, 일명 '고리'라고 하는 판돈에 대한 일정 수수료 등이 해당된다. 본죄는 영리의 목적이 인정되고 또한 현실적으로 그 이익을 얻었을 것을 요하지 않는다.[18]

(3) 기수시기

영리의 목적으로 도박장소를 개설할 때 본죄의 기수가 된다.

□ 기수시기 관련 판례

피고인이 단순히 가맹점만을 모집한 상태에서 도박게임 프로그램을 시험가동한 정도에 그친 것이 아니라, 가맹점을 모집하여 인터넷 도박게임이 가능하도록 시설 등을 설치하고 도박게임 프로그램을 가동하던 중 문제가 발생하여 더 이상의 영업으로 나아가지 못한 것으로 볼 여지가 있다면 이로써 도박개장죄는 이미 '기수'에 이르렀다고 볼 수 있고, 나아가 피고인이 모집한 피씨방의 업주들이 그곳을 찾은 이용자들에게 피고인이

---

16) 형법 제247조의 도박개장죄는 영리의 목적으로 스스로 주재자가 되어 그 지배하에 도박장소를 개설함으로써 성립하는 것으로서 도박죄와는 별개의 독립된 범죄이다(대판 2002.4.12. 2001도5802).

17) 인터넷 고스톱게임 사이트를 유료화하는 과정에서 사이트를 홍보하기 위하여 고스톱대회를 개최하면서 참가자들로부터 참가비를 받고 입상자들에게 상금을 지급한 행위는 도박개장죄에 해당한다(대판 2002.4.12. 2001도5802).

18) 도박개장의 직접적 대가가 아니라 도박개장을 통하여 간접적으로 얻게 될 이익을 위한 경우에도 영리의 목적이 인정되고, 현실적으로 그 이익을 얻었을 것을 요하지는 않는다(대판 2002.4.12. 2001도5802). 유료낚시터를 운영하는 사람이 입장료 명목으로 요금을 받은 후 물고기에 부착된 시상번호에 따라 경품을 지급한 사안에서 도박개장죄를 인정(대판 2009.2.26. 2008도10582).

개설한 도박게임 사이트에 접속하여 도박을 하게 한 사실이 없다고 하여 도박개장죄의 성립이 부정된다고 할 수 없다(대판 2009.12.10. 2008도5282).

3. 주관적 구성요건

본죄는 고의 이외 영리의 목적이 있어야 한다.

4. 죄수

① 영리목적으로 도박장소를 개설한 자가 스스로 도박을 한 경우에는 도박장소개설죄와 도박죄의 실체적 경합범이다.

② 무허가 카지노 영업으로 인한 관광진흥법위반죄와 도박개장죄는 상상적 경합범 관계에 있다.[19]

Ⅳ. 복표발매죄 등 죄

제248조【복표의 발매 등】 ① 법령에 의하지 아니한 복표를 발매한 사람은 5년 이하의 징역 또는 3천만원 이하의 벌금에 처한다.
② 전항의 복표발매를 중개한 사람은 3년 이하의 징역 또는 2천만원 이하의 벌금에 처한다.
③ 제1항의 복표를 취득한 사람은 1천만원 이하의 벌금에 처한다.

1. 의의, 성격

본죄는 '법령에 의하지 아니한 복표를 발매하거나 발매의 중개 또는 취득함으로써 성립하는 범죄'이다. 복표의 발매와 취득은 필요적 공범 중 대향범이다.

2. 구성요건

(1) 행위의 객체

행위의 객체는 '복표'이며, 본죄에서의 복표는 법령에 의하지 않은 것을 객체로 한다.[20] '복표'란 특정한 표찰을 발매하여 다수인으로부터 금품을 모은 후 추

---

19) 대판 2009.12.10. 2009도11151.
20) 복권을 발행하기 위해서는 복권 및 복권기금법 제4조의 의거해야 하며, 이를 위반할 경우

첨 등의 우연한 방법에 의하여 그 다수인 중 일부 당첨자에게 재산상의 이익을 주고 다른 참가자에게 손실을 주는 것이다.[21)]

□ 관련 판례

이른바 '광고복권'은 통상의 경우 이를 홍보 및 판촉의 수단으로 사용하는 사업자들이 당첨되지 않은 참가자들의 손실을 대신 부담하여 주는 것일 뿐, 그 자체로는 추첨 등의 우연한 방법에 의하여 일부 당첨자에게 재산상의 이익을 주고 다른 참가자에게 손실을 주는 복표로서의 성질을 갖추고 있다고 보아 형법 제248조 소정의 복표에 해당한다(대판 2003.12.26. 2003도5433).

(2) 실행 행위

실행 행위는 '복표를 발매하거나 발매의 중개 또는 취득'이다.

'발매'란 복표를 발행하여 판매하는 것을 말하며, 이 복표를 중개 또는 취득하는 데 있어서 유상, 무상을 불문한다. '발매를 중개한다'는 것은 발매자와 취득자 사이에서 발매를 알선하는 일체의 행위를 말한다. '취득'이란 복표의 소유 또는 점유권을 취득하는 것을 말한다.

3. 주관적 구성요건

본죄의 고의는 복표를 발매하거나 발매의 중개 또는 취득한다는 인식과 인용이 있어야 한다.

제34조 제1항에 의하여 3년 이하의 징역 또는 3천만원 이하의 벌금에 처한다.
21) 대판 2003.12.26. 2003도5433.

제14장

신앙에 관한 죄

제1절 서 설

I. 의의, 구성요건의 체계

신앙의 죄는 종교생활의 평온과 사자에 대한 숭앙심에 관한 죄이다.

신앙의 죄는 장례식 등 방해죄(제158조), 사체 등 오욕죄(제159조), 분묘발굴
죄(제160조), 사체 등 영득죄(제161조), 변사체 검시방해죄(제163조)가 있다. 분묘발
굴죄와 사체 등 영득죄의 미수범은 처벌한다(제162조).

제2절 개별적 범죄 유형

I. 장례식 등 방해죄

제158조【장례식 등의 방해】 장례식, 제사, 예배 또는 설교를 방해한 자는 3년 이하의 징
역 또는 500만원 이하의 벌금에 처한다.

1. 의의, 보호법익

본죄는 '장례식, 제사, 예배 또는 설교를 방해함으로써 성립하는 범죄'이다. 보호법익은 '종교의 평온과 사자에 대한 숭앙심'이며,[1] 보호의 정도는 '추상적 위험범'이다.[2]

2. 객관적 구성요건

(1) 행위의 객체

행위의 객체는 '장례식, 제사, 예배 또는 설교'이다. 이는 제한적 열거이다. 종교적, 전통적 의식을 불문한다.

'장례식'이란 사자를 장사지내는 것을 말한다. 이때, 시체가 존재할 필요는 없다.

'제사'란 사자 또는 신을 추모하거나 공경의 예를 올리는 의식이다.

'예배'란 종교단체의 규칙에 따라 신에게 기도하는 종교적 의식을 말하고, '설교'란 종교의 교리 등을 가르치는 것을 말한다.

(2) 실행 행위

실행 행위는 '방해'이다.

'방해'는 의식이나 종교 행사의 진행에 지장을 주는 일체의 행위를 말하며, 그 수단, 방법에는 제한이 없다. 소리를 지르거나 폭행 또는 협박을 하는 등이 예이다. 방해는 장례식 등이 진행 중이거나 준비단계에서 행하여져야 한다.[3]

□ 관련 판례

정식절차를 밟은 위임목사가 아닌 자가 당회의 결의에 반하여 설교와 예배인도를 한 경우라 할지라도 그가 그 교파의 목사로서 그 교의를 신봉하는 신도 약350여명 앞에서 그 교지에 따라 설교와 예배인도를 한 것이라면 다른 특별한 사정이 없는 한 그 설교와 예배

---

1) 임웅, 845면.
2) 장례식방해죄는 장례식의 평온과 공중의 추모감정을 보호법익으로 하는 이른바 추상적 위험범으로서 범인의 행위로 인하여 장례식이 현실적으로 저지 내지 방해되었다고 하는 결과의 발생까지 요하지 않고 방해 행위의 수단과 방법에도 아무런 제한이 없으며 일시적인 행위라 하더라도 무방하나, 적어도 객관적으로 보아 장례식의 평온한 수행에 지장을 줄 만한 행위를 함으로써 장례식의 절차와 평온을 저해할 위험이 초래될 수 있는 정도는 되어야 비로소 방해 행위가 있다고 보아 장례식방해죄가 성립한다고 할 것이다(대판 2013.2.14. 2010도13450).

인도는 형법상 보호를 받을 가치가 있고 이러한 설교와 예배인도의 평온한 수행에 지장
을 주는 행위를 하면 형법 제158조의 설교 또는 예배방해죄가 성립한다(대판 1971.9.28.
71도1465).

3. 주관적 구성요건

본죄의 고의는 장례식 등을 방해한다는 인식과 인용이 있어야 한다.

Ⅱ. 사체 등의 오욕죄

제159조【사체 등의 오욕】사체, 유골 또는 유발을 오욕한 자는 2년 이하의 징역 또는
500만원 이하의 벌금에 처한다.

1. 의의, 성격

본죄는 '사체·유골 또는 유발을 오욕함으로써 성립하는 범죄'이다. 보호의
정도는 침해범이라는 견해와 추상적 위험범이라는 견해로 나누어진다. 본죄는 사
자에 대한 추모감정을 보호법익으로 하므로, 실질적으로 사체 등에 대한 오욕의
결과를 필요로 한다고 볼 수 없어 추상적 위험범으로 보는 것이 타당하다고 생각
한다.

본죄는 2020. 12. 8. '제159조(시체 등의 오욕) 시체, 유골 또는 유발(遺髮)을 오
욕한 자는 2년 이하의 징역 또는 500만원 이하의 벌금에 처한다'로 개정되었다
(2021. 12. 9. 시행).

2. 객관적 구성요건

(1) 행위의 객체

행위의 객체는 '사체·유골 또는 유발'이다.

'사체'는 사람의 시신을 말한다. 시신에는 죽은 태아도 포함되며(통설), 팔이

---

3) 형법 제158조에 규정된 예배방해죄는 공중의 종교생활의 평온과 종교감정을 그 보호법익
으로 하는 것이므로, 예배중이거나 예배와 시간적으로 밀접불가분의 관계에 있는 준비단
계에서 이를 방해하는 경우에만 성립한다(대판 2008.2.1. 2007도5296).

나 다리, 장기 등 신체의 일부도 본죄의 객체에 해당한다.

'유골'이란 유해로써 백골을 말하고, '유발'은 사자의 모발을 말한다. 이때, 유골이나 유발은 제사나 추모를 하기 위해 보존하고 있는 것을 의미하므로, 단순히 버려진 것이나 학술연구를 위해 표본으로 가지고 있는 것은 제외한다.

(2) 실행 행위

실행 행위는 '오욕'하는 것이다.

'오욕'이란 사체에 오물을 투여하거나 침을 뱉는 등 폭행 기타 유형력에 의한 행위를 말한다.[4] 사자에 대해 모욕적인 언사를 하는 행위는 본죄가 아니라 사자명예훼손죄가 성립한다. 본죄의 객체인 사체 등에 유형력을 행사한 때 기수가 된다.

3. 주관적 구성요건

본죄의 고의는 사체 등에 대해 오욕한다는 인식과 인용이 있어야 한다.

Ⅲ. 분묘발굴죄

제160조 【분묘의 발굴】 분묘를 발굴한 자는 5년 이하의 징역에 처한다.

1. 의의, 보호법익

본죄는 '분묘를 발굴함으로써 성립하는 범죄'이다. 보호법익은 '사자에 대한 종교적 감정'이며, 보호의 정도는 '침해범'이다. 미수범은 처벌한다.

2. 객관적 구성요건

(1) 행위의 객체

행위의 객체는 '분묘'이다.

'분묘'란 사람의 시신이나 유골을 매장하는 시설을 말한다.[5] 이때, 분묘는 적법하게 매장된 것뿐만 아니라 불법하더라도 분묘의 형태를 이루고 있으면 본죄의 객체가 된다. 묘의 봉분이 없거나 묘비 등 표식이 없더라도 제사 숭경의 대상으

---

4) 박상기, 597면; 배종대, 772면; 오영근, 647: 이재상, 665면; 임웅, 847면.
5) 장사 등에 관한 법률 제2조 제6호.

로 하는 자가 있으면 분묘에 해당한다.[6] 또한, 사자가 누구인지 불명하다고 할지라고 현재 제사, 숭경하고 종교적 예의의 대상으로 되어 있고 이를 수호, 봉사하는 자가 있으면 분묘에 해당한다.[7]

(2) 실행 행위

실행 행위는 '발굴'이다. 발굴이란 복토의 전부 또는 일부를 제거하거나 묘비 등을 손괴하는 것이다.

(3) 기수시기

다수설은 외부표출설로, 관이나 시신 또는 유골이 외부에 표출된 때에 기수가 된다고 한다. 그러나 판례는 "분묘발굴죄에 있어서의 분묘의 발굴행위에는 유골, 시체가 외부로부터 인지할 수 있는 상태까지 현출함이 필요치 않다"라고 판시하고 있다.[8]

□ 분묘발굴 관련 판례

〈분묘발굴죄 인정〉

토지구획정리사업시행하로부터 분묘의 개장명령을 받았다 하더라도 그 분묘를 보존 수호하는 권한있는 자의 제지를 무릅쓰고 한 분묘발굴행위가 정당한 것으로 될 수는 없고 또 그와 같은 개장명령이 있었다 하여 매장 및 묘지 등에 관한 법률에 정한 절차에 따른 개장신고를 하지 않아도 된다고 볼 수도 없다(대판 1978.5.9. 77도3588).

〈분묘발굴죄 불인정〉

분묘발굴죄는 그 분묘에 대하여 아무런 권한 없는 자나 또는 권한이 있는 자라도 사체에 대한 종교적 양속에 반하여 함부로 이를 발굴하는 경우만을 처벌대상으로 삼는 취지라고 보아야 할 것이므로 법률상 그 분묘를 수호, 봉사하며 관리하고 처분할 권한이 있는 자 또는 그로부터 정당하게 승낙을 얻은 자가 사체에 대한 종교적, 관습적 양속에 따른 존숭의 예를 갖추어 이를 발굴하는 경우에는 그 행위의 위법성은 조각된다고 할 것이고, 한편 분묘에 대한 봉사, 수호 및 관리, 처분권은 종중이나 그 후손들 모두에게 속하여 있는 것이 아니라 오로지 그 분묘에 관한 호주상속인에게 전속하는 것으로서 이와 같은 법리는 사후양자로서 그 가를 계승한 경우에도 다르지 아니하다.
사실상 분묘를 관리, 수호하고 망인의 봉제사를 해하여 오던 피고인이 실질상 손이 끊

---

6) 묘의 봉분이 없어지고 평토화 가까이 되어 있고 묘비 등 표식이 없어 그 묘 있음을 확인할 수 없는 분묘라 하더라도 현재 이를 제사 숭경하고 종교적 의례의 대상으로 하는 자가 있는 경우에는 그가 바로 무연고분으로서 제사와 신상의 대상이 되는 분묘라 할 수 없다거나 분묘발굴죄의 객체인 분묘에 해당되지 않는다고는 할 수 없다(대판 1976.10.29. 76도2828).
7) 대판 1990.2.13. 89도2061.

겨 수호 관리하기 힘든 조상들의 묘를 화장 방식으로 바꾸기로 한 종중의 결의에 따라 망인의 사망 당시 호주의 사후양자로 그를 호주상속하여 망인의 가를 계승한 양손자의 승낙하에 종교적 예를 갖추어 그 분묘를 발굴하였다면, 비록 그 발굴 전에 망인이 출가한 양손녀들의 승낙을 얻지 아니하였다 하더라도 이를 위법한 행위하고 단정할 수 없다(대판 1995.2.10. 94도1190).

3. 주관적 구성요건

본죄의 고의는 분묘를 발굴한다는 인식과 인용이 있어야 한다.

Ⅳ. 사체 등의 영득죄

제161조【사체 등의 영득】 ① 사체, 유골, 유발 또는 관내에 장치한 물건을 손괴, 유기, 은닉 또는 영득한 자는 7년 이하의 징역에 처한다.
② 분묘를 발굴하여 전항의 죄를 범한 자는 10년 이하의 징역에 처한다.

1. 의의, 성격

본죄는 '사체, 유골, 유발 또는 관내에 장치한 물건을 손괴, 유기, 은닉 또는 영득하거나, 분묘를 발굴하여 사체, 유골, 유발 또는 관내에 장치한 물건을 손괴, 유기, 은닉 또는 영득함으로써 성립하는 범죄'이다. 보호법익은 '사자에 대한 추모심'이며, 보호의 정도는 '침해범'이다. 미수범은 처벌한다.

본죄는 2020. 12. 8. '제161조(시체 등의 유기 등) 시체, 유골, 유발 또는 관 속에 넣어 둔 물건을 손괴(損壞), 유기, 은닉 또는 영득(領得)한 자는 7년 이하의 징역에 처한다. ② 분묘를 발굴하여 제1항의 죄를 지은 자는 10년 이하의 징역에 처한다'로 개정되었다(2021. 12. 9. 시행).

2. 객관적 구성요건

(1) 행위의 객체

행위의 객체는 '사체, 유골, 유발 또는 관내에 장치한 물건'이다. '관내에 장치한 물건'이란 시신 등과 함께 입관한 부장품을 의미한다. '관내에 장치한 물건'

---

8) 대결 1962.3.29. 4294형상539.

은 재물이므로 재산죄의 객체이기도 한다. 하지만, 사체 유골 또는 유발은 장례와 제사의 대상으로 재물이 될 수 없다.[9] 단, 해부용으로 제공되는 경우에는 유해로 볼 수 없어 재산죄의 객체가 될 수 있다.

(2) 실행 행위

실행 행위는 '손괴, 유기, 은닉 또는 영득'이다.

'손괴'란 사체의 일부를 절단하는 등 물리적 손상을 가하는 행위를 말한다.

'유기'란 종교적, 사회적 관계상의 방법 이외 방기(放棄)하는 것을 말한다. 사체의 장소적 이전뿐만 아니라 부작위에 의한 유기도 성립할 수 있다.

□ 관련 판례

사람을 살해한 다음 그 범죄의 흔적을 은폐하기 위하여 그 시체를 다른 장소로 옮겨 유기하였을 때에는 살인죄와 사체유기죄의 경합범이 성립하고 사체유기를 불가벌적 사후행위라 할 수 없다(대판 1984.11.27. 84도2263).

'은닉'이란 사체 등의 발견을 곤란하게 하거나 불가능하게 하는 행위를 말한다. 사체를 땅에 묻거나 물에 빠뜨려 가라앉게 하는 행위 등이다. 하지만, 사람을 살해하고 그대로 방치한 경우에는 본죄가 성립하지 않는다.[10]

'영득'이란 사체 등을 불법하게 취득하는 것을 말한다. 이때, 취득방법은 불문하며 유상이든 무상이든 상관없다.

(3) 분묘를 발굴하여 손괴, 유기, 은닉 또는 영득

본죄는 분묘발굴과 사체 등 영득행위의 결합범의 성격을 가지고 있다.

3. 주관적 구성요건

본죄에 대한 고의가 있어야 한다.

---

9) 박상기, 247면; 배종대, 773면; 오영근, 650면; 이재상, 667면,
10) 형법 제161조의 사체은닉이라 함은 사체의 발견을 불가능 또는 심히 곤란하게 하는 것을 구성요건으로 하고 있으나 살인, 강도살인 등의 목적으로 사람을 살해한 자가 그 살해의 목적을 수행함에 있어 사후 사체의 발견이 불가능 또는 심히 곤란하게 하려는 의사로 인적이 드문 장소로 피해자를 유인하거나 실신한 피해자를 끌고가서 그곳에서 살해하고 사체를 그대로 둔 채 도주한 경우에는 비록 결과적으로 사체의 발견이 현저하게 곤란을 받게 되는 사정이 있다 하더라도 별도로 사체은닉죄가 성립되지 아니한다(대판 1986.6.24. 86도891).

Ⅴ. 변사체검시방해죄

> **제163조【변사체검시방해】** 변사자의 사체 또는 변사의 의심있는 사체를 은닉 또는 변경하거나 기타 방법으로 검시를 방해한 자는 700만원 이하의 벌금에 처한다.

1. 의의, 성격

본죄는 '변사자의 사체 또는 변사의 의심있는 사체를 은닉 또는 변경하거나 기타 방법으로 검시를 방해함으로써 성립하는 범죄'이다. 본죄는 수사를 위한 공무집행을 방해하는 성격을 가지고 있다. 미수범은 처벌한다.

본죄는 2020. 12. 8. '제163조(변사체 검시 방해) 변사자의 시체 또는 변사(變死)로 의심되는 시체를 은닉하거나 변경하거나 그 밖의 방법으로 검시(檢視)를 방해한 자는 700만원 이하의 벌금에 처한다'로 개정되었다(2021. 12. 9. 시행).

2. 객관적 구성요건

(1) 행위의 객체

행위의 객체는 '변사자[11]의 사체 또는 변사의 의심있는 사체'이다. 수사기관의 검시를 방해함으로써 성립하는 범죄로 검시가 끝난 사체는 본죄의 객체가 아니다.

(2) 실행 행위

실행 행위는 '은닉 또는 변경하거나 기타 방법으로 검시를 방해'하는 것이다. '은닉'이란 사체의 발견을 불가능하게 하거나 곤란하게 하는 것을 말하고, '변경'이란 사체의 처음 상태에서 변형을 주는 것을 말한다. '기타 방법'이란 검시하는 공무원을 폭행하는 등 은닉, 변경 이외 검시를 방해하는 일체의 행위를 말한다.

'검시'란 변사자의 사인을 추정하기 위해 사체의 외관을 보는 것을 말한다. 이때, 사인은 범죄로 인한 사망에 이르지 않은가를 판단하기 위함이다.

'검시 방해'는 검시를 할 수 없게 하거나 현저치 곤란하게 하는 일체의 행위

---

11) 변사자라 함은 부자연한 사망으로서 그 사인이 분명하지 않은 자를 의미하고 그 사인이 명백한 경우는 변사자라 할 수 없으므로, 범죄로 인하여 사망한 것이 명백한 자의 사체는 같은 법조 소정의 변사체검시방해죄의 객체가 될 수 없다(대판 2003.6.27. 2003도1331).

를 말한다. 본죄는 추상적 위험범으로 현실적으로 방해가 되었을 것을 요하지 않는다.

3. 주관적 구성요건

본죄에 대한 고의가 있어야 한다.

제3부 국가적 법익에 대한 죄

제 1 장

내란의 죄

제1절 서 설

Ⅰ. 의의, 보호법익

내란죄는 '국토를 참절하거나 국헌을 문란할 목적으로 폭동함으로써 성립하는 범죄'이다. 본죄는 다수인이 모여 한 지방의 평온을 해할 정도의 폭동을 일으키는 범죄로 필요적 공범 중 집합범이며, 목적범이다.

보호법익은 '국가의 존립과 헌법질서'이며, 보호의 정도는 '추상적 위험범'이다.

Ⅱ. 내란죄의 구성요건의 체계

내란죄는 내란죄(제87조)와 내란목적살인죄(제88조)로 구성되어 있다. 미수범(제89조)과 예비·음모·선동·선전(제90조)은 처벌한다.

제2절 개별적 범죄 유형

Ⅰ. 내란죄

> **제87조【내란】** 국토를 참절하거나 국헌을 문란할 목적으로 폭동한 자는 다음의 구별에 의하여 처단한다.
> 1. 수괴는 사형, 무기징역 또는 무기금고에 처한다.
> 2. 모의에 참여하거나 지휘하거나 기타 중요한 임무에 종사한 자는 사형, 무기 또는 5년 이상의 징역이나 금고에 처한다. 살상, 파괴 또는 약탈의 행위를 실행한 자도 같다.
> 3. 부화수행하거나 단순히 폭동에만 관여한 자는 5년 이하의 징역 또는 금고에 처한다.

1. 의의, 보호법익

본죄는 '국토를 참절하거나 국헌을 문란할 목적으로 폭동함으로써 성립하는 범죄'이다. 본죄는 필요적 공범 중 집단범이며, 목적범이다.

보호법익은 '국가의 존립과 헌법질서, 국가의 내부적 안전'이며, 보호의 정도는 '추상적 위험범'이다.[1] 미수범과 예비·음모·선동·선전은 처벌한다.

본죄는 2020. 12. 8. '제87조(내란) 대한민국 영토의 전부 또는 일부에서 국가권력을 배제하거나 국헌을 문란하게 할 목적으로 폭동을 일으킨 자는 다음 각 호의 구분에 따라 처벌한다. 1. 우두머리는 사형, 무기징역 또는 무기금고에 처한다. 2. 모의에 참여하거나 지휘하거나 그 밖의 중요한 임무에 종사한 자는 사형, 무기 또는 5년 이상의 징역이나 금고에 처한다. 살상, 파괴 또는 약탈 행위를 실행한 자도 같다. 3. 부화수행(附和隨行)하거나 단순히 폭동에만 관여한 자는 5년 이하의 징역이나 금고에 처한다'로 개정되었다(2021. 12. 9. 시행).

---

[1] 박상기, 603면; 오영근, 661면; 이형국, 721면; 임웅, 858면; 정영일, 679면. 본죄에 대해 구체적 위험범으로 보는 견해와 대립한다. 본죄는 국토를 참절하거나 국헌을 문란하게 할 목적으로 폭동을 일으키는 위험성을 처벌하기 위한 죄이므로 폭동이라는 행위만으로도 성립하는 죄라고 할 수 있다. 또한, 구성요건이 " ~ 폭동한 자"로 되어 있어, 폭동을 하면 성립하고 이로 인해 국가의 안전과 존립, 국헌문란의 구체적 위험이 발생되어야 하는 것은 아니라고 본다.

2. 객관적 구성요건

(1) 행위의 주체

행위의 주체에는 제한이 없다. 국토를 참절하거나 국헌을 문란할 목적으로 폭동을 일으키고자 하기 위해서는 다수인이 필요하며, 내국인 또는 외국인을 불문한다. 본죄는 주체의 역할에 따라 다음과 같이 나누고 처벌을 달리하고 있다.

(가) 수괴

수괴는 폭동을 전반적으로 지휘, 통솔하는 자이다. 수괴의 수에는 제한이 없으며, 지휘, 통솔할 수 있는 위치에 있으면 반드시 폭동 현장에서 있을 필요는 없다.

(나) 모의 참여자, 지휘자, 중요한 임무에 종사하는 자

'모의 참여자'는 수괴를 보좌하여 내란, 폭동과정에 참여한 자를 말하며, '지휘자'는 폭동에 가담한 다수인을 지휘하는 자이다. '중요한 임무에 종사하는 자'는 모의 참여자나 지휘자 이외 폭동을 일으키는데 중요한 역할을 하는 자를 말한다.

(다) 부화수행하거나 단순히 폭동에 관여한 자

'부화수행하거나 단순히 폭동에 관여한 자'는 폭동을 지휘하거나 중요한 임무를 수행하는 자 등 이외 단순히 폭동에 참여하여 폭동의 세력을 증대, 확장시킨 자들을 말한다. 투석 행위 등이 이에 해당한다.

(2) 실행 행위

실행 행위는 '폭동'이다. '폭동'이란 다수인이 모여서 폭행이나 협박, 살상, 파괴 또는 약탈 행위를 하는 것으로, 그 내용으로서의 폭행 또는 협박은 일체의 유형력의 행사나 외포심을 생기게 하는 해악의 고지를 의미하는 최광의의 폭행, 협박을 말하는 것으로서, 이를 준비하거나 보조하는 행위를 전체적으로 파악한 개념이며, 그 정도가 한 지방의 평온을 해할 정도의 위력이 있음을 요한다.[2] 폭행이나 협박, 살상, 파괴, 약탈 또는 방화 등의 행위는 내란죄에 흡수된다.[3]

(3) 기수시기

본죄는 국토를 참절하거나 국헌을 문란할 목적으로 폭동한 행위로서, 다수인

---

[2] 대판 1997.4.17. 96도3376 전원합의체.

[3] 내란의 실행과정에서 폭동행위에 수반하여 개별적으로 발생한 살인행위는 내란행위의 한 구성요소를 이루는 것이므로, 내란행위에 흡수되어 내란목적살인의 별죄를 구성하지 아니한다(대판 1997.4.17. 96도3376 전원합의체).

이 결합하여 위와 같은 목적으로 한 지방의 평온을 해할 정도의 폭행, 협박행위를 하면 기수가 되고, 그 목적의 달성 여부는 이와 무관한 것으로 해석되므로, 다수인이 한 지방의 평온을 해할 정도의 폭동을 하였을 때 이미 내란이 구성요건은 완전히 충족된다고 할 것이어서 상태범으로 봄이 상당하다.4)

3. 주관적 구성요건

본죄는 다수인이 폭동을 일으킨다는 고의가 있어야 한다. 또한 본죄는 목적범으로 국토를 참절하거나 국헌을 문란할 목적이 있어야 한다.

'국토를 참절할 목적'이란 대한민국의 영토의 전부 또는 일부에 대해 영토고권(領土高權)을 배제하려는 것을 말한다. '국헌을 문란할 목적'이란 현행의 헌법 또는 법률이 정한 정치적 기본조직을 불법으로 파괴하는 것을 말한다.5) 제91조에서는 국헌문란의 정의에 대해 '헌법 또는 법률에 정한 절차에 의하지 아니하고 헌법 또는 법률의 기능을 소멸시키는 것(제1호)', '헌법에 의하여 설치된 국가기관을 강압에 의하여 전복 또는 그 권능행사를 불가능하게 하는 것(제2호)'으로 규정하고 있다.

4. 공범 적용 여부

본죄는 필요적 공범이다. 그러므로 각 행위자의 지위와 가담형태에 따라 각자의 정범으로 처벌된다. 따라서 임의적 공범을 규정하고 있는 총칙의 공범규정을 적용되지 않는다.

그러나, 외부적으로 내란죄에 관여한 자들에 대해서 ① 외부자들도 내란죄의 행위자들과 연계하여 본질적인 부분을 담당한 경우에는 공동정범이 가능하다고 보는 견해, ② 내란죄는 필요적 공범으로 총칙상의 공범규정을 적용할 수 없다는 견해, ③ 공동정범은 성립할 수 없지만 교사·방조는 가능하므로 교사·방조의 규정은 적용할 수 있다는 견해(다수설)가 있다.

---

4) 대판 1997.4.17. 96도3376 전원합의체.

5) 내란죄에 있어서의 국헌문란의 목적은 현행의 헌법 또는 법률이 정한 정치적 기본조직을 불법으로 파괴하는 것을 말하고 구체적인 국가기관인 자연인만을 살해하거나 그 계승을 기대하는 것은 이에 해당되지 않으나 반드시 초법규적인 의미는 아니라고 할 것이며, 공산, 군주 또는 독재제도로 변경하여야 하는 것은 더욱 아니고, 그 목적은 엄격한 증명사항에 속하고 직접적임을 요하나 결과 발생의 희망, 의욕임을 필요로 한다고 할 수는 없고, 또 확정적 인식임을 요하지 아니하며 다만 미필적 인식이 있으면 족하다(대판 1980.5.20. 80도306).

5. 다른 죄와의 관계

국가보안법에서는 정부를 참칭하거나 국가를 변란할 것을 목적으로 하는 반국가단체에 대해서 규정하고 있다.[6]

Ⅱ. 내란목적살인죄

> 제88조 【내란목적의 살인】 국토를 참절하거나 국헌을 문란할 목적으로 사람을 살해한 자는 사형, 무기징역 또는 무기금고에 처한다.

1. 의의, 보호법익

본죄는 '국토를 참절하거나 국헌을 문란할 목적으로 사람을 살해함으로써 성립하는 범죄'이다. 보호법익은 '국가의 내부적 안전과 사람의 생명'이며, 보호의 정도는 '국가의 내부적 안전'은 '추상적 위험범', '사람의 생명'은 '침해범'이다. 미수범은 처벌한다.

본죄는 2020. 12. 8. '제88조(내란목적의 살인) 대한민국 영토의 전부 또는 일부에서 국가권력을 배제하거나 국헌을 문란하게 할 목적으로 사람을 살해한 자는 사형, 무기징역 또는 무기금고에 처한다'로 개정되었다(2021. 12. 9. 시행).

내란목적살인죄는 국헌을 문란할 목적을 가지고 직접적인 수단으로 사람을 살해함으로써 성립하는 범죄라 할 것이므로, 국헌문란의 목적을 달성함에 있어

---

6) 국가보안법 제2조(정의) ① 이 법에서 "반국가단체"라 함은 정부를 참칭하거나 국가를 변란할 것을 목적으로 하는 국내외의 결사 또는 집단으로서 지휘통솔체제를 갖춘 단체를 말한다.
제3조(반국가단체의 구성 등) ① 반국가단체를 구성하거나 이에 가입한 자는 다음의 구별에 따라 처벌한다.
1. 수괴의 임무에 종사한 자는 사형 또는 무기징역에 처한다.
2. 간부 기타 지도적 임무에 종사한 자는 사형, 무기 또는 5년 이상의 징역에 처한다.
3. 그 이외의 자는 2년 이상의 유기징역에 처한다.
② 타인에게 반국가단체에 가입할 것을 권유한 자는 2년 이상의 유기징역에 처한다.
③ 제1항 및 제2항의 미수범은 처벌한다.
④ 제1항 제1호 및 제2호의 죄를 범할 목적으로 예비 또는 음모한 자는 2년 이상의 유기징역에 처한다.
⑤ 제1항 제3호의 죄를 범할 목적으로 예비 또는 음모한 자는 10년 이하의 징역에 처한다.

내란죄가 '폭동'을 그 수단으로 함에 비하여 내란목적살인죄는 '살인'을 그 수단으로 하는 점에서 두 죄는 엄격히 구별된다. 따라서 내란의 실행과정에서 폭동행위는 수반하여 개별적으로 발생한 살인행위는 내란행위의 한 구성요소를 이루는 것이므로 내란행위에 흡수되어 내란목적살인의 별죄를 구성하지 아니하나, 특정인 또는 일정한 범위 내의 한정된 집단에 대한 살해가 내란의 와중에 폭동에 수반하여 일어난 것이 아니라 그것 자체가 의도적으로 실행된 경우에는 이러한 살인행위는 내란에 흡수될 수 없고 내란목적살인의 별죄를 구성한다.[7]

2. 구성요건

행위의 객체는 '사람'이며, 실행행위는 '살해'이다. 살해 행위는 폭동 이전이든 이후이든 상관없다. 본죄는 고의 이외 국토참절 또는 국헌문란의 목적이 있어야 하는 부진정목적범이다.

Ⅲ. 내란예비 · 음모 · 선동 · 선전죄

제90조【예비, 음모, 선동, 선전】① 제87조 또는 제88조의 죄를 범할 목적으로 예비 또는 음모한 자는 3년 이상의유기징역이나 유기금고에 처한다. 단, 그 목적한 죄의 실행에 이르기 전에 자수한 때에는 그 형을 감경 또는 면제한다.
② 제87조 또는 제88조의 죄를 범할 것을 선동 또는 선전한 자도 전항의 형과 같다.

본죄는 '내란죄 또는 내란목적살인죄를 범할 목적으로 예비, 음모하거나 이 죄를 범할 것을 선동 또는 선전함으로써 성립하는 범죄'이다.

'예비'란 내란죄 및 내란목적살인죄를 실행하기 위한 준비행위를 말한다. '음모'란 2인 이상이 본죄를 실행하기 위해 모의하는 것이다. 이때, 예비, 음모한 자가 실행에 이르기 전에 자수한 때에는 그 형을 감경 또는 면제한다. '선동'이란 내란이 실행되는 것을 목표로 하여 피선동자들에게 내란행위를 결의, 실행하도록 충동하고 격려하는 일체의 행위를 말한다. '선전'은 피선전자들에게 내란에 동조하도록 내란의 취지와 당위성을 알려주는 일체의 행위를 말한다.

---

7) 대판 1997.4.17. 96도3376 전원합의체.

☐ 관련 판례(국회의원 이석기 등 내란죄 사건)

[1] 특정정당 소속의 국회의원 피고인 甲 및 지역위원장 피고인 乙이 공모하여, 이른바 조직원들과 두 차례 회합을 통하여 회합 참석자 130여 명에게 한반도에서 전쟁이 발발하는 등 유사시에 상부 명령이 내려지면 바로 전국 각 권역에서 국가기간시설 파괴 등 폭동을 할 것을 주장함으로써 내란죄를 범할 것을 **선동**하였다는 내용으로 기소된 사안에서, 피고인들에게 유죄를 인정하였다.

[다수의견] 내란선동이란 내란이 실행되는 것을 목표로 하여 피선동자들에게 내란행위를 결의, 실행하도록 충동하고 격려하는 일체의 행위를 말한다. 내란선동은 주로 언동, 문서, 도화 등에 의한 표현행위의 단계에서 문제되는 것이므로 내란선동죄의 구성요건을 해석함에 있어서는 국민의 기본권인 표현의 자유가 위축되거나 본질이 침해되지 아니하도록 죄형법정주의의 기본정신에 따라 엄격하게 해석하여야 한다. 따라서 내란을 실행시킬 목표를 가지고 있다 하여도 단순히 특정한 정치적 사상이나 추상적인 원리를 옹호하거나 교시하는 것만으로는 내란선동이 될 수 없고, 그 내용이 내란에 이를 수 있을 정도의 폭력적인 행위를 선동하는 것이어야 하고, 나아가 피선동자의 구성 및 성향, 선동자와 피선동자의 관계 등에 비추어 피선동자에게 내란 결의를 유발하거나 증대시킬 위험성이 인정되어야만 내란선동으로 볼 수 있다. 언어적 표현행위는 매우 추상적이고 다의적일 수 있으므로 그 표현행위가 위와 같은 내란선동에 해당하는지를 가림에 있어서는 선동행위 당시의 객관적 상황, 발언 등의 장소와 기회, 표현 방식과 전체적인 맥락 등을 종합하여 신중하게 판단하여야 한다. 다만 선동행위는 선동자에 의하여 일방적으로 행해지고 그 이후 선동에 따른 범죄의 결의 여부 및 그 내용은 선동자의 지배영역을 벗어나 피선동자에 의하여 결정될 수 있으며, 내란선동을 처벌하는 근거가 선동행위 자체의 위험성과 불법성에 있다는 점 등을 전제하면, 내란선동에 있어 시기와 장소, 대상과 방식, 역할분담 등 내란 실행행위의 주요 내용이 선동 단계에서 구체적으로 제시되어야 하는 것은 아니고, 또 선도에 따라 피선동자가 내란의 실행행위로 나아갈 개연성이 있다고 인정되어야만 내란선동의 위험성이 있는 것으로 볼 수도 없다.

[반대의견] 내란음모죄와 달리 '2인 이상의 합의'를 필요로 하지 아니하는 내란선동죄에서의 선동은 선동자가 일방적으로 한 언어적 표현행위에 불과하고 피선동자가 현실적으로 영향을 받을 것을 요건으로 하지도 아니한다는 측면에서 내란선동죄는 내란음모죄보다도 성립범위가 지나치게 확장될 우려가 더 크다. 아울러 내란선동은 대개 내란음모의 전 단계에 위치하는 것으로서 내란음모보다 내란의 직접적인 실현가능성이 높지 아니함에도 형법은 내란선동죄를 내란음모죄와 동일한 법정형으로 규정하고 있는 점에서도, 내란선동죄는 내란음모죄에 상응한 정도의 위험성이 있는 경우에 한하여 범죄 성립을 인정하여야 하고, 이를 위하여는 구성요건을 객관적인 기준에 의하여 더욱 엄격하게 해석, 적용할 필요가 있다. 따라서 내란선동죄에서도 내란음모죄와 마찬가지

로 객관적으로 보아 내란의 주요한 부분, 즉 시기, 대상, 수단 및 방법, 실행 또는 준비에 관한 역할분담 등 윤곽에 관하여 어느 정도 개략적으로 특정된 선동이라는 것이 명백히 인정되고 이러한 선동에 따라 피선동자가 내란으로 나아갈 실질적인 위험성이 인정되는 경우에 한하여 범죄가 성립한다고 보아야 한다.

[2] 특정정당 소속의 국회의원 피고인 甲 및 지역위원장 피고인 乙이 공모하여, 이른바 조직원들과 두 차례 회합을 통하여 회합 참석자 130여 명에게 한반도에서 전쟁이 발발하는 등 유사시에 상부 명령이 내려지면 바로 전국 각 권역에서 국가기간시설 파괴 등 폭동을 할 것을 통모함으로써 내란죄를 범할 목적으로 **음모**하였다는 내용으로 기소된 사안에서, 피고인들에게 유죄를 인정하였다.

[다수의견] 음모는 실행의 착수 이전에 2인 이상의 자 사이에 성립한 범죄실행의 합의로서, 합의 자체는 행위로 표출되지 않은 합의 당사자들 사이의 의사표시에 불과한 만큼 실행행위로서의 정형이 없고, 따라서 합의의 모습 및 구체성의 정도도 매우 다양하게 나타날 수밖에 없다. 그런데 어떤 범죄를 실행하기로 막연하게 합의한 경우나 특정한 범죄와 관련하여 단순히 의견을 교환한 경우까지 모두 범죄실행의 합의가 있는 것으로 보아 음모죄가 성립한다고 한다면, 음모죄의 성립범위가 과도하게 확대되어 국민의 기본권인 사상과 표현의 자유가 위축되거나 그 본질이 침해되는 등 죄형법정주의 원칙이 형해화될 우려가 있으므로, 음모죄의 성립범위도 이러한 확대해석의 위험성을 고려하여 엄격하게 제한하여야 한다.

2인 이상의 자 사이에 어떠한 폭동행위에 대한 합의가 있는 경우에도 공격의 대상과 목표가 설정되어 있지 않고, 시기와 실행방법이 어떠한지를 알 수 없으면 그것이 '내란'에 관한 음모인지를 알 수 없다. 따라서 내란음모가 성립하였다고 하기 위해서는 개별 범죄행위에 관한 세부적인 합의가 있을 필요는 없으나, 공격의 대상과 목표가 설정되어 있고, 그 밖의 실행계획에 있어서 주요 사항의 윤곽을 공통적으로 인식할 정도의 합의가 있어야 한다. 나아가 합의는 실행행위로 나아간다는 확정적인 의미를 가진 것이어야 하고, 단순히 내란에 관한 생각이나 이론을 논의한 것으로는 부족하다. 또한, 내란음모가 단순히 내란에 관한 생각이나 이론을 논의 내지 표현한 것인지 실행행위로 나아간다는 확정적인 의미를 가진 합의인지를 구분하기가 쉽지 않다는 점을 고려하면, 내란음모죄에 해당하는 합의가 있다고 하기 위해서는 단순히 내란에 관한 범죄결심을 외부에 표시, 전달하는 것만으로는 부족하고 객관적으로 내란범죄의 실행을 위한 합의라는 것이 명백히 인정되고, 그러한 합의에 실질적인 위험성이 인정되어야 한다. 그리고 내란음모가 실질적 위험성이 있는지 여부는 합의 내용으로 된 폭력행위의 유형, 내용의 구체적, 계획된 실행시기와의 근접성, 합의 당사자의 수와 합의 당사자들 사이의 관계, 합의의 강도, 합의 당시의 사회정세, 합의를 사전에 준비하였는지 여부, 합의의 후속 조치가 있었는지 여부 등을 종합적으로 고려하여 판단하여야 한다.

[반대의견] 내란의 모의가 일반적, 추상적인 합의를 넘는 실질적 위험성이 있는 합의인지는 단순히 합의의 내용뿐만 아니라 그 합의를 둘러싸고 있는 여러 사정도 함께 고려하여 종합적으로 판단하여야 하는 것이므로, 일정한 시기에 내란을 실행하자는 내용의 의사합치는 이루어졌으나 구체적인 공격의 대상과 목표, 방법 등에 관하여는 확정적인 합의에 이르지 못하고 논의하는데 그쳐 합의의 구체성이 다소 떨어지는 경우라고 하더라도, 모의 참가자들이 합의한 일정한 시기에 자신들이 논의했던 방법이나 그와 유사한 방식으로 내란의 실행행위로 나아갈 개연성이 크다고 인정되면, 이는 일반적, 추상적 합의를 넘어서는 실질적 위험성이 있는 내란 실행에 관한 합의로서 내란음모죄를 구성한다. 따라서 내란음모죄의 성립에 반드시 구체적인 공격의 대상과 목표, 방법 등이 설정되어 있어야 할 필요는 없다(대판 2015.1.22. 2014도10978 전원합의체).

제 2 장

외환의 죄

제1절 서 설

Ⅰ. 의의, 보호법익

외환의 죄는 '외국과 통모하여 외환을 유치하거나, 대한민국에 항적하거나, 적국에 인적·물적 이익을 제공하여 국가의 존립을 위태롭게 함으로써 성립하는 범죄'이다. 내란죄는 국가 내부로부터 국가의 존립을 위태롭게 하는 것이라면 본 죄는 외부로부터이며, 내란죄와 함께 정치범죄에 속한다.

보호법익은 '국가의 존립과 안전'이며, 보호의 정도는 '추상적 위험범'이다.[1]

Ⅱ. 외환의 죄의 구성요건의 체계

외환의 죄는 외환유치죄(제92조), 여적죄(제93조), 이적죄(제94~97조, 제99조), 간첩죄(제98조), 전시군수계약불이행죄(제103조)는 독립적 구성요건이다. 이적죄로 는 일반이적죄(제99조), 모병이적죄(제94조), 시설파괴이적죄(제96조), 물건제공이 적죄(제97조)는 불법가중유형이다. 전시군수계약불이행죄 이외 모든 외환의 죄의

---

1) 내란죄에서와 같다.

미수범(제100조)과 예비·음모·선동·선전죄(제101조)는 처벌한다. 또한 외환의 죄
는 동맹국에 대한 행위에 적용된다(제104조).

제2절 개별적 범죄 유형

Ⅰ. 외환유치죄

> **제92조【외환유치】** 외국과 통모하여 대한민국에 대하여 전단을 열게 하거나 외국인과 통
> 모하여 대한민국에 항적한 자는 사형 또는 무기징역에 처한다.

1. 의의, 보호법익

본죄는 '외국과 통모하여 대한민국에 대하여 전단을 열게 하거나 외국인과
통모하여 대한민국에 항적함으로써 성립하는 범죄'이다. 보호법익은 '국가의 존
립'이며, 보호의 정도는 '추상적 위험범'이다. 미수범과 예비·음모·선동·선전은
처벌한다.

2. 객관적 구성요건

(1) 실행 행위

실행 행위는 '외국과 통모하여 대한민국에 대하여 전단을 열게 하는 것 또는
외국인과 통모하여 대한민국에 항적하는 것'이다.

(가) 외국 또는 외국인과 통모

'외국'이란 적국 이외의 국가를 말한다.[2] 국가는 국가를 대표하는 외교사절,
군대 등을 의미한다. '외국인'은 국가의 정부기관 이외 개인을 말한다. '통모'란 서
로 의사 연락을 하여 모의하는 것을 말하며, 통모의 방법과 수단에는 제한이 없
으며, 일방적인 방법이 아닌 상호 합의가 되어야 한다.

(나) 전단을 열게 하거나

'전단을 열게 하는 것'이란 전투행위를 시작하는 것을 말한다. 국제법상의 전

---

2) 제93조의 여적죄와의 관계에 비추어 적국은 제외한다.

쟁개시 이외 사실상의 전투가 시작되면 충분하다.

(다) 항적

'항적'이란 외국의 군사적 업무에 종사하면서 대한민국의 적대적 행위를 하는 것을 말하며, 전투요원 이외 비전투요원도 포함한다.

(라) 기수시기

사실상의 전투행위가 개시되면 기수가 된다. 그러나 통모하였음에도 전투의 개시가 없는 경우에는 본죄의 미수가 된다.

3. 주관적 구성요건

본죄에 대한 고의가 있어야 한다.

Ⅱ. 여적죄

> **제93조 【여적】** 적국과 합세하여 대한민국에 항적한 자는 사형에 처한다.

본죄는 '적국과 합세하여 대한민국에 항적함으로써 성립하는 범죄'이다. 본죄는 외환유치죄의 '통모'가 아닌 적국과 합세하여 대한민국에 '항적'하는 행위에 대해 처벌하고 있다.

'적국'이란 국제법상 선전포고를 하고 대한민국과 전쟁상태에 있는 국가에 한하지 않고, 대한민국과 사실상 전쟁을 수행하고 있는 외국도 포함한다.[3] '합세'란 적국에 가담하여 협력하는 것을 말한다. 미수범과 예비·음모·선동·선전은 처벌한다.

Ⅲ. 모병이적죄

> **제94조 【모병이적】** ① 적국을 위하여 모병한 자는 사형 또는 무기징역에 처한다.
> ② 전항의 모병에 응한 자는 무기 또는 5년 이상의 징역에 처한다.

본죄는 '적국을 위하여 모병하거나 모병에 응함으로써 성립하는 범죄'이다.

---

3) 박상기, 612면; 배종대, 794면; 오영근, 672면; 이재상, 687면; 임웅, 872면.

이는 적국을 위하여 전투원을 모집하거나 모집에 지원하는 것을 말한다.

'적국을 위하여'라는 것은 적국을 이롭게 하기 위한 이적의사가 있어야 한다. 이적의사는 초과주관적 요소이다.[4] 미수범과 예비·음모·선동·선전은 처벌한다.

Ⅳ. 시설제공이적죄

> **제95조【시설제공이적】**① 군대, 요새, 진영 또는 군용에 공하는 선박이나 항공기 기타 장소, 설비 또는 건조물을 적국에 제공한 자는 사형 또는 무기징역에 처한다.
> ② 병기 또는 탄약 기타 군용에 공하는 물건을 적국에 제공한 자도 전항의 형과 같다.

본죄는 '군대, 요새, 진영 또는 군용에 공하는 선박이나 항공기 기타 장소, 설비 또는 건조물을 적국에 제공하거나, 병기 또는 탄약 기타 군용에 공하는 물건을 적국에 제공함으로써 성립하는 범죄'이다. 본죄는 물건제공이적죄가 다르게 객체가 군용물이다. 미수범과 예비·음모·선동·선전은 처벌한다.

Ⅴ. 시설파괴이적죄

> **제96조【시설파괴이적】**적국을 위하여 전조에 기재한 군용시설 기타 물건을 파괴하거나 사용할 수 없게 한 자는 사형 또는 무기징역에 처한다.

본죄는 '적국을 위하여 제95조에 기재한 군용시설 기타 물건을 파괴하거나 사용할 수 없게 함으로써 성립하는 범죄'이다. 본죄는 이적의사가 있을 것을 요한다. 미수범과 예비·음모·선동·선전은 처벌한다.

Ⅵ. 물건제공이적죄

> **제97조【물건제공이적】**군용에 공하지 아니하는 병기, 탄약 또는 전투용에 공할 수 있는 물건을 적국에 제공한 자는 무기 또는 5년 이상의 징역에 처한다.

---

4) 임웅, 873~4면.

본죄는 '군용에 공하지 아니하는 병기, 탄약 또는 전투용에 공할 수 있는 물건을 적국에 제공함으로써 성립하는 범죄'이다. 본죄는 제95조 시설제공이적죄의 객체와 다르게 '비군용'의 물건이다. 미수범과 예비·음모·선동·선전은 처벌한다.

Ⅶ. 간첩죄

> **제98조【간첩】** ① 적국을 위하여 간첩하거나 적국의 간첩을 방조한 자는 사형, 무기 또는 7년 이상의 징역에 처한다.
> ② 군사상의 기밀을 적국에 누설한 자도 전항의 형과 같다.

1. 의의, 보호법익

본죄는 '적국을 위하여 간첩하거나 적국의 간첩을 방조하거나, 군사상의 기밀을 적국에 누설함으로써 성립하는 범죄'이다. 보호법익은 '국가의 외부적 안전'이며, 보호의 정도는 '추상적 위험범'이다. 미수범과 예비·음모·선동·선전은 처벌한다.

2. 객관적 구성요건

(1) 간첩

'간첩'이란 적국을 위하여 국가기밀을 탐지, 수집하여 이를 적국에 누설하는 것이다. 간첩행위는 기밀에 속한 사항 또는 도서, 물건을 탐지, 수집한 때에 기수가 되므로 간첩이 이미 탐지, 수집하여 지득하고 있는 사항을 타인에게 보고, 누설하는 행위는 간첩의 사후행위로서 간첩행위 자체라고 할 수 없다.[5] 적국과의 의사연락이 없이 편면적인 간첩행위는 예비행위에 해당한다.[6]

(가) 적국

'적국'이란 국제법상 선전포고를 하고 대한민국과 전쟁상태에 있는 국가에 한하지 않고, 대한민국과 사실상 전쟁을 수행하고 있는 외국도 포함한다.[7] 제102

---

5) 대판 1982.2.23. 2008재도11 전원합의체.
6) 적측과 아무런 의사연락 없이 편면적으로 취학을 주된 목적으로 하고 월북하여 그곳 관헌의 호의를 사기 위하여 누설코저 군사에 관한 정보를 수집하였다면 그는 형법 제98조 제2항의 군사상 기밀 누설의 예비행위라고 보는 것이 타당하다(대판 1959.5.18. 4292형상34).
7) 박상기, 612면; 배종대, 794면; 이재상, 687면; 임웅, 872면.

조에 의거 대한민국에 적대하는 외국 또는 외국인의 단체도 적국으로 간주한다. 북한도 적국으로 간주한다.[8]

(나) 국가기밀

'국가기밀'이란 "대한민국의 외부적 안전에 중대한 불이익을 초래할 위험을 방지하기 위하여 외국 내지 외세에 대하여 비밀로 해야 할 사실이나 대상물 또는 지식으로서 제한된 사람에게만 접근이 허용된 것"을 말한다.[9]

국가비밀 여부에 대해서는 누설된 비밀이 국가의 안전보장에 위험을 초래할 위험성이 있다면 보호할 가치가 있다고 할 것이다.[10]

일반인에게도 공지된 사실에 대해서는 국가기밀이 될 수 없다.[11] 하지만, 개별적 사실에 대해서는 기밀은 아니지만 이를 종합하면 전체적으로 중요한 사실이 될 수 있다는 '모자이크'이론이 있다. 이에 대해 ① 종합한 정보의 내용이 대한민국의 이익에 침해될 수 있다면 기밀에 포함할 수 있다는 견해, ② 공지의 사실임으로 기밀이 될 수 없다는 견해(다수설)가 있다.

□ 국가기밀의 개념

'국가기밀'은 '그 기밀이 정치, 경제, 사회, 문화 등 각 방면에서 반국가단체에 대하여 비밀로 하거나 확인되지 아니함이 대한민국의 이익이 되는 모든 사실, 물건 또는 지식으로서, 그것들이 국내에서 적법한 절차 등을 거쳐 이미 일반인에게 널리 알려진 공지

---

8) 북한괴뢰집단은 우리 헌법상 반국가적인 불법단체로서 국가로 볼 수 없으나, 간첩죄의 적용에 있어서는 이를 국가에 준하여 취급하여야 한다(대판 1983.3.22. 82도3036).

9) 박상기, 616~7면; 이재상, 691면; 이형국, 733면; 임웅, 877면.

10) 국가보안법 제4조(목적수행)가 반국가단체의 구성원 또는 그 지령을 받은 자의 목적수행행위를 처벌하는 규정이므로 그것들이 공지된 것인지 여부는 신문, 방송 등 대중매체나 통신수단 등의 발달 정도, 독자 및 청취의 범위, 공표의 주체 등 여러 사정에 비추어 보아 반국가단체 또는 그 지령을 받은 자가 더 이상 탐지, 수집이나 확인, 확증의 필요가 없는 것이라고 판단되는 경우 등이라 할 것이고, 누설할 경우 실질적 위험성이 있는지 여부는 그 기밀을 수집할 당시의 대한민국과 북한 또는 기타 반국가단체화의 대치현황과 안보사항 등이 고려되는 건전한 상식과 사회통념에 따라 판단하여야 할 것이며, 그 기밀이 사소한 것이라고 하더라도 누설될 경우 반국가단체에는 이익이 되고 대한민국에는 불이익을 초래할 위험성이 명백하다면 이에 해당한다 할 것이다(대판 1997.7.16. 97도985 전원합의체).

11) 현행 국가보안법 제4조 제1항 제2호 (나)목에 정한 기밀을 해석함에 있어서 그 기밀은 정치, 경제, 사회, 문화 등 각 방면에 관하여 반국가단체에 대하여 비밀로 하거나 확인되지 아니함이 대한민국의 이익이 되는 모든 사실, 물건 또는 지식으로서, 그것들이 국내에서의 적법한 절차 등을 거쳐 이미 일반인에게 널리 알려진 공지의 사실, 물건 또는 지식에 속하지 아니한 것이어야 하고, 또 그 내용이 누설되는 경우 국가의 안전에 위험을 초래할 우려가 있어 기밀로 보호할 실질가치를 갖춘 것이어야 할 것이다(대판 1997.7.16. 97도985 전원합의체).

의 사실, 물건 또는 지식에 속하지 아니한 것이어야 하고, 또 그 내용이 누설되는 경우 국가의 안전에 위험을 초래할 우려가 있어 기밀로 보호할 실질가치를 갖춘 것'이다(대판 2013.7.26. 2013도2511).

(다) 기수시기

간첩의 목적으로 외국 또는 북한에서 국내에 침투 또는 월남하는 경우에는 기밀탐지가 가능한 국내에 침투, 상륙함으로써 실행의 착수가 인정되고,[12] 군사기밀을 탐지, 수집하면 그로써 간첩행위는 기수가 되고 그 수집한 자료가 지령자에게 도달됨으로써 범죄의 기수가 되는 것은 아니다.[13]

(2) 간첩방조

'간첩방조'란 간첩이 국가기밀을 탐지, 수집하여 이를 적국에 누설하는 것을 용이하게 하는 일체의 행위를 말한다. 방조의 수단, 방법에는 제한이 없다. 북괴가 남파한 대남공작원을 상륙시키는 행위,[14] 간첩과 접선방법을 합의하는 행위[15]가 이에 해당한다. 그러나 간첩을 숨겨두었다든지,[16] 간첩의 단순한 심부름을 하였다든지,[17] 단지 숙식을 제공하였다든지,[18] 간첩이 무전기를 매몰하는 행위에 대해 망을 보아주는 행위[19]를 한 경우에는 간첩방조죄가 성립하지 않는다.

본죄는 각칙에 규정된 규정으로 총칙의 방조는 적용되지 않는다.

(3) 군사상의 기밀을 누설

군사기밀을 적국 또는 간첩에게 누설하는 경우로, 직무에 관하여 군사상의 기밀을 지득한 자라야 하는 신분범이다.[20] 그러므로, 직무에 관하여 군사상 기밀

---

12) 대판 1984.9.11. 84도1381.
13) 대판 1963.12.12. 63도312.
14) 대판 1961.1.27. 4293형상897.
15) 간첩은 대한민국 지역에 입국과 동시에 간첩행위에 착수한 것이고, 동인가 접선방법을 합의하였음은 간첩행위를 용이하게 하는 것이라 할 것이므로, 간첩을 방조하였다고 인정함이 타당하다(대판 1971.2.25. 70도2417).
16) 간첩을 숨겨준 사실이 있다 하더라도 그 간첩이 군사기밀을 탐지, 수집, 누설하거나 하려한 사실을 인정할 수 없어서 간첩의 범행을 용이하게 하려는 의사가 있다고 볼 수 없으면 간첩방조죄는 성립되지 아니한다(대판 1979.10.10. 75도1003).
17) 간첩의 임무수행과 관련 없이 간첩의 단순한 심부름으로 한 경우에는 간첩방조죄를 구성할 수 없다(대판 1966.7.12. 66도470).
18) 단순히 숙식을 제공한다거나 또는 무전기를 매몰하는 행위를 도와주겠다거나 하는 사실만으로는 간첩방조죄가 성립할 수 없다(대판 1986.2.25. 85도2533).
19) 대판 1983.4.26. 83도416.
20) 형법 제98조 2항의 군사기밀누설되는 직무상 지득한 군사상의 기밀을 누설한 경우에 한하

을 지득한 자가 이를 적국에 누설한 경우에는 본죄가 적용이 되며, 간첩도 아니며 또 직무와 관계없이 지득한 군사상 기밀을 적국에 누설한 경우에는 제99조 일반이적죄에 해당한다.[21]

'군사기밀보호법' 제2조에서는 군사기밀에 대해 '일반인에게 알려지지 아니한 것으로서 그 내용이 누설되면 국가안전보장에 명백한 위험을 초래할 우려가 있는 군관련문서·도화·전자기록 등 특수매체기록 또는 물건으로서 군사기밀이라는 뜻이 표시 또는 고지되거나 보호에 필요한 조치가 이루어진 것과 그 내용을 말한다'라고 정의하고 있다.

누설의 방법·수단에는 제한이 없다.

3. 주관적 구성요건

본죄는 고의와 적국을 위한다는 이적의사가 있어야 한다.

4. 죄수

형법 제98조 제1항의 간첩죄를 범한 자가 그 탐지수집한 기밀을 누설한 경우나 (舊)국가보안법 제3조 제1호의 국가기밀을 탐지 수집한 자가 그 기밀을 누설한 경우에는 양죄를 포괄하여 1죄를 범한 것으로 보아야 하고, 간첩죄과 군사기밀누설죄 또는 국가기밀탐지수집죄와 국가기밀누설 등 두가지 죄를 범한 것으로 인정할 수 없다.[22]

Ⅷ. 일반이적죄

> 제99조 【일반이적죄】 전7조에 기재한 이외에 대한민국의 군사상 이익을 해하거나 적국에 군사상 이익을 공여한 자는 무기 또는 3년 이상의 징역에 처한다.

본죄는 '제92조 내지 제98조에 기재한 이외에 대한민국의 군사상 이익을 해하거나 적국에 군사상 이익을 공여함으로써 성립하는 범죄'이다. 본죄는 전7조에

여 성립하는 것이므로 피고인이 일본 동경 재일조선인 총연맹본부에서 이모와 공소외인 집에서 재일 조총련계인 이복형에게 각 진술한 사실들이 직무상 지득한 것이 아니라면 위 법조 소정의 군사기밀누설죄를 범한 것으로 볼 수 없다(대판 1976.7.27. 76도1402).

21) 대판 1982.11.23. 82도2201.
22) 대판 1982.4.27. 82도285.

대한 보충규정이다. 미수범과 예비·음모·선동·선전은 처벌한다.

Ⅸ. 전시군수계약불이행죄

> 제103조【전시군수계약불이행】① 전쟁 또는 사변에 있어서 정당한 이유없이 정부에 대한 군수품 또는 군용공작물에 관한 계약을 이행하지 아니한 자는 10년 이하의 징역에 처한다.
> ② 전항의 계약이행을 방해한 자도 전항의 형과 같다.

본죄는 '전쟁 또는 사변에 있어서 정당한 이유없이 정부에 대한 군수품 또는 군용공작물에 관한 계약을 이행하지 아니하거나, 그 계약이행을 방해함으로써 성립하는 범죄'이다. 제1항의 경우에는 진정부작위범이다.

제3장

국기에 관한 죄

제1절 서 설

I. 의의, 보호법익

국기에 관한 죄는 '대한민국을 모욕할 목적으로 국기 또는 국장을 손상·제거·오욕하거나 비방함으로써 성립하는 범죄'이다. 국기 또는 국장은 국가권위의 상징이며, 국민의 애국심을 고취시키는 수단이다.

보호법익은 '국가의 권위'이며, 보호의 정도는 '추상적 위험범'이다.

II. 국기에 관한 죄의 구성요건의 체계

국기에 관한 죄는 국기·국장모독죄(제105조)와 국기·국장비방죄(제106조)로 되어 있으며, 목적범이다,

제2절 개별적 범죄 유형

Ⅰ. 국기·국장모독죄

> **제105조 【국기, 국장의 모독】** 대한민국을 모욕할 목적으로 국기 또는 국장을 손상, 제거 또는 오욕한 자는 5년 이하의 징역이나 금고, 10년 이하의 자격정지 또는 700만원 이하의 벌금에 처한다.

1. 의의, 보호법익

본죄는 '대한민국을 모욕할 목적으로 국기 또는 국장을 손상, 제거 또는 오욕함으로써 성립하는 범죄'이다. 보호법익은 '국가의 권위'이며, 보호의 정도는 '추상적 위험범'이다. 또한 모욕할 목적을 가져야 하는 '목적범'이다.

2. 객관적 구성요건

(1) 행위의 객체

행위의 객체는 '국기 또는 국장'이다.

'국기'는 태극기이며, '국장'은 국기 이외 국가를 상징하는 휘장으로써, 군기나 대사관에 있는 휘장들이 그 예이다. 국기나 국장이 공용으로 사용되는 것뿐만 아니라 사적으로 사용되는 것도 포함한다.

(2) 실행 행위

실행 행위는 '손상, 제거 또는 오욕'이다.

'손상'은 찢거나 불태우거나 하여 전부 또는 일부를 훼손하는 것을 말한다. '제거'는 손상을 하지 않은 상태에서 장소적 이전을 하는 것이다. 사용 장소에서 철거하거나 숨겨두는 것을 말한다. '오욕'은 더럽히게 하는 것이다. 침을 뱉거나 발로 밟는 등의 행위이다.

3. 주관적 구성요건

본죄에 대한 고의 이외 대한민국을 오욕할 목적이 있어야 한다.

Ⅱ. 국기·국장비방죄

제106조【국기, 국장의 비방】전조의 목적으로 국기 또는 국장을 비방한 자는 1년 이하의 징역이나 금고, 5년 이하의 자격정지 또는 200만원 이하의 벌금에 처한다.

본죄는 '대한민국을 오욕할 목적으로 국기 또는 국장을 비방함으로써 성립하는 범죄'이다. 대한민국을 오욕할 목적을 요하는 목적범이다.

행위 태양은 '비방'으로, 국기·국장모독죄와 행위가 다르다.

제4장

국교에 관한 죄

제1절 서 설

I. 의의, 보호법익

국교에 관한 죄는 '대한민국과 외국과의 평화로운 국제관계를 위태롭게 하는 범죄'이다.

보호법익에 대해 견해가 대립하고 있으나, 본죄의 보호법익은 '국가의 권위와 외국의 이익'이며, 보호의 정도는 '추상적 위험범'이다.

II. 국교에 관한 죄의 구성요건의 체계

국교에 관한 죄는 외국원수·사절·국기에 대한 범죄로, 외국원수에 대한 폭행·협박·모욕·명예훼손죄(제107조), 외국사절에 대한 폭행·협박·모욕·명예훼손죄(제108조), 외국의 국기·국장모독죄(제109조)가 있으며, 이들 죄는 외국정부의 명시한 의사에 반하여 공소를 제기할 수 없다(제110조). 외국에 대한 국제적 의무와 평화로운 관계에 대한 범죄로, 외국에 대한 사전죄(제111조)와 중립명령위반죄(제112조)가 있으며, 외국에 대한 사전죄의 미수범은 처벌한다(제111조 제2항). 외교관계의 범죄에 대한 범죄로 외교상기밀누설죄(제113조)가 있다.

제2절 개별적 범죄 유형

Ⅰ. 외국원수에 대한 폭행 등

> 제107조【외국원수에 대한 폭행 등】① 대한민국에 체재하는 외국의 원수에 대하여 폭행
> 또는 협박을 가한 자는 7년 이하의 징역이나 금고에 처한다.
> ② 전항의 외국원수에 대하여 모욕을 가하거나 명예를 훼손한 자는 5년 이하의 징역이
> 나 금고에 처한다.

1. 의의, 성격

본죄는 '대한민국에 체재하는 외국의 원수에 대하여 폭행 또는 협박, 모욕을 가하거나, 명예를 훼손함으로써 성립하는 범죄'이다. 외국원수에 대한 죄로 기본범죄에 비해 불법이 가중된 유형이다. 본죄는 외국정부의 명시한 의사에 반하여 공소를 제기할 수 없는 '반의사불벌죄'이다.[1]

2. 객관적 구성요건

(1) 행위의 객체

행위의 객체는 '대한민국에 체재하는 외국의 원수'이다. 대한민국에 체재하는 외국원수에 한하며, '원수'는 대통령이나 군주를 말하며, 내각책임제의 수상은 원수에 포함되지 않는다. '외국'은 국가의 요건을 갖추고 있는 국가를 말하며, 우리나라와 외교관계를 맺고 있는가는 불문한다.

(2) 실행 행위

실행 행위는 '폭행·협박·모욕·명예훼손'이다. 각 행위의 개념은 각 범죄와 같다. 그러나, 본죄에서의 모욕죄는 반의사불벌죄이며, 명예훼손죄에서 제310조의 위법성조각에 대한 규정이 적용되지 않는다. 모욕과 명예훼손은 공연성을 요하지 않는다.

---

[1] 제110조(피해자의 의사) 제107조 내지 109조의 죄는 그 외국정부의 명시한 의사에 반하여 공소를 제기할 수 없다.

3. 주관적 구성요건

본죄에 대한 고의가 있어야 한다.

Ⅱ. 외국사절에 대한 폭행 등

> **제108조【외국사절에 대한 폭행 등】** ① 대한민국에 파견된 외국사절에 대하여 폭행 또는 협박을 가한 자는 5년 이하의 징역이나 금고에 처한다.
> ② 전항의 외국사절에 대하여 모욕을 가하거나 명예를 훼손한 자는 3년 이하의 징역이나 금고에 처한다.

본죄는 '대한민국에 파견된 외국사절에 대하여 폭행 또는 협박, 모욕을 가하거나, 명예를 훼손함으로써 성립하는 범죄'이다. 외국사절에 대한 죄로 기본 범죄에 비해 불법이 가중된 유형이다. 본죄는 외국정부의 명시한 의사에 반하여 공소를 제기할 수 없는 '반의사불벌죄'이다.[2]

외교사절은 대사나 공사 등을 말하며, 가족이나 수행원은 본죄에 포함되지 않는다.

Ⅲ. 외국국기·국장모독죄

> **제109조【외국의 국기, 국장의 모독】** 외국을 모욕할 목적으로 그 나라의 공용에 공하는 국기 또는 국장을 손상, 제거 또는 오욕한 자는 2년 이하의 징역이나 금고 또는 300만원 이하의 벌금에 처한다.

본죄는 '외국을 모욕할 목적으로 그 나라의 공용에 공하는 국기 또는 국장을 손상, 제거 또는 오욕함으로써 성립하는 범죄'이다. 외국을 모욕할 목적을 요하는 '목적범'이며, 객체는 '공용에 공하는 국기 또는 국장'으로 공적 기관이나 공무소에서 사용하는 것을 말한다. 본죄는 외국정부의 명시한 의사에 반하여 공소를 제기할 수 없는 '반의사불벌죄'이다.

---

2) 제110조(피해자의 의사) 제107조 내지 109조의 죄는 그 외국정부의 명시한 의사에 반하여 공소를 제기할 수 없다.

Ⅳ. 외국에 대한 사전죄

> **제111조【외국에 대한 사전】** ① 외국에 대하여 사전한 자는 1년 이상의 유기금고에 처한다.
> ② 전항의 미수범은 처벌한다.
> ③ 제1항의 죄를 범할 목적으로 예비 또는 음모한 자는 3년 이하의 금고 또는 500만원 이하의 벌금에 처한다. 단, 그 목적한 죄의 실행에 이르기 전에 자수한 때에는 감경 또는 면제한다.

본죄는 '외국에 대하여 사전함으로써 성립하는 범죄'이다.

'사전'이란 국가의 전투가 아닌 개인이 외국에 대하여 전투행위를 하는 것을 말한다. 이때, 사전은 무력에 의한 조직적 공격이어야 한다.

본죄의 미수범은 처벌하며, 사전을 하기 위해 예비 또는 음모한 자도 처벌한다. 목적한 죄의 실행에 이르기 전에 자수한 때에는 감경 또는 면제한다.

Ⅴ. 중립명령위반죄

> **제112조【중립명령위반】** 외국간의 교전에 있어서 중립에 관한 명령에 위반한 자는 3년 이하의 금고 또는 500만원 이하의 벌금에 처한다.

본죄는 '외국간의 교전에 있어서 중립에 관한 명령에 위반함으로써 성립하는 범죄'이다. 본죄는 대한민국이 아닌 외국간의 교전이 있는 상태에서, 교전국 어느 한쪽의 편에 서지 않는 중립적인 입장을 말한다. 이는 중립명령을 지키지 않음으로 대한민국의 외교적 안전을 해할 수 있다는 점에서 처벌하는 것이다.

Ⅵ. 외교상기밀누설죄

> **제113조【외교상기밀의 누설】** ① 외교상의 기밀을 누설한 자는 5년 이하의 징역 또는 1천만원 이하의 벌금에 처한다.
> ② 누설할 목적으로 외교상의 기밀을 탐지 또는 수집한 자도 전항의 형과 같다.

본죄는 '외교상의 기밀을 누설하거나, 누설할 목적으로 외교상의 기밀을 탐지 또는 수집함으로써 성립하는 범죄'이다.

주체에는 제한이 없으며, 객체는 '외교상의 기밀'이다. '외교상의 기밀'이란 외국과의 관계에서 상호 보호할 만한 비밀을 말한다. 비밀조약체결 등을 말하는데, 외국언론에 이미 보도되어 공지된 사실은 외교상의 기밀에 해당하지 않는다.[3]

실행 행위는 누설할 목적으로 기밀을 탐지, 수집하는 것이다.

---

3) 외국에 이미 알려져 있는 사항은 특단의 사정이 없는 한 이를 비밀로 하거나 확인되지 아니함이 외교정책상의 이익이 된다고 할 수 없는 것이어서 외교상의 기밀에 해당하지 아니한다. 따라서 외국언론에 이미 보도된 바 있는 우리나라의 외교정책이나 활동에 관련된 사항들에 관하여 정부가 이른바 보도지침의 형식으로 국내언론기관의 보도 여부 등을 통제하고 있다는 사실을 알리는 것이 외교상의 기밀을 누설한 경우에 해당하지 않는다(대판 1995.12.5. 94도2379).

제5장

공무원의 직무에 관한 죄

제1절 서 설

Ⅰ. 의의, 보호법익

공무원의 직무에 관한 죄는 '공무원이 직무에 위배하거나 직권을 남용하거나 뇌물을 수수함으로서 성립하는 범죄'이다.

보호법익은 '국가의 기능'이고, 보호의 정도는 '추상적 위험범'이다.

Ⅱ. 직무범죄의 종류

공무원의 직무범죄는 진정직무범죄와 부진정직무범죄, 일반직무범죄와 특수 직무범죄로 구분한다.

1. 진정직무범죄

'진정직무범죄'란 공무원만이 주체가 될 수 있는 범죄를 말하며, 진정신분범 이다. 예로, 직무유기죄, 수뢰죄, 공무상비밀누설죄, 선거방해죄, 피의사실공표죄 등이 있다.

'부진정직무범죄'란 공무원이 아닌 자도 주체가 될 수 있지만, 공무원이 범한 경우에는 형이 가중되는 범죄를 말하며, 부진정신분범이다. 예로, 불법체포·감금죄, 폭행·가혹행위죄, 간수자의 도주원조죄 등이 있다.

공무원의 직무범죄에 비공무원이 가담한 경우에는 비공무원은 제33조 본문이 적용되어 공범으로 처벌된다. 하지만, 부진정직무범죄에 비공무원이 가담한 경우에는 제33조 단서가 적용되어 일반범죄의 공범으로 처벌된다.

2. 일반직무범죄와 특수직무범죄

'일반직무범죄'란 모든 공무원이 주체가 될 수 있는 범죄이다. 예로, 수뢰죄, 공무상비밀누설죄, 직권남용죄 등이 있다.

'특수직무범죄'란 특수한 지위에 있는 공무원만이 주체가 될 수 있는 범죄이다. 예로, 선거방해죄, 폭행·가혹행위죄, 불법체포·감금죄 등이 있다.

Ⅲ. 공무원의 직무에 관한 죄의 구성요건의 체계

공무원의 직무에 관한 죄의 구성요건 체계는 직무위배죄, 직권남용죄, 뇌물죄 유형으로 나누어져 있다.

직무위배죄의 유형으로는 직무유기죄(제122조), 피의사실공표죄(제126조), 공무상비밀누설죄(제127조)가 있다. 직권남용죄의 유형으로는 직권남용죄(제123조), 불법체포·감금죄(제124조), 폭행·가혹행위죄(제125조), 선거방해죄(제128조)가 있다. 뇌물죄의 유형으로는 단순수죄뢰(제129조 제1항), 사전수뢰죄(제131조 제2항, 제3항), 알선수뢰죄(제132조), 증뢰죄(제133조)가 있다.

불법체포·감금죄의 미수범은 처벌하고(제124조 제2항), 범인 또는 정을 아는 제3자가 받은 뇌물 또는 뇌물에 공할 금품은 몰수한다. 그를 몰수하기 불능한 때에는 그 가액을 추징한다(제134조). 또한 공무원이 직권을 이용하여 본장 이외의 죄를 범한 때에는 그 죄에 정한 형의 2분의 1까지 가중한다. 단, 공무원의 신분에 의하여 특별히 형이 규정된 때에는 예외로 한다(제135조).

제2절 개별적 범죄 유형(직무위배 및 직권남용)

I. 직무유기죄

> **제122조【직무유기】** 공무원이 정당한 이유없이 그 직무수행을 거부하거나 그 직무를 유기한 때에는 1년 이하의 징역이나 금고 또는 3년 이하의 자격정지에 처한다.

1. 의의, 보호법익

본죄는 '공무원이 정당한 이유없이 그 직무수행을 거부하거나 그 직무를 유기함으로써 성립하는 범죄'이다. 보호법익은 '국가의 기능'이며, 보호의 정도는 '추상적 위험범'이다.[1]

본죄는 그 직무를 수행하여야 하는 작위의무의 존재와 그에 대한 위반을 전제로 하고 있는바, 그 작위의무를 수행하지 아니함으로써 구성요건에 해당하는 사실이 있었고, 그 후에도 계속하여 그 작위의무를 수행하지 아니하는 위법한 부작위상태가 계속되는 한 가벌적 위법상태는 계속 존재하고 있다고 할 것이며 형법 제122조 후단은 이를 전체적으로 보아 1죄로 처벌하는 취지로 해석되므로 즉시범이라고 할 수 없다.[2]

2. 객관적 구성요건

(1) 행위의 주체

행위의 주체는 공무원[3]이다. 이는 진정신분범이며, 진정직무범죄이다. 공무원의 범위는 국가공무원법과 지방공무원법에 의해 정해진다. 하지만, 한국은행법에서는 임·직원이 형법 등을 위반하였을 경우에는 공무원으로 간주하고 있으며, 지방의회의원과 같이 선거에 의하여 취임하는 정무직 공무원도 공무원에 포함한

---

1) 형법 제122조에서 공무원이 정당한 이유없이 그 직무를 유기한 때라 함은 공무원이 법령, 내규 또는 지시 및 통첩에 의한 추상적인 충근의 의무를 태만히 하는 일체의 경우를 이르는 것이 아니고, 직장의 무단이탈, 직무의 의식적인 포기 등과 같이 그것이 국가의 기능을 저해하며 국민에게 피해를 야기시킬 가능성이 있는 경우를 말한다(대판 1970.9.29. 70도1790).
2) 대판 1997.8.2.9. 97도675.
3) 일반적으로 공무원이라 함은 광의로서 국가 또는 공공단체의 공무를 담당하는 일체의 자를 의미하며, 협의로는 국가 또는 협의로는 국가 또는 공공단체와 공법상 근무관계에 있는 모든 자를 말한다(대판 1997.3.11. 96도1258).

다.4) 청원경찰, 세무수습행정원, 사법연수원생, 집행관 등도 공무원에 포함된다.

(2) 실행 행위

실행 행위는 '정당한 이유없이 직무수행을 거부하거나 직무를 유기하는 것'
이다.

(가) 직무

직무란 '국가공무원법 및 지방공무원법에 따라 수행해야 할 본래의 직무 또
는 고유한 직무'이다. 그러므로, 부수적으로 발생하는 고발의무는 직무에 포함되
지 않는다.5) 본죄에서의 직무는 제때에 수행하여야 할 구체적인 직무여야 하며,6)
성문화된 법령상의 근거가 있거나 적어도 지시 또는 명령이 있어 그것이 고유의
직무내용을 이루고 있어야 한다.7) 단지, 태만·분망·착각 등으로 인해 직무를 성
실히 수행하지 아니한 경우나 형식적으로 또는 소홀히 직무를 수행하였기 때문에
성실한 직무수행을 못한 것에 불과한 경우에는 본죄를 구성하지 않는다.8)

(나) 직무수행을 거부하거나 직무를 유기한 때

'직무수행을 거부한다는 것'은 직무를 수행할 의무가 있는 공무원이 직무수
행을 행하지 않는 것이다. 직무수행거부는 직무유기의 예시적 형태로 볼 수 있다.

---

4) 지방자치법 제32조에 의하면 지방의회의원은 명예직으로서 의정활동비와 보조활동비, 회기
   중 출석비를 지급받도록 규정하고 있을 뿐 정기적인 급여를 지급받지는 아니하나, 지방공
   무원법 제2조 제3항에 의하면 특수경력직 공무원 중 정무지 공무원으로 '선거에 의하여 취
   임하는 자'를 규정하고 있고, 지방자치법 제35조 이하에 의하면 지방의회의원은 여러 가지
   공적인 사무를 담당하도록 규정하고 있으며, 공직자윤리법에 의하면 지방의회의원도 공직
   자로 보아 재산등록 대상자로 규정하고 있는 점 등에 비추어 볼 때, 비록 지방의회의원이
   일정한 비용을 지급받을 뿐 정기적인 급여를 지급받지는 아니한다고 하더라도 공무를 담당
   하고 있는 이상 지방의회의원은 형법상 공무원에 해당한다(대판 1997.3.11. 96도1258).
5) 세무서에서 근무하는 공무원이 조세범처벌절차법시행령 제1조에 의하여 그 관할 검찰청
   검사장으로부터 범칙사건을 조사할 수 있는 자로 지명을 받지 않은 경우, 범칙사건 조사
   결과에 따른 통고처분이나 고발 여부는 국세청장, 지방국세청장 또는 세무서장의 직무에
   속할 뿐 범칙사건을 조사한 세무공무원에게는 조세범처벌절차법에 따른 통고처분이나 고
   발을 할 권한이 없다. 통고처분이나 고발조치를 건의하는 등의 조치를 위하지 않았다고
   하더라도, 구체적 사정에 비추어 그것이 직무를 성실히 수행하지 못한 것이라고 할 수 있
   을지언정 그 직무를 의식적으로 방임 내지 포기하였다고 볼 수 없다(대판 1997.4.11. 96
   도2753).
6) 벌금미납자에 대한 노역장유치 집행을 위하여 검사의 지휘를 받아 형집행장을 집행하는
   경우 벌금미납자 검거는 사법경찰관리의 직무범위에 속하므로 경찰관인 피고인이 벌금미
   납자로 지명수배되어 있던 甲을 세 차례에 걸쳐 만나고도 그를 검거하여 검찰청에 신변을
   인계하는 등 필요한 조치를 취하지 않은 경우에는 직무유기죄가 성립한다(대판 2011.9.8.
   2009도13371).
7) 대판 1976.10.12. 75도1895.
8) 대판 1997.8.29. 97도675.

'직무유기'는 직무에 관한 의식적인 방임이나 포기를 말한다.[9] 이는 작위뿐만 아니라 부작위에 의해서도 할 수 있다.

직무유기죄는 이른바 부진정부작위범으로서 구체적으로 그 직무를 수행하여야 할 작위의무가 있는데도 불구하고 이러한 직무를 버린다는 인식하에 그 작위의무를 수행하지 아니함으로써 성립하는 것이다.[10]

☐ **직무유기 관련 판례**

〈직무유기 인정〉

① 피고인들을 비롯한 경찰관들이 현행범으로 체포한 도박혐의자 17명에 대해 현행범인체포서 대신 임의동행동의서를 작성하게 하고, 그나마 제대로 조사도 하지 않은 채 석방하였으며, 현행범인 석방사실을 검사에게 보고도 하지 않았고, 석방일시, 사유를 기재한 서면을 작성하여 기록에 편철하지도 않았으며, 압수한 일부 도박자금에 관하여 압수조서 및 목록도 작성하지 않은 채 검사의 지휘도 받지 않고 반환하였고, 일부 도박혐의자의 명의도용 사실과 도박 관련 범죄로 수회 처벌받은 전력도 확인하고서도 아무런 추가조사 없이 석방한 사안에서, 이는 단순히 업무를 소홀히 수행한 것이 아니라 정당한 사유 없이 의도적으로 수사업무를 방임 내지 포기한 것이라고 봄이 상당하다는 이유로, 피고인들에 대하여 직무유기죄의 성립을 부정한 원심판단에 법리오해 또는 사실오인의 잘못이 있다(대판 2010.6.24. 2008도11226).

② 교육기관·교육행정기관·지방자치단체 또는 교육연구기관의 장이 징계의결을 집행하지 못할 법률상·사실상의 장애가 없는데도 징계의결서를 통보받은 날로부터 법정 시한이 지나도록 집행을 유보하는 모든 경우에 직무유기죄가 성립하는 것은 아니고, 그러한 유보가 직무에 관한 의식적인 방임이나 포기에 해당한다고 볼 수 있는 경우에 한하여 직무유기죄가 성립한다고 보아야 한다(대판 2014.4.10. 2013도229).

③ 경찰관이 장기간에 걸쳐 여러 번 오토바이를 오토바이 상회 운영자에게 보관시키고도 경찰관 스스로 소유자를 찾아 반환하도록 처리하거나 상회 운영자에게 반환 여부를 확인한 일이 전혀 없고, 상회 운영자로부터 오토바이를 보내준 대가 또는 그 처분대가로 돈까지 지급받았다면, 경찰관의 이와 같은 행위는 습득물을 단순히 상회 운영자에게 보관시키거나 소유자를 찾아서 반환하도록 협조를 구한 정도를 벗어나 상회 운영자에게 그 습득물에 대한 임의적인 처분까지 용인한 것으로서 습득물 처리 지침에 따른 직무를 의식적으로 방임 내지 포기하고 정당한 사유 없이 직무를 수행하지 아니한 경우에 해당한다(대판 2002.5.17. 2001도6170).

---

9) 교육기관 등의 장이 징계의결을 집행하지 못할 법률상·사실상의 장애가 없는데도 징계의결서를 통보받은 날로부터 법정 시한이 지나도록 그 집행을 유보하는 모든 경우에 직무유기죄가 성립하는 것은 아니고, 그러한 유보가 직무에 관한 의식적인 방임이나 포기에 해당한다고 볼 수 있는 경우에 한하여 직무유기죄가 성립한다(대판 2014.4.10. 2013도229).

④ 경찰관이 불법체류자의 신병을 출입국관리사무소에 인계하지 않고 훈방하면서 이들의 인적사항조차 기재해 두지 아니하였다면 직무유기죄가 성립한다(대판 2008.2.14. 2005도4202).

⑤ 학생군사교육단의 당직사관으로 주번근무를 하던 육군 중위가 당직근무를 함에 있어서 훈육관실에서 학군사관후보생 2명과 함께 술을 마시고 내무반에서 학군사관후보생 2명 및 애인 등과 함께 화투놀이를 한 다음 애인과 함께 자고 난 뒤 교대할 당직근무자에게 당직근무의 인계·인수도 하지 아니한 채 퇴근하였다면 직무유기죄가 성립한다(대판 1990.12.22. 90도2425).

〈직무유기 부정〉

① 사법경찰관은 형사소송법과 사법경찰관리직무규정 등이 정하는 바에 따라 검사의 지휘를 받아 수사를 하여야 하나, 형사소송법 제196조의 검사의 수사지휘권에 관한 규정은 일반적·포괄적인 규정이라고 풀이할 것이며, 사법경찰관리직무규정의 범죄 인지 보고는 그에 열거되어 있는 따위의 중요사건에 관한 것이고, 범죄의 혐의가 있으면 그 어떠한 경우를 막론하고 반드시 검사에게 범죄 인지보고를 하여 그 지휘를 받아 수사를 하여야 되는 것은 아니라고 할 것이다. 경미사범이거나 공무집행방해죄에 해당하지 아니한다고 판단하여 훈계방면한 사실 등을 확정하고, 이에 의하면 피고인은 직무집행 의사로 위법사실을 조사하여 이들을 타일러 보내는 등 어떠한 형태로든지 그 직무집행 행위를 하였다 할 것이고, 그 직무집행 내용에 있어서 위와 같은 이유로 형사피의사건으로 입건·수사하지 아니하였다 하여, 직무집행을 정당한 이유 없이 의식적으로 포기하거나 방임한 것이 아니어서, 형법 제122조 소정의 직무유기죄의 구성요건을 충족하는 것이라고 볼 수 없다(대판 1982.6.8. 82도117).

② 교도소 보안과 출정계장과 감독교사가 호송지휘관 및 감독교사로서 호송교도관 5명을 지휘하여 재소자 25명을 전국의 각 교도소로 이감하는 호송업무를 수행함에 있어서, 시간이 촉박하여 호송교도관들이 피호송자 개개인에 대하여 규정에 따른 검신 등의 절차를 철저히 이행하지 아니한 채 호송하는데도, 위 호송교도관들에게 호송업무 등을 대상 지시한 후에는 그들이 이를 제대로 수행할 것으로 믿고 구체적인 확인·감독을 하지 아니한 잘못으로 말미암아, 피호송자들이 집단도주하는 결과가 발생한 경우, 위 출정계장과 감독교사가 재소자의 호송계호업무를 수행함에 있어서 성실하게 그 직무를 수행하지 아니하여 충근의무에 위반한 잘못은 인정되나, 고의로 호송계호업무를 포기하거나 직무 또는 직장을 이탈한 것이라고는 볼 수 없으므로, 형법상 직무유기죄를 구성하지 아니한다(대판 1991.6.11. 91도96).

---

10) 대판 1983.3.22. 82도3065.

(다) 정당한 이유없이

본죄가 성립하기 위해서는 직무수행의 거부나 직무유기에 대한 정당한 이유가 없어야 한다. 만약, 정당한 이유가 있는 경우에는 본죄가 성립하지 않는다.[11]

3. 주관적 구성요건

본죄는 직무수행을 거부하거나 직무를 유기한다는 고의가 있어야 한다. 이는 직무를 의식적으로 포기·방임한다는 인식과 인용을 말한다.[12]

4. 다른 죄와의 관계

① 공무원이 위법사실을 적극적으로 은폐할 목적으로 허위공문서를 작성·행사한 경우, 작위범인 허위공문서작성죄 및 동 행사죄만 성립하고, 부작위범인 직무유기죄는 성립하지 아니한다.[13]

② 경찰관이 검사로부터 범인을 검거하라는 지시를 받고서도 그 직무상의 의무에 따른 적절한 조치를 취하지 아니하고 오히려 범인에게 전화로 도피하라고 권유하여 그를 도피케 한 경우, 직무위배의 위법상태가 범인 도피행위 속에 포함되어 있는 것으로 보아야 할 것이므로, 이와 같은 경우에는 작위범인 범인도피죄만이 성립하고, 부작위범인 직무유기죄는 따로 성립하지 아니한다.[14]

③ 공무원인 피고인이 어업허가를 받을 수 없는 자를 위하여 부하직원에게 어업허가 처리기안문을 작성하게 한 다음 피고인 스스로 중간결재를 한 후 정을

---

11) 교사들의 시국선언 참여행위의 정당성 여부에 관한 찬반양론이 대립하였고, 전임 교육감이 재직 당시 위 교사들에 대한 이 사건 징계의결의 집행 유보를 선언하였으며, 이후 위 교사들에 대한 형사사건의 대법원판결이 있던 당일 징계의결을 집행한 경우, 피고인이 이 사건 징계의결의 집행을 유보한 행위를 직무의 의식적인 방임이나 포기로 볼 수 없다(대판 2014.4.10. 2013도229).
12) 소속대 수송관 겸 3종 출납관으로서 소속대 유류수령과 불출 및 그에 따른 결산 기타 업무를 수행할 직무있는 자가 신병치료를 이유로 상부의 승인없이 1984.12.초부터 1985.3.경까지 3종 출납관 도장과 창고열쇠를 포함한 3종 업무일체를 계원에게 맡겨두고 이에 대한 일체의 확인감독마저 하지 않았다면 이는 부대관례에 따른 정당한 위임의 정도를 벗어난 직무의 의식적인 포기로서 직무유기죄에 해당한다(대판 1986.2.11. 85도2471).
13) 공무원이 어떠한 위법사실을 발견하고도 직무상 의무에 따른 적절한 조치를 취하지 아니하고 위법사실을 적극적으로 은폐할 목적으로 허위공문서를 작성, 행사한 경우에는 직무위배의 위법상태는 허위공문서작성 당시부터 그 속에 포함되는 것으로 작위범인 허위공문서작성 동 행사죄만이 성립하고, 부작위범인 직무유기죄는 따로 성립하지 아니한다(대판 1999.12.24. 99도2240).
14) 대판 1996.5.10. 96도51.

모르는 농수산국장의 최종결재를 받았다면, 작위범인 위계에 의한 공무집행방해 죄만이 성립하고 부작위범인 직무유기죄는 따로 성립하지 아니한다.[15]

④ 검사가 긴급체포 등 강제처분의 적법성에 의문을 갖고 대면조사를 위한 피의자 인치를 2회 걸쳐 명하였으나 이를 이행하지 않은 사법경찰관에게 인권옹호직무명령불준수죄와 직무유기죄를 모두 인정하고 두 죄를 상상적 경합관계에 있다.[16]

⑤ 폭력행위 등 처벌에 관한 법률 제9조 제1항에서는 "사법경찰관리로서 이 법에 규정된 죄를 범한 사람을 수사하지 아니하거나 범인을 알면서 체포하지 아니하거나 수사상 정보를 누설하여 범인의 도주를 용이하게 한 사람은 1년 이상의 유기징역에 처한다."

⑥ 특정범죄가중처벌 등에 관한 법률 제15조에서는 "범죄수사의 직무에 종사하는 공무원이 동 법률에 규정된 죄를 범한 자를 인지하고 그 직무를 유기한 때에는 1년 이상의 유기징역에 처한다."

Ⅱ. 직권남용죄

> 제123조 【직권남용】 공무원이 직권을 남용하여 사람으로 하여금 의무없는 일을 하게 하거나 사람의 권리행사를 방해한 때에는 5년 이하의 징역, 10년 이하의 자격정지 또는 1천만원 이하의 벌금에 처한다.

1. 의의, 보호법익

본죄는 '공무원이 직권을 남용하여 사람으로 하여금 의무없는 일을 하게 하거나 사람의 권리를 방해함으로써 성립하는 범죄'로서, 보호법익은 '국가기능의 공정한 행사'이며,[17] 보호의 정도는 '추상적 위험범'이다.

---

15) 대판 1997.2.28. 96도2825.
16) 대판 2010.10.28. 2008도11999.
17) 제123조의 죄가 원판결 설시화 같이 그 보호객체(법익)가 국권의 공정에 있고 이 법익 침해는 침해결과의 발생의 위험이 있으면 족하다고 보아야 하는 점에서 강학상 위태범이라 함은 옳으나 이 문제와 행위객체로서의 범죄구성요건에 있어서의 행위에 결과가 있어야 그 요건이 충족된다 함은 다르기 때문에 위태범이라는 이유를 들어 제123조의 죄에 있어서 권리침해사실이 현실적으로 있을 필요가 없다고 할 수는 없다(대판 1978.10.10. 75도2665).

2. 객관적 구성요건

(1) 행위의 주체

행위의 주체는 '공무원'으로, 진정신분범이다. 공무원이 일반적 직무권한에 속하는 사항에 관하여 직권의 행사에 가탁하여 실질적·구체적으로 위법·부당한 행위를 한 경우에 성립하고, 그 일반적 직무권한은 반드시 법률상의 강제력을 수반하는 것임을 요하지 아니한다.[18]

(2) 실행 행위

실행 행위는 직권을 남용하여 사람으로 의무없는 일을 하게 하거나 권리행사를 방해하는 것이다. 본죄는 강요죄와는 달리 폭행·협박을 수단으로 하지 않는다. 그러므로, 공무원이 폭행·협박으로 사람의 권리행사를 방해하는 경우에는 직권남용죄와 강요죄의 상상적 경합이 된다.[19]

(가) 직권을 남용

직권남용이란 공무원이 일반적 직무권한에 속하는 사항을 불법하게 행사하는 것, 즉 형식적, 외형적으로는 직무집행으로 보이나 그 실질은 정당한 권한 이외의 행위를 하는 경우를 의미한다. '남용'에 해당하는가의 여부는 구체적인 공무원의 직무행위가 그 목적, 그것이 행하여진 상황에서 볼 때의 필요성, 상당성 여부, 직권행사가 허용되는 법령상의 요건을 충족했는지 등의 제반 요소를 고려하여 결정하여야 한다.[20] 공무원이 직무와는 상관없이 단순히 개인적인 친분에 근거하여 지원을 권유하거나 협조를 의뢰한 것에 불과한 경우에는 본죄가 성립하지 않는다.[21] 직권을 남용하는 행위는 작위이든 부작위이든 불문한다.

(나) 의무없는 일을 하게 하거나 권리행사를 방해하는 것

'의무없는 일을 하게 하는 것'이란 법률상 의무없는 일을 하도록 하는 경우를 말한다.[22] 설령 법률상 의무가 있다고 하더라도 그 의무를 벗어날 정도의 불필요한 조건을 부가한다던지 내용을 불리하게 하는 경우도 의무없는 일을 하게 하는

---

18) 대판 2004.5.27. 2002도6251.

19) 임웅, 912면.

20) 대판 2019.3.14. 2018도18646.

21) 공무원이 직무와는 상관없이 단순히 개인적인 친분에 근거하여 문화예술 활동에 대한 지원을 권유하거나 협조를 의뢰한 것에 불과한 경우까지 직권남용에 해당한다고 할 수는 없다(대판 2009.1.30. 2008도6950).

22) 직권남용죄에서 말하는 '의무'란 법률상 의무를 가리키고, 단순한 심리적 의무감 또는 도덕적 의무는 이에 해당하지 아니한다(대판 1991.12.27. 90도2800).

것이다.

'권리행사를 방해하는 것'이란 법률상 행사할 수 있는 권리의 행사를 하지 못하게 하는 것이다.[23]

☐ 직권 남용 관련 판례

〈직권 남용 인정 〉

① 해군본부 법무실장인 피고인이 국방부 검찰수사관 甲에게 군내 납품비리 수사와 관련한 수사기밀사항을 보고하게 하여 직무상 권한을 남용하였다는 내용으로 기소된 사안에서, 피고인은 해군 검찰업무뿐 아니라 소송, 징계업무 등 법무업무 전반에 관하여 해군참모총장을 보좌하는 자로서 해군 소속 인원의 사법처리와 관련된 중요 사항에 관하여 보고를 받을 일반적인 직무권한이 있으나, 여기서 나아가 국방부 검찰단의 향후 수사 방향에 대한 내용 등 수사기밀사항에 대한 보고를 요구하는 행위는 형식적·외형적으로는 직무집행으로 보이나 실질은 일반적 직무권한 범위를 넘어 직무의 행사에 가탁한 부당한 행위이고, 甲으로서는 외부에 유출될 경우 검찰단의 수사 기능에 현저한 장애를 초래할 수 있는 검찰단 내부 수사 내용을 피고인에게 보고할 법률상의 의무가 없었다고 보아, 피고인에게 직권남용권리행사방해죄를 인정한다(대판 2011.7.28. 2011도1739).

② D장관이 대기업에 해당되지도 아니하여 회생 가능성도 불투명하여 대출이 가능한 요건을 갖추었다고 보기 어려운 기업에 대하여 은행감독원장으로부터 경영개선명령을 받아 신규대출을 기피하고 있던 위 기업의 주거래 은행의 은행장에게 개인적 친분이 있는 위 기업을 도와 주기 위한 목적으로 대출을 실행하여 줄 것을 요구하고, 위 요구에 따라 위 은행장이 이미 같은 은행으로부터 대출신청이 거절당한 바 있는 위 기업에 대하여 새로이 다른 채권은행들과 협조융자를 추진하고 대출하도록 한 행위가 직권남용죄에 해당한다(대판 2004.5.27. 2002도6251).

③ 검사가 구치소에 있는 공소외인을 검사실로 소환한 목적이 로비자금 수사나 범죄정보의 수집을 위한 것이라기보다는 가족들을 면회할 수 있는 편의를 제공하거나 자신의 장인과 관련된 문제를 해결하기 위한 목적 등으로 소환한 것이라면, 교도관리들로 하여금 직무상 의무 없는 일을 하게 한 것으로서 직권남용죄가 성립한다(대판 2006.5.26. 2005도6966).

④ 현행범인 체포의 요건을 갖추었는지에 관한 검사나 사법경찰관 등의 판단에는 상당한 재량의 여지가 있으나, 체포 당시 상황으로 보아도 요건 충족 여부에 관한 검사나 사법경찰관 등의 판단이 경험칙에 비추어 현저히 합리성을 잃은 경우 그 체포는 위법하다. 그리고 범죄의 고의는 확정적 고의뿐만 아니라 결과 발생에 대한 인식이 있고 이를 용인하는 의사인 이른바 미필적 고의도 포함하므로, 피고인이 인식구속에 관한 직무를 집행하는 사법경찰관으로서 체포 당시 상황을 고려하여 경험칙에 비추어 현저하

게 합리성을 잃지 않은 채 판단하면 체포 요건이 충족되지 아니함을 충분히 알 수 있었는데도, 자신의 재량 범위를 벗어난다는 사실을 인식하고 그와 같은 결과를 용인한 채 사람을 체포하여 권리행사를 방해하였다면, 직권남용체포죄와 직권남용권리행사방해죄가 성립한다(대판 2017.3.9. 2013도16162).

〈직권 남용 부정〉

① 대통령비서실 정책실장이 기업관계자들에게 기업 메세나활동의 일환인 미술관 전시회 후원을 요청하여 기업관계자들이 특정 미술관에 후원금을 지급한 경우 공무원이 직무와는 상관없이 단순히 개인적인 친분에 근거하여 문화예술 활동에 대한 지원을 권유하거나 외뢰한 것에 불과하여 직권남용권리행사방해죄 및 제3자뇌물공여죄가 성립하지 않는다(대판 2009.1.30. 2008도6950).
② 대검찰청 공안부장인 피고인이 고등학교 후배인 한국조폐공사 사장에게 위 공사의 쟁의행위 및 구조조정에 관하여 전화통화를 한 행위는 직권남용죄와 업무방해죄에 해당하지 않는다(대판 2005.4.15. 2002도3453).
③ 상급 경찰관이 직권을 남용하여 부하 경찰관들의 수사를 중단시키거나 사건을 다른 경찰관서로 이첩하게 한 경우, 일단 '부하 경찰관들의 수사권 행사를 방해한 것'에 해당함과 아울러 '부하 경찰관들로 하여금 수사를 중단하거나 사건을 다른 경찰관서로 이첩할 의무가 없음에도 불구하고 수사를 중단하게 하거나 사건을 이첩하게 한 것'에도 해당된다고 볼 여지가 있다. 그러나 이는 어디까지나 하나의 사실을 각기 다른 측면에서 해석한 것에 불과한 것으로서, '권리행사를 방해함으로 인한 직권남용권리행사방해죄'와 '의무 없는 일을 하게 함으로 인한 직권남용권리행사방해죄'가 별개로 성립하는 것이라고 할 수는 없다. 따라서 위 두 가지 행위 태양에 모두 해당하는 것으로 기소된 경우, '권리행사를 방해함으로 인한 직권남용권리행사방해죄'만 성립하고 '의무 없는 일을 하게 함으로 인한 직권남용권리행사방해죄'는 따로 성립하지 아니하는 것으로 봄이 상당하다(대판 2010.1.28. 2008도7312).

---

(3) 기수시기

본죄는 기수가 되기 위해서는 의무없는 일을 시키는 행위 또는 권리를 방해하는 행위가 있었다는 것만으로는 부족하고, 현실적으로 의무없는 일을 하게 되거나 구체적인 권리행사가 방해된 결과가 발생한 때 기수가 되는 '결과범'이다. 그러므로, 공무원이 직권을 남용하였을지라도 현실적으로 권리행사의 방해라는

---

23) 형법 제123조의 직권남용권리행사방해죄에서 말하는 '권리'는 법률에 명기된 권리에 한하지 않고 법령상 보호되어야 할 이익이면 족한 것으로서, 공법상의 권리인지 사법상의 권리인지를 묻지 않는다고 봄이 상당하다(대판 2010.1.28. 2008도7312).

결과가 발생하지 아니하였다면 기수를 인정할 수 없다.[24] 하지만, '국가기능의 공정한 행사'라는 보호법익이 침해될 필요는 없으며, 위험성만 있으면 족하다. 미수범의 처벌 규정은 없다.

□ 직권 남용 기수 관련 판례

피고인이 정보관계를 담당하는 순경으로서 증거수집을 위하여 원설시 정당의 설리 지구당집행위원회에서 쓸 회의장소에 몰래 설시 도청기를 마련해 놓았다가 회의 개최 전에 들켜 뜯겼다는 것이며 ~도청장치를 하였다가 뜯겨서 도청을 못하였다면 회의진행을 도청당하지 아니할 권리가 침해된 현실적인 사실은 없다 하리니 직권남용죄의 기수로 논할 수 없음이 뚜렷하고, 미수의 처벌을 정한 바 없으니, 도청을 걸었으나 뜻을 못 이룬 피고인의 행위는 다른 죄로는 몰라도 형법 제123조를 적용하여 죄책을 지을 수는 없다고 하겠다. 제123조의 죄가 원 판결설시와 같이 그 보호객체(법익)가 국권의 공정에 있고, 이 법익침해는 침해결과의 발생의 위험이 있으면 족하다고 보아야 하는 점에서 강학상 위태범이라 함은 옳으나, 이 문제와 행위객체로서의 범죄구성요건에 있어서의 행위에 결과가 있어야 그 요건이 충족된다 함은 다르기 때문에 위태범이라는 이유를 들어 제123조의 죄에 있어서 권리침해사실이 현실적으로 있을 필요가 없다고 할 수는 없다(대판 1978.10.10, 75도2665).

3. 주관적 구성요건

본죄는 고의는 권리행사를 방해한다는 인식 이외에 직권을 남용한다는 인식도 포함되는 것이다.[25]

Ⅲ. 불법체포·불법감금죄

제124조【불법체포·불법감금】① 재판, 검찰, 경찰 기타 인식구속에 관한 직무를 행하는 자 또는 이를 보조하는 자가 그 직권을 남용하여 사람을 체포 또는 감금한 때에는 7년 이하의 징역과 10년 이하의 자격정지에 처한다.
② 전항의 미수범은 처벌한다.

---

24) 형법 제123조가 규정하는 직권남용권리행사방해죄에서 권리행사를 방해한다 함은 법령상 행사할 수 있는 권리의 정당한 행사를 방해하는 것을 말한다고 할 것이므로 이에 해당하려면 구체화된 권리의 현실적인 행사가 방해된 경우라야 할 것이고, 또한 공무원의 직권남용 행위가 있었다 할지라도 현실적으로 권리행사의 방해라는 결과가 발생하지 아니하였다면 본죄의 기수를 인정할 수 없다(대판 2006.2.9. 2003도4599).
25) 대결 1993.7.26. 92모29.

1. 의의, 보호법익

본죄는 '재판, 검찰, 경찰 기타 인식구속에 관한 직무를 행하는 자 또는 이를 보조하는 자가 그 직권을 남용하여 사람을 체포 또는 감금함으로써 성립하는 범죄'이다. 보호법익은 '국가의 인식구속권 행사의 공정'과 '개인의 신체적 활동의 자유'이며, 보호의 정도는 '침해범'이다. 미수범은 처벌한다.

본죄의 성격은 ① 단순 체포·감금죄와는 성격이 다른 진정신분범이라는 견해, ② 체포·감금죄에 대해 특수공무원이라 신분으로 인해 책임이 가중되는 부진정신분범이라는 견해(다수설)가 있다. 본죄는 특수직무범죄로서 행위의 주체자들에 의해 발생하는 경우가 많고, 그 신분으로 인해 가중처벌하는 것으로 볼 수 있기에 부진정신분범이라고 보는 것이 타당하다.

2. 객관적 구성요건

(1) 행위의 주체

행위의 주체는 '재판, 검찰, 경찰 기타 인식구속에 관한 직무를 행하는 자 또는 이를 보조하는 자'이다.

'기타 인식구속에 관한 직무를 행하는 자'로는 교도소장, 특별사법경찰관, 교정공무원, 출입국관리공무원 등이 해당하며, '보조하는 자'로는 사법경찰리, 법원·검찰 서기 등이 있다. 집행관도 본죄의 주체가 된다.[26]

(2) 실행 행위

실행 행위는 '직권을 남용하여 체포 또는 감금하는 것'이다.

'체포'란 사람의 신체에 직접적 속박을 가하여 신체적 활동의 자유를 박탈하는 행위를 말한다.

'감금'이란 사람으로 하여금 일정한 장소 밖으로 나가지 못하도록 하여 신체의 자유를 제한하는 행위를 가르키는 것이고, 그 방법은 반드시 물리적, 유형적 장애를 사용하는 경우뿐만 아니라 심리적, 무형적 장애에 의하는 경우도 포함한다.[27]

---

26) 집행관이 강제집행을 함에 있어서 채무자를 집행관실에 감금하고 거부불능케 한 후 몸을 수색하여 소지 중인 수표를 빼앗은 행위는 강제력 사용권의 범위를 일탈한 것이다(대판 1969.6.24. 68도1218).

27) 대결 1991.12.30. 91모5.

직권과 관계없이 체포·감금행위를 하는 경우에는 본죄가 성립하지 않고, 단순체포·감금죄가 성립한다.

□ 불법체포·감금죄 관련 판례

① 수사기관이 피의자를 임의동행한 경우에도 조사 후 귀가시키지 아니하고 그의 의사에 반하여 경찰서 조사실 또는 보호실 등에 계속 유치함으로써 신체의 자유를 속박하였다면 이는 구금에 해당한다(대결 1985.7.29. 85모16).

② 감금죄는 간접정범의 형태로도 행하여질 수 있는 것이므로, 인신구속에 관한 직무를 행하는 자 또는 이를 보조하는 자가 피해자를 구속하기 위하여 진술조서 등을 허위로 작성한 후 이를 기록에 첨부하여 구속영장을 신청하고, 진술조서 등이 허위로 작성된 정을 모르는 검사와 영장전담판사를 기망하여 구속영장을 발부받은 후 그 영장에 의하여 피해자를 구금하였다면 형법 제124조 제1항의 직권남용감금죄가 성립한다(대판 2006.5.25. 2003도3945).

③ 즉결심판 피의자의 정당한 귀가요청을 거절한 채 다음날 즉결심판법정이 열릴 때까지 피의자를 경찰서 보호실에 강제유치시키려고 함으로써 피의자를 경찰서 내 즉결피의자 대기실에 10~20분 동안 있게 한 행위는 불법감금죄에 해당한다(대판 1997.6.13. 97도877).

(3) 실행의 착수와 기수

행위자가 고의로 체포·감금하여 개인의 신체적 활동의 자유를 제한할 때 실행의 착수가 인정되며, 신체적 활동의 자유가 현실적으로 침해되어 국가의 인식구속권행사의 공정이 침해되었을 때 기수가 된다. 미수범은 처벌한다.

3. 주관적 구성요건

직권을 남용하여 사람을 체포 또는 감금한다는 고의가 있어야 한다.

4. 위법성

본죄의 성립에 있어서 국가의 인신구속권행사의 공정성은 피해자의 승낙의 대상이 될 수 없기 때문에 피해자의 승낙으로 위법성이 조각되지 않는다.[28]

---

28) 임웅, 917면; 신호진, 1380면.

Ⅳ. 폭행·가혹행위죄

> 제125조【폭행, 가혹행위】 재판, 검찰, 경찰 기타 인식구속에 관한 직무를 행하는 자 또는 이를 보조하는 자가 그 직무를 행함에 당하여 형사피의자 또는 기타 사람에 대하여 폭행 또는 가혹한 행위를 가한 때에는 5년 이하의 징역과 10년 이하의 자격정지에 처한다.

1. 의의, 보호법익

본죄는 '재판, 검찰, 경찰 기타 인식구속에 관한 직무를 행하는 자 또는 이를 보조하는 자가 그 직무를 행함에 당하여 형사피의자 또는 기타 사람에 대하여 폭행 또는 가혹한 행위를 가함으로써 성립하는 범죄'이다. 보호법익은 '국가의 인식구속권 행사의 공정'과 '개인의 신체의 안전 내지 인격권'이며, 보호의 정도는 '추상적 위험범'이다.

본죄의 성격은 폭행죄 또는 학대죄에 대해 특수공무원이라 신분으로 인해 책임이 가중되는 부진정신분범이다.

본죄는 2020. 12. 8. '제125조(폭행, 가혹행위) 재판, 검찰, 경찰 그 밖에 인신구속에 관한 직무를 수행하는 자 또는 이를 보조하는 자가 그 직무를 수행하면서 형사피의자나 그 밖의 사람에 대하여 폭행 또는 가혹행위를 한 경우에는 5년 이하의 징역과 10년 이하의 자격정지에 처한다'로 개정되었다(2021. 12. 9. 시행).

2. 객관적 구성요건

(1) 행위의 주체

행위의 주체는 '재판, 검찰, 경찰 기타 인식구속에 관한 직무를 행하는 자 또는 이를 보조하는 자'이다.

(2) 행위의 객체

행위의 객체는 형사피의자 또는 기타 사람이다. 기타 사람이란 형사 피의자 이외 참고인, 피고인 등 수사나 재판에 있어 조사 대상이 된 사람을 말한다.

(3) 실행 행위

실행 행위는 '직무를 행함에 당하여 폭행 또는 가혹행위'를 가하는 것이다.

'직무를 행함에 당하여'란 직무를 행하는 기회에 있어서의 의미이다. 이는 직무를 행하는 과정에서의 모든 행위를 말한다. 직무와 관련성이 없이 폭행 또는 가혹행위를 한 경우에는 본죄가 성립하지 않는다.

'폭행 또는 가혹행위'란 폭행은 사람의 신체에 유형력을 행사하는 것을 말하고, 가혹한 행위란 폭행 이외 육체적이나 정신적으로 고통을 주는 것을 말한다. 밥을 주지 않고 굶게 하거나 추운 날씨에 밖에 서 있게 하는 것, 잠을 재우지 않는 등의 행위는 가혹행위에 해당한다.29)

3. 주관적 구성요건

직무를 행함에 당하여 폭행 또는 가혹행위를 한다는 인식과 인용, 즉 고의가 있어야 한다

V. 피의사실공표죄

> **제126조【피의사실공표】** 검찰, 경찰 기타 범죄수사에 관한 직무를 행하는 자 또는 이를 감독하거나 보조하는 자가 그 직무를 행함에 당하여 지득한 피의사실을 공판청구 전에 공표한 때에는 3년 이하의 징역 또는 5년 이하의 자격정지에 처한다.

1. 의의, 보호법익

본죄는 '검찰, 경찰 기타 범죄수사에 관한 직무를 행하는 자 또는 이를 감독하거나 보조하는 자가 그 직무를 행함에 당하여 지득한 피의사실을 공판청구 전에 공표함으로써 성립하는 범죄'이다. 보호법익은 '국가의 범죄수사기능과 피의자의 인권'이며, 보호의 정도는 '추상적 위험범'이다.

본죄는 공판청구 전에 피의사실을 공표함으로써 발생할 수 있는 피의자의 인권과 범죄수사의 일부가 외부로 노출됨에 따라 초래할 수 있는 문제점들을 방지하기 위함이다.

본죄는 2020. 12. 8. '제126조(피의사실공표) 검찰, 경찰 그 밖에 범죄수사에 관한 직무를 수행하는 자 또는 이를 감독하거나 보조하는 자가 그 직무를 수행하면서 알게 된 피의사실을 공소제기 전에 공표(公表)한 경우에는 3년 이하의 징역

---

29) 검사 및 검찰수사관의 범죄혐의자들에 대한 폭행과 가혹행위가 직권을 남용한 과도한 물리력의 행사로서 사회통념상 용인될 수 있는 정당행위에 해당한다고 볼 수 없다(대판 2005.5.26. 2005도945).

또는 5년 이하의 자격정지에 처한다'로 개정되었다(2021. 12. 9. 시행).

2. 객관적 구성요건

(1) 행위의 주체

행위의 주체는 '검찰, 경찰 기타 범죄수사에 관한 직무를 행하는 자 또는 이를 감독하거나 보조하는 자'로, 특수공무원이 주체가 되는 진정신분범이다.

법관도 범죄수사에 관한 직무를 감독하는 자의 지위에 있게 되는 경우에는 본죄의 주체가 될 수 있다. 예를들어 법관이 구속영장을 발부하면서 알게 된 피의사실을 공표할 경우에 본죄를 구성할 수 있다.[30]

(2) 행위의 객체

행위의 객체는 범죄수사에 관한 직무를 행함에 있어 지득한 피의사실이다. 따라서, 직무를 행하는 과정이 아닌 개인적으로 지득한 피의사실을 공표하는 경우에는 본죄가 성립하지 않는다. 범죄수사과정에서 지득한 피의사실에 대해서는 피의사실 자체가 진실이든 거짓이든 상관이 없으며, 공표를 함으로써 본죄는 성립한다.

(3) 실행 행위

실행 행위는 피의사실을 공판 청구 전에 공표하는 것이다.

'공판 청구 전'이란 검사가 공소를 제기하기 전이다. 그러므로, 공소가 제기된 이후에는 본죄가 성립하지 않는다. '공표'라는 것은 여러 사람에게 널리 드러내어 알리는 것을 말한다. 추상적 위험범으로 불특정 다수인이 피의사실을 인식하였음을 요하지 않는다. 공표의 방법에는 제한이 없음으로, 작위 또는 부작위로도 가능하다.

(4) 기수

본죄는 추상적 위험범으로 공표로 인해 국가 범죄수사기능과 피의자의 인권이 침해될 위험성이 있다면 기수이다.

3. 주관적 구성요건

본죄의 고의는 피의사실을 공표한다는 인식과 인용이 있어야 한다.

---

30) 오영근, 699면; 임웅, 907면; 박상기, 633면.

4. 특정강력범죄의 처벌에 관한 특례법

특정강력범죄의 처벌에 관한 특례법 제8조의2(피의자의 얼굴 등 공개)에 따라 검사와 사법경찰관은 다음 각 호의 요건을 모두 갖춘 특정강력범죄사건의 피의자의 얼굴, 성명 및 나이 등 신상에 관한 정보를 공개할 수 있다.

1. 범행수단이 잔인하고 중대한 피해자 발생한 특정강력범죄사건일 것
2. 피의자가 그 죄를 범하였다고 믿을 만한 충분한 증거가 있을 것
3. 국민의 알권리 보장, 피의자의 재범방지 및 범죄예방 등 오로지 공공의 이익을 위하여 필요할 것
4. 피의자가 (청소년보호법) 제2조 제1호의 청소년에 해당하지 아니할 것
5. 수사기관의 피의사실 공표행위가 허용되기 위한 요건

일반 국민들은 사회에서 발생하는 제반 범죄에 관한 알권리를 가지고 있고 수사기관이 피의사실에 관하여 발표를 하는 것은 국민들의 이러한 권리를 충족하기 위한 방법의 일환이라 할 것이나, 한편 헌법 제27조 제4항은 형사피고인에 대한 무죄추정의 원칙을 천명하고 있고, 형법 제126조는 검찰, 경찰 기타 범죄수사에 관한 직무를 행하는 자 또는 이를 감독하거나 보조하는 자가 그 직무를 행함에 당하여 지득한 피의사실을 공판청구 전에 공표하는 행위를 범죄로 규정하고 있으며, 형사소송법 제198조는 검사, 사법경찰관리 기타 직무상 수사에 관계 있는 자는 비밀을 엄수하며 피의자 또는 다른 사람의 인권을 존중하여야 한다고 규정하고 있는바, 수사기관의 피의사실 공표행위는 공권력에 의한 수사결과를 바탕으로 한 것으로 국민들에게 그 내용이 진실이라는 강한 신뢰를 부여함은 물론 그로 인하여 피의자나 피해자 나아가 그 주변 인물들에 대하여 치명적인 피해를 가할 수도 있다는 점을 고려할 때, 수사기관의 발표는 원칙적으로 일반 국민들의 정당한 관심의 대상이 되는 사항에 관하여 객관적이고 충분한 증거나 자료를 바탕으로 한 사실 발표에 한정되어야 하고, 이를 발표함에 있어서도 정당한 목적하게 수사결과를 발표할 수 있는 권한을 가진 자에 의하여 공식의 절차에 따라 행하여져야 하며, 무죄추정의 원칙에 반하여 유죄를 속단하게 할 우려가 있는 표현이나 추측 또는 예단을 불러일으킬 우려가 있는 표현을 피하는 등 그 내용이나 표현 방법에 대하여도 유념하지 아니하면 아니 될 것이므로, 수사기관의피의사실

공표행위가 위법성을 조각하는지의 여부를 판단함에 있어서는 공표 목적의 공익
성과 공표 내용의 공공서, 공표의 필요성, 공표된 피의사실의 객관성 및 정확성,
공표의 절차와 형식, 그 표현 방법, 피의사실의 공표로 인하여 생기는 피침해 이
익의 성질, 내용 등을 종합적으로 참작하여야 한다.[31]

Ⅵ. 공무상비밀누설죄

> **제127조【공무상비밀의 누설】** 공무원 또는 공무원이었던 자가 법령에 의한 직무상 비밀
> 을 누설한 때에는 2년 이하의 징역이나 금고 또는 5년 이하의 자격정지에 처한다.

1. 의의, 보호법익

본죄는 '공무원 또는 공무원이었던 자가 법령에 의한 직무상 비밀을 누설함
으로써 성립하는 범죄'이다. 보호법익은 '국가의 기능'이며,[32] 보호의 정도는 '추
상적 위험범'이다.

2. 객관적 구성요건

(1) 행위의 주체

행위의 주체는 '공무원 또는 공무원이었던 자'이다. 진정신분범이며, 공무원
의 비밀엄수의 의무에 대한 처벌규정이다.[33]

(2) 행위의 객체

행위의 객체는 '법령에 의한 직무상의 비밀'이다.

'법령에 의한 비밀'이란 반드시 법령에 의하여 비밀로 규정되었거나 비밀로
분류·명시된 사항에 한하지 아니하고, 정치, 군사, 외교, 경제, 사회적 필요에 따
라 비밀로 된 사항은 물론, 정부나 공무소 또는 국민이 객관적, 일반적인 입장에
서 외부에 알려지지 않는 것에 상당한 이익이 있는 사항도 포함하는 것이나, 동

---

31) 대판 2001.11.30. 2000다68474.
32) 공무상비밀누설죄는 그 자체를 보호하는 것이 아니라 공무원의 비밀엄수의무의 침해에 의
하여 위험하게 되는 이익, 즉 비밀의 누설에 의하여 위협받는 국가의 기능을 보호하기 위
한 것이다(대판 1996.5.10. 95도780).
33) 국가공무원법 제60조(비밀 엄수의 의무) 공무원은 재직 중은 물론 퇴직 후에도 직무상 알
게 된 비밀을 엄수하여야 한다. 지방공무원법 제52조(비밀 엄수의 의무) 공무원은 직무상
알게 된 비밀을 엄수하여야 한다.

조에서 말하는 비밀이란 실질적으로 그것을 비밀로서 보호할 가치가 있다고 인정할 수 있는 것이어야 한다.[34] 또한, '직무상 비밀'이기 때문에 공무원이 직무집행상 알게 된 비밀에 한하며, 직무와 상관없이 알게 된 것은 본죄가 성립하지 않는다. 직무상 알게 된 비밀은 자신의 직무가 아닌 타인의 직무와 관련된 비밀도 포함된다.

(3) 실행 행위

실행 행위는 '누설'이다.

'누설'이란 비밀을 모르는 타인에게 이를 알리는 것을 말한다. 그러므로, 그 비밀을 알고 있는 사람에게 말하는 것은 본죄가 성립하지 않는다. 누설의 수단과 방법에는 제한이 없다. 작위든 부작위든 불문한다.

□ 공무상비밀누설 관련 판례

〈공무상비밀누설 인정 〉

① 제18대 대통령 당선인 甲의 비서실 소속 공무원인 공무원인 피고인이 당시 甲을 위하여 중국에 파견할 특사단 추천 의원을 정리한 문건을 乙에게 이메일 또는 인편 등으로 전달한 경우, 위 문건이 사전에 외부로 누설될 경우 대통령 당선인의 인사 기능에 장애를 초래할 위험이 있으므로, 종국적인 의사결정이 있기 전까지는 외부에 누설되어서는 아니 되는 비밀로서 보호할 가치가 있는 직무상 비밀에 해당한다(대판 2018.4.26. 2018도2624).

② 검사가 수사의 대상, 방법 등에 관하여 사법경찰관리에게 지휘한 내용을 기재한 수사지휘서는 당시까지 진행된 수사의 내용뿐만 아니라 향후 수사의 진행방향까지 가늠할 수 있게 하는 수사기관의 내부문서이다. 수사기관이 특정 사건에 대하여 내사 또는 수사를 진행하고 있는 상태에서 수사지휘서의 내용이 외부에 알려질 경우 피내사자나 피의자 등이 증거자료를 인멸하거나 수사기관에서 파악하고 있는 내용에 맞추어 증거를 준비하는 등 수사기관의 증거 수집 등 범죄수사 기능에 장애가 생길 위험이 있다. 또한 수사지휘서의 내용이 누설된 경로에 따라서는 사건관계인과의 유착 의혹 등으로 수사의 공정성과 신뢰성이 훼손됨으로써 수사의 궁극적인 목적인 적정한 형벌권 실현에 지장이 생길 우려도 있다. 그러므로 수사지휘서의 기재 내용과 이에 관계된 수사상황은 해당 사건에 대한 종국적인 결정을 하기 전까지는 외부에 누설되어서는 안 될 수사기관 내부의 비밀에 해당한다(대판 2018.2.13. 2014도11441).

③ 검찰의 고위 간부가 특정 사건에 대한 수사가 계속 진행 중인 상태에서 해당 사건에 관한 수사책임자의 잠정적인 판단 등 수사팀의 내부 상황을 확인한 뒤 그 내용을 수사

---

34) 대판 2018.2.13. 2014도11441.

대상자 측에 전달한 행위가 형법 제127조에 정한 공무상 비밀누설에 해당한다(대판 2007.6.14. 2004도5561).

〈공무상비밀누설 부정〉

① 국가정보원 내부의 감찰과 관련하여 감찰조사, 개시시점, 감찰대상자의 소속 및 인적 사항을 일부 누설한 사실만으로 국가정보원의 정상적인 정보수집활동 등의 기능에 지장을 초래할 것도 아니고, 달리 국가 또는 국가정보원의 기능에 위협이 있을 것이라고 볼 수도 없어 위 누설사실들은 비밀로서의 가치가 없다(대판 2003.11.28. 2003도5547).

② 구청에서 체납차량 영치 및 공매 등의 업무를 담당하던 공무원인 피고인이 甲의 부탁을 받고 차적 조회 시스템을 이용하여 범죄 현장 부근에서 경찰의 잠복근무에 이용되고 있던 경찰청 소속 차량의 소유관계에 관한 정보를 알아내 甲에게 알려줌으로써 공무상비밀을 누설하였다는 내용으로 기소된 사안에서, 위 정보가 공무상비밀누설죄의 '법령에 의한 직무상 비밀'에 해당한다고 볼 수 없다(대판 2012.3.15. 2010도14734).

3. 주관적 구성요건

본죄의 고의는 직무상 비밀을 누설한다는 인식과 인용이 있어야 한다.

4. 다른 죄와의 관계

① 시험정리원으로서 그 직무와 관련하여 돈을 받은 후 구술시험 문제 중에서 소론 사항을 알려 준 것은 공무상비밀누설인 동시에 수뢰후부정처사의 부정한 행위를 한 때에 해당한다.[35]

② 공무원이 직무상 알게 된 군사 기밀을 적국에 누설한 경우에는 간첩죄, 외교상기밀을 누설한 경우에는 외교상기밀누설죄가 성립한다(법조경합 중 특별관계).

③ 공무원이 업무처리 중 알게 된 비밀을 이용하여 재물 또는 재산상의 이익을 취득하거나 제3자로 하여금 취득하게 한 때에는 부패방지 및 국민권익위원회의 설치와 운영에 관한 법률 제7조의2(공직자의 업무상 비밀이용 금지), 제30조(비밀누설의 금지)에서 '위원회의 위원, 전문위원 또는 직원이나 그 직에 있었던 자 및 위원회에 파견되거나 위원회의 위촉에 의하여 위원회의 업무를 수행하거나 수행하였던 자는 업무처리 중 알게 된 비밀을 누설하여서는 아니 된다'라고 규정하고

---

35) 대판 1970.6.30. 70도562.

있어 부패방지 및 국민권익위원회의 설치와 운영에 관한 법률위반이 성립한다.

Ⅶ. 선거방해죄

> 제128조【선거방해】검찰, 경찰 또는 군의 직에 있는 공무원이 법령에 의한 선거에 관하여 선거인, 입후보자 또는 입후보자되려는 자에게 협박을 가하거나 기타 방법으로 선거의 자유를 방해한 때에는 10년 이하의 징역과 5년 이상의 자격정지에 처한다.

1. 의의, 보호법익

본죄는 '검찰, 경찰 또는 군의 직에 있는 공무원이 법령에 의한 선거에 관하여 선거인, 입후보자 또는 입후보자되려는 자에게 협박을 가하거나 기타 방법으로 선거의 자유를 방해함으로써 성립하는 범죄'이다. 보호법익은 '선거의 자유, 보호의 정도는 '추상적 위험범'이다.

2. 객관적 구성요건

(1) 행위의 주체

행위의 주체는 '검찰, 경찰 또는 군의 직에 있는 공무원'으로, 진정신분범이다. 군의 직에 있는 공무원이기 때문에 군인 이외에도 군무원 등이 포함된다.

(2) 행위의 객체

행위의 객체는 '법령에 의한 선거에 관하여 선거인·입후보자 또는 입후보자가 되려는 자'이다.

선거는 법령에 근거한 것이기 때문에 법령에 의하지 않은 선거는 본죄에 해당되지 않는다. '입후보자가 되려는 자'는 정당의 공천을 받으려거나 후보자등록 절차를 하고 있는 자를 말한다.

(3) 실행 행위

실행 행위는 '협박 기타 방법으로 선거의 자유를 방해하는 것'이다.

협박은 기타 방법의 예시적 의미이며, 방해를 하는데 있어서의 수단, 방법에는 제한이 없다. 추상적 위험범으로 선거의 자유가 방해될 위험성만 있으면 족하고, 선거의 자유가 현실적으로 방해될 필요는 없다.

3. 주관적 구성요건

본죄의 고의는 선거의 자유를 방해한다는 인식과 인용이 있어야 한다.

제3절 개별적 범죄 유형(뇌물죄)

Ⅰ. 단순수뢰죄

제129조【수뢰】① 공무원 또는 중재인이 그 직무에 관하여 뇌물을 수수, 요구 또는 약속한 때에는 5년 이하의 징역 또는 10년 이하의 자격정지에 처한다.

1. 의의, 보호법익

본죄는 '공무원 또는 중재인이 그 직무에 관하여 뇌물을 수수, 요구 또는 약속함으로써 성립하는 범죄'이다.

보호법익은 '직무집행의 공정과 이에 대한 사회의 신뢰에 기한 직무행위의 불가매수성'이며,36) 보호의 정도는 '추상적 위험범'이다.

2. 객관적 구성요건

(1) 행위의 주체

행위의 주체는 공무원37) 또는 중재인이다. 이는 진정신분범이며, 진정직무범죄이다.

'공무원'의 범위에 대해서는 직무유기죄에서 상술하였으며, 본죄에서는 지방공사와 지방공단의 직원,38) 기한부로 채용된 공무원,39) 주택재개발정비사업조합

---

36) 뇌물죄는 직무집행의 공정과 이에 대한 사회의 신뢰에 기하여 직무행위의 불가매수성을 그 직접의 보호법익으로 하고 있으므로 뇌물성은 의무위반 행위나 청탁의 유무 및 금품수수 시기와 직무집행 행위의 전후를 가리지 아니한다(대판 2013.11.28. 2013도9003).

37) 형법 제129조에서의 공무원이라 함은 법령의 근거에 기하여 국가 또는 지방자치단체 및 이에 준하는 공법인의 사무에 종사하는 자로서 그 노무의 내용이 단순한 기계적 육체적인 것에 한정되어 있지 않은 자를 말한다(대판 2002.11.22. 2000도4593).

38) 형법 제129조 내지 제132조의 적용에 있어서 지방공사와 지방공단의 직원까지 공무원으로 본다고 규정한 지방공기업법 제83조는 헌법 제11조 제항, 제37조 제2항 등에 위반된다고

조합장과 조합의 이사,[40] 직무수행권이 상실되었으나 등기부에 등기되어 있고 실질적으로 직무를 수행한 임원,[41] 도시 및 주거환경정비법에 정한 정비사업전문관리업자의 임·직원,[42] 법인등기를 마친 재건축조합의 조합장,[43] 시·구도시계획위원회 의원[44] 등을 본죄의 주체로 판례는 판시하고 있다. '중재인'이란 노동조합 및 노동관계조정법에 의한 중재위원과 같이 법령에 의하여 중재의 직무를 담당하는 자를 말한다.

본죄에서의 공무원과 중재인은 현재 지위에 있는 자를 말한다.[45]

(2) 행위의 객체

행위의 객체는 '뇌물'이다. 뇌물은 직무에 관하여 부정한 대가의 이익을 의미한다.

(가) 직무에 관하여

직무에는 법령에 정하여진 직무뿐만 아니라 그와 관련 있는 직무, 과거에 담당하였거나 장래에 담당할 직무 외에 사무분장에 따라 현실적으로 담당하지 않은 직무라도 법령상 일반적인 직무권한에 속하는 직무 등 공무원이 그 직위에 따라 공무로 담당할 일체의 직무를 포함한다.[46] 그러므로, 일반적인 권한에 속하지 않는 사항에 관하여는 본죄가 성립하지 않는다.[47] 직무에는 공무원의 법령상 관장

볼 수 없다(대판 2002.7.26. 2001도6721).
39) 대판 1971.10.19. 71도1113.
40) 도시정비법 제16조의2 제1항에 의하여 조합 설립인가처분이 취소되기 전까지 이 사건 조합은 유효하게 존재하고, 따라서 주택재개발정비사업조합 조합장과 이 조합의 이사는 구 도시정비법 제84조에 의하여 형법 제129조 내지 제132조의 적용에 있어서 공무원으로 의제되는 조합의 임원이라고 봄이 상당하다(대판 2016.6.10. 2015도576).
41) 정비사업조합의 임원이 조합 임원의 지위를 상실하거나 직무수행권을 상실하였지만 그 후에도 조합의 법인 등기부에 임원으로 등기되어 있는 상태에서 계속하여 실질적으로 조합 임원으로서의 직무를 수행하여 왔다면 ~그 조합 임원은 도시정비법 제84조에 따라 형법 제129조 내지 제132조의 적용에서 공무원으로 보아야 한다(대판 2016.1.14. 2015도15798).
42) 대판 2010.5.27. 2010도3399.
43) 대판 2006.5.27. 2006도1146.
44) 대판 1997.6.13. 96도1703.
45) 법령에 기한 임명권자에 의하여 임용되어 공무에 종사하여 온 사람이 나중에 그가 임용결격자이었음이 밝혀져 당초의 임용행위가 무효라고 하더라도 그가 임용행위라는 외관을 갖추어 실제로 공무를 수행한 이상 공무 수행의 공정과 그에 대한 사회의 신뢰 및 직무행위의 불가매수성은 여전히 보호되어야 한다. 따라서 이러한 사람은 형법 제129조에서 규정한 공무원으로 봄이 상당하고, 그가 그 직무에 관하여 뇌물을 수수한 때에는 수뢰죄로 처벌할 수 있다(대판 2014.3.27. 2013도11357).
46) 대판 2003.6.13. 2003도1060.
47) 법원의 참여주사가 공판에 참여하여 양형에 관한 사항의 심리내용을 공판조서에 기재한다고 하더라도, 이를 가지고 형사사건의 양형이 참여주사의 직무와 밀접한 관계가 있는 사무

하는 직무행위뿐만 아니라 그 직무와 관련하여 사실상 처리하고 있는 행위 및 결정권자를 보좌하거나 영향을 줄 수 있는 직무행위도 포함한다.[48] 직무행위에 있어서는 정당한 것인지 부당한 것인지 불문하며, 작위뿐만 아니라 부작위로도 가능하다.

직무에 관한 직무관련성에 있어서는 판례는 "그 지위에 수반하여 취급하는 일체의 사무를 말하는 것으로서, 그 권한에 속하는 직무행위뿐만 아니라 이에 밀접한 관계가 있는 경우와 그 직무에 관련하여 사실상 처리하고 있는 행위까지도 모두 포함되고, 또한 그 직무가 독립적인 권한에 기한 것이든 상사의 직무를 보조하는 지위에 기한 것이든 구별할 것이 아닌 것이다"라고 판시하고 있다.[49]

□ 직무관련성 관련 판례

〈직무관련성 인정 〉

① 공무원이 직무의 대상이 되는 사람으로부터 금품 기타 이익을 받은 때에는 그것이 그 사람이 종전에 공무원으로부터 접대 또는 수수받은 것을 갚는 것으로서 사회상규에 비추어 볼때에 의례상의 대가에 불고한 것이라고 여겨지거나 개인적인 친분관계가 있어서 교분상의 필요에 의한 것이라고 명백하게 인정할 수 있는 경우 등 특별한 사정이 없는 한 직무와 관련성이 있다고 볼 수 있다(대판 2017.1.12. 2016도1570).
② 토지개발공사 서울지사 공사부장으로서 정아건설이 시공하는 위 창현지구 택지개발 현장에서의 공사관리를 총괄하는 직무를 담당하는 피고인이 공사현장에서 발생하는 건축물 폐재류의 처리공사를 담당할 하도급업체를 정아건설이 선정함에 있어 청한기업이 하도급 받을 수 있도록 정아건설에 청탁하는 것은 피고인이 직무와 밀접한 관계가 있는 행위라고 봄이 상당하다(대판 1998.2.27. 96도582).
③ 국회 정무위원회 수석전문위원으로서 정무위원회 소관 기관에 대하여 상당한 영향력을 가진 피고인이 그 소관 기관 등의 업무에 관한 청탁 또는 부탁을 받고 금품을 수수한 사안에서 피고인의 행위는 자신의 직무이거나 그 직무와 밀접한 관계가 있는 행위라고 할 것이다(대판 2010.12.23. 2010도10910).

〈직무관련성 부정〉

① 공무원이 장래에 담당할 직무에 대한 대가로 이익을 수사한 경우에도 뇌물수수죄가 성립할 수 있지만, 그 이익을 수수할 당시 장래에 담당할 직무에 속하는 사항이 그 수수한 이익과 관련된 것임을 확인할 수 없을 정도로 막연하고 추상적이거나, 장차 그 수

라고는 할 수 없으므로, 참여주사가 형량을 감경케 하여 달라는 청탁과 함께 금품을 수수하였다고 하더라도, 뇌물수수죄의 주체가 될 수 없다(대판 1980.10.14. 80도1373).
48) 대판 1985.5.14. 83도2050.

수한 이익과 관련지을 만한 직무권한을 행사할지 자체를 알 수 없다면 그 이익이 장래에 담당할 직무에 관하여 수수되었다거나 그 대가로 수수되었다고 단정하기 어렵다(대판 2017.12.22. 2017도12346).

② 서울대학교 의과대학 교수 겸 서울대학교병원 의사가 구치소로 왕진을 나가 진료하고 진단서를 작성해 주거나 법원의 사실조회에 대하여 회신을 해주는 것은 의사로서의 진료업무이지 교육공무원인 서울대학교 의과대학 교수의 직무와 밀접한 관련 있는 행위라고 할 수 없다(대판 2006.6.15. 2005도1420).

(나) 부정한 대가

뇌물죄에 있어서는 직무에 관하여 부정한 대가가 있어야 한다. 이에 급부와 반대급부 사이에 뇌물이라는 대가관계가 존재하며, 그러한 대가관계는 포괄적 대가관계이면 족하고, 개개의 특정한 직무행위와의 관계에 있을 필요는 없다.[50] 뇌물은 부정한 대가이므로 정치자금, 선거자금, 성금 등의 명목으로 이루어진 금품의 수수라 하더라도 그것이 정치적인 공무원의 직무행위에 대한 대가로서 실체를 가지는 한 뇌물로서의 성격을 잃지 아니한다.[51] 사교적 의례의 형식을 빌렸다고 하더라도 직무와의 관련성과 대가성이 인정되면 뇌물로 인정된다.[52] 뇌물의 용도는 불문한다.[53]

(다) 이익

뇌물의 내용이 되는 이익은 금전, 물품 기타의 재산적 이익뿐만 아니라 사람의 수요, 욕망을 충족시키기에 족한 일체의 유형·무형의 이익을 포함한다.[54] 따

---

49) 대판 1994.3.22. 93도2962.
50) 국회의원이 그 직무권한의 행사로서의 의정활동과 전체적·포괄적으로 대가관계가 있는 금원을 교부받았다면 그 금원의 수수가 어느 직무행위와 대가관계에 있는 것인지 특정할 수 없다고 하더라도, 이는 국회의원의 직무에 관련된 것으로 보아야 한다(대판 1997.12.26. 97도2609).
51) 대판 1997.4.17. 96도3377.
52) 공무원이 그 직무의 대상이 되는 사람으로부터 금품 기타 이익을 받은 때에는 그것이 그 사람이 종전에 공무원으로부터 접대 또는 수수받은 것을 갚는 것으로서 사회상규에 비추어 볼 때에 의례상의 대사에 부로가한 것이라고 여겨지거나 개인적인 친분관계가 있어서 교분상의 필요에 의한 것이라고 명백하게 인정할 수 있는 경우 등 특별한 사정이 없는 한 직무와의 관련성이 없는 것으로 볼 수 없고, 공무원의 직무와 관련하여 금품을 수수하였다면 비록 사교적 의례의 형식을 빌어 금품을 주고 받았다 하더라도 그 수수한 금품은 뇌물이 된다(대판 2001.1.21. 99도4940).
53) 뇌물죄에 있어서 금품을 수수한 장소가 공개된 장소이고, 금품을 수사한 공무원이 이를 부하직원들을 위하여 소비하였을 뿐 자신의 사리를 취한 바 없다 하더라도 그 뇌물성이 부인되지 않는다(대판 1996.6.14. 96도865).

라서, 향응을 제공하거나[55] 투기사업에 참여할 기회를 제공,[56] 은행대출채무 연대보증을 통한 금융의 이익,[57] 성적 욕구 충족을 위한 정교[58] 등은 이익에 해당된다. 이러한 이익은 현존하거나 확정적일 필요는 없고, 미래에 예상되는 이익이라도 무방하다.

(3) 실행 행위

실행 행위는 '수수·요구·약속'이다. 이는 행위만 있으면 본죄가 성립하고 공무원이 청탁을 받았는지, 직무와 관련하여 행위를 하였는지는 상관없다.[59]

(가) 수수

'수수'란 뇌물을 취득하는 것을 말한다. 뇌물을 수수한다는 것은 영득의 의사로서 받는 것을 말하며,[60] 영득의 의사로 뇌물을 수수한 것이라면 후일 이를 반환하였다 하더라도 뇌물죄의 성립에는 영향이 없다.[61] 하지만, 반환할 의사로서 일단 받아둔 데 불과하다면 뇌물의 수수라고 할 수 없다.[62] 수수에 있어서 뇌물은 유형의 재물인 경우에는 점유의 취득이 있을 때를 말하고, 무형의 이익에 있어서는 그 혜택을 받은 경우에 해당한다.

□ 뇌물수수 관련 판례

〈뇌물수수 인정〉

① 뇌물수수죄의 공동정범이 성립한 이후에 뇌물이 실제로 공동정범인 공무원 또는 비공무원 중 누구에게 귀속되었는지는 이미 성립한 뇌물수수죄에 영향을 미치지 않는다. 공무원과 비공무원이 사전에 뇌물을 비공무원에게 귀속시키기로 모의하였거나 뇌물의

---

54) 대판 2001.1.5. 2000도4714.
55) 공무원이 직무에 관하여 사교적 의례의 범위를 이탈한 주식의 향응을 받으면 뇌물수수가 된다(대판 1967.10.31. 67도1123).
56) 직무와 관련하여 장래 시가앙등이 예상되는 채비지의 지분을 낙찰원가에 매수한 것은 투기적 사업에 참여할 기회를 제공받은 것으로 뇌물수수죄에 해당된다(대판 1994.11.4. 94도129).
57) 일차진급 평정권자인 피고인이 그 평정업무와 관련하여 공소외인으로 하여금 피고인의 은행대출금채무에 연대보증하게 한 행위는 직무에 관련하여 이익인 뇌물을 받은 것에 해당된다(대판 2001.1.5. 2000도4714).
58) 대판 2014.1.29. 2013도13937.
59) 형법 제129조 제1항에 규정한 공무원의 뇌물수수죄는 공무원이 직무에 직무에 관하여 뇌물을 수수하면 성립하는 것이고 별도로 뇌물을 요구 또는 약속이 있어야만 하는 것은 아니다(대판 1986.11.25. 86도1433).
60) 대판 1979.6.12. 78도2125.
61) 대판 1983.3.22. 83도113.
62) 대판 1989.7.25. 89도126.

성질상 비공무원이 사용하거나 소비할 것이라고 하더라도 이러한 사정은 뇌물수수죄의 공동정범이 성립한 이후 뇌물의 처리에 관한 것에 불과하므로 뇌물수수죄가 성립하는 데 영향이 없다.

뇌물수수에서 뇌물의 취득이란 뇌물에 대한 사실상의 처분권을 획득하는 것을 의미하고, 뇌물의 물건의 법률상 소유권까지 취득하여야 하는 것은 아니다. ~ 뇌물수수자가 뇌물공여자에 대한 내부관계에서 물건에 대한 실질적인 사용·처분권한을 취득하였으나 뇌물수수 사실을 은닉하거나 뇌물공여자가 계속 그 물건에 대한 비용 등을 부담하기 위하여 소유권 이전의 형식적 요건을 유보하는 경우에는 뇌물수수자와 뇌물공여자 사이에는 소유권 이전받은 경우와 다르지 않으므로 그 물건을 뇌물로 수수하고 공여하였다고 보아야 한다(대판 2019.8.29. 2018도2738 전원합의체).

② 뇌물죄는 공여자의 출연에 의한 수뢰자의 영득의사의 실현으로서 공여자의 특정은 직무행위와 관련이 있는 이익의 부담 주체라는 관점에서 파악하여야 하므로, 금품이나 재산상 이익 등이 반드시 공여자와 수뢰자 사이에 직접 수수될 필요는 없고, 그 사이에서 제3자가 먼저 공여자를 대신하여 자신의 자금으로 수뢰자에게 지급한 다음 공여자로부터 그 금액을 상환 받는 방식으로 수수되었다 할지라도, 공여자와 수뢰자 사이에 금품 제공에 관한 의사의 합치가 존재하고 또한 그러한 지급방법에 관하여 수뢰자가 양해하였다고 인정하는 한, 공여자와 수뢰자 사이에 직접 금품이 수수되지 아니하였다는 사정만으로 뇌물수수죄의 죄책을 면할 수 없다(대판 2008.6.12. 2006도8568).

③ 피고인이 먼저 뇌물을 요구하여 증뢰자가 제공하는 돈을 받았다면 피고인에게는 받은 돈 전부에 대한 영득의 의사가 인정된다고 하지 않을 수 없고, 이처럼 영득의 의사로 뇌물을 수령한 이상 그 액수가 피고인이 예상한 것보다 너무 많은 액수여서 후에 이를 반환하였다고 하더라도 뇌물죄의 성립에는 영향이 없다(대판 2007.3.29. 2006도9182).

④ 국회 정무위원회 수석전문위원으로서 정무위원회 소관 기관에 대하여 상당한 영향력을 가진 피고인이 그 소관 기관 등의 업무에 관한 청탁 또는 부탁을 받고 금품을 수수한 사안에서, 피고인의 위 행위는 자신의 직무이거나 그 직무와 밀접한 관계가 있는 행위라고 할 것이어서, 형법 제129조의 수뢰죄에 해당한다(대판 2010.12.23. 2010도10910).

〈뇌물수수 부정〉

① 지방자치단체장인 피고인이 건설업자로부터 거액의 현금이 든 굴비상자를 뇌물로 받은 경우, 그 선물의 구체적 내용에 대하여 고지받지 못한 상태에서 피고인의 여동생 가족이 사용하는 아파트로 선물이 전달되도록 하였다가 그 내용물을 확인하는 즉시 관청에 이를 신고하였다면 피고인에게 수뢰의 범의가 있었다고 볼 수 없다(대판 2006.2.24. 2005도4737).

② 공무원이 공소외인과 사전 공모하여 밀수행위를 함으로써 관세포탈의 공동정범이 된 경우 위 공소외인으로부터 금품을 수수한 것은 위 공동정범들간의 이익분배에 지나지 아니하여 뇌물수수가 될 수 없다(대판 1980.2.26. 79도3095).

(나) 요구

'요구'란 뇌물을 받을 의사로 상대방에게 공여를 청구하는 것을 의미한다. 공무원이 상대방에게 뇌물을 요구하면 본죄는 성립하고, 상대방이 이를 받아들였는가는 성립에 영향이 없다. 또한, 현실적인 교부도 필요하지 않다.

(다) 약속

'약속'이란 양 당사자의 뇌물수수의 합의를 말하고, 여기에서 합의란 그 방법에 아무런 제한이 없고 명시적일 필요도 없지만, 장래 뇌물을 주고 받겠다는 양 당사자의 의사표시가 확정적으로 합치하여야 한다.[63] 뇌물의 목적물인 이익은 약속 당시에 현존할 필요는 없고 약속 당시에 예기할 수 있는 것이라도 무방하며, 뇌물의 목적물이 이익인 경우에는 그 가액이 확정되어 있지 않아도 상관없다.[64][65]

□ **뇌물약속 관련 판례**

〈뇌물약속 인정 〉

뇌물약속죄에 있어서 뇌물의 목적물인 이익은 약속 당시에 현존할 필요는 없고 약속 당시에 예기할 수 있는 것이라도 무방하며, 뇌물의 목적물이 이익인 경우에는 그 가액이 확정되어 있지 않아도 뇌물약속죄가 성립하는 데는 영향이 없으므로 공무원이 건축업자로부터 그가 건축할 주택을 공사비 상당액으로 분양받기로 약속한 경우에는 매매시가 중 공사비를 초과하는 액수만큼의 이익을 뇌물로서 약속한 것이 되어 뇌물약속죄가 성립한다(대판 1981.8.20. 81도698).

〈뇌물약속 부정〉

甲 유한회사의 이사 피고인 乙과 대표 피고인 丙이 공모하여, 甲 회사가 추진하는 골프

---

63) 대판 2012.11.15. 2012도9417.

64) 대판 2001.9.18. 2000도5438.

65) 뇌물약속죄에서 뇌물의 약속은 직무와 관련하여 장래에 뇌물을 주고받겠다는 양 당사자의 의사 표시가 확정적으로 합치되면 성립하고, 뇌물의 가액이 얼마인지는 문제되지 아니한다. 또한 뇌물의 목적물이 이익인 경우에 그 가액이 확정되어 있지 않아도 뇌물약속죄가 성립하는 데에는 영향이 없다(대판 2016.6.23. 2016도3753).

장 조성 공사와 관련하여 피고인 丁이 관할 시장으로서 인허가 절차가 신속하게 처리되도록 하는 등 편의를 봐준 데 대한 사례 차원에서 시장직 퇴임 후의 해외 연수비용 명목으로 미화 50,000달러를 제공하기로 하고, 피고인 丁은 위 돈을 제공받기로 함으로써 공무원의 직무에 관하여 뇌물을 약속하였다는 내용으로 기소된 사안에서, 제반 사정에 비추어 피고인 丙과 피고인 丁 사이에 또는 피고인들 3자 사이에 뇌물을 공여하고 수수하기로 하는 확정적인 의사의 합치로서 약속이 있었다고 보기 어렵고, 설령 당시 피고인 丁의 뇌물요구 의사표시가 있었다고 보더라도 뇌물을 공여하겠다는 피고인 丙의 확정적인 의사가 피고인 丁에게 그 퇴임일 이전에 전달되었음을 인정할 만한 증거도 없으므로, 결국 피고인 丁의 시장직 퇴임일 이전에 피고인들 사이에 뇌물공여 및 수수에 관한 약속이 이루어졌다고 단정할 수 없는데도, 이와 달리 보아 공소사실을 유죄로 인정한 원심판결에 뇌물약속죄에서 '약속'의 의미에 관한 법리오해의 위법이 있다 (대판 2012.11.15. 2012도9417).

3. 주관적 구성요건

본죄는 직무에 관하여 뇌물을 수수·요구 또는 약속한다는 것에 대한 고의가 있어야 한다. 직무와 관련한 부정한 대가적 이익이 뇌물로 인한 것이라는 인식을 말한다. 이러한 뇌물을 수수하는 경우에는 영득의사가 있어야 하며, 그 대가로 직무행위를 할 의사가 있었는지는 본죄의 성립에 영향을 주지 않는다.

4. 죄수 및 다른 죄와의 관계

① 동일인으로부터 계속하여 수회 수뢰한 경우에는 수뢰죄의 포괄일죄가 성립한다.66)67)

② 동일인으로부터 뇌물을 요구·약속·수수한 경우에는 포괄하여 뇌물수수죄만이 성립한다.

③ 1개의 행위가 뇌물죄와 사기죄의 구성요건에 해당되는 경우 상상적 경합이 성립한다.68)

---

66) 수뢰죄에 있어서 단일하고도 계속된 범의 아래 동종의 범행을 일정기간 반복하여 행하고 그 피해법익도 동일한 것이라면 각 범행을 통틀어 포괄일죄로 볼 것이다(대판 2001.1.21. 99도4940).

67) 등기소 조사계장이 동일 법무사로부터 그가 신청하는 등기신청사건을 신속히 처리하여 달라는 부탁조로 1건당 얼마씩 이른바 급행료를 받은 경우, 단일한 범의의 계속 아래 일정한 기간 동종행위를 같은 장소에서 반복한 것으로 볼 수 있어 피고인의 수회에 걸친 뇌물수수행위는 포괄일죄를 구성한다고 해석함이 상당하다(대판 1982.10.26. 81도1409).

④ 공무원이 직무집행의 의사 없이 또는 직무처리와 대가적 관계없이 타인을 공갈하여 재물을 교부하게 한 경우에는 공갈죄만이 성립하고, 이러한 경우 재물의 교부자가 공무원의 해악의 고지로 인하여 외포의 결과 금품을 제공한 것이라면, 그는 공갈죄의 피해자가 될 것이고 뇌물공여죄는 성립될 수 없다고 하여야 할 것이다.[69]

⑤ 횡령 범행으로 취득한 돈을 공범자끼리 수수한 행위가 공동정범들 사이의 범행에 의하여 취득한 돈을 공모에 따라 내부적으로 분배한 것에 지나지 않는다면 별도로 그 돈의 수수행위에 관하여 뇌물죄가 성립하는 것은 아니다. 그와 같이 수수한 돈의 성격을 뇌물로 볼 것인지 횡령금의 분배로 볼 것인지 여부는 돈을 공여하고 수수한 당사자들의 의사, 수수된 돈의 액수, 횡령 범행과 수수행위의 시간적 간격, 수수한 돈이 횡령한 그 돈인지 여부, 수수한 장소와 방법 등을 종합적으로 고려하여 객관적으로 평가하여 판단하여야 한다.[70]

II. 사전수뢰죄

> **제129조 【사전수뢰】** ② 공무원 또는 중재인이 될 자가 그 담당할 직무에 관하여 청탁을 받고 뇌물을 수수, 요구 또는 약속한 후 공무원 또는 중재인이 된 때에는 3년 이하의 징역 또는 7년 이하의 자격정지에 처한다.

1. 의의, 성격

본죄는 '공무원 또는 중재인이 될 자가 그 담당할 직무에 관하여 청탁을 받고 뇌물을 수수, 요구 또는 약속한 후 공무원 또는 중재인이 된 때에 성립하는 범죄'이다. 본죄는 공무원 또는 중재인이 되기 전에 수뢰를 한 경우 처벌하는 규정으로, 단순수뢰죄에 대한 불법감경유형이다. 기본구조는 제129조 제1항(단순수뢰죄)와 같다.

---

68) 대판 1977.6.7. 77도1069.
69) 대판 1994.1.22. 94도2528.
70) 대판 2019.11.28. 2019도11766.

2. 객관적 구성요건

(1) 행위의 주체

행위의 주체는 '공무원 또는 중재인이 될 자'이다. 이는 공무원채용시험에 합격하여 발령을 대기하고 있는 자 또는 선거에 의해 당선이 확정된 자 등 공무원 또는 중재인이 될 것이 예정되어 있는 자뿐만 아니라 공직취임의 가능성이 확실하지는 않더라도 어느 정도의 개연성을 갖춘 자를 포함한다.[71]

(2) 실행 행위

실행 행위는 '그 담당할 직무에 관하여 청탁을 받고 뇌물을 수수, 요구 또는 약속하는 것'이다.

'청탁'이라 함은 공무원에 대하여 일정한 직무행위를 할 것을 의뢰하는 것을 말하는 것으로서 그 직무행위가 부정한 것인가 하는 점은 묻지 않으며 그 청탁이 반드시 명시적이어야 하는 것도 아니다.[72]

공무원 또는 중재인이 될 자가 그 담당할 직무에 관하여 청탁을 받고 뇌물을 수수, 요구 또는 약속하면 본죄가 성립한다. 그러나 실질적인 처벌은 공무원 또는 중재인이 되어야 가능하다.

3. 주관적 구성요건

본죄의 고의는 공무원 또는 중재인이 될 자가 그 담당할 직무에 관하여 청탁을 받고 뇌물을 수수, 요구 또는 약속한다는 인식과 인용이 있어야 한다.

Ⅲ. 제3자뇌물제공죄

제130조【제3자뇌물제공】공무원 또는 중재인이 그 직무에 관하여 부정한 청탁을 받고 제3자에게 뇌물을 공여하게 하거나 공여를 요구 또는 약속한 때에는 5년 이하의 징역 또는 10년 이하의 자격정지에 처한다.

---

71) 대판 2010.5.13. 2009도7040.
72) 대판 1999.7.23. 99도1911.

1. 의의, 성격

본죄는 '공무원 또는 중재인이 그 직무에 관하여 부정한 청탁을 받고 제3자에게 뇌물을 공여하게 하거나 공여를 요구 또는 약속함으로써 성립하는 범죄'이다. 공무원 또는 중재인이 직접 뇌물을 받지 않고 제3자에게 증뢰를 하게 함으로써 본인이 간접적으로 수뢰하는 형태의 모습을 갖춘 것으로, 간접수뢰로 본다(다수설).

2. 객관적 구성요건

(1) 행위의 주체

행위의 주체는 '공무원 또는 중재인'이다.

(2) 실행 행위

실행 행위는 '직무에 관하여 부정한 청탁을 받고 제3자에게 뇌물을 공여하게 하거나 공여를 요구 또는 약속하는 것'이다.

(가) 부정한 청탁

'부정한 청탁'이란 청탁이 위법·부당한 직무집행을 내용으로 하는 경우는 물론, 청탁의 대상이 된 직무집행 그 자체는 위법·부당하지 않더라도 직무집행을 어떤 대가관계와 연결시켜 직무집행에 관한 대가의 교부를 내용으로 하는 경우도 포함한다.[73] 명시적인 의사표시에 의한 것은 물론 묵시적인 의사표시에 의한 것도 가능하다. 묵시적인 의사표시에 의한 부정한 청탁이 있다고 하기 위해서는 당사자 사이에 청탁의 대상이 되는 직무집행의 내용과 제3자에게 제공되는 금품이 그 직무집행에 대한 대가라는 점에 대하여 공통의 인식이나 양해가 존재하여야 한다.[74]

□ 부정한 청탁 관련 판례

〈부정한 청탁 인정 〉

형법 제130조 뇌물죄에 있어서의 뇌물성은 형법 제129조 뇌물죄에 있어서와 마찬가지로 직무와의 관련성이 있으면 인정되는 것이고, 그 뇌물을 받는 제3자가 뇌물임을 인식할 것을 요하지 아니하며, 그 뇌물을 제3자에게 공여하게 한 동기를 묻지 아니하므로, 어떤 금품이 공무원의 직무행위와 관련하여 교부된 것이라면 그것이 시주의 형식으로

---

73) 대판 2019.8.29. 2018도2738 전원합의체.

교부되었고 또 불심에서 우러나온 것이라 하더라도 뇌물임을 면할 수 없다.

공정거래위원회 위원장인 피고인이 이동통신회사가 속한 그룹의 구조조정본부장으로부터 당해 이동통신회사의 기업결합심사에 대하여 선처를 부탁받으면서 특정 사찰에의 시주를 요청하여 시주금을 제공케 한 경우, 그 부탁한 직무가 피고인의 재량권한 내에 속하더라도 형법 제130조에 정한 '부정한 청탁'에 해당하고, 위 시주는 기업결합심사와 관련되어 이루어진 것이므로 제3자뇌물수수의 죄책이 인정된다(대판 2006.6.15. 2004도3424).

〈부정한 청탁 부정〉

제3자뇌물공여죄에서 '부정한 청탁'을 요건으로 하고 있는 취지는 처벌의 범위가 불명확해지지 않도록 하기 위한 것이므로, 청탁의 부정성을 규정짓는 이러한 대가관계에 관한 양해가 명시적이든 묵시적이든 당사자 사이에 존재하여야 하며, 이와 같이 청탁과 관련하여 대가관계에 대한 양해가 존재하지 않는다면 단지 나중에 제3자와 금품 수수가 있었다는 사정만으로 소급하여 청탁이 부정한 것으로 평가할 수는 없다(대판 2008.6.12. 2008도8568).

(나) 제3자

'제3자'란 행위자와 공동정범 이외의 사람을 말하고, 교사자나 방조자도 포함될 수 있다.[75] 사회통념상 그 다른 사람이 뇌물을 받은 것을 공무원이 직접 받은 것과 같이 평가할 수 있는 관계가 있는 경우에는 본죄가 아니라 제129조 제1항의 단순수뢰죄가 성립한다.[76]

□ **제3자 관련 판례**

① 공무원이 뇌물공여자로 하여금 공무원과 뇌물수수죄의 공동정범 관계에 있는 비공무원에게 뇌물을 공여하게 한 경우에는 공동정범의 성질상 공무원 자신에게 뇌물을 공여하게 한 것으로 볼 수 있다. 공무원과 공동정범 관계에 있는 비공무원은 제3자뇌물수수죄에서 말하는 제3자가 될 수 없고, 공무원과 공동정범 관계에 있는 비공무원이 뇌물을 받은 경우에는 공무원과 함께 뇌물수수죄의 공동정범이 성립하고 제3자뇌물수수죄

---

74) 대판 2009.1.30. 2008도6950.

75) 제3자뇌물수수죄에서 제3자란 행위자와 공동정범 이외의 사람을 말하고, 교사자나 방조자도 포함될 수 있다. 그러므로 공무원 또는 중재인이 부정한 청탁을 받고 제3자에게 뇌물을 제공하게 하고 제3자가 그러한 공무원 또는 중재인의 범죄행위를 알면서 방조한 경우에는 그에 대한 별도의 처벌규정이 없더라도 방조범에 관한 형법총칙의 규정이 적용되어 제3자뇌물수수방조죄가 인정될 수 있다(대판 2017.3.15. 2016도19659).

76) 공무원이 직접 뇌물을 받지 아니하고, 증뢰자로 하여금 다른 사람에게 뇌물을 공여하도록

는 성립하지 않는다(대판 2019.8.29. 2018도2738 전원합의체).

② 성남시장이 정자, 백궁지구의 도시설계변경 및 건축허가 관련 업무를 처리하며 위 지구에 주상복합아파트 건설사업을 추진하는 甲으로부터 이에 관한 편의를 제공해 달라는 묵시적 청탁을 받고, 위 주상복합아파트의 건축설계용역을 乙 업체에게 도급하여 달라고 甲에게 부탁한 경우, 제3자 뇌물제공죄의 성립이 인정된다(대판 2007.11.16. 2004도4959).

3. 주관적 구성요건

본죄의 고의는 그 직무에 관하여 부정한 청탁을 받고 뇌물에 대해 공여를 요구 또는 약속한다는 인식과 인용이 있어야 한다.

Ⅳ. 수뢰후부정처사죄

제131조【수뢰후부정처사】 ① 공무원 또는 중재인이 전2조의 죄를 범하여 부정한 행위를 한 때에는 1년 이상의 유기징역에 처한다.

1. 의의, 성격

본죄는 '공무원 또는 중재인이 단순수뢰죄, 사전수뢰죄, 제3자뇌물제공죄를 범하여 부정한 행위를 함으로써 성립하는 범죄'이다. 본죄는 수뢰행위를 한 후 부정한 행위를 더 함으로써 불법이 가중되는 유형의 결합범이다.

2. 구성요건

(1) 행위의 주체

행위의 주체는 '공무원 또는 중재인'이다.

하고 그 다른 사람으로 하여금 뇌물을 받도록 한 경우라 할지라도, 그 다른 사람이 공무원의 사자 또는 대리인으로서 뇌물을 받은 경우나 그 밖에 예컨대 평소 공무원이 그 다른 사람의 생활비 등을 부담하고 있었다거나 혹은 그 다른 사람에 대하여 채무를 부담하고 있었다는 등의 사정이 있어서 그 다른 사람이 뇌물을 받음으로써 공무원은 그만큼 지출을 면하게 되는 경우 등 사회통념상 그 다른 사람이 뇌물을 받은 것을 공무원이 직접 받은 것과 같이 평가할 수 있는 관계가 있는 경우에는 형법 제129조 제1항의 단순수뢰죄가 성립할 것이다(대판 1998.9.22. 98도1234).

(2) 실행 행위

실행 행위는 '단순수뢰죄, 사전수뢰죄, 제3자 뇌물제공죄를 범하여 부정한 행위를 하는 것'이다.

'부정한 행위'란 직무에 위배되는 일체의 행위로서, 위법한 행위뿐만 아니라 부당한 행위도 포함한다. 직무와 관련성이 없는 행위에 대해서 본죄가 성립하지 않는다. 뇌물을 수뢰하는 행위와 부정한 행위와의 연관성이 있어야 한다.

□ 수뢰후부정처사죄 관련 판례

수뢰후부정처사죄에서 말하는 '부정한 행위'라 함은 직무에 위배되는 일체의 행위를 말하는 것으로 직무행위 자체는 물론 그것과 객관적으로 관련 있는 행위까지를 포함한다 할 것이다. 경찰관직무집행법 제2조 제1호는 경찰관이 행하는 직무 중의 하나로 '범죄의 예방·진압 및 수사'를 들고 있고, 이와 같이 범죄를 예방하거나, 진압하고, 수사하려야 할 일반적 직무권한을 가지는 피고인이 도박장개설 및 도박범행을 묵인하고 편의를 봐주는데 대한 사례비 명목으로 금품을 수수하고, 나아가 도박장개설 및 도박범행사실을 잘 알면서도 이를 단속하지 아니하였다면, 이는 경찰관으로서 직무에 위배되는 부정한 행위를 한 것이라 할 것이고, 비록 피고인이 이 사건 범행당시 원주경찰서 교통계에 근무하고 있어 도박범행의 수사 등에 관한 구체적인 사무를 담당하고 있지 아니하였다 하여도 달리 볼 것은 아니라고 할 것이다(대판 2003.6.13. 2003도1060).

3. 다른 죄와의 관계

① 수뢰후부정처사죄 이외 허위공문서작성 및 동행사를 한 경우 각각 상상적 경합관계에 있다.[77]

② 수뢰후부정처사죄 이외 공무상비밀을 누설한 경우 상상적 경합관계에 있다.[78]

---

77) 예비군 중대장이 그 소속예비군으로부터 금원을 교부받고 그 예비군이 예비군훈련에 불참하였음에도 불구하고 참석한 것처럼 허위내용의 중대학급편성명부를 작성, 행사한 경우라면 수뢰후부정처사죄 외에 별도로 허위공문서작성 및 동행사죄가 성립하고 이들 죄와 수뢰후부정처사죄는 각각 상상적 경합관계에 있다고 할 것이다(대판 1983.7.26. 83도1378).
78) 시험정리원인 피고인이 직무에 관련하여 돈을 받은 후 직무상 지득한 구술시험 문제를 알려주면 공무상 비밀의 누설인 동시에 형법 제131조 제1항의 부정한 행위를 한 때에 해당한다(대판 1970.6.30. 70도562).

Ⅴ. 사후수뢰죄

> 제131조【사후수뢰】② 공무원 또는 중재인이 그 직무상 부정한 행위를 한 후 뇌물을 수수, 요구 또는 약속하거나 제3자에게 이를 공여하게 하거나 공여를 요구 또는 약속한 때에도 전항의 형과 같다.
> ③ 공무원 또는 중재인이었던 자가 그 재직 중에 청탁을 받고 직무상 부정한 행위를 한 후 뇌물을 수수, 요구 또는 약속한 때에는 5년 이하의 징역 또는 10년 이하의 자격정지에 처한다.

1. 의의, 보호법익

본죄는 '공무원 또는 중재인이 그 직무상 부정한 행위를 한 후 뇌물을 수뢰하거나 제3자에게 이를 증뢰하게 하는 경우와 재직 중에 청탁을 받고 직무상 부정한 행위를 한 후 퇴직 후 뇌물을 수뢰함으로써 성립하는 범죄'이다.

2. 구성요건

②항은 공무원 또는 중재인이 그 직무상 부정한 행위를 한 후 뇌물을 수수, 요구 또는 약속하거나 제3자에게 이를 공여하게 하거나 공여를 요구 또는 약속하는 것이다. 이는 수뢰후부정처사죄의 수뢰행위 후 부정행위와는 반대로 부정행위 후 수뢰행위라는 결합범의 형태를 갖추고 있다.

③항은 공무원 또는 중재인이었던 자가 그 재직 중에 청탁을 받고 직무상 부정한 행위를 한 후 뇌물을 수수, 요구 또는 약속하는 것이다. 이는 재직 중에 청탁을 받고 부정한 행위를 한 후 퇴직 후에 뇌물을 수뢰하는 형태의 결합범이다.

□ 사후수뢰죄 관련 판례

① 공사의 입찰 업무를 담당하는 장교가 비밀로 하여야 할 그 공사의 입찰예정가격을 응찰자에게 미리 알려준 소위는 직무에 위배되는 행위로서 형법 제141조 제2항의 부정한 행위에 해당한다 할 것이어서 입찰이 끝난 후 20여 일이 경과한 후 전속시의 전별금 명목으로 금원을 받았다 하더라도 이는 직무행위의 부정행위와 관련된 금품의 수수에 해당하므로 사후수뢰죄를 구성한다(대판 1983.4.26. 82도2095).
② 뇌물죄에서 직무란 공무원이 그 지위에 수반하여 공무로서 처리하는 일체의 직무를 말하며, 과거에 담당하였거나 또는 장래 담당할 직무 및 사무분장에 따라 현실적으로 담당하지 않은 직무라고 하더라도 법령상 일반적인 직무권한에 속하는 직무 등 공무원

이 그 직위에 따라 공무로 담당할 일체의 직무를 말한다. 다만 형법은 공무원이었던 자가 재직 중에 청탁을 받고 직무상 부정한 행위를 한 후 뇌물을 수수, 요구 또는 약속을 한 때에는 제131조 제3항에서 사후수뢰죄로 처벌하도록 규정하고 있으므로, 뇌물의 수수 등을 할 당시 이미 공무원의 지위를 떠난 경우에는 제128조 제1항의 수뢰죄로는 처벌할 수 없고 사후수뢰죄의 요건에 해당할 경우에 한하여 그 죄로 처벌할 수 있을 뿐이다. 국가공무원이 지방자치단체의 업무에 관하여 전문가로서 위원 위촉을 받아 한시적으로 직무를 수행하는 경우와 같이 공무원이 그 고유의 직무와 관련이 없는 일에 관하여 별도의 위촉절차 등을 거쳐 다른 직무를 수행하게 된 경우에는 그 위촉이 종료되면 그 위원 등으로서 새로 보유하였던 공무원 지위는 소멸한다고 보아야 하므로, 그 이후에 종전에 위촉받아 수행한 직무에 관하여 금품을 수수하더라도 이는 사후수뢰죄에 해당할 수 있음은 변론으로 하고 일반 수뢰죄로 처벌할 수는 없다(대판 2013.11.28. 2013도10011).

VI. 알선수뢰죄

제132조 【알선수뢰】 공무원이 그 지위를 이용하여 다른 공무원의 직무에 속한 사항의 알선에 관하여 뇌물을 수수, 요구 또는 약속한 때에는 3년 이하의 징역 또는 7년 이하의 자격정지에 처한다.

1. 의의, 보호법익

본죄는 '공무원이 그 지위를 이용하여 다른 공무원의 직무에 속한 사항의 알선에 관하여 뇌물을 수수, 요구 또는 약속함으로써 성립하는 범죄'이다. 다른 공무원의 직무에 관한 사항을 자신의 지위를 이용하여 알선하고 수뢰하는 것으로, 간접적으로 공무원의 직무행위의 공정성을 해할 수 있다.

2. 객관적 구성요건

(1) 행위의 주체

행위의 주체는 '공무원'이다.

본죄에서의 주체는 당해 직무를 처리하는 공무원과 직무상 직접, 간접의 연관관계를 가지고 법률상이거나 사실상이거나를 막론하고 어떠한 영향력을 미칠 수 있는 지위에 있는 공무원을 말한다.[79] 그 사이에 반드시 상하관계, 협동관계,

감독권한 등의 특수한 관계에 있거나 같은 부서에 근무할 것을 요하는 것은 아니다.[80]

(2) 실행 행위

실행 행위는 '그 지위를 이용하여 다른 공무원의 직무에 속한 사항의 알선에 관하여 뇌물을 수수, 요구 또는 약속'하는 것이다.

'지위를 이용하여'란 다른 공무원이 취급하는 업무처리에 법률상이거나 사실상으로 영향을 줄 수 있는 공무원이 그 지위를 이용하는 경우를 말한다. 친구, 친족관계 등 사적인 관계를 이용하는 경우이거나 단순히 공무원으로서 신분이 있다는 것만을 이용하는 경우에는 여기에 해당한다고 볼 수 없다.[81]

'다른 공무원의 직무에 속한 사항'이란 그 공무원의 직무에 속한 사항을 알선한다는 명목으로 뇌물을 수수하는 행위로서 반드시 알선의 상대방인 다른 공무원이나 그 직무의 내용을 구체적으로 특정할 필요까지는 없다.[82]

'알선'이란 일정한 사항에 관하여 어떤 사람과 그 상대방의 사이에 서서 중개하거나 편의를 도모하는 것을 의미하므로 어떤 사람이 청탁한 취지를 상대방에게 전하거나 그 사람을 대신하여 스스로 상대방에게 청탁을 하는 행위도 위 조항에서 말하는 '알선'행위에 해당한다.[83] 그 공무원의 직무에 속하는 사항에 관한 것이면 되는 것이지, 그것이 반드시 부정행위라거나 그 직무에 관하여 결재권한이나 최종결정권한을 갖고 있어야 하는 것도 아니다.[84] 알선의 수단, 방법에는 제한이 없다.

□ 알선수뢰죄 관련 판례

① 형법 제132조에서 말하는 '다른 공무원의 직무에 속한 사항의 알선에 관하여 뇌물을 요구한다' 함은, 다른 공무원의 직무에 속한 사항을 알선한다는 명목으로 뇌물을 요구

---

79) 형법 제132조에 규정한 알선수뢰죄의 성립요건 중에 '공무원이 그 지위를 이용하여'라 함은 공무원의 종류와 직위의 여하를 불문하고 공무원의 신분만 있으면 당해 직무를 처리하는 다른 공무원과 아무런 관계가 없어도 이 범죄의 주체가 된다고 보기는 어렵고, 적어도 당해 직무를 처리하는 공무원과 직접, 간접의 연관관계를 가지고 법률상이거나 사실상이거나를 막론하고 어떠한 영향력을 미칠 수 있는 지위에 있는 공무원이라야 이 범죄의 주체가 될 수 있다고 해석함이 상당하다(대판 1982.6.8. 82도403).
80) 대판 1994.10.21. 94도852.
81) 대판 1993.10.21. 94도852.
82) 대판 2017.12.22. 2017도12346.
83) 대판 1997.12.26. 97도2609.
84) 대판 1992.5.8. 92도532.

하는 행위로서 반드시 알선의 상대방인 다른 공무원이나 그 직무의 내용이 구체적으로 특정될 필요까지는 없지만, 알선뇌물요구죄가 성립하려면 알선할 사항이 다른 공무원의 직무에 속하는 사항으로서 뇌물요구의 명목이 그 사항의 알선에 관련된 것임이 어느 정도 구체적으로 나타나야 한다. 단지 상대방으로 하여금 뇌물을 요구하는 자에게 잘 보이면 그로부터 갖게 하는 정도에 불과하고, 뇌물을 요구하는 자 역시 상대방이 그러한 기대감을 가질 것이라고 짐작하면서 뇌물을 요구하였다는 정도의 사정만으로는 알선뇌물요구죄가 성립한다고 볼 수 없다. 한편, 여기서 말하는 알선행위는 장래의 것이라도 무방하므로, 알선뇌물요구죄가 성립하기 위하여는 뇌물을 요구할 당시 반드시 상대방에게 알선에 의하여 해결을 도모하여야 할 현안이 존재하여야 할 필요는 없다 (대판 2017.12.22. 2017도12346).

② 부총리 겸 재정경제원장관을 역임하고 도지사에 입후보한 피고인이 은행장으로부터 은행의 퇴출을 막아달라는 청탁을 받고 그 알선활동비 명목으로 돈을 수수하였다는 공소사실에 대하여 선거자금으로만 인식하고 수사하였다고 주장하여 알선수재의 범의를 부인하였으나, 그 범의를 자백한 피고인의 검찰에서의 일부진술에다가 은행퇴출저지라는 현안과 관련한 중요한 시점에서 피고인이 관련 공무원 및 위 은행장과 전화 또는 면담한 점 등의 정황증거를 종합하여 피고인의 알선수재 범의가 인정된다(대판 2020.3.12. 2001도2064).

3. 주관적 구성요건

본죄의 고의는 공무원이 그 지위를 이용하여 다른 공무원의 직무에 속한 사항의 알선에 관하여 뇌물을 수수, 요구 또는 약속한다는 인식과 인용이 있어야 한다.

4. 다른 죄와의 관계

① 특정범죄가중처벌 등에 관한 법률 제3조 "공무원의 직무에 속한 사항의 알선에 관하여 금품이나 이익을 수수, 요구 또는 약속한 사람은 5년 이하의 징역 또는 1천만원 이하의 벌금에 처한다."

② 특정경제범죄 가중처벌 등에 관한 법률 제7조 "금융회사 등의 임·직원의 직무에 속한 사항의 알선에 관하여 금품이나 그 밖의 이익을 수수, 요구 또는 약속한 사람 또는 제3자에게 이를 공여하게 하거나 공여하게 할 것을 요구 또는 약속한 사람은 5년 이하의 징역 또는 5천만원 이하의 벌금에 처한다."

③ 변호사법 제111조 "공무원이 취급하는 사건 또는 사무에 관하여 청탁 또는 알선을 한다는 명목으로 금품·향응 그 밖의 이익을 받거나 받을 것을 약속한 자 또는 제3자에게 이를 공여하게 하거나 공여하게 할 것을 약속한 자는 5년 이하의 징역 또는 1천만원 이하의 벌금에 처한다."

Ⅶ. 증뢰죄

> **제133조【뇌물공여 등】** ① 제129조 내지 132조에 기재한 뇌물을 약속, 공여 또는 공여의 의사를 표시한 자는 5년 이하의 징역 또는 2천만원 이하의 벌금에 처한다.

1. 의의, 성격

본죄는 '뇌물을 약속, 공여 또는 공여의 의사를 표시함으로써 성립하는 범죄'이다. 본죄는 수뢰죄에 대응되는 행위로서 공무원뿐만 아니라 비공무원도 주체가 될 수 있는 비신분범이다.

본죄는 2020. 12. 8. '제133조(뇌물공여 등) 제129조부터 제132조까지에 기재한 뇌물을 약속, 공여 또는 공여의 의사를 표시한 자는 5년 이하의 징역 또는 2천만원 이하의 벌금에 처한다'로 개정되었다(2021. 12. 9. 시행).

2. 객관적 구성요건

(1) 행위의 주체
행위의 주체는 공무원뿐만 아니라 비공무원도 가능하며, 주체의 제한은 없다.

(2) 실행 행위
실행 행위는 '약속, 공여 또는 공여의 의사표시'이다.

'약속'이란 뇌물 수수의 합의를 말한다. '공여'란 뇌물을 상대방에게 제공을 하고, 상대방은 이를 수수하는 것을 말한다. '공여의 의사표시'란 뇌물을 상대방에게 공여하겠다는 일방적인 의사표시이다. 방법은 명시적이든 묵시적이든 불문한다. 뇌물공여죄가 성립되기 위하여서는 뇌물을 공여하는 행위와 상대방 측에서 금전적으로 가치가 있는 그 물품 등을 받아들이는 행위(부작위 포함)가 필요할 뿐이지 반드시 상대방 측에서 뇌물수수죄가 성립되어야만 한다는 것을 뜻하는 것은 아니다.[85]

---

85) 대판 2013.11.28. 2013도9003.

본죄에서 약속, 공여 또는 공여의 의사표시도 공무원의 대한 대가로 증뢰하는 것이므로, 적어도 공무원의 어떠한 직무권한의 범위에 관한 것인가에 대하여는 구체적으로 판시할 필요가 있다.[86]

3. 주관적 구성요건

본죄에 대한 고의가 있어야 한다. 본죄의 고의는 공무원에게 그 직무에 관하여 뇌물을 공여한다는 사실에 대한 인식과 의사를 말하고, 미필적 고의로도 충분하다.[87]

VIII. 증뢰물전달죄

제133조 【뇌물공여 등】 ② 전항의 행위에 공할 목적으로 제3자에게 금품을 교부하거나 그 정을 알면서 교부를 받은 자도 전항의 형과 같다.

본죄는 '증뢰 행위에 제공할 목적으로 제3자에게 금품을 교부하거나 그 정을 알면서 교부를 받음으로써 성립하는 범죄'이다. 본죄는 '증뢰행위에 제공할 목적으로'라고 규정되어 있어 목적범으로 볼 수 있으며, '금품을 교부하거나 그 정을 알면서 교부를 받은 자'로 규정되어 있어 필요적 공범의 형태를 하고 있으며, 그 중에서도 대향범의 관계에 있다.

'제3자'란 행위자와 공동정범 이외의 자를 말한다.[88] 본죄는 증뢰자나 수뢰자가 아닌 제3자가 증뢰자로부터 수뢰할 사람에게 전달될 금품이라는 정을 알면서 그 금품을 받은 때에 기수가 된다.[89] 증뢰물전달행위에 공할 목적으로 제3자에게 금품을 교부한 경우에 그 후 수뢰할 사람이 전달받은 그 금품을 곧바로 증뢰자에게 반환하였다 하더라도 제3자 뇌물교부죄의 성립에는 그 영향이 없다.[90]

---

86) 대판 1982.9.28. 80도2309.
87) 대판 2019.8.29. 2018도2738 전원합의체.
88) 형법 제133조 제2항은 증뢰자가 뇌물에 공할 목적으로 금품을 제3자에게 교부하거나 또는 그 정을 알면서 교부받는 증뢰물 전달행위를 독립한 구성요건으로 하여 이를 같은 조 제1항의 뇌물공여죄와 같은 형으로 처벌하는 규정으로서, 여기에서의 제3자란 행위자와 공동정범 이외의 자를 말한다고 할 것이다(대판 2012.12.27. 2012도11200).
89) 대판 2008.3.14. 2007도10601.
90) 대판 1983.6.28. 82도3129.

□ 증뢰물전달죄 관련 판례

> 제3자의 증뢰물전달죄의 주체는 비공무원을 예정한 것이나 공무원일지라도 직무와 관계되지 않은 범위 내에서는 본죄의 주체에 해당될 수 있다 할 것이므로, 피고인이 자신의 공무원으로서의 직무와는 무관하게 군의관 등의 직무에 관하여 뇌물에 공할 목적의 금품이라는 정을 알고 이를 전달해준다는 명목으로 취득한 경우라면 제3자뇌물취득죄가 성립된다(대판 2002.6.14. 2002도1283).

　　공무원이 직무관련자에게 제3자와 계약을 체결하도록 요구하여 계약 체결을 하게 한 행위가 제3자뇌물수수죄의 구성요건과 직권남용권리행사방해죄의 구성요건에 모두 해당하는 경우에는, 제3자뇌물수수죄와 직권남용권리행사방해죄가 각각 성립하되, 이는 하나의 행위가 수 개의 죄에 해당하는 경우이므로 상상적 경합관계에 있다.[91]

Ⅸ. 뇌물의 몰수·추징

> **제134조【몰수, 추징】** 범인 또는 정을 아는 제3자가 받은 뇌물 또는 뇌물에 공할 금품은 몰수한다. 그를 몰수하기 불능한 때에는 그 가액을 추징한다.

1. 의의

　　제134조의 몰수, 추징은 제48조[92]에 대한 특칙으로, 필요적 몰수와 추징을 규정하고 있다.

2. 몰수·추징의 대상과 상대방

　　몰수·추징을 하기 위해서는 뇌물이 특정되어야 한다. 뇌물에 공할 금품이

---

91) 대판 2017.3.15. 2016도19659.
92) 제48조(몰수의 대상과 추징) ① 범인 외의 자의 소유에 속하지 아니하거나 범죄 후 범인 외의 자가 사정을 알면서 취득한 다음 각 호의 물건은 전부 또는 일부를 몰수할 수 있다. 1. 범죄행위에 제공하였거나 제공하려고 한 물건, 2. 범죄행위로 인하여 생겼거나 취득한 물건, 3. 제1호 또는 제2호의 대가로 취득한 물건, ② 제1항 각 호의 물건을 몰수할 수 없을 때에는 그 가액을 추징한다. ③ 문서, 도화, 전자기록 등 특수매체기록 또는 유가증권의 일부가 몰수의 대상이 된 경우에는 그 부분을 폐기한다.

특정되지 않았던 것은 몰수할 수 없고 그 가액을 추징할 수도 없다.[93] 뇌물은 현재 보유하고 있는 자로부터 몰수해야 한다. 예를 들어 뇌물이 수뢰자에 있으면 수뢰자에게, 증뢰자에게 있으면 증뢰자에게 몰수한다.

① 뇌물을 받은 자가 그 뇌물을 증뢰자에게 반환한 경우에는 증뢰자로부터 몰수 또는 추징한다.[94]

② 수뢰자가 같이 공무에 종사하는 자들을 위해 숙식비 등을 소비한 경우에는 수뢰자로부터 가액을 추징한다.[95]

③ 수뢰한 돈을 은행에 예금한 한 후 같은 액수의 돈을 증뢰자에게 반환한 경우에는 예금행위는 뇌물의 처분행위에 해당하여 이를 뇌물 자체의 반환이라고 볼 수 없으므로 수뢰자로부터 그 가액을 추징한다.[96]

④ 수뢰자가 뇌물을 소비한 후 같은 금액을 증뢰자에게 반환한 경우에는 수뢰자로부터 그 가액을 추징한다.[97]

⑤ 수뢰한 돈을 다른 사람에게 뇌물로 공여한 경우에는 수뢰자가 수뢰한 뇌물을 소비하는 방법에 불가하므로 수뢰자에게 그 가액을 추징한다.[98]

3. 몰수·추징의 방법

여러 사람이 뇌물을 공동하여 수수한 경우에는 각자 수수한 만큼 몰수하거나 추징한다.[99] 그러나 수수한 뇌물을 공동으로 소비를 하여 분배율을 알 수 없는 경우에는 평등하게 추징한다.[100] 공무원이 뇌물을 받는 데에 필요한 경비를

---

93) 대판 2007.6.29. 2005도9853.
94) 대판 1984.2.28. 83도2783.
95) 대판 1970.12.22. 70도2250.
96) 대판 1985.9.10. 85도1350.
97) 대판 1986.10.14. 86도1189.
98) 대판 1986.11.25. 86도1951.
99) 수인이 공동하여 수수한 뇌물을 분배한 경우에는 각자로부터 실제로 분배받은 금품만을 개별적으로 몰수하거나 그 가액을 추징하여야 한다(대판 1993.10.12. 93도2056).
100) 피고인이 증뢰자와 함께 향응을 하고 증뢰자가 이에 소요되는 금원을 지출한 경우, 이에 관한 피고인의 수뢰액을 인정함에 있어서는 먼저 피고인의 접대에 요한 비용과 증뢰자가 소비한 비용을 가려내어 전자의 액수를 가지고 피고인의 수뢰액으로 하여야 하고, 만일 각자에 요한 비용액이 불명일 때에는 이를 평등하게 분할한 액을 가지고 피고인의 수뢰액으로 인정하여야 할 것이고, 피고인이 향응을 제공하는 자리에 피고인 스스로 제3자를 초대하여 함께 접대를 받은 경우에는, 그 제3자가 피고인과는 별도의 지위에서 접대를 받는 공무원이라는 등의 특별한 사정이 없는 한, 그 제3자의 접대에 요한 비용도 피고인의 접대에 요한 비용에 포함시켜 피고인의 수뢰액으로 보아야 한다(대판 2001.10.12. 99도5294).

지출한 경우에는 그 경비는 뇌물수수의 부수적 비용에 불과하여 뇌물의 가액과 추징액에서 공제할 항목에 해당하지 않는다.[101] 향응 등 비재산적 이익을 제공받은 경우에는 그 가액을 추징한다. 하지만, 이성간의 정교 등 가액산정이 불가능한 경우에는 추징할 수 없다.

□ 관련 판례

> 형법 제134조는 뇌물에 공할 금품을 필요적으로 몰수하고 이를 몰수하기 불가능한 때에는 그 가액을 추징하도록 규정하고 있는바, 몰수는 특정된 물건에 대한 것이고 추징은 본래 몰수할 수 있었음을 전제로 하는 것임에 비추어 뇌물에 공할 금품이 특정되지 않았던 것은 몰수할 수 없고 그 가액을 추징할 수도 없다(대판 1996.5.8. 96도221).

4. 추징가액 산정기준

추징가액 산정기준에 있어서 다수설은 몰수할 수 없게 된 사유가 발생한 때를 기준으로 해야 한다고 하나, 판례는 "몰수하기 불능한 때에 추징하여야 할 가액은 범인이 그 물건을 보유하고 있다가 몰수의 선고를 받았더라면 잃었을 이득 상당액을 의미한다고 보아야 할 것이므로 그 가액산정은 재판선고시의 가격을 기준으로 하여야 할 것이다"라고 판시하고 있다.[102]

X. 뇌물죄 관련 특별법

1. 특정범죄 가중처벌 등에 관한 법률

제2조(뇌물죄의 가중처벌) ① 형법 제129조·제130조 또는 제132조에 규정된 죄를 범한 사람은 그 수수, 요구 또는 약속한 뇌물의 가액(이하 이 조에서 "수뢰액"이라 한다)에 따라 다음 각 호와 같이 가중처벌한다.
1. 수뢰액이 1억원 이상인 경우에는 무기 또는 10년 이상의 징역에 처한다.
2. 수뢰액이 5천만원 이상 1억원 미만인 경우에는 7년 이상의 유기징역에 처한다.
3. 수뢰액이 3천만원 이상 5천만원 미만인 경우에는 5년 이상의 유기징역에 처한다.
② 형법 제129조·제130조 또는 제132조에 규정된 죄를 범한 사람은 그 죄에 대하여 정한 형(제1항의 경우를 포함한다)에 수뢰액의 2배 이상 5배 이하의 벌금을

101) 대판 2017.3.22. 2016도21536.
102) 대판 1991.5.28. 91도352.

병과한다.

□ 관련 판례

> 특정범죄 가중처벌 등에 관한 법률 제2조에 의하여 가중처벌되는 뇌물죄의 주체에 관한 요건인 "형법 제129조, 제130조 또는 제132조에 규정된 죄를 범한 자"에는 다른 법령에 의하여 공무원 또는 공무원에 준하는 신분을 가지는 경우도 포함되고, 특정범죄 가중처벌 등에 관한 법률 제4조에 해당하는 기관 또는 단체의 간부직원에 한정하여 가중처벌 조항이 적용되는 것은 아니다(대판 2010.5.27. 2010도3399).

제3조(알선수재) 공무원의 직무에 속한 사항이 알선에 관하여 금품이나 이익을 수수, 요구 또는 약속한 사람은 5년 이하의 징역 또는 1천만원 이하의 벌금에 처한다.

2. 부정청탁 및 금품 등 수수의 금지에 관한 법률

제22조(벌칙) ① 다음 각 호의 어느 하나에 해당하는 자는 3년 이하의 징역 또는 3천만원 이하의 벌금에 처한다.

1. 제8조 제1항을 위반한 공직자 등(제11조에 따라 준용되는 공무수행사인을 포함한다), 다만 제9조 제1항, 제2항 또는 제6항에 따라 신고하거나 그 수수 금지 금품 등을 반환 또는 인도하거나 거부의 의사를 표시한 공직자등은 제외한다.

제8조(금품등의 수수 금지) ① 공직자등은 직무 관련 여부 및 기부, 후원, 증여 등 그 명목에 관계없이 동일인으로부터 1회에 100만원 또는 매 회계연도에 300만원을 초과하는 금품등을 받거나 요구 또는 약속해서는 아니된다.

3. 특정경제범죄 가중처벌 등에 관한 법률

제5조(수재 등의 죄) ① 금융회사등의 임직원이 그 직무에 관하여 금품이나 그 밖의 이익을 수수, 요구 또는 약속하였을 때에는 5년 이하의 징역 또는 10년 이하의 자격정지에 처한다.

② 금융회사등의 임직원이 그 직무에 관하여 부정한 청탁을 받고 제3자에게 금품이나 그 밖의 이익을 공여하게 하거나 공여하게 할 것을 요구 또는 약속하였을 때에는 제1항과 같은 형에 처한다.

③ 금융회사등의 임직원이 그 지위를 이용하여 소속 금융회사등 또는 다른 금융회사등의 임직원의 직무에 속하는 사항의 알선에 관하여 금품이나 그 밖의 이익을 수수, 요구 또는 약속하였을 때에는 제1항과 같은 형에 처한다.

④ 제1항부터 제3항까지의 경우에 수수, 요구 또는 약속한 금품이나 그 밖의 이익의 가액(이하 이 조에서 "수수액"이라 한다)이 3천만원 이상일 때에는 다음의 각 호의 구분에 따라 가중처벌한다.

1. 수수액이 1억원 이상일 때 : 무기 또는 10년 이상의 징역
2. 수수액이 5천만원 이상 1억원 미만일 때 : 7년 이상의 유기징역
3. 수수액이 3천만원 이상 5천만원 미만일 때 : 5년 이상의 유기징역

⑤ 제1항부터 제4항까지의 경우에 수수액의 2배 이상 5배 이하의 벌금을 병과한다.

제6조(증재 등의 죄)① 제5조에 따른 금품이나 그 밖의 이익을 약속, 공여 또는 공여의 의사를 표시한 사람은 5년 이하의 징역 또는 3천만원의 이하의 벌금에 처한다.

② 제1항의 행위에 제공할 목적으로 제3자에게 금품을 교부하거나 그 정황을 알면서 교부받은 사람은 제1항과 같은 형에 처한다.

제7조(알선수재의 죄) 금융회사등의 임직원의 직무에 속하는 사항의 알선에 관하여 금품이나 그 밖의 이익을 수수, 요구 또는 약속한 사람 또는 제3자에게 이를 공여하게 하거나 공여하게 할 것을 요구 또는 약속한 사람은 5년 이하의 징역 또는 5천만원 이하의 벌금에 처한다.

4. 공무원범죄에 관한 몰수 특례법

본 법은 특정공무원범죄를 범한 사람이 그 범죄행위를 통하여 취득한 불법수익 등을 철저히 추적, 환수하기 위하여 몰수 등에 관한 특례법을 규정한 것으로, 제2조(정의)에서 형법 제129조부터 제132조까지의 죄를 규정하고 있다. 본 법은 불법수익뿐만 아니라 불법수익에서 유래한 재산까지 확대하여 몰수의 대상으로 삼고 있다.

제 6 장

공무방해에 관한 죄

제1절 서 설

Ⅰ. 의의, 보호법익

공무방해에 관한 죄는 '폭행 또는 협박, 강요, 위계 기타 방법으로 국가 또는 공공기간이 행사하는 기능을 방해하는 범죄'이다.

보호법익은 '국가의 기능'이고, 보호의 정도는 '추상적 위험범'이다.

Ⅱ. 공무방해에 관한 죄의 구성요건의 체계

공무방해에 관한 죄는 공무집행방해죄(제136조)가 기본적 구성요건이다. 직무행위강요죄(제136조 제2항), 위계에 의한 공무집행방해죄(제137조)는 행위방법이 다른 유형이다.

법정·국회회의장모욕죄(제138조), 인권옹호직무방해죄(제139조), 공무상비밀표시무효죄(제140조), 부동산강제집행효용침해죄(제140조의2), 공용서류등무효·공용물파괴죄(제141조), 공무상보관물무효죄(제142조)는 독립적 구성요건이다. 특수공무집행방해죄(제144조 제1항)는 불법이 가중된 유형이다.

공무상비밀표시무효죄, 강제집행효용침해죄, 공용서류등무효·공용물파괴죄, 공무상보관물무효죄의 미수범은 처벌한다(제143조).

제2절 개별적 범죄 유형

Ⅰ. 공무집행방해죄

> 제136조【공무집행방해】① 직무를 집행하는 공무원에 대하여 폭행 또는 협박한 자는 5년 이하의 징역 또는 1천만원 이하의 벌금에 처한다.

1. 의의, 보호법익

본죄는 '직무를 집행하는 공무원에 대하여 폭행 또는 협박함으로써 성립하는 범죄'이다. 보호법익은 '공무'이며, 보호의 정도는 '추상적 위험범'이다.[1]

2. 객관적 구성요건

(1) 행위의 주체

행위의 주체는 제한이 없다. 그러므로, 공무원도 본죄의 주체가 될 수 있으며, 직무집행과 관련이 없는 제3자도 가능하다.

(2) 행위의 객체

행위의 객체는 '공무원'이다.[2] 이때, 공무원은 직무를 집행중인 공무원으로 제한한다.

(가) 직무를 집행하는

'직무를 집행하는'이란 공무원이 자신의 권한에 따른 직무상 취급할 수 있는

---

1) 형법 제136조에서 정한 공무집행방해죄는 직무를 집행하는 공무원에 대하여 폭행 또는 협박한 경우에 성립하는 범죄로서 여기서의 폭행은 사람에 대한 유형력의 행사로 족하고 반드시 신체에 대한 것임을 요하지 아니하며, 또한 추상적 위험범으로서 구체적으로 직무집행의 방해하는 결과발생을 요하지도 아니한다(대판 2018.3.29. 2017도21537).
2) 형법상 공무원이라 함은 국가 또는 지방자치단체 및 이에 준하는 공법인의 사무에 종사하는 자로서 그 노무의 내용이 단순한 기계적 육체적인 것에 한정되어 있지 않은 자를 말한다(대판 2011.1.27. 2010도14484).

일체의 사무를 행하는 것을 말한다. 이때, 공무원이 직무수행에 직접 필요한 행위를 현실적으로 행하고 있는 때만을 가리키는 것이 아니라 공무원이 직무수행을 위하여 근무 중인 상태에 있는 때를 포괄하고, 직무의 성질에 따라서는 직무수행의 과정을 개별적으로 분리하여 부분적으로 각각의 개시와 종료를 논하는 것이 부적절하고 여러 종류의 행위를 포괄하여 일련의 직무수행으로 파악함이 상당한 경우가 있다.[3] 현실적으로 구체적인 업무를 처리하고 있지는 않다 하더라도 자기 자리에 앉아있는 것만으로도 직무집행 중에 있는 것으로 보아야 하고, 대기 자체를 곧 직무행위로 보아야 할 경우도 있다.[4]

(나) 적법한 직무집행

본죄에서의 직무집행은 적법한 경우에 한하여 성립한다. 이때 적법한 공무집행은 그 행위가 공무원의 추상적 권한에 속할 뿐 아니라 구체적 직무집행에 관한 법률상 요건과 방식을 갖춘 경우를 가리킨다.[5] 따라서 불법한 직무집행에 대한 항거의 의미로서의 폭행이나 협박은 정당방위라 할 수 있다.[6] 본죄는 공무원의 적법한 공무집행이 전제로 되는데, 추상적인 권한에 속하는 공무원의 어떠한 공무집행이 적법한지 여부는 행위 당시의 구체적 상황에 기하여 객관적, 합리적으로 판단하여야 하고 사후적으로 순수한 객관적 기준에서 판단할 것은 아니다.[7] 적법성의 요건은 다음과 같다.

① 공무원의 추상적·일반적 권한범위에 있을 것

공무원의 직무 권한은 추상적·일반적으로 정해져 있어 이 권한범위를 넘어섰을 경우에는 적법성을 인정할 수 없다. 예컨대, 경찰관이 군인범죄를 조사하거나, 법관이 수사상 강제처분을 직접하는 경우 등이다.

---

3) 대판 2018.3.29. 2017도21537.
4) 대판 2002.4.12. 2000도3485.
5) 대판 2017.9.21. 2017도10866.
6) 경찰관이 적법절차를 준수하지 않은 채 실력으로 피의자를 체포하려고 하였다면 적법한 공무집행이라고 할 수 없다. 그리고 경찰관의 체포행위가 적법한 공무집행을 벗어나 불법하게 체포한 것으로 볼 수밖에 없다면, 피의자가 그 체포를 면하려고 반항하는 과정에서 경찰관에게 상해를 가한 것은 불법체포로 인한 신체에 대한 현재의 부당한 침해에서 벗어나기 위한 행위로서 정당방위에 해당하여 위법성이 조각된다(대판 2017.9.21. 2017도10866).
7) 대판 2007.10.12. 2007도6088.

□ 관련 판례

면사무소에 설계도면을 제출할 의무나 설계에 필요한 금원을 지급할 의무가 없다면 면
사무소 공무원으로서도 이를 적법하게 강제할 권한이 없는 것이므로, 면사무소 공무원
이 자신의 행정사무의 편의를 위한 목적으로 설계도의 제출을 요구한 행위는 공무집행
방해죄에 있어서의 공무집행에 해당한다고 단정할 수는 없다(대판 1982.11.23. 81도
1872).

② 공무원이 구체적 권한을 갖고 있을 것

구체적인 직무집행이 법률에 규정된 행위여야 한다. 예를 들어 경찰관이 현
행범인을 체포하는데 있어 형사소송법상 현행범인 요건[8]에 해당하는 경우에만
체포가 가능하다.

③ 법정의 절차와 방식을 따를 것

공무원의 직무집행은 법정의 절차와 방식을 준수하여야 한다. 경찰관이 피의
자를 체포하거나 구속을 하는 경우에 형사소송법의 절차에 따른 체포 또는 구속
의 사유와 변호인선임권 등을 고지하는 절차에 의하여야 한다.

□ 관련 판례

〈공무집행방해 인정〉

① 경찰관직무집행법 제3조 제4항은 경찰관이 불심검문을 하고자 할 때에는 자신의 신
분을 표시하는 증표를 제시하여야 한다고 규정하고, 경찰관직무집행법 시행령 제5조는
위 법에서 규정한 신분을 표시하는 증표는 경찰관의 공무원증이라고 규정하고 있는데,
불심검문을 하게 된 경위, 불심검문 당시의 현장상황과 검문을 하는 경찰관들의 복장,
피고인이 공무원증 제시나 신분 확인을 요구하였는지 여부 등을 종합적으로 고려하여,
검문하는 사람이 경찰관이고 검문하는 이유가 범죄행위에 관한 것임을 피고인이 충분
히 알고 있었다고 보이는 경우에는 신분증을 제시하지 않았다고 하여 그 불심검문이 위
법한 공무집행이라고 할 수 없다(대판 2014.12.11. 2014도7976).
② 구 형사소송법 제213조2, 제72조의 규정 등에 의하면 사법경찰관리가 현행범인을 체
포하는 경우에는 반드시 범죄사실요지, 체포의 이유와 변호인을 선임할 수 있음을 말하
고 변명할 기회를 주어야 하고, 이와 같은 고지는 체포를 위한 실력행사에 들어가기 이
전에 미리 하여야 하는 것이 원칙이나, 달아나는 피의자를 쫓아가 붙들거나 폭력으로
대항하는 피의자를 실력으로 제압하는 경우에는 붙들거나 제압하는 과정에서 하거나,
그것이 여의치 않은 경우에라도 일단 붙들거나 제압한 후에 지체없이 행하였다면 경찰

---

8) 형사소송법 제211조 제1항.

관의 현행범인 체포는 적법한 공무집행이라고 할 수 있다(대판 2008.10.9. 2008도3640).
③ 수용자가 교정시설의 소장이 허용한 범위를 넘어 수용시설에 사진 또는 그림 등을
부착하는 행위는 특별한 사정이 없는 한, 교정시설의 소장에 의하여 허용된 범위를 넘
어 사진 또는 그림 등을 부착한 수용자에 대하여 교도관이 부착물의 제거를 지시한 행
위는 수용자가 복종하여야 할 직무상 지시로서 적법한 직무집행이라고 보아야 한다(대
판 2014.9.25. 2013도1198).

〈공무집행방해 불인정〉

① 현행범인으로서의 요건을 갖추고 있었다고 인정되지 않는 상황에서 경찰관들이 동
행을 거부하는 자를 체포하거나 강제로 연행하려고 하였다면 이는 적법한 공무집행이
라고 볼 수 없고, 그 체포를 면하려고 반항하는 과정에서 경찰관에게 상해를 가한 것은
불법 체포로 인한 신체에 대한 현재의 부당한 침해에서 벗어나기 위한 행위로서 정당방
위에 해당하여 위법성이 조각된다(대판 2002.5.10. 2001도300).
② 경찰관의 면허증 제시요구에 순순히 응하지 않은 것은 잘못이라고 하겠으나, 피고인
이 위 경찰관에게 먼저 폭행 또는 협박을 가한 것이 아니라면 경찰관의 오만한 단속 태
도에 항의한다고 하여 피고인을 그 의사에 반하여 교통초소로 연행해 갈 권한은 경찰관
에게 없는 것이므로, 이러한 강제연행에 항거하는 와중에서 경찰관의 멱살을 잡는 등
폭행을 가하였다고 하여도 공무집행방해죄가 성립되지 않는다(대판 1992.2.11. 91도
2797).
③ 경찰관이 벌금형에 따르는 노역장 유치의 집행을 위하여 형집행장을 소지하지 아니
한 채 피고인을 체포, 구인하려고 하자 피고인이 이를 거부하면서 경찰관을 폭행한 경
우 공무집행방해죄는 성립하지 않는다(대판 2010.10.14. 2010도8591).
④ 경찰관들이 체포영장을 소지하고 메스암페타민(일명 필로폰) 투약 등 혐의로 피고인
을 체포하려고 하자, 피고인이 이에 거세게 저항하는 과정에서 경찰관들에게 상해를 가
한 경우, 경찰관들이 체포를 위한 실력행사에 나아가기 전에 체포영장을 제시하고 미란
다 원칙을 고지할 여유가 있었음에도 애초부터 미란다 원칙을 체포 후에 고지할 생각으
로 먼저 체포행위에 나섰다면 적법한 공무집행이라고 보기 어려워, 공무집행방해죄가
성립하지 않는다(대판 2017.9.21. 2017도10866).

(3) 실행 행위

실행 행위는 '폭행 또는 협박'이다.

'폭행'이란 공무원에 대한 직접, 간접의 유형력의 행사를 말하고, 이는 광의
의 폭행에 해당한다. 그러므로 반드시 사람의 신체에 대한 것임을 요하지 아니한
다.9) 또한, 간접적으로도 공무원에 대한 유형력의 행사라고 인정이 된다면 본죄

의 폭행에 해당한다.10)

'협박'이란 공무원으로 하여금 공포심이 생기게 할 의사로 해악을 고지하는 것으로, 객관적으로 상대방으로 하여금 공포심을 느끼게 하기에 족하면 되고, 상대방이 현실로 공포심을 품게 될 것까지 요구되는 것은 아니다.11) 이는 광의의 협박으로, 해악을 고지하는 방법에는 제한이 없다.

폭행 또는 협박은 공무원의 직무집행을 방해할 수 있을 정도여야 하므로, 체포시 손을 뿌리치는 정도의 소극적인 저항행위는 해당하지 않는다.

□ 관련 판례

〈폭행 또는 협박 인정〉

① 수산업협동조합 조합장이 수사 중인 해양경찰서 소속 경찰공무원에게 전화를 걸어 폭언하며 해양경찰청 고위 간부들과의 친분관계를 이용하여 인사상 불이익을 가하겠다고 한 것은 공무집행방해죄의 협박으로 볼 수 있다(대판 2011.2.10. 2010도15986).

② 피고인이 지구대 내에서 약1시간 40분 동안 큰 소리로 경찰관을 모욕하는 말을 하고, 그곳 의자에 드러눕거나 다른 사람들에게 시비를 걸고 그 과정에서 경찰관들이 피고인을 내보낸 뒤 문을 잠그자 다시 들어오기 위해 출입문을 계속해서 두드리거나 잡아당기는 등 소란을 피운 경우, 피고인이 밤늦은 시각에 술에 취해 위와 같이 한참 동안 소란을 피운 행위는 그 정도에 따라 공무원에 대한 간접적인 유형력의 행사로서 형법 제136조에서 규정한 '폭행'에 해당할 여지가 있다(대판 2013.12.26. 2013도11050).

③ 공무원의 직무 수행에 대한 비판이나 시정 등을 요구하는 집회, 시위 과정에서 일시적으로 상당한 소음이 발생하였다는 사정만으로는 이를 공무집행방해죄에서의 음향으로 인한 폭행이 있었다고 할 수는 없다. 그러나 의사전달수단으로서 합리적 범위를 넘어서 상대방에게 고통을 줄 의도로 음향을 이용하였다면 이를 폭행으로 인정할 수 있다(대판 2009.10.29. 2007도3584).

〈폭행 또는 협박 불인정〉

① 노조원들과 함께 경찰관인 피해자들이 파업투쟁 중인 공장에 진입할 경우에 대비하여 그들의 부재 중에 미리 윤활유나 철판조각을 바닥에 뿌려 놓았는데 피해자들이 이에 미끄러져 넘어지거나 철판조각에 찔려 다친 경우, 피고인 등이 위 윤활유나 철판조각을 위 피해자들의 면전에서 그들의 공무집행을 방해할 의도로 뿌린 것이라는 등의

---

9) 대판 2018.3.29. 2017도21537.

10) 경찰관이 공무를 집행하고 있는 파출소 사무실의 바닥에 인분이 들어있는 물통을 집어던지고 책상위에 있던 재떨이에 인분을 퍼담아 사무실 바닥에 던지는 행위는 동 경찰관에 대한 폭행이다(대판 1981.3.24. 81도326).

11) 대판 1989.12.26. 89도1204.

특별한 사정이 있는 경우는 별론으로 하고 이를 가리켜 위 피해자들에 대한 유형력의
행사, 즉 폭행에 해당하는 것으로 볼 수 없다(대판 2010.12.23. 2010도7412).
② 경찰관의 임의동행을 요구받은 피고인이 문을 잠근 방안에서 면도칼로 앞가슴 등을
그어 피를 보이면서 죽어버리겠다고 하여도 경찰관에 대한 폭행 또는 협박으로 볼 수
없다(대판 1976.3.9. 75도3779).

(4) 기수 시기

본죄는 공무원에 대해 폭행 또는 협박을 가하는 즉시 기수가 된다. 본죄는
추상적 위험범으로 공포심을 느낄 수 있는 해악을 고지하면 협박의 기수가 되므
로, 공포심을 느끼지 않아도 된다.[12] 공무원의 현실적인 직무집행의 방해될 것을
요하지 않는다.

3. 주관적 구성요건

본죄의 고의는 상대방이 직무를 집행하는 공무원이라는 사실, 그리고 이에
대하여 폭행 또는 협박을 한다는 사실을 인식하는 것을 그 내용으로 하고, 그 인
식은 불확정적인 것이라도 소위 미필적 고의가 있다고 보아야 하며, 그 직무집행
을 방해할 의사를 필요로 하지 아니한다.[13]

4. 죄수 및 다른 죄와의 관계

① 여러 사람이 함께 공무를 집행하는 경우에 이에 대하여 폭행을 하고 공무
집행을 방해하는 경우에는 피해자의 수에 따라 여러 죄가 성립하는 것이 아니고
하나의 행위로서 여러 죄명에 해당하는 소위 상상적 경합관계에 있다.[14]

② 절도범인이 체포를 면탈할 목적으로 경찰관에게 폭행 협박을 가한 때에

---

12) 협박죄가 성립하려면 고지된 해악의 내용이 행위자와 상대방의 성향, 고지 당시의 주변 상
황, 행위자와 상대방 사이의 친숙의 정도 및 지위 등의 상호관계, 제3자에 의한 해악을 고
지한 경우에는 그에 포함되거나 암시된 제3자와 행위자 사이의 관계 등 행위 전후의 여러
사정을 종합하여 볼 때에 일반적으로 사람으로 하여금 공포심을 일으키게 하기에 충분한
것이어야 하지만, 상대방이 그에 의하여 현실적으로 공포심을 일으킬 것까지 요구하는 것
은 아니며, 그와 같은 정도의 해악을 고지함으로써 상대방이 그 의미를 인식한 이상, 상대
방이 현실적으로 공포심을 일으켰는지 여부와 관계없이 그로써 구성요건은 충족되어 협박
죄의 기수에 이르는 것으로 해석하여야 한다(대판 2007.9.28. 2007도606).
13) 대판 1995.1.24. 94도1949.
14) 대판 1961.9.28. 4294형상415.

는 준강도죄와 공무집행방해죄를 구성하고 양죄는 상상적 경합관계에 있으나, 강도범인이 체포를 면탈할 목적으로 경찰관에게 폭행을 가한 때에는 강도죄와 공무집행방해죄는 실체적 경합관계에 있다.[15]

③ 공무집행방해죄와 상해죄는 상상적 경합이 성립한다.

Ⅱ. 직무강요죄

> 제136조 【직무강요】 ② 공무원에 대하여 그 직무상의 행위를 강요 또는 저지하거나 그 직을 사퇴하게 할 목적으로 폭행 또는 협박한 자도 전항의 형과 같다.

1. 의의, 보호법익

본죄는 '공무원에 대하여 그 직무상의 행위를 강요 또는 저지하거나 그 직을 사퇴하게 할 목적으로 폭행 또는 협박함으로써 성립하는 범죄'이다. 보호법익은 '공무의 직무집행 및 공무원의 지위의 안전'이며, 보호의 정도는 '추상적 위험범'이다. 또한, 목적범으로 규정되어 있다.

2. 객관적 구성요건

(1) 행위의 객체

행위의 객체는 '공무원'이다. 그러나 제136조 제1항과 같이 직무를 집행 중인 공무원만을 요하지 않고, 장래의 직무를 집행할 공무원이면 충분하다.

(2) 실행 행위

실행 행위는 '폭행 또는 협박'이다. 본죄에서의 실행 행위는 제136조 제1항과 동일하다.

3. 주관적 구성요건

본죄에서 주관적 구성요건으로 '폭행 또는 협박의 고의' 이외, 그 직무상의 행위를 강요 또는 저지하거나 그 직을 사퇴하게 할 목적이 있어야 한다. '직무상 행위'는 공무원이 직무에 관하여 할 수 있는 일체의 행위이며, '강요'란 직무 집행을 하게 하는 것이고, '저지'란 그 반대로 직무 집행을 하지 못하도록 하는 것을 말한다.

---

15) 대판 1992.7.28. 92도917.

Ⅲ. 위계에 의한 공무집행방해

> **제137조【위계에 의한 공무집행방해】** 위계로써 공무원의 직무집행을 방해한 자는 5년 이하의 징역 또는 1천만원 이하의 벌금에 처한다.

1. 의의, 성격

본죄는 '위계로써 공무원의 직무집행을 방해함으로써 성립하는 범죄'이다. 본죄에서의 공무원은 현재 직무 집행 중인 공무원뿐만 아니라 장래에 직무를 집행하게 될 공무원을 포함한다. 여기에서 공무원의 직무집행이란 법령의 위임에 따른 공무원의 적법한 직무집행인 이상 공권력의 행사를 내용으로 하는 권력적 작용뿐만 아니라 사경제주체로서의 활동을 비롯한 비권력적 작용도 포함된다.[16]

2. 객관적 구성요건

(1) 실행 행위

실행 행위는 '위계로써 공무원의 직무집행을 방해하는 것'이다.

(가) 위계

'위계'란 행위자의 행위목적을 이루기 위하여 상대방에게 오인, 착각, 부지를 일으키게 하여 그 오인, 착각, 부지를 이용하는 것을 말하는 것으로 상대방이 이에 따라 그릇된 행위나 처분을 하게 하는 것이다.[17] 그 방법으로는 기망을 수단으로 한다.

□ 위계 관련 판례

〈위계에 의한 공무집행방해 인정〉

① 교육부장관이 특별사안감사와 관련하여 감사대상자가 감사관에게 허위 사실을 진술하거나 감사 목적 달성에 필요한 자료를 감추고 허위 자료를 제출하였다고 하더라도, 감사관이 충분한 조사를 하지 않은 채 그와 같은 허위 진술과 자료만으로 자료 수집, 조사 절차를 마쳤다면, 이는 감사관의 불충분한 조사에 기인한 것으로서 감사대상자 등의 위계에 의하여 감사관의 감사업무가 방해되었다고 볼 수 없어 위계에 의한 공무집행방해죄가 성립하지 않는다. 그러나 감사대상자가 적극적으로 허위 자료를 조작하

---

16) 대판 2003.12.26. 2001도6349.
17) 대판 2003.2.11. 2002도4293.

여 제출하고 자료 조작 결과 감사관이 그 진위에 관하여 나름대로 충실한 조사를 하더라도 제출된 자료가 허위임을 발견하지 못할 정도에 이르렀다면, 이는 위계에 의하여 감사관의 감사업무를 적극적으로 방해한 것으로서 위계에 의한 공무집행방해죄가 성립한다(대판 2018.5.15. 2017도19499).

② 검찰이 2013.4.30. 이 사건 압수수색영장을 집행하는 과정에서 압수수색영장의 일부 기각 취지에 따라 국가정보원으로부터 자료를 제출받는 형식을 취하였으나, 이는 압수수색영장 집행이라는 구체적인 직무집행에 나아간 것으로 평가할 수 있다. 피고인들은 이 사건 압수수색에 대비하여 심리전단 사무실을 새롭게 조성하고, 심리전단의 활동의 정당성을 드러내기 위한 허위 문건을 작출하여 비치하는 한편, 존재하지 않는다거나 국가기밀에 해당한다는 이유를 내세워 국가정보원이 보관하고 있는 자료의 제출을 거부하였으며, 이로 인하여 이 사건 압수수색을 실시한 검찰 공무원들은 오인, 착각, 부지에 빠진 것으로 충분히 평가할 수 있으므로, 피고인들의 행위는 위계에 해당한다(대판 2019.3.14. 2018도18646).

③ 등기신청은 단순한 '신고'가 아니라 신청에 따른 등기관의 심사 및 처분을 예정하고 있으므로, 등기신청인이 제출한 허위의 소명자료 등에 대하여 등기관이 나름대로 충분히 심사를 하였음에도 이를 발견하지 못하여 등기가 마쳐지게 되었다면 위계에 의한 공무집행방해죄가 성립할 수 있다. 등기관이 등기신청에 대하여 부동산등기법상 등기신청에 필요한 서면이 제출되었는지 및 제출된 서면이 형식적으로 진정한 것인지를 심사할 권한은 갖고 있으나 등기신청이 실체법상의 권리관계와 일치하는지를 심사할 실질적인 심사권한은 없다고 하여 달리 보아야 하는 것은 아니다(대판 2016.1.28. 2015도17297).

④ 담당자가 아닌 공무원이 출원인의 청탁을 받고 들어줄 목적으로 자신의 업무 범위에 속하지도 않은 업무에 관하여 그 일부를 담당공무원을 대신하여 처리하면서 위계를 써서 담당공무원으로 하여금 오인, 부지, 착각을 일으키게 하고 인·허가 처분을 하게 하였다면 위계에 의한 공무집행방해죄가 성립한다(대판 2008.3.13. 2007도7724).

⑤ 범죄행위로 인하여 강제출국당한 전력이 있는 사람이 외국 주재 한국영사관 담당직원에게 허위의 호구부 및 외국인등록신청서 등을 제출하여 사증 및 외국인등록증을 발급받은 경우 위계에 의한 공무집행방해죄가 성립한다(대판 2009.2.26. 2008도11862).

⑥ 음주운전을 하다가 교통사고를 야기한 후 그 형사처벌을 면하기 위하여 타인의 혈액을 자신의 혈액인 것처럼 교통사고 조사 경찰관에게 제출하여 감정하도록 한 행위는 위계에 의한 공무집행방해죄가 성립한다(대판 2003.7.25. 2003도1609).

〈위계에 의한 공무집행방해 불인정〉

① 수사기관이 범죄사건을 수사함에 있어서는 피의자나 피의자로 자처하는 자 또는 참고인의 진술여하에 불구하고 피의자를 확정하고 그 피의사실을 인정할 만한 객관적인

제반증거를 수집, 조사하여야 할 권리와 의무가 있는 것이라고 할 것이므로, 피의자나 참고인이 아닌 자가 자발적이고 계획적으로 피의자를 가장하여 수사기관에 대하여 허위사실을 진술하였다 하여, 위계에 의한 공무집행방해죄가 성립된다고 할 수 없다. 이와 같이 보지 않는다면, 형사피의자나 그 밖의 모든 사람은 항상 수사기관에 대하여 진실만을 진술하여야 할 법률상의 의무가 있는 결과가 되어, 이는 형사피의자와 수사기관이 대립적 위치에서 서로 공격방어를 할 수 있는 취지의 형사소송법의 규정과 법률에 의한 선서를 한 증인이 허위로 진술을 한 경우에 한하여 위증죄가 성립된다는 형법의 규정취지에 어긋나기 때문이다. 따라서 계획적으로 피의자를 가장하여 수사기관에 대하여 허위사실을 진술한 경우에 범인은닉죄만이 성립한다(대판 1977.2.8. 76도3685).

② 일반적으로 출원 등에 의한 행정관청의 인·허가처분은 그 인·허가요건을 신청서기재와 부속소명자료 등에 의하여 그 인·허가 여부를 심사·결정하는 것이며, 이는 출원사유가 사실과 부합하지 아니하는 경우가 있음을 전제로 하는 것이므로, 출원자가 그 출원사유에 허위의 사실을 기재하고 허위의 소명자료를 첨부하였는데 그 출원사유가 진실한 것이라고 경신하고 이를 받아들였다면, 이는 행정관청의 불충분한 심사에 기인한 것으로 그 출원자의 위계에 의한 것이었다고는 할 수 없다(대판 1982.12.14. 82도2207).

③ 피고인 2가 이 사건 통보서를 입찰서류에 첨부하여 제출하여 전주시청의 폐기물이전매립공사 입찰업체심사업무를 위계로써 방해할 가능성이 있기는 하였으나, 그 제출이전에 피고인 1이 이 사건 통보서가 무효임을 전주시청에 통보함으로써 전주시청 담당공무원으로서는 오인, 착각, 부지 상태가 될 가능성이 전혀 없었음을 알 수 있는바, 그렇다면 이 사건 통보서를 제출하였다고 하여도 전주시의 구체적인 공무집행을 저지하거나 현실적으로 곤란하게 하는 데까지 이른 적이 없다 할 것이어서, 위 행위를 위계에 의한 공무집행방해죄로 처벌할 수 없음이 명백하다 할 것이다. ~ 만약 범죄행위가 구체적인 공무집행을 저지하거나 현실적으로 곤란하게 하는데까지는 이르지 아니하고 미수에 그친 경우에는 위계에 의한 공무집행방해죄로 처벌할 수 없다 할 것이다(대판 2003.2.11. 2002도4293).

④ 개인택시 운송사업면허 신청은 출원에 의한 행정관청의 일반적인 인·허가처분과 마찬가지로 행정관청이 면허요건에 해당하는 여부를 심리하여 면허 여부를 결정하는 것이고, 그 신청서에 첨부된 소명자료가 진실한 것인지를 가리지 않고 면허를 결정하는 것이 아니므로, 그 면허신청서에 허위의 소명자료를 첨부한 소위는 위계에 의한 공무집행방해죄에 해당하지 않는다(대판 1988.9.27. 87도2174).

⑤ 피고인들이 허위의 매매계약서 및 영수증을 소명자료로 첨부하여 가처분신청을 하여 법원으로부터 유체동산에 대한 가처분결정을 받은 행위로 인하여 법원의 가처분 결정 업무의 적정성이 침해되었다고 볼 여지는 있으나 법원의 구체적이고 현실적인 어떤 직무집행이 방해되었다고 할 수는 없다(대판 2012.4.26. 2011도17125).

(나) 기수시기

본죄의 기수시기에 대하여 ① 직무집행의 결과가 현실적으로 방해될 필요는 없고 방해될 위험성만 있으면 기수가 된다라는 견해, ② 직무집행의 결과가 현실적으로 발생한 때 기수가 된다라는 견해가 대립하고 있다. 이에 대해 판례는 "구체적인 직무집행을 저지하거나 현실적으로 곤란하게 하는 데까지 이른 경우에 성립"한다고 판시하고 있어,[18] ②의 견해의 입장을 취하고 있다.

3. 주관적 구성요건

본죄의 고의는 위계로써, 위계를 통해 공무원의 직무집행을 방해한다는 인식과 인용이다. 본죄의 고의에 대한 판례는 "자기의 위계행위로 인하여 공무집행을 방해하려는 의사가 있을 경우에 한한다"라고 판시하고 있다.[19]

4. 다른 죄와의 관계

① 본죄와 직무유기죄의 관계에서는 작위범인 위계에 의한 공무집행방해죄만이 성립하고 부작위범인 직무유기죄는 따로 성립하지 않는다.[20]

② 본죄와 범인은닉죄의 관계에서는 "계획적으로 피의자를 가장하여 수사기관에 대하여 허위사실을 진술한 경우에 범인은닉죄만이 성립"한다.[21]

---

18) 위계에 의한 공무집행방해죄에서 '위계'라 함은 행위자의 행위목적을 이루기 위하여 상대방에게 오인, 착각, 부지를 일으키게 하여 그 오인, 착각, 부지를 이용하는 것으로서, 상대방이 이에 따라 그릇된 행위나 처분을 하여야만 위 죄가 성립한다. 만약 그러한 행위가 구체적인 직무집행을 저지하거나 현실적으로 곤란하게 하는 데까지는 이르지 않은 경우에는 위계에 의한 공무집행방해죄로 처벌할 수 없다(대판 2017.4.27. 2017도2583; 대판 2015.2.26. 2013도13217).

19) 대판 1970.1.27. 69도2260.

20) 피고인이, 출원인이 어업허가를 받을 수 없는 자라는 사실을 알면서도 그 직무상의 의무에 따른 적절한 조치를 취하지 않고 오히려 부하직원으로 하여금 어업허가 처리기안문을 작성하게 한 다음 피고인 스스로 중간결재를 하는 등 위계로써 농수산국장의 최종결재를 받았다면, 직무위배의 위법상태가 위계에 의한 공무집행방해행위 속에 포함되어 있는 것이라고 보아야 할 것이므로, 이와 같은 경우에는 작위범인 위계에 의한 공무집행방해죄만이 성립하고 부작위범인 직무유기죄는 따로 성립하지 아니한다(대판 1997.2.28. 96도2825).

21) 대판 1977.2.8. 76도3685.

Ⅳ. 법정·국회회의장모욕죄

> 제138조 【법정 또는 국회회의장모욕】 법원의 재판 또는 국회의 심의를 방해 또는 위협할 목적으로 법정이나 국회회의장 또는 그 부근에서 모욕 또는 소동한 자는 3년 이하의 징역 또는 700만원 이하의 벌금에 처한다.

1. 의의, 보호법익

본죄는 '법원의 재판 또는 국회의 심의를 방해 또는 위협할 목적으로 법정이나 국회회의장 또는 그 부근에서 모욕 또는 소동함으로써 성립하는 범죄'이다. 보호법익은 '법원이 재판기능 또는 국회의 심의기능'이다. 보호의 정도는 '추상적 위험범'이며, '목적범'이다.

2. 객관적 구성요건

(1) 행위의 주체

행위의 주체에는 제한이 없다. 그러므로, 재판 중인 피고인, 검사, 피해자뿐만 아니라 증인, 방청인 등과 국회에서의 국회의원도 주체가 될 수 있다.

(2) 실행 행위

실행 행위는 '법정이나 국회회의장 또는 그 부근에서 모욕 또는 소동'하는 것이다.

(가) 장소와 시기

본죄에서의 장소는 '법정이나 국회회의장'이다. 시기로는 재판 또는 국회 심의 중뿐만 아니라, 재판 또는 심의를 개시하기 직전이나 직후 등 모욕 또는 소동으로써 재판이나 국회 심의를 방해할 위험성이 있는 때라면 가능하다.

(나) 모욕 또는 소동

'모욕'이란 경멸적인 의사를 표시하는 것이고, '소동'이란 시끄럽게 떠들어 대며 술렁거리는 것을 말한다. 이러한 행위는 법관이나 국회의원만을 대상으로 하는 것이 아니라, 재판진행이나 국회심의를 방해할 목적으로 모욕이나 소동 행위를 하는 것을 의미한다.

3. 주관적 구성요건

본죄의 고의는 법원의 재판 또는 국회의 심의를 방해한다는 목적이 있어야 한다. 추상적 위험범으로 목적달성 여부는 본죄에 영향이 없다.

4. 다른 죄와의 관계

법원조직법 제61조(감치 등) 제1항은 '법원은 직권으로 법정 내·외에서 제58조 제2항의 명령 또는 제59조에 위배하는 행위를 하거나 폭언·소란 등의 행위로 법원의 심리를 방해하거나 재판의 위신을 현저하게 훼손한 자에 대하여 결정으로 20일 이내의 감치 또는 100만원 이하의 과태료에 처하거나 이를 병과할 수 있다' 라고 규정하고 있다.

본죄와 법원조직법은 행위 태양이 유사하나 형벌과 행정질서벌로 차이가 있다고 하겠다. 두 죄에 대해서는 별개의 독립된 제재가 병행해서 부과될 수 있다고 해석한다.[22)]

V. 인권옹호직무방해죄

> 제139조 【인권옹호직무방해】 경찰의 직무를 행하는 자 또는 이를 보조하는 자가 인권옹호에 관한 검사의 직무집행을 방해하거나 그 명령을 준수하지 아니한 때에는 5년 이하의 징역 또는 10년 이하의 자격정지에 처한다.

1. 의의, 보호법익

본죄는 '경찰의 직무를 행하는 자 또는 이를 보조하는 자가 인권옹호에 관한 검사의 직무집행을 방해하거나 그 명령을 준수하지 아니함으로써 성립하는 범죄' 이다. 보호법익은 '검사의 인권옹호에 관한 직무집행기능'이고, 보호의 정도는 '추상적 위험범'이다.

---

22) 임웅, 977면; 박상기, 667면; 이재상, 759면; 배종대, 859면.

2. 객관적 구성요건

(1) 행위의 주체

행위의 주체는 '경찰의 직무를 행하는 자 또는 이를 보조하는 자'이다. 이는 진정신분범으로 사법경찰관과 이를 보조하는 사법경찰리와 특별사법경찰관리를 말한다.

(2) 실행 행위

실행 행위는 '인권옹호에 관한 검사의 직무집행을 방해하거나 그 명령을 준수하지 않는 것'이다.

'인권옹호에 관한 검사의 직무집행을 방해'란 인권 침해 소지가 있는 강제처분에 대한 검사의 집행지휘, 체포, 구속장소 감찰, 수사지휘 등에 대한 방해 행위를 말한다. 방해의 수단과 방법에는 제한이 없다.

'명령을 준수하지 않는 것'이란 검사의 명령을 이행하지 않는 것을 말한다. 이때, 명령은 인원옹호에 관한 검사의 명령을 말하며, 적법한 것이어야 한다.

□ 관련 판례

인권침해의 소지가 가장 많은 수사 분야에서 국민의 인권과 자유를 보호하기 위하여 우리 헌법과 법률은 검사 제도를 두어 검사에게 준사법기관으로서의 지위를 부여하고 철저한 신분보장과 공익의 대변자로서 객관의무를 지워 사법경찰관리의 수사에 대한 지휘와 감독을 맡게 함과 동시에 전속적 영장청구권(헌법 제12조 제3항), 수사주재자로서 사법경찰관리에 대한 수사지휘(형사소송법 제196조), 체포, 구속 감찰(형사소송법 제198조의2)등의 권한을 부여하여 절차법적 차원에서 인권보호의 기능을 수행하게 하고 있다. 이러한 측면에서 검사의 수사에 관한 지휘는 수사과정에서의 인권 침해를 방지하는 '인권옹호'를 당연히 포함한다. 따라서 형법 제139조의 입법 취지 및 보호법익, 그 적용대상이 특수성 등을 고려하면 여기서 말하는 '인권'은 범죄수사 과정에서 사법경찰관리에 의하여 침해되기 쉬운 인권으로서, 주로 헌법 제2조에 의한 국민의 신체의 자유 등을 그 내용으로 한다. 인권의 내용을 이렇게 볼 때 형법 제139조에 규정된 '인권옹호에 관한 검사의 명령'은 사법경찰관리의 직무수행에 의하여 침해될 수 있는 인식 구속 및 체포와 압수수색 등 강제수사를 둘러싼 피의자, 참고인, 기타 관계인에 대하여 헌법이 보장하는 인권 가운데 주로 그들의 신체적 인권에 대한 침해를 방지하고 이를 위해 필요하고도 밀접 불가분의 관련성 있는 검사의 제반명령 중 '그에 위반할 경우 사법경찰관리를 형사처벌까지 함으로써 준수되도록 해야 할 정도로 인권옹호를 위해 꼭 필요한 검사의 명령'으로 보아야 하고 나아가 법적 근거를 가진 적법한 명령이어야 한다(헌재결 2007.3.29. 2006헌바69 전원재판부 참조).

한편, 사법경찰관이 검사에게 긴급체포된 피의자에 대한 긴급체포 승인 건의와 함께 구속영장을 신청한 경우, 검사는 긴급체포의 승인 및 구속영장의 청구가 피의자의 인권에 대한 부당한 침해를 초래하지 않도록 긴급체포의 적법성 여부를 심사하면서 수사서류뿐만 아니라 피의자를 검찰청으로 출석시켜 직접 대면조사할 수 있는 권한을 가진다고 보아야 한다. 따라서 이와 같은 목적과 절차의 일환으로 검사가 구속영장 청구 전에 피의자를 대면조사하기 위하여 사법경찰관리에게 피의자를 검찰청으로 인치할 것을 명하는 것은 적법하고 타당한 수사지휘 활동에 해당하고, 수사지휘를 전달받은 사법경찰관리는 이를 준수할 의무를 부담한다. 다만 체포된 피의자의 구금 장소가 임의적으로 변경되는 점, 법원에 의한 영장실질심사 제도를 도입하고 있는 현행 형사소송법하에서 체포된 피의자의 신속한 법관 대면권 보장이 지연될 우려가 있는 점 등을 고려하면, 위와 같은 검사의 구속영장 청구 전 피의자 대면조사를 통해 그 여부의 판단이 가능할 것으로 보이는 예외적인 경우에 한하여 허용될 뿐, 긴급체포의 합당성이나 구속영장 청구에 필요한 사유를 보강하기 위한 목적으로 실시되어서는 아니 된다. 나아가 검사의 구속영장 청구 전 피의자 대면조사는 강제수사가 아니므로 검사의 출석 요구에 응할 의무가 없고, 피의자가 검사의 출석 요구에 동의한 때에 한하여 사법경찰관리는 피의자를 검찰청으로 호송하여야 한다.

검사가 긴급체포 등 강제처분의 적법성에 의문을 갖고 대면조사를 위한 피의자 인치를 2회에 걸쳐 명하였으나 이를 이행하지 않은 사법경찰관에게 인권옹호직무명령불준수죄와 직무유기죄를 모두 인정하고 두 죄를 상상적 경합관계로 보아야 한다(대판 2010.10.28. 2008도11999).

(3) 기수시기

인권옹호에 관한 검사의 직무집행을 방해하거나 명령을 준수하지 않음으로써 기수가 된다. 추상적 위험범으로 현실적인 방해가 되었음을 요하지 않는다.

3. 주관적 구성요건

본죄에 대한 고의가 있어야 한다.

Ⅵ. 공무상비밀표시무효죄

> **제140조【공무상비밀표시무효】** ① 공무원이 그 직무에 관하여 실시한 봉인 또는 압류 기타 강제처분의 표시를 손상 또는 은닉하거나 기타 방법으로 그 효용을 해한 자는 5년 이하의 징역 또는 700만원 이하의 벌금에 처한다.

1. 의의, 보호법익

본죄는 '공무원이 그 직무에 관하여 실시한 봉인 또는 압류 기타 강제처분의 표시를 손상 또는 은닉하거나 기타 방법으로 그 효용을 해함으로써 성립하는 범죄'이다. 보호법익은 '국가기능으로써의 강제처분의 표시기능'이며, 보호의 정도는 '침해범'이다. 미수범은 처벌한다.

2. 객관적 구성요건

(1) 행위의 주체

행위의 주체에는 제한이 없다.

(2) 행위의 객체

행위의 객체는 '공무원이 그 직무에 관하여 실시한 봉인 또는 압류 기타 강제처분의 표시'이다.

'봉인'이란 봉인 해제의 권한 없는 자가 물건에 대해 임의처분을 하는 것을 금지하기 위해 표면에 봉함을 하거나 그에 준하는 장치를 하는 것이다. 봉인한 물건에 공무원의 인장을 사용할 필요는 없다.

'압류'란 공무원이 직무집행 상 보관해야 할 물건에 대해 강제적으로 점유를 이전시키는 것을 말한다. 예를 들어 민사집행법에 의한 유체동산의 압류, 가압류가 있다.

'기타 강제처분의 표시'란 압류 이외의 것으로, 다른 사람에게 물건에 대해 작위 또는 부작위를 명하는 처분을 말한다. 예를 들어 집행관이 부동산에 대한 점유이전금지가처분을 집행하면서 '채무자는 점유를 타에 이전하거나 또는 점유명의를 변경하여서는 아니된다'는 고시문을 부동산에 부착하는 부작위명령이 이에 해당한다. '표시'는 압류나 강제처분이 있다는 것을 명시하기 위한 것으로 봉인 이외의 것을 말한다. 예로 입간판이나 고시문 등이 있다.

공무상비밀표시무효죄가 성립하기 위해서는 행위 당시에 강제처분의 표시가 현존할 것을 요한다.23) 또한, 적법한 것이어야 한다.24) 본죄가 성립하기 위해서는 공무원이 그 직무에 관하여 실시한 봉인 또는 압류 기타 강제처분의 표시는 법률상 유효히 실시된 것이라야 법률에 의한 보호를 받을 가치가 있다.25) 강제집행이 완결된 후의 행위는 본죄가 성립하지 않는다.26) 채무자가 채무를 변제하였다고 하더라도 그 압류가 해제되지 아니한 압류상태에 있다고 할 것이며, 변제사실만 가지고는 압류의 효력이 없다고 할 수 없다.27) 그리고 법원이 가처분결정에 기하여 집달관이 한 강제처분의 표시의 효력은 그 가처분결정이 적법한 절차에 의하여 취소되지 않는 한 지속되는 것이며, 그 가처분결정이 가령 부당한 것이라 하더라도 그 효력을 부정할 수는 없다.28)

(3) 실행 행위

실행 행위는 '손상, 은닉 기타 방법'으로 그 효용을 해하는 것이다.

'손상'이란 물리력을 가하여 훼손하는 것이며, '은닉'이란 소재를 발견하기 곤란하게 하는 것이다. '기타 방법'은 손상, 은닉을 제외한 방법으로 그 효용을 해하는 모든 행위를 말한다. 가압류된 유체동산을 제3자에게 양도하고 그 점유를 이전하는 행위,29) 압류물을 채권자나 집달관 몰래 원래의 보관장소로부터 상당한

---

23) 대판 1997.3.11. 96도2801.
24) 공무원이 그 직권을 남용하여 위법하게 실시한 봉인 또는 압류 기타 강제처분의 표시임이 명백하여 법률상 당연무효 또는 부존재라고 볼 수 있는 경우에는 그 봉인 등의 표시는 공무상표시무효죄의 객체가 되지 아니하여, 이를 손상 또는 은닉하거나 기타 방법으로 그 효용을 해한다 하더라도 공무상표시무효죄가 성립하지 아니한다 할 것이지만, 공무원이 실시한 봉인 등의 표시에 절차상 또는 실체상의 하자가 있다고 하더라도 객관적, 일반적으로 그것이 공무원이 그 직무에 관하여 실시한 봉인 등으로 인정할 수 있는 상태에 있다면 적법한 절차에 의하여 취소되지 아니하는 한 공무상표시무효죄의 객체로 된다(대판 2001.1.16. 2000도1757).
25) 대판 1965.9.25. 65도495.
26) 집달관이 채무자 겸 소유자의 건물에 대한 점유를 해제하고 이를 채권자에게 인도한 후 채무자의 출입을 봉쇄하기 위하여 출입문을 판자로 막아둔 것을 채무자가 이를 뜯어내고 그 건물에 들어갔다 하더라도 이는 강제집행이 완결된 후의 행위로서 채권자들의 점유를 침범하는 것은 별론으로 하고 공무상표시무효죄에 해당하지 않는다(대판 1985.7.23. 85도1092).
27) 대판 1981.10.13. 80도1441.
28) 대판 1985.7.9. 85도1165.
29) 형법 제140조 제1항이 정한 공무상표시무효죄 중 '공무원이 그 직무에 관하여 실시한 압류 기타 강제처분의 표시를 기타 방법으로 그 효용을 해하는 것'이란 손상 또는 은닉 이외의 방법으로 그 표시 자체의 효력을 사실상으로 감쇄 또는 멸각시키는 것을 의미하는 것이지, 그 표시의 근거인 처분의 법률상 효력까지 상실케 한다는 의미는 아니다. 집행관이 유체동산을 가압류하면서 이를 채무자에게 보관하도록 한 경우 그 가압류의 효력은 압류된 물건의 처분행위를 금지하는 효력이 있으므로, 채무자가 가압류된 유체동산을 제3자에게 양도

거리에 있는 다른 장소로 이동시킨 경우,30) 압류시설의 사용 및 봉인의 훼손을
방지할 수 있는 조치없이 봉인이 훼손되게 한 경우,31) 가처분에 의한 피담보권리
의 적법요건의 존부를 막론하고 그 결정의 집행으로서 집달리가 실시한 고시의
효력 자체를 해치는 행위32) 등이 그 예이다. 하지만, 가처분을 받은 자가 특정 채
무자로 지정된 경우에는 그 이외의 자에게 가처분의 효력이 미치지 않는다.33)34)
또한, 압류물을 종전대로 사용하거나35)채권자에게 승낙을 얻은 경우36)에는 본죄
가 성립하지 않는다.

'그 효용을 해한다'라는 것은 손상 또는 은닉 이외의 방법으로 그 표시 자체
의 효력을 사실상으로 감살 또는 멸각시키는 것을 의미한다.37)

하고 그 점유를 이진한 경우, 이는 가압류집행이 금지하는 처분행위로서, 특별한 사정이
없는 한 가압류표시 자체의 효력을 사실상 감쇄 또는 멸각시키는 행위에 해당한다. 이
는 채무자와 양수인이 가압류된 유체동산을 원래 있던 장소에 그대로 두었더라도 마찬가
지이다(대판 2018.7.11. 2015도5403).

30) 압류물을 채권자가 집달관 몰래 원래의 보관장소로부터 상당한 거리에 있는 다른 장소로
이동시킨 경우에는 설사 그것이 집행을 면탈할 목적으로 한 것이 아니라 하여도 객관적으
로 집행을 현저히 곤란하게 한 것이 되어 형법 제140조 제1항 소정의 '기타의 방법으로 그
효용을 해한' 경우에 해당한다(대판 1986.3.25. 86도69).

31) 압류된 골프시설을 보관하는 회사의 대표이사가 위 압류시설의 사용 및 봉인의 훼손을 방
지할 수 있는 적절한 조치 없이 골프장을 개장하게 하여 봉인이 훼손되게 한 경우, 부작위
에 의한 공무상표시무효죄의가 성립한다(대판 2005.7.22. 2005도3034).

32) 대판 1971.3.23. 70도2688.

33) 가처분은 가처분 채무자에 대한 부작위 명령을 집행하는 것이므로 가처분의 채무자가 아
닌 제3자가 그 부작위 명령을 위반한 행위는 그 가처분집행 표시의 효용을 해한 것으로 볼
수 없다. 온천수 사용금지 가처분결정이 있기 전부터 온천이용허가업자인 가처분 채무자
로부터 이를 양수하고 임대차계약의 형식을 빌어 온천수를 이용하여 온 제3자가 위 금지
명령을 위반하여 계속 온천수를 사용한 경우, 위 제3자가 위 가처분사건 당사자 사이의 권
리관계 내용을 잘 알고 있었다거나 그가 실질적으로는 가처분 채무자와 같은 당사자 위치
에 있었다는 등의 사정이 있다 하여도 위 위반행위가 공무상표시무효죄를 구성하지 않는
다(대판 2007.11.26. 2007도5539).

34) 남편을 채무자로 한 출입금지 가처분 명령의 효력은 그 처에게는 미치지 아니하므로 그 처
가 이를 무시하고 출입금지된 밭에 들어가 작업을 한 경우에 공무원이 직무에 관하여 실시
한 강제처분표시의 효용을 해한 것이라고는 할 수 없다(대판 1979.2.13. 77도1455).

35) 압류는 채무자의 처분행위를 금하는 것이므로 압류의 효용을 손상하지 않는다면 압류상태
에서 그 용법에 따라 종전대로 상요하는 것은 허용된다 할 것이므로 피고인이 압류표시된
원동기를 가동하였다 하여 공무상표시무효죄를 구성한다고 볼 수 없다(대판 1969.6.24. 69
도481).

36) 집행관이 그 점유를 옮기고 압류표시를 한 다음 채무자에게 보관을 명한 유체동산에 관하
여 채무자가 이를 다른 장소로 이동시켜야 할 불가피한 특별한 사정이 있고, 그 이동에 앞
서 채권자에게 이동사실 및 이동장소를 고지하여 승낙을 얻은 때에는 비록 집행관의 승인
을 얻지 못한 채 압류물을 이동시켰다 하더라도 형법 제140조 제1항 소정의 '기타의 방법
으로 그 효용을 해한' 경우에 해당한다고 할 수 없다(대판 2004.7.9. 2004도3029).

(4) 기수 시기

압류 등의 표시의 효용이 사실상 훼손되었을 때 기수가 된다. 미수범은 처벌한다.

3. 주관적 구성요건

본죄에 대한 고의가 있어야 한다

Ⅶ. 공무상비밀침해죄

> **제140조【공무상비밀표시무효】** ② 공무원이 그 직무에 관하여 봉함 기타 비밀장치한 문서 또는 도화를 개봉한 자도 제1항의 형과 같다.
> ③ 공무원이 그 직무에 관하여 봉함 기타 비밀장치한 문서, 도화 또는 전자기록 등 특수매체기록을 기술적 수단을 이용하여 그 내용을 알아낸 자도 제1항의 형과 같다.

본죄는 '공무원이 그 직무에 관하여 봉함 기타 비밀장치한 문서 또는 도화를 개봉하거나 봉함 기타 비밀장치한 문서, 도화 또는 전자기록 등 특수매체기록을 기술적 수단을 이용하여 그 내용을 알아냄으로써 성립하는 범죄'이다. 이는 비밀침해죄[38]의 불법가중유형이다. 보호법익은 '공무상의 비밀'이며, 보호의 정도는 ②항은 '추상적 위험범'으로 개봉하는 것만으로 기수가 되고, ③항은 '침해범'으로 그 내용을 알아낸 경우에 기수가 된다. 미수범은 처벌한다.

Ⅷ. 부동산강제집행효용침해죄

> **제140조의2【부동산강제집행효용침해】** 강제집행으로 명도 또는 인도된 부동산에 침입하거나 기타 방법으로 강제집행의 효용을 해한 자는 5년 이하의 징역 또는 700만원 이하의 벌금에 처한다.

1. 의의, 보호법익

본죄는 '강제집행으로 명도 또는 인도된 부동산에 침입하거나 기타 방법으로

---

37) 대판 2004.10.28. 2003도8238.
38) 제316조.

강제집행의 효용을 해함으로써 성립하는 범죄'이다. 보호법익은 '국가의 강제집행의 효용'이며, 보호의 정도는 '침해범'이다. 미수범은 처벌한다.

2. 객관적 구성요건

(1) 행위의 주체

행위의 주체에는 제한이 없다.

(2) 행위의 객체

행위의 객체는 '강제집행으로 명도 또는 인도된 부동산'이다. 이는 민사집행법에 의한 강제집행을 말하는데, 민사집행법 제258조 제1항에서는 명도 또는 인도를 '인도'로 통일하였다. '인도'란 부동산의 점유만을 이전하는 것을 말한다.

(3) 실행 행위

실행 행위는 '침입하거나 기타 방법으로 효용을 해하는 것'이다.

'침입'은 권리자의 의사에 반하여 부동산 경계 안으로 들어가는 것을 말한다. 침입의 수단, 방법에는 제한이 없다. '기타방법'으로는 침입 이외 부동산에 대한 권리행사를 방해하는 행위를 말한다.[39]

□ 관련 판례

피고인이 지상주차장을 운영하다가 법원의 강제집행으로 퇴거집행이 된 후 다시 그 지상주차장에 침입하였다면, 부동산강제집행효용침해죄의 객체인 강제집행으로 명도 또는 인도된 부동산에는 강제집행으로 퇴거집행된 부동산을 포함한다고 해석되므로 부동산강제집행효용죄가 성립한다(대판 2003.5.13. 2001도3212).

(4) 실행의 착수 및 기수시기

강제집행으로 명도 또는 인도된 부동산에 침입 또는 방해행위를 한 때에 실행의 착수가 인정되고, 그로 인해 강제집행의 효용이 침해된 때 기수가 된다.

3. 주관적 구성요건

본죄의 고의가 있어야 한다. 강제집행으로 명도 또는 인도된 부동산이라는

---

39) 부동산강제집행효용침해죄에서 '기타 방법'이란 강제집행의 효용을 해할 수 있는 수단이나 방법에 해당하는 일체의 방해행위를 말하고, '강제집행의 효용을 해하는 것'이란 강제집행으로 명도 또는 인도된 부동산을 권리자가 그 용도에 따라 사용, 수익하거나 권리행사를 하는데 지장을 초래하는 일체이 침해행위를 말한다(대판 2014.1.23. 2013도38).

점과 그 효용을 해한다는 인식과 인용이다.

Ⅸ. 공용서류 등 무효죄

제141조 【공용서류 등의 무효】① 공무소에서 사용하는 서류 기타 물건 또는 전자기록 등 특수매체기록을 손상 또는 은닉하거나 기타 방법으로 그 효용을 해한 자는 7년 이하의 징역 또는 1천만원 이하의 벌금에 처한다.

1. 의의, 보호법익

본죄는 '공무소에서 사용하는 서류 기타 물건 또는 전자기록 등 특수매체기록을 손상 또는 은닉하거나 기타 방법으로 그 효용을 해함으로써 성립하는 범죄'이다. 보호법익은 '공용서류 등의 효용'이며, 보호의 정도는 '침해범'이다. 미수범은 처벌한다.

2. 객관적 구성요건

(1) 행위의 주체

행위의 주체에는 제한이 없다. 그러나 공용서류의 작성자는 권한 범위 내의 단계의 경우에는 적용의 여지가 없다.[40]

(2) 행위의 객체

행위의 객체는 '공무소에서 사용하는 서류 기타 물건 또는 전자기록 등 특수매체기록'이다.

'공무소'란 공무원이 직무를 집행하는 장소를 말한다. 서울시청, 경찰청 등이며, 공공조합, 공법인, 한국조폐공사와 같은 영조물 법인도 포함한다.

'서류'는 문서보다는 넓은 개념으로 공문서, 사문서를 불문한다. 미완성의 피

---

40) 형법 제141조 제1항이 규정한 공용서류무효죄는 정당한 권한 없이 공무소에서 사용하는 서류의 효용을 해함으로써 성립하는 죄이므로 권한 있는 자의 정당한 처분에 의한 공용서류의 파기에는 적용의 여지가 없고, 또 공무원이 작성하는 공문서는 그것이 작성자의 지배를 떠나 작성자로서도 그 변경 삭제가 불가능한 단계에 이르렀다면 모르되 그렇지 않고 상사가 결재하는 단계에 있어서는 작성자는 결재자인 상사와 상의하여 언제든지 그 내용을 변경 또는 일부 삭제할 수 있는 것이며 그 내용을 정당하게 변경하는 경우는 물론 내용을 허위로 변경하였다 하여도 그 행위가 허위공문서작성죄에 해당할지언정 따로 형법 제141조 소정의 공용서류의 효용을 해하는 행위에 해당한다고는 할 수 없다(대판 1995.11.10. 95도1395).

의자 신문조서나 진술조서,[41] 수사기록에 편철하지 않은 진술조서,[42] 정식절차를 밟아 접수 또는 작성된 것인가를 불문한다.[43] 공무소에서 보관 중인 위조된 사문서도 포함된다.

'기타 물건'이란 서류를 제외한 일체의 물건을 말한다. 경찰서에서 운행 중인 순찰차, 공무소에서 사용하는 책상, 전화기 등이다.

'전자기록 등 특수매체기록'은 전자적 방식과 자기적 방식에 의해 만들어진 기록을 의미하고, 특수매체기록은 전자기록 포함, 전기적 기록, 광기술을 이용한 기록으로 정보처리장치에 의해 사용되는 것을 말한다.

(3) 실행 행위

실행 행위는 '손상, 은닉 기타 방법으로 그 효용을 해하는 것'이다.

'손상'은 본죄의 객체에 해당하는 것을 훼손하여 그 효용을 소멸시키거나 감소시키는 것이다. '은닉'은 소재의 발견을 곤란하게 하는 것이다. '기타 방법'이란 손상, 은닉 이외 효용을 해하는 일체의 행위를 말한다.

□ 공용서류 등 무효죄 관련 판례

〈공용서류 등 무효죄에 해당하는 경우〉

① 피고인이 면사무소에 비치되어 있는 정상적으로 작동되는 소화기 9대를 가져간 후 분말액과 질소가스를 충전하지도 않은 채 충전대금을 청구하였으나 면사무소 측에서 대금 지급을 거절하자 원래 소화기에 들어 있던 분말액과 질소가스를 빼낸 경우, 공용 물건손상죄가 성립한다(대판 2011.2.24. 2010도14262).

② 피고인이 판결원본의 일부기재 부분을 청잉크로 그었다면, 이로 인하여 판결원본의 해당부분이 손상되어 그 효용이 해되었다 아니할 수 없어 공용서류무효죄에 해당한다 (대결 1960.5.18. 4292형상652).

③ 피고인 자신이 작성한 허위내용의 문서라 할지라도 공용문서로서 면사무소에서 비치 보관되어 있는 문서라면 이를 찢는 행위는 공무소에서 사용하는 문서를 손상한 경우에 해당한다 할 것이다(대판 1972.9.26. 72도1132).

④ 공용서류무효죄는 공문서나 사문서를 불문하고 공무소에서 사용 또는 보관중인 서류를 정당한 권한없이 그 효용을 해함으로써 성립하므로, 피고인이 군에 보관중인 피고인 명의의 건축허가신청서에 첨부된 설계도면을 떼내고 별개의 설계도면으로 바꿔 넣

---

41) 경찰이 작성한 피의자신문조서 또는 진술조서가 미완성이고 작성자와 진술자가 서명, 날인 또는 무인한 것이 아니어서 공문서로서의 효력이 없다고 하더라도 공무소에서 사용하는 서류라고 할 수 있다(대판 2006.5.25. 2003도3945).

42) 대판 1982.10.12. 82도368.

43) 대판 1981.8.25. 81도1830.

은 경우 공용서류무효죄가 성립한다(대판 1982.12.14. 81도81).

〈공용서류 등 무효죄에 해당하지 않는 경우〉

피고인이 교사의 명예훼손 혐의와 관련하여 다른 교사가 경찰관에게 제출한 진술서를 경찰관 스스로의 판단에 따라 다른 교사에게 보여주고 찢어버리라며 넘겨주자 이를 받아와서 찢어버렸다면 공용서류무효죄가 성립하지 아니한다(대판 1999.2.24. 98도4350).

(4) 기수시기

본죄는 공무소에서 사용하는 서류 등을 손상 등의 행위로 그 효용을 해하였을 때 기수가 된다. 미수범은 처벌한다.

3. 주관적 구성요건

본죄는 고의가 있어야 한다. 공무소에서 사용하는 서류 등이라는 사실과 이를 손상 등의 방법으로 그 효용을 해한다는 사실의 인식이 있음으로써 족하다.[44]

X. 공용물파괴죄

제141조【공용물의 파괴】② 공무소에서 사용하는 건조물, 선박, 기차 또는 항공기를 파괴한 자는 1년 이상 10년 이하의 징역에 처한다.

1. 의의, 보호법익

본죄는 '공무소에서 사용하는 건조물, 선박, 기차 또는 항공기를 파괴함으로써 성립하는 범죄'이다. 보호법익은 '공용물의 효용'이며, 보호의 정도는 '침해범'이다. 미수범은 처벌한다.

2. 객관적 구성요건

(1) 행위의 주체

행위의 주체에는 제한이 없다.

---

44) 대판 2006.5.25. 2003도3945.

(2) 행위의 객체

행위의 객체는 '공무소에서 사용하는 건조물, 선박, 기차 또는 항공기'이다. 이는 제한적 열거에 해당하면 다른 객체는 본죄에 해당하지 않는다.

(3) 실행 행위

실행 행위는 '파괴'이다. 이는 손괴보다 중한 개념으로 본래의 용도로 사용할 수 없을 정도의 훼손을 의미한다.

3. 주관적 구성요건

본죄의 고의가 있어야 한다.

XI. 공무상보관물무효죄

> **제142조【공무상보관물의 무효】** 공무소로부터 보관명령을 받거나 공무소의 명령으로 타인이 관리하는 자기의 물건을 손상 또는 은닉하거나 기타 방법으로 그 효용을 해한 자는 5년 이하의 징역 또는 700만원 이하의 벌금에 처한다.

1. 의의, 보호법익

본죄는 '공무소로부터 보관명령을 받거나 공무소의 명령으로 타인이 관리하는 자기의 물건을 손상 또는 은닉하거나 기타 방법으로 그 효용을 해함으로써 성립하는 범죄'이다. 보호법익은 '공무소로부터 보관명령을 받은 물건의 효용'이며, 보호의 정도는 '침해범'이다. 미수범은 처벌한다.

2. 객관적 구성요건

(1) 행위의 주체

행위의 주체는 공무소로부터 보관명령을 받거나 공무소의 명령으로 타인이 관리하는 물건의 소유자이다(진정신분범).

(2) 행위의 객체

행위의 객체는 '공무소로부터 보관명령을 받거나 공무소의 명령으로 타인이 관리하는 자기의 물건'이다. 이는 법령에 근거한 적법한 것이어야 한다. 제3채무자는 채무자에 대한 채무의 지급을 하여서는 아니된다는 내용 등의 가압류결정

정본의 송달을 받은 것은 공무소로부터 보관명령을 받은 경우에 해당되지 않는다.[45]

(3) 실행 행위

실행 행위는 '손상, 은닉 기타 방법으로 그 효용을 해하는 것'이다.

3. 주관적 구성요건

본죄의 고의가 있어야 한다.

XII. 특수공무방해죄 · 특수공무방해치사상죄

> 제144조 【특수공무방해】 ① 단체 또는 다중의 위력을 보이거나 위험한 물건을 휴대하여 제136조, 제138조와 제140조 내지 전조의 죄를 범한 때에는 각조에 정한 형의 2분의 1까지 가중한다.
> ② 제1항의 죄를 범하여 공무원을 상해에 이르게 한 때에는 3년 이상의 유기징역에 처한다. 사망에 이르게 한 때에는 무기 또는 5년 이상의 징역에 처한다.

1. 제144조 제1항(특수공무방해)

본죄는 '단체 또는 다중의 위력을 보이거나 위험한 물건을 휴대하여 공무집행방해죄, 직무강요죄, 법정 · 국회회의장모욕죄, 공무상비밀표시무효죄, 부동산강제집행효용침해죄, 공용서류 등 무효죄, 공용물파괴죄, 공무상보관물무효죄 및 그 미수죄를 범함으로써 성립하는 범죄'이다.

2. 제144조 제2항(특수공무방해치사상)

본죄는 제1항에 대한 부진정결과적 가중범이다.[46]

---

45) 대판 1983.7.12. 83도1405.
46) 특수공무집행방해치상죄는 원래 결과적 가중범이기는 하지만, 이는 중한 결과에 대하여 예견가능성이 있었음에 불구하고 예견하지 못한 경우에 벌하는 진정결과적 가중범이 아니라, 그 결과에 대한 예견가능성이 있었음에도 불구하고 예견하지 못한 경우뿐만 아니라 고의가 있는 경우까지도 포함하는 부진정결과적 가중범이다(대판 1995.1.20. 94도2842).

제 7 장

도주와 범인은닉의 죄

제1절 서 설

Ⅰ. 의의, 보호법익

본죄는 도주죄와 범인은닉죄로 구분된다.

도주의 죄는 '법률에 의해 체포·구금된 자가 도주하거나 도주를 원조하는 죄'이며, 범인은닉죄는 '벌금 이상의 형에 해당하는 죄를 범한 자를 은닉 또는 도피하게 하는 죄'이다.

도주죄의 보호법익은 '국가의 구금권'이며, 보호의 정도는 '침해범'이다. 범인은닉죄의 보호법익은 '국가의 형사사법작용'이며, 보호의 정도는 '추상적 위험범'이다.

Ⅱ. 도주와 범인은닉의 죄의 구성요건의 체계

도주와 범인은닉의 죄는 도주죄, 도주원조죄, 범인은닉죄로 나누어진다.

도주죄는 단순도주죄(제145조 제1항)가 기본적 구성요건이다. 특수도주죄(제146조)는 행위로 인해 불법이 가중된 유형이다. 집합명령위반죄(제145조 제2항)는 진정부작위범의 형태이다.

　도주원조죄는 단순도주원조죄(제147조)가 기존적 구성요건이다. 간수자도주원조죄(제148조)는 신분으로 인한 책임가중유형이다. 도주죄의 미수범은 처벌한다(제149조).

　범인은닉죄(제151조 제1항)는 1개로 구성되어 있다. 본죄는 친족간의 특례가 규정되어 있다(제151조 제2항).

제2절 개별적 범죄 유형

Ⅰ. 단순도주죄

제145조【도주】① 법률에 의하여 체포 또는 구금된 자가 도주한 때에는 1년 이하의 징역에 처한다.

1. 의의, 보호법익

　본죄는 '법률에 의하여 체포 또는 구금된 자가 도주함으로써 성립하는 범죄'이다. 보호법익은 '국가의 구금기능'이며, 보호의 정도는 '침해범'이며, '즉시범'이다. 미수범은 처벌한다.

　본죄는 2020. 12. 8. '제145조(도주) ① 법률에 따라 체포되거나 구금된 자가 도주한 경우에는 1년 이하의 징역에 처한다'로 개정되었다(2021. 12. 9. 시행).

2. 객관적 구성요건

(1) 행위의 주체

　행위의 주체는 '법률에 의해 체포 또는 구금된 자'로, 진정신분범이다. 그러므로, 영장에 의한 체포, 긴급체포, 현행범으로 체포된 자는 이에 해당되며, 유죄의 확정판결에 따른 자유형 집행을 받는 수형자, 감정유치된 자, 벌금미납에 따른 환형유치된 자, 구속된 피의자나 피고인인 미결구금자, 구인된 피의자나 피고인, 소년법에 의한 소년원 수용자 등이 본죄의 주체가 된다. 치료감호 등에 관한 법률에 의해 치료감호시설에 수용된 자도 본죄의 주체가 되지만, 피치료감호자가 도주한 경우에는 치료감호 등에 관한 법률 제52조가 적용된다.[1]

하지만, 불법체포된 자,[2] 사인에 의해 현행범인으로 체포된 자, 경찰관직무 집행법에 의해 보호조치 중인 자, 보석 중에 있는 자, 형집행이 정지된 자, 구인 된 증인 등은 본죄의 주체에 해당하지 않는다.

(2) 실행 행위

실행 행위는 '도주'이다.

'도주'란 체포 또는 구금되어 신체의 자유가 박탈당한 자가 그 상태로부터 이탈하는 것을 의미한다. 방법에는 수단, 방법을 불문한다. 수용설비 또는 기구를 손괴, 사람에 대한 폭행·협박, 2인 이상 합동의 경우에는 본죄가 아니라 특수도 주죄(제146조)가 적용된다.

(3) 실행의 착수 및 기수시기

실행의 착수는 체포, 구금에 대한 기능이 침해가 되는 시기, 즉, 체포, 구금 장소로부터 이탈하기 위해 문을 열거나 달아나기 시작한 때이며, 기수시기는 간 수자의 실력적 지배를 이탈한 상태에 이르렀을 때이다.[3] 체포, 구금 장소로부터 벗어나지 못하거나 계속적으로 추적을 받고 있는 상태라면 본죄의 미수범이 성립 한다.

3. 주관적 구성요건

본죄는 체포, 구금된 장소에서 이탈한다는 고의가 있어야 한다.

Ⅱ. 집합명령위반죄

> 제145조 【집합명령위반】 ② 전항의 구금된 자가 천재, 사변 기타 법령에 의하여 잠시 해 금된 경우에 정당한 이유 없이 그 집합명령에 위반한 때에도 전항의 형과 같다.

---

1) 치료감호 등에 관한 법률 제52조(벌칙)는 형법 제145조 제1항과 특별법 관계이다.
2) 사법경찰관이 피고인을 수사관서까지 동행한 것이 사실상의 강제연행에 해당하고, 불법체 포로부터 6시간 상당이 경과한 후에 이루어진 긴급체포 또한 위법하므로 피고인은 불법체 포된 자로서 '법률에 의하여 체포 또는 구금된 자'가 아니어서 도주죄의 주체가 될 수 없다 (대판 2006.7.6. 2005도6810).
3) 도주죄는 즉시범으로 범인이 간수자의 실력적 지배를 이탈한 상태에 이르렀을 때에 기수 가 되어 도주행위가 종료하는 것이다(대판 1991.10.11. 91도1656).

1. 의의, 성격

본죄는 '법률에 의하여 구금된 자가 천재, 사변 기타 법령에 의하여 잠시 해금된 경우에 정당한 이유 없이 그 집합명령을 위반함으로써 성립하는 범죄'이다. 집합명령에 응하지 아니함으로써 성립하는 범죄로 진정부작위범이다. 미수범은 처벌한다.

본죄는 2020. 12. 8. '제145조(집합명령위반) ② 제1항의 구금된 자가 천재지변이나 사변 그 밖에 법령에 따라 잠시 석방된 상황에서 정당한 이유없이 집합명령에 위반한 경우에도 제1항의 형에 처한다'로 개정되었다(2021. 12. 9. 시행).

2. 객관적 구성요건

(1) 행위의 주체

행위의 주체는 '법률에 의하여 구금된 자'이다. 그러므로, 전항과 같이 체포된 자는 본죄의 주체가 되지 않으며, 천재, 사변이라고 하더라도 불법으로 이탈한 자는 도주죄가 성립한다.

(2) 실행 행위

실행 행위는 '정당한 이유 없이 집합명령에 위반'하는 것이다. 이는 불가항력적인 사유가 있거나 집합명령에 응할 수 없었던 이유를 정당화할 수 있는 사정이 없는 것을 말한다.

(3) 기수시기

본죄는 집합명령에 응하지 않을 때 바로 기수가 된다. 진정부작위범으로 미수범 처벌규정이 불요하나, 본죄는 미수범 처벌규정이 있다.

3. 주관적 구성요건

본죄에 대한 고의가 있어야 한다.

4. 형의 집행 및 수용자의 처우에 관한 법률

형의 집행 및 수용자의 처우에 관한 법률 제102조(재난 시의 조치) 제4항은 '제3항4)에 따라 석방된 사람은 석방 후 24시간 이내에 교정시설 또는 경찰관서에

---

4) 제3항 '소장은 제2항에 따른 이송이 불가능하면 수용자를 일시 석방할 수 있다.' 제2항 '소

출석하여야 한다'라고 규정하고 있으며, 제134조 (출석의무 위반 등) 제1호에는 '정당한 사유 없이 제102조 제4항을 위반하여 일시석방 후 24시간 이내에 교정시설 또는 경찰관서에 출석하지 아니하는 행위'에 대하여 1년 이하의 징역에 처한다고 규정하고 있다.

Ⅲ. 특수도주죄

> **제146조【특수도주】** 수용설비 또는 기구를 손괴하거나 사람에게 폭행 또는 협박을 가하거나 2인 이상이 합동하여 전조 제1항의 죄를 범한 자는 7년 이하의 징역에 처한다.

1. 의의, 성격

본죄 '수용설비 또는 기구를 손괴하거나 사람에게 폭행 또는 협박을 가하거나 2인 이상이 합동하여 도주함으로써 성립하는 범죄'이다. 본죄는 행위 방법의 대한 단순도주죄의 불법가중유형이다. 미수범은 처벌한다.

2. 객관적 구성요건

(1) 행위의 주체

행위의 주체는 단순도주죄와 같은 '법률에 의하여 체포, 구금된 자'이다.

(2) 실행 행위

실행 행위는 '수용설비 또는 기구를 손괴하거나, 사람에게 폭행, 협박을 가하거나, 2인 이상이 합동하여 도주'라는 것이다.

(가) 수용설비 또는 기구를 손괴

'수용설비'란 교도소나 구치소, 경찰서 유치장 등과 같은 구금, 구속장소와 호송용 차량, 감시초소 등의 시설로 신체의 자유를 박탈하거나 제한하기 위한 것을 말한다.

'기구'란 신체를 제한하는 데 사용되는 수갑, 포승 등을 말한다.

'손괴'란 수용설비나 기구를 물리적으로 훼손하는 것을 말한다. 본죄에서의 손괴는 도주를 하기 위함으로 단순히 수갑을 풀거나 유치장의 문을 열고 달아나

장은 교정시설의 안에서 천재지변이나 그 밖의 사변에 대한 피난의 방법이 없는 경우에는 수용자를 다른 장소로 이송할 수 있다.'

는 것은 본죄가 아니라 단순도주죄가 성립한다. 그러므로, 손괴는 도주의 수단으로 이루어져야 한다.

(나) 사람에 대한 폭행, 협박

폭행, 협박은 광의의 폭행, 협박을 의미한다. 그러므로, 폭행은 사람에 대해 직, 간접의 유형력으로 족하고, 협박은 상대방의 의사결정을 제한할 정도를 요하지 않는다. 폭행, 협박은 도주를 하기 위함이기 때문에 간수자나 협력자에게 행해져야 한다.

(다) 2인 이상의 합동

2인 이상의 합동은 합동범을 의미한다.[5] 합동도주는 동일한 기회에 모두 도주하여야 한다.

(3) 실행의 착수

① 수용설비 또는 기구를 손괴하기 시작한 때, ② 도주를 하기 위해 사람에 대한 폭행, 협박을 시작한 때, ③ 2인 이상이 합동하여 도주에 착수한 때이다. 이때, 기수와 미수에 대해서는 각자를 기준으로 별도로 판단한다.

3. 주관적 구성요건

본죄의 고의가 있어야 한다.

4. 죄수

2인 이상이 합동하여 수용시설 또는 기구를 손괴하고 간수자를 폭행하여 도주한 경우에는 포괄하여 일죄가 성립한다.

Ⅳ. 단순도주원조죄

> **제147조 【도주원조】** 법률에 의하여 구금된 자를 탈취하거나 도주하게 한 자는 10년 이하의 징역에 처한다.

1. 의의, 보호법익

본죄는 '법률에 의하여 구금된 자를 탈취하거나 도주하게 함으로써 성립하는

---

5) 총론의 '합동범' 참조.

범죄'이다. 본죄는 도주죄와 함께 필요적 공범으로 이루어지므로 총칙의 방조 또는 교사 행위에 대한 규정이 적용되지 않는다. 행위에 대한 독립적 구성요건이며, 미수범은 처벌한다.

2. 객관적 구성요건

(1) 행위의 주체

행위의 주체에는 제한이 없다. 본죄에서 규정한 구금된 자는 제외한다.

(2) 행위의 객체

행위의 객체는 '법률에 의해 구금된 자'이다. 그러므로, 구금에 이르지 못한 체포단계의 있는 자는 적용이 되지 않는다. 구금은 적법한 경우에 한한다.

(3) 실행 행위

실행 행위는 '탈취하거나 도주하게 하는 것'이다.

'탈취'란 피구금자를 간수자의 실력적 지배로부터 이탈시켜 자기 또는 제3자의 실력적 지배하에 옮기는 것을 말한다. 이때, 피구금자의 의사는 불문한다. 방법에는 제한이 없으며, 폭행이나 협박 등도 가능하다. 폭행이나 협박으로 피구금자를 자기 또는 제3자의 실력적 지배하에 두지 않고, 도주하게 하는 경우에는 본죄가 아닌 특수도주죄가 성립한다.

'도주하게 하는 것'이란 피구금자가 도주를 용이하게 하거나 야기시키는 것을 말한다. 방법에는 제한이 없다.

(4) 실행의 착수 및 기수시기

'탈취'의 실행의 착수는 피구금자를 구금상태에서 배제할 때이며, 기수는 자기 또는 제3자의 실력적 지배하에 두었을 때이다.

'도주하게 하는 것'의 실행의 착수는 피구금자의 도주행위가 야기되거나 용이하게 할 때이며, 기수는 간수자의 실력적 지배로부터 벗어날 때이다.

3. 주관적 구성요건

본죄의 고의가 있어야 한다.

4. 다른 죄와의 관계

도주원조죄는 도주죄에 있어서의 범인의 도주행위를 야기시키거나 이를 용

이하게 하는 등 그와 공범관계에 있는 행위를 독립한 구성요건으로 하는 범죄이
므로, 도주죄의 범인이 도주행위를 하여 기수에 이른 이후에 범인의 도피를 도와
주는 행위는 범인도피죄에 해당할 수 있을 뿐 도주원조죄에는 해당하지 아니한
다.6)

Ⅴ. 간수자 도주원조죄

> **제148조 【간수자의 도주원조】** 법률에 의하여 구금된 자는 간수 또는 호송하는 자가 이를
> 도주하게 한 때에는 1년 이상 10년 이하의 징역에 처한다.

1. 의의, 성격

본죄는 '법률에 의하여 구금된 자는 간수 또는 호송하는 자가 이를 도주하게
함으로써 성립하는 범죄'이다. 신분으로 인한 책임가중유형으로 부진정신분범이
다. 미수범은 처벌한다.

2. 객관적 구성요건

(1) 행위의 주체

행위의 주체는 '간수 또는 호송하는 자'이다. 간수 또는 호송의 임무는 법령
의 근거를 요하지 않고 현실적으로 그 임무에 종사하면 족하다.

(2) 행위의 객체

행위의 객체는 '법률에 의해 구금된 자'로, 도주원조죄의 객체와 동일하다.

(3) 실행 행위

실행 행위는 도주하게 하는 것이다.

(4) 기수시기

피구금자가 도주한 때 기수가 된다.

3. 주관적 구성요건

본죄에 대한 고의가 있어야 한다.

---

6) 대판 1991.10.11. 91도1656.

VI. 범인은닉죄

> 제151조 【범인은닉】 ① 벌금 이상의 형에 해당하는 죄를 범한 자를 은닉 또는 도피하게
> 한 자는 3년 이하의 징역 또는 500만원 이하의 벌금에 처한다.

1. 의의, 보호법익

본죄는 '벌금 이상의 형에 해당하는 죄를 범한 자를 은닉 또는 도피하게 함
으로써 성립하는 범죄'이다. 보호법익은 '국가의 형사사법기능'이며, 보호의 정도
는 '추상적 위험범'이며, '계속범'이다.[7]

2. 객관적 구성요건

(1) 행위의 주체

행위의 주체는 본범 이외의 자이다. 공범도 주체에 포함되나 범인 스스로 도
피하는 행위는 처벌되지 않는다. 공범이 자신의 방어권 행사 차원에서 허위진술
한 결과, 다른 공범을 도피하게 하였더라도 범인도피죄로 처벌할 수 없으며, 공범
이 이를 교사하였더라도 범인도피교사죄가 성립하지 않는다.[8] 하지만, 방어권의
남용으로 범인이 타인을 교사하여 허위의 자백을 하게 하는 경우에는 범인도피교
사죄가 성립할 수 있다.[9]

공동정범자 중 1인이 다른 공동정범을 도피하게 한 경우에도 본죄의 주체가

---

7) 범인도피죄는 범인을 도피하게 함으로써 기수에 이르지만, 범인도피행위가 계속되는 동안
   에는 범죄행위도 계속되고 행위가 끝날 때 비로소 범죄행위가 종료된다(대판 1995.9.5. 95
   도577).
8) 범인도피죄는 타인을 도피하게 하는 경우에 성립할 수 있는데 여기에서 타인에는 공범도
   포함되나 범인 스스로 도피하는 행위는 처벌되지 않는다. 또한 공범 중 1인이 그 범행에
   관한 수사절차에서 참고인 또는 피의자로 조사받으면서 자기의 범행을 구성하는 사실관계
   에 관하여 허위로 진술하고 허위 자료를 제출하는 것은 자신의 범행에 대한 방어권 행사의
   범위를 벗어난 것으로 볼 수 없다. 이러한 행위가 다른 공범을 도피하게 하는 결과가 된다
   고 하더라도 범인도피죄로 처벌할 수 없다. 이때 공범이 이러한 행위를 교사하였더라도 범
   죄가 될 수 없는 행위를 교사한 것에 불과하여 범인도피교사죄가 성립하지 않는다(대판
   2018.8.1. 2015도20396).
9) 범인이 자신을 위하여 타인으로 하여금 허위의 자백을 하게 하여 범인도피죄를 범하게 하
   는 행위는 방어권의 남용으로 범인도피교사죄에 해당하는바, 이 경우 그 타인이 형법 제
   151조 제2항에 의하여 처벌을 받지 아니하는 친족, 호주 또는 동거가족에 해당한다 하여
   달리 볼 것은 아니다. 무면허 운전으로 사고를 낸 사람이 동생을 경찰서에 대신 출두시켜
   피의자로 조사받도록 한 행위는 범인도피교사죄를 구성한다(대판 2006.12.7. 2005도3707).

될 수 있다.10)

친족의 경우, 친족간의 특례에 의해 책임이 조각되어 처벌되지 않는 것일 뿐, 본죄의 주체가 될 수 있다.

(2) 행위의 객체

행위의 객체는 '벌금 이상의 형에 해당하는 죄를 범한 자'이다.

'벌금 이상의 형에 해당하는 죄'란 법정형이 벌금 이상의 형이 규정되어 있는 것을 말하는데 형법상 모든 범죄가 이에 해당한다. 또한, '죄를 범한 자'는 정범, 방조범, 교사범, 기수·미수외 예비·음모의 자들도 포함한다. 수사대상인 자부터 공소가 제기된 자도 해당된다. 수사대상인 자 또는 수사대상이 아닌 자도 주체가 되며, 진범인지 여부를 불문한다.11)12) 구속수사의 대상이 된 범인이 그 후 무혐의로 석방되었다 하더라도 위 죄의 성립에 영향이 없다.13) 불기소처분을 받은 자에 대해서는 본죄의 객체가 된다는 긍정설과 되지 않는다는 부정설이 대립하고 있다. 친고죄에 있어서는 고소인이 고소할 가능성이 있는 경우에는 본죄의 객체가 되나, 고소기간의 경과, 고소취소 등 고소의 가능성이 없는 경우에는 객체가 되지 않는다고 한다(다수설). 또한, 소추조건이나 처벌조건이 없는 무죄판결이나 면소판결 확정, 형의 폐지, 공소시효의 완성과 같은 경우에는 본죄의 객체가 되지 않는다.

□ 관련 판례

범인에 대하여 적용 가능한 죄가 도로교통법위반죄로부터 교통사고처리특례법위반죄를 거쳐 상해죄에 이르기까지 다양하고, 그 죄들은 모두 벌금 이상의 형을 정하고 있으

---

10) 범인도피죄는 범인을 도피하게 함으로써 기수에 이르지만, 범인도피행위가 계속되는 동안에는 범죄행위도 계속되고 행위가 끝날 때 비로소 범죄행위가 종료된다. 따라서 공범자의 범인도피행위 도중에 그 범행을 인식하면서 그와 공동의 범의를 가지고 기왕의 범인도피 상태를 이용하여 스스로 범인도피행위를 계속한 경우에는 범인도피죄의 공동정범이 성립하고, 이는 공범자의 범행을 방조한 종범의 경우도 마찬가지이다(대판 2012.8.30. 2012도6027).
11) 형법 제151조 제1항의 죄를 범한 자라 함은 범죄의 혐의를 받아 수사대상이 되어 있는 자를 포함하며, 나아가 벌금 이상의 형에 해당하는 죄를 범한 자라는 것을 인식하면서도 도피하게 한 경우에는 그 자가 당시에는 아직 수사대상이 되어 있지 않았다고 하더라도 범인도피죄가 성립한다(대판 2003.12.12. 2003도4533).
12) 형법 제151조의 범인도피죄는 수사, 재판 및 형의 집행 등에 관한 국권의 행사를 방해하는 행위를 처벌하려는 것이므로 형법 제151조 제1항에서 정한 '죄를 범한 자'는 범죄의 혐의를 받아 수사대상이 되어 있는 사람이면 그가 진범인지 여부를 묻지 않고 이에 해당한다(대판 2014.3.27. 2013도152).
13) 대판 1982.1.26. 81도1931.

며 범인에게 적용될 수 있는 죄가 교통사고처리특례법위반죄에 한정된다고 하더라도 자동차종합보험 가입사실만으로 범인의 행위가 형사소추 또는 처벌을 받을 가능성이 없는 경우에 해당한다고 단정할 수 없을 뿐 아니라, 피고인이 수사기관에 적극적으로 범인임을 자처하고 허위사실을 진술함으로써 실제 범인을 도피하게 하였으므로 범인도피죄가 성립한다(대판 2000.11.24. 2000도4078).

(3) 실행 행위

실행 행위는 '은닉 또는 도피하게 하는 것'이다.

(가) 은닉

죄를 범한 자임을 인식하면서 장소를 제공하여 체포를 면하게 범인을 숨겨 주는 것을 말한다.[14)

(나) 도피하게 하게 한 자

'도피하게 하는 것'이란 범인은닉 이외의 방법으로 범인에 대한 수사, 재판 및 형의 집행 등 형사사법의 작용을 곤란 또는 불가능하게 하는 행위를 말하는 것으로서 그 방법에는 어떠한 제한이 없고, 또 이는 위험범으로서 현실적으로 형사사법의 작용을 방해하는 결과가 초래될 것이 요구되지는 아니한다.[15)

범인은닉·도피는 작위 이외 부작위에 의해서도 가능하다. 부작위에 의한 범인은닉·도피의 경우에는 범인을 체포할 위치에 있는 자이어야 하며, 그렇지 않은 사인의 경우에는 범인을 수사기관에 인계하지 않았다고 하여 본죄가 성립하지 않는다.[16) 작위의 경우에도 적극적으로 수사기관을 기만하여 착오에 빠지게 함으로써 범인의 발견 또는 체포를 곤란 내지 불가능하게 할 정도의 것이어야 한다.[17)

---

14) 범인은닉죄라 함은 죄를 범한 자임을 인식하면서 장소를 제공하여 체포를 면하게 하는 것만으로 성립한다 할 것이고, 죄를 범한 자에게 장소를 제공한 후 동인에게 일정 기간 동안 경찰에 출두하지 말라고 권유하는 언동을 하여야만 범인은닉죄가 성립하는 것이 아니며, 또 그 권유에 따르지 않을 경우 강제력을 행사하여야만 한다거나 죄를 범한 자가 은닉자의 말에 복종하는 관계에 있어야만 범인은닉죄가 성립하는 것은 더욱 아니다(대판 2002.10.11. 2002도3332).

15) 대판 1995.3.3. 93도3080.

16) 피고인들이 부정수표단속법 피의자(갑)이 공소외(을)에 대하여 지는 또 다른 노임채무를 인수키로 하는 지불각서를 작성하여 주고 위(을)이 (갑)을 수사당국에 인계하는 것을 포기하기로 하는 합의가 이루어져 위(갑)이 수사당국에 인계되지 않은 경우이면 피고인들에 대하여 범인도피죄의 성립을 인정할 수 없다(대판 1984.2.14. 83도2209).

17) 참고인이 수사기관에서 범인에 관하여 조사를 받으면서 그가 알고 있는 사실을 묵비하거나 허위로 진술하였다고 하더라도 그것이 적극적으로 수사기관을 기만하여 착오에 빠지게 함으로써 범인의 발견 또는 체포를 곤란 내지 불가능하게 할 정도의 것이 아니라면, 범인

☐ 범인은닉·도피 관련 판례

〈범인은닉·도피 인정〉

① 게임산업진흥에 관한 법률위반, 도박개장 등의 혐의로 수사기관에서 조사받는 피의자가 사실은 게임장·오락실·피씨방 등의 실제 업주가 아니라 그 종업원임에도 불구하고 자신이 실제 업주라고 허위로 진술하였다고 하더라도, 그 자체만으로 범인도피죄를 구성하는 것은 아니다. 다만, 그 피의자가 실제 업주로부터 금전적 이익을 등을 제공받기로 하고 단속이 되면 실제 업주를 숨기고 자신이 대신하여 처벌받기로 하는 역할(이른바 '바지사장')을 맡기로 하는 등 수사기관을 착오에 빠뜨리기로 하고, 단순히 실제 업주라고 진술하는 것에서 나아가 게임장 등의 운영 경위, 자금 출처, 게임기등의 구입 경위, 점포의 임대차계약 체결 경위 등에 관해서까지 적극적으로 허위로 진술하거나 허위 자료를 제시하여 그 결과 수사기관이 실제 업주를 발견 또는 체포하는 것이 곤란 내지 불가능하게 될 정도에까지 이른 것으로 평가되는 경우 등에는 범인도피죄를 구성할 수 있다(대판 2010.1.28. 2009도10709).

② 범인 아닌 자가 수사기관에서 범인임을 자처하고 허위사실을 진술하여 진범의 체포와 발견에 지장을 초래하게 한 행위는 범인은닉죄에 해당한다(대판 1996.6.14. 96도1016).

③ 형법 제151조에서 죄를 범한 자라 함은 반드시 공소제기가 되거나 유죄의 판결을 받은 자뿐만 아니라 범죄의 혐의를 받아 수사 중인 자도 포함되므로 경찰에서 수배중인 자임을 인식하면서 동인을 투숙케 하여 체포를 면하게 한 경우에는 범인은닉죄가 성립한다(대판 1983.8.23. 83도1486).

④ 범인도피죄에 있어서 벌금 이상의 형에 해당하는 자에 대한 인식은 실제로 벌금 이상의 형에 해당하는 범죄를 범한 자라는 것을 인식함으로써 족하고 그 법정형이 벌금 이상이라는 것까지 알 필요는 없는 것이고 범죄의 구체적인 내용이나 범인의 인적 사항 및 공범이 있는 경우 공범의 구체적 인원수 등까지 알 필요는 없다. 공범이 더 있다는 사실을 숨긴 채 허위보고를 하고 조사를 받고 범인에게 다른 공범이 더 있음을 실토하지 못하도록 하는 등의 행위를 하였다면 도피행위에 대한 고의가 있었다(대판 1995.12.26. 93도904).

〈범인은닉·도피 불인정〉

① 참고인이 실제의 범인이 누군지도 정확하게 모르는 상태에서 수사기관에서 실제의 범인이 아닌 어떤 사람을 범인이 아닐지도 모른다고 생각하면서도 그를 범인이라고 지목하는 허위의 진술을 한 경우에는 참고인의 허위진술에 의하여 범인으로 지목된 사람이 구속기소됨으로써 실제의 범인이 용이하게 도피하는 결과를 초래한다고 하더라도

도피죄를 구성하지 아니한다고 할 것이다(대판 1991.8.27. 91도1441).

그것만으로는 그 참고인에게 적극적으로 실제의 범인을 도피시켜 국가의 형사사법의 작용을 곤란하게 할 의사가 있었다고 볼 수 없어 그 참고인을 범인도피죄로 처벌할 수는 없다(대판 1997.9.9. 97도1596).

② 피고인이 피해자 공소외 1을 폭행한 공소외 2의 인적사항을 묻는 경찰관의 질문에 답하면서, 단순히 '이언중'이라고 허무인의 이름을 진술하고 구체적인 인적사항에 대하여는 모른다고 진술하는데 그쳤을 뿐이라면 이를 가리켜 적극적으로 수사기관을 기만하여 착오에 빠지게 함으로써 범인의 발견 또는 체포를 곤란 내지 불가능하게 할 정도의 것이라고 할 수 없어 범인도피죄를 구성하지 않는다(대판 2008.6.26. 2008도1059).

③ 공소외인은 피고인이 평소 가깝게 지내던 후배인 점, 피고인은 자신의 휴대폰을 사용할 경우 소재가 드러날 것을 염려하여 공소외인에게 요청하여 대포폰을 개설하여 받고, 공소외인에게 전화를 걸어 자신이 있는 곳으로 오도록 한 다음 공소외인이 운전하는 자동차를 타고 청주시 일대를 이동하여 다닌 것으로서, 피고인의 이러한 행위는 형사사법에 중대한 장애를 초래한다고 보기 어려운 통상적 도피의 한 유형으로 볼 여지가 충분하다. 범인도피교사는 인정되지 않는다(대판 2014.4.10. 2013도12079).

3. 주관적 구성요건

본죄에 대한 고의가 있어야 한다. 벌금 이상의 형에 해당하는 죄를 범한 자를 은닉하거나 도피하게 한다는 고의를 말한다. 벌금 이상이 형에 해당하는 자에 대한 인식은 실제로 벌금 이상의 형에 해당하는 범죄를 범한 자라는 것을 인식함으로써 족하고 그 법정형이 벌금 이상이라는 것까지 알 필요는 없는 것이고, 범죄의 구체적인 내용이나 범인의 인적 사항 및 공범이 있는 경우 공범의 구체적 인원수 등까지 알 필요는 없다.[18]

4. 죄수 및 다른 죄와의 관계

① 동일한 범인을 은닉·도피하게 한 경우에는 포괄일죄가 된다.

② 수인의 범인을 하나의 행위로 은닉·도피하게 한 경우에는 수죄의 상상적 경합이 된다.

③ 수인의 범인을 수개의 행위로 은닉·도피하게 한 경우에는 수죄의 실체적 경합이 된다.

④ 작위범인 범인도피죄와 부작위범인 직무유기죄의 경우에는 작위범인 범

---

18) 대판 2000.11.24. 2000도4078.

인도피죄만이 성립하고 부작위범인 직무유기죄는 따로 성립하지 아니한다.[19)

　⑤ 하나의 행위가 부작위범인 직무유기죄와 작위범인 범인도피죄의 구성요건을 동시에 충족하는 경우, 공소제기권자는 재량에 의하여 작위범인 범인도피죄로 공소를 제기하지 않고 부작위범인 직무유기죄로만 공소를 제기할 수도 있다.[20)

5. 친족간의 특례

제151조 ② 친족 또는 동거의 가족이 본인을 위하여 전항의 죄를 범한 때에는 처벌하지 아니한다.

　본 조항은 민법상 친족관계가 있는 경우에는 친족간의 정의(情誼)를 고려할 때 기대하기 어려움을 이유로 책임이 조각되는 사유를 정한 것이다.[21)

(1) 적용범위

　본 조항은 친족 또는 동거의 가족이 본인을 위하여 범인은닉·도피의 죄를 범한 경우에 적용되며, 친족 또는 동거의 가족은 민법의 정의에 의한다. 사실혼 관계에 있는 자는 민법 소정의 친족이라 할 수 없으므로 친족간의 특례에서 말하는 친족에 해당하지 않는다.[22)

　본범과 친족관계가 없지만 친족관계가 있다고 오신하고 은닉해 준 경우에는 본 특례의 객관적 적용요건이 결여되므로, 또 본범과 친족관계가 있지만 이를 모르고 은닉해 준 경우에는 주관적 적용요건이 결여되므로, 각각 본 특례가 적용되지 않는다고 하겠다.[23)

(2) 공범관계

① 범인이 친족을 교사하여 자기를 도피하게 한 경우

　범인이 자신을 위하여 타인으로 하여금 허위의 자백을 하게 하여 범인도피죄를 범하게 하는 행위는 방어권의 남용으로 범인도피교사죄에 해당하는바, 이 경우 타인이 형법 제151조 제2항에 의하여 처벌을 받지 아니하는 친족 또는 동거 가족에 해당한다 하여 달리 볼 것은 아니다.[24)

---

19) 대판 2017.3.15. 2015도1456.
20) 대판 1999.11.26. 99도1904.
21) 대판 2007.11.29. 2007도7062.
22) 대판 2003.12.12. 2003도4533.
23) 임웅, 1007면.

② 친족이 비친족을 교사하여 본죄를 범한 경우에는 친족의 기대불가능성으로 인해 직접 범인을 은닉을 하는 경우와 비친족을 교사하여 은닉하게 하는 경우는 동일하다고 판단하여 교사범이 성립하지 않는다고 본다(다수설). 다만, 비친족은 본죄의 정범이 된다.

③ 친족과 비친족이 공동정범으로 본죄를 범한 경우에는 본 특례는 신분관계에 있는 자에게만 적용이 되므로, 친족은 처벌되지 않지만 비친족은 처벌된다.

24) 대판 2006.12.7. 2005도3707.

제8장

위증과 증거인멸의 죄

제1절 서 설

I. 의의, 보호법익

위증의 죄는 '법률에 의하여 선서한 증인이 허위의 진술을 하거나 법률에 의하여 선서한 감정인·통역인 또는 번역인이 허위의 감정·통역 또는 번역을 함으로서 성립하는 범죄'이고, 증거인멸의 죄는 '타인의 형사사건 또는 징계사건에 관한 증거를 인멸·은닉·위조 또는 변조하거나, 위조 또는 변조한 증거를 사용하거나, 증인을 은닉 또는 도피하게 함으로써 성립하는 범죄'이다.

보호법익은 '국가의 사법적 기능'이며, 보호의 정도는 '추상적 위험범'이다

II. 위증과 증거인멸죄의 구성요건의 체계

위증의 죄는 단순위증죄(제152조 제1항)가 기본적 구성요건이다. 모해위증죄(제152조 제2항)는 목적으로 인한 불법이 가중된 유형이며, 허위감정·통역·번역죄(제154조)는 독립적 구성요건이다. 단순위증죄와 모해위증죄를 범한 자의 자백과 자수에 대해서는 그 형을 감경 또는 면제한다(제153조).

증거인멸의 죄는 단순증거인멸죄(제155조 제1항)와 증거은닉·도피죄(제155조 제2항)가 기본적 구성요건이다. 모해목적범죄(제155조 제3항)는 불법가중유형이며, 증거인멸의 죄는 친족간의 특례가 적용된다(제155조 제4항).

Ⅲ. 특별법

국회에서의 증언·감정 등에 관한 법률 제14조는 국회의 본회의 또는 위원회에서 허위진술이나 허위감정을 한 자를 처벌하고 있다.

국가보안법 제12조 제1항에서는 타인으로 하여금 형사처분을 받게 할 목적으로 국가보안법의 죄에 대하여 위증을 하거나 증거를 날조·인멸·은닉한 자를 처벌하고 있다.

제2절 개별적 범죄 유형

Ⅰ. 위증죄

제152조 【위증】 ① 법률에 의하여 선서한 증인이 허위의 진술을 한 때에는 5년 이하의 징역 또는 1천만원 이하의 벌금에 처한다.

1. 의의, 보호법익

본죄는 '법률에 의하여 선서한 증인이 허위의 진술을 함으로써 성립하는 범죄'이다. 보호법익은 '국가의 사법기능'이며, 보호의 정도는 '추상적 위험범'이다, 또한 법률에 의하여 선서한 증인만이 정범이 되는 '진정신분범'으로 '자수범'이다.

2. 객관적 구성요건

(1) 행위의 주체

행위의 주체는 '법률에 의하여 선서한 증인'이다. 그러므로, 법률에 의해 선서를 하지 않은 증인은 본죄의 주체가 될 수 없다. 본죄의 주체는 '자수범'으로 간접정범의 형태로도 성립할 수 없다.

'법률에 의하여 선서'란 법적인 절차와 방식에 따라 선서가 행하여진 경우를 말한다.

'법률'은 형사소송법, 민사소송법, 비송사건절차법, 법관징계법, 검사징계법 등의 법률뿐만 아니라 그 위임에 의한 명령 기타의 하위입법도 포함한다.[1]

'선서'는 법률에 규정된 절차와 방식에 따라 유효하게 행하여져야 한다.[2] 선서는 재판장이 위증의 벌을 경고하고, 증인이 선서서[3]를 낭독하고 서명날인한다. 이때, 선서무능력자[4]인 16세 미만의 자나 선서의 취지를 이해하지 못하는 자는 본죄의 주체가 되지 않는다. 그러나 선서무능력자가 선서를 하고 진술한 경우에는 선서가 무효이므로 본죄의 책임을 지지 않는다.[5]

증언거부사유가 있음에도 증인이 증언거부권을 고지받지 못함으로 인하여 그 증언거부권을 행사하는데 사실상 장애가 초래되었다고 볼 수 있는 경우에는 위증죄의 성립을 부정하여야 할 것이다.[6]

---

1) 임웅, 1012면; 이재상, 787면; 이형국, 839면.

2) 가처분사건이 변론절차에 의하여 진행될 때에는 제3자를 증인으로 선서하게 하고 증언을 하게 할 수 있으나 심문절차에 의할 경우에는 법률상 명문의 규정도 없고, 또 구 민사소송법의 증인신문에 관한 규정이 준용되지도 아니하므로 선서를 하게 하고 증언을 시킬 수 없다고 할 것이고, 따라서 제3자가 심문절차로 진행되는 가처분 신청사건에서 증인으로 출석하여 선서를 하고 진술함에 있어서 허위의 공술을 하였다고 하더라도 그 선서는 법률상 근거가 없어 무효라고 할 것이므로 위증죄는 성립하지 않는다(대판 2003.7.25. 2003도180).

3) 형사소송법 제157조 제2항 : 선서서에는 「양심에 따라 숨김과 보탬이 없이 사실 그대로 말하고 만일 거짓말이 있으면 위증의 벌을 받기로 맹세합니다」.

4) 형사소송법 제159조.

5) 선서무능력자에 대하여 선서케 하고 신문한 경우라 할지라도 그 선서만이 무효가 되고 그 증언의 효력에 관하여는 영향이 없고 유효하다 할 것이며, 또 증인신문에 당하여 증언거부권 있음을 설명하지 아니한 경우라 할지라도 증인이 선서하고 증언한 이상 그 증언의 효력에 관하여는 역시 영향이 없고 유효하다(대결 1957.3.8. 4290형상23).

6) 형사소송법상 증언거부권의 고지 제도는 증인에게 그러한 권리의 존재를 확인시켜 침묵할 것인지 아니면 진술할 것인지에 관하여 심사숙고할 기회를 충분히 부여함으로써 침묵할 수 있는 권리를 보장하기 위한 것임을 감안할 때, 재판장이 신문 전에 증인에게 증언거부권을 고지하지 않은 경우에도 당해 사건에서 증언 당시 증인이 처한 구체적인 상황, 증언거부사유의 내용, 증인이 증언거부사유 또는 증언거부권의 존재를 이미 알고 있었는지 여부, 증언거부권을 고지받았더라도 허위진술을 하였을 것이라고 볼 만한 정황이 있는지 등을 전체적, 종합적으로 고려하여 증인이 침묵하지 아니하고 진술한 것이 자신의 진정한 의사에 의한 것인지 여부를 기준으로 위증죄의 성립 여부를 판단하여야 한다. 그러므로 헌법 제12조 제2항에 정한 불이익 진술의 강요금지 원칙을 구체화한 자기부죄거부특권에 관한 것이거나 기타 증언거부사유가 있음에도 증인이 증언거부권을 고지받지 못함으로 인하여 그 증언거부권을 행사하는 데 사실상 장애가 초래되었다고 볼 수 있는 경우에는 위증죄의 성립을 부정하여야 할 것이다. 이와 달리, 피고인이 증인으로 선서한 이상 진실대로 진술

'증인'은 법원이나 법관에 대해 자신의 과거 경험을 진술하는 자를 말한다. 그러므로 형사피고인이나 민사소송의 당사자는 증인이 될 수 없다.[7] 민사소송에서는 증언거부권 고지에 관한 규정을 두고 있지 않아, 증인이 증언거부권을 고지받지 않은 상태에서 허위의 증언을 한 경우에는 본죄가 성립한다.[8] 공범인 공동피고인은 당해 소송절차에서는 피고인의 지위에 있으므로 다른 공동피고인에 대한 공소사실에 관하여 증인이 될 수 없으나, 소송절차가 분리되어 피고인의 지위에서 벗어나게 되면 다른 공동피고인에 대한 공소사실에 관하여 증인이 될 수 있다.[9] 유죄의 확정판결을 받은 자는 공범에 대한 사건에서 증언거부권이 없기 때문에 허위진술을 한 경우에는 본죄가 성립한다.[10]

증언거부권자가 증언거부권을 포기하고 허위의 진술을 한 경우에는 본죄의 주체가 될 수 있다.[11]

(2) 실행행위

실행 행위는 '허위의 진술을 하는 것'이다.

'허위'는 진실이 아닌 것을 마치 진실인 것처럼 조작하는 것으로, 증인의 증

한다고 하면 자신의 범죄를 시인하는 진술을 하는 것이 되고 증언을 거부하는 것은 자기의 범죄를 암시하는 것이 되는 처지에 있다 하더라도 증인에게는 증언을 거부할 수 있는 권리를 인정하여 위증죄로부터의 탈출구를 마련하고 있는 만큼 적법행위의 기대가능성이 없다고 할 수 없고, 선서한 증인이 허위의 진술을 한 이상 증언거부권 고지 여부를 고려하지 아니한 채 위증죄가 바로 성립한다는 취지로 대법원 1987.7.7. 선고 86도1724 전원합의체 판결에서 판시한 대법원의 의견은 위 견해에 저촉되는 범위 내에서 이를 변경하기로 한다 (대판 2010.1.21. 2008도942 전원합의체).

7) 민사소송의 당사자는 증인능력이 없으므로 증인으로 선서하고 증언하였다고 하더라도 위증죄의 주체가 될 수 없고, 이러한 법리는 민사소송에서의 당사자인 법인의 대표자의 경우에도 마찬가지로 적용된다(대판 1998.3.10. 97도1168).

8) 대판 2011.7.28. 2009도14928.

9) 대판 2008.6.26. 2008도3300.

10) 형사소송법 제148조의 증언거부권은 헌법 제12조 제2항에 정한 불이익 진술의 강요금지 원칙을 구체화한 자기부죄거부특권에 관한 것인데, 이미 유죄의 확정판결을 받은 경우에는 헌법 제13조 제1항에 정한 일사부재리의 원칙에 의해 다시 처벌받지 아니하므로 자신에 대한 유죄판결이 확정된 증인은 공범에 대한 사건에서 증언을 거부할 수 없고, 설령 증인이 자신에 대한 형사사건에서 시종일관 범행을 부인하였더라도 그러한 사정만으로 증인이 진실대로 진술할 것을 기대할 수 있는 가능성이 없는 경우에 해당한다고 할 수 없으므로 허위의 진술에 대하여 위증죄 성립을 부정할 수 없다(대판 2011.11.24. 2011도11994).

11) 증언을 거부할 수 있는 권리를 인정하여 위증죄로부터의 탈출구를 마련하고 있는 만큼 적법행위의 기대가능성이 없다고 할 수 없고, 선서한 증인이 증언거부권을 포기하고 허위의 진술을 한 이상 위증죄의 처벌을 면할 수 없다 할 것이다. 자기에게 형사상 불리한 진술을 강요당하지 아니할 권리(헌법 제11조 제2항)는 결코 적극적으로 허위의 진술을 할 권리를 보장한 취지는 아닌 것이다(대판 1987.7.7. 86도1724 전원합의체).

언이 기억에 반하는 허위의 진술인지 여부는 증언의 단편적인 구절에 구애될 것이 아니라 당해 신문절차에서의 증언 전체를 일체로 파악하여 판단하여야 한다.12) 증언의 의미가 그 자체로 불분명하거나 다의적으로 이해될 수 있는 경우에는 언어의 통상적인 의미와 용법, 문제된 증언이 나오게 된 전후 문맥, 신문의 취지, 증언이 행하여진 경위 등을 종합하여 당해 증언의 의미를 명확히 한 다음 허위성을 판단하여야 한다.13)

　　허위의 대해서는 ① 증인의 기억과 일치하는가보다는 진술내용이 객관적 사실에 반하는가로 해석하는 객관설, ② 객관적 진실보다는 증인의 기억에 반하는 진술을 하는가로 해석하는 주관설이 있다. 판례는 '허위의 공술이란 증인이 자기의 기억에 반하는 사실을 진술하는 것을 말하는 것으로서 그 내용이 객관적 사실과 부합한다고 하여도 위증죄의 성립에 장애가 되지 않는다'라고 주관설의 입장에서 판시하였다.14)

　　'진술'이란 증인이 경험한 사실에 대해 기억에 부합하는 그대로 말하는 것이다. 진술의 방법에는 제한이 없으며, 부작위로도 가능하다. 증인의 진술이 경험한 사실에 대한 법률적 평가이거나 단순한 의견에 지나지 아니하는 경우에는 위증죄에서 말하는 허위의 진술이라고 할 수 없으며, 경험한 객관적 사실에 대한 증인 나름의 법률적, 주관적 평가나 의견을 부연한 부분에 다소의 오류나 모순이 있더라도 본죄가 성립하지 않는다.15) 진술의 내용은 증인신문의 대상이면 요증사실에 관한 것인지의 여부나 판결에 영향을 미친 것인지의 여부,16) 지엽적인 사항에 대한 진술,17) 직접신문에 대한 진술, 반대신문에 대한 진술도 포함한다.

□ 허위진술 관련 판례

〈허위진술에 해당하는 경우〉
① 선서를 하고서 진술한 증언내용이 자신이 그 증언내용사실을 잘 알지 못하면서도 잘 아는 것으로 증언한 것이라면 그 증언은 기억에 반한 진술이어서 위증죄가 성립한다(대판 1986.9.9. 86도57).

---

12) 대판 1993.6.29. 93도1044.
13) 대판 1996.3.12. 95도2864.
14) 대판 1989.1.17. 88도580.
15) 대판 2009.3.12. 2008도11007.
16) 대판 1990.2.23. 89도1212.
17) 대판 1982.6.8. 81도3069.

② 타인으로부터 전해들은 금품의 전달사실을 마치 증인 자신이 전달한 것처럼 진술한 것은 증인의 기억에 반하는 허위진술이라고 할 것이므로 그 진술부분은 위증에 해당한다(대판 1990.5.8. 90도448).

〈허위진술에 해당하지 않은 경우〉

부동산을 매수한 지 20여 년이 경과한 뒤이어서 그 매도당시의 입회인을 매수당시 입회한 것으로 잘못 기억하고 증언하였다면 이는 기억에 반하는 허위의 진술이라고 보기는 어렵다(대판 1985.3.26. 84도1098).

(3) 기수시기

본죄의 기수는 진술 전에 선서한 경우에는 증인신문절차가 종료한 때에 기수가 된다.[18] 그러나 진술 후에 선서를 한 경우에는 선서가 종료된 때 기수가 된다.[19] 선서한 증인이 일단 기억에 반하는 허위의 진술을 하였다 하더라도 그 신문이 끝나기 전에 그 진술을 철회, 시정한 경우에는 위증이 되지 아니한다.[20]

3. 주관적 구성요건

본죄는 법률에 선서한 증인이라는 신분과 허위의 사실을 진술한다는 고의가 있어야 한다. 착오에 의하여 허위진술을 한 경우에는 범의를 인정할 수 없다.[21]

4. 공범문제

① 자기의 형사사건에 타인을 교사하여 위증하게 한 경우 위증교사죄의 성립 여부에 있어서 판례는 "피고인이 자기의 형사사건에 관하여 허위의 진술을 하

---

18) 증인의 증언은 그 전부를 일체로 관찰, 판단하는 것이므로 선서한 증인이 일단 기억에 반하는 허위의 진술을 하였더라도 그 신문이 끝나기 전에 그 진술을 철회, 시정한 경우 위증이 되지 아니한다고 할 것이나, 증인이 1회 또는 수회의 기일에 걸쳐 이루어진 1개의 증인신문절차에서 허위의 진술을 하고 그 진술이 철회, 시정된 바 없이 그대로 증인신문절차가 종료된 경우 그로써 위증죄는 기수에 달한다(대판 2010.9.30. 2010도7525).

19) 증인이 증언은 그 전부를 일체로 관찰, 판단하는 것이므로, 선서한 증인이 일단 기억에 반한 허위의 진술을 하였더라도 그 신문이 끝나기 전에 그 진술을 취소, 시정한 경우에는 위증이 되지 아니한다고 봄이 상당하며, 따라서 위증죄의 기수시기는 신문, 진술이 종료한 때로 해석할 것이다(진술 후에 선서를 명하는 경우는 선서종료한 때 기수가 될 것이다)(대판 1974.6.25. 74도1231).

20) 대판 1993.12.7. 93도2510.

21) 대판 1991.5.10. 89도1748.

는 행위는 피고인의 형사소송에 있어서의 방어권을 인정하는 취지에서 처벌의 대
상이 되지 않으나, 법률에 의하여 선서한 증인이 타인의 형사사건에 관하여 위증
을 하면 형법 제152조 제1항의 위증죄가 성립되므로, 자기의 형사사건에 관하여
타인을 교사하여 위증죄를 범하게 하는 것은 이러한 방어권을 남용하는 것이라고
할 것이어서 교사범의 죄책을 부담케 함이 상당할 것이다"라고 판시하고 있다.22)

　② 비신분자가 신분자에게 가공한 경우에는 위증죄는 진정자수범으로 법률
에 의해 선서한 자만이 증인적격을 가지므로 비신분자는 공동정범이나 간접정범
이 될 수 없다. 그러나 비신분자가 신분자의 위증을 교사, 방조한 경우에는 교사
범, 방조범의 성립은 가능하다.

5. 죄수 및 다른 죄와의 관계

　① 하나의 사건에 관하여 한 번 선서한 증인이 같은 기일에 여러 가지 사실
에 관하여 기억에 반하는 허위의 진술을 한 경우, 이는 하나의 범죄의사에 의하
여 계속하여 허위의 진술을 한 것으로 포괄하여 1개의 위증죄를 구성한다.23)

　② 사기소송을 한 후 재판과정에서 위증을 한 경우에는 사기죄와 위증죄의
실체적 경합이다.

　③ 타인을 무고한 후 재판에서 위증까지 한 경우에는 무고죄와 위증죄의 실
체적 경합이다.

Ⅱ. 모해위증죄

> 제152조【모해위증】② 형사사건 또는 징계사건에 관하여 피고인, 피의자 또는 징계혐의
> 자를 모해할 목적으로 전항의 죄를 범한 때에는 10년 이하의 징역에 처한다.

1. 의의, 성격

　본죄는 '형사사건 또는 징계사건에 관하여 피고인, 피의자 또는 징계혐의자
를 모해할 목적으로 위증죄를 범함으로써 성립하는 범죄'이다. 모해할 목적이라
는 목적에 의해 위증죄에 대해 불법이 가중된 유형이다.

---

22) 대판 2004.1.27. 2003도5114.
23) 대판 2007.3.15. 2006도9463.

2. 구성요건

본죄는 피고인, 피의자 또는 징계혐의자를 '모해할 목적'으로 위증죄를 범하는 것이다.

'모해할 목적'이란 피고인, 피의자 또는 징계혐의자를 불리하게 할 목적을 말하고, 허위진술의 대상이 되는 사실에는 공소 범죄사실을 직접, 간접적으로 뒷받침하는 사실은 물론 이와 밀접한 관련이 있는 것으로서 만일 그것이 사실로 받아들여진다면 피고인이 불리한 상황에 처하게 되는 사실도 포함된다. 그리고 이러한 모해의 목적은 허위의 진술을 함으로써 피고인에게 불리하게 될 것이라는 인식이 있으면 충분하고 그 결과의 발생까지 희망할 필요는 없다.[24]

3. 모해할 목적으로 타인을 교사하여 위증을 하도록 한 경우

위증을 한 범인이 형사사건의 피고인 등을 모해할 목적을 가지고 있었는가 아니면 그러한 목적이 없었는가 하는 범인의 특수한 상해의 차이에 따라 범인에게 과할 형의 경중을 구별하고 있으므로, 이는 바로 형법 제33조 단서 소정의 "신분관계로 인하여 형의 경중이 있는 경우"에 해당한다고 봄이 상당하다. 따라서 피고인이 갑을 모해할 목적으로 을에게 위증을 교사한 이상, 가사 정범인 을에게 모해의 목적이 없었다고 하더라도, 형법 제33조 단서의 규정에 의하여 피고인를 모해위증교사죄로 처단할 수 있다.[25]

4. 자백·자수의 특례

> **제153조 【자백, 자수】** 전조의 죄를 범한 자가 그 공술한 사건의 재판 또는 징계처분이 확정되기 전에 자백 또는 자수한 때에는 그 형을 감경 또는 면제한다.

본 특례는 위증으로 인한 오판을 방지하기 위하여 위증죄, 모해위증죄를 범한 자가 사건의 재판 또는 징계처분이 확정되기 전에 자백 또는 자수한 경우에는 형을 감경하거나 면제하는 규정이다.

'자백'이란 허위진술한 사실을 고백하는 것으로, 법원 또는 수사기관의 신문

---

24) 대판 2007.12.27. 2006도3575.
25) 대판 1994.12.23. 93도1002.

도중 자백한 경우도 포함한다.26) '자수'는 범인이 스스로 수사기관에 자신의 범죄를 신고하는 것이다.

자백과 자수는 위증한 사건의 재판 또는 징계처분이 확정되기 전에만 가능하다. 정범뿐만 아니라 공범도 가능하다.

자백, 자수한 자에 대해서는 필요적으로 감면한다. 그러나, 특례는 자백, 자수한 본인에게만 적용되고 공범에게는 적용되지 않는다.

Ⅲ. 허위감정·통역·번역죄

> **제154조【허위의 감정·통역·번역】** 법률에 의하여 선서한 감정인, 통역인 또는 번역인이 허위의 감정, 통역 또는 번역을 한 때에는 전2조의 예에 의한다.

허위감정·통역·번역죄는 '법률에 의하여 선서한 감정인, 통역인 또는 번역인이 허위의 감정, 통역 또는 번역을 함으로써 성립하는 범죄'이다. 보호법익은 '국가의 사법기능'이며, 보호의 정도는 '추상적 위험범'이다.

본죄의 주체는 법률에 의하여 선서한 감정인·통역인·번역인으로 진정신분범이다. 감정 등의 결과를 서면으로 제출하는 경우에는 서면을 제출할 때, 구두로 보고하는 경우에는 진술이 종료한 때에 본죄의 기수가 된다.

본죄는 고의범으로, 비록 감정내용이 객관적 사실에 반한다고 하더라도 감정인이 주관적 판단에 반하지 않는 이상, 허위의 인식이 없어 허위감정죄로 처벌할 수 없다.27)

Ⅳ. 증거인멸죄

> **제155조【증거인멸】** ① 타인의 형사사건 또는 징계사건에 관한 증거를 인멸, 은닉, 위조 또는 변조하거나 위조 또는 변조한 증거를 사용한 자는 5년 이하의 징역 또는 700만원 이하의 벌금에 처한다.

---

26) 대판 1977.2.22. 75도3316.
27) 대판 2000.11.28. 2000도1089.

1. 의의, 보호법익

본죄는 '타인의 형사사건 또는 징계사건에 관한 증거를 인멸, 은닉, 위조 또는 변조하거나 위조 또는 변조한 증거를 사용함으로써 성립하는 범죄'이다. 보호법익은 '국가의 사법기능'이며, 보호의 정도는 '추상적 위험범'이다.

2. 객관적 구성요건

(1) 행위의 주체

행위의 주체에는 제한이 없다. 친족도 가능하나 친족간의 특례에 의해 책임이 조각된다.

(2) 행위의 객체

행위의 객체는 '타인의 형사사건 또는 징계사건에 관한 증거'이다.

(가) 타인

자신의 사건이 아닌 타인의 대한 것이어야 한다. 그러므로, 자신의 사건에 대한 증거를 인멸하는 등의 행위는 본죄의 객체에 해당하지 않는다. 자신의 형사사건에 대한 증거를 인멸하기 위해 타인을 교사한 경우에는 증거인멸교사죄가 성립한다.[28][29] 그러나, 자신이 이익을 위한 증거인멸이 동시에 공범자의 이익이 된 경우에는 본죄가 성립하지 않는다.[30]

---

28) 제155조 제1항의 증거인멸죄는 국가형벌권의 행사를 저해하는 일체의 행위를 처벌의 대상으로 하고 있으나, 범인 자신이 한 증거인멸의 행위는 피고인의 형사소송에 있어서의 방어권을 인정하는 취지와 상충하므로 처벌의 대상이 되지 아니한다. 그러나 타인이 타인의 형사사건에 관한 증거를 그 이익을 위하여 인멸하는 행위를 하면 본법 제155조 제1항의 증거인멸죄가 성립되므로, 자기이 형사사건에 관한 증거를 인멸하기 위하여 타인을 교사하여 죄를 범하게 한 자에 대하여도 교사범의 죄책을 부담케 함이 상당하다(대판 1965.12.10. 65도826).

29) 증거은닉죄는 타인의 형사사건이나 징계사건에 관한 증거를 은닉할 때 성립하고 자신의 형사사건에 관한 증거은닉 행위는 형사소송에 있어서 피고인의 방어권을 인정하는 취지와 상충하여 처벌의 대상이 되지 아니하므로 자신의 형사사건에 관한 증거은닉을 위하여 타인에게 도움을 요청하는 행위 역시 원칙적으로 처벌되지 아니하나, 다만, 그것이 방어권의 남용이라고 볼 수 있을 때는 증거은닉교사죄로 처벌할 수 있다. 방어권 남용이라고 볼 수 있는지 여부는, 증거를 은닉하게 하는 것이라고 지목된 행위의 태양과 내용, 범인과 행위자의 관계, 행위 당시의 구체적인 상황, 형사사법작용에 영향을 미칠 수 있는 위험성의 정도 등을 종합하여 판단하여야 한다(대판 2016.7.29. 2016도5596).

30) 증거인멸죄는 타인의 형사사건 또는 징계사건에 관한 증거를 인멸하는 경우에 성립하는 것으로서, 피고인 자신이 직접 형사처분이나 징계처분을 받게 될 것을 두려워한 나머지 자기의 이익을 위하여 그 증거가 될 자료를 인멸하였다면, 그 행위가 동시에 다른 공범자의

(나) 형사사건이나 징계사건

본죄는 형사사건이나 징계사건으로 제한된다. '형사사건'이라면 종국판결의 선고여부는 불문하며, 재심이나 비상상고도 포함된다. 또한, 형사사건이란 증거위조 행위 시에 아직 수사절차가 개시되기 전이라도 장차 형사사건이 될 수 있는 것까지 포함한다.[31] '징계사건'은 공법상의 특별권력관계에 기한 징계사건으로 국가의 징계사건에 한정되고, 사인간의 징계사건은 포함되지 않는다.[32]

(다) 증거

증거란 타인의 형사사건 또는 징계사건에 관하여 수사기관이나 법원 또는 징계기관이 국가의 형벌권 또는 징계권의 유무를 확인하는데 관계있다고 인정되는 일체의 자료를 의미하고, 타인에게 유리한 것이건 불리한 것이건 가리지 아니하며 또 증거가치의 유무 및 정도를 불문하는 것이다.[33]

(3) 실행 행위

실행행위는 '증거를 인멸, 은닉, 위조·변조하거나 위조·변조한 증거를 사용하는 것'이다.

'인멸'이란 타인의 형사사건에 관한 증거의 현출을 방해하거나 또는 그 효력을 멸실 감소케 하는 행위이다.[34]

'은닉'이란 증거를 숨기거나 발견을 곤란하게 하는 행위를 말한다.

'위조'는 새로운 증거의 창조를 의미하는 것이므로 존재하지 아니한 증거를 이전부터 존재하고 있는 것처럼 작출하는 행위도 증거위조에 해당하며, 증거가 문서의 형식을 갖는 경우 증거위조죄에 있어서의 증거에 해당하는지 여부가 그 작성권한의 유무나 내용의 진실성에 좌우되는 것은 아니다.[35]

'변조'는 기존의 증거에 가공하여 증거가치를 변경시키는 것을 의미한다.

형사사건이나 징계사건에 관한 증거를 인멸한 결과가 된다고 하더라도 이를 증거인멸죄로 다스릴 수 없고, 이러한 법리는 그 행위가 피고인의 공범자가 아닌 자의 형사사건이나 징계사건에 관한 증거를 인멸한 결과가 된다고 하더라도 마찬가지이다(대판 1995.9.29. 94도2608).

31) 형법 제155조 제1항의 증거위조죄에서 타인의 형사사건이란 증거위조 행위 시에 아직 수사절차가 개시되기 전이라도 장차 형사사건이 될 수 있는 것까지 포함하고, 그 형사사건이 기소되지 아니하거나 무죄가 선고되더라도 증거위조죄의 성립에 영향이 없다(대판 2011.2.10. 2010도15986).

32) 대판 2007.11.30. 2007도4191.

33) 대판 2007.6.28. 2002도3600.

34) 대판 1961.10.19. 4294형상347.

35) 대판 2007.6.28. 2002도3600.

'위조·변조한 증거를 사용하는 것'이란 위조·변조된 증거를 마치 진정한 증거인양 법원이나 수사기관 또는 징계기관에 제출하는 것을 말한다. 이때, 위 기관의 요구에 의해 제출하는 것도 사용하는 것에 포함된다.

□ 관련 판례

① 참고인이 타인의 형사사건 등에 관하여 제3자와 대화를 하면서 허위로 진술하고 위와 같은 허위진술이 담긴 대화 내용을 녹음한 녹음파일 또는 이를 녹취한 녹취록을 만들어 수사기관 등에 제출하는 것은, 참고인이 타인의 형사사건 등에 관하여 수사기관에 허위의 진술을 하거나 이와 다를 바 없는 것으로서 허위의 사실확인서나 진술서를 작성하여 수사기관 등에 제출하는 것과는 달리 증거위조죄를 구성한다(대판 2013.12.26. 2013도8085).

② 타인의 형사사건과 관련하여 수사기관이나 법원에 제출하거나 현출되게 할 의도로 법률행위 당시에는 존재하지 아니하였던 처분문서, 즉 그 외형 및 내용상 법률행위가 그 문서 자체에 의하여 이루어진 것과 같은 외관을 가지는 문서를 사후에 그 작성일을 소급하여 작성하는 것은 가사 그 작성자에게 해당 문서의 작성권한이 있고, 또 그와 같은 법률행위가 당시에 존재하였다거나 그 법률행위의 내용이 위 문서에 기재된 것과 큰 차이가 없다 하여도 증거위조죄의 구성요건을 충족시키는 것이라고 보아야 하고, 비록 그 내용이 진실하다 하여도 국가의 형사사법기능에 대한 위험이 있다는 점은 부인할 수 없다(대판 2007.6.28. 2002도3600).

3. 주관적 구성요건

본죄의 고의는 타인이 형사사건 또는 징계사건에 관한 증거를 인멸·은닉·위조·변조 또는 위조·변조한 증거를 사용한다는 것에 대한 인식과 인용이 있어야 한다.

□ 관련 판례

대구지하철화재 사고 현장을 수습하기 위한 청소 작업이 한참 진행되고 있는 시간 중에 실종자 유족들로부터 이의제기가 있었음에도 대구지하철공사 A가 즉각 청소 작업을 중단하도록 지시하지 아니하였고 수사기관과 협의하거나 확인하지 아니하였다고 하여 위 A에게 그러한 청소 작업으로 인하여 증거인멸의 결과가 발생할 가능성을 용인하는 내심의 의사까지 있었다고 단정하기는 어렵다(대판 2004.5.14. 2004도74).

4. 죄수 및 다른 죄와의 관계

① 증거를 인멸, 은닉, 위조, 변조한 경우에는 포괄하여 일죄를 구성한다.

② 타인의 형사사건의 증거로서 문서를 위조한 경우 문서위조죄와 증거인멸죄는 상상적 경합이 된다.

③ 증인을 감금한 경우에는 감금죄와 증인은닉죄의 상상적 경합이 된다.

④ 증거를 인멸하기 위하여 타인의 증거물을 절취한 경우에는 증거인멸죄와 절도죄의 실체적 경합이 된다.

Ⅴ. 증인은닉·도피죄

> **제155조 【증인은닉·도피】** ② 타인의 형사사건 또는 징계사건에 관한 증인을 은닉 또는 도피하게 한 자도 제1항의 형과 같다.

증인은닉·도피죄는 '타인의 형사사건 또는 징계사건에 관한 증인을 은닉 또는 도피하게 함으로써 성립하는 범죄'이다.

행위의 객체는 '타인의 형사사건 또는 징계사건에 관한 증인'이다. 본죄에서 말하는 증인에는 수사기관에서 조사하는 참고인도 포함한다(통설).

실행 행위는 '은닉 또는 도피'하게 하는 것이다.

□ 증인은닉·도피 관련 판례

① 피고인 자신이 직접 형사처분이나 징계처분을 받게 될 것을 두려워한 나머지 자기의 이익을 위하여 증인이 될 사람을 도피하게 하였다면, 그 행위가 동시에 다른 공범자의 형사사건이나 징계사건에 관한 증인을 도피하게 한 결과가 된다고 하더라도 이를 증인도피죄로 처벌할 수 없다(대판 2003.3.14. 2002도6134).

② 단순히 타인의 형사피의사건에 관하여 수사기관에서 허위의 진술을 하거나 허위의 진술을 하도록 교사한 것이라 함에 귀착되는바, 이 정도의 것으로서는 타인의 형사사건에 관한 증인을 은닉 또는 도피하게 한 것에 해당되지 아니함은 물론, 증거의 현출을 방해하여 증거로서의 효과를 멸실 또는 감소시키는 증거인멸 등의 적극적 행위에 나선 것으로는 볼 수 없다 할 것이므로, 증거를 위조하고 또는 그 위조를 교사한 죄를 구성한다고 볼 수 없다(대판 1977.9.13. 77도997).

Ⅵ. 모해증거인멸죄

> **제155조【범인은닉】** ③ 피고인, 피의자 또는 징계혐의자를 모해할 목적으로 전2항의 죄를 범한 자는 10년 이하의 징역에 처한다.

　　본죄는 '피고인, 피의자 또는 징계혐의자를 모해할 목적으로 타인의 형사사건 또는 징계사건에 관한 증거를 인멸, 은닉, 위조 또는 변조하거나 위조·변조된 증거를 사용하거나 증인을 은닉, 도피하게 함으로써 성립하는 범죄'이다. 본죄는 '부진정목적범'이다.

□ 관련 판례

형법 제155조 제3항에서 말하는 '피의자'라고 하기 위해서는 수사기관에 의하여 범죄의 인지 등으로 수사가 개시되어 있을 것을 필요로 하고, 그 이전의 단계에서는 장차 형사입건될 가능성이 크다고 하더라도 그러한 사정만으로 '피의자'에 해당한다고 볼 수는 없다(대판 2010.6.24. 2008도12127).

Ⅶ. 친족간의 특례

> **제155조【증거인멸등과 친족간의 특례】** ④ 친족 또는 동거의 가족이 본인을 위하여 본죄를 범한 때에는 처벌하지 아니한다.

　　본 친족간의 특례는 제151조(범인은닉과 친족간의 특례) 제2항과 동일하다.

제 9 장

무고의 죄

I. 무고죄

> **제156조【무고】** 타인으로 하여금 형사처분이나 징계처분을 받게 할 목적으로 공무소 또는 공무원에 대하여 허위의 사실을 신고한 자는 10년 이하의 징역 또는 1천500만원 이하의 벌금에 처한다.

1. 의의, 보호법익

본죄는 '타인으로 하여금 형사처분이나 징계처분을 받게 할 목적으로 공무소 또는 공무원에 대하여 허위의 사실을 신고함으로써 성립하는 범죄'이다. 보호법익은 '국가의 사법기능 내지 징계권행사, 그리고 피무고자 개인의 법적 안전'이며, 보호의 정도는 '추상적 위험범'이다. 또한 형사처분 또는 징계처분을 목적으로 함으로 '진정목적범'이다.

2. 객관적 구성요건

(1) 행위의 주체

행위의 주체는 제한이 없다. 타인 명의로 고소장을 대리 작성하여 제출하여도 대리자가 실제 고소의 의사를 가지고 있었다면 대리자는 본죄의 주체로 인정된다.[1]

---

1) 비록 외관상으로는 타인 명의의 고소장을 대리하여 작성하고 제출하는 형식으로 고소가

(2) 실행 행위

실행 행위는 '공무소 또는 공무원에 대하여 허위의 사실을 신고'하는 것이다.

(가) 공무소 또는 공무원

허위의 사실을 신고하는 대상은 '공무소 또는 공무원'이다.

'공무소 또는 공무원'이란 형사처분이나 징계처분을 내릴 수 있는 권한 있는 관서 또는 그 소속 공무원을 말한다. 형사처분의 경우에는 검사, 사법경찰관리 등 형사소추 또는 수사를 할 권한이 있는 관청과 그 감독기관 또는 그 소속 공무원을 말하고, 징계처분의 경우에는 징계권자 또는 징계권의 발동을 촉구하는 직권을 가진 자와 그 감독기관 또는 그 소속 공무원을 말한다.[2] 그 외 대통령,[3] 도지사,[4] 국세청장,[5] 지방변호사회의 장,[6]도 대상에 포함된다. 그러나 농업협동조합중앙회나 농업협동조합중앙회장은 포함되지 않는다.[7]

(나) 허위의 사실

'허위의 사실'이란 '객관적 진실에 반하는 사실'로써, 신고자가 그 신고내용을 허위라고 믿었다 하더라도 그것이 객관적으로 진실한 사실에 부합할 때에는 허위사실이 아니다.[8] 신고한 사실이 객관적 진실에 반하는 허위사실이라는 요건은 적극적 증명이 있어야 하고, 신고사실의 진실성을 인정할 수 없다는 소극적 증명만

이루어진 경우라 하더라도 그 명의자는 고소의 의사가 없이 이름만 빌려준 것에 불과하고 명의자를 대리한 자가 실제 고소의 의사를 가지고 고소행위를 주도한 경우라면 그 명의자를 대리한 자를 신고자로 보아 무고죄의 주체로 인정하여야 할 것이다(대판 2007.3.30. 2006도6017).

2) 대판 2014.12.24. 2012도4531.
3) 형사처분을 받게 할 목적으로 허위사실을 진정의 형식으로 대통령에게 신고하면 무고죄가 성립한다(대판 1977.6.28. 77도1445).
4) 도지사는 그 산하에 수사기관인 경찰국을 두고 그 직원을 지휘 감독하고 또 관내경찰서장을 지휘 감독하는 지위에 있으므로 형사처분을 받게 할 목적으로 허위사실을 진정의 형식으로 도지사에게 신고하면 그로써 무고죄는 성립한다고 봄이 상당하다(대판 1982.11.23. 81도2380).
5) 국세청장은 조세범칙행위에 대하여 벌금 상당액의 통고처분을 하거나 검찰에 이를 고발할 수 있는 권한이 있으므로, 국세청장에 대하여 탈세혐의사실에 관한 허위의 진정서를 제출하였다면 무고죄가 성립한다(대판 1991.12.13. 91도2127).
6) 변호사에 대한 징계 개시의 신청권이 있는 지방변호사회의 장은 형법 제156조 무고죄에 있어서의 공무소나 공무원에 해당한다(대판 2010.11.25. 2010도10202).
7) 대판 1980.2.12. 79도3109.
8) 무고죄는 타인으로 하여금 형사처분 등을 받게 할 목적으로 신고한 사실이 객관적 진실에 반하는 허위사실인 경우에 성립되는 범죄로서, 신고자가 그 신고내용을 허위라고 믿었다 하더라도 그것이 객관적으로 진실한 사실에 부합할 때에는 허위사실의 신고에 해당하지 않아 무고죄는 성립하지 않는다(대판 1991.10.11. 91도1950).

으로 곧 그 신고사실이 객관적 진실에 반하는 허위의 사실이라 단정하여 무고죄의 성립을 인정할 수는 없다.[9]

신고한 사실이 허위인가의 여부는 그 범죄의 구성요건과 관련하여 신고사실의 핵심 또는 중요내용이 허위인가에 따라 판단한다.[10] 신고내용에 일부 객관적 진실에 반하는 내용이 포함되어 있더라도 그것이 범죄의 성부에 영향을 미치는 중요한 부분이 아니고 단지 신고사실의 정황을 과장하는 데 불과하다면 본죄는 성립하지 않는다.[11] 객관적 사실관계를 사실 그대로 신고한 이상 주관적 법률평가를 잘못하였다 하더라도 허위사실을 신고한 것이라 할 수 없다.[12] 하지만, 범죄의 성립을 조각하는 사유가 있음에도 이를 숨기고 신고한 경우에는 허위신고에 해당한다.[13]

허위사실의 정도는 수사관서 또는 감독관서에 대하여 수사권 또는 징계권의 발동을 촉구하는 정도의 것이면 충분하고 반드시 범죄구성요건 사실이나 징계요건 사실을 구체적으로 명시하여야 하는 것은 아니다.[14]

□ 허위사실 관련 판례

〈허위사실에 해당하는 경우〉

① 경찰관이 甲을 현행범으로 체포하려는 상황에서 乙이 경찰관을 폭행하여 乙을 현행범으로 체포하였는데, 乙이 경찰관의 현행범 체포업무를 방해한 일이 없다며 경찰관을 불법체포로 고소한 사안에서, 무고죄가 성립한다(대판 2009.1.30. 2008도8573).

② 객관적으로 고소사실에 대한 공소시효가 완성되었더라도 고소를 제기하면서 마치 공소시효가 완성되지 않은 것처럼 고소한 경우에는 국가기관의 직무를 그르칠 염려가 있으므로 무고죄를 구성한다(대판 1995.12.5. 95도1908).

③ 타인에게 형사처분을 받게 할 목적으로 '허위의 사실'을 신고한 행위가 무고죄를 구성하기 위해서는 신고된 사실 자체가 형사처분의 대상이 될 수 있어야 하므로, 가령 허위의 사실을 신고하였더라도 신고 당시 그 사실 자체가 형사범죄를 구성하지 않으면

---

9) 대판 2019.7.11. 2018도2614.
10) 대판 1991.10.11. 91도1950.
11) 대판 2019.7.11. 2018도2614.
12) 대판 1985.6.25. 83도3245.
13) 위법성조각사유가 있음을 알면서도 '피고소인이 허위사실을 공표하였다'고 고소함으로써 결국 적극적으로 위법성조각사유가 적용되지 않는 공직선거 및 선거부정방지법 제250조의 허위사실공표죄로 처벌되어야 한다고 주장한 경우에는 무고죄가 성립한다(대판 1998.3.24. 97도2956).
14) 대판 2014.12.24. 2012도4531.

무고죄는 성립하지 않는다. 그러나 허위로 신고한 사실이 무고행위 당시 형사처분의 대상이 될 수 있었던 경우에는 국가의 형사사법권의 적정한 행사를 그르치게 할 위험과 부당하게 처벌받지 않은 개인의 법적 안정성이 침해될 위험이 이미 발생하였으므로 무고죄는 기수에 이르고, 이후 그러한 사실이 형사범죄가 되지 않은 것으로 판례가 변경되었더라도 특별한 사정이 없는 한 이미 성립한 무고죄에는 영향을 미치지 않는다(대판 2017.5.30. 2015도15398).

〈허위 사실에 해당하지 않은 경우〉

① 구타를 당하여 상해를 입었다는 고소내용은 하나의 폭력행위에 대한 고소사실이다. 이를 분리하여 폭행에 관한 고소사실과 상해에 관한 고소사실의 두 가지의 고소내용이라고 할 수는 없다. 그러므로 피고인이 이 사건에서 위 오○○로부터 구타를 당한 것이 사실인 이상 이를 고소함에 있어서 입지 않은 상해사실을 포함시켰다 하더라도, 이는 고소내용의 정황의 과장에 지나지 않는다고 보고, 이 고소사실에서 위 상해부분만이 따로 무고죄를 구성한다고 할 수는 없다(대판 1973.12.26. 73도2771).
② 무고죄에서 말하는 허위라 함은 객관적인 사실에 반하는 것을 말하고 그 고의는 이 허위에 대한 인식이 있음을 요하는 것이므로 객관적인 사실관계를 자신이 인식한 대로 신고하는 이상 객관적인 사실을 토대로 한 나름대로의 주관적, 법적 구성이나 평가에 잘못이 있다 하더라도 이는 허위의 사실을 신고한 것에 해당한다고 볼 수 없어 무고죄가 성립하지 아니한다(대판 1985.9.24. 84도1737).
③ 타인으로 하여금 형사처분을 받게 할 목적으로 공무소에 대하여 허위의 사실을 신고하였다고 하더라도, 그 사실이 친고죄로서 그에 대한 고소기간이 경과하여 공소를 제기할 수 없음이 그 신고 내용 자체에 의하여 분명한 때에는 당해 국가기관의 직무를 그르치게 할 위험이 없으므로 이러한 경우에는 무고죄가 성립하지 아니한다(대판 2018.7.11. 2018도1818).
④ 고소인이 피해자가 대여하였다가 이미 변제받은 금원에 관하여 수개월간 변제치 않고 있었던 점을 들어 위 금원을 착복하였다는 표현으로 고소장에 기재하였다 하여도, 고소내용의 정황을 과장한 것이거나 또는 주관적 법률평가를 잘못하였음에 지나지 아니한 것이라면 이로써 허위의 사실을 들어 고소하였다고 단정할 수는 없다(대판 1987.6.9. 87도1029).

(다) 신고

신고는 자진해서 사실을 고하는 것이다. 본죄에서의 신고는 자발적인 것이어야 하고 수사기관 등의 추문(推問), 즉 수사기관 등이 추궁하여 캐어묻거나 진술을 이끌어내는 과정에서 허위의 진술을 하는 것은 본죄를 구성하지 않는다. 그러나 당초 고소장에 기재하지 않은 사실을 수사기관에서 고소보충조서를 받은 때 자진하여 진술하였다면 이 진술 부분까지 신고한 것으로 보아야 할 것이다.[15]

신고의 방법에는 제한이 없다. 구두에 의하건 서면에 의하건 관계가 없으며, 서면인 경우 명칭을 고소장이라고 하지 않아도 상관없다.[16] 신고에 있어서 자신의 이름이건 타인의 이름 또는 익명이건 상관없다. 피무고자는 특정되어야 하나 반드시 성명을 표시할 필요는 없으며 누구인지를 특정할 수 있으면 족하다.[17]

(라) 기수시기

본죄는 허위사실을 공무소 또는 공무원에게 신고한 때, 즉 도달한 때 기수가 된다. 예컨대 허위내용의 고소장을 경찰관에게 제출하였을 때 이미 허위사실의 신고가 수사기관에 도달되어 기수에 이르렀다고 볼 수 있다.[18] 신고를 받은 공무원이 수사에 착수하였는지는 본죄 성립에 영향이 없다.[19] 구두나 서류로 직접 접수한 경우에는 바로 기수가 되지만, 우편으로 접수한 경우에는 도달시에 기수가 된다.[20]

3. 주관적 구성요건

본죄의 타인으로 하여금 형사처분이나 징계처분을 받게 할 목적으로 공무소 또는 공무원에 대하여 허위의 사실을 신고한다는 고의가 있어야 한다. 이때, 신고

---

15) 대판 2014.2.21. 2013도4429.
16) 무고죄에 있어서 허위사실의 신고방식은 구두에 의하건 서면에 의하건 관계가 없을 뿐 아니라, 서면에 의하는 경우 그 신고내용이 타인으로 하여금 형사처분 또는 징계처분을 받게 할 목적의 허위사실이면 족한 것이지 그 명칭을 반드시 고소장이라고 하여야만 무고죄가 성립하는 것은 아니다(대판 1985.12.10. 84도2380).
17) 공무원 또는 공무소에 대한 허위 사실의 신고를 무고죄로 처벌하기 위하여는 그 신고에 피무고자의 성명이 표시되어 있지 않더라도 그 신고 내용에 의하여 객관적으로 피무고자를 특정할 수 있으면 족하다고 할 것인바, 이 사건 진정서에는 그 피진정인이 '목포교도소 징벌위원회'로 되어 있지만 그 진정 내용은 위 징벌위원회 회의록이 허위로 작성되었다는 취지이므로 위 회의록의 작성 권한을 가지는 위 징벌위원회위원장을 그 피진정인으로 특정할 수 있는 것이다(대판 2006.6.9. 2006도417).
18) 피고인의 행위는 피고인이 최초에 작성한 허위내용의 고소장을 경찰관에게 제출하였을 때 이미 허위사실의 신고가 수사기관에 도달되어 무고죄의 기수에 이른 것이라 할 것이고, 그 후 그 고소장을 되돌려 받았다는 점은 위와 같이 이미 기수에 이른 무고죄의 성립에 영향을 미칠 사유가 못된다(대판 1985.2.8. 84도2215).
19) 무고죄는 다른 사람으로 하여금 형사처분을 받게 할 목적으로 수사기관에 대하여 허위의 신고를 함으로써 성립하는 것이고, 그 신고를 받은 공무원이 수사에 착수하였는지 여부는 그 범죄의 성립에 영향을 주지 않는다(대판 1983.9.27. 83도1975).
20) 임웅, 1034면.

하는 사실이 '허위'임을 인식하고 있어야 한다. 신고사실이 객관적 사실에 반한다는 것을 확정적이거나 미필적으로 인식하고 신고하는 것을 말하는 것으로서, 설령 고소사실이 객관적 사실에 반하는 허위의 것이라 할지라도 그 허위성에 대한 인식이 없을 때에는 무고에 대한 고의가 없다.[21]

□ 무고죄의 고의 관련 판례

〈고의 인정〉

무고죄에 있어서 허위사실의 신고라 함은 신고사실이 객관적 사실에 반한다는 것을 확정적이거나 미필적으로 인식하고 신고하는 것을 말하는 것이므로 객관적 사실과 일치하지 않는 것이라도 신고자가 진실이라고 확신하고 신고하였을 때에는 무고죄가 성립하지 않는다고 할 것이나, 여기에서 진실이라고 확인한다 함은 신고자가 알고 있는 객관적인 사실관계에 의하더라도 신고사실이 허위라거나 또는 허위일 가능성이 있다는 인식을 하지 못하는 경우를 말하는 것이지, 신고자가 알고 있는 객관적 사실관계에 의하여 신고사실이 허위라거나 허위일 가능성이 있다는 인식을 하면서도 이를 무시한 채 무조건 자신의 주장이 옳다고 생각하는 경우까지 포함되는 것은 아니다(대판 2000.7.4. 2000도1908).

〈고의 부정〉

진실한 객관적인 사실에 근거하여 고소인이 피고소인의 주관적인 의사에 관하여 갖게 된 의심을 고소장에 기재하였을 경우에 법률 전문가 아닌 일반인의 입장에서 볼 때 그와 같은 의심을 갖는 것은 충분히 합리적인 근거가 있다고 볼 수 있다면, 비록 그 의심이 나중에 진실하지 않은 것으로 밝혀졌다고 하여 곧바로 고소인에게 무고의 미필적 고의가 있었다고 단정하여서는 안된다(대판 1996.3.26. 95도2998).

(1) 목적

본죄는 목적범으로 고의이외 '타인으로 하여금 형사처분이나 징계처분을 받게 할 목적'이 있어야 한다. '타인'이란 자기 자신 이외의 자이다. 이때, '자기'에 대한 무고는 성립하지 않는다. 그러나 '자기무고에 대한 교사'에 대해서 판례는 인정하고 있다.

---

21) 대판 2003.1.24. 2002도5939.

□ 관련 판례

형법 제156조의 무고죄는 국가의 형사사법권 또는 징계권의 적정한 행사를 주된 보호법익으로 하는 죄이나, 스스로 본인을 무고하는 자기무고는 무고죄의 구성요건에 해당하지 아니하여 무고죄를 구성하지 않는다. 그러나 피무고자의 교사, 방조 하에 제3자가 피무고자에 대한 허위의 사실을 신고한 경우 제3자의 행위는 무고죄의 구성요건에 해당하여 무고죄를 구성하므로, 제3자를 교사, 방조한 피무고자에 대하여도 교사, 방조범으로서의 죄책을 부담케 함이 상당하다(대판 2008.10.23. 2008도4852).

'자기무고'에 대해 제3자와 공모하는 '공동정범'에 대해서는 인정하지 않는다.

□ 관련 판례

[1] 형법 제30조에서 정한 공동정범은 공동으로 범죄를 저지르려는 의사에 따라 공범자들이 협력하여 범행을 분담함으로써 범죄의 구성요건을 실현한 경우에 각자가 범죄전체에 대하여 정범으로서의 책임을 지는 것이다. 이러한 공동정범이 성립하기 위해서는 주관적 요건으로서 공동가공의 의사와 객관적 요건으로서 공동의사에 의한 기능적 행위지배를 통한 범죄의 실행사실이 필요하고, 이때 공동가공의 의사는 공동의 의사로 특정한 범죄행위를 하기 위하여 일체가 되어 서로 다른 사람의 행위를 이용하여 자기의 의사를 실행에 옮기는 것을 내용으로 하는 것이어야 한다. 따라서 범죄의 실행에 가담한 사람이라고 할지라도 그가 공동의 의사에 따라 다른 공범자를 이용하여 실현하려는 행위가 자신에게는 범죄를 구성하지 않는다면 특별한 사정이 없는 한 공동정범의 죄책을 진다고 할 수 없다.

[2] 형법 제156조에서 정한 무고죄는 타인으로 하여금 형사처분 또는 징계처분을 받게 할 목적으로 허위의 사실을 신고하는 것을 구성요건으로 하는 범죄이다. 자기 자신으로 하여금 형사처분 또는 징계처분을 받게 할 목적으로 허위의 사실을 신고하는 행위, 즉 자기 자신을 무고하는 행위는 무고죄의 구성요건에 해당하지 않아 무고죄가 성립하지 않는다. 따라서 자기 자신을 무고하기로 제3자와 공모하고 이에 따라 무고행위에 가담하였더라도 이는 자기 자신에게는 무고죄의 구성요건에 해당하지 않아 범죄가 성립할 수 없는 행위를 실현하고자 한 것에 지나지 않아 무고죄의 공동정범으로 처벌할 수 없다(대판 2017.4.26. 2013도12592).

자기와 타인이 공범관계에 있다는 허위신고인 '공동무고'에 있어서는 타인의 범행부분에 대해서만 무고죄가 성립한다.22) 피무고자의 승낙을 받아 무고하는 경

---

22) 임웅, 1037면; 이재상, 809면; 배종대, 905면; 정영일, 868면.

우에도 무고죄는 성립한다.[23] 하지만, 허무인이나 사자에 대해서는 국가의 적정한 사법기능 또는 징계권 행사를 받게 할 가능성이 없으므로, 본죄가 성립하지 않는다(통설)

(2) 형사처분이나 징계처분

'형사처분'은 형벌 이외 보안처분이나 보호처분도 포함한다. '징계처분'은 공법상의 감독관계에서 질서유지를 위하여 과하는 신분적 제재를 말하므로,[24] 변호사에 대한 징계는 본죄에 포함되나,[25] 사립학교 교원[26]의 징계는 포함되지 않는다.

4. 죄수

① 하나의 신고로 수인을 무고한 경우에는 무고죄의 상상적 경합이 된다.

② 동일인에 대해 동일한 허위사실을 수차례 신고한 경우에는 포괄일죄가 성립한다.

5. 자백·자수

| 제157조【자백, 자수】제153조는 전조에 준용한다. |

---

23) 피무고자의 승낙을 받아 허위사실을 기재한 고소장을 제출하였다면 피무고자에 대한 형사처분이라는 결과발생을 의욕한 것은 아니라 하더라도 적어도 그러한 결과발생에 대한 미필적인 인식은 있었던 것으로 보아야 한다(대판 2005.9.30. 2005도2712).
24) 대판 2014.7.24. 2014도6377.
25) 구 변호사법 제92조, 제92조, 제95조, 제100조 등 관련 규정에 의하면 변호사에 대한 징계가 대한변호사협회 변호사징계위원회를 거쳐 최종적으로 법무부의 변호사징계위원회에서 결정되고 이에 불복하는 경우에는 행정소송을 할 수 있는 점, 구 변호사법 제93조, 제94조, 제101조의2 등은 판사 2명과 검사 2명이 위원으로 참여하여 대한변호사협회 변호사징계위원회나 법무부의 변호사징계위원회를 구성하고 서류의 송달, 기일의 지정이나 변경 및 증인, 감정인의 선서와 급여에 관한 사상에 대하여 '형사소송법'과 '형사소송비용 등에 관한 법률'의 규정을 준용하도록 정하고 있는 점, 위와 같은 절차를 마련한 것은 변호자의 공익적 지위에 기인하여 공범상의 특별권련관계에 준하여 징계에 관하여도 공법상의 통제를 하려는 의도로 보여지는 점 등을 고려하여 보면, 변호사에 대한 징계처분은 형법 제156조에서 정하는 '징계처분'에 포함된다고 봄이 상당하고, 구 변호사법 제97조의2 등 관련 규정에 의하여 그 징계 개시의 신청권이 있는 지방변호사회의 장은 형법 제156조에서 정한 '공무소 또는 공무원'에 포함된다고 할 것이다(대판 2010.11.25. 2010도10202).
26) 사립학교 교원의 자격, 복무 및 신분을 공무원인 국·공립학교 교원에 준하여 보장하고 있지만, 이 역시 이들 사이의 법률관계가 사법상 법률관계임을 전제로 신분 등을 교육공무원의 그것과 동일하게 보장한다는 취지에 다름 아니다. 따라서 학교법인 등의 사립학교 교원에 대한 인사권의 행사로서 징계 등 불리한 처분은 사법적 법률행위의 성격을 가진다. 위와 같은 법리를 종합하여 보면, 사립학교 교원에 대한 학교법인 등의 징계처분은 형법 제156조의 '징계처분'에 포함되지 않는다고 해석함이 옳다(대판 2014.7.24. 2014도6377).

본 조항은 제153조 위증죄에 있어서의 '자백, 자수'와 같이, 무고한 자가 무고한 사건의 형사처분 또는 징계처분이 확정되기 전에 자백 또는 자수한 때에는 그 형을 감경 또는 면제한다.[27]

본 친족간의 특례는 제151조(범인은닉과 친족간의 특례) 제2항과 동일하다.

---

27) 형법 제157조, 제153조는 무고죄를 범한 자가 그 신고한 사건의 재판 또는 징계처분이 확정되기 전에 자백 또는 자수한 때에는 그 형을 감경 또는 면제한다고 하여, 이러한 재판확정 전의 자백을 필요적 감경 또는 면제사유로 정하고 있다. 위와 같은 자백의 절차에 관해서는 아무런 법령상의 제한이 없으므로 그가 신고한 사건을 다루는 기관에 대한 고백이나 그 사건을 다루는 재판부에 증인으로 다시 출석하여 전에 그가 한 신고가 허위의 사실이었음을 고백하는 것은 물론 무고 사건의 피고인 또는 피의자로서 법원이나 수사기관에서의 신문에 의한 고백 또는 자백의 개념에 포함된다. 형법 제153조에서 정한 '재판이 확정되기 전'에는 피고인의 고소사건 수사 결과 피고인의 무고 혐의가 밝혀져 피고인에 대한 공소가 제기되고 피고소인에 대해서는 불기소결정이 내려져 재판절차가 개시되지 않은 경우도 포함된다(대판 2018.8.1. 2018도7293).

참고문헌

김일수, 새로쓴 형법총론, 박영사, 2018.

김일수/서보학, 형법각론, 박영사, 2009.

김성돈, 형법각론, SKKUP, 2020.

김종원, 형법각론(상), 법문사, 1971.

김중근, ACL 형법 총론, 에이스, 2014.

박강우, 로스쿨 형법각론, 준커뮤니게이션즈, 2018.

박상기, 형법각론, 법문사, 2008.

배종대, 형법총론, 홍문사, 2016.

배종대, 형법 총·각론, 홍문사, 2020.

손동권, 형법각론, 율곡출판사, 2010.

신호진, 형법요론, 문형사, 2021.

오영근, 형법각론, 박영사, 2021.

오영근, 로스쿨 형법, 박영사, 2009.

이영민, ECI 형법 총론, 서울고시각, 2019.

이재상, 형법각론, 박영사, 2010.

이재상/장영민/강동범, 형법총론, 박영사, 2019.

이형국, 형법각론, 법문사, 2007.

정성근/박광민, 형법각론, 삼지원, 2008.

임웅, 형법각론(제10정판), 법문사, 2019.

형법

[시행 2020. 10. 20] [법률 제17511호, 2020. 10. 20, 일부개정]

제1편 총칙

제1장 형법의 적용범위

제1조(범죄의 성립과 처벌) ① 범죄의 성립과 처벌은 행위 시의 법률에 의한다.

② 범죄후 법률의 변경에 의하여 그 행위가 범죄를 구성하지 아니하거나 형이 구법보다 경한 때에는 신법에 의한다.

③ 재판확정후 법률의 변경에 의하여 그 행위가 범죄를 구성하지 아니하는 때에는 형의 집행을 면제한다.

제1조(범죄의 성립과 처벌) ① 범죄의 성립과 처벌은 행위 시의 법률에 따른다.

② 범죄 후 법률이 변경되어 그 행위가 범죄를 구성하지 아니하게 되거나 형이 구법(舊法)보다 가벼워진 경우에는 신법(新法)에 따른다.

③ 재판이 확정된 후 법률이 변경되어 그 행위가 범죄를 구성하지 아니하게 된 경우에는 형의 집행을 면제한다.

[전문개정 2020. 12. 8.]

[시행일 : 2021. 12. 9.] 제1조

제2조(국내범) 본법은 대한민국영역내에서 죄를 범한 내국인과 외국인에게 적용한다.

제3조(내국인의 국외범) 본법은 대한민국영역외에서 죄를 범한 내국인에게 적용한다.

제4조(국외에 있는 내국선박 등에서 외국인이 범한 죄) 본법은 대한민국영역외에 있는 대한민국의 선박 또는 항공기내에서 죄를 범한 외국인에게 적용한다.

제5조(외국인의 국외범) 본법은 대한민국영역외에서 다음에 기재한 죄를 범한 외국인에게 적용한다.

1. 내란의 죄
2. 외환의 죄
3. 국기에 관한 죄
4. 통화에 관한 죄
5. 유가증권, 우표와 인지에 관한 죄
6. 문서에 관한 죄중 제225조 내지 제230조
7. 인장에 관한 죄중 제238조

제6조(대한민국과 대한민국국민에 대한 국외범) 본법은 대한민국영역외에서 대한민국 또는 대한민국국민에 대하여 전조에 기재한 이외의 죄를 범한 외국인에게 적용한다. 단 행위지의 법률에 의하여 범죄를 구성하지 아니하거나 소추 또는 형의 집행을 면제할 경우에는 예외로 한다.

제7조(외국에서 집행된 형의 산입) 죄를 지어 외국에서 형의 전부 또는 일부가 집행된 사람에 대해서는 그 집행된 형의 전부 또는 일부를 선고하는 형에 산입한다.

[전문개정 2016. 12. 20.]

[2016. 12. 20. 법률 제14415호에 의하여 2015. 5. 28. 헌법재판소에서 헌법불합치 결정된 이 조를 개정함.]

제8조(총칙의 적용) 본법 총칙은 타법령에 정한 죄에 적용한다. 단, 그 법령에 특별한 규정이 있는 때에는 예외로 한다.

제2장 죄
제1절 죄의 성립과 형의 감면
제9조(형사미성년자) 14세되지 아니한 자의 행위는 벌하지 아니한다.

제10조(심신장애인) ① 심신장애로 인하여 사물을 변별할 능력이 없거나 의사를 결정할 능력이 없는 자의 행위는 벌하지 아니한다.

② 심신장애로 인하여 전항의 능력이 미약한 자의 행위는 형을 감경할 수 있다. <개정 2018. 12. 18.>

③ 위험의 발생을 예견하고 자의로 심신장애를 야기한 자의 행위에는 전2항의 규정을 적용하지 아니한다.

[제목개정 2014. 12. 30.]

제11조(농아자) 농아자의 행위는 형을 감경한다.

제11조(청각 및 언어 장애인) 듣거나 말하는 데 모두 장애가 있는 사람의 행위에 대해서는 형을 감경한다.

[전문개정 2020. 12. 8.]

[시행일 : 2021. 12. 9.] 제11조

제12조(강요된 행위) 저항할 수 없는 폭력이나 자기 또는 친족의 생명, 신체에 대한 위해를 방어할 방법이 없는 협박에 의하여 강요된 행위는 벌하지 아니한다.

제13조(범의) 죄의 성립요소인 사실을 인식하지 못한 행위는 벌하지 아니한다. 단, 법률에 특별한 규정이 있는 경우에는 예외로 한다.

제13조(고의) 죄의 성립요소인 사실을 인식하지 못한 행위는 벌하지 아니한다. 다만, 법률에 특별한 규정이 있는 경우에는 예외로 한다.

[전문개정 2020. 12. 8.]

[시행일 : 2021. 12. 9.] 제13조

제14조(과실) 정상의 주의를 태만함으로 인하여 죄의 성립요소인 사실을 인식하지 못한 행위는 법률에 특별한 규정이 있는 경우에 한하여 처벌한다.

제14조(과실) 정상적으로 기울여야 할 주의(注意)를 게을리하여 죄의 성립요소인 사실을 인식하지 못한 행위는 법률에 특별한 규정이 있는 경우에만 처벌한다.

[전문개정 2020. 12. 8.]

[시행일 : 2021. 12. 9.] 제14조

제15조(사실의 착오) ① 특별히 중한 죄가 되는 사실을 인식하지 못한 행위는 중한 죄로 벌하지 아니한다.

② 결과로 인하여 형이 중할 죄에 있어서 그 결과의 발생을 예견할 수 없었을 때에는 중한 죄로 벌하지 아니한다.

제15조(사실의 착오) ① 특별히 무거운 죄가 되는 사실을 인식하지 못한 행위는 무거운 죄로 벌하지 아니한다.

② 결과 때문에 형이 무거워지는 죄의 경우에 그 결과의 발생을 예견할 수 없었을 때에는 무거운 죄로 벌하지 아니한다.

[전문개정 2020. 12. 8.]

[시행일 : 2021. 12. 9.] 제15조

제16조(법률의 착오) 자기의 행위가 법령에 의하여 죄가 되지 아니하는 것으로 오인한 행위는 그 오인에 정당한 이유가 있는 때에 한하여 벌하지 아니한다.

제17조(인과관계) 어떤 행위라도 죄의 요소되는 위험발생에 연결되지 아니한 때에는 그 결과로 인하여 벌하지 아니한다.

제18조(부작위범) 위험의 발생을 방지할 의무가 있거나 자기의 행위로 인하여 위험발생의 원인을 야기한 자가 그 위험발생을 방지하지 아니한 때에는 그 발생된 결과에 의하여 처벌한다.

제19조(독립행위의 경합) 동시 또는 이시의 독립행위가 경합한 경우에 그 결과발생의 원인된 행위가 판명되지 아니한 때에는 각 행위를 미수범으로 처벌한다.

제20조(정당행위) 법령에 의한 행위 또는 업무로 인한 행위 기타 사회상규에 위배되지 아니하는 행위는 벌하지 아니한다.

제21조(정당방위) ① 자기 또는 타인의 법익에 대한 현재의 부당한 침해를 방위하기 위한 행위는 상당한 이유가 있는 때에는 벌하지 아니한다.

② 방위행위가 그 정도를 초과한 때에는 정황에 의하여 그 형을 감경 또는 면제할 수 있다.

③ 전항의 경우에 그 행위가 야간 기타 불안스러운 상태하에서 공포, 경악, 흥분 또는 당황으로 인한 때에는 벌하지 아니한다.

제21조(정당방위) ① 현재의 부당한 침해로부터 자기 또는 타인의 법익(法益)을 방위하기 위하여 한 행위는 상당한 이유가 있는 경우에는 벌하지 아니한다.

② 방위행위가 그 정도를 초과한 경우에는 정황(情況)에 따라 그 형을 감경하거나 면제할 수 있다.

③ 제2항의 경우에 야간이나 그 밖의 불안한 상태에서 공포를 느끼거나 경악(驚愕)하거나 흥분하거나 당황하였기 때문에 그 행위를 하였을 때에는 벌하지 아니한다.

[전문개정 2020. 12. 8.]

[시행일 : 2021. 12. 9.] 제21조

제22조(긴급피난) ①자기 또는 타인의 법익에 대한 현재의 위난을 피하기 위한 행위는 상당한 이유가 있는 때에는 벌하지 아니한다.

② 위난을 피하지 못할 책임이 있는 자에 대하여는 전항의 규정을 적용하지 아니한다.

③ 전조 제2항과 제3항의 규정은 본조에 준용한다.

제23조(자구행위) ① 법정절차에 의하여 청구권을 보전하기 불능한 경우에 그 청구권의 실행불능 또는 현저한 실행곤란을 피하기 위한 행위는 상당한 이유가 있는 때에는 벌하지 아니한다.

② 전항의 행위가 그 정도를 초과한 때에는 정황에 의하여 형을 감경 또는 면제할 수 있다.

제23조(자구행위) ① 법률에서 정한 절차에 따라서는 청구권을 보전(保全)할 수 없는 경우에 그 청구권의 실행이 불가능해지거나 현저히 곤란해지는 상황을 피하기 위하여 한 행위는 상당한 이유가 있는 때에는 벌하지 아니한다.

② 제1항의 행위가 그 정도를 초과한 경우에는 정황에 따라 그 형을 감경하거나 면제할 수 있다.

[전문개정 2020. 12. 8.]

[시행일 : 2021. 12. 9.] 제23조

제24조(피해자의 승낙) 처분할 수 있는 자의 승낙에 의하여 그 법익을 훼손한 행위는 법률에 특별한 규정이 없는 한 벌하지 아니한다.

제2절 미수범

제25조(미수범) ① 범죄의 실행에 착수하여 행위를 종료하지 못하였거나 결과가 발생하지 아니한 때에는 미수범으로 처벌한다.

② 미수범의 형은 기수범보다 감경할 수 있다.

제26조(중지범) 범인이 자의로 실행에 착수한 행위를 중지하거나 그 행위로 인한 결

과의 발생을 방지한 때에는 형을 감경 또는 면제한다.

제26조(중지범) 범인이 실행에 착수한 행위를 자의(自意)로 중지하거나 그 행위로 인한 결과의 발생을 자의로 방지한 경우에는 형을 감경하거나 면제한다.

[전문개정 2020. 12. 8.]

[시행일 : 2021. 12. 9.] 제26조

제27조(불능범) 실행의 수단 또는 대상의 착오로 인하여 결과의 발생이 불가능하더라도 위험성이 있는 때에는 처벌한다. 단, 형을 감경 또는 면제할 수 있다.

제28조(음모, 예비) 범죄의 음모 또는 예비행위가 실행의 착수에 이르지 아니한 때에는 법률에 특별한 규정이 없는 한 벌하지 아니한다.

제29조(미수범의 처벌) 미수범을 처벌할 죄는 각 본조에 정한다.

제29조(미수범의 처벌) 미수범을 처벌할 죄는 각칙의 해당 죄에서 정한다.

[전문개정 2020. 12. 8.]

[시행일 : 2021. 12. 9.] 제29조

제3절 공범

제30조(공동정범) 2인 이상이 공동하여 죄를 범한 때에는 각자를 그 죄의 정범으로 처벌한다.

제31조(교사범) ① 타인을 교사하여 죄를 범하게 한 자는 죄를 실행한 자와 동일한 형으로 처벌한다.

② 교사를 받은 자가 범죄의 실행을 승낙하고 실행의 착수에 이르지 아니한 때에는 교사자와 피교사자를 음모 또는 예비에 준하여 처벌한다.

③ 교사를 받은 자가 범죄의 실행을 승낙하지 아니한 때에도 교사자에 대하여는

전항과 같다.

제32조(종범) ① 타인의 범죄를 방조한 자는 종범으로 처벌한다.

② 종범의 형은 정범의 형보다 감경한다.

제33조(공범과 신분) 신분관계로 인하여 성립될 범죄에 가공한 행위는 신분관계가 없는 자에게도 전3조의 규정을 적용한다. 단, 신분관계로 인하여 형의 경중이 있는 경우에는 중한 형으로 벌하지 아니한다.

제33조(공범과 신분) 신분이 있어야 성립되는 범죄에 신분 없는 사람이 가담한 경우에는 그 신분 없는 사람에게도 제30조부터 제32조까지의 규정을 적용한다. 다만, 신분 때문에 형의 경중이 달라지는 경우에 신분이 없는 사람은 무거운 형으로 벌하지 아니한다.

[전문개정 2020. 12. 8.]

[시행일 : 2021. 12. 9.] 제33조

제34조(간접정범, 특수한 교사, 방조에 대한 형의 가중) ① 어느 행위로 인하여 처벌되지 아니하는 자 또는 과실범으로 처벌되는 자를 교사 또는 방조하여 범죄행위의 결과를 발생하게 한 자는 교사 또는 방조의 예에 의하여 처벌한다.

② 자기의 지휘, 감독을 받는 자를 교사 또는 방조하여 전항의 결과를 발생하게 한 자는 교사인 때에는 정범에 정한 형의 장기 또는 다액에 그 2분의 1까지 가중하고 방조인 때에는 정범의 형으로 처벌한다.

제4절 누범

제35조(누범) ① 금고 이상의 형을 받어 그 집행을 종료하거나 면제를 받은 후 3년내에 금고 이상에 해당하는 죄를 범한 자는 누범으로 처벌한다.

② 누범의 형은 그 죄에 정한 형의 장기의

2배까지 가중한다.

제35조(누범) ① 금고(禁錮) 이상의 형을 선고받아 그 집행이 종료되거나 면제된 후 3년 내에 금고 이상에 해당하는 죄를 지은 사람은 누범(累犯)으로 처벌한다.

② 누범의 형은 그 죄에 대하여 정한 형의 장기(長期)의 2배까지 가중한다.

[전문개정 2020. 12. 8.]

[시행일 : 2021. 12. 9.] 제35조

제36조(판결선고후의 누범발각) 판결선고후 누범인 것이 발각된 때에는 그 선고한 형을 통산하여 다시 형을 정할 수 있다. 단, 선고한 형의 집행을 종료하거나 그 집행이 면제된 후에는 예외로 한다.

제5절 경합범

제37조(경합범) 판결이 확정되지 아니한 수개의 죄 또는 금고 이상의 형에 처한 판결이 확정된 죄와 그 판결확정전에 범한 죄를 경합범으로 한다. <개정 2004. 1. 20.>

제38조(경합범과 처벌례) ① 경합범을 동시에 판결할 때에는 다음의 구별에 의하여 처벌한다.

1. 가장 중한 죄에 정한 형이 사형 또는 무기징역이나 무기금고인 때에는 가장 중한 죄에 정한 형으로 처벌한다.

2. 각 죄에 정한 형이 사형 또는 무기징역이나 무기금고 이외의 동종의 형인 때에는 가장 중한 죄에 정한 장기 또는 다액에 그 2분의 1까지 가중하되 각 죄에 정한 형의 장기 또는 다액을 합산한 형기 또는 액수를 초과할 수 없다. 단 과료와 과료, 몰수와 몰수는 병과할 수 있다.

3. 각 죄에 정한 형이 무기징역이나 무기금고 이외의 이종의 형인 때에는 병과

한다.

② 전항 각호의 경우에 있어서 징역과 금고는 동종의 형으로 간주하여 징역형으로 처벌한다.

제38조(경합범과 처벌례) ① 경합범을 동시에 판결할 때에는 다음 각 호의 구분에 따라 처벌한다.

1. 가장 무거운 죄에 대하여 정한 형이 사형, 무기징역, 무기금고인 경우에는 가장 무거운 죄에 대하여 정한 형으로 처벌한다.

2. 각 죄에 대하여 정한 형이 사형, 무기징역, 무기금고 외의 같은 종류의 형인 경우에는 가장 무거운 죄에 대하여 정한 형의 장기 또는 다액(多額)에 그 2분의 1까지 가중하되 각 죄에 대하여 정한 형의 장기 또는 다액을 합산한 형기 또는 액수를 초과할 수 없다. 다만, 과료와 과료, 몰수와 몰수는 병과(倂科)할 수 있다.

3. 각 죄에 대하여 정한 형이 무기징역, 무기금고 외의 다른 종류의 형인 경우에는 병과한다.

② 제1항 각 호의 경우에 징역과 금고는 같은 종류의 형으로 보아 징역형으로 처벌한다.

[전문개정 2020. 12. 8.]

[시행일 : 2021. 12. 9.] 제38조

제39조(판결을 받지 아니한 경합범, 수개의 판결과 경합범, 형의 집행과 경합범) ① 경합범 중 판결을 받지 아니한 죄가 있는 때에는 그 죄와 판결이 확정된 죄를 동시에 판결할 경우와 형평을 고려하여 그 죄에 대하여 형을 선고한다. 이 경우 그 형을 감경 또는 면제할 수 있다. <개정 2005. 7. 29.>

② 삭제 <2005. 7. 29.>

③ 경합범에 의한 판결의 선고를 받은 자가 경합범 중의 어떤 죄에 대하여 사면 또는 형의 집행이 면제된 때에는 다른 죄에 대하여 다시 형을 정한다.

④전 3항의 형의 집행에 있어서는 이미 집행한 형기를 통산한다.

제40조(상상적 경합) 1개의 행위가 수개의 죄에 해당하는 경우에는 가장 중한 죄에 정한 형으로 처벌한다.

제40조(상상적 경합) 한 개의 행위가 여러 개의 죄에 해당하는 경우에는 가장 무거운 죄에 대하여 정한 형으로 처벌한다.

[전문개정 2020. 12. 8.]

[시행일 : 2021. 12. 9.] 제40조

제3장 형
제1절 형의 종류와 경중

제41조(형의 종류) 형의 종류는 다음과 같다.

1. 사형
2. 징역
3. 금고
4. 자격상실
5. 자격정지
6. 벌금
7. 구류
8. 과료
9. 몰수

제42조(징역 또는 금고의 기간) 징역 또는 금고는 무기 또는 유기로 하고 유기는 1개월 이상 30년 이하로 한다. 단, 유기징역 또는 유기금고에 대하여 형을 가중하는 때에는 50년까지로 한다. <개정 2010. 4. 15.>

제43조(형의 선고와 자격상실, 자격정지) ① 사형, 무기징역 또는 무기금고의 판결을 받은 자는 다음에 기재한 자격을 상실한다.

1. 공무원이 되는 자격
2. 공법상의 선거권과 피선거권
3. 법률로 요건을 정한 공법상의 업무에 관한 자격
4. 법인의 이사, 감사 또는 지배인 기타 법인의 업무에 관한 검사역이나 재산관리인이 되는 자격

② 유기징역 또는 유기금고의 판결을 받은 자는 그 형의 집행이 종료하거나 면제될 때까지 전항 제1호 내지 제3호에 기재된 자격이 정지된다. 다만, 다른 법률에 특별한 규정이 있는 경우에는 그 법률에 따른다. <개정 2016. 1. 6.>

[2016. 1. 6. 법률 제13719호에 의하여 2014. 1. 28. 헌법재판소에서 위헌 및 헌법불합치 결정된 이 조 제2항을 개정함.]

제44조(자격정지) ① 전조에 기재한 자격의 전부 또는 일부에 대한 정지는 1년 이상 15년 이하로 한다.

② 유기징역 또는 유기금고에 자격정지를 병과한 때에는 징역 또는 금고의 집행을 종료하거나 면제된 날로부터 정지기간을 기산한다.

제45조(벌금) 벌금은 5만원 이상으로 한다. 다만, 감경하는 경우에는 5만원 미만으로 할 수 있다. <개정 1995. 12. 29.>

제46조(구류) 구류는 1일 이상 30일 미만으로 한다.

제47조(과료) 과료는 2천원 이상 5만원 미만으로 한다. <개정 1995. 12. 29.>

제48조(몰수의 대상과 추징) ① 범인이외의 자의 소유에 속하지 아니하거나 범죄후 범인이외의 자가 정을 알면서 취득한 다음 기재의 물건은 전부 또는 일부를 몰수할 수 있다.

1. 범죄행위에 제공하였거나 제공하려고

한 물건.

2. 범죄행위로 인하여 생하였거나 이로 인하여 취득한 물건.

3. 전 2호의 대가로 취득한 물건.

② 전항에 기재한 물건을 몰수하기 불능한 때에는 그 가액을 추징한다.

③ 문서, 도화, 전자기록등 특수매체기록 또는 유가증권의 일부가 몰수에 해당하는 때에는 그 부분을 폐기한다. <개정 1995. 12. 29.>

제48조(몰수의 대상과 추징) ① 범인 외의 자의 소유에 속하지 아니하거나 범죄 후 범인 외의 자가 사정을 알면서 취득한 다음 각 호의 물건은 전부 또는 일부를 몰수할 수 있다.

1. 범죄행위에 제공하였거나 제공하려고 한 물건

2. 범죄행위로 인하여 생겼거나 취득한 물건

3. 제1호 또는 제2호의 대가로 취득한 물건

② 제1항 각 호의 물건을 몰수할 수 없을 때에는 그 가액(價額)을 추징한다.

③ 문서, 도화(圖畵), 전자기록(電磁記錄) 등 특수매체기록 또는 유가증권의 일부가 몰수의 대상이 된 경우에는 그 부분을 폐기한다.

[전문개정 2020. 12. 8.]

[시행일 : 2021. 12. 9.] 제48조

제49조(몰수의 부가성) 몰수는 타형에 부가하여 과한다. 단, 행위자에게 유죄의 재판을 아니할 때에도 몰수의 요건이 있는 때에는 몰수만을 선고할 수 있다.

제50조(형의 경중) ① 형의 경중은 제41조 기재의 순서에 의한다. 단, 무기금고와 유기징역은 금고를 중한 것으로 하고 유기금고의 장기가 유기징역의 장기를 초과하

는 때에는 금고를 중한 것으로 한다.

② 동종의 형은 장기의 긴 것과 다액의 많은 것을 중한 것으로 하고 장기 또는 다액이 동일한 때에는 그 단기의 긴 것과 소액의 많은 것을 중한 것으로 한다.

③ 전 2항의 규정에 의한 외에는 죄질과 범정에 의하여 경중을 정한다.

제50조(형의 경중) ① 형의 경중은 제41조 각 호의 순서에 따른다. 다만, 무기금고와 유기징역은 무기금고를 무거운 것으로 하고 유기금고의 장기가 유기징역의 장기를 초과하는 때에는 유기금고를 무거운 것으로 한다.

② 같은 종류의 형은 장기가 긴 것과 다액이 많은 것을 무거운 것으로 하고 장기 또는 다액이 같은 경우에는 단기가 긴 것과 소액이 많은 것을 무거운 것으로 한다.

③ 제1항 및 제2항을 제외하고는 죄질과 범정(犯情)을 고려하여 경중을 정한다.

[전문개정 2020. 12. 8.]

[시행일 : 2021. 12. 9.] 제50조

제2절 형의 양정

제51조(양형의 조건) 형을 정함에 있어서는 다음 사항을 참작하여야 한다.

1. 범인의 연령, 성행, 지능과 환경

2. 피해자에 대한 관계

3. 범행의 동기, 수단과 결과

4. 범행 후의 정황

제52조(자수, 자복) ① 죄를 범한 후 수사책임이 있는 관서에 자수한 때에는 그 형을 감경 또는 면제할 수 있다.

② 피해자의 의사에 반하여 처벌할 수 없는 죄에 있어서 피해자에게 자복한 때에도 전항과 같다.

제52조(자수, 자복) ① 죄를 지은 후 수사기

관에 자수한 경우에는 형을 감경하거나 면제할 수 있다.

② 피해자의 의사에 반하여 처벌할 수 없는 범죄의 경우에는 피해자에게 죄를 자복(自服)하였을 때에도 형을 감경하거나 면제할 수 있다.

[전문개정 2020. 12. 8.]

[시행일 : 2021. 12. 9.] 제52조

제53조(작량감경) 범죄의 정상에 참작할 만한 사유가 있는 때에는 작량하여 그 형을 감경할 수 있다.

제53조(정상참작감경) 범죄의 정상(情狀)에 참작할 만한 사유가 있는 경우에는 그 형을 감경할 수 있다.

[전문개정 2020. 12. 8.]

[시행일 : 2021. 12. 9.] 제53조

제54조(선택형과 작량감경) 1개의 죄에 정한 형이 수종인 때에는 먼저 적용할 형을 정하고 그 형을 감경한다.

제54조(선택형과 정상참작감경) 한 개의 죄에 정한 형이 여러 종류인 때에는 먼저 적용할 형을 정하고 그 형을 감경한다.

[전문개정 2020. 12. 8.]

[시행일 : 2021. 12. 9.] 제54조

제55조(법률상의 감경) ①법률상의 감경은 다음과 같다. <개정 2010. 4. 15.>

1. 사형을 감경할 때에는 무기 또는 20년 이상 50년 이하의 징역 또는 금고로 한다.

2. 무기징역 또는 무기금고를 감경할 때에는 10년 이상 50년 이하의 징역 또는 금고로 한다.

3. 유기징역 또는 유기금고를 감경할 때에는 그 형기의 2분의 1로 한다.

4. 자격상실을 감경할 때에는 7년 이상의 자격정지로 한다.

5. 자격정지를 감경할 때에는 그 형기의 2분의 1로 한다.

6. 벌금을 감경할 때에는 그 다액의 2분의 1로 한다.

7. 구류를 감경할 때에는 그 장기의 2분의 1로 한다.

8. 과료를 감경할 때에는 그 다액의 2분의 1로 한다.

②법률상 감경할 사유가 수개있는 때에는 거듭 감경할 수 있다.

제56조(가중감경의 순서) 형을 가중감경할 사유가 경합된 때에는 다음 순서에 의한다.

1. 각칙 본조에 의한 가중

2. 제34조제2항의 가중

3. 누범가중

4. 법률상감경

5. 경합범가중

6. 작량감경

제56조(가중·감경의 순서) 형을 가중·감경할 사유가 경합하는 경우에는 다음 각 호의 순서에 따른다.

1. 각칙 조문에 따른 가중

2. 제34조제2항에 따른 가중

3. 누범 가중

4. 법률상 감경

5. 경합범 가중

6. 정상참작감경

[전문개정 2020. 12. 8.]

[시행일 : 2021. 12. 9.] 제56조

제57조(판결선고전 구금일수의 통산) ① 판결선고전의 구금일수는 그 전부를 유기징역, 유기금고, 벌금이나 과료에 관한 유치 또는 구류에 산입한다. <개정 2014. 12. 30.>

② 전항의 경우에는 구금일수의 1일은 징역, 금고, 벌금이나 과료에 관한 유치 또는 구류의 기간의 1일로 계산한다.

[2014. 12. 30. 법률 제12898호에 의하여 2009. 6. 25. 위헌 결정된 제57조제1항을 개정함]

제58조(판결의 공시) ① 피해자의 이익을 위하여 필요하다고 인정할 때에는 피해자의 청구가 있는 경우에 한하여 피고인의 부담으로 판결공시의 취지를 선고할 수 있다. ② 피고사건에 대하여 무죄의 판결을 선고하는 경우에는 무죄판결공시의 취지를 선고하여야 한다. 다만, 무죄판결을 받은 피고인이 무죄판결공시 취지의 선고에 동의하지 아니하거나 피고인의 동의를 받을 수 없는 경우에는 그러하지 아니하다. <개정 2014. 12. 30.> ③ 피고사건에 대하여 면소의 판결을 선고하는 경우에는 면소판결공시의 취지를 선고할 수 있다. <신설 2014. 12. 30.>

제3절 형의 선고유예

제59조(선고유예의 요건) ① 1년 이하의 징역이나 금고, 자격정지 또는 벌금의 형을 선고할 경우에 제51조의 사항을 참작하여 개전의 정상이 현저한 때에는 그 선고를 유예할 수 있다. 단, 자격정지 이상의 형을 받은 전과가 있는 자에 대하여는 예외로 한다. ② 형을 병과할 경우에도 형의 전부 또는 일부에 대하여 그 선고를 유예할 수 있다.

제59조(선고유예의 요건) ① 1년 이하의 징역이나 금고, 자격정지 또는 벌금의 형을 선고할 경우에 제51조의 사항을 고려하여 뉘우치는 정상이 뚜렷할 때에는 그 형의 선고를 유예할 수 있다. 다만, 자격정지 이상의 형을 받은 전과가 있는 사람에 대해서는 예외로 한다. ② 형을 병과할 경우에도 형의 전부 또는 일부에 대하여 선고를 유예할 수 있다. [전문개정 2020. 12. 8.] [시행일 : 2021. 12. 9.] 제59조

제59조의2(보호관찰) ① 형의 선고를 유예하는 경우에 재범방지를 위하여 지도 및 원호가 필요한 때에는 보호관찰을 받을 것을 명할 수 있다. ② 제1항의 규정에 의한 보호관찰의 기간은 1년으로 한다. [본조신설 1995. 12. 29.]

제60조(선고유예의 효과) 형의 선고유예를 받은 날로부터 2년을 경과한 때에는 면소된 것으로 간주한다.

제61조(선고유예의 실효) ① 형의 선고유예를 받은 자가 유예기간 중 자격정지 이상의 형에 처한 판결이 확정되거나 자격정지 이상의 형에 처한 전과가 발견된 때에는 유예한 형을 선고한다. <개정 1995. 12. 29.> ② 제59조의2의 규정에 의하여 보호관찰을 명한 선고유예를 받은 자가 보호관찰기간중에 준수사항을 위반하고 그 정도가 무거운 때에는 유예한 형을 선고할 수 있다. <신설 1995. 12. 29.>

제4절 형의 집행유예

제62조(집행유예의 요건) ① 3년 이하의 징역이나 금고 또는 500만원 이하의 벌금의 형을 선고할 경우에 제51조의 사항을 참작하여 그 정상에 참작할 만한 사유가 있는 때에는 1년 이상 5년 이하의 기간 형의 집행을 유예할 수 있다. 다만, 금고 이상의 형을 선고한 판결이 확정된 때부터 그 집행을 종료하거나 면제된 후 3년까지의 기간에 범한 죄에 대하여 형을 선고하는 경우에는 그러하지 아니하다. <개정 2005. 7. 29., 2016. 1. 6.>

② 형을 병과할 경우에는 그 형의 일부에 대하여 집행을 유예할 수 있다.

제62조의2(보호관찰, 사회봉사 · 수강명령) ① 형의 집행을 유예하는 경우에는 보호관찰을 받을 것을 명하거나 사회봉사 또는 수강을 명할 수 있다.

② 제1항의 규정에 의한 보호관찰의 기간은 집행을 유예한 기간으로 한다. 다만, 법원은 유예기간의 범위내에서 보호관찰기간을 정할 수 있다.

③ 사회봉사명령 또는 수강명령은 집행유예기간내에 이를 집행한다.

[본조신설 1995. 12. 29.]

제63조(집행유예의 실효) 집행유예의 선고를 받은 자가 유예기간 중 고의로 범한 죄로 금고 이상의 실형을 선고받아 그 판결이 확정된 때에는 집행유예의 선고는 효력을 잃는다. <개정 2005. 7. 29.>

제64조(집행유예의 취소) ① 집행유예의 선고를 받은 후 제62조 단행의 사유가 발각된 때에는 집행유예의 선고를 취소한다. <개정 1995. 12. 29.>

② 제62조의2의 규정에 의하여 보호관찰이나 사회봉사 또는 수강을 명한 집행유예를 받은 자가 준수사항이나 명령을 위반하고 그 정도가 무거운 때에는 집행유예의 선고를 취소할 수 있다. <신설 1995. 12. 29.>

제65조(집행유예의 효과) 집행유예의 선고를 받은 후 그 선고의 실효 또는 취소됨이 없이 유예기간을 경과한 때에는 형의 선고는 효력을 잃는다.

제5절 형의 집행

제66조(사형) 사형은 형무소내에서 교수하여 집행한다.

제66조(사형) 사형은 교정시설 안에서 교수(絞首)하여 집행한다.

[전문개정 2020. 12. 8.]

[시행일 : 2021. 12. 9.] 제66조

제67조(징역) 징역은 형무소내에 구치하여 정역에 복무하게 한다.

제67조(징역) 징역은 교정시설에 수용하여 집행하며, 정해진 노역(勞役)에 복무하게 한다.

[전문개정 2020. 12. 8.]

[시행일 : 2021. 12. 9.] 제67조

제68조(금고와 구류) 금고와 구류는 형무소에 구치한다.

제68조(금고와 구류) 금고와 구류는 교정시설에 수용하여 집행한다.

[전문개정 2020. 12. 8.]

[시행일 : 2021. 12. 9.] 제68조

제69조(벌금과 과료) ① 벌금과 과료는 판결 확정일로부터 30일내에 납입하여야 한다. 단, 벌금을 선고할 때에는 동시에 그 금액을 완납할 때까지 노역장에 유치할 것을 명할 수 있다.

② 벌금을 납입하지 아니한 자는 1일 이상 3년 이하, 과료를 납입하지 아니한 자는 1일 이상 30일 미만의 기간 노역장에 유치하여 작업에 복무하게 한다.

제70조(노역장유치) ① 벌금 또는 과료를 선고할 때에는 납입하지 아니하는 경우의 유치기간을 정하여 동시에 선고하여야 한다. <개정 2014. 5. 14.>

② 선고하는 벌금이 1억원 이상 5억원 미만인 경우에는 300일 이상, 5억원 이상 50억원 미만인 경우에는 500일 이상, 50억원 이상인 경우에는 1,000일 이상의 유치기간을 정하여야 한다. <신설 2014. 5. 14.>

제70조(노역장 유치) ① 벌금이나 과료를 선고할 때에는 이를 납입하지 아니하는 경우의 노역장 유치기간을 정하여 동시에 선고

하여야 한다. <개정 2020. 12. 8.>

② 선고하는 벌금이 1억원 이상 5억원 미만인 경우에는 300일 이상, 5억원 이상 50억원 미만인 경우에는 500일 이상, 50억원 이상인 경우에는 1천일 이상의 노역장 유치기간을 정하여야 한다. <신설 2014. 5. 14., 2020. 12. 8.>

[제목개정 2020. 12. 8.]

[시행일 : 2021. 12. 9.] 제70조

제71조(유치일수의 공제) 벌금 또는 과료의 선고를 받은 자가 그 일부를 납입한 때에는 벌금 또는 과료액과 유치기간의 일수에 비례하여 납입금액에 상당한 일수를 제한다.

제71조(유치일수의 공제) 벌금이나 과료의 선고를 받은 사람이 그 금액의 일부를 납입한 경우에는 벌금 또는 과료액과 노역장 유치기간의 일수(日數)에 비례하여 납입금액에 해당하는 일수를 뺀다.

[전문개정 2020. 12. 8.]

[시행일 : 2021. 12. 9.] 제71조

제6절 가석방

제72조(가석방의 요건) ① 징역 또는 금고의 집행 중에 있는 자가 그 행상이 양호하여 개전의 정이 현저한 때에는 무기에 있어서는 20년, 유기에 있어서는 형기의 3분의 1을 경과한 후 행정처분으로 가석방을 할 수 있다. <개정 2010. 4. 15.>

② 전항의 경우에 벌금 또는 과료의 병과가 있는 때에는 그 금액을 완납하여야 한다.

제72조(가석방의 요건) ① 징역이나 금고의 집행 중에 있는 사람이 행상(行狀)이 양호하여 뉘우침이 뚜렷한 때에는 무기형은 20년, 유기형은 형기의 3분의 1이 지난 후 행정처분으로 가석방을 할 수 있다.

② 제1항의 경우에 벌금이나 과료가 병과되어 있는 때에는 그 금액을 완납하여야 한다.

[전문개정 2020. 12. 8.]

[시행일 : 2021. 12. 9.] 제72조

제73조(판결선고전 구금과 가석방) ① 형기에 산입된 판결선고전 구금의 일수는 가석방에 있어서 집행을 경과한 기간에 산입한다.

② 벌금 또는 과료에 관한 유치기간에 산입된 판결선고전 구금일수는 전조제2항의 경우에 있어서 그에 해당하는 금액이 납입된 것으로 간주한다.

제73조(판결선고 전 구금과 가석방) ① 형기에 산입된 판결선고 전 구금일수는 가석방을 하는 경우 집행한 기간에 산입한다.

② 제72조제2항의 경우에 벌금이나 과료에 관한 노역장 유치기간에 산입된 판결선고 전 구금일수는 그에 해당하는 금액이 납입된 것으로 본다.

[전문개정 2020. 12. 8.]

[시행일 : 2021. 12. 9.] 제73조

제73조의2(가석방의 기간 및 보호관찰) ① 가석방의 기간은 무기형에 있어서는 10년으로 하고, 유기형에 있어서는 남은 형기로 하되, 그 기간은 10년을 초과할 수 없다.

② 가석방된 자는 가석방기간중 보호관찰을 받는다. 다만, 가석방을 허가한 행정관청이 필요가 없다고 인정한 때에는 그러하지 아니하다.

[본조신설 1995. 12. 29.]

제74조(가석방의 실효) 가석방중 금고 이상의 형의 선고를 받아 그 판결이 확정된 때에는 가석방처분은 효력을 잃는다. 단 과실로 인한 죄로 형의 선고를 받았을 때에는 예외로 한다.

제74조(가석방의 실효) 가석방 기간 중 고의로 지은 죄로 금고 이상의 형을 선고받아 그 판결이 확정된 경우에 가석방 처분은 효력을 잃는다.

[전문개정 2020. 12. 8.]

[시행일 : 2021. 12. 9.] 제74조

제75조(가석방의 취소) 가석방의 처분을 받은 자가 감시에 관한 규칙을 위배하거나, 보호관찰의 준수사항을 위반하고 그 정도가 무거운 때에는 가석방처분을 취소할 수 있다.

[전문개정 1995. 12. 29.]

제76조(가석방의 효과) ① 가석방의 처분을 받은 후 그 처분이 실효 또는 취소되지 아니하고 가석방기간을 경과한 때에는 형의 집행을 종료한 것으로 본다. <개정 1995. 12. 29.>

② 전2조의 경우에는 가석방중의 일수는 형기에 산입하지 아니한다.

제7절 형의 시효

제77조(시효의 효과) 형의 선고를 받은 자는 시효의 완성으로 인하여 그 집행이 면제된다.

제77조(형의 시효의 효과) 형을 선고받은 사람에 대해서는 시효가 완성되면 그 집행이 면제된다.

[전문개정 2020. 12. 8.]

[시행일 : 2021. 12. 9.] 제77조

제78조(시효의 기간) 시효는 형을 선고하는 재판이 확정된 후 그 집행을 받음이 없이 다음의 기간을 경과함으로 인하여 완성된다. <개정 2017. 12. 12.>

1. 사형은 30년
2. 무기의 징역 또는 금고는 20년
3. 10년 이상의 징역 또는 금고는 15년
4. 3년 이상의 징역이나 금고 또는 10년 이상의 자격정지는 10년
5. 3년 미만의 징역이나 금고 또는 5년 이상의 자격정지는 7년
6. 5년 미만의 자격정지, 벌금, 몰수 또는 추징은 5년
7. 구류 또는 과료는 1년

제78조(형의 시효의 기간) 시효는 형을 선고하는 재판이 확정된 후 그 집행을 받지 아니하고 다음 각 호의 구분에 따른 기간이 지나면 완성된다. <개정 2017. 12. 12., 2020. 12. 8.>

1. 사형: 30년
2. 무기의 징역 또는 금고: 20년
3. 10년 이상의 징역 또는 금고: 15년
4. 3년 이상의 징역이나 금고 또는 10년 이상의 자격정지: 10년
5. 3년 미만의 징역이나 금고 또는 5년 이상의 자격정지: 7년
6. 5년 미만의 자격정지, 벌금, 몰수 또는 추징: 5년
7. 구류 또는 과료: 1년

[제목개정 2020. 12. 8.]

[시행일 : 2021. 12. 9.] 제78조

제79조(시효의 정지) ① 시효는 형의 집행의 유예나 정지 또는 가석방 기타 집행할 수 없는 기간은 진행되지 아니한다. <개정 2014. 5. 14.>

② 시효는 형이 확정된 후 그 형의 집행을 받지 아니한 자가 형의 집행을 면할 목적으로 국외에 있는 기간 동안은 진행되지 아니한다. <신설 2014. 5. 14.>

제80조(시효의 중단) 시효는 사형, 징역, 금고와 구류에 있어서는 수형자를 체포함으로, 벌금, 과료, 몰수와 추징에 있어서는 강제처분을 개시함으로 인하여 중단된다.

제8절 형의 소멸

제81조(형의 실효) 징역 또는 금고의 집행을 종료하거나 집행이 면제된 자가 피해자의 손해를 보상하고 자격정지 이상의 형을 받음이 없이 7년을 경과한 때에는 본인 또는 검사의 신청에 의하여 그 재판의 실효를 선고할 수 있다.

제82조(복권) 자격정지의 선고를 받은 자가 피해자의 손해를 보상하고 자격정지 이상의 형을 받음이 없이 정지기간의 2분의 1을 경과한 때에는 본인 또는 검사의 신청에 의하여 자격의 회복을 선고할 수 있다.

제4장 기간

제83조(기간의 계산) 연 또는 월로써 정한 기간은 역수에 따라 계산한다.

제83조(기간의 계산) 연(年) 또는 월(月)로 정한 기간은 연 또는 월 단위로 계산한다.
[전문개정 2020. 12. 8.]
[시행일 : 2021. 12. 9.] 제83조

제84조(형기의 기산) ① 형기는 판결이 확정된 날로부터 기산한다.
② 징역, 금고, 구류와 유치에 있어서는 구속되지 아니한 일수는 형기에 산입하지 아니한다.

제85조(형의 집행과 시효기간의 초일) 형의 집행과 시효기간의 초일은 시간을 계산함이 없이 1일로 산정한다.

제86조(석방일) 석방은 형기종료일에 하여야 한다.

제2편 각칙

제1장 내란의 죄

제87조(내란) 국토를 참절하거나 국헌을 문란할 목적으로 폭동한 자는 다음의 구별에 의하여 처단한다.

1. 수괴는 사형, 무기징역 또는 무기금고에 처한다.
2. 모의에 참여하거나 지휘하거나 기타 중요한 임무에 종사한 자는 사형, 무기 또는 5년 이상의 징역이나 금고에 처한다. 살상, 파괴 또는 약탈의 행위를 실행한 자도 같다.
3. 부화수행하거나 단순히 폭동에만 관여한 자는 5년 이하의 징역 또는 금고에 처한다.

제87조(내란) 대한민국 영토의 전부 또는 일부에서 국가권력을 배제하거나 국헌을 문란하게 할 목적으로 폭동을 일으킨 자는 다음 각 호의 구분에 따라 처벌한다.

1. 우두머리는 사형, 무기징역 또는 무기금고에 처한다.
2. 모의에 참여하거나 지휘하거나 그 밖의 중요한 임무에 종사한 자는 사형, 무기 또는 5년 이상의 징역이나 금고에 처한다. 살상, 파괴 또는 약탈 행위를 실행한 자도 같다.
3. 부화수행(附和隨行)하거나 단순히 폭동에만 관여한 자는 5년 이하의 징역이나 금고에 처한다.

[전문개정 2020. 12. 8.]
[시행일 : 2021. 12. 9.] 제87조

제88조(내란목적의 살인) 국토를 참절하거나 국헌을 문란할 목적으로 사람을 살해한 자는 사형, 무기징역 또는 무기금고에 처한다.

제88조(내란목적의 살인) 대한민국 영토의 전부 또는 일부에서 국가권력을 배제하거나 국헌을 문란하게 할 목적으로 사람을 살해한 자는 사형, 무기징역 또는 무기금고에 처한다.
[전문개정 2020. 12. 8.]

[시행일 : 2021. 12. 9.] 제88조

제89조(미수범) 전2조의 미수범은 처벌한다.

제90조(예비, 음모, 선동, 선전) ① 제87조 또는 제88조의 죄를 범할 목적으로 예비 또는 음모한 자는 3년 이상의 유기징역이나 유기금고에 처한다. 단, 그 목적한 죄의 실행에 이르기 전에 자수한 때에는 그 형을 감경 또는 면제한다.

② 제87조 또는 제88조의 죄를 범할 것을 선동 또는 선전한 자도 전항의 형과 같다.

제91조(국헌문란의 정의) 본장에서 국헌을 문란할 목적이라 함은 다음 각호의 1에 해당함을 말한다.

1. 헌법 또는 법률에 정한 절차에 의하지 아니하고 헌법 또는 법률의 기능을 소멸시키는 것

2. 헌법에 의하여 설치된 국가기관을 강압에 의하여 전복 또는 그 권능행사를 불가능하게 하는 것

제2장 외환의 죄

제92조(외환유치) 외국과 통모하여 대한민국에 대하여 전단을 열게 하거나 외국인과 통모하여 대한민국에 항적한 자는 사형 또는 무기징역에 처한다.

제93조(여적) 적국과 합세하여 대한민국에 항적한 자는 사형에 처한다.

제94조(모병이적) ① 적국을 위하여 모병한 자는 사형 또는 무기징역에 처한다.

② 전항의 모병에 응한 자는 무기 또는 5년 이상의 징역에 처한다.

제95조(시설제공이적) ① 군대, 요새, 진영 또는 군용에 공하는 선박이나 항공기 기타 장소, 설비 또는 건조물을 적국에 제공한 자는 사형 또는 무기징역에 처한다.

② 병기 또는 탄약 기타 군용에 공하는 물건을 적국에 제공한 자도 전항의 형과 같다.

제96조(시설파괴이적) 적국을 위하여 전조에 기재한 군용시설 기타 물건을 파괴하거나 사용할 수 없게 한 자는 사형 또는 무기징역에 처한다.

제97조(물건제공이적) 군용에 공하지 아니하는 병기, 탄약 또는 전투용에 공할 수 있는 물건을 적국에 제공한 자는 무기 또는 5년 이상의 징역에 처한다.

제98조(간첩) ① 적국을 위하여 간첩하거나 적국의 간첩을 방조한 자는 사형, 무기 또는 7년 이상의 징역에 처한다.

② 군사상의 기밀을 적국에 누설한 자도 전항의 형과 같다.

제99조(일반이적) 전7조에 기재한 이외에 대한민국의 군사상 이익을 해하거나 적국에 군사상 이익을 공여한 자는 무기 또는 3년 이상의 징역에 처한다.

제100조(미수범) 전8조의 미수범은 처벌한다.

제101조(예비, 음모, 선동, 선전) ① 제92조 내지 제99조의 죄를 범할 목적으로 예비 또는 음모한 자는 2년 이상의 유기징역에 처한다. 단 그 목적한 죄의 실행에 이르기 전에 자수한 때에는 그 형을 감경 또는 면제한다.

② 제92조 내지 제99조의 죄를 선동 또는 선전한 자도 전항의 형과 같다.

제102조(준적국) 제93조 내지 전조의 죄에 있어서는 대한민국에 적대하는 외국 또는 외국인의 단체는 적국으로 간주한다.

제103조(전시군수계약불이행) ① 전쟁 또는 사변에 있어서 정당한 이유없이 정부에 대한 군수품 또는 군용공작물에 관한 계약을 이행하지 아니한 자는 10년 이하의

징역에 처한다.

② 전항의 계약이행을 방해한 자도 전항의 형과 같다.

제104조(동맹국) 본장의 규정은 동맹국에 대한 행위에 적용한다.

제104조의2 삭제 <1988. 12. 31.>

제3장 국기에 관한 죄

제105조(국기, 국장의 모독) 대한민국을 모욕할 목적으로 국기 또는 국장을 손상, 제거 또는 오욕한 자는 5년 이하의 징역이나 금고, 10년 이하의 자격정지 또는 700만원 이하의 벌금에 처한다. <개정 1995. 12. 29.>

제106조(국기, 국장의 비방) 전조의 목적으로 국기 또는 국장을 비방한 자는 1년 이하의 징역이나 금고, 5년 이하의 자격정지 또는 200만원 이하의 벌금에 처한다. <개정 1995. 12. 29.>

제4장 국교에 관한 죄

제107조(외국원수에 대한 폭행 등) ① 대한민국에 체재하는 외국의 원수에 대하여 폭행 또는 협박을 가한 자는 7년 이하의 징역이나 금고에 처한다.

② 전항의 외국원수에 대하여 모욕을 가하거나 명예를 훼손한 자는 5년 이하의 징역이나 금고에 처한다.

제108조(외국사절에 대한 폭행 등) ① 대한민국에 파견된 외국사절에 대하여 폭행 또는 협박을 가한 자는 5년 이하의 징역이나 금고에 처한다.

② 전항의 외국사절에 대하여 모욕을 가하거나 명예를 훼손한 자는 3년 이하의 징역이나 금고에 처한다

제109조(외국의 국기, 국장의 모독) 외국을 모욕할 목적으로 그 나라의 공용에 공하는 국기 또는 국장을 손상, 제거 또는 오욕한 자는 2년 이하의 징역이나 금고 또는 300만원 이하의 벌금에 처한다. <개정 1995. 12. 29.>

제110조(피해자의 의사) 제107조 내지 제109조의 죄는 그 외국정부의 명시한 의사에 반하여 공소를 제기할 수 없다. <개정 1995. 12. 29.>

제111조(외국에 대한 사전) ① 외국에 대하여 사전한 자는 1년 이상의 유기금고에 처한다.

② 전항의 미수범은 처벌한다.

③ 제1항의 죄를 범할 목적으로 예비 또는 음모한 자는 3년 이하의 금고 또는 500만원 이하의 벌금에 처한다. 단 그 목적한 죄의 실행에 이르기 전에 자수한 때에는 감경 또는 면제한다. <개정 1995. 12. 29.>

제112조(중립명령위반) 외국간의 교전에 있어서 중립에 관한 명령에 위반한 자는 3년 이하의 금고 또는 500만원 이하의 벌금에 처한다. <개정 1995. 12. 29.>

제113조(외교상기밀의 누설) ① 외교상의 기밀을 누설한 자는 5년 이하의 징역 또는 1천만원 이하의 벌금에 처한다. <개정 1995. 12. 29.>

② 누설할 목적으로 외교상의 기밀을 탐지 또는 수집한 자도 전항의 형과 같다.

제5장 공안(公安)을 해하는 죄
<개정 2013. 4. 5.>

제114조(범죄단체 등의 조직) 사형, 무기 또는 장기 4년 이상의 징역에 해당하는 범죄를 목적으로 하는 단체 또는 집단을 조직하거나 이에 가입 또는 그 구성원으로 활

동한 사람은 그 목적한 죄에 정한 형으로 처벌한다. 다만, 형을 감경할 수 있다.
[전문개정 2013. 4. 5.]
제115조(소요) 다중이 집합하여 폭행, 협박 또는 손괴의 행위를 한 자는 1년 이상 10년 이하의 징역이나 금고 또는 1천500만원 이하의 벌금에 처한다. <개정 1995. 12. 29.>
제116조(다중불해산) 폭행, 협박 또는 손괴의 행위를 할 목적으로 다중이 집합하여 그를 단속할 권한이 있는 공무원으로부터 3회 이상의 해산명령을 받고 해산하지 아니한 자는 2년 이하의 징역이나 금고 또는 300만원 이하의 벌금에 처한다. <개정 1995. 12. 29.>
제117조(전시공수계약불이행) ① 전쟁, 천재 기타 사변에 있어서 국가 또는 공공단체와 체결한 식량 기타 생활필수품의 공급계약을 정당한 이유없이 이행하지 아니한 자는 3년 이하의 징역 또는 500만원 이하의 벌금에 처한다. <개정 1995. 12. 29.>
② 전항의 계약이행을 방해한 자도 전항의 형과 같다.
③ 전 2항의 경우에는 그 소정의 벌금을 병과할 수 있다.
제118조(공무원자격의 사칭) 공무원의 자격을 사칭하여 그 직권을 행사한 자는 3년 이하의 징역 또는 700만원 이하의 벌금에 처한다. <개정 1995. 12. 29.>

제6장 폭발물에 관한 죄
제119조(폭발물사용) ① 폭발물을 사용하여 사람의 생명, 신체 또는 재산을 해하거나 기타 공안을 문란한 자는 사형, 무기 또는 7년 이상의 징역에 처한다.
② 전쟁, 천재 기타 사변에 있어서 전항의

죄를 범한 자는 사형 또는 무기징역에 처한다.
③ 전2항의 미수범은 처벌한다.
제119조(폭발물 사용) ① 폭발물을 사용하여 사람의 생명, 신체 또는 재산을 해하거나 그 밖에 공공의 안전을 문란하게 한 자는 사형, 무기 또는 7년 이상의 징역에 처한다.
② 전쟁, 천재지변 그 밖의 사변에 있어서 제1항의 죄를 지은 자는 사형이나 무기징역에 처한다.
③ 제1항과 제2항의 미수범은 처벌한다.
[전문개정 2020. 12. 8.]
[시행일 : 2021. 12. 9.] 제119조
제120조(예비, 음모, 선동) ① 전조 제1항, 제2항의 죄를 범할 목적으로 예비 또는 음모한 자는 2년 이상의 유기징역에 처한다. 단, 그 목적한 죄의 실행에 이르기 전에 자수한 때에는 그 형을 감경 또는 면제한다.
② 전조 제1항, 제2항의 죄를 범할 것을 선동한 자도 전항의 형과 같다.
제121조(전시폭발물제조 등) 전쟁 또는 사변에 있어서 정당한 이유없이 폭발물을 제조, 수입, 수출, 수수 또는 소지한 자는 10년 이하의 징역에 처한다.

제7장 공무원의 직무에 관한 죄
제122조(직무유기) 공무원이 정당한 이유없이 그 직무수행을 거부하거나 그 직무를 유기한 때에는 1년 이하의 징역이나 금고 또는 3년 이하의 자격정지에 처한다.
제123조(직권남용) 공무원이 직권을 남용하여 사람으로 하여금 의무없는 일을 하게 하거나 사람의 권리행사를 방해한 때에는 5년 이하의 징역, 10년 이하의 자격정지 또는 1천만원 이하의 벌금에 처한다. <개

정 1995. 12. 29.>

제124조(불법체포, 불법감금) ① 재판, 검찰, 경찰 기타 인신구속에 관한 직무를 행하는 자 또는 이를 보조하는 자가 그 직권을 남용하여 사람을 체포 또는 감금한 때에는 7년 이하의 징역과 10년 이하의 자격정지에 처한다.

② 전항의 미수범은 처벌한다.

제125조(폭행, 가혹행위) 재판, 검찰, 경찰 기타 인신구속에 관한 직무를 행하는 자 또는 이를 보조하는 자가 그 직무를 행함에 당하여 형사피의자 또는 기타 사람에 대하여 폭행 또는 가혹한 행위를 가한 때에는 5년 이하의 징역과 10년 이하의 자격정지에 처한다.

제125조(폭행, 가혹행위) 재판, 검찰, 경찰 그 밖에 인신구속에 관한 직무를 수행하는 자 또는 이를 보조하는 자가 그 직무를 수행하면서 형사피의자나 그 밖의 사람에 대하여 폭행 또는 가혹행위를 한 경우에는 5년 이하의 징역과 10년 이하의 자격정지에 처한다.

[전문개정 2020. 12. 8.]

[시행일 : 2021. 12. 9.] 제125조

제126조(피의사실공표) 검찰, 경찰 기타 범죄수사에 관한 직무를 행하는 자 또는 이를 감독하거나 보조하는 자가 그 직무를 행함에 당하여 지득한 피의사실을 공판청구전에 공표한 때에는 3년 이하의 징역 또는 5년 이하의 자격정지에 처한다.

제126조(피의사실공표) 검찰, 경찰 그 밖에 범죄수사에 관한 직무를 수행하는 자 또는 이를 감독하거나 보조하는 자가 그 직무를 수행하면서 알게 된 피의사실을 공소제기 전에 공표(公表)한 경우에는 3년 이하의 징역 또는 5년 이하의 자격정지에 처한다.

[전문개정 2020. 12. 8.]

[시행일 : 2021. 12. 9.] 제126조

제127조(공무상 비밀의 누설) 공무원 또는 공무원이었던 자가 법령에 의한 직무상 비밀을 누설한 때에는 2년 이하의 징역이나 금고 또는 5년 이하의 자격정지에 처한다.

제128조(선거방해) 검찰, 경찰 또는 군의 직에 있는 공무원이 법령에 의한 선거에 관하여 선거인, 입후보자 또는 입후보자되려는 자에게 협박을 가하거나 기타 방법으로 선거의 자유를 방해한 때에는 10년 이하의 징역과 5년 이상의 자격정지에 처한다.

제129조(수뢰, 사전수뢰) ① 공무원 또는 중재인이 그 직무에 관하여 뇌물을 수수, 요구 또는 약속한 때에는 5년 이하의 징역 또는 10년 이하의 자격정지에 처한다.

② 공무원 또는 중재인이 될 자가 그 담당할 직무에 관하여 청탁을 받고 뇌물을 수수, 요구 또는 약속한 후 공무원 또는 중재인이 된 때에는 3년 이하의 징역 또는 7년 이하의 자격정지에 처한다.

[한정위헌, 2011헌바117, 2012. 12. 27. 형법(1953. 9. 18. 법률 제293호로 제정된 것) 제129조 제1항의 '공무원'에 구 '제주특별자치도 설치 및 국제자유도시 조성을 위한 특별법'(2007. 7. 27. 법률 제8566호로 개정되기 전의 것) 제299조 제2항의 제주특별자치도통합영향평가심의위원회 심의위원 중 위촉위원이 포함되는 것으로 해석하는 한 헌법에 위반된다.]

제130조(제삼자뇌물제공) 공무원 또는 중재인이 그 직무에 관하여 부정한 청탁을 받고 제3자에게 뇌물을 공여하게 하거나 공여를 요구 또는 약속한 때에는 5년 이하의 징역 또는 10년 이하의 자격정지에 처한다.

제131조(수뢰후부정처사, 사후수뢰) ① 공무원 또는 중재인이 전2조의 죄를 범하여 부정한 행위를 한 때에는 1년 이상의 유기징역에 처한다.
② 공무원 또는 중재인이 그 직무상 부정한 행위를 한 후 뇌물을 수수, 요구 또는 약속하거나 제삼자에게 이를 공여하게 하거나 공여를 요구 또는 약속한 때에도 전항의 형과 같다.
③ 공무원 또는 중재인이었던 자가 그 재직 중에 청탁을 받고 직무상 부정한 행위를 한 후 뇌물을 수수, 요구 또는 약속한 때에는 5년 이하의 징역 또는 10년 이하의 자격정지에 처한다.
④ 전3항의 경우에는 10년 이하의 자격정지를 병과할 수 있다.
제132조(알선수뢰) 공무원이 그 지위를 이용하여 다른 공무원의 직무에 속한 사항의 알선에 관하여 뇌물을 수수, 요구 또는 약속한 때에는 3년 이하의 징역 또는 7년 이하의 자격정지에 처한다.
제133조(뇌물공여등) ① 제129조 내지 제132조에 기재한 뇌물을 약속, 공여 또는 공여의 의사를 표시한 자는 5년 이하의 징역 또는 2천만원 이하의 벌금에 처한다. <개정 1995. 12. 29.>
② 전항의 행위에 공할 목적으로 제삼자에게 금품을 교부하거나 그 정을 알면서 교부를 받은 자도 전항의 형과 같다.
제133조(뇌물공여 등) ① 제129조부터 제132조까지에 기재한 뇌물을 약속, 공여 또는 공여의 의사를 표시한 자는 5년 이하의 징역 또는 2천만원 이하의 벌금에 처한다.
② 제1항의 행위에 제공할 목적으로 제3자에게 금품을 교부한 자 또는 그 사정을 알면서 금품을 교부받은 제3자도 제1항의 형

에 처한다.
[전문개정 2020. 12. 8.]
[시행일 : 2021. 12. 9.] 제133조
제134조(몰수, 추징) 범인 또는 정을 아는 제삼자가 받은 뇌물 또는 뇌물에 공할 금품은 몰수한다. 그를 몰수하기 불능한 때에는 그 가액을 추징한다.
제134조(몰수, 추징) 범인 또는 사정을 아는 제3자가 받은 뇌물 또는 뇌물로 제공하려고 한 금품은 몰수한다. 이를 몰수할 수 없을 경우에는 그 가액을 추징한다.
[전문개정 2020. 12. 8.]
[시행일 : 2021. 12. 9.] 제134조
제135조(공무원의 직무상 범죄에 대한 형의 가중) 공무원이 직권을 이용하여 본장 이외의 죄를 범한 때에는 그 죄에 정한 형의 2분의 1까지 가중한다. 단 공무원의 신분에 의하여 특별히 형이 규정된 때에는 예외로 한다.

제8장 공무방해에 관한 죄
제136조(공무집행방해) ① 직무를 집행하는 공무원에 대하여 폭행 또는 협박한 자는 5년 이하의 징역 또는 1천만원 이하의 벌금에 처한다. <개정 1995. 12. 29.>
② 공무원에 대하여 그 직무상의 행위를 강요 또는 조지하거나 그 직을 사퇴하게 할 목적으로 폭행 또는 협박한 자도 전항의 형과 같다.
제137조(위계에 의한 공무집행방해) 위계로써 공무원의 직무집행을 방해한 자는 5년 이하의 징역 또는 1천만원 이하의 벌금에 처한다. <개정 1995. 12. 29.>
제138조(법정 또는 국회회의장모욕) 법원의 재판 또는 국회의 심의를 방해 또는 위협할 목적으로 법정이나 국회회의장 또는

그 부근에서 모욕 또는 소동한 자는 3년 이하의 징역 또는 700만원 이하의 벌금에 처한다. <개정 1995. 12. 29.>

제139조(인권옹호직무방해) 경찰의 직무를 행하는 자 또는 이를 보조하는 자가 인권옹호에 관한 검사의 직무집행을 방해하거나 그 명령을 준수하지 아니한 때에는 5년 이하의 징역 또는 10년 이하의 자격정지에 처한다.

제140조(공무상비밀표시무효) ① 공무원이 그 직무에 관하여 실시한 봉인 또는 압류 기타 강제처분의 표시를 손상 또는 은닉하거나 기타 방법으로 그 효용을 해한 자는 5년 이하의 징역 또는 700만원 이하의 벌금에 처한다. <개정 1995. 12. 29.>
② 공무원이 그 직무에 관하여 봉함 기타 비밀장치한 문서 또는 도화를 개봉한 자도 제1항의 형과 같다. <개정 1995. 12. 29.>
③ 공무원이 그 직무에 관하여 봉함 기타 비밀장치한 문서, 도화 또는 전자기록등 특수매체기록을 기술적 수단을 이용하여 그 내용을 알아낸 자도 제1항의 형과 같다. <신설 1995. 12. 29.>

제140조의2(부동산강제집행효용침해) 강제집행으로 명도 또는 인도된 부동산에 침입하거나 기타 방법으로 강제집행의 효용을 해한 자는 5년 이하의 징역 또는 700만원 이하의 벌금에 처한다.
[본조신설 1995. 12. 29.]

제141조(공용서류 등의 무효, 공용물의 파괴) ① 공무소에서 사용하는 서류 기타 물건 또는 전자기록등 특수매체기록을 손상 또는 은닉하거나 기타 방법으로 그 효용을 해한 자는 7년 이하의 징역 또는 1천만원 이하의 벌금에 처한다. <개정 1995. 12. 29.>
② 공무소에서 사용하는 건조물, 선박, 기차 또는 항공기를 파괴한 자는 1년 이상 10년 이하의 징역에 처한다.

제142조(공무상 보관물의 무효) 공무소로부터 보관명령을 받거나 공무소의 명령으로 타인이 관리하는 자기의 물건을 손상 또는 은닉하거나 기타 방법으로 그 효용을 해한 자는 5년 이하의 징역 또는 700만원 이하의 벌금에 처한다. <개정 1995. 12. 29.>

제143조(미수범) 제140조 내지 전조의 미수범은 처벌한다.

제144조(특수공무방해) ① 단체 또는 다중의 위력을 보이거나 위험한 물건을 휴대하여 제136조, 제138조와 제140조 내지 전조의 죄를 범한 때에는 각조에 정한 형의 2분의 1까지 가중한다.
② 제1항의 죄를 범하여 공무원을 상해에 이르게 한 때에는 3년 이상의 유기징역에 처한다. 사망에 이르게 한 때에는 무기 또는 5년 이상의 징역에 처한다. <개정 1995. 12. 29.>

제9장 도주와 범인은닉의 죄
제145조(도주, 집합명령위반) ① 법률에 의하여 체포 또는 구금된 자가 도주한 때에는 1년 이하의 징역에 처한다.
② 전항의 구금된 자가 천재, 사변 기타 법령에 의하여 잠시 해금된 경우에 정당한 이유없이 그 집합명령에 위반한 때에도 전항의 형과 같다.

제145조(도주, 집합명령위반) ① 법률에 따라 체포되거나 구금된 자가 도주한 경우에는 1년 이하의 징역에 처한다.
② 제1항의 구금된 자가 천재지변이나 사

변 그 밖에 법령에 따라 잠시 석방된 상황에서 정당한 이유없이 집합명령에 위반한 경우에도 제1항의 형에 처한다.
[전문개정 2020. 12. 8.]
[시행일 : 2021. 12. 9.] 제145조
제146조(특수도주) 수용설비 또는 기구를 손괴하거나 사람에게 폭행 또는 협박을 가하거나 2인 이상이 합동하여 전조제1항의 죄를 범한 자는 7년 이하의 징역에 처한다.
제147조(도주원조) 법률에 의하여 구금된 자를 탈취하거나 도주하게 한 자는 10년 이하의 징역에 처한다.
제148조(간수자의 도주원조) 법률에 의하여 구금된 자를 간수 또는 호송하는 자가 이를 도주하게 한 때에는 1년 이상 10년 이하의 징역에 처한다.
제149조(미수범) 전4조의 미수범은 처벌한다.
제150조(예비, 음모) 제147조와 제148조의 죄를 범할 목적으로 예비 또는 음모한 자는 3년 이하의 징역에 처한다.
제151조(범인은닉과 친족간의 특례) ①벌금 이상의 형에 해당하는 죄를 범한 자를 은닉 또는 도피하게 한 자는 3년 이하의 징역 또는 500만원 이하의 벌금에 처한다. <개정 1995. 12. 29.>
②친족 또는 동거의 가족이 본인을 위하여 전항의 죄를 범한 때에는 처벌하지 아니한다. <개정 2005. 3. 31.>

제10장 위증과 증거인멸의 죄
제152조(위증, 모해위증) ① 법률에 의하여 선서한 증인이 허위의 진술을 한 때에는 5년 이하의 징역 또는 1천만원 이하의 벌금에 처한다. <개정 1995. 12. 29.>
② 형사사건 또는 징계사건에 관하여 피고인, 피의자 또는 징계혐의자를 모해할 목적으로 전항의 죄를 범한 때에는 10년 이하의 징역에 처한다.
제153조(자백, 자수) 전조의 죄를 범한 자가 그 공술한 사건의 재판 또는 징계처분이 확정되기 전에 자백 또는 자수한 때에는 그 형을 감경 또는 면제한다.
제154조(허위의 감정, 통역, 번역) 법률에 의하여 선서한 감정인, 통역인 또는 번역인이 허위의 감정, 통역 또는 번역을 한 때에는 전2조의 예에 의한다.
제155조(증거인멸 등과 친족간의 특례) ① 타인의 형사사건 또는 징계사건에 관한 증거를 인멸, 은닉, 위조 또는 변조하거나 위조 또는 변조한 증거를 사용한 자는 5년 이하의 징역 또는 700만원 이하의 벌금에 처한다. <개정 1995. 12. 29.>
② 타인의 형사사건 또는 징계사건에 관한 증인을 은닉 또는 도피하게 한 자도 제1항의 형과 같다. <개정 1995. 12. 29.>
③피고인, 피의자 또는 징계혐의자를 모해할 목적으로 전2항의 죄를 범한 자는 10년 이하의 징역에 처한다.
④ 친족 또는 동거의 가족이 본인을 위하여 본조의 죄를 범한 때에는 처벌하지 아니한다. <개정 2005. 3. 31.>

제11장 무고의 죄
제156조(무고) 타인으로 하여금 형사처분 또는 징계처분을 받게 할 목적으로 공무소 또는 공무원에 대하여 허위의 사실을 신고한 자는 10년 이하의 징역 또는 1천500만원 이하의 벌금에 처한다. <개정 1995. 12. 29.>
제157조(자백·자수) 제153조는 전조에 준용한다.

제12장 신앙에 관한 죄

제158조(장례식등의 방해) 장례식, 제사, 예배 또는 설교를 방해한 자는 3년 이하의 징역 또는 500만원 이하의 벌금에 처한다. <개정 1995. 12. 29.>

제159조(사체 등의 오욕) 사체, 유골 또는 유발을 오욕한 자는 2년 이하의 징역 또는 500만원 이하의 벌금에 처한다. <개정 1995. 12. 29.>

제159조(시체 등의 오욕) 시체, 유골 또는 유발(遺髮)을 오욕한 자는 2년 이하의 징역 또는 500만원 이하의 벌금에 처한다.
[전문개정 2020. 12. 8.]
[시행일 : 2021. 12. 9.] 제159조

제160조(분묘의 발굴) 분묘를 발굴한 자는 5년 이하의 징역에 처한다.

제161조(사체 등의 영득) ① 사체, 유골, 유발 또는 관내에 장치한 물건을 손괴, 유기, 은닉 또는 영득한 자는 7년 이하의 징역에 처한다.
② 분묘를 발굴하여 전항의 죄를 범한 자는 10년 이하의 징역에 처한다.

제161조(시체 등의 유기 등) ① 시체, 유골, 유발 또는 관 속에 넣어 둔 물건을 손괴(損壞), 유기, 은닉 또는 영득(領得)한 자는 7년 이하의 징역에 처한다.
② 분묘를 발굴하여 제1항의 죄를 지은 자는 10년 이하의 징역에 처한다.
[전문개정 2020. 12. 8.]
[시행일 : 2021. 12. 9.] 제161조

제162조(미수범) 전2조의 미수범은 처벌한다.

제163조(변사체검시방해) 변사자의 사체 또는 변사의 의심있는 사체를 은닉 또는 변경하거나 기타 방법으로 검시를 방해한 자는 700만원 이하의 벌금에 처한다.

[전문개정 1995. 12. 29.]

제163조(변사체 검시 방해) 변사자의 시체 또는 변사(變死)로 의심되는 시체를 은닉하거나 변경하거나 그 밖의 방법으로 검시(檢視)를 방해한 자는 700만원 이하의 벌금에 처한다.
[전문개정 2020. 12. 8.]
[시행일 : 2021. 12. 9.] 제163조

제13장 방화와 실화의 죄

제164조(현주건조물등에의 방화) ① 불을 놓아 사람이 주거로 사용하거나 사람이 현존하는 건조물, 기차, 전차, 자동차, 선박, 항공기 또는 광갱을 소훼한 자는 무기 또는 3년 이상의 징역에 처한다.
② 제1항의 죄를 범하여 사람을 상해에 이르게 한 때에는 무기 또는 5년 이상의 징역에 처한다. 사망에 이르게 한 때에는 사형, 무기 또는 7년 이상의 징역에 처한다.
[전문개정 1995. 12. 29.]

제164조(현주건조물 등 방화) ① 불을 놓아 사람이 주거로 사용하거나 사람이 현존하는 건조물, 기차, 전차, 자동차, 선박, 항공기 또는 지하채굴시설을 불태운 자는 무기 또는 3년 이상의 징역에 처한다.
② 제1항의 죄를 지어 사람을 상해에 이르게 한 경우에는 무기 또는 5년 이상의 징역에 처한다. 사망에 이르게 한 경우에는 사형, 무기 또는 7년 이상의 징역에 처한다.
[전문개정 2020. 12. 8.]
[시행일 : 2021. 12. 9.] 제164조

제165조(공용건조물 등에의 방화) 불을 놓아 공용 또는 공익에 공하는 건조물, 기차, 전차, 자동차, 선박, 항공기 또는 광갱을 소훼한 자는 무기 또는 3년 이상의 징역에 처한다.

제165조(공용건조물 등 방화) 불을 놓아 공용(公用)으로 사용하거나 공익을 위해 사용하는 건조물, 기차, 전차, 자동차, 선박, 항공기 또는 지하채굴시설을 불태운 자는 무기 또는 3년 이상의 징역에 처한다.
[전문개정 2020. 12. 8.]
[시행일 : 2021. 12. 9.] 제165조

제166조(일반건조물 등에의 방화) ① 불을 놓아 전2조에 기재한 이외의 건조물, 기차, 전차, 자동차, 선박, 항공기 또는 광갱을 소훼한 자는 2년 이상의 유기징역에 처한다.
② 자기소유에 속하는 제1항의 물건을 소훼하여 공공의 위험을 발생하게 한 자는 7년 이하의 징역 또는 1천만원 이하의 벌금에 처한다. <개정 1995. 12. 29.>

제166조(일반건조물 등 방화) ① 불을 놓아 제164조와 제165조에 기재한 외의 건조물, 기차, 전차, 자동차, 선박, 항공기 또는 지하채굴시설을 불태운 자는 2년 이상의 유기징역에 처한다.
② 자기 소유인 제1항의 물건을 불태워 공공의 위험을 발생하게 한 자는 7년 이하의 징역 또는 1천만원 이하의 벌금에 처한다.
[전문개정 2020. 12. 8.]
[시행일 : 2021. 12. 9.] 제166조

제167조(일반물건에의 방화) ① 불을 놓아 전3조에 기재한 이외의 물건을 소훼하여 공공의 위험을 발생하게 한 자는 1년 이상 10년 이하의 징역에 처한다.
② 제1항의 물건이 자기의 소유에 속한 때에는 3년 이하의 징역 또는 700만원 이하의 벌금에 처한다. <개정 1995. 12. 29.>

제167조(일반물건 방화) ① 불을 놓아 제164조부터 제166조까지에 기재한 외의 물건을 불태워 공공의 위험을 발생하게 한 자는 1년 이상 10년 이하의 징역에 처한다.

② 제1항의 물건이 자기 소유인 경우에는 3년 이하의 징역 또는 700만원 이하의 벌금에 처한다.
[전문개정 2020. 12. 8.]
[시행일 : 2021. 12. 9.] 제167조

제168조(연소) ① 제166조제2항 또는 전조제2항의 죄를 범하여 제164조, 제165조 또는 제166조제1항에 기재한 물건에 연소한 때에는 1년 이상 10년 이하의 징역에 처한다.
② 전조제2항의 죄를 범하여 전조제1항에 기재한 물건에 연소한 때에는 5년 이하의 징역에 처한다.

제169조(진화방해) 화재에 있어서 진화용의 시설 또는 물건을 은닉 또는 손괴하거나 기타 방법으로 진화를 방해한 자는 10년 이하의 징역에 처한다.

제170조(실화) ① 과실로 인하여 제164조 또는 제165조에 기재한 물건 또는 타인의 소유에 속하는 제166조에 기재한 물건을 소훼한 자는 1천500만원 이하의 벌금에 처한다. <개정 1995. 12. 29.>
② 과실로 인하여 자기의 소유에 속하는 제166조 또는 제167조에 기재한 물건을 소훼하여 공공의 위험을 발생하게 한 자도 전항의 형과 같다.

제170조(실화) ① 과실로 제164조 또는 제165조에 기재한 물건 또는 타인 소유인 제166조에 기재한 물건을 불태운 자는 1천500만원 이하의 벌금에 처한다.
② 과실로 자기 소유인 제166조의 물건 또는 제167조에 기재한 물건을 불태워 공공의 위험을 발생하게 한 자도 제1항의 형에 처한다.
[전문개정 2020. 12. 8.]
[시행일 : 2021. 12. 9.] 제170조

제171조(업무상실화, 중실화) 업무상과실 또는 중대한 과실로 인하여 제170조의 죄를 범한 자는 3년 이하의 금고 또는 2천만원 이하의 벌금에 처한다. <개정 1995. 12. 29.>

제172조(폭발성물건파열) ① 보일러, 고압가스 기타 폭발성있는 물건을 파열시켜 사람의 생명, 신체 또는 재산에 대하여 위험을 발생시킨 자는 1년 이상의 유기징역에 처한다.

② 제1항의 죄를 범하여 사람을 상해에 이르게 한 때에는 무기 또는 3년 이상의 징역에 처한다. 사망에 이르게 한 때에는 무기 또는 5년 이상의 징역에 처한다.

[전문개정 1995. 12. 29.]

제172조의2(가스·전기등 방류) ① 가스, 전기, 증기 또는 방사선이나 방사성 물질을 방출, 유출 또는 살포시켜 사람의 생명, 신체 또는 재산에 대하여 위험을 발생시킨 자는 1년 이상 10년 이하의 징역에 처한다.

② 제1항의 죄를 범하여 사람을 상해에 이르게 한 때에는 무기 또는 3년 이상의 징역에 처한다. 사망에 이르게 한 때에는 무기 또는 5년 이상의 징역에 처한다.

[본조신설 1995. 12. 29.]

제173조(가스·전기등 공급방해) ① 가스, 전기 또는 증기의 공작물을 손괴 또는 제거하거나 기타 방법으로 가스, 전기 또는 증기의 공급이나 사용을 방해하여 공공의 위험을 발생하게 한 자는 1년 이상 10년 이하의 징역에 처한다. <개정 1995. 12. 29.>

② 공공용의 가스, 전기 또는 증기의 공작물을 손괴 또는 제거하거나 기타 방법으로 가스, 전기 또는 증기의 공급이나 사용을 방해한 자도 전항의 형과 같다. <개정 1995. 12. 29.>

③ 제1항 또는 제2항의 죄를 범하여 사람을 상해에 이르게 한 때에는 2년 이상의 유기징역에 처한다. 사망에 이르게 한 때에는 무기 또는 3년이상의 징역에 처한다. <개정 1995. 12. 29.>

[제목개정 1995. 2. 29.]

제173조의2(과실폭발성물건파열등) ① 과실로 제172조제1항, 제172조의2제1항, 제173조제1항과 제2항의 죄를 범한 자는 5년 이하의 금고 또는 1천500만원 이하의 벌금에 처한다.

② 업무상과실 또는 중대한 과실로 제1항의 죄를 범한 자는 7년 이하의 금고 또는 2천만원 이하의 벌금에 처한다.

[본조신설 1995. 12. 29.]

제174조(미수범) 제164조제1항, 제165조, 제166조제1항, 제172조제1항, 제172조의2제1항, 제173조제1항과 제2항의 미수범은 처벌한다.

[전문개정 1995. 12. 29.]

제175조(예비, 음모) 제164조제1항, 제165조, 제166조제1항, 제172조제1항, 제172조의2제1항, 제173조제1항과 제2항의 죄를 범할 목적으로 예비 또는 음모한 자는 5년 이하의 징역에 처한다. 단 그 목적한 죄의 실행에 이르기 전에 자수한 때에는 형을 감경 또는 면제한다. <개정 1995. 12. 29.>

제176조(타인의 권리대상이 된 자기의 물건) 자기의 소유에 속하는 물건이라도 압류 기타 강제처분을 받거나 타인의 권리 또는 보험의 목적물이 된 때에는 본장의 규정의 적용에 있어서 타인의 물건으로 간주한다.

제14장 일수와 수리에 관한 죄

제177조(현주건조물등에의 일수) ① 물을 넘겨 사람이 주거에 사용하거나 사람이 현존하는 건조물, 기차, 전차, 자동차, 선박, 항공기 또는 광갱을 침해한 자는 무기 또는 3년 이상의 징역에 처한다.
② 제1항의 죄를 범하여 사람을 상해에 이르게 한 때에는 무기 또는 5년 이상의 징역에 처한다. 사망에 이르게 한 때에는 무기 또는 7년 이상의 징역에 처한다.
[전문개정 1995. 12. 29.]

제178조(공용건조물 등에의 일수) 물을 넘겨 공용 또는 공익에 공하는 건조물, 기차, 전차, 자동차, 선박, 항공기 또는 광갱을 침해한 자는 무기 또는 2년 이상의 징역에 처한다.

제179조(일반건조물 등에의 일수) ① 물을 넘겨 전2조에 기재한 이외의 건조물, 기차, 전차, 자동차, 선박, 항공기 또는 광갱 기타 타인의 재산을 침해한 자는 1년 이상 10년 이하의 징역에 처한다.
② 자기의 소유에 속하는 전항의 물건을 침해하여 공공의 위험을 발생하게 한 때에는 3년 이하의 징역 또는 700만원 이하의 벌금에 처한다. <개정 1995. 12. 29.>
③ 제176조의 규정은 본조의 경우에 준용한다.

제180조(방수방해) 수재에 있어서 방수용의 시설 또는 물건을 손괴 또는 은닉하거나 기타 방법으로 방수를 방해한 자는 10년 이하의 징역에 처한다.

제181조(과실일수) 과실로 인하여 제177조 또는 제178조에 기재한 물건을 침해한 자 또는 제179조에 기재한 물건을 침해하여 공공의 위험을 발생하게 한 자는 1천만원 이하의 벌금에 처한다. <개정 1995. 12. 29.>

제182조(미수범) 제177조 내지 제179조제1항의 미수범은 처벌한다.

제183조(예비, 음모) 제177조 내지 제179조제1항의 죄를 범할 목적으로 예비 또는 음모한 자는 3년 이하의 징역에 처한다.

제184조(수리방해) 제방을 결궤하거나 수문을 파괴하거나 기타 방법으로 수리를 방해한 자는 5년 이하의 징역 또는 700만원 이하의 벌금에 처한다. <개정 1995. 12. 29.>

제184조(수리방해) 둑을 무너뜨리거나 수문을 파괴하거나 그 밖의 방법으로 수리(水利)를 방해한 자는 5년 이하의 징역 또는 700만원 이하의 벌금에 처한다.
[전문개정 2020. 12. 8.]
[시행일 : 2021. 12. 9.] 제184조

제15장 교통방해의 죄

제185조(일반교통방해) 육로, 수로 또는 교량을 손괴 또는 불통하게 하거나 기타 방법으로 교통을 방해한 자는 10년 이하의 징역 또는 1천500만원 이하의 벌금에 처한다. <개정 1995. 12. 29.>

제186조(기차, 선박 등의 교통방해) 궤도, 등대 또는 표지를 손괴하거나 기타 방법으로 기차, 전차, 자동차, 선박 또는 항공기의 교통을 방해한 자는 1년 이상의 유기징역에 처한다.

제187조(기차 등의 전복 등) 사람의 현존하는 기차, 전차, 자동차, 선박 또는 항공기를 전복, 매몰, 추락 또는 파괴한 자는 무기 또는 3년 이상의 징역에 처한다.

제188조(교통방해치사상) 제185조 내지 제187조의 죄를 범하여 사람을 상해에 이르게 한 때에는 무기 또는 3년 이상의 징역

에 처한다. 사망에 이르게 한 때에는 무기 또는 5년 이상의 징역에 처한다.

[전문개정 1995. 12. 29.]

제189조(과실, 업무상과실, 중과실) ① 과실로 인하여 제185조 내지 제187조의 죄를 범한 자는 1천만원 이하의 벌금에 처한다. <개정 1995. 12. 29.>

② 업무상과실 또는 중대한 과실로 인하여 제185조 내지 제187조의 죄를 범한 자는 3년 이하의 금고 또는 2천만원 이하의 벌금에 처한다. <개정 1995. 12. 29.>

제190조(미수범) 제185조 내지 제187조의 미수범은 처벌한다.

제191조(예비, 음모) 제186조 또는 제187조의 죄를 범할 목적으로 예비 또는 음모한 자는 3년 이하의 징역에 처한다.

제16장 음용수에 관한 죄
제16장 먹는 물에 관한 죄
<개정 2020. 12. 8.>

[시행일 : 2021. 12. 9.]

제192조(음용수의 사용방해) ①일상음용에 공하는 정수에 오물을 혼입하여 음용하지 못하게 한 자는 1년 이하의 징역 또는 500만원 이하의 벌금에 처한다. <개정 1995. 12. 29.>

②전항의 음용수에 독물 기타 건강을 해할 물건을 혼입한 자는 10년 이하의 징역에 처한다.

제192조(먹는 물의 사용방해) ① 일상생활에서 먹는 물로 사용되는 물에 오물을 넣어 먹는 물로 쓰지 못하게 한 자는 1년 이하의 징역 또는 500만원 이하의 벌금에 처한다.

② 제1항의 먹는 물에 독물(毒物)이나 그 밖에 건강을 해하는 물질을 넣은 사람은 10년 이하의 징역에 처한다.

[전문개정 2020. 12. 8.]

[시행일 : 2021. 12. 9.] 제192조

제193조(수도음용수의 사용방해) ① 수도에 의하여 공중의 음용에 공하는 정수 또는 그 수원에 오물을 혼입하여 음용하지 못하게 한 자는 1년 이상 10년 이하의 징역에 처한다.

② 전항의 음용수 또는 수원에 독물 기타 건강을 해할 물건을 혼입한 자는 2년 이상의 유기징역에 처한다.

제193조(수돗물의 사용방해) ① 수도(水道)를 통해 공중이 먹는 물로 사용하는 물 또는 그 수원(水原)에 오물을 넣어 먹는 물로 쓰지 못하게 한 자는 1년 이상 10년 이하의 징역에 처한다.

② 제1항의 먹는 물 또는 수원에 독물 그 밖에 건강을 해하는 물질을 넣은 자는 2년 이상의 유기징역에 처한다.

[전문개정 2020. 12. 8.]

[시행일 : 2021. 12. 9.] 제193조

제194조(음용수혼독치사상) 제192조제2항 또는 제193조제2항의 죄를 범하여 사람을 상해에 이르게 한 때에는 무기 또는 3년 이상의 징역에 처한다. 사망에 이르게 한 때에는 무기 또는 5년 이상의 징역에 처한다.

[전문개정 1995. 12. 29.]

제194조(먹는 물 혼독치사상) 제192조제2항 또는 제193조제2항의 죄를 지어 사람을 상해에 이르게 한 경우에는 무기 또는 3년 이상의 징역에 처한다. 사망에 이르게 한 경우에는 무기 또는 5년 이상의 징역에 처한다.

[전문개정 2020. 12. 8.]

[시행일 : 2021. 12. 9.] 제194조

제195조(수도불통) 공중의 음용수를 공급하는 수도 기타 시설을 손괴 기타 방법으로

불통하게 한 자는 1년 이상 10년 이하의 징역에 처한다.

제195조(수도불통) 공중이 먹는 물을 공급하는 수도 그 밖의 시설을 손괴하거나 그 밖의 방법으로 불통(不通)하게 한 자는 1년 이상 10년 이하의 징역에 처한다.
[전문개정 2020. 12. 8.]
[시행일 : 2021. 12. 9.] 제195조

제196조(미수범) 제192조제2항, 제193조제2항과 전조의 미수범은 처벌한다.

제197조(예비, 음모) 제192조제2항, 제193조제2항 또는 제195조의 죄를 범할 목적으로 예비 또는 음모한 자는 2년 이하의 징역에 처한다.

제17장 아편에 관한 죄

제198조(아편 등의 제조 등) 아편, 몰핀 또는 그 화합물을 제조, 수입 또는 판매하거나 판매할 목적으로 소지한 자는 10년 이하의 징역에 처한다.

제199조(아편흡식기의 제조 등) 아편을 흡식하는 기구를 제조, 수입 또는 판매하거나 판매할 목적으로 소지한 자는 5년 이하의 징역에 처한다.

제200조(세관 공무원의 아편 등의 수입) 세관의 공무원이 아편, 몰핀이나 그 화합물 또는 아편흡식기구를 수입하거나 그 수입을 허용한 때에는 1년 이상의 유기징역에 처한다.

제201조(아편흡식 등, 동장소제공) ① 아편을 흡식하거나 몰핀을 주사한 자는 5년 이하의 징역에 처한다.
② 아편흡식 또는 몰핀 주사의 장소를 제공하여 이익을 취한 자도 전항의 형과 같다.

제202조(미수범) 전4조의 미수범은 처벌한다.

제203조(상습범) 상습으로 전5조의 죄를 범한 때에는 각조에 정한 형의 2분의 1까지 가중한다.

제204조(자격정지 또는 벌금의 병과) 제198조 내지 제203조의 경우에는 10년 이하의 자격정지 또는 2천만원 이하의 벌금을 병과할 수 있다. <개정 1995. 12. 29.>

제205조(아편 등의 소지) 아편, 몰핀이나 그 화합물 또는 아편흡식기구를 소지한 자는 1년 이하의 징역 또는 500만원 이하의 벌금에 처한다. <개정 1995. 12. 29.>

제206조(몰수, 추징) 본장의 죄에 제공한 아편, 몰핀이나 그 화합물 또는 아편흡식기구는 몰수한다. 그를 몰수하기 불능한 때에는 그 가액을 추징한다.

제18장 통화에 관한 죄

제207조(통화의 위조 등) ① 행사할 목적으로 통용하는 대한민국의 화폐, 지폐 또는 은행권을 위조 또는 변조한 자는 무기 또는 2년 이상의 징역에 처한다.
② 행사할 목적으로 내국에서 유통하는 외국의 화폐, 지폐 또는 은행권을 위조 또는 변조한 자는 1년 이상의 유기징역에 처한다.
③ 행사할 목적으로 외국에서 통용하는 외국의 화폐, 지폐 또는 은행권을 위조 또는 변조한 자는 10년 이하의 징역에 처한다.
④ 위조 또는 변조한 전3항 기재의 통화를 행사하거나 행사할 목적으로 수입 또는 수출한 자는 그 위조 또는 변조의 각 죄에 정한 형에 처한다.

제208조(위조통화의 취득) 행사할 목적으로 위조 또는 변조한 제207조 기재의 통화를 취득한 자는 5년 이하의 징역 또는 1천500만원 이하의 벌금에 처한다. <개정 1995. 12. 29.>

제209조(자격정지 또는 벌금의 병과) 제207조 또는 제208조의 죄를 범하여 유기징역에 처할 경우에는 10년 이하의 자격정지 또는 2천만원 이하의 벌금을 병과할 수 있다. <개정 1995. 12. 29.>

제210조(위조통화취득후의 지정행사) 제207조 기재의 통화를 취득한 후 그 정을 알고 행사한 자는 2년 이하의 징역 또는 500만원 이하의 벌금에 처한다. <개정 1995. 12. 29.>

제210조(위조통화 취득 후의 지정행사) 제207조에 기재한 통화를 취득한 후 그 사정을 알고 행사한 자는 2년 이하의 징역 또는 500만원 이하의 벌금에 처한다.
[전문개정 2020. 12. 8.]
[시행일 : 2021. 12. 9.] 제210조

제211조(통화유사물의 제조 등) ① 판매할 목적으로 내국 또는 외국에서 통용하거나 유통하는 화폐, 지폐 또는 은행권에 유사한 물건을 제조, 수입 또는 수출한 자는 3년 이하의 징역 또는 700만원 이하의 벌금에 처한다. <개정 1995. 12. 29.>
② 전항의 물건을 판매한 자도 전항의 형과 같다.

제212조(미수범) 제207조, 제208조와 전조의 미수범은 처벌한다.

제213조(예비, 음모) 제207조제1항 내지 제3항의 죄를 범할 목적으로 예비 또는 음모한 자는 5년 이하의 징역에 처한다. 단, 그 목적한 죄의 실행에 이르기 전에 자수한 때에는 그 형을 감경 또는 면제한다.

제19장 유가증권, 우표와 인지에 관한 죄

제214조(유가증권의 위조 등) ① 행사할 목적으로 대한민국 또는 외국의 공채증서 기타 유가증권을 위조 또는 변조한 자는 10년 이하의 징역에 처한다.
② 행사할 목적으로 유가증권의 권리의무에 관한 기재를 위조 또는 변조한 자도 전항의 형과 같다.

제215조(자격모용에 의한 유가증권의 작성) 행사할 목적으로 타인의 자격을 모용하여 유가증권을 작성하거나 유가증권의 권리 또는 의무에 관한 사항을 기재한 자는 10년 이하의 징역에 처한다.

제216조(허위유가증권의 작성 등) 행사할 목적으로 허위의 유가증권을 작성하거나 유가증권에 허위사항을 기재한 자는 7년 이하의 징역 또는 3천만원 이하의 벌금에 처한다. <개정 1995. 12. 29.>

제217조(위조유가증권 등의 행사 등) 위조, 변조, 작성 또는 허위기재한 전3조 기재의 유가증권을 행사하거나 행사할 목적으로 수입 또는 수출한 자는 10년 이하의 징역에 처한다.

제218조(인지 · 우표의 위조등) ① 행사할 목적으로 대한민국 또는 외국의 인지, 우표 기타 우편요금을 표시하는 증표를 위조 또는 변조한 자는 10년 이하의 징역에 처한다. <개정 1995. 12. 29.>
② 위조 또는 변조된 대한민국 또는 외국의 인지, 우표 기타 우편요금을 표시하는 증표를 행사하거나 행사할 목적으로 수입 또는 수출한 자도 제1항의 형과 같다. <개정 1995. 12. 29.>
[제목개정 1995. 2. 29.]

제219조(위조인지 · 우표등의 취득) 행사할 목적으로 위조 또는 변조한 대한민국 또는 외국의 인지, 우표 기타 우편요금을 표시하는 증표를 취득한 자는 3년 이하의 징역 또는 1천만원 이하의 벌금에 처한다. <개정 1995. 12. 29.>

제220조(자격정지 또는 벌금의 병과) 제214조 내지 제219조의 죄를 범하여 징역에 처하는 경우에는 10년 이하의 자격정지 또는 2천만원 이하의 벌금을 병과할 수 있다.
[전문개정 1995. 12. 29.]

제221조(소인말소) 행사할 목적으로 대한민국 또는 외국의 인지, 우표 기타 우편요금을 표시하는 증표의 소인 기타 사용의 표지를 말소한 자는 1년 이하의 징역 또는 300만원 이하의 벌금에 처한다.
[전문개정 1995. 12. 29.]

제222조(인지 · 우표유사물의 제조 등) ① 판매할 목적으로 대한민국 또는 외국의 공채증서, 인지, 우표 기타 우편요금을 표시하는 증표와 유사한 물건을 제조, 수입 또는 수출한 자는 2년 이하의 징역 또는 500만원 이하의 벌금에 처한다. <개정 1995. 12. 29.>
② 전항의 물건을 판매한 자도 전항의 형과 같다.
[제목개정 1995. 2. 29.]

제223조(미수범) 제214조 내지 제219조와 전조의 미수범은 처벌한다.

제224조(예비, 음모) 제214조, 제215조와 제218조제1항의 죄를 범할 목적으로 예비 또는 음모한 자는 2년 이하의 징역에 처한다.

제20장 문서에 관한 죄

제225조(공문서등의 위조 · 변조) 행사할 목적으로 공무원 또는 공무소의 문서 또는 도화를 위조 또는 변조한 자는 10년 이하의 징역에 처한다. <개정 1995. 12. 29.>

제226조(자격모용에 의한 공문서 등의 작성) 행사할 목적으로 공무원 또는 공무소의 자격을 모용하여 문서 또는 도화를 작성한 자는 10년 이하의 징역에 처한다. <개정 1995. 12. 29.>

제227조(허위공문서작성등) 공무원이 행사할 목적으로 그 직무에 관하여 문서 또는 도화를 허위로 작성하거나 변개한 때에는 7년 이하의 징역 또는 2천만원 이하의 벌금에 처한다.
[전문개정 1995. 12. 29.]

제227조의2(공전자기록위작 · 변작) 사무처리를 그르치게 할 목적으로 공무원 또는 공무소의 전자기록등 특수매체기록을 위작 또는 변작한 자는 10년 이하의 징역에 처한다.
[본조신설 1995. 12. 29.]

제228조(공정증서원본 등의 부실기재) ① 공무원에 대하여 허위신고를 하여 공정증서원본 또는 이와 동일한 전자기록등 특수매체기록에 부실의 사실을 기재 또는 기록하게 한 자는 5년 이하의 징역 또는 1천만원 이하의 벌금에 처한다. <개정 1995. 12. 29.>
② 공무원에 대하여 허위신고를 하여 면허증, 허가증, 등록증 또는 여권에 부실의 사실을 기재하게 한 자는 3년 이하의 징역 또는 700만원 이하의 벌금에 처한다. <개정 1995. 12. 29.>

제229조(위조등 공문서의 행사) 제225조 내지 제228조의 죄에 의하여 만들어진 문서, 도화, 전자기록등 특수매체기록, 공정증서원본, 면허증, 허가증, 등록증 또는 여권을 행사한 자는 그 각 죄에 정한 형에 처한다.
[전문개정 1995. 12. 29.]

제230조(공문서 등의 부정행사) 공무원 또는 공무소의 문서 또는 도화를 부정행사한 자는 2년 이하의 징역이나 금고 또는 500만원 이하의 벌금에 처한다. <개정 1995.

12. 29.>

제231조(사문서등의 위조·변조) 행사할 목적으로 권리·의무 또는 사실증명에 관한 타인의 문서 또는 도화를 위조 또는 변조한 자는 5년 이하의 징역 또는 1천만원 이하의 벌금에 처한다. <개정 1995. 12. 29.>

[제목개정 1995. 2. 29.]

제232조(자격모용에 의한 사문서의 작성) 행사할 목적으로 타인의 자격을 모용하여 권리·의무 또는 사실증명에 관한 문서 또는 도화를 작성한 자는 5년 이하의 징역 또는 1천만원 이하의 벌금에 처한다. <개정 1995. 12. 29.>

제232조의2(사전자기록위작·변작) 사무처리를 그르치게 할 목적으로 권리·의무 또는 사실증명에 관한 타인의 전자기록등 특수매체기록을 위작 또는 변작한 자는 5년 이하의 징역 또는 1천만원 이하의 벌금에 처한다.

[본조신설 1995. 12. 29.]

제233조(허위진단서등의 작성) 의사, 한의사, 치과의사 또는 조산사가 진단서, 검안서 또는 생사에 관한 증명서를 허위로 작성한 때에는 3년 이하의 징역이나 금고, 7년 이하의 자격정지 또는 3천만원 이하의 벌금에 처한다.

[전문개정 1995. 12. 29.]

제234조(위조사문서등의 행사) 제231조 내지 제233조의 죄에 의하여 만들어진 문서, 도화 또는 전자기록등 특수매체기록을 행사한 자는 그 각 죄에 정한 형에 처한다.

[전문개정 1995. 12. 29.]

제235조(미수범) 제225조 내지 제234조의 미수범은 처벌한다. <개정 1995. 12. 29.>

제236조(사문서의 부정행사) 권리·의무 또는 사실증명에 관한 타인의 문서 또는 도화를 부정행사한 자는 1년 이하의 징역이나 금고 또는 300만원 이하의 벌금에 처한다. <개정 1995. 12. 29.>

제237조(자격정지의 병과) 제225조 내지 제227조의2 및 그 행사죄를 범하여 징역에 처할 경우에는 10년 이하의 자격정지를 병과할 수 있다. <개정 1995. 12. 29.>

제237조의2(복사문서등) 이 장의 죄에 있어서 전자복사기, 모사전송기 기타 이와 유사한 기기를 사용하여 복사한 문서 또는 도화의 사본도 문서 또는 도화로 본다.

[본조신설 1995. 12. 29.]

제21장 인장에 관한 죄

제238조(공인 등의 위조, 부정사용) ①행사할 목적으로 공무원 또는 공무소의 인장, 서명, 기명 또는 기호를 위조 또는 부정사용한 자는 5년 이하의 징역에 처한다.

②위조 또는 부정사용한 공무원 또는 공무소의 인장, 서명, 기명 또는 기호를 행사한 자도 전항의 형과 같다.

③전 2항의 경우에는 7년 이하의 자격정지를 병과할 수 있다.

제239조(사인등의 위조, 부정사용) ①행사할 목적으로 타인의 인장, 서명, 기명 또는 기호를 위조 또는 부정사용한 자는 3년 이하의 징역에 처한다.

②위조 또는 부정사용한 타인의 인장, 서명, 기명 또는 기호를 행사한 때에도 전항의 형과 같다.

제240조(미수범) 본장의 미수범은 처벌한다.

제22장 성풍속에 관한 죄
<개정 1995. 12. 29.>

제241조 삭제 <2016. 1. 6.>

[2016. 1. 6. 법률 제13719호에 의하여 2015. 2. 26. 헌법재판소에서 위헌 결정된 이 조를 삭제함.]

제242조(음행매개) 영리의 목적으로 사람을 매개하여 간음하게 한 자는 3년 이하의 징역 또는 1천500만원 이하의 벌금에 처한다. <개정 1995. 12. 29., 2012. 12. 18.>

제243조(음화반포등) 음란한 문서, 도화, 필름 기타 물건을 반포, 판매 또는 임대하거나 공연히 전시 또는 상영한 자는 1년 이하의 징역 또는 500만원 이하의 벌금에 처한다.

[전문개정 1995. 12. 29.]

제244조(음화제조 등) 제243조의 행위에 공할 목적으로 음란한 물건을 제조, 소지, 수입 또는 수출한 자는 1년 이하의 징역 또는 500만원 이하의 벌금에 처한다. <개정 1995. 12. 29.>

[제목개정 1995. 2. 29.]

제245조(공연음란) 공연히 음란한 행위를 한 자는 1년 이하의 징역, 500만원 이하의 벌금, 구류 또는 과료에 처한다. <개정 1995. 12. 29.>

제23장 도박과 복표에 관한 죄
<개정 2013. 4. 5.>

제246조(도박, 상습도박) ① 도박을 한 사람은 1천만원 이하의 벌금에 처한다. 다만, 일시오락 정도에 불과한 경우에는 예외로 한다.

② 상습으로 제1항의 죄를 범한 사람은 3년 이하의 징역 또는 2천만원 이하의 벌금에 처한다.

[전문개정 2013. 4. 5.]

제247조(도박장소 등 개설) 영리의 목적으로 도박을 하는 장소나 공간을 개설한 사람

은 5년 이하의 징역 또는 3천만원 이하의 벌금에 처한다.

[전문개정 2013. 4. 5.]

제248조(복표의 발매 등) ① 법령에 의하지 아니한 복표를 발매한 사람은 5년 이하의 징역 또는 3천만원 이하의 벌금에 처한다.

② 제1항의 복표발매를 중개한 사람은 3년 이하의 징역 또는 2천만원 이하의 벌금에 처한다.

③ 제1항의 복표를 취득한 사람은 1천만원 이하의 벌금에 처한다.

[전문개정 2013. 4. 5.]

제249조(벌금의 병과) 제246조제2항, 제247조와 제248조제1항의 죄에 대하여는 1천만원 이하의 벌금을 병과할 수 있다.

[전문개정 2013. 4. 5.]

제24장 살인의 죄

제250조(살인, 존속살해) ① 사람을 살해한 자는 사형, 무기 또는 5년 이상의 징역에 처한다.

②자기 또는 배우자의 직계존속을 살해한 자는 사형, 무기 또는 7년 이상의 징역에 처한다. <개정 1995. 12. 29.>

제251조(영아살해) 직계존속이 치욕을 은폐하기 위하거나 양육할 수 없음을 예상하거나 특히 참작할 만한 동기로 인하여 분만중 또는 분만직후의 영아를 살해한 때에는 10년 이하의 징역에 처한다.

제252조(촉탁, 승낙에 의한 살인 등) ①사람의 촉탁 또는 승낙을 받아 그를 살해한 자는 1년 이상 10년 이하의 징역에 처한다.

②사람을 교사 또는 방조하여 자살하게 한 자도 전항의 형과 같다.

제252조(촉탁, 승낙에 의한 살인 등) ① 사람의 촉탁이나 승낙을 받아 그를 살해한 자

는 1년 이상 10년 이하의 징역에 처한다.
② 사람을 교사하거나 방조하여 자살하게
한 자도 제1항의 형에 처한다.
[전문개정 2020. 12. 8.]
[시행일 : 2021. 12. 9.] 제252조
제253조(위계 등에 의한 촉탁살인 등) 전조의
경우에 위계 또는 위력으로써 촉탁 또는
승낙하게 하거나 자살을 결의하게 한 때
에는 제250조의 예에 의한다.
제254조(미수범) 전4조의 미수범은 처벌
한다.
제255조(예비, 음모) 제250조와 제253조의
죄를 범할 목적으로 예비 또는 음모한 자
는 10년 이하의 징역에 처한다.
제256조(자격정지의 병과) 제250조, 제252조
또는 제253조의 경우에 유기징역에 처할
때에는 10년 이하의 자격정지를 병과할
수 있다.

제25장 상해와 폭행의 죄

제257조(상해, 존속상해) ① 사람의 신체를
상해한 자는 7년 이하의 징역, 10년 이하
의 자격정지 또는 1천만원 이하의 벌금에
처한다. <개정 1995. 12. 29.>
② 자기 또는 배우자의 직계존속에 대하
여 제1항의 죄를 범한 때에는 10년 이하
의 징역 또는 1천500만원 이하의 벌금에
처한다. <개정 1995. 12. 29.>
③전 2항의 미수범은 처벌한다.
제258조(중상해, 존속중상해) ① 사람의 신체
를 상해하여 생명에 대한 위험을 발생하
게 한 자는 1년 이상 10년 이하의 징역에
처한다.
② 신체의 상해로 인하여 불구 또는 불치
나 난치의 질병에 이르게 한 자도 전항의
형과 같다.

③ 자기 또는 배우자의 직계존속에 대하
여 전2항의 죄를 범한 때에는 2년 이상 15
년 이하의 징역에 처한다. <개정 2016. 1.
6.>
제258조의2(특수상해) ① 단체 또는 다중의
위력을 보이거나 위험한 물건을 휴대하여
제257조제1항 또는 제2항의 죄를 범한 때
에는 1년 이상 10년 이하의 징역에 처한다.
② 단체 또는 다중의 위력을 보이거나 위
험한 물건을 휴대하여 제258조의 죄를 범
한 때에는 2년 이상 20년 이하의 징역에
처한다.
③ 제1항의 미수범은 처벌한다.
[본조신설 2016. 1. 6.]
제259조(상해치사) ① 사람의 신체를 상해하
여 사망에 이르게 한 자는 3년 이상의 유기
징역에 처한다. <개정 1995. 12. 29.>
② 자기 또는 배우자의 직계존속에 대하
여 전항의 죄를 범한 때에는 무기 또는 5
년 이상의 징역에 처한다.
제260조(폭행, 존속폭행) ① 사람의 신체에
대하여 폭행을 가한 자는 2년 이하의 징
역, 500만원 이하의 벌금, 구류 또는 과료
에 처한다. <개정 1995. 12. 29.>
② 자기 또는 배우자의 직계존속에 대하
여 제1항의 죄를 범한 때에는 5년 이하의
징역 또는 700만원 이하의 벌금에 처한다.
<개정 1995. 12. 29.>
③ 제1항 및 제2항의 죄는 피해자의 명시
한 의사에 반하여 공소를 제기할 수 없다.
<개정 1995. 12. 29.>
제261조(특수폭행) 단체 또는 다중의 위력
을 보이거나 위험한 물건을 휴대하여 제
260조제1항 또는 제2항의 죄를 범한 때에
는 5년 이하의 징역 또는 1천만원 이하의
벌금에 처한다. <개정 1995. 12. 29.>

제262조(폭행치사상) 전2조의 죄를 범하여 사람을 사상에 이르게 한때에는 제257조 내지 제259조의 예에 의한다.

제262조(폭행치사상) 제260조와 제261조의 죄를 지어 사람을 사망이나 상해에 이르게 한 경우에는 제257조부터 제259조까지의 예에 따른다.

[전문개정 2020. 12. 8.]

[시행일 : 2021. 12. 9.] 제262조

제263조(동시범) 독립행위가 경합하여 상해의 결과를 발생하게 한 경우에 있어서 원인된 행위가 판명되지 아니한 때에는 공동정범의 예에 의한다.

제264조(상습범) 상습으로 제257조, 제258조, 제258조의2, 제260조 또는 제261조의 죄를 범한 때에는 그 죄에 정한 형의 2분의 1까지 가중한다. <개정 2016. 1. 6.>

제265조(자격정지의 병과) 제257조제2항, 제258조, 제258조의2, 제260조제2항, 제261조 또는 전조의 경우에는 10년 이하의 자격정지를 병과할 수 있다. <개정 2016. 1. 6.>

제26장 과실치사상의 죄
<개정 1995. 12. 29.>

제266조(과실치상) ① 과실로 인하여 사람의 신체를 상해에 이르게 한 자는 500만원 이하의 벌금, 구류 또는 과료에 처한다. <개정 1995. 12. 29.>

② 제1항의 죄는 피해자의 명시한 의사에 반하여 공소를 제기할 수 없다. <개정 1995. 12. 29.>

제267조(과실치사) 과실로 인하여 사람을 사망에 이르게 한 자는 2년 이하의 금고 또는 700만원 이하의 벌금에 처한다. <개정 1995. 12. 29.>

제268조(업무상과실·중과실 치사상) 업무상 과실 또는 중대한 과실로 인하여 사람을 사상에 이르게 한 자는 5년 이하의 금고 또는 2천만원 이하의 벌금에 처한다. <개정 1995. 12. 29.>

제268조(업무상과실·중과실 치사상) 업무상 과실 또는 중대한 과실로 사람을 사망이나 상해에 이르게 한 자는 5년 이하의 금고 또는 2천만원 이하의 벌금에 처한다.

[전문개정 2020. 12. 8.]

[시행일 : 2021. 12. 9.] 제268조

제27장 낙태의 죄

제269조(낙태) ① 부녀가 약물 기타 방법으로 낙태한 때에는 1년 이하의 징역 또는 200만원 이하의 벌금에 처한다. <개정 1995. 12. 29.>

② 부녀의 촉탁 또는 승낙을 받아 낙태하게 한 자도 제1항의 형과 같다. <개정 1995. 12. 29.>

③ 제2항의 죄를 범하여 부녀를 상해에 이르게 한때에는 3년 이하의 징역에 처한다. 사망에 이르게 한때에는 7년 이하의 징역에 처한다. <개정 1995. 12. 29.>

[헌법불합치, 2017헌바127, 2019. 4. 11. 형법(1995. 12. 29. 법률 제5057호로 개정된 것) 제269조 제1항, 제270조 제1항 중 '의사'에 관한 부분은 모두 헌법에 합치되지 아니한다. 위 조항들은 2020. 12. 31.을 시한으로 입법자가 개정할 때까지 계속 적용된다]

제270조(의사 등의 낙태, 부동의낙태) ① 의사, 한의사, 조산사, 약제사 또는 약종상이 부녀의 촉탁 또는 승낙을 받아 낙태하게 한 때에는 2년 이하의 징역에 처한다. <개정 1995. 12. 29.>

② 부녀의 촉탁 또는 승낙없이 낙태하게 한 자는 3년 이하의 징역에 처한다

③ 제1항 또는 제2항의 죄를 범하여 부녀를 상해에 이르게 한때에는 5년 이하의 징역에 처한다. 사망에 이르게 한때에는 10년 이하의 징역에 처한다. <개정 1995. 12. 29.>

④ 전 3항의 경우에는 7년 이하의 자격정지를 병과한다.

[헌법불합치, 2017헌바127, 2019. 4. 11. 형법(1995. 12. 29. 법률 제5057호로 개정된 것) 제269조 제1항, 제270조 제1항 중 '의사'에 관한 부분은 모두 헌법에 합치되지 아니한다. 위 조항들은 2020. 12. 31.을 시한으로 입법자가 개정할 때까지 계속 적용된다]

제28장 유기와 학대의 죄
<개정 1995. 12. 29.>

제271조(유기, 존속유기) ① 노유, 질병 기타 사정으로 인하여 부조를 요하는 자를 보호할 법률상 또는 계약상의무 있는 자가 유기한 때에는 3년 이하의 징역 또는 500만원 이하의 벌금에 처한다. <개정 1995. 12. 29.>

② 자기 또는 배우자의 직계존속에 대하여 제1항의 죄를 범한 때에는 10년 이하의 징역 또는 1천500만원 이하의 벌금에 처한다. <개정 1995. 12. 29.>

③ 제1항의 죄를 범하여 사람의 생명에 대한 위험을 발생하게 한 때에는 7년 이하의 징역에 처한다.

④ 제2항의 죄를 범하여 사람의 생명에 대하여 위험을 발생한 때에는 2년 이상의 유기징역에 처한다.

제271조(유기, 존속유기) ① 나이가 많거나 어림, 질병 그 밖의 사정으로 도움이 필요한 사람을 법률상 또는 계약상 보호할 의무가 있는 자가 유기한 경우에는 3년 이하의 징역 또는 500만원 이하의 벌금에 처한다.

② 자기 또는 배우자의 직계존속에 대하여 제1항의 죄를 지은 경우에는 10년 이하의 징역 또는 1천500만원 이하의 벌금에 처한다.

③ 제1항의 죄를 지어 사람의 생명에 위험을 발생하게 한 경우에는 7년 이하의 징역에 처한다.

④ 제2항의 죄를 지어 사람의 생명에 위험을 발생하게 한 경우에는 2년 이상의 유기징역에 처한다.

[전문개정 2020. 12. 8.]

[시행일 : 2021. 12. 9.] 제271조

제272조(영아유기) 직계존속이 치욕을 은폐하기 위하거나 양육할 수 없음을 예상하거나 특히 참작할 만한 동기로 인하여 영아를 유기한 때에는 2년 이하의 징역 또는 300만원 이하의 벌금에 처한다. <개정 1995. 12. 29.>

제273조(학대, 존속학대) ① 자기의 보호 또는 감독을 받는 사람을 학대한 자는 2년 이하의 징역 또는 500만원 이하의 벌금에 처한다. <개정 1995. 12. 29.>

② 자기 또는 배우자의 직계존속에 대하여 전항의 죄를 범한 때에는 5년 이하의 징역 또는 700만원 이하의 벌금에 처한다. <개정 1995. 12. 29.>

제274조(아동혹사) 자기의 보호 또는 감독을 받는 16세 미만의 자를 그 생명 또는 신체에 위험한 업무에 사용할 영업자 또는 그 종업자에게 인도한 자는 5년 이하의 징역에 처한다. 그 인도를 받은 자도 같다.

제275조(유기등 치사상) ① 제271조 내지 제

273조의 죄를 범하여 사람을 상해에 이르게 한 때에는 7년 이하의 징역에 처한다. 사망에 이르게 한 때에는 3년 이상의 유기징역에 처한다.

② 자기 또는 배우자의 직계존속에 대하여 제271조 또는 제273조의 죄를 범하여 상해에 이르게 한 때에는 3년 이상의 유기징역에 처한다. 사망에 이르게 한 때에는 무기 또는 5년이상의 징역에 처한다.

[전문개정 1995. 12. 29.]

제29장 체포와 감금의 죄

제276조(체포, 감금, 존속체포, 존속감금) ① 사람을 체포 또는 감금한 자는 5년 이하의 징역 또는 700만원 이하의 벌금에 처한다. <개정 1995. 12. 29.>

② 자기 또는 배우자의 직계존속에 대하여 제1항의 죄를 범한 때에는 10년 이하의 징역 또는 1천500만원 이하의 벌금에 처한다. <개정 1995. 12. 29.>

제277조(중체포, 중감금, 존속중체포, 존속중감금) ① 사람을 체포 또는 감금하여 가혹한 행위를 가한 자는 7년 이하의 징역에 처한다.

② 자기 또는 배우자의 직계존속에 대하여 전항의 죄를 범한 때에는 2년 이상의 유기징역에 처한다.

제278조(특수체포, 특수감금) 단체 또는 다중의 위력을 보이거나 위험한 물건을 휴대하여 전 2조의 죄를 범한 때에는 그 죄에 정한 형의 2분의 1까지 가중한다.

제279조(상습범) 상습으로 제276조 또는 제277조의 죄를 범한 때에는 전조의 예에 의한다.

제280조(미수범) 전4조의 미수범은 처벌한다.

제281조(체포·감금등의 치사상) ① 제276조 내지 제280조의 죄를 범하여 사람을 상해에 이르게 한 때에는 1년 이상의 유기징역에 처한다. 사망에 이르게 한 때에는 3년 이상의 유기징역에 처한다.

② 자기 또는 배우자의 직계존속에 대하여 제276조 내지 제280조의 죄를 범하여 상해에 이르게 한 때에는 2년 이상의 유기징역에 처한다. 사망에 이르게 한 때에는 무기 또는 5년이상의 징역에 처한다.

[전문개정 1995. 12. 29.]

제282조(자격정지의 병과) 본장의 죄에는 10년 이하의 자격정지를 병과할 수 있다.

제30장 협박의 죄

제283조(협박, 존속협박) ① 사람을 협박한 자는 3년 이하의 징역, 500만원 이하의 벌금, 구류 또는 과료에 처한다. <개정 1995. 12. 29.>

② 자기 또는 배우자의 직계존속에 대하여 제1항의 죄를 범한 때에는 5년 이하의 징역 또는 700만원 이하의 벌금에 처한다. <개정 1995. 12. 29.>

③제1항 및 제2항의 죄는 피해자의 명시한 의사에 반하여 공소를 제기할 수 없다. <개정 1995. 12. 29.>

제284조(특수협박) 단체 또는 다중의 위력을 보이거나 위험한 물건을 휴대하여 전조제1항, 제2항의 죄를 범한 때에는 7년 이하의 징역 또는 1천만원 이하의 벌금에 처한다. <개정 1995. 12. 29.>

제285조(상습범) 상습으로 제283조제1항, 제2항 또는 전조의 죄를 범한 때에는 그 죄에 정한 형의 2분의 1까지 가중한다.

제286조(미수범) 전3조의 미수범은 처벌한다.

제31장 약취(略取), 유인(誘引) 및
인신매매의 죄 〈개정 2013. 4. 5.〉
제287조(미성년자의 약취, 유인) 미성년자를
약취 또는 유인한 사람은 10년 이하의 징
역에 처한다.
[전문개정 2013. 4. 5.]
제288조(추행 등 목적 약취, 유인 등) ① 추
행, 간음, 결혼 또는 영리의 목적으로 사
람을 약취 또는 유인한 사람은 1년 이상
10년 이하의 징역에 처한다.
② 노동력 착취, 성매매와 성적 착취, 장
기적출을 목적으로 사람을 약취 또는 유
인한 사람은 2년 이상 15년 이하의 징역
에 처한다.
③ 국외에 이송할 목적으로 사람을 약취
또는 유인하거나 약취 또는 유인된 사람
을 국외에 이송한 사람도 제2항과 동일한
형으로 처벌한다.
[전문개정 2013. 4. 5.]
제289조(인신매매) ① 사람을 매매한 사람
은 7년 이하의 징역에 처한다.
② 추행, 간음, 결혼 또는 영리의 목적으
로 사람을 매매한 사람은 1년 이상 10년
이하의 징역에 처한다.
③ 노동력 착취, 성매매와 성적 착취, 장
기적출을 목적으로 사람을 매매한 사람은
2년 이상 15년 이하의 징역에 처한다.
④ 국외에 이송할 목적으로 사람을 매매
하거나 매매된 사람을 국외로 이송한 사
람도 제3항과 동일한 형으로 처벌한다.
[전문개정 2013. 4. 5.]
제290조(약취, 유인, 매매, 이송 등 상해 · 치
상) ① 제287조부터 제289조까지의 죄를
범하여 약취, 유인, 매매 또는 이송된 사
람을 상해한 때에는 3년 이상 25년 이하
의 징역에 처한다.

② 제287조부터 제289조까지의 죄를 범하
여 약취, 유인, 매매 또는 이송된 사람을
상해에 이르게 한 때에는 2년 이상 20년
이하의 징역에 처한다.
[전문개정 2013. 4. 5.]
제291조(약취, 유인, 매매, 이송 등 살인 · 치
사) ① 제287조부터 제289조까지의 죄를
범하여 약취, 유인, 매매 또는 이송된 사
람을 살해한 때에는 사형, 무기 또는 7년
이상의 징역에 처한다.
② 제287조부터 제289조까지의 죄를 범하
여 약취, 유인, 매매 또는 이송된 사람을
사망에 이르게 한 때에는 무기 또는 5년
이상의 징역에 처한다.
[전문개정 2013. 4. 5.]
제292조(약취, 유인, 매매, 이송된 사람의 수
수 · 은닉 등) ① 제287조부터 제289조까지
의 죄로 약취, 유인, 매매 또는 이송된 사
람을 수수(授受) 또는 은닉한 사람은 7년
이하의 징역에 처한다.
② 제287조부터 제289조까지의 죄를 범할
목적으로 사람을 모집, 운송, 전달한 사람
도 제1항과 동일한 형으로 처벌한다.
[전문개정 2013. 4. 5.]
제293조 삭제 〈2013. 4. 5.〉
제294조(미수범) 제287조부터 제289조까지,
제290조제1항, 제291조제1항과 제292조제
1항의 미수범은 처벌한다.
[전문개정 2013. 4. 5.]
제295조(벌금의 병과) 제288조부터 제291조
까지, 제292조제1항의 죄와 그 미수범에
대하여는 5천만원 이하의 벌금을 병과할
수 있다.
[전문개정 2013. 4. 5.]
제295조의2(형의 감경) 제287조부터 제290
조까지, 제292조와 제294조의 죄를 범한

사람이 약취, 유인, 매매 또는 이송된 사람을 안전한 장소로 풀어준 때에는 그 형을 감경할 수 있다.

[전문개정 2013. 4. 5.]

제296조(예비, 음모) 제287조부터 제289조까지, 제290조제1항, 제291조제1항과 제292조제1항의 죄를 범할 목적으로 예비 또는 음모한 사람은 3년 이하의 징역에 처한다.

[본조신설 2013. 4. 5.]

제296조의2(세계주의) 제287조부터 제292조까지 및 제294조는 대한민국 영역 밖에서 죄를 범한 외국인에게도 적용한다.

[본조신설 2013. 4. 5.]

제32장 강간과 추행의 죄
<개정 1995. 12. 29.>

제297조(강간) 폭행 또는 협박으로 사람을 강간한 자는 3년 이상의 유기징역에 처한다. <개정 2012. 12. 18.>

제297조의2(유사강간) 폭행 또는 협박으로 사람에 대하여 구강, 항문 등 신체(성기는 제외한다)의 내부에 성기를 넣거나 성기, 항문에 손가락 등 신체(성기는 제외한다)의 일부 또는 도구를 넣는 행위를 한 사람은 2년 이상의 유기징역에 처한다.

[본조신설 2012. 12. 18.]

제298조(강제추행) 폭행 또는 협박으로 사람에 대하여 추행을 한 자는 10년 이하의 징역 또는 1천500만원 이하의 벌금에 처한다. <개정 1995. 12. 29.>

제299조(준강간, 준강제추행) 사람의 심신상실 또는 항거불능의 상태를 이용하여 간음 또는 추행을 한 자는 제297조, 제297조의2 및 제298조의 예에 의한다. <개정 2012. 12. 18.>

제300조(미수범) 제297조, 제297조의2, 제298조 및 제299조의 미수범은 처벌한다. <개정 2012. 12. 18.>

제301조(강간 등 상해·치상) 제297조, 제297조의2 및 제298조부터 제300조까지의 죄를 범한 자가 사람을 상해하거나 상해에 이르게 한 때에는 무기 또는 5년 이상의 징역에 처한다. <개정 2012. 12. 18.>

[전문개정 1995. 12. 29.]

제301조의2(강간등 살인·치사) 제297조, 제297조의2 및 제298조부터 제300조까지의 죄를 범한 자가 사람을 살해한 때에는 사형 또는 무기징역에 처한다. 사망에 이르게 한 때에는 무기 또는 10년 이상의 징역에 처한다. <개정 2012. 12. 18.>

[본조신설 1995. 12. 29.]

제302조(미성년자 등에 대한 간음) 미성년자 또는 심신미약자에 대하여 위계 또는 위력으로써 간음 또는 추행을 한 자는 5년 이하의 징역에 처한다.

제303조(업무상위력 등에 의한 간음) ① 업무, 고용 기타 관계로 인하여 자기의 보호 또는 감독을 받는 사람에 대하여 위계 또는 위력으로써 간음한 자는 7년 이하의 징역 또는 3천만원 이하의 벌금에 처한다. <개정 1995. 12. 29., 2012. 12. 18., 2018. 10. 16.>

② 법률에 의하여 구금된 사람을 감호하는 자가 그 사람을 간음한 때에는 10년 이하의 징역에 처한다. <개정 2012. 12. 18., 2018. 10. 16.>

제304조 삭제 <2012. 12. 18.>

[2012. 12. 18. 법률 제11574호에 의하여 2009. 11. 26. 위헌 결정된 이 조를 삭제함.]

제305조(미성년자에 대한 간음, 추행) ① 13세

미만의 사람에 대하여 간음 또는 추행을 한 자는 제297조, 제297조의2, 제298조, 제301조 또는 제301조의2의 예에 의한다. <개정 1995. 12. 29., 2012. 12. 18., 2020. 5. 19.>

② 13세 이상 16세 미만의 사람에 대하여 간음 또는 추행을 한 19세 이상의 자는 제297조, 제297조의2, 제298조, 제301조 또는 제301조의2의 예에 의한다. <신설 2020. 5. 19.>

제305조의2(상습범) 상습으로 제297조, 제297조의2, 제298조부터 제300조까지, 제302조, 제303조 또는 제305조의 죄를 범한 자는 그 죄에 정한 형의 2분의 1까지 가중한다. <개정 2012. 12. 18.>
[본조신설 2010. 4. 15.]

제305조의3(예비, 음모) 제297조, 제297조의2, 제299조(준강간죄에 한정한다), 제301조(강간 등 상해죄에 한정한다) 및 제305조의 죄를 범할 목적으로 예비 또는 음모한 사람은 3년 이하의 징역에 처한다.
[본조신설 2020. 5. 19.]

제306조 삭제 <2012. 12. 18.>

제33장 명예에 관한 죄

제307조(명예훼손) ① 공연히 사실을 적시하여 사람의 명예를 훼손한 자는 2년 이하의 징역이나 금고 또는 500만원 이하의 벌금에 처한다. <개정 1995. 12. 29.>
② 공연히 허위의 사실을 적시하여 사람의 명예를 훼손한 자는 5년 이하의 징역, 10년 이하의 자격정지 또는 1천만원 이하의 벌금에 처한다. <개정 1995. 12. 29.>

제308조(사자의 명예훼손) 공연히 허위의 사실을 적시하여 사자의 명예를 훼손한 자는 2년 이하의 징역이나 금고 또는 500만원 이하의 벌금에 처한다. <개정 1995. 12. 29.>

제309조(출판물 등에 의한 명예훼손) ① 사람을 비방할 목적으로 신문, 잡지 또는 라디오 기타 출판물에 의하여 제307조제1항의 죄를 범한 자는 3년 이하의 징역이나 금고 또는 700만원 이하의 벌금에 처한다. <개정 1995. 12. 29.>
② 제1항의 방법으로 제307조제2항의 죄를 범한 자는 7년 이하의 징역, 10년 이하의 자격정지 또는 1천500만원 이하의 벌금에 처한다. <개정 1995. 12. 29.>

제310조(위법성의 조각) 제307조제1항의 행위가 진실한 사실로서 오로지 공공의 이익에 관한 때에는 처벌하지 아니한다.

제311조(모욕) 공연히 사람을 모욕한 자는 1년 이하의 징역이나 금고 또는 200만원 이하의 벌금에 처한다. <개정 1995. 12. 29.>

제312조(고소와 피해자의 의사) ① 제308조와 제311조의 죄는 고소가 있어야 공소를 제기할 수 있다. <개정 1995. 12. 29.>
② 제307조와 제309조의 죄는 피해자의 명시한 의사에 반하여 공소를 제기할 수 없다. <개정 1995. 12. 29.>

제34장 신용, 업무와 경매에 관한 죄

제313조(신용훼손) 허위의 사실을 유포하거나 기타 위계로써 사람의 신용을 훼손한 자는 5년 이하의 징역 또는 1천500만원 이하의 벌금에 처한다. <개정 1995. 12. 29.>

제314조(업무방해) ① 제313조의 방법 또는 위력으로써 사람의 업무를 방해한 자는 5년 이하의 징역 또는 1천500만원 이하의

벌금에 처한다. <개정 1995. 12. 29.>

② 컴퓨터등 정보처리장치 또는 전자기록등 특수매체기록을 손괴하거나 정보처리장치에 허위의 정보 또는 부정한 명령을 입력하거나 기타 방법으로 정보처리에 장애를 발생하게 하여 사람의 업무를 방해한 자도 제1항의 형과 같다. <신설 1995. 12. 29.>

제315조(경매, 입찰의 방해) 위계 또는 위력 기타 방법으로 경매 또는 입찰의 공정을 해한 자는 2년 이하의 징역 또는 700만원 이하의 벌금에 처한다. <개정 1995. 12. 29.>

제35장 비밀침해의 죄

제316조(비밀침해) ① 봉함 기타 비밀장치한 사람의 편지, 문서 또는 도화를 개봉한 자는 3년 이하의 징역이나 금고 또는 500만원 이하의 벌금에 처한다. <개정 1995. 12. 29.>

② 봉함 기타 비밀장치한 사람의 편지, 문서, 도화 또는 전자기록등 특수매체기록을 기술적 수단을 이용하여 그 내용을 알아낸 자도 제1항의 형과 같다. <신설 1995. 12. 29.>

제317조(업무상비밀누설) ① 의사, 한의사, 치과의사, 약제사, 약종상, 조산사, 변호사, 변리사, 공인회계사, 공증인, 대서업자나 그 직무상 보조자 또는 차등의 직에 있던 자가 그 직무처리중 지득한 타인의 비밀을 누설한 때에는 3년 이하의 징역이나 금고, 10년 이하의 자격정지 또는 700만원 이하의 벌금에 처한다. <개정 1995. 12. 29., 1997. 12. 13.>

② 종교의 직에 있는 자 또는 있던 자가 그 직무상 지득한 사람의 비밀을 누설한 때에도 전항의 형과 같다.

제318조(고소) 본장의 죄는 고소가 있어야 공소를 제기할 수 있다. <개정 1995. 12. 29.>

제36장 주거침입의 죄

제319조(주거침입, 퇴거불응) ① 사람의 주거, 관리하는 건조물, 선박이나 항공기 또는 점유하는 방실에 침입한 자는 3년 이하의 징역 또는 500만원 이하의 벌금에 처한다. <개정 1995. 12. 29.>

② 전항의 장소에서 퇴거요구를 받고 응하지 아니한 자도 전항의 형과 같다.

제320조(특수주거침입) 단체 또는 다중의 위력을 보이거나 위험한 물건을 휴대하여 전조의 죄를 범한 때에는 5년 이하의 징역에 처한다.

제321조(주거·신체 수색) 사람의 신체, 주거, 관리하는 건조물, 자동차, 선박이나 항공기 또는 점유하는 방실을 수색한 자는 3년 이하의 징역에 처한다. <개정 1995. 12. 29.>

[제목개정 1995. 2. 29.]

제322조(미수범) 본장의 미수범은 처벌한다.

제37장 권리행사를 방해하는 죄

제323조(권리행사방해) 타인의 점유 또는 권리의 목적이 된 자기의 물건 또는 전자기록등 특수매체기록을 취거, 은닉 또는 손괴하여 타인의 권리행사를 방해한 자는 5년 이하의 징역 또는 700만원 이하의 벌금에 처한다. <개정 1995. 12. 29.>

제324조(강요) ①폭행 또는 협박으로 사람의 권리행사를 방해하거나 의무없는 일을

하게 한 자는 5년 이하의 징역 또는 3천만
원 이하의 벌금에 처한다. <개정 1995.
12. 29., 2016. 1. 6.>
② 단체 또는 다중의 위력을 보이거나 위
험한 물건을 휴대하여 제1항의 죄를 범한
자는 10년 이하의 징역 또는 5천만원 이
하의 벌금에 처한다. <신설 2016. 1. 6.>
제324조의2(인질강요) 사람을 체포·감금·
약취 또는 유인하여 이를 인질로 삼아 제3
자에 대하여 권리행사를 방해하거나 의무
없는 일을 하게 한 자는 3년 이상의 유기
징역에 처한다.
[본조신설 1995. 12. 29.]
제324조의3(인질상해·치상) 제324조의2의
죄를 범한 자가 인질을 상해하거나 상해
에 이르게 한 때에는 무기 또는 5년 이상
의 징역에 처한다.
[본조신설 1995. 12. 29.]
제324조의4(인질살해·치사) 제324조의2의
죄를 범한 자가 인질을 살해한 때에는 사
형 또는 무기징역에 처한다. 사망에 이르
게 한 때에는 무기 또는 10년 이상의 징역
에 처한다.
[본조신설 1995. 12. 29.]
제324조의5(미수범) 제324조 내지 제324조
의4의 미수범은 처벌한다.
[본조신설 1995. 12. 29.]
제324조의6(형의 감경) 제324조의2 또는 제
324조의3의 죄를 범한 자 및 그 죄의 미수
범이 인질을 안전한 장소로 풀어준 때에
는 그 형을 감경할 수 있다.
[본조신설 1995. 12. 29.]
제325조(점유강취, 준점유강취) ① 폭행 또는
협박으로 타인의 점유에 속하는 자기의
물건을 강취한 자는 7년 이하의 징역 또는
10년 이하의 자격정지에 처한다.

② 타인의 점유에 속하는 자기의 물건을
취거함에 당하여 그 탈환을 항거하거나
체포를 면탈하거나 죄적을 인멸할 목적으
로 폭행 또는 협박을 가한 때에도 전항의
형과 같다.
③전 2항의 미수범은 처벌한다.
제325조(점유강취, 준점유강취) ① 폭행 또는
협박으로 타인의 점유에 속하는 자기의 물
건을 강취(强取)한 자는 7년 이하의 징역
또는 10년 이하의 자격정지에 처한다.
② 타인의 점유에 속하는 자기의 물건을
취거(取去)하는 과정에서 그 물건의 탈환
에 항거하거나 체포를 면탈하거나 범죄의
흔적을 인멸할 목적으로 폭행 또는 협박한
때에도 제1항의 형에 처한다.
③ 제1항과 제2항의 미수범은 처벌한다.
[전문개정 2020. 12. 8.]
[시행일 : 2021. 12. 9.] 제325조
제326조(중권리행사방해) 제324조 또는 제
325조의 죄를 범하여 사람의 생명에 대한
위험을 발생하게 한 자는 10년 이하의 징
역에 처한다. <개정 1995. 12. 29.>
제327조(강제집행면탈) 강제집행을 면할 목
적으로 재산을 은닉, 손괴, 허위양도 또는
허위의 채무를 부담하여 채권자를 해한
자는 3년 이하의 징역 또는 1천만원 이하
의 벌금에 처한다. <개정 1995. 12. 29.>
제328조(친족간의 범행과 고소) ① 직계혈족,
배우자, 동거친족, 동거가족 또는 그 배우
자간의 제323조의 죄는 그 형을 면제한다.
<개정 2005. 3. 31.>
② 제1항이외의 친족간에 제323조의 죄를
범한 때에는 고소가 있어야 공소를 제기
할 수 있다. <개정 1995. 12. 29.>
③ 전 2항의 신분관계가 없는 공범에 대하
여는 전 이항을 적용하지 아니한다.

제38장 절도와 강도의 죄

제329조(절도) 타인의 재물을 절취한 자는 6년 이하의 징역 또는 1천만원 이하의 벌금에 처한다. <개정 1995. 12. 29.>

제330조(야간주거침입절도) 야간에 사람의 주거, 간수하는 저택, 건조물이나 선박 또는 점유하는 방실에 침입하여 타인의 재물을 절취한 자는 10년 이하의 징역에 처한다.

제330조(야간주거침입절도) 야간에 사람의 주거, 관리하는 건조물, 선박, 항공기 또는 점유하는 방실(房室)에 침입하여 타인의 재물을 절취(竊取)한 자는 10년 이하의 징역에 처한다.

[전문개정 2020. 12. 8.]

[시행일 : 2021. 12. 9.] 제330조

제331조(특수절도) ① 야간에 문호 또는 장벽 기타 건조물의 일부를 손괴하고 전조의 장소에 침입하여 타인의 재물을 절취한 자는 1년 이상 10년 이하의 징역에 처한다.

② 흉기를 휴대하거나 2인 이상이 합동하여 타인의 재물을 절취한 자도 전항의 형과 같다.

제331조(특수절도) ① 야간에 문이나 담 그 밖의 건조물의 일부를 손괴하고 제330조의 장소에 침입하여 타인의 재물을 절취한 자는 1년 이상 10년 이하의 징역에 처한다.

② 흉기를 휴대하거나 2명 이상이 합동하여 타인의 재물을 절취한 자도 제1항의 형에 처한다.

[전문개정 2020. 12. 8.]

[시행일 : 2021. 12. 9.] 제331조

제331조의2(자동차등 불법사용) 권리자의 동의없이 타인의 자동차, 선박, 항공기 또는 원동기장치자전거를 일시 사용한 자는 3년 이하의 징역, 500만원 이하의 벌금, 구류 또는 과료에 처한다.

[본조신설 1995. 12. 29.]

제332조(상습범) 상습으로 제329조 내지 제331조의2의 죄를 범한 자는 그 죄에 정한 형의 2분의 1까지 가중한다. <개정 1995. 12. 29.>

제333조(강도) 폭행 또는 협박으로 타인의 재물을 강취하거나 기타 재산상의 이익을 취득하거나 제삼자로 하여금 이를 취득하게 한 자는 3년 이상의 유기징역에 처한다.

제334조(특수강도) ① 야간에 사람의 주거, 관리하는 건조물, 선박이나 항공기 또는 점유하는 방실에 침입하여 제333조의 죄를 범한 자는 무기 또는 5년 이상의 징역에 처한다. <개정 1995. 12. 29.>

② 흉기를 휴대하거나 2인 이상이 합동하여 전조의 죄를 범한 자도 전항의 형과 같다.

제335조(준강도) 절도가 재물의 탈환을 항거하거나 체포를 면탈하거나 죄적을 인멸할 목적으로 폭행 또는 협박을 가한 때에는 전2조의 예에 의한다.

제335조(준강도) 절도가 재물의 탈환에 항거하거나 체포를 면탈하거나 범죄의 흔적을 인멸할 목적으로 폭행 또는 협박한 때에는 제333조 및 제334조의 예에 따른다.

[전문개정 2020. 12. 8.]

[시행일 : 2021. 12. 9.] 제335조

제336조(인질강도) 사람을 체포·감금·약취 또는 유인하여 이를 인질로 삼아 재물 또는 재산상의 이익을 취득하거나 제3자로 하여금 이를 취득하게 한 자는 3년 이상의 유기징역에 처한다.

[전문개정 1995. 12. 29.]

제337조(강도상해, 치상) 강도가 사람을 상

해하거나 상해에 이르게 한때에는 무기
또는 7년 이상의 징역에 처한다. <개정
1995. 12. 29.>

제338조(강도살인 · 치사) 강도가 사람을 살
해한 때에는 사형 또는 무기징역에 처한
다. 사망에 이르게 한 때에는 무기 또는
10년 이상의 징역에 처한다.

[전문개정 1995. 12. 29.]

제339조(강도강간) 강도가 사람을 강간한
때에는 무기 또는 10년 이상의 징역에 처
한다. <개정 2012. 12. 18.>

제340조(해상강도) ① 다중의 위력으로 해
상에서 선박을 강취하거나 선박내에 침입
하여 타인의 재물을 강취한 자는 무기 또
는 7년 이상의 징역에 처한다.

② 제1항의 죄를 범한 자가 사람을 상해하
거나 상해에 이르게 한때에는 무기 또는
10년 이상의 징역에 처한다. <개정 1995.
12. 29.>

③제1항의 죄를 범한 자가 사람을 살해 또
는 사망에 이르게 하거나 강간한 때에는
사형 또는 무기징역에 처한다. <개정
1995. 12. 29., 2012. 12. 18.>

제341조(상습범) 상습으로 제333조, 제334
조, 제336조 또는 전조제1항의 죄를 범한
자는 무기 또는 10년 이상의 징역에 처
한다.

제342조(미수범) 제329조 내지 제341조의
미수범은 처벌한다.

[전문개정 1995. 12. 29.]

제343조(예비, 음모) 강도할 목적으로 예비
또는 음모한 자는 7년 이하의 징역에 처
한다.

제344조(친족간의 범행) 제328조의 규정은
제329조 내지 제332조의 죄 또는 미수범
에 준용한다.

제345조(자격정지의 병과) 본장의 죄를 범하
여 유기징역에 처할 경우에는 10년 이하
의 자격정지를 병과할 수 있다.

제346조(동력) 본장의 죄에 있어서 관리할
수 있는 동력은 재물로 간주한다.

제39장 사기와 공갈의 죄

제347조(사기) ① 사람을 기망하여 재물의
교부를 받거나 재산상의 이익을 취득한 자
는 10년 이하의 징역 또는 2천만원 이하의
벌금에 처한다. <개정 1995. 12. 29.>

② 전항의 방법으로 제삼자로 하여금 재
물의 교부를 받게 하거나 재산상의 이익
을 취득하게 한 때에도 전항의 형과 같다.

제347조의2(컴퓨터등 사용사기) 컴퓨터등
정보처리장치에 허위의 정보 또는 부정한
명령을 입력하거나 권한 없이 정보를 입
력·변경하여 정보처리를 하게 함으로써
재산상의 이익을 취득하거나 제3자로 하
여금 취득하게 한 자는 10년 이하의 징역
또는 2천만원 이하의 벌금에 처한다.

[전문개정 2001. 12. 29.]

제348조(준사기) ① 미성년자의 지려천박
또는 사람의 심신장애를 이용하여 재물의
교부를 받거나 재산상의 이익을 취득한 자
는 10년 이하의 징역 또는 2천만원 이하의
벌금에 처한다. <개정 1995. 12. 29.>

② 전항의 방법으로 제삼자로 하여금 재
물의 교부를 받게 하거나 재산상의 이익
을 취득하게 한 때에도 전항의 형과 같다.

제348조(준사기) ① 미성년자의 사리분별력
부족 또는 사람의 심신장애를 이용하여
재물을 교부받거나 재산상 이익을 취득한
자는 10년 이하의 징역 또는 2천만원 이
하의 벌금에 처한다.

② 제1항의 방법으로 제3자로 하여금 재

물을 교부받게 하거나 재산상 이익을 취득하게 한 경우에도 제1항의 형에 처한다.
[전문개정 2020. 12. 8.]
[시행일 : 2021. 12. 9.] 제348조

제348조의2(편의시설부정이용) 부정한 방법으로 대가를 지급하지 아니하고 자동판매기, 공중전화 기타 유료자동설비를 이용하여 재물 또는 재산상의 이익을 취득한 자는 3년 이하의 징역, 500만원 이하의 벌금, 구류 또는 과료에 처한다.
[본조신설 1995. 12. 29.]

제349조(부당이득) ① 사람의 궁박한 상태를 이용하여 현저하게 부당한 이익을 취득한 자는 3년 이하의 징역 또는 1천만원 이하의 벌금에 처한다. <개정 1995. 12. 29.>
② 전항의 방법으로 제삼자로 하여금 부당한 이익을 취득하게 한 때에도 전항의 형과 같다.

제349조(부당이득) ① 사람의 곤궁하고 절박한 상태를 이용하여 현저하게 부당한 이익을 취득한 자는 3년 이하의 징역 또는 1천만원 이하의 벌금에 처한다.
② 제1항의 방법으로 제3자로 하여금 부당한 이익을 취득하게 한 경우에도 제1항의 형에 처한다.
[전문개정 2020. 12. 8.]
[시행일 : 2021. 12. 9.] 제349조

제350조(공갈) ① 사람을 공갈하여 재물의 교부를 받거나 재산상의 이익을 취득한 자는 10년 이하의 징역 또는 2천만원 이하의 벌금에 처한다. <개정 1995. 12. 29.>
② 전항의 방법으로 제삼자로 하여금 재물의 교부를 받게 하거나 재산상의 이익을 취득하게 한 때에도 전항의 형과 같다.

제350조의2(특수공갈) 단체 또는 다중의 위력을 보이거나 위험한 물건을 휴대하여 제350조의 죄를 범한 자는 1년 이상 15년 이하의 징역에 처한다.
[본조신설 2016. 1. 6.]

제351조(상습범) 상습으로 제347조 내지 전조의 죄를 범한 자는 그 죄에 정한 형의 2분의 1까지 가중한다.

제352조(미수범) 제347조 내지 제348조의2, 제350조, 제350조의2와 제351조의 미수범은 처벌한다. <개정 2016. 1. 6.>
[전문개정 1995. 12. 29.]

제353조(자격정지의 병과) 본장의 죄에는 10년 이하의 자격정지를 병과할 수 있다.

제354조(친족간의 범행, 동력) 제328조와 제346조의 규정은 본장의 죄에 준용한다.

제40장 횡령과 배임의 죄

제355조(횡령, 배임) ① 타인의 재물을 보관하는 자가 그 재물을 횡령하거나 그 반환을 거부한 때에는 5년 이하의 징역 또는 1천500만원 이하의 벌금에 처한다. <개정 1995. 12. 29.>
② 타인의 사무를 처리하는 자가 그 임무에 위배하는 행위로써 재산상의 이익을 취득하거나 제삼자로 하여금 이를 취득하게 하여 본인에게 손해를 가한 때에도 전항의 형과 같다.

제356조(업무상의 횡령과 배임) 업무상의 임무에 위배하여 제355조의 죄를 범한 자는 10년 이하의 징역 또는 3천만원 이하의 벌금에 처한다. <개정 1995. 12. 29.>

제357조(배임수증재) ① 타인의 사무를 처리하는 자가 그 임무에 관하여 부정한 청탁을 받고 재물 또는 재산상의 이익을 취득하거나 제3자로 하여금 이를 취득하게 한

때에는 5년 이하의 징역 또는 1천만원 이하의 벌금에 처한다. <개정 2016. 5. 29.>

② 제1항의 재물 또는 이익을 공여한 자는 2년 이하의 징역 또는 500만원 이하의 벌금에 처한다. <개정 1995. 12. 29.>

③ 범인 또는 정(情)을 아는 제3자가 취득한 제1항의 재물은 몰수한다. 그 재물을 몰수하기 불가능하거나 재산상의 이익을 취득한 때에는 그 가액을 추징한다. <개정 2016. 5. 29.>

[제목개정 2016. 5. 29.]

제357조(배임수증재) ① 타인의 사무를 처리하는 자가 그 임무에 관하여 부정한 청탁을 받고 재물 또는 재산상의 이익을 취득하거나 제3자로 하여금 이를 취득하게 한 때에는 5년 이하의 징역 또는 1천만원 이하의 벌금에 처한다. <개정 2016. 5. 29.>

② 제1항의 재물 또는 재산상 이익을 공여한 자는 2년 이하의 징역 또는 500만원 이하의 벌금에 처한다. <개정 2020. 12. 8.>

③ 범인 또는 그 사정을 아는 제3자가 취득한 제1항의 재물은 몰수한다. 그 재물을 몰수하기 불가능하거나 재산상의 이익을 취득한 때에는 그 가액을 추징한다. <개정 2016. 5. 29., 2020. 12. 8.>

[제목개정 2016. 5. 29.]

[시행일 : 2021. 12. 9.] 제357조

제358조(자격정지의 병과) 전3조의 죄에는 10년 이하의 자격정지를 병과할 수 있다.

제359조(미수범) 제355조 내지 제357조의 미수범은 처벌한다.

제360조(점유이탈물횡령) ① 유실물, 표류물 또는 타인의 점유를 이탈한 재물을 횡령한 자는 1년 이하의 징역이나 300만원 이하의 벌금 또는 과료에 처한다. <개정 1995. 12. 29.>

② 매장물을 횡령한 자도 전항의 형과 같다.

제361조(친족간의 범행, 동력) 제328조와 제346조의 규정은 본장의 죄에 준용한다.

제41장 장물에 관한 죄

제362조(장물의 취득, 알선 등) ① 장물을 취득, 양도, 운반 또는 보관한 자는 7년 이하의 징역 또는 1천500만원 이하의 벌금에 처한다. <개정 1995. 12. 29.>

② 전항의 행위를 알선한 자도 전항의 형과 같다.

제363조(상습범) ① 상습으로 전조의 죄를 범한 자는 1년 이상 10년 이하의 징역에 처한다.

② 제1항의 경우에는 10년 이하의 자격정지 또는 1천500만원 이하의 벌금을 병과할 수 있다. <개정 1995. 12. 29.>

제364조(업무상과실, 중과실) 업무상과실 또는 중대한 과실로 인하여 제362조의 죄를 범한 자는 1년 이하의 금고 또는 500만원 이하의 벌금에 처한다. <개정 1995. 12. 29.>

제365조(친족간의 범행) ① 전3조의 죄를 범한 자와 피해자간에 제328조제1항, 제2항의 신분관계가 있는 때에는 동조의 규정을 준용한다.

② 전3조의 죄를 범한 자와 본범간에 제328조제1항의 신분관계가 있는 때에는 그 형을 감경 또는 면제한다. 단, 신분관계가 없는 공범에 대하여는 예외로 한다.

제42장 손괴의 죄

제366조(재물손괴등) 타인의 재물, 문서 또는 전자기록등 특수매체기록을 손괴 또는 은닉 기타 방법으로 기 효용을 해한 자는

3년이하의 징역 또는 700만원 이하의 벌금에 처한다. <개정 1995. 12. 29.>
[제목개정 1995. 2. 29.]

제367조(공익건조물파괴) 공익에 공하는 건조물을 파괴한 자는 10년 이하의 징역 또는 2천만원 이하의 벌금에 처한다. <개정 1995. 12. 29.>

제368조(중손괴) ① 전2조의 죄를 범하여 사람의 생명 또는 신체에 대하여 위험을 발생하게 한 때에는 1년 이상 10년 이하의 징역에 처한다.

② 제366조 또는 제367조의 죄를 범하여 사람을 상해에 이르게 한 때에는 1년 이상의 유기징역에 처한다. 사망에 이르게 한 때에는 3년 이상의 유기징역에 처한다. <개정 1995. 12. 29.>

제369조(특수손괴) ① 단체 또는 다중의 위력을 보이거나 위험한 물건을 휴대하여 제366조의 죄를 범한 때에는 5년 이하의 징역 또는 1천만원 이하의 벌금에 처한다. <개정 1995. 12. 29.>

② 제1항의 방법으로 제367조의 죄를 범한 때에는 1년 이상의 유기징역 또는 2천만원 이하의 벌금에 처한다. <개정 1995. 12. 29.>

제370조(경계침범) 경계표를 손괴, 이동 또는 제거하거나 기타 방법으로 토지의 경계를 인식 불능하게 한 자는 3년 이하의 징역 또는 500만원 이하의 벌금에 처한다. <개정 1995. 12. 29.>

제371조(미수범) 제366조, 제367조와 제369조의 미수범은 처벌한다.

제372조(동력) 본장의 죄에는 제346조를 준용한다.

부칙<제17511호, 2020. 10. 20.>
이 법은 공포한 날부터 시행한다.

판례색인

사항색인

공저자약력

김철희
현재) 경기북부경찰청 연천경찰서 수사과 형사팀장
건국대학교 독어독문학과 졸업
한성대학교 대학원 석사과정 졸업(마약범죄수사 전공)
중앙경찰학교 생활안전학과 교수
경기시흥경찰서 형사과 폭력범죄수사팀
경기파주경찰서 형사과 강력범죄수사팀
법무부 생활법률 법교육 출장강사

[저서 및 편저]
중앙경찰학교 생활질서(경범, 즉결심판) 교재 저
중앙경찰학교 주취자 유형별 대응방법과 대화법 편저(감수)

이정기
현재) 대구 수성대학교 경찰행정학과 조교수
고려대학교 대학원 박사과정 졸업(형법 전공)
중앙경찰학교 수사학과, 형사학과, 생활안전학과 교수
경기광주경찰서 수사과, 청문감사실
서울혜화경찰서 수사과
한남대학교 경찰학과 외래교수
한경대학교 법학과 외래교수

[저서 및 논문]
중앙경찰학교 형법 교재 저
중앙경찰학교 생활질서(경범, 즉결심판) 교재 저
특별한 유형의 사기범죄에 대한 대응방안 연구
경찰법상 개괄적 수권조항의 입법필요성에 관한 연구
경범죄처벌법의 실효성 있는 개선방안 외 다수

경찰형법각론

초판발행   2021년 9월 10일

지은이   김철희·이정기
펴낸이   안종만·안상준

편 집   심성보
기획/마케팅   장규식
표지디자인   벤스토리
제 작   우인도·고철민·조영환

펴낸곳   (주) **박영시**
              서울특별시 금천구 가산디지털2로 53, 210호(가산동, 한라시그마밸리)
              등록 1959. 3. 11. 제300-1959-1호(倫)

전 화   02)733-6771
f a x   02)736-4818
e-mail   pys@pybook.co.kr
homepage   www.pybook.co.kr
ISBN   979-11-303-4001-2   93360

정 가   49,000원